대동민주주의와 21세기 유가적 비판이론의 모색

유교문화연구총서 27 / 비판유학·현대경학 총서 1

대동민주주의와 21세기 유가적 비판이론의 모색
Daedong Democracy and A Confucian Critical Theory

지은이 나종석
펴낸이 오정혜
펴낸곳 예문서원

편집 김병훈
인쇄 및 제책 주) 상지사 P&B

초판 1쇄 2023년 4월 7일
초판 2쇄 2023년 12월 20일

출판등록 1993년 1월 7일(제2023-000015호)
주소 서울시 동대문구 왕산로 239, 101동 935호(청량리동)
전화 925-5914 ㅣ 팩스 929-2285
전자우편 yemoonsw@empas.com

ISBN 978-89-7646-479-8 93150

YEMOONSEOWON 101-935, 239 Wangsan-ro, Dongdaemun-Gu, Seoul, KOREA 02489
Tel) 02-925-5914 ㅣ Fax) 02-929-2285

값 69,000원

이 저서는 2021년도 정부(교육부)의 재원으로 한국연구재단의 지원을 받아 수행된 기초연구사업임
(NRF-2021S1A5C2A02089018)

유교문화연구총서 27 /
비판유학·현대경학 총서 1

대동민주주의와 21세기 유가적 비판이론의 모색

나종석 지음

예문서원

할머니 김선수金善洙(1919~1973)를 기억하며

책을 펴내면서

공자 이후의 유학 전통, 즉 동아시아 역사 형성에 커다란 영향을 준 전통 일반을 철저하게 거부하는 것이야말로 우리를 노예적 굴종과 그것을 자연스럽게 받아들이는 노예근성으로부터 구원해 줄 유일한 방법이다? 과연 그럴까? "예, 그렇습니다! 우리를 진정한 행복의 길로 이끌 인권과 민주주의의 실현 그리고 요컨대 '자유'시장경제의 발전을 위해서는 유가적 전통의 굴레를 더 철저하게 비판해야만 합니다." 이렇게 크게 울려 퍼지는 응답이야말로 아마도 우리 사회를 주도하는 지배적 믿음이자 사유 방식일 것이다. 생태위기와 전 지구적인 불평등 심화 등으로 인해 자본주의 시장경제 사회의 문제점이 그 어느 때보다 분명해진 오늘날에도 그런 지배적 사유 방식과 믿음에는 큰 변동이 없다. 그러나 이 책은 이러한 주류적인 사고방식, 대개 유럽중심주의라 불리는 사유 방식과는 다르게 세계와 인간과 역사를 보고 사유하려는 데에서 출발한다.

이 책은 2017년 같은 문제의식에서 나온 『대동민주유학과 21세기 실학: 한국 민주주의론의 재정립』(도서출판 b)의 속편이다. 『대동민주유학과 21세기 실학: 한국 민주주의론의 재정립』은 조선의 유교적 정치문화가 수행한 영향 사의 맥락에서 한국 근현대사의 성격, 특히 한국 민주주의의 성격을 재조명하 며 '대동민주주의론'을 탐색하고자 했다. 특히 한국 사회의 민주주의를 유교적 전통과 관련해 다층적 시각에서 검토함으로써 우리의 민주주의가 지니는 자생적 역사성을 새로운 관점에서 바라보고자 했다. 그리하여 우리 사회가 이룩한 민주주의의 역사적 경로의 독특성을 유교적 정치문화의 영향사와 그 질적 전환이라는 이중적 시각에서 해명함으로써 한국 근현대사 를 바라보는 기존 서구중심주의적 사유 방식을 비판적으로 극복하고자 했다. 결국 이 책은, 한국 사회의 민주주의를 서구로부터 이식된 것으로 보는 관점 그리고 유교적 전통과 민주주의 사이에는 만날 수 없는 심연이 존재한다는 점을 강조하는 사유 방식과 달리 한국 사회의 민주주의를 유교적 전통에 터를 두고 있는 대동민주주의의 전개라는 견지에서 파악하고자 했던 오랜 연구의 성과요 결실이었다.

저자가 생각하기에 『대동민주유학과 21세기 실학』이 지니는 학술적 의미는 다음 몇 가지 사항으로 요약될 수 있을 것이다. 첫째로, 이 책은 한국학에서의 서구 현대 중심의 패러다임을 비판하고 새로운 한국학 방법론을 제시했다는 점에서 중요하다. 다시 말하자면 한국 인문학의 주류적 인식 패러다임인 서구 현대 중심성을 비판적으로 극복함으로써 한국 사회를 새롭게 바라보는 관점을 제공했다. 둘째로, 유교적 전통의 영향사와 한국 민주주의의 상관성을 강조하여 전통을, 이를테면 유교적 전통을 현대화에 걸림돌로 인식하는 태도를 부인함으로써 한국 민주주의는 조선 사회에서 축적된 유교적 전통의 변형과 지속이라고 보는 시각을 체계적으로 해명하고자 했다. 그 결과 『대동민주유학과 21세기 실학』은 우리 사회 민주주의의 역사적 경로의 특이성과 의미를 학문적으로 해명하는 데 일정 정도 이바지했다고 필자는 자평한다. 셋째로, 『대동민주유학과 21세기 실학』은 한국 민주주의론에 대한 새로운 이론을 제시함으로써 한국의 현대사가 이룩한 역사적 성취, 즉 민주화와 산업화 중 전자가 어떤 방식으로 가능했는지에 대한 시각을 다각화하고 풍부하게 하는 데 일정하게 이바지했다고 여겨진다. 그리하여 필자가 『대동민주유학과 21세기 실학』에서 제언한 대동민주주의론은 한국 사회의 현대성(modernity)의 고유한 특색을 철학적으로 성찰하는 데 하나의 유용한 실마리를 제공하지 않았을까 한다.

『대동민주유학과 21세기 실학』은 민주주의와 관련된 주제를 넘어 다양한 주제를 다루고 있다. 이 책은 민주주의와 유교 전통의 내적 연계성에 관한 주제 외에도 가족주의 문화나 시민사회, 민족주의, 헌법애국주의 등과 같은 현상들을 폭넓게 다루고 있다. 그렇지만 『대동민주유학과 21세기 실학』은 크게 두 가지 점에서 아쉽다고 생각한다. 하나는 지나치게 다양한 주제를 다루다 보니 한국 사회 민주주의의 성격을 유교 전통의 지속적 전개와 그 변형이라는 입장에서 탐색하려는 문제의식에 충실하지 못해서 일관성이 부족하다는 점이다. 이런 일관성 부족을 해결하려면 유교 전통과 한국 민주주의 사이의 관계를 한국 근대성의 철학적 성찰이라는 맥락에서 해명하는 글만을 모아 하나의 저서로 만들 필요가 있다고 생각한다. 이는 이 저서와 별로도 이루어질 것이다. 다른 하나는, 필자는 21세기 문명 대전환의 시기에 대응할 새로운 비판적 유학의 가능성을 탐색하면서 대동민주주의를 한국사회의 역사적 경험에 어울리는 비판이론으로 제안하긴 했지만 21세기 비판유학이자 비판이론으로서의 대동민주주의와 관련된 여러 이론적 문제들을 체계적으로 탐구하진 못했다. 물론 이는 한 권의 저서에서 해결할 수 없는 과제라고도 볼 수 있다. 그리하여 이 저서에서 필자는 비판유학이자 비판이론으로서의 대동민주주의가 지니는 의미를 좀 더 분명하게 해 보려고 한다.

특히 이 저서에서 제기된 여러 이론이나 개념들, 이를테면 대동민주주의나 돌봄의 자유론 및 돌봄 자유주의, 무한한 책임 이론으로서의 군자 정신의 재정립 등은 물론이고, 정치적 능력주의를 넘어서는 유가적 정의관의 해명이나 생태 민주주의로서의 대동민주주의 이론 등을 통해 시도하는 새로운 유가사상의 정립은 우리 사회의 역사적 경험과의 사상적 대화를 통한 결실이다. 그러니까 필자가 제시하는 21세기 비판적 유학으로서의 대동민주주의는 우리의 역사적 경험에서 우러나온 비판이론이라 할 것이다. 그리고 21세기 새로운 유가사상이자 비판적 이론인 대동민주주의는 서구중심주의의 상대화를 넘어 또 다른 동아시아 시대의 출현이라는 21세기 문명사적 대전환의 시기에 대한 필자 나름의 응답이다. 그런 점에서 필자는 탈식민적 사유의 생태적·대동민주적 전환을 시도하였다. 물론 21세기에 등장할 동아시아 시대의 성공 여부는 우리 인류 사회가 안고 있는 미증유의 위기인 생명의 대종말 시대를 극복할 역량에 달려 있다 해도 지나치지 않을 것이다.

지역적으로 보면 한반도의 분단으로 상징되는 동아시아 지역 평화 체제 구축의 성공 여부도 21세기 동아시아 시대의 전면적 출현이 극복해야 할 중대한 장애물이다. 이런 상황을 염두에 두고 대동민주주의는 한반도의 위기 상황을 헤쳐나갈 새로운 방향에 대한 고민을 담고 있다. 충분하지는 않을 터이지만 예컨대 여기에서 서술되고 필자가 옹호하려는 대동민주주의는 적어도 21세기의 새로운 비판적 유학 이론으로서, 20세기에 등장한 대만 신유가의 흐름이 지니는 과도한 서구중심주의에의 함몰을 경계하는 동시에 최근 세계적으로 주목받고 있는 중국 대륙 본토에서 등장한 유교적인 학설, 즉 정치적 능력주의(현능주의)의 흐름과도 다른 독자적 이론이고자 한다. 우리 사회의 독립운동 및 민주주의 정신을 대동적 정신의 민주적 변형이라는 사유 틀로 규정하고 이를 바탕으로 하여 우리 역사에서 우러나온 특유의 민주주의 정신을 찾는 대동민주주의 이론은, 중국의 세계사적 재부상을 기존의 서구적인 이분법적 분석 틀, 그러니까 '서구 자유민주주의 대 독재 혹은 권위주의'라는 이분법이나 구태의연한 냉전적 사유 방식에서 벗어나 있으면서 아울러 중국의 길에 대해서도 비판 없이 수용하거나 순응하는 태도를 넘어서 있는 관점을 지향한다는 말이다.

　　앞으로 동아시아 사회에서 유가적 전통의 르네상스가 얼마나 커다란 힘을 형성할 수 있을지 단언할 수 없다. 그러나 적어도 오랜 세월 동안 축적되어 온 유가적 전통이 중국이나 한반도의 역사와 문화의 전통을 구성하는 중요한 요소라는 점에는 변함이 없다. 그러므로 유가 전통에 속하는 동아시아 여러 나라들 사이의 공통된 협력에 유가 전통의 재발굴 역시 중요한 역할을 할 것이라 보는 것도 단순한 억측만은 아닐 것이다. 이런 점에서 유가적 전통을 공유하면서도 우리의 역사적 경험에서 길러낸 민주적이며 대동적인 정신과 사유 방식을 21세기 상황에 어울리게 조탁하여 이를 바탕으로 중국이나 일본 등과 주체적이고 능동적으로 문화적 협력을 해 나가는 것은 적지 않은 의미를 지닌다고 하겠다.

　　이 책을 서술하면서 필자는 이전에 발간했던 몇 개의 소논문을 활용하기도 했지만, 여기에 실린 글 대부분은 새로 작성된 것이다. 이를테면 3장, 5장, 9장, 12장은 기존 발표된 글을 토대로 수정을 가했으며, 6장의 2절과 4절은 새로 서술하였고 3절도 대폭 수정했다. 제13장의 내용 중 일부는 중국에서 발표한 것이지만 더해진 내용이 워낙 많아서 새로운 글이나 다름없다. 그 외 저서의 모든 부분은 새로 작성한 것이다.

이 책을 저술하면서 감사한 마음을 전할 분들이 있다. 누구보다도 성균관대학교 유교문화연구소장인 김도일 교수님께 감사한다. 그의 권유로 필자는 뜻하지 않게 한국연구재단의 지원을 받는 '비판유학·현대경학 연구' 팀에 공동연구원으로 참여하게 되었고, 그로 인해 많은 혜택을 누리게 되었다. 무엇보다도 '비판유학·현대경학 연구' 팀에 참여하게 되면서 유학 경전에 관한 연구를 좀 더 체계적이고 깊이 있게 진행할 수 있었다. 원래 서양 근대 정치철학, 특히 헤겔 철학 전공자인 필자는 유가사상에 본격적으로 관심을 두고 연구를 수행한 것이 약 2010년경부터인지라 여전히 유가사상에 대해서는 초보적 연구자의 신세를 면치 못한 상황이었다. 그러나 김도일 소장님과 함께 '비판유학·현대경학 연구' 프로젝트에 참여함으로써 필자는 유학에 대한 태도를 좀 더 명료하게 가다듬을 수 있었다. 아직 본인 스스로 유학자라고 칭할 정도로 유학을 자신의 학문적 정체성으로 삼고 있진 않으나, 유학의 경전을 어떻게 이해하고 접근하는 것이 유학 사상의 현대화를 위해 바람직할 것인가 하는 문제의식은 필자에게 많은 지적 자극을 주고 있다. 아울러 김도일 소장님은 공동연구원으로 참여하면서 필자가 이 저서를 작성할 때 필요한 많은 참고 문헌을 사는 데 큰 도움을 주었다. 이에 진심으로 감사한 마음을 표한다.

대동민주주의를 21세기 비판이론으로 규정하고 그것을 이 책의 형식으로 가다듬게 된 계기는 김원식 선생의 문제 제기였다. 사실 『대동민주유학과 21세기 실학』을 출판하면서 학계로부터 다소의 반향을 기대하는 마음이 없지 않았으나, 그 결과가 그리 만족스럽지 못해서 내심 당황스럽기도 했다. 그런 와중에 던져진 김원식 선생의 문제 제기는 평소 필자가 꽤 오랜 세월 고민하던 주제이기도 해서 기회가 되면 그에게 답하려고 했다.

『대동민주유학과 21세기 실학』에서는 대동민주주의를 한국 사회 비판의 규범적 기준까지도 제공하는 새로운 방식의 비판이론으로, 그러니까 서구 이론을 직수입해서 그것을 우리 사회에 적용해 본 비판이론이 아니라 동아시아 및 우리 사회의 역사적 경험에 바탕을 둔 비판이론으로 발전시켜 보고자 하는 희망을 표하긴 했지만, 이를 구체적으로 어떻게 정당화할지는 꽤 막막한 상황이었다. 그런데 공교롭게도 김원식 선생이 서평의 형식으로 필자의 책을 다루면서, 대동민주주의가 비판이론으로 자리매김하기 위해서는 내실이 더 채워져야 한다고 지적했던 것이다. 이를 계기로 늘 그의 문제 제기에 어떻게 답할지 고민하고 있던 차에, 김도일 소장님이 이끄는 연구팀에 참가하게 되면서 그의 문제 제기에 본격적으로 나름의 답을 찾아보려고 했다. 그 결실이 현재의 이 책이라고 해도 좋으니 김원식 선생에게 깊이 감사한다.

다음으로 감사한 마음을 표하고 싶은 분들은, 저자가 이 책을 작성하면서 참조한 동아시아 사상의 기본 문헌을 번역하고 그에 관해 연구한 많은 번역자와 연구자들이다. 대부분은 일면식도 없는 분들이지만, 서문을 통해서라도 이런 분들의 노력에 감사한다.

아울러 이 책을 출판하는 데 엄청난 노력을 기울여 주신 분들에게도 깊은 감사를 표한다. 인문학 관련 출판이 매우 어려운 상황에서도 책의 출판을 허락해 주신 예문서원의 오정혜 사장님과 꽤 분량이 큰 책임에도 이렇게 멋지게 다듬어 주신 편집부 여러분께 깊이 감사한다.

끝으로 이 책을 저술하는 과정에서 끝없이 응원해 준 사랑하는 아내와 딸에게도 고마운 마음을 전한다. 특히 코로나19로 인해 뜻하지 않게 거의 3년간을 집에서 함께 지내야만 했던 딸에게 진심으로 감사한다. 자식이야 존재 그 자체만으로도 부모의 마음을 행복하게 해 주기 마련이지만, 이 저서를 작성하는 동안 딸과 자주 대화하는 기회를 얻음으로써 딸을 더 깊이 이해하게 되었음도 사실이다. 지금 딸이 하는 일에도 좋은 성과가 있기를 기대한다.

　마지막으로 이 책을 바치고 싶은 분인 필자의 할머니(金善洙, 1919~1973)에게, 늦었지만 진심으로 사랑하고 감사하다는 말을 전하고 싶다. 할머니는 이미 오래전에 세상을 떠나셨지만, 필자의 마음에 여전히 생생하게 살아 계신다. 필자가 10살 무렵일 때에 돌아가셨으니 이미 거의 50년의 세월이 흘렀다. 그분은 살아생전에 정말로 많은 고생을 하셨음에도 늘 손주들을 매우 사랑하고 아껴 주셨다. 할머니의 보살핌과 사랑이 없었다면 오늘날 필자의 삶이 아주 많이 달라졌을 것임은 분명하다.

　권리와 자유 중심의 사유가 사회의 근본적 토대가 되기에는 부족하고, 권리나 능동적 주체의 자율성 역시 누군가의 헌신적인 돌봄이나 보살핌, 즉 타자에 대한 무한한 책임이 없이는 공허한 것임을 성찰하게 된 것도 아마 할머니(와 어머니)로부터 받은 어진 사랑과 보살핌에 대한 자각에서 비롯된 필자의 실존적 경험과 무관하지 않을 터이다. 요컨대 자유란 무한한 사랑과 보살핌을 묵묵히 건네주신 할머니의 행위에서 비롯된 선물이라는 점에 대한 자각은 필자의 실존적 경험에서 우러난 것으로 이 책의 근본정신을 이룬다고 할 것이다. 그리하여 부족한 책이지만, 정성을 다해 이 책을 할머니께 바친다.

2022년 10월 20일 저자 나종석

제1부

유교 전통과 대동 이념

제1장

대동 이념의 유교적 연원과 공자

1. 들어가는 말

오늘날 한국 사회를 이해할 때 조선 사회, 특히 17~18세기의 조선 후기 사회를 어떻게 이해해야 하는지는 결정적 의미를 지닌다. 우리에게는 조선 사회가 봉건적 세습체제이며 조선 후기는 그런 신분제 사회가 해체 위기에 처해 커다란 변동을 일으키게 되는 시기라는 관점이 통념으로 굳어 있다. 그리고 조선 사회를 봉건적 세습체제가 무너지고 신분제적 변동을 거치는 사회로 바라보는 역사 인식은 분명 봉건 체제에서 자본주의적 근대 사회로의 이행이라는 역사발전 모델을 인류사회의 보편적 모델로 보는 관점을 자명한 것으로 설정하고 있음도 부인할 수 없다.

그러나 조선 사회를 봉건제적 신분 체제로 설정하는 시각은 이제 진지하게 재검토될 필요가 있다. 그것은 봉건제 사회에서 자본주의 사회로의 이행 모델이라는 유럽의 역사 발전 모델을 인류 역사의 보편적인 것으로 간주하여 이를 동아시아 및 우리 사회에도 적용하려는 시도라는 점에서 매우 많은 한계가 있기 때문이다. 그뿐만 아니라, 유럽중심주의의 내면화는 우리에게서 세계를 스스로 사유하는 역량을 박탈하여 유럽적 근대의 어두운 면을 우리 사회도 답습하도록 만드는 힘을 지니기에 유럽발 자본주의 사회가 지니는 여러 한계가 분명해진 상황에서 그것을 넘어 세계를 바라보는 새로운 사유의 힘을 길러낼 시도가 절실하다. 이런 문제의식은 학문적 차원에서 보면 이미 유럽중심주의적 역사관에 대한 비판의 형태로 우리에게도 많이 소개되어 있다. 물론 우리 학계 내에서 유럽중심주의가 여전히 주도적 사유 틀이라는 점에는 변동이 없음에도 말이다.

오늘날 인류사회는 거대한 전환기에 놓여 있다. 인류 문명 자체를 파괴해 버릴 정도로 악화해 가는 생태위기는 말할 것도 없고, 생명과학이나 인공지능 등의 과학기술문명의 급속한 발전으로 인해 우리의 생활양식은 근본적으로 변화의 소용돌이 속으로 휩쓸려 들어가고 있다. 이런 상황에서 우리 사회를 형성하는 데 크게 영향을 주었던 조선 사회의 성격을 어떻게 규정할 것인가에 대한 우리 나름의 새로운 성찰이 필요하다. 이런 성찰에서 우리가 피할 수 없는 것이 바로 중국에서 발생하여 조선 사회의 통치 이념으로 받아들여진 성리학적 유교 전통을 어떻게 이해할 것인가 하는 문제이다. 이를테면, 조선 사회는 묘하게도 근대적인 의미의 능력주의 사회의 면모를 강하게 보여 준다. 달리 말하자면 과거제도를 통한 인재 발굴 제도를 시행했던 조선 사회는 사회적 지위 자체를 자손(아들)에게 영구적으로 세습할 수 있는 사회가 아님이 분명하다. 더 나아가 서구 사회의 노예와는 다른 지점이 존재하기는 하지만 조선 사회는 노비가 광범위하게 존재하는 사회였다. 이런 두 가지 점만을 보더라도 조선 사회를 유럽이 경험했던 중세 봉건제 사회에서 자본주의적 근대 사회로의 이행이라는 틀로 바라보는 관점이 얼마나 어처구니없는지가 분명해진다.

나아가 조선의 능력주의는 현세적인 출세를 궁극적 가치로 설정하는 단순한 입신양명적 능력주의와도 구별된다. 조선의 유교적 능력주의 사회는 단순히 능력 있는 사람이 모든 공을 독차지하는 사회를 지향했던 것이 아니라, 근본적으로 유가의 이상이었던 대동적 조화 사회의 구현을 궁극적 지향점으로 삼았기 때문이다. 이런 유교적 대동사회의 이상은 오늘날 한국 사회의 민주주의에도 중요한 정신사적 조건을 제공하고 있다.

그러므로 조선 사회를 형성하는 데 큰 영향을 준 공맹 및 성리학적 사유가 무엇인지를 대동 이념과 관련해서 깊게 다루는 과제는 사뭇 중요하다. 특히 조선의 전통이 우리 현대 사회에 부정적인 역할만을 해 온 것으로 보아서, 조선의 유교적 전통은 유교망국론이라는 주장에서 보듯이 오늘날 우리 사회가 벗어 던져야 할 그 어떤 퇴행적이고 전현대적인 유물이라고만 보는 타성에서 벗어나야 한다. 유교적 대동 이념을 지향하는 능력주의 사회로서의 조선이 축적해 온 유교 전통은 우리 현대 사회의 형성에 부차적인 역할을 하는 데 그친 것이 아니라 구성적인 역할을 담당했다는 것이 저자의 기본 관점인데, 이런 가정의 타당성 여부를 좀 더 적극적으로 탐색해 보는 작업이 필요하다.

그러므로 조선 사회의 성격이 무엇인지, 그리고 그런 성격을 형성하는 데 사상적이고 문화적으로 크게 영향력을 행사한 유교적 대동 이념이 무엇인지를 별도로 개괄적으로나마 다룰 필요가 있다고 생각한다. 특히 이 장에서는 유교 사상의 기본 성격을 공자 및 대동 이념과 관련해서 해명해 볼 것이다.

2. 공자 이전의 정치사상: 천명사상을 중심으로

공자孔子(기원전 551~479)는 총체적인 사회의 격변기에 태어났다. 이 시기는 춘추시대(기원전 770~481)라 불린다. 그는 당시 주나라의 제도가 붕괴해 가는 모습을 보고는 당대를 도가 없어진 '천하무도天下無道'의 시대로 규정했다.[1] 공자는 당대의 위기를 극복하기 위한 대안을 구하는 과정에서 주나라의 초기 시대에 주목했다. 그는 하·은·주 3대, 특히 주나라 초기를 도道라 일컬어지는 인류 문명의 최고 가치가 실현된 일종의 황금시대로 이해했다. 그는 주나라의 문명을 다음과 같이 찬탄했다. "주나라는 하夏·은殷 2대를 보았으니, 찬란하다, 그 문文이여! 나는 주나라를 따르겠다."[2] 공자 당대에는 이미 상실되어 버린 하·은·주 3대의 문물제도에서 인간과 사회가 따라야 할 참답고 보편적인 길을 찾았던 그는 자신이 "전술하기만 하고 창작하지

---

1) 주희, 『논어집주』(성백효 역주, 전통문화연구회, 1990), 330쪽; 「季氏」 2.
2) 같은 책, 60쪽, 「八佾」 14.

않는"(述而不作)다고 말한다.[3]

그러나 이런 말을 근거로 해 그의 학설이 전통을 그저 노예적으로 받아들이고 있다고 해석하면 곤란하다. 이와는 반대로 그는 전통을 재규정하고자 했다. 그의 전통에 대한 계승의식은 전통에 대한 새로운 해석을 배제하지 않는다. 공자는 자신을 전통의 계승자로 규정했음에도 불구하고 인仁, 천天, 명命 등과 같은 전통적인 개념들에 혁신적인 의미를 부여했다. 맹자는 일찍이 공자가 기존 전통의 핵심을 총괄하여 일관된 가르침으로 삼았다는 점을 강조하기 위해 그의 업적을 "집대성集大成"이라고 표현하였다.[4] 따라서 공자가 특별하게는 중국 역사에, 그리고 인류 역사 전반에 가장 강력한 영향력을 행사한 사조 중의 하나인 유학 전통의 창시자인 것은 당연하다. 이런 점에서 풍우란이 공자를 "계술을 통한 창작자"로 보는 것은 합당하다.[5]

공자의 이론에서 가장 혁신적인 부분은 인仁에 대한 이론이다.[6] 그의 인 이론의 의미를 파악하기 위해 공자 이전에는 천天, 명命, 덕德과 같은 용어들이 어떻게 사용되었는지를 살펴보자.

주나라는 흔히 봉건국가로 이해된다. 그러나 이 용어 사용에서도 조심스러워야 한다. 예를 들어, 벤자민 슈워츠(Benjamin Schwartz, 1916~1999)가 주장하듯이 주나라가 봉건적이라는 의미는 서구적인 의미의 봉건제도와 결부된 인상, 즉 안정이나 질서보다는 권력이 분산되어 있어 혼란과 분열로 이어지는 정치제도라는 의미에서의 봉건제도와는 사뭇 다르다. 주나라가 봉건적이라는 것은 "통치자가 자신의 영토에 대한 아주 제한된 주권을 자신의 가신家臣들에게 위임하는 정부 조작"의 의미로 이해할 때 설득력이 있다. 그리고 주나라

---

3) 같은 책, 126쪽, 「述而」1.
4) 주희, 『맹자집주』(성백효 역주, 전통문화연구회, 1991), 290쪽, 「만장하」1.
5) 풍우란, 『중국철학사』 상(박성규 옮김, 까치, 1999), 107쪽. 허버트 핑가레트(H. Fingarette)도 공자를 '보수적 전통주의자' 즉 "낡은 이상의 변호자"로서가 아니라 "새로운 이상의 창조자"로 보아야 한다고 강조한다. 『공자의 철학』(송영배 옮김, 서광사, 1993), 99쪽.
6) 공자의 仁 이론의 성격에 대해서는 Wing-tsit Chan, "The Evolution of the Confucian concept of Jen", *Confucian Studies. Critical Concepts in Asian Philosophy*, Volume 2 (Edited by Xinzhong and Wei-ming Tu, Reinterpreting Confucian Ideas, London and New York: Routledge, 2011), pp.3~26.

의 봉건제도는 서양 중세 봉건제도와 뚜렷하게 다른 점을 지니고 있다. 주나라는 봉건제도와 관료제도 사이의 분명한 대립이라는 서구 중세 봉건제도의 성격과 달리 상당히 선진적인 관료제도적 요소들을 지닌 국가였다.[7]

은나라라고도 불리는 상나라는 상제上帝를 최고신으로 믿었는데, 이때의 상제는 주술적인 귀신 신앙을 포함하고 있는 신이었다. 그러므로 상나라 사람들에게 상제는 유일신이 아니라 조상신이나 자연신 같은 귀신들까지도 포함되는 개념이었다. 상나라 사람들이 믿은 종교는 이런 신들 사이에 위계질서가 존재하는 일종의 다신교였다. 은나라 사람들은 상제가 지닌 힘 중에서 비를 내리게 명령하는 힘을 최고의 것으로 간주하여, 상제가 기후를 지배하여 곡물의 수확을 좌우한다고 생각했다. 그리고 은나라 왕은 제帝의 직계자인 적자嫡子로 여겨졌다. 적자의 '적嫡'은 제帝에게 제사를 지내는 사람을 뜻한다. 따라서 상나라 왕은 자주 갑골복사를 이용해 비가 내릴지를 점으로 알아보고자 했다.[8]

상제를 최고의 신으로 간주한 상나라와 달리 주나라의 최고 신은 하늘(天)이었다. 주나라의 천天은 은의 상제와 마찬가지로 귀신 신앙의 요소도 계승하고 있었으나 근본적으로는 주재신이라는 의미로 이해되었다. 그래서 그것은 은나라가 숭상한 상제보다 더 초월적인 인격신의 성격을 지니고 있었다고 한다.[9] 신광래信廣來(Kwong-loi Shun)에 따르면 주나라 초기에 천은 "다양한 자연현상의 원인이며, 인간사를 제어할 수 있고, 감정을 지니고 있으며, 행위를 할 수 있는 능력을 지닌" 것으로 이해되었다. 그래서 천은 정의롭고 사랑을 베풀 수 있는 존재 혹은 상제로 이해되기도 했다. 그뿐만 아니라 천은 정치적 권위의 궁극적 원천으로도 이해되었다.[10]

---

7) 벤자민 슈워츠, 『중국 고대 사상의 세계』(나성 옮김, 살림, 2009), 68 및 71쪽 참조.
8) 미조구치 유조·이케다 도모히사·고지마 쓰요시, 『중국제국을 움직인 네 가지 힘』(조영 렬 옮김, 글항아리, 2012), 19쪽. 시라카와 시즈카, 『공자전』(장원철·정영실 옮김, 필북스, 2016), 117쪽.
9) 시라카와 시즈카, 『공자전』, 117쪽.
10) 신광래/쾽로이슌, 『맹얼굴의 맹자』(이장희 옮김, 동과서, 2017), 46쪽; 『시경』(정상홍 옮김, 을유출판사, 2014), 947~958쪽, 「大雅·皇矣」 및 「大雅·蒸民」. 백영선에 따르면

특히 주나라에서 천, 즉 하늘의 뜻은 백성의 뜻을 매개로 해서 표현되었다. 그래서 천이 백성을 사랑하는 존재라는 점과 천을 정치적 권위의 원천으로 여기는 것은 실로 서로 밀접하게 연결되어 있었다. 천명사상이라고 불리는 이러한 천 사상은 은주 혁명을 정당화하는 과정에서 발생했다.[11]

주나라의 천명天命사상에 의하면, 하나라나 상나라의 군주들은 처음에는 훌륭한 군주였지만 나중에 폭군이 나와 세상이 어지러워졌고, 그 결과 하늘이 새로운 왕조를 세울 유덕한 사람을 물색한 끝에 나라의 권력이 변동하게 되었다. 『서경書經』「군석君奭」편에는 다음과 같은 설명이 나온다.

> 주공이 다음과 같이 말하였다. 석공奭公! 불행히도 하늘이 은나라에 큰 벌을 내리시어 은나라는 천명을 잃었고, 우리 주나라가 그것을 물려받았습니다. 내가 우리나라의 기업이 영원히 언제나 복 주심에 합치되도록, 하늘을 믿고 있을 수만은 없다는 것을 알지 못하겠습니까? 내가 우리나라가 마침내 상서롭지 못한 결과로 나아가게 될지도 모른다는 것을 또한 알지 못하겠습니까? 아, 공이여! 이미 하늘은 우리를 인정하셨습니다. 우리가 감히 하느님의 명을 편히 누리며 영원토록 하늘의 위엄과 우리 백성들을 생각하지 않는 일이 없어야 사람들 중에 아무도 원한을 품는 이가 없을 것입니다. 우리 뒤를 잇는 자손들이 하늘과 백성을 크게 공경치 못하게 되면 옛날 사람들이 나라를 빛냈던 업적도 모두 잃게 될 것입니다. 천명을 지키는 일이 쉽지 않다는 것과 하늘을 믿고만 있어서는 안 된다는 것을 알지 못하면, 그들은 천명을 잃어 옛 분들의 공경스럽고 밝은 덕을 오래도록 계승하지 못하게 될 것입니다.[12]

『시경詩經』「문왕지십文王之什」에서도 다음과 같이 말한다.

> 목목하신 문왕이여, 아, 경을 계속하여 밝히셨도다. 위대한 천명은 상나라의 자손들에게 있었느니라. 상나라의 자손들은 그 수가 억뿐만이 아니었건만,

---

천과 상제의 인격성이 후대로 갈수록 엷어지면서 자연적인 원리로 변한다. 백영선, 「상서의 성왕들: 긴장의 마음 상태를 유지하는 자」, 『철학』 149(2021), 6쪽 각주 16.

11) 시라카와 시즈카, 『공자전』, 118쪽.
12) 『書經』(김학주 옮김, 명문당, 2009), 400~401쪽.

상제가 이미 주나라에 명한지라 주나라에 복종하도다.[13]

위 두 인용문에서 보듯이, 왕조의 권력은 하늘에 달려 있으며 하늘의 뜻은 특정한 왕조와 관련되어 있지 않다. 『시경』 「문왕지십」에는 "주나라에 복종하니 천명은 일정하지 않은지라", "천명은 보존하기가 쉽지 아니하다" 등의 구절이 등장한다.[14] 이는 주나라 정치 권력의 정당성은 그 나라를 담당하는 통치자의 유덕한 행동이 지속되는 한 유지될 것이고, 그렇지 않다면 주나라의 권력 역시 언제든 그 정당성을 상실할 수밖에 없음을 주나라 권력자들이 인정하고 있음을 보여 준다. 슈워츠는 이런 점에서 "하늘의 명령 즉 천명은, 선한 사람들이 권력을 잡을 것이며 규범적 질서의 실현은 오직 선한 통치자를 통해서만이 가능하다는 점을 최종적으로 확신시키기 위한 하늘의 전략'이라고 말하고 있다.[15]

천명이 유덕자에게 이동한다는 점을 강조하는 사상은 유덕자, 특히 정치를

---

13) 『詩經集傳』 하(성백효 역주, 전통문화연구회, 2009), 194쪽.
14) 같은 책, 196쪽. 『시경』과 『서경』에 대한 문헌학적인 문제에 대해서는 벤자민 슈워츠, 『중국 고대 사상의 세계』, 65쪽 참조 바람. 크릴(Creel)에 의하면 대개 사람들이 『서경』이란 책을 언급하는 것으로 이해하는 '書'에 대한 언급이 『논어』의 「위정」편, 「술이」편, 「헌문」편에 세 번 등장한다. 『논어』에 등장하는 '書'가 유가의 오경 중 하나인 『書經』인지는 의문이다. 그러나 크릴은 이 책의 집성 시기를 명확히 확정할 순 없지만, 공자가 죽은 뒤라는 것은 거의 확실하다고 판정한다. 비록 공자가 오늘날 우리가 알고 있는 『書經』과 관련된 문서를 보았을 수는 있지만, 공자 시대에 여러 문서를 『書經』과 같은 방식으로 된 한 권의 책으로 편찬하는 일은 존재하지 않았다는 것이다. H. G. 크릴, 『공자: 인간과 신화』(이성규 옮김, 지식산업사, 2009), 131쪽; 136쪽. 사마천은 『시경』이 본래 3,000편의 시로 구성되어 있었는데 공자가 좋은 것만 골라 305수로 줄였다고 주장했다. 왜 사마천의 이런 주장을 비판적으로 보는가에 대해서는 같은 책, 136쪽을 참조하라. 그 외에도 공자가 지은 것으로 알려진 여러 책에 대한 문헌적인 비판에 관해서는 같은 책, 136~139쪽 및 244~252쪽 참조 바람. 서복관도 공자가 "『시경』과 『서경』을 삭제·정정하였다는 주장"은 의심스러운 데가 있다고 한다. 서복관, 『중국경학사의 기초』(고재욱 외 옮김, 강원대학교 출판부, 2007), 28쪽. 신광래도 『시경』의 대부분 자료는 공자 이전인 기원전 6, 7세기경의 것이라는 데 학자들 사이의 동의가 이루어져 있다고 본다. 다만 『상서』에는 공자 이후에 삽입된 것들이 포함되어 있는데, 특히 「周書」 부분은 실제로 공자 이전의 기록이 담겨 있을 것으로 추정되지만 정확히 어떤 부분이 그러한지에 대해서는 학자들 사이의 의견이 일치하지 않고 있다고 주장한다. 큉로이슌, 『맨얼굴의 맹자』, 45쪽 참조.
15) 벤자민 슈워츠, 『중국 고대 사상의 세계』, 84~85쪽.

담당하는 통치자의 의무가 백성을 편안하게 하고 백성을 아끼는 것이라는 생각과 연관되어 있다. 달리 말하자면, 왕이 폭정을 일삼음으로써 백성의 삶을 곤궁에 처하게 만들어 하늘의 뜻에 어긋나게 되면 다른 유덕자에게로 권력이 이동할 수 있다는 주장은 바로 하늘이 백성에게 사랑을 베푸는 존재라는 것을 의미하기도 한다. 그러므로 왕조가 권력을 유지할 수 있는지를 판가름하는 궁극적 기준으로 여겨졌던 하늘의 뜻은 결코 자의적이지 않다. 주나라가 은나라를 멸망시키는 천명을 받게 된 이유는 주나라의 통치자가 덕을 갖추었기 때문이라는 주장에서 보듯이, 천 관념은 통치자의 덕과 연관되어 이해된다. 달리 말하자면, 통치자들이 덕을 통해 천하를 다스릴 정당성을 확보할 수 있는 한에서 통치자들은 천의 뜻을 이어받아 이를 세상에 실현할 수 있는 책임을 지닌다. 그리고 이런 하늘의 뜻은 하늘과 백성을 얼마나 잘 공경하는지에 달려 있다. 특히 천명사상은 통치자가 하늘의 뜻을 잘 받들어서 백성들을 편안하게 해야 한다는 책임을 강조하고 있다. 그래서 후에 유교적 민본주의의 사상으로 이어지는 실마리가 천명사상에 들어 있다는 것은 학계에 의해 널리 공유된다.

천명사상의 민본적 성격을 좀 더 살펴보자. 『서경書經』 「태서상泰誓上」에서는 "하늘은 백성을 가엽게 여기시니, 백성이 바라는 바를 하늘은 반드시 그대로 따르오."라고 하였다.[16] 또 『서경書經』 「태서중泰誓中」에서는 "하늘이 보실 때는 우리 백성들을 통하여 보시며, 하늘이 들으실 때도 우리 백성들을 통하여 들으시오"[17]라고 하였다. 하늘이 백성을 소중히 한다는 관념과 폭정을 일삼는 군주를 벌주는 관념 사이에 맺어져 있는 내적 연관성을 우리는 다음과 같은 주장에서 잘 볼 수 있다.

지금 상나라 임금 수受는 위의 하늘을 공경하지 아니하며 밑의 백성들에게 재앙을 내리게 하고 있소. 술에 젖고 여색에 빠져 포악한 짓을 감행하고

---

16) 『書經』, 259쪽.
17) 같은 책, 263쪽.

있소. 사람들을 죄줌에 있어 친족들에게까지 미치게 하고, 사람들에게 벼슬을 줌에 있어서는 세전世傳으로 하였소. 오직 궁궐과 누각과 연못과 사치한 옷을 좋아하여, 그대 백성들을 해치고 있소. 충성되고 훌륭한 사람들을 태워죽이고, 아이 밴 부인의 배를 가르고 뼈를 발라 죽이었소. 하늘이 크게 노하시어 나의 돌아가신 문왕에게 명하시어 하늘의 벌을 삼가 내리도록 하셨으나 큰 공훈을 이루시지 못하고 말았소.…… 하늘은 아래 백성들을 도우시어 그들에게 임금을 마련해 주고 스승을 마련해 주시었소. 그리하여 그들이 하느님을 도와 온 세상을 사랑으로 편안히 하도록 하시었소.[18]

걸桀임금과 함께 폭군의 상징으로 여겨지는 주紂왕 수受의 극악무도한 행위에 분노한 하늘이 문왕에게 명을 내려 주임금에게 하늘을 대신하여 벌을 주도록 했다고 기록하고 있다. 무왕이 주왕을 토벌한 것은 신하가 보여 주어야 할 왕에 대한 충성을 배반한 행위가 아니라, 하늘의 뜻을 대신하는 정당한 행위라고 말한다.[19] 그러므로 천명사상은 통치자들의 자의적인 권력 행사를 규제할 수 있는 "객관적이고 보편적인 행동 기준"을 보여 준다.[20] 천명사상에 의해 주나라는 상나라를 정벌한 자신들의 행동이 하늘의 신성한 명령을 수행한 것이었다고 주장할 수 있었다. 이렇게 천명사상은 포악한 왕을 타도하는 것을 유덕자가 지켜야 할 신성한 의무로 받아들이도록 했다.[21]

더 나아가 천명사상은 현실 세계의 위기에 어떻게 대처해야 하는지에 대한 도덕적 문제의식을 담고 있다고 평가받는다. 천명사상은 "당위적 인간

---

18) 같은 책, 255~257쪽.
19) 신정근은 주나라의 천명사상에 대한 재조명, 즉 천명은 변할 수 있다는 인식은 "집단적 개체에서 분리된 독립적 개체" 인식의 출현을 포함한다고 말한다. 왕이라는 독립적 주체가 덕스러운 행위를 하지 않는다면 늘 천명을 상실할 위험성이 있음을 알고 항상 자신을 경계해야만 하기 때문이다. 신정근, 『사람다움의 발견』(이학사, 2005), 259쪽.
20) 벤자민 슈워츠, 『중국 고대 사상의 세계』, 74쪽.
21) H. G. 크릴, 『공자: 인간과 신화』, 35쪽. 천명사상이 매우 혁신적으로 보이지만 몇몇 학자들은 상나라 시기에도 이미 "帝命"(Mandate of Di)의 관념이 있었을 것으로 생각한다. 벤자민 슈워츠, 『중국 고대 사상의 세계』, 73쪽.

질서와 현실적 인간 질서 사이의 괴리"에 대한 인식을 전제하고 있는데, 이를 통해 우리는 주나라 시기에 "모든 고등 문명의 기축시대적 특징"인 현실에 대한 '비판 정신'을 발견하게 된다.[22] 착한 사람에게 복을 주고 나쁜 사람에게 화를 준다는 복선화음福善禍淫의 상제 혹은 천 사상은, 부당하게 세속적 성공을 누리는 사람이 있고 또 선한 행동을 하는데도 고생만 하는 사람의 존재가 인식되는 무질서한 세상에 대한 경험을 통해 커다란 도전을 받게 된다. 주나라가 천명사상을 통해 천명이 늘 불변하는 것은 아니라고 하면서 덕이 있는 행동을 할 것을 권고하는 것 역시 이런 위기의식의 반영일 것이다.

신광래에 따르면, 주나라 중기 무렵부터 사회정치적 혼란이 격화되고 무질서가 장기간 지속되면서 세상의 비참함에 개입하지 못하는 하늘에 대한 불만 의식이 고조되어 갔다.[23] 이와 관련한 예를 들자면 다음과 같다.

> 하늘이 공평하지 않아 이 재난을 내리고, 하늘이 은혜를 베풀지 않아 이 큰 죄를 내렸다.…… 야속한 하늘이여! 환난이 오랫동안 평정되지 않고 다달이 일어나 백성들은 편한 날이 없다.[24]

> 넓고 넓은 하늘이여, 언제나 은혜를 베풀기만 하지는 않으니, 상란과 기근을 내려 천하 사람을 죽이고 친다. 푸르른 하늘은 포학하여 우리를 걱정하지도 생각하지도 않는다. 저 죄지은 사람들은 버려두어 그 허물을 숨겨 두고, 이 죄 없는 사람들을 모두 괴로움 속에 빠뜨린다.[25]

위 인용문과 유사한 내용이 『시경』「소아」에 다수 등장한다. 이를테면 「소반小弁」에 따르면 "나만 홀로 재난 만났다. 하늘에 무슨 죄를 지었을까?" 하고 반문하는 대목이 있다. 같은 시는 또 "하늘이 나를 내셨는데, 내 좋은

---

22) 벤자민 슈워츠, 『중국 고대 사상의 세계』, 85쪽.
23) 쾽로이슌, 『맨얼굴의 맹자』, 47쪽.
24) 『시경』, 722~725쪽, 「소아」, '節彼南山'.
25) 같은 책, 746~747쪽, 「소아」, '雨無正'.

날은 언제 있을까?', "저 죄지은 사람은 버려두고 내게 죄를 짊어지운다'라고 읊고 있다.[26]

위 인용문들이 뚜렷하게 보여 주듯이, 불공정할 뿐만 아니라 심지어 죄 없는 사람을 학대하고 죄 있는 사람을 잘되게까지 하는 하늘에 대한 불만은 천도天道에 대한 비판의식의 고취를 드러낸다.[27]

그러나 천에 대한 불만은 천에 대한 관념의 이성화와 합리화, 그리고 하늘과 인간의 관계에서 인간의 주체적인 도덕적 행위 역량의 중요성에 대한 인식의 증대로 이어진다. 천도에 대한 비판적 문제의식의 대두가 반드시 천 자체에 대한 회의와 그 부정으로 이어지는 것이 아니라, 그런 회의를 매개로 해서 천에 대한 새로운 관념이 나타나는 것이다. 그리하여 인간의 도덕적 행위에 대해서는 더욱 이성적인 성찰을 통해 기존의 무술巫術과 미신적인 신앙의 계기들이 비판되고, 천도天道 역시 일정하게 이성적인 성격을 지닌 존재로 거듭난다. 이런 변화를 반영하여 하늘과 인간의 관계를 새롭게 설정하고 인간의 도덕성에 대한 새로운 자각을 가장 분명하고 영향력 있게 표현한 것은 다름 아니라 공자의 사상이었고, 공자 사상의 최고의 혁신은 인仁에 대한 새로운 사유 방식으로 귀결되었다.

하여간 상나라를 전복시킨 주나라가 자기 정치 권력의 정당성을 옹호하기 위해 천명天命사상을 동원했다는 점은 중국 역사나 유가사상의 형성과 관련해서도 커다란 의미를 지닌다. 천명 이론은 "그 이후 3천 년 동안 중국 정치 사유의 기초"였다고 평가받는다.[28] 시라카와 시즈카(白川靜)는 주나라의 천명사상을 "혁명사상"으로 규정한다.[29] 그리고 슈워츠[30]뿐만

---

26) 같은 책, 763~768쪽. 「소아」의 '우무정'과 '소반' 내용은 신광래의 번역자가 공들여 만든 '옮긴이 주'를 통해 알게 되었다. 쾽로이슌, 『맨얼굴의 맹자』, 101쪽.
27) 하늘이 폭력적이고 백성을 학대한다는 비판의식은 天道에 대한 회의를 나타내며, 이는 東周시대에 본격적으로 발생했다. 왕치심, 『중국 종교사상사 대강』(정진완 옮김, 아우내, 2010), 114쪽.
28) *Confucius and the Analects: New Essays* (edited by Bryan W. Van Norden, Oxford; New York: Oxford University Press, 2002), p.5.
29) 시라카와 시즈카, 『공자전』, 199쪽.
30) 벤자민 슈워츠, 『중국 고대 사상의 세계』, 76쪽.

아니라 크릴도 천명사상에서 민주주의 사상의 기초를 발견한다. "단순한 반도와 하늘이 명한 계승자를 어떻게 구별할 수 있겠느냐 하는 의문이 제기된다면, 후자의 경우는 백성들이 그 대의를 지지하여 그에게 승리를 안겨 준다고 답변할 수밖에 없다. 주의 선전가들은 스스로 그런 의도를 가진 것은 아니었다 할지라도 후세 민주주의적 사상의 발전에 훌륭한 기초를 쌓은 것이 명백하다."[31]

주나라 초기에 천의 관념이 점차 도덕적 의미를 지니게 되면서 덕德과 명命의 의미도 변화하기 시작했다. 상나라 시기와 주나라 초기에 덕德은 사람은 물론이고 자연신이나 조상의 영령에 대해서도 친절하게 대하거나 제사와 같은 의례에 맞는 행동을 함으로써 덕을 베푸는 사람으로 하여금 카리스마적 영향력을 발휘하게 만드는 일종의 힘을 의미했다. 달리 말하자면, 덕은 관대함이나 자기희생과 같은 행동으로 인해 혜택을 받은 존재로 하여금 그런 유덕한 행위를 베푼 사람에게 보답하는 마음을 불러일으키게 하는 비강제적인 감화의 힘으로 이해되었다. 덕이 '획득하다'라는 의미의 '득得'과 밀접하게 연결된 것도 덕의 감화적인 힘과 무관하지 않다.[32]

천의 초월적 의미의 강화는 천이 조상신들이나 귀신들보다도 더 강하며 왕이 주재하는 의례에 의해서도 통제되지 않는다는 관념을 강화해 준다. 앞에서 천명사상에 관해 설명한 곳에서도 강조되었듯이 이는 왕권에 대한 새로운 인식의 출현과도 긴밀하게 연결되어 있다. 인간 사회의 행동 양식들이나 의례는 당연히 물론 하늘에서 유래했지만, 이제 하늘은 그런 의례에 구속받지 않을 정도로까지 도덕적인 의미로 변화된다. 혹은 천의 관념이 인문적인 정신에 의해 새롭게 이해되었다고 해도 틀리지 않을 것이다.

명命의 용법도 변화하는데, 명命은 인간이 통제할 수 없는 운명이라는 의미와 더불어 다른 의미도 지니게 된다. 천명사상이 보여 주듯이 명은

---

31) H. G. 크릴, 『공자: 인간과 신화』, 35쪽.
32) 필립 아이반호, 『유학, 우리 삶의 철학』(신정근 옮김, 동아시아, 2008), 24~25쪽, 쿵로이슌, 『맨얼굴의 맹자』, 47~48쪽.

운명의 의미로서가 아니라, "왕의 통치 역량과 통치의 정당성을 논의하는 맥락"에서 이해되기 시작했다. 이에 따르면 천명의 지속성은 왕이 백성을 잘 돌보고 그 책임을 수행하는지 그렇지 않은지에 달려 있다. 달리 말하자면 명은 군주나 통치자들의 노력에 따라 상실될 수도, 혹은 획득될 수도 있는 가변적인 것으로 이해된다.[33] 그래서 명이라는 개념은 백성을 양육해야 한다는 군주의 '의무'나 '행위 규범'과 관련해서 논의된다.[34]

이처럼 통치자의 덕성이 천명의 지속성 여부에 결정적 관건이 됨으로써 혈연에 의한 세습적 권위만으로는 정치적 권위의 궁극적 기반이 확보될 수 없다는 점이 분명해졌다. 이에 따라 사람들은 점차로 정치 권력의 정당성과 지속성의 여부를 판단할 때 각종 의례의 준수만을 충분한 것으로 여기지는 않게 되고, 참다운 마음가짐으로 유덕한 행위를 하는 것을 더 소중한 것으로 간주하게 되었다.[35]

3. 공자의 군자 개념의 혁신과 덕의 보편성

주나라는 전체 사회가 붕괴해 가는 위기의 시대에 태어난 공자는 사회에 만연해 있는 전통적인 종교적 신앙, 사유 그리고 행위방식의 무질서를 극복하고자 했다. 이런 공자의 시도에서는 하늘에 대한 인식도 중요한 요소를 차지하고 있지만, 『논어』에는 천명과 천도天道에 대한 언급이 그다지 많지 않다.(「위정」 4; 「공야장」 12; 「계씨」 8) 그러나 언급이 적다고 해서 천과 도가 공자의 사상에서 중요하지 않다는 것은 아니다. 그는 죽음의 위험에 직면하자 "하늘이 나에게 덕을 주었으니 환퇴가 나에게 어찌하겠는가?"[36]라고 말하였다. 또 광匡 땅에서 엄청난 어려움에 직면하여 그 지역 사람들이

---

33) 필립 아이반호, 『유학, 우리 삶의 철학』, 27쪽.
34) 퀑로이슌, 『맨얼굴의 맹자』, 49쪽.
35) 필립 아이반호, 『유학, 우리 삶의 철학』, 31쪽.
36) 『논어집주』, 139쪽, 「술이」 22.

자신을 죽이고자 할 때도 자신이 실현하고자 하는 도는 하늘에서 온 것이라고
말한다.

> 문왕文王이 이미 별세하셨으니 문文이 이 몸에 있지 않겠는가? 하늘이 장차
> 이 문을 없애려 하셨다면 뒤에 죽는 사람(공자 자신)이 이 문에 참여하지
> 못했을 것이다. 그러나 하늘이 이 문을 없애려 하지 않으셨으니, 광 땅
> 사람들이 나를 어떻게 하겠는가?[37]

주희가 말했듯이 이때의 문文은 도道가 드러난 예악과 제도를 말하는
것이다.[38] 위 인용문에서 나타나듯이 공자는 하늘에 대해 매우 공경하는
모습을 보여 준다.

그러나 공자가 말한 하늘이 인격적인 의미를 지니는지, 그리고 그가
유신론자인지는 논쟁적이다. 이택후가 말하듯이 공자의 하늘에 대한 언급은
매우 모호하다. 이택후에 따르면, 공자의 말에서 명확한 것은 "생명을 따뜻하
게 긍정하는 정서적 색채를 우주에 부여한다는 사실 뿐인 듯하다."[39] 양백준
에 따르면 『논어』에 등장하는 '하늘'에는 세 가지 의미가 있다. 그것은
바로 '자연'으로서의 하늘, '주재 혹은 운명'이라는 뜻의 하늘, 그리고 '의리의
하늘'이다.[40] 반면에 채인후는 "하늘이 나에게 덕을 주었으니"와 "하늘이
장차 이 문文을 없애려 하셨다면"에서의 하늘은 인격신으로서의 천을 의미한
다고 본다.[41]

이처럼 하늘이 지니는 의미는 모호하지만, 공자가 하늘과 인간 사이의
밀접한 관계를 강조한 것은 틀림없다. 하늘이 자신에게 덕을 주었다는

---

37) 같은 책, 166~167쪽, 「자한」 5.
38) 같은 책, 167쪽.
39) 이택후, 『논어금독』(임옥균 옮김, 북로드, 2006), 416쪽. 이와 유사하게 필자는 후대
성리학에서 보듯이 하늘을 천지가 만물을 생성하고 발육하는 이치 정도로 이해한다.
40) 양백준 역주, 『논어역주』(이장우·박종연 옮김, 중문, 1997), 310쪽, 「공자에 관하여(양백
준)」.
41) 채인후, 『공자의 철학』(천병돈 옮김, 예문서원, 2000), 168쪽.

말 이외에, "나를 알아주는 것은 하늘일 것이다"[42]라는 공자의 주장도 이를 잘 보여 준다. 그리고 이런 하늘이 부여한 덕의 실현과 관련해서 공자는 늘 도道를 언급한다. 그는 자신이 사는 시대를 도가 상실된 시대로 보면서, 도의 회복이 없이는 혼란스러운 시대가 극복될 수 없다고 여겨 상실된 도를 다시 세상에 구현하고자 했다. 그는 자신이 평생을 통해 실현하고자 했던 도가 바로 하늘에서 온 것임을 분명히 한다. 이렇게 공자는 자신의 삶을 하늘로부터 받은 사명인 덕을 실천하는 것으로 생각했다. 그리고 그런 도의 실현이란 사실상 천도天道의 구현을 뜻한다. 공자는『논어』「위정」4에서 "쉰 살에 천명을 알았다"[43]라고 말하는데, 천명을 알았다는 말은 곧 상실된 주나라 시대의 예악과 제도 속에 담겨 있던 도를 회복하는 것이야말로 하늘로부터 받은 그의 일생일대의 과제라는 점을 철저하게 자각했다는 뜻이라고 보아도 좋다.

주나라의 역사 문화 및 제도로 구체화된 '도'란 사실 천명 혹은 천도와 같은 것이다. 주나라의 문물제도를 계승하여 거기에 새로운 문화적 생명을 부여하려는 것이 공자가 꿈꾼 일생의 과제였다고 해도 지나치지 않을 것이다. 그러나 이런 주나라의 문물제도의 재탄생을 추구하는 과정에서 그는 결코 주나라의 문화만을 숭배하지는 않았다. 소공권에 따르면 공자는 주나라를 따르면서도 은나라의 전통에서 배운 바가 매우 컸다. 이를테면 소공권은 공자가 주나라의 번거로운 예를 중심으로 한 정치가 지니는 폐단을 고치기 위해서는 은나라의 관대한 정치 정신이 유용할 것이라고 평가했음을 주장한다.[44]

하여간 주나라의 전통문화를 계승하여 발전시키고자 하는 공자의 투철한 사명감과 책임감은 하늘로부터 받은 덕의 실현과 관련이 있을 뿐 아니라 그의 삶의 궁극적 의미이기도 했다. 그래서 공자에게 있어 하늘과 인간

---

42) 『논어집주』, 297쪽, 「헌문」 37.
43) 같은 책, 35쪽.
44) 소공권, 『중국정치사상사』(최명·손문호 옮김, 서울대학교 출판부, 2002), 106~108쪽.

사이에는 서로 통하고 하나가 되는 관계가 형성된다. 이런 맥락에서 우리는 공자가 천명을 깨닫는 일의 중요함을 반복해서 강조하는 까닭을 헤아릴 수 있다. 『논어』에서 그는 "명을 알지 못하면 군자가 될 수 없다"(「요왈」 3)라고 했으며, 군자가 두려워해야 할 세 가지 중의 하나로 '천명'을 들고 있다(「계씨」 8).[45] 「요왈」 3에 나오는 구절 "명을 알지 못하면 군자가 될 수 없다"에서, 명命이 천명인지 아니면 운명의 명인지는 논하기 어렵다. 이와 관련해 해석의 차이가 존재한다.

채인후에 따르면, 선진시대에는 명命이 두 가지 뜻을 지녔다. 하나는 하늘이 명령한 것 혹은 본성이 명령한 것이라는 의미에서의 명이다. 이를 천명天命 혹은 성명性命이라고 하는데, 이런 의미의 명을 '명령'의 명으로 본다. 또 다른 의미의 명은 운명의 명처럼 인간이 어찌해 볼 도리가 없는 객관적인 제약이나 한계를 나타낸다. 이를 '명정命定'의 명으로 부른다. 인간은 전자의 명 즉 성명이나 천명의 명을 벗어나서는 안 되고, 이를 경외하고 따르며 실천해야 한다. 반면에 후자의 명 즉 객관적인 한계와 제약을 나타내는 운명의 명은 인간이 알아서 받아들여야 한다.[46] 그리고 채인후는 서복관의 선행 연구를 소개하면서 『논어』를 읽을 때는 '천명'처럼 천과 명을 병렬해서 사용한 경우와 '명' 단독으로만 쓰인 경우를 서로 구별해야 하는데, 이런 구별은 개별 용법에 따라 명확하게 구별되지 않아서 운명의 명으로 해석해도 좋고 천명의 명으로 해석해도 통하는 경우가 있다고 말한다. 그러면서 "명을 알지 못하면 군자가 될 수 없다"라는 구절에서의 명은 삶과 죽음이나 길흉화복과 같은, 인간이 온전하게 통제할 수 없는 객관적 한계를 뜻하는 운명의 명으로 보아야 한다고 말한다.[47]

사실 주희도 "명을 알지 못하면 군자가 될 수 없다"라는 구절에서의 '명'을 운명의 명으로 보아야지 '지천명'의 명과 같은 것으로 보아서는 안

---

45) 『논어집주』, 389쪽 및 334쪽.
46) 채인후, 『공자의 철학』, 179쪽.
47) 같은 책, 181~182쪽.

된다고 말한다.

주자가 말했다. 이 구절(의 명)과 "50세에 천명을 알았다'라고 할 때의 명은
다르다. '천명을 알았다'는 것은 그 이치가 어디서 온 것인지를 안다는
것이고, 이 '명을 알지 못한다'고 할 때의 명은 생과 사, 장수와 요절, 빈과
부, 귀와 천의 명을 말한다. 요즈음 사람들은 입만 열면 또한 한 입 마시고
한 입 먹는 것이 본디 정해진 분수가 있다고 말하지만, 소소한 이해관계를
만나면 곧장 달려가고 피하고 계산하고 비교하는 마음이 생긴다. 옛사람들이
(목을 벨) 칼과 톱이 앞에 있고 (삶아 죽일) 솥과 가마가 뒤에 있더라도
마치 없는 듯이 보았던 것은, 다만 도리만을 보고 저 칼이나 톱, 솥이나
가마는 모두 보지 않았기 때문이다.[48]

그러나 주희와 달리 정약용은 "명을 알지 못하면 군자가 될 수 없다"의
'명'을 천명의 명으로 본다. 그래서 그는 "하늘이 명령한 것을 명이라 하니,
사람은 하늘에서 명을 받아 본디 여러 생물보다 빼어나게 다르고 만물
가운데서 귀하다. 그러므로 천지의 생물 가운데 사람이 귀하다'라고 한
동중서의 주장을 인용하면서, 이를 "명을 알지 못하면 군자가 될 수 없다'라는
구절과 연결해 이해한다.[49]

이처럼 천명의 명과 운명의 명이 구별된다고는 하지만 사실 이 둘은
서로 연관되어 있다고 보아야 한다. 군자가 자신의 도를 실현하기 위해서는
천명의 명과 아울러 객관적인 형세나 길흉화복의 추세 등을 정확하게 인식하
는 것이 중요하기 때문이다. 사람의 활동을 둘러싼 객관적 정세나 한계를
염두에 두지 않은 채 오직 자신이 옳다고 믿는 이치만을 추구해 가는 것에는
맹목적인 실천으로 흐를 위험성이 존재한다. 물론 주희가 주장하듯이, 객관
적인 한계에 대한 강조는 정반대로 현실을 숙명적으로 수긍하게 만듦으로써

---

48) 이인서원 기획, 『세주완역 논어집주대전』 4(김동인·지정민 옮김, 한울아카데미, 2013),
    446쪽.
49) 임헌규, 『3대 주석과 함께 읽는 논어: 고주, 주자집주, 다산 고금주』 2(모시는 사람들,
    2020), 1027쪽에서 재인용.

현실을 비판하여 더 나은 상황으로 이끌고 가려는 인간의 도덕적 주체 의식을 마비시킬 위험성도 있다.

그러나 이상적으로 본다면 운명의 명에 대한 정확한 인식과 천명의 명은 양립할 수 있을 것이다. 이런 맥락에서 필자는 다음과 같은 채인후의 해석이 옳다고 본다. 그에 따르면 도덕 본성의 본분으로서 인간이 마땅히 따르고 실천해야 할 의무를 극진히 하는 것이란 객관적인 제약과 한계로서의 운명을 아는 데 그치는 것이 아니다. 오히려 그런 도덕 본성의 본분인 피할 수 없는 의무를 다하려면 바로 천명·성명의 명을 아는 데까지 나아가야 한다.50) 그러므로 군자가 천명을 알아서 이를 세상에 구현하려고 최선을 다해야 한다는 것, 바로 이것이 공자가 군자의 길에서 강조한 핵심일 것이다.

이처럼 하늘(天)은 공자 자신에게도 도덕의 원천이자 자신이 추구하는 도의 원천이다. 도는 본래 길을 의미하지만, 공자에게서 도는 예약 및 제도로 표현된 사회·정치적 규범 질서 전체를 의미하기도 하고, 또 그런 가족, 사회, 국가에서 담당하는 각각의 역할에서의 예의에 어울리는 행동 방식을 뜻하기도 한다. 이런 맥락에서 그레이엄도 공자의 도를 "인간 행위와 정치조직의 올바른 진로(course)"를 의미한다고 본다.51) 뿐만 아니라 도는 개인의 자발적이고 내면적인 도덕적 삶을 포괄한다. 이렇게 도는 다른 그 어떤 것보다도 행동이나 제도들을 판단하는 절대적인 기준으로 이해된다. 그러므로 공자에게서 도는 개인이나 국가나 천하가 모두 마땅히 행해야 하고 따라야 하는 원칙을 의미한다.52)

그러나 공자에게 이르러 하늘의 뜻을 알고 그것을 이 세상에 실현해야 하는 과제는 온전히 사람의 주체적인 노력과 학습에 대한 강조로 이어진다. 그러므로 도란 인간이 궁극적으로 추구해야 할 도리나 규범으로 이끄는 길을 의미한다. 달리 말하자면 인간의 인간다움을 실현하는 것은 인간이

---

50) 채인후, 『공자의 철학』, 189~190쪽.
51) 앤거스 그레이엄, 『도의 논쟁자들: 중국 고대철학 논쟁』(나성 옮김, 새물결, 2001), 36쪽.
52) 벤자민 슈워츠, 『중국 고대 사상의 세계』, 99쪽; 크릴, 『공자: 인간과 신화』, 158쪽.

스스로 하기에 달려 있기에, 천과 도의 관계에서 인간은 하늘이 정해 놓은 운명에 그저 숙명적으로 이끌려 가고 순응하는 노예적인 존재가 아니다. 이는 『논어』 「술이」 6의 "도에 뜻을 둔다"(志於道)라는 주장이나 "선비는 도에 뜻을 둔다"[53]라는 공자의 강조에서도 입증된다. 주희가 독해한 것처럼 '뜻'이란 마음이 향하는 곳이며 도란 '인륜과 일상생활 사이에서 마땅히 행해져야 할 것'을 의미한다.[54]

이처럼 도에 뜻을 둔다는 것은 도의 실현이 인간의 도덕적 책임에 달린 문제라는 자각의 표현이다. 그리고 이런 인간다움의 실현을 목표로 하는, 온갖 역경이나 부귀에 대한 유혹에도 흔들림이 없는 간단없는 행동과 수양을 통해 비로소 도가 실현되며 인도와 천도가 합일될 수 있다는 것이 공자의 생각이었다. 이런 맥락에서 그는 "사람이 도를 넓히는 것이지, 도가 사람을 넓히는 것이 아니다"라고 역설한다.[55] 공자가 추구했던 천인합일의 경지에 대한 언명이라고 보아도 좋을 듯하다. 왜냐하면 사람이 어려운 환경에 처했다고 해서 스스로 뜻했던 도의 실현을 저버리고 아첨이나 굴욕적인 삶을 구차스럽게 택한다면, 그는 사람다움의 의의만을 잃어버리는 것이 아니라 하늘의 뜻이나 도 자체를 곤궁에 빠뜨리게 되기 때문이다.

그리고 인간다움을 실현한 주체적 역량을 갖춘 인간에 대한 공자의 강조는 하늘에게서 동등하게 부여받은 내재적 덕성의 보편성에 대한 강조와 긴밀하게 결합해 있다. 뒤에서 좀 더 상세하게 살펴보겠지만, 모든 인간에게 보편적으로 주어진 잠재적 덕성을 발휘하여 인간성을 실현하기 위한 지속적인 자기수양의 강조는 공자의 핵심적 가르침이다. 달리 말하자면, 참다운 인간성을 실현하는 자기수양의 과정은 단순하게 사회적인 지위나 역할에 알맞은 예법을 내면화하는 데서 완성되는 것이 아니라 스스로의 자각적인 노력에 의해서만 실현될 수 있다. 결국 하늘과 도에 대한 공자의 고민은 그가

---

53) 주희, 『논어집주』, 75쪽, 「이인」 9.
54) 같은 책, 128쪽.
55) 같은 책, 319쪽, 「위령공」 28.

인간의 인간다움의 근원으로 파악한 '인仁' 즉 어짊으로 응결되어 드러난다. 즉 하늘이 인간에게 부여한 '덕'이나 인간이 잠시도 벗어나지 않고 사심 없이 정성을 다해 걸어가야 할 '정도正道'란 모두 인과 그 인의 실천의 문제로 귀결된다는 말이다.

공자 이전 시기에 덕은 주로 통치자들에 관해 언급되었으나, 공자의 때에 와서 덕 관념은 개인들의 덕을 지칭하는 의미로 변형되기에 이르렀다.[56] 이는 천 관념이 도덕적인 의미로 변환되는 과정에서 이룩한 공자의 혁신적인 사유의 결실이다. 물론 이런 공자의 사상도 아무런 전통적인 근거가 없는 것은 아니다. 이를테면 『시경』 「대아·증민烝民」에 "하늘이 여러 백성을 내시니 사물이 있음에 법이 있도다. 백성이 떳떳한 성품을 갖고 있는지라, 이 아름다운 덕을 좋아하도다"라는 구절이 등장한다.[57]

그러나 공자는 전통적인 덕 개념에 주목하여, 이를 답습하는 것에 그치지 않고 더욱 발전시켰다. 이제 도덕은 인간 모두에게 내재해 있는 것으로 이해된다. 달리 말하자면, 하늘의 도는 인간의 본성에 내재한 것으로 이해된다. 그러므로 도를 따르는 것은 하늘로부터 부여받은 인간성의 실현이다. 이런 맥락에서 그레이엄은 공자가 "덕의 개념을 도덕화하고 확장한" 결과 "덕은 도에 따라 행동하며 다른 사람들을 도로 인도할 수 있는 능력으로 변한다"라고 주장한다.[58]

그러나 덕의 실현은 자기수양이라는 배움의 과정을 동반해야 한다. 이런 도덕적 자기수양에서도 공자는 우리의 모범이다. 그의 가르침은 그가 평생을 통해 체험한 인생 역정에 대한 깊은 성찰의 결과물이다. 그런 점에서 공자는 생애 전반에 걸쳐 배워서 덕의 완성을 향해 전진해 간 인물로, 가히 위대한 성인이라 할 만하다. 그는 "열다섯 살에 학문에 뜻을 두었고"(「위정」 4) "배우는

---

56) *Confucius and the Analects: New Essays*, p.67.
57) 『詩經集傳』 하, 322~323쪽. 공자는 『논어』에서 종종 『시경』을 언급하고 있다. 그가 보았다는 『시경』이 오늘날 우리가 알고 있는 것과 같은 것이 아니겠지만 거의 같은 것으로 보인다고 크릴은 말한다. H. G. 크릴, 『공자: 인간과 신화』, 128~129쪽.
58) 앤거스 그레이엄, 『도의 논쟁자들: 중국 고대철학 논쟁』, 36쪽.

것을 싫어하지 않으며 사람 가르치기를 게을리하지 않는'('술이」2) 사람이었으며 "분발하면 먹는 것도 잊고 (이치를 깨달으면) 즐거워 근심을 잊어서 늙음이 장차 닥쳐오는 줄도 모르는'('술이」18) 사람이었다.[59] 그래서 공자는 시냇가에서 다음과 같이 말했다. "가는 것은 이 물과 같구나. 밤낮을 그치지 않는도다."[60] 공자의 이 말에서 우리는 도를 추구하는 인간의 자기실현 과정이 끊임없는 노력의 과정임을 알게 된다. 맹자는 "근원이 좋은 물은 용솟음쳐 흘러서 밤낮으로 그치지 아니하여 구덩이를 가득 채운 뒤에 전진해서 사해四海에 이르니, 학문에 근본이 있는 자는 이와 같다'라고 말했다.[61] 맹자 이후에도 유학자들은 공자가 강조했던 멈추지 않고 늘 흐르는 물을 "끊임없는 자기실현의 과정"이나 "유학적 인간이 되는 참된 길"에 대한 비유라고 보았다.[62]

모든 인간은 덕의 잠재력을 평등하게 지니고 있다는 자각이 공자 사상의 근본 토대이다. 아이반호가 주장하듯이 공자는 "누구나 자신의 덕을 갈고 닦을 수 있다는 사고방식을 역설"했다.[63] 바로 여기에서부터 공자의 인仁에 대한 이론이나, 누구나 덕을 배우고 함양함으로써 인간성의 최고 경지인 요순과 같은 성인聖人에 이를 수 있다는 이론도 출발한다. 군자는 공자가 강조했던 이상적인 인간상이다. 군자, 더 나아가 모든 인간은 원칙적으로 자신의 도덕적 잠재력을 함양하기 위해 노력해야만 한다고 공자는 강조했다. 그리하여 도덕적으로 완전한 사람, 즉 참다운 군자가 되는 것은 모든 인간의 도덕적 이상이 되었다.

『논어』「위령공」31에 나오는 "군자는 도를 걱정하지, 가난함을 걱정하지

---

59) 『논어집주』, 34쪽·126쪽·137쪽.
60) 같은 책, 175쪽, 「자한」 16.
61) 『맹자집주』, 239쪽, 「이루하」.
62) 두유명, 『뚜웨이밍의 유학강의』(정용환 옮김, 청계, 2001), 27쪽. 물론 이 구절은 후대 송대 유학의 형성 과정에서 결정적 의미를 지닌다. 달리 말하자면, 성리학에 따르면 이 구절은 도의 본체를 드러내는 공자의 가르침으로 이해된다. 주희, 『논어집주』, 176쪽. 이 구절에 대한 다양한 해석들은 성리학과 관련된 주제를 논하는 곳에서 다루게 될 것이다.
63) 필립 아이반호, 『유학, 우리 삶의 철학』, 36쪽.

않는다"[64]라는 공자의 말은 하늘과 인간의 덕행 사이의 관계가 철저하게 도덕적인 의미로 변했음을 보여 준다. 이는 인간의 삶에서 결정적인 것은 명예나 부와 같은 외적 성공 여부가 아니라 하늘이 부여한 진정한 인간성을 실현하는 것이라는 윤리의식의 자각적 표현이다. 그러므로 이런 공자의 가르침은 군자의 길이 특정한 귀족이나 통치자에게 국한된 것이 아니라 모든 인간이 공통으로 따라야 할 길이라는, 도덕의 보편성에 대한 자각을 전제로 한다.

이런 사고방식은 공자 이전의 사유와 크게 대조된다. 예를 들어『시경』에는, 제사를 잘 드렸는데 왜 나라가 가뭄으로 인해 고통을 겪는지 모르겠다며 하늘과 조상의 영에 한탄하고 반문하는 구절이 등장한다. 이런 말에는 제사를 통해 왕과 하늘이 서로 교환관계를 형성하고 있다는 사실이 함축되어 있다. 제사를 잘 지내는 왕에게는 하늘이 복을 주어야 한다는 식의 교환관계가 설정되어 있다는 말이다. 또 건강이나 자손의 번창 등을 염원하여 조상의 영령들이나 신들에게 제사를 지내는 관례 역시 공자가 태어나던 시기에도 널리 유행했다.[65]

이미 앞에서 본 것처럼, 상나라와 주나라 시기에 덕德은 사람은 물론이고 자연신이나 조상의 영령에 대해서도 친절하게 대하거나 제사와 같은 의례에 맞는 행동을 함으로써 그들로 하여금 카리스마적 영향력을 발휘하게 만드는 일종의 힘을 의미했다. 물론 공자 이전의 문헌에도 하늘을 진정으로 기쁘게 하는 것은 재물보다도 덕이라는 관념이 없진 않았다. 그런 점에서 공자의 사유도 무에서 나오진 않았다. 사유의 독창성이란 그저 새로운 것을 창출해 냈다는 데에만 그치지 않는다. 공자의 독창성과 위대성은 과거의 사유 방식을 좀 더 체계적으로 사유하여 그 이전의 문화적 성취의 근본정신을 새롭게 정립했다는 데 있을 것이다.

공자는 모든 인간이 도덕적 잠재력의 측면에서 평등하다는 학설을 다양한

---

64)『논어집주』, 320쪽.
65) H. G. 크릴,『공자: 인간과 신화』, 152쪽.

방식으로 표현한다. 『논어』 「위령공」 38에서 공자는 "가르침이 있으면 종류가 없다"(有敎無類)라고 말한다.[66] 이때 類類란 부족, 등급, 신분 등을 가리킬 수 있고 천부적 자질을 의미할 수도 있다.[67] 그런 기준들에 따라 누구를 가르치고 누구를 가르치지 않을지를 구별하는 것을 넘어서서, 아무런 차별이 없는 교육의 보편성을 강조하는 공자의 주장은 매우 중요하다. 공자는 자신의 믿음을 실천으로 옮겼다. 그는 "포 한 묶음 이상을 가지고 와서 스승 뵙는 예를 차리기만 한다면 내 일찍이 가르쳐 주지 않은 적이 없었다'라고 말했다.[68] 이처럼 공자는 교육자로서 출신을 따지지 않고 일정한 예를 갖추는 사람이라면 누구든 제자로 받아들였다.

공자는 군자를 이상적인 인간형으로 보고 제자들을 이런 이상적 인간형으로 키우려고 했다. 원래 군자는 왕의 아들들이나 동생들을 뜻하는 것으로, 정치를 도맡아 하는 특권 계층을 지칭하는 용어였다. 벤자민 슈워츠도 "서양 전통의 '귀족'(noble man)이나 '신사'(gentleman)와 같이, 군자라는 말은 그 원래 의미에서 윤리적 성격보다는 오히려 사회적 성격을 지녔다'라고 말한다. 이런 '군자'라는 용어를 이상적인 인간상으로 변형시켜 '도덕적인 고매한 사람'이라는 뜻을 부여한 사람이 바로 공자였다. 슈워츠는 아주 조심스럽게 공자가 처음으로 일반 사람들도 덕을 지닐 수 있음을 강조한 것은 아닐지도 모른다고 지적하면서, 그렇지만 일반 백성들도 교육을 통해 군자가 될 수 있음을 주장한 인물은 공자가 처음일 것이라고 본다.[69]

소공권에 따르면, 군자라는 용어는 공자가 만든 말이 아니라 주대에 이미 유행하고 있던 말이었다. 실제로 군자라는 용어는 『시경』이나 『서경』에도 여러 번 등장한다. 그러나 이런 문헌에 등장하는 군자라는 용어는 사회적 지위만을 지칭하는 것일 뿐, 결코 개인의 도덕적 성품을 가리키는 것이 아니다. 그래서 소공권은 공자 이전의 문헌에서 "지위를 떠나서 품성만을

---

66) 『논어집주』, 324쪽.
67) 이택후, 『논어금독』, 741쪽.
68) 『논어집주』, 130쪽, 「술이」 7.
69) 벤자민 슈워츠, 『중국 고대 사상의 세계』, 120쪽.

지칭하는 경우는 절대로 없다"라고 말한다.[70] 물론 『논어』에는 군자를 순전히 사회적 지위라는 의미에서 사용하는 사례 또는 지위와 성품을 동시에 지칭하는 예도 있지만, 소공권의 연구가 보여 주듯이 순전히 성품을 나타내는 사례가 등장하고 있다. 그러므로 오로지 개인의 성품과 관련해 군자라는 용어를 사용하는 것은 공자 자신의 창작이라는 것이다.[71]

『논어』「학이」에 나오는 구절, 그러니까 "사람들이 알아주지 않더라도 서운해하지 않는다면 군자君子가 아니겠는가"라는 공자의 말은 새로운 군자 개념을 잘 보여 준다.[72] 이때 군자는 기본적으로 인간이면 누구나 꿈꿀 수 있는 인간상으로 이해된다. 배움과 수양을 통해 도덕적 주체로 성장할 수 있다는 것이다. 따라서 공자에 이르러 군자는 출생 신분과 무관하게 사람이 스스로의 도덕적 잠재력을 최고도로 실현한 이상적인 도덕적 인간상을 의미하게 된다.[73]

군자의 길이 모든 사람에게 본보기가 되는 길로 이해됨으로써 이제 공자는 모든 인간은 스스로 참된 인간성을 실현하기 위해 진실하고 성실하게 노력해야 한다는 점을 강조한다. 공자는 배움이란 자신을 위한 것이라 보고 늘 자신에게서 구할 것을 역설하면서 자기수양의 중요성을 강조했다.[74] 『논어』「위령공」20에서 공자는 말한다. "군자君子는 자신에게서 찾고, 소인小人은 남에게서 찾는다."[75] 그리고 자기 내면의 덕성을 실현하는 임무는 모든 타인의 도덕적 이상의 실현과 공속한다. 그래서 공자는 군자의 길은 어진 사람이 되는 데 있다고 보면서 군자의 이상적인 원칙을 다음과 같이 설명한다. "인자仁者는 자신이 서고자 함에 남도 서게 하며, 자신이 통달하고자 함에 남도 통달하게 하는 것이다."[76]

---

70) 소공권, 『중국정치사상사』, 116~117쪽.
71) 같은 책, 117~118쪽.
72) 『논어집주』, 18쪽.
73) H. G. 크릴, 『공자: 인간과 신화』, 107~108쪽.
74) 『논어집주』, 290쪽 참조.
75) 같은 책, 316쪽.
76) 같은 책, 124쪽, 「옹야」 28.

도덕의 잠재적 평등성과 보편성에 대한 공자의 자각은 통치 권력의 정당성에 대한 새로운 이해로 이어진다. 이제 공자는 통치자의 자격은 개인의 능력과 덕망에 달려 있음을 강조한다. 달리 말하자면, 군자의 개념을 혁신한 공자는 이런 새로운 군자관을 그의 정치이론의 토대로 만든다. 따라서 공자 이래 유가 전통에서 군자가 군왕을 도와 정치를 도맡아야 한다고 주장할 때, 정치 담당자로서의 군자에게는 다스리는 일이 혈연적이고 세습적인 계층에 한정된 특권적 일이라는 의미가 존재하지 않는다.

공자는 실제로 미천한 가문 출신의 염옹冉雍을 제자로 받아들이면서 "옹(중궁)은 남면(군왕의 위에 앉음)하게 할 만하다"[77]라고 평했다. 가장 미천한 출신일지라도 배움을 통해 덕을 함양하기만 하면 이상적인 상황, 이를테면 대동사회에서는 성왕과 같은 군주가 되거나 그렇지 못한 상황에서는 세습적 군왕의 조력자가 될 수도 있다는 것이다. 아니, 덕을 지닌 사람만이 진정으로 군왕이 되거나 군왕을 보좌할 자격이 있다는 것이 공자의 발언의 진정한 의미이다. 이는 매우 혁신적인 발상이다.

노력과 수양, 즉 배움이나 교육을 통해 모든 인간이 군자가 될 수 있다는 점에서 공자 역시 사람의 능력과 재능을 중시하고 있다. 다만 여기서 그가 중시했던 능력이 무엇인지를 알려면 그가 추구했던 군자는 어떤 인간인가를 이해해야 할 것이다. 공자가 추구하는 군자의 길은 높은 도덕성을 지닌 위대한 인격을 연마하여 때가 허락하면 위정자가 되어 훌륭한 정치를 실행하는 데 전념하는 것이다. 그는 군자가 걸어가야 할 길을 군자의 도道라 불렀다. 공자는 군자의 도를 『논어』「헌문憲問」 45에서 다음과 같이 표현했다.

자로가 군자에 대하여 물으니 공자께서 "경으로써 몸을 닦는 것이다" 하셨다. (자로가) "이와 같을 뿐입니까?" 하자, "몸을 닦아서 사람을 편안하게 하는 것이다"라고 대답하셨다. 다시 "이와 같을 뿐입니까?" 하고 묻자 다음과 같이 대답하셨다. "몸을 닦아서 백성을 편안하게 하는 것이니, 몸을 닦아서

---

77) 같은 책, 105쪽,「雍也」 1.

백성을 편안하게 함은 요순堯舜께서도 오히려 부족하게 여기셨다.”[78]

공자 이래로 유가 전통에서는 모든 사람의 모범이 되어야 할 이상적인 인간상을 추구하는 선비나 군자는 '도道의 실현' 즉 수기치인修己治人의 도에 뜻을 두는 사람으로 이해해 왔다. 이런 점에서 장자가 유학을 "성덕聖德을 안에 간직하고 왕도王道를 밖으로 실행하는 도"(內聖外王之道)로 평가한 것은 진정 탁월하다.[79]

공자 역시 제자들에게 도에 뜻을 둘 것을 권고하면서, 도의 실현 과정에서 가난이나 명성의 부재로 인해 마음이 흔들리지 말 것을 당부했다. "선비가 도道에 뜻을 두고서 나쁜 옷과 나쁜 음식을 부끄러워한다면 이런 자와는 더불어 도道를 의논할 수 없다.”[80] 참다운 선비는 도에 뜻을 둔 사람으로, 나쁜 옷이나 변변치 못한 음식을 먹는다 해도 그것이 부득이한 경우라면 그것에 대해 전혀 부끄러워하지 않는다.

달리 말하자면, 참다운 선비란 도에 뜻을 두고 그것의 실현을 위해 독실하고 진실하게 온 마음을 기울여야 한다는 것이다. 따라서 공자가 열거한 나쁜 옷이나 나쁜 음식이란 단순히 경제적으로 어려운 상황만을 가리키는 것이 아니다. 그것에는 도에 대한 성실한 마음가짐 외의 모든 것, 예컨대 허명이나 사회적인 평판에 대한 지나친 열망 등도 포함된다. 난세에 세상에 나아가 벼슬을 할 것인지 아니면 관료가 되는 것을 거부해야 할 것인지와 같은 출처진퇴에 대한 고민이 없다면 참다운 군자라 할 수 없다.[81]

공자는 그가 가장 아끼던 제자 안연顔淵을 다음과 같이 칭찬한다. "등용되면 (도를) 행하고 버림받으면 (도를) 간직하는 일을 오직 나와 너만이 할

---

78) 같은 책, 302쪽.
79) 『장자』(안동림 역주, 현암사, 2011), 780쪽.
80) 『논어집주』, 75쪽, 「이인」 9.
81) 출처진퇴의 문제가 중심 주제로 다루어지는 곳은 『논어』「미자」편이다. 『논어』에서 「미자」편이 보여 주는 독특한 성질에 대해서는 기무라 에이이치(木村英一), 『공자와 논어』(나종석 옮김, 에코리브르, 2020), 제2편 제18절 참조 바람.

수 있을 것이다."⁸²⁾ 공자는 정치 세계로 나가 군자의 뜻을 제대로 펼칠 기회가 오면 그것을 마다하지 않았지만, 그런 환경이 오지 않는다고 해서 군자의 도를 저버리고 허명을 추구하려 하지는 않았다. 여기에서도 공자의 도가 입신출세 혹은 입신양명만을 추구하는 것과 근본적으로 다르다는 점이 나타난다. 공자에 따르면, 군자가 되는 길은 부귀영화 같은 세속적 성공에 있는 것이 결코 아니다.

앞에서 본 것처럼 군자를 양성하는 교육의 중요한 목표 중의 하나는 바로 바람직한 위정자爲政者 즉 정치가가 되어 세상에 군자의 도를 실현하는 데 있었다. 인정仁政을 천하에 펼쳐 보이는 것은 군자의 포기할 수 없는 사명이다. 뒤에서 보게 되겠지만, 정치가로서 군자에게 요구되는 역량은 백성의 행복(도덕적·물질적)과 번영을 달성하는 능력이다. 그러나 아무리 탁월한 역량과 재능이 있다 한들 그런 사람이 모두 군주에 의해 등용되거나 세상의 칭찬을 받을 수 있는 것은 아니다. 이때, 그렇다고 해서 세상을 전적으로 등지고 은일의 삶을 살아가는 것은 결코 대안이 될 수 없다는 것이 공자의 일관된 태도였다.

공자는 어지럽고 혼탁하며 위험으로 가득 찬 세계로부터 도피하여 은둔하는 사람을 현자賢者라고 칭했다.⁸³⁾ 이처럼 그는 은둔하는 삶을 완전히 비난하지는 않았지만, 은둔적 삶에 관해서는 끝까지 비판적 태도를 견지하고 있었다. 세상을 경륜할 포부와 능력이 있음에도 난세를 만나 군자의 도를 실현할 기회가 물거품이 되어 버린다고 할지라도, 군자는 천하에 인정의 정치를 실현할 가능성을 결단코 포기해서는 안 된다. 세상을 비판하고 세상에서 도피하여 은둔하는 삶의 길을 택하는 것은 어떤 명분을 내세운다 하더라도 결국 패배자의 행위이자 무책임한 행위일 수밖에 없다는 것이 공자의 생각이었을 터이다.

천하에 인정을 펼칠 기회가 없음에도 불구하고 천하에 관한 관심을 잊지

---

82) 『논어집주』, 131쪽, 「술이」 10.
83) 같은 책, 298쪽, 「헌문」 39.

않는 것이야말로 진정으로 공자가 추구한 삶이었다. 특히 시대가 어려우면 어려울수록 도덕적으로 훌륭한 사람이 세상을 비관하여 은둔의 삶을 추구하는 경우가 더 많다. 공자도 그런 길을 택한 사람을 격하게 비난하지는 않았다. 그러나 아무리 어지러운 상황이라 하더라도 세상을 바로잡으려는 마음을 완전히 포기하지 않는 사람이 공자였다. 그래서 성문을 열어 주는 문지기(晨門)는 공자를 일컬어 "불가능한 줄을 알면서도 행하는 자"라고 칭했다.[84] 간단하게 말해서, 불가능성의 가능성을 추구하는 것이 바로 공자의 정신이었던 셈이다.

그런데 군자가 추구하는 도道란 무엇인가? 공자에 의하면 군자 즉 선비가 지향해야 하는 목표는 결국 사람의 사람다움인 어짊 즉 인仁이다. 군자가 걸어가야 할 길은 오직 인仁일 따름이다. 그래서 공자는 말한다.

> 부富와 귀貴는 사람들이 하고자 하는 것이지만 정상적인 방법으로써가 아니라면 처하지 않아야 하며, 빈貧과 천賤은 사람들이 싫어하는 것이지만 정상적인 방법으로써가 아니라면 버리지 않아야 한다. 군자가 인을 떠나면 어찌 이름을 이룰 수 있겠는가. 군자는 밥을 먹는 동안이라도 인을 떠남이 없으니, 경황 중에도 이 인에 반드시 처하며 위급한 상황에도 이 인에 반드시 처하는 것이다.[85]

4. 공자의 인仁 개념, 자율성, 그리고 돌봄

공자의 핵심 사상이 인仁에 관한 것이라는 점에는 의문의 여지가 없지만, 인은 다양한 의미를 지닌다. 이를테면 공자는 그의 제자 번지樊遲가 인이란 무엇인지를 물었을 때 각각 답을 달리하고 있다. 공자와 번지 사이의 문답을 예로 들어 보자.

---

84) 같은 책, 299쪽, 「헌문」 41.
85) 같은 책, 72쪽, 「이인」 5.

번지가 인을 묻자, 공자께서는 "사람을 사랑하는 것이다" 하셨다.[86]

번지가 인을 묻자 공자께서 대답하셨다. "거처할 적에 공손하며, 일을 집행할 적에 공경하며, 사람을 대할 적에 충성되게 해야 한다. 이것은 비록 이적의 나라에 가더라도 버려서는 안 된다."[87]

(번지가) 다시 인을 묻자 (공자가) 또 말씀하셨다. "인자仁者는 어려운 일을 먼저 하고 얻는 것을 뒤에 하니, 이렇게 하면 인이라고 말할 수 있다.[88]

그러나 모든 인간이 추구해야 할 인간다움의 근원이라는 점에서 인仁이 보편적인 도덕 원칙이자 인간다움의 최고 경지라는 성격을 지닌다는 사실에는 의문의 여지가 없다. 공자는 인을 인간이 자신의 인간성을 실현하기 위해 갖추어야 할 최고로 중요하고도 가장 완벽한 덕으로 이해하면서 동시에 다양한 덕을 총괄하고 있는 것으로도 이해하고 있다. 이런 맥락에서 진영첩은 인을 "모든 다른 덕들이 뒤따라 나오는 보편적이고 기본적인 일반적 덕"이라고 규정한다.[89]

그런데 공자는 보편적이고 일반적인 덕이 아니라 특수한 덕을 지칭하기 위해 인仁이라는 용어를 사용하는 경우도 있다. 앞에서 인용했듯이 번지樊遲가 인仁을 묻자 공자는 "사람을 사랑하는 것"[90]이라고 말했는데, 이때 사람을 사랑한다는 것은 타인에 대한 이타적 관심과 공감 어린 배려의 행위로 이해되어야 한다. 그래서 이신양李晨陽(Chenyang Li)는 인 개념에 가장 잘 어울리는 영어 용어로 배려 내지 보살핌의 뜻을 지닌 'caring'을 추천한다.[91]

---

86) 같은 책, 248쪽, 「안연」 22.
87) 같은 책, 266쪽, 「자로」 19.
88) 같은 책, 119쪽, 「옹야」 20.
89) Wing-tsit Chan, "Chinese and Western Interpretations of Jen (Humanity)", *Journal of Chinese Philosophy* 2, no.2 (1975), p.107.
90) 『논어집주』, 248쪽, 「안연」 22.
91) Chenyang Li, "The Confucian concept of Jen and the feminist ethics of care", *Confucian Studies*, Volume 4 (Edited by Xinzhong and Wei-ming Tu, Reinterpreting Confucian Ideas,

그러므로 필자는 공자의 인仁 개념을 이해할 때 사랑, 배려, 보살핌 등의 개념과도 치환될 수 있으리라고 본다.[92]

맹자는 인仁을 이해하는 데 있어 공자와 약간의 차이를 보여 준다. 공자 이후 최고의 유학자라 불리는 맹자도 인仁 개념을 넓은 의미로 사용하는 경우가 있다.[93] 그는 『맹자』「진심하」16에서 "인仁은 사람이라는 뜻이니, 합하여 말하면 도道이다"라고 설명하기도 했다.[94] 그러나 맹자에게서 인仁 개념은 거의 전적으로 타인에 대한 배려나 다른 사람에게 해를 가하지 않으려는 마음이라는 의미로 이해된다. 그래서 벤자민 슈워츠는 맹자에 이르러 인仁 개념은 "전 포괄적인 도덕적 탁월성으로부터 남에 대한 '박애'라는 좀 더 특수한 의미로 좁아졌다"라고 말한다.[95]

이처럼 공자나 맹자에게서 인은 모든 윤리적 이상을 포괄하는 넓은 의미로 사용되기도 하고 정서적 관심(affective concern)을 뜻하는 좁은 의미로도 사용된다. 다만 맹자에게서는 인이 '다른 사람에게 해를 끼치는 것을 내키지

London and New York: Routledge, 2011), p.262.

92) 유가 전통에서의 인과 돌봄 그리고 자율성의 문제에 관해 필자는 나름의 해석을 제안한 바 있다. 나종석,『대동민주유학과 21세기 실학』(도서출판b, 2017), 제4장 '유가적 공사관과 서구 공사관' 중 특히 196~232쪽 참조 바람. 이 책에서 서술된 인, 자율성 그리고 돌봄 사이의 관계에 대한 필자의 이해는 돌봄으로서의 자율성으로 전개되었다. 이 책 12장에서 별도로 다루는 것처럼, 필자는 공자에서 비롯된 유가적 인仁의 성격을 돌봄의 자율성으로 보게 되었기 때문이다. 그러므로 여기에서는 가능한 한 반복을 피하면서 그 핵심적 부분만을 다룰 것이다.

93) 물론 공자와 맹자를 공맹으로 함께 호명하여 맹자를 공자 사상의 참다운 후계자로 바라보는 관점에 대해 비판이 없는 것은 아니다. 예를 들어 송대에서도 맹자에 대한 강력한 비판의 흐름이 존재했다. 사실 송대 이전에 유학자들은 늘 주공과 공자를 周孔으로 병칭했던 데 반해, 송대 이후 유학자들은 공맹을 늘 함께 부름으로써 맹자의 지위를 상승시켰다. 이런 흐름을 주도한 사람이 바로 성리학의 집대성자인 주희였다. 또한 송나라 시대에 맹자를 비판했던 사람들은 주로 맹자의 민본주의 및 역성혁명론 등 황제의 권한을 제어하여 황제체제를 변혁시킬 수 있는 잠재적 요소를 비판했다는 사실, 또 민본주의 및 왕패지변, 역성혁명론 등과 같은 맹자의 기본적 사상을 숭상했던 유학자들이 성리학자들이었다는 사실도 명심할 필요가 있다. 황준걸,『이천년 맹자를 읽다: 중국맹자학사』(함영대 옮김, 성균관대학교 출판부, 2016), 191~262쪽 참조.

94)『맹자집주』, 422쪽.

95) 벤자민 슈워츠,『중국 고대사상의 세계』, 411쪽 각주 31. 이에 대해서는 퀑로이슌,『맨얼굴의 맹자』, 110쪽 참조.

않음'이라거나 '무고한 사람을 죽이지 않음'과 같은 정서적 관심을 강조하는
의미로 더 자주 사용된다. 그렇지만 공자와 맹자에게서 인仁은 기본적으로
타자의 아픔에 공감하는 행위와 밀접하게 관련되어 있다.

　맹자가 인의 실마리로 이해한 '측은지심'의 '측惻'은 불쌍히 여기는 것이며
'은隱'은 아픔을 뜻한다.[96] 결국 인은 자신과 타인에 대한 아픔에 대한 지각인
동시에 그런 아픔을 자신의 아픔과 같이 느끼는 공감 즉 그런 아픔을 같이
극복하고자 하는 마음이라고 볼 수 있다. 그런 면에서 측은지심을 "곤경이나
고통에 처한 사람이나 동물을 안쓰러워하며 배려하고(돕고 돌보고 보살피고)
싶은 감정"으로 이해하는 황태연의 해석은 설득력이 있으며, 이신양의 해석
과 일맥상통하는 면이 있다.[97] 그리하여 인仁을 '사람을 사랑하는 것'(愛人)으
로 정의했던 공자의 뒤를 이어서 맹자는, 어진 마음의 실마리를 '측은지심'으
로 규정하면서 "측은지심惻隱之心이 없으면 사람이 아니다"라고 단언하고
있다.[98]

　인이 타인의 불행에 대한 공감이자 그런 고통에 같이 아파하면서 그것을
없애주려는 애정 어린 관심이라는 점을 생각해 보면, 공자의 윤리적 관점이
타자와의 관계를 바탕으로 하고 있음을 알 수 있다. 실제로 공감과 동정심
혹은 연민의 능력에서 인간 도덕성의 근원적 성격이 되는 공자의 인仁
개념은 본래부터 관계 지향적 윤리이자 정치철학의 요체라 할 수 있다.
사실 인仁은 어원적으로도 관계 속의 인간을 뜻한다. '인仁'자 자체가 사람을
뜻하는 '인人'과 '둘'(二)로 이루어져 있기 때문이다. 또한 인은 인간다움을
의미하는 것으로,『맹자』「진심하」16장[99]과『중용』20장[100]에서 인은 사람과
동일시된다.

---

96) 주희·여조겸 편저,『근사록집해』1(이광호 역주, 아카넷, 2004), 127쪽.
97) 황태연,『감정과 공감의 해석학』1(청계, 2014), 403쪽.
98)『논어집주』, 248쪽, 「안연」22;『맹자집주』, 103~104쪽, 「공손추상」6. 맹자는 측은지심
　　이 바로 인이라고도 주장한다.『맹자집주』, 322쪽, 「고자상」6.
99) "인은 사람다움이다."(仁也者人也)
100) "인은 사람다움이니, 어버이를 친애하는 것이 중요하다."(仁者人也, 親親爲大)

이처럼 인은 개인적으로 가까운 사람, 이를테면 부모나 자녀, 친구 혹은 사랑하는 사람 등에 대한 배려와 관심에서 출발하여, 가까이는 이웃 공동체와 나라, 멀리는 천하(유가적 세계시민사회에 해당)나 전체 자연에서 어떤 사람이나 생명체가 억울하게 고통받을 때면 함께 아파하거나 공감하면서 그런 억울하고 부당한 고통을 없애 주려는 관심이나 행동을 포괄한다. 이는 자유롭고 합리적인 개인주의를 기본으로 사회를 이해하는 자유주의적 도덕 및 정치이론의 관점과는 크게 대비된다.

그렇다면 공자의 인에 대한 강조에는 사람의 취약성에 대한, 그러니까 인간은 타자로부터 상처받을 수 있는 존재라는 점에 대한 자각이 놓여 있음을 알게 된다. 그런데 사람은 쉽게 상처받을 수 있는 취약한 존재라는 점은 소중한 생명의 역량을 잘 보살펴서 번영시켜 주고 성공적인 삶으로 이어질 수 있게 해주는 도움이 사람이나 여타 생명체에게 꼭 필요하다는 것을 보여 준다. 당연히 이는 자신의 생명을 스스로 소중하게 여기는 마음의 다른 표현이기도 하다. 달리 말하자면 공자는 인 개념을 통해서, 인간은 처음부터 자율적이고 독립적인 주체로 태어나는 것이 아니라 아무리 애를 써도 완전히 극복할 수 없는 상호의존성의 맥락에서 살아가는 취약성에 노출되어 있는 존재임을 강조하고 있는 것으로 보인다.

인을 인간다움의 포괄적인 덕으로 보든지 배려 혹은 보살핌을 중심으로 해서 보든지 간에, 공자 이래 유가 전통에서 인은 기본적으로 사람과 여타 존재(동물 및 다른 존재를 포함하여)들을 관계지향 속에서 바라본다는 공통점을 지닌다. 천지만물을 한 몸으로 보는 것을 일러 인이라고 하는 후대의 성리학적 관점, 그러니까 인을 천지만물일체로 보는 이해[101] 또한 마찬가지로 모든 존재를 상호의존적 관계 속에 놓여 있는 것으로 본다는 점에서는 차이가 없다.

성리학이 진정한 의미에서 공맹 사상을 잘 계승하고 있는가 하는 물음은

---

101) 주희·여조겸 편저, 『근사록집해』 1, 101쪽.

여기에서 상세하게 거론할 것이 아니다. 어쨌든, 아픔을 느끼지 못하는 것을 불인이라고 하면서 그것을 생명력의 파괴로 보는 것은 인에 대한 성리학자들의 공통된 생각이었다. 따라서 공자의 인은, 다양한 의미를 지니는 것이어서 쉽게 한마디로 정리할 수는 없지만, 뭇 생명에 대한 보살핌 즉 자신의 생명을 포함하여 온갖 '생명을 아끼고 사랑하는 마음'이라고 요약할 수 있을 것이다. 그러니까 자신과 여타 생명에 관해 어진 마음을 지닌다는 것은 그 무슨 초월적인 전지전능한 절대자의 명령에 기인하는 것이 아니요, 서구 근대의 인간관에서 드러나듯이 독립적이고 자율적인 이성적 존재로 규정된 인간의 도덕성에 기인하는 것도 아니다. 그것은 타자에게 개방적이며 의존적이면서도 그런 의존적 관계 내에서 창조적 역동성을 통해 자신의 생명을 소중히 여기면서 자신을 실현하려는 모든 생명의 마음에서 우러나는 것이다. 여기에 공자의 인(仁)이 생명 사상으로서의 면모를 지니고 있음이 명백하게 드러난다.

후대 성리학에서 더 분명하게 발전되는 유가사상의 생명 사상으로서의 모습을 우리는 이 책 16장과 17장에서 별도로 다루면서 공자에서 시작된 인(仁) 사상이 어떻게 오늘날 생태위기를 극복할 비판이론이자 비판 유학으로 전개되어야 할지도 언급할 기회를 얻게 될 것이다.

다만 공자의 인을 자신과 여타 온갖 '생명을 아끼고 사랑하는 마음, 그러니까 뭇 생명에 대한 보살핌'으로 새롭게 새기면서 인을 근본적으로 생명의 어진 마음으로 보는 관점을 필자는 오늘날 과학기술문명의 생태위기 시대에 인류에게 요청되는 새롭게 정립되어야 할 윤리적·정치적 비판이론의 궁극적 토대로 삼고자 함을 강조하고자 한다. 물론 인간은 물론이고 모든 생명체가 마음, 자신을 보존하려는 일종의 어진 마음과 자신에 대한 진지한 관심을 지닌다는 생각에 이질감을 지니는 독자가 있을지도 모르겠다. 그런데 인과 생명체의 마음에 관해 필자가 지닌 견해에 불편해할 사람에게는 인간 이외의 모든 생명체, 그러니까 가장 원초적인 생명체조차도 일종의 마음 혹은 정신적 지향성을 보여 준다는 오늘날의 생물학의 성과를 언급할 수 있을 것이다. 20세기 가장 위대한 진화생물학자의 한 사람으로 평가받아 손색이 없는 린 마굴리스(Lynn Margulis)와 도리언 세이건(Dorian Sagan)은 인간 이외의 생물, 이를테면 세균도 의식이 없는 기계가 아니라 선택하며 느끼는 마음을 지니고 있다고 말한다.

미생물은 열을 감지하고 피하며, 빛을 향하거나 아니면 피해 움직인다. 일부 세균은 자기장을 탐지하기도 한다. 그들은 작은 막대 모양의 몸에 한 줄로 늘어선 자석을 품고 있다. 세균이 아무런 감각이나 의식이 없는 기계일 뿐이라고 하는 것은 마치 개가 고통을 느끼지 않는다고 한 데카르트의 주장과 같다. 세균은 감각하고 행동하지만 느끼지 못한다고 볼 수도 있다. 그러나 그것은 궁극적으로는 유아론적이다(유아론에서는 다른 사람을 포함해서 세상 만물이 자신의 상상을 투영하는 것이라고 본다). 세포는 살아 있으며, 아마도 느낌이 있을 것이다. 원생생물은 소화되지 않은 곰팡이 포자와 일부 세균을 거부한다. 그러나 다른 것들은 게걸스럽게 먹는다. 가장 원시적인 수준에서도 살아 있다는 것은 감각, 선택, 마음을 수반하는 듯하다.[102]

살려고 애쓰고 몸부림치는 생명체의 모습에서 우리는 가장 원초적인 생명체라도 자신을 보존하려는 애틋한 마음을 본다. 그리고 이런 애틋한 노력에서 생명체는 늘 실패할 가능성과 위험에 노출되어 있다. 이처럼 취약성에 노출된 상태에서 자신을 소중하게 아끼고 보살피는 마음, 즉 살아가려는 애틋한 마음은 타자와 성공적인 관계를 형성함으로써만 실현될 수 있다는 점에서 생명체가 근본적으로 이미 상호의존적 사태와 관련된 현상임이 드러난다. 그러므로 어진 마음, 즉 인을 생명의 구조적 취약성의 다른 표현이기도 한 상호의존성의 사태를 잘 헤아리고 그 속에서 모든 생명의 번영과 성공을 기원하는 마음으로 이해해 보는 것도 공자 사상의 본뜻에 어울리는 것이 아닐까 한다.

그러므로 인은 사람은 물론이고 뭇 생명에게 해를 가하지 않으려는 마음이

---

102) 린 마굴리스·도리언 세이건, 『생명이란 무엇인가』(김영 옮김, 리수, 2016), 300쪽.

자, 고통받고 해를 당하는 생명의 아픔을 자신의 아픔으로 공감하면서 이를 제거하려고 애쓰는 마음일 것이다. 이것을 보여 주는 것이 바로 '천지만물天地萬物 일체로서의 인'이라는 이론이다. 즉 "인이라는 것은 천지만물을 한 몸으로 여기는 것이므로 자기 아닌 것이 없다"라는 것이 인의 궁극적 경지 혹은 진정한 모습이라는 것이다.[103]

그렇다면 인을 '보살핌 혹은 배려'를 중심으로 바라보는 관점은 인을 포괄적·보편적인 덕으로 보는 관점과 어울리는 것이라고 이해해 봄도 가능할 것이다. 이 경우에 출발점이 보살핌 혹은 돌봄이라는 것은 인간 자체가 근원적·구조적으로 상호의존성의 존재임을 의미한다. 이런 인식에서 출발하면 보살핌과 돌봄이 다른 덕, 이를테면 용기나 믿음의 덕과 내적으로 긴밀하게 관련이 있는 것으로 이해될 수 있을 터이다.

공자도 군자가 도를 실현하는 것과 관련하여 세 가지를 강조한다. 『논어』 「헌문」 30에서 공자는 "군자의 도가 세 가지인데, 나는 능한 것이 없다. 인자는 근심하지 않고 지자는 의혹하지 않고 용자는 두려워하지 않는다"라고 말한다.[104] 여기에서 그는 인간 혹은 인간의 이상형인 군자가 인격을 완성해 가기 위한 방법으로 그저 막연히 '인의 실현'이라는 총괄적인 방법을 드는 것이 아니라, 이를 좀 더 세분해서 말하고 있다. 인용문이 보여 주듯이, 군자가 되려면 근심하지 않아야 하고 의혹이 없어야 할 뿐 아니라 용기도 있어야만 한다.

물론 공자는 "인자는 근심하지 않는다"라고 했고, "안으로 반성하여 조그마한 하자도 없으니, 어찌 근심할 것이며 어찌 두려워할 것인가?"(「안연」 4)라고 했다.[105] 그런데 앞에서 언급한 「위령공」 31에서는 이미 "군자는 도를 걱정하지 가난함을 걱정하지 않는다"라고 말한 바 있다. 겉보기와 달리 이런 주장은 서로 모순되지 않는다. 군자 즉 어진 사람이 걱정하지

---

103) 주희·여조겸 편저, 『근사록집해』 1, 115쪽. 이 책 17장에서 필자는 성리학의 인 이론을 생명 사상으로 해석한다.
104) 주희, 『논어집주』, 292~293쪽.
105) 같은 책, 233쪽.

않는다는 것은 그저 무사안일의 태평한 마음과는 다르기 때문이다. 군자는 가난함과 같은 어려운 상황에서도 이해관계만을 고려하지 않고 묵묵히 도의 실현에 관심을 기울인다는 말이다. 군자가 진정으로 걱정할 일은, 도의 실현과 관련해서 자신의 부족함이 어디에 있는지를 묻지도 않는 나태함과 태만함이다. 이런 점에서 공자도 "덕이 닦아지지 못함과 학문이 강마講磨되지 못함과 의義를 듣고도 옮겨 가지 못함과 불선不善이 있어도 고치지 못함이 나의 근심거리이다"라고 말했다.[106]

공자는 지혜나 용기 이외에도 어진 사람이 지녀야 할 다른 여러 덕목들을 강조한다. 예를 들어 그는 군신 관계에서 위정자에게 특히 중요한 덕목으로 백성의 신뢰를 강조하였는데,[107] 백성과 위정자와의 관계에서만 상호 신뢰가 중요한 것은 아니다. 정치의 기본 조건이 위정자와 백성 사이의 믿음인 것은 당연하겠지만, 이는 모든 사회관계에서 사람과 사람 사이의 믿음이 중요하다는 사실을 전제로 한다. 공자는 "사람으로서 신(성실성)이 없으면 그 가함을 알지 못하겠다"[108]라고 하여, 인간 사회는 기본적으로 상호 신뢰와 믿음을 기초로 해서 이루어지고 있음을 강조한다. 이렇게 인은 믿음이나 용기, 지혜로움 같은 세부의 덕과 연결되어 있다.

이처럼 공자는 인을 인격의 총괄적 덕으로만이 아니라 세부적인 덕성과 관련해 설명하기도 한다. 인을 믿음(信)과 관련해 설명하는 다른 예는 다음과 같다.

자장이 공자에게 인仁을 여쭙자 공자께서 말씀하셨다. "능히 다섯 가지를 천하에 행할 수 있으면 인이 된다." 자장이 가르쳐 주시기를 청하니, 말씀하시기를 "공손함(恭), 너그러움(寬), 믿음(信), 민첩함(敏), 은혜로움(惠)이니, 공손하면 업신여김을 받지 않고, 너그러우면 대중을 얻게 되고, 신의가 있으면 남들이 신임하게 되고, 민첩하면 공적이 있게 되고, 은혜로우면 충분히

---

106) 같은 책, 127쪽, 「술이」 3.
107) 같은 책, 「안연」 7 및 「자장」 10 참조.
108) 같은 책, 47쪽, 「위정」 22.

남을 부릴 수 있게 된다"라고 하셨다.[109]

위 인용문에서 공자는 공恭·관寬·신信·민敏·혜惠를 행하는 것이 인이라고 말하면서 그것들을 인을 구성하는 다섯 가지 덕성으로 열거하고 있다. 그런데 군자가 이루어야 할 마음인 인을 구성하는 여러 덕목은 서로 긴밀하게 연결된 것이라고 보아야 한다. 이를 돌봄과 관련해서 좀 더 자세하게 살펴보기로 하자.

예를 들어, 다른 사람을 신뢰하는 것 역시 타자에 의해 상처받을 수 있음을 수용하지 않는 한은 불가능한 덕이다. 배신을 매우 좋지 않은 악덕 중 하나로 꼽는 이유도 이런 상황과 관련되어 있다. 특히 가까운 사람 사이에서, 이를테면 연인이나 친구 사이에서 존재하는 배신은 당사자에게 엄청난 상처를 주는데, 그럼에도 우리는 배신이라는 악덕으로 인해 상처받을 수 있다는 점을 두려워하여 친구 관계나 연인 관계 자체를 맺지 않을 수는 없을 것이다. 그러므로 인간 사이에서 신뢰와 믿음은 매우 중요한 덕이라 할 것이다.

그런데 믿음이 중요한 덕이라고 해서 그것을 극단적으로 밀고 가면 역설적인 상황에 직면하게 된다. 그리하여 공자는 "군자는 정도를 따르고 작은 신의에 얽매이지 않는다"(君子貞而不諒)라고 했는데, 주희는 정貞은 "올바르고 견고함"이고 량諒은 "시비를 가리지 않고 오로지 믿음만을 지키려는 것"[110]이라고 하면서 "믿음만 좋아하고 배우기를 좋아하지 않으면 그 폐단은 해치게 되는 것이다"[111]라는 공자의 말과 관련해서 "아버지가 양을 훔친 것을 증언하는 것"이 그 예라고 설명한다.[112]

이처럼 사람의 믿음이 중요하다고 할지라도 사소한 신의에 모든 것을 거는 것은 융통성이 없고 진정한 의미의 믿음의 정신에 어긋난다는 점을

---

109) 같은 책, 344~345쪽, 「양화」 6.
110) 같은 책, 323쪽, 「위령공」 36.
111) 같은 책, 347쪽, 「양화」 8.
112) 이인서원 기획, 『세주완역 논어집주대전』 4, 146쪽.

보아야 한다는 것이 공자의 생각이라 여겨진다. 신뢰는 정직과 밀접하게 연관된 것인데, 공자가 혹평했던 미생고의 일화나 자기 아버지의 죄를 곧바로 경찰에 신고하거나 법으로 처벌받도록 하는 행위는 사소한 신뢰의 문제를 올바로 이해하는 데 도움이 될 것이다.

공자는 당시에 정직하기로 소문이 난 미생고微生高를 혹평했다. 공자는 "누가 미생고를 정직하다 하는가? 어떤 사람이 초醯를 빌리려 하자 자신의 이웃집에서 구걸해다가 주는구나!"라고 말했다.[113] 공자가 보기에 미생고는 다른 사람의 환심을 사는 데 급급한 나머지 필요하지 않은 일도 서슴지 않는 사람이기에 정직한 사람으로는 볼 수 없다는 것이다.

'미생지신尾生之信'이라는 고사성어가 알려 주듯이 신뢰도 고루한 방식으로 고집하면 그릇된 방향으로 흘러간다. 『장자』 「도척」편에 따르면 "미생은 여자와 다리 밑에서 만나기로 약속했으나 여자가 오지 않자 물이 불어나도 자리를 떠나지 않다가 다리 기둥을 껴안은 채 죽고 말았다."[114] 임시정부 초대 국무령을 지냈던 석주石洲 이상룡李相龍(1858~1932)은 믿음 때문에 익사한 미생의 행동에 대해 말하기를, 인의예지신仁義禮智信이 "천성의 덕이기는 하지만 베풀 때 마땅함을 잃으면 이를 그르치기 알맞다"라고 하였다.[115] 간단하게 말해서, 신의를 지키는 것이 인간의 도리이긴 하지만 신의를 지키는 방법은 상황에 적절해야 한다는 것이다.

용기, 지혜로움, 신뢰가 다 아름다운 덕성이긴 하지만 잘못하면 자신을 해치는 결과를 가져온다. 우리가 자신의 생명을 바쳐 도리를 지켜야 할 때를 제외하고 함부로 자신의 몸을 망치는 것은 어진 마음이라고 볼 수 없다. 그러므로 자신의 몸과 생명을 헛되이 버리면서까지 신뢰를 지키려는 태도는 적절하지 못한, 자신의 생명과 여타 생명을 잘 보살피고 아끼려는 마음가짐에 대한 배반이라고 할 것이다. 이처럼 신뢰의 경우도 늘 생명을

---

113) 『논어집주』, 100쪽, 「공야장」 23.
114) 『장자』, 718쪽. 이 미생지신 일화의 주인공이 공자가 비평한 미생고였다는 설도 존재한다. 배병삼, 『논어』 1(문학동네, 2002), 272쪽.
115) 이상룡, 『석주유고』 하(안동독립운동기념관 편, 경인문화사, 2008), 494쪽.

아끼려는 어진 마음에서 우러나는 적절한 상황판단의 지혜와 조율되지 않으면 안 된다.

마찬가지로 용기도 사람은 쉽게 상처받을 수 있는 서로 의존하고 있는 존재라는 삶의 근원적 사태에 뿌리를 내리고 있을 때 참으로 그 빛을 발할 수 있을 것이다. 생명은 훼손될 수 있기에, 서로의 삶이 존중받지 못한다면 결국 각자의 삶이나 생명조차도 보장받을 수 없다. 그러므로 부당하게 사람이나 생명체를 괴롭히는 위정자에 대해서는 물론이고 그런 제도나 질서에 대해서도 항거하고 저항하는 행위가 요청된다. 불의를 보고도 모른척 하는 것은 어진 사람이 할 일이 아니다. 그래서 공자는 "의를 보고도 하지 않음은 용맹이 없는 것이다"라고 말했다.[116]

그러나 의로움을 보고 용기를 내어 불의에 저항하는 것 역시 근본적으로 보살핌이나 배려의 마음가짐과 결합해서 움직여야 한다. 그렇지 않다면 용기는 만용으로 흘러가거나 극단적인 잔인함으로 흘러가기 쉽다. 예를 들어, 국가 사이에 전쟁이 불가피할 때도 있다. 때론 평화를 위해서라도 전쟁을 부득이하게 해야 할 때가 있기 때문이다. 이러한 경우에도 우리는 전쟁을 방지하기 위한 수단을 가능한 한 모두 동원해야 하고, 전쟁은 오직 최후의 수단일 뿐이라고 간주해야 한다. 그리고 설령 명분이 있는 전쟁을 한다고 하더라도 반드시 전쟁 중에 지켜야 할 금도가 있다. 전쟁을 빌미로 백성을 지나치게 혹사하거나 적국의 병사를 전멸시키거나 그 영토를 초토화 하는 등의 행위는 결코 어진 마음과 양립하는 용기 있는 행위라고 할 수 없을 것이다. 역설적이지만 전쟁은 전쟁이라는 극단적 방법을 통해 전쟁을 종결하려는 행위이기에, 전쟁 내에서든 전쟁 이후에든 평화로운 질서의 성립 자체를 방해하는 행위는 적절하게 제어되지 않으면 안 된다.

이처럼 용기가 극단적인 잔인성, 즉 타자나 다른 집단에 대한 전면적인 파괴로 흘러가지 않기 위해서는 기본적으로 사람에 관한 관심과 배려의

---

116) 『논어집주』, 49쪽, 「위정」 24.

마음이 있지 않으면 안 된다. 그래서 공자도 『논어』 「헌문」 5에서 "어진 자는 반드시 용기가 있지만, 용기 있는 자가 반드시 인이 있는 것은 아니다"라고 강조하였다.[117]

조선 초기 유학자인 양촌陽村 권근權近(1352~1409)에게서도 인과 의로움의 내적 관계에 대한 흥미로운 설명이 발견된다. 그는 『예기천견록禮記淺見錄』 「예운禮運」 편에서 인, 사랑, 의로움의 관계를 언급하면서 인을 작은 것과 큰 것으로 나누어 설명하고 있다. 그에게 문제가 되었던 것은 "인仁은 다만 사랑함일 뿐이니, 사랑만 하고서 의義로써 제재함이 없으면 곧 일마다 모두 사랑하게 된다"라는 주희의 말이었다. 이를 어떻게 이해해야 하는가? 그의 답은 다음과 같다.

나는 다음과 같이 생각한다. "지혜가 속임으로 쉽게 흘러가고 용맹이 노여움에 쉽게 이르는 것은 그럴 수 있겠지만, 인仁이라는 것은 마음에 사루私累가 없음을 이르는 것인데도 탐욕을 부리는 잘못이 있게 됨은 어째서인가? 인仁에는 작은 것과 큰 것이 있으니, 전체여서 욕심이 없는 자가 있고 자애롭고 부드럽지만 강단이 없는 자가 있다. 전체여서 사사로움이 없는 자는 (애초에) 얻기가 쉽지 않다. 사람의 자애롭고 부드러움 또한 아름다운 덕이기는 하나, 그로 하여금 백성에 임하게 하면 반드시 잔인하고 포악하여 백성의 힘을 상하게 하는 일은 없지만 문제는 일을 과감하게 결단하지 못해서 혹 예물을 보내오면 그것을 물리치는 것이 공손하지 못함이 될까 두려워서 힘써 사양하지 못하기도 한다는 점이다. 이는 또한 오우吳祐가 이른바 '어버이 때문에 오욕의 이름을 받았다'라고 한 것과 같다. 이는 그 마음이 비록 얻기를 탐하는 것이 아니지만 탐욕의 훼상이 있음을 면치 못한 것이니, 대개 지나치게 자애롭고 부드러운 잘못이다. 굳세고 과감한 자는 반드시 예물을 보내옴을 힘써 제지하기 때문에 청렴하다는 명망이 있으나, 굳세고 과감한 자질로써 정사를 행하는 데에 베풀면 포학하게 구는 근심이 혹 백성에게 미치기도 한다. 그러므로 이는 자애롭고 부드러운 자가 백성을

---

117) 같은 책, 276쪽.

사랑하여, 비록 보내온 예물을 받더라도 틀림없이 함부로 취렴해서 백성을 수탈하는 지경에까지는 이르지 않는 것만 못하다. 이 때문에 사람의 인을 써서 마땅히 그 탐욕을 부리는 잘못을 버려야 하는 것이다. 지혜를 쓰고 속임을 제거하며 용맹을 쓰고 노여움을 제거하며 인을 쓰고 탐욕을 제거하는 것은 모두 완비됨을 요구하는 것이 아니라, 각각 그 장점을 취하고 먼저 그 단점을 알아서 반드시 그 문제를 대비하고 모든 재주 있는 이를 다 씀으로써 말류의 폐단을 막을 수 있다. 이것이 사람을 쓰는 법도이다."[118]

권근이 설명하듯이, 공자의 인은 사람을 사랑하는 것과 긴밀하게 연결되어 있지만 사랑을 베푸는 데에도 중용의 도가 있다는 말이다. 차마 해치지 못하는 마음이 자칫하면 연약하고 무른 데로 흘러서 일을 그르치는 경우도 자주 발생하는데, 진정한 사랑은 때로는 엄격하고 차가울 수도 있어야 하며 아니라고 단호하게 잘라 버리는 마음도 요구한다. 사랑에 대한 욕망도 때로는 절제할 줄 알아야 한다는 말이다.

그렇다고 단호하고 과감한 것만이 능사가 아니다. 위 인용문에서 보듯이, 과도하게 단호하고 굳센 사람은 지나치게 냉정해서 자칫 포악한 심성의 유혹에 빠질 수 있다. 따라서 사람을 잘 사랑하는 데에는 엄격함과 지혜와 믿음은 물론이고 때로는 용기까지도 필요하다. 권근 또한 다음과 같이 말한다. "혹자가 말하기를 '속임이라는 것은 지혜와 유사하고, 노여움이라는 것은 용맹과 유사하고, 탐욕이라는 것은 사람을 해치니, 세 덕을 쓰는 사람은 반드시 이 세 가지 것을 (먼저) 제거하고 나서 군자를 등용하고 소인을 제거한다는 뜻이다'라고 했으니, 또한 통한다."[119]

공자는 여섯 가지 미덕, 즉 인(仁), 지혜(知), 믿음(信), 정직(直), 용맹(勇), 굳셈(剛)이 악덕으로 바뀌는 것을 「양화」 8에서 다음과 같이 종합해서 말한다.

---

118) 金在魯, 『禮記補註』, 「禮運」(한국고전종합DB. 해동경사연구소, 성백효·박성자·이영준 공역, 2017).
119) 같은 곳.

인仁만 좋아하고 배우기를 좋아하지 않으면 그 폐단(가려짐)은 어리석게(愚) 되는 것이고, 지혜(知)만 좋아하고 배우기를 좋아하지 않으면 그 폐단은 방탕하게(蕩) 되는 것이고, 믿음(信)만 좋아하고 배우기를 좋아하지 않으면 그 폐단은 해치게(賊) 되는 것이고, 정직(直)한 것만 좋아하고 배우기를 좋아하지 않으면 그 폐단은 급하게(絞) 되는 것이고, 용맹(勇)만 좋아하고 배우기를 좋아하지 않으면 그 폐단은 어지럽게(亂) 되는 것이고, 굳셈(剛)만 좋아하고 배우기를 좋아하지 않으면 그 폐단은 경솔하게(狂) 되는 것이다.[120]

앞에서 살펴본 것처럼 배려와 용기, 신뢰 등은 서로 밀접하게 연결되어 이해될 수 있다. 이런 식으로 인간의 인간다움을 가능하게 하는 여러 덕의 종합을 총괄해서 인이라 불러도 좋을 것이다. 다만 이런 포괄적 덕의 근저에는 늘 만물에 대한 배려와 관심이 놓여 있다고 생각된다. 그런 점에서 인의예지신을 총괄하는 것을 인이라고 하면서도 동시에 인을 인의예지신의 출발로서 언급하고 있는 성리학적 인식도 공자의 인에 대한 나름대로의 타당성 있는 해석이 아닌가 하다.

이렇게 보면 선비가 뜻을 세워 추구하려는 궁극적 가치이자 목적은 다름 아니라 이 세상에 인을 구현하는 것이다. 인의 실현의 담지자이자 주체로서의 군자가 지니는 책임은 자유주의적 책임과 달리 개인의 선택과 관련된 영역에 한정되지 않는다. 그것은 간단하게 말해 만물의 생명과 그 번영을 돌보고 보살피는 무한한 책임이라고 보아야 할 것이다. 그리고 인의 실현을 위해서라면 궁극적으로 올곧은 선비는 죽음도 불사한다는 것이 공자의 주장이었다. 이는 자신의 생명을 가벼이 여기라는 말이 아니다. 인간의 인간다움의 길은 단순한 생물학적 생명의 존속에 국한된 것이 아니라 그것을 초월한 가치와 목표를 추구하는 데에 있기에, 단순한 생명의 존속보다는 자신이 이루려는 뜻을 위해 기꺼이 목숨도 초개처럼 여기라는 말이다. "지사志士와 인인仁人은 삶을 구하여 인仁을 해치는 일은 없고, 몸을 죽여서 인仁을 이루는

---

120) 『논어집주』, 347쪽.

경우는 있다."121)

　만약에 한갓 물질적 생존의 유지만을 삶의 궁극적 목적으로 삼는다면 노예 또는 노비라는 존재는 아주 자연스러운 것으로 받아들여져야 할 것이다. 헤겔의 '주인과 노예의 변증법'을 언급할 필요도 없이, 주인에게 복종하여 인신의 구속을 당하기는 하지만 노예도 생명은 보존할 수 있을 것이기 때문이다. 고대 그리스에서도 자유로운 시민은 죽음보다도 노예의 신세를 더 두려워했다. 고대 그리스 자유 시민의 정신에 의하면, 생명에 대한 과도한 애착은 비겁함의 표현으로서 노예의 전형적인 모습이었다. 즉, "생명에 대한 지나친 사랑은 자유에 방해가 되는 것으로서 이것은 동시에 노예성의 확실한 표시"라고 간주되었다.122) 그러므로 공자가 인을 설명하면서 부득이한 경우에는 군자의 도를 지키기 위해 생명을 내걸 수도 있다고 주장했던 것은, 사람은 결코 노예적 삶 혹은 단순한 생물학적 생명의 보존에 머물러서는

---

121) 같은 책, 310쪽, 「위령공」 10. 이 장이 정말로 공자의 말인지는 논쟁이 되고 있다. 이 장의 내용이 공자와 자로의 대화 형식으로 되어 있지만 이를 구성하는 방법은 후대의 것이라고 한다. 그래서 기무라 에이이치는 이 장도 『논어』를 만들 때 사용된 초기 것이 아니라 나중의 것이라고 추측한다. 기무라 에이이치, 『공자와 논어』, 691∼692쪽. 사실 『논어』라는 문헌이 언제 형성되었는지, 그리고 정말로 그 문헌에 등장하는 공자의 말이 역사적 사실에 부합하는지 등에 대한 문제는 쉽게 해결될 성질의 것이 아니다. 또 『논어』의 후반부, 특히 「계씨」편 이후는 공자의 직전 제자에 의해서가 아니라 그보다 훨씬 후에 이루어진 편찬물이라는 추측도 상당한 설득력을 지닌다. 그러나 아무리 문헌 비평이 중요하다고 해도 『논어』라는 문헌에서 사상의 불일치나 모순을 발견할 수 있다고 보면서 그런 것을 토대로 『논어』의 후반부에 등장하는 일부 구절들이 공자의 사상과 전혀 관련이 없다는 식의 결론을 도출하려는 시도 역시 늘 정당화될 수 있는 것은 아니다. 이에 대해서는 다음과 같은 벤자민 슈워츠의 고언을 새겨들을 만하다. "엄격한 어원학적, 역사적 분석에 입각한 문헌 비평이 비록 중요하다손 치더라도, 그리고 비록 이 책 후반부에 후대의 자료들이 삽입되어 있다는 것이 분명하다고 할지라도, 이른바 논리적 불일치와 사상의 모순에 대한 고려에 기초한 문헌 비평의 의도는 마땅히 의심해야 한다. 쯔다, 웨일리, 크릴, 기타 다른 학자들이 주장하는 이른바 사상의 모순과 불일치는 많은 경우 번역자와 해석자 자신들이 갖는 검토되지 않은 지적 가정에 근거한 다." 벤자민 슈워츠, 『중국 고대 사상의 세계』, 97쪽. 오늘날 우리가 보고 있는 『논어』 20편 각각의 편집 및 구성 그리고 전체 20편의 편집 과정에 관한 연구로는 단연 기무라 에이이치의 『공자와 논어』가 압도적이다.

122) 한나 아렌트, 『인간의 조건』(이진우·태정호 옮김, 한길사, 1996), 88쪽과 주석 30 참조 물론 아리스토텔레스에게서 나타나듯이 이런 주장이 일부 사람들은 태생적으로 노예라는 점을 긍정하는 오도된 논증으로 흐를 수 있음을 경계해야 한다.

안 된다는 가르침이었던 셈이다. 인간의 자율적 인격성에 대한 유교적인 선언으로 이해되어야 한다는 말이다.

그러나 유가적 인격의 자율성이란 말에는 오해의 소지가 있다. 유가가 주장하는 인의 자율성을 강조하는 것이, 흔히 자율성의 두 가지 모델로 여겨지는 서구 근대의 개인주의적인 자유주의적 자율성이나 고대 그리스의 공동체적 혹은 공화주의적인 공적 자율성과의 유사성만을 염두에 두고 있다는 식의 인상을 불러일으킬 수 있기 때문이다.

선행 연구에서 필자는 성리학을 포함한 유가적인 인 이론들은 돌봄의 패러다임과 자율성 패러다임(의존성과 자율성)의 변증법적 종합의 가능성을 보여 준다고 말한 바 있다. 특히 상호성과 대칭성을 기본 원리로 하는 자유주의적 자율성 및 인간 존엄성 이론의 한계를 극복하기 위해서는 자율성과 인간 존엄성에 대한 확장된 사유 방식이 요청된다고 보았기 때문이다. 그래서 필자는 유가의 인 이론을 '책임에 기초한 자율성 이론'으로 해석함으로써 이런 문제의식을 구체화해 보고자 시도했다. 예를 들어 필자는 「인권에 대한 유교적 정당화의 가능성에 대한 연구」라는 글에서 유교적인 인仁 이론이 나름의 유교적인 자율성 이론을 포함하고 있다고 보았다. 그러면서 유교의 인 이론이 레비나스적인 무한한 책임 이론과 칸트에서 가장 뚜렷하게 정식화된 보편적인 동등 존중의 원칙을 종합할 수 있는 독자적인 자율성 이론으로 전개될 가능성을 탐색했다.[123] 그리고 이런 선행 연구 결과를 활용하여 『대동민주유학과 21세기 실학』에서도 유가의 인 사상을 돌봄과 자율성의 종합으로 계승·발전시키고자 했다.[124]

그러나 이후 필자는 유가적인 인 이론이 돌봄과 자율성의 두 층위를 지닌다고 보던 기존의 견해를 수정하여 돌봄 행위를 유가적 자율성의 본질적 특성으로 여기는 방향으로 나가게 되었다.[125] 그러면 우선 유가의 인 이론이

---

123) 나종석, 「인권에 대한 유교적 정당화의 가능성에 대한 연구」, 『유학이 오늘의 문제에 답을 줄 수 있는가』(나종석 외 편저, 혜안, 2014), 43~82쪽.
124) 나종석, 『대동민주유학과 21세기 실학』, 218~232쪽 참조 바람.
125) 나종석, 「유가의 仁 개념과 돌봄의 자유관」, 『공자학』 47(2022), 165~211쪽. 이 글은

어떤 점에서 개인의 자율성을 옹호하는 이론으로 해석될 수 있다고 보는지를 검토해 보자.

주지하듯이 유교에서는 인간의 인간다움인 인仁의 실현을 삶의 궁극적 가치로 여긴다. 그리고 인의 실현의 주체는 늘 자신이 된다. 예를 들어, 공자는 인에 대한 안연의 질문에 답하면서 "인을 하는 것은 자기 몸에 달려 있으니, 남에게 달려 있는 것이겠는가?"라고 말했다.[126] 또한 공자는 "인이 멀리 있는가? 내가 인을 하고자 하면 인이 당장 이르는 것이다"[127], "사람이 도를 넓히는 것이지 도가 사람을 넓히는 것이 아니다"[128]라고 주장한다. 『중용』 25장에는 "성誠은 스스로 이루어지는 것"(誠者自成也)이라는 주장과 더불어 "자기를 이룸은 인이다"(成己仁也)라는 공자의 손자인 자사子思의 주장이 등장한다.[129]

공자나 자사의 주장에 따르면 인간의 인간다움의 실현은 인간 자신의 노력과 수양에 달린 것이다. 이러한 공자의 인과 도덕적 주체성에 관한 태도를 이어받은 성리학의 근본 주장 중 하나가 성인가학론聖人可學論임은 널리 알려져 있다. 이렇게 유가적 사유의 전통은 인간의 도덕성과 자기완성에 대한 믿음을 표현하고 있다. 따라서 수신修身을 모든 행위의 근본으로 삼는 유교 전통에서 '자기성찰', '자기반성', '자신을 돌이켜 잘못을 구함'(反求諸己), '자신을 돌이켜 정성되게 함'(反身而誠)과 같은 자기수양을 위한 공부가 늘 강조되었다는 사실은 전혀 이상한 일이 아니다.[130]

앞에서 본 것처럼 공자 이래로 유가사상은 그 어떤 외부적 권위에 대한 순종이나, 강제에 반대하여 일종의 도덕의 자율성을 긍정해 왔다고 이해될 수도 있다. 따라서 여영시는, 인간이 보편적이고 동등하게 '가치 자각 능력'을

수정된 형태로 이 책 제12장에 수록되어 있다.
126) 『논어집주』, 228쪽, 「안연」 1.
127) 같은 책, 143쪽, 「술이」 29.
128) 같은 책, 319쪽, 「위령공」 28.
129) 주희, 『대학·중용집주』(성백효 옮김, 전통문화연구회, 1991), 99쪽.
130) 여영시(위잉스), 『동양적 가치의 재발견』(김병환 옮김, 동아시아, 2007), 135쪽 참조.

지닌 자율적 존재라고 보는 유교 전통에서의 믿음은 그것을 인이라 부르든 양지良知라고 부르든 모두 결정적 의미를 지니고 있다고 강조한다.[131] 앞에서 언급한 "인을 하는 것은 자기 몸에 달려 있으니, 남에게 달려 있는 것이겠는가?"라는 공자의 말도 유교적 자유 개념을 잘 보여 준다는 평가를 받고 있다. 예를 들어, 일본 교토학파를 대표하는 중국사 연구자인 미야자키 이치사다(宮崎市定, 1901~1995)는 공자의 인은 '자유'로 해석될 수 있다고 말한다. 어짊은 스스로 하는 것이라는 공자의 말을 "타인의 영향이나 유혹, 협박을 떠나 완전히 자유가 된 사람은 스스로 행하는 행위가 자연스럽게 인이 된다는 뜻"이라고 해석하는 편이 타당성이 있기 때문이다.[132] 대만 학자 양조한은 공맹의 근본정신과 이를 이어받고 있는 『중용』과 『역전』의 사상이 모두 도덕적 자율성과 도덕 주체 관념을 긍정하고 있음을 역설한다.[133] 또한 성리학의 성인가학론은 "마음의 자율성에 대한 새로운 주장과 개개인이 직접 도에 접근해 터득할 수 있다는 주장"을 전제하고 있다는 평가를 받고 있다.[134]

물론 이런 해석이 매우 중요하고 설득력이 있음은 필자도 거부하진 않는다. 다만 필자가 이에 대해 왜 불만을 지니는지를 두 가지로 요약해 보겠다.

첫째, 유가사상의 근본을 이루는 인이 지니는 고유한 특성을 돌봄으로 해석하고 돌봄 행위를 인간이 지닌 자발적 행위의 고유한 특성으로 본다면 자율성의 이론을 군이 개인주의와 결합해서 전개되어 온 서구의 자유주의적 전통의 맥락에서 접근할 필요가 없다. 우리는 이미 자유주의가 안고 있는 자율성의 한계가 상호성과 대칭성을 중심으로 하는 사유 틀에서 기인한다는 점을 강조한 바 있다. 상호성과 대칭성을 중심으로 인간의 주체성과 자율성을 강조하는 것은 인간 삶의 고유한 특성인 상호의존적 관계에서 비롯된 돌봄의

---

131) 같은 책, 139쪽.
132) 미야자키 이치사다, 『자유인 사마천과 사기의 세계』(이경덕 옮김, 다른세상, 2004), 143쪽.
133) 양조한, 『중용철학』(황갑연 옮김, 서광사, 1999), 50~51쪽.
134) 윌리엄 시어도어 드 배리, 『중국의 '자유' 전통』(표정훈 옮김, 이산, 2004), 51쪽.

문제를 간과하고 있다는 점에서도 그 한계를 여실히 보여 주기 때문이다.

그런데 적어도 필자가 보기에 유가적인 인 이론은 바로 이런 상호의존성에 터를 내리고 있는 삶과 생명의 근본적 취약성에 대한 예리한 감수성을 지니고 있으며, 이를 통해 인간의 자율성에 대한 새로운 통찰의 가능성을 제공하고 있다. 달리 말하자면 공맹의 인 이론은 "무한한 책임, 그러니까 취약한 타자가 절실하게 요청하는 도움에 대한 조건 없는 응답(일방적이고 무조건적이며 비대칭적인)으로서의 책임이 자유를 가능"하게 하는 차원을 간직하고 있다고 본다.[135] 이런 성찰을 필자는 선행 연구에서 다음과 같이 설명하였다.

> 의존성의 관계에 대한 성찰에 기초하여 내릴 수 있는 결론의 하나는 다음과 같다. 인간의 삶의 취약성에 뿌리를 내리고 있는 타자에 대한 의존성은 인간 사회를 가능하게 해 주는 전제조건으로 이해되어야 한다. 사회의 사회성은 무력한 타자의 요구를 폭력적인 지배의 방식으로 다스리려는 야만의 힘을 통제하지 않는 한 확보될 수 없다는 말이다. 자유롭고 평등한 사람들 사이의 원초적 합의나 계약에 의해서 해명될 수 있는 규범이 사회를 사회로 만드는 것이 아니다. 오히려 스스로 어찌할 수 없기에 무한한 요구를 하면서 어떤 누군가에게 전적으로 의존하지 않을 수 없는 존재에 대해 자신의 모든 것을 아무런 조건 없이 증여하여 응답하는 행위로서의 책임을 다하는 것이 인간의 사회를 가능하게 하는 궁극적 토대가 아닌지 진지하게 고민해 보아야 한다. 이렇듯 의존관계에 대한 새로운 성찰이 필요한 이유는 그것이 반드시 자율성과 관계를 맺고 있기 때문만은 아니다. 달리 말하자면 의존관계를 통해 인간이 이른바 정상적인 독립적이고 자율적인 주체로 성장할 수 있기 때문에, 우리가 의존관계 및 돌봄 문제를 진지한 윤리적·정치적 문제로 다루어야만 하는 것은 아니라는 말이다.[136]

둘째, 독립적이고 합리적으로 행위하는 개인의 자율성을 중심으로 인간의

---

135) 나종석, 『대동민주유학과 21세기 실학』, 226쪽.
136) 같은 책, 225쪽.

존엄성을 긍정하는 사유의 틀은 오늘날 생태위기의 시대에 비추어 볼 때 심각한 한계를 보여 준다. 달리 말하자면, 상호성과 대칭성을 중심으로 자유를 고민하는 사유 방식은 미래세대의 권리 문제를 포함하는 '인간과 자연의 관계'를 새롭게 사유하는 데 한계를 보여 준다. 여기에서는 존 롤스를 비롯한 여러 학자가 개인주의적 자유관을 포기하지 않은 채 '정의'(미래세대의 권리 문제를 포함하여)를 확장하고자 하는 시도가 얼마나 성공적인지를 다루진 않겠다. 필자가 보기에 우리에게 요구되는 것은 근대 서구의 개인주의 및 자유주의의 사유 틀을 확장하는 것이 아니라, 그 대안을 모색하는 것이다.

그런데 인간은 근본적으로 상호의존적 존재라는 점에 대한 인식에서 출발하여 돌봄을 모든 인간의 도덕적 행위의 근원으로 간주하는 것으로 공자의 인 이론을 재해석한다면 우리는 대안적인 비자유주의적 자율성 이론은 물론이고 생태적 위기를 극복할 새로운 인간과 자연의 관계에 대한 성찰도 일구어낼 수 있을 것이다.

5. 공자의 인정仁政 사상과 대동 이념

어진 마음을 실현하는 것이 참다운 선비가 걸어가야 할 삶의 길, 즉 참다운 도道이며, 그런 인간의 인간다움을 실현하는 과정에서 때로는 어진 마음을 온전하게 지키는 길을 목숨보다도 더 소중하게 생각해야 한다는 공자의 주장은 인간의 도덕적 자율성에 대한 철저한 자각이나 선언으로만 머무르는 것이 아니다. 그것은 정치의 영역에 대한 높은 책임 의식으로 이어진다. 이상적 인간상으로 이해되는 군자가 해야 할 본연의 임무, 아니 가장 중요한 임무는 역시 훌륭한 정치가가 되어 이 세상에 인정仁政을 펼치는 데 있다. 달리 말하자면, 정치란 무력이나 강제력을 통해서가 아니라 덕으로써 인을 행하는 것이어야만 한다는 뜻이다. 그래서 공자는 "인도引導하기를 법으로써 하고 가지런히 하기를 형벌로써 하면, 백성들이 형벌을 면할 수는 있으나 부끄러워함은 없을 것이다"[137]라고 말했다.

형벌이나 법을 위주로 하는 현대 정치 사회에서 우리는 모든 것을 법정의 소송을 통해 해결하려는 모습을 발견하는데, 이런 움직임은 매우 큰 사회적 병리 현상을 동반하고 있다. 우리 사회에서도 어렵지 않게 볼 수 있는 것이지만, 정치의 사법화는 정치의 활동 영역을 매우 약화해 민주주의의 위기를 초래하기에 이르렀다. 게다가 모든 인간관계를 법적인 틀 내에서만 이해하고 사회에서 발생하는 모든 갈등을 법적 소송의 절차를 통해 해결하려는 문화가 득세하면서 도리어 우리는 새로운 예속화와 사회적 병리 현상이 발생함을 인식하게 되었다.

예를 들어 오늘날 우리 사회에서 결혼한 부부가 살아가는 평균 세월이 10년도 채 안 되는 것으로 알려져 있다. 결혼한 부부가 이혼할 때 서로 합의가 안 되는 경우 재산을 나누는 것은 소송을 통해서 해결한다. 그런데 재산 분할은 결혼 기간과 상관없이 이루어질 수 있으나 혼인 기간이 긴 경우에 재산 분할 기여도가 높게 인정되기에, 예컨대 결혼 7년 차에 이혼하고자 해도 몇 년을 더 기다리는 것이 좋다는 법률가의 조언이 이루어진다고 한다. 그리고 그때에도 형식상으로나마 시부모나 장인 장모에게 카톡이나 다른 방식으로 주기적으로 따뜻한 인사를 하는 것을 증거로 남기라는 조언을 해준다고 알려져 있다. 그러니까 이혼할 때 더 유리한 위치를 차지하려고 평소에 위선적인 행동을 하도록 부추긴다는 것이다.

이런 현상은 가족 관계나 부부 관계에 한정되어 있지 않다. 어느 고등학교 선생이 학생으로부터 모욕을 당했을 경우 신고하면 사회적 통념상 쉽게 받아들여지지 않기에, 선생은 평소에 학생이 자신에게 어떻게 대하는지를 몰래 녹음하여 증거를 수집하여 모아 놓지 않으면 안 되는 것으로 알려져 있다. 이제 스승과 제자의 신뢰 관계는 옛말이고, 만약의 경우 법정에서 승리하여 자신을 보호하기 위해 우리는 다양한 방식으로 증거를 모으는

---

137) 『논어집주』, 33쪽, 「위정」 3.

노력을 하지 않을 수 없는 상황이 되었다. 이렇게 법정에서 승리한다고 해도-물론 그런 승리가 완전히 무의미한 것은 아니겠지만- 사람이 정말로 떳떳해질지 모를 일이다.

여기에서 우리는 서구 자유주의적 개인주의와 결합해 있는 법적 권리의 관념들이 가족이나 학교와 같은 공동체에 침입해 그것을 낯선 사람들의 관계로 만들어 버리고 있음을 알게 된다. 이제 가족이나 학교 공동체는 해체되고 각 개인은 자신의 이익을 추구하는 합리적 개인으로서 자신의 이익을 최대한 추구하려는 인간으로 변형되어 버리고 말았다. 그러므로 유가적인 전통이 강조하는 인간의 인간다움의 미덕의 함양, 즉 덕성을 추구하는 일의 중요성이나 덕을 통한 통치의 이념은 오늘날에도 여러 측면에서 고민해 볼 만한 주제로 남아 있다.

하여간 덕으로써 인을 이 세상에 구현하는 정치인 인정仁政의 궁극 목적은 천하 백성의 삶을 편안하게 하는 데 있다. 그러나 이런 목적을 달성하는 과제는 쉬운 것이 아니어서, 모든 백성을 편안하게 하여 고통에 빠진 세상을 널리 구제하는 것은 요순과 같은 성인도 이루지 못할 경지라고 공자는 강조했다. 그의 제자 자공과의 대화를 보자.

> 자공이 말하였다. "만일 백성에게 은혜를 널리 베풀어(博施) 많은 사람을 구제한다면(濟衆) 어떻겠습니까? 인仁하다고 할 만합니까?" 공자께서 말씀하셨다. "어찌 인仁을 일삼는 데 그치겠는가. 반드시 성인聖人일 것이다. 요순堯舜도 이에 있어서는 오히려 부족하게 여기셨을 것이다."[138]

공자가 주장하듯이 어진 마음을 이루는 일은 정치 세계를 우회할 수 없다. 특권 계층이나 권력자에 의해 백성들이 당하는 고통을 헤아리고 그들의 고통을 제거하는 행위는 정치에서 인을 실현하는 방법으로, 뜻이 있는 선비가 반드시 관심을 지녀야 하는 과제이다. 앞에서도 강조했듯이

---

138) 같은 책, 123~124쪽, 「옹야」 28.

공적인 대의, 즉 하늘이 인간에게 부여한 도리를 실현하는 주체로서의 군자 혹은 선비는 때로는 죽음 앞에서도 물러서지 않아야 하는 강직함과 용기를 지녀야만 한다는 것이 공자의 기본적인 가르침이었다.

뒤에서 살펴보게 되겠지만, 공자가 내세운 군자의 길은 평천하 사상과 대동세계 구현의 열망과 깊게 결합되어 있었다. 대동유학의 창시자가 바로 공자인 셈이다. 따라서 공자의 정치 세계에 대한 참여 의식은 남달랐고, 선진시대의 여러 학파, 예컨대 묵가나 법가류는 물론이고 노자나 장자 등의 은둔적 사유 방식과도 대조적이었다.

물론 공자는 당대의 세상에서 도가 상실되었음을 알고 있었고, 세상을 구제하려는 그의 노력이 당대에서는 헛된 것으로 귀결될 수도 있음을 모르진 않았다. 그러나 그는 고통받는 백성들의 삶을 외면한 채 이 세상과 등질 수가 없었다. 자신의 이상이 실현될 가능성은 거의 없을 정도로 극심하게 타락한 시절이었지만 그는 이 세상에 도를 실현하고자 노력했는데, 그의 이런 노력을 조롱하는 시선이 공자 당대에도 존재하고 있었다.

그럼에도 지칠 줄 모르고 잔인한 폭정으로 인해 고통을 겪는 백성들의 삶을 편안하게 하고자 온 힘을 다해 노력했던 인물이 바로 공자였다. 세상을 비관하여 사회를 등지고 자연 속에서 은둔하는 삶을 선호하는 도가와 달리, 불가능한 줄 알면서도 현실에 개입하여 세계를 인간다운 세상으로 변혁하려는 비장한 참여 의식이 바로 공자로부터 유래한 유학의 근본정신임은 분명하다. 그리고 천하를 고민하면서 백성들의 고통을 없애려는 공자의 어진 정치의 궁극적 이상은 바로 유교적 이상사회인 대동세계의 구현이었다.

그런데 유가 경전에서 대동大同이라는 개념이 등장하는 경우는 그리 많지 않다. 대략 두 경서에 대동이라는 이념이 등장한다. 첫째, 『서경』 「홍범洪範」에 나오는 구절이 있다. 「홍범」은 기자箕子가 지어 올린 글이라고 하는데, 그는 임금에게 왕이 지켜야 할 도리를 언급하면서 왕이 따라야 하는 일곱 번째 규칙을 설명하는 과정에서 대동을 언급한다.

당신에게 큰 의문이 있으면 마음에 물어 보고, 공경公卿과 관리들에게 물어 보고, 서인庶人에게 물어 보고, 거북점과 시초점으로 물어 보십시오. 그리하여 당신이 따르고, 거북이 따르고, 시초가 따르고, 공경과 관리들이 따르고, 백성들이 따르면, 이것을 일컬어 '대동'이라고 하는 것으로, 자신은 안락해지고 자손들은 창성하게 될 것이니 길한 것입니다.[139]

강정인이 주장하듯이 위 인용문에 나오는 대동사상은 큰 관심을 얻지 못했다. 그러나 그는 『서경』「홍범」에 나오는 대동 이념을 의사결정과 관련된 대동을 강조하는 것으로 이해하면서, 이런 대동 이념이 원시적 민주주의 사상의 원형을 이루고 있다고 강조한다. 그래서 그는 『예기』「예운」편에 등장하는 대동을 "위대한 조화"(great harmony)로서의 대동이라 하면서, 이와 비교해 『서경』「홍범」에 나오는 대동 이념을 "위대한 합의"(great consensus)라고 규정한다. 이는 매우 중요한 지적이라고 여겨진다.[140] 우리는 뒤에서 『예기』「예운」편에 등장하는 유가적 대동 이념, 요컨대 위대한 조화의 사회를 상상하는 대동 이념이 밑의 백성들로부터 이루어지는 자발적인 합의의 요소도 함께 강조하고 있음을 살펴볼 것이다.

앞에서 언급한 것처럼 유학의 경전 중에서 대동 이념과 관련해 가장 널리 알려진 것은 아마도 『예기』「예운」편을 통해서일 것이다. 그 부분을 인용하면 다음과 같다.

공자께서 말씀하셨다. "옛날에 큰 도가 행해진 일과 3대(하·은·주)의 영현한 인물들이 때를 만나 도를 행한 일을 내가 비록 눈으로 볼 수는 없었으나, 3대의 영현들이 한 일에 대해서는 기록이 있다. (기록에 따르면) 큰 도가 행해진 세상에서는 천하가 모두 만인의 것으로 되어 있었다. 사람들은 현명한 자와 능력이 있는 자를 선출하여 관직에 임하게 했고, 온갖 수단을

---

139) 『서경』, 289쪽 및 292쪽. "庶人에게 물어보고"(謀及庶人)라는 구절이 누락되어 있어 필자가 넣었다.
140) 강정인, 『넘나듦(通涉)의 정치사상』(후마니타스, 2013), 194쪽 및 206~207쪽.

다하여 상호간의 신뢰와 친목을 두텁게 하였다. 그러므로 사람들은 각자의 부모만을 부모로 여기지 않았고 각자의 자식만을 자식으로 여기지 아니하여, 노인에게는 그의 생애를 편안히 마치게 하였고 장정에게는 충분한 일을 시켰으며 어린이에게는 마음껏 성장할 수 있게 하였고 홀아비·과부·고아·자식 없는 사람·몹쓸 병에 걸린 사람에게는 고생 없는 생활을 시켰으며 성년 남자에게는 직분을 주었고 여자에게는 그에 합당한 남편을 갖게 하였다. 재화라는 것이 헛되이 낭비되는 것을 미워하였지만 반드시 자기 자신만이 사사로이 독점하지 않았으며, 힘이라는 것은 사람의 몸에서 나오지 않으면 안 되는 것이지만 그 노력을 반드시 자기 자신의 사리를 위해서만 쓰지는 않았다. 모두가 이러한 마음가짐이었기 때문에 (사리사욕에 따르는) 모략이 있을 수 없었고 절도나 폭력도 없었으며 아무도 문을 잠그는 일이 없었다. 이것을 대동大同의 세상이라고 말하는 것이다.[141]

그런데 주지하듯이 「예운」에서 대동大同은 소강小康과 대비되어 서술되고 있다. 공자는 소강사회의 도래에 대해 다음과 같이 말한다.

지금 세상에서 대도는 이미 은미하게 되어 사람들은 천하를 사사로운 집으로 생각하였다. 그래서 각기 내 부모만을 부모로 생각하고 내 자식만을 자식으로 생각했으며, 재화를 사유하고 노력은 사리를 위해서만 사용된다. 천자와 제후들은 세습하는 것을 예禮라고 여기며, 성곽과 구지를 외적으로부터 스스로를 지키는 것으로 삼고 있다. 예의를 기강으로 내세워, 그것으로써 임금과 신하의 분수를 바로잡고 부모와 자녀 사이를 돈독하게 하며 형제를 화목하게 하고 부부 사이를 화합하게 한다. 제도를 설정하고 전리田里를 세우며 지혜와 용맹을 존중하고 공功은 자기를 위한 일에 이용한다. 그러므로 간사한 꾀가 이 때문에 일어나고 전쟁도 이로 인하여 일어난다. 우왕·탕왕·문왕·무왕·성왕·주공은 이 예도를 써서 뛰어난 업적을 이루었다. 이 여섯 사람의 군자들은 예를 삼가지 않은 사람이 없다. 즉 이들 여섯 왕은 모두 예의를 지킨 사람들이고 예의로써 각자의 도를 헤아렸으며, 백성의 신망을

---

141) 『예기』 중(이상옥 옮김, 명문당, 2003), 617~618쪽. 陳澔, 『역주 禮記集說大全』(정병섭 옮김, 학고방, 2012), 38~39쪽에 나오는 번역도 참조 바람.

모았고 적의 죄과를 밝혔으며, 인애와 겸양의 도를 강설하여 백성들에게
보여 주었다. 만일 이 법에 따르지 않는 자가 있으면 권세의 지위에 있는
자라 할지라도 백성들에게 배척당하여 끝내는 멸망할 것이다. 이러한 세상을
소강小康의 세상이라 한다.[142]

물론 혹자는 「예운」에 나타난 대동 이념이 공자의 사상과 무관하다고
반론할 수도 있을 것이다. 실제로 「예운」의 진위 여부를 둘러싸고 많은
논의가 있었다.

「예운」편의 대동사상이 공자 사상의 맥을 잇고 있다고 보는 대표적 학자는
곽말약郭沫若(1892~1978)이다. 그는 「예운」이 공자와 그의 제자 자유子游의
대화를 기록한, 자유씨 계열에 의해 존중받았던 유가의 주요 경전이라고
본다. 아울러 송대의 이정二程이나 주희가 맹자를 자사子思와 증자의 전통을
잇는 것으로 보았던 것과 달리 그는 자사와 맹자가 자유씨 계열에서 나왔다고
주장한다.[143] 또 「예운」편의 대동사상이 도가 계열에서 나왔다고 보는 관점
이 있는가 하면, 노자나 장자의 학설이 아니라 묵자의 학설에서 나온 것이라는
관점도 있다. 그리고 묵가가 유가에서 나왔을 것이기에, 설령 대동사상이
묵가에서 유래했을지라도 그것은 다시 유가의 영향이라는 맥락에서 재해석
될 가능성도 있다.[144] 일본의 중국학자인 미조구치 유조(溝口雄三)에 따르면,
「예운」편의 대동사상이 도가 계열에서 나왔다는 학설을 취하는 학자로는
주희, 오우吳虞, 풍우란馮友蘭 등이 있고, 묵가 학설에서 기인한다고 보는
사람으로는 유월劉越, 채상사蔡尙思 등이 있으며, 유가 계열에서 나왔다고
보는 학자로는 양계초梁啓超, 주겸지朱謙之 등이 있다고 한다.[145]

---

142) 『예기』 중, 619~620쪽. 陳澔, 『역주 禮記集說大全』, 62~63쪽도 참조 바람.
143) 곽말약, 『중국고대사상사』(조성을 옮김, 까치, 1991), 152~153쪽.
144) 이에 대해서는 손효/쑨샤오(孫曉), 『한대 경학의 발전과 사회변화』(김경호 옮김, 성균관
    대학교 출판부, 2015), 227~234쪽 참조
145) 미조구치 유조, 『중국의 공과 사』(정태섭·김용섭 옮김, 신서원, 2004), 18쪽 각주 4.
    또한 「예운」편의 대동사상이 노자 사상에서 나왔다는 학설, 묵가 사상에서 나왔다는
    학설, 「예운」편의 착간설 등에 대한 설명과 그 한계에 관해서는 다케우치 히로유키(竹內
    弘行), 『康有爲と近代大同思想の硏究』(汲古書院, 2008), 7~33쪽 참조 바람.

특히 송대 이후로부터 「예운」의 사상을 공자의 사상이라기보다는 묵자나 도가 사상의 영향에 의한 것으로 보는 견해가 강했다. 그러나 대동세상에 대한 「예운」의 설명이 설령 공자에게서 직접 유래한 것은 아니라고 하더라도 대동의 의미는 유학의 기본 이념과 배치되지 않는다. 이를테면 천하가 천하의 공유물이라고 하는 주장은, 세습으로 왕권을 이양하기보다는 덕이 있는 자가 지위를 얻어야 한다고 주장한 공자 학설의 확대로 볼 수 있다. 게다가 "사람들은 자신의 부모만을 부모로 여기지 않았고 자신의 자식만을 자식으로 여기지 않았다"라는 주장도 사실은 사람을 널리 사랑한다는 박애 정신의 변형으로 볼 수 있다. 그래서 소공권은 대동이란 "인도仁道의 다른 이름이며, 소강은 종주從周의 큰 뜻에 가까운 것"이라고 하면서, "대동이 공자의 이상이라는 것을 인정한다고 해도 중대한 착오는 아닐 것"이라고 결론짓는다.146)

이하에서 우리는 「예운」의 대동사회의 모습과 그 의미를 해석해 볼 것이다. 이와 연동해 「예운」의 대동 이념과 『논어』에 드러난 공자 사상 사이의 내적 연결 지점이 무엇인지를 좀 더 구체적으로 설명해 볼 참이다. 그러면 이제 「예운」의 대동사회의 의미를 좀 더 살펴보자.

우선 대동에 대한 앞의 인용문이 보여 주듯이 공자가 말하는 큰 도가 이루어진 이상세계, 대동세계는 천하위공의 세계이다. 천하가 만인에게 속하는 것이라는 관념이 실현된 세계인 것이다. 정치적으로 볼 때 천하위공의 대동세계에서 천하는 어느 한 개인(설령 그가 황제라고 해도)에게 속하는 자의적인 소유물일 수 없다는 관념의 표출이다. 그리고 정치는 '사람들'이 '선출'한 현자賢者와 능자能者를 통해 이루어지는 것이라고 한다. 사람 중에서 덕이 있고 능력 있는 자를 발탁한다는 것은 모든 인간이 기본적으로 정치 세계에 관여할 수 있는 존재임을 긍정하는 것이다. 대동과 '천하위가天下爲家'의 소강사회가 대비되어 있는데, 소강사회에 들어 비로소 세습을 통해 임금의

---

146) 이에 대해서는 소공권, 『중국정치사상사』, 126~127쪽 참조.

지위가 아들에게로 이전된다. 이러한 천하위공의 사상은 『여씨춘추』 「귀공貴公」편에 다음과 같이 잘 요약되어 있다.

옛날 선대의 성왕聖王들이 천하를 다스릴 때는 반드시 공公을 앞세웠으니, 공을 실천하여 천하가 태평하였다. 태평은 공으로부터 얻을 수 있는 것이다. 한번 옛날 기록들을 시험 삼아 살펴보자. 천하를 얻은 자들은 많았거니와, 그들이 천하를 얻을 수 있었던 것은 공을 실천하였기 때문이었다. (천하를 잃은 자도 많았는데) 그들이 천하를 잃었던 것은 꼭 (어딘가에) 치우치기 때문이었다. 그러므로 『서경』 「홍범洪範」편에서는 말하고 있다. "치우치지도 않고 패거리를 짓지도 않으니 왕도가 탕탕하도다. 기울지도 않고 쏠리지도 않으니 왕의 의로움을 따르는구나. 편애하지 않으니 왕의 도리를 밝는구나. 미워하지 않으니 왕의 길을 따르는구나." 천하는 한 사람의 천하가 아니라 천하의 (모든 이들의) 천하인 것이다. 음양이 조화를 이루는 것은 (어떤) 한 족속만을 기르려 해서가 아니고, 감로가 내리거나 때맞추어 비가 오는 것은 (어떤) 사물 하나만을 편애해서가 아니다. 만백성의 주인은 (어떤) 한 사람만을 위하지 않는다.[147]

그런데 오늘날에도 공자를 봉건적 신분제도를 적극적으로 옹호한 시대착오적 사상가로 보는 흐름이 여전히 강하다. 그래서 늘 우리는 공자로부터 비롯된 동아시아, 좁게는 조선의 문화와 전통의 굴레에서 벗어나야만 한다고 주문처럼 되뇌고 있다. 물론 공자는 주나라라는 봉건제도가 붕괴해 가던 춘추 시기를 살았던, 주나라의 찬란한 문화를 다시 회복하려는 문제의식을 지녔던 인물이기도 하다. 여기에서 주나라의 봉건제도가 서구의 중세 시기 혹은 에도시대 일본의 봉건제도와 사뭇 달랐다는 점에 대해서는 다시 설명할 필요가 없을 것이다. 따라서 공자의 사상이 시대적 제약 속에서 지녔던 여러 요소를 오늘날 그대로 답습하는 일은 있을 수 없다. 그리고 이런 의미에서 전통을 비판적으로 계승하고 발전시켜 나가야 한다는 원론은

---

147) 여불위, 『여씨춘추』(정하현 옮김, 소명, 2011), 40쪽 이하.

서양의 전통이라고 해서 예외일 수 없다는 점만은 강조해 두고 싶다.

다시 천하위공의 정치적 의미를 요약해 보자. 대동세계에서는 왕권이 능력 있고 덕이 있는 사람에게 전해지는 제도가 시행되며, 소강세계에서도 비록 군주가 세습되는 조건에서일지언정 천하위공의 대동적 이상이 결코 완전히 사라지지는 않는다. 그것은 황제 권력의 자의성을 견제하고 비판하여 공공의 이익, 즉 공동선의 발전에 이바지할 수 있도록 견인하는 역할을 행하기 때문이다. 이를 소강 속의 대동 이념의 추구라 할 수 있을 것이다. 맹자와 관련해서 좀 더 자세히 언급하게 되겠지만, 대동과 소강이 마치 선과 악과 같이 대비되는 것이라고 이해하는 것은 일면적이다. 「예운」의 경우에도, 도가 상실된 상황에서 부득이하게 소강사회의 예법을 중심으로 한 정치 질서가 형성된 것이라고 보아야 할 것이다. 세상에 도가 있든 없든 공자에게 중요한 것은 도의 실현, 즉 어진 마음의 정치·사회적 구현이었다.

이와 관련해 우리는 공자가 재상의 역할에 대해 강조한 부분을 주목할 필요가 있다. 『논어』「선진」 23에서 공자는 "이른바 대신大臣이란 도로써 군주를 섬기다가 불가능하면 그만두는 것이다"라고 말한다.[148] 또 『논어』 「위령공」 6에서는 군자란 "나라에 도가 있으면 벼슬하고 나라에 도가 없으면 거두어 속에 감추어 두는" 사람임을 강조한다.[149] 이 두 구절에서 보듯이 공자에게서는 군자가 정치에 참여하는 목적이 단순히 군주에게 충성을 다하거나 권력을 누리려는 데 있지 않다. 도리어 군자는 정치에서 늘 군주 권력의 자의성과 폭력성을 순치하여 백성을 편안하게 해 줄 것을 추구해야 한다.

그러므로 공자는 정치에서 군주의 역할을 강조할 때 늘 옳고 그름을 따지는 일의 중요성을 강조한다. 그리고 정치에서는 위정자와 관료 혹은 왕과 백성 사이의 소통이 중요함을 그는 늘 강조한다. 『논어』「헌문」 23에서 공자는 임금을 섬기는 방법을 묻는 제자 자로에게 "속이지 말고 얼굴을

---

148) 『논어집주』, 219쪽.
149) 같은 책, 309쪽.

마주대고 간쟁해야 한다'라고 말한다.[150] 우리가 소크라테스와 공자를 비교하는 별도의 글에서 다루는 것처럼, 여기에서 공자의 간쟁 이론은 유가적인 용기 있게 진실을 자유롭게 말할 권리, 이른바 유가적 파르헤시아(parrhesia)를 옹호하는 것이라고 이해해도 좋을 것이다.

공자가 말만 그럴듯하게 잘하는 사람을 높이 사지 않았다고 해서 그가 정치에서나 일상생활에서 소통의 중요성을 폄하한 것은 결코 아니다. 그가 "말을 좋게 하고 얼굴빛을 곱게 하면서(巧言令色) 인(仁)한 이는 적다"[151]라고 말한 진의는, 진정한 소통을 방해하고 자신의 출세를 위해 언어를 곡해하는 세태를 비판하는 것에 있다. 즉, 사람들에게 듣기 좋은 말을 구사하여 자신의 사리사욕을 챙기기만 하는 방식으로 언어가 오히려 사람들 사이의 소통을 방해하고 마비시키고 있는 폭력적 상황을 개탄한 것이다. 여기에서 우리는 자유롭게 말하기가 말과 언어를 도구적인 쓰임새로 전락시켜서 그 무엇이든 자신이 원하는 대로 말하는 것과 근본적으로 다름을 깨닫게 된다. 언어폭력이나 '거짓 뉴스'(Fake News)라는 용어가 보여 주듯이 언어를 소중하게 보살피는 마음을 지니지 않는다면 자유롭게 말하기란 사실상 자유로운 말하기를 불가능하게 만드는 자기파괴적인 행위임을 알게 된다.

이렇게 본다면 대동과 소강의 구별과 별개로 유학의 대동세계 이상은 넓은 의미에서 본다면 기본적으로 전제적인 정치 권력, 특히 군주정 아래에서 황제 권력의 자의성을 견제하고 비판함으로써 이를 순치시켜 천하를 천하 만민의 이익에 봉사하게끔 만들려는 천하주의적인 공화 이념을 포함하고 있다고 해석할 수 있다. 천하위공의 대동사상이 서구 현대의 입헌공화주의적 민주주의 이념과도 상통하는 부분이다. 서구 현대와의 조우 속에서 동아시아의 여러 유학자가 서구의 입헌공화주의 혹은 민주주의 이념에 상응하는 어떤 것을 천하위공의 대동세계의 이상으로부터 발견할 수 있다고 생각했던 것도 결코 터무니없는 것이 아니었다.

---

150) 같은 책, 290쪽.
151) 같은 책, 20쪽, 「학이」 3.

군주 권력의 제한을 위한 공자의 노력은, 군주는 현명한 군자를 발탁하여 그에게 정치를 맡겨야 한다는 생각에만 그치는 것이 아니다. 고대 아테네에서 민주주의가 '참주정으로부터의 자유'를 의미한다고 했을 때, 참주는 '법을 지키지 않고 법 밖에서 통치하는 군주'를 의미했다.[152] 법에 따른 통치와 덕에 의한 통치라는 대비를 일단 논외로 해본다면, 군주의 자의적 권력 행사를 제어하고자 했던 공자의 노력도 민주주의적 함의를 지니고 있다고 보지 못할 이유는 없을 것이다.

「예운」에서 서술된 대동세계와 공자의 정치 이상 사이에는 통하는 부분이 꽤 존재한다. 이는 대동 이념이 공자가 이상적으로 생각한 어진 정치(仁政)의 이상과 상통함을 보여 주기에 부족함이 없다. 예를 들어 『논어』에서는 군주의 지위를 거의 명목상으로만 인정하는 경향이 나타난다.

공자는 『논어』 「태백」 18에서 순舜임금과 우禹임금의 '무위지치無爲之治'를 찬탄한다. 그는 "위대하시다! 순舜임금과 우禹임금은 천하를 소유하시고도 그것을 관여치 않으셨으니"라고 칭찬한다.[153] 또 『논어』 「위령공」 4에서 공자는 다음과 같이 말한다. "무위無爲로써(저절로) 다스리신 자는 순임금이실 것이다. 무엇을 하셨겠는가? 몸을 공손히 하고 바르게 남면南面했을 뿐이다."[154] 이처럼 공자는 요순堯舜과 같은 가장 위대한 군주의 모습을 '현명한 재상을 발탁하고 정사에 전혀 관여하지 않는 것'으로 설명한다. 그러므로 슈워츠는 "현명한 재상들에 의해 충고를 받는 수동적 입장의 세습군주의 이미지가 『논어』 전체에서 풍긴다"라고 주장한다.[155]

곽말약 또한 요순의 무위지치에 대한 공자의 강조를 "선양을 예찬하고 현명하고 능력 있는 자를 선택함을 예찬한 것이다"라고 해석하면서 공자의 사상을 「예운」의 대동사상과 연결시키고 있다.[156] 게다가 무위지치無爲之治

---

152) 폴 우드러프(Paul Woodruff), 『최초의 민주주의: 오래된 이상과 도전』(이윤철 옮김, 돌베개, 2012), 117쪽.
153) 『논어집주』, 160쪽.
154) 같은 책, 307쪽.
155) 벤자민 슈워츠, 『중국 고대 사상의 세계』, 178쪽.

에 대한 공자의 강조에 근거하여 곽말약은 공자가 지상의 왕권을 부정한 인물이라고 평가한다.[157] 인정仁政의 원리에 따라 군주 권력은 제한되어야 한다는 공자의 이념이 천하위공天下爲公과 대동세계의 이상으로 전개되어 나간다는 것이다. 본래 천하위공은 '천天'이 황제의 권력보다 더 상위에 있는 '규범적 도리의 원천'으로 간주된 천명사상에 그 기원을 두고 있다. 그러므로 천天 개념과, 사사롭지 않고 모든 사람을 공평하고 공정하게 대한다는 공公은 밀접하게 연결되어 있다. 그리고 하늘과 현실 세계의 정치를 연결해주는 매개자는 바로, 백성을 이롭게 하려는 원칙을 삶의 의무로 자각하는 군자임을 공자는 늘 강조했다. 『논어』 「안연」 5에 등장하는 대화를 예로 들어 보자.

공자의 제자 사마우司馬牛가 "사람들은 모두 형제가 있는데 나만이 홀로 없구나"라고 근심을 토로하자, 사마우의 동료이자 공자의 또 다른 제자인 자하子夏가 스승에게서 들은 말을 전하면서 다음과 같이 위로한다. "군자가 공경하고 잃음이 없으며 남을 대함에 공손하고 예가 있으면 사해의 안이 다 형제이니, 어찌 형제가 없음을 걱정하겠는가?"[158] 공자에게서 들은 말이라고 한 자하의 언급은 분명 대동세계의 이상으로 나가는 중요한 단서이다. 자하가 언급했던 사해동포의 이론과 "사람들은 자신의 부모만을 부모로 여기지 않았고 자신의 자식만을 자식으로 여기지 않았다"라는 대동의 이상은 서로 밀접하게 연결된 것으로 보인다.

이제 대동세상에서의 경제적 측면을 검토해 보자. 경제적으로 볼 때 공자가 꿈꾸었던 대동세계는 극단적인 사유재산 허용으로 인해 초래되는 심각한 경제적 불평등 구조를 용인하는 사회와는 거리가 멀다. 「예운」편의 대동사회에 관해 인용한 부분이 보여 주었듯이, 천하위공의 공공성은 경제적 공공성을 포함하고 있다. 이를테면 「예운」의 대동사회에 관한 서술에 따르면

---

156) 곽말약, 『중국고대사상사』, 118쪽.
157) 같은 책, 119쪽.
158) 『논어집주』, 233~234쪽.

사회에서 획득한 경제적 부를 어느 한 사람이 '독점'하는 것은 사사로움, 즉 공공성에 대비되는 '사적인 것'으로 여겨진다. 이곳에서 우리는 유교적 공사 구별이 서구 현대의 자유주의적 공사 구별과는 다른 원칙을 따르고 있음을 인식할 수 있다. '사적인 영역'과 '공적인 영역'을 구별하는 서구의 자유주의적 공사 구별과 달리 유가적인 공사 구별은 '공공성' 대 '사사로움'의 대비에 기초하고 있기 때문이다.[159]

그러나 유교적 대동 이념은 부의 독점을 공공성에 위배되는 것으로 보면서도 개개인의 능동성과 노력의 의미마저 무시하지는 않는다. 「예운」의 대동사회에 관한 서술이 보여 주듯이 모든 활동은 개인의 자발적인 노력에서 나오는 것이다. 다만 대동세계는 각 개인이 사회 속에서 획득한 노력의 결실 모두를 온전히 그 개인에게 배타적으로 속한 것으로는 보지 않을 뿐이다. "힘에 대해서는 각자 다 발휘하지 않는 것을 미워하였지만 자기만을 위해 사용하지 않았다. 이러한 까닭으로 중상모략이 생겨나지 않았고, 도둑질과 강도질이 발생하지 않았다"라는 구절이 이를 잘 보여 준다. 각 개인이 자신의 능력을 마음껏 발휘하지 않고 게을리하는 것을 부정적으로 보지만, 그보다 더 중요한 것은 자신의 노력으로 산출된 것이라고 해서 오직 '자기만을 위해' 사용할 수 있다고는 주장하지 않는다는 점이다. 개인의 노력과 그 결과를 전적으로 개인이 독점하고 전유하는 것을 도덕적으로나 정치적으로 허용할 수 없는 사사로움으로 규정하고 그 결실의 일부를 사회적으로 공유하는 대동의 이상은 오늘날 대두되고 있는 능력주의의 문제와 관련해서도 의미 있다고 할 것이다.[160]

사회적으로 생산된 재화와 부의 불평등한 분배를 염려하는 주장 역시 공자의 주장과 연결되어 있다. 공자는 경제적 불평등이 지나치면 사회의 조화가 상실되고 참다운 정치가 실현될 수 없다고 생각한다.

---

159) 서양의 자유주의적 및 공화주의적 공사 구별과 유가적 공사 구별의 상세한 설명에 관해서는 나종석, 『대동민주유학과 21세기 실학』, 제4장 참조 바람.
160) 대동의 이상과 능력주의 정의관의 긴장 및 대동적 이상에서 재규정될 수 있는 정의관에 대한 고찰은 이 책 제11장, 특히 제4절에서 상세하게 다룬다.

내(丘)가 듣건대, 나라를 소유하고 집을 소유한 자는 (백성이) 적음을 근심하지 않고 고르지 못함을 근심하며, 가난함을 근심하지 않고 편안하지 못함을 근심한다고 한다. 고르면 가난함이 없고, 화和하면 적음이 없고, 편안하면 기울어짐이 없다.161)

이처럼 공자가 강조하는 경제적 공공성의 이념과 평등관은 획일적 평등관과 궤를 달리한다. 마지막으로 대동 이념의 사회적 의미를 살펴보자. 앞에서 언급한 사해 동포 주장과도 연관되는 사항이지만, 대동사회에서는 사람들이 자신의 부모나 자식만을 위하지 않고 모든 사람을 자신의 부모나 자식처럼 여기는 공동체를 지향한다.

마찬가지로 「예운」의 대동사회는 그 누구도 소외시키지 않고 사회적 약자를 먼저 배려할 뿐 아니라, 각자에게 어울리는 사회적 지위를 획득하여 사회에서 자신을 실현할 기회를 보장해 준다. 그런 의미에서 대동사회는 각자의 능력과 적성에 따라 각자에게 제일 잘 어울리는 사회적 활동을 통해 개개인을 실현함으로써 사회의 조화를 이루는 것을 지향한다. 이런 맥락에서 우리는 "노인은 여생을 잘 마칠 수 있었고, 장성한 자는 일할 곳을 가질 수 있었으며, 어린아이는 잘 성장할 수 있었고, 홀아비나 과부, 고아나 가족이 없는 자, 질병에 걸린 자들은 모두 보살핌을 받을 수 있었다"라는 주장이나 "남자들은 자신의 능력에 맞는 각자의 직업을 가졌고, 여자들은 모두 화목한 집안으로 시집갈 수 있었다"라는 주장을 눈여겨볼 필요가 있다.

각득기소各得其所를 통해 사회의 조화로운 연대와 통일이 이루어지고 그 속에서 어느 누구도 소외됨이 없이 자신의 개성을 실현할 기회를 보장받게 되는 대동적 이상사회의 꿈 또한 공자가 이루고자 했던 꿈과 그리 다르지 않다. 『논어』 「공야장」 25장에는 공자와 그가 제일 아꼈던 두 제자라 할 수 있는 자로子路와 안연顏淵 사이의 대화가 기록되어 있다. 이 대화에서 세 사람은 각자 자신이 뜻하는 바가 무엇인지를 솔직하게 말하고 있다.

---

161) 『논어집주』, 329쪽, 「계씨」 1.

안연과 자로가 공자를 모시고 있었는데, 공자께서 "어찌 각기 너희들의 뜻을 말하지 않는가?" 하셨다. 자로가 말하였다. "수레와 말과 가벼운 갖옷을 친구와 함께 쓰다가 해지더라도 유감이 없고자 하옵니다." 안연이 말하였다. "자신이 잘하는 것을 자랑함이 없으며, 공로를 과시함이 없고자 하옵니다." 자로가 "선생님의 뜻을 듣고자 하옵니다" 하자, 공자께서 말씀하셨다. "늙은 이를 편안하게 해주고, 붕우에게는 미덥게 해주고, 젊은이를 감싸 주고자 한다."[162]

자로의 말도 그렇지만 "자신이 잘하는 것을 자랑함이 없으며, 공로를 과시함이 없고자 하옵니다"라는 안연의 말도 대동사회의 이상과 맥을 같이한다. 앞에서 강조한 것처럼 대동사회의 사람들은 스스로 힘들여 사회에서 자신에게 어울리는 지위가 요구하는 의무를 다하고자 하면서도 그로 인해 나오는 결실을 독점하려고 하지 않는다. 이런 맥락에서 자신의 재능을 다른 사람의 재능과 비교하여 우월의식을 갖지 않는다는 말이나 공로를 과시하고자 하지 않는다는 말은 예사롭지 않다.

농구 선수로서 기량이 뛰어난 사람이 다른 종목에서 요구되는 기량을 갖출 수 없는 것과 마찬가지로 어떤 사람의 장점이 곧바로 자신이 우월하다는 결론으로 이어질 수는 없지만, 사람은 늘 자신을 타인과 비교하면서 타인의 평판 속에서 자신의 우월성을 확인하려는 허영심에 노출되기 쉽다. 그리고 이런 타인과의 비교 우위를 통해 자신의 우월성을 확인받고자 하는 사람들로 구성된 사회에서 사람들 사이의 시기와 질투, 갈등이 더욱 증폭되어 온갖 도덕의 타락이 발생한다는 것은 널리 알려져 있다.[163] 이런 점에서 공자 이래로 유가는 위인지학爲人之學이 아니라 사람의 어진 마음, 즉 인을 구하는 데 학문의 본령이 있음을 강조하는 위기지학爲己之學을 권고하였음도 우리는

---

162) 같은 책, 101~102쪽.
163) 사회적 평판에 대한 과도한 관심이 타인에 대한 의존성을 극대화하여 타인의 노예로 전락하거나 자아상실을 초래할 수 있다는 점에 대한 비판은 장 자크 루소에서 장 폴 사르트르에 이르는 근대 프랑스 철학자들의 공통된 문제의식 중 하나였다. 이에 대해서는 악셀 호네트, 『인정: 하나의 유럽 사상사』(강병호 옮김, 나남, 2021), 제2장 참조 바람.

익히 알고 있다.[164] 공자의 사상을 그 누구보다도 깊이 이해하고 있었던 안연이 자신의 뛰어남을 자랑하지 않고 자신의 공로를 과시하지도 않으려 했던 태도와, 대동사회에서 자신의 노력이나 재능의 결과를 홀로 배타적으로 독점하지 않는다는 원칙은 서로 깊이 통하는 바가 있음을 깨닫기란 그리 어렵지 않다.

공자의 말 또한 참으로 대동 이념의 본뜻과 잘 연결된다. 「공야장」 25장에서 공자가 언급한 세 사람의 부류, 즉 친우와 노인과 어린 사람은 "천하의 모든 사람을 아우르는 것"이라고 선현은 주석을 가한 바 있다. 그가 바로 주희이다. 이어서 주희는 자로와 안연과 공자가 모두 "남과 더불어 같이하려는 것"을 보여 준다고 말하면서 공자의 말을 "각득기소各得其所"와 연결해서 해석한다. 달리 말하자면 공자의 말은 "만물이 그 원하는 바를 얻게 하려는 마음"을 보여 준다는 것이다.[165] 여기에서도 보듯이 공자의 말은 천하의 모든 사람이 사회 속에서 각자 자신을 실현할 마땅한 자리를 잡을 수 있는 조화로운 공동체가 형성되기를 바라는 그의 원대한 꿈을 드러내고 있다.

6. 충서와 공론에 대한 대동적 이해

공자와 인仁 사상에서 보았듯이 인간다움의 완전한 실현은 혼자서 이룰 수 있는 것이 아니다. 인仁의 실현은 늘 타인과의 관계 속에서만 가능하다. 그래서 공자는 자신의 처지를 미루어 타인을 헤아리는 추기급인推己及人,

---

164) 유가에서는 늘 타인의 평판에 과도하게 몰두하는 것을 경계하면서 사회적 명성이나 부의 추구보다는 참다운 자신의 도덕적 역량을 가다듬어 사회와 자연 속에서 조화로운 공동체적 삶을 영위하고자 하는데, 이러한 것 또한 일종의 유가적 인정투쟁 이론을 보여 준다고 생각한다. 물론 이에 대해서 별도의 심화된 연구가 필요요할 것이다.
165) 이인서원 기획, 『세주완역 논어집주대전』 1(김동인·지정민·여영기 옮김, 한울아카데미, 2009), 593~595쪽.

즉 '서恕'를 인仁을 실현할 방법으로 보았다. 중궁仲弓이 인仁을 묻자 공자는 다음과 같이 말한다.

> 문을 나갔을 때에는 큰손님을 뵈온 듯이 하며, 백성에게 일을 시킬 때에는 큰 제사(祭祀)를 받들듯이 하고, 자신이 하고자 하지 않는 것을 남에게 베풀지 말아야 하니, 이렇게 하면 나라에 있어서도 원망함이 없으며 집안에 있어서도 원망함이 없을 것이다.[166]

인을 '자기가 바라지 않는 것을 다른 사람에게 베풀지 않는 것'으로 이해하는 공자의 설명에서 우리는 소위 황금률을 발견한다. 이 황금률은 여기에서 부정적인 형식으로 표현되어 있다. 이런 소극적인 황금률의 표현은 『논어』 「위령공」 23장에 있는 공자와 그의 제자 자공子貢과의 대화에서도 발견된다.

> 자공이 "한 말씀으로써 종신토록 행할 만한 것이 있습니까?" 하고 묻자 공자께서 말씀하셨다. "그 서恕일 것이다. 자기가 하고자 하지 않는 것을 남에게 베풀지 않는 것이다."[167]

더 나아가 공자는 『논어』 「이인」 15에서 서恕를 통해 자신이 추구하는 일관된 도道를 설명한다.

> 공자께서 "삼參아! 우리 도道는 한 가지 리理가 만 가지 일을 꿰뚫고 있다" 하시자 증자께서 "예" 하고 대답하였다. 공자께서 나가시자 문인門人들이 "무슨 말씀입니까?" 하고 물었는데, 증자曾子께서 대답하셨다. "부자夫子의 도道는 충忠과 서恕일 뿐이다."[168]

공자가 증삼에게 자신의 도가 하나로 일관하고 있다고 말한 것을 증삼은

---

166) 『논어집주』, 230~231쪽, 「안연」 2.
167) 같은 책, 317쪽.
168) 같은 책, 77~78쪽.

충서忠恕로 이해한다. 일이관지一以貫之의 도를 '서'가 아닌 충서忠恕로 보는 것이 타당한지, 더 나아가 하나의 도를 '서'가 아니라 '충서'라고 본다고 해도 '서'가 무엇인지, 충과 서의 관계는 어떠한지 등과 같은 질문은 여기에서 상세하게 다 다룰 수 없다.[169] 이런 쟁점과 별도로, 공자에게서 인仁과 서恕는 매우 밀접한 관계를 지닌다는 점만은 분명하다. 앞에서도 강조했듯이 공자는 '서'를 인을 실현하는 방법으로 이해한다. 달리 표현하자면 서를 실행에 옮기는 것이 인을 실현하는 방법이라는 말이다.

공자께서 말씀하셨다. "…… 인자仁者는 자신이 서고자 함에 남도 서게 하며, 자신이 통달하고자 함에 남도 통달하게 하는 것이다. 가까운 데에서 취해 비유할 수 있으면 인仁을 하는 방법이라고 말할 만하다."[170]

위의 인용문은 두 가지 점에서 중요하다. 첫째, 위 인용문에서 공자는 인을 설명하면서 황금률을 긍정적인 방식으로 서술한다. 둘째, 그는 서恕를 인을 실현하는 방법이라고 말하면서 인과 서의 관계를 좀 더 분명하게 해명한다.[171]

공자의 도道로 이해되는 충忠과 서恕를 어떻게 이해해야 하는지에 대해

---

169) 김명석은 이 문제에 관한 다양한 해석의 갈래를 분석하면서 "서 또는 충서는 '공자의 일관지도'일 수는 있어도 모든 덕목과 원리들을 아우르는 진정한 의미의 일관지도가 되기에는 부족하다는 입장"을 섬세하게 논증하고 있다. 김명석, 「논어의 忠恕는 진정한 一貫之道가 될 수 있는가?– 서양의 황금률 논쟁과의 비교를 중심으로」, 『유교사상연구』 82(2020), 325~356쪽 참조 바람.

170) 『논어집주』, 124쪽, 「옹야」 28.

171) 공자의 '서'에 대한 두 가지 상이한 정식화를 소극적 황금률과 긍정적 황금률로 해석한 이는 풍우란이다. 풍우란, 『중국철학사 상』, 121쪽. 공자가 서를 소극적 방식으로 표현한 것을 두고 '은백율'(silver rule)이라고 하여 예수가 말한 "너희는 (무엇이든) 남에게서 바라는 대로 남에게 해주어라"나 "네 이웃을 네 몸같이 사랑하라" 같은 긍정적 형식의 가르침에 비해 뒤떨어지는 것이라고 보는 관점도 존재한다. 그러나 김명석도 언급하듯이 이런 식의 부정적 평가는 오늘날 서양 학계에서도 부정된다. 예를 들어 데이비드 니비슨(David Nivison) 같은 학자는 기독교 초기 문헌에도 긍정적 형식만이 아니라 부정적 형식의 황금률이 존재하며, 두 가지 다른 표현 사이에 어떤 중요한 차이가 있다고 볼 근거도 분명하지 않다고 말한다. 김명석, 「논어의 忠恕는 진정한 一貫之道가 될 수 있는가?– 서양의 황금률 논쟁과의 비교를 중심으로」, 329~330쪽.

학자들 사이에 의견이 분분하다. 주희는 "자기 마음을 다하는 것을 충忠이라 이르고, 자기 마음을 미루는 것을 서恕라 이른다"라고 해석한다. 그러면서 그는 "자신으로써 남에게 미침은 인仁이요, 자기 마음을 미루어서 남에게 미침은 서恕"라고 하는 정자程子의 주장에 동의한다. 그리고 그는 충과 서를 『중용』 13에 나오는 "충忠과 서恕는 도道와 거리가 멀지 않다"(忠恕違道不遠)라는 구절과 연결시킨다.[172]

그런데 서양 근대 문명과 본격적으로 접하게 된 이후 공자의 충서에 대한 설명에서 등장하는 이른바 황금률이 큰 주목을 받아왔다. 그러나 황금률이 도덕 원칙을 해명하는 데 얼마나 중요하지는 의문의 여지가 있다. 특히 임마누엘 칸트는 황금률 즉 "너에게 일어나기를 원치 않는 것(을 타인에게 행하려고 하지 말라)" 같은 명제는 도덕 원칙을 해명하는 데 적합하지 않다고 비판했다. 그가 보기에 황금률은 "진부한 본보기"에 불과하다. 그것은 결코 "보편적 법칙"으로 간주될 수 없기 때문이다. 달리 말하자면 칸트가 보기에 황금률은 결코 "자기 자신에 대한 의무의 근거도, 타인에 대한 사랑의 의무도 포함하지 못한다." 이는 매우 중요한 지적이다. 왜냐하면 칸트가 말하듯이, 우리가 어려움을 겪는 타인을 돕지 않아도 된다고 생각한다면, 우리 스스로가 어려울 때도 역시 타인이 황금률에 따라 자신을 도울 필요는 없다는 결론에 기꺼이 동의해야 할 것이기 때문이다.

칸트는 좀 더 극단적인 예를 든다. 극형을 받을 범죄 행위를 한 범죄자까지도 법정에서 재판관에게 황금률을 활용하여 자신에게 해로운 판결을 내리지 말도록 항변할 것이라고 칸트는 주장한다. 종합해 보자면 그는 "너에게 일어나기를 원치 않는 것을 타인에게 행하려고 하지 말라"와 같이 정식화된 황금률로는 왜 우리가 서로에 대해 도덕적으로 행위해야 하는지에 대한 객관적 근거를 제공하지 못한다고 비판한다.[173]

---

172) 『大學·中庸集註』, 73쪽.
173) 임마누엘 칸트, 『도덕 형이상학 정초』; 한국칸트학회 기획, 『도덕형이상학 정초 – 실천이성비판』(김석수·김종국 옮김, 한길사, 2019), 84쪽.

칸트의 비판이 매우 타당하기에 공자의 충서 이론을 통해 유가적 윤리가 지니는 윤리이론으로서의 중요성을 강조하려는 시도는 일정한 한계에 직면할 수밖에 없다. 이런 문제를 해결하려면 공자의 인간관과 도덕관의 핵심이라고 여겨지는 인에 대한 정확한 이해가 요구된다. 필자가 아는 한 공자의 서恕와 관련하여 칸트적인 문제의식을 지닌 학자는 바로 주희였다.

『대학혹문大學或問』에서 이미 주희는 칸트가 제기한 황금률의 한계를 정확하게 예상하고 있었다. 앞에서도 보았듯이 유가가 말한 서恕는 자신의 마음을 미루어 타인의 마음을 헤아리는 것이다. 그런데 "자기가 하고자 하지 않는 것을 남에게 베풀지 않는 것"에서 중요한 것은, 그 하고자 하지 않는 것 자체가 과연 도덕적으로 타당한지 하는 점이다. 그러니까, 사람이 사람됨의 까닭을 밝히지 않고 그저 가까운 사람이나 낯선 사람을 사랑해야 한다고 주장하는 것은 논의가 그릇될 수 있다는 말이다. 달리 말하자면 나를 사랑하고 아끼는 마음을 미루어 타인을 사랑하고 아낀다는 것이 무엇을 의미하는지가 우선 해명되어야 한다는 것이다.

필자가 보기에 주희가 사랑을 인이라고 말하는 것만으로는 충분하지 않다고 하면서 인을 "애지리愛之理"이자 "심지덕心之德"[174]이라고 규정한 것도 이런 문제의식의 표현일 것이다. 이처럼 우리는 왜 자신의 생명이나 몸이나 여타 생명체를 아끼거나, 타인에게 솔직하거나, 거짓으로 증언하지 않는 등의 행위가 진정으로 참다운 도덕적 행위가 될 수 있는지 그 근거를 알아야만 그 마음을 미루어 타자에게 베풀 수 있다. 그래야만 진정한 의미의 서恕가 성립될 수 있다. 주희는 이런 문제점을 다음과 같이 설명한다.

> 만일 이치에 밝지 못하여 마음이 바르지 못하다면, 내가 원하는 바가 반드시 원해야 할 일은 아닐 것이며 내가 미워하는 바가 반드시 미워해야 할 일은 아닐 것이다. 이를 살피지 못하고 곧장 그것을 사람에게 베푸는 준칙으로 삼고자 한다면, 마음이 비록 공정하다 할지라도 그 일은 사사로운 것이다.[175]

174) 『논어집주』, 19쪽, 「학이」 2.

위 인용문에서 주희는 명확하게 무엇이 미워해야 할 바인지 그렇지 않은지를 먼저 정립하지 못한 채로 어떤 행위 준칙을 타인에게 적용하는 것은 옳지 않다고 비판한다. 이런 문제를 해결할 방안으로 주희가 제안하는 것은, 왜 공자가 서를 말할 때 충과 함께, 즉 충서로 말했는지를 주목해야 한다는 것이다. 달리 말하자면, 주희가 볼 때 서恕를 이해하는 것은 충忠을 근본으로 해야만 한다는 것이다.176) 그러니까, "자기 마음을 다하는 것을 충忠이라 이르고, 자기 마음을 미루는 것을 서恕"라고 해석하는 주희가 보기에 중요한 것은 천리天理를 지니는 자신의 마음을 다하는 것, 즉 자기 마음에 내재하는 도덕적 법칙에 관한 순수한, 그러니까 올곧은 태도이다. 그래서 그는 충과 서의 관계를 체와 용의 관계로 본다.177)

도덕에 대한 올바른 태도를 충忠으로 해석하는 주희는 심지어 이치에 합당한 행위와 그에 어울리는 마음의 내적 동기 혹은 마음의 순수함과의 일치의 문제를 진지하게 거론한다. 칸트가 그토록 강조했던 "도덕 법칙에 대한 외적인 일치보다도 마음의 순수한 동기에서 우러나온 도덕 법칙에 따른 행동만이 진정하게 도덕적 행동이라 불릴 자격이 있다"라는 주장과 비견될 주장을 이미 칸트보다 600년 전을 살았던 주희가 내세우고 있는 것이다. 이와 관련된 주희의 주장을 인용한다.

> 주자가 말했다. "어떤 사람은 일이 이치에 합당하지만 꼭 사심이 없는 것은 아닐 수도 있고, 어떤 사람은 사심은 없으나 일을 처리함에 있어 이치에 합당하지 않을 수도 있다. 오로지 인자만이 (마음) 안으로는 사심이 없고 또 밖으로는 이치에 합당하다. 모름지기 겉과 속, 일과 마음이 하나여서 모두 천리에 순수하고 또 터럭만큼도 사심이 없어야만 옳다."178)

---

175) 주희, 『대학혹문』; 박완식 편저, 『대학, 대학혹문, 대학강어』(여강, 2010), 347쪽.
176) 같은 책, 348쪽.
177) 『논어집주』, 78쪽, 「이인」15.
178) 이인서원 기획, 『세주완역 논어집주대전』1, 558~559쪽. 김명석의 논문에는 주희가 황금률의 오용 가능성에 대해 고민하는 다른 사례들이 언급되고 있다. 김명석, 「논어의 忠恕는 진정한 一貫之道가 될 수 있는가? – 서양의 황금률 논쟁과의 비교를 중심으로」,

인용문이 보여 주듯이, 인간의 참다운 도덕성은 안과 밖이 일치하는 행동 속에 있다. 예를 들어 거짓말을 하지 않는다고 할 때, 그것이 타인의 평판이 두려워서나 자신의 명성에 흠이 날까 두려워서, 혹은 사랑하는 사람으로부터 칭찬받고 싶어서 그렇게 한 경우라면 이는 아무리 이치에 어울리는 행동처럼 보일지라도 사심이 들어가 있기에 도덕적으로 훌륭한 행위로 여겨질 수 없다는 말이다. 이런 맥락에서 주희는 충과 서의 관계를 체와 용의 관계로 설명하기도 하고, 충을 천도天道와 인도人道로 대비해서 설명한 이정二程의 말을 인용하기도 한다. 이정에 따르면 충은 『중용中庸』에서 천도의 본질이라고 이해되는 거짓과 속임이 없는 '성誠' 즉 "무망無妄"이며 서는 "충을 이행하는 것이다."[179]

그러니까 여기서도 도덕과 그것을 행하는 행위자의 마음 사이의 진실된 관계가 전면에 부각되어 있다. 도덕에 대한 행위자의 자기 관계가 도덕적 행위의 실행보다도 더 결정적인 것으로 이해되고 있다는 점에서 근본적으로 성찰적이고 자율적인 주체에 대한 주희와 성리학자의 관심이 잘 드러나 있다. 그래서 이택후는 주희의 학설을 타율 도덕이라고 비판하는 일각(20세기 신유가의 일부에서 보듯이)의 견해와는 달리 주희의 학문이 "도덕적 본체, 비공리적인 절대명령, 입법의 보편성과 의지의 자율성이라는 문제를 말하는 이론적 유형에서 확실히 칸트와 매우 비슷하다"라고 평가한다.[180]

앞에서 본 것처럼, 자신의 참다운 마음의 근본이 무엇인지를 해명함이

345~346쪽. 그러나 그는 주희의 해석 방향과 결을 달리하면서 '서'나 황금률이 "정의의 원칙"(principle of justice)으로 적극적으로 재해석될 수 있다는 견해를 논증한다. 같은 글, 348쪽 이하 참조 바람. 그러나 보편화의 원리로 황금률이나 공자의 恕를 적극적으로 해석하여 나름의 "자족성을 지닌 도덕 원리"로 이해하는 전략이 성공적일지는 더 논의해 볼 일이다. 보편화의 원리란 순수한 형식적 관점에 지나지 않기에 도덕원리로 역할을 하기에는 적절치 않다는 반론이 서구 학계에서 반복해서 제기되고 있다. 아마 가장 유명한 비판이 헤겔의 칸트 비판이나 존 스튜어트 밀의 보편화 원리에 대한 비판일 것이다. 이에 대해서는 나종석, 『차이와 연대: 현대 세계와 헤겔의 사회·정치철학』(길, 2007), 특히 제5장의 2절 참조 바람.

179) 『논어집주』, 78쪽, 「이인」 15.
180) 이택후, 『중국고대사상사론』(정병석 옮김, 한길사, 2005), 462쪽.

없이는 참다운 서란 이루어질 수 없다. 그리고 이런 마음의 근본이란 곧 인仁으로서, 이는 결국 생명체로서 자신과 만물을 극진히 아끼고 보살피려는 마음, 혹은 생명을 우러러 공경하려는 마음이다. 이렇게 이해된 인의 관점을 강조하는 데에서 필자는, 주희나 공자의 사상에서 주체의 자율성만을 강조하면서 서구 근대 칸트철학과의 유사성에만 주목하는 해석의 방향과는 결을 달리하고 있다. 이에 대해서는 이미 앞에서 언급했기에 자세한 설명은 생략하기로 한다.[181]

'서'의 황금률의 문제와 관련한 논의는 당연히 충서와 인의 관계를 어떻게 이해해야 하는가 하는 물음으로 이어진다. 그리고 충서忠恕와 인 사이의 관계를 이해할 때 우리는 인간의 사회성과 주체성 사이의 관계를 어떻게 이해해야 하는지와 같은 문제에 직면하게 된다. 앞에서 우리는 공자가 인仁이라는 '인간성을 실현할 수 있는 잠재력'을 모든 인간이 평등하게 지니고 있음을 긍정한다는 사실을, 또 그런 점에서 모든 개인을 도덕적 행위자로 인정하고 있음을 살펴보았다. 실제로 그는 "삼군의 장수는 빼앗을 수 있으나 필부의 뜻은 빼앗을 수 없다"라고 말한다.[182] 벤자민 슈워츠는 이런 측면을 고려하여 공자의 인을 "자아 인식과 반성을 포함하는 인간 개체 내면의 도덕적 삶을 가리키는 것"으로 정의할 것을 제안한다.[183]

마이클 샌델도 두유명의 주장을 참조하면서 언급했듯이, 그 어떤 외부적인 강제력으로도 필부의 뜻을 무력하게 만들 수 없다는 공자의 주장은 유가적 자아관의 핵심을 잘 보여 준다. 공자의 주장으로 보건대, 인간을 사회적 관계 속에서 바라보는 유가적 자아관은 결코 자아를 사회적 역할들로 환원시켜 버리는 것이 아니다. 오히려 공자의 자아관은 사회적 관계 내에서만 비로소 인간이 자신의 인간성을 제대로 발현할 수 있음을 강조하는 동시에, 각 개인의 '비판적 영혼'의 자발성 혹은 '비판적 영혼의 행위 주체성'까지도

---

181) 필자의 해석 방향과는 다르지만, 이택후도 주희와 칸트 사이에는 유사성 못지않게 중요한 차이점도 있음을 강조한다. 같은 책, 462~464쪽 참조 바람.

182) 『논어집주』, 179쪽, 「자한」 25.

183) 벤자민 슈워츠, 『중국 고대 사상의 세계』, 118쪽.

함께 고려하고 있음을 보여 준다.[184]

그러므로 우리는 공자의 인간관 혹은 자아관의 특성이 인이라는 근원적인 도덕적 창발성 혹은 창조성과, 타자와의 관계의 상호공속성을 통해 인간을 파악한다는 점에 있다고 추론할 수 있을 것이다. 이런 맥락에서 필자는 공자의 충서 이론이 서구 근대의 원자론적 개인주의와는 다른 '충서적 개인주의' 즉 관계지향적 개인주의로 규정될 수 있다고 보았다.

> 이처럼 유가적 주체성 이론에 의하면 인간은 타자와의 다층적인 관계를 지속적으로 확충함에 의해서만 자신의 도덕적 잠재력을 온전하게 실현할 수 있는 주체로 성장할 수 있다. 이런 맥락에서 유가적 개인주의 혹은 주체성은 충서적 개인주의 혹은 충서적 주체성으로 규정될 수 있을 것이다.[185]

물론 지금까지의 서술로 충서와 인 사이의 관계를 둘러싼 복잡한 문제를 다 다루었다고 말하기에는 부족하다. 그래서 필자는 우선 충서를 인 구현의 방법이라는 점에서 도 즉 인이라는 궁극적 가치와 밀접한 관련이 있는 것으로 이해하는 정도로 요약해 두고자 한다.[186]

공자가 서恕를 강조한 이래로 유가의 전통은 기본적으로 만물에 대한 무한한 보살핌과 애정 어린 관심을 통해 친친親親의 영역을 넘어 타자와의 상호의존적 관계 속에서 살아가는 모든 존재들과 조화로운 관계를 이룩하고자 했다. 그러므로 정치 세계에서 인을 실현하는 것 역시 인간이 자신의 참다운 자아를 실현하는 데에 없어서는 안 될 필수적인 요소이다. 그래서

---

184) 폴 담브로시오, 「유가적 역할에 대한 샌델의 대응」, 『마이클 샌델, 중국을 만나다』(마이클 샌델·폴 담브로시오 엮음, 김선욱 외 옮김, 와이즈베리, 2018), 317쪽.

185) 나종석, 『대동민주유학과 21세기 실학』, 232쪽.

186) 두유명(뚜웨이밍)은 忠을 내적 자기수양에 완전히 몰두하는 것으로 보고 恕를 타인의 입장을 헤아리는 것으로 이해해서, 충을 양심 혹은 성실성의 뜻을 지니는 'conscientiousness'로, 서를 이타주의를 의미하는 'altruism'으로 번역한다. 두유명, 『뚜웨이밍의 유학강의』, 277~278쪽. 독일의 하이너 뢰츠(H. Roetz)는 恕를 상호성 혹은 공정성(fairness)의 원리인 황금률로 보면서 恕는 "형식적 절차" 혹은 "보편적인 상호의 원리"로 가장 잘 이해될 수 있다고 주장한다. H. Roetz, *Confucian Ethics of the Axial Age* (Albany, NY: State University of New York Press, 1993), p.133; 148.

공자와 맹자의 인 사상은 인정仁政이라는 이념을 포함한다.

공자에게 정치는 기본적으로 백성을 위한 것이었다. 그래서 그는 정치에서 백성의 교육을 강조했다. 그는 백성을 부유하게 하는 것으로는 부족하고, 백성을 가르쳐야 한다고 강조한다.[187) 백성들에게 교육이 필요한 이유는 강압에 의한 정치를 올바른 정치로 보지 않았기 때문이다. 그러므로 공자가 바람직하다고 본 정치는 기본적으로 덕에 의한 통치, 즉 덕치이다. 앞에서 강조했듯이 공자는 법으로 백성을 인도하기보다는 예와 덕을 통해 인도하는 것이 더 좋다고 말한다.[188)

그리고 공자가 덕치를 통해 추구하는 정치의 근본 목표는 모든 백성이 행복한 삶을 구현하여 인간의 참다운 인간성을 실현하는 데 있다. 물론 이런 과제는 쉽게 달성될 수 있는 것은 아니다. 그래서 공자는 요순과 같은 성인도 모든 백성을 구제하는 데에는 늘 부족함을 느꼈다고 역설한다. 그러니까 요순 같은 성왕이 추구하는 것은 궁극적으로 모든 사람이 스스로 자신의 인간다움을 실현하는 도덕적 행위자로 성장할 수 있도록 필요한 여러 가지 조건들을 제공하는 것이다.

그러므로 정치는 백성들에게 단지 경제적인 풍요로움을 보장하는 데서 그치지 않는다. 백성이 스스로 성숙할 수 있도록 해서, 잘못한 행위를 하면 스스로 그 부족함을 알아서 부끄러워하고 성찰하면서 올바른 사람이 될 수 있도록 도움을 주는 것이 진정으로 정치가 해야 할 일인 셈이다. 이런 맥락에서 좋은 정치가 무엇인지를 보여 주는 공자와 자공의 대화에 주목해 볼 필요가 있다. 『논어』 「안연」 7에서 정사政事를 묻는 제자 자공子貢에게 공자는 다음과 같이 말한다.

자공이 정사政事를 묻자 공자께서 말씀하셨다. "양식을 풍족히 하고, 병兵을 풍족히 하며, 백성들이 믿게 하는 것이다." 자공이 말하였다. "반드시 부득이

---

187) 『논어집주』, 259쪽, 「자로」 9.
188) 같은 책, 33쪽, 「위정」 3.

해서 버려야 한다면 이 세 가지 중에 무엇을 먼저 해야 합니까?" 공자께서
말하였다. "병을 버려야 한다." 자공이 말하였다. "반드시 부득이해서 버려야
한다면 이 두 가지 중에 무엇을 먼저 해야 합니까?" 공자께서 말씀하셨다.
"양식을 버려야 하니, 예로부터 사람은 누구나 다 죽음이 있거니와 사람은
신의가 없으면 설 수 없다."[189]

위 인용문에서 보듯이 공자는 정치에서 중요한 세 가지로 병사(군사적
요소)와 식량(경제저 요소), 사회적 신뢰(문화적 요소)를 들면서 그중에서 무엇이
더 중요한지를 자공의 질문에 따라 답한다. 공자에 따르면, 백성들의 신뢰를
얻는 것이야말로 정치에서 추구할 가장 중요한 요소이다. 민심의 향배야말로
정치의 핵심인 것이다. 달리 말하자면, 민생이나 국방보다도 사람 사이의
정신적 연대와 화합이 더 중요하다는 뜻이다.

그런데 백성과 위정자 사이의 상호 신뢰는 어떤 방식으로 이루어지는가?
그것은 당연히 폭력적인 강압의 방식으로 달성될 수 없다. 또한 경제적으로
풍요롭다고 해서 사회의 상호신뢰가 자동으로 확립되는 것도 아니다. 백성과
위정자 사이의 상호신뢰를 형성하는 방법으로 공자가 주목하는 것은 바로
소통이다. 공자의 정치이론에서 소통의 중요성은 그가 높이 평가했던 인물
중의 하나인 정나라 출신의 자산子産과의 관계를 통해 보면 더 분명해진다.

『논어』 「헌문」 10에서 공자는 자산을 언급한다. "혹자가 자산子産의 인품을
물으니 공자께서 대답하셨다. '은혜로운 사람이다.'" 주희는 공자의 자산에
대한 평가를 두고, 자산이 정치를 할 때 "한결같이 사람을 사랑하는 것을
위주로 하였"기에 공자가 그를 높이 샀던 것이라고 해석한다.[190] 사마천이
지은 『사기』의 「중니제자열전」에서는 정나라 자산을 공자가 스승으로 모셨
던 사람 중의 하나로 평하고 있다.

---

189) 같은 책, 236쪽.
190) 같은 책, 278~279쪽.

공자가 스승으로 섬긴 사람들로는 주나라의 노자老子, 위衛나라의 거백옥蘧
伯玉, 제齊나라의 안평중晏平仲, 초楚나라의 노래자老萊子, 정鄭나라의 자산
子産, 노魯나라의 맹공작孟公綽 등이 있었다.[191]

기무라 에이이치는 위 인용문 중에서 공자가 노자와 노래자를 존경했다는
것은 유가와 도가가 상호 대립하면서 교류하던 전국시대 이후에 등장한
설화에 기초하는 것이기 때문에 논외로 취급해야 한다고 말한다.[192] 중국
학자 진래에 따르면, 공자의 사상은 고대 사상의 집대성으로 이해될 수
있는데 특히 장문중·자산·숙손표·안영의 학문 사상을 집대성한 것으로
이해해도 좋으며, 그렇기 때문에 공자에 의해 비로소 사대부 계층이 형성된
것이 아니라 오히려 공자의 사상이 "서주·춘추시대 선진 사대부의 사상을
계승·발전"시킨 것으로 이해되어야 한다고 한다. 달리 말하자면, 권력으로부
터 자유로운 군자의 출현은 공자 이전에 이미 존재하고 있었고 공자는
그런 전통을 이어받아 발전시켰다는 것이다.[193]

특히 정자산은 정치에서의 소통을 강조한 인물이었다. 『춘추좌씨전』
양공 31년조에 나오는 자산과 연명然明 사이의 유명한 대화를 보자.

정나라 사람들이 향교鄕校에 모여 놀던 중에 말이 정치를 맡고 있는 자산에
대한 논평에까지 이르렀다. 그러자 연명然明이 자산에게 이를 말하였고,
다음과 같은 말들이 오갔다.
연명: 향교를 헐어 버리면 어떨까요?
자산: 어찌 그런단 말이요? 사람들이 조석으로 하는 일에서 물러나 모여
놀다가 정치하는 사람의 좋은 점 나쁜 점을 가지고 의논하게 되면, 그
의논 중에서 좋다고 말하는 것은 내 그대로 실행하고 그 의논 중에서 나쁘다고
말하는 것은 내가 고칠 뿐이오. 그러므로 그들의 논평은 나의 스승인데

191) 사마천, 『사기열전』 상(최익순 옮김, 백산서당, 2014), 130쪽.
192) 기무라 에이이치, 『공자와 논어』, 50쪽.
193) 진래, 『중국 고대사상 문화의 세계: 춘추시대의 종교, 윤리와 사회사상』(진성수·고재석
옮김, 성균관대학교 출판부, 2008), 609쪽.

어찌하여 향교를 헌단 말이오? 나는 충실히 하고 선善하게 해서 원망을 줄인다는 말은 들었으나, 위세를 부려서 원망을 막는다는 말은 듣지 못했소. 내 (권력을 쓴다면) 잠깐 동안이라면 어찌 그들이 논평을 하지 못하게 할 수 없겠소? 그러나 사람들의 입을 막는 것은 내(川)의 물길을 막는 일과 같소. 막았던 냇물의 제방이 크게 터져서 한꺼번에 와르르 흐르게 되면 사람을 상하게 함이 반드시 많은 것이오. 그러면 나는 그 수해를 구하지 못할 것이오. 그러니 작게 둑을 터놓아서 넘치는 물이 (계속) 흘러나가게 하는 것만 못한 것이오. 내 그들의 논평을 들어서 그것을 약으로 삼는 것만 못하오."[194]

자산의 말에 대해 공자는 다음과 같이 평했다. "이 말로써 보건대, 누군가가 자산이 어질지 못하다고 이르더라도 나는 믿지 못하겠다."[195] 자산은 백성들이 자유롭게 정치에 대해 논의하고 비판하는 것을 긍정적으로 보면서, 그런 논의의 장인 향교를 정치하는 사람인 재상의 '스승'으로 이해한다. 그리고 공자는 이런 자산의 정치에 대한 이해를 두고 그를 인仁한 사람이라고 평가한다. 달리 말하자면 백성들의 언로를 보장하면서, 자유롭게 공적인 사안을 갑론을박하는 행위를 통해 정치를 수행하는 것을 인仁이라고 보는 것이다.

이렇게 인을 실현하는 방법으로서의 인정仁政은 백성들의 뜻을 모으는 공론의 과정을 매개하지 않으면 안 된다고 공자는 강조한다. 위 인용문에서 정자산이 강조하고 있듯이, 백성들이 정치에 대해 내는 목소리를 통해 위정자들이 자신의 잘잘못을 깨달아서 올바른 정치로 나아가는 것이 곧 백성의 원망을 줄이는 길이자 정치가가 해야 할 마땅한 의무이다. 그뿐만이 아니다. 백성의 목소리를 힘으로 억누르게 되면 더 큰 화를 불러일으킬 뿐이라고 정자산은 말한다.

오늘날 많은 정치학자는 민주주의의 핵심을 공론의 장에서의 공적 사안에

---

194) 『춘추좌씨전』 중(문선규 옮김, 명문당, 2009), 746~747쪽.
195) 같은 책, 같은 곳.

대한 토의라고 보는데, 소통에 대한 자산과 공자의 강조는 분명 유교적 정치이론에 내장된 민주적 뿌리라 평가할 만하다.[196] 하지만 그보다 더 중요한 것은, 공자의 인정(仁政)의 정치이론에서는 소통의 중요성이 대동적인 화합의 사회를 구성하는 방법과 연결되어 있다는 점이다.

공자의 소통에 대한 적극적인 인식은 '화이부동和而不同'에 대한 강조에서도 찾아볼 수 있다. 공자에 의하면 군자는 파벌을 조성하지 않고 온화하며 다원성을 긍정하면서도 조화의 중요성을 간과하지 않는 사람이다. 『논어』 「위령공」 21에서 공자는 "군자는 씩씩하되 다투지 않으며, 무리 짓되 편당하지 않는다"라고 말한다.[197] 군자는 다양한 것을 허용하면서도 전체 속에서의 조화와 화합을 추구하는 사람이다. 그래서 화和와 동同의 관계를 공자는 군자와 소인으로 대비해서 설명한다. "공자께서 말씀하셨다. 군자는 화하되 동하지 않으며, 소인은 동하되 화하지 않는다." 공자의 이 주장에 대해 주희는 "화는 거스르고 비틀어진 마음이 없는 것이요, 동은 아당阿黨하는 뜻(아첨하고 편든다는 뜻 – 필자)이 있는 것이다"라고 풀이한다.[198]

화이부동의 정신에 포함된 공론 정치 및 간쟁의 전통은 유교 정치사상의 지속적인 성격이었다.[199] 그리고 이런 전통은 공자 시대의 사람들에게도 그리 낯선 것이 아니었다. 예를 들어 『국어國語』 「정어鄭語」에는 다양성 속의 조화를 진정한 조화로 이해하는 자세가 잘 표현되어 있다.

화협和協은 능히 만물을 생성할 수 있으나 상동相同은 발전할 수 없습니다. 음양을 서로 조화시키는 것을 화협이라 합니다. 그래서 능히 만물을 풍부하게 하고 발전시켜 하나로 통일시킬 수 있는 것입니다. 그러나 만일 상동으로

---

196) 진래는 자산을 "소박한 민주주의 사상을 지닌 사대부"로 규정한다. 『중국 고대사상 문화의 세계』, 621쪽.
197) 『논어집주』, 317쪽.
198) 같은 책, 270쪽, 「자로」 23.
199) 유교 특히 성리학에서의 공론 정치에 대해서는 나종석, 「성리학적 공공성의 민주적 재구성 가능성」, 『유교적 공공성과 타자』(나종석 외 편저, 혜안, 2014), 83~110쪽 참조 바람.

상동을 보완하게 되면 아무것도 이룰 수 없습니다. 그래서 선왕은 토·금·목·수·화를 배합해 만물을 생성시켰던 것입니다. 오미五味를 조화시켜 입맛에 맞추면 사지를 강건케 해 몸을 보호할 수 있습니다.…… 그래서 군왕은 9주의 땅을 점유하고 경상수입을 거둬들여 만민을 양육하는 것입니다. 또 충신으로써 백성을 교도하여 마치 한집안 사람과 같이 화락하게 만듭니다. 이같이 해야만 비로소 화협의 정점에 이를 수 있습니다.…… 성음聲音이 단지 한 가지 소리만 낸다면 들을 만한 것이 없게 되고, 색깔이 모두 한 가지라면 문채가 없게 되며, 맛이 또한 한 가지뿐이라면 미식을 이야기할 수 없게 됩니다. 사물이 한 가지뿐이라면 비교할 만한 것이 없습니다. 지금 군왕은 이 화협의 원칙을 포기하고 오직 상동하는 자들만 가까이하고 있습니다. 하늘이 군왕의 총기를 빼앗아 갔으니, 망하지 않으려 한들 그것이 과연 가능하겠습니까.[200]

공자와 자산을 비롯하여 춘추시대의 여러 사람은 하나의 목소리만 나오는 사회는 결코 정상적인 사회가 아님을 분명히 했다. 그리고 공자가 강조한 '다양성의 어우러짐'으로서의 조화에 관한 생각은 소통의 중요성 못지않게 민주주의적 함의를 지닌다. 최근에 고대 아테네 민주주의에 관한 주목할 만한 저서를 낸 미국의 고전학자 폴 우드러프는 조화(harmony)를 민주주의를 구성하는 여러 요소 중 최고로 중요한 것으로 강조한다.[201]

우드러프에 의하면 민주주의는 다음의 일곱 가지 이념들을 실현하려고 하는 정치체제이다. 그것은 바로 "참주정으로부터의 자유, 조화, 법에 따른 통치, 본성에 따른 자연적 평등성, 시민 지혜, 지식 없는 상태에서 이루어지는 추론, 일반 교양교육"이다.[202] 조화를 언급하면서 우드러프가 염려하는 것은 고대 아테네 민주주의 도시국가를 괴롭혔던 폴리스 내부에서의 적대적 투쟁, 즉 내전이다. 주지하듯이 아테네 민주주의는 부자들과 가난한 사람들 사이의 적대적 갈등이 내전으로까지 치닫는 것을 제어하지 못해 몰락하고

---

200) 좌구명, 『국어』(신동준 옮김, 인간사랑, 2005), 478~479쪽.
201) 폴 우드러프, 『최초의 민주주의: 오래된 이상과 도전』, 17쪽.
202) 같은 책, 41~42쪽.

말았다. 그러나 공자의 인정은 조화로움을 획일성으로 이해하지 않으며 내부의 갈등을 조절하기 위한 사회경제적인 불평등의 완화를 간과하지 않는다. 이는 이미 앞에서 살펴보았다.

요약해 보자면, 소통을 통해 사회 화합을 달성하고자 하는 공자의 노력은 그의 정치이론이 사실상 대동 이념의 또 다른 흐름을 이어받고 있음을 보여 준다. 앞에서 강조했듯이 유가적인 대동 이념은 「예운」뿐만이 아니라, 소통을 통한 백성의 자발적인 의사결정 과정을 중시하는 『서경』「홍범」에도 뿌리를 두고 있음을 알 수 있다.

7. 나가는 말

앞에서 우리는 유가사상에서 대동 이념이 어떻게 이해되고 있는지를 공자 사상을 중심으로 살펴보았다. 그리고 이런 공자의 대동사상은 맹자를 거쳐 송대 주자학에까지 이르는 면면한 흐름의 출발점이었다. 연이어 더 구체적으로 다루게 되겠지만 공자의 대동사상은 맹자와 주희로 이어진다. 그러므로 공자나 맹자의 유학을 대동유학으로 설정하고 주자학을 이에 대비되는 소강유학으로 규정함으로써 후자를 시대에 어울리지 않는 유가사상의 부정적 굴절로 비판하고자 하는 흐름이 왜 한계가 있는가를 먼저 탐구할 필요가 있다 할 것이다.

물론 필자는 공맹 유학에서 주자학으로의 이행과 전개를 유가사상의 진보와 발전으로 바라보아야 함을 주장하는 것이 아니다. 달리 말하자면 필자는 공맹 유학의 근본정신이 주자학을 통해 완전히 발현되었다는 식의 생각에는 전혀 관심이 없다. 텍스트의 의미는 시대와 상황에 따라 늘 새롭게 해석되어 그 의미의 층이 다양하게 드러나게 되는 것이라고 믿기 때문이다. 과거의 역사나 전통, 좁게 말하면 공자나 맹자의 텍스트의 원뜻을 완전히 투명하게 이해하고 밝힐 수 있다고 여기는 것은, 필자가 보기에 바람직하지도 않고 실현할 수 없는 환상에 지나지 않는다. 간단하게 말해, 필자가 보기에 역사 외부에서 역사를 바라볼 수 있는 사람은 존재하지 않는다.

오늘날 우리(저자를 포함한 몇몇이라도)가 공자와 맹자 그리고 주희의 텍스트를 읽고 감탄하듯이, 동시대의 다른 학자나 미래의 어떤 사람들도 이 텍스트들을 자신들의 역사적 상황과 맥락에 어울리게 나름의 방식으로 이해하고자 할 것이다. 그러한 과정을 통해 공자와 맹자 그리고 주희에 관한 필자의 서술이 시야가 좁다거나 설득력이 부족한 것으로 드러날 수도 있다. 그렇지만 필자의 해석이 다른 사람에게 조금이라도 유용한 길잡이 역할을 할 수 있었으면 한다.

제2장
맹자의 대동 이념에 대한 고찰

1. 들어가는 말

정치적 공동체에 대한 유가적 이해는 민주주의보다는 이른바 비민주적 정치체제와 더 친화적이라고 주장하는 학자들이 존재한다. 이들에 따르면 유가적 전통이 추구하는 합당한 정치공동체는 선거민주주의라기보다는 현명하고 덕이 있는 소수의 엘리트 정치가들에게 정치를 담당하게 하는 정치적 현능주의(political meritocracy) 체제에 더 어울린다.[1] 그러나 정치적 공동체에 대한 유가적 인식이 반드시 정치적 현능주의로 귀결되어야 한다는 주장 역시 받아들이기 힘들다. 그것은 유가적 인식이 민주주의와 상통하고 만날 수 있다는 가능성을 전적으로 배제하고 있지는 않다고 해도 그 의미를 헐값에 넘기는 것처럼 보이기 때문이다.

필자는 역사적으로나 사상적으로 보더라도 유가적 정치 담론 내에는 정치적 현능주의를 넘어서는 민주주의의 흐름, 즉 백성의 정치 참여의 중요성을 강조하는 흐름이 늘 존재했다고 생각한다. 사상적으로 볼 때 군자 정신의 보편성을 강조하는 수기치인의 학문이 공자 사상의 핵심이라면, 그리고 그런 사상이 오로지 소수의 사람에게만 정치 참여의 가능성을 긍정하는 것이라면 문제는 내적 논리적 긴장에 빠져들고 만다. 적어도 군자와

---

1) 황용/후앙용, 「덕으로서의 정의, 덕에 따른 정의 그리고 덕의 정의」, 『마이클 샌델, 중국을 만나다』(마이클 샌델·폴 담브로시오 엮음), 353쪽 및 345쪽.

왕의 구별은 기본적으로 모든 사람이 다 군자가 될 수 있다는 점을 긍정하는 것이고, 그런 한에서는 정치 참여의 보편성 주장도 함축하고 있다고 볼 수 있다. 수기치인의 이상은 모든 사람이 추구해야 할 보편적 이상이지, 특정한 사람 이를테면 소수의 재능이 있는 정치적 엘리트들에게만 한정된 이상이 아니다.

과거제도에서 구현된 정치적 현능주의도 원칙적으로는 모든 사람에게 기회의 평등, 즉 과거제를 통해 정치적 관료가 될 수 있는 잠재적 가능성을 보장한다. 따라서 정치적 현능주의와 보편적 정치 참여의 긍정은 함께 갈 수 있고, 그러는 것이 유가사상의 전통에 더 잘 어울린다. 이런 맥락에서 공론 정치의 강조도 간과해서는 안 된다. 맹자의 역성혁명도 하나의 예이며, 주희의 성인가학론과 정치적 책임에 관한 보편성 주장도 그렇다. 그런데 유가사상에서 정치적 능력주의 이상을 발견하고 그것을 유가의 근본정신에 더 어울린다고 보는 해석의 흐름이 등장한 것은 매우 흥미롭다. 한국의 학자들에게는 민주주의와 유교 전통 사이의 친화성을 새로이 강조하는 것이 많은 관심을 얻고 있다. 그런데 싱가포르나 중국 본토에서 활동하는 유학자들은 대개 유교 전통의 핵심적 가르침을 정치적 현능주의로 해석하는 경향을 보여 준다.

공맹 정치사상으로부터 민주주의와의 친화성을 강조하는 학자들과 정치적 현능주의를 발견해 내는 학자들 사이에서 가장 첨예하게 갈리는 지점은 바로 맹자의 정치사상을 어떻게 평가할 것인가 하는 문제이다. 본문에서 다시 구체적으로 다루겠지만, 맹자의 정치사상이 유가의 사상 중에서 민주주의와 가장 가깝다고 평가하는 데 대해서는 이론의 여지가 없다. 정치적 현능주의를 옹호하는 학자들도 이에 대해서는 이구동성으로 동의를 표한다. 그러므로 맹자의 정치사상을 대동 이념과 관련지어 검토하는 작업은 오늘날에도 다양한 차원에서 매우 중대한 의미를 지닌다.

2. 공자의 계승자: 맹자 대 장자

『한비자』「현학顯學」에 따르면 공자 이후 세상에 이름을 떨친 학파는 유가와 묵가인데, 공자가 죽은 후 유가는 8파로 갈라졌다.

공자가 죽은 뒤로부터 자장의 유가가 있고, 자사의 유가가 있고, 안씨의 유가가 있고, 맹씨의 유가가 있고, 칠조씨의 유가가 있고, 중량씨의 유가가 있고, 손씨의 유가가 있고, 약정씨의 유가가 있다.[2]

곽말약의 해석에 따르면, 한비자는 자신이 대변하는 법가 사상의 뿌리인 자하씨의 유가를 거론하지 않았다. 그러니 공자가 사망한 이후 유가는 9파로 갈라졌다고 해도 된다.[3] 이렇게 보면 한비자가 활동하던 전국시대 말기에 맹자의 사상은 다양하게 분기된 유가 학파의 한 흐름에 지나지 않았다.

사마천은 맹자가 "자사의 제자로부터 학문을 배웠다"라고 한다.[4] 맹자 자신의 말에 비추어 보면 그는 공자의 직계 제자는 아니지만 공자를 사숙하여 공자 사상을 발전시킨 인물이다. 그는 스스로 "공자의 문도가 되지는 못했고, 그 제자들을 사숙하였다"라고 말했다.[5] '사숙私淑'이란 말이 보여 주는 것처럼 맹자는 공자를 개인적으로 높이 평가하고 우러러보아서 그의 사상을 배워 자기 것으로 삼음으로써 독자적인 사상가로 성장했다. 여기에는 사마천의 기록과 달리 맹자 스스로 자사를 언급하고 있진 않다. 그렇다면 아마도 맹자는 공자 사후 발전한 여러 분파 중 자사의 학설을 통해 계발을 받았고 스스로 공자를 스승으로 삼아 공자의 사상을 발전시킨 것으로 보아도 좋을 것이다.

맹자가 태어난 시기는 공자의 춘추시대에 비해 주나라가 더 혼란에 빠져들

---

2) 한비, 『한비자』 2(이운구 옮김, 한길사, 2002), 912쪽.
3) 곽말약, 『중국고대사상사』, 145쪽.
4) 사마천, 『사기열전』 상, 436쪽, 「맹자순경열전」.
5) 동양고전연구회 역주, 『맹자』(민음사, 2016), 287쪽, 「이루하」 22.

었던 전국시대 중기이다. 공자가 지녔던 것으로 알려진『춘추』의 연대기에 따르면 춘추시대는 기원전 481년에서 끝나지만, 송나라 시대 사마광이『자치통감』에서 기원전 403년 당시 강국이던 진晉 나라가 한韓·위魏·조趙 세 나라로 분열된 때를 기점으로 전국시대를 기술한 뒤부터는 기원전 403년 이후의 시기를 전국시대로 보는 것이 관례로 되었다고 한다.6) 이 시기는 공자 때보다 전쟁의 규모가 커지고 잔인해졌을 뿐만 아니라 제후들의 패권 경쟁도 더 극심해져서 사회는 더 어지럽고 백성의 삶은 더 피폐해져 가고 있었다. 이런 시대의 단면을 우리는『맹자』라는 문헌에서도 찾아볼 수 있다.

  (임금의) 푸줏간에는 살찐 고기가 있고 마구간에는 살찐 말들이 있는데 백성들은 굶주린 기색이 있고 들에 굶어죽은 시체가 있다면, 이것은 짐승을 몰아서 사람을 잡아먹게 한 것입니다.7)

  군웅이 할거하는 난세에서 활동한 맹자는 공자의 사상을 이어받아 난세를 극복할 방안을 찾으려고 애를 썼고, 이런 과정에서 유가사상을 한층 발전시킬 수 있었던 것이다.

  그러나 공자와의 시대적 배경의 차이로 인해 공자의 사상을 계승한 맹자에게서도 공자와는 다른 정치사상을 보여 주는 면이 나타난다. 예를 들어 주나라에 대한 태도에서 공자와 맹자는 차이가 있다. 앞 장에서 보았듯이 공자는 주나라의 예악을 칭찬하고 주나라를 본받아야 함을 강조하였다. 그러나 공자에 비교해 맹자는 주나라에 대해 큰 존경심을 지니고 있지 않았다. 물론 주나라에 대한 소극적 태도는 맹자가 활동하던 전국시대의 상황에서 이해되어야 한다. 그 시대에 주나라를 존중하여 그것을 다시 부흥시킨다는 것은 변화된 시대 상황과는 어울리지 않았다. 맹자가 활동하던 시대에 여러 제후국의 군주들은 천하의 패권을 장악하려는 야망을 숨기지

---

6) 미야자키 이치사다,『중국통사』(조병한 옮김, 서커스, 2016), 123쪽.
7)『맹자집주』, 24쪽, 「양혜왕상」 4.

않았고, 그리하여 천하는 늘 전쟁이 그치질 않았다. 맹자가 말하듯이 당대의 왕들은 "사람 죽이기를 좋아하지 않는 자가 있지 않았을" 정도였다.[8] 그래서 주나라 제후들에게 유세하러 다니면서 맹자는 무너져 가는 주나라를 대신해서 새롭게 천하를 통일하는 방법을 권했는데, 다만 이때 그는 공자의 어진 정치를 이어받아 인의仁義를 강조하고 왕도王道정치를 내세웠다.[9]

맹자가 설령 무너져 가는 주나라 왕실을 존중하지 않고 새로 등장할 왕을 통해 천하의 통일을 기하고자 했다고 할지라도, 그가 지향했던 것은 선진시대의 주나라에서 실현된 '봉건천하적 통일' 국가였다. 맹자 또한 주나라 봉건제의 부활을 이상적인 가치로 삼았다는 점에서는 주나라를 존중했던 공자와 통하는 바가 크다 할 것이다. 이는 소공권이 주장하는 바인데, 매우 타당하다고 여겨진다.[10]

하여간 주나라에 대한 태도의 차이는 후대에도 논쟁거리가 되었다. 요컨대 송대에 들어 맹자를 공자에 버금가는 아성으로 높이려는 도학의 흐름이 일어났지만 이와 달리 맹자를 비판한 세력도 만만치 않았는데, 맹자를 비판하는 비맹파의 주된 근거 중 하나는 그가 주나라를 존중하지 않았으며 제후들에게 천하를 통일할 것을 권고하러 다녔다는 것이었다.[11]

공자의 계승과 관련해서 흥미로운 쟁점은 아마 공자의 진정한 계승자가 맹자인지에 관련한 것일 터이다. 특히 우리 사회에서 "공자왈 맹자왈"이라는 일상적 언어로 유가사상을 표현하는 데에서 보듯이, 맹자는 늘 공자와 더불어 유가사상을 대표하는 사상가로 여겨지고 있다. 그리고 이런 점은 조선의 역사를 이어받은 우리로서는 자연스러운 평가일 수밖에 없다. 조선은 맹자를 공자의 도통을 계승한 사상가로 여기는 송대 주자학의 평가가 고스란히 이어진 나라이기 때문이다.

그러나 일각에서는 순자荀子를 공자의 진정한 계승자로 보기도 하고, 또

---

8) 같은 책, 30쪽, 「양혜왕상」 6.
9) 같은 책, 29~30쪽, 「양혜왕상」 6 참조 바람.
10) 소공권, 『중국정치사상사』, 172쪽.
11) 황준걸, 『이천년 맹자를 읽다: 중국맹자학사』, 93~94쪽.

어떤 사람은 공자의 진정한 계승자를 맹자가 아니라 장자莊子에서 구하기도 한다. 순자 사상이야 후대 유가들에 의해 설령 전면적 수용은 아니더라도 늘 유가의 중요한 하나의 흐름으로 존중받았다는 점에서 맹자에 비교해 오히려 더 순수한 유가로 보려는 시도도 있을 법하다.[12] 맹자를 그 누구보다도 높이 평가하는 데 이바지한 주희에 대해서조차도 모종삼은 주자학이 순자의 학문 경향을 이어받았다고 하면서 선진유학의 전통에서 벗어난, 그러니까 "옆길로 전향한 새로움"을 지닌 유학에서의 별종의 흐름을 만든 학자라고 본다.[13]

그런데 장자는 그렇지 않다. 도식적인 사상사의 분류는 늘 경계해야 하는 것이지만, 장자는 유교에 의해 줄곧 유가의 가르침과 어긋나는 이단의 하나로 비판받아 왔다. 그런 점에서 순자 이외에 공자의 계승과 관련해서 장자야말로 맹자와 비견되거나 맹자보다도 더 잘 공자를 계승하고 있다는 평가를 받는 해석의 흐름은 매우 흥미롭다. 예를 들어, 시라카와 시즈카는 곽말약의 선행 연구를 토대로 하여 안연顏淵의 학통에서 장자가 출현했으며 장자야말로 공자의 정신을 이어받은 사상가라는 가설을 제안했다.

곽말약은 장자莊子가 공자의 수제자인 안연에서 유래된 유가에 바탕을 둔 사상가라고 추측한다. 그가 말하듯이 『장자』에는 공자를 통렬하게 비판하는 편들(특히 「도척」과 「어부」)이 존재한다. 그런데 이런 비판은 "살불살조殺佛殺祖"하려는 후학의 입장에서 이루어진 것이고, "진지하게 공자를 칭찬하는 곳은 아주 엄숙하다." 곽말약은 장자가 공자를 진지하게 다루고 있고 비판할 때도 공자 자체를 비판하기보다는 타락한 형태의 공자 후학들을 대상으로 한정하고 있다고 하면서, 장자는 이렇게 마음속 깊이 공자를 존경하였고 장자의 사상과 유가의 사상은 그리 멀지 않다는 주장을 펼쳤다.[14]

---

12) 예를 들어 명말 양명 좌파의 대표적 인물인 이지는 순자를 맹자보다 탁월한 사상가로 평가했다고 한다. 순자에 대한 후대의 평가와 20세기 들어와서 이루어진 순자에 대한 재평가 등에 관해서는 장현근, 『순자』(한길사, 2015), 제12장 '순자학의 계승과 후대의 평가'를 참조 바람. 이지의 순자에 대한 평가는 345쪽.
13) 모종삼, 『심체와 성체』 1(김기주 옮김, 소명출판, 2012), 102쪽·110쪽·120쪽 등 참조.
14) 곽말약, 『중국고대사상사』, 222~230쪽.

시라카와 시즈카는 곽말약보다 한 걸음 더 나아가, 장자야말로 공자 사상의 진정한 계승자라는 견해를 내세우면서 이를 입증하려고 시도한다. 일례로 그는 "유가에 대한 엄격한 비판자로 취급되는 장자는 정신적 계보로 말하면 오히려 공자 만년 사상의 직계이며, 맹자는 정통에서 벗어난 사람이다. 맹자는 스스로 '공자를 사숙한 자'라고 했으나, 사숙이란 점에서는 오히려 장주 쪽이 더 깊었다고 말할 수 있지 않을까"라고 강조한다.[15] 특히 시라카와 시즈카는 공자 사상의 핵심이 『논어』 「미자」편에 있다고 하면서, 「미자」편에 있는 사상의 핵심은 공자가 천하를 주유하며 온갖 어려움을 겪는 과정에서 서서히 형성되기 시작해서 만년에 이르러 구체화된 권회卷懷 사상이라고 주장한다.[16]

'권회'는 재능을 거두어 감춘다는 뜻인데, 이런 권회 사상은 『논어』 「위령공」 6과 「술이」 10에 등장한다.

군자君子답다, 거백옥蘧伯玉이여! 나라에 도道가 있으면 벼슬하고, 나라에 도가 없으면 거두어 속에 감추어 두는구나![17]

공자께서 안연에게 일러 말씀하셨다. "써 주면 도道를 행하고 버리면 은둔하는 것은, 오직 나와 너만이 이것을 지니고 있을 뿐이다."[18]

시라카와 시즈카가 지적하듯이, 공자가 안연에게 한 말과 거백옥을 칭찬한 말은 맥이 같이한다. 그리고 공자와 안연만이 공유하는 권회 혹은 행장行藏의 정신은 인간세계에 연연해하지 않는 초연한 모습을 보여 준다. 그래서 시라카와 시즈카는 인간세계의 규칙과 질서에 편입되는 것이 지니는 위험성을 경계하면서 자유로운 삶을 잃지 않으려는 장자의 정신이 아마 공자와 안연으로부터 이어져 왔을 것이라고 이해하고 있는 것이다. 그래서 그는 『논어』 「미자」편을 통해 공자 말년의 최후이자 최고의 정신적 경지의 분위기

---

15) 시라카와 시즈카, 『공자전』, 263쪽.
16) 같은 책, 특히 260~263쪽, 341~342쪽 그리고 364쪽.
17) 『논어집주』, 309쪽.
18) 같은 책, 131쪽.

가 담겨 있다고 말하면서 『논어』의 의미를 다음과 같이 총평한다.

『논어』의 최종 편집자가 누구였는가는 알 길이 없다. 그러나 「미자」라는 한 편을 덧붙임으로써 『논어』는 노모스로부터의 탈출을 의도하는 새로운 정신의 가능성을 약속했다. 공자가 죽은 뒤 유가는 파벌 대립을 안은 채 노모스적 세계로 몰락해 갔지만, 그러한 인위적인 균질의 세계에 가장 과감하게 저항을 시도했던 이들이 장주 일파이다. 그리하여 아마도 안합顔闔 등으로 대표되는 반反노모스적인 유가의 계통과 관계를 맺게 되었을 것이다. 초광 무리의 문장은 노모스적으로 부패한 천유賤儒들에 의해 일그러지고 있던 원시유가의 정신, 곧 공자와 사도들이 내건 정신을 겨우 계승하고 있었다. "이것을 경쇠의 옥소리로 끝맺는 것이라고 하겠다."[19]

시라카와 시즈카의 견해, 그러니까 장자야말로 공자 정신의 진정한 계승자라는 관점이 과연 타당한지는 논외로 하더라도, 이미 강유위 또한 장자의 학문이 천지만물의 생성 변화의 도를 통해 공자 사유의 가장 깊은 차원을 명확하게 했다고 칭찬한 바 있다. 그러니까, 강유위가 보기에는 장자야말로 유가 학파의 그 누구보다도 정확하게 공자의 도의 근본 원리가 무엇인지를 이해한 공자의 진정한 후학이다. 이에 관한 그의 주장은 다음과 같다.

장자의 학문은 전자방으로부터 나왔는데, 전자방은 자하의 제자이다. 따라서 장자는 자하의 재전제자이며, 실제로 공자의 후학이다. 그가 「천하」편에서 당시의 학술을 두루 논의할 때 묵자·송견·전병·신도·관윤·노담·혜시를 들면서 장주 자신도 한 명의 사상가로 배열했는데, 모두 귀와 눈, 코와 입과 같이 단지 하나의 뜻만을 밝힐 뿐 도술을 두루 갖추고 있지 않고 도술을 분열시킨다고 하면서 추노 지역의 선비들과 홀을 띠에 꽂은 선생들이 그 도술을 잘 안다고 말했다. 홀을 띠에 꽂는 것은 유가의 옷이고 추로 지역은 모두 공자의 후학들이니, (장자가 말한) '옛날 사람'이 공자가 아니면 누구이겠는가? 따라서 공자를 높여서 "(천지의) 신묘하고 밝은 이치와 합치되

---

19) 시라카와 시즈카, 『공자전』, 364쪽.

었으니, 천지를 본받아 만물을 기르고 천하를 조화시켜서 그 은택이 모든 백성에게 미쳤다. 도의 근본 원리를 밝히고 구체적인 법도를 연계시켰으니, 상하사방의 공간과 사계절의 시간까지 두루 통하여 작고 크거나 정밀하고 거친 모든 사물에 그 도의 운행이 존재하지 않는 곳이 없었다'라고 말했다. 또한 한 책의 첫머리에서 (공자를) "신령스럽고 밝은 성왕聖王"이라고 말했으니, 옛날부터 공자를 높이고 공자에 대해 논의한 사람 중에 장자만한 사람이 없었다. 비록 자사가 공자에 대해 "성대하게 만물을 발육하여 높이 하늘에까지 이르렀다"거나 "위로는 하늘의 때를 본받았고 아래로는 대지를 따랐다'라고 말하기는 했지만 장자만큼 두루 갖추어 거론하지 못했고, 자공·유약·재아가 말한 것은 자사보다도 못하다. 본래 장자가 지혜롭고 총명하기 때문에 한 마디의 말로 공자의 위대함을 거론할 수 있었고, 또 장자가 일찍이 후학이었기 때문에 공자의 깊음을 알 수 있었던 것이다.[20]

위 인용문에서 강유위는 공자의 진정한 가르침의 핵심은 "천지를 본받아서 만물을 기르고 천하를 조화'로운 상태에 이르게 해서 천하 만백성이 그 은택을 받도록 하는 것이라고 본다. 그리고 이런 도의 운행은 모든 사물에 미치지 않음이 없다는 것인데, 이런 공자의 위대한 도에 대한 장자의 설명은 흔히 유가의 도통을 잇는 계보로 여겨지는 자사子思와 맹자로 이어지는 흐름보다도 더 우수하다고 말한다. 그러므로 장자가 공자를 드러낸 말은 "성대하게 만물을 발육하여 높이 하늘에까지 이르렀다"라는 설명이나 "위로는 하늘의 때를 본받았고 아래로는 대지를 따랐다"라는 식의 설명, 즉 자사가 공자의 도를 표현한 명제보다도 더 완벽하다고 강유위는 판단한다.

공자의 도의 핵심을 장자가 더 확실하게 이해하고 있다는 판단은 강유위에 그치지 않는다. 놀랍게도 주희도 유사한 주장을 펴고 있다. 주희와 제자들 사이의 문답이 기록되어 있는 『주자어류』에서 주희는 장자를 공자가 인식한 도의 본체를 맹자나 순자보다도 더 분명하게 이해한 인물로 높이 평가한다. 그러면서 그도 장자가 아마 공자 학파로부터 도의 본체를 전해 받았을

---

20) 강유위, 『공자개제고』 3(김동민 역주, 세창, 2013), 261~262쪽.

것이라고 추측하고 있다.

이어서 말했다. "장자의 경우 그가 어디서 전수받았는지는 알 수 없다. 그래도 그는 스스로 도체를 알았지만, 맹자 이후 순경 등 여러 공公들은 다 그것을 언급하지 못했다. 예를 들어 '도를 말했는데 그것에 질서가 없다면 그것은 도가 아니다'(『장자』 「천도」)라는 장자의 의론은 매우 좋다. 헤아려 보건대, 공자 문파로부터 전수받아 그 원류에 근원이 있었을 것이다."[21]

주희가 공자의 가르침과 다른 다양한 학설, 이를테면 불교와 도가 등의 학문을 이단으로 보면서 비판적이었음은 널리 알려져 있다. 그러나 주희는 상대적으로 장자에 대해서는 호의적이었다고 한다. 그래서 앞의 인용문 이외에도 주희는 노자보다도 장자를 높이 평가하면서 장자의 학설을 칭찬하는 모습을 보여 주었다.[22]

후대 성리학에서 분명하게 드러나듯이 인仁이라는 개념을 천지만물을 끝없이 생성 변화시키는 운행의 도와 연관해서 이해하는 것이 장자로부터 받은 영향 때문일 것이라고 단정할 필요는 없을지도 모른다. 그러나 『역경』이나 『중용』과 같은 유가 경전에 나타나 있는 천지만물 운행의 도에 관한 주장들을 비롯하여, 이런 모든 사물에 관철하고 있는 천지 생생生生의 이치를 인仁과 연결시켜서 천지만물과 인仁을 한 몸(만물일체의 인仁)으로 정식화하는 데에는 장자 등 다른 학파와의 교류가 긍정적 영향을 주었으리라고 보는 것도 그리 틀리지 않을 것이다.[23]

장자의 사상이 유가사상, 넓게는 모든 비판적 사유들에 제기하는 또

---

21) 진래, 『인학본체론』(이원석 옮김, 글항아리, 2021), 317쪽에서 재인용함.
22) 미우라 구니오(三浦國雄), 『주자어류선집』(이승연 옮김, 예문서원, 2012), 381~382쪽.
23) 원보신에 따르면, 『맹자』 전편에 걸쳐 맹자는 "천도의 만물 생화 과정과 변화의 법칙"에 큰 관심을 기울이지 않고 있으며 만물의 근원인 하늘에 대해 공자와 같이 감탄하는 정서를 드러내지도 않는다. 마찬가지로 맹자는 『역전』에서처럼 하늘의 우주론적 성격을 밝히고 있지도 않다. 원보신, 『맹자의 삼변철학』(황갑연 옮김, 서광사, 2012), 139~140쪽. 정재현에 따르면 혜시도 "만물을 사랑"하고 "천지는 일체"라는 만물일체 사상을 주장했으며, "범애만물의 윤리적 명제와 만물일치의 유기체 철학을 결합한 최초의 사상가"이다. 정재현, 『고대 중국의 名學』(서강대학교 출판부, 2012), 161~163쪽.

다른 물음도 진지하게 성찰해 볼 과제이다. 그것은 인의도덕과 같은 명분도 사회 현실에서 인간의 생명이나 본성을 해치는 정치적 수단으로 동원될 수 있다는 점에 대한 문제 제기이다. 그러므로 장자와 거의 같은 시기에 활동한 것으로 알려진 맹자의 노선을 비롯한 여러 유가 학파에 대해 비판적인 시선이 존재한다는 사실에 주목하는 것도 꽤 중요한 의미가 있다고 할 수 있을 것이다.

특히 세상을 구제하려는 원대한 포부가 안고 있는 중요성이 너무나도 크기 때문에, 그 어떤 어려움에도 포기하지 않고 세계를 더 나은 방향으로 개선해 보려는 지칠 줄 모르는 개혁과 비판정신의 위대성이 너무나도 중요하기 때문에, 그런 숭고한 비판과 개혁의 정신을 지니고 있고 그에 공감하는 사람들이라면 유가적 이상주의조차도 다른 어떤 고귀한 이상들과 마찬가지로 구체적 현실 앞에서는 때로 추잡한 정치권력의 수단으로 전락하지 않을 수 없다는 장자의 비판에 겸손하게 귀를 기울여야 한다고 본다. 간단하게 말해, 인의도덕을 주장하는 것이 현실적인 정치 세계에서 권력욕과 출세욕의 수단이자 명분으로 전도되는 현상에 대해 늘 경계를 게을리하지 않아야 한다는 말이다. 왜냐하면 인의와 도덕 등 유가의 핵심 개념들 역시 현실 세계에서 치열한 갈등과 투쟁을 불러일으키는 힘을 지니고 있음을 이해할 필요가 있기 때문이다. 예를 들어 이슬람 사람들에게 지하드(성전)로 이해되는 활동이 서구 사회에서는 곧잘 극악무도한 테러리즘으로 규정된다.

거듭 강조하지만 수기치인의 이상을 갖고 현실적인 정치 세계에 나가서 원대한 포부를 펼치려는 유가의 웅대한 실천 정신은 매우 중요하다. 그렇지만 장자는 그 누구보다도 세상 속에서 살아가는 사람은 세상의 논리에 길들어져서 늘 자신의 자연스러운 본성에 어긋나는 소외된 삶을 살아갈 위험성이 있음을 잘 알고 있었다. 그런 점에서 장자의 사상에는 단순하게 세상으로부터 도피하여 일신의 안전과 생명의 유지만을 꾀하는 기회주의적 태도만이 아니라, 인간의 자연 본성을 왜곡시키고 소외시키는 사회의 강제력과 폭력성에 대한 강렬한 비판의식도 존재하고 있었다. 이와 관련한 장자의 이야기 하나를 소개한다.

명예를 좇아 자기를 잃는 자는 선비가 아니다. 몸을 망치며 참된 삶을 잃고 있는 자는 (남에게 부림을 받을 뿐) 남을 부리지 못한다. (청렴하기로 유명한) 호불해·무광·백이·숙제 같은 사람들은 남의 일에 쓰이고 남의 즐거움의 도구가 되어 스스로의 (참된) 즐거움을 즐기지 못한 자들이었다.[24]

하·은·주의 삼대 이후로는 세상 사람들이 모두 외부의 사물로 인해 자신의 본성을 바꾸지 않은 이가 없었다. 서민은 목숨 걸고 이로움을 좇고, 사인士人은 몸을 바쳐 명예를 좇으며, 대부大夫는 몸을 바쳐 가문을 지키고, 성천자聖天子는 목숨 바쳐 천하를 지킨다. 그러므로 이 여러 계층의 사람들은 하는 일이 다르고 명칭도 다르지만 그 본성을 해치고 자기 몸을 희생한다는 점에서는 똑같다.[25]

외물에 현혹되어 자신의 참다운 본성을 상실한 채 살아가는 사람은 타인에 의해 부림을 당하는 노예에 지나지 않는다는 것이 장자의 비판이다. "명예와 재물이란 성인聖人도 그 유혹을 이길 수 없는 법"[26]이라고 단언하는 장자에게 재물이나 명예에 마음을 빼앗기는 사람은 진정한 성인이 아니라는 식의 반론은 그리 큰 힘을 발휘할 것 같지는 않다. 장자가 볼 때 사람들은 그처럼 자신의 본성을 어기고 자신의 몸을 바쳐서 명예와 가문(가족), 경제적 이익이나 국가 및 천하 등을 위해 헌신하는 데 정신이 팔려 있다는 것이다. 우리는 보통 그런 희생을 자발적인 것으로 칭찬하면서 그것을 성스러운 것으로 추켜세우기도 하지만, 그런 희생이 혹 강요된 것은 아닌지를 한 번 생각해 볼 필요가 있다.

정의롭지 못한 사회를 개혁하기 위해서라도, 아니면 인간 해방과 자유를 위해서라도 투쟁은 절실하다. 그러나 우리는 인민대중을 위한 투쟁의 명분이, 폭정을 끝장내고 자유로운 사회로 만들어야 한다는 명분이 때로는 특정 사람이나 특정 국가의 위신이나 명성, 권력 등을 유지하기 위한 수단에

---

24) 『장자』「대종사」, 181쪽.
25) 같은 책, 250쪽, 「변무」.
26) 같은 책, 108쪽, 「인간세」.

지나지 않았음을 역사에서 자주 배우게 된다. 그러므로 명예를 위한 투쟁이나 갈등이 자칫하면 사람에게 끊임없이 헛된 피만을 강요하게 될 수도 있다는 경고는 결코 간단히 무시될 수 없다. 여기에서도 공자의 유가사상과 장자 사이의 미묘한 차이가 발견된다.

장자는 천하를 위해 헌신하는 삶이 지닐지도 모르는 폐단을 염려하면서 자신의 본성과 생명을 소중히 할 것을 주된 주장으로 삼았다. 그래서 그는 인의를 내세우며 천하를 구제하기 위해 살신성인의 정신을 보이는 사람과 도척盜跖과 같은 강도 사이에는 본질적으로 차이가 없다고 본다. 왜냐하면 이 둘은 "그 본성을 해치고 자기 몸을 희생한다는 점에서는 똑같다"라고 여겨지기 때문이다.

물론 공자와 그 이후의 유가사상도 늘 생명의 소중함을 강조한다. 그래서 공자도 불가능한 줄 알면서도 세상의 개혁을 위한 분투 정신을 끝까지 견지하되 이를 실현하는 방법에 대해서는 유연한 태도를 보여 주었다. 따라서 공자 이래의 유가도 장자와 매우 유사한 사유 방식을 보여 준다. 『논어』「헌문」4의 주장과 『중용』27장의 말을 보자.

> 공자께서 말씀하셨다. "나라에 도가 있을 때에는 말을 높게 하고 행실을 높게 하며, 나라에 도가 없을 때에는 행실을 높게 하되 말은 공손하게 하여야 한다."[27]

> 나라에 도가 있을 때에는 그 말이 족히 흥기시킬 수 있고, 나라에 도가 없을 때에는 그 침묵이 족히 몸을 용납할 수 있다. 『시경』에 이르기를 "이미 밝고 또 밝아 그 몸을 보전한다" 하였으니, 이것을 말함이다.[28]

『중용』27장의 말은 공자의 손자인 자사子思의 말인 것으로 전해지고 있다. 위 두 인용문이 보여 주듯이, 공자와 그 후의 공자 학파도 세상에

---

27) 『논어집주』, 275쪽.
28) 『대학·중용집주』, 105쪽.

함부로 나서서 자신의 생명에 해를 초래하지 않도록 할 것을 강조한다. 목숨을 바쳐 인을 이루는 것이 군자가 지켜야 할 마땅한 도라 하더라도, 그것이 자신의 목숨을 가벼이 여겨 함부로 날뛰는 행동을 허용함은 아닐 것이다. 은인자중隱忍自重, 즉 속으로 자기 뜻을 포기하지 않으면서도 때를 기다리며 몸가짐을 신중히 하는 것 역시 군자가 지녀야 할 자세이다. 비록 그렇다고 하더라도 공자와 유가는 여전히 세상에 도를 실현하는 것이 궁극적으로 가능하리라는 낙관적 믿음을 견지하는 것으로 보인다. 이와 비교해 볼 때 장자의 세계관은 공자나 그 후 유가사상의 그것보다는 훨씬 비관적이었다고 여겨진다.

하여간 개인의 자연스러운 본성과 사회 사이의 갈등에 대한 장자 및 장주 학파의 예리한 문제의식은 유가적 사상에서도 늘 염두에 두어야 할 지점이라고 여겨진다. 그런 점에서 볼 때 장자 일파를 "개인의 자유를 존중하고 귀신의 권위를 부인하며 군주의 무위정치를 주장하고 성명의 구속에 복종한다"라고 보아서 장자 일파의 "기본적 사상은 유가에 접근하면서도 유가를 능가한다"라고 한 평가도 일리가 있는 것으로 보인다.29)

그러나 장주 학파에 대한 곽말약의 총괄적인 평가는 매우 혹독하다. 그가 보기에 장주 일파의 학설은 "2000년 동안 통치 계급의 무기"로 전락해 버리고 말았다. 달리 말하자면 "개인의 자유를 광적으로 강조"하면서 세상에 연루되기를 극구 피하고자 했던 장주 학파의 가르침은 "천하 사람들의 저항 정신을 말살"시켰을 뿐만 아니라 "2000년 동안 교활한 철학이나 봉건지주 계급"에 최고의 "보물"을 선물해 주었다.30)

장주 일파의 의미에 대한 이택후의 평가도 양가적이다. 그에 따르면 장주 사상은 "인격의 독립과 정신의 자유"를 고취하는 사상이다. 달리 표현하자면, 그가 추구한 자유란 "다른 것에 의해 부림을 당하는 일체의 '물역物役'으로부터 벗어난 절대적 자유"이며 그의 이론은 "독립자존과 절대자유의

---

29) 곽말약, 『중국고대사상사』, 243쪽.
30) 같은 책, 240쪽.

무한한 인격 본체를 논증"하는 것이다. 그리하여 장자의 사상은 "유가에 대한 보충으로, 유가가 당시에 아직 충분히 발전시키지 못했던 인격－마음의 철학을 보충했다." 그렇지만 그의 절대적 자유에의 추구란 사실상 모든 현실에 대한 "도피"와 마찬가지였고, "외부로부터의 충격을 저항 없이 받아들이면서 자신과 다른 사람들을 속이고 그럭저럭 되는 대로 살아가는 노예적 성격이었기에 더욱 나쁜 작용을 불러일으켰다."[31]

사실 장자가 추구한 최고의 이상인 절대적 자유는 인간을 외적 사물에 사로잡히게 해서 자아의 본성을 상실하게 만드는 사회 현실에서는 실현될 수 없는 꿈과 같은 것이다. 장주의 사유에서 개인의 자연스러움과 소외된 세계나 사회는 서로 평행선을 달리고 있다. 간단하게 말해 장자에게 인간의 자연스러운 본성과 문명 세계는 어울리지 못하고 있다. 어쩌면 문명 세계가 인간의 자연스러운 본성을 파괴하지 않을 정도의 원시적 자연 세계의 상태로 바뀐다면 장자가 꿈꾸던 도가 실현될 수 있을지도 모르겠다. 그러나 아마 그런 자연스러운 세계로의 회귀는 역설적이지만 엄청난 폭력이 없이는 가능하지 않을 것이다. 그러므로 사람의 본성을 상실케 하지 않는 세상, 그러니까 개인의 본성을 실현하면서 소외되지 않고 자유로운 삶을 영위할 수 있는 사회가 과연 가능한 것인지, 그리고 그런 가능성이 존재한다면 그것을 어떻게 달성할 수 있는지에 대한 장자의 모색이 얼마나 내실이 있을지는 의문으로 남을 수밖에 없다. 물론 이런 한계에도 불구하고 장자의 사유가 지닌, 탐욕과 시기심과 질투심 등 온갖 악덕을 초래하는 문명세계의 부정적 측면에 대한 비판의 의의는 상실되지 않을 것이다.

장자의 사유에 대한 불만은 사람의 본성과 몸을 해치기 쉬운 세상을 피해서 숨어 살아가려는 장자적인 처세술이 은연중에 세상에 대한 타협을 부추긴다는 데에서 더욱 증폭된다. 장자는 "저는 마음을 곧게 지닌 채 외모外貌를 부드럽게 해서(然則我內直而外曲), 제 의견을 말하면서도 옛사람의 말에

---

31) 이택후, 『중국고대사상사론』, 370쪽·375쪽·382~383쪽.

붙여 인용하도록 하겠습니다"32)라고 하여, 겉으로는 세상과 타협하지만 안으로는 자신의 곧음을 유지할 것임을 강조한다. 세상에 대한 자신의 의견, 이를테면 오늘날의 자본주의 사회의 병폐나 대통령의 문제점에 대한 자신의 의견을 말하면서도 그것을 마치 다른 사람이나 옛사람의 것인 양 인용하여 혹시 있을지도 모를 정치적 박해나 해로움에서 벗어나겠다는 것이다. 장자는 이렇게 안과 밖 혹은 겉과 속의 다름을 당연한 듯이 말한다.

장자는 다음과 같이 덧붙인다. "마음이 곧은 자는 하늘과 한 무리가 되었습니다. 하늘과 한 무리가 된 자는 천자天子도 저도 (평등하게) 모두 하늘이 자식으로 삼고 있다는 걸 알고 있습니다." 이처럼 장자는 속으로 천자나 자신과 같은 일반 사람이 모두 하늘의 자식이기에 평등하다고 생각한다. 그렇지만 그는 결코 그런 의견을 자신의 의견이라고 타인에게 말하지 않는다. 그래서 이제 장자는 '외모를 부드럽게 하는 자'(外曲者)가 행동하는 방식을 다음과 같이 더 상세하게 말한다.

> 외모를 부드럽게 하는 자는 남과 한 무리가 된 자입니다. 손을 높이 올려 무릎을 꿇고 몸을 굽혀서 절을 하는 것은 신하로서의 예의입니다. 세상 사람들 누구나가 그렇게 하는데 저라고 어찌 않겠습니까? 남이 하는 대로 하고 있으면 남도 헐뜯지 않습니다. 이런 것을 남과 한 무리가 되었다고 합니다. 자기 의견을 말하더라도 옛사람의 말에 붙여서 하는 자는 옛사람과 한 무리가 됩니다. 그러한 사람의 말은 (비록) 옛날의 가르침이지만 실은 상대방을 꾸짖고 있는 셈입니다. 그러면서도 어디까지나 그것은 옛사람의 것이지 제 것이 아닙니다. 이렇게 하면 아무리 솔직한 발언을 해도 화를 입지 않습니다. 이를 두고 옛사람과 한 무리가 되었다고 합니다. (그러니) 이렇게 하면 되지 않겠습니까?33)

우리는 위 인용문에서 말하는 남과 한 무리가 된 사람의 유형을 무턱대고

---

32) 『장자』, 110쪽, 「인간세」.
33) 같은 책, 111~112쪽.

혹평할 수 없을 것이다. 예컨대 오늘날 사상의 자유를 헌법의 기본권 중의 기본권으로 보장한다고 내세우는 민주주의 사회에서조차도 기존 질서에 대한 근본적인 비판을 마음 놓고 발설할 수는 없을 것이다. 특히 분단 상황을 살아가는 우리 사회에서는 여전히 국가보안법이 존재한다. 하물며 사상의 자유가 그리 확고하게 보장되지 못한 사회라면, 자신의 의견을 솔직하게 거리낌 없이 표현하지 않는다고 해서 마냥 용기가 없는 비겁한 행동이라고 비판할 사람은 그리 많지 않을 것이다.

그러나 위에 인용된 장자의 이야기는 그 이상을 말하고 있다. 그는 사람들에게 자신의 속내를 숨기고 겉으로는 다른 사람의 의견처럼 말하는 것을 '세상의 편견과 동화되는 처세'로서 자신에게 올 화를 미리 방지하는 수단이라고 말한다. 이런 장자의 사유는 안과 밖이 서로 어그러져 있어 화해의 가능성을 아예 배제하고 있는 것처럼 보인다. 이런 상황에서 사람들은 자기도 모르는 사이에 세상 사람들과 한 무리가 되어 자신에게 오는 그 어떤 억압이나 불리한 대우조차도 정신승리법을 통해 극복하는 기회주의적 태도를 자연스럽게 내면화하게 될 것이며, 그리하여 마음속의 자립성과 자유로움인 '내직內直'은 결국 세상 사람들이 바라보는 관점이나 말과 같은 '외곡外曲'으로 대체되고 말 것이다.

이처럼 자신의 내적 독립성과 자유로움을 지키기 위해서는 세상과 철저히 타협하거나 세상에 대한 광적이고 극단적인 거부로 흐를 수밖에 없다. 그러나 세상과의 철저한 타협은 궁극에는 자신이 지키려 했던 정신적 자유로움조차도 상실해 버린 채 그것을 자유로움으로 위로하는 차원으로 전락하게 만들어 버린다. 이것이 장자의 사유가 지니는 근본적 한계가 아닐까 한다.

앞에서도 『논어』 「헌문」 4의 주장과 『중용』 27장을 설명하면서 넌지시 암시했지만, 사실 공자 이후의 유가사상에서도 장자가 늘 비판하고 경계했던 인의仁義라는 도덕의 정치적 수단화와 이것이 사람의 본성을 크게 해칠 것을 염려하는 목소리가 존재했다. 그래서 주희를 비롯한 송대의 유학자들은 "천지를 위해서 마음을 세우고, 백성을 위해서 삶의 길을 세우고, 옛 성인을 위해 끊어진 학문을 잇고, 만세를 위해 태평을 연다'[34]라는 장재의 선언을 귀중히 여기면서도, 다른 한편으로는 안연의 안빈낙도安貧樂道 정신을 이어받아 '도를 즐긴다'라는 정신을 견지하고자 애를 썼다. 이들은 정치적 참여의 모범으로 여겨진 이윤伊尹 못지않게 정치에 한 번도 등용된 적이 없었던 안연을 또한 선비의 표상으로 존중했는데, 이 역시 그들이 명예와 명성의 추구라는 것이 가져올 위험성을 잘 인식하고 있었음을 보여 준다. 송대 리학의 창시자로 여겨지는 주돈이周敦頤는 "이윤이 지향한 것에 뜻을 두고, 안자가 배우고자 한 바를 배워야 한다"라고 강조했다.[35] 주돈이의 주장과 관련해 주희는 다음과 같이 설명한다.

> 이윤과 안연은 크게 현명한 사람이다. 이윤은 자기의 임금이 요·순이 되지 못하는 것을 부끄러워하였고, 한 사람이라도 자신의 적절한 자리를 얻지 못하면 자신이 시장에서 종아리를 맞는 것처럼 생각하였다. 안연은 성냄을 옮기지 않았고, 똑같은 잘못을 두 번 저지르지 않았으며, 석 달 동안 인을 어기지 않았다.[36]

이택후가 말하듯이 "부귀해도 마음이 흔들리지 않고 가난하고 천한 것을 즐기니, 사나이가 이런 경지에 이르면 바로 영웅호걸이다"라는 것이 곧 송대 리학자들이 이상적으로 받아들였던 '영웅주의적 내용'일 것이다.[37]
이렇듯 송대 유학자들은 안빈낙도의 길과 세상에 나아가 공자의 도를 실현하려는 웅대한 뜻을 함께 견지하였으니, 이는 아마도 공자 이후 유가사상에 대해 제기된 장자식의 비판적 문제제기에 대한 유가적인 대응이라고 볼 수 있을 것이다. 그리고 그런 대응 방식의 실마리는 이미 공자와 맹자에게서도 있었다고 여겨진다.

---

34) 주희·여조겸 편저, 『근사록집해』 1, 315쪽.
35) 같은 책, 165쪽.
36) 같은 책, 164쪽.
37) 이택후, 『중국고대사상사론』, 546쪽.

3. 맹자의 민귀군경론과 대동 이념

이제 맹자가 대동적 정치이론과 관련해서 어떻게 공자의 정신을 이어받고 있는지를 살펴볼 차례이다. 맹자의 길은 장자의 길과 다르다. 맹자는 자신이 공자의 정신을 이어받고 있다는 점에 대해서는 결코 그 어떤 흔들림도 없었다. 그래서 그는 "내가 원하는 것은 공자를 배우는 것이다"라고 했다.[38] 그는 『맹자』「이루상」7에서 자신의 정치이론을 공자의 계승이라는 관점에서 설명하고 있다. 그는 공자의 말을 빌려 "나라의 군주가 인을 좋아하면 천하에 대적할 사람이 없다"라고 말한다.[39] 심지어 그는 "생민生民이 있은 이래로" 즉 인류 역사상 "공자 같은 분이 계시지 않았다"라고까지 말하고 있다.[40]

맹자는 자신의 정치이론, 이를테면 왕도정치가 공자의 인 사상의 계승임을 밝히고 있다. 공자의 인仁 이론을 설명하는 부분에서도 강조했듯이[41] 필자는 공자 이후 인仁 개념의 핵심을 돌봄(care) 혹은 배려나 보살핌이라고 이해하는 것이 적절하다고 본다.[42] 이런 유가적인 인에 대한 해석과 관련해서 맹자는 더 적극적이다. 공자의 인仁 이론은 맹자에 의해 계승되어 맹자 나름의 독특한 분위기를 보여 준다. 특히 맹자는 공자의 인仁을 '고통을 겪고 있는 사람이나 여타 생명체에 관한 배려'라는 의미에서 타자에게 해를 주지 않으려는 마음으로 이해하고 있기 때문이다.

물론 맹자가 이렇게 인仁을 '박애'와 같은 정서적 관심을 중심으로 이해하고 있다고 해서 그에게서 공자처럼 인仁을 인간의 인간됨 전체를 포괄하는 덕으로 보는 태도를 전혀 찾아볼 수 없는 것은 아니다. 공자와 맹자에게서 인仁은 한편으로는 인간이 갖추어야 할 핵심적 덕목들을 다 포괄하는 개념이

---

38) 『맹자집주』, 94쪽, 「공손추상」 2.
39) 같은 책, 206쪽.
40) 『맹자집주』, 95쪽, 「공손추상」 2. 사실 이와 동일한 주장을 한 사람으로 공자의 제자 자공 등이 있고, 그들의 말도 맹자가 인용하고 있다. 같은 책, 96쪽.
41) 특히 이 책 제1장 4절을 참조 바람.
42) 유가사상의 인을 돌봄의 자율로 재해석하는 작업은 이 책 12장에서 본격적으로 이루어진다. 그러므로 여기에서는 주요한 부분만을 언급한다.

면서도, 다른 한편으로는 정서적 관심과 관련된 특수한 덕으로도 이해된다. 그러니까 인 개념의 용법이, 인의예지 중 첫 번째 인만을 지시하는 좁은 의미의 인과, 이른바 인의예지 사덕四德 전체를 포괄하는 의미에서의 인仁으로 나뉘는 것이다.[43]

인간의 윤리적 이상 전체를 포괄하는 의미에서의 인의 용법으로는 "인仁은 사람이라는 뜻이니, 합하여 말하면 도이다"[44]라는 맹자의 주장을 들 수 있다. 주로 사람의 정서적 관심(affective concern)과 관련해서 인을 언급하는 대표적 주장은 아마도 측은지심을 인의 실마리라고 하는 부분일 것이다. 『맹자』「공손추상」6의 유명한 주장을 인용해 보자.

> 측은지심惻隱之心이 없으면 사람이 아니며, 수오지심羞惡之心이 없으면 사람이 아니며, 사양지심辭讓之心이 없으면 사람이 아니며, 시비지심是非之心이 없으면 사람이 아니다.[45]

그러나 맹자의 이론에서 주목할 부분은 역시 정서적 관심을 중심으로 공자의 인을 해석하여, 인을 언급할 때 인의仁義로 말하거나 인의예지仁義禮智로 말한다는 점이다.

맹자는 인을 중심으로 인간의 본성을 이해했고, 이를 정치의 토대로 삼았다. 바로 전에 보았던 것처럼 인을 좋아하는 사람은 천하에 당할 사람이 없다고 하면서 군주에게 인정仁政을 추구할 것을 역설했던 사람이 맹자였다. 그는 이런 어진 정치의 중요성을 강조하면서 왕도王道와 패도覇道를 구별했는데, 이런 왕패의 구분도 정치 세계와 관련한 인과 불인의 구별이라 할 수 있을 것이다. 『맹자』「공손추상」3에서 맹자는 왕도와 패도를 다음과 같이 구별한다.

---

43) 이런 구분법을 주장하는 학자의 예로 퀑로이슌, 『맨얼굴의 맹자』, 110쪽 참조 바람.
44) 『맹자집주』, 422쪽, 「진심하」 16.
45) 같은 책, 103쪽.

힘으로 인仁을 가장하는 것은 패자이니 패자는 반드시 대국을 소유하여야 하고, 덕德으로써 인仁을 행한 자는 왕자王者이니 왕자는 대국을 필요로 하지 않는다. 탕왕은 70리를 가지고 하셨고, 문왕은 100리를 가지고 하셨다. 힘으로써 남을 복종시키는 자는 (상대방이) 진심으로 복종하는 것이 아니라 힘이 부족해서요, 덕德으로써 남을 복종시키는 자는 중심中心으로 기뻐하여 진실로 복종함이니 70제자가 공자에게 심복함과 같은 것이다.[46]

위 인용문에 따르면, 왕도는 인이라는 덕으로써 정치를 하는 것이어서 백성의 마음을 진심으로 얻어 천하를 평화롭게 할 수 있지만, 패도는 인이라는 덕을 가장하여 무력이나 강제력으로 백성을 다스리는 것이어서 백성의 신임을 받을 수 없다. 맹자의 왕도정치의 관념은 공자의 주장에 기원을 둔다고 평가받는다. 그러니까 맹자의 왕도정치는, 법이나 형벌로써 백성을 다스릴 경우 어느 정도 질서를 잡을 수는 있겠지만 백성을 교화하여 스스로 선함을 행할 수 있도록 할 수는 없을 것이라고 한 공자의 주장을 이어받고 있다는 말이다.[47]

맹자가 내세운 왕도정치는 당시 패도의 길, 즉 부국강병의 길을 걷던 전국시대의 제후들에 대한 비판이기도 했다. 사마천이 기록하듯이 맹자가 활동하던 시기는 "진秦나라에서 상군 위앙을 등용하여 나라를 부유하게 하고 군대를 강하게 만들었으며, 초나라와 위나라에서는 오기를 등용하여 싸움에 승리하고 적을 약화시키던" 때였다.[48] 이런 시대적 배경의 차이에서 왕패 구별을 공유하는 공자와 맹자 사이에서 패자에 대한 인식의 차이가 발생한다.

주나라의 권위가 상실해 가던 춘추시대에 활동했던 공자는 여전히 이른바 춘추오패의 하나였던 제나라 환공을 도운 관중管仲을 비교적 높이 평가했다.

---

46) 같은 책, 97쪽.
47) 원보신, 『맹자의 삼변철학』, 156쪽; 왕방웅·증소욱·왕조한, 『맹자철학』(황갑연 옮김, 서광사, 2005), 272쪽.
48) 사마천, 『사기열전』 상, 436쪽, 「맹자순경열전」.

『논어』「헌문」 17장에서는 "환공桓公이 제후들을 규합할 때 병거兵車(무력)를 쓰지 않았는데, 이는 관중의 힘이었다. 누가 그의 인仁만 하겠는가? 누가 그의 인仁만 하겠는가?"라고 하면서 그를 어질다고 극찬했다.[49] 그런데 관중은 논쟁적인 인물이었고 공자 문하에서는 관중이 어떤 인물인지에 대해 매우 궁금해했던 것 같다. 바로 앞에서 인용된 「헌문」 17장에서 자로가 관중이 어진 사람이 아닐 것이라고 한 데 이어, 공자의 또 다른 제자인 자공의 거의 동일한 질문이 「헌문」 18장에 실려 있다.

> 자공이 말하였다. "관중은 인자가 아닐 것입니다. 환공이 공자 규를 죽였는데도 따라 죽지 않고 다시 환공을 도와주었으니." 공자께서 말씀하셨다. "관중이 환공을 도와 제후의 패자가 되어 한 번 천하를 바로잡게 되자 백성들이 지금까지 그 혜택을 받고 있으니, 관중이 없었다면 나(우리)는 그 머리를 풀고 옷깃을 왼편으로 하는 오랑캐가 되었을 것이다. 어찌 필부필부들이 조그마한 신의를 위해 스스로 도랑에서 목매어 죽어서 남이 알아주는 이가 없는 것과 같이 하겠는가."[50]

관중이 비록 자신이 원래 섬기던 규가 죽었을 때 그와 의리를 같이하지 않고 살아남아 오히려 자신의 주군을 죽인 환공을 도왔다고 해서, 그를 마냥 책망할 일이 아니라고 공자는 본다. 자신이 섬기던 군주를 따라 죽는 것은 천하를 위해 책임을 다하는 일과 비교한다면 '필부필부들의 작은 신의'에 불과하다는 것이 공자의 생각이었다. 반면에 맹자는 달랐다. 기무라 에이이치에 따르면 맹자 당시 제나라에서는 안자와 관중이 숭배되고 있었다.[51] 이런 사실을 보여 주는 대화가 『맹자』「공손추상」 1에 기록되어 있다. 공손추가 맹자에게 묻기를 만약 "제나라에서 요로를 담당하신다면 관중과 안자의 공적을 다시 기대할 수 있겠습니까?"라고 하자, 맹자는 "그대는 진실로 제나라 사람이

---

49) 『논어집주』, 284쪽. 『논어』「팔일」 22장에서 공자는 관중의 재질이 그리 높지 않고 예를 알지 못했음을 지적하였다. 『논어집주』, 65~66쪽.
50) 같은 책, 285쪽.
51) 기무라 에이이치, 『공자와 논어』, 95쪽.

로다. 관중과 안자를 알 뿐이로구나"라고 대답했다.[52]

또 『맹자』 「고자하」 7에서 맹자는 "오패五霸는 삼왕三王의 죄인이요, 지금의 제후諸侯들은 오패의 죄인이요, 지금의 대부大夫들은 지금 제후의 죄인이다"라고 하여 패자를 격렬하게 비판했다.[53] 그뿐만 아니라 "제환공齊桓公과 진문공晉文公의 일을 얻어들을 수 있겠습니까?"라는 제선왕齊宣王의 질문에 맹자는 "중니仲尼의 문도門徒들은 제환공과 진문공의 일을 말하는 자가 없습니다"라고 대답한다.[54] 맹자가 "오패는 삼왕의 죄인이고 당대 제후는 오패의 죄인"이라고 보는 까닭은 패도정치의 잔악무도한 폭정과 학정으로 인해 백성들의 삶이 피폐해지고 있다는 판단 때문이다. 그래서 맹자는 "왕자王者가 나오지 않음이 지금과 같이 드문 적이 없었으며, 백성들이 학정虐政에 시달림이 지금보다 더 심한 적이 있지 않았다"라고 강조한다.[55]

심지어 맹자는 전쟁을 일삼는 군주는 죽어 마땅한 죄를 지은 사람이라고까지 말하면서 패자와 패도정치를 비판한다.

> 군주를 위하여 억지로 싸우게 하니, 땅을 다투는 싸움에 사람을 죽인 것이 들에 가득하고, 성城을 다투는 싸움에 사람을 죽인 것이 성城에 가득함에 있어서랴! 이는 이른바 토지土地를 위하여 사람의 고기를 먹는다는 것이니, 죄가 죽음을 당해도 용서받지 못할 것이다.[56]

이처럼 맹자는 패자의 정치에 대해 공자는 비교도 할 수 없을 만큼 엄격하게 비판하고 있는데, 이는 그가 처한 전국시대의 상황이 공자가 활동했던 시기에 비해 훨씬 열악했던 것과 무관하지 않다.

주나라는 이름뿐이었고 열강 제후들이 패권 쟁탈에 열을 올리고 있던 시기에, 맹자는 새로 천하를 통일하여 난세를 극복할 정치의 올바른 길로

---

52) 『맹자집주』, 77쪽.
53) 같은 책, 358쪽.
54) 같은 책, 31쪽.
55) 같은 책, 81쪽, 「공손추상」 1.
56) 같은 책, 215쪽, 「이루상」 14.

인仁에 기초한 왕도정치를 내세웠다. 맹자는 당대 제후들을 설득하여 덕으로 써 천하 사람들의 마음을 얻어 천하를 하나로 통일할 수 있는 새로운 나라를 지향하게 했다. 그는 천하가 "한 곳에 정해질 터"(定于一)라고 하면서, "사람 죽이기를 좋아하지 않는 자" 즉 어진 사람만이 비로소 천하를 통일할 수 있을 것이라고 확신했다.[57]

그러나 부국강병을 위해 끝없이 영토를 확장하며 백성들을 죽음으로 몰고 가는 당대의 패도정치를 극복하려 했던 맹자의 시도는 처절한 패배로 귀결되었다. 당대 제후들이 맹자의 왕도정치, 즉 그의 유가적 이상주의에 대해 전혀 귀를 기울이지 않았기 때문이다. 그리하여 맹자는 결국 고향으로 돌아가 제자들과 함께 자신의 사상을 정리하면서 삶을 마감했다. 이에 대하여 사마천은 다음과 같이 서술한다.

> 천하 제후들이 한창 합종合從이나 연횡連橫을 일삼으며 공격하고 토벌하는 일을 현명한 행위로 여기고 있었는데 맹가孟軻 즉 맹자는 요임금 시대와 순임금 시대 그리고 하나라에서 은나라를 거쳐 주나라에 이르는 삼대의 은덕에 관해 이야기하고 있었으므로, 가는 곳마다 뜻이 맞지 않았다. 그리하여 고향으로 돌아와 만장萬章 등과 함께 『시경』과 『서경』을 정리하였으며, 공자의 뜻을 계승하여 일곱 편으로 이루어진 『맹자』를 지었다.[58]

앞에서 언급했듯이 맹자의 왕도정치는 어진 마음에 바탕을 둔 인정仁政이 었으나, 이런 인과 불인의 구별과는 달리 왕도와 패도는 의로움과 이로움의 구별과 연결된다. 그렇기에 맹자가 왕도와 패도를 구분하는 중요한 기준으로

---

57) 같은 책, 29쪽, 「양혜왕상」 6.
58) 사마천, 『사기열전』 상, 436쪽, 「맹자순경열전」. 사마천이 말한 것처럼 『맹자』라는 문헌이 과연 맹자와 그의 제자 만장 등이 함께 만든 것인지에 관해서는 아직 이론이 존재한다. 맹자 자신이 지었다고 보는 견해(조기와 주희 등), 맹자 사후 그의 제자들인 만장과 공손추의 무리가 지었다는 견해(당대의 한유와 송대의 소철 등) 그리고 사마천의 견해가 바로 대표적인 세 가지인데, 양백준은 사마천의 견해가 옳다고 한다. 『맹자』라는 문헌의 저자가 누구인지에 대한 대표적인 세 가지 학설에 관해서는, 양백준 역주, 『맹자역주』(우재호 옮김, 중문, 2005), 14~17쪽, 「서론」 참조 바람.

삼은 것은 바로 의로움과 이로움의 구별, 즉 의리지변義利之辨이었다. 맹자가 볼 때, 의로움이나 인仁이 아니라 국가나 개인의 이익만을 행동의 궁극적 기준으로 삼았다는 점이 바로 당대 제후들의 패권 쟁탈로 인한 극에 달한 천하대란의 원인이었다.

그래서 『맹자』의 첫 부분도 이로움에 대한 양혜왕의 언급과 그런 이익 추구의 태도를 비판하며 인의仁義의 기치를 내세우는 맹자의 발언으로 이루어져 있는 것이다. 즉, 천릿길도 마다하지 않고 자신의 나라를 방문한 맹자에게 양혜왕이 "장차 내 나라를 이롭게 함"이 있지 않겠느냐고 묻자, 맹자는 "왕王은 하필 이利를 말씀하십니까? 또한 인의仁義가 있을 뿐입니다"라고 대답한다. 사람이나 국가가 이로움을 추구하면 "나라가 위태로워질 것"이라고 생각했기 때문이다.59)

사마천도 의로움과 이로움을 구별하고 이익 추구가 난세의 시작이라고 보는 맹자의 견해에 크게 감동하였다. 그리하여 그는 맹자의 생애를 기록하는 첫 부분에서 다음과 같이 그 느낌을 표현한다.

> 태사공太史公이 말하였다. "내가 『맹자』라는 책을 읽다가 위나라 혜왕이 '어떻게 해야 우리나라를 이롭게 할 수 있습니까?'라고 묻는 대목에 이르면 책 읽기를 멈추고 탄식하지 않은 적이 없었다. 아! 이익이란 참으로 어지러움의 시작이로구나. 공자께서 이익에 대해 거의 언급하지 않은 까닭은 어지러움의 근원을 애초에 방지하려는 것이었으니, 이 때문에 '이익을 좇아 행동하면 원망을 많이 산다'라고 하신 것이다. 천자天子로부터 평민에 이르기까지 이익을 좋아하여 생기는 병폐가 어찌 다르겠는가?"60)

맹자가 생각건대, 사람이 의로움과 이익을 구별해서 의로움을 따라 행위를 할 도덕적 본성을 지닌 존재라는 점을 인정하지 않고서는 덕을 통한 백성의 교화는 물론이고 덕에 의한 정치 자체가 이루어질 수 없다. 그러므로 맹자의

---

59) 『맹자집주』, 15~16쪽, 「양혜왕상」 1.
60) 사마천, 『사기열전』 상, 435쪽, 「맹자순경열전」.

정치이론은 인성론, 이른바 성선설로 유명한 그의 인간본성론과 밀접하게 연결되어 있다. 모든 사람이 다 인의예지로 이어지는 측은지심, 수오지심, 공경지심[61], 시비지심을 갖고 있으며 요임금과 순임금과 같은 "성인도 나와 동류"[62]라고 한 맹자의 주장이나, 맹자는 "성의 선함을 말씀하시되 말씀마다 반드시 요순을 칭하셨다"라고 한 세평이 이를 잘 보여 준다.[63]

사람은 누구나 고통을 겪는 사람이나 생명체를 보면 가슴 아파하면서 그런 고통이 없어지기를 바라고, 타인에게 해를 가하는 사람을 보거나 본인이 나쁜 일을 하게 되면 분노하고 부끄러워하면서 이를 싫어하는 마음이 생기는데, 이런 점에서 요순과 같은 위대한 성인이나 보통사람은 다르지 않고 평등하다. 이런 인간 도덕심의 보편성과 평등으로부터 공자에게서 시작하여 맹자에 의해 정식화된 왕도정치가 시작된다. 요약하자면, "인정仁政을 쓰지 않는다면 요堯·순舜의 도道로도 천하를 평치平治할 수 없다"라는 주장이 보여 주는 것처럼 맹자가 추구한 인정仁政 혹은 왕도王道는 요순의 도에 지나지 않는다.[64]

맹자 인정仁政의 정치이론의 핵심은 역시 민본주의이다. 그의 정치이론, 즉 왕도王道와 인정仁政의 정치이론에서는 백성을 매우 중요하게 여긴다. 『맹자』「진심하」 14장에서 맹자는 군주는 가벼운 것이라고 하면서 오직 백성이 가장 중요하다고 말한다.

백성이 가장 귀하고, 사직社稷이 그다음이고, 군주君主는 가벼운 것이다. 그러므로 구민丘民의 마음을 얻은 이는 천자天子가 되고, 천자에게 신임을

---

61) 「공손추상」 6에서 맹자는 예의 단초를 "사양지심"이라고 말한다. 『맹자집주』, 103쪽. 『맹자』 恭敬의 의미, 특히 공과 경의 차이점, 그리고 辭讓의 사와 양이 지니는 의미에 대해서는 쾽로이슌, 『맨얼굴의 맹자』, 117~120쪽과, 辭와 讓 개념의 의미를 연구한 김도일의 글 「유가의 尊과 辭讓: 순자를 중심으로」, 『동양철학』 38(2012), 1~24쪽을 참조하기 바람. 특히 김도일은 맹자를 넘어 순자의 용법을 참조하여 선진유가에서 辭와 讓 개념의 의미를 명료하게 하려고 한다.
62) 『맹자집주』, 322쪽 및 325쪽, 「고자상」 6~7.
63) 같은 책, 138쪽, 「등문공상」 1.
64) 같은 책, 194쪽, 「이루상」 1.

얻은 이는 제후諸侯가 되고, 제후에게 신임을 얻은 이는 대부大夫가 된다.[65]

여기에서는 특히 '구민丘民의 마음'에 대한 언급에 주목할 필요가 있다. 이때의 구민丘民은 미천한 백성을 일컫는 말인데, 그런 사람의 마음을 얻는 것이 천자가 되는 길임을 맹자는 강조한다. 이로써 그는 나라의 근본으로 백성을 언급할 때 그 백성이 실로 평범한 온 백성임을 역설한다.

동아시아 사회가 서구 근대 자본주의의 제국주의적 팽창 속에서 누란의 위기에 처했을 때 그 위기를 극복할 방안의 하나로 서구 민주주의에 주목한 이래로 맹자의 민본주의와 민주주의 사이의 관계를 어떻게 이해해야 할 것인가는 매우 큰 해석의 쟁점이다. 도식적으로 말하자면, 민본주의와 민주주의 사이의 친화성을 강조하는 흐름과 이 둘 사이의 거리와 차이를 강조하는 흐름이 강하게 대립하고 있다. 예를 들어 소공권은 맹자가 주장한 것이라고 알려진 민귀군경民貴君輕의 개념은 맹자 개인의 창조물이 아니라고 하면서, 그 이전에도 백성을 군주보다도 더 귀중히 여기는 관념이 존재했지만 거의 잊힌 전통이었는데 맹자가 이를 되살린 것이라고 말한다.[66] 더 나아가 소공권은 맹자의 민귀 사상과 근대의 민권 사상은 구별되는 것으로서 양자를 결코 혼동해서는 안 된다고 강조한다.

간단히 말하면, 민권 사상은 민향民享·민유民有·민치民治의 세 관념을 포함한다. 왜냐하면 인민은 정치의 목적과 국가의 주체가 동시에 되어야 할 뿐 아니라, 반드시 국정에 자발적으로 참여하는 권리를 가져야 하기 때문이다. 이와 비교해 볼 때, 맹자의 귀민은 민향에서 시작하여 민유에 이르려는 것에 불과하다. 그는 민치의 원칙과 제도에 대해서는 듣지 못했던 것이다. 그렇기 때문에 맹자의 사상 가운데 민의라는 것은 피동적으로만 표현될 수 있을 뿐이고, 정치권력은 전적으로 '노심勞心 계급'(정신노동의 지배계급)에 의해서만 행사되었다.[67]

---

65) 같은 책, 420~421쪽.
66) 소공권, 『중국정치사상사』, 160~161쪽.

그러나 소공권은 맹자의 정치사상이 이러한 한계를 안고 있음을 지적하면서도 그 의미를 절대로 과소평가하지 않는다. 그래서 그는 "18세기 이후에 이르러서야 민치의 이론과 제도가 비로소 발전하고 유행된 것을 고려하면 기원전 4세기에 이미 귀민경군을 주장한 맹자를 결코 비난할 수 없다고 생각한다"라고 말한다.[68]

물론 민본과 민주의 관계 문제는 상당히 익숙하고 많이 다루어진 주제이다. 또한 이 주제는 이 책 제1장의 2·3절 및 제10장 등에서도 다루어지고 있기에 상론은 피하고, 여기에서는 맹자의 대동 이념에 담긴 민주주의적 요소 및 그 발전 가능성에 초점을 두기로 한다. 우리 학계에서도 민본과 민주의 관계를 이항 대립으로 보지 않고, 양자 사이의 상호 교섭과 대화를 통해 민본 사상의 민주화 및 서구 민주주의의 민본적 변용을 시도하고 있다.[69]

하여간 소공권과 달리 대동의 천하위공 사상을 곧바로 민주주의로 이해했던 강유위康有爲(1858~1927)[70] 또한 "백성이 가장 귀하고, 사직이 그다음이고, 군주는 가벼운 것이다"라는 맹자의 민귀군경民貴君輕 학설을 민주주의와 연결시켜 이해하고 있다. 그의 해석은 다음과 같다.

이것은 맹자가 민주의 제도로써 수립한 태평시대의 법이다. 대개 나라가 나라가 되는 것은 백성들을 모아서 이루어지는 것이다. 하늘이 백성을 냄에 이롭고 즐겁게 해서, 백성들이 모여 안정되면 함께 할 일을 도모한다. 그러므로 일체의 예악정법은 모두 백성들을 위한 것이다. 다만 백성들의 일은 많으나 사람마다 스스로 할 수가 없기 때문에 공생의 일은 반드시 함께 추대한 사람에게 맡겨야 하니, 이른바 임금은 많은 백성들을 대신하여 함께 공생하면서 안락한 일을 맡은 자이다. 여러 백성이 함께 추대한 것은

---

67) 같은 책, 161쪽.
68) 같은 책, 162쪽. 소공권은 맹자가 인민을 정치의 주체로 보고 인민에게 주권이 있음을 강조하기도 했다고 주장하는데, 이런 점에서 볼 때 맹자 정치이론에 대한 그의 총괄적 평가에는 약간의 논리적 불명료함이 있는 것 같다. 같은 책, 156쪽 158쪽.
69) 신정근 외, 『민본과 민주의 개념적 통섭』(성균관대학교 출판부, 2017) 참조 바람.
70) 흥미롭게도 사회주의는 1880년 이전에 '천하위공'이나 '대동'으로 번역되었다고 한다. 이연도, 「정치유학의 의미와 문제」, 『중국학보』 60(2009), 509쪽.

곧 여러 백성이 공용으로 하는 바가 된다. 마치 백성은 점방의 자본주와 같고 군주는 초빙된 경영인과 같을 뿐이다. 백성이 주인이고 임금은 손님이며, 백성이 주인이고 군주는 노복이다. 그러므로 백성은 귀하고 군주는 천하다는 것이 쉽고도 분명하다. 여러 백성이 귀하여 이에 추대하는 것이 민주이니, 미국과 프랑스의 총통과 같은 경우이다.…… 대동의 시대에 가까우니, 천하를 공적인 것으로 삼아서 어질고 능력 있는 사람을 선발한다. 이는 맹자가 진작에 발명한 것이다.[71]

서복관 또한 맹자가 백성을 정치의 주체로 긍정했다고 이해한다. 그는 맹자가 민의의 중요성을 강조했기 때문에 맹자의 민본사상에는 민치의 원칙이 포함되어 있다고 주장한다. 다만 그는 '백성이 스스로 정치에 참여하여 통치한 다는 의미'의 민치와 '정치 참여의 제도화'라는 민치 제도를 구별하여, 맹자의 민본주의는 그 자체가 민치 제도인 것이 아니라 민치의 이념만 포함하고 있을 뿐이라는 점을 강조했다.[72] 조금 뒤에서 우리는 서복관과 황준걸의 연구를 중심으로 해서, 맹자가 민의의 중요성을 강조했던 것은 일반 시민들의- 모두는 아니라고 할지라도 적어도 일부 시민들의- 정치적 참여를 긍정하는 고대 중국 사회의 시대적 경험과 연결되어 있음을 드러내 보일 것이다.

소공권 같은 맹자 민본주의의 한계를 지적하는 사람들이 볼 때는 맹자의 정치사상에는 비록 백성을 위하는 정신이 충만하긴 하지만 여전히 백성은 피동적인 통치의 대상으로만 여겨지고 있다. 그러나 정치적 권위의 궁극적 정당성이 백성의 동의에 있음을 강조한다는 점에서 맹자의 정치사상에는 백성의 정치적 참여를 적극적으로 옹호하는 이론이 명백히 존재한다. 예를 들어, 『맹자』「양혜왕하」7에서 맹자는 '국인國人'이라는 사람들의 견해를 중시하면서 국가의 공적 사안을 결정할 때에는 이들의 의견에 따라야만 한다고 강조한다.

---

71) 강유위, 『孟子微』; 황준걸, 『이천년 맹자를 읽다: 중국맹자학사』, 519~520쪽에서 재인용 함.
72) 원보신, 『맹자의 삼변철학』, 175~176쪽.

맹자孟子께서 말씀하였다. "나라의 군주君主는 어진 이를 등용할 때는 부득이한 것처럼 해야 합니다. 장차 지위가 낮은 자로 하여금 높은 이를 넘게 하며 소원한 자로 하여금 친한 이를 넘게 하는 것이니, 신중히 하지 않을 수 있겠습니까. 좌우의 신하가 모두 (그를) 어질다고 말하더라도 허락하지 말고 여러 대부大夫가 모두 어질다고 말하더라도 허락하지 말며 국인國人이 모두 어질다고 말한 뒤에 살펴보아서 어짊을 발견한 뒤에 등용하며, 좌우의 신하가 모두 (그를) 불가不可하다고 말하더라도 듣지 말고 여러 대부가 모두 불가하다고 말하더라도 듣지 말며 국인國人이 모두 불가하다고 말한 뒤에 살펴보아서 불가한 점을 발견한 뒤에 버려야 합니다. 좌우의 신하들이 모두 (그를) 죽일 만하다고 말하더라도 듣지 말고 여러 대부가 모두 죽일 만하다고 말하더라도 듣지 말며 국인國人이 모두 죽일 만하다고 말한 뒤에 살펴보아서 죽일 만한 점을 발견한 뒤에 죽여야 합니다. 그러므로 국인國人이 죽였다고 말하는 것입니다. 이처럼 한 뒤에야 백성의 부모父母라고 할 수 있습니다."[73]

위 구절의 주장은 '국인國人' 즉 일반 백성의 동의가 모든 정치적 결정의 궁극적 정당성의 근원이 됨을 강조하는 것이라고 해석할 수 있다. 사람을 등용하는 일에서부터 사람의 생명과 관련된 사형 문제에 이르기까지 모두 국인의 동의를 통해 결정이 내려져야 한다고 강조하기 때문이다.

국인이 공론을 통해 정치를 행하는 것이 "백성의 부모"라 일컬어지는 군주의 바른 자세라는 구절도 매우 의미심장하다. 흔히들 군주를 '백성의 부모'로 비유하는 구절을 들이밀면서 유가사상은 군주와 백성의 관계를 한갓 통치자와 수동적인 피치자의 관계로 보는 권위주의 사유체계라고 비판하는 견해가 널리 퍼져 있기 때문이다. 하여간 조선의 유학자 성호 이익은 맹자가 위에서 언급한 국인을 '서민庶民'으로 본다.[74] 물론 국인이 과연 일반 백성 모두를 의미하는지는 아직도 쟁점으로 남아 있다. 그래서

---

73) 『맹자집주』, 61~63쪽.
74) 이익, 『성호사설』, 「詢民」(한국고전종합DB, 한국고전번역원, 김철희·성낙훈·양대연 옮김, 1977).

황준걸은 「양혜왕하」 7에 등장하는 '국인國人'은 "근 수십 년 동안 중국 상고사 연구의 주요 문제 중 하나였다"라고 말한다.[75]

그러나 위 인용문에서 보듯이 국인이 대부大夫 같은 귀족들과 구별되는 별도의 계층을 이루는 사람임은 분명하다. 그런데 이미 강유위는 「양혜왕하」 7장을 근거로 해서, 맹자가 승평시대에 어울리는 의원 제도를 개설하려는 뜻을 밝힌 것이라고 보아야 한다는 의견을 제안한 바 있다.[76] 여기에서 우리는 서복관과 황준걸의 연구를 통해 국인의 존재가 어떤 성격을 지니는지를 좀 더 살펴보기로 하겠다. 이들의 연구는 맹자의 정치이론과 그것이 계승하고 있는 것으로 보이는 고대 중국 사회의 민주적 면모를 인식하는 데 도움을 주기 때문이다.

서복관은 '국인國人'의 성격과 그 지위 문제를 상세하게 탐구한 바 있다. 그의 연구에 따르면 『좌전』에는 '국인'이라는 명칭이 대략 80번 정도 등장하는데, 단지 '국國'이나 '인人'이라고만 칭할 때도 있고 '중衆'이라고 칭할 때도 있으나 모두 '국인'을 가리키는 경우이다. 그는 『양한사상사』에서 『좌전』에 등장하는 '국인'의 용례 24가지를 열거하고, 이런 용례 분석의 결과를 토대로 국인의 성격을 몇 가지로 요약하고 있다. 첫째, 도읍과 근교에 거주하는 국인은 "종법 귀족의 일부를 구성하는 구성원들이 아니었다." 둘째, 국인은 전쟁을 전업으로 하는 사람은 아니었지만 당시 '군사력의 기초'를 구성하는 사람들이었다. 셋째, 국인을 결코 '사士'로 규정할 수는 없다.

특히 서복관은 국인과 사가 어떻게 다른지를 설명하는 데 신경을 쓴다. 그에 따르면 본래 '사士'는 농민 중에서 건강한 남자를 뜻하는 말이었는데, 춘추 중기에 독자적인 사 계층이 형성되었으며 이런 변천 과정에서 사가 국인의 일부를 이루게 되었다고 한다. 다양한 용례들을 종합해서 그는 "국인은 사士, 자유농민, 상공업자 세 부분으로 구성되어 있으며, 고대 그리스 시대 도시국가의 자유민과 유사하다"라고 강조한다. 그리하여 서복관은

75) 황준걸, 『이천년 맹자를 읽다: 중국맹자학사』, 516쪽.
76) 같은 책, 516쪽.

국인은 "고대 사회에서 정치적 자유와 권리를 보유한 자유민인 동시에 고대 사회 정치의 직접적인 지주이기도 했다"라고 결론짓는다.[77]

황준걸도 중국 고대 사회의 중견 역할을 했던 '국인'을 기원전 8세기에서 4세기 사이의 고대 그리스 아테네의 시민과 비교하는 연구를 하였다. 그에 따르면 국인은 군주를 옹립하거나 그 지위를 박탈하는 행위를 할 수 있었을 뿐만 아니라, 전쟁을 종식하는 행위 즉 화전和戰을 결정할 권한도 지니고 있었다고 한다. 그는 "도시국가 시대 사회의 중견으로, 안으로는 국정의 참여사이고 밖으로는 외교의 담당자로서 당시 정치적 활기의 힘이었다"라고 '국인'의 특성을 요약한다. 그렇지만 그에 따르면 중국 고대 사회에서의 국인은 고대 아테네 도시국가의 자유 시민에 비교해서 참정권에 한계가 있었다. 국인과 아테네 도시국가의 자유 시민 사이에는 많은 유사점이 존재하지만 중대한 차이도 있었다.

황준걸이 드는 차이점은 대략 다음과 같다. 우선, 국인은 참정권만을 지녔지만 아테네 시민은 참정권 이외에도 입법 및 사법권을 지니고 있었다. 둘째, 고대 그리스 아테네 시민의 정치 참여는 사실상의 차원만이 아니라 법리상으로도 보장받고 있었는데, 이와 달리 국인은 사실상의 정치 참여만을 누리고 있었을 뿐 그들에게는 정치 참여의 권리를 법적으로 보장하는 제도적 장치가 없었다. 셋째, 고대 중국 사회의 국인이 정치적으로 참여하여 자신의 권한을 나름대로 관철하는 능동적인 역할을 한 시기는 아테네 시민과 비교할 때 너무나 짧아서, 서주시대 이후 정치 권력은 군왕과 귀족의 수중으로 넘어갔다.[78]

---

77) 서복관, 『양한사상사』 권1상(김선민·문정희 옮김, 세창, 2022), 144~163쪽, 특히 159~163쪽 참조.
78) 황준걸, 『이천년 맹자를 읽다. 중국맹자학사』, 517~518쪽. 강정인도 고대 중국 사회에 존재했던 도시국가의 역할과 의미를 새롭게 조명할 필요가 있음을 강조한다. 그러나 그도 일본의 저명한 중국사학자인 미야자키 이치사다(宮崎市定)의 연구를 참조해 고대 중국, 특히 춘추전국시대에 도시국가들이 활발해지고, 이들 도시국가 내에는 세습귀족 집단인 상층의 士族 이외에도 하층에 서양의 자유민에 해당하는 士가 있었는데, 이런 사 집단은 국인층의 핵심을 구성하고 있었다고 한다. 그렇지만 아테네의 도시국가에서 보는 것과 같은 민회제도가 발전하지 않았기에 국인의 정치적 발언권은 상당히 제한되어

이제 국인 계층이 정치적으로 참여해 폭정을 일삼는 군왕을 몰아내는 주역으로 활동했던 대표적 기록을 다루어 보자. 이 기록은 '소목공이 주여왕의 미방彌謗에 대해 간하다'라는 항목인데, 이 항목에 '국인國人'이 등장한다. 주여왕의 폭정이 지속되자 "국인들이 그의 잘못을 비난"했고, 이에 귀족 출신의 대신 소목공이 주여왕에게 "백성들이 더 이상 군왕의 포악한 정령을 견딜 수 없습니다"라고 간언하였다. 이 말을 들은 주여왕이 대노하여 자신의 과실을 지적하는 사람들을 감시하게 하고, 그런 사람이 발견되면 고발하도록 해서 자신의 잘못을 비판하는 백성들을 죽이고자 했다. 그러자 백성들은 "감히 다시는 왕의 잘못을 논의하지 못하고 길에서 만나도 피차 눈짓으로 뜻을 전할" 정도가 되어, 왕의 통치에 대해 백성들이 자유로이 논의해서 그것을 정치에 반영하는 길이 봉쇄되고 말았다.

그런 상황에 매우 만족한 주여왕이 소목공에게 자랑삼아 "내가 이제 능히 미방彌謗(비방을 차단함)했으니, 그들이 다시는 감히 입을 열어 비방치는 못할 것이오"라고 말했다. 이 말을 들은 소목공은 백성의 언로는 어떤 힘으로도 막을 수 없다고 하면서, 백성들이 자유롭게 정치의 옳고 그름을 논하도록 해서 백성의 의견을 반영하여 정사를 운영하는 것이 도리라고 말한다. 이와 관련한 부분을 인용하면 다음과 같다.

이는 백성들의 입을 틀어막는 것에 불과할 뿐입니다. 백성들의 입을 막으면 강물을 막는 것보다 더 큰 결과를 초래할 것입니다. 둑을 쌓아 강물을 막았다가 둑이 터져서 강물이 넘쳐나면 다치는 사람이 매우 많을 것입니다. 백성들의 입을 막는 것도 이와 같습니다. 이에 물을 다스리는 사람은 응당 물길을 소통시켜 물길에 걸림이 없도록 해야 합니다. 백성을 다스리는 것도 응당 그들을 인도하여, 그들로 하여금 말하지 못하는 것이 없게 하고 다하지 못하는 것이 없게 해야 합니다. 그래서 천자는 정사를 처리하면서 위로는 삼공구경으로부터 아래로는 사인士人에 이르기까지 풍간諷諫하는

있었음을 지적한다. 강정인, 『넘나듦의 정치사상』, 198쪽 각주 4. 고대 중국의 도시국가 변천과 그 의미에 관해서는 미야자키 이치사다, 『중국통사』, 104~131쪽 참조 바람.

시편을 진언케 합니다. 악사에게는 민의를 반영하는 노래를 진언케 하고, 사관에게는 참고로 삼을 만한 사서를 바치게 하고, 악관에게는 권계勸戒로 삼을 만한 운문을 바치게 하고, 수자(눈동자가 없는 맹인)에게는 풍간의 시를 읊게 하고, 몽자(눈동자가 있는 맹인)에게는 권계의 문사를 읊게 하고, 백공百工 에게는 작업하면서 틈을 보아 간언케 하고, 백성들(庶人)에게는 정사에 대한 의견을 간접적으로 왕에게 전달케 하고, 늘 국왕의 좌우에 있는 근신들에 게는 성심을 다해 왕에게 규간케 하고, 종친 출신 대신들에게는 왕의 집행을 도와주며 감독하게 합니다. 악사와 사관이 각각 노래와 예법으로써 왕을 교회敎誨하고 기애耆艾(왕의 사부와 조정의 원로 등. 원래 '기'는 60세, '애'는 50세를 뜻함)가 늘 왕을 권계하면, 연후에 천자가 이를 짐작해 취사하는 것입니다.[79]

주여왕은 소목공의 충고에도 아랑곳하지 않고 폭정을 지속하다가 3년 후 국인國人에 의해 체 땅으로 추방되었다. 이 고사를 근거로 해서 서복관은 춘추시대 이전인 서주시기에도 국인의 역할이 존재했다고 추론한다. 그리하 여, 국인의 일부를 구성하는 사士의 성질이 서주시기에서 춘추시대를 거치면 서 크게 변했지만 "국인이라는 계층의 존재와 그 정치적 역할은 춘추시대가 서주로부터 물려받은 것이었으며 그것은 서주의 개국과 입국의 기초"였다고 서복관은 주장한다.[80]

그러나 황준걸은 중국 고대 사회에서의 국인과 고대 그리스 아테네 시민 사이의 차이점을 긍정하면서도 강유위가 국인의 존재를 근거로 맹자가 "승평시에 민권을 받아 의원을 개설하는 제도를 특별히 밝혔다"라고 보는 해석의 가치와 의의를 높이 평가한다. 달리 말하자면, 역사적 사실의 옳고 그름보다는 변화된 상황에서 시대가 필요로 하는 정신 즉 '민주정치적 정신'을 창조적으로 흡수하여 그것을 맹자의 사상과 연결시킨 데에 바로 강유위의 해석이 지니는 사상사적 의의가 있다는 것이다.[81]

---

79) 좌구명, 『국어』, 39~40쪽.
80) 서복관, 『양한사상사』 권1상, 162쪽.
81) 황준걸, 『이천년 맹자를 읽다: 중국맹자학사』, 518쪽.

선행 연구에 따르면 국인 계층이 비교적 활발하게 정치적 참여를 할수 있었던 시기는 기원전 771년 서주西周가 몰락한 이후로부터 진시황에 의해 중국이 처음으로 통일된 국가를 형성하기 전까지의 시기, 즉 이른바 동주東周시기 특히 춘추시대였다. 이 춘추 시기는 고대 중국에서의 도시국가의 전성기로 불린다. 이 시기에는 새로운 정치조직이 정치 및 군사적 힘을 성벽으로 둘러싸인 도시에 집중시켰는데, 그 결과 도시들이 수많은 독립 동치 가문의 수도가 되었기 때문이다.[82] 그리고 도시국가의 구성원들은 크게 도성에 사는 사람을 지칭하는 '국인'과 성곽 밖 시골에서 사는 사람을 지칭하는 '야인野人'으로 나뉘었는데, 처음에는 이들 국인에게 시민권이 부여되지 않았다가 시간이 지나면서 군역에 따라 시민권의 범위가 확대됨으로써 일부 평민에게도 시민권이 부여되었다고 한다. 그러나 시민권이 일부 농민만이 아니라 상인과 기술자 등에게까지도 폭넓게 부여되었는지에 대해서는 아직도 학자들 사이에 이렇다 할 합의가 존재하지 않는 상황인 것으로 보인다.[83]

지금까지의 몇몇 선행 연구를 종합해 보면 고대 중국 특히 춘추시대에 도시국가가 꽤 번성했으며 이 도시국가들이 정치적으로 핵심적 역할을 하였다는 데에는 이견이 없다. 그리고 이런 수많은 도시국가 내에서 국인國人이라 불리는 일반 사람들이 정치적으로 의미 있는 권한을 갖고 중요한 정치적 역할을 했다는 것도 공통으로 확인된 사실이라 할 것이다. 그러므로 여기에서 시민권을 행사한 일반 백성의 범위가 얼마나 폭넓었는지는, 이를테면 노예가 존재했다면 이들이나 도시 성곽 외부에서 거부하는 일반 서민들, 혹은 상인이나 기술자 등도 모두 시민권을 부여받았는지는 부차적인 문제라

---

82) 리처드 폰 글란(Richard von Glahn), 『중국경제사』(류형식 옮김, 소와당, 2020), 99~103쪽.
83) 같은 책, 108쪽 및 각주 16. 그러나 국인이 野人에 대비되는 도시 내에서 거주하는 사람만을 지칭하는지 아니면 일반 백성 모두를 지칭하는지 관해서도 아직 논쟁이 진행 중이다. 국인이 야인까지를 포함하는 포괄적인 의미의 일반 백성을 의미한다고 보아야 한다고 주장하는 사람 중 하나는 Bai Tongdong, *Against Political Equality: The Confucian Case* (Princeton University Press, 2019), pp.39~40 각주 16 참조 바람.

고 할 것이다. 주지하듯이 고대 아테네 도시국가에서도 자유 시민은 노예에 비교해 그 수가 훨씬 적었고, 여성도 아무런 자유 시민의 권한을 누릴 수 없었다.[84]

그러므로 국인이 야인을 제외한 도시 내에서 거주하는 특정 계층에 한정된 의미의 사람을 지칭한다는 이유를 들면서 맹자 사상이 민치의 원칙을 함축하고 있다고 주장하는 일이 섣부른 결론이라고 반론을 제기하는 것도 다시 생각해 볼 일이다. 예를 들어 원보신이 그런 경우인데, 그는 국인이 언급된 구절만을 가지고 맹자가 민치의 이념을 긍정하였음을 입증하는 근거로 삼으려는 서복관의 태도는 불충분하다고 지적한다. 원보신의 반론은 우선 국인이 일반 백성이 아니라는 결론이 타당하다는 것을 전제로 하는데, 이미 앞에서 언급했듯이 이는 아직도 쟁점 중인 사항임을 고려해야 한다.

설령 국인이 모든 일반 백성이라는 의미를 지니지 않는다는 것이 역사적 사실이라고 하더라도, '맹자는 그저 국인을 언급했을 뿐 민치의 원칙을 긍정하지 않았다'라고 결론을 내리는 것도 어색한 면이 있다. 아테네도 자유 시민보다 훨씬 더 많은 수의 노예들에게는 시민권을 부여하지 않았기 때문이다. 게다가 "모든 일반 백성"[85]이라는 원보신의 용어부터가 모호하다. 그의 이 용어에 이를테면 여성도 포함되어 있는지는 알 수 없다. 만약에 여성을 포함해야만 '모든 일반 백성'이라는 개념이 진실로 모든 백성을 지칭하게 되어 비로소 민치의 이념이 정식화될 수 있다고 본다면, 20세기 전반기에 이르기까지는 여성의 보편적 참정권이 부여되지 않았다는 이유로 서구에서도 그때까지는 민치의 이념이 없었다는 결론을 내려야 할 것이다. 그래서 필자는, 특권을 세습할 수 있는 계층이 아닌 일반 사람들에게도 일부일망정 시민권이나 정치적 참여의 몫을 긍정하고 있었다면, 그것은 원리적으로 모든 백성으로까지 나갈 가능성을 지니고 있기 때문에 민치

---

84) 나종석, 「고대 아테네 민주주의 제도의 이상과 현실에 대하여」, 『사회와 철학』 8(2004), 38쪽.
85) 원보신, 『맹자의 삼변철학』, 176쪽.

이념의 긍정으로 보아도 될 것이라고 본다.

더 나아가, 이러한 일반 서민들의 정치적 참여의 경험이 공자나 맹자의 대동적 정치이론의 형성에도 영향을 주었다는 점이 우리에게는 더 중요하다. 맹자는 이런 백성의 뜻을 소중히 여기는 전통을 귀감으로 삼고서 그것을 이른바 요순삼대의 지극한 이상적 정치로 수렴하여 공자의 정치이론을 발전시켜 나갔다. 그래서 소공권은 "국인國人이 모두 죽일 만하다고 말한 뒤"에 왕이 잘 살펴서 결정해야 한다는 맹자의 주장은 『시경』에 나오는 '말이나 소에게 먹일 풀을 베는 사람이나 나무꾼 등과 같은 평범한 백성'과 상의하여 민의를 수렴하는, 예로부터 내려온 정치 제도와 같다고 말한다. 특히 이 제도와 관련해서 그는 『주례』의 '소사구小司寇' 제도를 주목한다. "첫째는 나라가 위태로울 때 (백성에게) 묻는 것이요, 둘째는 수도를 옮길 때 묻는 것이요, 셋째는 임금을 세울 때 묻는 것이다'라는 말에서 나타나듯이 소사구는 중요한 정무가 있을 때 백성의 의견을 알아보는 직무를 담당했던 것으로 보인다. 물론 소공권에 따르면 이 소사구 제도는 춘추시대에 더러 사용된 것으로, 늘 운영되는 보편적 제도는 아니었다고 한다.[86]

그런데 일찍이 성호 이익도 '국인이 모두 현명하다고 한 뒤에 인물을 등용하고, 죽일 만하다고 할 때는 국인의 뜻을 따라 왕이 결정한다'라는 맹자의 주장을 『주례』의 '소사구小司寇'와 관련해서 상고한 바 있다. 그에 따르면, 소사구는 외조外朝의 정사를 맡는데 만민을 오게 하여 자문諮問하는 역할을 하며, 나라의 중요한 사항을 결정할 때 "여러 사람의 의론으로써 왕의 뜻을 보좌"하여 사람들이 말하는 좋은 의견을 따르도록 하는 것이라고 한다. 그러면서 그는 이런 제도가 "후세에는 오직 권력을 잡은 자나 측근자들

---

86) 소공권, 『중국정치사상사』, 159쪽. '소사구' 관련 인용은 같은 쪽 각주 42에서 재인용함. 한국 학계에서도 이 소사구 제도의 의미에 주목하면서 궁궐 밖에 백성들의 의견 즉 민의를 수렴하는 기관을 설치하여 국가의 중대사가 있을 때 백성의 뜻을 존중해서 정사를 처리하는 '外朝'를 오늘날의 국회나 일종의 민회로 보는 견해가 존재한다. 이상익, 「민주와 민본의 비교와 통섭을 위한 정치 철학적 검토」, 신정근 외, 『민본과 민주의 개념적 통섭』, 346쪽 및 각주 99 참조.

이 더불어 위에서 독단함으로써” 일반 백성들, 요컨대 “추요蒭蕘” 즉 말이나 소에게 먹일 풀을 베는 사람이나 나무꾼 등에게서 좋은 의견이 있더라도 “위로 통할 수 없게 되었다”라고 크게 탄식했다.[87]

그러므로 백성의 동의 없이는 사실상 정치 권력의 정당성이란 가능하지 않고 백성의 신뢰, 즉 민심을 잃은 정권은 아무런 정치적 및 도덕적 정당성이 없다는 맹자의 주장이 한갓 그의 상상력에서 나오게 된 것은 아니라는 점에 주목할 필요가 있다. 맹자는 백성이 나라의 근본이라는 의미에서 민본주의를 내세우며 ‘민심이 곧 천심’이라는 생각에서 백성의 신뢰를 획득할 수 있는지가 권력의 정당성 유무를 판단하는 궁극적 기준이 된다고 보았는데, 그의 다음과 같은 말을 들어 보자.

맹자께서 말씀하였다. “걸桀·주紂가 천하를 잃은 것은 백성을 잃었기 때문이니, 백성을 잃었다는 것은 그 마음을 잃은 것이다. 천하를 얻음에는 길이 있으니, 백성을 얻으면 천하를 얻을 것이다. 백성을 얻음에는 길이 있으니, 그 마음을 얻으면 백성을 얻을 것이다. 마음을 얻음에는 길이 있으니, 원하는 바를 주어서 모이게 하고 싫어하는 바를 베풀지 말아야 한다.”[88]

위 인용문은 별도의 설명이 필요하지 않을 정도로 명확하다. 걸왕과 주왕은 민심을 잃은 결과 천하를 잃었는데, 백성의 마음을 얻는 데에는 방법이 있으니 백성이 원하는 것을 하고 그렇지 않은 것을 하도록 강요하지 말아야 한다는 것이다. 이처럼 백성의 마음을 얻는 일은 백성의 자발적 동의가 없이는 불가능하다.

물론 위 인용문에서 맹자는 백성이 무엇을 원하고 무엇을 싫어하는지를 구체적으로 언급하지는 않았다.[89] 이를 분명히 하려면 그가 바라본 어진

---

87) 이익, 『성호사설』, 「詢民」(한국고전종합DB, 한국고전번역원). 배병삼은 성호 이익의 해설은 “萬民(인민대표)이 참석”하는 일종의 ‘거국 의회’를 구상하고 있다고 높이 평가한다. 배병삼, 『맹자, 마음의 정치학』 1(사계절, 2019), 206쪽.
88) 『맹자집주』, 209쪽, 「이루상」 9.
89) “원하는 바를 주어서 모이게 하고”(所欲與之聚之)라는 번역에 대해 해석상의 이견이

마음에 토대를 둔 왕도 및 인정의 정치이론을 세부적으로 검토해야만 한다. 이미 언급했듯이 그의 정치이론은 인仁과 불인不仁의 구별에 기반을 두고 있다. 그래서 그는 "길은 둘이니 인과 불인일 뿐"이라는 공자의 말을 인용하면서 "삼대가 천하를 얻은 것은 인으로써였고, 천하를 잃은 것은 불인으로써였다"라고 말했다.[90]

이러한 인은 기본적으로 백성의 생명을 함부로 대하지 않고 소중히 존중하는 마음이기에, 이를 정치 사회에 구현하려면 백성의 삶의 안정을 꾀하지 않으면 안 된다. 이것은 대외적으로는 영토 늘이기에 정신이 팔려 있는 당대 제후들의 패도정치의 잔악성을 비판하면서 인정에 기초한 천하통일을 통해 전쟁을 종식하려는 제안으로 이어지고, 국내적으로는 백성의 삶을 온전하게 하기 위한 경제적인 조치나 교육과 같은 사회문화적 제도, 정치적 차원에서 백성과 함께하려는 규칙과 제도의 정비 등으로 이어진다.

인정의 정치는 민의 즉 백성의 뜻을 수렴하는 것을 강조한다. 민의의 수렴은 왕이 천하를 통치하기 위해 백성들의 자발적 동의를 얻는 과정에서 빼놓을 수 없는 것 중의 하나이다. 백성이 원하는 바가 무엇인지를 파악해서 백성과 더불어 즐거워하는 여민동락與民同樂의 세계는 백성들이 단지 물질적 생활의 조건을 풍족하게 누린다고 해서 이루어지는 것은 아니다. 여민동락은 군주와 백성의 연대와 상호신뢰를 표현하는 것인데, 이는 백성들이 진심으로 왕과의 일체감을 형성하는 것을 전제한다. 이와 관련해서 "선정善政은 백성들이 두려워하고 선교善教는 백성들이 사랑하니, 선정善政은 백성들의 재물을 얻고 선교善教는 백성들의 마음을 얻는다"[91]라는 맹자의 강조를 눈여겨 볼 필요가 있다. 형벌이나 법과 같은 강제력을 통해서가 아니라 덕으로써 백성들이 진심으로 감복하도록 해야 함은 공자도 강조한 것이거니와, 맹자

존재한다. 여기에서는 성백효의 번역을 그대로 따랐지만, 이에 대한 동서양 학자의 상이한 번역 및 그에 대한 비평에 관해서는 다음을 참조 바람. 배병삼, 『맹자, 마음의 정치학』 2(사계절, 2019), 141~146쪽.

90) 『맹자집주』, 200~201쪽, 「이루상」 2~3.
91) 같은 책, 383쪽, 「진심상」 14.

역시 백성에게 물질적 풍요로움을 가능케 하는 선정善政보다 인간 내면에서 우러난 신뢰와 믿음을 획득하는 선교善敎를 더욱 중요시한다.

이런 일체감과 유대감을 이루는 데 중요한 것이 바로 정치적 사안에 관한 백성들의 견해를 존중하는 것이다. 그런데 백성들의 뜻이 무엇인지를 알 방법은 백성들이 공적인 사안에 대해 자유롭게 의견을 내세우게 하는 언로의 개방성 말고는 없다. 따라서 바로 전에 인용한 구절과 관련해서 이를 "하늘은 우리 백성이 보는 것을 통해서 보시고 우리 백성이 듣는 소리를 통해 들으신다"라는, 백성의 소리 즉 '인민의 소리'를 숭시하는 전통과 연결시킨 배병삼의 해석은 설득력이 있다.[92]

맹자 역시 이런 점을 누누이 강조하였고 이것이 그의 왕도정치 이론의 핵심의 일부임은 이미 앞에서 다양한 방식으로 살펴보았다. 요컨대 맹자의 왕도정치는 백성을 한갓 피통치자로만 보는 것이 아니라 오히려 군왕의 정치권력에 정당성을 부여해 주는 근원으로 여긴다는 점에서 일종의 주권재민의 민주적 사상과 공명하고 있음이 분명하다. 그리고 그의 이러한 민본적 민주주의는 서구 사회와의 접촉과 무관한, 고대 중국의 역사적 경험에서 축적된 백성의 정치적 자각을 이상화한 것으로 여겨지지 않으면 안 될 것이다. 따라서 우리는 앞의 제1장에서 대동민주주의의 기점의 하나로 언급되었던 『서경』 「홍범」에 나오는 구절을 다시 한 번 환기해 볼 필요가 있다.

특히 「홍범洪範」에서 왕이 따라야 할 일곱 번째 규칙을 설명하는 과정에서 대동이 언급되는 것을 우리는 이미 강조했다. 왕이 의문점이 있을 때 왕 자신의 "마음에 물어 보고, 공경公卿과 관리들에게 물어 보고, 서인에게 물어 보고"라는 구절에서이다. "서인에게 물어본다"(謀及庶人)라는 구절은 백성의 자발적 동의와 정치적 사안에 대한 자유로운 의사 표현이 대동사회에 이르는 필수적인 방법이라는 점을 뚜렷하게 밝혀 주고 있다.[93]

---

92) 배병삼, 『맹자, 마음의 정치학』 2, 314쪽.
93) 『서경』, 289쪽 및 292쪽.

4. 요순선양론과 맹자의 대동적 민주주의론

맹자의 민본주의와 민주주의와 관련하여, 이제 맹자가 과연 군주라는 지위의 선발과 '백성의 동의'를 연결시켜 사유하고 있는지를 검토해 보자. 그것은 그의 민본주의의 민주적 성격을 논의할 때 반드시 검토해 보아야 할 쟁점이기 때문이다. 이와 관련해서는 요순선양에 관한 맹자의 사유가 늘 검토의 대상으로 떠오르게 마련이다.

앞서 서술한 것처럼 맹자의 왕도정치 및 인정은 사람의 본성에 뿌리를 내리고 있는 '차마 해치지 못하는 마음' 혹은 '차마 하지 못하는 마음'(不忍之心)을 근본으로 삼아서 이를 모든 백성에게까지 미루어 나가는 것을 목적으로 한다. 그래서 맹자는 "사람의 도덕적 본성이 선함을 논할 때마다 늘 요순을 일컬"었으며, '군주가 되든 신하가 되든 모두 다 요순을 본받아야 함'을 강조했다. 달리 말하자면, 순임금이 요임금을 섬기는 방식으로 군주를 섬겨야 하며 요임금이 백성을 대하듯이 백성을 다스리는 것이 곧 인을 실현하는 정치의 근본 방법이라고 그는 힘주어 말했다.[94]

그런데 맹자가 요와 순이 백성을 다스리던 시대를 가장 이상적인 시대로 본 까닭 중의 하나는 곧 요와 순의 정치 권력 이양의 방법이 남달랐기 때문이다. 맹자에 따르면, 요는 순에게 정권을 넘겨주었지 자식에게 권력을 세습하지 않았다. 이것이 곧 대동의 천하위공(天下爲公)과 연결된다는 사실은 굳이 설명하지 않아도 될 것이다. 이처럼 공자의 어진 정치의 이념을 이어받고 있는 맹자의 왕도王道·인정仁政의 정치이론에서도 유덕자가 왕위를 물려받아야 한다는 『예기』 「예운禮運」에 등장하는 대동세계의 특징 중 하나를 적극적으로 옹호한다.

앞의 제1장에서 보았던 것처럼, 『예기』 「예운」에 따르면 요순시대에는 군주의 지위가 세습되지 않고 선양禪讓되었다. 다시 말해, "위대한 도(大道)가

---

94) 『맹자집주』, 200쪽, 「등문공상」 2.

행해지면 천하는 공적인 것이 되어 현명하고 능력 있는 자를 선발'하게 된다는 것이다. 천하위공, 즉 천하는 공공의 것 혹은 천하 사람들의 천하라는 관념은 우선 군주 지위의 선발과 관련된 사상이다. 실제로 한대漢代와 당대唐 代에는 「예운」의 천하위공天下爲公이 대개 천자의 지위와 관련된 사상으로 이해되었다고 한다.

한나라 시대의 천하위공을 해석하는 대표적 학자는 정현鄭玄인데, 그는 천하위공天下爲公에 관해 "공公은 공共의 뜻과 같다. 지위를 선양하여 성인에 게 주고, 이를 세습하지 않는 것"이라고 주注를 달았다. 그의 주를 이어받아 당나라 시기 공영달孔穎達도 천하위공이란 "천자의 지위를 가리켜 말한 것"이라고 하면서, 천하를 공으로 한다는 것은 "성인이나 덕망 있는 사람에게 그 지위를 넘겨주고 자손에게 사사로이 전하지 않음을 말한다. 요·순의 경우가 이에 해당한다"라고 소疏를 달았다.[95]

미조구치 유조 유조에 따르면 한·당 시대에 천하위공은 주로 정치적 권력을 장악한 천자 개인의 덕성 차원으로 한정되어 있었다. 달리 말하자면, 천하란 황제 한 사람이 마음대로 권력을 휘두를 수 있는 한갓 소유물과 같은 것이 아니어서, 천하에 대해 공적인 덕성을 보여 주어야만 천하에 의해 인정받는 진정한 천자요 황제가 될 수 있음을 뜻한다. 이처럼 천하위공의 대동사상은 천하 사람들의 민심으로부터 출발하여 황제의 권력 행사 방식을 제한하는 역할을 했다.[96]

공자와 맹자는 바로 요임금과 순임금이 모범적으로 보여 준 선양의 제도를 적극적으로 찬양한 인물이었다. 선양을 명시적으로 논한 사람은 맹자일 것이다. 그런데 그는 이 부분에서도 공자를 조술祖述하고 있다. 『맹자』「만장 상」 6에 따르면 "요임금과 순임금은 선위하였고 은나라와 주나라는 자손이 이어받았으나, 그 의는 똑같다"라고 공자가 말씀했다고 맹자는 역설한다.[97]

---

95) 미조구치 유조, 『중국의 공과 사』, 18쪽에서 재인용함.
96) 같은 책, 18~19쪽 참조.
97) 『맹자집주』, 277쪽.

이와 관련되는 이야기는 『논어』에서 공자가 요·순을 칭찬하는 부분과 연결되어 있다. 공자가 『논어』에서 요·순을 언급하는 몇 가지 사례를 기억해 보자. (『논어』「태백」 18~19, 「위령공」 4 등) 요와 순이 선양으로 천자의 지위를 양위했음은 공자가 전해 준 이야기라고 강조하는 맹자의 주장은 아마도 이런 구절들에서 기인했을 터이다.

공자가 직접 선양을 언급했는지를 논외로 하더라도 그가 황제의 왕권을 맹목적으로 찬양하지 않았다는 사실만은 분명하다. 심지어 공자의 주장은 군주의 지위가 마치 명목상의 지위로 한정된 것처럼 들리기도 한다. 실제로 공자는 『논어』「태백」 18에서 순임금과 우임금의 '무위지치無爲之治'를 찬탄하고 있다. "무위無爲로써 다스린 자는 순임금이실 것"이라는 구절이 보여 주듯이, 군주의 영원한 모범인 요순堯舜은 현명한 재상을 발탁하고 정사에 관여하지 않았다고 공자는 생각한다.

더 나아가 『예기』「예운」편의 대동과 소강의 대비는 맹자에게서도 매우 뚜렷하게 나타난다. 『맹자』「만장상」 5~6장에서 맹자는 요순의 선양이 이루어지는 '대동세계'와 하은주 삼대의 세습군주제 하의 '소강사회'에 해당하는 학설을 다룬다. 『맹자』「만장상」 5장은 요임금이 자식에게가 아니라 가장 능력 있고 현명한 순에게 천하를 물려주었다는 요순선양의 학설을 다루고 있고, 6장에서는 하은주 삼대의 바로 그 하나라를 세운 우임금이 자식에게 왕위를 물려주는 세습적 원리를 다루고 있다.

『맹자』「만장상」 5에 나오는 맹자와 그의 수제자 만장萬章 사이의 대화를 보자. 만장이 "요堯가 천하를 순舜에게 주었다 하니, 그런 일이 있었습니까?"라고 묻자 맹자는 이렇게 답한다. "아니다. 천자天子는 천하를 남에게 줄 수 없다. 천하는 천하 사람들의 천하요 한 사람의 사유물私有物이 아니기 때문이다." 맹자의 대답을 들은 만장은 다시 "그렇다면 순이 천하를 소유한 것은 누가 주신 것입니까?"라고 묻고, 이에 맹자는 "하늘이 주신 것이다"라고 답한다. 우리는 이 문답에서 맹자는 천하가 한 사람의 소유물이 아니라 하늘에 속하고 만백성에 속하는 것이라고 보고 있었음을 알 수 있다.

두 사람의 대화는 계속된다. 만장은 "하늘이 주었다는 것은 순순연諄諄然히 명한 것입니까?"라고 묻고, 맹자는 "아니다. 하늘은 말씀하지 않는다. 행실과 일로써 보여 주실 뿐이다"라고 말한다. 다시 만장이 "행실과 일로써 보여 주었다는 것은 어떻게 하는 것입니까?"라고 묻자 맹자는 이렇게 대답한다.

천자가 사람을 하늘에 천거할 수는 있을지언정 하늘로 하여금 그에게 천하를 주게 할 수는 없으며, 제후가 사람을 천자天子에게 천거할 수는 있을지언정 천자로 하여금 그에게 제후 자리를 주게 할 수는 없으며, 대부가 사람을 제후에게 천거할 수는 있을지언정 제후로 하여금 그에게 대부 자리를 주게 할 수는 없다. 옛적에 요堯가 순舜을 하늘에 천거하자 하늘이 받으셨고, 백성들에게 드러내자 백성들이 받아들였다. 그러므로 "하늘은 말씀하지 않고 행실과 일로써 보여 주실 뿐이다"라고 한 것이다.

맹자와 만장의 대화는 계속된다. 만장이 말하기를 "감히 묻겠습니다. 하늘에 천거함에 하늘이 받아 주시고 백성들에게 드러냄에 백성들이 받아 주었다는 것은 어떻게 한 것입니까?"라고 하자 맹자가 답했다.

순舜으로 하여금 제사를 주관하게 하자 온갖 신神들이 흠향하였으니 이는 하늘이 받아 주신 것이요, 일을 주관하게 하자 일이 잘 다스려져 백성들이 편안하였으니 이는 백성들이 받아 준 것이다. 하늘이 받아 주셨으며 백성들이 받아 주었기 때문에 "천자가 천하를 남에게 줄 수는 없다"라고 말하는 것이다. 순이 요를 돕기를 28년 동안 하셨으니, 이는 인력으로 할 수 있는 것이 아니라 천운이다. 요가 붕어하시자 삼년상을 마친 뒤 순이 요의 아들을 피하여 남하의 남쪽으로 가 계셨는데, 천하의 제후로서 조회하는 자들이 요의 아들에게 가지 않고 순에게 갔으며, 옥사獄事를 관장하는 자들이 요의 아들에게 가지 않고 순에게 갔으며, 덕德을 찬양하는 자들이 요의 아들을 노래하지 않고 순을 노래하였다. 그러므로 '천운'이라고 말한 것이다. 그런 뒤에야 중국中國의 서울에 가서 천자의 지위에 나아가시니, 만일 요의 궁궐에 거하여 요의 아들을 핍박하였다면 이는 찬탈이요 하늘이 주신 것이 아니다.

「태서太誓」에 이르기를 "하늘은 보는 것을 우리 백성이 보는 것으로부터 하며, 하늘은 듣는 것을 우리 백성이 듣는 것으로부터 한다"라고 하였으니, 바로 이를 말한 것이다.[98]

맹자와 만장의 문답에서 문제가 되는 것은 천자의 권력이 어떻게 계승되는가 하는 점이다. 맹자는 천자가 사사로이 자신의 권력을 다른 사람에게 양도할 수는 없다고 하면서 하늘과 천하 만백성의 뜻을 통해 권력의 이동이 이루어진다고 본다. 천명이 어느 한 사람이나 어느 한 왕조에 영원히 머무는 것은 아니다. 천명은 늘 백성을 통해 발휘되며, 오로지 덕성을 갖춘 사람만이 천명을 받을 수 있다. 이런 점에서 맹자는 하늘이 늘 백성을 매개로 해서 그 뜻을 살피고 있다는 점을 특별하게 강조한다.

하늘은 백성을 통해서 자신을 내보이므로 통치자가 자신의 정당성의 근원인 하늘의 뜻을 살피기 위해서는 늘 백성의 뜻을 살피지 않으면 안 된다. 그러므로 법령이나 형벌이 아니라 덕으로써 백성을 감화시키고 예로써 모범적인 생활방식을 선보임으로써 백성들의 신뢰를 얻는 것이 바로 모든 군주가 추구해야 할 올바른 정치의 이상이라고 맹자는 강조한다. 이런 맥락에서, 요임금은 가장 현명하고 덕망 높은 순을 하늘에 천거했지만 백성이 받아들이지 않으면 그것은 아무런 타당성이나 실효성도 없다. 하늘에 천거한 사람이 천명을 받을 수 있는지는 전적으로 백성들에게 달려 있다. 즉 민심의 지지가 있어야만 하늘도 천거된 사람을 승인한다는 것이다. 요약해서 말하자면, 맹자는 군주의 권력이 세습되는 것이 아니라 덕이 있는 사람에게로 이어져야 한다는 선양禪讓의 방식을 강조한다.

그런데 선양의 정치에서 해석의 쟁점이 되는 것은 그것이 민주주의와 어떤 관계를 맺고 있는가 하는 점이다. 일례로 대만 학자 왕방웅은, 맹자가 말한 선양의 정신은 "지금의 민주정치에는 부합하지 않지만, 현명하고 능력 있는 사람을 민중의 의사에 따라 선발한다는 원칙만은 동일하다"라고 해석한

---

98) 같은 책, 272~274쪽.

다.[99] 또 원보신도 천하위공의 정신을 반영하는 선양의 정치를 "천거식의 제도를 제시하여 민주의 정신"을 드러내는 것으로도 볼 수 있으리라고 일단 긍정한다. 그렇지만 그는 "민주와 민주제도라는 두 개념"을 분리하는 것은 가능하지 않다고 보면서, "서양의 민주 선진국가의 민주제도와 질서로써 맹자의 민주 사상을 고찰한다면 우리는 맹자의 천거식 제도는 객관적인 헌법의 보장이 없다는 것을 수용하지 않을 수 없다"라고 결론짓는다.

원보신의 해석을 요약해 보면, 맹자의 천하위공 사상 즉 '천하는 천하 사람들에 속하는 공적인 것'이라는 이상에 따라 정권의 이양 문제를 논한 방향은 매우 중대한 의미를 지니지만, 그것을 실현할 제도적 방안에 관해서는 충분하지 않다. 그러니까 맹자의 민본사상이 "주권재민의 성분을 간직"하고 있음은 부인할 수 없지만, 그런 민본사상을 법제적인 측면에서 '제도화'하는 데에서는 부족함을 보인다는 것이 그의 총평이다. 그리고 이런 총평은 맹자의 민본사상이 안고 있는 제도적 측면에서의 부족함은 결국 "서양의 물결이 동양으로 흐르는 것을 보게 된 이후에야' 보충될 길을 찾을 수 있게 될 것이라는 데로 귀결된다.[100]

원보신의 해석은 매우 섬세하여 민본과 민주의 관계를 양자택일 식의 도식으로 접근하지 않는다는 점에서 매우 중요하다. 그의 책에서도 인용되고 있듯이 그는 여러 학자의 선행 연구를 비교하면서 맹자의 민본주의와 민주주의의 관계를 치밀하게 탐색한다는 점에서도 배울 바가 많다. 그러나 대략 두 가지만은 비판적으로 언급하고 싶다.

첫째로, 원보신은 기본적으로 민주정신과 민주제도의 구분을 고수하면서, 민주정신과 그 기본적 요소를 맹자의 사상에서 구할 수 있다고 보면서도 그것을 제도적으로 법제화하는 측면에서는 부족하다는 견해를 나타내고 있다. 그런데 이는 1958년에 모종삼牟宗三(1909~1995), 당군의唐君毅(1909~1978), 장군매張君勱(1887~1969), 서복관徐復觀(1903~1982) 등이 연명하여 발표

---

99) 왕방웅·증소욱·양조한, 『맹자철학』, 287쪽.
100) 원보신, 『맹자의 삼변철학』, 180쪽·183쪽.

한 「중국문화선언」의 취지를 기본적으로 반복하고 있다는 점에서 아쉽다. 이 문화선언에 따르면, "중국 문화의 도덕정신과 군주제도에는 근본적인 모순"이 있는데 이를 극복할 유일한 방법은 "오직 누구나 평등하게 정치적 주체가 될 수 있다는 민주적 헌정"이다.[101] 결국 원보신의 주장은 「중국문화선언」을 주도한 현대 신유가들의 입장을 크게 벗어나지 못하고 있다.

그러니까 원보신을 비롯한 이른바 20세기 신유가의 대표자들에 따르면, 중국의 전통문화의 핵심은 내성의 측면에서 인간의 도덕적 평등과 존엄성을 충분하게 긍정하고 있었지만 그것을 제도적으로 구현하는 방법, 즉 외왕의 측면에서는 아직 충분히 드러나지 못했다. 그렇지만 중국 문화의 핵심, 즉 그 도덕정신은 내재적으로 서구에서 발전한 민주주의적 제도를 요구하고 있다. 따라서 중국은 서구적 민주주의 제도를 도입하여 내성과 외왕의 일치를 추구함으로써 중국 문화가 자체적으로 축적해 온 도덕적 자율성의 존중과 일치하는 상황으로 나갈 수 있으리라는 것이다.

물론 이런 주장은 중국의 전통적인 유교 문화를 사람을 잡아먹는 '식인예교'로 단정하면서 기존 전통의 전면 부정이 없이는 새로운 중국이 탄생할 수 없으리라고 보는 태도와는 달리, 전통 중국의 문화의 긍정적 요소를 포기하지 않으려는 노력이라는 면에서 존중받을 만한 요소가 있음이 사실이다. 그러나 중국의 문화와 정치제도의 모순대립 설정은 전혀 설득력이 없다. 만약에 원보신이나 20세기 신유가 사상가들이 강조하듯이 2,500여 년 동안 중국의 유가 문화가 정말로 인간의 주체성과 도덕적 자율성을 존중하는 것이었고-물론 필자는 이 부분에 적극적으로 공감한다- 그것이 중국 문화의 전통에서 핵심을 이루고 있으며 중국의 정체성을 형성할 정도였다고 한다면, 어떻게 그 긴 시간 동안 중국은 정치·제도적으로 군주제도만을 유지해 왔을 뿐 요컨대 서구적 민주제도의 건설과 같은 별도의 모색이 존재하지 않았던 것일까? 억압적인 군주제도와 도덕정신 사이의 모순 설정은

---

101) 모종삼, 『모종삼 교수의 중국철학 강의』(김병채 옮김, 예문서원, 2011), 275쪽, 「중국문화선언」.

사실상 중국의 도덕정신문화의 허약함을 고백하는 것으로 이해될 수밖에 없을 터이다.

그러므로 중국 역사 속에 나타난, 정치권력의 제한을 고민하면서 군주제도라는 틀 내에서나마 다양한 제도적 방안을 통해 전제 권력의 사사로운 횡포를 막고 폭정을 순치하려 했던 모습에도 관심을 기울여야 하지 않을까 한다. 그러할 때라야만 우리는 진나라의 중국 통일 이후에 시작되어 신해혁명으로 청나라가 종식될 때까지 지속되어 온 군주정 혹은 황제정이라는 정치제도의 유사성에도 불구하고 그 내부에서 계속 진행되어 왔던 제도적 발전과, 그로 인한 '중국 나름의 인간적인 사회를 이룩하려는' 기나긴 역사적 분투와 성과 등에도 충분한 의미를 부여할 수 있지 않을까 한다. 그중 하나를 고르라면 송대 이후 본격적으로 확립된 과거를 통한 관리들의 등용 제도일 것이다. 간단하게 말해서 내성의 긍정성을 옹호하면서도 외왕의 억압성 혹은 동양적 전제주의 사회 사이의 모순을 설정하는 것은 지나치게 일면적인 시각으로, 그 자체 내적으로 허약한 논법이라 할 것이다.

둘째로 언급하고 싶은 것은, 원보신도 자명한 것으로 은연중 전제하는 유럽중심주의적 태도의 한계와 관련된 것이다. 그는 민주주의 제도화의 문제와 관련해서 그 해법을 서구의 자유민주주의 제도에서 구한다. 그는 이를 수용하는 것이 민주주의 정신을 제도적으로 구현할 실질적인 방법이라고 강조하고 있다. 그러나 이런 식으로 접근하게 되면 민주주의의 제도화라는 것은 역사적 맥락과 환경에 따라 변화할 수밖에 없으며 그것은 거역할 수 없는 순리라는 점을 간과해 버리기가 쉽다. 오늘날에는 서구식 민주주의의 위기가 명확하게 드러나 있다는 점에서도 우리의 사유 방식이 변화해야 할 것이다.

미국이나 유럽의 여러 민주주의 국가에서 보여 주는 선거민주주의의 한계만이 문제가 아니다. 물론 주기적인 선거를 통해 정치 담당자를 선발하는 제도에도 장점이 없는 것은 결코 아니지만, 대의제 민주주의가 안고 있는 병리 현상은 분명 심각하다. 더 나아가 오늘날 인류사회가 안고 있는 극단적인 양극화 현상이나 기후위기로 상징되는 생태위기를 극복할 더 나은 민주주의의 활성화를 위해서는, 대의제 민주주의를 포함하는 기존의 민주적 제도들을 넘어설 수 있는 새로운 방안의 모색이 필요한 시점이다. 그러므로 서구적 민주주의 제도에서 배우려는 자세도 필요하겠지만, 그것이 민주주의 이념을 구현할 최선의 방안인지는 새롭게 비판적으로 검토해 보아야 할 것이다. 이런 점에서 전통적인 유가에서 강조해 온 성왕론이나 천하위공의 사상 등이 백성의 뜻을 대변하는 방법의 하나로 이해될 소지는 없을 것인지도 한 번 성찰해 볼 필요가 있다.

달리 말하자면, 백성이나 국민의 뜻을 대표(representation)하는 방법이 오로지 선거를 통해서만 달성될 수 있는지는 검토해 볼 필요가 있는 중요한 학문적 성찰의 주제 중의 하나이다. 대의제적인 선거민주주의만이 국민을 진정으로 대표할 유일하고도 합법적이고 합당한 제도인가를 포함하여, 변화된 상황에서 민주주의 정신은 물론이고 그것을 구현할 다양한 방법에 대한 상상력과 사유를 위해서는 서구 민주주의 제도에 과도한 의미를 부여하는 우상숭배적 자세는 자제되어야 할 것이다. 오늘날 우리나라에서도 채택하고 있는, 선거가 아닌 무작위적인 방법으로 선발된 시민의회의 실험은 선거를 통해 선발되지 않은 대표의 사례를 보여 준다.

물론, 주지하듯이 "주권은 양도될 수 없고, 같은 이유로 대표될 수도 없다"라고 믿었던 장 자크 루소가 그토록 열정적으로 주장했던 것처럼 고대 그리스와 로마 공화정에는 '대표자'라는 용어 자체가 없었다.[102] 그러나 루소와 달리 시에예스(Sieyès)는 "대표는 사회 상태의 어디에나 존재한다. 대표제가 있기 전에는 오로지 약탈, 미신, 우매함만이 있었다'라고 주장한다. 이러한 시에예스의 주장을 옹호하는 모니카 브리투 비에이라(Monica Brito Vieria)와 데이비드 런시먼(David Runciman)은 '대표' 개념이 지니는 모호성과 불확실성을 피하려다 보면 그것을 "선거 정치와 민주적 책임성 문제로

---

102) 장 자크 루소, 『사회계약론』(김영옥 옮김, 후마니타스, 2018), 117~118쪽.

포괄하려는 유혹"에 빠지기 쉽다고 지적하면서, 그런 유혹을 벗어나기 위해 대표 개념의 다양한 의미를 반추하고자 한다. 그들이 예를 들어 강조하듯이, 아직 존재하지도 않는 미래세대의 권리를 보호하기 위해 대표 개념이 매우 중요하게 활용되어야 하고, 또 일부 국가에서 활용되고 있지만, 정치 내에서 미래세대를 더 잘 대표할 방안을 모색하는 것은 "가장 긴급한 문제"일 것이기 때문이다.[103] 그렇다면 유가적인 정치사상 내에서 중요하게 다루어졌던 성왕론이나 선양 제도 등만이 아니라, 유가적 사유와 결합해서 실시되었던 동아시아의 과거제도 또한 백성의 뜻을 대변 혹은 대표하는 나름의 합당한 제도가 아니었는지에 대해서도 좀 더 개방적으로 성찰해야 할 필요가 있을 것으로 보인다.

선거식 민주주의 제도에 대한 과도한 의미 부여는 아마도 원보신이 맹자에게서 나타나는 소강사회의 의미를 지나치게 소극적으로 혹은 부정적으로 평가하게 된 원인이 아니었나 생각된다. 맹자는 요순선양만을 긍정했던 것이 아니라 소강사회의 세습적 군주정도 적극적으로 옹호했다. 요순의 선양을 논의한 후에 맹자와 만장은 우왕이 권력을 그 자식에게 물려준 점을 화제로 삼는다. 맹자의 설명에 따르면 순도 요처럼 자식에게 권력을 물려주지 않고 현명하고 덕이 있는 우왕禹王에게 권력을 물려주었는데, 우왕 또한 자식이 아니라 다른 사람 즉 익益을 하늘에 천거했지만 백성들이 익을 자신들의 군왕으로 받아들이지 않고 오히려 우왕의 아들인 계啓를 택했기 때문에 그가 왕이 되었다고 한다. 그리고 그것 역시 하늘의 뜻이라고 했다.[104] 이렇게 해서 우왕 이후 왕위가 자식에게 세습됨으로써 하나라를 연 우왕은 왕위를 세습하는 최초의 왕이 되었다.

---

103) 브리투 비에이라·데이비드 런시먼, 『대표: 역사, 논리, 정치』(노시내 옮김, 후마니타스, 2020), 25쪽 32~33쪽.
104) 『맹자집주』, 274~275쪽, 「만장상」 6. 맹자는 우왕의 아들인 啓가 매우 어질다고 묘사했지만, 그것이 역사적 사실에 부합하는지에 의문을 제기하는 학자도 있다. 여러 문헌에 등장하는 계의 모습을 고찰한 결과 그가 결코 어진 인물이 아니었다고 양백준은 주장한다. 양백준, 『맹자역주』, 296쪽 각주 4.

맹자는 우왕의 권력이 자식에게 승계되어 이른바 하·은·주 삼대의 소강사회로 이행하게 된 것을 결코 비판받아야 할 것으로 보지 않았다. 그래서 그는 "필부匹夫로서 천하를 소유하는 자는 덕德이 반드시 순舜·우禹와 같아야 하고 또 천자天子가 천거해 줌이 있어야 한다"라는 단서 조항을 언급하면서도, "당唐·우虞는 선위하였고 하후夏后와 은殷·주周는 계승繼承하였으나 그 의義는 똑같다"라는 공자의 말로써 소강사회의 정당성을 적극적으로 옹호하고 있다.[105]

물론 맹자의 세습왕조 체제에 대한 긍정이 민주주의와 관련해 한계가 있다고 여길 수도 있다. 그리고 요순의 선양을 천하위공의 정신이 구현된 것이라고 본다면 세습왕조 체제를 긍정하는 태도는 그런 정신이 약화한 것이라고 여겨질 부분도 분명히 존재한다. 그러나 하은주 삼대를 천하위공의 요순시대와 대립하는 것이라고 바라보는 태도는 맹자의 사상을 이해하는 데에서는 물론이고 민주주의와 관련해서도 매우 협소한 태도라고 비판받을 수 있다. 달리 말하자면 소강의 '천하위가天下爲家'는 사사로움의 정치에 속하는 전제군주체제이기 때문에 대동의 '천하위공天下爲公'과 대립하는 정치제도라고 보는 것은 지나치게 단순한 논법이라고 여겨지는 것이다. 왜냐하면, 원리적으로나 역사적 경험으로나 군주정과 민주정은 결코 서로 화해할 수 없는 이질적 제도가 아니기 때문이다. 이 둘이 결합하여 일종의 민주주의가 구현될 수도 있는 것이다. 우리는 영국이나 유럽의 여러 나라, 이를테면 덴마크나 스웨덴 등이 ─ 원보신이 사용한 용어대로 한다면─ "서양의 민주 선진 국가" 중에서도 아주 대표급에 속하는 나라라는 점을 부인할 수 없다. 그러나 이들 중의 다수가 국왕이 있는 일종의 입헌군주정의 나라들이다.

위에서 언급한 두 가지 비판점을 포함하여 맹자의 천하위공 사상을 둘러싼 해석의 갈등과 관련해서는 이 책 제10장 제3절 "천하위공天下爲公 및 맹자를

---

105) 『맹자집주』, 276~277쪽, 「만장상」 6.

둘러싼 해석의 갈등: 민주주의와 정치적 능력주의를 중심으로"에서 별도로 다루고 있기에 상세한 논의는 생략하기로 한다.

하여간 중국과 조선을 비롯한 동아시아 여러 나라는 기나긴 왕정 시기 동안에 공맹의 인정 및 왕도정치의 이상을 실현하려는 노력을 그친 적이 없었는데, 군주정 제도 하에서 왕도정치의 실현 방안을 고민하는 것이 무조건 비판받을 일은 아닐 것이다. 하은주 삼대의 왕도정치 역시 유가들에 의해 요순시대와 더불어 늘 함께 정치의 모범이 되던 사례였다. 이처럼 역사적 상황이 나를 때는 공자의 도, 이를테면 천하위공의 도를 실현하는 정치 제도가 그 형태를 달리할 수 있다고 결론을 내린다고 하더라도 그것은 요순시대를 정치의 가장 바람직한 모델로 보았던 공맹의 도에 결코 어긋나지 않고 또 비합리적이지도 않다. 문제는 변화된 상황에 어울리게 천하위공의 정신을 구현할 수 있는 정치 및 사회제도를 창안해 내는 데 있는 것이다.

5. 이윤의 뜻과 소강적 대동 이념

군주 체제를 유지한 채 유가적 왕도의 이상을 펼치려고 하면서 맹자가 강조하는 것 중 필자가 매우 의미 있다고 여기는 부분은 그가 가장 모범적 재상으로 묘사했던 이윤伊尹의 모습이다. 앞의 제2절 맹자와 장자 사이의 비교와 관련해 서술한 것처럼, 송대 리학자들은 이윤을 안연과 더불어 높이 숭상하면서 이윤이 지향하고 행한 바를 이어받고자 했다. 「만장상」 6장에서 맹자는 탕왕을 도와 천하를 통치할 수 있게 해주었던 이윤이 태갑太甲을 깨우치게 한 일을 이야기하고 있다. 탕왕이 죽은 후에 태자인 태정太丁이 왕위를 잇지 못하고 죽자 태정의 아들인 태갑이 왕위를 물려받았는데, 그 태갑이 선왕인 탕왕의 정치를 이어받지 않고 그것을 훼손시키자 이윤은 왕인 태갑을 "동桐 땅에 3년 동안 유폐"시켰다고 한다. 이를 계기로 "태갑이 자신의 과오를 뉘우쳐 스스로 원망하고 스스로 다스려서, 동桐 땅에서 인仁에 처하고 의義에 옮기기를 3년 동안 한' 후에 신하 이윤이 자신에게 훈계했던 것을 충실히 따르니, 그때에야 비로소 이윤은 태갑을 다시 '박읍亳邑' 즉 은나라의 수도로 돌아와 천하를 통치하게 했다는 것이다.[106]

이윤은 이처럼 신하임에도 왕이 그릇된 길로 나가자 그것을 바로잡기 위해 왕을 유배지로 보내 근신하도록 한 인물이다. 후대에 유가에서 강조하는 군주에 대한 충성이 오로지 그 왕의 명령에 무조건 복종하는 것이라고 이해하는 태도가 얼마나 편견에 지나지 않는가는 이윤의 예가 극명하게 보여 준다. 언뜻 보면 불충하기 그지없고 왕위를 찬탈하려는 것처럼 보이는 이윤의 행동을 맹자는 매우 칭찬한다. 맹자가 보기에 이윤은 위대한 성인의 반열에 드는 인물이다. 그래서 맹자는 백이, 유하혜와 더불어 이윤을 인류 역사에서 찾아보기 힘든 어진 군자라고 극찬한다.

> 낮은 지위에 거하면서 어짊으로써 어질지 못한 이를 섬기지 않은 자는 백이伯夷였고, 다섯 번 탕왕을 찾아가고 다섯 번 걸왕을 찾아간 자는 이윤이었으며, 더러운 군주를 싫어하지 않고 작은 관직을 사양하지 않은 자는 유하혜柳下惠였으니, 이 세 분은 길은 같지 않았으나 그 나아감은 하나였다. 하나라는 것은 무엇인가? 인仁이다. 군자君子는 다만 인仁할 뿐이니, 어찌 굳이 똑같을 필요가 있겠는가.[107]

나아가 맹자는 이윤을 공자 이외의 여러 성인과 함께 열거하면서 그가 어떤 특성이 있는 성인인지를 설명하여, "백이는 성인聖人의 청淸한 자요, 이윤은 성인의 자임自任한 자요, 유하혜는 성인의 화和한 자요, 공자는 성인의 시중時中인 자이시다"[108]라고 했다.

주희는 맹자의 이 주장을 해석하면서 공문중의 말을 인용하는데, 그에 따르면 "임任이란 천하天下로써 자기의 책임을 삼는" 것이라고 한다.[109]

---

106) 같은 책, 277쪽.
107) 같은 책, 「고자하」 6, 355쪽.
108) 같은 책, 「만장하」 1, 289쪽.

그러니까 천하의 일에 참여하여 그에 따르는 책임을 회피하지 않고 그것을 자신의 본분이자 자신이 마땅히 짊어져야 할 도덕적 의무로 받아들여서 온몸으로 실행에 옮긴 모범적 인물이 이윤이다. 그래서 이윤은 자신이 모시는 왕이 설령 자질이 뛰어나지 못하다 하더라도 정치적 책임을 다하려는 뜻을 굽히지 않았다.

달리 말하자면, 천하에 도가 행해지지 않거나 그 형세가 매우 불리하여 도가 실현할 가능성이 매우 적더라도 벼슬할 기회가 주어지면 마다하지 않고 성계로 나아가서 천하 백성의 삶을 온전하게 하고자 최선을 다해 노력했던 인물이 이윤이었다. 그래서 맹자는 "어느 분을 섬긴들 내 군주가 아니며, 어느 사람을 부린들 내 백성이 아니겠는가" 하는 마음으로 "다스려져도 나아가고 혼란해도 나아감은 이윤伊尹이었다"라고 말했다.[110]

그런데 "어느 분을 섬긴들 내 군주가 아니며, 어느 사람을 부린들 내 백성이 아니겠는가"(何事非君, 何使非民)라는 번역을 둘러싸고 매우 강력한 비판과 이의제기가 존재한다. 예를 들어 배병삼은 "하사비군何事非君, 하사비민何使非民"을 "임금답지 않은 임금을 어찌 섬기며, 잘못된 백성을 어찌 부리랴"라고 번역해야 한다고 제안한다.[111] 그러면서 그는 「만장하」 1에 나오는 동일한 구절인 "하사비군何事非君, 하사비민何使非民"에 대한 주희의 해석을 오류라고 한다. 주희는 이를 "하사비군何事非君은 곧 섬기는 바가 바로 군주라는 말이고, 하사비민何使非民은 곧 부리는 바가 바로 백성이라는 말이다. 섬기지 못할 군주가 없고 부리지 못할 백성이 없다는 뜻이다"[112]라고 해석하였다.

더 나아가 배병삼은 주희의 해석으로부터 "유도儒道를 망치는 계기"가 비롯되었다고 단정한다. 주희를 따라서 이윤의 뜻을 '누구를 섬긴들 군주가 아니랴'로 해석한다면 이윤 또한 맹자가 볼 때 이윤과는 다른 길을 걸었던

---

109) 같은 책, 같은 곳.
110) 같은 책, 94쪽, 「공손추상」 2.
111) 배병삼, 『맹자, 마음의 정치학』 2, 481쪽.
112) 『맹자집주』, 288쪽.

유하혜柳下惠와 아무런 차이가 없게 되기 때문이다. 맹자의 설명에 따르자면 유하혜는 "더러운 군주를 섬김을 부끄러워하지 않고 작은 벼슬을 사양하지 않은" 인물이었다. 그뿐만 아니라 유하혜는 일반 사람들과 늘 더불어 하면서도 다른 사람에 의해 더럽혀지지 않음을 자랑하는 인물이었다. 즉, 그는 "너는 너이고 나는 나이니, (네가) 비록 내 옆에서 옷을 걷고 벗는다 한들 네 어찌 나를 더럽히겠는가"라고 하면서 그 어떤 상황에서도 '자신의 올바름을 조금도 잃지 않았던' 인물이다.[113] 그런데 맹자는 실제로, 이런 유하혜를 "불공不恭"한 인물 즉 배병삼의 번역대로 한다면 "오만한" 인물이라고 비판한 바 있다.

물론 배병삼은 주희의 해석이 그가 처했던 군주독재 체제라는 당대의 정치적 현실로부터 기인한 고육지책일지도 모른다고 하면서 한발 물러서는 모습을 보이기도 한다. 그러나 그의 비판은 확고하다. 그는 주희의 독법대로 맹자의 이윤론에 접근하게 되면 맹자가 적극적으로 옹호하고자 했던 "이윤의 뜻"(伊尹之志)은 왜곡되지 않을 수 없다고 질타한다.[114] 또한 배병삼은 이윤의 뜻이 지향하는 바는 바로 '비군非君을 어찌 섬기랴'라는, 왕답지 못한 왕은 유폐시켜서라도(이윤이 태갑을 동 땅에 유폐시켰듯이) 올바른 요순의 길로 나아가도록 만들거나 최악의 경우에는, 이를테면 걸이나 주와 같은 천하의 폭군을 만났을 때는 폐위도 불사하겠다는 의미라고 해석한다. 그러니까 '하사비군何事非君'은 "군주 폐위(혁명)나 군주 축출(혁신)이라 하더라도 인민주권에 기초한 공적 행위라면 정의로운 정치 행위가 된다는 뜻'으로 해석되어야 한다는 것이다. 마찬가지로 '하사비민何使非民' 즉 '잘못된 백성을 어찌 부리랴'란, 도탄에 빠져 궁핍한 상황에서 어려움을 겪고 있는 백성을 구제해야만 함을 뜻한다. 그러므로 맹자의 이윤론에 대한 배병삼의 해석을 요약하자면 "비군非君은 섬길 수 없고 비민非民은 부릴 수 없다"라는 의미로, 이것이 바로 "하사비군何事非君, 하사비민何使非民"의 참다운 뜻이라는 것이다.[115]

---

113) 같은 책, 288쪽·110쪽, 「만장하」 1 및 「공손추상」 9.
114) 배병삼, 『맹자, 마음의 정치학』 2, 481~482쪽.

맹자의 이윤론에 대한 이러한 배병삼의 해석은 분명 일리가 있다. 그러나 번역을 주희식대로 한다고 해서 그것이 배병삼이 본 이윤의 참다운 뜻과 정말로 어긋나는 것인지는 의문이다. 이하에서는 필자 나름대로 생각해 본 맹자의 이윤론에 대한 주희의 번역을 그려 보면서 그런 번역의 본뜻을 옹호하고자 한다.

우선 강조하고자 하는 것은 맹자가 생각했던 이윤의 뜻을 그 누구보다도 숭상한 사람이 주희였다는 점이다. 이 장 제2절에서 맹자와 장자를 대비하며 타락한 유가에 대한 장자의 통렬한 비판을 다룰 때, 필자는 이미 주희를 비롯한 송대 리학자들이 안연과 더불어 이윤을 자신들의 모범으로 삼았음을 강조하였다. 달리 말해, 주희를 비롯한 송대의 여러 리학자들은 "이윤이 지향한 바의 뜻"을 세상에 구현하고자 했다. 이와 관련하여 주희는 이윤이 "자기의 임금이 요순이 되지 못하는 것을 부끄러워하였고, 한 사람이라도 자신의 적절한 자리를 얻지 못하면 자신이 시장에서 종아리를 맞는 것처럼 생각한" 인물이었다고 평가했음도 다루었다.116)

물론 이윤을 높이 평가한 것만을 갖고 맹자의 이윤론을 주희가 올바르게 해석했다고 보는 것은 아니다. 필자가 보기에 "하사비군何事非君은 곧 섬기는 바가 바로 군주라는 말이고 하사비민何使非民은 곧 부리는 바가 바로 백성이라는 말이니, 섬기지 못할 군주가 없고 부리지 못할 백성이 없다는 뜻이다"라는 주희의 해석에 대한 배병삼의 비판이 과녁을 제대로 맞혔다고는 생각되지 않는다. 그는 주희의 해석대로 한다면 맹자가 구별했던 이윤과 유하혜 사이의 차이가 없어져 버린다고 했지만, 그런 해석 자체가 지나치다. 달리 말하자면, 주희의 해석에 따를 경우 유하혜와 이윤 사이의 차이가 없어지게 된다고 추론하는 것 자체가 과장이라는 말이다. 왜냐하면 주희는 이윤과 유하혜의 차이를 간과하지 않았기 때문이다. 배병삼도 언급하는 맹자의 이윤에 대한 다른 평가를 인용함으로써 주희의 해석이 왜 옹호될 수 있는지를

---

115) 같은 책, 481~483쪽.
116) 주희·여조겸 편저, 『근사록집해』 1, 164쪽.

더 검토해 보자.

맹자는 「만장하」 1장에서 이윤이 벼슬에 나가거나 물러서는 문제에 대해 취한 태도를 묘사하면서 이윤의 뜻이 무엇인지를 구체적으로 설명하고 있는데, 이는 다음과 같다.

> 이윤伊尹은 말하기를 "어느 사람을 섬기면 군주가 아니며 어느 사람을 부리면 백성이 아니겠는가" 하여, 세상이 다스려져도 나아갔고 혼란해도 나아갔다. 말하기를 "하늘이 이 백성을 낸 것은, 먼저 안 사람으로 하여금 뒤늦게 아는 사람을 깨우치게 하고 선각자先覺者로 하여금 뒤늦게 깨닫는 자를 깨우치게 하신 것이다. 나는 하늘이 낸 백성 중에 선각자先覺者이니, 내 장차 이 도道로써 이 백성을 깨우치겠다" 하면서, 천하의 백성 중에 필부필부匹夫匹婦라도 요순의 혜택을 입는 데 참여하지 못한 자가 있으면 마치 자기가 그를 밀쳐서 도랑 가운데로 넣은 것처럼 여겼다. 이는 천하天下의 중함으로써 자임自任한 것이다.[117]

위 인용문에 따르면 이윤은 "세상이 다스려져도 나아가고 혼란해도 나아가서" 요순의 도를 실현하기 위해 애쓴 인물이다. 달리 말하자면 그는 세상에 도가 있든 그렇지 않든 상관없이 기회가 주어질 때 정치 세계에 나가 요순의 도를 세상에 구현함으로써 "천하의 백성 중에 필부필부匹夫匹婦라도 요순의 혜택을 입도록" 하려는 것을 자기 뜻으로 삼았던 인물이다. 이런 뜻으로부터 그는 결국 천하의 일을 자기 일로 자임하고 나서서, 천하 백성 중 한 사람이라도 고통을 겪는다면 마치 "자기가 그를 밀쳐서 도랑 가운데로 넣은 듯이" 여겨서 함께 고통스러워했다.

그러니까 이윤은 무한한 책임을 갖고 천하의 모든 고통을 자신의 탓으로 돌리면서 천하 백성을 고통과 불행으로부터 구제하려고 했던 사람이다. 이런 맥락에서 이윤은 공자가 새롭게 혁신한 군자 정신, 즉 요순의 도에 충성하면서 천하의 백성을 널리 구제하기 위해 온몸으로 노력하며 필요한

---

117) 『맹자집주』, 287~288쪽.

경우에는 자신의 몸을 바쳐서라도 도 즉 어진 마음을 이루려는 살신성인殺身成仁의 정신을 보여 주는 대표적 인물 중의 한 사람이다. 즉 이윤은 세상에 대해 무한한 책임을 다하려는 군자 정신의 모범인 셈이다.[118] 이는 뒤에서 나타나듯이 탕왕을 도와 하나라의 폭군 걸왕을 왕위에서 몰아내고 역성혁명을 주도하는 데로까지 나아간다.

이윤은 성왕의 바른 통치가 이루어지는 상황이든 혼란한 상황이든 정치 세계에 나아가 자신이 모시는 군왕을 도와 백성의 상황을 더 좋은 방향으로 만들려는 뜻을 일관되게 갖고 있었다. 언뜻 보면 이윤의 태도는 "더러운 군주를 섬김을 부끄러워하지 않고 작은 벼슬을 사양하지 않는" 유하혜의 태도와 다르지 않다. 그러나 이 둘의 차이는 분명하다. 배병삼도 지적했듯이 유하혜는 '오만하거나' '공경스럽지 못한' 인물이다. 그는 어떤 더러운 상황에서라도 자신의 청렴함과 깨끗함을 유지할 수 있다는 데에 초점이 가 있을 뿐 천하와 백성의 일에는 관심이 없었다. 이런 점에서 그는 자기를 은연중에 내세우고 자신의 청렴함을 자랑하는 사욕에서 벗어나 있지 못한 인물이었다.

이윤 또한 천하가 도가 없는 상황에서라도 기회가 되면 왕에게 나가 벼슬하기를 마다하지 않았지만, 그가 이렇게 행동한 것은 천하를 구제하려는 마음에서 우러나 그렇게 한 것이지 자신의 청렴함을 증명하려는 것과는 아무 관련이 없었다. 예를 들어 자질이나 능력이 평범한 왕이나 자질과 재능이 부족한 왕이 통치하는 시기라 할지라도 이윤은 왕을 도와서 요순의 도를 실현하려는 본래의 뜻을 굽히지 않았던 인물이다. 성스러운 인물이 통치하면 승인하고 그렇지 않으면 은거해 버리는 백이伯夷[119] 같은 인물과도

---

118) 이 책 제4장에서는 공자에 의해 혁신된 군자 정신이 무한한 책임 정신을 밝히는 것이라고 이해되어야 함을 논증하면서, 오늘날 민주사회에서는 그것을 백성에 대해 충성을 다하는 민주시민 군자 정신으로 발전시켜 나가야 함을 강조했다.
119) 백이에 대해 맹자는 다음과 같이 평했다. "백이는 눈으로는 나쁜 빛을 보지 아니하며, 귀로는 나쁜 소리를 듣지 아니하며, 섬길 만한 군주가 아니면 섬기지 아니하며, 그 백성이 아니면 부리지 아니하여, 세상이 다스려지면 나아가고 혼란하면 물러갔다. 나쁜 政事가 나오는 곳과 나쁜 백성들이 거주하는 곳에는 차마 거처하지 못하였고 鄕人들과

다르게, 이윤은 공자의 도 즉 요순의 도나 왕도정치의 이상을 구현하려는 뜻을 늘 가슴에 품었을 뿐 그 외의 것에는 눈곱만큼의 관심도 두지 않았다. 그래서 맹자는 "필부로서 천하를 소유하는 자는 덕이 반드시 순·우와 같아야 하고 또 천자가 천거해 줌이 있어야 한다"라고 하면서, 이윤을 가리켜 주공周公과 더불어 "순·우의 덕"을 지니고 있었음에도 "천자가 천거"해 주지 않아서 천자가 되지 못한 인물이라고 보았다. 천자의 천거가 없어서 천하를 소유하지 못한, 즉 천자가 되지 못한 인물로 맹자가 드는 사람은 공자, 주공, 이윤 등이다.[120]

성왕 중의 한 사람인 탕왕을 찾아갔던 이윤이 또한 폭군 중의 폭군인 걸왕을 다섯 번이자 찾아갔던 것은,[121] 그 어떤 임금이든 임금 자리에 있는 사람은 모두 섬길 만하다고 믿었기 때문도 아니요 기회주의적으로 현실과 타협하여 아무 군주든 모두 섬기겠다는 처세술 때문도 아니다. "섬기지 못할 군주가 없고 부리지 못할 백성이 없다"라는 주희의 해석도 그런 맥락에서 행해진 것이 아니다. 그러니까 주희가 행한 번역의 뜻이 이윤이라는 사람을 아무에게나 자신의 몸을 의탁하는 인물로 왜곡하려는 것은 아니라는 말이다. 즉 폭군이든 성군이든 가리지 않고 아무에게나 나아가 벼슬하려는 사람을 정당화하는 것과는 전혀 관련이 없다. 주희의 번역은, 군주가 설령 재질이 모자라거나 심지어 악할지라도 바른 통치의 길로 나아가도록 교화해서 천하 백성이 요순 성왕이 통치하는 이상세계의 구성원으로 살아갈 수 있도록 도와주어야 한다는 말로도 해석될 수 있다.

그러므로 "섬기지 못할 군주가 없으며"라는 번역은 무조건 아무 군주에게나 몸을 의탁하고 충성을 다하라는 전제 독재 체제를 정당화하는 것과는 상관이 없다. 그것이 뜻하는 바는, 왕을 섬긴다면 그 왕이 그 어떤 왕이든

거처함을 생각하기를 마치 朝服과 朝冠으로 塗炭에 앉은 듯이 여기더니, 紂의 때를 당하여 北海의 가에 거처하면서 천하가 맑아지기를 기다렸다." 『맹자집주』, 287쪽, 「만장하」 1.
120) 같은 책, 276쪽, 「만장상」 6.
121) 같은 책, 355쪽, 「고자하」 6.

정말로 요순의 도에 어울리는 참다운 군주로 만들려는 마음을 갖고서 그를 모시고, 그렇지 않을 경우 극단적으로는 역성혁명과 같은 행위를 통해서라도 그 군주에게 충성을 다하라는 것이다. "부릴 수 없는 백성이 없다"라는 번역도 마찬가지로 어떤 백성이든 관계없이 그들을 피통치자로 아무렇게나 대하라는 말이 아니다. 그것이 뜻하는 바는, 정치에 나간다면 그 누구든 천하 백성을 요순 성왕이 다스리는 이상세계에서 살아갈 수 있도록 백성을 잘 교화하려는 무한한 책임을 한순간이라도 내버려서는 안 된다는 점을 밝히려고 한 것이다. 백성이 아무리 못났다고 해서 그들을 남 보듯이 무관심하게 대할 수는 없다. 그들을 잘 교화하려는 데 대한 책임을 다하는 것만이 정치에 나간 사람 혹은 천하의 일을 자신의 일로 여기는 군자라면 지켜야 할 당연한 도리라는 것이다. 이것은 인간 본성이 선함을 언급할 때마다 늘 요와 순을 말하지 않을 때가 없었다고 하는 맹자의 태도와도 잘 연결된다.

맹자가 말하듯이 "탕왕은 이윤에게 배운 뒤에 그를 신하로 삼았기 때문에 수고롭지 않게 왕 노릇"을 할 수 있었다.[122] 달리 말하자면 이윤은 원래 "밭을 갈면서 요순의 도를 좋아한" 평범한 백성이었다. 그런 이윤이 탕왕의 부름을 받아 정치 세계로 나가게 되었던 동기를 설명하는 부분을 보면 이윤의 뜻이 무엇인지가 명확하게 잘 드러난다.

> 탕왕湯王이 세 번이나 사람을 보내어 초빙하시니, 이윽고 번연幡然히 마음을 고쳐 생각하기를 '내가 견묘畎畝의 가운데 처해서 이대로 요순의 도를 즐기는 것이, 차라리 내 어찌 이 군주로 하여금 요순과 같은 군주를 만드는 것만 하겠고 이 백성으로 하여금 요순의 백성이 되게 하는 것만 하겠으며 내 몸에 직접 이것을 보는 것만 하겠는가'라고 하였다.[123]

---

122) 같은 책, 116쪽, 「공손추하」 2.
123) 같은 책, 278~279쪽, 「만장상」 7.

위 인용문에서 보듯이 이윤의 뜻은 "이 군주로 하여금 요순과 같은 군주를 만들고 이 백성으로 하여금 요순의 백성이 되게 하는" 것에 있다. 자신이 모시는 군자를 요순과 같은 성군으로 만들고 천하의 백성을 요순이 통치하는 세상의 백성으로 만든다는 이윤의 뜻은 정말로 후대 주희가 마음속 깊이 새기고 실현하고자 했던 숭고한 뜻이었다.

선행 연구에서 이미 강조한 것처럼, 주희는 한국 학계 일각에서 보듯이 단순히 소강유학의 흐름을 대변하는 사상가로 취급될 인물이 아니다. 오늘날 공맹 유학의 '진보성'을 적극적으로 옹호하는 학자들 가운데서도 주자학을 세습적 독재 체제를 정당화하는 이념에 지나지 않는 것으로 보는 경향이 없지 않다. 그러나 거듭 강조하지만 이런 해석은 재검토되어야 한다.

필자는 이미 주희의 사상 속에 들어 있는 대동 이념의 모습을 논증하려 한 바 있다.[124] 이런 맥락에서 필자가 특히 주목한 부분 중의 하나는 『대학혹문』에 등장하는 이윤의 뜻에 대한 급진적 해석이다. 주희는 "치국평천하"(나라를 다스리고 천하를 평온하게 함)는 일반 백성이 관여할 바가 아니라 오로지 천자나 제후의 일일 뿐이라고 보는 사람의 반론에 비판을 제기한다. 그런 반론에 따르면, 나라를 다스리고 천하를 편안하게 하는 일은 오로지 천자나 제후의 일이기 때문에 주희 등에 의해 사서의 하나로 숭앙된 『대학』의 가르침은 오류일 뿐만 아니라 월권을 정당화하는 위험한 주장이라는 것이다. 왜냐하면 『대학』은 모든 사람이 보편적으로 지닌 도덕적 본성을 천하에 밝히는 작업임을 강조하고 있기 때문이다. 이런 반론에 대해 주희는 다음과 같이 대답한다.

하늘의 밝은 명은 태어날 적에 함께 얻는 것이지 나만 사사로이 얻는 것이 아닙니다. 그러므로 군자의 마음은 드넓게 크고 공정하여, 천하를 바라볼 때에는 어느 한 생명체라도 내 마음으로 사랑해야 할 대상 아닌 것이 없으며 어느 한 가지 일이라도 나의 직분상 해야 할 바가 아닌 것이 없습니다.

---

124) 나종석, 「주자학과 대동사상」, 『유교사상문화연구』 81(2020), 37~72쪽. 이 논문은 수정된 형태로 이 책 제3장에 실려 있다.

비록 형세상 비천한 신분의 일반인일지라도 자기 임금을 요임금이나 순임금 같은 분으로 만들고자 하고 자기 백성을 요순시대의 백성으로 만들고자 하는 포부가 그들 분수 안에 있지 않은 때가 없습니다.[125]

위 인용문에서 보듯이 주희는 일반 백성들도 천하의 일, 즉 이윤의 뜻이 향하는 바를 공유하고 있다고 강조하면서 이윤이 주장한 구절과 동일한 내용을 반복하고 있다. 즉 "비록 형세상 비천한 신분의 일반인일지라도 자기 임금을 요임금이나 순임금 같은 분으로 만들고 자기 백성을 요순시대의 백성으로 만들고자 하는 포부가 그들 분수 안에 있지 않은 때가 없습니다."라고 말이다. 그런데 여기에서 우리가 주목해야 할 것은 이윤과 주희가 보여주는 태도의 차이이다.

앞에서 보았듯이 이윤은 자신이 모시는 군주를 요순과 같은 군주로 만들고 자신이 통치하는 백성을 요순의 백성이 되게 하는 것이 자신의 뜻이라고만 말했을 뿐이다. 그런데 이 명제를 확장시켜 '배우는 사람은 모두 다 그러해야 한다', '모든 사람이 다 그러해야만 한다'라는 명제로 보편화시킨 인물이 바로 주희이다. 그는 형세상 비천한 신분의 일반인일지라도 "자기 임금을 요임금이나 순임금 같은 분으로 만들고 자기 백성을 요순시대의 백성으로 만들고자 하는 포부"를 지닐 수 있으며, 그렇게 하는 것은 결코 그들의 '분수'를 넘어서는 월권이 아니라 자신의 본분에 충실한 행위라고 역설한다. 이런 견해를 지닌 사상가를 소강유학자로 한정하거나 심지어 세습 전제 독재체제의 정당화 이념을 제공한 사람이라고 평가절하하는 것은 수정되어야 할 것이다.

우리는 일반 백성들도 당당한 정치적 주체로서 천하의 일을 책임지는 사람임을 강조하는 주희의 모습을 통해 그가 공자와 맹자의 대동 이념을 이어받고 있음을 알 수 있다. 게다가 우리는 '나무꾼이나 소나 말에 먹이로 줄 풀을 베는 사람' 즉 사회에서 가장 하층에 속하는 사람들이 나라의

---

125) 주희, 『대학혹문』; 『대학』(최석기 옮김, 한길사, 2014), 193쪽.

중요한 일에 대해 자신의 견해를 밝히고 이를 존중하여 정사를 처리하는 것, 바로 이것이야말로 군왕이나 정치 엘리트들이 지녀야 할 마땅한 도리라고 했던 고대 중국에서 기원한 유구한 대동적 이념이 주희에게도 면면히 이어지고 발전되고 있음을 발견하게 된다.

6. 맹자의 역성혁명론과 대동 이념

이제 맹자가 이윤의 뜻을 설명하면서 언급했던 그 유명한 역성혁명론, 즉 탕왕을 도와 하나라의 마지막 군주인 폭군 걸왕을 몰아낸 이야기를 검토해 보자. 이는 맹자의 왕도정치, 인의 정치에서 빼놓을 수 없는 부분이기도 하다. 이윤은 그 자신의 지론인 "천하의 백성 중에 필부필부匹夫匹婦라도 요순의 혜택을 입지 못하는 자가 있으면 마치 자신이 그를 도랑 가운데로 밀어 넣은 것과 같이 여겼기에" 탕왕을 설득해서 하夏나라의 걸왕을 "정벌하여 백성을 구제"했다고 맹자는 설명한다.[126] 이에 대한 주희의 주를 보자.

> 『서경』에 이르기를 "옛 선정先正(선현)인 보형保衡(이윤)은 우리 선왕을 진작
> 시켜서 그 군주를 요순과 같은 임금으로 만들지 못하면 그 마음에 부끄러워함
> 이 시장에서 종아리 맞는 것과 같이 여겼으며, 한 가장家長이라도 살 곳을
> 얻지 못하면 '이것은 나의 죄이다'라고 여겼다" 하였으니, 맹자의 말씀은
> 여기에서 취한 것이다. 이때 하나라의 걸왕이 무도無道하여 백성들에게
> 포학하게 하였다. 그러므로 탕왕으로 하여금 하나라를 정벌하여 백성들을
> 구제하고자 한 것이다.[127]

---

126) 『맹자집주』, 280쪽, 「만장상」 7.
127) 같은 책, 280쪽. 여기서 보듯이 주희도 맹자의 역성혁명론을 부정하지 않는다. 역성혁명론에 대한 주희의 조심스러운 태도와 이에 관한 일본 에도시대의 유학자 이토 진사이의 비판에 대해서는 나종석, 「황도유학과 일본의 국가주의적 심성의 계보학적 탐색」, 나종석 외 지음, 『유학과 동아시아』(도서출판b, 2018), 414~416쪽 참조 바람. 그리고 전통적으로 일본에서는 충성이 조선이나 중국과 달리 천황에 대한 충성으로 환원되고 있으며 맹자 사상을 매우 부정적으로 평가하는 흐름이 압도적으로 주류적 입장이었다는 점 등에 대해서도 같은 책, 411~419쪽 참조 바람.

이처럼 맹자는 천명사상과 인정仁政의 이론을 더 밀고 나가서 역성혁명을 정당화하기에 이른다. 백성들의 신임에 의해 현명하고 덕망 있는 사람을 군주로 선발한다는 선양 이론은 맹자의 역성혁명 이론으로 전개된다. 중국의 전통적인 천명사상이나 맹자의 역성혁명 사상에서 보듯이, 황제도 백성들에게 해야 할 마땅한 도리를 행하지 않는다면, 즉 사사롭게 권력을 행사하여 공정하고 공평한 입장(公의 도리)을 취하지 않고 백성의 삶을 힘들게 만든다면 그의 정치적 정당성은 상실되고 새로운 권력이 등장할 수밖에 없다는 관념은 중요하다.

맹자는 「이루상」 9에서 백성에게 인정을 베풀지 않고 백성의 지지를 얻지 못하는 군주는 천하를 잃고 치욕적인 죽음을 맞이하지 않을 수 없다고 강조한다. 그는 다음과 같이 말한다.

> 걸桀·주紂가 천하를 잃은 것은 백성을 잃었기 때문이니, 백성을 잃었다는 것은 그 마음을 잃은 것이다. 천하를 얻음에 길이 있으니, 백성을 얻으면 천하를 얻을 것이다.…… 백성이 인자仁者에게 돌아감은 물이 아래로 내려가고 짐승이 들로 달아나는 것과 같다. 그러므로 못을 위하여 고기를 몰아주는 것은 수달이요, 나무숲을 위하여 참새를 몰아주는 것은 새매요, 탕湯·무武를 위하여 백성을 몰아주는 것은 걸桀·주紂이다. 이제 천하의 군주 중에 인仁을 좋아하는 자가 있으면 제후諸侯들이 모두 그를 위하여 (백성을) 몰아줄 것이니, 비록 왕 노릇을 하지 않으려 하더라도 될 수 없을 것이다.…… 만일 인정仁政에 뜻을 두지 않으면 종신토록 근심하다 치욕을 받아서 죽고 망함에 이를 것이다.[128]

맹자는 왕 앞에서도 스스럼없이 천자 즉 황제의 권력 교체를 언급하면서 탕왕이 폭군 걸임금을 방벌放伐한 점을 말한다. 『맹자』 「양혜왕하」 8에서 제선왕이 맹자에게 "탕왕湯王이 걸왕桀王을 유치留置하고 무왕武王이 주왕紂王을 정벌하였다 하니, 그러한 일이 있습니까?" 하고 묻자 맹자는 "전傳에

---

128) 『맹자집주』, 209~210쪽.

있습니다'라고 대답한다. 이에 제선왕이 "신하가 그 군주를 시해함이 가합니까?"라고 반문하자, 맹자는 다음과 같이 대답한다.

> 인仁을 해치는 자를 적賊이라 이르고 의義를 해치는 자를 잔殘이라 이르니,
> 잔적殘賊한 사람을 일부一夫라고 합니다. 일부一夫인 주紂를 베었다는 말은
> 들었어도 군주를 시해했다는 말은 듣지 못하였습니다.[129]

맹자가 볼 때, 어진 정치를 펴지 않고 백성에게 잔악하게 굴면서 폭정을 일삼는 군왕은 이미 군왕으로서의 자격을 잃은 것이기에, 어쩔 수 없이 그런 폭군을 살해한 행위는 군주를 살해한 것이 아니라 일개 평범한 보통사람을 죽인 것에 지나지 않는다는 뜻이다.

물론 맹자의 역성혁명론은 요순선양론과 함께 독해되어야 한다. 현명하고 덕망이 있는 사람에게 왕의 권력이 이양되는 것을 최고의 정치적 이상으로 삼았던 맹자라 할지라도 현실 정치에서는 그런 일이 늘 발생하지는 않는다는 것을 모르지는 않았다. 그래서 군주가 군주다운 행동을 하지 않게 될 때 혼란에 빠진 천하를 어떻게 다시 평화로운 세상으로 만들 것인가 하는 문제는 유가에서도 중요한 정치철학적 문제가 아닐 수 없었다. 맹자는 이런 문제를 폭군방벌론으로 해결하고자 한다.

앞에서 서술한 것처럼 맹자는 걸왕은 인정을 베풀지 않은 폭군이기에 도적이나 다름없고, 그런 사람을 방벌하여 천하를 태평하게 하는 것은 전혀 문제가 되지 않는다고 주장한다. 그레이엄에 의하면, 겸애설을 가장 적극적으로 주장했던, '순수주의자들'이라 일컬어지는 묵가의 일파조차도 백성들이 하늘을 따르지 않고 천자를 따른 데 대해 하늘이 자연재해로 벌을 내릴 때에 그들이 어떻게 행동해야 하는지의 문제에 대해서는 명확한 언급을 회피했다.[130] 이렇게 볼 때, 어질지 못해 백성들의 신임을 잃은

---

129) 같은 책, 63~64쪽.
130) 앤거스 그레이엄, 『도의 논쟁자들: 중국 고대철학 논쟁』, 210~211쪽 참조.

군주는 그 자리로부터 쫓겨나야 마땅하다고 생각했을 뿐만 아니라 왕 앞에서도 그런 자기의 생각을 솔직하게 드러내는 맹자의 태도는 유가의 급진적 비판 정신을 잘 드러내는 대목이라 할 수 있다.

맹자가 당연한 정치적 행동이라고 주장했던 탕왕과 무왕의 폭군방벌 사상과 백성은 귀하고 군왕은 가볍다는 민귀군경 사상은 모두 역사적으로 군주와 신하들이 매우 민감하게 생각한 문제였고 현실을 비판하는 강력한 무기였다. 예를 들어 한나라 경제 시절에 있었던 원고생轅固生과 황생黃生 사이의 논쟁을 보자.

원고생과 황생은 어느 날 황제 앞에서 천명과 왕의 주살 혹은 시해에 대해 논쟁을 벌였다. 우선 황생이 "탕왕과 무왕은 천명을 받은 것이 아니라 자기의 군주를 시해한 것입니다"라고 말하자, 원고생은 "그렇지 않습니다. 대체로 걸왕과 주왕은 잔학하고 난잡하여 천하의 민심이 모두 탕왕과 무왕에게로 귀속하였던 것입니다. 탕왕과 무왕은 천하의 인심과 함께 걸왕과 주왕을 쳤던 것입니다"라고 하면서 이런 것이 '천명'이라고 보아야 함을 강조했다. 다시 황생이 "걸왕과 주왕은 왕도를 잃었을지라도 역시 군주이고, 탕왕과 무왕은 성인이었을지라도 역시 신하입니다. 군주가 실정失政하면 신하는 바른 말로 시정하여 군주를 받들어야 하는데, 도리어 실정 때문에 군주를 죽이고 대신 남쪽을 바라보며 즉위했으니 시해가 아니고 무엇이겠습니까?"라고 물었다. 그러자 원고생은 "반드시 말한 대로라면, 고조께서 진나라를 대신하여 천자의 자리에 오른 것도 부당한 것이오?"라고 황생에게 물었다. 논쟁이 한나라 고조 즉 유방이 진나라를 멸하고 새로 한나라를 세운 것이 과연 타당한 것인가 하는 문제로 이동하게 되자 듣고 있던 경제가 논쟁을 중단시켰다고 사마천은 기록하면서, 이후로 "학자들은 천명과 시해에 대해서 감히 밝히려고 하지 않았다"라고 적고 있다.[131]

맹자의 폭군방벌론을 비롯한 맹자 정치이론의 급진성은 현실 군주를

---

131) 사마천, 『사기열전』 하(정범진 외 옮김, 까치, 1995), 1020~1021쪽, 「유림열전」.

불안에 떨게 만들기에 충분할 정도로 불온한 것이었다. 그래서 맹자의 폭군방벌론 등은 에도시대 일본에서 거의 금기시된 것은 이상하지 않다. 실제로 일본에서는 메이지유신 이전에는 『맹자』라는 문헌이 금서로 취급되었다. 또한 명나라를 세운 주원장朱元璋은 『맹자』를 읽다가 백성을 괴롭히는 폭군을 죽이는 일은 일개 사내를 죽이는 일이라고 한 맹자의 주장을 접하고는 크게 분노하여, 공자묘에 배향된 맹자의 위패를 철거하라고 명령했다가 일부 대신들의 설득으로 그 조치를 철회했다고 한다. 그 대신 주원장은 맹자 사상에서 군주의 지위를 위협하여 위험하다고 여겨지는 여러 대목을 삭제한 『맹자절문孟子節文』을 만들었다. 이때 삭제된 대목은 모두 85개 구절이라고 하는데, 그중 중요한 몇 가지 구절을 보자. "군주가 큰 잘못이 있으면 간하고, 반복해서 간해도 듣지 않으면 군주의 자리를 바꾼다", "백성이 가장 귀하고 사직이 그다음이며 군주는 가벼운 것이다", "걸왕과 주왕이 천하를 잃은 것은 백성의 마음을 잃었기 때문이다" 등의 구절이 주원장의 명령으로 삭제되었다. 그리고 이렇게 삭제된 문헌인 『맹자절문』의 내용으로만 과거 시험의 문제가 출제되었다고 한다.[132]

지금까지 우리는 민귀군경론과 역성혁명론을 중심으로 맹자의 왕도정치 이상이 대동의 이념을 수용하여 더욱 체적으로 발전시키고 있음을 살펴보았다. 맹자의 사상에서 대동사상과의 친화성을 보여 주는 부분은 이 외에도 많지만, 글을 마무리하면서 대체로 두 가지만 강조하고자 한다.

첫째, 맹자의 왕도정치는 공자가 지향한 박시제중의 대동적 이념을 이어받고 있다. 이는 『예기』 「예운」에서와 마찬가지로 맹자의 참다운 왕도는 "내 노인을 노인으로 섬겨서 남의 노인에게까지 미치며 내 어린이를 사랑해서 남의 어린이까지 미치는" 것을 목표로 한다는 점에서 드러난다. 그러니까, 세상에 있는 모든 사람이 다 귀하지 않음이 없어서 사해동포로까지 뻗어나가는 것이 왕도정치의 궁극적 이상이다. 이런 왕도정치를 실현하는 방법은

---

132) 신동준, 『제자백가, 사상을 논하다』(한길사, 2007), 290~291쪽.

무엇일까? 가까운 사람까지도 낯선 사람처럼 대하라는 것이 아니다. 우선 자신의 주변에서 시작하여 점차 이를 미루어 가서 궁극적으로는 모든 사람과 천지의 모든 것으로까지 관심과 배려를 확장해 나가는 것이다.[133]

둘째, 맹자가 추구하는 인정仁政의 궁극적 목적은 그 어떤 사람도 사회에서 배제되지 않고 사회의 일원으로 살아갈 수 있도록 하는 데 있다는 점이다. 아무런 몫 없는 사람, 그러니까 사회에서 가장 힘없고 배제된 약자를 우선 포용하는 대동사회를 지향하는 것이야말로 참으로 맹자가 내세운 왕도정치의 이상이다. 이를 잘 보여 주는 대목이 『맹자』 「양혜왕하」 5에 나오는 제선왕齊宣王과 맹자 사이의 대화이다. 제선왕이 "왕정王政을 얻어들을 수 있겠습니까"라고 왕도정치에 대해 묻자 맹자는 다음과 같이 답한다.

> 옛적에 문왕文王이 기주岐周를 다스릴 적에, 경작하는 자들에게는 9분의 1의 세금을 받았으며, 벼슬하는 자들에게는 대대로 녹祿을 주었으며, 관문關門과 시장市場을 기찰譏察하기만 하고 세금을 징수하지 않았으며, 택량澤梁을 금하지 않았으며, 죄인을 처벌하되 처자妻子에게까지는 미치지 않게 했습니다. 늙어서 아내가 없는 것을 환鰥(홀아비)이라 하고, 늙어서 남편이 없는 것을 과寡(과부)라 하고, 늙어서 자식이 없는 것을 독獨(무의탁자)이라 하고, 어려서 부모가 없는 것을 고孤(고아)라 하니, 이 넷은 천하의 곤궁한 백성으로서 하소연할 곳이 없는 자들입니다. 문왕이 정사政事를 펴고 인仁을 베푸실 때는 반드시 이 네 종류의 사람을 먼저 하셨습니다. 『시경』에 이르기를 "부자富者들은 괜찮거니와 이 곤궁한 이가 가엾다"라고 했습니다.[134]

대개 환鰥(홀아비)·과寡(과부)·고孤(고아)·독獨(무의탁자)이라 칭해지는 이 사람들은 진정 사회에서 소외되고 어려운 사람의 상징이다. 이런 사람들을 우선 배려하여 그들이 소외되지 않고 다른 사회 구성원과 더불어 인간의 존엄성을 상실하지 않고 살아갈 수 있도록 모든 조건들을 제공해 주는

---

133) 『맹자집주』, 36~37쪽, 「양혜왕상」 7.
134) 같은 책, 56~57쪽.

것이 바로 어진 정치의 시작이라고 하는 맹자의 사상은 참으로 언제 읽어도 사람의 마음을 격동케 하는 바가 있다.

7. 나가는 말

이제까지 맹자의 정치사상에 담긴 대동 이념의 모습을 중심으로 그가 어떻게 공자의 사상을 계승·발전시켰는지를 살펴보았다. 아울러 맹자를 공자의 진정한 계승자로 바라보는 일반적 관점에서 벗어나 공자와 장자의 연속성과 장자 사상이 유가적 사유의 발전에 어떤 방식으로 비판적 자극을 줄 수 있을지도 살펴보았다.

공맹의 사상을 대동大同유학으로 새롭게 자리매김하고 이를 토대로 유학의 전통이나 유가의 경전을 시대에 걸맞은 새로운 경학의 방법론으로까지 사유를 밀고 나가기에는 아직도 채워야 할 부분이 너무나 많다. 특히 유가의 대동적 이념과 민주주의 사이의 내적 연관성을 강조하는 것이 혹시나 불필요한 오해를 불러일으키게 될지도 몰라서 이에 관해 좀 언급하고자 한다.

필자는 유가의 대동사상과 민주주의의 상호대화의 가능성을 염두에 둘 때 그 민주주의의 모델로서 서구에서 나름대로 발전해 온 민주주의를 전제하고 있지 않다. 물론 서구 사회가 민주주의와 관련해 발전시켜 온 제도나 이념으로부터 늘 배워야 함을 거부하지는 않는다. 공자의 정신 중 하나가 바로 '배움'이듯이, 타자의 좋은 점으로부터 배우려는 마음가짐이야말로 학문의 생명이 유지될 근본정신이라 할 것이다. 그렇지만 서구적 민주주의, 요컨대 자유민주주의나 대의민주주의를 민주주의 그 자체로 단언하는 것은 피해야 한다. 달리 표현하자면, 자유민주주의가 민주주의의 궁극적 완성이요 그 최종적 결말이라고 단언할 만한 그 어떤 합당한 근거도 존재하지 않는다.

이 책의 여러 장에 걸쳐 더 상세하게 검토하겠지만, 오늘날에는 민주주의는 말할 것도 없고 인류 문명과 인류의 생존 그 자체마저도 완전히 사라질 위험성에 놓여 있다. 사실 우리는 이런 생태위기의 급박한 현실을 시시각각으로 일상에서 온몸으로 체험하는 중이다. 이러한 절박한 위기의 시대를 살아가는 동시대인의 한 사람으로서 저서를 쓰는 작업이 무슨 의미가 있는지도 모를 정도로 자주 무기력과 냉소주의의 유혹을 느끼지 않을 수 없다. 만약 그렇지 않다고 말한다면 그것은 손으로 하늘의 태양을 가리려는 것만큼이나 부질없이 자신을 속이는 일이 될 것이다. 그럼에도 필자가 한 줄기 희망을 놓치지 않으려는 까닭은 공자의 상인한 인문정신에 대한, 그러니까 앞에서도 말했던 것과 같이 불가능한 줄 알면서도 끝내 일말의 가능성을 포기하지 않는 세계에 대한 공자의 사랑으로부터 여전히 어떤 따스함을 느끼고 있기 때문이다.

그래서 필자는 오늘날 우리 앞에 놓여 있는 위기를 극복하려면 동과 서의 활발한 대화가 이루어져야 함은 물론이고 옛 선현으로부터 배우기 또한 게을리하지 말아야 한다고 생각한다. 그것이 바로 필자가 유가적 대동사상과 민주주의를 함께 연결하여 고민하는 기본적인 문제의식이다. 이는 우리가 알지 못하는 미지의 민주주의 혹은 이미 잊혀 버린 오래된 '미래 민주주의의 실마리'가 유가적 사상의 전통 안에서 발견될 수 있지 않을까 하는 생각을 펼쳐보려는 것이기도 하다.

그러므로 이하에서는 공맹의 대동유학의 정신을 대동민주주의, 돌봄의 자유론, 생명 사상과 생태 민주주의 등을 중심으로 좀 더 체계적으로 밝혀보고자 한다. 이를 통해 공맹의 유가사상이 한갓 과거의 것이 아니라 오늘날에도 우리의 삶과 관련해서 무언가 배울 법한 점을 건네주는 대화의 상대자라는 것이 더 설득력 있게 드러나도록 힘껏 논증해 볼 참이다.

제3장

주자학과 대동사상[1]

1. 들어가는 말

오늘날의 지식인 사회에서는 유교와 민주주의 사이의 긍정적 연관성을 강조하는 학자들이 점차 증가하는 추세이다.[2] 한국 사회 민주주의와 유교 전통, 특히 조선의 유교 전통 사이의 긍정적 상관성에 주목하려는 시도가 증대되면서 자연스럽게 그런 흐름 내에서 미묘하지만 주목할 만한 견해 차이가 나타나고 있다. 특히 공맹 사상의 핵심을 대동사상으로 이해하면서 주자학을 그런 공맹 철학의 핵심을 제한하거나 망각해 버린 학문 사조라고 보는 새로운 인식의 출현이 주목할 만한 현상이라고 본다.

이런 인식은 조선시대 사상사를 봉건적 주자학 대 근대 지향의 실학이라는 이항 대립의 틀에서 접근하는 기존 사유 방법과 차이를 보인다. 도식적인 분류라는 반론이 예상되기도 하지만, 필자는 잠정적으로나마 지식인 사회에 새로 등장하고 있는 유가사상에 대한 긍정적인 접근방식을 대동大同유학의 흐름으로 규정할 것이다. 이런 새로운 연구 경향들은 개별 연구가 지닌 미묘한 차이에도 불구하고 유학의 핵심적 사상의 얼개를 천하위공天下爲公의 대동사상에서 구한다는 공통점을 보여 주고 있기 때문이다. 대동유학의 관점을 공유하는 학자들 가운데 일부는 공맹의 대동적 유가사상과 대비되는

---

1) 이 장은 『유교사상문화연구』 81(2020), 37~72쪽의 글을 수정·보완한 것이다.
2) 유교 전통과 민주주의 사이의 관계에 대한 최근의 논의를 검토하는 글로는 이상익, 「유교와 민주주의: 이념·역사·전망」, 『한국철학논집』 61(2019) 참조 바람.

주회에 의해 집대성된 송대 주자학(조선 주자학을 포함한)을 소강小康유학에 불과하다고 비판한다.

공맹 유학의 정수를 대동 이념에서 구하려는 입장은 유교 전통과 민주주의 그리고 우리 사회의 현대성을 해명하는 작업과 관련해서도 새로운 시야를 제공할 것으로 여겨진다. 이를테면 대동 이념과 밀접하게 연관된 선양禪讓 즉 왕위를 세습하지 않고 현명하고 능력 있는 사람에게 물려주어야 한다는 관념은 권력을 특정 개인이나 특권층에 의해 독점되는 사유물로 보는 관념을 거부한다. 따라서 천하를 천하의 공유물로 보는 천하위공의 대동사상은 민주주의나 공화주의를 비서구 세계, 이를테면 동아시아 세계에 상당히 이질적인 것으로 바라보는 관점을 비판할 수 있는 매우 중요한 준거점이 된다.

그렇지만 공맹 유학의 핵심을 대동유학으로 보는 관점을 승인한다 해도 그것을 주자학과 대립적인 것으로 규정할 필요가 있는지는 좀 더 심도 있는 논의가 필요할 것으로 보인다. 이 글에서 시도해 보고자 하는 것은 공맹 유학과 주자학의 관계를 '대동유학' 대 '소강유학' 혹은 '공맹 사상의 진보성' 대 '성리학의 보수성'의 틀로 접근하는 태도가 얼마나 설득력 있는가에 관한 문제이다. 달리 말해 이 글에서는 주자학과 대동사상 사이의 긍정적 연관성을 강조하는 것이 나름 타당성을 지니고 있음을 입증하고자 한다.

2. 대동유학으로서의 공맹 사상과 그 핵심적 명제

원시유학이라고도 하는 공맹 사상의 핵심을 진보적이고 민주적인 이념과 상통하는 것으로 보고 그 사유의 근원을 대동 이념에서 구하려는 시도는 최근 우리 사회의 유학 연구에서 나타난 새로운 연구 경향이다. 물론 공맹의 핵심적 사유를 대동 이념에서 구하면서 성리학은 이런 대동 이념을 인식하지 못한 편협한 학문이라는 비판은 이미 강유위康有爲(1858~1927)에게서도 찾아볼 수 있다. 오늘날 중국 본토의 정치유학의 부흥에 가장 큰 영향을 주고 있는 강유위는 주희의 학설이 대동의 이념을 이해하지 못한 것이었다고 평가한다.

> 주자는 대일통의 학설이 사라진 이후에 태어나서 학문의 기치를 높이 내걸고 그것을 드러내 밝히고자 했다. 그러나 의義를 많이 말했을 뿐 인仁은 적게 말했고, 자신을 성찰하여 허물을 적게 할 줄만 알았을 뿐 백성들의 환란을 구제하는 일은 드물었으며, 혼란한 시대를 구제하는 학설에만 매몰되어 태평과 대동의 의미를 알지 못했다.[3]

물론 최근 한국의 학계에서 나타나고 있는, 대동유학을 성리학적 소강유학과 대비하여 전자를 긍정적이고 후자를 부정적으로 평가하려는 흐름이 강유위와 어떤 직접적인 관계가 있는 것 같진 않다. 다만 이런 해석의 시도는 성리학을 신분제 사회를 옹호하는 보수적이고 전근대적 사유로 비판하는 작업과 깊게 결합해 있다. 예를 들면 황태연, 이창일, 이영재 등이 그렇다.[4] 이제 이들의 주장을 좀 더 살펴보자.

오늘날 대동유학으로 공맹 사상의 정수를 이해하고자 하는 학자 중에서 한국 지식사회에 한정했을 경우 가장 큰 영향력을 발휘하는 학자는 단연 황태연이다. 그의 유학 해석은 이창일과 이영재 논의의 토대를 이루고 있기 때문이다. 황태연은 주자학 및 조선 주자학의 보수성과 공맹 철학의 민주적 경향을 날카롭게 대조시킨다. 황태연은 공맹 철학의 핵심을 ① 민유방본론, ② 민귀군경론, ③ 백성자치론으로 요약하면서, 공맹 철학은 조선시대 후기 즉 영·정조시기 '민국民國' 이념의 바탕이 되었다고 한다.[5] 또한, 황태연은 민유방본론과 민귀군경론의 적극적 해석의 흐름과 소극적 해석의 흐름을 준별하여 전자를 적극적 민유방본론, 후자를 소극적 민유방본론으로 표기하

---

3) 강유위, 『공자개제고』 1(김동민 역주, 세창, 2013), 47쪽.
4) 황태연, 『대한민국 국호의 유래와 민국의 의미』(청계, 2016) 및 『한국 근대화의 정치사상』(청계, 2018); 이영재, 『民의 나라, 조선』(태학사, 2015); 이창일, 『민중과 대동: 민중사상의 연원과 조선시대 민중사상의 전개』(모시는사람들, 2018).
5) 황태연, 『대한민국 국호의 유래와 민국의 의미』, 83~85쪽 참조 바람.

기도 한다. 이 두 가지 흐름을 구별하게 하는 가장 결정적인 기준은 민유방본
론과 민귀군경론이 백성자치론과 결부되는지 아닌지이다. 황태연에 따르면,
민본주의의 적극적 해석은 민유방본론과 민귀군경론을 백성자치론과 결합
시켜 공맹 민본주의의 참다운 정수를 드러내 준다. 그런 점에서 그는 민본주
의의 적극적 독해만이 "유학 경전의 민본주의"를 "모순 없이 수미일관하게
이해"할 수 있으리라고 강조한다.[6] 이에 반해 민본주의의 소극적 해석은
백성자치론을 제거하고 신분제를 정당화하는 데 그치고 만다.[7] 민유방본론
의 소극적 해석은 백성자치론을 제거하여 공자의 근본정신과 배치된다는
것이다.[8]

한편 황태연은 국사학자 이태진이 제안한 '민국民國' 이론을 적극적으로
수용하여 영·정조 탕평시대에서 등장한 '민국' 이념이 유가적 민본주의의
적극적 해석의 갈래라고 하면서,[9] 민본주의의 적극적 해석으로부터 '민국'
이념이 자연스럽게 도출될 수 있다고 주장한다.

『서경』의 민유방본론民惟邦本論과 『예기』의 백성자치론百姓自治論, 그리고
『맹자』의 민귀군경론民貴君輕論은, "대도가 행해질 때 천하는 공물이었고,
현군과 능력자를 선출했다"(大道之行也, 天下爲公, 選賢與能)라는 공자의 대동
사회론과 연결되면 백성은 '나라의 주인'이고 임금과 사대부는 '백성을
위한 백성의 선출직 공복'이라는 명제로 부연될 수도 있다. 따라서 유가적
민본주의(民惟邦本·民貴君輕論)와 백성자치론의 대동론적 이해로부터도 바
로 '민국' 이념이 도출될 수 있었다. 왜냐하면 '천하위공天下爲公, 선현여능選
賢與能' 등 대동론적 명제와 민본주의·백성자치론의 결합에서 얻어지는

6) 황태연, 『한국 근대화의 정치사상』, 544쪽.
7) 황태연, 『대한민국 국호의 유래와 민국의 의미』, 102쪽 이하 참조.
8) 같은 책, 120쪽.
9) 민국 이념에 대해서는 이태진, 「조선시대 '민본' 의식의 변천과 18세기 '민국' 이념의
   대두」, 『조선 후기 탕평정치의 재조명』 상(이태진·김백철 엮음, 태학사, 2011), 32~33쪽
   참조 바람. 이태진의 민국 개념에 대한 반론과 관련해서는 김인걸, 「정조의 '국체'
   인식」, 『정조와 정조시대』(김인걸 외, 서울대학교 출판문화원, 2011), 133~135쪽 참조
   바람.

국가 개념은 국가가 '임금과 사대부의 사적 국가'가 아니라 '만백성을 위한 만백성의 공적 국가'라는 것을 함의하기 때문이다. 또 그것은 백성이 백성을 위해 뽑은 임금과 사대부는 백성을 위해 있는 것이고, 거꾸로 백성이 임금과 사대부를 위해 있는 것이 아니라는 것도 함의한다.[10]

위 인용문에서 볼 수 있듯이 황태연은 백성자치론과 결합한 민유방본론과 민귀군경론, 즉 유가적 민본주의를 『예기』「예운」편에서 말한 공자의 대동사회론과 상통하는 것으로 이해한다. 따라서 황태연이 사용한 용어는 아니지만, 그가 분류한 적극적 민유방본론과 소극적 민유방본론을 대동유학과 소강유학의 흐름으로 대비해서 볼 수도 있을 것이다. 달리 말해, 적극적 민유방본론은 대동유학의 정신을 이어받은 것으로, 소극적 민유방법론은 소강유학의 정신을 이어받은 것으로 정리할 수 있을 것이다.

황태연에 의하면 민유방본론을 적극적으로 해석하는 사람으로는 명나라의 여곤呂坤(1536~1618)과, 조선의 정여립, 영조, 반계 유형원, 성호 이익 등이 있다.[11] 그는 민유방본론과 민귀군경론의 민본주의는 기본적으로 "백성에 의한, 백성을 위한, 백성의 근대적 민주주의로까지 발전"할 잠재성과 "혁명적 폭발성"을 지닌 이념이라고 하면서 민유방본론의 적극적 해석의 흐름 내에는 이런 혁명적 폭발성이 함유되어 있다고 평가한다. 이에 반해 조선 사대부들은 "고착되어 가는 세습신분적 지위를 분쇄할 위험"을 피해가기 위해 공맹의 민유방본론을 소극적 방식으로 해석하지 않을 수 없었다는 것이다. 그러면서 황태연은 조선 양반의 세습신분적 지위라는 특권을 옹호하는 이론을 제공한 선두 주자는 주희라고 주장한다. "그러나 조선 사대부들, 특히 서인-노론계의 정통성리학자들은 맹자의 이 순수한, 자유로이 선택 가능한 유동적 사회분업론을 치자와 피치자 간의 고정된 신분분업론과 강상윤리론으로 변조하여 자신들의 종신적 또는 세습적 지배자 신분을

10) 황태연, 『대한민국 국호의 유래와 민국의 의미』, 85쪽.
11) 같은 책, 95쪽.

정당화했다. 주희는 이런 방향의 해석의 선두 주자였다.”[12] 황태연은 공맹의
관점에서 볼 때 “성리학은 유자儒者의 아편”이라고 하면서, 조선의 실학
역시 “공맹 철학의 본의”를 다시 탐구해 성리학을 극복해 보고자 했지만
결국 성리학을 넘어서지 못했다고 평가한다. 그의 판단에 의하면 실학은
“‘성리학적 아편’을 본질로 함유”한 사조이다.[13]

이창일도 민주주의와 관련하여 공맹 유학 혹은 근본 유학의 혁신성을
매우 높이 평가한다. 그는 유가의 백성(民) 중심의 정치사상이 “서구로부터
수용된 민주주의와 대립적인 성격”을 지닌다고 보는 일반적인 견해와 달리,
“서구식 민주주의의 본질에 대한 비판과 새로운 민주주의 모델의 대안
역할을 할 수 있다는 새로운 차원을 열어 보여 주고 있다”라고 평가한다.[14]
『서경』「하서夏書·오자지가五子之歌」에 나오는 민본론이 유가 민본 이념의
중요한 출처라는 점은 잘 알려져 있다. “백성들은 가까이할지언정 낮잡아보
면 안 된다 하셨네. 백성이야말로 나라의 근본, 근본이 튼튼해야 나라가
편하리라.”[15] 이 기록에서 ‘백성이 나라의 근본’이라는 ‘민본民本’ 용어가
연원한다. 유가가 중시하는 민본적 사상들을 보여 주는 또 하나의 예는
다음과 같다. ‘민심은 천심’이라는 사상을 담고 있는 구절이『서경』「고요모皐
陶謨」에 등장한다. “하늘이 듣고 보시는 것은 우리 백성들이 듣고 보는
것을 따르시며, 하늘이 밝히시고 억누르심은 우리 백성들이 밝히고 억누르는
것을 따르는 것입니다. 이처럼 하늘과 백성은 통하는 것이니, 공경할진저,
땅을 다스리는 이들이여!”[16]

물론 이창일이 지적하듯이 유교적 민본사상에 관해서는 다양한 해석들이
존재한다.[17] 간략하게 말해, 유가가 중시하는 민본이란 왕은 다스리고 백성

---

12) 같은 책, 102쪽 및 107쪽.
13) 황태연, 『한국 근대화의 정치사상』, 158쪽.
14) 이창일, 『민중과 대동』, 27쪽.
15) 『서경』, 149쪽.
16) 같은 책, 97쪽.
17) 현재 민본이라는 용어로써 유가 정치사상의 특색을 표현하는 것이 일반화되어 있는데,
    이 용어는 청대 이전 어느 전적에서도 찾아볼 수 없다는 비판도 제기된 상태이다.

은 지배를 받는 통치의 객체임을 주장하는 것에 지나지 않는다고 보는 해석이 있다. 이창일은 이런 해석을 유가의 민본적 이상을 신분제도를 정당화하는 이데올로기로 비판하는 관점이라고 이해하면서, 이런 비판은 "주로 성리학의 정치철학에 대한 것"으로는 옳을지 모르지만 그것을 "유가의 혁명적 성격"조차 부정하는 데로까지 몰고 간다면 한쪽으로 과도하게 치우친 비판이 될 수밖에 없다고 반박한다.[18]

그런데 이창일은 공맹의 근본 유학과 성리학의 관계를 평가할 때 공맹 유학의 핵심을 대동사상에서 구한다. 그는 "공맹의 근본 유학에 함의된 정치철학은 주나라 봉건제의 기반이 되는 예치禮治를 중심으로 전개되는 것이라고 보는 일반적인, 즉 성리학적인 이해와 달리, 실제로는 대동大同사상이 더 근본 유학의 정수에 가깝다"라고 말한다. 그러면서 그는 성리학에 대해, 그것은 예치禮治를 중시하는 소강사회 중심으로 세계를 이해하면서 공맹 유학의 정수인 대동 이념을 은폐하거나 무관심으로 일관하는 사유라고 평가한다. 달리 말해 성리학은 "대동의 관점에서 보자면 소강사회의 스펙트럼 가운데 최선인 사회를 이상으로 삼고 있는 체계에 불과"하다. 이와 달리 공맹의 대동 철학은 천하는 천하 사람의 공유라는 기본적인 관점 아래 권력을 사유화하여 왕위를 세습하거나 관작을 세습하는 예치 사회를 근본적으로 거부한다. 결국, 대동 철학은 권력을 선양의 방식으로 이양하며 관직을 능력에 따라 선출하는 사회를 지향한다는 점에서 탈신분제적이고 근대적인 사회를 지향하는 사상이라는 것이다.[19] 그에 반해 성리학은 예치에 기초한

한국고전종합DB에서 검색되는 民本은 '민은 본래……'라는 뜻으로, '本'자가 부사로 사용될 뿐이라 한다. 더 나아가 오늘날 유행하는 '백성이 다스리는 정치의 근본'이라는 뜻의 민본이라는 용어는 유가가 아니라 법가 계열에서 유래된 것이라고 한다. 박병석, 「중국 고대 유가의 '민' 관념: 정치의 주체인가 대상인가?」, 『한국동양정치사상사연구』 13-2(2014), 62~63쪽 참조 오늘날 '민주'라는 말은 일반 백성, 즉 民이 주인이라거나 주권재민과 같은 주권이 민에게 있다는 뜻으로 사용되지만, 한자어 '民主'는 원래 민의 주인이나 우두머리, 즉 군주를 의미하는 말이었다. 이에 대해서는 김석근, 「'민본'과 '민본주의' 개념과 정치: 비판적 고찰과 현재적 함의」, 『민본과 민주의 개념적 통섭』, 69쪽 참조

18) 이창일, 『민중과 대동』, 32쪽.

소강사회를 긍정하는 이론으로, 불변적인 신분 체제를 자연스러운 것으로 보는 사상이다. 이처럼 이창일은 공맹 사상을 대동사상으로 규정하면서 성리학은 소강사회를 이상사회로 보는 사상이라고 평가한다.

이처럼 이창일은 황태연과 마찬가지로 성리학은 공맹의 대동사상을 왜곡 하거나 축소하여 소강사회 지향의 방향으로 변형시켰다고 본다. 그에 따르면 맹자가 행한 노심자勞心者와 노력자勞力者의 구분은 원래 분업의 불가피성을 옹호하는 주장일 뿐, 직업과 신분을 결합시켜서 분업을 고정불변의 세습적인 신분제 질서로 보는 관점과는 근본적으로 다르다. 그런데도 성리학은 노심과 노력의 담당자를 대인과 소인으로 구분한 맹자의 이론을 불변적인 신분 분업의 군자와 소인에 대응시켜 이해한 결과 신분적 차등 질서를 정당화하고 말았다. 요약하자면 이창일은 소강유학으로서의 성리학을 기본적으로 신분 제 사회를 옹호하는 보수적이고 전근대적인 사유라고 본다.[20]

조선이 성리학을 토대로 한 유교 국가를 지향했다는 것은 널리 알려져 있다. 그리고 "조선의 성리학자들이 그렇게 소망하던 지치至治는 바로 맹자가 기획한 왕도정치를 통한 인정仁政"의 실현이었다.[21] 그런데 일부 학자는 도통론과 성인가학론을 주장하며 맹자를 아성의 지위로 격상시켰던 성리학 을 이른바 공맹 유학의 근본정신인 대동 정신을 외면한 소강유학으로 분류하 면서 그것을 세습신분제 사회를 유지하는 통치이념으로 규정한다. 이를테면 이영재는 앞에서 언급한 황태연이나 이창일의 경우와 유사하게 군신유의君 臣有義와 불사이군不事二君을 "성리학적 통치이념"이라고 규정하면서, 선조 시기 천하를 공물이라고 주장한 정여립의 입장을 성리학적 지배 질서에 반하는 이념이라고 본다. 달리 말해, 정여립의 주장은 왕위선양제, 천하위공 (천하공물), 선현여능選賢與能 등을 핵심으로 하는 공맹의 대동 이념을 이어받 고 있다는 것이다. 그리하여 공맹의 대동적 이상은 조선 후기에 '탈성리학적

---

19) 같은 책, 283~284쪽.
20) 같은 책, 60~62쪽 및 특히 154쪽 참조 바람.
21) 함영대, 『성호학파의 맹자학』(태학사, 2011), 16쪽.

혹은 반성리학적' 흐름으로 이어진다고 한다.[22]

대동유학과 소강유학의 대비와 관련해서 최근에 주목할 만한 것 중 하나는 강경현의 글이다. 물론 그는 공맹 유학과 성리학을 황태연이나 이창일처럼 이해하진 않았지만, 공맹 사상의 정수를 대동사상으로 바라보는 관점을 명확하게 비판하지는 않는다. 다만 그 역시 조선 주자학의 기본 흐름의 핵심적 의미를 대동 이념을 거부하는 데에서 구하고 있다. 달리 말해 조선 주자학을 포함한 주자학은 기본적으로 예교禮教를 중시하기 때문에『예기』「예운」의 대동 이념을 공맹 사상과 어긋난다고 보았다는 것이다. 강경현은 다음과 같이 주장한다. "예교를 유학의 중심으로 보는 사유는 전통적인 유학 이해의 시야이다. 따라서 예교를 유학의 근간으로 보는 입장에서는 대동이 예교를 부정하는, 혹은 예교를 차선책으로 간주하는 반유학적 개념이 된다."[23]

이처럼 강경현도 주자학을 대동유학과 대비되는 소강유학으로 본다. 아니, 그의 주장은 전통적 유학의 핵심이 소강유학적이라는 의미를 은연중에 포함하고 있다. 강경현은 조선 주자학이 기본적으로 예교를 긍정하는 사상이기 때문에, 대동 이념의 보편화 과정이라는 맥락에서 조선 사회, 특히 조선 후기에서부터 오늘날의 한국 민주주의 사회에 이르기까지의 내적 연관성을 재해석하려는 시도는 대동 이념이 예교를 부정한다는 점에서 매우 심각한 문제에 봉착하게 된다는 반론을 제기한다. 그가 염두에 둔 시도는 필자의 대동민주유학 이론이었다.[24]

실제로 필자는 최근 '대동민주' 개념을 통해 우리 사회 민주주의의 역사적 경로를 조선의 유가적 정치문화 전통과 관련해서 새롭게 해명하고자 했다. 특히 필자는『예기』「예운」편에 등장하는 대동사상이 천하위공天下爲公, 민본民本, 안민安民, 현능賢能, 균평均平 등의 가치를 그 핵심적 내용으로

---

22) 이영재,『民의 나라, 조선』, 133~134쪽.
23) 강경현, "'대동민주'와 조선주자학", 『헤겔연구』43(2018), 230쪽.
24) 이 글은 강경현의 반론에 대한 필자의 답변이기도 하다. 그의 반론은 주자학 및 조선 주자학과 대동사상의 관계에 대해 숙고할 좋은 기회가 되었다.

삼고 있다고 해석한 바 있다. 더 나아가 이런 대동사상의 연원에 인仁과 인정仁政, 평천하平天下, 수기치인修己治人 등의 내용을 골자로 하는 공자와 맹자의 왕도정치가 있다고 파악했다. 그리고 이런 공맹의 대동사상은, 경제적으로는 개인의 사적 이익의 독점을 반대하면서 균평의 이념을 통해 사회적 약자를 포용하는 사회를 지향하고 있고 정치적으로는 천하주의적인 공화 이념을 포함하고 있기에 서구 근대의 입헌공화주의적 민주주의 이념과 상통하는 측면이 있고, 능력주의(meritocracy)를 통해 사회적 지위를 유동화하는 신분제적 개방 사회를 지향하며, 궁극적으로는 인간의 자율적 인격성을 긍정하는 어진 마음에 바탕을 둔 인정仁政을 통해 기본적으로 백성의 정치적 참여 가능성도 허용하고 있다고 보았다.[25]

그런데 강경현이 보기에 필자가 제안한 대동민주유학은 조선 유학의 주요한 흐름이었던 조선 성리학이 대체로 대동이라는 어휘 사용을 꺼려 왔다는 점과 관련된 핵심 문제를 도외시하고 있다는 것이다. 다시 말해, 조선의 유학자에게 대동이라는 용어는 20세기 초까지도 유교 정신에 어울리지 않는 부정적인 것으로 비판되었다는 점에서 볼 수 있듯이 조선 주자학이 예교를 배제하는 대동 이념에 대해 왜 그토록 강렬한 우려와 비판을 표했던 것인가를 고려하지 않고 있다는 것이 강경현이 필자에게 제기한 반론의 요지이다. 그리고 이런 비판으로부터 그는 필자의 대동민주유학이 세 가지 문제점을 포함하고 있다는 결론을 도출한다. 예교를 긍정한 조선 성리학과 예교를 부정하는 대동 개념 사이에 '간극'이 발생한다는 점이 첫 번째 결론이고, 그로 인해 대동민주유학의 대화 상대가 되어야 할 조선 성리학이 우리 사회 전통에서 '배제'된다는 점이 두 번째 결론이며, 예교를 긍정하는 조선 성리학에 뿌리를 둔 "전통의 긍정적 측면과 부정적 측면"을 포괄적으로 분석하지 못하게 된다는 점이 세 번째 결론이다.[26]

---

25) 나종석, 『대동민주유학과 21세기 실학』, 508~518쪽 참조.
26) 강경현, 「"대동민주"와 조선주자학」, 236쪽.

3. 주자학과 대동 이념

앞에서 본 것처럼 요즈음 공맹 유학의 핵심을 대동사상과 관련하여 적극적
으로 해석하려는 여러 학자도 주자학을 비판적으로 본다. 그들이 보기에
주자학은 공맹의 근본정신인 대동의 이념을 망각하고 세습적인 신분제
사회를 정당화하는 이론이다. 이런 입장을 입증하는 한 방법으로 이창일은
주자학을 집대성한 주희의 저술에서는 "대동이나 이와 관련된 문장을 찾아볼
수 없다"라고 단언한다.[27] 이영재도 이창일과 마찬가지로『주자대전』과
『주자어류』에는 대동에 대한 "언급이 한 차례도 나오지 않는다"라고 강조한
다.[28] 그러나 뒤에서 좀 더 살펴보게 되겠지만 이런 주장은 문헌학적으로
보아도 지나친 비판이다.

주희가 대동사상과 관련하여 언급한 부분을 좀 더 구체적으로 다룬 글은
강경현의 글이다. 주희가 체계적으로 발전시킨 주자학적 해석에 의하면
"대동은 공자의 말이 아니라 도가의 유가 비판 논리에 입각한 외부적 시선에
의해 편입된 기록"으로 여겨진다는 것이다.[29] 더 나아가 강경현은 조선시대
성리학의 주류적 흐름을 형성했던 유자들도 주희와 마찬가지로 대동사상에
관해 큰 관심을 기울이지 않았음을 지적한다. 그에 의하면 이런 흐름은
19세 말과 20세기 초에도 여전히 계속된다. 따라서 그는 이 시기에 일부
학자들 사이에 나타난 대동론의 분출도 조선 성리학의 역사적 맥락에서
논의된 것이라고는 보기 힘들며, 당대 중국발 대동론의 영향으로 인한
것이 아닌지 의구심을 표한다.[30] 이창일도 조선의 성리학자들 중에서는
대동에 관해 언급한 사례가 드물고 그 내용도 빈약했음을 지적한다. 그
까닭을 그는 조선 사회의 사상통제가 매우 심했다는 데서 구하면서, 조선시대
에는『예기』「예운」에 관한 언급을 가능한 한 회피했다는 선행 연구를

---

27) 이창일,『민중과 대동』, 283쪽.
28) 이영재,『民의 나라, 조선』, 133~134쪽.
29) 강경현,「"대동민주"와 조선주자학」, 230쪽.
30) 같은 글, 231쪽 각주 14 참조.

언급한다.[31]

강경현이 강조하듯이 1900년 전후 대동사상에 대한 부정적인 조선 주자학의 접근 방식을 매우 뚜렷하게 보여 주는 인물은 간재艮齋 전우田愚(1841~1922)이다. 전우는 대동사상을 유가의 근본정신으로 바라보는 양계초梁啓超의 주장을 강하게 비판했던 인물이다. 그는 당대 조선의 유학자들에게 커다란 영향을 주고 있던 양계초에 대해 가장 많은 비판적 글을 발표한 학자이기도 하다.[32] 이하에서는 우선 강경현이 묘사한 간재 전우의 대동사상에 대한 부정적 인식이 어떻게 구성되어 있는지를 살펴보자.

대동사상에 관한 전우의 입장은 『간재선생문집사차艮齋先生文集私箚』 권1에 수록된 「양집제설변梁集諸說辨」(1909)에 잘 나타나 있다. 전우가 보기에 군신君臣·부자父子·부부夫婦의 관계가 평등함을 인정하는 삼강평등설三綱平等說은 유교의 인륜 질서를 무너뜨릴 매우 위험한 학설이었다.[33] 대동사상의 근본정신을 삼강 관계의 평등으로 보아서 이를 공맹 사상의 진정한 오의奧義라고 역설하는 양계초에 대해 전우는, 대동설은 성인聖人의 말씀이 아니라고 반박했다. 그는 자신의 주장을 뒷받침하는 핵심적 근거로 『주자어류』 권87에 나오는 주희의 주장을 인용한다. "주자가 말했다. 이것은 성인의 글이 아니다. 호명중胡明仲(胡寅)은 「예운」이 자유子游의 작품이라고 했지만, 자유도 이처럼 천박한 지경은 아니었을 것이다." 또한 전우는 여백공에게 보낸 주희의 편지(「答呂伯恭」)도 언급한다. "(「예운」의 이 구절은) 분열됨이 매우 심하다. 이제二帝와 삼왕三王에게 서로 다른 도리가 있었다고 비판한다면, 잘못 보는 것이다."[34]

이처럼 간재 전우는 19세기 말과 20세기 초 우리 사회에 크게 영향을

---

31) 이창일, 『민중과 대동』, 42쪽; 김성윤, 「조선시대 대동사회론의 수용과 전개」, 『조선시대 사학보』 30(2004), 8쪽 각주 12 참조.
32) 김건우, 「한말 유학자의 위기의식과 근대 문명 담론 비판: 간재 전우의 양계초 비판을 중심으로」, 『유교사상문화연구』 61(2015), 97~98쪽.
33) 같은 글, 117쪽.
34) 강경현, 「"대동민주"와 조선주자학」, 233쪽 각주 20에서 재인용.

준 대동설을 부인하기 위해 『예기』 「예운」편이 공자의 학설이 아니라는 주희의 관점을 강조한다. 더불어 그는 대동설이 공자의 학설이 아니라는 점은 주희朱熹 이외에 여조겸呂祖謙, 원나라 진호陳澔 등 중국의 다른 주자학자들도 널리 공유했던 견해임을 강조했다. 강경현에 따르면, 자신의 견해를 입증하기 위해서 전우가 주희를 비롯한 여러 중국 주자학자들의 견해를 인용하여 대동大同과 소강小康의 구분 근거는 공자의 말이 아니라 노자의 영향을 받은 자유子游 문인의 기록임을 강조했다는 점에 주목할 필요가 있다고 한다. 전우가 대동설을 부인하기 위해 인용한 학자들의 견해는 『예기』 「예운」에 대한 주류적 주자학의 이해일 뿐만 아니라 "조선 주자학계의 일반적 입장"이라고 보아도 무방하다는 것이 그의 판단이다.[35]

조선 주자학과 대동사상 사이의 관계에 대한 강경현의 주장은 진지하게 취급될 필요가 있다. 『예기』 「예운」이 진정 공자 사상의 직접적 표현이라고 보기는 힘들다라고 한 조선시대 주자학자들의 주장은 경학에 대한 해설사적 관점에서 볼 때 일견 설득력이 있다. 그러나 이런 현상에도 불구하고 필자가 보기에 주자학에는 대동 이념이 다양한 층위에서 재구성되고 보존되어 있다. 주자학 내부에 대동 이념이 스며들어 있다면, 대동 이념과 주자학의 관계 여부를 논할 때 『예기』 「예운」의 대동사상에 관한 주석이 부족하다는 점은 중요한 것이 아닐 것이다.

이런 맥락에서 이미 필자는 공자가 바라본 이상사회라는 전제에서 천하위공의 대동세계를 공맹 사상과의 관련성을 염두에 두고 접근할 필요가 있음을 주장했다. 아울러 「예운」의 대동설이 공자의 사상과 무관할 수도 있다는 반론 가능성을 염두에 두고 주희나 조선 주자학자들처럼 경전 해석의 차원에서 「예운」에 접근하는 방식과는 거리를 두었다. 그러면서 대동사상을 언급하는 「예운」이 공맹의 유가에서 형성되었는가를 둘러싸고 많은 논의가 있음을 언급하며 필자 나름의 견해를 피력한 바 있다. 「예운」의 대동설이 묵자나

---

35) 같은 글, 233~234쪽.

도가 사상에서 나온 것이라고 이해하는 태도가 강했다는 점을 모르지 않지만, 그것이 공자의 직접적인 발언이나 주장으로부터 유래하지 않았음을 인정하더라도 대동 이념이 추구하는 바는 "유학의 기본 이념과 배치되지 않는"다는 것이 필자의 견해였다.[36] 이러한 필자의 기존 이해를 다른 방식으로, 그러니까 좀 더 설득력 있게 주장하기 위해 우선 주희가 다룬 『예기』「예운」의 대동 관련 부분을 다시 검토해 보고자 한다.

앞에서 언급했듯이 전우도 『주자어류』 권87에 나오는 구절을 취해 대동설이 공자의 말이 아니라는 자신의 견해를 옹호하고자 했다. 그런데 전우가 인용한 구절을 바로 그 앞부분과 같이 읽는다면 전우의 해석과는 달라질 여지가 있다. 그 앞부분을 포함한 구절을 인용하면 다음과 같다.

> "「예운」에서 삼왕이 상고의 일에 미치지 못한다고 하였는데, 사람들이 모두 그 말이 장자와 노자와 같다고 말합니다'라고 묻자, 다음과 같이 말씀하셨다. "「예운」의 말이 이치가 있다. 삼왕은 본래 상고에 미치지 못한다." …… 또 "「예운」은 노자와 같은 듯합니다'라고 묻자 다음과 같이 말씀하셨다. "이는 성인의 글이 아니다. 호명중이 말하기를 '「예운」은 자유가 지은 것이고 「악기樂記」는 자공이 지은 것이다'라고 하였는데, 자유 역시 이처럼 천박하지는 않았을 것이다."[37]

주희의 주장 가운데 전우가 인용한 부분은 다음과 같다. "주자가 말하기를 '이것은 성인의 글이 아니다. 호명중胡明仲(胡寅)이 「예운」은 자유子游의 작품이라고 했지만, 자유도 이처럼 천박한 지경은 아니었을 것이다'라고 했다." 그러나 주희는 바로 앞부분에서 대동의 학설 전부를 부인하지는 않는 모습을 보여 준다. 대동설이 노자와 장자의 말에서 나온 것이라는 세간의 말을 전하자 그는 "「예운」의 말이 이치가 있다. 삼왕은 본래 상고에 미치지 못한다"라고 대답했기 때문이다. 달리 말해 주희는 대동설의 모든 것이 이치에

---

36) 나종석, 『대동민주유학과 21세기 실학』, 515쪽.
37) 『주자어류』, 권87.

어긋난다고 비판하지 않고, 그 학설에 공자의 본의가 어느 정도 함유되어 있음을 긍정한다.

전우는 주희가 여백공에게 보내는 편지 일부를 인용하여 주희가 마치 「예운」의 학설을 모조리 비판한 것처럼 주장한다. 그는 "(「예운」의 이 구절은) 분열됨이 매우 심하다. 이제와 삼왕에게 서로 다른 도리가 있었다고 비판한다면, 잘못 보는 것이다"라는 구절만을 인용했는데, 이 편지의 내용도 잘 읽어 보면 『주자어류』 권87에 나오는 주희의 입장과 유사함을 알 수 있다. 그 편지의 일부를 인용한다.

> 「예운」에서 오제五帝의 세대에는 대도大道가 실행되었고 삼대 이하는 소강 小康의 세대라고 했는데, 또한 (공자의) 뜻이 얼추 들어 있습니다. 여기에 분명히 약간의 내력이 있지만, 전하는 사람들이 견강부회하여 올바른 뜻을 잃었습니다. 정자가 요순의 사업을 논할 때 성인이 아니면 할 수 없고 삼대의 일은 대현大賢만이 할 수 있다고 한 것에도 아마 이러한 뜻이 약간 들어 있는 것 같습니다. 다만 『예기』에서 너무 심하게 갈라놓고 거의 이제二帝 와 삼왕은 두 가지 다른 도인 것처럼 한 것은 병폐가 있습니다. 호공胡公도 너무 지나치게 인용하였는데, 실로 깊이 살피지 못한 것 같습니다.[38]

여백공呂伯恭에게 보내는 편지에는 주희가 『예기』 「예운」의 대동설을 부인하는 이유가 잘 나타나 있다. 그도 대동설이 공자의 뜻과 완전히 어긋난다고는 생각하지 않는다. 실제로 주희는 1162년에 송나라 황제 효종孝宗에게 올리는 봉사封事에서 요순을 모든 군왕의 모범으로 내세우면서 제왕의 자리를 현명한 사람에게 넘겨준 아름다운 사례라고 극찬한다.

> 태상황제께서 폐하께 천자의 자리를 전한 뜻을 근본에서 헤아려 보건대, 폐하께서 필연코 제왕의 학문을 밝게 알아 요임금과 우임금을 본받아 실천할

---

38) 주희, 『주자대전』 7(주자대전번역연구단 옮김, 전남대학교 철학연구교육센터·대구한의 대학교 국제문화연구소, 2010), 318쪽.

능력 때문이 아니겠습니까?…… 게다가 옛날에 제왕의 자리를 선양한 아름다운 사례로는 요순임금의 경우보다 성대한 것이 없습니다. 순임금이 요임금으로부터 양위를 받아 (요임금이 생존해 있던) 28년 동안 예악과 형정의 분야에서 개혁한 내용이 많았습니다.…… 그 내용이 『서경』 「우서」에 실려 있으니, 공자가 수록하여 큰 법으로 삼아 만세의 모범이 되게 하였습니다.[39]

이처럼 주희는 공자가 따르고자 했던 정치의 모범이 「예운」 대동설의 핵심 중 하나인 요순선양이라는 점을 긍정한다. 다만 그가 비판하는 대상은 요순의 대동세계와 하·은·주 삼대의 소강세계에서 통용되는 도가 마치 완전히 다른 두 가지 원리인 것처럼 이해하는 관점이다. 그러니까 『예기』라는 저서가 지니는 문제는 대동과 소강을 나누어 천하위공의 사상 등을 언급해서 이 둘 사이의 차이를 변별하고 그 두 시대에 통용되는 도까지 서로 다른 별개의 것인 양 다루고 있다는 데 기인한다. 그러니까 문제는 대동사회와 소강사회 사이의 관계에 관한 것이다. 달리 말하자면, 이 두 세계에 통용되는 도가 완전히 이질적인 별개의 것으로 존재하는 듯이 이해하는 방식이 과연 적절한 것인지가 주희가 주목하는 문제인 셈이다. 이렇게 볼 때 간재 전우는 대동설이 유가 학설에서 연원한다는 주장을 반박하기 위해 주희의 주장을 활용하면서 상당히 일면적인 모습을 보여 주고 있다.

주희가 「예운」의 대동설을 비판한 까닭은, 대도가 상실된 후에 예법禮法을 통해 다스려지는 소강사회가 도래한다는 식으로 이루어진 설명은 사뭇 도가적 발상에 가깝다고 보았기 때문이다. 이곳에서 주희의 도가설 비판의 전모를 다룰 수는 없다. 다만, 주희는 대도와 인의의 상관성을 고려하지 않은 채 도가 상실된 후에서야 비로소 인의도덕이 나온다고만 말하는 노자의 사상에 일관되게 반대한다. 주희는 하나의 도, 유교적 인의도덕은 대동이든 소강이든 관계없이 주도적 원리로 작동할 수 있어야 한다고 보았기에, 「예운」의 대동설은 성인의 말씀 그대로가 아니라고 판단했다. 이에 노자의

---

39) 주희, 『주자봉사』(주자사상연구회 옮김, 혜안, 2011), 62~63쪽.

유가 비판과 그에 대해 주희가 재반박하는 내용을 인용해 보도록 하자. 주희는 노자의 유가 비판의 문제점을 다음과 같이 반박한다.

> 노자는 "도를 잃은 다음에 덕이 나온다"라고 했으니, 그는 전혀 알지 못하고 (도와 덕을) 두 가지 것으로 나누어서 도를 공무空無한 사물로 보게 했다. 우리 유자는 단지 하나의 사물만을 말하니, 고금의 공공公共한 이 한 가지가 사람의 몸 상에서 드러나지 않은 것으로 말하면 도이고, 덕은 이 도를 자기에게 온전히 갖춘 것이다. 그는 "도를 잃은 다음에 덕이 나오고, 덕을 잃은 다음에 인이 나오고, 인을 잃은 다음에 의가 나온다"라고 했지만, 만일 인의를 떠나면 도리는 없게 되니 (떠나 있다면) 어찌 도이겠는가?[40]

주희가 도가를 비판하는 이유는 분명하다. 도와 인의예지의 관계에서 도가는 유가만 못하다는 것이다. 도가는 도와 덕을 지나치게 분리하고 있기에 그렇다는 것이다.

그런데 조선 초기 양촌陽村 권근權近의 『예기천견록禮記淺見錄』 「예운禮運」편에 나타난 인식은 전우의 그것과 사뭇 다른 모습을 보여 준다. 그는 주희와 마찬가지로 요순의 도와 삼왕의 도가 다르지 않음을 강조하면서 「예운」을 기록한 사람의 오류를 지적한다. 대동사회의 도와 소강사회의 도는 모두 하나의 도일 뿐인데, 노장의 부류에서 온 그릇된 인식 때문에 그 두 세계에 서로 다른 도가 운행하리라고 보게 되었다는 것이다. 그래서 권근은 「예운」을 기록한 사람이 견강부회하여 본래의 의미를 잘 살리지 못했다고 비판한다. 그 내용을 인용하면 다음과 같다.

> …… 상고의 까마득한 옛 세상에서는 인위적으로 행함이 없이도 천하가 잘 다스려졌기 때문에 '도道'를 가지고 말한 것이고 하·상·주 삼대는 때에 따라 예禮를 제작해서 다스림을 이루었기 때문에 '사람'을 가지고 말한 것일 뿐, 오제의 세상을 성세盛世로 여기고 삼왕의 시절을 부족한 것으로

---

40) 『주자어류』 13, 62쪽,

여긴 것은 아니다. 그러나 기록한 자가 이에 '큰 도가 오제의 시절에 행해져서 '대동'이 되었고, 삼왕의 세상에는 드러나지 않아서 '소강'이 되었다'라고 하였다. 무릇 오제와 삼왕의 관계는 비록 시절에 쇠락함이 있어도 도에는 쇠락함이 없으니, 어찌 오제의 시절에는 행해지고 삼왕의 시절에는 숨겠는가. 또한, 예를 언급하면서 "충신忠信이 박해지자"라고 한 것에 대해 선유가 "이것은 노자와 장자의 소견에서 나온 것이지 유자의 말이 아니다"라고 말한 것은 진실로 옳지만, 만약 수장首章을 아울러서 (모두) 공자의 말씀이 아니라고 한다면 지나치다고 할 것이다. 이 두 절은 기록한 자가 수장首章에 있는 공자의 말씀에 근거해서 견강부회한 것이기 때문에 공자의 본뜻을 잃어버렸는데, 수장首章에 근거해서 해석한 것이기 때문에 마땅히 전문傳文이 되어야 한다.[41]

권근은 「예운」의 기록에 약간의 부족함이 있음을 지적한다. 그에 따르면 「예운」의 처음에 나오는 장章은 공자의 말씀인 경문經文이지만, 이어지는 대동과 소강을 설명하는 부분은 공자의 말이 아니라고 본다. 그가 언급하는 부분은 대동사회를 설명하기 바로 전에 나오는, 공자가 크게 탄식하는 대목을 설명한 구절을 뜻한다. 그러나 권근은 대동소강설이 공자의 직접적인 말은 아닐지라도 공자의 사상에 대한 일종의 해석인 전문傳文의 의미까지 부인해서는 안 된다고 강조한다.

권근도 대동과 소강에 대한 설명은 공자 자신이 말한 것이 아니라 공자의 입을 빌려 말한 것임을 인정한다. 그렇지만 대동과 소강에 대한 학설이 성인聖人 공자의 직접적인 말씀을 담은 경經은 아닐지라도 공자의 말씀에 근거해 있고 그 뜻이 공자 사상의 본의에 크게 어긋나지 않는다는 점에서 전문으로 삼아야 한다는 것이 권근의 입장이다. 권근은 전우와 달리 대동소강설을 상당히 적극적으로 받아들이고 있음을 알 수 있다.[42] 아울러 권근이

---

41) 金在魯, 『禮記補註』 「禮運」; 한국고전종합DB에서 재인용함.
42) 물론 간재 전우의 관점과 비교하는 것은 아니지만, 권근이 대동설을 상당히 적극적으로 수용하고 있다는 점은 이미 김성윤이 강조한 바 있다. 김성윤, 「조선시대 대동사회론의 수용과 전개」, 『조선시대사학보』 30, 14쪽.

전우보다 대동설에 관한 주희의 입장을 더 잘 인식하고 있었다는 사실을 언급하는 것은 첨언일지도 모르겠다.

앞에서 언급했듯이 주희가 요순선양이라는 공자의 뜻을 분명히 밝히는 글이 실려 있는 책은 『주자봉사朱子封事』이다. 이 책은 주희가 관료로 재직하던 때 황제에게 올린 여러 상소문을 모아 묶은 책자로, 17세기 중엽 이후 조선에서 출간되어 널리 보급되었다. 『주자봉사』를 간행하고 보급함으로 인해 조선 사회, 특히 조선의 양반 사대부들에게 주희의 상소문이 널리 알려지게 되었음도 물론이다. 심지어 조선의 국왕들은 이 책을 경연에서 신하들과 함께 강독하며 주희의 정치사상을 자신의 것으로 삼고자 했다고 한다. 특히 영조와 정조는 『주자봉사』를 경연 공부의 자료로 삼았다. 17~18세기 조선에서 이루어진 『주자봉사』의 간행과 보급 그리고 국왕의 경연 자료로서의 활용은 이전 시기에는 볼 수 없었던 새로운 상황이었다.[43] 이렇게 『주자봉사』가 조선 후기에 일반화되었다는 점을 고려한다면 간재 전우 역시 이 책의 존재를 알고 있었을 것이다.

4. 주희의 존맹론과 성리학적 대동 이념

문헌학적 관점을 넘어 이제 주희에 의해 집대성된 성리학이 어떻게 대동사상을 계승하는 측면이 있는지를 검토해 보자. 이와 연관해 우리가 주목할 부분은 두 가지이다. 하나는 성리학이 공맹의 도통道統을 이었다고 하는 자부심이고, 다른 하나는 성리학을 대변하는 주희가 송나라 시기에 맹자의 사상을 가장 적극적으로 옹호하고 나섰다는 점이다.

주희가 지은 「중용장구서中庸章句序」에 따르면 요와 순에서부터 공자에게로 이어져 오던 도통은 맹자 이후 단절되었다가 정호程顥·정이程頤 형제에

---

43) 주자사상연구회, 「조선 후기 『주자봉사』의 간행과 활용」, 『주자봉사』, 11~38쪽 참조

의해 회복되었다.[44] 이처럼 주희는 성리학이 공자와 맹자의 도를 이어받고 있음을 천명한다. 그러나 송대에는 유학자들 사이에서 공자와 맹자의 관계를 둘러싸고 다양한 갈래의 해석이 충돌하였고, 맹자의 지위는 그리 높지 않았다. 이때 송대 유학자들은 공자에 대해서는 절대적인 권위를 인정했지만 맹자에 대해서는 공자의 도통 계열에서 벗어난 인물로 보는 흐름이 강하게 존재했다. 송학 발흥기에 사대부들 사이에 강력하게 존재했던 맹자 배격을 대표하는 인물은 태백泰伯 이구李覯와 사마광司馬光이다.

이구는 대표적인 비맹론자非孟論者로 손꼽히는 인물인데, 그가 맹자를 배격한 가장 큰 이유는 맹자가 역성혁명론을 적극적으로 주창했기 때문이다. 그는 맹자가 마치 주나라 황실이 존재하지 않는 것처럼 행동했다 해서 "잔인한 사람"이라고 비판했다. 맹자가 제나라와 양나라 제후들에게 천자가 되도록 부추기는 행동을 이렇게 비판한 것이다. 더 나아가 이구는 맹자의 학설이 공자의 도를 배반하였다고 보았다. 그는 주나라 황실을 존중하면서 임금은 임금다워야 하고 신하는 신하다워야 한다고 했던 공자의 명분론을 참다운 공자의 도로 보고서, 맹자가 주장한 역성혁명론이나 '백성이 귀하고 군주는 가볍다'는 사상 등에 대해 공자의 뜻을 위배하고 천하를 난세로 몰고 갈 위험한 사상이라고 여겼다.

이구는 맹자가 옹호한 탕왕과 무왕의 방벌론이 결국은 "탕무湯武가 인을 닦고 의를 행하여 걸주桀紂의 나라를 탈취한 데 지나지 않게 된다"라고 해석한다. 만약에 맹자의 방벌론이 옳다면 "인의仁義가 찬탈의 도구"가 되는 셈인데, 자신은 이를 전혀 이해할 수 없다고 한탄한다.[45] 따라서 이구에 의하면 맹자의 도는 "사람이라면 누구나 임금이 될 수 있음"(人皆可以爲君也)을 가르치고 있는 요설에 지나지 않는다.[46] 이런 까닭에 이구는 맹자를 공자의 도통을 잇는 계보에서 삭제해야 한다고 보았다.[47] 그러나, 맹자의 학설이

---

44) 『대학·중용집주』, 53~55쪽 참조.
45) 안병주, 「주자의 尊孟辨의 의미: 讀余隱之尊孟辨을 중심으로」, 『유교사상문화연구』 1(1986), 106쪽.
46) 황준걸, 『이천년 맹자를 읽다: 중국맹자학사』, 194쪽.

"사람이라면 누구나 임금이 될 수 있음"을 주장하는 것이라는 이구의 비판은 오히려 맹자의 학설이 궁극적으로는 왕정을 넘어 유가 나름의 민주주의 및 공화주의 이론으로 이어질 가능성을 지니고 있음을 보여 준다. 이런 점에서 그의 맹자 비판은 일정 정도 정곡을 찌르고 있다. 실제로 태백 이구와 사마광이 내세운 주장, 그러니까 맹자는 주나라 왕실을 존중하지 않았다는 '맹자부존주설孟子不尊周說'은 맹자가 당대의 제후들에게 천자가 되도록 부추겼다는 점과 연결되어 있다.

송나라 시기 유학자들이 맹자를 배격하는 이유로 내세운 '맹자부존주설'에 대해 주희만이 반박하지 않았다. 북송 시기 맹자를 배격하던 흐름에 반대하여 맹자를 옹호한 대표적 학자는 여윤문余允文과 주희였다. 여윤문의 인물에 대해서는 이렇다 할 정보가 남아 있지 않으나, 주희는 「독여은지존맹변 讀余隱之尊孟辨」을 지어 여윤문(余隱之)의 맹자 옹호를 이어받았다.[48] 주희는 맹자 배격의 이유를 그가 주나라 황실을 존중하지 않았다는 데에서 구하는 비판에 대해 반박한다. 주희에 따르면, 이런 비판은 명분론과 천명을 구별하지 못한 것으로서 천명이라는 도가 실현되는 방법은 시대 상황과 무관하지 않다는 점을 간과한 데서 나온 그릇된 것이다. 즉, 도의 실현이 궁극적 문제이고 그것을 실현할 방법은 시세에 따라 변할 수 있는데도 이구 같은 비맹론자들은 도의 실현의 방법을 획일적이고 추상적으로만 이해한다는 것이다. 그리하여 주희는 비맹론자들이 제기한 맹자부존주설을 다음과 같이 반박했다. "공자가 주나라를 높이고 맹자가 주나라를 높이지 않은 것은, 마치 겨울에는 가죽으로 만든 옷을 입고 여름에는 갈포로 만든 옷을 입으며 굶주리면 밥을 먹고 목이 마르면 물을 마시는 것과 같아서, 시세에 맞추어 조처한 것이 다를 뿐이다."[49]

그러나 주희의 반론에서 더 주목할 부분은 도의 실현과 상실 문제를

---

47) 안병주, 「주자의 尊孟辨의 의미: 讀余隱之尊孟辨을 중심으로」, 104쪽.
48) 같은 글, 97쪽 참조.
49) 『晦庵集』, 卷73, 「讀余隱之尊孟辨」, 『승정원일기』(한국고전번역원, 이봉순 옮김, 2011), 영조 1년 을사(1725) 7월 27일(임술) 주 참조.

'천명'과 '민심이 천심'이라는 공맹 사상에 따라 설명한다는 사실이다. 이와 관련된 주희의 반박 내용을 보자.

내가 생각건대, 주나라는 도를 잃어버렸으므로 점차 미약하게 되어 멸망의 상황에 처하게 되었다. 비록 공자께서 주를 존숭한다고 말씀하였으나, 천자를 비판함으로써 24년간의 왕도를 여러 번 설명하셨다. 현왕 때에 이르러 천하는 주실周室이 있음을 알지 못하게 되었으니, 모든 사람의 마음이 떠나 버렸고 천명이 오래전에 바뀌었다. 이때 왕자가 일어섰다면 주나라를 멸망시킬 것까지도 없이 천하는 하나로 정해졌을 것이다. 성인의 마음은 하늘과 같아서, 편애함도 없고 특별히 싫어함도 없다. 쇠하여 이미 명맥이 다한 주실을 정성껏 지켜서 백성들로 하여금 앉아서 그 화를 끝없이 입게 만들어서 어찌하려는가? 고요가 말씀하셨다. "하늘이 보고 듣는 것은 우리 백성이 듣고 보는 것을 따르고, 하늘이 밝히고 위압하는 것은 우리 백성이 밝히고 위압하는 것을 따릅니다. 위아래로 하늘과 백성이 서로 통하니, 공경토록 하십시오.' 이것을 알면 하늘을 아는 것이다. 성인의 마음이 어찌 이와 다르겠는가?[50]

이처럼 주희도 맹자의 역성혁명론, 즉 탕무방벌론을 찬성한다. 물론 상당히 강력한 제한 조건을 달고서 권도權道로써만 긍정하긴 했지만, 주목할 부분은 역성혁명론 때문에 맹자를 맹렬하게 반대했던 송대 사대부들의 논조에 대해 맹자를 옹호한 궁극적 근거가 맹자와 마찬가지로 '민심이 천심'이라는 사상이었다는 점이다. 민심은 피하려야 피할 수 없으니, 민심 앞에서는 천자의 권위도 침묵해야 한다는 것이다. 천자가 천자일 수 있는 근거는 늘 민심의 향배에 달려 있기 때문이다. 그러므로 주희는 "인의仁義를 행하여 천하가 귀복歸服하게 되면 이는 이세理勢의 필연必然이니, 그만두려 하여도 아니 될 것이다'라고 말하고 있다. 안병주는 주희의 윗글을 「여은지가

---

50) 『주자문집』, 권73; 시마다 겐지, 『주자학과 양명학』(김석근·이근우 옮김, 까치, 2001), 120쪽에서 재인용. 번역을 약간 수정함.

쓴 존맹변을 읽고서」라는 제목으로 언급하면서, 그가 군신관계의 "명분보다도 상위에 '이세理勢의 필연必然', '리理', '천명天命', '민의民意' 등의 개념을 놓고 있음"에 주목할 필요가 있다고 강조한다.[51]

앞에서 본 것처럼 주희는 맹자를 옹호하면서 백성과 천명을 군신 관계의 명분보다 더 우위에 두고 군왕 중심의 명분론을 중시하는 사마광이나 이구의 한계를 비판하였다. 주희에게는 군왕과 신하 사이에 지켜야 할 명분론적 도리보다도 민심과 천명의 밀접한 상관성을 강조하는 보다 상위의 원칙을 긍정하는 것이 결정적인 관건이다. 그리하여 그는 이런 상위의 원칙인 이법理法이나 천명에 의거하여 군신 관계를 상대화하고 군왕의 권력 행사에서 나타날 자의성을 제어하는 것이 공맹 유학의 본령에 더 어울린다고 보았다. 이처럼 주희도 군주의 자의적 권력을 제한하려는 '천하위공天下爲公'이라는 공맹의 대동 이념을 충실하게 계승하여, 공자에서 맹자로 이어지는 도통道統을 옹호하면서 맹자를 공자에 버금가는 아성亞聖으로 존숭하고자 했던 것이다.

맹자의 권위를 부인하는 움직임이 여전히 강할 때 맹자를 옹호하여 맹자의 사상이 최종적으로 승리하게 만든 데에는 정호程顥·정이程頤 형제와 주희의 영향이 절대적이었다. 주희 이후로는 맹자의 성선설이 유가의 정통 견해가 되었지만, 북송대에는 성선설을 지지한 대표적 인물인 정이조차도 당대의 유학자들 사이에서는 예외적인 일이었다.[52] 사실 송대 이전의 유학자들은 늘 주공과 공자를 주공周孔으로 병칭해 왔는데, 송대에 들어 맹자를 아성으로 존숭하게 되면서부터 이후 공자와 더불어 공맹으로 병칭하게 된 것이다. 『맹자』를 사서四書의 하나로 편입시켜 경전의 지위로 만든 것도 송대의 도학자들이었으며, 이런 흐름을 주도한 사람은 바로 성리학의 집대성자인 주희였다. 송대에 맹자를 비판한 사람들은 주로 맹자의 민본주의 및 역성혁명

---

51) 안병주, 「나의 고전 『맹자』와 『장자』」, 『동양철학연구』 79(2014), 16쪽.
52) 앤거스 그레이엄, 『정명도와 정이천의 철학』(이현선 옮김, 심산, 2011), 103~107쪽 참조.

론 등이 황제 체제를 위협할 수 있는 잠재적 위험 요소를 지니고 있음을 비판했다는 사실 그리고 민본주의, 역성혁명론 같은 맹자의 기본적 사상을 숭상한 유학자들이 성리학자들이었음도 명심할 필요가 있다.[53]

주희가 그토록 존경해마지 않았던 이정二程, 즉 정호와 정이도 대동사상을 이어받고 있었다. 예를 들어 정이는 그의 『주역』에 대한 해석에서 대동의 정신을 강조하고 있다. 그는 동인괘同人卦를 설명하면서, 세상이 "정체되고 단절되면 반드시 사람들이 함께 힘을 합해야 세상을 구제할 수 있다"라고 강조한다. "동지와의 연대는 광야에서 이루면 형통하니, 큰 강을 건너는 것이 이롭고 군자는 올바름을 굳게 지키는 것이 이롭다"(同人于野, 亨, 利涉大川, 利君子貞)라는 구절에 대해 그는 대동의 이념으로 주해하고 있다.

'야野'란 광야를 말하며, 먼 곳과 바깥의 뜻을 취했다. 동지와의 연대가 세상이 모두 대동大同하는 방도로 이루어지면 그것이 선현의 공명정대한 마음이다. 보통사람들의 연대는 사사로운 의도로 결합하니, 친한 사람끼리 어울리는 감정일 뿐이다. 그래서 반드시 광야에서 해야 하니, 친하고 가까운 사람들끼리의 사사로운 감정으로 연대하지 않고 광야의 드넓은 곳에서 연대하는 것이다. 사사로운 감정에 얽매이지 않는다면 매우 공정하게 대동하는 방식이므로 연대하지 않는 자가 없을 것이니 그 형통함을 알 수 있다. 모든 세상과 함께 대동할 수 있다면 이는 세상 사람들이 모두 연대하는 것이다.…… 군자의 올바름이란 모든 세상이 지극히 공평무사하게 대동하는 도이다.[54]

위 인용문에서 정이는 대동을 천하의 공과 관련해서 설명하고 이를 사사로움에 반대되는 것이라 이해한다. 그러니까, 사사로운 이해관계를 실현할 목적으로 당파를 형성해서 그들 소수만의 이익을 독점적으로 반영하기 위해 형성된 인간관계나 사회관계는 결코 정치 사회의 공적 원리로 성립될 수 없다는 것이다.

---

53) 황준걸, 『이천년 맹자를 읽다: 중국맹자학사』, 191~216쪽 참조.
54) 정이천 주해, 『주역』(심의용 옮김, 2015), 309~311쪽.

오히려 정이는 참다운 정치 사회의 궁극적 원리는 천하의 지극한 공 즉 공평무사한 원리이며, 이를 통해 대동세상이 이루어진다고 본다.

앞 절에서 살펴본 것처럼 우리는 「예운」에서의 대동과 소강의 구분을 이항 대립적인 것으로 볼 필요가 없다. 어떤 사람은 대동세상을 왕이 없는 세상으로, 소강세상을 군주가 지배하는 세상으로 보면서 이 둘을 대립적인 것으로 이해할 수도 있을 것이다. 그러나 필자는 군주정의 상황이라 해서 대동의 도가 완전히 실현될 수 없다고는 보지 않는다. 이런 점에서 필자는 대동의 이념은 승평세가 지난 다음에야 이루어진다고 보는 강유위식의 역사발전단계설에도 완전히 동의할 수 없다. 간단하게 말해 소강적 대동 사회의 형태로 존재할 수 있다고 본다. 이를테면 군주정의 시대적 상황에서라도 대동적 이념을 구현할 방법이 존재할 수 있다는 것이다.

유가가 추구하는 대동 이념이 천하위공이라고 한다면 천하위공을 군주정이라는 역사적 상황에서 실현할 방법도 존재할 수 있으며, 정호나 정이, 주희 등 송나라 시대의 도학자들이나 추구했던 것도 이와 다르지 않았을 것이다. 필자가 볼 때, 정이나 주희는 군주제를 긍정한 상황에서 군주의 존재 이유를 천하의 공공성이나 천리를 실현하는 과제와 결합시킴으로써 군주의 사사로운 권력 행사 방식 자체를 차단하고자 했다는 점에서 일정한 방식으로 대동 이념을 계승하고 있다고 여겨진다.

앞에서 강조했듯이 주희는 대동사회에서 행해지는 이치와 소강사회에서 행해지는 이치는 서로 다른 별개의 것이 아니라 하나의 도일 뿐이라고 생각했다. 그런데 이런 인식은 정이에게도 해당된다. 그는 천하위공의 도가 실현된 '요·순 세상'과 군주의 자리가 자식에게 세습된 우임금 이후의 '삼대 세계'를 관천하官天下와 가천하家天下로 대비하면서, 전자가 후자에 비교해 더 지극한 이치에 합당하다고 말한다. 그러면서도 그는 관천하와 가천하 세계를 이항대립적인 것으로는 보지 않는다. 그에 따르면 두 세계에 모두 관통되는 원칙은 바로 천하의 공이다. 이에 대한 그의 주장을 보자.

대저 오제五帝는 천하를 공물公物로 여겼기에 천하에서 가장 현명한 한 사람을 택해 그에게 물려주었고, 삼왕三王은 천하를 집안으로 여겼기에 마침내 아들에게 물려주었다. 그 지극한 이치를 논하자면, 천하를 다스리는 자는 마땅히 천하에서 가장 현명한 한 사람을 얻어 뭇사람의 위에 세워야 하니 이것이 지극히 공정한 법이다. 후세에는 인재를 얻기가 어려웠고 쟁탈이 일어났다. 그러므로 아들에게 물려준 것이다. 아들에게 물려주는 것은 비록 사사로운 것이지만 또한 천하의 공정한 법도이다. 다만 법을 지키는 자가 사사로운 마음을 가졌을 뿐이다.[55]

군주정이 존재하는 상황에서 천하의 근본 이치를 실현할 방법을 구하는 것이 정이가 고민한 내용이었다. 물론 오늘날 우리나라처럼 왕정이 폐지되고 민주주의 체제를 지향하고 있는 상황에서 보자면 군주정을 일단 기정사실로 받아들이는 태도부터가 마음에 들지 않을 수도 있을 것이다. 그러나 이런 접근 방식은 지나치게 시대착오적인 태도이다. 하여간 정이는 군주정의 상황에서 천하의 지극한 공정성 혹은 천하위공의 이념을 실현할 방안을 고민했고, 이는 정이로 하여금 밑에서부터 올라오는 백성의 목소리에 더 귀를 기울이는 것이 군주의 참다운 자세이자 도리임을 강조하게 했다. 그는 "세상 사람들이 지향하는 뜻은 매우 다양하지만" 이런 다양함을 관통하는 보편적 뜻을 밝히는 작업이 "대동의 의리"(大同之義)이자 현실에서 "대동의 도"를 실현하는 방법이라고 이해한다. 이런 맥락에서 우리는 군주의 사사로운 이해관계를 극복하여 권력을 천하의 공공성에 어울리도록 행사하는 방식이 다름 아니라 바로 천하 사람들의 뜻을 하나로 모으는 것이라는 점을 알게 된다.

그러므로 정이는 군주가 사사로이 특정한 사람이나 친인척, 자신과 인연이 있는 사람 등을 편애하는 것을 매우 비판적으로 바라본다. 그런 사사로운 권력 행사는 군주의 도리에 어긋나는 것이기 때문이다. 그는 "군주는 마땅히

---

55) 정호·정이, 『이정전서』 2(최석기 옮김, 전통문화연구회, 2019), 366쪽.

천하와 더불어 공명정대하고 공평무사하게 연대(大同)해야 하는데, 한 사람과 홀로 사사롭게 친밀하게 관계하는 것은 군주의 도리가 아니다"라고 역설한다.[56] 더 나아가 그는 군주가 군주로서의 마땅한 도리를 하지 못해서 백성과의 연대 혹은 백성과의 대동적 유대 형성을 상실하면 바로 난이 일어나게 된다고 경고한다. 달리 말하자면, 군주가 자신의 지위에 어울리는 도리를 행하지 못하면, 즉 천하 사람들과의 대동적 연대를 이루지 못하고 사사로운 권력의 행사에 몰두한다면 "백성의 마음이 떠나고" 이를 통해 "혼란"이 발생하게 된다는 것이다. 백성과 군주의 관계가 지속될 원칙이 파괴되었다면 정치·사회는 분열·해체될 수밖에 없다.[57]

그렇다면 군주는 어떻게 백성과 더불어 대동적 연대를 이룰 수 있는가? 대동을 이룰 방법으로 정이가 내세우는 것이 천하의 공 혹은 천리의 공임은 이미 앞에서 언급했다. 보다 구체적으로, 천리의 공공성을 구현하여 대동을 이룰 방법의 하나로서 정이가 강조했던 것은 백성들의 목소리를 경청하는 것이다. 백성의 마음을 잃지 않고 백성과 더불어 공평무사하게 연대하기 위해서는 군주가 늘 백성의 목소리를 듣고 그로부터 합당한 이치를 밝혀서 천하의 공론을 형성해야 한다. 그러므로 그는 다음과 같이 말한다.

대저 백성은, 종합하여 그들의 말을 들어 보면 성스럽고 따로따로 그들의 말을 들어 보면 어리석다. 종합하여 그들의 말을 들어 보면 크게 같은 것(大同) 가운데 떳떳한 본성이 앞에 있어서 시시비비가 이치에 마땅하지 않음이 없다. 그러므로 성스럽다. 따로따로 그들의 말을 들어 보면 제각각 사사로운 생각에 따라 시비가 전도된다. 그러므로 어리석다. 대개 공의公義가 있으면 사욕은 반드시 공의를 이길 수 없다.[58]

위 인용문은 백성의 말이 성스럽다고 강조한다. 물론 보통사람들 각각의

56) 정이천 주해, 『주역』, 321쪽.
57) 같은 책, 889쪽.
58) 정호·정이, 『이정전서』 2, 225쪽.

말은 때로는 그릇되거나 어리석을 수도 있지만 종합해 보면 틀리지 않다는 말이다. 이처럼 정이는 백성들의 집합적 지혜를 긍정적으로 보고 있다. 백성들의 목소리에서 이치에 맞는 것을 밝히기 위해서는 당연히 백성들의 목소리가 드러나야 함은 물론이다. 그래서 정이는 "홀로 다른 의견을 가지지 못하는 자는 세속을 따르며 잘못된 것을 답습하는 사람"이라고 한다. 세상 사람들의 목소리에 휩쓸리는 것만이 결코 능사가 아니다. 세상 사람들의 편견에 다른 목소리를 낼 필요도 있다. 이런 일을 하는 주체로서 정이가 특히 주목하는 이는 군자이다.[59]

유가의 사상에서 볼 때 군자와 일반 백성은 본질적으로 차이가 없다는 것은 단지 원리상으로만 그렇다는 데 그치지 않는다. 물론 우리는 백성의 뜻을 밝히고 그것을 대변하는 임무를 지는 군자를 강조하는 정이의 태도에서 엘리트적 요소를 발견할 수 있다. 그러나 여영시가 주장하듯이 "북송대에 이미 '사'와 '민' 사이의 신분 이동이 가능"했기에, 이런 엘리트주의적 요소를 신분차별적 요소로 혼동해서는 안 될 것이다.[60] 이런 점에서 그가 군자의 임무가 제대로 수행될 필수 조건으로 백성들의 다양한 목소리의 분출과 그에 대한 위정자 및 정치 엘리트들의 존중을 강조한 것이라고 이해해도 좋을 것이다. 간단하게 말해, 정이가 보기에는 백성들에게 정치적 목소리를 내도록 하는 것이 백성과 군주의 대동적 연대를 형성하여 대동사회를 구현하는 지름길이었던 셈이다.

앞에서 본 것처럼 오늘날 일부 학자들은 성리학을 소강小康유학으로 분류하여 그것이 마치 대동의 공맹 유학 본령에서 벗어난 사조인 것처럼 평가하지만, 성리학을 결코 그런 식으로만 해석할 필연적 근거가 없음은

---

59) 정이천 주해, 『주역』, 755쪽.
60) 여영시(위잉스), 『주희의 역사세계』 상(이원석 옮김, 글항아리, 2015), 248쪽. 정이의 정치사상에 대해서는 여영시로부터 많은 것을 취했다. 같은 책, 235~256쪽 참조 바람. 일본학자 고지마 쓰요시도 선우후락의 정신을 표방한 주자학의 "엘리트 의식은 만가성인의 평등주의에 연결되어 있었다"라고 말한다. 고지마 쓰요시, 『사대부의 시대』(신현승 옮김, 동아시아, 2004), 233~234쪽.

어느 정도 밝혀졌으리라 본다. 물론 성리학이 신분 체제 질서를 옹호한다고 규정하고 그것을 소강유학으로 한정해 이해하려는 접근 방식은 새롭지 않다. 대동유학의 정신을 새롭게 발굴하는 데 크게 이바지한 강유위는 말할 것도 없고, 담사동譚嗣同(1865~1898) 또한 공자의 대동 정신이 순자의 학문으로 인해 사라지게 되었다고 비판하면서 정이와 주희의 사유는 순자 계열의 학문을 이어받은 것이라고 분류한 바 있다.[61]

5. 성리학에서 천리의 공공성과 천하위공의 보편화

이제 우리는 성리학이 세습 신분 질서와 전제적인 군주정을 옹호한 보수적 학문이라는 통념을 넘어서기 위해 과연 성리학이 공맹의 대동사상을 한층 확장하고 있는지를 살펴보기로 하자. 그 실마리는 누구나 다 배움을 통해 성인이 될 수 있다는 '성인가학론聖人可學論'이다. 주지하듯이 성인가학론은 주자학의 가장 중요한 학설 중의 하나이다. 배움을 통해 성인이 될 수 있다는 주장은 도학 즉 성리학이 바로 성인이 될 수 있는 올바른 학문의 계승자라는 도통론과 밀접하게 연관되어 있다. 그런데 성리학이 공자와 맹자를 잇는 성인의 학을 회복해서 계승하고 있다는 주장으로 인해 천명론에서도 큰 변화가 발생하게 된다.

천명이 바뀌면 천자의 지위가 변동하여 유덕자 즉 덕이 있는 사람에 의해 새로운 왕조가 들어선다는 주장은 이제 그 성격이 크게 바뀌게 된다. 황제가 천명을 부여받았는지를 따지는 일보다도, 성인의 학문인 도학 혹은 성리학이 제대로 발휘될 수 있는지의 여부가 더 중요한 사안으로 부각된 것이다. 그리하여 유학자들은 올바른 성인의 학을 이어받은 성리학자들, 이를테면 사대부들이야말로 정치권력의 궁극적 정당성 여부를 판단할 수

---

61) 담사동, 『인학』(임형석 옮김, 산지니, 2016), 158~159쪽 및 172쪽.

있는 주체라는 점을 선언하기에 이른다. 피터 볼(Peter Bol)이 적절하게 지적하고 있듯이, 성리학의 등장과 더불어 "단순히 천명을 가졌다는 왕조의 주장이 틀렸다는 것이 아니라, 천명이 통치자에서 올바른 학을 수행하는 이들에게로 옮겨왔다는 의미"가 결정적인 중요성을 지닌다.[62]

성리학은 모든 사람이 성인聖人이 될 수 있는 배움의 길을 밝히는 것을 근본 목표로 삼았다. 성인가학론은 모든 사람에게 똑같이 하늘로부터 부여받은 천리天理인 본성의 발현에 근거를 둔다. 천리론天理論과 결합된 성인가학론에 의해 천명의 주체가 통치자로부터 배움을 통해 공맹의 성학聖學을 이어받는 학인들 혹은 유학자들로 이동됨에 따라 천하위공의 기존 해석도 크게 변화한다.

선행 연구에 따르면 송나라 시기까지 천하위공은 천자 지위의 교체 방식에 한정되어 있었다. 천하위공이 천자 지위의 계승이라는 선양의 문제에 한정해서 이해되었던 것이다. 이에 따라 공공성의 덕목은 지배자인 천자 한 개인의 덕성 문제로만 수렴된다. 물론 여기에서도 황제에게는 적어도 지배자에 어울리는 공적 덕성이 요구된다.[63] 그리고 요순선양의 방식을 본받아 새로이 왕조를 세운 천자의 자손은 그 왕조가 무너지지 않는 한 정통성과 권위를 인정받을 수 있었다. 상황이 이러했기에, 중국에서는 형식적으로나마 조광윤이 송나라를 세울 때까지 선양의 방식으로 왕조가 교체되었다. 달리 말해 위·진시기를 비롯하여 조광윤이 후주에서 선양을 통해 황제로 즉위할 때까지는 선양에 의한 역성혁명이 이루어졌다. 물론 대부분 형식상의 선양일 뿐 실질적으로는 폭력과 무력에 의해 이루어진 왕조 교체나 다름없었다. 그러나 적어도 표면적으로나마 천명을 받은 덕 있는 사람에게 왕위를 양보한다는 선양의 탈이 활용되었다고 한다.

그러나 송나라 시대 주자학의 등장과 더불어 이런 전통은 파괴된다. 성인의 학을 이어받았다고 자부하는 성리학의 견해에 의하면 "천자가 천자일

62) 피터 볼, 『역사 속의 성리학』(김영민 옮김, 예문서원, 2010), 211쪽.
63) 미조구치 유조, 『중국의 공과 사』, 19쪽 참조.

수 있는 것은 단순히 천명을 받은 자의 자손이기 때문이 아니라, 자기
자신이 뛰어난 인격자이기 때문이다." 달리 말하자면 하늘에 의해 부여받은
인간의 선한 본성인 천리天理가 보편성을 띠듯이 각 개개의 황제도 그러한
천리天理에 따라 도덕적 인격자가 될 것을 요구받게 되는 것이다. 도덕적
인격자로서의 덕성을 지니지 않는다면 그 어떤 황제라도 정당한 통치의
권위를 제대로 확보하기 힘들게 된다.[64]

이처럼 타고난 도덕적 본성이라고도 볼 수 있는 천리天理의 등장과 더불어
황제 개인에게만 한정해 이해되던 기존의 천하위공에 대한 인식이 내파되고
천하위공의 이념 역시 보편화되기에 이른다. 이제 원칙적으로 황제만이
아니라 모든 인간이 천리를 실현할 주체로 이해되기에 이르렀기 때문이다.
누가 성인이지 아닌지는 인간이 하늘로부터 부여받은 내재하는 도덕적
본질을 충실하게 발휘하는지에 의존해 있으며, 인간 본연의 도덕적 본성인
천리天理가 제대로 발현되느냐 그렇지 않으냐는 원칙적으로 각 개인의 노력
과 수양에 달린 문제일 뿐이었다. 이제 인간이 신경을 써야 할 제일의
과제는 하늘이 내려준 인간의 도덕적 본성을 개인의 주체적 노력을 통해
얼마나 충실하게 구현할 수 있는가이다. 그리고 인간에 내재하는 보편적
본성이란 다름이 아니라 바로 인仁 즉 어진 마음이다.

그런데 주희에게 "인仁이란 마음의 덕(心之德)이요 사랑의 원리(愛之理)"[65]
이다. 인仁은 또 "천지가 만물을 생성시키는 마음"으로 이해되기도 한다.[66]
배움이란 바로 천지만물의 생명의 근원이라 할 어진 마음을 제대로 발현하는
노력을 돕는 방법이다. 그리고 이런 어진 마음을 잘 발현하는 방법 중에서
주희가 강조하는 것이 바로 사람의 마음을 공정하게 하는 것이다. 그래서
천리지공天理之公이 보여 주듯이 인간의 도덕적 본성인 어진 마음은 공공성
(公)과 밀접하게 연결되어 이해된다.

---

64) 미조구치 유조 외, 『중국제국을 움직인 네 가지 힘』, 154~155쪽 및 158쪽.
65) 『맹자집주』, 15쪽, 「양혜왕상」 1.
66) 주희, 『인설』(임헌규 옮김, 책세상, 2003), 17쪽 이하.

주희에 따르면 "사람에게는 단지 공정함과 사사로움이 있을 뿐이고, 세상에는 단지 사특함과 올바름이 있을 뿐이다. 세상의 크고 올바른 도리로 일을 처리하면 곧 공정하고, 자신의 사사로운 뜻으로 그것을 처리하면 곧 사사롭다."[67] 천리天理와 인욕人欲에 대해 주희는 다음과 같이 말한다. "사람에게는 하늘의 이치와 사람의 욕심이 있을 뿐이다. 이쪽이 이기면 저쪽은 물러나고 저쪽이 이기면 이쪽이 물러나니, 가운데 서서 나아가지도 물러나지도 않을 도리는 없다."[68] 이 두 명제가 보여 주듯이 천리의 구현은 마음의 사욕을 없애 공정함을 추구하는 데에서 이루어진다. 이런 맥락에서 주희는 공을 어진 마음을 확충해가는 방법이라고 말한다. "인의 도는 요컨대 단지 하나의 공公자로 말해 버릴 수 있다. 공은 인의 리理일 뿐이니, 공을 곧 인이라 불러서는 안 된다. 공을 사람이 체득하면 인이 된다."[69] 우주만물의 생성을 도모하는 것이 어진 마음이었듯이 이 어진 마음을 구현하는 방법인 공公은 타자와의 관계를 격리·단절시키는 사사로운 마음의 닫힌 문을 열어 타자와의 소통을 원활하게 하는 행동으로 이해된다.[70] 그리고 사사로움을 극복하여 타자와 더불어 살려는 열린 마음을 확충해야 한다는 과제는 개인에게 한정된 도덕의 문제를 넘어서 정치 세계를 개인의 도덕적 본성이 파괴되지 않도록 질서정연하게 안정시켜야 한다는 주장으로 이어진다. 천하위공의 관념이 보편화되면서 당연히 천하와 국가의 일에 대한 일반 사대부들의 참여 욕망도 크게 확장된다.

또한, 주희는 인간의 참다운 본성인 천리天理를 발현하기 위한 학문이란 지위고하를 막론하고 모든 사람에게 다 똑같다고 역설하는데, 이 점 또한 천하위공의 성리학적 변형과 관련되어 있다. 대학大學이란 통치자를 위한 학문에 한정되는 것이 아니라 모든 사람에게 해당하는 보편적 학문임을

---

67) 여정덕 편, 『주자어류』 4(허탁 외 옮김, 청계, 2001), 688쪽.
68) 같은 책, 677쪽.
69) 주희·여조겸 편저, 『근사록집해』 1, 244쪽.
70) 같은 책, 245쪽. 주희의 공 이론에 대해서는 나종석, 「주희 공 이론의 민주적 재구성 가능성」, 『철학연구』 128(2013) 참조 바람.

그토록 강조했던 것도 마찬가지다. 따라서 주희는 "천자로부터 서인에 이르기까지 일체 모두 수신을 근본으로 삼는다"라고 말한다.[71] 그는 사대부와 일반 사람들의 배움과 왕이나 관료의 배움을 구별하는 것이 옳지 않다고 했다. 성인에 이르는 것은 모든 사람의 일이다.

주희는 "임금, 재상, 제후, 경卿, 대부, 사士, 서인의 학문을 구별"하려는 강덕공江德功을 비판하면서 『대학』의 가르침은 왕, 관료 그리고 모든 사람에게 보편적으로 적용되어야 함을 강조했다. 그는 강덕공에게 보내는 편지에서 다음과 같이 말한다.

> 나라를 다스리고 천하를 평정하는 것과 뜻을 정성스럽게 하고 마음을 바르게 하는 것과 몸을 닦고 집을 가지런히 하는 것은 단지 하나의 이치(一理)여서 격물하여 치지하는 것도 이것을 아는 것일 뿐이라고 했으니, 이것이 『대학』의 본뜻입니다. 이제 반드시 나라를 다스리고 천하를 평정하는 것이 임금과 재상의 일이어서 배우는 사람이 간여할 수 없다고 한다면, 안팎의 도리가 근본을 달리하여 귀착처가 달라질 것이며 경의 본뜻과도 정면으로 모순될 것입니다. 우임금, 후직, 안회 등이 도를 함께했다지만 어떻게 꼭 (인군의) 자리에 있어야만 정치를 했다고 하겠습니까?…… 이 편篇에서 논하는 것은 자신의 몸에서부터 헤아려 천하에 미친다는 것입니다.[72]

대학大學이라는 학문은 궁극적으로 개인의 인격 완성을 넘어서 치국평천하를 지향하는 것인데, 이런 학문을 겸비할 수 있는 주체는 천자 및 공경대부와 그들의 자식들에게만 한정된 것이 아니라는 말이다. 사대부는 물론이고 보통의 일반 사람, 즉 서인도 대학의 도를 배워 익힐 수 있는 존재라는 주장은 가히 파천황적인 주장인 셈이다.

이처럼 주자학에서 천리天理는 정치의 궁극적 근거인 천하의 바른 이치인 동시에 인간에 내재하는 도덕적인 본성이자 정치권력의 궁극적 정당성의

---

71) 『대학·중용집주』, 25쪽.
72) 주희, 『주자대전』 9, 565쪽 및 575쪽.

원천으로 받아들여진다. 그런 까닭에 하늘의 이치를 실현할 주체는 황제나 조정에서 활동하는 소수의 권력자만이 아니라 모든 사람이라는 점이 원리적 차원에서나마 인정되기에 이른다. 따라서 황제의 권력을 견제하고 비판하는 역할이 관료, 사대부의 범위를 넘어 일반 백성들에게도 개방될 실마리가 확보된다. 달리 말하자면 천리 혹은 천리의 공에 어긋나는 황제의 자의적 권력 행사는 모든 사람에 의해 준엄하게 비판받고 견제받아야 할 대상이라고 여겨진다. 이런 맥락에서 주희는 황제가 천하를 다른 사람에게 줄 수 없다는 맹자의 말을 설명하면서 "천하는 천하 사람들의 천하요, 한 사람의 사유물이 아니다"[73]라고 주장한다.

천하위공의 대동사상, 그러니까 천하는 한 개인의 독점물이 아니라 천하 사람들의 천하라는 생각이 주희의 천리론과 결합됨으로써 일어난 정치적 주체에 관한 의식의 변화를 좀 더 구체적으로 살펴보자. 수기치인修己治人이라는 전통적 공맹 사상의 본령을 이어받은 주희는 사대부가, 더 나아가 모든 인간이 천하의 일에 관심을 두어야 한다는 점을 강조한다. 이런 주희의 생각이 잘 드러나 있는 곳은 『대학혹문大學或問』에 있는 혹자와 주자와의 가상 대화이다.[74] 주희의 말을 들어 보자.

어떤 사람이 물었다. "'치국·평천하'(나라를 다스리고 천하를 평온하게 하는 것)는 천자와 제후의 일이므로 경대부 이하의 사람들은 그 일에 관여할 수 없습니다. 그런데 지금 『대학』의 가르침에서는 으레 '명명덕어천하明明德於天下'로써 말을 하니, 어찌 그 지위(位)에서 벗어난 것을 생각하고 그 분수가 아닌 것을 범하는 것이 되지 않겠습니까? 그것이 어떻게 위기지학爲己之學이 될 수 있겠습니까?' 나는 아래와 같이 대답하였다. "하늘의 밝은 명은 태어날 적에 함께 얻은 것으로, 나만 사사로이 얻은 것이 아닙니다. 그러므로 군자의 마음은 드넓게 크고 공정하여, 천하를 바라볼 때 어느 한 생명체라도 내

---

73) 『맹자집주』, 272쪽, 「만장상」 5.
74) 『大學或問』은 주희의 가장 중요한 저서 가운데 하나라고 한다. 미우라 구니오, 『주자어류 선집』, 159쪽.

마음으로 사랑해야 할 대상 아닌 것이 없으며 어느 한 가지 일이라도 나의 직분상 해야 할 바가 아닌 것이 없다고 여깁니다. 비록 형세상 비천한 신분의 일반인일지라도 자기 임금을 요임금과 순임금 같은 분으로 만들고자 하고 자기 백성을 요순시대의 백성으로 만들고자 하는 포부가 그들 분수 안에 있지 않은 때가 없습니다."[75]

주희의 자문자답은 다음과 같은 세 가지 점에서 흥미롭다.

첫째, 성리학적 직분 개념이 기본적으로 신분제적 사회에서와 같은 세습적인 신분 개념과 거리가 멀다는 점이다. 나라를 다스리고 천하를 평온하게 하는 일은 세습적인 귀족이나 왕에게만 허용된 특권이 아님을 주희는 분명하게 밝히고 있기 때문이다. 이런 주자학의 탈신분제적 직분 개념은 당송변혁기로 이해되는 송대에서 발생한 거대한 변혁의 시대상을 반영한다.[76] 여영시가 강조하듯이 사·농·공·상 등으로 사회적인 분업이 이루어진 상황에서 개인은 자신의 재능과 노력에 부합하게 다른 집단으로의 신분 이동이 가능한 사회가 송대였다. 다시 말해 북송대에 이미 민民과 사士는 혈연을 통해 세습되는 신분제적 직분이 아니었다. 민이 사로, 또는 사가 민으로 신분 이동이 가능했다. 주지하듯이 송대에 대거 출현한 사대부들은 당나라 시대의 문벌귀족과는 달리 세습적 지위를 누리는 지배 계층이 아니라 농·공·상에서 배출된 지배 엘리트였다. 북송대에는 농·공·상 출신의 자제들도 과거 시험을 통해 사士의 신분을 획득할 수 있었다.[77]

둘째, 주희의 주장에서 주목할 만한 것은 그가 앞에서 언급한 정이와

---

75) 『대학혹문』; 『대학』, 193쪽.
76) 일본 교토대학에서 활동한 나이토 코난(內藤湖南)과 미야자키 이치사다(宮崎市定) 등의 중국사학자들은 중국사에서 당송변혁기를 서양의 근대성에 필적하는 격변기로 이해한다. 당송변혁기 학설 혹은 중국 근세(early modern)설이라고 불린다. 당송변혁기의 성격을 근세 즉 초기 근대로 규정한 작업은 중국 역사를 이해하는 데 새로운 지평을 개척하여 서구 학계에도 커다란 영향을 주었다. 교토학파로 불리는 이들의 핵심 주장과 그 문제점에 대해서는 왕휘/왕후이(汪暉), 『아시아는 세계다』(송인재 옮김, 글항아리, 2011), 81~83쪽 참조 바람.
77) 여영시(위잉스), 『주희의 역사세계』 상, 247~248쪽 및 252쪽.

마찬가지로 백성의 정치적 지혜에 대한 믿음을 보여 준다는 점이다. 백성의 정치적 판단 능력에 대한 그의 신뢰는 그가 활동했던 시대의 변화 추세를 반영하고 있다고 할 수 있다. 일반 백성과 사대부 사이의 차이가 혈연에 의한 세습적 지위의 차이가 아니라 개인의 능력에 따라 결정되는 차이라는 점은 백성이 요순 세상이라는 유가적 이상사회의 형성에 일익을 담당할 수 있다는 주희의 판단에도 크게 영향을 주었을 것이다. 여영시에 따르면, 송대 백성의 정치적 의식에 대한 신뢰는 주희만이 아니라 송대 리학자들이 공유한 신념이었다.[78]

셋째, 주희의 자문자답은 성리학이 정치적으로 상당히 위험한 결과를 초래할 수 있음을 보여 준다. 더 나아가, 그가 이런 사실을 자각하고 있었을 뿐만 아니라 그런 혁신적 측면을 부정하지 않고 긍정한다는 사실이다. 평범한 사람조차도 천하와 국가의 일에 무관하지 않고 그것에 관여할 수 있다는 점이 혹여나 하극상과 같은 자신의 지위를 넘어서는 위험한 행위를 권하는 것은 아닌지 주희는 자신에게 묻는다. 그러니까 자신의 성리학이 모든 사람이 다 왕이 될 수 있다는 점을 고무하는 학설이 아닌지를 묻고, 이어서 모든 사람이 천하의 일에 관여하는 것은 하등 문제가 되지 않음을 스스럼없이 밝힌다.

앞에서 본 것처럼 주희의 주장은 유가적 천天 이념의 보편주의적이고 평등주의적인 요소를 매우 분명하게 보여 준다. 천 관념이 지닌 평등주의적 요소가 주희의 성리학을 통해 한층 더 강화되고 있음을 알 수 있다.

6. 나가는 말

이 글은 공맹 사상의 정수를 대동사상으로 보면서 성리학을 대동유학의

---

78) 같은 책, 255쪽 참조.

근본정신으로부터 이탈된 것, 혹은 대동 이념의 발현을 방해하는 것이라고 여기는 주장을 비판적 탐구 대상으로 삼아 보았다. 대동유학을 성리학과 대치되는 것이라고 보는 주장과 달리 필자는 성리학 속에 내장된 대동의 측면을 발굴하여 그것을 강조해 보고자 했다. 그러니까 성리학을 소강유학으로 분류하는 시도가 지니는 한계를 보여 주려고 한 것이다. 비록 유학 사상의 흐름을 대동과 소강유학으로 분류하는 방법이 적절하다 하더라도, 이 둘 사이를 전적으로 다른 사유로 대비해서 보는 관점이 꼭 결론으로 도출된다고 볼 필요는 없다.

  유학의 창시자인 공자의 사상에도 이미 소강유학과 대동유학의 모습이 다 들어 있다. 그러므로 소강과 대동의 유학을 분리해 이 둘을 서로 양립할 수 없는 사유 패러다임으로 보는 것은 공자 사상의 전모를 파악하는 데에도 일정한 문제가 있다. 더 나아가 성리학을 대동유학의 본의를 상실했다고 여겨지는 소강유학으로 분류하면, 그런 인식은 성리학이 지닌 탈신분제적 사회로의 혹은 민주적인 근대 사회로의 이행 가능성을 방해한다는 결론으로 이어진다. 이는 우리가 이미 본문에서 다룬 것이다. 필자가 보여 주고자 했던 점은 그런 결론을 뒷받침하는 전제 자체가 과연 설득력이 있는지 하는 것이었다. 그리고 그런 전제를 다시 생각해 보아야 한다는 것이 이 논문에서 논증해 보고자 하는 주된 과제 중 하나였다. 성리학은 기본적으로 대동적 공맹 유학의 전통을 계승·발전시키고 있는 측면을 분명히 간직하고 있음이 필자의 주된 주장이었다. 이런 주장을 입증하기 위해 제안된 필자의 논증이 얼마나 타당한지는 독자의 판단에 맡기고자 한다.

제4장

책임 이론으로서의 군자 이론과
유가적 자율성에 대한 검토

1. 들어가는 말

이 장에서 필자는 공자의 군자 이론을 책임 이론으로 재해석하면서 그것이 새로운 형태의 자율성 이론 및 민주주의 이론으로 이어질 가능성을 탐색하고자 한다. 특히 공자의 살신성인에 대한 이론이 지니는 혁신적 측면을 군자의 책임 이론으로 재해석하고, 이를 바탕으로 독특한 형태의 자율성 이론이 유가적 사상 속에서 어떻게 재구성될 수 있는가를 살펴보고자 한다. 앞으로 보게 되겠지만, 왕의 특권이자 의무로만 여겨졌던 천하와 세계에 대한 무한한 책임을 공자는 군자 개념의 혁신을 통해 모든 인간의 보편적인 도덕적 행위 원리로 발전시키고 있음을 좀 더 분명하게 해볼 것이다.

중국의 고대 세계에서는 가뭄이나 극심한 기근, 전쟁 등으로 인해 백성들이 고통받게 될 때 왕은 자신의 목숨을 바치면서까지 책임을 다해야만 했다. 이런 행위방식은 왕만이 하늘과 소통할 수 있는 역량 혹은 덕이 있다는 신정神政일치의 세계관을 반영한 것이었다. 그러나 공자는 군자가 갖추어야 할 덕으로서의 책임을 왕의 특권으로부터 분리하여 그것을 모든 인간이 추구해야 하는 것으로 재해석한다. 그리하여 하늘과 인간의 소통은 왕과 하늘과의 미신적 혹은 비합리적 소통의 틀을 넘어서 보편화되기에 이른다. 이제 세상의 고통을 구하는 일은 왕과 같은 소수의 특권적 인물이나 통치자 계층의 책임으로 한정된 것이 아니라 모든 사람이 관여할 사안이라는 사고방식의 혁신을 공자의 군자 이론은 보여 준다.

앞에서도 살펴보았으며 다른 각도에서지만 본문에서도 강조하는 바처럼, 사람의 사람다움으로 재해석된 인仁은 공자 사상의 핵심이다. 공자의 인仁이란 다양한 의미 층위를 지닌 복잡한 개념임이 분명하나, 그것은 분명 인간을 포함하여 뭇 생명을 차마 해치지 못하는 어진 마음을 뜻하는 것으로 이해될 수 있다. 그러므로 인仁에 바탕을 둔 공자의 도덕 및 정치이론은 소극적으로 볼 때 잔인성에 대한 금지 규정을 포함한다. 달리 말하자면 인간을 포함한 모든 생명체에 잔인한 행위를 하지 말 것을 요구하는 것이다. 이런 잔인성의 금지는 리처드 로티(Richard Rorty)가 슈클라(Judith Shklar)의 자유주의에 대한 정의로부터 유추해낸, 자유주의의 핵심으로 강조하는 사항과도 연결되어 있다.

로티에 의하면 슈클라는 "자유주의자란, 잔인성이야말로 우리가 행하는 가장 나쁜 짓이라고 생각하는 사람"이라고 주장하였다[1]. 실제로 슈클라는 자유주의가 "잔인함이란 절대적 악, 즉 신이나 인간성에 반하는 범죄"라는 확신으로부터 탄생했다고 보았다. 그러니까 근대 초기 종교전쟁의 잔인성에 대한 경험으로부터 정치적 자유주의가 탄생했다는 것이다.[2] 그런데 우리의 관심은 슈클라와 로티의 자유주의에 대한 이해와 공자의 인 사상 사이의 친화성과 상호대화의 가능성을 확보하는 데 있는 것이 아니다. 다만, 슈클라가 언급하는 잔인성은 우선 사람의 생명을 해칠 수 있는 상황에 대한 공포에서 비롯된다는 점을 주목해 보자. 슈클라는 이러한 "잔인성의 금지가 인간 존엄성의 보호를 위한 필연적 조건으로 일반화될 수 있고 인정될 수 있을 때, 바로 그것은 정치적 도덕의 원리가 된다'라고 말한다.[3] 슈클라나 로티가 중요시하는 자유주의의 정신이 공자가 말하는 어진 정치 즉 인정仁政의

---

1) 리처드 로티, 『우연성, 아이러니, 연대』(김동식·이유선 옮김, 사월의 책, 2020), 25쪽.
2) Judith Shklar, "The Liberalism of Fear", Nancy L. Rosenblum (ed.), *Liberalism and the Moral Life* (Cambridge: Harvard University Press, 1989), p.23.
3) 같은 글, pp.29~30.

이념과 상통하고 있음을 알 수 있다.

이제 다시 공자의 인에 대한 설명으로 되돌아가 보자. 잔인성을 회피하는 것, 즉 잔인성을 금지하는 것을 도덕과 정치의 근본 과제로 내세우는 공자의 주장을 긍정적으로 표현하면 다음과 같다. 차마 해치지 못하는 어진 마음이 보여 주듯이 '잔인성이 가능한 한 회피되어야 한다'는 주장은, 사람은 뭇 생명을 해치는 마음을 제어하고 모든 생명을 소중하게 여기고 돌보면서 그 생명이 잘 성장하는 데 관심을 지녀야 한다는 도덕적 요청으로 이해될 것이다. 이를 정치 세계로 확장한다면, 당연히 인간의 삶과 자연의 생명체를 해치고 그 자유로운 성장을 불가능하게 하는 사회적·경제적·정치적 질서와 제도 및 규범을 비판하고 극복할 것을 요청하는 셈이다.

연민의 감정을 여인의 덕으로 치부하고 인간의 자율적 독립성을 해치는 것으로 보는 서구적 사상 전통이 비판하듯이 차마 해치지 못하는 마음을 단지 연약하고 여린 마음으로만 보는 것은 오류이다. 생명을 해치지 않으려는 마음은 때로는 그 어떤 마음보다도 강렬하고 견결한 태도를 필요로 하기 때문에 그렇다. 실제로 우리는 서로를 해칠 수 있는 존재이기도 하다. 인간은 신체를 지닌 취약한 존재라는 점에서 우리는 서로에게 의존해 있다. 자신의 생명을 보존하기 위해서라도, 자신에게 해를 가할 수 있는 타인과의 관계를 벗어나서는 살아갈 수 없는 것이 인간이다. 그러므로 차마 해치지 못하는 마음을 도덕 및 정치이론의 토대로 삼고 있는 공자의 인仁 이론은 자신에게 해를 가할지도 모르는 매우 위태로운 상황을 견디면서 서로 사회적 연대를 형성하려는 기획이다.

공자가 강조하듯이 어진 마음은 때로는 타인에게 자신의 생명을 바치길 요구하기도 한다. 그런데 이런 요구에 기꺼이 응해 어진 마음을 이루려는 뜻을 왕에게만 요청되는 한정된 것으로서가 아니라 모든 사람이 서로에게 지게 되는 도덕적 요청이라고 보는 것이 공자 군자관의 핵심적 주장이다. 그리고 뭇 생명을 해치지 못하는 마음을 바탕으로 이루어지는 정치, 즉 인정仁政의 정치이념은 가뭄이나 기아 같은 자연재해만이 아니라 전쟁을 일으키고 잔악한 폭정을 일삼는 왕이나 정치제도 전반에 대해서도 비판적인 이의를 제기할 것을 요청한다. 인정의 정치이념이 궁극적 목적으로 삼는 것은 다름 아니라 소외되고 배제되는 사람 없이 모든 사람이 자신의 삶을 제대로 영위할 수 있는 대동 세상의 구현이다.

그러므로 하늘로부터 모두가 평등하게 부여받은 차마 해치지 못하는 마음을 길러서 이 세상의 고통으로부터 온 백성을 구제해 내는 일은 군자가 해야 할 기본적 책무에 해당된다는 것이 공자의 생각이었다. 그리고 세상의 온갖 고통을 자신의 고통으로 간주하여 그러한 고통을 제거하겠다는 무한한 책임을 자임하는, 이러한 군자에 대한 공자의 새로운 사고는 새로운 자율성과 민주주의를 향한 잠재성 또한 안고 있다는 것이 필자의 생각이다. 이제 이를 좀 더 다루어 보기로 하자.

2. 중국 고대 희생양 제의와 유가적 군자론

유가적 군자의 책임 의식의 전형은 탕왕의 이야기에서 잘 드러난다. 그의 이야기는 군왕이 백성의 볼모라는 원초적 현상을 보여 주기도 하지만, 군자의 책임 의식이 얼마나 무거운 것인가를 보여 주는 상징적 이야기이기에 그렇다. 실제로 전설적인 제왕인 요순의 이야기가 『논어』의 마지막 편인 「요왈」의 첫머리에 등장하는데, 이 부분에 탕왕도 요순의 도를 이어받고 있는 이상적 성왕의 한 사람으로 편입되어 있다. 달리 말하자면 탕왕이 요순과 더불어 유가적인 정치 이상으로 편입되고 있는 것이다.

우리가 잘 알고 있듯이 『논어』는 「학이」편의 군자의 학문에 대한 강조에서 시작하여 유가적 성왕에 대한 언급으로 이루어진 「요왈」편에서 끝이 난다. 이는 수기치인修己治人을 이상으로 삼는 공자 군자 이론의 처음과 끝을 잘 보여 주고 있다고 할 것이다. 하·은·주 삼대 이전의 요·순에 대한 언급으로 『논어』가 종결된다는 것은 요순 이래로부터 주대에까지 이르는 인류 문화의 역사를 유가 나름으로 정리하고 있다고 해석할 수 있다. 『논어』「요왈」편의 첫머리를 인용하면 다음과 같다.

요임금이 말씀하셨다. "아! 너 순이여! 하늘의 역수가 그대 몸에 있으니, 진실로 그 중도中道를 잡아 지켜라. 사해가 곤궁하면 천록天祿이 영원히 끊어지리라." 순임금 또한 이 말씀으로써 우임금에게 명하셨다. (탕왕이) 말씀하셨다. "저 소자 리履는 검은 희생을 써서 감히 거룩하신 상제께 아룁니다. 죄가 있는 사람을 제가 감히 용서하지 못하오며 상제의 신하를 제가 감히 가리지 못하거니와, 신하를 간택함은 상제의 마음에 달려 있습니다. 제 몸에 죄가 있음은 만방 때문이 아니며, 만방에 죄가 있음은 그 책임이 제 몸에 있습니다." 주나라에 큰 베풂이 있으니, 선인이 이에 부富하게 되었다. (武王이 말씀하셨다.) "비록 지극히 가까운 친척이 있으나 어진 사람만 같지 못하며, 백성들의 과실은 (책임이) 나 한 사람에게 있다." 권權과 양量을 삼가고 법도를 살피며 폐지된 관직을 다시 설치하시니, 사방의 정치가 제대로 거행되었다. 멸망한 나라를 일으켜 주고 끊어진 세대를 계승해 주며 숨겨진 사람을 등용하시니, 천하의 민심이 귀의하였다. 소중히 여겼던 것은 백성의 식생활과 상례와 제례였다. 너그러우면 대중을 얻고, 신의가 있으면 백성들이 신임하고, 민첩하면 공적이 있고, 공정하면 기뻐한다.[4]

위 인용문에서 탕왕은 희생제물을 상제에게 바치면서 제사를 주도하는 사람으로 등장한다. 이는 분명 군왕이 제사장이면서 왕이기도 했던 제정일치祭政一致 시기의 일화를 담고 있다. 더 나아가 탕왕은 "제 몸에 죄가 있음은 만방 때문이 아니며, 만방에 죄가 있음은 그 책임이 제 몸에 있습니다"라고 말한다. 여기에서 우리는 유가적 군자와 위정자가 추구하는 최고의 이상적 인물인 성왕聖王이 얼마나 막중한 책임을 지고 있는지를 알 수 있다. 탕왕의 이 말은, 천하의 모든 재앙이나 고통은 왕 자신이 짊어져야 할 책임임을 보여 주고 있다.

---

4) 『논어집주』, 385~387쪽, 「요왈」 1.

이렇게 유가적 성왕의 책임 이론으로 탕왕의 이야기가 재구성되는 것은 공자를 비롯한 유가에 의한 것임은 말할 것도 없다. 예를 들어 공자는 요·순·우·탕에 대한 기록이 실려 있는 『상서』를 매우 높이 존중하여, 이를 제자 교육의 필수 과목의 하나로 정함으로써 제자들에게 『상서』를 통해 정치의 근본이 무엇인가를 가르쳤다.5) 이처럼 군자와 위정자는 요순과 같은 위대한 성왕을 본보기로 삼아서 천하의 무거운 책임을 스스로 짊어지는 사람이 되기 위해 노력해야만 한다는 것은 공자가 심혈을 기울여 집대성했던, 그 이전의 문명을 새로운 유가적 인문정신으로 변화시키는 작업의 최종 결과인 셈이다. 그리고 이런 유가적 책임 이론의 근본에는 공자의 인仁 이론이 자리 잡고 있다. 요컨대 공자 이전 역사에서 파편적으로 혹은 신비적으로 왜곡되어 있던 도덕과 정치에 대한 전통적 견해의 인문정신의 핵심을, 군자가 목숨을 걸고서라도 지키고 실현해야 할 궁극적 도인 인仁에 대한 무한한 책임과 헌신에 대한 요구로 재해석하고 발전시킨 것이 공자의 유가적 책임 이론이다.

그러므로 유가적 책임 이해의 독특성과 획기적 특성을 이해하기 위해서는 그 이전의 역사의 추이를 살펴볼 필요가 있다. 사실 탕왕의 이야기는 본래 가뭄이나 홍수와 같은 거대한 재앙으로 인해 공동체가 해체와 무질서의 위기에 직면했을 때 왕을 살해하거나 불에 태워서 신을 달래려는, 무축巫祝신 앙에 바탕을 둔 고래의 희생제의에서 유래한 것이다.

> 옛날 탕왕이 하夏나라를 타도하고 천하를 바로잡았을 때 천하에 크게 가뭄이 들어 5년 동안 수확을 제대로 거두지 못하였다. 그러나 탕왕은 상림桑林에서 자신의 몸으로써 기도를 올리며 말하였다. "나 한 사람이 죄가 있다면 (화가) 만 사람에게 미치지 말게 하소서. 만 사람에게 죄가 있다면 (화가) 나 한 사람에게만 있게 하소서. 한 사람의 불민함 때문에 상제와 귀신들께서 백성들의 생명을 해치지 말게 하소서." 이때 머리를 깎고 손을 형구로

---

5) 기무라 에이이치, 『공자와 논어』, 742쪽.

묶어서 제 몸으로 희생을 삼아 상제에게 복을 기원하였더니 백성들이 매우 기뻐하였다. 그러자 많은 비가 내렸다. 탕왕이 귀신의 조화와 인사人事의 변화에 통달하고 있었기 때문이었다.[6]

『여씨춘추』에 인용된 탕왕의 행동에 대한 기록은 그의 행동이 마치 결과를 예측하고 의도적으로 희생양이 되고자 한 것 같은 분위기를 보여 준다. 이는 인신공양 등 무술巫術에 기반하고 있는 희생제의에 대한 인식이 역사적 추이 속에서 얼마나 세속적인 방향으로 변화하게 되었는지를 보여 주기에 부족함이 없다. 물론 가뭄과 같은 재앙이 임금이나 백성의 잘못으로 인해 상제가 노해서 생겼을 것으로 생각해서 상제의 노여움을 풀어 주기 위해 왕 자신의 생명을 바치고자 하는 행위는 여전히 옛날의 주술적이고 신화적인 사유 방식의 흔적을 남겨 두고 있다.

그러나 더 주목해야 하는 부분은 탕왕이 자신을 상제에게 제물로 바치면서 그 행위를 정당화하는 말이다. 그는 자신의 희생을 통해 만백성에게 해가 일어나지 않도록 해 달라고 기원한다. 그러니까, 자신이 모든 책임을 지고 몸을 상제에게 바칠 터이니 상제는 가뭄과 같은 재앙으로 백성에게 죄를 묻지 말아 말라고 간청하고 있다.

임금이 백성의 죄나 나쁜 행위까지도 자신이 대신 짊어지고 그에 대해 목숨을 바쳐 책임을 다하겠다고 나서는 예에는 옛 주술적인 희생양 제도에 대한 매우 혁신적인 해석이 들어 있다. 그것은 물론 왕의 살해라는 고래의 전통에 대한 공자와 유가들의 인문적 재해석의 결과이다. 즉, 가뭄이 들어서 왕을 하늘에 바치는 주술적인 희생제의의 함의를 재해석한 내용에서 두 가지에 주목할 필요가 있다. 첫째, 상제나 하늘은 결코 단순하게 사람을 제물로 바치는 것을 좋아하는 것이 아니라, 사람의 덕에 따라 화와 복이 결정될 수 있다는 점이다. 둘째, 하늘이나 상제는 백성의 뜻을 매개로 하여 인간 세상에 관여한다는 점이다. 그러니까, 탕왕의 희생 자세는 주술적인

---

6) 여불위, 『여씨춘추』, 226~227쪽.

신비적 힘에 대한 신앙에 바탕을 두고 상제에게 가뭄을 해소해 달라고 기도하는 것이 아니다. 그는 민심에 순응하고자 그런 희생적 행위를 몸소 보여 주려고 했으며, 하늘은 그런 그의 덕스럽고 책임을 다하려는 태도에 감복해 가뭄을 해소하는 비를 내리게 했다는 취지의 주장이다. 달리 말하자면 탕왕과 같은 성왕은 백성의 뜻, 즉 민심을 얻고자 그런 행위를 했다는 식의 설명도 나온다.

　"덕을 베풂"을 통해 "민심을 얻어" 큰 공적과 명예를 이룬 탕왕의 행적에 관한 서술은 분명 다르게 해석될 수 있다.[7] 그런 서술은 군왕이 백성과 천하에 대해 무한한 책임을 다해야 한다는 것으로 이해될 수 있기 때문이다. 탕왕의 희생적 자세, 그러니까 천하의 고통과 재앙을 자신의 탓으로 돌리면서 그런 결과에 대해 스스로를 불살라 백성에 대한 무한한 책임을 다하고자 하는 성스럽고 숭고한 모습에 백성은 즐거워하며 왕과 백성이 한 몸이 되었으니, 이에 하늘이 감복했다는 것으로 이해될 수 있다. 탕왕은 백성의 고통을 자신의 고통으로 여기면서 그런 고통을 해결하기 위해 자신의 몸을 하늘에 희생양으로 바치고자 했다. 백성을 사랑하고 아끼는 마음이 상제나 하늘을 감복시킬 정도로 절절했던 모습이 바로 유가적 성왕의 한 사람인 탕왕이 보여 준 백성에 대한 자세였다.

　이렇게 탕왕의 희생정신은 큰 가뭄으로 고통받는 온 백성의 요구에 응답하는 책임 의식 그리고 그러한 책임 의식은 자신의 몸을 증여할 정도로 무한하다는 점을 보여 준다. 달리 말하자면 백성이 필요로 하는 것, 즉 백성의 호소에 응답하는 무한한 책임 정신이야말로 백성의 군왕이 마땅히 갖추어야 할 덕성이라는 것이다. 이처럼 공자의 군자와 인 이론은 백성 및 고통받는 존재의 요구에 대한 응답으로서의 무한한 책임성과 분리될 수 없다.

　독자들은 여기서 필자가 레비나스 및 데리다의 책임 개념을 사용하고 있음을 알아차릴 것이다. 이곳이 유가사상과 레비나스 및 데리다 사이의

---

　7) 같은 책, 226쪽.

비교를 상세하게 할 자리는 아니다. 그러나 근래 중국에서도 유가사상과 레비나스 사상 사이의 유사성에 주목하는 연구 경향이 대두되고 있다고 한다.[8] 예를 들어 오효명도 중국의 전통사상, 특히 공자를 비롯한 유가사상은 윤리적 관계를 근본적이고 우선적인 것으로 고려하고 있다는 점에서 "윤리적 관계, 윤리적 관심, 윤리적 책임이 지니는 근본적인 의의"를 천착하지 않으면 안 된다고 강조한다. 그러면서 그는 이러한 유가사상의 전통이 타자의 우선성과 타자와의 관계라는 맥락에서 주체를 사유하는 레비나스와 상통하고 있음을 역설한다.[9] 뒤에서도 필자는 공자의 성왕론을 레비나스의 '타자의 인질' 혹은 '볼모'라는 용어를 활용해 해석할 것이다. 필자는 공자의 유가적 성왕론은 군왕이 백성의 볼모 혹은 인질이라고 볼 때 그 의미가 제대로 이해될 수 있다고 본다.

물론 앞에서 필자가 나름대로 무한 책임의 이론이라는 시선으로 유가적 성왕 이론의 핵심을 해석한 것은 탕왕의 전승에 관한 유가적 재해석에서 출발한 것이다. 그런데 탕왕의 설화가 보여 주듯이 본래 고대 중국에서도 왕이나 다른 사람을 하늘이나 신에게 희생물로 바치는 인신공희人身供犧 제의가 존재했다. 탕왕의 이야기와 비슷한 기록들도 남아 있다. 예를 들어, 송나라 경공(?~기원전 453)은 여러 해 동안 지속되는 가뭄으로 고통 받는 백성을 위해 탕왕과 마찬가지로 머리를 자르고 손톱을 깎은 뒤 마른 장작에 앉아 비가 오기를 빌었다고 한다.

물론 가뭄이나 역병이 들어 사회가 극도의 위기 상황에 부닥쳤을 때 왕을 희생으로 삼는 사례는 고대 중국에만 한정된 현상이 아니라 당시 인류 사회의 보편적 현상이었다고 알려져 있다.[10] 한 공동체가 기근, 역병,

---

8) 진래, 『인학본체론』, 114~116쪽 참조 바람.
9) 오효명, 『공자의 인, 타자의 윤리로 다시 읽다』(임해순·홍린 옮김, 예문서원, 2019), 55~57쪽 강조 사족일지 모르지만, 레비나스의 타자론과 공자 인 사상 사이의 친화성에 대한 필자의 강조는 필자 나름의 고민에서 나온 것임을 첨언하고 싶다. 이것이 필자만의 그 무슨 독창성을 내세우고자 하는 것이 아니라, 전혀 교류가 없는 동아시아 학자들이 레비나스와 공자 사상 사이의 연관성에 대한 강조를 공유하고 있었다는 사실이 필자에겐 흥미로운 현상이었다는 점을 말하고 싶다.

가뭄 등 커다란 재난을 겪을 때 왕을 살해하여 희생양으로 삼는 현상이 고대에는 보편적이었다는 사실은 시라카와 시즈카가 밝히고 있듯이 『황금가지』(The Golden Bough: A Study in Magic and Religion)의 저자 제임스 조지 프레이저 (James George Frazer, 1854~1941)의 연구로 입증되었다.

3. 인신공양 희생제의 비판과 유가의 군자론의 전개

고대 중국에서는 인신공양의 제사 의식에서 희생양으로 선택된 사람이 남녀 무당이었는데, 보통 무당은 불에 태워 죽이는 형태로 희생제물로 쓰였다.[11] 인간을 제물로 바치는 관습은 주대에도 계속되었으며, 그와 관련된 기록이 『시경』에 두 번, 『좌전』에 열한 번 언급되고 있다고 한다.[12] 이런 인신희생의 관습이 없어진 데에는 공자와 유가가 큰 역할을 했다. 실제로 유가는 인신희생의 관습을 비판했다. 물론 인간을 희생제물로 바치는 야만적 관행에 대해 비판적 태도를 보여 준 것도 공자 이전 인문정신의 발전을 전제로 해 나온 것이다. 제물을 바치는 것 못지않게 덕이 하늘을 기쁘게 한다는 사상이 공자 이전에도 존재했지만, 공자는 이런 사상을 더욱 발전시켰다. 이제 주술의 마력이나 점술에서 벗어나 신 혹은 하늘과 인간 사이의 관계가 합리화되고 도덕적인 것으로 변화되기 시작했다. 공자는 이전 시대에서부터 축적되어 온 하늘과 인간의 관계를 발전시켜서 덕 위주로 바라보는 새로운 관점을 받아들이고, 이를 사상의 중심으로 삼아 인본주의의 정신을 크게 발양시켰다.[13]

무고한 사람을 희생양으로 바치는 고래의 전통을 비판하는 맥락에서 공자의 군자론과 인학(仁學)의 획기적 의미도 분명해질 수 있다고 여겨진다.

---

10) 시라카와 시즈카, 『공자전』, 100~101쪽.
11) 같은 책, 101쪽.
12) 크릴, 『공자: 인간과 신화』, 152쪽.
13) 같은 책, 152~153쪽.

그러므로 공자의 군자 이론과 책임 이론의 성격을 희생양 제도의 변화와 관련하여 좀 더 살펴보자. 앞에서 언급했듯이 고대 중국에서 사회의 질서가 붕괴될 정도의 재앙, 이를테면 홍수나 가뭄이나 질병과 같은 위기 상황이 발생했을 때에는 왕이나 제사를 책임지고 있는 무당을 희생제물로 바치려는 현상이 있었다. 가뭄이 심해지자 무당을 태워 죽여서 하늘에 제물로 바치려 했던 이야기는 『예기』에도 기록되어 있다.

> 노나라 목공穆公 때, 어느 해인가 가뭄이 몹시 심하여 목공이 현자縣子를 불러 물었다. "하늘이 오래도록 비를 내리지 않으니 내가 왕병尫病 환자를 태워 죽이려 하는데, 어떤가?" 현자가 말하였다. "하늘이 비를 내리지 않는데 병든 사람을 태워 죽이는 것은 너무 잔혹하지 않습니까?" 목공이 또 말했다. "그렇다면 여자 무당(巫)을 태워 죽이는 것은 어떻겠는가?" 현자가 대답했다. "하늘이 비를 내리지 않는데 한낱 어리석은 부인 따위에게 희망을 걸어 비를 구하려 하시니, 아무래도 전혀 관계가 없는 듯합니다."[14]

또 가뭄 때문에 무당을 불태워 죽여서 하늘에 제사지내는 관습만이 아니라, 왕이 심각한 병이 들었을 때 병의 치료를 위해 제사를 책임진 사람을 처형하는 관습도 존재했다. 이를 보여 주는 사례 중 하나가 소공 20년의 기록이다. 이 기록에 보면 제나라 군주가 옴이 나고 부스럼이 생겨서 1년이 지나도록 낫지 않자 그 원인을 축관과 제사관 탓으로 돌려 그들을 처형함이 옳다는 주장이 나온다. 그런데 이때, 임금의 병을 치료하기 위해 하늘에 제사를 담당하던 무당 관리를 처형하는 것이 과연 옳은지가 조정에서 논의되었는데, 이는 무당의 지위 변화를 보여 주는 예라고 하겠다. 중국 학자 진래에 따르면 춘추시대에 축관과 사관은 제사 문화를 담당했던 대표자였다. 이런 제사 문화의 영향력이 춘추시대에 쇠퇴하기 시작했다고 그는 주장한다.[15]

---

14) 『예기』 상(이상옥 옮김, 명문당, 2003), 383쪽, 「단궁하」. 진래, 『중국 고대 사상 문화의 세계』, 227쪽 번역을 참조해서 수정함.
15) 진래, 『중국 고대 사상 문화의 세계』, 218쪽.

하여간 왕이 병이 든 것은 축관과 제사관의 잘못에서 비롯된 것이므로 그들을 처형하는 것이 좋겠다고 본 제나라 왕은 안자룡子에게 그런 의견에 대해 어떻게 생각하는지를 묻는다. 그러나 안자는 군주의 덕이 더 중요한 일이고 축관이 신에게 기도를 잘 올리는 것은 부차적인 일이라고 하면서, 자신이 축관과 제사관의 처형을 반대하는 까닭을 설명한다. 그의 주장 중 일부는 다음과 같다.

> 덕이 있는 군주가 있을 것 같으면 국가의 일이나 개인의 집안일이 잘 되어, 상하가 서로 원망함이 없고 행하여 어긋나는 일이 없사오며 축관이 그 신실을 신에게 칭찬하여 고하더라도 부끄러운 마음이 없는 것이옵니다. 그래서 신은 그 제사를 받고 나라는 신이 내리는 복을 받으며 축관과 제사관도 복 받음에 끼이게 됩니다. 많은 복을 받고 장수를 누리는 것은 축관과 제사관이 진실한 군주한테 쓰이어 충실하고 진실함을 신에게 고하는 데서 오는 것이옵니다.

안자의 주장에 따르면, 신은 축관이나 제사관이 올리는 제물과 기도에 따라서 나라나 왕에게 복을 내리는 것이 아니라 왕이 덕이 있는지 그렇지 않은지에 따라서 그렇게 하는데, 군주의 덕은 백성들의 삶을 편안하게 하는 데 있다. 안자의 말을 들은 제나라 군주는 "조정의 각 담당관들로 하여금 정치를 너그럽게 하게끔 하고, 도읍 근처의 관문을 폐지하고 출입 금지 구역을 공개하며, 세금을 적게 내고 밀린 것은 그만두도록 했다."[16] 공자도 이런 안자를 매우 존경했다. 『논어』 「공야장」 16에 등장하는 안평중이 곧 안영이다.[17] 그곳에서 공자는 "안평중은 남과 사귀기를 잘하는구나! 오래되어도 공경하니"라고 칭찬한다.[18]

---

16) 『춘추좌씨전』 하(문선규 옮김, 명문당, 2009), 340~343쪽.
17) 안자는 제나라 출신으로, 노나라 출신인 공자가 제나라 景公에게 등용되려 하자 부정적인 태도를 보여 무산시켰다는 일화가 있다. 안자와 공자와의 복잡한 관계에 대해서는 기무라 에이이지, 『공자와 논어』, 95~98쪽 참조 바람. 사마천의 「공자세가」에 의하면, 노나라 소공 20년에 제나라 경공이 재상 안영과 함께 노나라에 와서 공자와 경공이 문답했다고 한다. 같은 책 68쪽 및 91~92쪽 참조 바람.

정자산도 안영 못지않게 공자의 사상을 이해할 때 중요한 인물이다. 이 책 제1장에서 다루었듯이 자산은 정치에서 백성들의 소통이 억압될 수 없고 백성들이 정치적 사안에 대해 공개적으로 시비를 가리면서 토론하는 것이 중요함을 강조한 인물이었다. 이런 점에서 공자도 자산의 사상을 이어받았다는 점 또한 이미 강조했다. 정자산은 공자보다 한 세대 정도 윗사람으로, 공자가 매우 존경했던 당대 인물 중 한 사람이었다. 그 역시 인간이 당하는 가뭄이나 홍수와 같은 재앙을 극복하기 위해 하늘에 제사를 지내는 방식을 비판했다.

정나라에 큰물이 나니 용龍이 도읍 성의 시문時門 밖의 유연洧淵에서 싸웠다. 그래서 나라 사람들이 몰아내는 액땜을 하자고 요청하니, 자산이 허락하지 않고 말하기를 "우리 인간들이 싸우는 마당에 용이 우리를 본 체하지 않는데, 용이 싸우는 마당에 우리만 어찌 본 체할 것인가? 몰아내는 일을 한다 한들 유연 저곳은 용이 사는 곳이다. 우리가 용에게 요구하는 것이 없고, 용 또한 우리에게 요구하는 것이 없다"라고 했다. 이에 그만두었다.[19]

정자산은 인간사에 하늘 혹은 귀신이 자의적으로 개입하지 않는다고 생각하고 있었다. 그리하여 점을 쳐 인간의 길흉화복을 예측하는 행위도 비판하였다. 하늘과 인간의 관계를 달리 생각하고 있었기 때문이다. 그는 "천도天道는 심원하고 인도人道는 천근淺近한 것"으로서 인간은 천도 혹은 귀신을 잘 알 수 없다고 생각해서, 액땜을 위한 제사나 점치는 행위를 미신에 가까운 것으로 보았다. 그러니까, 정자산에 따르면 귀신의 일과 같은 천도는 인간사와 관련이 적으며 인간사의 여러 일들은 스스로 헤아려 결정하는 것이 더 중요하다.[20]

---

18) 『논어집주』, 95쪽.
19) 『춘추좌씨전』 하, 322쪽.
20) 같은 책, 307쪽. 풍우란에 의하면 천도는 귀신으로, 정자산과 같은 일부 진보적 사람들은 공자 이전에 이미 귀신을 믿지 않거나 멀리하려는 태도를 보였다. 풍우란, 『중국철학사 상』, 62~64쪽.

사마천이 지은 『사기』 「중니제자열전」에는 공자가 스승으로 섬긴 사람들로 주나라의 노자老子, 위나라의 거백옥蘧伯玉, 제나라의 안평중晏平仲, 초나라의 노래자老萊子, 정나라의 자산子産, 노나라의 맹공작孟公綽 등이 언급되고 있다.[21] 실제로 기무라 에이이치가 조사한 결과 『논어』에는 거백옥이 2번(「헌문」 1, 「위령공」 1), 안평중이 1번(「공야장」), 자산이 3번(「공야장」 1, 「헌문」 2), 맹공작이 2번(「헌문」편) 등장하고 있으며, 공자는 이들 모두를 칭찬하였다고 한다.[22]

공자는 「공야장」 15에서 정자산의 인물됨에 대해 논평하기를 "군자의 도가 네 가지 있었으니, 몸가짐이 공손하고 윗사람을 섬김이 공경스러웠으며 백성을 기름이 은혜로웠고 백성을 부림에 의로웠다"라고 했다. 또 「헌문」 10에서 공자는 자산을 "은혜로운 사람이다"(惠人也)라고 칭찬한다.[23] 소공 20년에 정자산이 죽었다는 소식을 들은 공자가 "눈물을 흘리면서 '그는 옛날의 진실한 사랑을 안 사람이었다'라고 말씀하셨다"[24]라고 한다.

하늘에 대한 미신적 태도를 비판적으로 보았던 것과 마찬가지로 공자의 순장제도에 대한 격렬한 비판의식도 남달랐다. 양백준에 따르면, 은나라 시절에는 노예들을 순장하는 풍습이 있었는데 사회가 변화하면서 설령 노예라고 할지라도 산 사람을 매장하는 대신에 사람 형상의 나무 인형이나 토기 인형을 묻었다고 한다. 이런 변화의 원인 중 하나는 노예주들의 합리적 이기심이었다. 노동력인 노예를 죽이는 것은 재산이나 생산력 증대에 도움이 되지 않았기 때문이다. 그러나 순장제의 풍습은 춘추시대에도 존재했다고 한다.[25]

실제로 공자는 이러한 순장제의 잔인성에 대해 언급한 적이 있다. 『맹자』 「양혜왕상」 4의 기록이다. "공자께서 이르시길 '처음으로 용俑을 만든 자는

---

21) 사마천, 『사기열전』 상, 130쪽, 「중니제자열전」.
22) 기무라 에이이치, 『공자와 논어』, 50쪽.
23) 『논어집주』, 95쪽 및 278쪽.
24) 『춘추좌씨전』 하, 350쪽.
25) 양백준, 「공자에 관하여」, 『논어역주』(양백준 역주), 320쪽.

그 후손이 없을 것이다' 하셨으니, 이는 사람을 형상하여 장례에 사용했기 때문입니다. 어찌하여 이 백성으로 하여금 굶주려 죽게 한단 말입니까?" 이런 맹자의 주장에 대한 주희의 주는 다음과 같다.

용俑은 나무로 만든 장사葬事에 쓰는 허수아비 사람이다. 옛날 장사지내는 자들은 풀단을 묶어 사람을 만들어서 상여喪轝를 호위하게 하고는 추령芻靈이라 일렀는데, 대략 인형人形과 같을 뿐이었다. 그러다가 중고中古에 용俑으로 바꾸었는데, 얼굴과 눈, 기발機發이 있어서 너무도 사람과 유사하였다. 그러므로 공자께서 그 불인不仁함을 미워하여 "(이것을 처음 만든 자는) 반드시 후손後孫이 없을 것"이라고 말씀하신 것이다. 맹자께서 말씀하기를 "이 용俑을 만든 자는 다만 사람을 형상하여 장례에 썼을 뿐인데도 공자께서 오히려 미워하셨는데, 하물며 실제 백성으로 하여금 굶주려 죽게 한단 말입니까?" 하셨다.[26]

공자는 질병을 치료하기 위해 점을 치고 제사를 올리는 관습에 대해서도 비판적이었다.

전에 초나라 소왕이 병이 났었는데, 거북 등을 구워 점을 치니 황하의 신이 붙었다는 것이었다. 그러나 소왕은 황하의 신에게 병을 낫게 해 달라고 비는 제사를 지내지 않았다. 대부들이 교외에서 황하의 신에게 제사지낼 것을 청원하니, 소왕이 말하기를 "하·은·주 삼대 동안 천자가 제후들에게 제사지낼 범위를 정하여 명하셨는데, 제후는 자기가 영유하는 경내의 산천에 대해서만 제사를 지낼 수 있소. 양자강·한수·수수·장수 등이 우리 초나라가 제사지낼 대상이고, 우리에게 화나 복이 온다는 것은 우리의 제사를 받는 이것들에게서 올 따름이오" 하고는 결국 제사를 지내지 않았다. 공자께서 말씀하셨다. "초나라 소왕은 큰 도리를 알고 있다. 그가 나라를 잃지 않고 있는 것은 마땅한 일이다. 「하서夏書」에 이르기를, '저 요임금은 저 천도를 따라 중국을 차지했다. 그러나 지금의 임금(하나라 걸왕)은 올바른 행동을

26) 『맹자집주』, 25~26쪽.

잃고 기강을 어지럽혀서 결국 나라를 망하게 했다'라고 했다. 또 말하기를, '화복길흉의 운명은 자신에게서 나오고, 그 근본은 자신에게 있다'라고 했다. 자신을 바르게 하여 항상 천도를 따라야 한다."[27]

공자는 자기의 원칙을 그 자신의 삶에도 적용했다. 그래서 그는 질병을 고치기 위해 귀신에게 제사를 올리자는 제안을 거절했다. 특히 그가 위중한 병에 걸렸을 때 그의 제자 자로가 귀신의 힘을 빌려 병을 고칠 수 있다고 하자, 공자는 그런 법은 없다고 하면서 자신은 평생 동안 하늘에 기도를 올리고 있었다고 대답한다.

공자의 병환이 위중하자 제가 자로가 신에게 기도할 것을 청하였다. 그가 "이런 이치가 있는가?" 하고 묻자, 자로가 대답하기를 "있습니다. 뇌문에 '너를 상하의 신명에게 기도하였다'라는 기록이 있습니다"라고 대답했다. 이에 공자가 "나는 기도한 지가 오래되었다"라고 하셨다.[28]

이 일화가 보여 주듯이 공자에게 기도란 하늘이 인간에게 부여한 덕성을 잘 기르는 일과 관련된 것이었다. 달리 말해 하늘과 인간의 관계는 근본적으로 도덕적인 것으로 이해되고 있다. 하늘에 정성을 다해 기도하듯이 간절하게 인간의 인간다움인 어진 마음을 실현하고자 도道에 전념하는 것이 진정으로 인仁을 실현하는 길이며 하늘을 공경하는 올바른 길이라는 뜻이다.

따라서 춘추시대의 사상 발전의 성격을 '미토스'(mythos) 혹은 '신화'로부터 '로고스' 즉 '이성'으로의 전진 과정으로 보려는 진래의 해석에는 한계가 있다. 그가 춘추시대에 축관이나 사관처럼 제사를 담당하던 사람들의 영향력이 쇠퇴하고 있었다고 보는 견해는 타당하다. 그러나 그는 이런 변화를 '신화에서 이성으로'라는 합리성 및 인본주의의 증대라는 식의 관점에서만 바라볼 뿐이다. 그의 핵심 주장을 인용하면 다음과 같다.

---

27) 『춘추좌씨전』 하, 657~658쪽.
28) 『논어집주』, 147쪽, 「술이」 34.

일반적으로 초기 그리스의 사상 발전을 '신화'와 '이성'의 대립으로 간주하는 것과 마찬가지로, 춘추시대의 사상 발전도 초기 그리스에서 '신화'와 '이성'이 대립한 것과 유사한 과정을 겪었다. 물론 '신화 사유'에는 카시러(Ernst Cassirer)가 이해한 바와 같은 협의적인 신화뿐만 아니라 각종 신령 신앙까지도 포함시키고 '이성'에는 자연세계와 마주하고 있는 과학 이성뿐만 아니라 정치 사회와 도덕 덕성의 인문 이성까지 포함시켜야만 비로소 이 전제는 성립할 수 있다. 중국의 춘추시대로 말하자면, '신령 신앙'의 몰락과 '실천이성'의 성장이 당시의 발전 단서를 더욱 명확하게 보여 준다고 하겠다. 이로부터 인류사회의 질서는 인간이 자족하고 자위하는 개념으로 사유되는 것이라고 인식되면서 축관과 사관의 신화 사유가 시대정신으로 여겨지는 경향에서 탈피하였으며, 예禮가 점점 세계 속에 내재하고 종교 밖에 외재하는 구성 법칙으로 변화되어 갔다. 세속의 인문주의가 이성과 지혜의 가르침을 강조하고 실질적인 실용주의 요소를 이끌어 냄으로써 정치와 도덕 문제에 대해 더욱 깊이 있는 사고를 환기시킨 것이다.[29]

4. 살신성인의 인문적 성스러움과 공자의 군자적 책임 이론

그러나 앞에서 우리는 이미 공자 군자관의 도에 대한 헌신에는 한갓 합리주의적 정신으로만 규정하기에는 온전히 밝히기 어려운 부분이 있음을 보았다. 그의 도에 대한 헌신에는 구도자적이고 종교적이라고 할 정도로 숭고하고 성스러운 면이 존재하기 때문이다. '살신성인殺身成仁'이라는 주장에서도 나타나듯이 그의 인仁 개념은 종교적 헌신과 영성의 면모를 지니고 있다.

물론 여기에서 우리는 고대 중국 사회에서, 특히 서주 시대에서 춘추시대에 이르는 과정에서 탈신화화 작업이 발생했다는 점을 부인하는 것이 아니다. 그러니까, 무축巫祝의 신비주의적인 신화적 사유 방식의 한계와 폭력성을

---

29) 진래, 『중국고대사상문화의 시대』, 14~15쪽.

성찰하면서 무축과 무사巫史 계통에서 새로운 사史가 점차 발생하고, 이와 더불어 신 중심의 사유로부터 인본주의적 사유로의 전환이 일어나게 되었다는 점을 거부하지 않는다. 또한 이런 무축에서 사로 이어지는 이행이 공자에 의해 집대성되는 초기 유가사상을 준비하고 있었음도 사실이다. 그러나 '무축'에서 '사'로의 이행이 탈신화화로 규정될 수 있다고 해서 그것을 곧바로 하늘이나 종교의 의미가 전적으로 제거된다는 의미에서의 탈신성화와 같은 것으로 혼동해서는 안 된다. 달리 말하자면, 공자에게서는 적어도 이성적인 인문주의 정신의 옹호가 반드시 반종교적이거나 비종교적인 태도와 결합하고 있지는 않다. 이택후 역시 "공자 문하의 유학은 서양의 철학이나 서양의 종교 중의 하나로 규정되는 것이 아니라, 오히려 두 가지 기능을 동시에 갖고 있다"라고 말한다.[30]

또한 기존의 신비주의적 종교 경험에서 헛된 것을 제거하고 그 속에 있는 인문정신을 발굴하는 데에는 종교적 신비로움 혹은 성스러움을 보존하려는 계기도 존재한다고 보아야 한다. 다시 말해 공자의 군자 이론에는, 그리고 그 정치적 이상인 인정仁政의 최고 형식이나 상징으로서의 유가적 성왕 모델에는 인문정신에 의해 승화된 성스러움이 존재한다는 것이다. 그것은 세속화된 성스러움 혹은 인문적 성스러움이라 불리기에 손색이 없다. 이런 인문적 성스러움은, 경덕敬德이나 명덕明德이라는 표현에서 보듯이 인간의 도 즉 인仁에 대한 공경심과 종교적 외경심을 뜻한다고 볼 수 있을 것이다.

그렇지 않고 합리성과 신화적 사유 혹은 종교성을 대립적으로만 보고 신화적·주술적 사유로부터 합리적 사유로의 이행이라는 시각에서만 보면, 그것은 고대 중국의 사유 전통과 고대 그리스의 사유 전통 사이의 유비에 대한 과도한 관심으로 기울어져 가서 그 차이가 자못 크다는 점을 망각하게 된다. 주술적 사유와 합리적 사유를 마치 이항대립적인 것인 양 취급하게

---

30) 이택후, 『학설』(노승현 옮김, 들녘, 2005), 82쪽.

되면 공자가 군자와 유덕한 성왕에게 요구하는 백성과 이웃에 대한 절대적이고 무한한 책임을 제대로 파악할 수가 없다. 그런데도 진래의 해석에는 아쉽게도, 인仁이라는 도의 구현을 위해 자신의 생명까지도 기꺼이 바치려는 군자의 희생 자세에는 제정일치 시대의 탕왕이나 주술사에게 요구되었던 구도자적 헌신의 정신이 비판적으로 계승되어 있다는 점에 대한 인식이 거의 없다.

공자 이후 유가에 의해 발전되어 온 군자와 선비의 구도자적이고 헌신적인 정신은 사관史官의 정신과도 이어진다. 춘추시대의 사史는 고대적 전승의 최후 담당자이며 그 시대 최고의 지식인 계층이었다. 본래 사는 고대 제정일치 시대에는 무당과 더불어 성직자로서 제사권을 담당했던 관료였는데, 점차 정치와 종교가 분리되면서부터는 제사 의례와 옛 전승을 기록하는 역할을 관장하게 되었다. 이런 변화를 통해 등장한 춘추시대 사는 대략 두 가지의 특징을 지니고 있었다고 한다. 엄청날 정도의 "박식함"을 지니고 있었다는 점과, "전통의 열렬한 옹호자인 동시에 고도古道에 대한 순교자적인 헌신의 신념"을 몸소 구현하고자 했다는 점이 바로 그것이다. 시라카와 시즈카는 이런 사관의 헌신적 신념에 대한 상징으로 제나라의 권력자 최저에 얽힌 이야기를 언급하고 있다. 이 일은 『좌전』에도 기록되어 있는데, 그 요지는 대략 다음과 같다.

제나라의 장공莊公이 최저의 아내와 불륜 관계를 맺게 되었는데, 어느 날 몰래 최저의 집에 숨어들었다가 이를 발견한 최저의 부하들에 의해 살해당하고 말았다. 이 소식을 접한 사관인 제나라의 태사太史가 "최저가 그의 군주를 시해했다"라고 기록하자, 최저가 그 태사를 죽였다. 그러자 대사관의 두 동생이 다시 연달아 동일하게 기록했다가 그들 역시 최저에 의해 살해당하고 말았다. 이에 대사관의 넷째 동생이 또한 형들의 뜻을 이어받아 동일한 사실을 기록했는데, 이번에는 최저도 결국 그를 죽이지 못하고 기록을 승인할 수밖에 없었다고 한다.

시라카와 시즈카는 살신성인을 강조하는 공자의 유가 정신은 이런 사관의 전통을 이어받고 있다고 강조한다.[31] 공자의 도에 대한 구도자적 헌신이 무축 특히 고대적 전승의 최후의 담당자였던 사史의 전통을 이어받고 있다고 보는 시라카와 시즈카의 견해는 설득력이 있다. 중국의 이택후도 그와 유사한 견해를 보여 준다. 그에 따르면, "공자를 대표로 하는 유가 또한 원시적 예의와 무술 활동을 조직하고 이끄는 자들(이른바 巫를 관리하는 尹, 역사기록을 담당하는 史)로부터 변천되어 나온 예의의 전문적 감독인 동시에 그것을 보존해 온 사람들이다."[32] 그리고 이런 해석은 1970년대 초반에 발굴된 마왕퇴백서馬王堆帛書의 기록으로도 증명된다. 이 백서에 따르면 공자는 다음과 같이 주장한다.

> 신명神明을 돕기는 하지만 서책筮策의 숫자에는 통달하지 못하니 샤먼(巫)이 되고, 숫자에는 밝지만 덕에는 통달하지 못하니 사관(史)이 된다. 나는 사관이나 샤먼과 함께 같은 길을 가지만 그들은 돌아가는 곳이 다른 사람들이다.(『마왕퇴백서・要』)[33]

『마왕퇴백서・요』에서 공자가 스스로 말하고 있듯이, 그는 무술巫術과 사史의 전통을 이어받고 있지만 기존의 무당이나 사관의 전통과는 다른 방식으로 그렇게 하고 있다. 이미 강조한 것처럼 전통의 비판적 계승의 핵심에는 그의 인仁에 대한 새로운 자각이 놓여 있다. 공자의 인은 기존의 책임성을 새로운 차원으로 확장하고 격상시키고 있다. 공자의 군자론은 인에 기초하고 있다. 예컨대 인을 구하는 군자가 때로는 살신성인殺身成仁의 책임을 보여 주어야 한다는 점은 이미 지적한 바대로이다.

유덕한 사람만이 천명天命을 받아 왕이 될 수 있다는 전통적인 성왕론에 내장된 보편성을 새롭게 포착한 공자는 그것을 인간의 인간다움이라는 성격으로 재규정하고 인간 모두의 보편적 덕성으로 정교하게 이론화하고

---

31) 시라카와 시즈카, 『공자전』, 113~114쪽; 『춘추좌씨전』 중, 595쪽.
32) 이택후, 『중국고대사상사론』, 58쪽.
33) 이택후, 『학설』, 47쪽에서 재인용함.

있다. 그리하여 그는 백성에게 보여 주어야 할 성왕의 어진 덕성을 이제 누구나 갖추어야 할 보편적인 덕으로 이해하였다. 달리 말해, 공자에 의해 군자의 덕성은 왕이나 소수 특권계층에 속하는 사람에게만 요구되는 덕목이 아니라 인간 모두가 다 갖추어야 할 인격적 이상으로 보편화되고 있음을 알 수 있다. 물론 이런 경향이 공자 이전에 전혀 없었다는 것은 사실이 아니지만, 그런 경향을 더욱 분명하게 파악하여 자신의 이론으로 확립한 사람이 공자임에는 틀림없는 사실이다.

마찬가지로 공자는 그렇게 보편화된 인간의 인간다움인 어짊을 정치의 궁극적 토대로 삼았다. 군자와 군자의 덕성인 어짊에 관한 새로운 해석과 이해야말로 바로 공자의 군자학과 인仁 사상이 지니는 또 다른 획기적인 성격이라 할 수 있을 것이다. 사람은 모름지기 인의 실천을 소임으로 삼아야 한다. 공자의 제자 중 한 사람인 증삼曾參 즉 증자曾子에 의하면 어진 마음을 다하려는 군자 혹은 선비의 책임은 아주 중하여, 죽어서야 끝이 난다. "선비는 도량이 넓고 뜻이 굳세지 않으면 안 된다. 책임이 무겁고 길이 멀기 때문이다. 군자는 인으로써 자기의 책임을 삼으니 막중하지 않은가? 죽은 뒤에야 끝나는 것이니 멀지 않은가?"[34] 선비의 드높은 책임 의식은 『예기』「유행儒行」 에서도 강조된다.

선비는 재물을 맡겨 그 즐김에 젖어들게 하더라도 이익을 보고 그 의를 이지러지게 하지 않으며, 무리로써 겁을 주거나 군사로써 이를 막으려 하더라도 죽음을 보고 그 수호함을 고치려 하지 않는다.[35]

이처럼 최저의 임금 살해 사건에서의 사관의 헌신성은 공자 이후로 인간의 보편적인 역사적 책임 의식과 더불어 천하를 구제하려는 무한한 책임 의식으로 고양된다. 그리고 모든 인간이 서로에게 지녀야 할 무한한 책임에 대한

---

34) 『논어집주』, 154쪽, 「태백」 7.
35) 『예기』 하(이상옥 역주, 명문당, 2003), 1502쪽.

강조는 결국 천하 백성들의 삶의 향상이라는 목적을 향해 나간다. 그래서 탕왕의 사례가 보여 주듯이 천하에서 발생하는 모든 재앙과 불행을 자신의 탓이자 책임으로 돌리려는 자세는, 하늘과 교섭하고 소통하는 특별한 몇몇 무당이나 제사장, 통치자의 덕성의 한계를 넘어서 일반 사람들의 내면적 덕성을 실현하는 문제의식의 자평으로까지 심화·확장된다.

이제 진정으로 마음을 다해야 할 대상, 즉 진정한 충성의 대상은 왕이나 특정한 나라나 가족에 한정되지 않고 궁극적으로 천하의 온 백성에게까지 확장되어 간다. 천하 백성의 고통을 어루만져 주려는 어진 마음으로 정성을 다하고, 이를 최고의 경지로까지 끌어올리고자 최선을 다해야 하는 것이야말로 진정한 충성이라고 이해된다. 이런 사유의 전환에서 나오는 것이 바로 백성에 대한 충성심이야말로 진정한 충성이라는 깨달음이다. 달리 말하자면, 하늘로부터 받은 혹은 하늘과 통하는 유일한 방법이자 길로 이해되는 어진 마음을 실현하고자 하는 도덕적 과정의 무한성은 결국 온 백성(더 나아가 온 생명)에 대한 충성이라는 형태로 바뀐다. 이것이 바로 『논어』의 마지막 편인 「요왈」에서 군왕의 무한한 책임이 바로 백성의 생활을 편안하게 함에 있음을 강조하는 까닭일 터이다. 그러니까, 수기치인의 궁극적 목표인 천하 백성의 풍요로운 삶을 책임지는 데 군왕(통치자 혹은 정치적 엘리트)의 존재 이유가 있다는 결론은 공자의 인에 대한 새로운 혁신에서 나온 것이다.

물론 백성에 대한 충성이라는 구절도 선례가 없는 것은 아니었다. 기원전 706년 노환공 6년의 기사에 백성에 대해 정성을 다하는 것이 충성이라는 구절이 등장한다. 계량季梁은 수나라를 침공한 초나라를 치고자 하는 수후隨 侯에게 말한다.

소위 도라는 것은 백성에게 충실하고 신령에 신실한 것입니다. 위에서 백성을 이롭게 하려는 생각이 충忠이고, 축사가 신령에게 바른 말을 하는 것이 신信입니다. 지금 백성은 굶주리는데, 군주는 방종하게 사욕을 채우고 축사는 거짓으로 제사를 지내고 있습니다. 그런데도 초나라를 추격하려고 하니, 저는 그것이 어찌 가능한 일인지 도무지 알 수 없습니다.…… 백성은 귀신에게 제사지내는 주인입니다. 고대의 성왕들은 먼저 백성을 잘살게 만든 뒤에 귀신에게 정성을 바쳤습니다. 그래서 희생을 바치면서 박석비돌博碩肥腯(희생이 살찌고 큼)이라고 한 것입니다. 이는 백성들의 재력이 풍족함을 말한 것으로, 가축이 크고 잘 번식하며 부스럼 같은 질병에도 걸리지 않기에 희생이 완전무결하게 갖춰져 있음을 뜻하는 것입니다.…… 이는 상하 모두 아름다운 덕을 지니고 있어 어그러진 마음이 없음을 뜻합니다.…… 이렇게 되어야만 백성들이 화평하여 귀신도 군민君民에게 고루 복을 내리니, 이때야 비로소 어떤 일이든 성사시킬 수 있는 것입니다. 지금은 백성들 모두가 각기 다른 마음을 품고 있고 귀신 또한 받드는 사람이 없으니, 설령 군주가 홀로 제사를 풍성하게 지낸들 무슨 복을 구할 수 있겠습니까. 군주가 선정을 베풀고 이웃 형제 나라들과 친하게 지내면 거의 초나라의 침공과 같은 어려운 일을 면할 수 있을 것입니다.[36)]

그러나 공자 이전에 등장하는 구절을 통해 공자 사상의 획기적 성격을 부인하려고 한다면 이는 잘못이다. 공자는 이전의 사상들을 모아 하나로 일관하는 사상을 일구는 데 성공했기 때문이다. 그리고 공자 사상의 핵심에는 바로 그에 의해 처음으로 풍부하게 사유된 어짊, 즉 인이 자리하고 있다.

5. 유가적 가부장주의에 대한 편견과 신화로서의 자유주의적 독립성

유가사상의 전통에서 군자와 일반 백성의 관계는 부모와 자식의 관계로 이해되고 있다. 예를 들어 후에 성리학의 영향으로 사서四書의 하나로 높이 숭상되는『대학』은 군왕을 백성의 부모로 보는『시경』을 인용하면서 군왕의 참다운 모습을 인자한 부모의 모습과 동일한 것으로 그린다.『대학』의 관련 구절이다. "『시경』에 이르기를 '즐거우신 군자君子여, 백성의 부모이다'라고

---

36)『춘추좌전』1(신동준 옮김, 한길사, 2006), 92~93쪽

하였으니, 백성들이 좋아하는 바를 좋아하고 백성들이 싫어하는 바를 싫어하는 것을 일러 백성들의 부모라 하는 것이다."[37]

참다운 왕의 모습을 백성의 부모로 간주할 때, 왕이란 인자한 부모처럼 백성이 원하는 바를 제대로 헤아릴 줄 아는 존재라는 점을 전제한다. 그러니까 부모의 마음으로써 자녀에게 진정으로 필요한 것이 무엇인지, 자녀가 참으로 원하는 것이 무엇인지를 잘 헤아려서 이를 백성에게 적용할 줄 아는 왕이 훌륭한 왕이라는 것이다. 여기에서 우리는 그 유명한 추기급인推己及人 혹은 서恕가 바로, 인간다움이라 해도 틀리지 않을 인仁을 정치에서 실현하는 방법임을 알 수 있다. 실제로 『대학』에서는 왕을 백성의 부모로 일컫는 구절 바로 앞에 인을 실현하는 방법으로 여겨지는 혈구지도絜矩之道 즉 서恕를 설명하면서 상하위계적인 인간관계를 당연한 것처럼 말한다.

윗사람에게서 싫었던 것으로써 아랫사람을 부리지 말며, 아랫사람에게서 싫었던 것으로써 윗사람을 섬기지 말며, 앞사람에게서 싫었던 것으로써 뒷사람에게 가加하지 말며, 뒷사람에게서 싫었던 것으로써 앞사람을 따르지 말며, 오른쪽에게서 싫었던 것으로써 왼쪽을 사귀지 말며, 왼쪽에게서 싫었던 것으로써 오른쪽을 사귀지 말 것이니, 이것을 일러 구矩로 재는 도道라고 한다.[38]

위 인용문과 관련해 칸트는 유가적 정치이론이 상하위계적인 사회질서를 자연스러운 것으로 보고 있다고 이해한다. 그러면서 그는 이렇게 이해된 유교적 정치철학의 특성에 분개하여 다음과 같이 공자를 혹평했다.[39]

철학은 동양 전체에 전혀 존재하지 않는다.…… 그들의 스승인 공자는 그의 저서에서 군주를 위한 도덕적 계율만을 가르쳤다.…… 그러나 덕과

---

37) 『대학·중용집주』, 43쪽.
38) 같은 책, 42쪽.
39) 데이비드 S. 니비슨, 『유학의 갈림길』(김민철 옮김, 철학과현실사, 2006), 136쪽.

도덕성은 중국인들의 머릿속에 결코 떠오르지 않았다.…… 이 민족은 모두 고귀하고 의무에 관한 것을 떠올릴 수 없고, 공자의 전체 윤리학은 모든 개인이 그것들(도덕 준칙들)을 (기계적으로-필자) 술술 말할 수 있기 때문에 견딜 수 없는 도덕 준칙에 있다.[40]

칸트가 보기에 공자와 그에 의해 형성된 중국 문명은 도덕성이 무엇인지를 모른다. 도덕을 모른다는 칸트의 말은 언뜻 보면 이해가 가질 않겠지만, 칸트의 도덕이론을 조금이라도 접해 본 사람들은 그의 도덕을 자율성으로 이해한다. 인간은 이성적인 존재로 어떤 삶을 살아갈 것인가를 선택할 수 있는 자유로운 존재이며, 이렇게 인간이 이성적이고 자유로운 존재임을 자각하지 못하는 도덕은 도덕일 수 없다는 것이다. 간단하게 말해, 공자로 대표되는 동아시아 및 중국 문명은 인간이 자율적 존재임을 알지 못한 미성숙한 상태에 빠져 있다고 칸트는 비판한다.

20세기 후반 미국의 대표적인 중국학자 중 한 사람인 벤자민 슈워츠도 "모든 시민이 정치에 참여할 필수적 능력을 소유한다고 생각하는, 민주적으로 구성된 정치체제의 가능성"을 중국의 과거 경험에서는 찾아볼 수 없다고 말한다.[41] 그는 가족에서의 아버지와 자식의 관계를 통치자와 백성들 사이의 관계에 비유하는 것이 서양인들을 "격분"하게 만든다고 지적한다.[42] 그렇지만 벤자민 슈워츠는 칸트와 다르다. 그는 공자 사상에서의 민주적 계기 자체를 완전히 부인하지는 않기 때문이다. 그에 의하면, 『논어』에는 "자유적, 개인주의적, 민주적 경향들"이 발견된다. 공자의 사상에서 발견되는 민주적 경향들은 다음과 같이 요약된다.

민주적 측면에서, 좋은 정치는 분명 무엇보다도 백성들의 수요, 특히 경제적 수요의 충족을 위해 존재한다. 백성들은 마땅히 교육되어야 하고, 백성들의

---

40) *Confucius and the Analects: New Essays*, pp.75~76에서 재인용함.
41) 벤자민 슈워츠, 『중국 고대 사상의 세계』, 151쪽.
42) 같은 책, 168쪽.

신임을 받지 못하는 지배층은 오래 살아남지 못한다. 좋은 국가는 백성들의 삶을 광범위하게 간섭하지 않는다. 백성들은 좋은 사회 속에서 도덕적 자주성의 여지가 있는 자신들의 생활공간을 향유할 것이다.[43]

그런데 주지하듯이 유교 전통에 관해서는 우리 사회도 격렬한 해석의 갈등 속에 있다. 어쩌면 동아시아 유가 전통에 대한 칸트적인 인식이 우리 사회의 통념일 것이다. 예를 들어 이성규는, 유가 경전에는 도덕적 완성, 인간의 존엄성 그리고 인도주의 정신을 옹호하는 학설이 존재함을 인정하면서도 동시에 유교를 국교로 삼았던 동아시아 사회는 "황제와 그 관리들이 백성을 지배하는 전제적인 사회였고, 유교는 바로 그 전제적인 황제지배체제의 정당성을 부여하는 이데올로기"였다고 비판한다. 또한 그는 유교의 민본주의와 위민사상을 '소박한 민주주의 사상'으로 보는 관점조차도 부인하면서 유교 사상을 "전제주의 사상"으로 규정한다. 그는 자신의 주장을 "진정한 민본과 위민은 '민에 의해서'(by the people)만 실현될 수 있을 뿐"이라는 논거로써 정당화한다.

이런 입장에서 이성규는 유교의 가장 중요한 덕 중의 하나로 간주되는 효를 "전제 황권의 기초인 전제적 가부장제 가족제도를 지탱하는 강제규범"이었다고 질타한다. 그에 의하면, 유교적 전통을 민주주의와 친화성을 띠도록 비판적으로 재구성하는 모든 시도는 헛될 뿐이다. 유교적 민본주의와 민주주의 사이의 긍정적 관계 설정의 가능성을 부정하는 자신의 결론을 그는 다음과 같이 설명한다.

> 전통옹호론자들은 민본과 위민에 by the people을 첨가하고 효와 충을 분리시켜 가부장적 전제를 제거하는 것을 '유교 전통의 계승 발전'으로 주장한다. 그러나 by the people이 첨가되고 전제적 가부장 질서를 제거하는 순간 유교는 이미 유교가 아니다.[44]

---

43) 같은 책, 177쪽.
44) 이성규, 「왜 아직도 '중국'인가?」, 『중국문명의 다원성과 보편성』(김광억·양일모 편저, 아카넷, 2014), 475~477쪽.

이성규의 주장은 지나치다. 그러나 그의 주장이 지니는 문제점을 논의하기 전에 필자가 여기서 강조하고 싶은 것은, 유교 전통의 민본주의와 민주주의 사이의 단절을 과도하게 강조하는 주장의 타당성을 검토하려는 시도 자체가 민주주의와의 긍정적 연관성 속에서만 유가 전통의 사상적 의미나 그 현재적 의미가 되살아날 수 있다는 주장을 함축하고 있지는 않다는 점이다. 달리 말하자면, 필자는 설령 유가 전통이 민주주의와의 긍정적 상관성을 갖고 있지 않다고 하더라도 그 나름 인류의 사상 문화 전통의 일부로 존중받아 마땅하다고 본다. 막연히 유가 전통을 민주주의와 긍정적 방식으로만 연결하려는 작업은 외려 유가 전통의 다양한 의미를 축소할 가능성도 존재함을 필자 또한 경계하는 바이다.

비유컨대, 플라톤 철학이 철저한 반민주주의를 주장하고 있으나 오늘날 그 누구도 플라톤 철학 전체를 싸잡아서 비판하지 않는다. 그런데 위에서 언급된 이성규의 주장은 민본주의와 민주주의 사이의 화해 불가능성만을 단언하는 데 그치는 것이 아니다. "by the people이 첨가되고 전제적 가부장 질서를 제거하는 순간 유교는 이미 유교가 아니다"라는 구절에서 보듯이, 그는 유교를 "전제적 가부장 질서" 자체와 동일시하고 있다. 이런 주장은 유가 경전에 인간의 존엄성이나 인도주의 사상을 발견할 수 있다는 점을 인정하는 그 자신의 관점과도 상당한 긴장을 보여 준다.

그런데 왜 칸트는 공자의 사상에 나타난 '부모자식관계를 모델로 한' 정치 사회를 그토록 혐오하고 위험하다고 생각했던 것일까? 그것은 그의 자율성에 대한 독특한 이해 때문이었다. 간단하게 말해, 그가 볼 때 가부장주의나 위계적 관계는 자율성의 이념에 어울리지 않는, 아니 그것을 극도로 해치는 타율의 상징과도 같은 것이었다. 사실 가부장주의 혹은 가부장적 보호주의는 인간의 자율성과 독립성의 원칙에 어긋나는 것이라는 칸트의 주장은 오늘날 우리 사회에서도 널리 받아들여지고 있다. 그래서 공자 사상을 이해할 때는 유가적 민본주의를 민주주의와 어울리지 않는 것으로 보는 태도가 우리 사회에 강력하게 뿌리내리고 있다. 따라서 공자 및 유가사상과 새로운 대화를 시도하고 유가 전통을 현대화하려는 작업을 수행하기 위해서는 칸트의 자율성 이론의 성격이 무엇인지, 그리고 왜 그가 자율성 이론을 토대로 그토록 가부장주의를 심하게 비판했는지를 검토하지 않으면 안 된다.

만일 칸트의 자율성 이론이 정말로 튼튼한 것으로 입증된다면 가부장주의에 대한 그의 인식 그리고 이와 연결된 민본주의와 민주주의 사이의 이원론적 대립 구도 설정도 어느 정도 타당한 것으로 드러날 것이다. 이와 반대로 그의 자율성이 이론이 인간과 사회에 대해, 더 나아가 자유 자체에 대해 불충분한 이론임이 드러나고 또 가부장주의와 자율성이라는 칸트적 이원론이 오해에 기초한 것으로 드러난다면 우리는 당연히 공자 및 유가사상의 전통을 새롭게 탐구할 필요에 더욱 공감하게 될 것이다. 이는 유가적 민본주의에 대한 기존 통념을 재검토하여 민본주의와 민주주의 사이의 관계를 새롭게 정립하려는 학문적 탐구에도 새로운 동력을 제공할 수 있을 것이다. 그런 점에서 칸트의 자율성 이론과 공화주의에 대한 인식을 좀 살펴보는 것도 불가피할 수밖에 없다.

앞에서 언급했듯이 칸트는 자유롭고 이성적인 자아관에서 출발한다. 그에게 인간은 이성적 자율성을 지닌 인격적 존재라는 점에서 존엄한 존재로 간주된다. 그리고 이런 인간 존엄성의 근거가 되는, 이성적 존재의 근본 규정인 자율성을 보장하는 것이 바로 정치 사회 혹은 국가가 존재하는 제일 이유이다. 그런데 칸트는 인간의 자율성을 행복이나 경향성과의 근본적 분리를 통해 이해한다. 그러므로 칸트가 권리의 보편성을 강조하고 인간의 보편적인 자유를 존중하는 데에서 정치공동체의 존재 이유를 찾으면서도, 행복을 정치공동체와 권리로부터 추방하려는 것도 우연이 아니다. 그가 보기에 국가가 시민들의 행복을 보호하려고 하는 것은, 자립적이고 독립적인 시민의 자유를 박탈하고 그들을 가부장적인 권위주의 질서의 예속적 존재로 강등시키는 것에 지나지 않는다. 칸트는 시민들의 복지나 행복을 촉진하는 것을 자신의 존재 이유로 간주하는 국가를 전제주의와 동일시한다. 국가의 가부장주의(Paternalismus)에 대한 비판에서 칸트는 권리와 복지의 양립불가 능성을 역설한다. 그는 다음과 같이 말한다.

자신의 아이들에 대한 아버지의 호의 원리 같은 국민에 대한 호의 원리 위에 건립되어 있는 하나의 정부에서, 즉 하나의 아버지 정부(가부장적 정부)에 서 신민들은 무엇이 그들에게 참으로 유익하고 위해한지를 구별할 수 없는 미성숙한 아이들처럼 어떻게 자신들이 행복해야 하는지를 순전히 국가수반 의 판단에 기대하도록, 또 이 국가수반이 순전히 그의 자비에 의해 자신들의 행복을 원한다는 것을 기대하도록 수동적 태도만을 강요당한다. 이것은 생각할 수 있는 최대의 전제정치(신민의 모든 자유를 폐지해서 그들이 어떠한 권리도 갖지 못하도록 하는 체제)이다.[45]

가부장주의에 대한 칸트의 비판은 왜 그가 중국의 유교적 가족주의의 정치질서와 그것을 정당화하는 공자의 이론을 맹공격하는지를 좀 더 잘 이해하게 해 준다. 그리고 공자를 맹공하는 데에는 연민의 위험성에 대한 칸트적인 인식도 결정적 역할을 한다. 그는 타인의 자선과 보살핌을 필요로 하는 사람을 타인에 의존하고 있는 노예 내지는 예속적 존재로 이해한다. 달리 말하자면, 그는 타인에 대한 의존과 개인의 자립성 및 자율성은 양립할 수 없다고 보기에 그런 생각을 하는 것이다. 그러므로 그는 부모의 자녀에 대한 책임이 보여 주는 근본 성격을 오해하지 않을 수 없다. 이런 칸트의 사유와, 오늘날 사회에서 아무런 몫을 갖지 못한 채 잉여 존재로 취급받고 있는 다수의 사회적 약자들에게 퍼부어지는 온갖 신자유주의적 도덕적 비난은 거리가 그리 멀지 않다. 신자유주의자들에 의하면, 사회적 약자를 위한 사회복지 정책은 늘 그들에게 의존적인 노예적 태도를 양육하여 그들을 도덕적으로 나태하게 만드는 주범에 지나지 않는다.

---

45) 임마누엘 칸트, 「이론에서는 옳을지 모르지만 실천에는 쓸모없다고 하는 속설」, 『비판기 저작 I(1784~1794)』(한국칸트학회 기획, 김미영 외 옮김, 한길사, 2019), 286쪽. 칸트의 국가 이론이 사회국가 이론과 연결될 수 있는지는 나종석, 「칸트 『도덕 형이상학』에서의 실천이성, 법 그리고 국가의 상호 연관성」, 『칸트연구』 9(2002), 40~71쪽 참조 바람.

일단 "가부장주의=타율, 최악의 전제주의"라는 칸트적 도식의 문제점을 언급해 보자.

첫째로, 오늘날 경제학에서 새롭게 관심을 받는 행동경제학 이론은 가부장주의와 자유가 서로 양립 가능함을 주장하는 대표적인 사례 중 하나일 것이다. 우리는 우리가 스스로 선택한 행위라고 여기는 상당수가 사실상 누군가의 설계로 인해 초래된 결과라는 점을 행동경제학으로부터 알게 된다. 예를 들어, 이제 우리는 학생의 건강을 위해 음식 진열이나 배열을 바꾸는 것만으로도 학생들의 음식 선발을 조정할 수 있음을 알고 있다. 2017년 노벨경제학상을 받은 행동경제학자 리처드 탈러(Richard H. Thaler)에 따르면 "단지 구내식당의 음식을 배열하는 것만으로도 특정 음식의 소비량을 무려 25%씩이나 올리거나 내릴 수 있었다."[46]

리처드 탈러나 캐스 선스타인(Cass Sunstein)이 주장하듯이 구내식당의 음식을 담당하는 사람이 학생들의 건강을 위해 바람직한 결과를 가져오는 음식 배열을 하는 것을 학생들의 자발적인 선택의 자유를 방해하는 것으로 비판받아야 하는지는 생각해 볼 일이다. 그들은 구내식당의 음식 배열에 영향력을 행사할 위치에 있는 사람이 그러한 자신의 영향력을 행사하는 것을 '넛지'(nudge)라고 하는데, 여기에서 쟁점이 되는 것은 개입주의 혹은 보호주의와 자유 사이의 관계를 어떻게 볼 것인가 하는 점이다. 학생들의 건강에 도움이 되는 방식의 음식 배열이 구내식당의 수익률을 극대화하는 방식으로 음식을 배열하는 것보다 더 바람직하다고 볼 수 있는가 하는 물음이 제기되기 때문이다. 탈러와 선스타인에 따르면, 학생들의 건강에 도움이 되는 방식으로 음식을 배열하는 것에 찬성한다면 그는 자신들이 제안하고 옹호하려는 "자유주의적

---

46) 리처드 탈러·캐스 선스타인, 『넛지』(안진환 옮김, 리더스북, 2009), 14쪽. 탈러와 선스타인의 이론과 관련해 '자유주의적'이라고 번역된 영어는 본래 'libertarian'인데, 이는 우리 사회에서 'liberal'과 대비되는 맥락에서 관례적으로 '자유지상주의적'이라고 번역된다. 주지하듯이 libertarianism은 롤스류의 요컨대 평등주의적 자유주의와 달리 로크적인 고전적 자유주의의 전통을 이어받는 자유주의 사조의 하나로 여겨진다. 그러나 여기에서 역자의 번역어를 그대로 둔다. 자유지상주의 역시 광범위한 자유주의 흐름에 속하는 사조라는 점을 염두에 둔다면 그리 잘못된 용어 선택도 아닐 것이다.

개입주의(libertarian paternalism)에 동의하는 것이다."[47]

리처드 탈러와 캐스 선스타인이 강조하는 '자유주의적 개입주의'라는 용어는 많은 사람을 불편하게 한다. 자유주의와 개입주의는 양립할 수 없는 모순관계로 여겨지기 때문이다. 앞에서 보았던 칸트의 경우와 마찬가지로 말이다. '개입주의', '후견주의', '가부장주의' 등으로 번역되는 'paternalism'은 자유와 모순되는 개념이며 '가부장주의'는 전제주의와 같은 것으로 여겨지는 것이 보통이다. 그러나 정말로 그러한가?[48]

탈러와 선스타인이 보기에 자유주의적 개입주의는 "비교적 유연하며 비강제적인 유형의 개입주의"라고 규정된다.[49] 그런데 여기에서, 행동경제학의 자유주의적 개입주의의 정당성을 장황하게 다룰 필요도 없이, 만약에 어떤 사람이 누군가의 혹은 무언가의(부모나 선생의, 또는 그 사람이 속해 있는 전통이나 역사 혹은 언어로부터의) 영향력을 나쁜 개입주의로 보고 그것을 선택의 자유를 방해하는 것이라고 여긴다면 그 사람은 진정 아무런 선택의 자유도 누리지 못하게 될 것이다. 그런 사람에게 가능한 유일한 선택지는 특정한 방향으로 설계되거나 구조화된 사회의 망으로부터 벗어나는 것, 즉 긍정적으로든 부정적으로든 자신에게 직간접적으로 영향력을 발휘하는 모든 기존의 문맥으로부터 벗어나는 길뿐이다. 이는 당연히 자기파멸적 결과만을 초래할 수밖에 없다.

이런 불합리한 결론은 이성과 경향성 혹은 자율성과 타율, 즉 능동성과 수동성 사이에서 오로지 전자만을 택하는 것이 자유를 옹호하는 것이라는 잘못된 칸트적인 사유 방식에 기인한다. 인과성, 경향성 그리고 온갖 사회적 영향이나 전통의 규정성을 타율성에 속하는 것으로 보고 이로부터의 자유로운 이성적 자아의 자율성을 옹호하는 기획은 신화이며, 심각한 철학적 오류로 그치지 않는다. 그것은 실제 현실에 적용될 때 파멸적 결과만을

---

47) 같은 책, 14~19쪽.
48) 같은 책, 19쪽.
49) 같은 책, 20~21쪽.

초래할 뿐이기 때문이다.

둘째로, 바로 뒤에서 보게 되겠지만 백성의 부모로서의 군왕 이론은 군왕이 백성의 볼모로 이해될 가능성도 지닌다. 그러므로 백성을 자신의 자녀처럼 돌보아야 한다는 이론은 백성을 통치의 대상, 즉 어린아이와 같은 미성숙한 존재로 간주하기 때문에 그들에 대한 간섭을 전적으로 자발성이나 자유의 박탈이라고만 비판하는 식의 독해로는 충분히 해명할 수 없다. 이런 비판은 부모-자녀 관계에서 발생하는 비호혜적인, 그러니까 자녀에 대한 부모의 일방적이며 비대칭적인-수평적 관계와 비교해 수직적 관계에서 기인하는- 책임이라는 고유한 차원을 비가시적인 것으로 만들어 버린다. 간단하게 말해 부모의 자녀에 대한 비대칭적인 책임과 관심을 위계서열적이거나 권위주의적인 관계와 같은 것으로 볼 수는 없다. 더 나아가 부모자녀간의 관계에서, 부모의 보살핌은 자기 마음대로 자녀를 일방적으로 대하는 것이 아니다. 자녀의 도움 요청에 응답하면서 자녀와 상호작용한다는 것 자체가 개인(부모)의 이기심을 제한한다는 의미이다. 자신의 이기심을 제한한다는 것은 자녀를 아끼고 존중하는 마음을 보여 주면서 자녀의 반응에 귀를 기울이는 것이기도 하다. 자녀도 부모의 세심한 보살핌을 경험하면서 부모의 행위가 일방적인 것이 아님을 깨닫게 되고, 그런 경험을 통해 자신이 소중한 존재로 인정받고 있음을 자각하게 된다. 그리하여 점차 자신에 대한 자존감을 갖추게 되어 부모의 요청이나 요구, 더 나아가 부모의 필요에 대해서도 성숙한 방식으로 응대할 수 있게 된다. 그렇지 않다면 부모 자녀 관계는 서로의 요구를 더 잘 이해하면서 성장해 가는 성공적인 관계를 결코 이룰 수 없을 것이다.

부모는 자녀의 필요에 귀를 기울이고 자신의 이기심 혹은 절제되지 못한 욕망이나 감정을 제한하면서 자신의 어진 마음(돌봄 능력)을 성숙한 방식으로 발휘하는 법을 배우고, 자녀 역시 부모의 보살핌 속에서 자신의 욕망을 제어하는 법을 배우는 가운데 부모와 더 나은 방식으로 상호작용하는 힘을 길러낸다. 인간은 이런 상호작용 속에서만 책임 있는 존재 혹은 자율적인 존재로 거듭날 수 있을 것이다. 부모 자녀의 관계를 통해 인간은 상대방을 소중하게 아끼고 보살피는 마음, 즉 사람을 해치지 않고 사람이 잘 생장할 수 있도록 도와주려는 마음을 발전시킬 수 있다. 간단하게 말해, 부모 자녀의 관계는 인간의 인간성을 길러내는 교육 과정의 가장 중요한 출발점이다. 이런 점을 염두에 두면서 필자는 왕을 백성의 부모로 비유하는 것이 안고 있는 다른 해석의 가능성을 제안할 것이다.

주희의 『대학혹문』에는 다음과 같은 (가상적인) 대화가 등장한다.

혹자가 물었다. "갓난아이를 보살피듯 한다'라는 것은 무엇입니까? "정자의 말에 의하면, 갓난아이는 제 마음을 스스로 말할 수 없지만 그 아이의 어머니는 어린아이를 사랑하는 지극한 모성애로써 모든 것을 생각하므로, 어린아이가 원하는 뜻을 헤아림에 있어 정확하게 맞히지는 못하지만 큰 차이가 나지는 않는다. 이러한 능력과 행위를 어떻게 배운 뒤에 능한 것이라 말할 수 있겠는가. 백성은 스스로 말을 못하는 갓난아이와는 다르지만, 백성을 부리는 위정자가 민심을 잃게 된 것은 본디 백성을 사랑하는 진실한 마음이 없어 백성의 마음을 살피지 못했기 때문이다."[50]

위 인용문에서도 보듯이 주희는 어머니의 애정 어린 관심은 일방적 지시 명령과 무관하고, 오히려 늘 아이의 요구가 무엇인지를 잘 헤아리는 능력과 관련된 것임을 강조한다. 그에 의하면 "어머니는 어린아이를 사랑하는 지극한 모성애로써 모든 것을 생각하므로, 어린아이가 원하는 뜻을 헤아림에 있어 정확하게 맞추지는 못하지만 큰 차이가 나지는 않는다." 모성애가 보여 주듯이 사랑이란 아이의 소중함을 전제한다. 아이가 너무나 소중한 존재이므로 그의 욕구나 필요에 늘 잘 응대하려고 관심을 기울이는 것이 어머니의 사랑인 셈이다. 그러니까 모성애와 같은 사랑도 사랑하는 아이와의 성공적 관계를 통해 진정한 사랑으로 드러나는 것이다.

---

50) 박완식 편저, 『대학, 대학혹문, 대학강어』, 334쪽.

이런 사랑의 경험, 달리 말해 아이가 원하는 것을 잘 헤아리고 아이를 보살펴서 아이가 행복해하는 모습을 통해 어머니는 다시금 아이에 대한 자신의 사랑함의 활동이 얼마나 중요한 것인가를 체화한다. 그러므로 엄마와 아이의 성공적인 상호작용에서 풍부해지는 사랑은 당사자 자신에게 결정적인 의미를 지니게 된다. 간단하게 말해, 우리가 가족이 소중하다고 하는 데에는 이런 상호 사랑함의 경험이 자신의 삶에서 그 무엇과도 바꿀 수 없는 소중한 것임을 고백하는 것이라고 이해된다. 이런 사랑은 엄마와 아이의 상호작용을 통해서 풍성해지고 비로소 실현되는 것이라고 할 수 있다.

그러나 주희에 따르면, 사실 백성과 왕의 관계가 부모와 자녀(특히 어린아이) 사이의 관계와 똑같은 것이라고는 볼 수 없지만, 부모 자녀 사이의 사랑 관계처럼 왕도 백성의 마음을 잘 헤아려서 백성이 무엇을 요구하고 무엇 때문에 고통받고 있는지를 알아서 그 문제를 해결하기 위해 백성과 더불어 동고동락해야 한다. 그렇지 않다면 백성은 위정자한테서 멀어지게 되고, 결국 민심을 잃은 왕은 제대로 된 왕일 수 없다는 것이다. 여기에서도 왕과 백성 사이에서 상호관계의 실패는 사랑하는 마음을 제대로 형성하지 못한 왕의 무능함에서 기인하고 있음이 강조되고 있을 뿐이다. 백성의 마음을 얻지 못하는 것은 백성의 소중함을 알지 못하는 데에서 기인한다.

왕이 백성을 사랑하는 어진 정치를 해야 한다는 것은 백성의 행복을 위해 온 마음을 기울여야 한다는 뜻이다. 참다운 왕은 백성의 행복을 자신의 행복으로, 백성의 고통을 자신의 고통으로 받아들이는 사람이다. 이런 점에서 인정仁政의 핵심을 여민동락與民同樂으로 규정한 맹자의 주장은 백성과 왕의 관계를 잘 드러내고 있다.[51] 이때 왕과의 관계는 일방적 강압이나 명령에 바탕한 전제적이고 위계적인 상하관계가 아니라, 서로 믿고 의지하면서 공동의 이해 관심을 해결해 나가는 상호의존적 혹은 상호연관적 관계로 이해되고 있다.

---

51) 『맹자집주』, 46쪽, 「양혜왕하」 1.

이제 칸트의 자율성 이론이 왜 내적으로 한계가 있는지, 그리고 그런 한계로 인해 인간의 삶과 사회에 대해 어떻게 일면적 시각으로 드러날 수밖에 없는지를 다른 각도에서 검토해 보자. 여기서는 칸트식의 도덕의 자율성 이론과 인간의 존엄성에 대한 이해를 왜 넘어설 필요가 있는지를 부모자식관계를 타율적인 가부장주의로 보는 것과 관련해서 살펴볼 것이다. 이는 궁극적으로는 자유주의적 자유 이론과 자유주의 사회론의 비판적 재구성 작업으로 이어질 것이다.

필자는 이미 공간된 저서에서 다음과 같이 주장했다.

> 서구적 현대성의 길이 유럽적 조건을 매개로 형성된 것임을 자각해서 서구적 현대를 상대화 내지 지방화하는 작업은, 인간의 자율성과 존엄성 그리고 인간과 자연의 관계에 대한 상이한 사유 방식을 도모해야만 하는 오늘날의 시점에서 더 이상 지체되어서는 안 될 것이다.[52]

필자가 보기에 칸트적인 노선에 있는 자유주의(존 롤스의 자유주의를 포함하여)는 의존성과 독립성의 관계를 지나치게 양자택일의 것으로 본다. 이는 자유주의가 인간의 상호의존성의 사태를 진지하게 검토하지 못한 데 따른 결과라고 여겨진다. 스스로 롤스의 자유주의를 계승하고 있다고 공언하는 마사 누스바움이 지적하듯이, 존 롤스의 정치적 자유주의는 그 핵심적 사고를 "평등한 존중, 호혜성" 그리고 "개인의 불가침성"에서 구한다.[53] 그런데 이런 자유주의적 시각에서 본다면 모든 위계적 인간관계나 온정주의적 태도는 인간의 자율성과 존엄성을 박탈하는 것이라는 생각으로 귀결되고 만다.

이렇듯 전통적으로 자유주의는 취약성과 상호의존성이 삶의 본질적 속성임을 망각한 나머지, 독립적으로 활동하는 사람 이른바 성인 남성을 개인의

---

52) 나종석, 『헤겔 정치철학의 통찰과 맹목』(에코리브르, 2012), 198쪽.
53) 마사 누스바움, 『혐오와 수치심』(조계원 옮김, 민음사, 2015), 600쪽.

정상적 대표로 설정하여 이들 사이의 상호계약을 통해 사회의 정당성의 원칙을 해명하고자 했다. 그러나 캐나다 출신의 저명한 자유주의 정치철학자인 월 킴리카는 자유주의적 사상가들은 "세계가 오로지 장애 없는 성인들로 구성되어 있는 것처럼 저술했을 뿐, 그러한 성인들이 어떻게 양육되었으며 의존적인 사람들의 필요가 어떻게 충족될 수 있는가에 대한 문제들을 무시했다"라고 진단한다.[54]

따라서 우리에게는 삶의 취약성과 상호의존성이 진실로 인간의 사회적 관계와 연대의 근원이라는 생각을 담아내지 못하는 자유주의와 개인주의를 넘어설 새로운 사유의 모색이 필요하다. 이때 우리는 당연히 공자 이래 유가적 사유가 축적해 온 인仁 사상의 전통에 주목하고 이와 창조적 대화를 해야 한다. 인仁에 대한 공자와 맹자의 접근 방식이 지니는 약간의 차이는 여기에서 상세하게 논하지 않을 것이다.

공자와 맹자는 인仁을 이해할 때 타자의 아픔을 공감하는 데에서 출발한다.[55] 결국 인은 타인이 겪는 아픔에 대한 지각인 동시에 그런 아픔을 자신의 아픔으로 느끼는 공감이자, 그것을 같이 극복하고자 애쓰는 마음가짐으로 이해될 수 있다. 그리하여 공자는 어진 마음 즉 인仁을 "사람을 사랑하는 것"(愛人)으로 정의하고 있으며, 맹자는 어진 마음의 실마리를 '측은지심'으로 바라보면서 "측은지심惻隱之心이 없으면 사람이 아니"라고 말한다.[56]

공자 이래로 유가사상의 근원의 하나가 된 인은 기본적으로 인간의 삶이 취약하다는 점에서 출발한다. 달리 말하자면 인간은 여타 생명체와 마찬가지로 몸을 지닌 존재로서 특정한 상황으로 인해 상처받고 죽임을 당할 수 있는 존재라는 점에서 출발하여, 이를 극복하려는 마음, 즉 생명을 아끼고 돌보는 마음을 인간의 인간됨의 까닭으로 이해한다. 그러므로 공자가 보기에

---

54) 월 킴리카, 『현대 정치철학의 이해』(장동진 외 옮김, 동명사, 2006), 574쪽.
55) 이 단락은 필자의 논문 「칸트의 자율성 도덕론과 동아시아」, 『칸트연구』 37(2016), 83쪽을 바탕으로 한 것이다. 측은지심의 의미에 대해서는 주희·여조겸 편저, 『근사록집해』 1, 127쪽 및 황태연, 『감정과 공감의 해석학』 1(청계, 2014), 402~404쪽 참조.
56) 『논어집주』, 248쪽, 「안연」 22; 『맹자집주』, 103~104쪽, 「공손추상」 6.

어진 마음은 타자와의 상호의존성에서 벗어날 수 없는 인간 및 비인간 생명이 겪게 될 해악에 대한 저항이다. 유가가 잔인성을 비판하고 차마 해치지 못하는 마음의 회복을 추구하면서 이를 통해 사회를 새롭게 세우고자 노력하는 것도 이런 인간관에서 나온 것이다.

요약해 보자면, 의존적 관계는 보호주의적이고 전제적 성격을 지니고 있기 때문에 자유와 양립할 수 없다고 보는 사유의 일면성을 넘어서야 한다. 그렇기에 이제부터는 왕을 백성의 부모로 보는 관점이 어떤 점에서 백성의 볼모로 이해될 수 있는지, 그리고 그것이 백성의 자립성에 대한 추구와 양립할 가능성이 있는지를 검토해 보자.

6. 백성의 볼모로서의 유교적 성왕론

유교적 성왕은 백성의 볼모이며 백성의 '공복'으로 이해될 수 있다. 임금이 백성의 볼모로서 백성에게 모든 것을 바쳐 헌신해야 한다는 것은 유교적 민본주의 정치이념의 기본이었다. 앞에서 인용한 바 있는 『논어』 「요왈」편 제1장의 다음과 같은 탕왕의 말을 상기해 보자.

저 소자 리履는 검은 희생을 써서 감히 거룩하신 상제께 아룁니다. 죄가 있는 사람을 제가 감히 용서하지 못하오며 상제의 신하를 제가 감히 가리지 못하거니와, 신하를 간택함은 상제의 마음에 달려 있습니다. 제 몸에 죄가 있음은 만방 때문이 아니며, 만방에 죄가 있음은 그 책임이 제 몸에 있습니다.[57]

그런데 『상서商書』에도 이와 비슷한 말이 나온다. 『상서』 「탕고湯誥」에 따르면 탕왕은 하나라의 폭군 걸왕을 패망시키고 박亳 땅으로 돌아온 뒤

---

57) 『논어집주』, 385~386쪽.

걸왕을 몰아낸 대의大義를 세상에 널리 알리며 다음과 같이 말한다.

> 왕이 다음과 같이 말씀하셨다. "아아! 그대들 온 세상 백성이여! 나 한
> 사람의 말을 분명히 들어주오.…… 하늘의 법도는 착한 사람에게 복을
> 주고 나쁜 사람에게는 화를 내리시는 것이니, 하나라에 재앙을 내리어
> 그 죄를 밝히신 것이오. 그러므로 나 같은 작은 사람이 하늘의 명과 위엄을
> 분명히 받들게 되어 감히 용서할 수가 없었소. 이에 감히 검은 황소를
> 제물로 써서 하느님에게 밝게 고하고 하나라 임금의 죄를 추궁하였소.……
> 그대들이 착하면 나는 덮어두지 않을 것이오. 죄가 내게 있으면 스스로
> 용서하지 않을 것이며, 잘 살피어 상제의 마음에 들도록 하겠소. 그대들
> 온 세상에 죄가 있다면 나 한 사람이 책임질 것이나, 나 한 사람에게 죄가
> 있는 것은 온 세상 사람들과는 상관없는 일이오."[58]

조선의 사족 혹은 양반들이, 나아가 모든 사대부들이 군신공치와 같은
형태로 왕을 보필해서 왕을 유교적 이상을 구현할 수 있는 요순과 같은
성왕으로 만들어 내도록 해야 한다는 것도 이와 같은 민본주의 이념의
전개로부터 나온 선택이었다.

유교적인 전통에서 인仁이나 인정仁政을 설명하면서 늘 어린아이를 보살
피는 마음에 대한 언급이 반복해서 등장하는 것도 이미 누차 언급되었다.
군주를 백성의 부모로 비유하는 것은 군주나 군자는 부모가 아이를 기르는
심정으로 늘 백성을 대해야 한다는 것을 뜻하는데, 이런 유학의 핵심적
통찰은 유가사상을 상하 위계질서를 정당화하는 가부장주의 혹은 전제주의
라고 보는 사고 틀에서는 결코 제대로 이해될 수 없다.

유가적인 성왕론이 어떤 함의를 지니고 있는가를 잘 보여 주는 예가
바로 선진시대의 대표적인 법가 사상가 중 하나인 신불해申不害의 견해이다.
그는 유가를 철저하게 비판하였는데, 그 까닭은 바로 유가적 성왕 이론은
군주의 정치 권력을 허수아비로 만들려는 기획이라고 보았기 때문이다.

---

58) 『서경』, 170~174쪽.

그래서 그는 "천하를 차지하고도 마음대로 하지 못한다면 이를 일컬어 '천하가 질곡桎梏이 됨'이라고 한다"라고 주장했다.[59]

질곡桎梏이란 옛날에 죄지은 사람을 감옥에 가둘 때 발이나 손에 채우던 형틀을 가리킨다. 그러므로 천하가 질곡이 된다는 것은, 천하 백성의 일을 어머니가 어린아이 돌보듯 아끼고 배려해서 그들이 성숙된 존재로 클 수 있도록 전념을 다해 보살필 것을 강조하는 유가의 입장을 따른다면, 요순 같은 성군도 마치 죄인이 감옥에서 꼼짝달싹하지 못하듯 천하로 인해 손발이 묶여 버리는 상황에 빠지게 된다는 말이다. 즉 천하 백성의 일로 인해 요순은 황제라는 지위에 있음에도 불구하고 어떤 자유를 행할 수 없는 속박의 상태에 있게 된다는 것이다.

그리하여 이사李斯는 신불해의 주장을 다음과 같이 설명한다. "천하를 차지하고도 마음대로 하지 못한다면 이를 일컬어 '천하가 질곡이 됨'이라고 한다는 것은, 신하들의 죄를 살피고 처벌할 수 없었으니 요임금이나 우임금은 오히려 천하의 백성들에 의해 자기 몸이 괴로워졌을 뿐이라는 것을 '질곡'이라 표현한 것입니다."[60] 천하 백성들에 의해 황제가 오히려 자신의 자유로운 활동이 없어지는 질곡의 상태로 빠지게 된다는 것은, 백성들이라는 타자와의 무한한 윤리적 책임 관계로 인해 황제 자신이 타자의 '볼모'가 된다는 말과 상통한다.

이사李斯는 임금과 백성의 관계가 주인과 노예의 관계와 같다고 보았지만, 사실 이런 시각을 제공한 이들은 유가가 아니라 바로 법가 사상가들인 신불해나 이사였다. 이사는 요순성왕론이란 황제의 전권 행사를 방해하기 위해 만들어진 수단에 불과하다고 혹평한다.

무릇 다른 사람이 자기를 따르면 자기는 존귀하고 다른 사람은 비천한

---

59) 이하 천하의 볼모로 유가적 사상을 비판한 부분은 나종석, 『대동민주유학과 21세기 실학』, 739~741쪽을 바탕으로 한 것이다.
60) 사마천, 『사기열전』 상, 930쪽, 「이사열전」.

것이며, 자기가 다른 사람을 따르면 자기는 비천하고 다른 사람은 존귀한 것입니다. 다른 사람을 따르는 자는 비천하고, 다른 사람을 따르게 하는 자는 존귀하다 함은, 예로부터 지금까지 항상 그래 왔습니다.…… 그러나 요임금이나 우임금은 자신을 천하 사람들에게 내맡긴 사람들인지라, 그들을 따르고 존중하게 되면 현명함을 존중하는 마음을 잃어버리게 됩니다. 크게 잘못된 일이라 하겠습니다. 이를 가리켜 '질곡'이라고 말하는 것은 당연한 일이 아니겠습니까?[61]

법가 사상가인 이사가 이해한 유교적 성왕 이론은 그것이 얼마나 황제 권력의 자의적 행사를 불가능하게 하고 있는지를 잘 보여 준다. 심지어 그는 유교적 성왕을 "천하를 받드는 하인"[62]에 불과하다고 혹평하지만, 역설적으로 그런 비판은 유교적 성왕 이론의 합리적 핵심, 즉 '백성의 볼모'라는 성왕론의 근본정신을 잘 보여 주고 있다.

물론 이런 유교적 정치이론이 현실에서 얼마나 실질적으로 왕권을 제약했는지는 별도의 문제이고, 그런 장치가 권력의 폐단을 막는 데 유효한 수단인지 회의하는 시각도 존재할 수도 있다는 것은 당연한 이치이다. 그리고 그것은 현대 민주공화주의가 내세우는 권력분립과 대의제적인 선거 제도와 비교해 볼 때 권력의 자의적 지배를 배제할 수 있는 제도적 장치로서는 충분치 않다고 여겨질 수도 있다. 그러나 유교적 성왕 이론은 왕권의 자의적 권력 행사를 원천적으로 봉쇄하여 그 권력을 공공의 것에 어울리게 규율하고 제한하려는 유교적인 권력 제한 의식의 표출이었으며, 조선을 비롯한 동아시아의 역사에서 폭정을 순치하는 데 나름대로 크게 이바지해 온 것도 사실이다. 이사가 주장했듯이 요순은 자신을 "천하 사람들에게 내맡긴 사람들"이었으며, 유교적 성왕의 존재 이유는 바로 천하의 공공성을 유지하는 데 있다. 그리고 유교적 성왕 이론은 천하위공의 대동세계의 이상과 연결되어 있다. 이것이 바로 유교적 민본주의가 내재적으로 공화주의로 이어지는 핵심적인

---

61) 같은 책, 931쪽.
62) 같은 책, 933쪽.

연결고리이다.

공자와 맹자가 이상사회로 보았던 천하위공의 대동세계는 유학이라고만 하면 조건반사적으로 국가에 대한 충성이나 멸사봉공 혹은 가부장적 권위주의에 찌든 가족이기주의를 떠올리는 시각이 얼마나 왜곡된 것이고 일면적인 것인가를 말해 주고 있다. 공자와 맹자의 학설에서 보듯이 유가사상의 전통에서, 특히 조선과 중국의 유학 사상의 역사에서 정치의 핵심은 소수의 특권계층에 의한 부정부패 및 자의적인 권력 행사로 인해 고통받는 모든 백성의 고충을 없애는 데 있다. 국가나 왕에 대한 무조건적 충성을 선비가 걸어가야 할 참다운 모습이라고 보는 흐름이 없었다고 할 수는 없겠으나, 그것이 주류적인 흐름이었다고는 볼 수 없다.

국가나 왕에게 무조건 충성을 다하라고 가르치는 것이 유학이라고 보는 통념은 잘못된 것이다. 충성은 본래 원리에의 충성, 달리 말하자면 인간이 모름지기 인간이 되기 위해 반드시 따라야 할 도道인 인仁의 실현에 전념을 다해야 함을 뜻했다. 이렇게 본다면 인은 일반 백성과 뭇 생명의 고통을 제거하고 번영해 갈 수 있도록 온 힘을 기울이는 노력의 관점에서 비로소 잘 이해될 수 있다. 그런 점에서 유가적 충성 이론은 민주 시대 정치의 주인인 백성에 대한 충성으로 재해석될 수 있다. 일찍이 손문孫文 또한 민주 시대에도 충성 이론이 사라지지 않고 그 시대에 어울리게 발전할 수 있음을 강조한 바 있다. 그는 다음과 같이 주장하였다.

이 점으로 보아 지금 일반 인민들은 민국民國이 되었으니 충에 대해서는 신경 쓰지 않아도 좋다고 생각하는 모양이다. 즉, 원래 '충'은 '충군忠君'이라 하여 군주에 대한 것이었으나 이제 민국이 되어 군주가 없으므로 '충'자를 써서는 안 된다는 생각에 깎아 버리고 말았으리라. 그러나 이 생각은 오해이다. 왜냐하면 국가에는 군주는 없어도 좋지만 충이라는 글자는 없어서는 안 되기 때문이다.…… 오늘날 군주에게 충성하라는 말은 물론 안 되겠지만, 인민에게 충성하라고 하는 것도 안 되는 것인가? 일에 충성하라고 해서는 안 되는 것인가? 우리가 어떤 일을 함에 있어서 시종일관 성공할 때까지

행하며 만일 성공하지 못하면 목숨을 바쳐도 아까워하지 않는 태도, 이것이 바로 충이다. 그러므로 옛날 사람은 '충'자를 끝까지 파고들면 죽음이라고 풀이했다.…… 우리는 민국에 있어서도 도리상 역시 충을 다하지 않으면 안 된다. 군주에게 충성하자는 것이 아니다. 나라에 충성하고, 인민에 충성하고, 4억의 사람에게 충성해야 한다.[63]

선행 연구에서도 강조했듯이, 민주주의 시대에 어울리는 충성 이론은 한국 사회에서도 발견된다. 백범 김구와 김대중 전 대통령도 민주주의 시대의 충성은 정치의 주인인 백성에 대한 충성의 의미로 변형, 발전되어야 함을 강조하고 있기 때문이다.[64]

필자는 선행 연구에서 군자의 정신을 새롭게 해석하기 위해 레비나스의 책임 이론을 참조하였다. 군자는 타인의 아픔을 자신의 아픔으로 여기고 그것을 함께 해결하고자 하는 어진 마음의 소유자이다. 군자의 궁극적 경지에서는 어느 한 사람이라도 고통을 겪으면 그것을 자신의 책임으로 받아들인다. 그런 점에서 레비나스의 용어를 활용한다면 군자는 백성의 볼모(인질)로 볼 수 있을 것이라고 해석해 보았다. 그리고 타자 즉 백성의 볼모인 유교적 성왕의 역할은 백성들 스스로 자신의 삶을 잘 영위할 수 있는 조건을 창출해 주는 데 있다. 그런 점에서 이상적인 군주를 백성의 볼모로 보는 사상은 백성들의 자율적인 삶과 배치되지 않는다. 따라서 국왕을 '백성의 부모'로 보는 유학의 시각에 대해서도 백성을 오로지 통치의 대상이자 어린아이와 같은 미성숙한 존재로 보아서 그들의 자율성을 억압하는 것일 뿐이라고만 해서는 안 될 것이다. 부모와 자식의 관계가 책임 원칙을 대변하는 모델인 것처럼, 부모는 어린아이가 스스로 자신의 삶을 잘 영위할 수 있도록 도와주는 데 모든 힘을 다해야 하는 존재이기 때문이다. 국왕이 백성에게 늘 보여 주어야 하는 어진 마음을, 백성의 자율성을 박탈하는

---

63) 손문, 『삼민주의』(권오석 옮김, 홍신문화사, 2006), 126쪽.
64) 나종석, 『대동민주유학과 21세기 실학』, 581~582쪽 참조.

248   제1부 유교 전통과 대동 이념

단순한 온정적 태도로만 볼 일은 아니라는 말이다.

이처럼 부당한 정치 현실에 의해 고통받는 일반 대중과의 연대를 구축하여 모든 사람이 사회에서 제 몫을 찾는 정치 세계를 이룩하는 것이야말로 바로 참다운 선비와 뜻있는 군자가 걸어가야 할 정도라는 것이 조선 및 중국의 대동적 유학 전통의 기본적 경향이었다. 그래서 필자는 선행 연구에서 다음과 같이 주장하였다.

> 앞에서 본 것처럼, 공자에게 어진 마음을 실현하는 길이란 '사람을 사랑하는 일'이기도 했고, '백성에게 은혜를 널리 베풀어(博施) 많은 사람을 구제하는' 일이기도 했으며, 그런 상황에서 부득이한 경우에는 '목숨을 바쳐 인을 이루는 일'(殺身成仁)이기도 했다. 그리하여 시라카와 시즈카(白川靜)가 주장 하듯이 공자가 주장하는 인의 길, 즉 인도仁道란 인민대중 혹은 사람을 위해 "헌신하는 것이나 다름없다." 또 이런 고통 받는 모든 사람에 대한 헌신이라는 "유가적 희생정신"을 오늘날의 말로 하면 '고통받고 소외된 사람들과의 연대'로 이해할 수 있을 것이다.[65]

백성에 대한 충성으로 인을 재해석하는 작업은 백성을 통치의 대상으로 보면서 덕성의 주체를 일부 통치자만으로 한정하는 것과는 무관하다. 앞에서 도 언급했듯이 민주주의 시대에 백성이 정치의 주체로 인정받는다고 해서 충성이라는 개념이 전혀 의미가 없지는 않을 것이다. 어떤 대상에 마음을 다해 정성껏 마음을 기울인다는 의미의 충성은 백성이 서로에 대해 보여 주는 충성으로 이해될 수 있을 것이다. 달리 말해, 민주주의 시대에 충성은 국가에 대한 충성이 아니라 자신의 삶을 스스로 책임지고 있는 동료 시민들이 나 백성들에 대한 진실한 사랑, 즉 군자들의 연대로 이해될 수 있다. 민주 시대에는 백성이 곧 시민이요 시민이 곧 군자이다.

---

65) 같은 책, 516~517쪽. 『논어』에 나타나는 人과 民의 용례 연구를 통해 전자가 노예주를, 후자가 노예 계급을 지칭한다는 주장을 내세운 학자도 있다. 그가 바로 趙記彬이다. 조기빈, 『反논어』(조남호·신정근 옮김, 예문서원, 1996), 제1부 참조.

그래서 백성은 서로에 대해 연대하면서 헌신하는 정신을 키워나가 민주주의 위기의 시대를 극복할 수 있는, 책임 있는 민주시민으로 되어야 한다. 이는 군자 정신 혹은 선비 정신의 민주적 구현으로 이해될 수 있다. 책임 있는 시민은 시민 군자 혹은 군자로서의 시민이다. 책임 있는 민주시민의 육성이 없이 제도로서의 민주주의만으로는 그것은 장기적으로 존재할 수 없을 것이다. 그러므로 사람과 생명을 함부로 해치지 않고, 그런 마음을 바탕으로 뭇 생명과 이웃 동료 시민과 더불어 연대하면서 공동의 삶을 스스로 운영해 나가는 드높은 책임 의식은 오늘날 민주시민이라면 모두 갖추어야 할 보편적 덕성이 아닐까 한다.

고통받는 생명을 외면하지 못하고 그 고통을 함께 해결하려는 어진 마음을 백성들이 서로에 대해 보여 줄 수 있고 또 보여 주어야만 민주시민의 연대가 공고해질 것이다. 우리 민주공화주의는 이런 상호헌신에 대한 신뢰를 바탕으로 이루어진 우정의 공동체가 되어야 한다. 『논어』「안연」24에는 공자의 제자 증삼의 다음과 같은 말이 있다. "군자는 문文으로써 벗을 모으고, 벗으로써 인을 돕는다."[66] 인문정신은 다름 아니라 인간의 인간성, 즉 어진 마음을 길러내는 데 이바지하는 것인데, 이런 인간성의 확장에는 반드시 사람과의 교제가 없어서는 안 된다. 달리 말해, 인간이 홀로 덕성을 길러내기는 힘들기에 덕성의 함양에는 반드시 교양 있는 군자와의 교제가 필요하다는 것이다. 간단히 말해 우정과 인의 실현은 상호의존적인 관계에 있다는 말일 것이다.

이익을 실현하고자 모인 사람들의 단체에서는 참다운 우정이 싹트기 어렵다는 말은, 그런 모임에서 사람은 다른 사람을 자신의 이익을 달성하기 위한 수단으로 대하기 때문이다. 사사로운 이익 추구를 합리적으로 행할 수 있는 개인들로 이루어진 사회는 시장사회로 불릴 수 있을지언정 군자 공동체나 민주공화 공동체일 수 없다. 공자가 이르기를 "군자는 의에 밝고

---

66) 『논어집주』, 251쪽.

소인은 이利에 밝다"라고 했다.[67] 여기에서 군자와 소인의 구별이 과연 세습적인 차별 의식의 표현인지에 대해서는 언급하지 않겠다. 텍스트 의미를 다른 시대에 맞게 해석하는 것이 더 중요할 뿐만 아니라 군자와 소인을 대비하여 말하는 공자의 가르침은, 따져 보면 군자와 소인의 구별은 교양이나 덕성의 유무에 달린 것이지 그 무슨 타고난 신분 구별에 따른 것이 아님을 알 수 있기 때문이다.

공자는 말하기를 "군자는 남의 아름다움을 이루어 주고 남의 악을 이루어 주지 않으니, 소인은 이와 반대이다"[68]라고 했다. 군자는 '자기를 미루어 타인에 미치게 하는 것'을 통해 어진 사람이고자 애쓰는 사람이다. 그러므로 군자는 개인의 성공적 삶, 개인의 자기실현의 이상이란 반드시 타인의 실현이라는 과제와 함께할 때만 가능함을 철저히 자각하고 있는 사람이다. 비록 사회적 관계가 그 자체 내에 사회 구성원을 해칠 가능성을 지니고 있음을 도외시하지는 않지만, 군자는 인간이란 사회 밖을 추구할 수 없는 비극적 존재임을 껴안는다. 전쟁은 말할 것도 없고 가정 내 폭력 및 학대나 데이트 폭력 등등에서 적나라하게 드러나듯이 우리를 살해할 정도로까지 폭력적인 사회적 관계를 껴안고서, 그것을 잔인하지 않은 형태로 바꾸지 않는다면 제대로 된 삶을 살아갈 수 없다. 그러니까 군자가 추구하는 어진 삶은, 사람이 속해 있는 사회적 관계가 각 구성원의 성공적 삶을 해치지 않고 번성하도록 하는 것을 목적으로 한다.

따라서 군자가 보기에 타인과의 교제는 한갓 수단일 수는 없는, 관계가 번성하면 할수록 자신도 행복해지는 그런 것이다. 앞에서 본 것처럼, 관계 그 자체가 내재적인 목적이 되면서도 그런 관계를 맺는 사람은 그 관계에서 자기소외를 느끼는 것이 아니라 오히려 자신의 참다운 삶을 발견할 수 있다. 이런 공동체야말로 진정한 우정 공동체요 군자 공동체라 할 것이다. 그래서 참다운 친구 관계는 인간의 인간다움인 인을 실현하는 길에서만

---

67) 같은 책, 79쪽, 「이인」 16.
68) 같은 책, 243쪽, 「안연」 16.

형성될 수 있고, 또한 그런 어진 마음의 실현을 공고하게 해 주는 가운데 우정이 도타워질 수 있다. 이런 우정 관계는 우리의 민주공화주의가 지향해야 할 공동체를 보여 준다. 민주공화의 시민공동체는 군자 공동체여야 할 것이다. 민주공화주의가 진정으로 그 이름에 어울리는 사회가 되기 위해서는 무릇 합리적 이기주의자들의 사회를 넘어 서로에 대한 깊은 관심을 간직한 시민으로서의 군자 공동체이자 우정 공동체를 지향하지 않을 수 없을 것이기 때문이다.

그런데 군자 공동체라는 개념으로 민주공화의 사회를 바라볼 때 그 공동체를 독립적이며 자유로운 개인으로 구성된 자유주의 사회와 혼동해서는 안 된다. 독립성 혹은 자율성을 삶의 취약성과 그에 바탕을 둔 상호의존 관계 너머에 있는 것으로 이해하는 자유주의 사회는 차갑고 냉담한 사회로 흘러가기 쉽다. 오늘날 능력주의 사회는 사실 패배자가 겪는 온갖 고통과 좌절을 오로지 그 개인이 노력을 게을리한 탓으로 돌리면서 극단적 불평등조차도 정당화하는 모습을 보여 준다. 능력주의 사회가 무한 질주하게 되면 그 사회는 승자독식, 우승열패, 약육강식 등의 논리가 지배하게 될 뿐만 아니라, 그런 불평등 구조를 오히려 '능력과 노력에 따른 공정한 분배'의 결과로 정당화한다.

자산이 많은 부모가 자식에게 부를 대물림하고 유리한 사회적 지위를 합법적·불법적 방식을 다 동원해서 넘겨줌으로써 기회 평등이라는 능력주의 사회가 승인하는 최소한의 원칙조차도 허물어뜨리는 것이 오늘날의 모습이다. 그런데 소득과 자산의 불평등 심화가 세습자본주의라는 구조적 격차 사회를 만들어 낸 상황임에도 우리는 여전히 그것을 개인의 노력 부족이나 무능력이란 관점에서 바라보고 있다. 우리는 그런 능력주의 사회가 실은 '기회의 평등'과 '능력과 노력에 따른 분배'를 공정의 원칙으로 내세우는 일종의 자유주의 사회 혹은 자유민주주의 사회의 한 변형태임을 어렵지 않게 짐작할 수 있다.

이와 달리 우정 공동체인 군자 공동체는 인간이란 상처받고 해를 당할 수 있는 취약한 존재이며, 그런 취약성을 극복하기 위해 결성한 사회관계도 역설적으로 사람을 심각하게 해칠 수 있다는 점을 부인하지 않는다. 앞에서 강조했듯이 공자의 핵심 사상인 인仁 이론은 상호의존성에 바탕을 둔 보편적 돌봄 이론으로 이해될 수 있다. 거듭 말하자면, 돌봄 혹은 보살핌은 사람들에게 노예적 의존성을 키워 주는 것이 아니라 사람들의 삶을 보호하면서 그 삶이 잘 성장·번영할 수 있도록 도와주는 것이다. 그런 의미에서 새롭게 해석된 유가적인 인仁 이론은 자율성의 가치를 버리는 것이 아니라 그 핵심을 보존하면서 이를 확장하는 것이라고 하겠다.

그런데 사회복지를 최소한으로 줄이더라도 그것은 사람을 나약하게 만들어 도덕적 해이를 가져올 것이라 맹비난하는 사유 방식이 오늘날 우리 사회에서 크게 유행하고 있는 주도적인 담론이다. 가난한 사람은 부정식품이라도 먹을 자유를 누려야 한다고 했던 어느 유력 정치인의 발언도 이런 정신과 맥을 같이한다고 할 것이다. 그러나 이런 잔인한 마음과 달리, 유가적 전통에서 볼 때 차마 해치지 못하는 마음, 달리 말하자면 살인하지 말아야 한다(생명을 해치지 말아야 한다)는 마음은 모든 사회관계의 궁극적 토대가 된다. 간단하게 말해서, 잔인성에 대한 금지 규정은 가족관계, 경제적 관계를 비롯한 모든 정치 사회의 구성 원리로 받아들여져야만 한다는 것이 공자의 근본 사상일 것이다.

요약해 보자면, 차마 해치지 못하는 마음을 모든 인간관계(더 나아가 자연과의 관계까지 포함하여)의 토대로 바라보는 군자 공동체는 사회 구성원들이 서로의 아픔을 나누고 즐거움을 함께하는 동고동락同苦同樂의 우정공동체, 시민공동체를 지향한다. 필자는 동고동락의 군자 공동체 혹은 대동인大同仁 공동체는, 사회적 약자를 무시 받아 마땅한 존재로 바라보는 냉담한 자유주의적 능력주의 사회보다도 민주공화주의의 진정한 의미를 제대로 구현할 수 있는 사회가 될 것이라고 본다.

7. 나가는 말

앞에서 우리는 공자의 군자 이론이 지니는 의미를 자율성 이론 그리고 성왕론을 매개로 해서 살펴보았고, 또 그러한 과정에서 유교의 인仁 이론은 칸트의 보편적 동등 존중의 원칙과 충돌하지 않으면서도 비대칭적 관계에 대한 개방적 감수성을 풍부하게 갖고 있다는 점을 강조해 보았다. 물론 비대칭적 관계나 돌봄 관계가 쉽게 위계서열적인 권력관계(이를테면 가부장적 보호주의)로 변질할 위험성은 늘 존재한다.

대칭적 관계를 중시하는 사유 방식이 인간의 상호의존성이라는 사태를 간과할 위험성이 있듯이, 자립적 존재 사이의 계약으로부터 사회를 바라보는 것이 아니라 삶의 취약성과 깊게 결합한 사회적 상호의존성의 시각에서 사회를 바라보는 유교의 인仁 이론 또한 나름의 위험성을 안고 있다. 차마 해치지 못하는 마음은 또한 매우 위태롭기도 하다. 그러나 이런 차마 해치지 못하는 마음은 분명 상호의존적 존재인 우리에게 사회적 연대를 튼튼하게 형성해 줄 기회를 제공하고 있다고 여겨진다. 물론 유교적인 인仁 이론의 잠재성과 현재적 의미를 새롭게 발굴하는 것은 우리의 몫으로 남아 있다고 할 것이다.

어쨌든 이제 우리가 해야 할 일은 조선 시대의 유학 전통을 매개로 해서 한국의 민주주의가 어떤 방식으로 전개해 왔는지를 집중적으로 검토하는 일이다. 선행 연구에서 필자는 조선 후기에 본격적으로 드러나게 되는 대동세상에 관한 이상과 그 실현을 둘러싼 여러 축적된 역사적 경험들이 우리 사회의 독립과 민주주의 형성에 정신사적 조건으로 작동하고 있다는 주장을 펼쳐 보았다. 사실 이런 주장이 이 책을 이끄는 근본 주장의 하나인 것이다.

제2부

유교 전통, 한국 민주주의, 대동민주주의

제5장

한국 민주공화국 헌법 이념의 탄생과 유교 전통[1]

1. 들어가는 말

우리 사회는 전통과 근대를 대립적인 것으로 바라보는 시각에 매우 익숙하다. 아니, 그런 시각이 우리 사회를 바라보는 지배적 관점이라 할 수 있다. 이로 인해 우리는 우리 근현대사에 유교적인 전통이 긍정적으로 작동하고 있음을 잘 인식하지 못한다. 전통과 근대의 이원론적 시각은 우리 사회에 대한 우리의 성찰적 인식을 불가능하게 만든다. 따라서 우리 학계에 대한민국 제헌헌법이 미국에 의해 외부적으로 이식된 것이라는 관념이 크게 영향력을 발휘하는 것도 우연은 아닐 터이다.

본문에서 더 상세하게 언급되겠지만, 요즈음 학계는 대한민국헌법이 미국의 압도적 영향을 받으면서 외부로부터 이식된 결과라고 보는 통설을 넘어서려는 움직임을 보여 주고 있다. 그러나 한국 헌법의 자생적 탄생의 계보를 탐색하려는 새로운 연구조차도 조선 사회의 유교적 전통에 대한 특정한 선입견으로 인해 한국 헌법의 역사에 대한 제대로 된 성과를 일구어 내는 데는 한계를 보인다. 필자가 보기에 한국 헌법의 자생성을 새롭게 해명하려는 소중한 시도가 일정한 한계를 보일 수밖에 없는 이유는, 그런 연구조차도 여전히 서구중심주의적 사유 패러다임으로부터 자유롭지 못한 데 기인한다.

이 글에서 필자는 서구중심주의적 사유 패러다임으로 인해 전통과 근대의

---

1) 이 글은 대한철학회의 『철학연구』 147(2018), 147~178쪽의 내용을 수정한 것이다.

이원론적 대립 구도를 자명한 것으로 받아들이는 태도가 어떻게 한국 헌법의 형성 과정에 대한 학적 탐색을 쉽게 헤어 나올 수 없는 논리적 긴장에 휘말리게 하는지를 살펴볼 것이다. 이를 통해 우리 사회의 민주주의는 서구 세계로부터 받은 영향에도 불구하고 나름의 전통을 매개로 하여 능동적이고 주체적으로 발전해 온 역사적 산물이라는 인식이 오히려 더 설득력이 있음을 분명하게 할 것이다. 이렇게 할 경우에만 대한민국 제헌헌법의 정신을, 조선 사회에 축적된 유교적인 대동 이념의 전통을 바탕으로 서구 민주주의 및 공화주의를 나름의 방식으로 이해하고 번역하여 그것을 우리 사회에 창조적으로 적용한 역사적 산물이라고 해석할 수 있을 것이다. 이처럼 유교적 대동 정신의 영향사의 지평 속에서 한국의 민주공화국 헌법 정신의 역사적 근원이 제대로 이해될 수 있다는 점을 제시해 보는 것이 이 글의 기본적인 문제의식이다.

2. 대한민국헌법의 이식성 여부

분단된 상황에도 불구하고 우리 사회가 산업화와 민주화에서 거둔 일정한 성공은 매우 눈부시다. 예를 들어 이병천은 산업화와 민주화에서의 성공을 '이중 혁명'으로 규정하고 그 세계사적 의미를 강조한다.[2] 그럼에도 우리 학계에는 한국 민주주의의 기원에 대한 공통의 견해가 확립되어 있지 않다. 이런 학적 인식의 공백을 메우는 작업이 매우 중요함은 두말할 나위가 없다. 예컨대 대만의 비판적 지식인 진광흥陳光興은 그런 작업을 "동아시아 사상계가 공동으로 짊어져야 할 숙제"라고 역설할 정도이다.[3]

한국 학계에는 대한민국의 민주공화국의 헌법 정신이 외부에 의해 주어진

---

2) 이병천, 『한국 자본주의 모델: 이승만에서 박근혜까지, 자학과 자만을 넘어』(책세상, 2014), 418~419쪽 참조.
3) 진광흥(천광싱), 「경험으로 본 한국─대만의 지적 교류와 연대」, 『대만을 보는 눈』(최원식·백영서 엮음, 창비, 2013), 276쪽.

산물이라는 인식이 강하다. 즉, 한국 헌법은 제2차 세계대전의 패망으로 말미암아 일본의 식민 지배가 종식되고 해방을 맞이하게 된 이후에 남쪽에 진주하게 된 미국의 영향력 하에서 외부로부터 주어진 것이라는 인식이 팽배하다. 예를 들어 많은 헌법학자는 대한민국헌법에 등장하는 민주주의 원리를 미군 진주로 인해 초래된 자연스러운 결과로 이해한다. 대한민국 제헌헌법의 민주공화국의 기본 원리와 정신은 한국인이 스스로 쟁취해 낸 역사적 성과물이 아니라 우리나라에 진주하게 된 미군에 의해 주어졌다는 것이다. 한국 헌법의 역사를 서술한 한태연과 갈봉근 등의 헌법학자들에 의하면, "'공화국'은 우리 사회의 식민화와 동시에 소멸된 그 '대한제국'에 대한 당연한 역사적 부정이며, 또한 정치적 기본 질서에 있어서의 그 자유민주주의는 미군의 진주에 오는 당연한 결과였다."[4]

민주적 헌법의 이념과 그 정신이 탄생해 온 역사와 관련하여 개혁적인 지식인으로 꽤 유명한 최장집도 그 이식성에 주목한다. 그에 의하면 냉전 이후 우리 사회에 도입되고 실천된 민주주의의 중요한 특징 중의 하나가 "조숙한 민주주의"이다. 우리나라 헌법은 "미국을 비롯한 자유민주주의·민주주의 국가의 헌법에서 내용을 빌려" 온 것이어서 "헌법이 밖으로부터 주어지고, 한국 사회와 유리되었다"라고 그는 주장한다.[5] 그가 보기에, 민주주의적 헌법 정신 및 원리가 우리 역사 속에서 성숙되어 온 성과물이 아니라 외부로부터 이식된 것이라는 점에서 그것은 후진적인 한국 사회와 어울리지 않는 조숙한 내용을 지닌 헌법에 지나지 않는다.

그러나 대한민국헌법 탄생에 관한 최근의 연구는 대한민국헌법이 그저 외부에 의해 자동으로 주어진 것이 아니라 우리 민족의 기나긴 노력과 투쟁의 결실임을 보여 준다. 특히 민주공화주의에 대한 사회적 합의가 1945년 해방

---

4) 한태연·갈봉근·김효전 외 지음, 『한국헌법사 상』(한국정신문화연구원, 1988); 서희경, 『대한민국헌법의 탄생: 한국 헌정사, 만민공동회에서 제헌까지』(창비, 2012), 18쪽에서 재인용함.
5) 최장집, 『민주화이후의 민주주의: 한국 민주주의의 보수적 기원과 위기』(후마니타스, 2003), 58쪽 및 61쪽.

이후에야 이루어진 것이라고 보는 기존 한국헌정사 연구에서의 통념은 변화되어야 한다. 실제로 "대한민국은 민주공화국이다"라는 대한민국헌법 제1조 제1항은 3·1운동의 영향으로 1919년에 수립된 대한민국 임시정부 임시헌장에서부터 1948년의 제헌헌법을 거쳐 1987년 개정된 현행 헌법에까지 이르는 긴 역사를 지니고 있다. 이런 맥락에서 민주공화국 대한민국의 헌법은 일제강점기 독립운동과의 연관성을 삭제하고서는 제대로 인식될 수 없다. 따라서 헌법의 이식성을 강조하는 사회과학계와 달리 역사학계가 독립운동과 한국 사회 민주주의 사이의 내적 연관성에 주목하는 것은 자연스럽다.

역사학자 서중석은, 많은 정치학자와 사회과학자들이 1948년 처음으로 실시된 보통선거와 민주주의는, 그러니까 '해방 후 우리가 누리게 된 자유는' 미국이 선물한 것이 아니냐고 주장하고 있다고 지적하면서, 그런 주장은 우리 근현대사를 잘 모르고 하는 것이라고 비판한다. 그러면서 그는 보통선거를 비롯한 민주주의 제도를 헌법의 기본 원칙으로 확정한 제헌헌법을 제대로 이해하기 위해서는 1910년대에 이미 공화주의를 독립운동의 기본 이념으로 받아들였던 독립운동 세력의 건국 구상에 주목해야 한다고 말한다.[6]

역사학자 김정인도 한국 민주주의의 기원에 관한 최근 연구에서 민주주의를 미 군정기 미국에 의해 이식된 산물로 보는 선입견을 타파하고자 한다. 한국 민주주의의 자생적 토대에 주목하여 민주주의의 틀로써 한국의 근현대사를 새롭게 보려고 하는 그는, 기존의 민족주의 및 민중주의 중심의 역사적 사유가 지니는 한계도 비판하고 있다. 예컨대 그는 한국 민주주의 역사에 관한 서술을 1801년 공노비 해방이라는 사건에서 시작한다.[7]

제헌헌법 형성에 일제강점기 독립운동의 영향이 컸다는 사실은 이제 여러 학자에 의해 주목받고 있다. 특히 헌법학자인 신우철이나 정치학자인 서희경의 연구가 대표적이다.[8] 그리고 서희경과 신우철은 모두 제헌헌법의

---

6) 서중석·김덕련, 『서중석의 현대사 이야기 1: 해방과 분단 친일파, 현대사의 환희와 분노의 교차로』(오월의봄, 2015), 41쪽 및 232~233쪽 참조.
7) 김정인, 『민주주의를 향한 역사: 시대의 건널목, 19세기 한국사의 재발견』(책과함께, 2015).

탄생에 소앙 조용은의 삼균주의가 지대한 영향을 주었다고 강조한다. 신우철은 조소앙을 "임시정부 헌법의 아버지, 대한민국헌법의 숨겨진 아버지"라고 강조한다.[9] 서희경은 한국 근대 헌법의 기원과 그 역사적 진화 과정을 탐색하여, 1948년 제헌헌법의 핵심 원리들은 외부에 의해 이식된 것이 아니라 "19세기 이래의 한국사를 통해 광범위한 합의를 거친 것"임을 보여 줌으로써 대한민국 민주 헌법의 자생적 기원을 해명하는 작업에 이바지했다.[10] 서희경 또한 제헌헌법의 형성 과정에서 유진오의 역할이 절대적이었다고 보는 학계의 통념에 이의를 제기하면서 조소앙의 삼균주의 이념이 대한민국 제헌헌법에 이바지한 역할과 영향에 주목해야 한다고 강조한다.[11]

3. 유교적 민본주의와 민주공화주의 이원론의 논리적 한계

한국 민주주의의 역사를 미국에 의해 이식된 산물로 보는 것이 아니라 우리 사회 구성원들이 오랜 세월 자신의 힘으로 이룩한 역사적 성과물로 보려는 노력은 매우 소중하다. 그러나 한국 민주주의의 역사적 기원을 19세기까지 거슬러 올라가 탐색하는 동시에 근대적인 자립적 국민국가 형성 과정 및 일제강점기에 지속해서 전개된 독립운동과의 연관 속에서 새롭게 이해해 보려는 노력 역시도 여전히 전통과 근대의 이원론에서 벗어나 있지 않다. 달리 말하자면, 우리의 민주헌법의 자생적 기원을 탐색하는 새로운 작업 역시 성리학적 사유 체제를 통치이념으로 삼아 운영되었던 유교 사회 조선과 민주공화주의 사이의 내적 연관성보다는, 조선의 유교적 정치체제 및 그것을 정당화한 성리학적 사유 체제와의 단절의 맥락에서 이루어지고 있다. 그러므로 이런 접근 방식은

---

8) 신우철, 『비교헌법사: 대한민국 입헌주의의 연원』(법문사, 2008); 서희경, 『대한민국헌법의 탄생: 한국 헌정사, 만민공동회에서 제헌까지』.
9) 신우철, 『비교헌법사: 대한민국 입헌주의의 연원』, 438쪽.
10) 서희경, 『대한민국헌법의 탄생: 한국 헌정사, 만민공동회에서 제헌까지』, 19쪽.
11) 같은 책, 416쪽 참조.

서구 근대를 역사 발전의 기본 모델로 보고 이른바 전통 사회 즉 조선 사회를 근대 이전의 사회로, 심지어는 근대 사회에로의 자생적 이행의 힘을 전혀 지니지 못한 것으로 바라보는 사유 틀을 고수하고 있다.

전근대적인 전통 사회를 대변하는 것으로 이해되는 유교 문명에 의해 강력하게 규정되었던 명·청 시대와 조선 사회를 후진적이고 억압적인 사회로 생각하는 것은, 서구만이 인간의 보편적 자유와 평등의 이념을 실현하는 자유로운 근대 사회를 형성하였다는 생각, 즉 유럽중심주의의 반복에 다름 아니다. 유럽중심주의적 사유 패러다임은 유럽 근대성 형성 과정에 대한 왜곡만을 양산하는 것이 아니라, 중국 및 한국과 같은 동아시아의 비서구 사회를 근대 유럽 문명의 타자로 설정하여 계몽이 덜된 억압적인 전통 사회로 기각함으로써 동아시아 전통 사회에 대한 제대로 된 인식의 가능성을 차단한다. 비서구 사회의 전통에 대한 후진성과 야만성 강조야말로 서구 근대가 비서구 사회를 지배하는 힘의 원동력의 하나였다는 지적은 새삼스럽지 않다.

이런 한계 이외에도 유럽중심주의가 자명한 것으로 가정하는 서구 근대와 동아시아 전통 사회의 이분법은 설득력이 없다. A. 네그리와 M. 하트는 "근대성은 순전히 유럽의 발명품"이라는 견해를 "정신병적인 것"으로 보았다.[12] 비서구 사회와의 접촉이나 다른 문화의 영향이 없는 유럽 근대의 탄생은 상상할 수 없기 때문이다. 예를 들어, 아메리카 대륙에서의 천연자원뿐만 아니라 노예무역 및 유럽의 식민지 체제로 편입된 주변부 창출에서 획득되는 이익 이외에도[13] 유럽의 근대 형성 과정에서 끼친 중국 문명의 영향은 지대했다. 그중 하나가 바로 유교적 능력주의/현능주의(Confucian meritocracy)이다. 유교적 현능주의란, 능력 있는 사람이라면 누구나 정부의 고위 관직으로 상승할 기회를 가질 수 있다는 탈세습적 신분사회 원리이다. 이런 능력주의의 원리를 구현하고 있는 중국 사회는 서구 근대 계몽주의 사상에 큰 영향을 주었다.[14]

---

12) Michael Hardt·Antonio Negri, *Commonwealth* (Cambridge, Mass., 2009), p.69.
13) 조반니 아리기, 『베이징의 애덤 스미스: 21세기의 계보』(강진아 옮김, 길, 2009), 53쪽 참조.
14) 마이클 푸엣·크리스턴 그로스 로, 『더 패스(The Path): 세상을 바라보는 혁신적 생각』(이창

미국이라는 나라가 타고난 재능의 발현과 풍부한 다양성을 중요하게 생각하는 '기회의 평등'이라는 정의의 원칙을 내세웠던 로크의 학설에 크게 영향받은 것도 우연이 아닌 셈이다.[15]

서구 근대 형성에 동아시아 유교 문화가 준 충격은 도외시하더라도, 한국의 민주헌법의 탄생사를 이해하고자 한다면 서구 근대와 전통사회의 이원론적 대립 구도는 극복되지 않으면 안 된다. 예를 들어, 한국 헌법이 미국에 의해 이식된 것으로 바라보는 입장을 비판하면서 그 자생적 뿌리를 찾으려는 서희경의 연구도 한국 헌법의 기원을 1898년의 만민공동회에서 구하고 있다. 만민공동회를 민주공화정을 향한 도정에서의 획기적 사건으로 설정하는 관점이 안고 있는 문제점은, 유교적 정치이론과 민주공화주의 사이의 관계를 부정적인 것으로 바라보는 시각에서 비롯된다. 이를테면 서희경은 만민공동회를 유교 국가 조선의 정치 원리에 대해 근본적으로 이의를 제기한 최초의 사건으로 본다. 그에 의하면, 만민공동회를 통해 "백성이 비로소 정치적 주체"로 등장했고 "근대적 정치 주체인 '국민'이 탄생"했다고 한다.[16] 그러나 만민공동회사건을 통해 비로소 조선 사회에서 국민 즉 근대적인 정치적 주체가 탄생했다는 주장은 "고대 이래 백성은 정치적 주체"가 아니었다는 주장과 궤를 같이할 뿐이다.

서희경은 한국 사회의 "2천 년 역사"에서 백성은 줄곧 정치적 주체로 인정받지 못했다고 본다. 조선 사회 역시 마찬가지여서, 유교 국가 조선에서 왕은 백성을 통치의 대상으로만 간주했다는 것이다. 그에 의하면 조선

신 옮김, 김영사, 2016), 제9장 참조 바람. 중국의 유학 사상이 서구 근대 계몽주의 및 민주주의 형성에 긍정적 역할을 했다는 점에 관한 선행 연구 중 선구적 업적으로는 헐리 글레스너 크릴, 『공자: 인간과 신화』, 참조 바람. 능력주의 원리로써 사회를 운영하는 모습을 지닌 중국 문화가 서구 근대의 형성에 엄청난 충격을 주고 커다란 영향력을 행사했다는 점은 요즈음 서구 근대성 형성에 관한 새로운 연구에서도 강조된다. 이에 대한 최근의 주목할 만한 연구자로는 조너선 이스라엘(J. Israel)을 들 수 있다. 서구 근대 형성에 끼친 중국의 영향에 관한 서술은 나종석, 『대동민주유학과 21세기 실학』, 291~303쪽 참조 바람.

15) 스티븐 스미스, 『정치철학』(오숙은 옮김, 문학동네, 2018), 330~332쪽 참조.
16) 서희경, 『대한민국헌법의 탄생: 한국 헌정사, 만민공동회에서 제헌까지』, 19~20쪽.

사회에서 "왕은 어린 자식(赤子)인 백성의 보호자였고, 백성은 왕을 부모처럼 존경하고 순종해야 했다.'[17] 따라서 한국의 민주공화국 헌법의 탄생은 조선의 유교적 왕정의 틀 내에서는 상상할 수 없는 것이었다. 한국의 근대적 헌법의 자생적 탄생의 기원에 대한 서희경의 서사를 관통하는 가정은, 대한민국헌법의 역사를 "봉건적 군주제"의 종언과 "민주공화제"의 시작이라는 인식 틀로 재구성할 수 있으리라는 믿음이다.[18]

그러나 한국 헌법의 자생적 탄생사를 '유교 사회 조선의 이른바 봉건적 군주정치 체제에서 민주공화주의 체제로의 이행'으로 서술할 수 있으리라는 가정, 즉 서희경의 연구를 주도하는 인식 패러다임은 재검토되어야 한다. 민주주의 및 공화주의와 유교적 정치이론의 이원론, 그러니까 유교적 사유체계 혹은 성리학적 사유체계의 붕괴 없이는 근대적인 헌법의 원리에 대한 인식의 출현이 불가능하다는 서사는 조선 사회를 제대로 이해할 수 없게 만드는 낡은 사유 패러다임이다. 그뿐만 아니라 서구중심주의의 한 형태, 즉 전근대와 근대의 이분법을 자명한 것으로 전제하는 '유교적 민본주의와 민주공화주의의 대립 구도'는 한국 헌법이 형성되어 온 역사적 경험을 제대로 파악할 수 없게 만든다. 서희경의 연구를 통해 이를 좀 더 구체적으로 살펴보자. 일단 여기에서는 군주제에서 민주공화정으로의 이행이라는 기본적 서사가 안고 있는 문제는 제외한다.[19]

앞에서 지적했듯이 서희경은 한국 헌법의 자생적 탄생사를 서술하기 위해 봉건적 군주제에서 민주공화주의로의 이행이라는 단선적이고 진화론

---

17) 같은 책, 20쪽. 필자는 유교적 성왕 이론이 왕을 백성의 볼모로 보고 있으며 백성의 볼모로 간주되는 왕의 역할이 백성을 자율적인 주체로 긍정하는 시각과 양립할 수 있다고 본다. 이에 대해서는 나종석, 『대동민주유학과 21세기 실학』, 특히 제4장 및 737~741쪽 참조 바람. 백성의 볼모로 유교적 성왕의 핵심을 재구성하려는 더 확장된 시도는 이 책 제4장에 실려 있다.
18) 서희경, 『대한민국헌법의 탄생: 한국 헌정사, 만민공동회에서 제헌까지』, 제2장 참조.
19) 군주제와 민주공화주의 사이의 양립 가능성을 거부한다면 서구 근대에 대한 인식에서조차도 엄청난 왜곡이 발생한다. 예를 들어 영국은 오늘날에도 입헌군주정 국가이지만 민주주의 국가가 아니라고 말할 수 없다. 이에 대해서는 나종석, 『대동민주유학과 21세기 실학』, 743~744쪽 참조 바람.

적인 서사를 자명한 것으로 전제한다. 그래서 그는 만민공동회를 한국 민주공화주의를 향한 정치 운동의 효시이자 기원이라고 평가하면서 그 획기적 성격을 다음과 같이 요약한다.

독립협회를 중심으로 촉발되었던 1898년의 만민공동회는 민회(people's assembly)를 만들어 공론을 수렴하고 이를 국정에 반영하고자 했던 완전히 새로운 형태의 정치 운동이었다. 즉 전통적인 '집단상소'나 '민란'과는 다른 형태였다. 이 민회가 자치(self-rule)에 대한 인민의 자각에 기초하여 동료 인민들과 공동생활의 문제들을 협의하고 함께 행동하였다는 점에서, 만민공동회는 공화주의의 맹아를 보여 주는 것이라고 생각된다.[20]

서희경의 문제점은, 그가 만민공동회의 출현을 마치 진공 상태에서 출현한 것처럼 이해하고 있다는 데 있다. 오로지 독립협회 등에 의한 서구적인 공화주의 및 민주주의 사유의 소개와 수용으로 그것이 조선 사회에 일정한 영향력을 행사하고 있다는 설명을 제외한다면, 이른바 봉건적 조선 사회의 군주정 하에서 어떻게 만민공동회와 같은 이른바 획기적인 민주공화주의의 기원이 발생했는지는 이렇다 할 설명이 없다.

한국 헌법의 자생적 탄생의 역사에 관한 서희경의 긍정적 언급 중에는 전근대와 근대의 이원론이라는 서사 틀과 어울리기 힘든 부분들이 적지 않게 존재한다. 예를 들어 그는 만민공동회 사건을 두고 "백성들 자신이 속한 정치공동체에 대한 소속감과 연대감을 갖지 않고서는 불가능한 현상"이라고 강조한다. 또한 만민공동회는 서구로부터 "수용"된 주권재민의 원리와 공화제에 대한 강력한 관심을 "한국의 정치적 열정"으로 승화시킨 사건으로 정의된다.[21] 그러나 이런 주장들은 오히려, 19세기 말 조선 사회는 서구의 민주공화주의 이념이 대중적인 정치적 운동의 형태로 전개될 수 있을 정도로 공화주의 및 민주주의에 대한 인식과 이해의 폭을 확보하고 있었음을 추측하

---

20) 서희경, 『대한민국헌법의 탄생: 한국 헌정사, 만민공동회에서 제헌까지』, 41쪽.
21) 같은 책, 40~41쪽.

게 해 준다. 달리 말하자면, 구한말의 조선 사회는 동학농민전쟁이나 만민공동회사건 등을 통해 일반 백성들이 정치적 주체로 등장할 수 있는 정치·문화적 조건이 상당히 성숙한 상태였다고 보아야 한다. 그리고 이런 정치·문화적 조건의 성숙 과정에 유교 정치문화는 아무런 긍정적 역할이 없었다고 상정하는 것 자체가 진지하게 재검토되어야 할 가정이다.

또 서희경은 만민공동회를 통해 백성이 정치적 주체로 등장하게 된 전제조건으로 1880년대 『한성순보』와 『한성주보』 등의 신문에 의해 민주공화주의 이념이 소개되었다는 점을 강조한다. 그런데 『한성순보』가 서구의 입헌민주 정치체제를 소개할 때, 신문은 그것이 유교적인 정치 원리 및 그 근본정신과 상통한다는 점을 역설했다. 당시 『한성순보』는 입헌정치체제의 근본 성격을 설명하면서, 선출된 의원을 통해 공적인 사안을 전체 국민과 더불어 논의하는 방식으로 일반 백성이 권력을 행사하고 있다고 이해하였다. 그리고 이런 식의 권력 작동 방식으로 인해 입헌정치체제는 군주의 자의적인 정치 권력 행사를 더욱더 효율적으로 차단할 수 있다고 보았다. 특히 이 신문은 백성의 참여를 통해 운영되는 의원제도·권력분립 등의 입헌민주주의의 핵심 제도를 천하위공天下爲公의 공천하 사상, 즉 "유교 정치의 이상인 '사천하私天下 방지'와 '현자 등용'에 가장 적합한 방식"으로 이해하였다.[22]

게다가 서희경은 만민공동회를 '민회'(people's assembly)로 보면서도, 그것을 18~19세기 유교적 공론 정치라는 역사적 맥락을 배경으로 하여 형성되어 온 향회 및 민회民會의 지속적 영향사와 관련하여 이해하려는 태도를 전혀 보여 주지 않는다. 그는 만민공동회를 "현재까지 한국 정치에서의 중요한 정치 행위인 시위(demonstration), 즉 '데모'의 효시"로 규정하는 최정운의 이론을 빌려 만민공동회의 독특성만을 강조하고 있을 뿐이다. 달리 말하자면, 만민공동회를 조선의 전통적인 집단상소나 민란과는 다른 정치적 행위 형태로 바라보는 최정운의 입장을 수용하면서 그것을 조선 정치문화와의

<hr>

22) 정용화, 『문명의 정치사상: 유길준과 근대한국』(문학과지성사, 2004), 278~281쪽 참조.

단절 속에 위치지우고 있다.[23]

그런데 만민공동회가 18~19세기를 거쳐 축적된 백성의 정치적 주체의식의 분출과 어떤 관계를 맺고 있는지는 많은 탐구가 필요할 것이다. 특히 우리는 동학농민전쟁에서도 민회가 백성들의 정치적 주체의식 및 자치의식을 분출할 수 있게 하는 데 큰 역할을 했다는 점을 주목하지 않으면 안 된다. 예를 들어, 동학농민전쟁이 발발하기 1년 전인 1893년, '동학도'들은 동학교주 최제우의 신원을 위해 모인 충청도 보은집회를 민회로 규정했다. 이 보은집회를 주도한 세력은 전봉준 등이었는데, 전국 각지에서 2만여 명이나 되는 사람들이 몰려와 이 집회에 참여하였다고 한다. 이 동학군을 다독거리기 위해 내려갔던 어윤중魚允中의 장계를 통해 집회에 참석한 농민들의 주장을 파악해 볼 수 있다.

······ 이 무리들이 비로소 장계의 회답이 내려오는 것을 기다려 물러가기로 약속하였으나, 지금 그것을 빙자하여 구실을 삼으려 하기에 신이 사리에 근거하여 꾸짖고 타일렀습니다. "이것은 바로 장계를 올려 보낸 후에 회답한 임금의 분부이니, 의정부에서 아뢴 것보다 일의 형편이 더욱 무겁다. 열 줄이나 되는 임금의 분부에는 마음이 편안하여 매우 어질고 성스러운 덕이 있는데, 너희들이 비록 우매하더라도 어찌 감히 견강부회牽强附會하여 말을 만들어서 스스로 왕명을 어기는 죄를 범하는가?'라고 하니, 처음에는 5일을 기한으로 흩어지겠다고 했으나 신이 다시 3일을 기한으로 정했습니다.······ 저들이 "위로 조정에 아뢰어 탐관오리를 쫓아내고자 하였다" 하기에 신이 "이는 조정이 해야 할 처분인데, 너희들이 어찌 감히 이렇게 할 수 있는가?'라고 하니, 다시 "저희들의 이 집회는 조그마한 무기도 가지지 않았으니, 이는 바로 민회民會입니다. 일찍이 여러 나라에도 민회가 있다고 들었고, 조정의 정령政令에 백성과 나라에 불편한 것이 있으면 모여서 의논하여 결정하라고 한 것이 근래의 일입니다. 어찌 저희들을 도적의 무리(匪類)라고 지적합니까?'라고 했습니다."[24]

---

23) 서희경, 『대한민국헌법의 탄생: 한국 헌정사, 만민공동회에서 제헌까지』, 41쪽 각주 2 참조.

이 장계에서 보듯이 동학교도들은 자신의 모임을 민회로 규정하고 있었다. 그리고 이런 모습은 동학교도들의 모임에 한정된 예외적인 것이 아니었다. 오히려 동학교도들의 민회는 그 이전의 향회 및 민회를 통해 조정에 자신들의 의사를 합법적으로 전달하는 전통을 이어받고 있었다. 역사학자 김인걸에 의하면 "동학교도들의 집회나 주장은 전통적으로 중민衆民이 합법적 공간에서 등소等訴나 의송議送의 형태로 자신들의 집단적 의사를 표해 오던 의사 표현 방식과 내용을 계승하는 것"이었다.[25]

민회의 전통이 지속되고 있다는 점 외에도, 어윤중의 장계에서 우리가 놓치지 말아야 할 것은 국가의 공적 사안의 결정에 대해 그와 일반 백성들인 동학교도들이 보여 주는 인식의 차이이다. 국왕에게 아뢰어 백성들의 삶을 어렵게 만드는 탐관오리의 악정을 종식하고자 한다거나 외세의 침략을 보고만 있을 수 없기에 나라를 바로 세우기 위해 스스로 나서지 않을 수 없었다고 주장하는 백성들에게 어윤중은 "이는 조정이 해야 할 처분인데 너희들이 어찌 감히 이렇게 할 수 있는가?"라고 힐문한다.

그러나 백성들은 이에 대해 자신들은 비적이 아니라면서, "조정의 정령政令이 그러했듯이 백성과 나라(民國)에 불편한 것이 있으면 모여서 의논하여 결정하는 것"은 자연스러운 것임을 강조한다. 공적인 사안, 달리 말해 "백성과 나라에 불편한 것"이 있으면 그것의 옳고 그름에 대해 논하여 더 나은 방향을 결정하는 것은 백성의 본분에서 벗어난 월권이 아니라 지극히 당연한 일임을 동학교도들인 조선의 백성들은 역설하고 있다. 그들은 자신들의 행동을 지극히 당연한 정치적 행동의 분출로 보면서, 백성을 도적의 무리로 규정하고 분수에 어긋나는 일이라고 비난하는 어윤중의 입장을 반박하고 있다.

그뿐만 아니라 동학교도들은 국가의 정치를 담당하는 주체는 조정이라고 보는 견해를 비판하면서 왕에게 백성과 더불어 나라에 진정으로 충성을

---

24) 「宣撫使再次狀啓魚允中兼帶」, 『聚語』, 동학농민전쟁종합정보시스템
(http://www.e-donghak.or.kr/dirFrameSet.jsp?item=sa).
25) 김인걸, 『조선 후기 공론 정치의 새로운 전개: 18, 19세기 향회, 민회를 중심으로』(서울대학교 출판문화원, 2017), 7쪽.

다할 선비와 관리를 선발할 것을 청한다. "저희들 수만 명은 함께 죽기를 맹세하여 왜와 서양을 제거하고 격파하여 큰 은혜에 보답하는 의리를 다하고자 합니다. 삼가 원하건대 각하께서는 뜻을 같이하고 힘을 합하여 충의 정신이 있는 선비와 관리를 모집해서 함께 국가의 소원을 돕도록 하십시오. 천 번 만 번 기원하고 간절히 바랍니다."[26]

어윤중과 조선의 일반 백성인 동학교도 사이의 대화에서 드러나는 이런 주장들은 거듭 말하지만 백성들의 정치적 자각과 성숙이 매우 상당한 수준에 이르렀음을 보여 준다.[27] 또한 동학교도들로 대표되는 당대 조선의 일반 백성은 국가의 공적인 사안을 결정하는 것이 조정 대신인 일부 양반이나 사대부들의 독점물이 아니라고 보고 있으며, 그런 정치적 성숙 의식을 표출하는 것 역시도 백성의 지위나 역할을 벗어나지 않은 지극히 당연한 도리의 표현임을 강조한다. 게다가 백성이 공적인 사안에 자신의 목소리를 내는 것은 지극히 당연한 도리라고 주장하는 보은집회의 동학교도들의 정치적 의식은 곧이어 발생한 갑오농민전쟁의 지도부가 백성들이 나서 도탄에 빠진 백성의 삶과 위기에 처한 나라를 구하려는 행동의 정당성을 주장하는 「무장포고문」에서도 분명하게 드러난다.[28] 이 포고문에서도 우리는 위기에 처한 나라를 올바르게 세워 백성의 삶을 편안하게 하는 일이 일부 사대부나 양반에게만 한정된 일이 아니라 백성 자신의 본분이라는 자각을 보게 된다. 이런 인식이 선비나 사대부의 정치적 책임 의식의 평민화 및 백성화에 바탕을 두고 있음은 두말할 나위가 없다.

물론 오늘날의 민주주의 사회라는 관점에서 보면 동학농민전쟁에서 분출된 백성들의 정치적 주체 의식에도 많은 한계가 있겠지만, 19세기 민란의 최고 정점을 이룬 갑오농민전쟁(1894)은 19세기 동아시아 최대의 농민전쟁으로 평가

---

26) 「報恩官衙通告 癸巳三月十一日 東學人掛書于三門外」, 『聚語』, 동학농민전쟁종합정보시스템(http://www.e-donghak.or.kr/dirFrameSet.jsp?item=sa).

27) 배항섭, 「19세기 지배 질서의 변화와 정치문화의 변용: 仁政 願望의 향방을 중심으로」, 『한국사학보』 39(2010), 참조 바람.

28) 「무장포고문」에 관한 상세한 분석에 대해서는 필자의 저서, 『대동민주유학과 21세기 실학』, 546~550쪽 참조 바람.

받기에 손색이 없다.[29] 이 전쟁에서 유교적 민본주의를 내면화한 조선의 백성들은 서세동점의 시대적 상황에서 제국주의의 침략에 저항하고, 백성의 삶을 도탄에 빠지게 한 조선의 정치를 개혁하여 국왕을 요순 성왕으로 만들고 조선 사회를 유가적 이상사회로 변혁하고자 했다. 이처럼 갑오농민전쟁은 유교적 대동세계를 구현할 수 있는 정치적 담당자가 양반 관료나 유교적 소양을 갖춘 재지사족만이 아님을 보여 주었다. 농민군이 '보국안민輔國安民'의 이념을 내세우면서 "곤궁한 자를 구제할 것, 불충한 자를 제거하고 불효한 자를 벌할 것" 등의 구체적인 군율 속에서 움직이고 있었다는 점은 그들이 유교적 규범을 얼마나 깊게 내면화하고 있었는가를 잘 보여 주고 있다.[30]

요약해 보자. 어윤중과 동학교도들 사이의 논쟁이나 「무장포고문」에서 명시적으로 드러난 백성들의 유교적 정치의식의 표출은 조선 후기에 일반화된 유교적 정치문화의 결과 발생하게 된 유교적 민본주의를 둘러싼 해석의 갈등과 분화를 뚜렷하게 보여 주기에 부족함이 없다. 필자가 보기에 조선 후기, 특히 18세기 탕평 시기를 거치면서 유교적 민본주의 이념은 사대부적 민본주의와 평민을 중심으로 한 대동적 민본주의로 분기되어 서로 갈등하는 양상으로 전개되기 시작했다. 물론 사대부적 민본주의와 평민적 민본주의는 유교적 민본주의가 궁극적으로 지향하는 요순 삼대의 세상을 공유하고 있었지만, 사대부적 민본주의 흐름은 어윤중이 보여 주듯이 양반 사족으로 자부하는 선비만이 국왕과 더불어 유교적 민본주의 이상을 실현할 수 있는 정치적 주체로 보면서 백성을 통치 대상으로 간주한다. 이에 반해 대동적 민본주의는 일반 백성도 유가가 추구하는 이상적 인격성을 겸비하는 한에서는 당당한 정치적 주체로 나설 수 있음을 옹호하는 흐름이다.

그리고 평민적 대동주의는 자신의 군왕을 요순 성왕으로 만들어 모든 백성을 요순의 백성으로 만들려는 이윤伊尹의 뜻을 이어받아 모든 백성이

---

29) 일본에서 활동 중인 한국사 연구자 조경달에 의하면, 동아시아 3국 중에서 조선만이 확실한 농민전쟁의 전통을 지닌 나라이다. 『이단의 민중반란』(박맹수 옮김, 역사비평사, 2008), 17쪽. 농민반란과 농민전쟁의 차이에 관해서는 같은 책, 15~18쪽 참조 바람.
30) 같은 책, 178쪽.

이윤의 뜻을 실현할 주체임을 강조한 성리학의 집대성자 주희가 역설한 민본주의와 맥을 같이한다는 점이 강조되어야 한다. 달리 말하자면 설령 사회적으로 지위나 신분이 낮은 일반인일지라도 "자기 임금을 요임금이나 순임금 같은 분으로 만들고 자기 백성을 요순시대의 백성으로 만들고자 하는 포부"를 지닐 수 있으며, 그런 포부를 실행에 옮기는 일은 결코 무슨 불온한 것으로 비판받을 일이 아니라, 일반 백성이 마땅히 행동으로 옮겨야 할 본분에 충실한 행위라고 본 성리학의 주장을 조선의 백성은 실제 몸소 실천으로 보여 주었다.[31]

그러므로 동학농민전쟁에서 드러난 백성의 정치적 자각은 유교적 민본주의 사회란 본래 백성을 통치의 주체가 아니라 객체로만 간주하고 있다고 단정하면서 민본주의를 민주주의와 상통할 수 없는 것으로 보는 통념 역시 재고하도록 만든다. 그리고 그런 재고는 유교적 조선 사회와의 단절을 강조하면서 민주공화국 대한민국의 국민주권의 원리 및 이념의 탄생을 서구적 근대의 영향사 내지 이식의 시각에서만 바라보려는 또 다른 통념을 비판하는 작업과 자연스럽게 연결된다. 간단히 말해, 우리는 서구중심적 역사 발전 모델의 보편성을 상대화하고 조선 사회 내부로부터 발아해 온 민주공화국의 역사적 형성 과정에 대해 새롭게 접근할 필요가 있다. 그래서 동학농민전쟁에서 분명하게 드러난 백성들의 정치적 자각, 즉 나라를 바로 세우는 공적 사안에 대해 스스로 의견을 개진하고 스스로 나서서 위기에 처한 나라를 구하려는 행동은 백성의 본분에서 벗어난 것이 아니라 오히려 바로 백성이 해야 할 올바른 도리라는 생각은, 3·1독립운동으로 건립된 대한민국임시정부를 계승하면서 백성 즉 국민이 나라의 주권자이고 주인임을 헌법의 근본 원리로 천명하고 있는 민주공화국 대한민국의 형성 과정에서 획기적인 의미를 지닌다.[32]

---

31) 이윤의 뜻을 보편화하는 방식으로 이해하는 주희의 학설 그리고 이런 학설이 지니는 데 대한 위험성에 관한 주희의 성찰에 관한 분석은 이미 이 책 제2장과 제3장에서 이루어졌다.
32) 갑오농민전쟁과 한국 사회 민주공화정의 연관성 및 유교적 민본주의 전통 내에서 갑오농민전쟁이 차지하는 독특한 위상에 대해서는 나종석, 「사회인문학의 이중적 성찰: 대동민주유학의 관점에서」, 『사회와 철학』 35(2018), 105~111쪽 참조 바람.

만민공동회를 '민회'(people's assembly)로 보면서도 조선 사회에서 내재적으로 발전되어온 민회民會가 한국 민주공화주의의 형성 과정에 이바지한 영향을 주변화해 버리는 것은 서구적 근대 중심의 인식 틀로 인해 유교적 전통사회를 전근대적인 것으로 기각하고 마는 단절적 인식 태도와 무관하지 않다. 우리는 전통과 근대의 단절적인 인식을 선험적으로 진리라고 단정하는 태도의 한계를 넘어서서, 조선 후기에 성숙한 향회 및 민회의 전통과 오늘날 우리 민주공화국 헌법 사이의 연관성에 새롭게 주목해야 한다. 그런 점에서 다음과 같은 김인걸의 조심스러운 주장은 진지하게 받아들여져야 할 것이다.

19세기 이래의 향회와 민회의 전통이 있었기에 갑오·광무 정권의 실패 이후에도 공화제 등 다양한 정체政體 논의가 계몽운동 기간 내에 힘을 받을 수 있었던 것으로 추론한다면 억측이 될 것인가. 이상의 역사 경험이, 특히 대·소 민인들의 합의에 기초한 공론이 일제하 3·1운동과 상해임정의 정체 구상에 자연스럽게 반영될 수 있었던 것으로 보는 것은 지나친 추단만은 아닐 것이다.33)

정조 사후 등장한 세도정치로 인해 공권력의 사유화 경향이 심화되었다는 점이 조선으로 하여금 19세기 후반의 대내외적 위기를 극복하지 못하고 패망에 이르게 만든 구조적 계기의 하나였음은 부인하기 힘들다. 그러나 흔히 19세기 역사를 민란의 시기로 규정하듯이, 소수 벌열들의 권력 독점 심화로 인해 국가의 공공성이 현저하게 해체되는 현상과 더불어 민 즉 일반 백성이 전면적으로 출현하게 되었다는 사실은 이 시기 조선의 정치사의 특질을 잘 보여 준다. 백성의 전면적인 등장은 분명 백성을 수탈하고 그들의 목소리를 억압하는 조선 후기 정치사회구조에 대한 저항의 표출이었음도 분명하다.

그렇지만 소수 특권 세력에 의해 자행된 일반 백성들의 수탈과 억압과 그에 대한 저항이라는 대립 구도에 대한 지나친 강조로 인해 백성의 전면적인 등장을 가능하게 했던 유교적 정치문화의 역동성 구조를 간과해서는 안

---

33) 김인걸, 『조선 후기 공론 정치의 새로운 전개: 18, 19세기 향회, 민회를 중심으로』, 171쪽.

될 것이다. 특히 조선 후기에 축적된 정치적인 유교적 공론장의 역사적 경험이 민에 의해 적극적으로 수용되었다는 측면은, 달리 말하자면 일반 백성들에 의해 아래로부터 형성되는 공론장의 부상은 백성의 정치적 각성과 그 목소리를 발현할 수 있게 한 중요한 계기로 작용하였다고 이해되어야 한다. 동학농민전쟁과 같은 백성들의 정치적 주인/주체 의식의 표출은 결코 진공 상태에서 출현할 수 없다. 백성의 정치의식을 성숙시킬 수 있었던 정신사적 조건으로 유교 국가 조선의 정치문화의 영향사, 특히 유교적 정치문화의 보편화에 주목하는 것은 이 때문이다.

전통과 근대의 이원론, 달리 말하자면 유교적 정치 사회와 민주공화주의 정치질서 사이의 단절과 대립 구도에 근거하여 한국 헌법의 역사적 기원을 서술하는 서희경과 달리, 역사학자 김정인은 한국 민주주의를 향한 서사를 1801년에 전면적으로 단행된 공노비 해방에서부터 시작한다. 그럴 뿐만 아니라 그는 "만민평등을 향한 해방의 길"을 서술하면서 조선 사회가 공노비 폐지에 이어 사노비를 폐지하는 역사적 과정에도 주목한다. 1801년 총 66,067명의 공노비를 해방한 이후 1886년에 사노비 신분이 세습되는 것을 금지하는 법령을 통해 노비제도의 점진적인 폐지에 이르게 된 길에 주목하면서, 이런 인간의 보편적 해방의 역사는 동학농민전쟁을 통한 아래로부터의 저항에다 위로부터의 개혁조치가 더해진 것이었음을 강조한다. 특히 그는 노비제의 완전 폐지를 비롯한 양반과 평민 사이의 차별을 없애고 상하귀천이 없는 만민평등의 세계를 이룩하기 위한 해방의 열정이 모여 전국적 규모로 분출된 동학농민운동의 역사적 의미를 민주주의를 실현할 "인민의 탄생"이라는 맥락에서 언급한다.

게다가 김정인에 의하면 민주주의의 실현 주체인 인민의 탄생 과정에서 동학은 여성해방에도 크게 이바지했다. 동학교도가 되면 여성도 군자가 될 수 있다고 하여 여성에게 선교한 최제우의 사례는 물론이고, 과부의 재혼을 허용할 것을 주장하는 등 남녀평등을 실현하기 위한 동학의 움직임을 그는 높이 평가한다. 동학을 이어받은 천도교도 여성을 남성과 동등한 인격적 존재로 존중받게 하고자 여학교를 설립하여 여성에게 교육의 기회를 주려고 노력했다. 이런 노력의 결과 1919년 3·1운동 이후 발족한 상해 대한민국 임시정부는 「임시헌장」에서 여성을 포함한 모든 인민에게 보통선거권을 부여했다. 임시정부는 중등교육을 받은 23세 이상의 남녀는 의원 후보가 될 수 있는 피선거권을 갖는다고 했는데, 이는 당시 중국이나 일본과 비교해도 선구적이었다. 일본은 1925년에 남성에게 보통선거권을 인정했고 중국 헌법이 여성에게 참정권을 부여한 것은 1921년의 일이라는 점을 염두에 두면, 대한민국 임시정부의 남녀평등권에 대한 인식은 매우 진보적이었음을 알 수 있다.[34]

앞에서 살펴본 것처럼 김정인은 제헌헌법의 근본정신인 만민평등의 이념이나 보통선거권 등을 통한 민주주의 국가 건설의 역사를 18~19세기 조선 사회에서 자체적으로 실현되어 온 신분제 철폐의 역사와 연관해서 서술하였지만, 그의 서술에서도 과도한 서구중심주의적 인식의 관행이 발견된다. 그에 의하면, 동학의 만민평등 사상은 천주교의 영향으로 인한 것이다. 그는 1860년 탄생한 동학을 "천주교 종교운동이 갖고 있던 진보성을 계승하는 동시에 반천주교 담론의 핵심이던 '천주교=침략성' 논란을 극복하고자 한 새로운 종교운동"으로 이해한다. 그러면서 그는 동학이 "천주교의 인간 존엄성의 존중과 평등 추구라는 인간관을 수용"하면서도 천주교의 내세 지향적인 종교관 및 제사 금지를 비판했다고 역설한다.[35] 여기에서도 명확하게 드러나듯이, 김정인에 의하면 동학으로 분출된 만민평등의 이념의 출처는 천주교이다. 달리 말하자면 동학이 내세운 만민평등의 이념은 조선 사회의 지배이념이었던 전통적인 성리학적 사유 체제에서는 나올 수 없는 것이었다. 이러한 김정인의 주장은 동아시아 및 조선 사회에서는 자신의 힘으로 만민평등의 이념이나 평등한 인간 존엄성 추구라는 인식이 형성되기 힘들다는 결론을 함축하고 있다.

---

34) 김정인, 『민주주의를 향한 역사: 시대의 건널목, 19세기 한국사의 재발견』, 제1장 참조.
35) 같은 책, 82쪽.

그러나 만민평등의 이념이 천주교의 영향으로 인해 비로소 생겨난 것이라고 한다면 1801년의 공노비 해방조치는 어떻게 이해할 수 있는가? 또한 김정인이 스스로 강조하듯이 조선 후기에 임윤지당과 같은 여성 성리학자가 등장하여 "하늘로부터 받은 성품에는 남녀차별이 없다"라고 당당하게 주장하는 현상[36]은 어떻게 이해되어야 하는가? 더구나 임윤지당은 여성도 배움을 통해 성인聖人의 경지에 이를 수 있다고 주장했는데, 이는 유학 및 주자학에서 주장하는 배움을 통해 누구나 다 요순과 같은 성인이 될 수 있다는 '성인가학론聖人可學論' 속에 담긴 유교적 평등주의 이상을 급진적인 방식으로 전유한 사건이 아닌가?

그런데 만민평등관의 출처를 천주교에서 구하는 태도는 우리 학계에 널리 퍼져 있다. 예를 들어 윤사순은 다음과 같이 주장한다. "천주 앞에서는 '모든 사람(萬人)이 다 평등하다'라는 서학의 사유를 유학자들은 가장 심각하게 여겼을 것으로 추정된다. 이 만인평등관은 남녀 차별을 무시하고 파괴하는 것을 넘어서 신분 차별에도 영향을 가져오기 때문이다."[37] 또 금장태에 의하면, "다산의 활동 시기에 사회 문제의 중심을 강타하였던 '서학'은 바로 유교 사회의 전통과 서구적 근대 문물의 만남이요, 그 역사적 전환의 단초를 이루었던 것이라고 할 수 있다."[38] 동학의 만민평등 이념이 천주교를 매개로 가능했다는 주장이나 서학의 전통 사회 유입이라는 현상으로부터 서구적 근대 사회로의 전환을 가능케 한 동력을 찾으려는 태도는 서구 근대와 조선 전근대사회라는 이원론의 변형임이 분명하다.

그러나 이런 식의 사유 태도로는 민주주의를 향한 우리 사회의 역사를 제대로 평가하기 힘들다. 필자는 선행 연구를 통해 이미 신 앞에서 모든 사람이 평등하다는 점을 긍정하는 서구의 기독교에서만 만민평등관의 유래를 보려는 태도가 지니는 과도한 서구중심주의적 편견을 지적한 바 있다.[39]

---

36) 같은 책, 34쪽.
37) 윤사순, 『한국유학사』 하(지식산업사, 2012), 84쪽.
38) 금장태, 『정약용: 한국실학의 집대성』(성균관대학교 출판부, 2012), 162쪽.
39) 나종석, 「다산 정약용을 통해 본 유교와 천주교의 만남」, 『사회와 철학』 31(2016),

반복을 피하고자 여기서는 단지 세 가지 점만을 언급하고자 한다.

첫째로, 만민평등 이념의 서구적 기원을 모든 사람은 신 앞에서 평등하다는 천주교 교리로부터 발견하려는 태도는, 그 자체로 보면 틀리지 않다. 그러나 조선 사회에서 동학이 주창한 만민평등의 이념조차도 천주교의 인간관을 수용함으로써 출현했다는 가정은 지나치다. 조선 사회의 지배적 이데올로기인 성리학적 사유체계 내에서도 신 앞에서의 만민평등과 상통하는 논리가 존재하기 때문이다. 이를테면 모든 인간이 갖추어야 할 도덕적 덕목으로 인仁을 주장한 공자에서부터 일반 사람들도 요순 성왕과 다르지 않다는 맹자의 주장을 거쳐 누구나 다 배움을 통해 성인聖人의 경지에 오를 수 있다는 주자학의 성인가학론聖人可學論에 이르기까지, 유학의 전통에도 만민평등의식은 풍부하다.

둘째로, 조선에 들어온 서학 특히 천주교를 서구 근대 문물로 보는 시각이 가진 한계의 문제이다. 가톨릭은 사실상 서구 근대의 형성 과정에서 매우 반근대적인 성향을 보여 주었던 종교이다. 서구 근대에 대한 가톨릭의 공식적 태도가 이를 잘 보여 준다. 프랑스혁명이 진행되던 1791년, 교황 피우스(Pius) 6세는 프랑스혁명이 선언한 만민평등과 인권선언의 가치를 철저하게 거부했다. 피우스 6세는 "신적 계시에 따라서 '인간 권리에 대한 혐오스러운 철학'과 특히 종교, 양심, 언론의 자유와 모든 인간의 평등을 거부하였다."[40]

이런 현상은 예외적인 것이 아니었다. 1870년대에 이르러서도 로마 교황청은 80항목으로 된 『근대적 오류에 대한 교서요목』(Syllabus errorum modernorum)을 반포하여 서구 사회의 근대화와 전면 전쟁에 나섰다. 흥미롭게도 이 선언에서 오류 목록에 오른 것은 유럽 근대 계몽주의나 자유주의 및 공산주의뿐만이 아니었다. 이 선언에서는 가톨릭 종교가 근대 문명과 화해해야 한다고 주장하는 것조차 지탄의 대상이 되고 있다. 한스 큉에 의하면, 가톨릭

1~36쪽.
40) 한스 큉, 『가톨릭의 역사』(배국원 옮김, 을유문화사, 2003), 204쪽.

이 인권에 대한 오랜 적대적인 태도를 청산하고 인권 이해에 대한 가톨릭의 독창적인 구상을 발전시킨 시기는 1960년대에 이르러서였다. 1960년대 초에 가톨릭교회는 "근대적 발전, 세속사회, 과학, 민주주의에 대하여 근본적으로 긍정적 태도를 취할 것"을 선언했다.[41]

마지막으로, 서구 기독교가 이념적으로는 신 앞에서의 평등을 주장하면서도 인간의 천부적 평등에 대한 종교적 관념과 노예제를 양립 가능한 것으로 간주했던 역사를 들 수 있다. 예를 들어, 자유주의와 민주주의의 형성에 매우 큰 영향을 주었던 존 로크도 사실 스스로 작성한 아메리카 식민지 헌법에서 노예제를 당연한 것으로 간주했다. 미국 역시 노예제를 기초로 한 것임은 말할 필요도 없다. 또 미국 건국의 아버지 중의 하나로 칭송되는 토머스 제퍼슨은 노예무역을 비판하면서도 노예 수입을 당연시하는 조지아와 사우스캐롤라이나주 대표들의 요청을 받아들여 「독립선언서」 초안에서 노예무역의 잔인성과 비인간성을 질타하는 구절을 삭제했다. 그는 흑인이 나면서부터 백인보다 지적으로 열등하다고 확신했을 뿐만 아니라, 노예제가 폐지된다고 해도 열등한 흑인들은 백인들과 더불어 살 수 없을 것이라고 생각해서 아프리카로 보내는 편이 좋다고 보았다.[42] 인간의 보편적 평등에 대한 인정과 노예제 사이의 역설적 결합이라는 엄혹한 현실은 서구 근대 자본주의 체제의 기본적 성격이었음을 망각해서는 안 된다. 우리는 서구 근대와 만민평등의 이념 사이의 내적 결합을 자명한 것으로 생각하는 개념적 틀을 회의하지 않으면 안 된다.[43]

---

41) 같은 책, 239쪽. 가톨릭과 서구 근대와의 관계에 대한 위 두 단락은 나종석, 「다산 정약용을 통해 본 유교와 천주교의 만남」, 22~23쪽을 토대로 재구성한 것임.
42) 앨런 라이언, 『정치사상사: 헤로도토스에서 현재까지』(남경태·이광일 옮김, 문학동네, 2017), 762쪽 및 801~802쪽 참조.
43) 서구 근대의 자본주의 체제는 노예제도와 노예무역 및 잔인한 인종 차별과 배제의 체제에서 형성되어 온 것으로, 오늘날 현대사회 역시 그런 역사적 경험으로부터 완전히 벗어나는 데 성공한 것 같지는 않다. 이에 대해서는 마커스 래디커, 『노예선』(박지순 옮김, 갈무리, 2018) 참조 바람.

4. 조소앙의 삼균주의와 대한민국 제헌헌법의 성격

그럼 한국 민주공화정의 탄생과 조선의 유교적 정치문화 및 민본주의
사이의 연계성의 문제를 좀 더 구체적으로 살펴보자.

주지하듯이 조선은 건국 초부터 주자학을 통치이념으로 받아들여서 사회를
유교적 원리에 따라 변형시키고자 했다. 정치의 정당성을 유교적 민본주의에서
구했던 조선에서는 국가적인 노력으로 유교적 정치문화를 추진하였다. 그
결과 조선 후기에 이르러 유교적 윤리와 생활방식은 일반 백성의 세계에도
뿌리내리게 되었다. 정약용丁若鏞은 조선 후기 사회에서 목도되는 평등화 경향
을 "온 나라의 양반 되기"(一國而爲兩班)라고 압축적으로 표현했다.[44] 정약용이
'온 백성의 양반화' 경향이 궁극적으로 실현되어 양반이 없어지는 평등세상을
꿈꾸었는지는 논외로 치자. 정약용이 '전 백성의 양반화' 흐름을 긍정적으로
보았든 부정적으로 보았든 간에, 그런 현상이 심대한 문제로 거론되고 있다는
사실이 중요하다. "온 나라의 양반 되기"라는 표현은 18세기 이후 본격적으로
모든 백성이 양반의 생활문화를 따라하면서 신분상승의 욕망을 분출하던 시기
의 모습을 잘 보여 주고 있기 때문이다. 그리고 유교적 생활양식의 보편화를
가능하게 했던 요인으로는 소농사회의 성립으로 규정되는, 17세기 이후 본격적
으로 나타난 조선 후기 사회의 경제적 조건의 변화를 들 수 있다.[45]

유교적 생활양식의 보편화는 족보 편찬이나 유교적 가문 구성과 같은
양반층 가족문화의 수용 측면에 한정되지 않고, 선비 의식의 광범위한
보편화 경향을 초래했다.[46] 그래서 유교적 통치이념을 내면화한 평민들이
유교적 이념을 기준으로 삼아서 선비답지 못하게 행동하는 양반 사족들을
비판하는 양상도 조선 후기에 등장하였다. 이런 현상은 "선비 혹은 군자라는

---

44) 정약용, 「고정림의 생원론에 발함」(跋顧亭林生員論), 『다산시문집』 14권(한국고전번역
  원, 장재한 옮김, 1984).
45) 조선을 비롯한 동아시아 소농 사회의 성격에 대해서는 미야지마 히로시, 『나의 한국사
  공부: 한국사의 새로운 이해를 찾아서』(너머북스, 2013), 44~81쪽 참조 바람.
46) 나종석, 『대동민주유학과 21세기 실학』, 243~245쪽 참조.

유교적 선비/군자 관념의 보편화" 과정일 뿐이다. 그리고 유교 사회에서 가장 칭송받는 인간상을 일반 백성도 내면화한 결과가 바로 "백성의 군자화=군자의 백성화"인데, 이것이야말로 조선 사회의 "유교적 평등주의의 궁극적 실현"의 중에서 가장 중요한 부분이다.[47] 군자의 보편화, 즉 백성이 선비로서의 자각을 하게 된 현상은 유교 국가인 조선 사회가 길러낸 독특한 인간 유형의 습속화로 보아도 좋을 것이다.

유교적 선비 혹은 군자 의식의 보편화 현상은 조선 후기에 이르러 본격화된 대동 이념의 사회적 확산과 맞물려 있다. 대동사상은 조선에서 지속적인 관심의 대상이었는데, 특히 17세기 대동법大同法이 시행되면서부터 대동이라는 용어가 사회 전반에 걸쳐 널리 사용되기에 이른다.[48] 대동세계의 이상은 경제적 평등의 관점에 한정된 것이 아니라 정치권력의 공공성에 관한 관심도 포함하고 있었다. 조선의 유교적 정치문화 중에서 우리 사회의 민주주의와 연결되는 지점 중의 하나는 왕의 자의적 권력 행사를 최소화하려고 노력한 역사이다. 예를 들어 정약용은, 천자의 지위는 하늘에서 떨어진 것도 땅에서 갑자기 솟아난 것도 아니라 '하이상下而上' 즉 일반 사람들이 '아래에서 위로'의 방법으로 추대한 데 따른 것이라고 강조했다.[49]

또한 공천하公天下 사상은 18세기 탕평정치를 통해 조선을 개혁하고자 했던 왕들이 강조한 이념이기도 했다. 공천하 사상은 천하위공天下爲公의 유교적 대동사상의 한 부분이다. 천하위공 사상은 원래 백성을 학대하고 착취하는 폭군을 거부하고 새로운 왕조를 개창할 수 있는 정당성을 긍정한다. 그래서 천하위공 사상은 후대에 이르러 황제 즉 천자의 지위를 세습하지 않는다는 생각과 맞물려 전개된다. 황제의 지위를 세습이라는 방법을 통해 자동으로 자식에게 물려주는 것은 천하를 개인의 것으로 사유화하는 부덕한 행위로 비판되고, 유덕한 사람에게 천자의 자리를 물려주는 것이 공천하公天

47) 같은 책, 548쪽.
48) 안병욱, 「조선 후기 대동론의 수용과 형성」, 『역사와 현실』 47(2003), 188쪽 참조.
49) 정약용, 「湯論」, 『다산시문집』 11권(한국고전번역원, 임정기 옮김, 1983).

下의 이념에 합당한 행위라는 인식도 천하위공 사상의 한 전개 양상으로 이해된다.[50]

조선 사회에서 공천하 이념은 탕평정치 시대에 중요한 임무를 수행한다. 숙종, 영조, 정조 등이 통치한 17세기 말, 18세기는 탕평정치의 시대로 규정된다. 탕평군주의 한 사람인 영조는 요순 정치를 탕평정치의 구체적 실천 모델로 이해하면서 "한 사람(一人: 군주)으로써 천하를 다스리는 것이지, 천하가 한 사람을 받드는 것은 아니다'라는 공천하 이념을 강조했다.[51] 영조는 또한 자신이 왕의 자리에 대한 아무런 사심을 지니지 않고 있음을 강조하기 위해 요순을 표방하면서 경종으로부터 자신에게로의 왕위 계승을 요가 순에게 선양한 것에 비유하기도 했다. "아주 공평하게 하면 요·순 같은 임금이 될 수 있겠으나, 조금이라도 사심私心을 가지면 어떠한 임금이 되겠는가? 나의 마음은 얼음이나 옥처럼 깨끗하다. 황형皇兄에게 만약 후사後嗣가 있었다면 나는 본래의 뜻을 굳게 지키면서 스스로의 분수대로 산야山野에서 살았으리라."[52] 그뿐만 아니라 유교적 이상사회 건설을 탕평정치의 궁극 목표로 설정한 영조는 요순이나 대동 같은 표현들을 반복해서 강조했다.[53] 대동사회의 이념이 단순히 왕권의 규제라는 공천하 사상에 한정되어 있지 않았음을 알 수 있다. 대동 이념은 권력의 사유화를 방지하는 공천하 사상뿐만 아니라, 위에서 살펴본 것처럼 아래로부터 올라오는 일반 백성들의 민의 수렴과 아울러 사회적·경제적 차원에서의 균평 이념 추구를 포함한다. 정조 역시 '위를 덜어 아래를 이롭게 한다'라는 손상익하損上益下 및 '서울과 지방의 인재를 골고루 등용한다'라는 일시경외一視京外의 원칙을 견지함으로써 균등 사회를 구현하고자 노력했다.[54]

50) 미조구치 유조, 『중국사상 명강의』(최진석 옮김, 소나무, 2004), 109쪽 참조.
51) 『승정원일기』 62책(탈초본 1115책), 영조 31년 1월 6일.
52) 『영조실록』, 권33, 영조 9년 정월 19일.
53) 김백철, 『조선 후기 영조의 탕평정치: 『속대전』의 편찬과 백성의 재인식』(태학사, 2010), 12쪽 참조.
54) 박광용, 「조선의 18세기, 국정 운영 틀의 혁신」, 『정조와 18세기: 역사로서 18세기, 서구와 동아시아의 비교사적 성찰』(역사학회 엮음, 푸른역사, 2013), 69쪽 참조. 양득중

서구 공화주의의 도전에 직면하여 19세기 후반 조선 사회는 유교적 전통을 다시 사유하여 그것을 공화주의와 결합하는 방향으로 재해석하는 모습을 보여 준다. 이해하는 주체로서의 인간은 늘 특정한 역사적 상황 속에서 전승되어 오는 세계 이해를 통해 타자를 접하는 존재이기 때문이다. 이 과정에서 천하위공 사상은 매우 중요한 임무를 수행한다. 대동적 유교 사상은 조선 사회가 서구의 공화주의와 민주주의를 나름의 방식으로 수용할 수 있게 하는 문화적 조건으로 작용했다. 조선에서 서구 입헌민주주의에 대한 관심을 처음으로 보인 인물로 알려진 혜강惠岡 최한기崔漢綺는 미국 대통령 선거를 '지공거至公擧' 즉 가장 공변된 선거로 보면서, 미국의 정치를 마치 요순과 같은 성왕이 통치하는 가장 이상적인 유가적 정치체제로 묘사하였다.[55] 구한말 이후에는 최한기 외에도 유학에 정통한 여러 학자들이 천하위공의 대동세계 이상과 민주공화제 사이의 친화성을 주장했다.[56] 간단하게 말해, 조선 후기의 유학자들은 유가가 가장 이상적인 세계로 생각했던 요순 세상이 서구 공화주의 및 민주주의에서 제도적으로 구현되고 있다고 이해했다.[57]

그런데 예를 들어 요순 성왕의 치세가 가장 이상적인 정치적 상황이었다는 인식을 공유하는 유학자들이 미국의 대통령제를 알게 되었을 때, 그 현상을 제대로 이해하기 위해 그들은 유학적 텍스트의 이념과 주장을 대통령제와

및 오광운의 사례를 통해 천하위공 및 공천하의 이상이 18세기 유학자들 사이에서도 공유되고 있었음을 잘 보여 주는 연구로는 김성윤, 「탕평의 원리와 탕평론」, 『조선 후기 탕평정치의 재조명』 하(이태진·김백철 엮음, 태학사, 2011), 215~230쪽 참조 바람.

55) 정용화, 『문명의 정치사상: 유길준과 근대한국』, 274~275쪽 참조.
56) 이에 대한 더 상세한 언급으로는 나종석, 『대동민주유학과 21세기 실학』, 272~275쪽 참조 바람.
57) 물론 서양의 근대 정치제도를 유가적 기준에 따라 높이 평가한 것은 청나라나 에도시대 말기 유학자들에게서도 발견되는 공통된 현상이다. 와타나베 히로시(渡邊浩), 『일본정치사상사: 17~19세기』(김선희·박홍규 옮김, 고려대학교 출판문화원, 2017), 356~358쪽 참조 바람. 그런데도 왜 근대 일본 사회가 천황제 국가로 귀결되는지를 에도시대 일본 특유의 유교적 전통과 관련해서 분석한 부분에 대해서는 나종석 외, 『유학과 동아시아』, 제13장 참조 바람.

요순 세상의 연관성을 통해 재해석하지 않을 수 없었다. 그리고 이런 재해석은 늘 기존의 해석을 기계적으로 반복하는 것이 아니라 기존의 이해방식과는 다른, 혹은 기존의 것에 비해 더 좋고 풍부한 이해를 추구하는 데로 이어진다. 이처럼 인간은 자신이 속해 있는 사회와 문화의 역사 속에서 세계에 대한 특정한 이해를 전승받는 가운데 새로운 상황에 직면하게 되면 기존의 이해를 비판적으로 검토하면서 그것을 수정해 나간다. 이런 해석학적 과정을 거치면서 서구 민주주의 이념과 천하위공의 대동사상이 결합하여 우리 사회에서도 인민주권 사상이 구체화된다. 독립운동가이자 비판적 언론인이면서 민족주의적 역사학자였던 신채호申采浩(1880~1936)가 1908년 발표한 「독사신론讀史新論」이 이를 잘 보여 준다. 이 글에서 그는 '천하는 한 사람의 천하가 아니라 천하 사람들의 천하'라는 천하위공 및 공천하 사상을 인민(국민)주권 사상으로 재해석한다. 그에 의하면 "국가라는 것은 일개인의 소유물이 아니라 모든 인민의 공유재산이다."[58]

　　요약하자면, 구한말 유학자들은 서구 제국주의의 폭력성에 저항하고 우리 사회의 유교적 전통을 혁신하기 위해 서구의 공화주의 및 민주주의를 번역하면서 새로운 대안적 근대성에 대한 상상을 모색하지 않을 수 없었다. 문화적 번역 행위에 수반되는 이중적 성찰은 다음과 같다. 즉 문화적 번역은 한편으로 서구 근대의 폭력성에 저항하는 가운데 그것이 주장하는 민주적 보편성을 나름의 전통을 통해 수용하고, 다른 한편으로 기존의 유교적 전통을 혁신할 수 있는 새로운 성찰의 힘을 가능하게 하는 것이었다. 이런 이중적 성찰 과정으로 인해 한국 민주주의의 정신은 비로소 독특한 방식으로 드러나게 된다. 간단하게 말해 한국 민주주의는 문화적 번역 행위를 통해 발생한 역사적 사건인데, 그 핵심은 대동적 유교 이념의 현대화를 통한 서구 민주주의의 유교적 전환으로 이해되어야 한다. 그래서 필자는 선행 연구에서 18세기 이래 오늘에 이르는 역사를 '유교 전통의 민주적 변형과

---

58) 신채호, 「讀史新論」, 『신채호전집』 제1권(단재신채호선생기념사업회/단재신채호전집 간행위원회 편, 형설출판사, 1982), 482쪽.

민주주의의 유교적 전환이라는 이중 과정'의 틀로 재해석할 것을 제안하였다. 유교적인 대동세계의 이상이 사회 전반에 걸쳐 대중화되는 18세기에서부터 "구한말 의병전쟁, 일제식민지시기 독립운동을 거쳐 민주공화국 대한민국에서의 민주주의 실현에 이르는 과정 전체를 일관된 역사로 인식"하려는 모색이 필요하다는 것이다.[59]

대한민국헌법도 '유교 전통의 민주적 변형과 민주주의의 유교적 전환이라는 이중 과정'의 역사에서 탄생했는데, 대한민국헌법의 탄생에 지대한 공헌을 한 소앙 조용은의 삼균주의도 바로 '유교 전통의 민주적 변형과 민주주의의 유교적 전환이라는 이중 과정'을 보여 주는 대표적 사례로 평가받기에 손색이 없다. 대한민국헌법 전문에도 유교적 균등 이념이 실려 있다. 대한민국헌법 전문의 내용은 다음과 같다.

> 유구한 역사와 전통에 빛나는 우리 대한민국은 3·1운동으로 건립된 대한민국 임시정부의 법통과 불의에 항거한 4·19 민주이념을 계승하고, 조국의 민주개혁과 평화적 통일의 사명에 입각하여 정의·인도와 동포애로써 민족의 단결을 공고히 하고, 모든 사회적 폐습과 불의를 타파하며, 자율과 조화를 바탕으로 자유민주적 기본질서를 더욱 확고히 하여 정치·경제·사회·문화의 모든 영역에 있어서 각인의 기회를 균등히 하고, 능력을 최고도로 발휘하게 하며, 자유와 권리에 따르는 책임과 의무를 완수하게 하여, 안으로는 국민 생활의 균등한 향상을 기하고 밖으로는 항구적인 세계평화와 인류공영에 이바지함으로써 우리들과 우리들의 자손의 안전과 자유와 행복을 영원히 확보할 것을 다짐하면서, 1948년 7월 12일에 제정되고 8차에 걸쳐 개정된 헌법을 이제 국회의 의결을 거쳐 국민투표에 의하여 개정한다.[60]

대한민국헌법 전문이 명시하고 있는 "국민 생활의 균등한 향상"이라는 가치는 유교적 이념을 이어받고 있는 조소앙의 삼균주의에서 큰 영향을

---

59) 나종석, 『대동민주유학과 21세기 실학』, 584쪽.
60) 헌법재판소 법령정보 참조.

받았다.[61] 제헌헌법을 만들 당시 헌법기초위원회 위원장이었던 서상일은 "이 헌법 전문을 보시면 하필 그것(정치, 경제, 교육을 의미 - 인용자)만의 삼균주의가 아니라, 모든 영역에 있어서 만민균등주의를 확인했다"라고 강조한 바 있다.[62]

균등 이념을 핵심으로 하는 조소앙의 삼균주의는 조선의 유교적 민본주의를 바탕으로 서구 근대의 공화주의 및 입헌민주주의 이념의 영향을 수용하여 형성된 것으로, 독립운동의 중요한 이념 중의 하나가 되기도 한다. 삼균주의 이념은 조소앙이 1931년에 쓴 「한국독립당의 근황」에 잘 나타나 있다. 관련된 부분을 인용해 보자.

그러면 독립당이 내거는 주의는 과연 무엇인가? "사람과 사람, 민족과 민족, 국가와 국가의 균등한 생활을 주의로 삼는다." 어떻게 하여야 사람과 사람이 균등할 수 있는가? 정치 균등화, 경제 균등화, 교육 균등화가 이것이다. 보통선거제를 실시하여 정권을 안정시키고, 국유제를 실행하여 경제를 안정시키고, 국비의무교육제를 실행하여 교육을 안정시킨다. 이것으로 국내의 균등 생활을 실행한다. 민족과 민족의 균등은 어떻게 하여야 이룰 수 있는가? '민족자결'이다. 각개의 민족이 적절하게 조화를 이루고 소수민족과 약소민족으로 하여금 피압박·피통치의 지위에 떨어지지 않게 한다면 민족 간의 균등은 이룰 수 있는 일이다. 어떻게 하여야 국가와 국가의 균등을 도모할 수 있겠는가? 식민정책과 자본제국주의를 파괴하고, 약한 것을 겸병하고 매昧한 것을 공략하며 어지러운 것을 취하고 망한 것을 모멸하는 전쟁 행위를 금지시켜서, 일체의 국가가 서로 범하지 않고 서로 침탈하지 않으며 국제생활에서 평등한 지위를 온전케 하여 사해가 일가이며 세계가 일원인 구경의 목적을 도모해 간다면 국가 간의 균등은 이룰 수 있다. 천하에 국가를 다스리고자 하는 자는 먼저 그 민족을 다스리고, 민족을 다스리고자 하는 자는 먼저 그 국내의 사람을 다스린다. 국내인을 다스리고자 하는

---

61) 이하 조소앙에 관한 서술은 나종석, 『대동민주유학과 21세기 실학』, 747~758쪽의 내용을 대폭 축약한 것이다.
62) 박찬승, 『대한민국은 민주공화국이다』(돌베개, 2013), 333쪽에서 재인용함.

자는 먼저 바깥 도적을 몰아내고 자국을 건립하는 것이 제1보이다. 그러므로 독립당이 자국을 건립하고자 하는 것은 국가로써 목적으로 하는 것이 아니라 일종의 방략이다.[63)]

조소앙의 삼균주의는 1941년 임시정부의 「건국강령」을 거쳐 1948년 대한민국 헌법에도 큰 영향력을 행사하는데, 그는 균평 즉 평균을 중심사상으로 삼고 있는 '삼균주의'를 홍익인간과 같은 우리 민족의 전통 이념 및 동아시아의 유교적 이념에서 전개되어 온 것으로 이해한다. 특히 그는 『논어』 「계씨」 편에 나오는 "적은 것을 걱정하지 말고 고르지 못한 것을 걱정하라"(不患寡而患不均)라는 공자의 주장을 삼균주의의 중요한 사상적 기원이라고 강조하면서, 공자의 이 주장을 "동서고금에 움직일 수 없는 진리"라고 단언한다.[64)]

더 나아가 조소앙은 '사람과 사람, 민족과 민족, 국가와 국가의 균등한 생활'을 지향하는 삼균주의를 통해 서구 근대의 국민국가 체제가 보여 주는 대외적인 팽창과 반복되는 전쟁 상황을 극복하고자 한다. 그리하여 그에게서 삼균주의는 조선의 독립운동이 자주적인 국민국가의 달성에만 한정되지 않고 천하의 평화, 즉 평천하에 이르는 방법으로까지 이해되고 있다. 삼균주의를 통해 조선의 독립운동이 유럽의 근대 국민국가 체제가 해결하지 못했던 항구적인 인류 평화에 이르는 방법과 연결되는 사유 지점이라고 할 것이다.

실제로 유럽의 근대 국민국가 체제는 "끝없는 군비경쟁 및 해외영토 확장"에 기반하고 있다. 근대 유럽의 "발전 경로에서 전형적인" 현상으로 들 수 있는 것은 "군사주의, 산업주의, 자본주의의 시너지"인데, 이런 시너지는 "끊임없는 해외영토 팽창을 촉진했고 거꾸로 이로써 지탱"되었다고 평가받는다.[65)] 유럽 근대 국민국가 형성사에 관한 기념비적 연구를 선보인 찰스 틸리에 의하면, 근대 유럽인들이 형성해 낸 국민국가 체제로 인해 "유럽의 시민 생활이 평화를 회복하고 다소는 대외적인 정치 기구들이 만들어졌지만" 이는 모두 "군사적

---

63) 강만길 편, 『조소앙』(한길사, 1982), 16~17쪽.
64) 같은 책, 192쪽.
65) 조반니 아리기, 『베이징의 애덤 스미스: 21세기의 계보』, 459쪽 및 463~464쪽.

힘을 추구하는 과정에 추동된 국가 구성의 부산물"에 지나지 않는다. 그리고 이런 유럽 근대의 발전 경로의 결과로 조선이 망국을 겪고 일본제국주의의 식민지로 전락하게 된 것은 다 아는 사실이다.

그런데 조소앙의 삼균주의가 보여 주듯이 한국의 독립운동은 유럽 근대 국민국가 체제의 폭력성과 파괴성에 직면하여 그것을 비판적으로 극복할 수 있는 미래지향적 평천하 이념을 보존하고 있다. 유럽에서 발전되어 세계 곳곳으로 확산해 간 국민국가의 폭력성과 파괴력을 순치시켜서 그에 대한 대안을 찾는 왕도는 없다. 그래서 찰스 틸리는 유럽 근대 국민국가 체제의 폭력성을 해결할 "유일한 대답"을 "국민국가의 엄청난 힘을 전쟁으로 부터 돌려 정의, 인간의 안전 그리고 민주주의로 향하게 하는 것"에서 구한 다.[66] 한반도를 포함하여 동아시아, 더 나아가 세계의 항구적인 평화를 제도적으로 구현하기 위해 우리는 한국의 독립운동과 민주주의의 이념을 소중한 사상적 자원으로 삼아야 한다.

앞에서 간단하게 살펴보았듯이, 한국의 민주공화주의 헌법 정신은 서구 근대의 입헌민주주의 혹은 공화주의의 단순한 수용이나 이식의 산물이 아니다. 필자는 한국 헌법의 탄생 과정에서 관철되고 있는 기본 정신을, 민본적 대동주의에서 공화주의적 대동주의로의 이행이라는 역사적 경험을 이해하는 결정적 실마리가 될 수 있는 "대동적 민주공화국 이념"으로 정식화할 수 있다고 본다. 그래서 필자는 민주공화주의적 대동주의를 제헌헌법의 근본정신으로 보고서 이를 "조선 후기에 본격화된 민본적 대동주의를 혁신적으로 발전시킨 것"이라고 해석하려 한다. 달리 말하자면 "민본적 대동주의는 갑오농민전쟁과 의병전쟁 그리고 독립운동 과정을 거치면서 새로운 시대 상황에 어울리게 혁신되고 점차 체계적으로 정리된 결과 대동적 민주공화주의 혹은 민주공화주의적 대동주의 정신으로 구체화된 것"이라고 보아야 한다는 말이다.[67]

---

66) 찰스 틸리, 『유럽 국민국가의 계보: 990～1992년』(지봉근 옮김, 그린비, 2018), 391～392쪽.
67) 나종석, 『대동민주유학과 21세기 실학』, 753쪽.

5. 나가는 말

지금까지 우리는 대한민국의 헌법 탄생사를 왜 새롭게 바라보아야 하는지를 살펴보았다. 그 결과, 우리 사회의 헌법은 결코 미국에 의해 일방적으로 이식된 것이 아니며 또한 한국의 헌법 정신과 기본 원리의 기원을 한말로 거슬러 올라가 해명하려는 시도조차도 서구중심주의 사유 방식을 벗어나지 않는 한 커다란 한계에 직면할 수밖에 없다는 점도 알게 되었다. 우리는 전통과 근대의 이원론을 넘어서 조선 사회를 비롯한 동아시아 사회의 전통과 역사를 새롭게 바라볼 수 있는 사유의 능력을 키우지 않으면 안 된다. 대한민국헌법에 대한 제대로 된 이해도 역시 유럽적 보편주의의 폭력성을 비판적으로 성찰하면서 우리 사회의 역사를 보는 시각 자체를 전환하지 않는다면 불가능할 것이다.

이 글에서 필자는 한국 헌법 정신의 역사를 조선 사회를 거치면서 축적되어 온 유교적 정치이념 및 유교적 정치문화가 서구 근대와의 조우 속에서 민주적으로 변형되는 과정으로 이해해 볼 것을 제안했다. 그리하여 필자는 한국의 헌법 정신의 형성사를 '민본적 대동주의로부터 공화주의적·민주주의적 대동주의로 이행해 가는 과정'으로 개념화할 수 있음을 강조했다. 이런 해석이 타당하다면 한국 헌법이 지향하는 민주주의를 '대동민주주의'라는 개념으로 포착해 보려는 노력도 단순한 지적 유희에 그치지는 않을 것이다. 대동민주주의라는 개념은 서구적 인권 및 민주주의와 동양의 유교적 대동사상의 '지평 융합' 혹은 동서 문명의 '회통會通'이라는 우리 근현대 역사 경험의 핵심을 이론적으로 명시화해 보려는 시도로 이해될 수 있을 것이기 때문이다.

제6장
해석학의 탈식민적 사유 방법으로의 전유 가능성:
유교 전통과의 화해를 중심으로[1)]

1. 들어가는 말

우리 사회에서 오리엔탈리즘과 서구중심주의(유럽중심주의)를 비판적으로 검토하거나 탈식민적 사유의 필요성을 강조하는 것은 그리 낯선 풍경이 아니다. 마찬가지로 서구 지식의 수입에만 맹목적으로 열을 올릴 뿐 우리의 역사적 경험과 현장에 뿌리내릴 수 있는 이론을 구성해 내는 데는 무기력한 상황을 비판적으로 바라보는 문제의식 역시 어제오늘의 일이 아니다.

그런데도 왜 동아시아 인문 전통, 특히 유교 전통과의 대화가 중요한가 라는 물음은 여전히 우리를 곤혹스럽게 하는 것으로 보인다. 필자의 체험과 직관에 기초하여 말하자면, 누군가가 오늘날 사도 바울이나 소크라테스와 새롭게 대화를 하겠다고 나선다면 아마도 그는 공자와의 대화의 필요성을 제안하는 사람들이 처하곤 하는 의아스럽고 퉁명스러운 반응을 접할 가능성이 크지 않을 것이다.

유교적 전통과의 새로운 대화의 필요성과 관련해서 표출되곤 하는 부정적인 반응은, 유교 국가 조선의 역사는 망국과 식민지로 귀결되었고 그 결과 유교 전통은 한국 사회에서 극복되고 청산되어야 할 전근대적인 과거의 유물이라는 인식을 바탕으로 하고 있다. 이런 상황에서 유교 전통에 대한

---

1) 이 글은 『현대유럽철학연구』 53(2019), 64~98쪽의 내용을 대폭 수정한 것이다.

언급은 많은 사람에게 꽤 어색한 것으로, 심지어 정치적으로 반동적·퇴행적인 것이 아닌가 하는 의구심 어린 반응마저 불러일으키기 십상이다. 우리 사회의 여러 병리적 현상, 이를테면 교회와 재벌 세습 현상을 포함하여 학벌주의, 가족이기주의, 연고주의 등은 물론이고 개인의 존엄성에 어긋나는 남성 가부장 중심의 권위주의적인 가족주의 문화 및 갑질 문화 등의 기원을 동아시아 및 조선의 유교적 전통에서 구하려는 것은 적어도 필자가 보기에 우리 사회의 통념에 가깝다.

그런데도 필자는 요즈음 유럽중심주의를 상대화하는 작업에서 동아시아 유교 전통과의 대화의 필요성을 역설한다. 서구중심주의를 상대화하고 그에 비판적 거리를 둘 사유의 공간을 확보하는 데에는 탈식민적 사유 방법의 하나로 이해되는 동아시아 인문 전통(역사와 과거)과의 대화가 매우 중요하다고 생각되기 때문이다. 그리하여 동아시아 전통의 의미를 재음미하는 작업을 서구중심주의의 상대화라는 문제의식과 연동하여 구체화해 보려는 지적 모색의 잠정적 결과의 하나로 필자는 대동민주주의론을 제언하게 되었다.[2] 한국 민주주의의 역사적 특이성과 그 고유한 성격을 제대로 이해하는 데 이바지할 수 있는 학문적 가설로서 대동민주주의 및 대동민주유학이라는 개념과 이론을 제안하게 된 것이다.

이 글에서 필자는 대동민주주의 및 대동민주유학이 무엇인지를 구체적으로 설명하지는 않을 것이다. 그 대신에 필자는 한국 사회의 역사적 현실과 경험을 이해하는 데 해석학이 어떤 의미를 지니고 있는지를 명료하게 해 보고자 한다. 따라서 이 글에서 필자는 동아시아 인문 전통(역사와 과거)과의 대화야말로 우리 사회가 여전히 요구하는 탈식민적 사유를 구현할 수 있는 길임을 명확하게 드러내고자 한다. 이 글은 특히 민주주의와 산업화에서 성공한 한국 사회의 경험을 제대로 이해하기 위해서는 전통과의 새로운 대화를 불가능한 것으로 만들고 있는 전통과 현대의 이분법을 넘어서야

---

2) 나종석,『대동민주유학과 21세기 실학』.

함을 강조한다. 필자가 전통과 현대의 이분법을 넘어서게 해 줄 방법의 하나로 주목하는 것은 전통의 의미를 새롭게 이해하고자 하는 가다머(H. G. Gadamer, 1900~2002)의 철학적 해석학이다. 그러므로 이 글에서 필자는 우리 사회의 탈식민적 사유를 전개하는 데 그의 해석학이 어떤 의미를 지니는지를 명료하게 해 보고자 한다. 달리 말하자면 이 글에서 필자는 가다머의 해석학이 강조하는 전통의 복권과 영향사적 의식의 중요성[3]이 우리 사회의 탈식민적 과제를 진전시키는 데 이바지할 수 있는 바가 무엇인지를 밝혀 보고자 한다.

2. 유럽중심주의와 오리엔탈리즘

식민지억압체제가 종식된 탈식민지 시대에도 유럽중심주의는 지속되고 있다. 오늘날에도 지구는 식민지억압체제의 어두운 역사에서 벗어나지 못해서, 남반구와 북반부의 극심한 불평등 구조는 여전하다. 서구중심주의 혹은 유럽중심주의는 서구 현대와 비서구 사회를 각각 현대와 전통을 상징하는 문명으로 설정하는 사유 방식이다. 그런 사유 방식은 서구 현대의 지배적 권력의 효과적인 수행과 긴밀하게 연결되어 있다. 그러므로 유럽중심주의는 문화제국주의(cultural imperialism)의 또 다른 얼굴이다.

장 폴 사르트르(Jean Paul Sartre)는 프란츠 파농(Franz Fanon)의 저서 『대지의 저주받은 사람들』의 서문에서 이미 "유럽인들은 노예와 괴물을 창조함으로써 인간이 될 수 있었던 것"이라고 갈파했다.[4] 간단하게 말해, 특정 인구 집단 즉 비서구 유색인들을 야만적이라고 낙인찍고 그들을 문명에 어울리지 못하는 존재로 타자화하는 작업, 즉 비서구 사회인을 괴물로 만드는 작업은

---

3) 한스 게오르크 가다머, 『진리와 방법: 철학적 해석학의 기본 특징들』 2(임홍배 옮김, 문학동네, 2012), 137~193쪽 참조.
4) 프란츠 파농, 『대지의 저주받은 자들』(남경태 옮김, 그린비, 2007), 45쪽.

유럽이 근대에 인간의 보편적 존엄성을 내세우는 일에서 구성적 역할을 하고 있음을 고발하고 있다. 그래서 유럽은 비서구 사회를 식민지화하고 비서구 사회인을 노예로 만들어 착취하는 일을 인간성과 문명의 이름으로 정당화할 수 있었다. 여기에서 우리는 인간 사회의 착취와 배제와 차별이 단순히 계급관계로 환원되지 않음을 알 수 있다.

그러므로 아이리스 매리언 영(Iris Marion Young)은 계급관계에 토대를 두고 있지 않는, 즉 계급관계로 환원되지 않는 "억압의 다섯 가지 측면"이 존재한다고 강조한다. 이 다섯 가지 측면은 바로 "착취, 주변화, 무력함, 문화제국주의, 폭력"인데, 이들이 곧 "억압을 구성하는 요소"이다.[5] 이 가운데 문화제국주의는, 억압과 차별과 배제를 초래하는 독자적 요인 중의 하나로서 지배적인 문화가 지배받는 문화를 억압하는 방식의 일종이다. 문화제국주의는 다음과 같이 작동한다.

> 문화제국주의를 체험한다는 것은, 어떻게 사회의 지배적 의미들이 어떤 개인이 소속된 집단에 상투적인 관념을 부여하여 타자(the Other)라는 표지를 붙여 버림과 동시에 그 집단이 가지는 특수한 관점을 보이지 않게 만들어 버리는지를 체험한다는 것이다. 문화제국주의의 핵심은 지배 집단의 경험과 문화를 보편화하고 유일한 규범으로 확립하는 것이다.[6]

유럽중심주의는 서구 현대문명을 문명의 모델로 설정하고 그 외의 문명, 이를테면 우리 사회를 포함하여 동아시아 전통 사회를 서구 현대문명 단계에 이르지 못한 정체되고 후진적 문명 단계에 속한 것으로 단정한다. 이런 점에서 유럽중심주의는 오리엔탈리즘(Orientalism)과 한 쌍을 이룬다. 물론 유럽중심주의는 이런 특성 외에도 근대 유럽이 인류 역사의 발전 단계에서 최고 정점을 이룬다는 우월주의의 면모도 지니고 있고, 유럽 문명의 역사적

---

5) 아이리스 매리언 영, 『차이의 정치와 정의』(김도균·조국 옮김, 모티브북, 2017), 38쪽 및 153쪽.
6) 같은 책, 141~142쪽.

발전 경로가 비유럽 사회가 따라야 인류 보편의 모델임을 강조하는 유럽보편주의의 얼굴도 지닌다.7)

하여간 서구중심주의는 근대 유럽이 인류 역사 발전의 최고봉이라 하면서 여타 인류사회가 본받아야 할 보편성을 지닌다고 강조하는 담론이다. 달리 말하자면, 현대 유럽 사회가 자본주의적 시장사회로 이해되든 아니면 인권과 민주주의라 불리는 이념을 구현한 사회로 이해되든 간에, 그 사회는 인류가 본받아야 할 보편적 가치를 실현하고 대변하는 문명인 것으로 제시된다. 동시에 비유럽 사회는 현대 서구 문명의 보편적 가치와 질서에 어울리지 못하는 덜 발전된 지역으로 낙인찍히면서 문명의 타자라는 이미지가 주어진다. 서구 현대 문명의 우월성을 자명한 것으로 전제하는 태도는 비유럽 사회를 문명의 타자로 규정하면서 그들의 전통과 역사를 열등하고 비정상적인 문화로 단정하는 태도와 서로 밀접하게 결합되어 있다.

에드워드 사이드(Edward Said)의 오리엔탈리즘에 관한 연구는 서구 현대사회가 비유럽 사회를 지배하는 문화적 헤게모니를 탁월하게 분석해 낸 것으로 유명하다. 사이드는 오리엔탈리즘의 여러 의미 중 세 가지 의미에 주목한다. 그는 가장 널리 일반적으로 인정되는 오리엔탈리즘의 의미를 "동양에 관한 연구를 수행하고 동양에 대해 가르치는 연구자들의 학문적 전통"을 가리키는 것으로 보면서도, 오리엔탈리즘에는 그보다 더욱 넓은 의미가 있다고 하면서 이를 "'동양'과 (대체로) '서양'이라고 하는 것 사이에서 만들어지는, 존재론적이자 인식론적인 구별에 근거한 하나의 사고방식"이라고 규정한다. 그러나 사이드에 의하면, 오리엔탈리즘은 단순한 사고방식을 넘어 제3의 의미를 지닌다. 즉 오리엔탈리즘은 "동양을 지배하고 재구성하며 억압하기 위한 서양의 방식"이라는 것이다.8)

사이드가 역설하듯이 사유 방식과 권력이 상호 결합되어 있는 오리엔탈리

---

7) 서구중심주의에 대한 체계적 정의는 강정인, 「서구중심주의에 대한 우리 학문의 이론적 성찰과 대응」, 『탈서구중심주의는 가능한가: 서구중심주의에 대한 우리 학문의 이론적 대응』(강정인 편, 아카넷, 2016), 19~23쪽 참조 바람.

8) 에드워드 사이드, 『오리엔탈리즘』(박홍규 옮김, 교보문고, 2007), 16~18쪽.

즘은 서구 현대사회가 비유럽 사회에 대해 지배적 권력을 행사할 수 있는 문화적 헤게모니 형성에서 핵심적 지위를 차지한다. 달리 말하자면, 유럽 문명의 우월성에 관한 확신과 그로 인한 유럽의 현대적인 정체성 확립에서 비유럽 사회에 대한 오리엔탈리즘적인 열등화 및 타자화의 작업은 본질적이고 구성적인 역할을 한다. 유럽중심주의와 오리엔탈리즘이 어떻게 상호의존하고 있는가에 대한 그의 설명은 다음과 같다.

> 오리엔탈리즘에 대하여 지금까지 설명해 온 지속성과 힘을 준 것이 바로 헤게모니이다. 더욱 정확히 말하자면 그것은 문화적 헤게모니가 작용한 결과이다.…… 사실 유럽 문화의 중요한 구성 요소야말로 바로 유럽 문화를 유럽 안팎에서 헤게모니적인 것으로 만들고 있다고 말할 수 있다. 곧 스스로를 유럽 아닌 모든 민족과 문화를 능가하는 것으로 인식하는 유럽인의 유럽관이 바로 그것이다. 나아가 유럽인의 동양관이 갖는 헤게모니라는 것이 있다. 그것은 동양인의 후진성에 대한 유럽인의 우월성을 계속 주장하는 것이다. 그리하여 더욱 자율적으로, 더욱 회의적으로 모든 현상을 생각하는 인물이 상이한 견해를 취할 가능성을 없애 버리는 것이 보통이다.[9]

그러니까 유럽중심주의는 유럽 문명의 우월성과 대비되는 비서구 세계의 열등성과 후진성이야말로 동양에 대한 자연스러운 인식이라고 강조하는 오리엔탈리즘을 동반하게 된다. 그리고 유럽중심주의를 구성하는 본질적 요소인 오리엔탈리즘은 서양이 동양을 비롯한 비서구 사회의 식민지 지배를 이론적으로 정당화하는 역할을 한다. 간단하게 말해, 서구의 동양에 대한 이론이자 관념 체계인 오리엔탈리즘은 식민지 지배가 발생한 이후에 그런 현실을 '추인'하는 것이 아니라 도리어 그런 식민 지배가 이루어지기에 "앞서서 식민지 지배를 정당화"하는 것이다.[10]

그런데 한국을 포함한 동아시아 전통의 오리엔탈리즘적 타자화의 주된

---

9) 같은 책, 25~26쪽.
10) 같은 책, 80쪽.

대상은 유교 전통이다. 동아시아 유교 문명의 타자화를 통해 현대 서구 문명의 우월성과 진보성을 철학적으로 정교하게 체계화한 인물은 바로 헤겔이다.[11] 헤겔이 보기에 중국 문명의 본질은 가족정신이다. 중국은 가족 관계를 토대로 한 가부장적 정부가 지배하는 사회이기에 기본적으로 주관적인 자유의 인식을 획득하지 못한 단계의 상태, 그러니까 "역사의 유년기" 단계에 머물러 있다.[12] 그러므로 중국의 역사는 모든 인간이 자유로운 존재라는 자유의 원리를 실현하는 데로 발전해 가지 못한 채 영원히 유아기에 머물러 있는, 그러니까 정체된 "이를테면 공간의 왕국"이다. 요약하자면, 중국 역사는 자유 의식에 대한 자각이라는 세계사의 근본 목적을 향한 진보를 모른다. 그래서 중국으로 대표되는 동아시아 역사는 사실 '몰역사적인 역사'(eine ungeschichtliche Geschichte)의 세계를 대변한다.[13]

이처럼 헤겔은 동아시아 문명을 역사로부터 배제해 버린다. 그가 볼 때 중국은 단지 해가 동쪽에만 머물 듯이 인류사의 초기에 영원히 멈춰 버린 세계이다. 그러므로 헤겔은 다음과 같이 중국 문명에 대해 편견에 가득 찬 평가를 내리고 있다.

이 민족의 특징은, 그들에게는 무릇 정신에 속하는 모든 것, 즉 자유로운 인류이라든가 도덕이라든가 심정이라든가 내적인 종교라든가 학문이라든

---

11) 헤겔 철학이 유럽중심주의적 사유 방식에 따라서 어떻게 동양을 비롯한 비서구 사회를 타자화시키고 있는지에 대한 필자의 선행 연구는 다음과 같다. 나종석, 『헤겔 정치철학의 통찰과 맹목: 서구 현대성과 복수의 현대성 사이』, 제3장 '헤겔의 오리엔탈리즘과 서구중심주의'; 「헤겔과 아시아─ 동아시아 현대와 서구 현대성에 대한 비판적 성찰」, 『헤겔연구』 32(2012), 115~139쪽; "Ambivalente Moderne: Wie Hegels Parteinahme für den Westen seine Fehleinschätzung Ostasiens erklärt", in: *Allgemeine Zeitschrift für Philosophie* 40.1(2015), pp.29~61; 「헤겔과 동아시아─ 유럽 현대성의 정체성 형성과 동아시아의 타자화의 문제를 중심으로」, 『헤겔연구』 40(2016), 85~111쪽. 유럽중심주의적 헤겔상을 넘어 헤겔 철학을 탈식민적 방식으로 재전유할 가능성에 대해서는 나종석, 「헤겔과 함께 헤겔을 넘어서; 서구중심주의 비판, 화해의 정신 그리고 대동민주유학을 중심으로」, 『인문학연구』 56(조선대학교 인문학연구원, 2018), 201~237쪽 참조 바람.
12) G. W. F. Hegel, *Vorlesungen über die Philosophie der Geschichte*, in: *Hegel Werke*, Band 12(Frankfurt, 1989), p.135.
13) 같은 책, p.136.

가 본래의 예술 등이 없다는 점에 있다. 항상 존엄한 황제는 아버지 같은 자애와 온정으로 인민을 대하지만 인민은 자기 자신에 대해 극히 비굴한 감정만을 가질 뿐이어서, 자신은 단지 황제 폐하의 권력의 수레를 끌기 위해서만 탄생했다고 믿고 있다. 땅에 닿을 정도로 짓누르는 무거운 짐도 그들에게는 어떻게 할 수 없는 운명으로 생각되어, 자기를 노예로 팔고 예속의 쓰디쓴 맛을 보는 것도 그들에게는 별로 무서운 일이 아니다. 복수의 수단으로서의 자살, 일상다반사로 벌어지는 자식들을 버리는 행위 등도 자기 자신과 인간에 대해 존경의 마음을 가지지 않는다는 증거이다.[14]

한 문명의 본질을 이렇게까지 묘사하는 것이 어떻게 가능한지 의아할 따름이다. 동양이 보여 주는 노예의 문제(그러나 헤겔 당시 중국의 청나라에서 노예[더 적절하게는 노비]는 거의 존재하지 않았음을 기억해야 한다)나 자살 그리고 자식을 버리는 행위 등은 서구에서도 늘 일어나던 일이 아닌가? 이런 현상들이 그 어떤 문명의 고유한 현상이라고 떠버릴 일은 아닐 것이다. 서구 근대가 아프리카나 다른 지역의 이른바 야만적 현상을 비난할 때 식인풍습 운운하는 것은 반복되는 현상이었고, 그 점에서 헤겔도 예외는 아니었다. 그러나 여기에서 상술하지 않겠지만 실비아 페데리치(Silvia Federici)에 의하면, 유럽에서 자행된 차마 눈 뜨고 볼 수 없는 잔인무도한 마녀사냥에 대한 보고서에서는 마녀들이 식인하였다는 점을 정확하게 언급하고 있다. 1435년에 나온 독일 슈바벤 도미니카회 요셉 나이더(Jesoeph Naider)의 연구서 『포르미카리우스』(Formicarius)는 마녀들의 식인풍습에 대해 다음과 같이 기록하고 있다. 마녀들은 "아이들을 요리하고 물에 삶아 그 살을 먹고 냄비에 남은 수프를 마신다.…… 단단한 물질을 가지고서는 고약이나 묘약을 만드는데, 아이들을 살해하는 세 번째 이유가 바로 이 재료를 얻기 위함이다."[15]
기독교가 지배하던 유럽 사회 내부에 존재했던 것으로 보고되는 식인풍습

---

14) 같은 책, p.74.
15) 실비아 페데리치, 『캘리번과 마녀』(황성원·김민철 옮김, 갈무리, 2017), 390~391쪽 각주 22.

은 일탈적이고 예외적인 현상들이지만 다른 지역에서 보고된 그와 유사한 풍습은 그 지역 문명의 본질에 해당하는 것이라는 단정에 무슨 이성적 근거가 있다고 볼 수는 없다. 유럽이 역사에서 보여 준 다양한 야만적 행위 등을 열거하면서, 아무리 문명화, 인권과 민주주의 등 고상한 거짓말로 꾸며대지만 결국 대규모 학살을 서슴지 않고 즐기는 문명이 서구 문명의 피할 수 없는 운명이자 본질이 아니냐고 단정한다면 헤겔은 어떻게 반응할지 궁금하기 그지없다.

페데리치에 따르면 16세기에서 18세기에 이르기까지, 그러니까 헤겔이 인류사의 최고 정점이라고 단정하는 근대 유럽에서도 식인풍습과 다를 바 없는 의료시술은 흔했다. 예를 들어 미라는 당시 유럽에서 보편적인 만병통치약으로 추천되었을 뿐만 아니라 가장 인기 있는 치료제였다고 한다. 그런데 이 미라는 "건조시키거나 방부 처리한 시체의 잔여물로 만든" 것이었다. 특히 인간의 피는 "여러 가지 액체에 인간의 살을 담아서 추출해 낸 미라수(mummy water)의 형태로 유럽 국가들 사이에서 간질을 비롯한 여러 질병을 치료하는 데 흔하게 사용되었다." 실제로 유럽에서 행해졌던 사람의 피를 먹어 병을 치료하려는 관행과 관련해 그는 다음과 같이 인용한다. "참수형에 처한 범죄자들의 피를 파는 것은 사형집행인의 특권이었다. '손에 컵을' 들고 사형장에 무리를 지어 기다리고 있는 간질 환자를 비롯한 고객들에게 이 피는 아직 따뜻한 상태로 전달되었다."[16]

더 나아가 헤겔은, 동양 정신인 가족정신으로 사실상 동아시아 문명 전체를 이루는 것들, 이를테면 학문이나 도덕이나 정치제도 같은 그 모든 것들은 인간에 대한 존엄성이라고는 조금도 보여 주지 못하는 야만의 극치일 뿐이라고 보았다. 다른 문명에 대한 최소한의 존경은 말할 것도 없고, 다른 문명에 대한 이토록 지독한 멸시와 경멸의 발언이 '세계적 철학자'라 일컬어지는 헤겔에게서 나왔으리라고는 상상하기조차 힘들다.

---

16) 같은 책, 317쪽 및 388쪽 각주 7.

물론 여기에서 문제가 되는 것은 헤겔이라는 근대 서양 철학을 대표하는 한 인물의 개인적 성향이 아니라, 비서구 사회에 관한 그러한 몰이해와 멸시가 그의 정신철학·역사철학의 내적 논리와 연결되어 있다는 점이다. 그리고 이런 헤겔 정신철학의 폭력성은 그의 철학에만 한정된 것이 아니다. 이것은 서구 근대 유럽을 대표하는 철학자 거의 모두(존 로크, 몽테스키외, 임마누엘 칸트, 존 스튜어트 밀 등)에게서 발견되는 공통의 현상이다. 그들이 근대 서구 사회의 자유와 평등의 이념을 발전시키는 데 이바지한 것은 물론 사실이지만, 동시에 그들로부터 비롯된 자유와 평등, 국민주권 등의 이념은 역사적으로 인종차별주의, 식민주의 그리고 성별 노동 분업에 따른 젠더적 불평등과 아무런 마찰 없이 결합되어 있다. 달리 말하자면, 서구 근대의 문명 의식은 야만인, 여성, 비백인 등 문명화가 덜 된 다양한 형태의 존재들을 배제하려는 차별과 불평등과 지배의 얼굴을 출발점에서부터 지니고 있었다. 웬디 브라운이 지적하듯이 "인격, 자유, 평등이라는 자유민주주의의 이상은 이런 이상의 형식적인 맥락과 내용의 중립성을 통해 보편성을 지닌 것처럼 보이지만, 실제로는 이성애 성향의 백인 남성의 혈연주의 규범으로 점철되어 있다."[17]

이런 현실의 역사 과정에 눈을 감은 채 서구 계몽주의는 자유와 평등 이념의 보편성을 옹호했지만, 현실은 그런 이념과 일치하지 않았다. 결국 서구 근대의 자유와 평등 이념을 구하려 했던 그들의 시도는 허망할 수밖에 없었다. 예를 들면, 로크나 흄과 같은 영국의 위대한 근대 철학자들이 노예제와 식민주의 지배를 찬성하는 주장을 일관되게 펼쳤다는 사실은 그들의 철학과 아무런 연결이 없다고 주장할 수 없다. 마찬가지로 서구 근대의 가장 위대한 도덕철학자, 즉 임마누엘 칸트는 "나치 이론이 훗날 의존하게 되는 지배민족과 하등인간, 인간과 하등인간 사이의 구분에 관한 근대 시기의 근본적인 이론가"였다. 간단하게 말해 칸트는 "근대 도덕 이론과

---

17) 웬디 브라운, 『민주주의 살해하기』(배충효·방진이 옮김, 내인생의책, 2017), 279쪽.

근대 인종이론"의 아버지였던 셈이다.[18] 나치즘의 야만 시대를 겪은 이후에도 서구 근대 계몽주의를 '미완의 기획'으로 보고 그 정신을 되살리려고 시도했던 위르겐 하버마스의 서구 근대 계몽주의 구출하기 작업 또한 그 이론적 토대가 매우 허약했다. 그에게서도 식민주의적 폭력과 나치즘의 극단의 야만성 사이에 존재하는 내적 공속성에 대한 비판적 문제의식을 찾아보기 힘들다는 것은 결코 우연이 아니다. 이런 점에 대해서도 이제 더 침묵할 수 없다.

오늘날 미국과 독일 그리고 영국 등을 포함하여 이른바 근대 유럽 문명을 계승하고 있는 대표적인 유럽의 '핵심 국가' 내에서 일어나는 인종차별주의와 반유대주의 및 이슬람 혐오주의 등과 같은 극단적 배외주의의 득세는 나치가 보여 준 극단적 야만이 유럽 근대세계가 초창기부터 지속해서 비유럽 사회에 가한 극악무도한 식민주의적 착취와 폭력이 유럽대륙으로 다시 돌아온 부메랑이라는 점을 진지하게 성찰하는 비판적 태도가 부족했다는 상황과 무관하지 않다. 유럽의 여러 나라는 21세기에 이르기까지 유럽 사회가 저지른 식민주의적 폭력성과 만행에 대하여 여전히 공식적으로 아무런 사과를 하고 있지 않다.

이런 상황은 오늘날 미국과 유럽에서 다시 번지고 있는 인종주의 및 차별주의의 범람이 일시적이라거나 그 무슨 유럽 계몽주의의 충분하지 못한 실현으로 인해 발생한 사건이 아님을 보여 주기에 손색이 없다. 간단하게 말해, 유럽의 계몽주의는 그동안 인종주의와 식민주의와 함께해 온 역사를 지니고 있으며, 오늘날 미국과 유럽이 보여 주는 극단적인 배외주의 및 인종차별주의 등의 폭력성은 그런 어두운 면을 극복하지 못한 상황에서 나온 사건으로 보는 것이 더 타당할 것이다. 따라서 우리는 식민주의의 부메랑 효과로서 나치즘의 야만성과 그 폭력성을 탈식민적으로 독해하는 작업의 중요성을 이 책 제14장 제2절에서 더 상세하게 다룰 것이다.

---

18) 찰스 밀스 『인종 계약』(정범진 옮김, 아침이슬, 2006), 123쪽.

여기에서 알 수 있듯이 헤겔 정신철학의 유럽중심주의가 안고 있는 비서구 사회에 관한 능욕은 근대 서구 계몽주의 정신의 내재적 한계를 보여 주는 하나의 사례에 지나지 않는다. 따라서 식민주의나 인종차별주의 그리고 성별 분업에 따른 젠더적 불평등 등을 이른바 자유나 평등, 국민주권과 같은 민주주의 이념으로부터의 일탈이라고만 보기는 어렵다. 설령 피식민 민족의 해방, 여성해방, 인종차별 철폐 운동 등이 자유와 평등, 국민주권의 이상을 내세워 전개되었다고 하더라도 그러한 투쟁 과정은 결국 자유, 평등, 국민주권 등의 이상을 재규정하는 것, 즉 그것에 대한 서구 백인 남성의 편견과 배제를 비판하는 가운데 그 이상을 확장해 온 것이었기 때문이다. 그런 점에서 서구 근대정신 자체의 문제를 성찰하는 과제는 아주 오래된 것이었음을 알 수 있다.

이런 서구 근대성의 내적 한계에 대한 성찰이 단순히 서구 세계를 타자로 설정하여 그들의 폭력성을 폭로하거나 비판하려는 것과는 전혀 별개의 것이라는 점도 언급해 두고 싶다. 이미 강조했듯이 필자가 서구 근대정신의 한계를 성찰하자는 것은 기본적으로 탈식민적 근대 이해의 일부이다. 그리고 그런 비판의 궁극적 지향은 우리 자신에 대한 비판적 성찰이다. 달리 말하자면, 서구중심주의의 타자에 대한 폭력성을 성찰하는 작업은 우리 사회가 의식적 또는 무의식적으로 반복·재생산하고 있는 우리 안의 서구중심주의와 그로 인한 야만적인 오리엔탈리즘의 문제점을 극복하려는 시도이다.

우리 사회는 오랫동안 서구 따라잡기를 시도해 오면서 서구 오리엔탈리즘을 내면화해 온 결과, 한편으로는 우리 문화 전통에 대한 자기비하를 일삼기 일쑤였고 다른 한편으로는 동남아시아 사람이나 중국 조선족 동포 심지어는 북에서 온 같은 민족에 대해서도 야만 사회에서 온 이질적 타자로 모욕하고 차별하는 모습을 보여 왔다. 이런 모습은 서구중심주의를 단순 반복하는 것이 지니는 위험성을 잘 보여 준다. 그러므로 서구중심주의에 대한 탈식민적 비판은 우리 사회 안에서 작동하고 있는 오리엔탈리즘의 위험성과 유혹에 저항하는 성찰이기도 하다는 점을 필자는 강조하고 싶다.

다시 헤겔의 동양 인식의 문제로 되돌아가자. 앞에서 보았듯이 헤겔은 서양 문명과 동양 문명을 구별하여 전자의 우월성을 후자의 열등함에 대비시키고 있다. 서구 문명의 우월성은 당연히 열등한 문명이 서구 세계의 지배를 당연한 것으로 받아들이는 토대가 된다. 그리하여 헤겔이, 미성숙한 유아적 단계에 영원히 머물러 있는 중국의 역사는 '우리'로 표현되는 유럽인들에 의해서만 진정한 의미의 세계사 속으로 편입될 수 있다고 보았던 것은 결코 우연이나 단순한 편견의 소산이 아니다. 아프리카 및 아메리카 대륙을 포함한 아시아 등의 비서구 문명은 서구 유럽과의 접촉을 통해 비로소 문명화될 수 있다는 것이 헤겔의 기본 입장임을 잊어서는 안 된다. 이는 그가 서구 문명의 우월성을 입증하기 위해 자신이 접한 비서구 사회의 정보를 일방적으로 왜곡하고 과장하는 데에서도 잘 드러난다.[19] 어쨌든 헤겔은 비서구 사회가 유럽 문명에 의해서만 비로소 문명화될 수 있다는 역사철학적 관점에서, 유럽에 의한 폭력적인 식민 지배조차도 비서구 지역의 문명화를 위해서는 불가피한 일일 수밖에 없다는 결론을 도출해 낸다.[20] 그는 인도를 비롯한 아시아 국가들이 유럽의 식민지로 되는 것이 필연이었듯이 중국도 이 운명에서 벗어날 수 없을 것이라고 주장한다.[21]

이렇게 헤겔은 서양이 지배하고 동아시아와 중국을 비롯한 비서구 사회는 지배당해야 한다는 것을 정신철학의 근본 규정, 즉 자유의 이념의 역사적 실현에 관한 거대서사로 정당화하고 있다. 이런 정신철학은 백인우월적인 문화적·인종적 차별 의식을 노골적으로 드러내고 있다.

---

19) 아프리카 흑인에 대한 헤겔 서술의 문제점 그리고 그가 당대 아프리카 흑인에 대한 보고서를 활용하는 데에서 보여 주는 왜곡 및 자의적 과장 등에 대해서는 R. Bernasconi, "Hegel at the Court of the Ashanti", *Hegel after Derrida* (edited by Stuart Barnett, London/Yew York, Routledge, 1998) 참조 바람. 흑인을 비롯한 아메리카 대륙의 토착민, 이를테면 아메리카 원주민에 대한 그의 인식의 한계에 대해서는 Tibebu, Teshale, *Hegel and the Third World: The Making of Eurocentrism in World History* (Syracuse, N.Y.: Syracuse University Press, 2011), 특히 제4장 참조 바람.
20) G. W. F. Hegel, *Grundlinien der Philosophie des Rechts oder Naturrecht und Staatswissenshcaft im Grundrisse,* in: *Hegel Werke,* Band 7 (Frankfurt, 1989), pp.507~508.
21) G. W. F. Hegel, *Vorlesungen über die Philosophie der Geschichte,* p.179.

그런데 이처럼 세계사 발전의 정점에 이른 서구 현대문명을, 그 문명에 비해 뒤처져 있는 야만의 역사 단계를 대변하는 동아시아 역사와 대비시키는 헤겔식의 '문명들 사이의 위계 서열'은 아시아의 역사에서도 강력한 힘을 발휘했다. 이른바 서구적 현대화에 가장 빠르게 성공한 현대 일본도 서구중심주의적 문명관의 내면화를 통해 여타 아시아 국가들을 침략하고 그 지역을 식민지로 만드는 일을 정당화했다. 실제로 메이지 유신 이래 현대 일본은 야만이나 반개화半開化 사회에 대비되는 고차적 발전 단계의 서구 현대문명을 모범으로 삼았는데, 이때 그들이 활용했던 것이 바로 문명과 야만의 이원론적 대립 구도라는 헤겔적인 도식이었다. 특히 현대 일본의 지식인들은 헤겔의 역사철학을 응용하여, 동아시아 지역에서의 서양 문명에 해당되는 것으로서 일본을 설정하고 중국 및 조선을 그에 반대되는 야만과 후진적 사회의 대표로 타자화함으로써 현대 일본의 문명사적 자기인식을 구성할 수 있게 된다. 고야스 노부쿠니(子安宣邦)에 의하면, "현대 일본에 결정적인 영향을 끼친 유럽의 오리엔트상은 바로 헤겔의 역사철학이 구성한 오리엔트 상이다."[22]

3. 후쿠자와 유키치와 일본발 유교망국론

후쿠자와 유키치(福澤諭吉, 1835~1901)의 『문명론의 개략』(1875)은 현대 일본 문명론의 시작을 알리는 저서이다. 이 책에서 그는 인류의 역사가 '야만→미개→문명'의 단계로 발전한다는 문명사관을 제시하면서, 유럽 여러 나라와 미국을 최상의 문명국으로, 중국 및 일본을 반개화 혹은 미개의 단계에 있는 나라로, 아프리카를 야만 지역으로 분류하고 있다. 일본과 중국을 동일한 단계로 설정하고 있는 것 같지만, 후쿠자와 유키치는 일본이

---

22) 고야스 노부쿠니, 『동아·대동아·동아시아 — 현대 일본의 오리엔탈리즘』(이승연 옮김, 역사비평사, 2006), 139쪽.

중국보다 서양 문물을 받아들이는 데 훨씬 더 용이한 문화적 요소를 지니고 있다고 강조한다.[23]

후쿠자와 유키치의 문명론 이후 일본의 문명론에서 가장 중요하게 취급되었는 과제는 어떻게 하면 일본을 구미 열강과 어깨를 나란히 하는, 중국을 대신하는 동아시아의 새로운 맹주로 설정할 수 있을지였다. 동양적 전제국가인 중국과 대비되는 서구 근대 문명을 문명의 모범으로 받아들이면서 일본의 문명화 과정을 '아시아를 벗어나 유럽으로 진입하는' 것 즉 탈아입구脫亞入歐로 설정하는 시도의 대표적인 사례가 후쿠자와 유키치의 문명론이었다는 것은 널리 알려져 있다.[24]

후쿠자와 유키치는 동아시아에서 처음으로 영어의 'civilisation'을 '문명文明'이라고 번역하면서 문명을 상대적인 것으로 이해한다. 물론 그는 문명이란 용어 외에 'civilisation'의 번역어로 '문명개화' 및 '개화'라는 용어도 함께 사용했다.[25] 그에 의하면 문명이란 "야만의 상태를 벗어나서 점차 진보하는 것"이다. 이 정의에서 알 수 있듯이, 문명은 늘 야만과의 관계 속에서 이해되고 있다.[26] 그는 일본이 걸어가야 할 서구적 근대화로서의 문명화 과정에서 유교문화가 최대의 걸림돌이 된다고 보아서 유교에 대한 '혹닉惑溺'을 매섭게 비판했다.[27]

후쿠자와 유키치에게 동양의 유교주의와 서구의 문명주의 사이의 대비는

23) 후쿠자와 유키치, 『문명론의 개략』(임종원 옮김, 제인앤씨, 2012), 제2장 참조.
24) 고야스 노부쿠니, 『동아·대동아·동아시아─ 현대 일본의 오리엔탈리즘』, 23쪽 및 138쪽. 후쿠자와 유키치의 문명론은 프랑수아 기조(Francois Guizot, 1787~1874)의 『유럽 문명의 역사: 로마 제국의 몰락부터 프랑스혁명까지』의 영향을 크게 받았다. 그러므로 후쿠자와 유키치의 문명론이 헤겔의 직접적인 영향을 받았는지는 별도의 글을 통해 살펴볼 필요가 있을 것이다. 여기에서는 후쿠자와 유키치의 문명론이 보여 주는 유교 전통의 영향 속에 있는 중국과 같은 아시아 국가에 대한 부정적인 시각이 헤겔의 역사철학에 나타나는 아시아 인식과 궤를 같이하고 있다는 점에 주목한다.
25) 노대환, 『문명: 한국개념사총서』 6(소화, 2010), 59~60쪽.
26) 후쿠자와 유키치, 『문명론의 개략』, 72쪽.
27) '惑溺'이란 사전적으로는 '무엇에 홀딱 반하여 정신이 아주 쏠려 있음'을 의미하는데, 후쿠자와 유키치가 자신의 문명론을 통해 극복하고자 하는 "상대 담론을 향해 던지는 비난의 언사"이다. 고야스 노부쿠니, 『후쿠자와 유키치의 문명론의 개략을 정밀하게 읽는다』(김석근 옮김, 역사비평사, 2007), 150쪽.

결정적 의미를 지닌다. 그는 유교 전통에 의해 강하게 규정되어 있는 중국 문명을 부정적으로 평가하면서 이에 대비되는 일본의 긍정적 모습을 강조한다. 물론 유교적 전통에 대한 비판이 단순히 중국만을 겨냥한 것은 아니다. 유교적 전통주의가 일본 사람을 노예적 정신으로 만든다고 믿고 있었던 그로서는 유교와의 대결이야말로 일본을 자주적이고 독립적인 정신을 바탕으로 한 서구적 근대화, 즉 문명개화의 길로 만들 방법이라고 생각할 수밖에 없었다. 그러므로 마루야마 마사오가 후쿠자와 유키치는 "자유의 적으로서의 유교에 대해 거의 증오에 가까운 감정"을 보여 주었다고 평가한 것도 충분한 근거가 있다.[28]

그런데 후쿠자와 유키치의 유교 비판의 핵심은 공맹의 기본적인 가르침인 덕치, 달리 말하자면 정치와 도덕의 일치를 이상적으로 바라보는 학설이 지니는 문제점에 대한 비판이라고 요약할 수 있다.[29] 중국을 중심으로 하는 아시아 문명의 정신은 유교에 의해 규정되고 있는데 그로 인해 이 지역의 사람들에게는 자유로운 기풍이나 독립 정신이 희박하게 되었다는 것이 후쿠자와 유키치의 판단이었다. 그는 중국 문명을 지극히 강함과 지극히 존귀함이 일체를 이루는 "완벽한 독재 정부 혹은 신정神政정치"가 지배하는 것으로 보면서, 이를 통해 "공맹의 가르침"만이 유일한 원리로 수용되었다고 본다. 그런데 자유로운 기풍이란 다원성이 존재하는 곳에서만 제대로 발전할 수 있다고 그는 생각한다. 그가 보기에 공맹의 핵심적 가르침은 수기치인 혹은 덕치의 원리, 즉 덕스러운 사람이 정치를 담당하는 성인聖人에 의한 정치를 이상적 사회의 구성 원리였다. 그래서 그는 유교적인 정치 원리에 의해 지배되는 중국에는 근본적으로 자유의 기풍이 활발하게 성장될 여지가 존재하지 않는다고 평가한다.[30]

---

28) 마루야마 마사오 역시 후쿠자와 유키치와 입장을 공유한다. 마루야마 마사오, 『문명론의 개략를 읽는다』(김석근 옮김, 문학동네, 2007), 150쪽.
29) 미야지마 히로시(宮嶋博史), 『일본의 역사관을 비판한다』(창비, 2013), 326쪽. 마루야마 마사오 역시 동일한 입장이다. 『문명론의 개략을 읽는다』, 143쪽 참조 바람.
30) 후쿠자와 유키치, 『문명론의 개략』, 45쪽.

중국의 유교적 신정정치의 부정적 기능은 결코 정치체제에만 한정되어 있지 않다는 것이 후쿠자와 유키치의 생각이었다. 그가 볼 때, 중국의 신정정치로 인해 중국 백성들도 어리석음에 빠지지 않을 수 없었다. "독재적 신정정부에서, 일식日蝕 때에 천자가 자리를 옮겨서 천문을 보고 길흉을 점치는 등의 행위를 하면 인민 또한 자연히 그러한 풍조를 따르면서 더더욱 군주를 신격화함으로써 더더욱 어리석음에 빠지는 일이 있다. 현재 중국과 같은 경우에는 바로 이러한 풍조를 이루었다고 할지언정, 우리 일본에서는 예컨대 그러하지 않다."[31]

　　후쿠자와 유키치가 보기에 중국과 같은 "아시아 제국의 인민"은 "전제 정부 때문에 속박당하고 활달한 기상을 다 잃은 채 극도로 도리를 분별하지 못하고 비굴에 빠져 버린 자들"에 불과하다.[32] 그리고 그는 유교 문명에 의해 주도되어 온 중국 사회를 자유의 기풍이 활발하게 발전하기 힘든 사회로 설정하면서, 상대적으로 일본은 자유로운 기풍을 형성할 내적 동력을 지니고 있기에 서구적인 문명개화의 길로 더 잘 나아갈 수 있다고 보았다. 이처럼 후쿠자와 유키치의 문명화 담론은 사람들을 노예적 굴종의 심성을 내면화하도록 하는 유교의 혹닉으로부터 벗어나서 서구 현대문명을 받아들여 일본의 독립과 문명개화를 달성하는 것을 기본 골격으로 삼는다.[33] 이러한 그의 문명론은 현대 일본에 지속적인 영향을 미치게 될 문명화 담론의 전형을 구성한 것으로 이해된다.

　　후쿠자와 유키치의 예에서 보듯이, 조선과 중국에 비해 빠르게 서구 현대의 문물을 받아들인 일본은 조선을 비롯한 아시아를 침략하고자 하면서 서구중심주의를 활용하여 일본 나름의 오리엔탈리즘을 고안해 내었다. 그래서 고야스 노부쿠니는 다음과 같이 말한다. "헤겔의 역사철학이 구성한 전제專制와 정체停滯의 왕국으로서의 동양상은 일본으로 하여금 중국 중심의

---

31) 같은 책, 46쪽.
32) 같은 책, 75쪽.
33) 후쿠자와 유키치의 유교 인식의 문제점에 대해서는 미야지마 히로시, 『일본의 역사관을 비판한다』, 제11장 참조 바람.

문명론적 동아시아 정치 지도를 교체하게 했다. 일본은 '동양적 전제', '동양적 정체'라는 이름을 중국에 뒤집어씌우면서 중국을 문명의 중심적 위치에서 끌어내리고자 한 것이다. 유럽 문명의 적장자임을 자인한 일본이야말로 동아시아의 새로운 문명론적 지도의 중심에 서지 않으면 안 되었던 것이다."[34]

서구중심주의적 역사 인식의 일본적인 전유 과정에서 우리가 놓치지 말아야 할 것은 현대 일본의 제국주의적 침략의 역사에 대해 매우 비판적인 태도를 취하는 지식인들조차도 그런 인식을 공유하고 있었다는 점이다. 이를테면 마루야마 마사오(丸山眞男)와 같은 일본의 대표적 지식인이 보여 주는 동양관은, 서구적 현대성의 맹아를 자체적인 역사 속에서 찾을 수 있다고 하여 자국 일본만을 예외로 두면서 헤겔의 그것을 그대로 반복하고 있다. 마루야마 마사오의 회고에 의하면, 그는 일본 동경제국대학에 입학한 후 독일 관념론을 처음으로 접하게 되었다. 그는 이것을 헤겔의 『역사 속의 이성』(Vernunft in der Geschichte)을 텍스트로 한 난바라 시게루(1889~1974) 교수의 세미나에서 처음 접했다고 한다. 난바라 시게루는 헤겔 철학에 매우 비판적이었던 신칸트학파 계열의 학자였음에도 마루야마 마사오는 "헤겔은 나를 압도적으로 매혹시켰다"라고 회고하고 있다.[35]

마루야마 마사오가 중국에서의 역사는 유교와 밀접하게 연결되어 진행된 진보 없는 역사였다고 보는 헤겔의 동양관을 그대로 수용하고 있는 것은 결코 우연이 아니다. 그는 『현대정치의 사상과 행동』의 「영어판 서문」(1962)에서 헤겔의 역사관에 대한 자신의 충정을 보여 주고 있다.

나는 자신이 19세기 계몽 정신의 추종자이며, 인간의 진보라는 '진부한' 관념을 여전히 고수하는 사람이라는 것을 기꺼이 자인한다. 내가 헤겔 체계의 진수(眞髓)로 본 것은, 국가를 최고 도덕의 구현으로 찬미한 점이

---

34) 고야스 노부쿠니, 『동아·대동아·동아시아 — 현대 일본의 오리엔탈리즘』, 140쪽.
35) 마루야마 마사오, 『현대정치의 사상과 행동』(김석근 옮김, 2007), 667쪽.

아니라 '역사는 자유 의식을 향한 진보'라는 그의 생각이었다. 설령 헤겔 자신이 아무리 '계몽철학'에 비판적이었다 할지라도…….36)

헤겔 철학의 핵심을 자유 의식의 보편성에 대한 자각의 역사에서 구한 마루야마 마사오가 중국에 대한 "헤겔의 해석에는 역시 문제의 본질을 꿰뚫어 보는 예리함이 있다"라고 경탄한 것도 우연이 아니다.37)

일본 현대성의 정치사상사적 기원에 대한 마루야마 마사오의 탐구조차도 일본의 현대성이 동양에서는 예외적임을, 그리고 중국은 철저하게 헤겔이 묘사했던 정체되고 아무런 발전과 진보도 없는 역사임을 극명하게 대비시키고 있다. 더구나 마루야마 마사오 역시 중국 역사가 아무런 질적 발전을 보이지 않고 늘 동일한 단계에 머무르는 원인, 즉 중국 역사 정체(停滯)의 궁극적 원인을 유교 사상(특히 주자학)에서 구한다. "그렇다면 이처럼 유교 사상의 자기분해 과정을 통한 (일본에서의 - 필자) 근대 의식 성장을 사유 양식의 변용이라는 관점에서 살펴본 데에는 과연 어떤 근거가 있는 것일까.…… 결국 일본에 있어서의 근대적인 것이 갖는 양면적인 성격, 즉 그 '후진성'과 그 '非정체성'이 위에서 본 것과 같은 방법론을 규정했던 것이다."38) 마루야마 마사오는 일본 현대성의 독특성을 '후진적이지만 정체되지 않고 발전하는 모습을 보여 주는 문명'으로 정의한다. 즉 일본의 현대성은 유럽의 현대에 비추어 볼 때는 후진적이지만, 헤겔이 정의한 동양의 정체되고 발전 없는 역사가 아닌 일본 나름의 발전성을 담보하고 있는 비非정체성의 역사라는 것이다.39)

그런데 마루야마 마사오의 일본 정치사상사 연구를 이끄는 주도적인 문제의식은 이미 언급했듯이 '유교 사상 혹은 주자학적 세계관의 자기분해' 과정을 사상사에서 보여 준 일본만이 중국이나 조선과 비교해 서구적 근대화

---

36) 같은 책, 669쪽.
37) 마루야마 마사오, 『일본정치사상연구』(김석근 옮김, 통나무, 1995), 108쪽.
38) 같은 책, 307~309쪽.
39) 같은 책, 105쪽 이하 참조. 강조는 마루야마 마사오의 것임.

의 길, 즉 서구적 문명화로 나갈 더 높은 수준의 잠재성과 진보성을 갖추고 있음을 증명하는 것이었다. 여기에서 그는 다시금 후쿠자와 유키치의 문명사관을 헤겔의 역사철학으로 변용해 정당화하고 있다. 달리 말하자면 그는 후쿠자와 유키치의 문명사관을 일본 정치사상사를 통해 이론적으로 승인하고자 했다.

물론 거기에는 늘, 유교적이고 주자학적인 사유 방식은 봉건적 사유 방식이며 에도시대 일본은 그런 봉건적 사유 방식을 내적으로 해체하고 있었기 때문에 동아시아에서 유일하게 서구적 근대화의 길에 성공할 수 있었다는 자부심과 우월감이 전제되어 있다. 유교 혹은 주자학적 사유 방식은 "봉건 사회의 가장 강력한 의식 형태"라고 전제한 마루야마 마사오는 그런 주자학적 사유 방식의 해체와 변질을 보여 주는 에도시대 일본의 역사를 통해 정체된 중국에 비해 한층 더 우월한 일본의 상대적 진보성과 발전성을 증명할 수 있으리라 생각했다.

요즈음 '유교적 사유 방식은 봉건적 사유체계'라는 전제가 자명하다고 보는 견해는 많은 비판을 받고 있다. 일본에서도 상황은 마찬가지이다. 흔히 세습적 신분제 사회였던 도쿠가와 시대에 주자학이 번성했으니까 당연히 주자학은 세습적 신분제 사회의 이데올로기일 것이라고 추정하곤 하는데, 이는 당대 중국 및 조선 사회에 대한 인식 부족의 결과이다. 이를테면 "중국의 전통사회는 어느 시대이든 같은 양상이고 지위 변동이라고는 없었던 정체된 사회였다고 하는 선입견은 잘못되었다. 명·청대에 이르러서는 '신사 紳士'의 자식이 아닌 사람이 과거에 급제해서 '신사'가 되어 상승할 수 있는 비율이 오늘날의 미국에서보다도 오히려 컸다고 한다."[40] 이런 중국에 비해 오히려 일본은 후쿠자와 유키치가 말하듯이 "각자의 소질이나 능력"과 무관하게 "상급 사족 집안에서 태어난 자는 부모도 상급 사족이고 자식도 상급 사족이었으며, 100년이 지나도 그 신분에는 변함이 없는" 사회였다.[41]

---

40) 조동일, 『동아시아 문명론』(지식산업사, 2010), 285~286쪽.
41) 후쿠자와 유키치, 『후쿠자와 유키치 자서전』(허호 옮김, 이산, 2006), 204쪽.

그런데도 후쿠자와 유키치나 마루야마 마사오는 유교주의를 세습적 신분제 사회의 통치 이데올로기라 하여 매우 부정적으로 보았다. 특히 후쿠자와 유키치는 "소위 부유腐儒의 부설腐設을 일소해 버리겠다고 젊은 시절부터 결심하고 있었다"라고 하면서, 한학을 공부했으면서도 한학을 공격하는 "사자 몸속의 벌레"로 자신을 비유한다. 그는 자신이 그토록 유교주의를 공격하는 까닭에 대해, 그것이 "서양 문명이 일본에 들어올 수 없도록" 하는 장애물이기 때문이라고 역설한다.[42] 그러나 이런 문명론 즉 '서구화=문명' 대 '유교주의=전근대적 야만'이라는 이원론적 도식은, 바로 뒤에서 보게 되겠지만, 일본이 쉽게 아시아를 모욕하고 멸시하며 침략할 수 있도록 만들어 준 사유 구조였다. 따라서 서구 근대를 문명의 표준으로 삼아 문명과 야만을 구별 짓는 후쿠자와 유키치의 문명론에 대해 그것의 내재적 한계를 성찰하기보다는 오히려 그로부터 근대 일본의 최대 계몽주의자의 상이나 민주주의 사상의 선구자를 발견하려는 마루야마 마사오의 시도는 처음부터 큰 문제를 안고 있었다.

더 나아가 에도시대 정치사상사 연구에 한정해서 보더라도, 도쿠가와 시대 일본에서 주자학이 초기에 이미 보편화되어 있었고 권력과 유착된 지배적 사유 방식이었다는 마루야마 마사오의 전제 자체는 이미 학문적으로 파산 선고를 받았다. 예를 들어 마루야마 마사오는, 일본은 에도시대에 있었던 주자학적 사유 방식의 해체를 통해 서구적 근대화의 길에 더 앞설 수 있었으리라는 자신의 기본 가정을 입증하기 위해서 에도시대 초기에 이미 주자학이 널리 보편화되어 있었으리라는 추정을 자명한 것으로 전제하고 있다. 그러나 이런 전제는 후속 연구를 통해 여지없이 논파되었다. 그의 제자인 와타나베 히로시(渡邊浩)가 입증했듯이, 17세기 말엽 즉 에도시대 초기까지는 주자학이 사회적으로 보편화되어 있지 않았다. 그는 『주자학과 근세 일본 사회』에서 다음과 같이 말한다.

---

42) 같은 책, 240~241쪽.

우선 적어도 도쿠가와 시대 초기, 즉 대략 17세기 말엽까지는 주자학이 본래의 특징인 전인적인 수양과 교양의 체계로서도, 그 한 측면인 윤리와 정치에 관련되는 교의나 교설로서도, 또한 자연·사회·인간을 포괄하는 시각이나 사고방식으로서도 당시 일본 사회를 널리 뒤덮고 있었다거나 혹은 그 속에 깊이 침투하여 수용·보급되어 있었다고 볼 수 없다. 이것은 사무라이 신분에만 국한해도 마찬가지이다.[43]

와타나베 히로시가 이 책의 「한국어판 서문」에서 공언하듯이, 이제 "적어도 현재의 일본 학계에서는 기본적으로 이 책(『주자학과 근세 일본 사회』 - 필자)에서 밝힌 도쿠가와 시대 일본의 유교 모습에 대한 이해가 일반화되어 있다."[44] 이런 와타나베 히로시의 주장과는 별도로 마루야마 마사오 스스로도 1974년 『일본정치사상사연구』의 「영어판 서문」에서, 에도시대 초기에 주자학적 사유 방식이 사회에 보편적으로 널리 유포되었고 그런 보편성이 17세기 후반부터 18세기 초엽부터 점진적으로 붕괴되어 간다고 했던 식의 서술은 "너무나도 역사적 진화라는 생각에 사로잡혀 있었을 뿐만 아니라 구체적인 사실에 정확하게 대응되고 있다고도 할 수 없을 것이다"라고 고백한 바 있다.[45]

이제 후쿠자와 유키치와 마루야마 마사오가 반복해서 강조하는 '유교적 사유 방식=봉건적 사유 체계'라는 도식이 지니는 문제점을 좀 살펴보기로 하자. 후쿠자와 유키치의 유교 비판은 사실상 일본발 유교망국론이라 할 수 있는데, 그의 유교 비판은 오늘날의 한국 사회에도 엄청난 영향을 주고 있다. 다만, '유교적 사유 방식 = 봉건적 사유 체계'라는 도식과 관련해서 원칙적으로 과연 유교 사상이나 주자학이 과연 봉건적 세습신분 체제의 이데올로기였는지는 매우 의문스럽다.

그런데 마루야마 마사오의 유교주의에 대한 비판적 의식은 후쿠자와

---

43) 와타나베 히로시, 『주자학과 근세일본사회』(박홍규 옮김, 예문서원, 2007), 24쪽.
44) 같은 책, 6쪽.
45) 마루야마 마사오, 『일본정치사상연구』, 71쪽.

유키치를 전형적인 민권옹호자이자 민주주의 사상의 선구자로 재구성함으로써 패전 이후 일본을 민주주의 국가로 재건하려는 문제의식의 실현을 곤란하게 만든다. 여기서 현실정치에 대한 후쿠자와 유키치의 노골적인 발언 하나를 인용해 보자. 그는 1878년 『통속국권론通俗國權論』에서 "백 권의 만국공법은 몇 문의 대포보다 못하고, 몇 권의 화친조약은 한 상자의 탄약보다 못하다. 대포와 탄약이야말로 있는 도리를 주장하는 대비가 아니라 없는 도리를 만들어 내는 기계이다"라고 일갈했다.[46] 이 주장에 대한 마루야마 마사오의 해석은 다음과 같다.

> 자유민권론자로 하여금 이 같은 인식을 갖게 한 것은 뭐니 뭐니 해도 약육강식 그대로의, 당시 최고조에 달했던 제국주의적인 세계 쟁탈이었습니다. 이것을 비유하면, 사춘기의 아이가 매우 나쁜 환경에서 성장했기 때문에 성적인 면에서 다른 아이들보다 불균형적으로 아주 **되바라진**(강조-마루야마 마사오) 아이가 되었다고 생각할 수도 있습니다. 이것은 조금 이상한 비유입니다만, 아무튼 일본이 근대적인 국민국가로 자각했을 때 세계의 현상은 이미 제국주의 단계에 들어서 있었다는 것, 이것이 국제관계에서는 약육강식밖에 없다는 생각을 매우 강하게 만들었다는 점만은 부인할 수 없을 것입니다.[47]

후쿠자와 유키치를 일본 근대 문명의 위대한 선각자이자 민주주의의 옹호자, 즉 자유 민권을 옹호한 사람으로 그려 내려는 마루야마 마사오는 후쿠자와 유키치가 유감없이 보여 주었던 무자비한 권력정치 옹호자로서의 면모를 불리한 국제정치로 인한 불가피한 변질 정도로 이해한다. 이처럼 마루야마 마사오는 민권론자에서 제국주의자로 전향해 간 후쿠자와 유키치를 이해할 때 그 사상의 내적 한계와 관련해서는 분석하지 않는다. 제국주의자이자 맹목적인 국권론자로 변모해 간 후쿠자와 유키치의 전향 문제에

---

46) 야스카와 주노스케, 『마루야마 마사오가 만들어 낸 '후쿠자와 유키치'라는 신화』(이향철 옮김, 역사비평사, 2015), 494~495쪽에서 재인용함.

47) 마루야마 마사오, 『전후와 전중 사이: 1936~1957』(김석근 옮김, 후마니스트, 2011), 267쪽.

대한 해답을 구하면서 그저 당대 일본이 처해 있었던 국제질서의 위기라는 상황적 요인을 해부하는 데 그칠 뿐이다.

후쿠자와 유키치가 제국주의자로 변모해 간 원인을 상황 탓으로 돌리는 마루야마 마사오는 심지어 그런 전향을 당시 상황에 대한 과도한 낙관이 초래한 "심리적 착각"의 결과 정도로 치부한다. 그의 말을 인용해 보자.

> 다시 말해서 후쿠자와에게는 일본이 국제적인 독립을 확보한다는 것, 어떻게 해야 식민지화의 운명에서 벗어날 수 있는지 하는 것이 절실한 의식이었습니다. 그는 밤낮으로 이것만 생각하고 있었는데, 청일전쟁의 승리로 그때까지 자신을 무겁고 힘겹게 누르고 있던 위기의식에서 해방되었던 것입니다. 그렇게 해방된 마음을 놓는 듯한 기분, 어쨌든 일본의 독립을 확보할 수 있었다는 안도감이 일본의 근대화는 일단 달성되었다는 하나의 심리적 착각에 후쿠자와를 빠트렸던 것은 아닐까 합니다. 그러면서도 후쿠자와뿐만 아니라 청일전쟁을 계기로 많은 민권론자들이 민권론과 반드시 필연적인 관련을 갖지 않는 국권론의 주창자가 됩니다. 다시 말해서 제국주의자로 전향해 가는 것입니다.[48]

후쿠자와 유키치가 노골적으로 내세운 제국주의적 주장을 불리한 국제 환경 탓으로 돌리려는 마루야마 마사오의 해석은 "후쿠자와의 주체적 책임을 면책시키는 것으로, 그 자체 명백하게 사상사 연구로부터의 일탈"이라는 비판을 초래하지 않을 수 없다.[49] 그런데도 마루야마 마사오는 후쿠자와 유키치가 왜 제국주의자로 전향하게 되었는지에 대한 "사상 내적인 물음"을 배제하고 있는 것이다.[50]

하여간 마루야마 마사오는 후쿠자와 유키치를 근대 일본의 대표적이고 선구적인 민주주의 사상가이자 계몽주의자로 자리매김하면서, 강경한 국권

---

48) 같은 책, 252쪽.
49) 야스카와 주노스케, 『마루야마 마사오가 만들어 낸 '후쿠자와 유키치'라는 신화』, 418쪽.
50) 나카노 도시오, 『오쓰카 히사오와 마루야마 마사오: 일본의 총력전 체제와 전후 민주주의 사상』(서민교·정애영 옮김, 삼인, 2005), 204~205쪽.

론자로 변질된 후쿠자와 유키치를 구출하기 위해 몸부림친다. 앞서 보았듯이 그는 후쿠자와 유키치의 사상을 내재적으로 고찰하지 않은 채 그의 사상적 전향을 외부의 탓으로 귀결시켜 이해했다. 이제 그는 1880년대 이후 군국주의적 국가 이성을 옹호했던 후쿠자와 유키치와 1930년대 군국주의 일본을 강렬하게 대비시킴으로써 후쿠자와 유키치의 구원을 시도한다.

마루야마 마사오에 의하면, 국권론자로 변질된 후쿠자와 유키치에게서조차 1930~40년대 일본에서 유행한 것과 같은 도덕적으로 군국주의를 미화하는 듯한 분위기는 찾아보기 힘들다. 달리 말하자면, 1880년대의 후쿠자와 유키치는 국제적인 권력정치에 매몰되어 권력정치를 적극적으로 수용했음에도 불구하고 여전히 국가권력의 행사에서 나름의 "한계 의식"을 보여 주고 있었지만, 이와 달리 1930~40년대 군국주의 일본의 정신적 분위기에서는 "권력 행사가 그대로 도덕이나 윤리의 실현인 것처럼" 미화되어 결국 국가권력의 한계에 대한 의식 자체가 사라져 버리고 말았다는 것이다.[51] 그러나 일본제국주의의 침략을 선동하고 고무한 시기의 후쿠자와 유키치라 할지라도 국제정치에 대한 냉철한 인식으로 인해 그는 여전히 국가권력 행사에서 일정한 한계를 그을 가능성을 지니고 있었다는 마루야마 마사오의 해석은 두 가지 점에서 논리적 긴장을 보여 준다.

첫째, 후쿠자와 유키치는 조선과 청나라를 향한 일본의 침략적이고 야만적인 국가권력 행사에 관련하여 그 어떤 한계 의식도 보여 주지 않았다는 점이다. 이를 보여 주는 단적인 사례가 갑오농민전쟁이 일어났을 때 일본 정부에 조선 출병을 재촉하면서 한 말이다. 그는 다음과 같이 말한다. "우리의 출병은 인민 보호를 위한 것으로…… 내란이 점차 진정되면 즉시 철수하는 것이 지당…… 하지만 이 사람은 그냥 이대로 군대를 철수하는 것을 바라지 않는다.……

---

51) 마루야마 마사오, 『충성과 반역: 전환기 일본의 정신사적 위상』(박충석·김석근 옮김, 나남출판, 1998), 238쪽 및 244~245쪽.

문명개화의 일을 함께 추진하여…… 우리 병사를 철수해서는 안 된다.'[52] 여기에서 후쿠자와 유키치는 조선에 대한 일본의 영구 주둔까지도 염두에 두고 있는데, 이런 발언에서 어떻게 국가권력 행사에서의 한계 인식이 작동하고 있다는 결론을 도출해 낼 수 있을까?

둘째, 마루야마 마사오 논법의 무리함은 조선 및 청나라에 대해 후쿠자와 유키치가 지녔던 무도한 태도의 정신적 뿌리와 긴밀하게 연결되어 있다. 후쿠자와 유키치가 조선에 대해 늘 초강경 외교정책을 권고하고 나선 것은 일본의 국익을 위해서였다. 그런데 그런 국익을 그는 제국주의 열강이 판을 치는 당대 국제정세의 냉엄한 현실에 대한 분석을 바탕으로만 계산한 것이 아니었다. 그는 조선과 아시아의 문명개화로 이끌 맹주로서의 일본이 지니는 역사적 사명을 잊지 않았다. 이처럼 후쿠자와 유키치는 늘 일본제국주의의 강권 정치를 문명개화라는 명분을 통해 정당화하고 있었고, 그런 정당화로 인해 비록 현실 정치적 이해타산에 따라서일지언정 어느 정도 국가권력을 합리적으로 제어해야 한다는 문제의식은 뒷전으로 밀려나고 말았다. 이 때문에, 그에게서도 대동아공영권 같은 미사여구를 동원하여 쇼와 시기 군국주의 일본의 침략 전쟁을 정당화하는 모습이 분명하게 나타난다. 이런 점에서도 후쿠자와 유키치와 1930~40년대 일본의 군국주의 사이에는 부인할 수 없는 연속성이 존재한다.

더 나아가, 후쿠자와 유키치의 파렴치에 가까운 국제정치관을 옹호하면서 흥미롭게도 마루야마 마사오 본인이 유교주의에 매몰된 조선과 중국의 상황을 언급하고 있다는 점이다. 마루야마 마사오는 조선과 청나라에 대한 침략과 수탈을 강하게 옹호하는 후쿠자와 유키치의 태도를 그의 골수에 사무친 이른바 반유교주의의 심정과 연관시키면서 넌지시 수긍하는 모습을 보인다. 마루야마 마사오는 후쿠자와 유키치의 아시아 멸시관과 침략 사상을 유교적인 전근대 사유 방식에 근거한 억압적 정치사회 체제에서 허덕이고

---

52) 야스카와 주노스케, 『후쿠자와 유키치의 아시아 침략 사상을 묻는다』, 390쪽 자료 216번에서 재인용함.

있는 중국과 조선을 위한 것인 양 해석한다. 그러면서 그는 일본제국주의의 아시아 침략과 식민 지배의 역사를 비판적으로 성찰하는 작업은 끝내 외면하고 있다. 그에 대한 부분을 인용하면 다음과 같다.

현실의 국제정치에 대한 그(후쿠자와 유키치 - 필자)의 발상은 유럽 제국주의에 대항하는 동양의 공동 방위에 있었지만, 골수까지 유교주의에 젖어 있던 조선과 청국의 상황을 초조해했고 절망감을 느꼈다. 그리하여 그는 반사적으로 일본은 동양의 근대화를 추진시키는 사명을 갖는다고 확신하게 되었다. 이로 인해 그의 대외적 팽창주의는 현실에서는 일본제국이 대륙으로 진출하려는 충동과 보조를 맞추게 되었다.
청일전쟁에 대해 시종일관 최강경한 주전론을 주창했으며 군비약집운동에 나가 발기인이 되었던 유키치는 또한 당연히 그 승리를 최대의 환희와 만족 속에서 맞이했다.[53]

일본의 패전 이전인 1942년에 작성된 글 「후쿠자와 유키치의 유교 비판」에서 마루야마 마사오는 청일전쟁 때 조선과 중국에 대해 극단적으로 강경한 정책을 권고했던 후쿠자와 유키치의 선택을 좀 더 노골적으로 "반유교주의"라는 명분에서 인식하고 있다. 그는 서구적인 문명개화를 "역사적 필연"으로 신봉했던 후쿠자와 유키치에게 중국과 조선은 이러한 "문명개화의 세계적 침윤에 저항하는 보수 반동 세력의 최후의 아성"으로 인식되었다고 하면서, 후쿠자와 유키치가 유교 종주국 중국에 대해 보여 준 "적대 의식"을 "지극히 자연스러운" 것으로 이해한다.[54] 중국에 대한 극단적인 적대의식 이외에, 청일전쟁 때 후쿠자와 유키치가 주장했던 "최강경한 주전론"은 조선의 멸망이 조선 사람을 위한 최대의 축복이라는 단언으로까지 이어졌음도 언급될 필요가 있다.[55]

---

53) 마루야마 마사오, 『전후와 전중 사이: 1936~1957』, 576쪽.
54) 같은 책, 128쪽 및 130쪽.
55) 야스카와 주노스케, 『후쿠자와 유키치의 아시아 침략 사상을 묻는다』, 381쪽 자료 156번 참조 바람.

그러나 마루야마 마사오는 이런 부분에 눈길조차 주지 않는다. 더 나아가 마루야마 마사오는, 동양을 문명화하는 것이 일본의 사명이라는 명분을 내걸고서 이른바 미개한 나라를 잡아먹는 행위를 정당화하려는 후쿠자와 유키치의 태도에 위화감이나 반감을 표하기는커녕 오히려 그런 태도를 이해하는 듯한 모습만을 보여 준다. 이웃 나라를 침략하는 행위가 어떻게 침략당한 나라의 '후진적 유교문화' 탓으로 돌려질 수 있는지 이해하기 힘든 것은 필자만이 아닐 터이다.

하여간 패전 이후 뼈아픈 패전의 체험을 성찰하면서 일본을 민주주의 사회로 만드는 데 크게 이바지했다는 마루야마 마사오에게 '유교주의=봉건 적 사유 방식'이라는 도식은 역설적이게도 2차 세계대전 이후 메이지시기에서부터 패전에 이르기까지의 일본 역사에 대한 성찰을 바탕으로 민주주의 일본을 형성하려 했던 그의 노력에 중대한 차질을 초래한다. 그 역시 후쿠자와 유키치가 펼쳐 놓은 일본적인 유교망국론의 주술에 꼼짝없이 사로잡혀 있다. '유교주의=봉건적 사유 방식'이라는 도식에 대한 그의 맹목적이고 주술에 가까운 믿음은 사실상 일본제국주의의 아시아 침략 전쟁과 식민 지배를 진지한 검토의 대상으로 삼지 못하게 만든 사유의 족쇄였기 때문이다. 이런 마루야마 마사오의 한계는 그가 그토록 신뢰했던 유럽중심주의와 깊게 결부된 헤겔의 역사철학적 유럽중심주의 담론에 대한 맹목적 태도로 인한 것이라고 보아야 할 것이다.

결국 서구 근대의 유럽중심주의가 지닌 폭력성에 대한 성찰의 부족을 보여 주는 마루야마 마사오의 사상은 오늘날 일본 사회에서 진행되고 있는 우경화 및 보수화가 우연이 아님을 깨닫게 한다. 전후 일본 사회가 제국주의 일본의 식민 지배 및 침략 전쟁에 대한 철저한 반성 없이 단지 민주주의적 근대화의 강화만으로 패전의 상처에서 벗어날 수 있으리라 생각했던 것이 얼마나 허구적이었는지를 새삼 알게 된다. 전후 일본 사회는 평화와 민주주의 의 길로 나갈 것임을 내세우면서도 자신의 식민지 지배 체제에 대한 책임을 일관되게 회피하고 과거사 청산을 도외시함으로써 자위대의 해외 파견이나 여타의 정책들을 통해 다시금 전쟁을 벌일 수 있는 국가로 변질해 가고 있다. 전후 일본의 대표적인 유럽중심주의적 지식인, 전후 계몽의 정신이라 일컬어지는 마루야마 마사오 사상의 한계는 이러한 오늘날의 우경화된 일본이 결코 진공 상태에서 초래된 것이 아님을 알게 해 준다. 여기에서 우리는 일본 사회에서도 탈식민적 사유가 여전히 중요한 사상의 과제로 남아 있음을 보게 된다.

4. 일본발 오리엔탈리즘의 한국적 수용

앞에서 살펴본 것처럼 서구중심주의적 문명 담론은 아시아에서 최초로 서구적 근대화에 성공한 일본에 아시아에 대한 나름의 오리엔탈리즘의 원형을 제공했다. 이제 일본은 근대 서양을 문명과 동일시하면서 조선 및 중국과 같은 일본 이외의 아시아 국가들을 야만국으로 간주하여, 이들 국가의 문명화야말로 제국 일본이 감당해야 할 역사적 사명이라는 의식을 내세웠다. 이처럼 문명 담론은 단순한 이론이 아니라 집단적 정체성 형성을 둘러싼 치열한 정치적 투쟁과 떼려야 뗄 수 없이 연결되어 있다. 에드워드 사이드가 주장하듯이 정체성 형성은 학문 활동과 결합하여 움직이는 정치적 갈등의 산물이다. 그는 다음과 같이 말한다.

영토를 지배하려는 투쟁은 인간 역사의 한 부분이고, 역사적 의미와 사회적 의미에 대한 투쟁도 그 역사의 한 부분이다. 비판적인 학자의 임무는 한 가지 투쟁을 또 다른 투쟁과 분리시키는 것이 아니라, 전자의 투쟁이 지닌 압도적인 현실성과 후자의 투쟁이 지닌 이론적인 정교성 사이의 현저한 차이에도 불구하고 그것들을 연관 짓는 것이다. 내가 이런 일을 하는 방식은, 모든 문화의 발전과 유지가 서로 경쟁 관계에 있고 '상이한 자아'(alter ego)의 존재를 요구함을 보여 주는 것이다. 정체성을 구축한다는 것—동양이든 서양이든, 프랑스든 영국이든, 분명히 구별되는 경험의 집합적 보고인 이들 세계는 결국 하나의 구조이다—은 그 실재성이 언제나 '우리'와는 다른 '그들'의 차이점을 연속적으로 해석하고 재해석하여 반대항과 더불어 '타자'를 구축하는 것을 뜻한다. 각각의 시대와 사회는 '타자들'을 재창조한다. 그렇다면, 자아와 '타자'의 정체성은 정체된 것이기는커녕, 모든 사회의 개인들과 제도를 포괄하는 하나의 투쟁으로 벌어지는 매우 공들인 역사적, 사회적, 학문적, 정치적 과정인 것이다.[56]

주지하듯이 일본발 오리엔탈리즘은 위기에 처한 19세기 후반 조선 사회의 지식인들에게 커다란 영향을 주었다. 서구중심주의적 문명화 담론을 내면화한 결과 자신이 속한 조선 문명을 타자화하는 태도는 조선의 대표적 개화파 인물인 좌옹佐翁 윤치호尹致昊(1865~1945)에게서 잘 드러난다.[57]

윤치호는 1884년 1월 1일에 어윤중과 대화를 나누는 도중에 조선이 야만인지에 관해 논한 것을 기록하고 있다. 윤치호와 어윤중 사이의 대화는 오늘날에 이르기까지 지속되고 있는 '우리'에 관한 관점의 차이, '우리' 내부의 분열과 갈등을 오롯이 보여 준다는 점에서도 흥미롭다. 이 기록에 의하면, "우리나라는 야만을 면한 지가 오래되었다"라고 보는 어윤중에 대해 윤치호는 "지금 우리나라는 법을 만들어 백성을 얽어매어 살육"[58]하는 지경에 이르렀기에 야만에 지나지 않는다고 단정한다. 1894년 11월 1일 일기에는 조선이 "민족으로서 어떤 미래도 지니지 않고 있다"라는 내용이 적혀 있다. 게다가 윤치호는 조선인들이 인종적으로 긍정적 요소를 지니지 않은 열등한 민족이자 야만인에 지나지 않는다고 보았다. 이를테면 조선인들은 "미개인이면서도 심지어 미개인의 더 좋은 성질"인 "대담무쌍함과 호전성"(fearless-

---

56) 에드워드 사이드, 『오리엔탈리즘』, 569쪽.
57) 오해의 소지를 없애기 위해 이 자리에서 윤치호 사상의 전모를 연구하려는 것이 필자의 목적이 아니라는 점을 언급해 두고 싶다. 여기에서 필자는 유교적 전통과 조선의 근대화에 관한 그의 입장이 어떤 점에서 일본발 유교망국론의 반복을 보여 주는지, 그리고 그런 반복이 오늘날에 이르기까지 우리 사회에 어떤 식으로 계속해 영향을 주는지에 논의를 한정하고 있음을 밝힌다.
58) 윤치호, 『국역 윤치호 일기』 1(현대한국학연구소 번역총서, 송병기 옮김, 연세대학교 출판부, 2001), 76쪽.

316   제2부 유교 전통, 한국 민주주의, 대동민주주의

ness and war-like spirit)조차도 지니고 있지 않다고 비판했다. 그는 "조선인은 보존할 가치가 있는 그 어떤 단 하나의 기질적 요소도 지니지 않는다"라는 극단적 결론조차 내리기를 서슴지 않는다.

조선인의 열등성에 대한 윤치호의 비관적인 태도와 시각은 조선의 유교 전통에 대한 극도의 부정적인 평가를 전제로 한다. 그에게 조선 사회는 유교적 문치를 내세움으로써 인간의 자주적이고 독립적인 기상을 철저하게 억압한 야만 사회에 지나지 않았다. 그는 조선인을 열등하게 만들어 최악의 미개인으로 전락시킴으로써 조선의 쇠퇴를 초래한 주범으로 조선의 유교문화를 손꼽는다. "유교와 전제주의가 위와 아래에 있는 돌이고, 그런 두 돌 사이에서 인간을 야만인보다 더 고상하게 하는 모든 특징은 가루로 분쇄되었다."[59]

조선의 유교 전통에 대한 전면적 부정과 윤치호가 그토록 갈망했던 서구적인 문명개화의 길은 서로 접맥될 수 없는 것이었다. 그래서 일본의 독립을 문명에 이르는 첩경으로 강조했던 후쿠자와 유키치와 달리[60] 윤치호는 그의 문명론으로부터 배운 바가 적지 않았음에도 불구하고 조선 민족과 조선 사회의 역사와 전통에 대해 극도로 부정적이었을 뿐 조선의 독립에 관해서는 그다지 큰 관심을 두지 않았다. 뒤에서 보듯이 그는 조선이 일본의 식민지로 전락하는 것을 문명화에 이르는 길로 수긍하는 견해를 보일 뿐이다. 다. 그러나 후쿠자와 유키치는 이른바 식민지근대화론 같은 주장을 문명개화로 보지 않았다.

상상력이 얕은 사람은 근래에 세상의 형국이 옛날과 다른 것을 보고 이를 문명이라 이름을 붙이고, 우리의 문명은 서양과의 외교로 인한 결과물이므로 이 외교가 마침내 번성하게 되면 세상의 문명도 더불어 당연히 유럽중심주의가 될 것이라 하여 이를 반기는 자가 없는 것은 아니지만, 그 문명이라

---

59) 윤치호, 『윤치호 일기』 3(국사편찬위원회 편, 1974), 398~399쪽.
60) 후쿠자와 유키치, 『문명론의 개략』, 제10장 참조.

일컫는 것은 단지 외형적인 체제일 따름이라 물론 내가 원하는 바가 아니다. 설령 혹은 그 문명으로 하여금 조금 고상해지도록 하는 것도, 전 인민 사이에 일편의 독립심이 없다면 문명 역시 우리나라가 요하는 것을 다하지 못하고 이를 일본 문명이라고 명명할 수 없을 것이다.

지리학에 있어서는 토지와 산천을 가지고 나라라고 명명하지만 내가 논하는 바로서는 토지와 인민을 합쳐서 이를 나라라고 명칭을 부여하는 것이고, 그 나라의 독립이라 하고 그 나라의 문명이라고 하는 것은 그 인민이 서로 모여 스스로 그 나라를 보호하고 스스로 그 권리와 명예를 지니는 것을 가리켜서 이름을 내리는 것이다. 만약 그러하지 않고 나라의 독립과 문명은 단지 토지에 부치고 사람과는 관련이 없는 것이라고 한다면, 지금의 아메리카 의 문명은 '인디언'에게 당연히 축하해야 한다는 이치이다.

혹은 또 우리 일본에게도 정치·학술 등의 제 분야를 망라하여 이를 문명한 유럽인에게 주고 우리 일본인은 노예가 되어서 육체노동을 하게 된다 하더라 도, 일본 땅에 영향이 없고 그렇게 하더라도 지금 일본의 형국보다도 수백 단계 더 출중한 문명국이 되겠지만 너무나도 조리에 맞지 않는 것이라고 할 수 있다.[61]

후쿠자와 유키치에게 문명은 당대 상황에서 나라의 독립이었다. "나라의 독립은 이른바 문명이다"라고 하여 이렇게 주장하는 까닭은 "우선 사태의 첫걸음으로서 조국의 독립을 도모하고 그 밖에는 이를 두 번째의 걸음으로 남겨두어, 훗날 할 바가 있을 것"이라고 생각했기 때문이다. 그래서 그는 반복해서 일본이라는 나라의 독립을 강조했다. 그에게는 조국의 독립이 없는 문명화 사업이란 상상할 수 없는 것이었다. 그 당시 일본에는 조국의 독립이 없어도 문명화가 가능하다고 본 사람들도 많았던 모양이다. 그래서 그는 말한다. "그저 문명이라고만 할 때는 자국의 독립이나 문명과 관계없이 문명인 것이 있다. 심한 경우에는 자국의 독립과 문명을 해치면서도 역시 문명과 비슷한 것이 있다."[62]

---

61) 같은 책, 388~389쪽.
62) 같은 책, 400쪽. 번역은 마루야마 마사오, 『문명론의 개략을 읽는다』, 748쪽에 나오는

여기에서 보듯이 후쿠자와 유키치는 '넓은 의미'의 문명과 '국가 독립이라
는 과제의 달성'이라는 점에서 본 문명을 구별한다. 그리고 그는 후자를
당대 현실에서 가장 중요하게 해결해야 할 문명의 과제라고 보고, 독립이
없는 상황에서의 문명화의 가능성 자체를 치열하게 비판한다. 이를테면
일본이 영국이나 미국의 식민지로 전락해서 그들 나라에 의해 세계 최강의
경제적 부흥을 달성하게 된다고 하더라도, 그는 그런 것을 문명이라고
보지 않는다. 그리하여 그는 구체적 사례를 들면서 외형적인 사이비 문명과
참다운 문명으로서의 독립된 일본을 대비시킨다.

> 그 한 예를 들어 말하건대, 지금 우리 일본의 여러 항구에서 서양 각국의
> 함선을 정박시키고 육상에는 거대한 상관商館을 세워서 그 모습이 거의
> 서양 제국의 항구와 다르지 않다면 번창하다고 할 수 있을 것이다. 그런데
> 사리에 어두운 어리석은 사람은,…… 우리 무역이 날로 번창하고 우리
> 문명이 달마다 진보하는 것은 여러 항구의 모습을 언뜻 보아서도 알 수
> 있다고 하면서 흐뭇해하는 표정을 짓는 자들이 없지 않다. 어찌 큰 오해가
> 아니겠는가.…… 여러 항구가 번창하는 것은 문명의 산물임에는 틀림없다
> 하겠으나, 항구의 배는 서양 각국의 배이고 육지의 상관은 서양 사람의
> 주거이니 우리의 독립과 문명과는 전혀 상관이 없다.…… 혹은 서양 국가에
> 서 돈을 차용하여 그 돈으로 서양 각국에서 외래품을 매입하여, 그 물품을
> 국내에 배열하여 문명의 장관을 이루는 자가 있다. 석조 건물과 철교, 함선과
> 총포류가 이것이다. 우리 일본은 문명의 생산국이 아니고 그 기류지寄留地라
> 고 할 수 있을 뿐이니, 결국 이 장사의 경기景氣, 문명의 외관은 나라의
> 빈곤을 불러와 오랜 세월이 지난 후에는 틀림없이 조국의 독립을 해칠
> 수 있는 것이다. 생각건대 내가 여기에 문명이라고 말하지 않고 독립이라는
> 글자를 사용한 것도 이러한 오해를 막고자 하는 것의 취지일 뿐이다.[63]

어떤 나라나 민족이든지 외국에 종속되어 심지어 식민지 상태로 전락해서

번역을 참조하여 수정함.
63) 같은 책, 400~401쪽.

문명을 이룩할 수 있다고 본다면, 그것은 참으로 논리적으로 기괴한 자기파괴적 모순에 불과하다. 특히 문명화의 수단으로 식민 지배를 합리화하는 태도는 독립 의지를 포기하고 있다는 점에서 수단과 목적 관계의 전도에 다름 아니다. 이는 오늘날에도 마찬가지이다. 일부 사람들은 오늘날 인권이나 평화 등의 이른바 보편적 가치를 통해 근대 국민국가의 주권 개념을 상대화할 필요가 있음을 강조한다. 필자 역시 주권국가 개념의 상대화가 필요하다는 점에 전적으로 동의한다. 거듭 강조하지만, 이는 한국의 독립운동 정신이 침략 전쟁을 거부하면서도 자주적 독립 국가를 이룩하고자 했다는 점에서도 이미 분명해진다. 한국의 독립운동 이념은 이미 후쿠자와 유키치가 고민한 문명과 독립 국가 달성이라는 과제 사이의 딜레마를 넘어서 있다. 간단하게 말해, 후쿠자와 유키치는 일본의 독립을 문명의 과제 자체로 보면서도 아시아 침략과 한반도 식민 지배 그리고 2차 세계대전으로 이어지는 일본제국주의의 길을 사상적으로 준비하고 있었는데, 한국의 독립운동은 주권국가 개념의 상대화를 통해 자국의 독립과 타국의 식민화 및 침략이라는 이중성을 나름대로 극복할 수 있었기 때문이다.

그러므로 근대 국가 주권 개념의 상대화 작업이 특정 국가에의 과도한 종속성 심화를 합리화하는 것으로 이어지지 않도록 경계할 필요가 있다. 근대 국민국가에 부여된 주권성은 본래 국민주권주의로, 민족적 정체성을 바탕으로 한 특정한 영역에서의 민주적 자기결정권을 의미하기도 했다. 그러므로 국민의 집단적 자기결정권이 지닌 위험성, 이를테면 나치즘이나 일본 군국주의의 식민 지배와 같은 폭력성을 거부하며 그런 대외적 배타주의를 한정하고 비판한다는 의미에서라면 국가 주권 개념의 상대성은 늘 환영받아야 한다. 식민 지배와 국가 주권의 상대성을 혼동한다는 것은 이미 더 설명이 필요 없을 정도로 분명한 사실이다.

국가 주권의 상대성을 추구하는 것과 주권국가의 민주적 자기결정 권한이 왜소화되고 무의미해질 정도로 어느 특정 국가에 일방적으로 종속되는 것은 분명 전혀 다른 이야기일 것이다. 그러나 윤치호는 1889년 12월 28일의 일기에서 조선의 독립 가능성을 부정하면서 조선이 다른 선진 문명에 종속되어도 좋을 것이라고 적고 있다. "나는 조선 독립 문제에 관심이 없습니다. 현재와 같은 정부를 두고는 독립해도 민족에게 아무런 희망을 주지 못할 것입니다. 반대로, 애족적이고 인민의 복지에 호의적인 관심을 가진 더 나은 정부를 가진다면 다른 나라에 종속되었다 해도 재앙은 아닙니다."[64] 자신의 나라인 일본이 아니라 조선에 관한 한 후쿠자와 유키치의 입장도 이와 동일했다. 1886년 10월, 그는 조선과 같은 국가는 "하루라도 빨리 멸망하는 쪽이 하늘의 뜻에 부합되는 일이라 생각한다"라고 말했다.[65]

중국의 유교 문명으로 대변되는 아시아 사회를 멸시하는 관점에 토대를 둔 후쿠자와 유키치의 문명사관이 일본 사회가 침략 전쟁과 식민 지배의 역사로 나가는 길을 열어 놓았다면, 이런 문명사관을 내면화한 조선의 윤치호는 문명 발전의 단계에서 앞서 있는 외국, 이를테면 일본의 속국이 되는 것조차도 미개와 야만 단계의 조선을 문명개화로 이끌 방법이라고 승인하는 모습을 보여 준다. 이처럼 그는 서구중심적 문명사관의 철저한 내면화를 통해 조선 사회를 야만시하고 급기야는 조선에 대한 외국의 침략까지도 불가피한 것이라고 합리화하면서, 그런 상황을 초래한 책임을 전적으로 유교 전통에 전가하고 있다. 식민 지배로 인해 희생당한 사람들이 겪었던 온갖 폭력과 고통의 책임을 폭력의 희생자 자신에게로 전가하는 것은 서구중심주의적 사유 방식이 어떻게 무고한 희생자를 범죄자로 만들고 진정 책임져야 할 사람들을 무고한 사람으로 만드는 신화적 힘을 발휘하는가를 잘 보여 준다.

윤치호의 유교 비판은 오늘날에 이르기까지 우리 사회에 큰 영향력을 끼치는 유교망국론의 원형에 가깝다. 주자학 이념을 바탕으로 한 조선왕조는 서세동점의 역사적 전환기에 일본과 달리 성공적으로 적응하지 못하고 끝내는 망국의 길로 접어들 수밖에 없었다는 식의 유교망국론은, 일본은

---

64) 윤치호, 『윤치호 일기』 2(박정신 옮김, 연세대학교 출판부, 2003), 16쪽.
65) 야스카와 주노스케, 『후쿠자와 유키치의 아시아 침략 사상을 묻는다』, 382쪽에서 재인용.

유교 전통의 영향이 크지 않았기 때문에 아시아에서 서구적 현대화에 성공할 수 있었다고 보는 현대 일본의 문명화·현대화 담론과 짝을 이룬다. 그러나 유교 전통에 대한 윤치호의 부정일변도의 태도는 국가이념의 위치를 점했던 주자학 혹은 성리학의 이념을 실현하고자 했던 조선 사회의 역사적 경험에 대한 비판적 성찰과는 거리가 멀다. 그것은 오히려 서구 현대문명에 대비되는 야만 중국이라는, 문명과 야만의 이분법적 구도를 통해 현대 일본의 문명화 담론의 핵심을 '탈아'적인 역사 인식에서 구하고자 하는 일본발 오리엔탈리즘의 변형된 반복이라고 생각된다. 윤치호가 후쿠자와 유키치로부터 많은 것을 배웠다는 사실이 우연은 아닐 것이다.[66]

개화파의 문명론은 과거의 일이 아니다. 오늘날의 식민지근대화론은 물론이고 선진국 담론 등에서 보듯이 서구중심주의 담론은 여전히 우리 사회에서 커다란 흐름을 이루고 있다. 마찬가지로 조선 사회의 전통과 역사는 학자들을 비롯하여 많은 한국인에게 현대문명과 어울리지 않는 부정되고 극복되어야 할 유산으로 받아들여지고 있다. 그리고 서구중심주의적 사유 패러다임의 내면화 및 그 사회적 확산은 우리의 근현대사를, 즉 조선의 망국, 일제의 식민 지배, 해방과 대한민국의 성립, 1960년대 이후의 경제성장 및 민주주의 성장 등으로 이어지는 역사적 과정을 서구적인 현대문명의 이식 및 수용·확장이라는 맥락에서 바라보는 관점과 긴밀하게 결합되어 있다. 간단하게 말해, 조선의 전통사회와 오늘날의 현대화된 한국 사회 사이에는 연속성보다는 질적인 단절이 존재하며 조선의 망국에서 오늘날에 이르는 우리의 근현대사는 서구 현대문명을 따라잡는 과정이었다고 보는 시각이 큰 힘을 발휘하고 있다.

우리 사회에서 유럽중심주의는 우리의 역사를 바라보는 인식 외에도 다양한 방식으로 존재한다. 유럽중심주의와 동전의 양면을 이루는 오리엔탈

---

66) 윤치호는 17세이던 1881년 조사시찰단을 이끈 어윤중의 수행원으로 일본에 가서 약 2년 동안 체류하면서 후쿠자와 유키치를 비롯한 일본의 여러 문명 개화론자들과 접촉했다. 노대환, 『문명』, 102쪽.

리즘의 내면화가 초래해 온 여러 가지 나쁜 유산 중의 하나는, 조선 사회의 국가체제를 지탱해 주었던 유교적 전통의 모습을 제대로 보는 능력을 상실하게 만든다는 점이다. 물론 속물형 개인이 지배하는 물질만능주의와 유교적 능력주의 문화 사이의 연속성을 지적하는 연구[67] 같은 경우 일정 부분 수긍할 만한 점도 있다.

그러나 승자독식 문화의 득세는 서구중심주의의 과도한 내면화와 그로 인한 전통의 맹목적 부정의 결과와 무관하지 않다. 이미 필자는 다른 글에서 다음과 같이 주장한 바 있다.

필자가 보기엔 한국 사회의 승자독식에 대한 숭배 현상의 문화적 배경은 조선의 유교적 전통에 기인하기보다는 다른 데에서 기인하는 바가 더 크다. 종교적 신앙의 형태로까지 극단화되는 승자독식 및 갑질문화는 일본제국주의의 침략을 문명화 과정에서의 불가피한 대가로 간주한 한말 및 일제강점기 친일파들의 정신세계를 이어받고 있다. 친일파들은 "힘은 곧 정의다"라는 인식을 내면화하여 힘이 없는 약자는 "약자로 사는 법을 터득해야 한다"[68]라고 강변함으로써, 우리 사회의 모든 병폐의 원인을 오로지 조선의 유교적 전통의 탓으로 비판하면서도 외세의 침략에 저항하기는커녕 그것을 문명화로 가는 길로 받아들였다. 그리고 일본의 식민 지배에 적극적으로 가담한 조선의 사회지도층 인사들은 조선 사회를 동물적 세계에 버금가는 최악의 야만 사회로 혹평하면서도 정작 위정척사파 성리학자들이나 다른 조선의 유학자들이 보여 주었던 책임 의식을 전혀 보여 주지 않았다. 간단하게 말해, 오늘날 한국 사회를 강력하게 지배하는 극단적인 물질만능주의를 형성한 정신사적 조건은 사회지도층이라면 지녀야 할 최소한도의 책임 의식마저 저버린 식민지시기 일그러진 친일 사회지도층의 정신세계가 사회 전반에 끼친 영향에서 구하는 것이 더 설득력이 있을 것이다.[69]

---

67) 예를 들어 장은주 연구가 그것이다. 장은주, 『유교적 현대성의 미래: 한국 현대성의 정당성 위기와 인간적 이상으로서의 민주주의』(한국학술정보, 2014) 참조 바람.
68) 윤치호, 『윤치호 일기: 1916~1943』(김상태 편역, 역사비평사, 2001), 70쪽 참조.
69) 나종석, 『대동민주유학과 21세기 실학』, 482~483쪽.

유교 전통을 '서구적 현대화=문명화'에 대립하는 삶의 방식으로 단언하는 사유 방식이 초래한 부정적 유산 중에서 필자가 가장 주목하고자 하는 것은, 그것이 우리 인문정신의 핵심인 대화 및 만남의 정신 능력을 함양할 기회 자체를 원천적으로 박탈한다는 점이다. 서구중심주의적 오리엔탈리즘은 유교 전통과 우리 사회의 역사와 과거를 타자화하여 그것과 대화할 여지 자체를 박탈함으로써 전통 속에서 살아가게 마련인 인간의 삶의 토대를 허물어뜨려 버리기 때문이다. 그렇다면 서구중심주의적 오리엔탈리즘은 바로 우리의 삶에 가하는 일종의 폭력인 셈이다. 우리 삶을 의미 있게 해 주는 필수적 조건인 역사적 맥락으로부터 우리를 전적으로 격리시켜서 우리와 전통을 전혀 낯선 것으로 분리시키기 때문이다. 이런 상황을 필자는 과거 및 전통의 타자화, 혹은 유럽중심주의 사유 패러다임의 관철로 인한 과거(과거 및 전통)의 식민화라고 규정한다.

유럽중심주의를 상대화하는 방법은 전통 및 과거에 대한 탈식민화의 길을 거치지 않으면 안 된다. 전통의 의미를 새롭게 반추하여 유럽중심주의를 상대화하는 방법은 바로 타자화되고 식민화된 과거를, 즉 우리의 전통(과거와 역사)이 우리에게 아무런 의미도 없는 죽은 것이라고 보는 시각 자체를 해체하는 데 이바지할 것이다. 이는 전통을 진지한 대화상대로 만들어서 그것에 새로운 정신적 생명을 부여하려는 작업이기도 하다. 유교 전통이 우리의 마음에 공명을 불러일으키고 세계에 대한 우리의 시야를 확장하는 데 도움이 될 수 있도록 죽어 가는 유교 전통을 되살려내는 작업이기 때문이다. 그리고 전통의 의미를 새롭게 반추하여 그것에 새로운 생명을 부여하는 모색의 작업은 전통이 우리 자신의 삶과 맺고 있는 깊은 연관성을 다시 인식하는 것이다. 이를테면 역사적 전통의 의미를 새롭게 사유하는 것은, 전통이 긍정적이든 부정적이든 간에 다양한 양상으로 우리의 현실에 영향을 주고 있음을 자각하게 함으로써 우리 삶의 모습을 제대로 인식할 수 있도록 하는 데 이바지한다.

전통의 식민화 및 타자화를 자명한 것으로 만드는 유럽중심주의를 상대화하는 작업은 우리에 대한 보다 더 나은 인식, 우리의 자기의식의 실현(정신적 자각)에 이르는 방법이다. 그래서 필자는 전통의 식민화를 넘어 유교 전통의 영향사적 맥락에서 한국의 현대를 새롭게 인식하고자 했다. 그러는 과정에서 필자는 조선 사회와 현대 한국의 관계를 새롭게 조명하기 위한 시도가 역사와 세계를 이해하는 새로운 방법론의 확립을 요청하고 있음을 강조했다. 달리 말하자면, 전통에 대한 인식의 전환은 세계를 보는 이해에서의 전환에 다름 아닌데, 그것은 전통을 새로운 대화의 상대로 승인하는 것을 전제하기 때문이다. 그리고 전통을 대화의 상대로 받아들이는 작업 자체가 바로 전통의 탈식민화의 핵심적 과제라는 점이 분명해졌다. 유교 전통에 대한 기존의 통념을 비판적으로 검토하여 전통과 새로운 대화의 공간과 가능성을 형성하는 것이야말로 우리 사회가 풀어야 할 사상사적 과제, 즉 철학적 사유의 핵심 과제의 하나라는 것이다. 그래서 필자는 기존의 과도한 서구중심주의를 상대화하여 한국의 현대를 새롭게 해명하려는 방법의 하나로서 타자화된 전통의 탈식민화, 즉 전통과의 새로운 대화를 역설했다. 간단하게 말하자면, 전통의 타자화를 극복하기 위해 전통과의 대화를 방법으로 삼아서 탈식민적 사유를 내실 있게 해 보고자 한 것이다.

5. 동아시아 인문 전통의 탈식민화의 방법으로서의 해석학

전통과 현대의 이항 대립을 넘어서지 않는다면 우리는 우리 사회가 어떤 사회인지에 대한 제대로 된 인식을 확보하기 어렵다. 따라서 서구중심주의적 세계 이해의 맹목성을 비판적으로 검토하는 작업이 필요하다. 그런데 전통과 현대의 이항대립을 강조하는 서구중심주의의 상대화 작업은 전통의 탈식민화 작업으로부터 시작되어야 한다. 그리고 전통의 탈식민화라는 과제는 한국을 포함한 동아시아의 전통과 현대의 관계를 새로운 관점에서 이해할 것을 요구한다. 19세기 중반 이후 본격화된 서세동점의 시기에서부터 오늘날에 이르는 우리 사회의 역사는 결코 서구 현대의 충격에 대한 대응이라는 시각에서 충분하게 이해될 수 없다. 우리의 근현대사는 서구 현대에 대한 반응의 역사로 축소될 수 없다. 따라서 한국 사회에 대한 새로운 사유의 출발점으로는 한국 사회의 유교 전통에 대한 접근 방식에서의 전환이 요구된다. 유교 전통에 대한 새로운 인식을 바탕으로 하여 우리는 조선 사회에 관한 멸시에 가까운 부정적 평가를 불가결한 요소로 삼는 우리 내부의 서구중심적 사유 방식을 상대화할 수 있을 것이다.

앞에서 보았듯이, 헤겔은 말할 것도 없고 후쿠자와 유키치나 윤치호 등은 모두 유교 전통에 의해 규정된 우리 및 동아시아의 역사와 전통을 자유 원리의 실현과는 무관한 미성숙한 문명으로 타자화하고 있다. 이런 서구중심주의적 문명론은 조선의 유교 전통의 성격을 부정적인 측면에서 불변적이고 고정된 실체로 규정한다. 그런데 이런 식의 전통에 대한 인식이야말로 전통의 성격을 오해한 것에 불과하다. 더구나 자신이 속한 전통을 근본적으로 야만적인 것으로 보아서 더 이상 아무런 미래의 전망을 갖지 못한다고 했던 윤치호식의 단정은 인간의 삶이 본래 문화와 역사, 전통에 의해 제약당하는 해석학적 상황에 대한 자신의 무지를 드러내고 있다는 점에서만 문제가 있는 것이 아니다.

그런 태도나 단정은 자신의 전통 이해가 전통과 문화에 대한 최종적 입장으로 이어진다는 점에서 더욱더 문제가 있다. 그런 단정은 자신의 해석이 전통에 대한 절대적으로 유일하게 참된 해석이라는 점을 믿어 의심치 않으면서 전통에 대한 다른 접근 방식을 배제하는 독단일 뿐이다. 그러나 우리는 결코 우리가 속한 역사와 전통 밖에 서서 세계를 바라볼 수 없으며, 전통 자체를 완전히 투명하게 인식할 수 없다. 우리의 인식을 규정하는 해석학적 상황이나 역사적 지평을 전적으로 초월하여 절대적 인식에 이를 수 있다고 믿는 사람은, 자신이 신과 같은 절대적 관점에서 현실에 대한 궁극적 앎을 획득할 수 있는 존재임을 주제넘게 천명하는 것에 지나지 않는다.

더구나 전통은 불변적인 상태로 존립하는 것이 아니라 변화된 상황 속에서 다르게 해석되어 전승되는 것이다. 가다머가 적절하게 지적하듯이 "아무리 내실이 있는 진정한 전통이라 할지라도 과거에 존재했던 그대로 자연스럽게 보존되는 것이 아니라, 후대 사람들이 긍정하고 가꾸고 돌볼 때에만 비로소 전승될 수 있는 것이다." 마찬가지로 전통의 보존은 "이성에 의한 행위"라고 가다머는 말한다. 그렇다면 전통을 자유의 원리와 전적으로 배치되는 것으로 바라보는 시각은 문제가 있다. 계몽과 권위, 이성과 전통을 대립시키는 것은 추상적인 사유나 비변증법적인 사유에 지나지 않는다. 가다머는 전통과 계몽 혹은 전통과 자유 문명의 대립 자체를 거부하면서 "실제로 전통 속에는 항상 자유와 역사의 계기가 존재한다"라고 역설한다.[70]

이런 맥락에서 볼 때 전통에 대한 이해의 문제를 오래된 것에 대한 무조건적인 찬미나 과거의 유물에 대한 골동품적 취미로 오인해서는 곤란할 것이다. 아니, 전통에 대비되고 전통의 지평에서 전적으로 벗어난 상황에서만 비로소 문명이나 계몽이 이루어질 수 있다고 보는 시각 자체가 비판적으로 검토되어야 할 사안인 것이다. 역사와 전통을 초월한 주체의 자유란 허상에 지나지 않는다. 폴 리쾨르(Paul Ricœur)에 의하면, 가다머의 해석학이 우리에게 제공한 탁월한 공헌 중의 하나는 "비판이 철저하게 수행될 수 있는 제로 지점은 없기에 선입견이나 이데올로기에 대한 철저한 비판은 불가능하다"는 점을 명료하게 했다는 것이다.[71]

현대 유럽의 계몽주의처럼 전통 및 선입견에 대비되는 초역사적이고 초맥락적인 이성에 호소하는 것은 어떤 특정한 역사적이고 언어적인 맥락 속에 처해 있는 상황을 이해의 장애물로 보는 것이다. 그런데 가다머에 의하면 그런 "역사적이고 언어적인 제약 상황은 이해의 장애물이 아니라 오히려 이해를 가능하게 해 주는 지평이나 전망"이다.[72] 그러므로 필자는 해석학의

---

70) 한스 게오르크 가다머, 『진리와 방법: 철학적 해석학의 기본 특징들』 2, 158~159쪽.
71) 폴 리쾨르, 『해석학과 인문사회과학』(윤철호 옮김, 서광사), 2003, 132쪽.
72) 조지아 원키(Georgia Warnke), 『가다머: 해석학, 전통 그리고 이성』(이한우 옮김, 민음사, 1999), 149쪽.

핵심적 통찰의 하나로서 인간을 "역사적이고 사회적인 존재"로 보는 것에 주목하면서, 인간을 "사회 및 역사의 지평 밖에 독립적으로 존재하는 개인이거나 합리적인 행위자"로 간주하는 태도에 거리를 두었다.[73]

이런 해석학적 통찰이 옳다면 우리는 "자기 자신의 역사성" 자체를 전적으로 넘어선 차원에서의 사고란 가능하지 않다는 것을 인정하면서 전통에 대해 개방적인 태도를 갖추어야 한다. 거듭 강조하지만, 역사 밖의 초월적 지위에서 세계를 조망하고 비판할 인간적 주체란 존재하지 않는다. 달리 말하자면 우리에게 필요한 것은 전통과 자유 혹은 전통과 계몽의 이분법이 아니라 "전통 속에 서 있다는 것은 인식의 자유를 제한하는 것이 아니라 오히려 인식을 가능하게 한다"는 점에 대한 해석학적 자각이다.[74]

전통과 자유의 통합을 강조하는 해석학의 입장에서 본다면, 전통은 고정 불변적인 실체가 아니라 창조적이고 주체적인 계기를 매개로 한 전승의 과정이라고 이해되어야 한다. 거듭 말하자면, 반복적으로 재생산되는 서구 중심주의적인 동서양 이분법은 사실 전통과 서구 현대의 이원론에 다름 아니다. 그러나 동서양 이분법 혹은 전통과 서구 현대의 이원론은 전통의 의미를 전혀 이해하고 있지 않다. 가다머가 지적했듯이 전통은 현재와 미래로 이어져서 보존되는 한에서만 비로소 전통으로 존재할 수 있다. 즉, 전승이 없는 전통은 죽은 전통이고, 전통이라고 말할 수 없다. 전통의 존재 방식은 전승이라는 것이다.

그리고 인간이 전통 속의 인간인 이상, 달리 말해 해석학적 존재인 이상 인간은 자신의 전통과 역사 전체를 통괄하는 시야를 확보하는 전능한 주체일 수가 없다. 개인은 전통과 역사 속에서 전통을 자신의 긍정적 삶을 가능하게 하는 지평으로 받아들이면서 진정한 주체로 성장한다. 간단하게 말해서, 역사적 공동체 속에서만 사람은 자신의 능동적인 삶을 영위할 수 있다. 이런 전통과 개인의 관계가 보여 주듯이 개인은 그로부터 전적으로 분리된

---

73) 나종석, 『대동민주유학과 21세기 실학』, 705쪽.
74) 한스 게오르크 가다머, 『진리와 방법: 철학적 해석학의 기본 특징들』 2, 272쪽.

상황을 상상하기 힘든 전통과의 변증법적 관계 속에서만 비로소 의미 있는 삶을 누릴 수 있게 된다.

전통에 대한 서구중심주의적 타자화를 해체하여 전통에 대한 새로운 인식의 전환, 이를테면 전통에 대한 해석학적 이해를 통해 한국 민주주의 경로의 특이성을 포함하여 한국 현대성을 새롭게 성찰하려는 필자의 시도에서 '영향사'라는 개념은 결정적인 의미를 지닌다. 앞에서 보았듯이 인간은 전통 속에서 살아가는 존재이고 전통은 늘 전승의 과정을 통해 존립한다. 그런데 그런 과정에서 우리가 수행하는 이해 행위는 영향사 속에서 움직이고 있다는 점에 주목해야 한다. 이런 점에서 가다머는 해석학이란 "이해의 과정 자체에서 역사 현실을 드러내야 한다"라고 강조하면서, 이런 요청을 '영향사'로 정의한다. 간단하게 말하자면 "이해라는 것은 그 본질상 영향사적 과정이다."75)

영향사라는 개념을 통해 가다머는 과거나 역사 혹은 전통과 생생한 관계를 소홀하게 만드는 태도를 비판하고 있다. 전통과의 살아 있는 관계를 차단하는 태도 중의 하나는 전통과 이성의 이원론이다. 그러나 우리의 사유나 삶이 과거의 지평으로부터 전적으로 벗어나서 존립할 수 있다는 가정 자체가 전통을 전적으로 죽어버린 대상으로 취급한다는 점에서 이미 잘못이다. 전통이 대상화된다는 것은, 전통이 이제는 우리의 삶에 실질적인 의미를 부여할 수 없다는 단정이다. 만약에 전통이 이렇게 철저하게 사물과 같이 취급될 수 있다면 전통은 더 이상 우리의 삶에 아무런 영향력을 행사할 수 없게 될 것이다. 달리 말하자면 전통은 우리의 삶이 처한 문제를 이해하고 해결하는 데 아무런 생생한 질문도 던지지 못하는 존재로 전락해 버리고, 전통과의 대화는 더 이상 필요하지도 않게 된다.

전통에서 아무런 매력도 느끼지 못하고 전통의 힘에 마음을 빼앗겨 보지 못한 사람은 해석학적 경험을 할 수 없다. 해석학적 인문정신이 고갈된

---

75) 같은 책, 183쪽.

사람에게는 과거 텍스트와의 진지한 대화와 만남 자체가 이미 차단되어 버린 셈이다. 이처럼 전통과의 진지한 대화가 더 이상 필요 없다고 단정하는 것은 전통의 의미를 새롭게 밝힐 가능성을 부정하는 것일 뿐만 아니라 역사적 전통 속에서 형성된 선이해를 통해 우리 삶의 문제를 해결해 줄 새로운 빛을 발견할 가능성 자체를 포기하는 것이나 다름없다.[76] 그리하여 해석학적 경험의 배제는 결국 인간성의 상실로 귀결되고 말 것이다.

혹자는 전통의 권위를 긍정하고 세계 이해에서의 전통의 영향사를 긍정하는 것이 전통에 대한 무비판적 옹호로 귀결될 위험이 존재한다고 반론할지도 모른다. 그러나 전통 속에 존재하는 사람들이 전통을 거부하거나 그것에 반발하는 경우에도 전통의 제약은 여전하다는 것이 가다머의 영향사 개념이 강조하는 사태이다. 그런 점에서 "영향사란 전통에 속해 있는 것들에 대해 전통이 행사하는 영향력을 말한다."[77] 가다머의 역사적 의식의 해석학적 통찰에 의하면, 권위에 대한 승인을 지배 혹은 폭력에 대한 맹목적인 복종과 동일시하는 것은 너무나 성급한 판단이다. 리쾨르가 지적하듯이 우리는 권위와 이성을 대립시키는 것이 아니라 이 둘을 화해시키려고 하는 가다머의 시도에 "감사"해야 한다. 권위의 긍정은 "의심과 비판이라는 필터를 통과"할 것을 요구하기에 그렇다.[78]

더 나아가 가다머는 그런 의문점을 영향사와 해석학적 이해의 핵심을 지평 융합 및 대화의 구조와 연결시킴으로써 해결한다. 해석학적 이해에 대한 가다머의 견해에 의하면 과거와 전통은 매우 중요한 대화의 상대자이다. 그러므로 가다머는 해석학적 이해를 대화에 비유한다.

우리의 역사의식을 채워주는 것은 과거 역사를 메아리로 들려주는 다양한 목소리들이다. 과거 역사는 그러한 목소리들의 다양성 속에서만 존재한다.

---

76) 애덤 샌델(Adam Sandel), 『편견이란 무엇인가』(이재석 옮김, 와이즈베리, 2015), 263쪽 참조.
77) 조지아 윈키, 『가다머: 해석학, 전통 그리고 이성』, 145쪽.
78) 폴 리쾨르, 『해석학과 인문사회과학』, 135쪽.

이것이 우리가 참여하고자 하는 전통의 본질을 규정한다. 현대의 역사 탐구는 학문적 탐구인 동시에 전통의 매개자 역할을 수행한다. 우리는······ 전통과 대면하는 가운데 역사적 경험을 하기도 한다. 전통 속에서는 시시각 각으로 역사적 과거의 이야기를 들려주는 새로운 목소리가 들려오기 때문이다.[79]

앞에서 언급했듯이 가다머는 이해의 대화적 구조를 강조한다. 해석학에서 추구하는 전통이나 텍스트의 의미를 이해한다는 것은 기존의 텍스트 이해나 과거의 것에 대한 수동적인 수용이 아니다. 해석학에서는 과거의 텍스트를 접하는 해석자와 전승 사이에 존재하는 시간적 간격으로 인해 반드시 텍스트에 대한 새로운 해석을 요구한다. 영향사적 의식은 역사적 거리를 조건으로 한다. 이런 시간적 거리로 인해 해석자가 처한 상이한 상황과 과거에 행해진 텍스트 이해라는 역사적 제약성 사이에 지평 융합이 이루어지고, 이를 통해 기존 텍스트에 대한 인식이 확장된다. 그리고 그런 매개 과정을 통해 전통 역시 변형을 겪으면서 역사적 거리를 넘어 자신의 영향력을 관철시킬 수 있는 것이다. 그 결과 과거로부터 전해져 내려오는 전통의 지평 역시 풍요로워진다.

이처럼 문화적 전승의 보전(preservation)은 자연적 실재의 단순한 보존(con-servation)과 별개의 것이 드러난다.[80] 텍스트와 해석자 사이에 발생하는 지평 융합은, 달리 말하자면 과거의 텍스트에 대한 의미 부여라는 영향사적 지평과, 변화된 상황 속에서 그런 전통의 새로운 적용을 통한 해석자 자신의 견해 및 태도 변화를 동반하고 있다. 이런 지평 융합을 통해 해석의 전통은 더욱 확장되고, 이를 통해 전통의 영향사 역시 새로운 생명력을 부여받고 지속될 수 있는 것이다.

해석학적 이해와 대화의 구조를 동일시하는 가다머의 전통에 대한 이해는

---

79) 한스 게오르크 가다머, 『진리와 방법: 철학적 해석학의 기본 특징들』 2, 162쪽.
80) 폴 리쾨르, 『해석학과 인문사회과학』, 136쪽 참조.

전통과 전통의 영향사를 긍정하는 것은 전통에 대한 맹목적 수용이 아니라 그에 대한 비판의 계기를 필수적으로 동반한다는 점을 잘 보여 준다. 그러므로 해석학적인 전통 이해에 의하면, 해석자는 전통의 영향사에 제약을 받으면서도 동시에 전통의 한계를 비판하고 수정함으로써 전통의 지평을 확장하고 심화하여 전통이 생명력을 상실하지 않고 지속될 수 있도록 주체적이고 능동적으로 이바지한다. 매킨타이어가 적절하게 지적하듯이 전통을 보존하는 데 결정적으로 필요한 덕은 다름 아닌 "전통에 대한 적절한 감각"의 형성이다. 전통에 대한 적절한 감각은 과거를 무조건적으로 찬양하는 것과는 아무런 관련이 없다. 그것은 "현재를 위해 이용될 수 있었던 '과거'의 미래 가능성들을 파악하는" 능력과 관련된 것이기 때문이다.[81]

해석학적 통찰이 우리에게 상기시키고 있듯이 사람은 진공상태에서 살아가는 존재가 아니다. 사람은 전통에 참여함으로써만 자신의 정체성을 형성할 수 있다. 전통은 문화적이고 역사적인 공동체의 다른 이름이기에, 인간은 역사적이고 사회적 공동체의 일원으로서만 의미 있는 삶을 영위할 수 있는 자유로운 존재가 될 수 있다. 그리고 사람은 전통 속에 태어나 그것의 제약을 받는 가운데 그것이 가능하게 해 주는 다양한 가능성 중에서 최상의 것을 선택하여 현재를 구성하면서 살아가는 존재이다. 전통의 지속은 삶의 방향 감각을 키울 수 있도록 전통의 의미를 확장해 가는 구성원의 능력에 의존한다. 이런 맥락에서 필자 역시 해석학적 통찰에 기대어 전통의 존재 방식의 성격을 다음과 같이 규정하고 있다.

이런 방식으로, '전통' 달리 말하자면 전통 속에서 살아가는 구성원들의 세계에 대한 이해와 해석을 가능하게 하는 지평이자 전망인 공유된 이해는 불변적인 것으로 존재하지 않고 변형되어 간다. 여기에서 우리는 전통의 매개를 통해 형성되는 세계에 대한 이해가, 전통의 권위를 무비판적으로 수용하여 이를 단순하게 반복하는 것이 아니라 그것을 계속하여 변형해

---

81) 알래스데어 매킨타이어, 『덕의 상실』(이진우 옮김, 문예출판사, 1997), 328~329쪽.

가는 과정임을 알게 된다. 전통은 과거와 현재를 매개하는 해석자의 주체적이고 능동적인 이해의 활동 없이는 존립할 수 없다. 달리 말하자면 인간은 전통과의 완전한 단절 속에서 살아갈 수는 없지만, 전통과의 성찰적·비판적 거리를 취해 과거와 현재의 매개를 새롭게 형성함으로써 전통의 의미를 풍부하게 확장할 수 있는 것이다.[82)]

앞에서 우리는 전통이 전승하는 사람들의 주체적 행위의 계기를 매개로 해서 존재한다고 강조하는 가다머의 입장을 통해 전통에 대한 해석학적 의미 이해가 기본적으로 대화의 구조를 지님을 알게 되었다. 그러므로 극단적인 전통 파괴 혹은 전통 부정은 대화의 힘을 기를 수 있는 길을 스스로 거부한다는 점에서 위험한 것이다. 전통 속에서 살아가는 인간이 그 삶의 지평 자체를 송두리 채 거부하는 행위는 자기파멸적 행위로 귀결된다. 전통에 대한 전적인 부정 위에서 완전히 새로운 문명개화의 길이 가능하리라 생각하는 것은 개인이나 공동체의 성공적 삶에서 필수적인 구성 요소라 할 수 있는 정체성 형성의 가능성 자체를 방해하는 것이기 때문이다.

역설적으로, 문명개화라는 계몽에 관한 과신 혹은 맹신에 바탕을 둔, 특권적 지위에서 세상을 내려다보듯이 경멸하고 저주하는 비판적 태도는 사실상 기존 질서에 대한 비판의 역량 자체를 허물어뜨리는 결과를 가져오게 된다. 달리 말하자면, 과거나 역사 자체를 송두리째 제거한 상태, 즉 무의 상태에서 새로운 어떤 이상적 사회를 구성할 수 있으리라고 생각하는 것은 "유토피아가 영零에서 시작해서 다시 시작될 수 있을 것으로 믿는 타고난 병"[83)]과 상통한다. 물론 윤치호와 같은 인물이 20세기 인류 역사에 등장한 정치적 유토피아주의에 공명하지는 않았을 것이다. 그러나 그는 적어도 제국주의의 침략과 식민 지배라는 폭력을 통해서 비로소 미개인인 조선인이 문명개화의 길로 나아갈 수 있으리라는 생각을 일관되게 지녔다는 점에서,

---

82) 나종석, 『대동민주유학과 21세기 실학』, 147쪽.
83) 폴 리쾨르, 『비판과 확신』(변종배·전종윤 옮김, 그린비, 2013), 236쪽.

기존 질서의 철저한 파괴 속에서 비로소 좀 더 이상적인 사회로의 발전이 가능하리라고 보는 유토피아적 열정과 같은 심성을 왜곡된 형태로나마 지녔으리라고 생각된다.

그런데 "유토피아가 영麻에서 시작해서 다시 시작될 수 있다고 믿는" 타고난 병으로 오염된 급진적 유토피아주의는 사실상 정치적 세계에서 출현한 도구적 합리성 혹은 전략적 합리성에 대한 전적인 신뢰에 기초하고 있다. 리쾨르가 강조하듯이 도구적 합리성의 특징은 "기억의 부재"와 공속하고 있기 때문이다.[84] 그러므로 전통과의 대화 가능성 자체를 박탈해 버리는 우리 내부의 서구중심주의적 세계 이해의 틀을 상대화하는 작업은 단순한 사상적 과제를 넘어 대단히 중요한 실천적 의미를 지닌다. 예를 들어, 전통과의 대화를 통한 대화 정신의 함양을 가로막는 전통에 대한 오리엔탈리즘을 상대화하는 작업은 사회적 연대의 파괴와 그로 인해 더 극성을 부리는 관료적이고 경제적 효율성 위주의 극단적 이기주의와 물질만능주의로 인해 위기에 처한 우리 사회의 민주주의를 한층 더 심화하려는 작업과 관련해서도 중요한 의미를 지닌다.

오늘날 우리 사회는 한반도의 항구적인 평화를 구축하여 한반도의 삶의 질을 향상하게 할 방안은 물론이고, 내부적으로 사회의 완전한 해체를 불러일으킬 정도로 극심한 사회적 불평등에 따른 문제들을 해결하지 않으면 안 된다. 이런 문제점들을 민주적이고 평화적으로 해결하기 위해서 사회 구성원들에게 요구되는 것은 극단적 사회적 불평등과 결부되어 악화해 가는 정치적 양극화 및 갈등의 심화가 내전으로 치닫지 않도록 하는 데 도움을 줄 대화 능력과 비판적 사유 능력, 그러니까 대화의 정신을 함양하는 것이다.[85]

---

84) 같은 책, 189쪽.
85) 오늘날 우리에게 필요한 대화의 정신은 교황에 의해서도 역설되고 있다. 2016년 5월 6일 유럽 샤를마뉴상 수상 연설에서 교황 프란치스코는 대화할 수 있는 능력의 중요성을 강조한 바 있다. 이에 대해서는 지그문트 바우만, 『레트로피아: 실패한 낙원의 귀환』(정일준 옮김, 아르테, 2018), 253~254쪽 참조 바람.

6. 나가는 말

　전통에 대한 인식의 전환, 이를테면 전통에 대한 해석학적 이해를 통해 유럽중심주의에 뿌리를 두고 있는 전통의 식민화 및 타자화를 넘어서서 전통과의 대화를 위한 조건들을 확장해 보려는 필자의 작업은 인문학 및 철학 더 나아가 학문 전체의 사회와의 소통 능력 제고라는 사회인문학적 문제의식을 구현하려는 시도이기도 했다.[86] 유교 전통과 문명을 이원론적인 대립 구도 속에서 파악하는 서구중심주의적 오리엔탈리즘은 우리로부터 해석학적 상황 속에서 대화 능력을 도야할 기회와 가능성 자체를 박탈해 버리기 때문이다.

　신자유주의적 세계화는 우리 사회를 각자도생과 승자독식의 사회로 만들어 사회적 연대를 해체하고 있으며, 그 주도권은 전통과의 대화를 주변화하고 자본의 논리와 결합하여 도구적 합리성의 과잉지배 현상을 쉽게 해 주는 '전통의 타자화'라는 조건 아래서 더욱 효율적으로 관철되고 있다. 그러므로 우리가 개방적인 자세를 취하여 전통과의 상호 대화를 활성화시키는 것은 단지 인문학의 위기를 극복하는 방법만으로 한정된 것이 아니다. 전통을 살아 있는 대화의 상대로 설정함으로써 우리의 현재 모습을 비판적으로 검토하는 '대화 능력의 함양'은 사회 구성원들 사이의 공통감각 즉 민주적 연대 의식을 창출하는 데에도 적지 않게 이바지할 것이라고 본다.

---

86) 나종석, 「사회인문학의 이중적 성찰」, 『사회인문학 백서』(연세대학교 국학연구원 인문 한국사업단 지음, 새물결, 2018), 43~54쪽.

제7장

해석학적 사건으로서의 한국 민주주의

1. 들어가는 말

　한국 민주주의의 실현 과정에 대한 정신사적 고찰 결과 우리는 유교적인 천하위공 및 공천하 사상이 서구적 민주주의 및 국민(인민)주권주의를 창조적으로 이해하여 그것을 우리 사회에 적용할 수 있는 문화적 지평으로 작동했음을 알 수 있었다. 이는 유교주의, 특히 주자학적 사유 체계는 사회 구성원을 아무런 자주성과 독립성이 없는 노예적 정신 상태로 타락하게 만들어서 서구적 근대화의 길에 결정적 장애물로 작용했다는 통념이 잘못된 것임을 입증해 준다.

　이처럼 유교적 대동 이념과 서구 민주공화주의의 만남의 과정에 관한 서술은 한국의 근대화 과정의 성격을 규명하는 작업과 관련지어 볼 때 여러 가지 생각을 하게 만든다. 일본제국주의를 통해 전면화된 근대 유럽의 내적 한계와의 대결 속에서 한국의 유교 전통이 늘 마이너스적 요소로만 작동하지는 않았다는 점은 한국 근대성의 성격을 규명할 때 빠뜨려서는 안 될 핵심적 요소의 하나이다. 그 외에, 항일의병투쟁과 국권회복운동, 해방 후 우리 사회의(분단된 상황에서일지라도) 민주주의운동으로 이어지는 역사 속에서의 '자주독립'과 '민주주의'의 결합이 유교적 대동 이념을 매개로 하고 있었다는 것도 한국 근대의 특이성을 잘 보여 준다.

　그러나 주지하듯이 일본의 근대는 제국주의의 길로 나갔지만 조선은 망국과 식민 지배를 거치면서 저항과 투쟁을 통해 자주적인 민주공화정을 구현하려고 애를 썼고, 그 노력의 성과는 오늘날 누구도 부인할 수 없을 정도로 분명하다. 근대 일본과 한국의 이런 차이 혹은 상이성은 당연히 복잡한 현상으로, 다각도로 연구해 볼 필요가 있는 주제임은 틀림없다.

2. 유교적 인륜성과 한국의 근대성의 질적 성격

여기에서 필자가 주목하고자 하는 것은 유교적 인륜성(Sittlichkiet)의 유무이다. 뒤에서 보듯이 사상의 층위에서 서구 근대 민주주의와 유교 사상 사이의 상호 대화는 일본에서도 발생했다. 그런데 왜 한국과 일본의 근현대 역사는 그토록 대조적인가? 이 문제에 제대로 답하기 위해 우리가 더 주목해야만 하는 사안은 사상의 추이를 사회생활 전반에 걸쳐 뒷받침해 주고 있는 유교적 전통의 특질이다. 새삼스럽게 이야기할 것까지도 없이, 일본과 달리 한국은 유교적 전통을 사상의 측면에서만이 아니라 전체 사회를 구성하는 주도적 이념으로 받아들였고, 그 결과 조선 후기에는 조선 사회가 전반적으로 유교적 사회로 변화되었다는 견해가 일반적으로 수용되고 있다.

그러므로 한국 근대의 독특성을 제대로 규정하기 위해서는 유교적 인륜성이 어떻게 한국 사회에서 사상의 차원에서만이 아니라 제도적 차원에서도 유교적 대동사상과 민주주의의 결합을 성공적으로 이루어내는 데 긍정적 영향을 주었는지를 살펴볼 필요가 있다. 여기에서 다시 이 문제를 상론할 필요가 없을 것이기에, 간단하게 언급하면 다음과 같다.

한국은 조선 후기에 유교적 사회로의 전환이 일정한 방식으로 완결되었다는 것이 학계의 통념이다. 물론 그에 대한 해석의 차이는 실로 크지만, 필자가 이 책과 선행 연구를 통해 내세운 가설에 따르면 조선 후기 사회에서 이룩된 전반적인 유교 사회로의 재편은 헤겔의 용어를 사용하자면 유교적 인륜성(Sittlichkiet)의 확립으로 해석될 수 있다. 그런데 유교적 인륜성이란, 헤겔이나 후쿠자와 유키치, 마루야마 마사오 등이 생각하는 것과 같은 폭정과 억압의 인륜성, 즉 자유 없는 인륜성이 아니라 민주주의와 공화주의를 품고 있는 민본적 인륜성이다. 거듭 강조하지만, 민본적 인륜성이 지니고 있던 민주주의 및 공화주의는 서구적 민주주의와 공화주의가 아니었다. 유교적 대동사상은 한국 사회가 서구의 민주공화 혹은 민주주의와 만나 그것을 우리 사회에 구현하는 과정에서 지속적으로 영향을 주었는데, 이때 대동세계에 대한 전통적 이해방식 또한 서구 민주주의와의 만남을 통해 변형을 겪을 수밖에 없었다. 그리하여 정치 세계에 대한 기존의 유교적인 이해와는 다른 이해가 출현하게 된 것이다.

이처럼 서구 민주주의를 유교적 전통의 문맥 속에서 해석하고 수용함으로써 전통 또한 변형될 수밖에 없었다. 그래서 필자는 한국 민주주의를 대동적 민본주의를 계기로 이루어진 서구 공화주의의 문화적 번역에 따른 결과물로 이해하면서, 그것을 대동민주주의라는 개념으로 명명하자고 제언했다. 실제로 민주주의를 자유민주주의나 선거민주주의와 동일한 것으로 바라볼 필요가 없는 것처럼, 민주주의와 공화주의가 서구 역사에서만 내재적으로 발전하여 비서구 사회에 전파된 것이라고 보는 관점만큼 위험한 생각도 없다. 즉 민주주의의 고향은 서양이며 그것은 본래 서양적인 것이라는 믿음, 그러니까 민주주의는 비서구 문화에는 어울리지 않은 이질적인 것이라는 믿음은 신화에 지나지 않는다. 물론 그렇다고 해서 서구 근대가 민주주의 사상과 제도의 발전에서 이룩한 나름의 성취를 부정하려는 것은 아니다. 다만 다른 문명과의 접촉이나 다른 문명으로부터의 영향이 없이 서구 홀로 민주주의나 과학기술문명을 발전시켰다는 믿음은 문화적 본질주의로서 이제 기각되어 마땅하다는 것이다.

오늘날 우리에게 필요한 것은 아마르티아 센이 강조하듯이 "민주주의의 세계적 뿌리"[1]를 인정하는 가운데 다양한 민주주의를 배우고 실험하려는 개방적이고 실용적인 태도일 것이다. 근대 서양에서 크게 발전한 과학기술문

---

1) 아마르티아 센, 『정체성과 폭력』(이상환·김지현 옮김, 바이북스, 2009), 103쪽.

명은 말할 것도 없고, 민주주의나 인권에 대해서도 서구 문화가 그 소유권을 배타적으로 주장할 근거는 존재하지 않는다. 근대 서양의 과학기술문명 발전은 아랍 세계를 통해 서양에 전수된 인도와 중국의 수학 및 과학기술, 예를 들어 나침판과 인쇄술, 화약 등이 없었다면 상상할 수 없다.

마찬가지로 근대 서양 문명을 여는 데 이바지한 르네상스만 해도 아랍 세계를 통해 전수된 고대 그리스 및 로마 문명의 전수가 없었다면 존재하지 않았을 것이다. 그리고 근대 서구 계몽주의의 발전 과정에서 중국의 공자 사상이 끼친 커다란 영향도 무시할 수 없다. 이런 역사적 진실들에도 불구하고 유럽중심주의 및 오리엔탈리즘은 유럽의 타자, 즉 비서구 사회의 역사를 폭력적으로 삭제하면서 근대 유럽의 정체성 형성 과정에 대한 선택적 기억과 선택적 망각을 정당화하고 있다.

그런데 비서구 사회와 민주주의가 양립할 수 없다는 식의 유럽중심주의는, 달리 말해 민주주의는 유럽 문화만의 예외적이고 특권적인 역사적 산물임을 강조하는 사유 방식은 근대 유럽이 내세우는 민주주의와 인권의 보편성 주장과 정면으로 대치되는 것이기도 하다. 이런 치명적인 논리적 모순과는 별도로, 우리는 민주주의가 서양의 고유한 것이라는 주장이 얼마나 동양이나 아프리카 등의 세계가 형성해 온 독자적인 민주주의에의 길을 심각하게 왜곡하고 있는가에 대해서도 주목할 필요가 있다.

예를 들어 남아프리카공화국의 위대한 지도자 넬슨 만델라(Nelson Mandela, 1918~2013)는 1962년 법정 진술에서, 아프리카 흑인 해방과 자유로운 사회에 대한 자신을 포함한 전체 아프리카인들의 열망은 서구로부터 이식된 외래적인 것이 아니라 자신이 태어나고 자란 아프리카의 역사 속에 이미 자리해 있던 것임을 다음과 같이 웅변하였다.

오래전 제가 어렸을 때, 트란스케이의 고향에서 저는 부족의 장로들이 백인들이 오기 전의 좋았던 과거에 대해 나누는 말씀들을 들었습니다. 그때 우리 민족은 자신들의 왕과 신하들의 민주적인 통치하에서 평화롭게 살고 있었으며, 어떤 장애물도 없이 이 나라 어느 곳이든 자유롭고 자신 있게 돌아다닐 수 있었습니다. 이 나라는 명실상부하게 우리의 나라였습니다.…… 이 나라의 초기 아프리카 사회의 구조와 조직 이야기는 제게는 무척이나 매혹적이었고 저의 정치적 견해를 키우는 데 큰 영향을 미쳤습니다. 당시 주요 생산수단이었던 땅은 전 부족의 소유였고, 어떤 형태의 개인 소유도 존재하지 않았습니다. 계급도 없었고, 빈부도 없었으며, 인간에 의한 인간의 착취 따윈 없었습니다. 모든 사람이 자유롭고 동등했으며, 정부는 이 같은 원칙에 기초하고 있었습니다. 이 보편 원칙에 대한 인식은 '임비조'(Imbizo) 또는 '피초'(Pitso) 또는 '크코틀라'(Kgotla)라고 다양하게 불리는, 부족의 일을 통치하는 기구인 의회의 헌법에 잘 나타나 있습니다. 의회는 완전히 민주적으로 운영되고 있었습니다. 모든 부족 성원들이 논의 과정에 참여했습니다. 부족장과 신하, 전사와 의술인 모두가 참여하여 결정에 영향을 미칠 수 있도록 노력했습니다. 이 기구는 대단히 비중이 있었고 영향력이 커서, 의회의 논의를 거치지 않고는 어떤 중요한 결정도 내려질 수 없었습니다. 물론 그 사회에는 원시적이고 불완전한 것이 많았습니다. 결코 오늘날의 요구에 부합할 수 있는 사회는 아니었습니다. 그러나 어느 누구도 노예와 굴종의 삶을 살지 않고 빈곤과 궁핍, 불안이라고는 더 이상 존재하지 않는 혁명적 민주주의의 씨앗은 바로 그런 사회에서 태동합니다. 이것이 오늘날까지 우리의 정치투쟁에서 나와 나의 동지들에게 영감을 불어넣어 주는 역사입니다.[2]

넬슨 만델라의 법정 진술에서 우리는 민주주의와 인간의 존엄성과 평등의 이념이 서구 사회에만 특유한 것이 아니라는 점을 알게 된다. 더구나 서구 여러 나라에서 일반적으로 실행되고 있는 민주주의의 특정한 형태, 이를테면 선거민주주의를 민주주의 그 자체 혹은 민주주의의 최고의 형식으로 보는 것은, 민주주의에 대한 특권적 지위와 관점을 요구하는 것이나 다름없기 때문에 오히려 민주주의 정신에 근본적으로 반하는 것이다. 그 어떤 나라나

---

2) 넬슨 만델라, 『만델라 자서전: 자유를 향한 머나먼 길』(김대중 옮김, 두레, 2013), 482~483쪽.

지역도 민주주의에 대한 해석과 이해의 특권적 독점권을 주장할 근거는 없다. 이와 더불어, 민주주의를 실현하는 특정한 제도적 형태를 민주주의의 궁극적 표현으로 주장하는 것 역시 삼가야 할 것이다.

그리고 헤겔이 인류 역사의 궁극적 목표가 실현된 것으로 바라본 서구 근대의 이성적 인륜성은 여전히 민주적 인륜성은 아니었다는 점도 아울러 강조하고 싶다. 헤겔이 그린 이성적 인륜성의 최고 형식인 국가는 결코 민주적인 것이 아니었지만, 이곳은 헤겔의 국가가 얼마나 민주적인가를 다루는 자리가 아니기에 단지 그에 대한 악셀 호네트(Axel Honneth)의 입장만을 인용해 보겠다. 호네트가 보기에 헤겔의 이성적 국가에서는 "정치적 공공성의 이념이나 민주적 의지 형성의 표상에 관한 미미한 흔적조차 발견되지 않는다."[3]

인륜성 개념이 이미 보여 준 바처럼, 조선 사회에서 일어난 유교적 인륜성은 유교적 사유 방식의 생활양식화 혹은 습속화를 의미하는 것이었다. 이렇게 일상생활과 정치·사회적 질서 및 제도 그리고 그것을 정당화하는 규범의 습속화는 서양 근대 문명과의 대결과 그것의 창조적 전유를 가능케 했던 전제조건이었다. 그렇기 때문에, 비록 유교적 습속화, 유교적 인륜성이 결여되어 있던 일본 사회가(우리는 앞 장에서 에도시대 일본에는 유교 문화가 일상의 문화로 뿌리내린 적이 없음을 보았다) 재빨리 근대 서양 문명을 받아들이는 데 성공한 것과는 달리 조선은 망국과 식민 지배의 아픔을 겪을 수밖에 없었지만, 그런 가운데서도 우리 사회는 유교 문명의 정신을 바탕으로 제국주의 침략과 식민 지배에 저항하면서 서구의 민주공화주의를 자주적으로 수용할 수 있었다. 달리 말하자면, 후쿠자와 유키치나 마루야마 마사오와 같은 유럽중심주의를 자명한 것으로 받아들인 사람들이 비판한 것처럼 유교적 인륜성이 서구 근대 문명의 안티테제로서 작용한 것은 결코 아니었다. 그것은 오히려 서구 근대의 식민지적 폭력성을 정면으로 응시하면서 그에

---

3) 악셀 호네트, 『비규정성의 고통: 헤겔의 『법철학』을 되살려 내기』(이행남 옮김, 그린비, 2017), 125쪽.

저항하는 과정을 통해 오히려 서구적 민주공화주의의 주체적 전유를 가능하게 한 문화적 지평이었던 것이다.

이렇게 한국은 서구 근대 문명을 문명의 기준이자 표준으로 설정하고 그것을 단순한 방식으로 모방하는 데 그친 일본과는 다른 모습을 보여 준다. 아시아를 멸시하고 침략하는 패도적인 군국주의 국가로 나아갔던 일본은 결국 서구 근대 문명의 물신주의(fetishism)에 빠지고 말았지만, 망국과 식민 지배의 어두운 경험을 뚫고 나온 한국이 오늘날에 이르러 스스로 민주주의를 쟁취하고야 말았음은 우리의 역사가 웅변하는 바이다. 그리고 그러한 한국의 민주주의 정신은 대동적 유교 문명의 정신을 이어받은 것임을 우리는 이미 살펴보았다.

이 자리에서는 한국 민주주의의 증인이며 상징인 김대중 전 대통령이 강조했던, 동아시아의 유교적 민본주의 및 동학사상 등이 민주주의와 친화성을 지님을 밝힌 글의 일부를 인용하고자 한다. 이는 앞서 언급된 넬슨 만델라의 경험과 상당히 유사하다는 점에서도 흥미롭다. 김대중과 넬슨 만델라는 공통적으로 민주주의와 자유를 위한 투쟁과 관련하여 그들 자신의 역사와 전통에서 커다란 영감을 얻고 있었다. 김대중은 싱가포르 전 수상이었던 이광요가 서구적 민주주의는 동아시아에 적합하지 않다고 한 주장을 반박하면서 다음과 같이 말한다.

영국의 정치철학자 존 로크는 근대 민주주의의 기초를 닦은 사람으로 널리 알려져 있다. 로크에 의하면, 주권은 국민에게 있으며 지도자들은 국민들과의 계약에 의거하여 통치권을 위임받는데, 국민은 이 통치권을 철회할 수 있다. 그러나 로크의 이론보다 거의 2천 년 앞서 중국의 철학자 맹자가 그와 비슷한 사상을 설파한 바 있다. 맹자가 주장하는 왕도정치의 이론에 의하면, 왕은 하늘의 아들로서 좋은 정치를 베풀어야 한다는 임무를 하늘로부터 위임받았다. 왕이 악정을 하면 국민은 하늘의 이름으로 봉기하여 왕을 권좌에서 몰아낼 권리가 있다고 했다. 맹자는 심지어 옳지 않은 왕을 죽이는 것까지도 인정했다. 폭군을 죽이는 것이 정당한 것인가를 물었을 때 맹자는,

왕이 하늘에서 위임받은 통치권을 상실하면 더 이상 백성의 충성을 받을 자격이 없다고 말했다. 또 백성이 첫째이고 국가(사직)가 둘째이며 그 다음이 왕이라고 말했다. 중국의 민본정치 철학에 의하면, "민심이 천심이다"라고 했고 "백성을 하늘로 여겨라"라고 가르치고 있다.

한국의 토착신앙인 동학은 그 보다 더 나아가 "인간이 곧 하늘이다"라고 했으며, "사람을 섬기기를 하늘같이 하라"라고 가르치고 있다. 이와 같은 동학 정신은 1894년에 봉건적이고 제국주의적인 착취에 대항하여 거의 50만이나 되는 농민들이 봉기할 수 있는 정신적 영감과 동기를 제공했다. 유교와 불교, 동학의 가르침보다도 더 민주주의의 근본을 찌르는 사상이 또 어디에 있겠는가? 분명히 아시아에는 서구 사상만큼이나 심오한 민주주의 철학이 있다.[4]

김대중과 같이 민주주의를 향한 투쟁의 과정에서 우리 자신의 역사와 전통으로부터 영감을 얻는 태도는 매우 중요하다. 절차적 차원에서나마 우리나라에 민주주의가 어느 정도 정착될 수 있었던 데에는 어쩌면 민주주의와 전통의 상관성을 굳게 믿었던 민주주의 지도자의 태도가 일정하게 이바지 했을 것이라고 추론해 볼 수도 있을 것이다.

지금까지 필자는 한국과 일본의 근대성의 경로와 그 성격의 차이를 규정한 요인을 유교적 인륜성의 유무로 이해해 보았다. 이제 사상의 차원에서 유교 문명과 서구 근대 문명의 상호작용을 민주주의의 유교적 해석에 초점을 두고 살펴보기로 하자.

3. 민본주의와 민주주의 사이의 해석학적 대화

유교적 민본주의와 서구 민주주의 사이의 해석학적 대화는 19세기 후반에

---

4) 김대중, 「문화는 숙명인가」, 『아시아적 가치』(이승환 외 지음, 전통과 현대, 2001), 56~57쪽.

이르러 조선만이 아니라 중국과 일본에서도 등장한 공통의 현상이었다.[5] 예를 들어 동아시아의 많은 유학자는 영국의 대의제도나 미국의 대통령제를 요순 성왕 시절에 실현되었던 대동의 정치체제를 제도적으로 구현하는 것으로 보았다. 다시 말해, 변화하는 상황에서 동아시아의 많은 유학자는 선거를 통한 대통령 선출, 즉 최고 권력자의 지위를 세습하지 않는 것에 대해 천하를 천하 사람들 공공의 것으로 삼는 천하위공의 유가적 대동 이상과 무위無爲의 정치가 제도화된 것으로 인식했다.

요순의 무위정치 및 천하위공의 시각으로 서구 민주주의를 바라보는 조선과 일본의 사례를 간단하게 언급해 보자. 조선의 경우 해학海鶴 이기李沂 (1848~1909)의 글 하나만을 언급해 보겠다. 그는 「급하게 해야 할 여덟 가지 제도에 대한 논의」(急務八制議)에서 다음과 같이 주장한다.

> 지금 세계에서 독립된 국가로 부르는 나라가 많은데, 그 정치적 체제는 크게 세 가지가 있으니 공화, 입헌, 전제이다. 우리 동양에서는 일찍이 이러한 이름들이 없었으나 그러한 시대가 있는가 하는 것에 대해 고찰을 해 보면, 당우唐虞 이상의 시대는 공화의 통치 시대이며, 삼대三代는 입헌의 통치 시대이며, 진한秦漢 이하는 전제의 통치 시대라 할 수 있다. 이 세 가지 가운데 가장 좋은 정치제도는 공화이며, 가장 나쁜 것은 전제라 할 수 있다. 성인聖人이 다시 통치를 하게 된다 할지라도 반드시 그 선택할 바가 있을 것이다.[6]

에도막부 말기와 메이지유신 초기의 저명한 유학자 요코이 쇼난(橫井小楠, 1809~1869)의 다음과 같은 주장도 함께 읽어 보자. 그가 1860년에 쓴 글 중의 일부분이다.

> 미국에서는 워싱턴 이래로 세 가지 제도를 세웠으니(워싱턴이 은퇴할 때의

---

5) 나종석, 『대동민주유학과 21세기 실학』, 272~273쪽 참조 바람.
6) 이기, 「급하게 해야 할 여덟 가지 제도에 대한 논의」(急務八制議), 『양원유집/해학유서/명 미당집/소호당집/심재집』(차용주 역주, 고려대학교 민족문화연구소, 1993), 111쪽.

고별 연설을 가리킴), 첫째는 천지간에 참담하고 지독한 것은 살육을 넘는 것이 없으니, 천의에 따라 천하 전쟁을 멈출 것을 의무로 삼는다. 둘째는 지식을 세계 만국에서 취하고 치교治教를 도울 것을 의무로 한다. 셋째는 전국의 대통령의 권병權柄은 가장 현명한 이에게 양보하여 자식에게 전하지 않고 군신의 뜻을 폐하며 오로지 공공화평을 의무로 한다. 정법과 치술 기타 백반의 기예, 기계 등에 이르기까지 범지구상에서 선하고 아름답다고 일컫는 것은 모조리 취해 나의 것으로 삼아서 크게 호생好生의 어진 풍속을 일으킨다. 영국에서는 정체政體의 첫 번째 가는 것이 민정民情에 의거함이니, 관이 행하는 것은 크든 작든 반드시 민과 논의하여 그 편의에 따르며 바라지 않는 바를 강요하지 않는다. 전쟁이나 우호를 맺는 것 역시 그러하다. 그래서 러시아와 싸우고 청나라와 전쟁한 수 년 동안 사상자가 무수하고 수만의 비용을 모두 민에게 취했어도 한 사람도 원망하는 일이 없었다. 그 밖에 러시아를 비롯하여 각국 대부분은 문무 학교는 물론 병원·유원·아농원啞聾院 등을 설립해서 정교를 모두 윤리에 의하여, 생민을 위하여 행함에 급하지 않음이 없었다. 거의 삼대의 치교에 부합하는 데 이르렀다.[7]

조선과 일본의 유학자가 공동으로 보여 주는 이 현상을 어떻게 이해해야 할까? 혹자에게는 이런 현상이 견강부회하는 절충적 시도로 여겨질 수도 있다. 그러나 그런 식의 접근 방식은 역사적 사건을 이해하는 데에는 적절하지 않다. 유교적 문명 의식을 매개로 하여 요순의 이상과 서구 민주공화주의 사이의 공통성을 밝히는 작업이 지니는 해석학적 번역 행위의 고유성을 시야에서 놓쳐 버리기 때문이다. 그러므로 필자는 공자의 '술이부작述而不作' 정신과 가다머의 해석학 사이의, 특히 해석학적 경험 사이의 공통성을 논의의 실마리로 삼아서 유교적 대동 이념을 바탕으로 하여 발생한 서구 민주주의에 대한 유교적 번역 행위의 의미를 반추해 보고 싶다.

대동과 민주주의의 이중적 전환은 해석학적 경험으로 발생한 사건, 즉 문화적 번역 행위의 산물이다. 요순이 통치하던 시절인 대동세계에 대한

---

7) 와타나베 히로시(渡邊浩), 『일본정치사상사: 17~19세기』, 358쪽에서 재인용함.

선이해는 서구 근대의 민주주의 및 공화주의를 적극적으로 받아들이는 계기로 작동한다. 우선, 한말 이후 서구 근대의 민주적 정치제도를 접하게 되었을 때, 많은 조선의 유학자들은 유교적 대동세계와 공화주의 및 민주주의 이념 사이의 친화성을 깨닫게 된다. 더 나아가 민주주의를 대동적 세계 이해의 틀로 해석하는 과정에서 유학자들은 정치 세계에 대한 기존의 민본적 인식 틀의 문제점을 성찰하면서 유가 경전의 의미를 새롭게 새길 기회를 얻게 된다. 그리고 이를 통해 유교적 대동세계에 대한 전통적 이해방식으로는 명료화할 수 없었던 시야를 확보하게 된다. 결국 그런 확장된 시야와 새로 획득된 관점은 서구 민주주의는 물론이고 전통적인 민본주의 이념에 대해서도 기존 이해를 생산적 방식으로 수정하거나 확충할 수 있게 한다.

이제 조선의 유자들은 정치에 대한 선이해의 편협성을 자각하고 대동적 민본주의 속에 들어 있는 공화주의적·민주적 잠재성을 적극적으로 발전시킬 수 있게 된다. 동시에 그러한 선이해의 확충과 변형은 서구중심주의의 편견, 달리 말해 동양 사회와 민주주의는 본질적으로 친화적이지 않다는 오리엔탈리즘적 선이해의 한계를 직시하도록 만든다. 그렇다면 의회제나 대통령제와 같은 서구 근대 정치제도에서 유학자들이 천하위공의 대동 이상에 어울리는 것을 발견하는 현상도 결코 견강부회와 같은 것으로 폄하될 성질의 것이 아니다. 그런 과소평가는 전통에 바탕을 두고 다른 방식의 세계 이해를 바라보는 것을 전통에 의한 제약으로 여겨서 그런 제약을 부정적인 것으로만 바라보는 태도에서 기인한다. 그것은 해석학적 경험에 관한 몰이해의 표현에 지나지 않는다.

우리가 처해 있는 역사적·문화적 소여성은 이해의 장애물이 아니라, 오히려 이해를 가능하게 해 주는 전제조건이다. 사람이 특정한 전통, 즉 특정한 언어 공동체 속에서 태어나듯이 자신이 처한 삶의 환경으로부터 완전히 벗어난 상태에서 세계를 경험하는 사람은 존재하지 않는다. 다시 말해 세계를 경험할 때 일정한 방향 감각을 제공하는 역사적이고 언어적 전통이 없다면, 사람은 무한한 가능성 속에서 헤매다가 막상 아무런 중요한 판단이나 결정을 내릴 수 없게 된다. 그러므로 전통을 인간의 자유를 불가능하게 만드는 억압적인 것으로 바라보면서 자유와 전통을 양립할 수 없는 대립 관계로 바라보는 태도가 지니는 위험성에 대해서도 비판적 거리두기가 필요하다.

서구 근대의 민주적 정치제도라는 이질적이고 낯선 타자를 직면하게 되었을 때, 유학자들이 그런 타자를 요순의 대동적 이상세계와 친화적인 것으로 번역하는 행위는 자연스러운 해석학적 경험의 과정이라고 했다. 그런데 마찬가지로 서구 근대의 민주적 정치제도를 접하게 되었을 때 전통에 의해 제약된 특정한 선이해는 기존의 이해를 넘어 새로운 방식으로 서술하고 설명할 기회를 얻기도 한다. 과거의 이해는 사람이 세계를 경험할 때 깊은 영향을 주지만, 그런 영향은 그저 독단적으로 이루어지는 것이 아니다. 그러니까, 전통에 대한 존중과 전통에 대한 의존성, 즉 수용자의 호고好古적 태도는 기존의 해석을 기계적으로 반복하는 것이 아니라, 텍스트의 이념과 주장을 재해석하여 기존의 선이해와 다른, 혹은 그보다 더 좋고 풍부한 이해를 추구하는 행위를 배제하지 않는다.

이렇게 본다면 유학의 상고주의는 인간의 정신을 노예화하는 학설에 불과하다는 후쿠자와 유키치 및 마루야마 마사오의 주장은 철학적 사유에서 결정적으로 무언가 중요한 것을 놓치고 있는 것으로 드러난다. 그들은 옛것을 좋아하는 마음, 다시 말해 전통의 권위에 대한 존중과 인정을 전통에 대한 맹목적 복종과 혼동한다. 가다머가 말하듯이 권위는 "타인의 인정"에서 우러나오는 것이기에 "권위의 의미는 맹목적인 명령이나 복종과는 전혀 무관하다."[8] 그런데도 후쿠자와 유키치나, 그를 근대 일본 최대의 계몽주의자라는 신화를 만드는 데 크게 이바지한 마루야마 마사오는 유럽의 전통에 대한 서구 근대 계몽주의의 비판을 무비판적으로 수용하면서 그것을 유학 사상의 전통을 비판하고 폄하하는 데 활용하고 있다. 그런데 서구 근대

---

8) 한스 게오르크 가다머, 『진리와 방법: 철학적 해석학의 기본 특징들』 2, 144쪽.

계몽주의는 전통과 역사와 관련해 치명적 한계를 보여 준다.

가다머가 지적하듯이 서구 근대 "계몽주의의 핵심적 본질을 이루는 선입견이란 일체의 편견 자체를 무시하는 또 다른 선입견으로, 그로 인해 역사적 전통의 권위는 완전히 박탈된다."[9] 이처럼 일본의 근현대를 대표하는 지식인인 후쿠자와 유키치와 마루야마 마사오는 계몽주의의 편견, 이를테면 전통 대 자유 및 이성의 이원론적 대립 틀을 그대로 무비판적으로 고수하면서 동아시아 및 일본의 유교적 전통을 싸잡아 야만으로 기각하는 오류를 범한다. 이렇게 본다면 후쿠자와 유키치에게서 드러나는 아시아에 대한 무시와(일본 대중에 대한 험담과 멸시는 말할 것도 없고), 고루한 유교주의로 야만의 상태에 빠져 있는 아시아(조선)를 무력과 전쟁을 통해 문명개화의 길로 나가도록 강제해야 한다는 식의 제국주의적 논리도 이런 계몽주의의 독단적 태도에서 비롯된 것으로 이해할 수 있을 것이다.

인간은 자신이 속한 사회와 문화의 역사 속에서 세계에 대한 특정한 이해를 전승받아 오다가 새로운 상황에 직면하게 되면 기존의 이해를 비판적으로 검토하여 더 나은 방향으로 수정해 가지만, 서구 근대 계몽주의의 독단과 한계에 대한 비판적 성찰이 없는 사유 방식에서는 이러한 사실이 주변화되고 은폐되어 버릴 수밖에 없다. 사람을 노예의 정신으로 만들어 버리는 전통은 파괴되어야 마땅한 악습에 지나지 않는다고 바라보는 태도야말로 해석학적 경험의 생산성 자체를 불가능하게 만들어 버리고 만다고까지 이야기할 수 있다. 여기에서 상세히 언급할 수는 없지만, 이런 해석학적 경험에 대한 몰이해가 바로 근대 일본 사상이 보여 준 서구중심주의의 단순반복 현상을 이해할 수 있는 실마리이기도 하다. 전후 일본은 계몽주의에 내장된 유럽중심주의의 폭력성과 대결하지 못한 채 서구 민주주의를 바람직한 일본 사회의 모델로만 받아들였는데, 이는 결국 앞서 강조한 바와 같이 일본 사회로 하여금 아시아 멸시와 아시아 침략, 식민 지배 등의 문제를

---

9) 같은 책, 151쪽.

비판적으로 성찰하지 못하게 한 제약이 되고 말았다.

그런데 거듭 강조하듯이, 전통 속에서 살아간다는 것은 전통의 노예가 됨을 뜻하는 것이 아니라 늘 새로운 상황 속에서 기존의 것을 재음미하고 비판하는 계기에 개방적임을 뜻한다. 가다머가 적절하게 주장하고 있듯이 "텍스트의 의미를 재발견하는 과정에서는 해석자 자신의 생각이 함께 작용해야 한다."[10] 그래서 우리는 대통령제라는 낯선 현상을 자신에게 익숙한 요순 성왕의 이상세계에 어울리는 것으로 바라본 유학자들이야말로 해석학적 경험을 통해 자신의 사유 지평을 쇄신해 낸 진정한 의미의 자유로운 정신의 소유자임을 알게 된다. 자신에게 이미 익숙하고 친숙한 것으로써 낯선 것을 번역하는 행위를 통해 기존의 것에 관한 새로운 인식을 전개했기 때문이다. 이렇게 획득된 전통에 대한 새로운 인식이 기존의 해석을 고수하고자 하는 유자들의 입장과 부딪쳐 격렬한 갈등에 처하게 된 것도 우연이 아니다. 이런 의미에서 볼 때, 서구의 민주공화정을 해석학적으로 전유하면서 획득된 천하위공에 대한 새로운 인식이 요순 성왕에 대한 정통 성리학자들의 이해보다 훨씬 더 그 의미를 적절하게 이해한 것이라고도 하지 못할 까닭이 없다.

서구 근대 민주공화정이라는 낯선 사태를 자신에게 익숙한 대동적 이상세계의 구현이라는 전통적 이해방식으로 재해석하는 행위를 통해 기존 전통에서는 인식할 수 없었던, 그렇지만 그 전통 속에 함축되어 있던 민주적이고 공화주의적인 계기는 명시적으로 드러나게 되었다. 새로움을 익숙한 것으로 번역하는 행위를 통해 발생하는 그 익숙한 것의 변형 과정을 공자의 언어로 표현한다면 "옛 성인의 말을 이어받아 전할 뿐 자신의 주장을 새로이 만들어 내지 않는다"라는 '술이부작述而不作'의 정신이 아닐까 생각한다.[11] 그러니까 술이부작이란 유가적 해석학이라고 보아도 되지 않을까 싶다. 달리 말하자면, 공자의 술이부작 정신은, 낯섦과 친숙함의 상호공속성 혹은 낯선

---

10) 같은 책, 308쪽. 같은 책 425쪽도 참조 바람.
11) 『논어집주』, 126쪽.

것과 친숙한 것 사이의 연계성을 확보하는 매개적 수행 능력이 문화적 존재인 인간에게 결정적 의미를 지니고 있음을 보여 준다.

4. 공자의 술이부작 정신과 가다머의 해석학

유가적 해석학으로서의 '술이부작述而不作'은 옛것을 그저 우상숭배 하듯이 그대로 후세에 전한다는 것을 의미하지 않는다. 옛 정신을 제대로 이어받기 위해서라도 우리의 정신은 깨어 있어야 한다. 옛 성왕이 사회적으로 구현해 놓은 제도나 규범의 뜻이 무엇인지를 성찰함으로써 성왕의 도를 이어받는다는 점에서, 이미 전승 과정에는 전승의 의미를 이해하고 해석한다는 측면에서의 주체적 활동의 계기가 포함되어 있다. 그런 점에서 노예적인 정신, 순응하는 정신으로는 전통의 의미를 제대로 음미할 수 없을 것이다.

따라서 술이부작이 인간의 창조적 행위를 거부하는 것은 결코 아니다. 거부한다면 그것은 무로부터의 창조만을 인간의 창조성으로 인정하는 관점이 될 것이다. 그러니까 술이부작이란, '술述'이 없는 작위성은 인간의 역사적 삶에서 사회적 병리 현상을 초래할 위험한 것이라고 보고 그런 무분별한 창작 행위가 안고 있는 파괴적 경향을 경계한 것으로 이해할 수 있다. 이와 관련해 우리는 "옛것을 잊지 않고 새것을 알면 스승이 될 수 있다"라는 공자의 말을 기억할 필요가 있다.[12]

필자는 옛것(성인의 말씀이나 도)을 서술할 뿐 지어내지 않는다는 말에서의 술述, 즉 과거의 것(전통)을 말이나 글로 전함이라는 것은 해석학적인 이해에 해당하는 것으로 볼 수 있다고 주장하고 싶다. 그 이해는 늘 시간적 간격을 두고 전통의 의미가 무엇인지를 새롭게 해석함으로써 그것에 지속적인 생명력을 부여하는 행위이기 때문이다. 이를 좀 더 설명하기 위해 우선

---

12) 같은 책, 41쪽, 「위정」 11.

다음을 확인할 필요가 있을 것이다.

옛것을 서술할 뿐 지어내지 않는다는 의미의 '술述'에서 보듯이, 공자는 과거나 역사 혹은 전통의 권위를 인정한다. 그는 전통의 존중이 인간의 삶에서 매우 중요함을 긍정하고 있다. 이를 가다머의 해석학의 틀로 설명해 본다면, 공자도 해석학적 이해의 전제조건이라 할 '해석자 자신이 전통 속에 존재하는 인간이라는 점'을 긍정하고 있다. 그런데 공자와 가다머가 전통을 존중한다는 것은, 실제로 전통이 우리 자신의 삶과 견해 형성에 영향을 주고 있다는 점과, 그런 전통의 영향으로 형성된 우리의 시각, 가다머의 용어로 한다면 선이해(Vorverständnis) 내지 선입견(Vorurteil)이 이해의 불가결한 선행 조건임을 받아들이고 있다는 뜻이다.

이와 같은, 전통에 의해 형성된 우리의 시각이 새로운 이해 추구의 본질적 구성 요소라는 점을 인정하는 것을 전통에 대한 무조건적인 승인으로 보는 것은 단견이다. 자신의 시각이 전통에 의해 규정되고 있음을 인정하는 것은 자신의 현재 관점이 지니는 역사적 상대성을 자각하고 그것이 편협한 것일 수 있음을 인정하는 개방적 사유 태도와 이어지기 때문이다. 이런 맥락에서 가다머의 다음과 같은 주장은 공자의 술이부작 정신을 이해하는 데 유용한 실마리를 제공한다.

텍스트를 이해하려는 사람이 텍스트의 의미를 줄곧 흘려듣지 않으려면 처음부터 자기 선입견의 우발성에 휘둘리지 말아야 한다. 그러다 보면 텍스트의 의미를 새겨듣지 않을 수 없게 되고, 내가 이해했다고 잘못 생각했던 것들이 허물어지게 될 것이다. 텍스트를 이해하려는 사람은 텍스트 스스로가 말하게 할 마음의 자세를 가져야 한다.…… 다만 텍스트 자체가 내 생각과 다른 의미를 드러내고 텍스트의 객관적 진실이 나의 선입견을 극복할 수 있다는 가능성을 열어놓기 위해서는, 나 자신이 선입견을 갖고 있다는 사실 자체를 자각하고 있어야 한다.[13]

---

13) 한스 게오르크 가다머, 『진리와 방법: 철학적 해석학의 기본 특징들』 2, 142쪽.

이처럼 텍스트(전통)의 의미를 제대로 이해하는 작업에 필수적으로 요청되는 것은 자신이 전통의 영향 속에서 존재하는 유한한 정신임을 자각하고 텍스트에 대한 자신의 선이해가 편협한 이해일 수 있다는 점을 성찰하는 열린 마음 자세이다. 이런 수정 및 확충 과정은 사실 해석학적 경험과 도야(교양, Bildung)에 해당한다고 할 수 있다. 공자의 언어로 표현한다면 도덕적 자기수양이 될 것이다. 사람이 자기의 도덕적 잠재력을 도야·육성하는 것을 유가에서는 '자신을 닦음'(修己)이라 하기 때문이다. 그런데 자기수양의 길은 배움(學)의 길에 다름 아니다. 뒤에서 다시 언급하겠지만, 공자에게 있어 배움이란 자신에 속한 사회의 전통적 제도나 규범을 익히고 학습하여 그 전통의 정신을 변화된 상황 속에 생생하게 구현함을 뜻하는 것으로 이해할 수 있다.

이런 맥락에서 볼 때 공자에게서의 예禮와 인의 관계도 새롭게 이해된다. 주지하듯이 『논어』 「학이」편 첫 구절은 "배우고 그것을 때에 맞게 익히면 기쁘지 않겠는가"라는 공자의 말로 시작된다. 여기에서의 배움이 무엇인가에 대해서는 다양한 학설이 존재한다. 일례로 미야자키 이치사다는 『논어』 첫 구절에 등장하는 배움의 대상을 '예禮'로 본다. 그는, 배운다는 것은 예禮를 배우는 것이라고 말한다.[14] 그런데 주희는 "학學이란 말은 본받는다는 뜻"이라고 하여, 배움을 사람의 도덕적 본성의 깨달음과 연결시켜서 이해한다. 그리하여 그는 다음과 같이 말한다. "사람의 본성은 모두 선善하지만 그것을 아는 데에는 먼저 하고 뒤에 함이 있으니, 뒤에 깨닫는 자는 반드시 선각자先覺者의 하는 바를 본받아야 선善을 밝게 알아서 그 본초本初를 회복할 수 있다."[15]

그런데 미야자키 이치사다의 해석과 주희의 해석은 겉보기와 달리 크게 다르지 않다는 것이 필자의 생각이다. 예를 배워서 이르려는 궁극적 목적이 군자 즉 이상적 인격의 경지이기 때문이다. 누구나 배움을 통해 노력하면

---

14) 미야자키 이치사다, 『논어』(박영철 옮김, 이산, 2009), 17쪽.
15) 『논어집주』, 17쪽.

달성할 수 있는 이상적 인격으로서의 군자는 주희의 말대로 하면 인간의 도덕적 선함을 탁월하게 체화한 모범적 인물이라고 해도 틀린 말이 아니다. 그런 모범적 인물의 궁극적인 목적이 수신修身을 통해 제가치국평천하齊家治國平天下에 이르러 온 백성의 삶을 온전하게 하는 데에서 종결된다는 것은 이미 언급한 그대로이다. 그리고 백성의 삶을 온전하게 하는 데에는 당연히 예적 질서와 제도의 도움이 필요하다. 예제란 결국 위대한 성인들이 이룩한 전통이라고 보아도 좋을 것이다. 그렇다면 배움이란 이런 모범적 인물의 삶과 가르침이 구현된 예제와 전통에서 계발을 받아 자신의 도덕적 본성을 충분하게 발현할 길로 나가는 행위임을 알 수 있다.

'예제禮制'라는 표현에서 보듯이 예는 사회 구성원에게 오랜 세월에 걸쳐 습속화되어 있는 생활 습관과 행위의 객관적 규범 일반, 즉 간단하게 말해서 사회 구성원 전체에 의해 승인된 전통적 생활양식을 뜻한다. 이런 점에서 두유명은 예를 "일반적으로 사회적, 윤리적, 종교적 절차의 올바른 행위에 대한 규범과 기준을 지시한다"라고 말한다.16) 그런데 전통적 생활양식을 배워서 자신의 것으로 만든다는 것(배우고 배운 것을 반복해서 익히는 것)이 그저 단순하게 그런 관행을 기계적으로 반복한다는 것을 뜻하지는 않는다.

그런데 사회적 관행이자 행동 규범인 예는 자칫하면 인간성을 소외시키는 외적 강제 규범으로 변질될 수 있다. 그러므로 공자에게 중요한 것은 전통적인 사회 규범인 예의 근본정신을 깨닫고 그것을 상황에 적합하게 실행에 옮길 줄 아는 역량이다. 그리고 그런 역량이란 공자에게서는 다름 아닌 인仁이었던 것이다. 달리 말하자면, 사회적 전통과 관습이 굳어져 버린 탓에 사람을 해치지 않고 생명을 존중하는 마음이라는 의미의 근본정신인 인이 사라지게 된다면 예 또한 존재의 의미가 없을 것이라는 말이다. 인간 역사 경험의 총체라 할 예에는 인간을 인간답게 만드는 도 즉 인仁이 구현되어 있는데, 이런 도를 파악하는 것이 진정한 의미의 배움의 목적이라는 것이다.

---

16) 두유명, 『뚜웨이밍의 유학 강의』, 127쪽.

이렇게 예의 근본정신을 인仁에서 구하는 공자의 사상은 관습적 규범에 대한 맹목적 수동이나 노예적 굴종을 넘어서 인간의 도덕적인 주체 의식을 발양시키고 있다.

그렇지만 인간이 걸어가야 할 도道인 어진 마음은 과거 전통문화의 본보기를 참조하여 자신의 것으로 만들지 않고서는 제대로 도야될 수 없다. 이런 점에서 인은 예의 습득, 즉 역사적으로 전승되어 오는 전통 속에서의 사회화 과정에 의존하고 있다. 수신修身을 예로 들어 보자. 자기수양은 거친 욕망의 분출을 제어하지 않으면 이루어질 수 없는데, 성욕은 말할 것도 없고 가까운 사람이 사망했을 때 일어나는 걷잡을 수 없는 감정의 분출도 해로운 결과를 초래할 수 있다. 이런 경우 절제된 슬픔의 표현을 할 수 있도록 훈련, 교육시키는 것이 바로 상례喪禮일 것이다. 이런 점에서 공자는 늘 인과 더불어 예를 강조했던 것이라 여겨진다. 필자는 인과 예, 그리고 배움의 관계에 대한 벤자민 슈워츠의 다음과 같은 해석에 동의하지 않을 수 없다.

> 넓은 의미의 학습은 적어도 인류의 과거에 관한 중요한 경험적 지식의 통달, 이 경험적 지식에 새겨져 있는 통일된 시각에 대한 이해, 이 지식을 현재의 삶에 대한 판단에 적용할 수 있는 능력을 포괄한다.…… 특별히 안회에게서 우리는 '전체적 진리'에 대한 직관적 파악이나 이해가 인 속에 구현된 근본선의 성질과 융합됨을 지각한다.[17]

『논어』「자한」편 5에서 공자는 광 땅에서 절체절명의 위기를 맞게 되자 제자들에게 다음과 같이 말했다. "문왕이 돌아가신 뒤에 문화가 나에게 있지 않느냐? 하늘이 장차 이 문화를 없애려 한다면 뒤에 죽을 나 또한 이 문화에 참여하지 못할 것이다. 하늘이 만약 이 문화를 없애려 하지 않는다면 광 땅 사람들이 나를 어찌하겠느냐?"[18] 이처럼 공자는 자기 삶의 의미를 문화의 보존에서 구하고, 그런 뜻을 하늘이 자신에게 부여한 것으로까

---

17) 벤자민 슈워츠, 『중국 고대 사상의 세계』, 154쪽.
18) 『논어집주』, 167쪽.

지 생각한다. 그가 요순·삼대의 문화에서 국가·사회의 이상적 질서와 도덕적 인간의 모범을 발견하여 그 정신을 난세에 되살리고자 했던 것도 공자에게서 는 인간이 기본적으로 문화 및 전통과 관련된 존재로 이해되고 있다는 점을 여실하게 드러내 준다. 전통과 문화를 벗어난 존재는 인간성을 제대로 구현할 수 없다는 것이 공자의 근본 신념이었다. 이런 점에서도 공자의 사유는 가다머적 해석학과 일맥상통한다고 하겠다.

"전술하기만 하고 창작하지 않으니, 옛것을 믿고 좋아함을 내 적이 우리 노팽老彭에게 견주노라"[19]라는 공자의 말은 그의 사상을 잘 보여 주는 대표적 인 언술이다. 또한 그는 자신을 "나는 나면서부터 아는 자가 아니라, 옛것을 좋아하여 급급히 그것을 구한 자이다"라고 설명한다.[20] 이런 공자 자신의 설명에서 볼 수 있듯이 그는 전통 속에 녹아들어 있는 인간성을 성찰하여 그것을 명료하게 하고자 애를 썼다. 그것이 바로 공자가 추구한 도道이다. 따라서 공자를 "전통문화의 본질적인 정신 중에서 신실한 도를 추구한 구도자"라고 해석한 기무라 에이이치의 견해도 타당하다.[21]

예제로 구현된 전통 속에서 인간성의 모범을 발견하여 이를 좀 더 일반적으 로 이론화하려했던 공자의 시도가 맺은 결실이 인의 도를 세상에 구현하려는 뜻을 궁극의 목표로 삼는 군자의 학문이다. 이상적인 인격으로 재구성되는 군자는 전통 속에서 구할 인간성의 궁극적인 알갱이로 이해되기에 그렇다. 그러므로 필자는, 군자의 학으로 명시화되는 전통 속의 도를 헤겔적인 '역사 속의 이성'에 비유하고자 한다. 물론 헤겔의 이성이, 전통과 역사를 초월해 있는 절대지라는 측면을 제외한, 약화된 의미에서의 역사 속의 이성으로 변경된다면 그렇다는 말이다. 겉보기와 달리, 약화된 역사 속의 이성은 공자의 전통 존중 의식과 그리 다르지 않다.

이렇게 전통 속에 실현되어 뿌리내리고 있는 참다운 문화 정신의 뜻을

---

19) 같은 책, 126쪽, 「술이」1.
20) 같은 책, 138쪽, 「술이」19.
21) 기무라 에이이치, 『공자와 논어』, 54쪽.

되새겨 인간이 삶의 모범으로 삼을 신뢰할 수 있는 도道를 추구하는 작업은 다름 아니라 공자가 그토록 강조했던 배움의 길이다. 공자의 호학好學 정신은 "10호쯤 되는 조그마한 읍에도 반드시 나(丘)처럼 충신忠信한 자는 있겠지만, 나처럼 학문을 좋아하는 이는 없을 것이다"라는 술회에서도 잘 드러난다.[22] 더구나 공자가 평생 추구했던 군자학, 군자의 학문은 모든 사람을 교양 있는 훌륭한 인격자인 군자로 길러내는 것을 목적으로 했다. 그리고 자신에게 전해져 오는 이전 전통을 정리하고 집대성하여 군자의 학문으로 체계화해서 이를 후대에 물려주었음은 우리가 다 알고 있는 사실이다. 만년의 공자가 학교를 열어 전래의 시서예악詩書禮樂을 총정리한 것도 그 기획의 일부였음은 두말할 나위가 없다. 기무라 에이이치에 의하면, 공자가 그 "생애의 최종 단계에서 이룬 문화 사업과 교육 사업이야말로 세계사에 보기 드문 대성공"이었다.[23]

공자가 추구한 군자의 학문과 교육 사업이 보여 주듯이, 전통의 의미를 추구하는 작업은 전통을 무조건적으로 따르는 것과는 관련이 없다. 오히려 공자는 전통의 영향 속에서 살아가는 존재임을 자각하면서 이런 유한한 제약 조건을 새로운 시작의 계기로 삼는 창조적이고 개방적인 정신의 소유자였다. 공자가 추구하는 군자의 삶이 결코 기존의 질서나 시류에 편승하거나 순응하는 태도 혹은 비굴한 노예 정신과 아무런 관련이 없다는 사실은 『논어』「학이」1에서 잘 나타난다. 누구의 귀에나 익숙할 그 구절은 다음과 같다. "배우고 그것을 때에 맞게 익히면 기쁘지 않겠는가. 벗이 먼 지방으로부터 찾아온다면 즐겁지 않겠는가. 사람들이 알아주지 않더라도 서운해하지 않는다면 군자가 아니겠는가."[24] 주위의 평판이나 세속적 성공에만 관심을 기울이는 사람은 제대로 된 이상적인 군자가 되기 어렵다는 말이다. 세상이 자신을 비웃고 경멸할 때도 자신이 추구하는 도를 포기하지 말고 굳건하게

---

22) 『논어집주』, 103쪽, 「공야장」 27.
23) 기무라 에이이치, 『공자와 논어』, 183~184쪽.
24) 『논어집주』, 17쪽.

자주적인 삶을 살아가면서 자신의 부족함이 무엇인지를 더 성찰하고, 이를 바탕으로 친구를 사귀어 급기야는 세상을 좀 더 인간답게 만들도록 애를 써야 한다고 공자는 우리에게 말하고 있다.

실제로 공자는 늘 자신을 연마해서 진정한 벗을 사귀어 우정을 나누면서 이 세상을 요순의 대동세상으로 만들 꿈을 끝까지 포기하지 않았다. 그래서 그는 "남이 자신을 알아주지 못함을 걱정하지 말고, 내가 남을 알지 못함을 걱정해야 한다"라고 제자에게 권고하고 있다.[25] 시류에 편승하고 타인의 시선의 노예에 지나지 않는 사람, 세상에 아첨하며 세상 사람들이 원하는 대로 생각하거나 행동하지 않고서는 견디지 못하는 사람, 이런 부류와는 정반대의 사람들이 바로 공자가 이상적 인간상으로 생각하는 군자이다. 그러므로 공자는 "향원鄕原은 덕의 적이다"라고 비판했고[26], 맹자는 공자의 이 말을 설명하면서 향원에 대해 "'이 세상에 태어났으면 이 세상을 위해 일하고, 그렇게 맞추어 살아가면서 다만 남들이 나에게 좋은 사람이라고만 말한다면 된다'라고 하면서, 결점을 숨기고 세속에 아첨하는 자"라고 지적하고 있다.[27]

공자가 바람직한 인간상으로 본 군자는 결코 세속에 순응하기만 하는 비굴하고 무기력한 존재가 아니라 아주 자립적이고 독립심이 강한 면모를 지니고 있음이 이제 분명해졌으리라 믿는다. 이제 좀 더 구체적인 사례로서 공자가 전통의 노예가 아님을 살펴보자. 이와 관련해서는 공자가 전승되어 온 예禮를 시대에 어울리게 취사선택하는 모습이 중요하다.

예의 본질이 무엇인지 묻는 임방林放에게 공자는 이르기를 "정말 중요한 물음이구나! 예는 사치하기보다는 차라리 검소한 것이 낫고, 상례는 매끄럽게 잘 치르기보다는 차라리 애통해하는 것이 낫다"라고 했다.[28] 여기에서 보듯이 공자는 예의 겉치레보다 그 정신을 더 중요하게 생각했다. 또 공자가

---

25) 같은 책, 31쪽, 「학이」 16.
26) 같은 책, 350쪽, 「양화」 13.
27) 동양고전연구회 역주, 『맹자』, 499쪽.
28) 『논어집주』, 52쪽, 「팔일」 4.

과거의 예를 없애고 고치는 모습도 기록되어 있다. 그는 다음과 같이 말했다고 한다. "베로 만든 면류관이 (본래의) 예이지만 지금은 관을 생사로 만드는데, 이는 검소함이다. 나는 여러 사람을 따르겠다. 당 아래에서 절하는 것이 (본래의) 예이지만 지금은 당 위에서 절하는데, 이는 교만함이다. 나는 비록 사람들과 어긋난다 하더라도 당 아래에서 절하겠다."[29]

공자의 삶이 보여 주듯이 창조적이고 개방적인 마음, 즉 전통과 과거의 목소리에 진지하게 귀 기울이고 그것이 지니는 객관적 의미가 무엇인지를 이해하고자 하는 술이부작의 해석학적 정신이 없이는 인간은 결코 독립적 정신을 지닌 존재로 거듭날 수 없다. 그러므로 이런 해석학적 정신의 발현으로서의 '이해'란 "단지 원래의 창조 행위의 재현에만 그치지 않고 그 자체가 곧 창조적 활동"이 된다고 가다머는 강조한다.[30]

앞에서 보았듯이, 전통의 목소리에 대한 개방성의 확보는 변화된 상황에서 전통으로 하여금 살아 움직이게 만드는 개작과 변형을 수반하지 않을 수 없다. 인간은 역사적 맥락과 상황에서 살아가는 유한한 존재라는 점에서 그렇다. 이는 예의 정신과 관련한 공자의 모습에서만 찾아볼 수 있는 것이 아니다. 그가 군자라는 전통을 이어받으면서도 기존의 군자 개념, 즉 왕의 자식이나 신분이 높은 사람이라는 뜻을 확장하여 그것을 인간이 본받아야 할 이상적인 인간상으로 재규정하는 데에서도 잘 드러난다. 이를 통해 훌륭한 통치자가 갖추어야 할 덕을 지닌 군자는 이제 모든 사람이 추구해야 할 자기수양의 목표로 전환된다.

그러므로 옛 정신을 새로운 변화된 상황에 어울리게, 즉 변화된 상황에 적용될 수 있도록 변형한다는 것은 과거와 현재의 매개와 연속성을 창조하는 행위로 이해될 수 있다. 이런 맥락에서 "이해라는 것은 주관성의 활동이라기 보다는 과거와 현재를 부단히 상호 매개하는 '전통의 전승'이라는 사건 속에 참여하는 것을 뜻한다"[31]라는 가다머의 주장은 공자의 '술이부작'의

---

29) 같은 책, 165쪽, 「자한」 3.
30) 한스 게오르크 가다머, 『진리와 방법: 철학적 해석학의 기본 특징들』 2, 179쪽.

정신을 잘 표현하고 있다고 보아도 무방할 것이다.

그러나 해석학적 이해를 과거와 현재 혹은 옛것과 새것의 상호 대화를 통해 일어나는 전승에의 참여로 파악한다고 하더라도, 그것이 전승의 단순한 반복에 그치지 않는다는 것은 너무나 분명하다. 과거와 현재의 부단한 상호작용을 강조하는 데에서도 알 수 있듯이 말이다. 이와 관련하여 우리는 선입견의 시정을 통해 해석자의 관점이 좀 더 확장되어 가는 것과 마찬가지로 전통도 늘 거듭나면서 풍요로워진다는 점을 간과해서는 안 된다. 이런 점에서 필자는 바로 앞 절에서 서구 근대 민주공화정과 조선 후기에 이르기까지 축적된 유가적 대동 이념 사이의 상호 만남이 대동적 민본주의를 넘어 대동적 민주주의로 변형되고 확충되어 가는 과정에 주목할 것을 강조했다. 전통에 대한 적절한 이해는 전통에 생명력을 부여하여 풍요롭게 해준다는 점에서 이미 과거와 현재의 지평이 융합되는 사건이기도 한 것이다. 달리 말하자면 이질적인 것과 옛것 사이의 상호 작용으로 가능한 전통의 지속과 변형이라는 사건을 우리는 가다머의 해석학적 지평 융합(Horizonverschmelzung)이라는 용어와 연결해 볼 수 있을 것이다.

사실 현재의 지평은 끊임없이 형성되는 과정 속에 있다. 우리는 모든 선입견의 타당성 여부를 부단히 검증해야 하기 때문이다. 무엇보다도 우리 자신의 근원인 전통을 이해하고 과거와의 만남을 시도하는 것이야말로 바로 그러한 검증 과정의 일환이다. 현재와 무관하게 추구해야 할 역사적 지평이 존재할 수 없듯이 현재의 지평 역시 독자적으로 존재할 수 없다. **오히려 이해라는 것은 서로 무관하게 존재하는 것처럼 보이는 상이한 지평들의 상호융합 과정이다.**(강조-가다머)······ 전통이 존속하는 한 그러한 상호융합은 부단히 진행된다.······ 이런 식으로 서로를 부각시켜 주는 상이한 지평들이 존재함으로써 '지평 융합'이라는 말이 성립되지만, 전통 깊숙이까지 자신의 경계선을 설정하는 배타적 지평의 형성은 성립될 수 없다.[32]

---

31) 같은 책, 171쪽.
32) 같은 책, 192~193쪽.

5. 술이부작, 해석학적 주체, 상황 지워진 자유

술이부작의 정신, 이를테면 해석학적 이해의 관점은 인간의 자유와 창조적 행위를 다르게 이해하도록 한다. 토머스 홉스(Thomas Hobbes)의 주장처럼 자유란 외적 강제가 없는 독립으로 이해되든 아니면 이성적 개인의 선택적 행위로 이해되든 개인에서 출발하는 사회계약론적인 근대적 자유 이론이 지니는 중요성을 전적으로 무시할 수 없겠지만 그것의 위험성도 뚜렷하다. 이언 샤피로(Ian Shapiro)가 말하듯이 "개인 권리의 계몽주의적 관념"의 핵심에는 "주권적 행위자 개념" 혹은 "제작자적 이상"에 대한 낙관적 믿음이 존재한다.[33] 존 로크(John Locke)의 "자기소유"(self owning) 개인주의가 이런 제작자적 이상과 주권적 행위자 관념에 그 뿌리를 두고 있음도 사실이다.[34]

여기에서 상론할 수 없지만, 개인주의 특히 주권적 행위자나 자기동일성 주체에 대한 관념은 공동의 자유, 그러니까 인간 삶의 사회성과 역사성의 근원성에 어울리는 연대적 자유를 왜곡시킨다. 찰스 테일러가 적절하게 분석하고 있듯이 원자론적 개인주의와 자연과 세계에 대한 도구적 이성은 함께하면서 공동의 정치적 자유를 주변화하거나 망각하게 만든다.[35] 특히 자유의지를 지니는 주권적 자아의 관념은 헤겔이 지적한 프랑스혁명의 공포정치와도 무관하지 않다. 그것은 이성적 존재인 인간이 세계를 철저하게 개조하여 이성적 기획에 어울리는 사회로 변경시킬 수 있다는 계몽주의의 제작자적 이상의 또 다른 발현 형태이기에 그렇다.

인간은 스스로 만든 것에 대해서만 자유로울 수 있다는 제작자적 이상은 급진적인 자율성 이념의 추구로 나간다. 달리 말하자면, 전통을 인간의 자유를 억압하는 것으로 보면서 이를 철저하게 파괴해야만 비로소 새로운 이성적이고도 자유로운 사회가 탄생할 수 있으리라고 생각하는

---

33) 이언 샤피로, 『정치의 도덕적 기초』(노숭영 옮김, 문학동네, 2017), 195쪽.
34) 같은 책, 141쪽.
35) 찰스 테일러, 『불안한 현대사회』(송영배 옮김, 이학사, 2001) 참조 바람.

급진적 자율성의 추구는 바로 프랑스혁명 당시 자코뱅의 공포정치를 추동한 원동력이었다.[36) 자코뱅의 공포정치가 지닌 파괴적 양상이 급진적 자율성, 즉 헤겔적인 용어로 하자면 "절대적인 자유"의 추구의 필연적 귀결이었다는 점에 대해서는 다음과 같은 찰스 테일러의 분석을 인용하는 것으로 만족하자.

따라서 프랑스혁명에 대한 헤겔의 분석은 그것을 계몽주의의 궁극적 귀결, 그것이 갖고 있는 내적 모순의 극치라고 보고 있다. 계몽주의는 근대에 있어서 인간의 정신화 운동의 정점이다. 그것은 인간이 이성적 의지의 담지자이며, 아무것도 이성적 의지를 방해할 수 없다는 사실을 의식하고 있다. 그것은 그 자신을 모든 '실증적인 것'(positive)으로부터, 즉 한갓 현존하는 제도와 과거의 비이성적 권위의 그 어떤 수용으로부터 해방시켰다. 그러나 그것은 '오성'의 편협한 시각에 의해 맹목적으로 되었기 때문에, 더 커다란 주체[37)의 매체라는 점을 볼 수 없다. 계몽주의는 인간을 단지 이성적인 의지의 원천이라고 정의한다. 그 결과 그것은 이러한 의지에 관한 아무런 내용도 발견할 수 없다. 그것은 단지 파괴할 수 있을 뿐이다. 따라서 그것은 그 자신과 자기 자신의 자식들을 파괴하는 것으로 끝난다.[38)

앞에서 보았듯이 프랑스혁명의 어두운 측면에 대한 헤겔의 진단과 그것에 대한 테일러의 해석은 사실 전통의 권위에 대한 계몽주의의 편견을 성찰하고 있는 가다머의 강조와 상통한다.[39) 하여간 이제 우리에게 필요한 것은 개인주의적 자유관의 전적인 부정이 아니라, 자유에 대한 다른 이해의 추구일 것이다.

---

36) 찰스 테일러, 『헤겔철학과 현대의 위기』(박찬국 옮김, 서광사, 1988), 135쪽 및 195쪽.
37) 자연과 역사 세계를 통해 자신을 실현하는 절대적 이성 혹은 신적 주체를 의미한다.
38) 찰스 테일러, 『헤겔철학과 현대의 위기』, 195~196쪽.
39) 덧붙여 말하자면, 테일러는 루소와 프랑스혁명의 절대적 자유 추구에 대한 헤겔의 비판으로부터 마르크스 비판을 독해해 낸다. 같은 책, 197쪽. 물론 그는 마르크스가 인간을 자연의 모체 속에 있는 존재로 보고 있다는 점에서 부분적으로나마 헤겔의 비판을 피할 수 있었다고 본다. 같은 곳 각주 18 및 242~243쪽 참조 바람.

요약해서 말하자면, 우리에게 필요한 창조적 행위를, 혹은 인간의 자유를 무에서부터 무엇인가를 제작하는 것으로만 이해할 필요는 없다. 오히려 우리에게 진정으로 필요한 창조적 행위란 주어져 있는 역사적 소여성, 달리 말하자면 우리가 태어나서 자라난 전통을 자신의 것으로 전유하여 그 전통에 지속적인 생명력을 부여하는 행위일 것이다. 인간은 스스로 선택해서 태어나는 존재가 아니다. 우연히 속하게 된 공동체나 민족의 언어와 역사, 관습과 제도 등, 통칭하여 전통을 자신의 것으로 습득하는 교양·수양의 과정을 거치지 않고서는 결코 정신적이고 자립적인 존재가 될 수 없다. 공자의 말로 하자면, 인간은 전통을 자신의 것으로 전유하고 자신에게 이질적인 것에 생명력을 부여함으로써 자신의 삶을 풍부하게 하는 배움의 길을 통해서만 비로소 교양 있는 반듯한 사람, 즉 군자가 될 수 있는 것이다. 따라서 인간이 배움을 통해 군자로 된다는 것은 전통과 자신의 관계를 창조적인 방식으로 풍요롭게 할 수 있는 역량을 갖춘 사람으로 거듭남을 뜻한다. 이처럼 전통과 해석은 상호의존적이고 상호공속하는 관계이기에, 전통에 지속적 생명력을 부여하는 행위는 곧 역사적 존재인 인간 스스로 삶을 내실 있고 풍부하게 만드는 자기실현의 행위이기도 하다.

더 나아가, 수기치인修己治人이라는 유가의 핵심 통찰이 보여 주듯이 배움의 길은 정치사회의 변화와 수정을 요구한다. 전통의 지속적 변형을 통해 그 속에서 의미 있는 삶을 구현하는 일은 정치 세계의 변화에도 연결되어 있는 것이다. 군자가 차마 해치지 못하는 마음, 즉 어진 마음(仁)을 정치 세계에 구현하는 것이 인정仁政이다. 공자의 인정은 차마 해치지 못하는 마음을 정치의 본령으로 삼아 세계의 고통과 폭정, 억압 등을 철폐하고 더 나은 세계로 나가려는 굳센 이상주의도 포함한다. 정치가 엉망인 상황에서 인간의 인간다움은 늘 위태로울 수밖에 없기 때문이다. 군주제가 불가피한 상황에서라도 가능하다면 관료로 진출하여 군주의 자의적 권력 행사를 제어함으로써 요순의 이상적 세상에 어울리도록 하려는 것이 공자가 추구하던 군자의 학문의 궁극 목표 중 하나였다.

앞에서 본 것처럼 자신이 우연히 속한 전통과 역사 속에서 전해져 오는 이야기 혹은 언어를 배우고 익혀서 변화된 상황에 적절하게 그것에 늘 새로운 생명력을 부여하는 작업은 인간 사회에서 가장 중요한 창조적인 문화 행위라 해도 지나치지 않을 것이다. 그리고 그런 과정에서 비로소 인간은 자신의 잠재력을 발휘할 가능성을 확보하게 되는 것으로 보아야 한다. 전통의 전유, 간단하게 말해 언어의 습득과 그것의 활성화 행위를 통해서만 인간을 비로소 자유로운 주체로서 행위할 수 있을 것이다. 이때의 주체는 원자론적 주체도 아니고 자기동일적 주체는 더더욱 아니다. 이때의 주체란 전통이라는 언어를 자기화하는 과정 혹은 해석학적 경험을 통해서 비로소 형성되는 주체라는 점에서 해석학적 주체, 달리 말하자면 '술이부작'적인 주체라 할 수 있을 것이다. 이렇게 인간이 해석학적 주체로 형성되는 과정은 다름 아닌 전통의 자기화라는 의미에서 전통과의 계속적 대화의 과정인 해석학적 경험을 통해서만 가능한 일일 것이다. 이런 맥락에서 술이부작적 혹은 해석학적 주체가 누리고 추구하는 자유는 공동의 자유나 연대의 자유라는 이름으로 더 적절하게 표현할 수 있을 것으로 보인다. 찰스 테일러의 용어로 한다면 해석학적 자유는 "상황을 갖지 않는 자유"(situationless freedom) 혹은 헤겔이 비판하던 '절대적 자유'를 넘어서는 "상황 지워진 자유"(situated freedom) 이론으로 보아도 좋을 것이다.[40]

'술이부작'에서의 부작은 새로운 것을 임의적으로 혹은 독단적으로 창작하지 않는다는 것을 의미한다. 그런 독단적 방식의 전통 해석은 역사적 삶의 지평을 완전히 삭제한 공백의 상태에서 무엇인가를 새롭게 시작해 보려는 급진적 사유와 맞닿아 있다. 그렇게 무 속에서 새로운 것을 창조하려는 시도는 무제약적인 절대자, 이른바 무로부터 세계를 창조한 서구 기독교의

---

40) 같은 책, 252쪽.

신과 닮아 있지만, 그런 시도가 구체적 현실에서 정치적 기획의 모습으로 드러날 때 그것은 역설적이지만 인류사회에 대재앙을 초래할 것임을 우리는 알고 있다. 간단하게 말해, 무 속에서 무엇인가 새로운 질서를 창출하려는 정치적 행위는 역사 속에서 살아가는 일반 사람과의 소통과 연대를 불가능하게 만들 것이다.

물론 '부작이란 개념이 뜻하는 바는 전통의 의미에 대한 재해석이 전통의 정신을 이어받는 것으로만 이해되어서도 안 된다. 그것은 또한 전통에 대한 자신의 계승이 결국 최종적으로 완결된 것일 수 없다는 점, 즉 술이부작은 영원히 지속될 것이라는 점을 보여 주어야 한다. 달리 말하자면, 자신의 이해방식 역시 결코 전통이 지닌 의미를 남김없이 모두 다 파악한 것이라고는 단언할 수 없음을 인정해야 한다는 것이다. 이처럼 과거 역사의 목소리를 경청하는 해석학적 개방성과 관용의 정신은 다가오는 세대의 해석학적 문화창조 행위에 대한 믿음과 깊게 결부되어 있다.

이런 맥락에서 공자의 술이부작 정신은 다시금 가다머의 해석학적 경험과 일맥상통하는 것처럼 보인다. 가다머에 따르면 "해석학적 경험이 완수되는 영향사적 의식"이란 "스스로 관여하는 의미의 개진이 결코 종결될 수 없도록 열려 있다는 것"을 인정하는 것이다.[41] 달리 말하자면, 공자에게서도 옛것을 오늘날에 전해 주는 것이 늘 반복되어야 하듯이 해석학적 경험은 종결과 완성이 없이 무한히 지속되는 과정이다. 그리하여 해석학적 경험은 늘 개방성 및 비독단적 마음가짐과 연결되어 이해되고 있다. 가다머는 헤겔의 절대지를 비판하면서 해석학적 경험의 비완결성을 독단과 교조주의에 대한 거부와 연결시켜 설명한다.

헤겔이 경험을 사유하는 척도는, 따라서 자기 자신에 관한 앎이다. 그렇기 때문에 경험의 변증법은 일체의 경험을 극복하는 것으로 종결된다. 그러한 최종적 극복상태는 의식과 대상의 완벽한 동일성을 뜻하는 절대적 앎에서

---

41) 한스 게오르크 가다머, 『진리와 방법: 철학적 해석학의 기본 특징들』 2, 424쪽.

구현된다. 이런 맥락에서 비추어 보면 헤겔이 철학의 절대적 자기의식으로 이해하는 절대지의 역사적 적용이 어째서 해석학적 의식을 올바르게 고려하고 있지 않은가를 비로소 이해할 수 있다.…… 경험의 진실성은 언제나 새로운 경험과의 연관성을 함축한다. 따라서 경험이 많다고 일컬어지는 사람은 이미 겪은 경험들을 통해 그런 경지에 이르렀을 뿐만 아니라 새로운 경험들을 향해 열려 있는 존재이기도 하다. 그런 사람이 도달하는 경험의 완성태, 즉 '경험이 많다'고 일컬어지는 사람의 완성된 존재는 그가 이미 모든 것을 터득했다는 뜻이 아니다. 오히려 그 반대로 경험이 많은 사람은 철저히 교조적 원칙을 거부하는 사람이다. 그런 사람은 너무나 많은 경험을 했기 때문에 새로운 경험을 하고 부단히 경험을 통해 배울 수 있는 능력을 갖춘 사람이다. 경험의 변증법은 최종적인 앎에서 완성되는 것이 아니라, 경험 자체를 통해 새롭게 다가오는 경험을 향해 열려 있는 상태를 가리킨다.[42]

요약해 보자면, '술이부작'의 정신은 한편으로는 전통의 계승 발전이라는 측면에서 과거 역사에 대한 개방적 태도를 보여 준다. 이는 함부로 전통을 자신의 입맛대로 가공할 한갓 재료와 같은 것으로 바라보지 않는다는 것을 뜻하기도 한다. 그러니까 전통에 대한 존중은 전통의 목소리를 들으려는 개방적인 마음가짐이기도 한 것이다.

다른 한편으로 '술이부작述而不作'의 정신은 시간의 간격으로 벌어져 있는 전통의 낯섦과 우리 사이의 대화를 통해 그 틈을 연결하려는 작업을 뜻하기도 한다. 그리고 그런 연결의 시도는 전통에 대한 새로운 해석과 이해를 동반하지 않을 수 없다. 이는 공자 자신이 모범적으로 보여 주었듯이, 전통의 해석 행위 혹은 전통과의 대화는 늘 새로이 착수되지 않으면 안 된다는 점을 보여 주는 것으로 이해해도 좋을 듯하다. 그런 창조적인 재해석을 통해서만 전통과 현재의 변증법적 만남이 그 생동감을 상실하지 않게 되며, 이를 통해 과거와 현재 사이에 공통의 연대가 이루어질 수

---

42) 같은 책, 264쪽.

있다. 이런 연대성에 대한 자각은 사실상 가다머가 강조한 영향사적 인식과 해석학적 경험을 통해서만 가능하다고 여겨진다. 인간은 이런 연대 속에서 비로소 자유로울 수 있을 뿐만 아니라, 오늘날보다 더 나은 삶에 대한 희망을 지니게 될 것이다.

우리는 이제 공자의 '술이부작述而不作'의 정신이 기본적으로 역사 속의 이성으로 전유되는 가다머의 해석학적 통찰과 매우 친화적이라는 점을 알게 되었다. 그러나 공자의 인문정신은 역사적 세계에 대한 독특한 사유를 지닌다. 그것은 헤겔에서 가다머로 이어지는 해석학적 사유에서와 같은 역사·문화적 인문세계와 자연 사이의 깊은 단절과는 다르기 때문이다. 뒤에서 별도로 다루겠지만, 공맹의 유가적 인문주의는 편협한 인간중심주의적 인문주의와 달리 자연과 생명과의 공생을 바탕으로 한 인간 사회의 성숙을 도모한다. 그리하여 공자가 강조한 인仁은 단순히 인간 상호간의 도덕적 관심에 한정되지 않고, 인간의 도덕성을 자연과 생명에 대한 존중과 배려로 이어지도록 한다. 그리고 그런 공맹의 어짊은 성리학에 이르러 천지만물이 한 몸이라는 자각, 즉 천지만물 일체가 곧 어짊이라는 생태적 사유로 확충되기에 이른다. 이런 사유를 우리는 앞으로 생명 속의 자유 혹은 생명 속의 이성으로 부를 것이다.

그러므로 유가적 인문주의는 자연에 대한 지배와 결부된 역사적 세계 및 인간의 자율성 이념의 한계를 넘어설 실마리를 제공한다. 헤겔은 역사를 주도하고 역사를 통해 자신을 실현하는 절대적 정신을 사변적으로 정당화하였는데, 이런 헤겔의 과도한 형이상학적 정신철학을 온건한 의미의 역사 속의 이성으로 축소시켜 세련화한 가다머의 해석학과 유가의 인문정신과의 창조적 대화는 중요하지만 그것만으로는 유가적 인문정신의 현대화 작업을 충족시키기에는 부족하다. 생태위기의 시대에 어울리는 방식으로 공맹의 인문정신을 현대화하려는 기획에서는 생태주의적 사유 패러다임으로의 전환이 필수적이다.

이런 관점에서 볼 때 우리는 헤겔의 철학을 역사 속의 이성으로 변형한

가다머의 해석학을 생명 사상 혹은 생명의 해석학으로 확충해 나가야만
할 것이다. 이런 길을 모색할 때 공자의 인문정신이야말로 매우 중요한
본보기로 여겨질 수 있다. 간단하게 말해 공자의 인문정신의 핵심은 역사적·
문화적으로 '상황 지워진 자유'의 뜻을 함유하면서도, 그것을 자연과 생명의
상호의존적 돌봄의 시각으로 확장한다는 의미에서 생명 속의 자유라 정의할
수 있을 터이다. 그런 생명 속의 자유란 다름 아니라 우주와 자연과 인간의
상호의존성의 맥락에서 새롭게 이해된 자율성인데, 이렇게 새로이 규정된
자율성이란 동고동락하는 삶과 생명의 공동 실천으로 이해될 수 있을 것이다.
달리 말하자면, 더불어 살아가는 연대적 행위로서의 상호 돌봄 행위야말로
생명 속의 자유의 근본정신을 말해 주는 것이라고 할 수 있다.

요약해 보자면, 생명 속의 자유는 우주와 자연과 인간의 상호공생 속에서
생명과 인간의 잠재적 도덕성이나 창조적 역량의 발현을 도모하는 생명체의
상호 돌봄과 생명살림 행위로 규정될 수 있을 것이다. 그러니까 헤겔의
정신 형이상학→가다머의 해석학→생명 중심의 해석학으로 변형된 21세기
유가 정신의 구체화가 필자가 추구하는 사유의 근본 방향이다.

6. 나가는 말

전통과 현대의 이분법으로 인해 우리는 과거와 오늘날의 우리의 삶의
방식 사이를 성공적으로 연결해서 사유하지 못한다. 우리는 다반사로 유구한
5천 년 역사를 운운하지만, 과거를 지니지 못한 사회 속에 살고 있다. 그래서
우리의 민주주의 역사를 유교 전통과 연관해 사유하는 것은 찾아보기 힘들다.
또 자본주의적 경제화의 흐름을 조선 후기의 사회와 관련해 생각하는 것도
매우 낯설다. 그렇기 때문에 오늘날 우리 사회가 일정 정도 자부심을 지녀도
좋다고 생각하는 '이중 혁명'(산업화와 민주화)의 성공적 경험의 역사는 매우
일천하게 이해된다.[43]

거듭 말하지만 적어도 우리가 나름 긍정적 성취라고 자부할 뿐만 아니라 그런 성취를 인정받고 싶어 하면서도, 우리는 그런 성취를 제대로 자신의 것으로 만들고 있지 못하다. 민주주의와 산업화의 성공과 그 어두운 면에 대한 자각은 우리의 역사적 성취를 전통과 관련해서 새롭게 인식할 때 이루어진다는 것이 이 글의 기본 문제의식이다. 그러므로 서구 세계에 대한 긍정과 그것의 이면인 우리의 과거 및 전통에 대한 적대화라는 양립 불가능한 이원론적 대립 틀을 넘어서지 않는다면 우리 사회가 안고 있는 심각한 갈등과 사회병리 현상을 제대로 이해하기 힘들다.

우리 사회의 비생산적인 논쟁 상황을 규정하는 문명의 서양 대 야만의 동양이라는 대립적 사유 틀을 뒤로 하고 이제 우리 사회의 현실과 과거 및 전통과의 화해를 시도하는 작업이 필요하다. 우리가 피땀 흘려 이룩한 민주주의와 경제성장이 온통 우리의 전통과는 아무런 관련이 없는 것으로만 이해되어서는 곤란하다는 말이다. 오늘날 우리 사회를 규정하는 민주주의를 우리 역사의 낯선 손님으로 바라본다면 민주주의가 우리 사회에 토착화되기는 힘들 것이기 때문이다. 이질성과 타자성 속에서 작용하고 있는 전통의 영향사를 파악하여 전통과 오늘날 우리 사회와의 역사적 거리 및 단절을 줄이려는 노력이 필요하다.

'공자가 죽어야 나라가 산다'에 대한 맹목적 긍정과 그에 대한 반작용적인 부정이라는 이원적 태도는 우리 사회 구성원이 우리 자신의 모습을 자각해서 더 나은 현실을 상상할 수 있는 사유 능력을 마비시키게 될 것이다. 유교 전통에 대한 무비판적 옹호나 맹목적 비판은 역설적이지만 결정적인 지점에 서는 공통성을 보여 준다. 전통에 대한 두 태도는 겉보기에는 아주 대립적인

---

43) 이중 혁명이라는 개념은 에릭 홉스봄에게서 나온 것이다. 그는 영국의 산업혁명 및 프랑스대혁명을 서구 현대가 이룩한 이중 혁명으로 본다. 에릭 홉스봄, 『혁명의 시대』(정도영·차명수 옮김, 한길사, 2005), 67~71쪽 참조 바람. 홉스봄의 이중 혁명이라는 용어를 우리 사회가 최근에 이룩한 산업화와 민주화의 성공에 적용한 인물이 이병천이다. 이병천, 『한국 자본주의 모델: 이승만에서 박근혜까지, 자학과 자만을 넘어』, 418~419쪽 참조 바람.

것으로 보일지라도 해석학적 역사 인식의 합리적 핵심, 즉 영향사는 역사적 거리를 매개로 해서 작용하고 있다는 점에 대한 이해를 결여하고 있기 때문이다. 앞에서도 강조했듯이, 대화의 정신을 마비시켜 우리를 무사유의 상황으로 몰고 가는 것이야말로 유럽중심주의가 우리 사회에서 계속해서 자신의 주도권을 실현할 수 있는 비법이다.

분단 상황이라는 구조적으로 불리한 조건에서 우리가 성취한 민주주의와 산업화는 분명 빛나는 것이지만, 그 성취조차도 극도의 불평등 심화 및 절차적 민주주의의 허약함으로 인해 크게 위협받고 있다. 새로운 세습신분체제적 자본주의 사회의 도래라고 할 정도로 극심한 사회경제적 불평등의 구조적 심화에도 불구하고 신자유주의적 세계화 담론은 여전히 그 주도권을 상실하지 않고 있고, 이른바 '촛불혁명'의 정신을 이어받겠다고 나선 정부조차도 불평등 체제를 극복할 최소한의 조건이라 할 수 있는 사회복지 체제를 강화하는 데 열의를 보여 주지 못하고 있다. 더구나 지구온난화라는 파국적 재앙에 대비하는 비책이 될 사회 전반의 탈성장 생태사회로의 전환에 대한 논의는 없다고 해도 과언이 아니며, 한반도의 항구적 평화체제 구축 밑 평화적 통일국가 형성과 관련된 '개혁'이라는 과제도 뚜렷한 진전이 없이 지지부진한 답보 상태를 보이고 있다.

그 엄청난 어려움 속에서도 반복해서 우리 사회의 역동성을 유감없이 보여 주었던 거대한 촛불시위의 저항적 동력이 이런 상황에서 바람 앞의 촛불처럼 위태로워지는 것도 어찌 보면 지극히 당연하다. 젊은 세대의 보수화 경향의 실재 여부는 좀 더 깊게 분석해 볼 주제이지만, 20대 젊은이의 보수화 흐름 속에는 분명 개혁을 자임하고 나선 정치세력의 무능력과 무책임으로 인한 개혁의 좌절에 대한 분노와 환멸도 존재할 것이다. 그런 점에서 설령 20대 청년들에게 보수화 흐름이 존재한다고 하더라도, 그 흐름 속에 좌절된 형태로 존재하는 개혁에 대한 열정과 희망을 읽어 내지 못한다면 그 역시 제대로 된 분석이라고는 할 수 없다.

하여간 이런 현상들은 분단체제로 인해 구조화된 미·일에 대한 과도한 의존성, 그리고 그런 의존성을 정당화해 주는 서구중심주의적 사유 양식에 의해 규정당한 한국 사회의 내재적 한계의 표현일 터이다. 그렇다면, 우리 사회의 내적 한계를 넘어 한 단계 더 나은 사회로 나아가기 위해서는 무엇보다도 전통과 근대의 이원론을 제대로 이해하는 일이 선행되어야 하리라 확신한다. 그리고 전통과 서구 근대의 이원론을 극복할 방법으로 동아시아 인문 전통과의 새로운 대화를 철학적 사유의 제일 화두로 삼고자 하는 필자의 문제의식은, 궁극적으로는 대화 및 화해의 정신에서 출발하는 비판적 사회이론의 재구성 작업을 지향한다.

제3부

대동민주주의와 비판이론의 방법

제8장

화해, 상처받은 삶 그리고 현실적 유토피아

1. 들어가는 말

우리는 유토피아의 방법(method)으로서의 르네상스(renaissance)가 새로운 형태의 유토피아적 상상력으로 활용될 수 있다는 점을 강조했다.[1] 그런데 폴 리쾨르를 참조하면서 강조했던 '유토피아의 방법으로서의 르네상스', 즉 과거와의 대화를 통한 미래의 새로운 상상을 추진하기 위한 시도는 일정한 측면에서 볼 때 헤겔의 유토피아 비판의 현재적 반복이라 할 수 있다. 달리 말하자면, 칸트적인 당위의 도덕은 추상성과 공허함을 지니며 그런 사유가 정치적 현실 속에 적용되면 파괴적 결과를 초래하게 될 것이라는 비판과 매우 친화적이다. 칸트의 당위 윤리의 한계는 인간의 자유 실현을 보장하는 근대 유럽의 정치·사회 제도의 이성적 성격을 오인한 데에서 발생한 것으로, 그것은 현실의 이성성을 부인하면서 현실에 대한 전면적 거부로부터 비판적 사유를 구할 수 있다고 여기는 위험성을 보여 주고 있다는 것이 헤겔의 생각이었다.

폴 리쾨르 이전에 이미 헤겔은 『법철학』 서문(Vorrede)에서 특정한 도덕적인 보편적 규범이나 원칙에 따라서 "완전히 처음부터"(ganz von vorne) 새로 시작하여 정치적 세계를 구성해야 한다는 식의 사고방식이 지닌 위험성을 경고하면서, "현실과의 화해"를 철학의 근본 과제로 삼았다.[2]

---

1) 이 책 제6장과 제10장 참조 바람.

특히 기존 질서 자체를 비합리적인 것으로 격하하고 그것을 전적으로 거부하는 것이야말로 철학의 존재 이유라고 보는 관점에 대한 헤겔의 거부 반응은 사실 일관된 것이었다. 헤겔은 '절대적 자유'라고 불리는 자유에 대한 열망을 무익하고 공허한 것으로 보면서, 근대 자율성의 이념을 포기하지 않고 자유에 대한 새로운 이해를 추구한다. 자유는 인륜적 세계를 통해서만 실현 가능한 것인데, 그의 관점에서 보면 근대의 인륜적 삶의 형식 속에 이미 자유는 구현되어 있다. 그래서 헤겔은 자신의 인륜성 철학을 통해 근대의 정치적·사회적 세계에 구현된 자유를 이해하는 것이 칸트의 당위 도덕을 대체할 수 있다고 보면서 이성과 현실의 화해를 강조했던 것이다.

그러나 이성적·사회적 세계와의 화해를 철학 특히 정치철학의 고유한 과제로 이해하는 헤겔의 화해철학은 기존 현실을 묵묵히 받아들이는 체념이나 순응의 사유 방식이 아닌가 하는 반론이 제기될 수 있다. 더 나아가, 헤겔의 화해철학이 현실의 폭력성에 눈감은 채 그것에 순응하는 체념을 부추기는 사유는 아니라고 할지라도, 현실을 더 나은 방향으로 개혁하려는 실천적 행위의 영역을 방기하고 억누르는 것이 아닌가 하는 의구심을 제기할 수도 있다. 그래서 필자는 이하에서 헤겔의 화해철학이 겨냥하는 바가 무엇인지를 좀 더 명료하게 해 보고자 한다. 아울러 화해의 정치철학이 지니는 합리적 핵심에도 불구하고 왜 그것이 규범적인 실천이론으로 발전해 나가야 하는지에 대한 필자의 구상을 유가적 사상의 현대적 재규정으로 이해됨직도 한 어짊(仁)의 해석학적 관점에 따라 간략하게나마 설명해 볼 것이다.

---

2) G. W. F. Hegel, *Grundlnilien der Philosophie des Rechts*, in: *Hegel Werke in zwanzig Bänden*, hg. v. E. Moldenhauer und K. M. Michel, Band 7 (Frankfurt, 1996), p.15/27.

2. 화해의 정치철학의 근본이념

주지하듯이 헤겔은 1807년 발표된 『정신현상학』의 「절대적 자유와 공포」에서 프랑스혁명기의 자코뱅파에 의해 자행된 공포정치를 신랄하게 비판하였다.[3] 헤겔은 절대적 자유에 대한 열망이 결국은 기존 질서의 파괴와 분노로 귀결되어 자유 자체를 불가능하게 만들어 버리는 역설을 결코 우연적 사건으로 치부하지 않았다. 서구사회는 절대적 자유라는 이념을 추구하는 근대의 계몽주의와 결합해 있는데, 헤겔은 이러한 서구사회가 안고 있는 위험성이 표출된 것이 바로 공포정치라며 줄곧 계몽주의적 자유 이해의 한계를 비판했다.

뒤에서 보게 되겠지만, 이런 비판은 칸트 도덕 이론의 공허함과 추상적 보편주의의 위험성에 대한 헤겔의 문제의식과 깊게 결합되어 있다. 그리고 이런 헤겔의 분석은 20세기 스탈린주의의 공포정치의 특성에 대한 예리한 선취로 이해되기도 한다.[4] 물론 여기에서 헤겔이 과연 서구 근대사회의 파괴적 본성에 대해 진정으로 잘 이해하고 있었는지를 상세하게 다룰 여지는 없다. 찰스 테일러가 주장하듯이 설령 헤겔이 서구 근대사회의 파괴적 본성을 다른 학자보다 더 잘 이해했다는 것은[5] 인정한다고 하더라도, 헤겔의 근대 인식이 식민지의 문제, 인종주의, 비서구 사회에 대한 관점 등에서 치명적 한계를 지니고 있었음은 분명하다.

하여간 헤겔이 왜 그토록 현실사회의 이성성, 좀 더 분명하게 말하자면 서구 근대사회의 이성적 성격을 인식하여 그 사회와의 화해가 철학 일반과 실천철학에서 가장 중요한 과제라고 보았는지는 어느 정도 이해되었을 것이다. 그래서 당대 사유의 일면성을 지적하면서 "전적으로 처음부터 시작"해야만 한다고 강조하는 헤겔의 발언을 인용하면 다음과 같다.

---

3) G. W. F. Hegel, *Phänomenologie des Geistes*, in: *Hegel Werke in zwanzig Bänden*, hg. v. E. Moldenhauer und K. M. Michel, Band 3 (Frankfurt, 1986), pp.431~441.
4) 찰스 테일러, 『헤겔』(정대성 옮김, 그린비, 2014), 348쪽.
5) 같은 책, 848쪽.

우리 시대에는 사유와 정신 일반의 자유가 오로지 공적으로 인정된 것으로부터의 벗어남과 심지어 그에 대한 적대성에 의해서만 증명된다고 하는 관념이 **국가와 관련하여** 너무도 확고하게 뿌리박힐 수 있으며, 이에 따라 특히 국가에 관한 철학은 본질적으로 **또 하나의 이론**을, 바로 새롭고 특수한 이론을 고안하여 제시하는 과제를 지니는 것으로 보일 수 있다. 이러한 표상과 그에 따른 야단법석을 보게 되면, 우리는 지금까지 세계에는 어떠한 국가와 국헌도 존재하지 않았고 또 현재에도 현전하지 않거니와 **지금**— 이 지금은 끊임없이 지속된다— 전적으로 처음부터 시작되어야만 하고 인륜적 세계는 다만 그러한 **지금**의 발상과 근거 해명 그리고 근거 짓기를 기다려 왔다는 듯이 생각하지 않을 수 없을 것이다.[6]

헤겔『법철학』「서문」의 발생사와 그것을 둘러싼 복잡한 논쟁은 별도로 하고, 그가 위 인용문에서 겨냥하고 있는 것은 1820년대 프로이센의 자유주의의 흐름(프리스와 같은 사상가가 대변하는)이다. 과연 프리스(J. Fr. Fries, 1773~1843) 일파의 행동이 헤겔의 지적처럼 그토록 위험한 것이었는지는 별도로 논의되어야 할 사항이지만 그는 이렇게 판단했고, 그런 사유 방식이 매우 파괴적인 결과를 초래할 수밖에 없음을 반복해서 비판한다.[7]

그래서 현실을 이성의 이름으로 비판하면서 새로운 청사진을 통해 처음부터 새롭게 시작할 필요가 있다는 식으로 생각하는 것을 반대하며, 헤겔은 철학의 참다운 과제는 "**존재하는 것**, 그것을 개념 파악하는 것"이라고 한다. 그런데 헤겔의 이런 주장은 "왜냐하면 **존재하는 것**, 그것은 이성이기 때문이다"라는 주장과 같이 보아야 한다. 그리고 헤겔에 의하면, 존재하는 것과 이성적인 것의 동일성을 파악하는 철학이 수행해야 하는 것은 바로 "현실과의 **화해**이다."[8]

---

6) 번역은 헤겔, 『헤겔의 서문들』(Erwin Metzke 편주, 이신철 옮김, 도서출판b, 2013), 137쪽. 강조는 헤겔의 것임.
7) 스티븐 스미스(Steven B. Smith)에 의하면, 프리스는 극단적인 자유주의적 이론가로서 "민중주의적 민주주의"를 옹호했다. Steven B. Smith, *Hegel's Critique of Liberalism: Rights in Context* (Chicago: The University of Chicago Press, 1989), p.129.
8) 헤겔, 『헤겔의 서문들』, 147쪽. 강조는 헤겔의 것임.

헤겔은 현실의 이성적 성격을 사변적으로 파악하는 것을 철학의 고유한 과제로 보면서 기존 현실에 대한 도덕적 비판을 추상적인 사유에서 기인한 일면적이고 역효과만을 초래하는 것이라고 거칠게 비판한다. 그에 따르면, 당대 프로이센의 변화를 요구하는 비판은 너무나도 편협해서 프로이센을 마치 프랑스 공포정치의 극단적 상황과 같은 위험한 사태로 몰고 갈 뿐이다. 간단하게 말해 자신의 사변적 사유 방식이나 그 밖의 다른 사유 방식들을 천박한 사유나 아집에 사로잡힌 경박스러움에서 비롯된 것으로 보면서, 헤겔은 현실의 사변적 이해에 미치지 못하는 여러 형태의 추상적인 비판적 사유들은 결국 정치적 테러나 양심에 의한 테러를 불러일으키고 더 나아가 기존 질서의 전면적 파괴라는 광란으로까지 이어질 것이라고 단정한다.

그러나 이는 헤겔의 사변적 사유의 독단만을 보여 줄 뿐이다. 그는 사변적 사유 대 아집 혹은 망상이라는 이원론적 도식이 비판적 이의 제기의 가능성 자체를 억압하는 화행의 효과를 지니고 있음을 자각하지 못하고 있다. 현실의 이성성을 부인하는 모든 사유를 폭력적인 것으로 규정하면서도 무엇이 폭력적인지에 대한 모든 논의 과정 자체를 거부하는 독단에 지나지 않는다는 말이다. 달리 말하자면 그는 현실에 대한 사변적 이해가 무엇인지를 비판적으로 사유할 가능성 자체도 배제하는 논리를 구사하면서 다른 사유의 가능성을 엉터리라고 미리 단정하고 있다. 그는 사변적인 철학이 제공하는 정치철학적 통찰, 달리 말하자면 화해의 정치철학 이외에도 정치철학이 다른 방식으로도 잘 작동하고 이바지할 사유의 가능성이 존재한다는 점을 독단적으로 배제한다.[9]

이러한 사변적 사유의 이름을 걸고 이루어지는 다른 사유 경향에 대한 헤겔의 독단적 비판은, 기존 질서에 대한 모든 비판을 분단 상황에 기댄 레드콤플렉스를 동원하여 친북적으로 몰고 '빨갱이'에 지나지 않는다고 환원하는 사유 방식과 매우 닮아 있다. 그런 사유는 한 사회의 정치적 상상력을

---

9) 정치철학의 여러 실천적 역할에 관해서는 존 롤스, 에란 켈리 엮음, 『공정으로서의 정의: 재서술』(김주휘 옮김, 이학사, 2016), 21~27쪽 참조 바람.

극도로 제약하여, 사실상 이성과 현실의 화해를 통해 지키고 싶어 하는 현실 속의 이성적 성취조차도 다시 무화할 가능성이 있다. 그런 점에서 헤겔의 사변적 사유의 독단적 활용은 화용론적 모순에 빠질 수밖에 없다.

그리하여 프로이센을 비판했다는 이유만으로 대학 교수직에서 해직되거나 투옥되기도 하는 당대의 상황에서도 그는 대학사회를 포함하여 전체 사회에 대한 검열을 강화하는 프로이센 정부의 결정을 폭력적이라고 비판하지 않는다. 오히려 그는 프로이센 정부를 비판하고 검열을 비판하는 사람들을 질서를 파괴하고 선동을 일삼는 폭력 세력으로 명명하여 탄압하기만 하는 국가 권력의 행위를 옹호한다. 그는 프로이센 정부의 공권력 동원의 폭력성 여부는 논의하지 않고, 그 대신 국가 권력의 검열 정책 강화는 비판적 사유가 안고 있는 이른바 천박함에서 초래된 것이라고 하면서 그런 정책을 정당하다는 듯 적극적으로 수긍한다. 이렇게 헤겔은 특정 집단을 폭력 세력으로 규정하여 유린하는 국가 권력의 폭력성을 강화하고 은폐하는 데 이바지하고 있다.

오늘날에는 1820년대 초반 프로이센의 복고적인 정책을 비판하기보다는 그런 결정을 초래하는 데 빌미를 주었던 일부 지식인들의 반유대주의적 성향을 이유로 들며 헤겔의 태도를 변호하려는 움직임이 새로운 정설로 자리 잡고 있다. 사실 헤겔의 반유대주의 성향[10]은 당대 프리스나 피히테와 비교해서 훨씬 온건했으며 그는 제한적으로나마 유대인의 부르주아적 권리를 긍정하고 있었다. 또한 헤겔의 정치철학은 당대 프로이센 정부의 보수적 정책이 아니라 그 정부 내 개혁 세력의 프로그램에 더 친화적이었다는 주장도 이제 폭넓게 받아들여지고 있다. 필자도 이런 점을 들어 헤겔의 입장을 강력하

---

10) 헤겔과 반유대주의 문제에 대한 균형 접근 방식으로는 Gundrun Hentges, *Schattenseiten der Aufklärung. Die Darstellung von Juden und »Wilden« in philosophischen Schriften des 18. und 19. Jahrhunderts* (Schwalbach, 1999), pp.129~153 참조 바람. 헤겔의 유대인 해방에 대한 적극적인 측면을 높이 평가하는 연구에 대해서는 슬로모 아비네리(Shlomo Avineri), 『헤겔의 정치사상: 근대 시민사회의 변증법』(김장권 옮김, 한벗, 1981), 237~240 쪽 참조 바람.

게 옹호한 바 있다.[11] 물론 헤겔에 대한 이러한 자유주의적인 해석은 그를 히틀러의 나치즘과 성급하게 연결하려는 시도나 복고적인 프로이센 국가철학자로 명명해 온 신화를 해체하는 데 크게 이바지했다.

그러나 이런 자유주의적 헤겔 해석도 또 다른 방식으로 헤겔에 대한 신화를 만들고 있다는 인상을 지우기 힘들다. 그런 변호론 또한 현실과 이성의 화해가 권력관계의 억압성을 은폐하는 역할을 할 가능성에 대해서는, 즉 강요된 화해라는 이름으로 자행될 수 있는 폭력성에 대해서는 헤겔과 마찬가지로 아무런 감수성을 보여 주지 못한다. 간단하게 말해서, 헤겔은 자신의 화해의 정치철학의 합리적 핵심을 제대로 보고 있지 못하다. 그는 화해의 정치철학이 빠질 수 있는 위험하고 타락한 형태를 보여 주고 있을 뿐이다.

헤겔에 의하면, 서구 계몽주의는 임마누엘 칸트의 이론에서 최고 정점을 이루는데 그것은 자체 내에 치명적인 결함을 안고 있다. 간단하게 말해 칸트적 계몽주의는 주관주의를 넘어서지 못해서 당위와 현실의 이원론적 구분에 사로잡혀 있으며, 그 결과 칸트가 옹호하는 이른바 "도덕적 세계관"[12]은 공허할 뿐이어서 인간의 자유를 사실상 가능하게 하는 조건인 인륜적 관계의 안정성을 파괴하는 힘으로 작동할 수 있다. 헤겔이 『법철학』「서문」에서 오늘날에 이르기까지 추문을 일으킬 정도로 심하게 프리스 일파를 공격했던 이유도 그 철학적 이유를 따져 보면, 프리스가 대표하는 사상은 바로 칸트의 주관주의적인 자율성 이론을 낭만주의적 방식으로 극단화한 것이기에 더욱 위험하다는 그의 확신 때문이었다.

그러니까 헤겔에 따르면, 프리스가 보여 주는 것은 정치적 테러를 정당화하는 심정의 윤리로까지 나아간 칸트적 주관주의의 최종적 변형의 하나였다. 헤겔이 볼 때 **"참된 것 자체는 인식될 수 없으며**, 모든 인륜적 대상들, 특히 국가, 정부 그리고 헌법에 관해 **자신의 심정, 마음, 영감으로부터**

---

11) 나종석, 『차이와 연대』, 제1장 참조 바람.
12) G. W. F. Hegel, *Phänomenologie des Geistes*, pp.442.

솟아오르게 하는 것이 참된 것"이라고 보는 철학적 경향은 사물 자체를 인식할 수는 없다는 칸트 철학에서 나온 낭만주의적 변형으로, 그런 철학적 흐름은 천박함의 극치에 지나지 않는 것이었다. 그리하여 헤겔은 프리스를 "천박성의 사령관"이라고 부르면서 1817년 10월 18일 프리스가 독일대학생학우회의 바르트부르크(Wartburg) 축제에서 한 연설의 일부를 직접 인용하여 비판한다.

스스로를 철학함이라고 부르는 이러한 천박성의 사령관인 **프리스** 씨는 악명 높아진 공적인 축제의 기회에 국가와 헌법의 대상에 관한 연설에서 뻔뻔스럽게도 다음과 같은 생각을 내놓았다. "진정한 공동정신이 지배하는 민중에게 있어 공적인 관심사들인 모든 과업과 관련해 **생명은 밑으로부터 민중에게서** 나올 것이며, 민중교육과 민중적인 봉사의 모든 개별적인 일들에 대해서는 **우정이라는 성스러운 사슬을 통해** 깨트릴 수 없게 합일된 **살아 있는** 모임들이 바쳐지게 될 것이다" 등등.[13]

여기에서 프리스는 공적인 관심사가 일반 시민들, 즉 "민중"에게서 우러나와야 하고 민중을 우애의 공동체로 묘사하는데, 이런 그의 입장이 근대사회의 다원화되고 분화된 삶과 어떻게 양립할 수 있는지를 비판적으로 검토해볼 일임에는 분명하다. 또한 그에게서 나타나는 민중 공동체의 타자로 낙인찍힌 유대인에 관한 매우 폭력적인 주장이 지니는 한계를 비판하는 것은 당연할 것이다. 그러나 헤겔의 비판은 이런 식의 비판과는 거리가 멀다.

하여간 헤겔은 이성이 아니라 칸트적인, 이른바 공허하고 형식주의적인 자율성의 이론에서 전개되어 나온 신앙이나 감정의 주관성을 적극적으로 옹호하는 프리스적인 낭만주의 사조는 사실상 온갖 불법적 행위를 심정과 양심의 이름으로 정당화함으로써 이성적인 정치사회 질서의 존립을 파괴하

---

13) 헤겔, 『헤겔의 서문들』, 139~140쪽. 강조는 헤겔의 것임.

는 데 이바지할 뿐이라고 보았다.[14] 그런데 여기에서 우리는 헤겔이 칸트의 자율성 이론 및 그의 보편주의 윤리학을 공정하게 다루고 있는지를 상세하게 검토할 여유가 없다. 다만 헤겔이 왜 프리스 일파를 그렇게 혹독하게 비판했는지, 그리고 어떤 점에서 그가 칸트적 주관주의와 그 심정주의적 윤리이론 및 정치적 행위의 대안으로 내세우는 화해의 철학이 주목할 만한지를 간단하게 언급하는 것도 무의미하지는 않을 것이다.

헤겔은 프리스 철학을 칸트 철학의 "전적인 천박화"라는 형태로 이해한다.[15] 그리고 헤겔에 따르면 칸트적 형식주의 및 추상적 보편주의 윤리학이 지니는 주관주의는, 달리 말하자면 당위와 현실의 이원론에 토대를 둔 칸트의 주관주의적 도덕 이론은 한편으로는 개별적 행위자들에게 실질적인 행동의 동기를 부여하는 힘이 너무나 약해서 "당위의 무기력"에 빠질 수 있고, 다른 한편으로는 그런 당위의 윤리학은 기존 현실에 대한 파괴적인 광란의 행위와 결합될 수 있다.[16] 그래서 필자는 선행 연구에서 다음과 같이 강조한 바 있다.

존재와 당위의 이원론적인 구별은 한편으로는 현실의 이성적인 성격을 평가절하하는 경향의 가능성을, 다른 한편으로는 이성과 현실의 매개 가능성을 차단하여 도덕적 무기력과 도덕의 공허함을 조장할 가능성을 안고 있다. 전자의 가능성을 우선 살펴보자. 현실을 도덕과 무관한 것으로 치부하는 태도는 보편타당한 도덕 규범들에 대한 유토피아적인 호소에 입각하여 무차별적인 현실 부정과 일종의 로베스피에르적인 정치적 테러의 심정을 부추기는 문화를 생산할 수 있다는 점에서 위험하다. 윤리적인 요청은 그것이 현실과 매개될 수 없다면 현실에 대한 도덕적인 분노를 낳고 순전히 테러와 같은 극단적인 정치 행위와 결합될 싹을 지니고 있다.[17]

---

14) G. W. F. Hegel, *Grundlnilien der Philosophie des Rechts*, p.237.
15) 같은 책, p.67.
16) 필자는 칸트 윤리학에 대한 헤겔의 비판이 지니는 여러 측면과 그 의의에 대해 다룬 적이 있다. 특히 나종석, 『차이와 연대』, 제5장 참조 바람.
17) 같은 책, 243~244쪽.

칸트 윤리학이 순수한 심정의 정치적 테러에 이바지할 수 있다는 점에 대한 경계의 목소리는 헤겔에게게만 한정되어 있지 않다. 이를테면 하인리히 하이네(Heinrich Heine)는 19세기 중반에 칸트를 프랑스혁명 과정에서 공포정치로 손에 피를 묻힌 로베스피에르와 비교하였다.[18]

위르겐 하버마스가 주장하듯이 "로베스피에르나 프리스(Fries) 같은 혁명이나 민족운동의 대변자들은 이성적 제도의 뒷받침 없이는 반드시 다시 추상적 도덕의 수준으로 떨어질 수밖에 없었다"라는 것이 헤겔의 확신이었다. 현실이 아직 이성적인 제도를 형성하지 못한 상황에서 세계를 변혁하려는 사람들은 정치적 행위 과정에서 자신들의 혁명적 대의와 같은 이른바 "고차원의 도덕적 목적을 위해서라면 전략적으로 행위할 수도, 불가피한 경우에는 도덕적 명령의 위반까지도 감수할 수 있다고 생각"한다. 그리하여 이들은 동료 사회구성원의 동의조차도 "면제"받을 수 있다는 생각에 사로잡혀 억압적이고 폭력적인 정치를 정당화하는 데까지 이른다. 정치적 행위와 결합되어 현실에서 예상치 못한 부당하고 폭력적인 결과를 산출하는 추상적 도덕의 이와 같은 자기파괴적인 전도의 논리에 대한 헤겔의 비판은 "올바르고 핵심적인 통찰"을 지니고 있다. 하버마스는 이처럼 헤겔이 프랑스혁명의 공포정치의 논리, 프리스 일파의 이론적 한계 등을 비판하면서 20세기에 전면적으로 등장한 "혁명윤리"의 딜레마를 선취하고 있다고 평가한다.

요약하자면, "도덕 일반을 목적으로 하는 야심적인 실천이 덕성의 공포정치(Tugendterror)로 돌변한다는 것은 20세기 전체주의 정권들에 의해 비극적 방식으로 확증되었다."[19] 그리고 소련 및 동구 사회주의 국가의 몰락과

---

18) Heinrich Heine, *Zur Geschichte der Rellgion und Philosophie in Deutschland*, in *Werke in fünf Bänden*, Band. 3 (Köln, 1961), p.269.
19) 위르겐 하버마스, 『진리와 정당화』(윤형식 옮김, 나남, 2008), 279~280쪽. 찰스 테일러나 위르겐 하버마스의 예를 통해서 보듯이 헤겔의 혁명 비판, 더 정확하게 표현한다면 프랑스혁명 시기 자코뱅의 정치적 행위의 자기파괴적 문법에 대한 헤겔의 비판적 진단과 분석은 오늘날 많은 사람의 동의를 얻고 있다고 해도 무방할 것이다. 필자도 절대적 자유의 위험성에 대한 헤겔 비판의 중요성을 강조한 바 있다. 나종석, 『헤겔 정치철학의 통찰과 맹목』, 117~124쪽 참조 바람.

함께 "마르크스주의, 즉 이 세기의 가장 중요한 유토피아적 해방 프로젝트가 사망했다"라는 진단이 등장했다.[20]

간단하게 헤겔의 화해철학의 핵심적 의미를 요약해 보면 다음과 같다. 헤겔이 보기에 인간의 자유는 이성적인 인륜적 관계를 통해서만 제도적으로 구현될 수 있다. 그는 서구 근대세계의 기본적인 이성적 성격을 확인하는 것을 그의 철학, 좁게는 그의 정치철학의 고유한 사명으로 삼았다. 그가 도달한 결론은 인간의 자유란 역사적인 여러 과정을 걸쳐 서구 근대세계에서 비로소 구현된 인륜적인 여러 관계, 이를테면 가족, 시민사회 그리고 국가의 구성원으로서 참여하는 관계 내에서 자신의 실현을 인정받음으로써만 가능하다는 것이었다. 이것은 요즈음 많은 학자에 의해 사회적 자유론(theory of social freedom)으로 명명되고 있다.[21]

그런데 헤겔에게 사회적 자유란 화해와 다르지 않다. 실제로 그는 대립과 분열을 극복하는 화해를 "자유"라고 한다. 그러면서 이런 화해로서의 자유는 "어떤 정적인 것 혹은 존재하는 것"이 아니라 "활동"이라고 강조한다.[22] 달리 말하자면 "진리의 종교이자 자유의 종교"인 기독교에서 자유란 추상적으로 보자면 타자를 낯설지 않은 것으로 관계를 맺는 것이란 점에서 그것은 "진리와 같은 규정"이다. 다만 "자유에서는 구별과 타자 존재의 부정이라는 규정이 더 많이 강조되고 있다." 간단하게 말해 자유로서의 화해는 "소외(Entfremdung)를 사라지게 하는 활동이자 운동이다."[23]

이런 헤겔의 주장에서 보듯이 종종 헤겔의 화해 이념이 사회 내에서의

20) 진 코헨·앤드루 아라토, 『시민사회와 정치이론』 2(박형신·이혜경 옮김, 한길사, 2013), 342쪽.
21) 헤겔의 자유론을 "사회적 자유" 이론으로 이해하려는 대표적인 연구는 다음과 같다. F. Neuhouser, *Foundations of Hegel's Social Theory. Actualizing Freedom* (Cambridge/Massachusetts: Harvard University Press, 2000); A. Honneth, *Das Recht der Freiheit: Grundriß einer demokratischen Sittlichkeit* (Berlin: Suhrkamp, 2011) 참조 바람.
22) G. W. F. Hegel, *Vorlesungen über die Philosophie der Religion II*, in: *Hegel Werke in zwanzig Bänden* (hg. v. E. Moldenhauer und K. M. Michel, Band. 17, Frankfurt, 1986), p.203.
23) G. W. F. Hegel, *Vorlesungen über die Philosophie der Religion. Die Vollendete Religion* (neu herausgegeben von Walter Jaeschke, Hamburg 1995), pp.106～107.

갈등의 문제를 소홀히 한다는 비판은 일면적이다. 그가 생각하는 화해는 아무런 갈등의 가능성을 허용하지 않는 완벽한 조화로운 세계를 의미하지 않기 때문이다. 앞에서 인용된 추상적인 개념적 차원에서 화해가 갈등과 대립의 지양 운동인 자유와 같은 의미를 지니는 것으로 이해되듯이, 그는 가족에서의 이혼, 시민사회에서의 빈곤 그리고 국가 사이의 전쟁 문제를 사회적 자유 이론에서 핵심적 주제로 삼고 있다. 그러므로 악셀 호네트는 "헤겔은 유럽의 인정 담론에서 타자에 대한 인간의 구성적 의존성 안에서 거의 잠재워질 수 없는 갈등의 싹까지도 본 유일한 사상가" 로 평가한다.[24]

하여간 헤겔 자유론의 핵심을 화해의 정치철학으로 이해한 인물로는 마이클 하디몬과 존 롤스를 거론할 수 있을 것이다. 특히 롤스는 하디몬의 연구를 토대로 헤겔적인 화해로서의 정치철학의 의미를 매우 높이 평가한다. 그에 따르면 헤겔적인 화해의 정치철학은 특정한 사회가 채택한 기본 제도들을 적절하게 철학적으로 이해함으로써 그것이 왜 "합리적인지"를 보여 준다. 게다가 화해의 역할을 지향하는 정치철학은 특정 정치사회의 제도들이 어떤 경로를 통해 형성되고 전개됐는지를 보여 줌으로써 "사회와 역사에 대한 우리의 좌절과 분노를 진정시킬 수 있다."[25]

롤스의 주장에서 볼 수 있듯이 모든 인간은 자신이 살아가는 나라를 선택하고 태어나지 않는다. 그리고 자신이 태어난 나라로부터 떠난 삶을 상상하는 것도 그리 쉬운 일이 아니다. 그러므로 자발적으로 선택하지 않았지만 평생에 걸쳐 살아야 하는 정치사회가 그저 숙명적으로 받아들여야 하는 질서가 아니라 나름의 좋은 근거를 갖고 자신이 그 질서를 수용할 수 있는지를 보여 주는 작업은 매우 중요하다.

---

24) 악셀 호네트, 『인정: 하나의 유럽 사상사』, 262쪽.
25) 존 롤스, 에린 켈리 엮음, 『공정으로서의 정의: 재서술』, 24~25쪽.

3. 헤겔의 화해철학의 한계: 가다머와 아도르노를 중심으로

앞에서 보았듯이 정치적 테러로까지 나갈 수 있는 칸트 윤리학의 아포리아에 대한 헤겔의 진단이 지니는 통찰력과 일정 정도의 설득력은 어느 정도 역사적으로 증명되었다. 헤겔은 칸트 철학과 절대적 자유를 추구하는 근대 주관주의 철학은 자유에 관한 제대로 된 이해를 주지 못하고 현실 세계에서 프랑스혁명기의 공포정치와 같은 폭력과 무질서를 초래할 것이라고 보았다. 그리하여 그는 칸트적인 자유의 이념을 새롭게 규정하면서 이를 비판적으로 계승·발전시키고자 했다. 자유에 대한 그의 새로운 사유는 화해의 정치철학으로 귀결되었다.

그런데 헤겔의 화해철학은 갈등의 극복 및 지양 가능성을 매우 낙관적으로 평가하는 경향이 있다. 굳이 말한다면 근대적 세계 내에서 갈등의 구성적 역할을 강조하면서도 궁극적으로 헤겔 철학은 이런 갈등을 극복할 사회적 공동체의 힘을 긍정한다는 점에서 낙관적이라 할 수 있을 것이다.[26] 그리고 갈등의 극복 및 화해의 가능성에 대한 헤겔의 낙관성은 그가 그토록 강조하는 자유의 종교인 기독교에서 천명된 정신의 무한한 힘, 즉 대립과 갈등을 잠재울 정신의 무한성에 대한 신뢰에 기인한다는 것이 필자의 생각이다. 이런 점에 대해서는 곧 상세하게 검토해 볼 것이다.

그러므로 화해의 이름으로 진행되는 억압과 강요에도 불구하고 필자는 철학이나 실천철학이 현실과의 화해를 전적으로 거부할 필요는 없다고 본다. 그런 점에서 필자는 화해의 정치철학을 지향하는 헤겔의 생각을 유보적 조건을 두고 받아들인다. 달리 말하자면, 필자가 보기에 정치철학은 현실에 대한 비판적 태도를 포기할 필요가 없고, 현실과의 화해 역시 보다 더 이성적인 방식으로 현실을 변화시키려는 문제의식과 결합될 수가 있다. 그러니까 화해철학의 합리적 핵심을 비판적 유토피아의 상상력과 결합시킬

---

26) M.-O. Hardimon, *Hegel's Social Philosophy* (Cambridge, England: Cambridge University Press, 1994), pp.92~94.

수 있는 실마리를 찾아내는 것이 중요하다.

비판적 사유는 때로 기존 현실이 역사적 맥락 속에서 오랜 세월 일구어 온 성취들, 취소될 수 없는 몇몇 이성적 측면들을 전혀 고려하지 않은 채 부당한 현실과 미래의 유토피아적 세상을 추상적으로 대립시키려는 유혹에 빠질 수 있다. 그런 유혹에 저항하지 못하는 비판적 사유는 현실 세계에 대한 눈먼 분노를 불러일으켜서 사회를 무제한적 파괴와 증오의 소용돌이로 빠져들게 만들기도 한다. 이런 상황에서는 부당한 현실에 저항하는 사람들 사이의 연대 관계도 사실상 불가능하게 될 것이다. 부지불식간에 이들 사이에는 서로에 대한 의심과 적대와 증오의 눈초리가 지배하게 되어 연대성이 실종되어 버릴 것이기 때문이다. 더 나아가 정치적 행위 주체들 사이에서의 상호존중이나 연대 의식의 약화 이외에도, 정치적 행위자들 사이에서는 어느덧 대중을 오직 전략적으로 동원 가능한 대상으로만 바라볼 위험성이 증대하게 될 것이다.

그러나 우리는 비판이 눈먼 증오나 분노와의 결합을 제어할 수 있다는 가능성도 염두에 두지 않으면 안 된다. 물론 현실이 이성적임을 파악하려는 헤겔의 화해철학은 제도화된 폭력을 비가시적인 것으로 만들어 버릴 위험성 뿐만 아니라 미완의 이성을 완성시키려는 건설적이고 합당한 비판적 사고를 억누를 위험성도 안고 있지만, 적어도 비판적 사유는 대화의 정신 그리고 사회구성원들 상호 논의의 공간의 활성화를 전제하고 있다. 그러니까 우리에게는 화해의 정치철학과 비판적 사유의 상생적 만남의 길의 가능성을 미리 불가능하다고 단정할 필요는 없다.

그렇지만 아무리 좋게 보아도 화해의 철학을 헤겔 자신과 같은 유일한, 혹은 소수의 사변적인 철학자의 몫으로만 한정하고 인류의 역사를 절대정신의 간계에 떠맡기는 것은 상호주관적인 실천의 행위 영역을 충분하게 담보하지 못한다. 역사 속의 이성에 대한 사변적 인식이라는 과제가 소수의 철학자에게만 특권적으로 이해될 수 있으리라는 생각에는 무언가 지나친 엘리트주의적 분위기가 있다. 더 나아가 헤겔의 사변적 인식은 이질성과 타자의 삭제 불가능성을 도외시하면서 동일성 우위를 옹호하는 사유로 귀결된다. 예를 들면, 헤겔에 의하면 현실이 사유에 의해 개념적으로 파악되는 경우 그 사유에게 있어 대상은 낯선 존재가 아니게 되기 때문에 대상의 "고유함"은 "탈취"되고 만다. 달리 말하자면 개념적 사유를 통해 정신에서 온갖 타자의 "이질성은 사라져 버린다."[27] 악명 높은, 혹은 유명한 "이성적인 것과 현실적인 것의 동일성"이라는 명제에 대한 헤겔의 모호한 접근 방식도 그의 화해철학에 담긴 모순과 위험성을 보여 준다.

우리는 역사 속에 구현되어 온 자유와 평등의 이념, 즉 이성의 현실성에 대한 확고한 입장을 견지하면서 이성과 현실의 화해를 이어받을 수 있다. 그렇다면 우리에게 이성과 현실의 화해는 미래지향적으로 역사적 이성을 더 풍부하게 실현하려는 비판적 사유와 연결될 지점을 보여 준다. 그러나 아쉽게도 이미 강조한 것처럼 헤겔은 ─단순히 그의 정치적 성향이 보수적이거나 기회주의적이어서가 아니라, 그의 화해철학의 사변적 기획 자체가 안고 있는 한계이기도 하지만─ 기존 질서의 순응이라는 태도로 귀결되는 모습을 보여 준다. 때문에 현실이 이성적임을 받아들이면서도 여전히 현실이 이성적이어야 한다는 지점을 더 명확하게 이론적으로 발전시킬 수 있는 새로운 비판이론이 추구되어야 할 것이다. 이런 새로운 비판이론으로 필자는 유가적 사상의 대동민주적·생태민주적 전환을 제언하고 있다. 그리고 그런 길에 다가가는 우회로로서 가다머와 아도르노의 헤겔 비판을 수용한다. 달리 말하자면 가다머와 아도르노를 방법으로 삼아 비판이론을 유가적 대동사상으로 재규정할 가능성을 모색하는 것이다.

가다머가 언어를 해석학의 중심으로 삼아 헤겔의 변증법을 비판적으로 계승하면서도 독일 관념론 철학, 특히 헤겔의 '동일성 철학'의 단순한 반복을 거부하듯이[28] 아도르노는 헤겔의 유명한 이성과 현실의 동일성 테제에 대해 다음과 같이 비판한다.

---

27) G. W. F. Hegel, *Grundlinien der Philosophie des Rechts*, p.47. §4, Zusatz.
28) 한스 게오르크 가다머, 『진리와 방법: 철학적 해석학의 기본 특징들』 2, 408쪽.

내가 지금껏 헤겔의 구조 전반을 특징짓는 모델에서 여러분에게 보여 준 것은 그의 철학의 총체성에도 역시 해당된다고 할 수 있습니다. 아주 엄격한 의미에서 그렇다는 것이지요. 이를테면, 어떻게 말해야 할까요, 이 철학의 비밀 혹은 요점은 그 속에 포함된 부정들의 총체가-단순한 총량으로서가 아니라 서로 결합하여 형성되는 과정이- 저 유명하고 또 여러분 모두에게 친숙한 변증법 테제, 현실적인 것은 모두 이성적이라는 테제의 의미에서 실증성이 되어야 한다는 것에 있다고 할 수 있습니다. 바로 이 지점, 전체로서의 변증법의 이 실증성이라는 것 말입니다. 이는 사람들이 이성적인 것으로서의 전체를 그 개별 계기들의 비이성까지도 속속들이 파고들어 알 수 있기 때문에, 전체가 바로 그 때문에 의미 있다고 주장할 수 있다는 것인데, 사실 저로서는 이런 주장은 더 이상 유지될 수 없다는 입장입니다.[29]

아도르노는 헤겔의 변증법적 사유가 실증성으로, 그러니까 주어진 현실의 맹목적 긍정으로 귀결된다고 보아서, 이런 헤겔 변증법의 실증성이 폭력과 공모하고 있음을 비판한다. 그는 헤겔의 정신철학을 "정신의 폭력"으로 인식하면서 "헤겔의 엄청난 폭력"이 자신의 당대에도 여전히 강력하게 영향력을 행사하고 있다고 본다. 자신을 포함한 당시 대부분의 사람이 헤겔 정신철학의 폭력으로부터 아주 강한 영향을 받고 있다는 것이다.[30]

그러나 만일 여러분이 독일 정신사로 눈을 돌린다면, 그러면 여러분은 이 깊이에, 모든 철학적 깊이에 들어 있는 고통의 계기가 독특하게 정당화되어 있음을, 그래서 매우 문제적인 방식으로 적용되어 왔음을 발견하게 될 것입니다.[31]

아도르노가 강조하듯이 독일 정신사, 좁게는 헤겔의 정신철학 속에는 "고통의 계기"에 대한 위험한 사고가 들어 있다. 그것은 인간의 삶과 역사에 나타난 피할 수 없는 잔인성과 폭력적인 살상과 같은 고통의 계기를 "독특하

29) 테오도르 W. 아도르노, 『부정변증법 강의』(이순예 옮김, 세창, 2012), 40쪽.
30) 같은 책, 44~45쪽.
31) 같은 책, 227~228쪽.

게 정당화"하는 관념이다.

아도르노는 헤겔이 역사철학에서 사변적 사유의 최고 경지라고 그토록 강조했던 역사적 '신정론'(Theodizee)에 대해, 겉보기엔 매우 깊은 사유인 듯 보이지만 사실은 피상적인 것에 불과하다고 비판한다. 비극적인 것이라는 개념에서 나타나듯이 삶의 유한한 부정성 속에서 몰락해 가는 존재 속으로부터 유한성 내에 깃들어 있는 무한성이 드러난다는 식의 이른바 깊이 있는 사유란 "고통의 신정론"에 지나지 않는다고 아도르노는 이해한다. 아도르노에 따르면, 고통 속에서 늘 그 어떤 깊은 의미를 구할 수 있다고 보는 태도야말로 어쩌면 우리를 깊이를 알 수 없는 심연의 고통에 빠뜨리는, 무고한 희생자들의 고통 경험을 도외시하는 마약과 같은 것일는지도 모른다. 심오하고 깊은 사유를 고통으로부터 늘 긍정적인 의미를 찾아내는 데에서 구하려는 태도는 "거부, 죽음, 억압을 사물의 피할 수 없는 본질로 여기면서 거기에 힘을 실어 주는" 것이기 때문이다. 따라서 아도르노에게 있어 고통의 신정론이란, "피할 수 있고 비판될 수 있는 것"인 부정성에 맞서 저항하는 것이 아니라 그것을 숙명으로 받아들이면서 늘 그런 고통으로부터 의미를 구해 궁극적으로는 도저히 정당화될 수 없는 잔인한 폭력을 묵인하고, 심지어 그것을 신적 이성의 실현에 이바지하는 긍정적 계기라는 식으로 변증법적으로 전도하는 데로 이른다. 그런데 이런 식으로 고통을 신의 이름으로 정당화하는 사유야말로 아도르노가 보기엔 사유의 피상성과 게으름에 지나지 않는다.[32)]

헤겔의 정신철학이 고통을 가볍게 다루는 데에는 사실상 정신의 역량에 대한 그의 과도한 낙관적 믿음이 개입되어 있다. 그리고 정신의 폭력성의 근원인 정신의 무한성에 대한 낙관주의는 자연과 생명에 대한 정신의 절대적 우월성을 사변적으로 승인하는 것과 깊게 연루되어 있다. 이러한 정신의 무한성에 대한 과잉된 믿음의 표현 중 하나가 바로 자연미에 대한 헤겔의

---

32) 같은 책, 227~229쪽.

과소평가이다. 주지하듯이 헤겔은 자연미를 참다운 예술에 미치지 못한 저차적원인 것으로 기각한다.[33] 그런데 이런 자연미에 대한 헤겔의 무시가 바로 헤겔 정신철학의 폭력성을 잘 보여 준다. 왜 그런지를 아도르노의 예술에 대한 이해를 실마리로 삼아 살펴보도록 하자.

헤겔과 달리 아도르노는 자연미를 예술철학에서 배제하지도 않고 진정한 예술미에 어울리지 않는 심미 이전의 것으로 생각하지도 않는다. 그가 보기에 "자연미의 요소가 없이는 예술작품 자체를 제대로 생각하는 것조차 불가능하다." 그러므로 아도르노는 "자연미를 지각할 경험이 없는 사람"은 "예술적 경험을 제대로 할 수 없는 사람"이라고 말한다.[34] 이에 비해 헤겔은 예술을 절대적 이념이 자신을 적절한 방식으로 이해하는 정신세계에서 출현하게 되는 하나의 필연적 계기로 보기 때문에, 사실상 자연 역시 근본적으로는 이념 혹은 정신의 타자화된 형태일 뿐이라고 이해한다. 따라서 헤겔에게서는 아름다움과 이념이 서로 이질적인 것이 아닌, 근원적으로는 동일한 것이 된다. 달리 말해 자연이 아름다운 것은 자연 자체가 아름다워서가 아니라, 이념을 계기로 삼아 그 이념이 타자화된 것이라는 점에 기인한다.

그런데 자연이 이념의 계기이기에 그것이 아름답다고 보는 헤겔의 시각은 헤겔 철학을 "제약"하고 있다. 그런 시각은 자연미를 정신적인 것과 비교해서 하위적이고 저열한 것으로 보도록 만드는 근본 근거가 되는데, 여기에는 "정신이 아닌 것에 대해 갖는 정신의 의기양양함"이 도사리고 있기 때문이다.[35] 이런 정신의 우월성에 대한 과도한 긍정이 바로 헤겔로 하여금 자연미를 과소평가하게 만들고 또 예술의 본질적인 계기 혹은 인간의 예술적 경험과 필연적으로 결합해 있는 자연적인 것을 간과하게 하도록 만들었다고 아도르노는 생각한다. 정신의 우월성에 집착하는 헤겔의 미학, 더 나아가 그의 정신철학 전반은 비정신적인 것, 즉 그의 철학 체계 내에서 정신의 타자로

---

33) 게오르크 빌헬름 프리드리히 헤겔, 『미학 강의 1: 예술미, 상징적 예술 형식』(이창환 옮김, 세창, 2021), 53~54쪽 참조.
34) 테오도르 W. 아도르노, 『미학 강의』 1(문병호 옮김, 세창, 2014), 60쪽.
35) 같은 책, 46~47쪽.

규정된 자연을 지배의 대상으로 삼게 되고 그로 인해 생성되는 고통이 아름다움을 느끼도록 하는 전제조건임을 망각하게 된다는 것이 아도르노의 인식이다.[36]

그러니까 헤겔의 정신은 자연을 자신의 타자 혹은 타자의 형식으로 존재하는 자신으로 이해함으로써 정신의 실현 과정에서 결국 자연의 타자성을 극복해 본래적인 자신인 정신으로 되돌아가는 것이라 이해된다. 그리하여 자연은 정신이 자신이 정신적인 존재임을 인식하는 과정에서 거쳐 가는 하나의 계기로서 -필수적인- 의미를 지니게 되지만, 결국 타자인 자연에서 자신으로의 복귀를 통해 이루어지는 정신의 실현 혹은 완성은 결국 자연의 타자성을 완전히 극복하는 것으로 드러난다. 이런 정신철학은 타자를 동일성으로 환원해 버리는 동일성의 폭력이라 해도 지나치지 않을 것이다.

동일성의 폭력은 정신의 폭력이라고도 할 수 있는데, 이는 자연의 부정성 즉 자연 생명의 죽음이라는 유한성의 극복을 정신의 부활이라는 시각에서 본다는 데 기인한다. 달리 말하자면 자연적 생명의 부정성을 상징하는 것으로서의 '죽음'의 죽음을 부활 즉 정신적 자유로움으로의 도약이자 실현이라는 기독교적 관점에서 이해하기 때문에, 헤겔은 생명의 고통과 폭력 속에서 그것이 정신으로 승화되는 긍정적 역할을 강조할 뿐이며, 이를 통해 극단적인 폭력과 악의 무한한 용서와 화해의 힘을 맹신하는 우를 범한다. 이처럼 헤겔에서 무한한 정신은 인간이나 생명체의 유한성과 결부된 모든 "악"을 "공허한 것"으로 만들어 버리는 힘으로 휘말려 들어간다. 그리하여 "정신의 참다운 의식과 관련해 그리스도의 죽음 속에서 인간의 유한성이 살해된다. 자연적인 것의 이러한 죽음은 보편적 의미를 지닌다. 즉 유한한 것, 악 일반이 파괴된다. 그렇게 세계는 화해된다."[37] 헤겔이 기독교를 정신의 본성을 가장 참다운 방식으로 규정하고 있는 "정신의 종교"라고 부르는 것도 우연이 아니다.[38]

---

36) 같은 책, 87쪽.
37) G. W. F. Hegel, *Vorlesungen über die Philosophie der Religion II*, p.295.

헤겔에 따르면 신의 아들인 예수의 죽음은 신의 죽음을 뜻한다. 그러나 "신이 죽었다라는 것은 모든 영원한 것, 모든 참다운 것이 존재하지 않는다는 것, 즉 신 안에조차 부정이 존재한다는 가장 두려운 사상이다. 최고의 고통, 구원이 전적으로 부재하다는 감정, 더 고차적인 모든 것의 폐기(das Aufgeben)가 이와 결합되어 있다." 그러나 예수의 죽음의 의미는 여기서 끝나지 않는다. 그것은 극적인 전환을 초래한다. 신의 죽음은 "죽음의 죽음"(der Tod des Todes)이며, 신의 죽음은 다시 "부활"로 이어진다는 기독교 믿음을 헤겔은 받아들인다.39)

예수의 죽음이 죽음의 죽음으로서 부활의 사건이라는 헤겔의 생각은 이제 신의 무한한 사랑으로 해석된다.

신에 반대되는 자신의 대자존재 속에 있는 이러한 유한성은 악이고, 신에게 낯선 것이다. 그러나 신은 악을 그의 죽음을 통해 죽이기 위해 악을 떠맡는다. 이러한 절대적 극단들의 엄청난 통일로서의 굴욕적인 죽음은 그런 죽음 속에서 동시에 무한한 사랑이다. 신이 자신에게 낯선 것을 죽이기 위해 그런 존재와 자신을 동일한 것으로 정립하는 것이 무한한 사랑이다. 이것이 그리스도의 죽음의 의미이다.40)

이처럼 헤겔의 사변적 종교철학에 따르면 신의 아들인 예수의 탄생과 죽음 그리고 부활이라는 이야기를 그 핵심으로 하는 기독교를 통해 악의 극복은 이미 원리적으로 완성되었다. 달리 말하자면 예수의 죽음은 무한한 사랑의 행위로서 세계, 특히 역사 세계 속에 등장하는 온갖 폭력과 살육으로 인해 발생한 희생과 악이 말끔히 치유되고 용서받을 수 있음을 원리적으로 선포하고 있다.

그러나 이미 도덕성에서, 더욱이 종교의 영역에서 정신은 자유로운 것이자 자기 자신 내에서 긍정적인 것으로 의식되어 악으로까지 나가는 정신에서의 이러한 한계는 정신의 무한성에 대해 무와 같은 것(ein Nichtiges)이다. 정신은 일어난 일을 일어나지 않은 것으로 만들 수 있다.(der Geist kann das Geschehene ungeschehen machen) 물론 행동은 기억 속에 남겠지만, 정신은 그것을 제거한다. 그러므로 책임 전가는 이러한 영역에 다다르지 못한다. 예수의 죽음으로 정신의 참다운 의식에 대해서 인간의 유한성은 살해되었다. 이러한 자연적인 것의 죽음은 이렇게 유한한 것과 악 일반이 무화된다는 의미를 지닌다. 따라서 세계는 화해된다.[41]

기독교를 통한 악의 극복에는, 달리 말하자면 특히 역사 세계 속에 등장하는 온갖 폭력과 살육으로 인한 희생이 모두 용서받고 말끔히 치유된다는 생각에는 무언가 무시무시한 요소가 존재한다. 그것은 악과 폭력을 정신의 실현에 봉사하는 그 어떤 긍정적인 것으로 전환하는 것에만 그치지 않고, 무고한 희생자의 목소리를 영원한 망각과 침묵으로 몰고 갈 수 있기 때문이다. 그러나 역설적이게도 '죽음의 죽음'을 정신의 승리로 파악하는 사변적 기독교 철학인 헤겔의 정신철학은 정신을 통한 화해의 힘이 지니는 폭력성에 대한 이의제기의 가능성조차 절대적인 악으로 단정해 버린다. 그에 의하면 "예수 그리스도는 모든 인간은 용서받을 수 있지만, 정신에 대항하는 죄만은 용서받을 수 없다고 말했다." 그리고 헤겔의 해석에 따르면, 이런 정신에 대항하는 죄가 용서받을 수 없는 까닭은 바로 그것이 "무한한 대립의 통일에 관한 이념인 절대적 진리의 훼손"이라는 점에서 "최고의 범죄"를 뜻하기 때문이다.[42] 그러니까 화해와 용서를 받아들이지 않은 인간은 도저히 용서받을 수 없는 극악무도한 죄인이라는 것이다.

바로 여기에서 헤겔 정신철학의 극단적인 폭력성과 야만성이 드러난다. 가해자와 피해자가 화해하는 것이 원칙상 숭고하게 들린다는 점에서 언

---

41) 같은 책, p.295.
42) 같은 책, pp.305~306.

듯 보면 나쁜 일은 아니겠으나, 기독교에 뿌리를 두고 있는 정신의 화해하는 힘에 대한 헤겔의 사변적 수용과 그 낙관적인 믿음은 오히려 무고하게 고통을 겪고 죽어간 사람들의 아픔을 기억하려는 노력이 마치 용서라는 가장 고귀한 정신의 이념과 진리를 거부하는 것인 양, 그런 점에서 신에 대한 가장 극단적인 모욕인 양 만들어 버린다.

화해의 이념의 폭력성에 저항하는 행위를 두고 화해의 타자에 대한 극단적 적의와 절멸 의지로까지 나가는 모습은 모든 비판적 사유와 이의제기에 대한 적대성의 표출에 지나지 않는다. 삼위일체의 기독교적 교리의 신비 혹은 신앙과 계시의 신비나 수수께끼 같은 요소를 남김없이 변증법적으로 혹은 사변적으로 사유하는 이성에 의해 개념화할 수 있고, 또 그렇게 하는 것만이 최고의 철학적 사유라고 여겼던 헤겔의 이성에 대한 믿음 역시 신앙과 계시의 신비를 긍정하는 것보다 더 야만적인 광기로 나갈 수 있음을 보여 준다.

더구나 헤겔의 용서 이론에서 불길하고 끔찍스러운 것은, 그가 용서받을 수 없는 유일한 범죄로서 기독교적 신앙 혹은 교리—설령 그것이 사변적 철학으로 재해석된 것이라고 할지라도—를 거부하는 것, 즉 예수 그리스도의 죽음을 통한 신의 무한한 사랑을 거부하는 것으로 규정할 때, 그 주장은 서구 문명의 지배적 종교인 기독교의 뿌리 깊은 반유대주의 및 유대교의 악마화와 손쉽게 결합될 수 있다는 점이다. '정신의 상처가 말끔히 치유될 수 있다'고 믿지 않는 이교도 중에서 서구의 기독교 사회에서 늘 이방인으로 존재했던 집단은 유대인이었다.

주지하듯이 서구의 기독교 문명 내에서 유대인은 오랫동안 예수를 살해한 불구대천의 원수이자 악마와 같은 타락한 민족으로 경멸받고 박해받았다. 헤겔이 생물학적 의미의 인종적 반유대주의자였다고 할 수 없지만, 그 역시 강력한 사상적 혹은 문화적인 반유대주의를 지니고 있었다. 예를 들어 청년 헤겔은 『기독교의 정신과 그 운명』(*Der Geist des Christentums und sein Schicksal*)에서 기독교와 유대교를 대조하면서 유대교를 자유 의식이 없는 노예적인 종교라고 혹평했다. 그는 기독교적인 "사랑 속에서의 화해"란 유대인의 경우처럼 "복종으로의 회귀가 아니라 해방"이자 "지배를 철폐"하는 것이라고 강조하면서 이런 기독교적인 화해와 사랑의 정신은 "최고의 자유"라고 말한다.[43) 그러면서 그는 유대교가 기독교의 화해와 사랑의 이념으로 치유되지 않는 한 박해받을 것이라고 단정한다.

> 유대 민족이 오늘날 처해 있는 초라하고 비열하며 더러운 환경에 이르기까지 계속된 이 민족의 모든 상황은 유대 민족의 근원적인 운명의 단순한 결과이며 과정에 지나지 않는다. 이 운명─유대인들이 스스로 극복할 수 없도록 자신들에게 대치시켜 놓은 무한한 힘─에 의해 그들은 박해받았으며, 그리고 그들은 그 운명을 미美의 정신으로 진정시켜서 화해를 통해 지양할 때까지 박해받을 것이다.[44)

물론 자유로운 종교인 기독교와 자유에 반대되는 노예적 종교인 유대교의 대립 구도는 헤겔에게만 나타나는 독특하고 예외적인 현상이 아니었다. 기본적으로 칸트의 유대교에 대한 인식도 헤겔과 크게 다르지 않았다. 그는 종교로서의 유대교의 안락사를 주장하기도 했다.[45) 이처럼 종교개혁가인 마르틴 루터는 말할 것도 없고 칸트나 헤겔에게 유대인은 고대 그리스─기독교 문명에 뿌리를 두고 있는 자유의 전적인 타자로 이해된다.

하여간 기독교 사회에서 오랜 세월 누적된 반유대주의 없이는 사실상

---

43) 헤겔, 『기독교의 정신과 그 운명』, 『청년 헤겔의 신학론집: 베른/프랑크푸르트 시기』(정대성 옮김, 그린비, 2018), 570쪽. 번역 수정. 헤겔이 후기에 가서 유대인의 시민적 권리를 긍정하고 1827년의 종교철학 강의에서 비로소 유대 종교를 자유 종교의 일종으로 재평가한 사실도 언급할 필요가 있다. 유대교에 관한 헤겔 평가의 전환에 관해서는 피터 하지슨, 『헤겔의 종교철학』(정진우 옮김, 누멘, 2017), 319~327쪽 참조 바람. 그러나 그의 철학에서 기본적으로 반유대주의는 기저에 깔려 있다고 생각한다. 이와 관련해서는 미리엄 래너드, 『소크라테스와 유대인』(이정아 옮김, 생각과사람들, 2014), 참조 바람.
44) 헤겔, 『기독교의 정신과 그 운명』, 482쪽. 다카하시 데쓰야, 『기억의 에티카: 전쟁·철학·아우슈비츠』(고은미 옮김, 소명, 2021), 154쪽도 참조 바람.
45) 칸트의 유대교에 대한 경멸에 대해서는 이본 세라트, 『히틀러의 철학자들』(김민수 옮김, 여름언덕, 2014), 72~75쪽 참조 바람.

독일의 유대인 학살은 상상하기 힘들었을 것이다. 그런 점에서 "홀로코스트가 자라날 수 있었던 토양이란, 이처럼 수 세기에 걸쳐 교활한 수단으로 유대인을 악마로 둔갑시킨 전통이었으며, 바로 그러한 토대 위에서만 이것이 별다른 저항을 받지 않고 수행될 수 있었다"라는 주장은 설득력이 있다.[46] 더 나아가 유대인 홀로코스트는 서구 문명의 지배적 종교인 기독교의 "천년왕국적이고 종말론적인 전멸의 이데올로기"라는 면모도 보여 준다. 달리 말하자면 서구 기독교의 관념에 따를 때 '선민'이자 기독교적인 진리의 타락을 증언해 주는 유대인들의 운명은 기독교의 타락과 구원의 역사에서 매우 중요한 종교적 의미를 지닌 것이라고 이해된다. 기독교의 관념에 따르면 유대인들은 구원의 역사에서 악의 무리로서 비참한 종말을 맞이하는 상징적 집단으로 이해되었다. 그런 점에서 로버트 위스트리치는 유대인 홀로코스트를 "기독교에 적대적인 신이교도인 민족사회주의 국가가 수행한 근대판 기독 성전"이라고 규정한 리처드 루빈스타인(R. Rubinstein)의 해석에 동의한다.[47]

존 롤스 역시 기독교가 보여 준 이단 박해와 종교 박해의 전통과 홀로코스트 사이에 내적 연관성이 존재한다고 강조한다. "수 세기 동안 지속되었던 기독교의 반유대주의"가 존재하지 않았다면 "아마도 홀로코스트가 일어나지 않았으리라는 것은 명백해 보인다." 그러면서 그는 히틀러에게 드러나는 반유대주의를 인종주의적 반유대주의로만 보면 충분하지 않다고 한다. 그는 "인종적 퇴화에 대한 공포와 구원에 대한 종교적 믿음"에 뿌리를 두고 있는 히틀러의 반유대주의를 "속죄적인 반유대주의"라고 명명한 프리드랜더(Saul Friedländer)의 이론에 공명한다.

달리 말하자면 히틀러는 유대인과 결혼하는 것은 독일의 순수한 혈통을 더럽히고 인종적으로 퇴화하도록 해 독일 민족을 멸망에 이르게 할 것으로 보고 독일 민족의 구원은 유대인으로부터 해방될 때 비로소 실현될 것으로

---

46) 로버트 위스트리치, 『히틀러와 홀로코스트』(송충기 옮김, 을유문화사, 2004), 40쪽.
47) 같은 책, 349쪽.

생각했다. 그리하여 히틀러는 독일 민족의 파멸을 막기 위해 유대인의 절멸을 고안해 낸 것이다. 히틀러의 이른바 "속죄적 반유대주의"의 부분을 보여 주는 1926년 뮌헨에서 행한 연설 일부를 인용해 보자.

크리스마스는 간단히 말해 민족사회주의를 위해 의미가 있다. 그 이유는 예수가 세계의 적인 유대인에 대한 투쟁의 위대한 선구자였기 때문이다. 예수는 평화의 사도는 아니었다. 다만 후에 교회가 사후적으로 그렇게 만들었을 뿐이다. 오히려 그는 지금까지 생존했던 가장 위대한 투쟁의 인격적 소유자였다. 천년왕국을 위해, 예수의 가르침의 근본은 인류의 적인 유대인에 대한 투쟁에 있다. 예수가 시작한 과업을 내가 완수하고자 한다. 민족사회주의란 예수의 가르침을 실천적으로 완수하는 것에 불과하다.[48]

위대한 투쟁의 인격자였던 예수의 참다운 가르침은 인류의 적인 유대인에 대한 투쟁이었다고 보고 이런 예수의 사명을 완수하는 것이야말로 나치가 지향하는 궁극적 목표라는 히틀러의 주장이 너무 엉터리라고 생각하여 당시 기독교계에서는 큰 호응을 얻지 못했을 것으로 상상할 독자들도 아마 꽤 있을 것이다. 그러나 히틀러의 주장이 광범위한 대중적 호응만이 아니라 수많은 독일의 종교 지도자들의 열광적 동의를 얻고 있었다는 점을 강조해 두어야 할 것이다. 이를 보여 주는 것이 나중에 나치에 저항하는 지도자로 크게 활약한 디트리히 본회퍼(Dietrich Bonhoeffer)의 주장인데, 그 주장은 다음과 같다.

예수의 교회에서는, 이 세상의 구원자를 십자가에 못 박았던 '선민'(Chonsen People)은 고난의 오랜 역사를 통해 그 행위에 대한 저주를 마땅히 감수해야만 한다는 생각을 결코 지워버릴 수 없었다.[49]

---

48) 존 롤스, 『만민법』(장동진 외 옮김, 동명사, 2017), 45~47쪽. 히틀러의 연설은 45쪽 각주 13에서 재인용함.
49) 같은 책, 47쪽 각주 16번에서 재인용함.

그러므로 실제로 독일 히틀러 체제에 의해 자행된 전대미문의 유대인 학살 이후 다시 유대인 사유의 전통에서 무조건적 용서의 가능성에 대한 비판적 문제 제기가 대두된다는 것은 우연이 아닐 것이다. 그러니까 정신의 무한한 화해의 힘을 거부하는 것을 레비나스가 지적한 것처럼, 예수를 통해 우리 인류가 이미 궁극적으로 죄로부터 용서를 받았고 그러므로 궁극적 화해가 달성되었다고 한다면 그것은 모든 죄악이 용서받을 수 있음을 허용하는 것처럼 보인다. 달리 말하자면 "무한한 용서의 가능성"을 진지하게 받아들이는 순간 우리는 역설적으로 "무한한 악"을 긍정하는 유혹에 빠지게 되지 않을 수 없다. 그러니까 모든 것을 용서하는 신이 있다면, 그 신은 모든 죄악을 용서하는 셈이기에 인간 세상에 상상을 초월하는 잔인무도한 끔찍한 죄악을 개의치 않고 행하도록 부추길 수 있지 않을까라는 레비나스의 반문은 헤겔식의 이성의 간계와 정신의 무한한 용서와 화해의 힘이 어떤 위험성을 지니고 있는지를 근본적으로 성찰하도록 만든다.[50]

더 나아가 도저히 용서받을 수 없는 죄악에 대한 자각이 없다면, 어떻게 우리는 신이나 피해자에게 진정한 고백을 통해 용서를 구할 수 있을지 의문이다. 신은 자신의 죄를 고백하고 회개하는 한에서만, 그러니까 조건적인 용서를 허용하는 것이라고 이해되어야 할 것인가? 그러나 조건적인 용서라는 것은 무한한 사랑의 신에게 어울리는 것 같지는 않다. '원수를 사랑하라'라는 예수의 말이 보여 주듯이 사랑과 용서가 진정한 의미를 지니려면 무조건적 용서와 사랑, 그러니까 도저히 용서받을 수 없는 행위도 사랑하고 용서해야 하는 것처럼 보이기도 하니 말이다. 현재 필자는 이런 아포리아, 즉 용서할 수 있는 것을 용서하는 것은 진정한 의미의 용서라고 보기 힘들고 "용서라는 것이 있다면, 용서할 수 없는 것, 속죄할 수 없는 것만을 용서해야 하고, 따라서 할 수 없는 일만을 할 수 있다는 아포리아"를

---

50) Levinas, Emmanuel, *Difficult Freedom: Essays on Judaism* (translated by Sean Hand, Baltimore : Johns Hopkins University Press, 1990), p.139. 레비나스의 이 구절을 필자는 다카하시 데쓰야, 『기억의 에티카: 전쟁·철학·아우슈비츠』, 153쪽에서 알게 되었다.

해결할 방안이 없다.[51)]

　인간이 인간에게 범한 가장 잔인한 폭력을 상징하는 아우슈비츠[52)]가 보여 주듯이 이미 희생자가 존재하지 않고 자신의 죄를 고백하고 회개하는 가해자도 없는 상황에서 우리는 어떻게 용서와 화해를 이룰 수 있는지가 궁금하다. 그뿐만 아니라 도저히 용서받을 수 없는 죄가 있다고 보면서 화해를 거부하는 사람이나 희생자(의 가족이나 후손)가 있다면 우리는 그들의 목소리를 헤겔처럼 신의 무한한 사랑의 이념을 저버리는 최악의 범죄자라고 단정할 수 있을지도 의문이다.

　여기에서 필자는 신의 은총에 따른 구원과 모든 죄의 용서 가능성에 관한 기독교적 신앙의 신비를 파헤칠 수 없다. 그런 신앙의 신비 자체를 이성적 논증으로 반박하려거나 또 반박할 수 있다고 생각하지 않기 때문이다. 다만 여기에서 필자가 문제 삼고자 하는 것은 기독교적인 신앙의 신비를 사변적으로 재해석하여 이성과 현실의 궁극적 화해를 선언하는 헤겔 정신철학이 극단적인 폭력과 공모할 가능성을 논리적으로 해명하는 것이다.

　이처럼 헤겔의 정신철학은 정신의 포식성과 과식성 때문에 그 생명성을 상실할 수밖에 없다. 아우슈비츠 이후에 신의 화해와 용서의 힘을 앞세우는 것은 살아남은 자의 낯 뜨거운 변명이자 죽임을 당한 피해자의 목소리를 알려야 하는 책임을 저버리는 행위라고 여겨진다. 무고하게 죽어간 사람의 목소리를 기억하는 행동이야말로 역사를 가능하게 하는 힘이라고 믿기에, 헤겔적인 용서와 화해의 철학에 전적으로는 공감하기 어려운 것도 사실이다. 그러나 헤겔 화해철학과 관련해 느끼는 곤란함이 필자만의 곤혹스러움은 아니리라 생각한다.

　앞에서 살펴본 것처럼, 근대 유럽의 자본주의 세계 체제 및 그와 연동해

---

51) 자크 데리다, 『용서하다』(배지선 옮김, 이숲, 2019), 35쪽.
52) 아우슈비츠의 폭력이 다른 폭력과 비교하기 힘든 독특한 성격을 지녔다고 하지만 그와 비견될 만한 인간성에 반하는 범죄적 행위로서 대량 학살이 존재하지 않았다고 보진 않는다. 예컨대 아메리카 원주민의 학살은 또 다른 '홀로코스트'라고 해도 과언이 아니라고 본다. 그렇다고 아우슈비츠의 폭력성과 잔인성이 상대화되지는 않을 것이다.

움직이는 국민국가의 폭력성을 이성적으로 정당화하는 헤겔 철학의 한계는 아마 그의 낙관적인 정신철학과 무관하지 않을 것이다. 헤겔은 세계사를 "도살장"(Schlachtbank)으로 비유하면서도[53] 동시에 그것을 "자유의 의식에서의 진보" 과정이라고 보았다. 세계사가 "도살장"이지만, 그런 살육과 무자비한 현실 속에서도 아무런 동요 없이 자신을 실현하는 신적 이념인 이성의 무한한 힘에 대해 헤겔은 끝까지 낙관적 믿음을 견지했다. 그는 세계사가 비록 무수한 어리석고 광기 어린 사건들로 점철되어 있더라도 철학의 과제는 "신적 이념의 현실성을 인식하는 것이고 경멸받아 마땅한 현실을 정당화하는 것"이라고 규정한다.[54]

철학에 대한 이러한 규정은 앞에서 본 화해의 철학과 다름없다. 화해란 다름 아니라 "이성을 현재라는 십자가 속의 장미로 인식"하려는 헤겔 자신의 사변철학이기 때문이다.[55] 그러나 여기에서 우리는 헤겔 화해철학의 한계도 아울러 알게 된다. 그는 세상이 어떻게 되어야 하는지와 같은 이른바 추상적인 도덕적 당위의 물음은 던지지 말고 세계의 이성적 성격을 파악하라고 권하고 있지만, 실상은 그런 주장을 통해 자신의 철학이 철저하게 정치적이라는 점을 숨기고 있다.

더 나아가 헤겔의 화해철학은 이성의 형이상학에서 우러나는 지나친 낙관주의를 보여 주고 있지만, 이런 낙관주의 속에 은밀하게 스며들어 있는 도덕적 무감각과 현실적 지배 권력의 폭력성을 승인하고 공모하는 위험한 태도를 간과해서는 안 된다. "이성을 현재라는 십자가 속의 장미로 파악"하려는 태도 또한 헤겔의 정신철학이 실제로는 '고통의 신정론'임을 보여 주기에 부족함이 없다. 여기에서도 '이성'은 세계 속의 온갖 부정성에도 불구하고 그런 장애를 뛰어넘어 자신을 의연하게 관철하는 궁극적 원리로 이해되고 있기에, 그는 이런 이성의 승리를 결국 "십자가 속의 장미"라고

---

53) G. W. F. Hegel, *Vorlesungen über die Philosophie der Geschichte*, p.35 및 32.
54) G. W. F. Hegel, *Vorlesungen über die Philosophie der Weltgeschichte. Die Vernunft in der Geschichte* (Hamburg, 1994), p.78.
55) G. W. F. Hegel, *Grundlinien der Philosophie des Rechts*, p.27.

표현하고 있다.

　우리는 고통의 문제를 헤겔과 다르게 접근할 필요가 있다. 고통의 변증법적 지양을 통한 화해의 선언이 지니는 일면성을 거부하면서, 고통과 함께하는 법을 새로 배워야 한다. 그것은 고통이 정신이나 관념으로 완전히 지양되거나 치유될 수 없는 측면을 지니고 있다는 것을 새롭게 자각하는 데에서 출발해야 한다. 그리고 그런 출발은 자연적 존재로서의 인간은 생명과 마찬가지로 상처받을 수 있는 취약한 존재라는 점을 자각하는 것이다. 생명을 넘어선 자유나 정신이란 유령적 존재로 결코 실재할 수 없다는 생각이 여실하게 필요하다. 그리고 이런 생명 사상은 예술에 관한 새로운 사유를 가능하게 할 것이다. 그 출발점은 당연히 지양 불가능한 자연성에 대한 긍정이다. 이와 관련해 아도르노의 미학 이론은 중요한 실마리를 제공한다. 헤겔의 경우처럼 예술을 이념이나 정신의 표현으로 간주해서 예술의 감각적이고 자연적이며 부정적인 계기 전체를 정신화함으로써 부정적인 것 자체를 긍정적인 동일성으로 환원하지 않으려면 말이다.

　아도르노에 따르면 "철학이란 세계의 고뇌, 세계의 고통을 언어로 가져가는 것, 고통을 표현하는 것"[56]이다. 그런데 고통의 표현과 관련해 아도르노는 예술에 독특한 의무를 부여한다. 아도르노는 정신철학으로서의 헤겔의 예술철학이 보여 주는 자연미의 과소평가에 대해, 그것은 곧 고통과의 연대 혹은 고통에 저항하는 몸짓이 바로 예술의 본질적 계기임을 망각하고 있는 것이라고 비판한다. 아도르노에게 고통은 미적 경험에서 핵심적인 위치를 차지한다. 그는 "예술의 의무는 거의 전적으로 상처받은 것을 표현하는 것에서 성립"한다고 주장한다. 즉 예술의 임무는 "인간에게서 무력한 것, 억압받은 것을 표현하는 것"에 있다고 힘주어 말한다.[57] 그러니까, 이런 억압과 고통을 자아내는 사회의 내적 균열을 드러냄으로써 변화를 가능하게 하는 실천적 행위가 바로 예술의 과제라는 뜻이다.

---

56) 테오도르 W. 아도르노, 『부정변증법 강의』, 236쪽.
57) 테오도르 W. 아도르노, 『미학 강의』 1, 130쪽.

앞에서 우리는 헤겔의 화해철학이 지니는 진리적 계기를 전적으로 폐기할 수 없다는 점을 살펴본 후, 그것이 지니는 치명적 한계를 다루었다. 따라서 비판적 판단력과 비판적 사고력 자체에 붙어 있는 잠재적 파괴력을 화해의 정신으로 제어하면서, 그런 화해의 정신이 비판적 사유 자체의 해방적 힘을 완전히 거세하지 않도록 화해와 비판의 변증법을 헤겔과는 다르게 실행으로 옮겨야 할 것이다. 이럴 때 필자는 아도르노의 고통과의 연대를 추구하는 미적 이론에서 배워야 한다고 보았다. 거칠게 대조한다면, 아도르노에게 필자가 취한 것은 자연 지배와 인간 지배의 상호연관성에 대한 의식 내에서도 특히 자연과 객관성이 전적으로 정신적 차원으로 환원될 수 없다는 점에 대한 강조였다. 그리고 이는 자연적 존재이기도 한 인간의 삶의 유한성은 근본적으로 상처받을 수밖에 없는 취약성으로부터 기인하며, 그에 따른 고통의 계기는 결코 정신적으로 완전히 지양될 수 없다는 데 대한 강조가 바로 아도르노 사유의 핵심적 통찰이라고 보았다. 이는 아마도 공자와 맹자 이후 유가사상의 핵심인 어진 마음, 즉 차마 생명에 해를 가하지 못하는 마음과 공명할 수 있다는 것이 필자의 직관이다.

이제 필자는 화해의 정신을 해석학적인 이해의 추구로 변형할 가능성을 살펴볼 것이다. 그러니까, 이성과 현실의 역사적 매개를 승인하는 화해철학은 사회구성원들이 공유하는 전통의 맥락 혹은 공동체의 맥락을 배경으로 하면서 공통의 실천을 수행하는 해석학적 실천이론으로 재해석되어야 한다는 것이다. 특수한 역사적 경로를 통해 성장해 온 삶의 형식과 전통 속에서 자신들의 정체성을 확인할 수 있는 사회구성원 사이의 상호 이해 추구를 가능하게 하는 해석학적 출발 상황을 진지하게 받아들이자는 것이 필자의 제안이다. 달리 표현하자면, 헤겔의 화해철학 즉 이성과 역사 혹은 이성과 현실의 화해를 추구하는 정신은 종결될 수 없는 해석학적 경험과 실천을 통한 전승의 비판적 재전유 활동으로 이해될 수 있을 것이다.

이를 헤겔 철학의 용어를 빌려 표현해 보자. 주체와 대상(객체)의 절대적인 사변적 동일성으로 귀결되지 않는 부정성의 궁극적이고도 최종적인 지양 불가능성을 고수하는 사유야말로 헤겔의 화해철학의 이념을 오늘날에 되살릴 출발점으로 보아야 한다. 그러니까 주체성이란 늘 타자와의 부정적 관계를 통해서만 어렵사리 형성되고 성장할 수 있기에 대상이나 타자와의 만남을 통해 이루어지는 주체의 자기형성적 경험의 과정이란 결코 종결될 수 없다고 보아야 할 것이다. 달리 말하자면 주체가 타자 속에서 비로소 자신을 발견한다는 헤겔의 변증법적 통찰의 핵심에서 우러나는 주체와 대상 사이의 화해의 이념이란 미래지향적이고 개방적인 차원을 놓치지 않아야 한다. 그렇게 하려면 텍스트나 전통이나 언어와 같은 타자와의 만남에서 자신을 발견하는 과정, 즉 해석학적인 경험을 통해서만 비로소 이루어지는 정신적 주체의 형성(도야) 과정에서 미결정성과 개방성의 확보 는 결정적 의미를 지닌다.

이렇게 절대적 주체성 혹은 사변적 동일성으로 귀결되는 헤겔의 화해 이념의 문제점은 해석학적으로 축소되어야 비로소 해결될 수 있을 것이다. 청년 헤겔이 자아와 세계, 자아와 대상 사이의 동일성을 오로지 사랑의 경험을 통해서만 확보할 수 있다고 믿었던 것처럼, 예컨대 사랑의 경험이 늘 반복되고 다시 시작될 수 있도록 확보하는 것이 더 중요하다는 말이다. 사실 지금 필자가 서술하고 있는 해석학적 경험에 관한 헤겔적 설명은 이미 가다머에 의해서도 강조되고 있는 바이다.

가다머 역시 헤겔의 경험 개념, 특히 『정신현상학』에서 중요한 역할을 하는 의식의 경험에 관한 헤겔의 이론을 그의 해석학적 경험의 통찰과 통하는 것으로 강조한다. 주지하듯이 헤겔은 『정신현상학』에서 의식의 경험 을 다음과 같이 설명한다.

> 의식이 자기 자신에서, 즉 자신의 지(知)에서도 그리고 또 자신의 대상에서도 수행하는 이런 **변증법적** 운동이야말로 그로부터 **의식에게 새로운 참된 대상이 솟아 나오는 한**에서 실로 **경험**이라고 불리는 바로 그것이다.[58]

---

58) 헤겔, 『정신현상학』 1(김준수 옮김, 아카넷, 2022), 86쪽. 강조는 헤겔의 것임.

헤겔은 여기서 경험의 근본 성격, 즉 경험의 본질을 해명하고 있는데, 그는 경험의 본질을 변증법적 운동을 통해 해명한다. 헤겔이 경험을 변증법적 운동으로 이해할 때 가장 중요한 것은 의식의 경험이 근본적으로 부정성을 겪는다는 데 있다. 의식은 대상에 대한 최초의 인식을 검사하면서 대상이 최초의 인식과 다르다는 점을 알게 되어 의식은 대상에 대한 기존의 앎을 부정하고 새로운 인식을 획득한다. 다른 한편으로 대상에 대한 새로운 인식을 통해 대상의 새로운 차원이 드러나게 된다. 이런 대상과 의식의 상호작용을 통해 의식이 스스로 겪는 부정적 과정인 경험이 이루어진다. 이런 부정의 경험을 통해 의식은 당연히 성숙하고 도야된다. 그리고 의식이 부정의 경험을 통해 스스로가 성숙해 가는 과정은 주관과 객관의 완전한 동일성에서 달성된다고 헤겔은 이해한다.

그러나 우리가 가다머와 더불어 살펴본 것처럼 헤겔은 의식의 경험이란 무엇인가를 해명하는 과정에서 해석학적 경험의 근본 통찰에 다가서면서도 결국 절대적 앎의 지평에 이르는 것을 의식의 경험의 최종 상태로 본다. 이런 점에서 의식의 경험에 관한 그의 이론은 해석학과 길을 달리한다. 헤겔에서 의식의 최종적 형태인 절대적 앎에서는 자신과 대상의 완전한 일치를 통해 낯선 타자와의 만남을 통해 이루어지는 의식 경험의 성숙 과정이라는 근본 구조가 해체되기 때문이다. 우리는 이런 절대적 앎을 추구한다는 것이 지니는 문제점을 이미 살펴보았다. 이런 맥락에서 가다머는 헤겔의 경험 이론이 지니는 문제점을 다음과 같이 말한다.

물론 헤겔에 따르면 의식에 포착되는 경험은 자기 자신 이외에 낯선 타자를 포함하지 않는 자기 인식으로 귀결된다. 헤겔에게 경험의 완성은 '학문'(Wissenschaft), 즉 앎을 통해 자기 자신에 관한 확신을 얻는 것이다. 헤겔이 경험을 사유하는 척도는 따라서 자기 자신에 관한 앎이다. 그렇기 때문에 경험의 변증법은 일체의 경험을 극복하는 것으로 종결된다. 그러한 최종적 극복 상태는 의식과 대상의 완벽한 동일성을 뜻하는 절대적 앎에서 구현된다. 이런 맥락에서 비추어 보면 헤겔이 철학의 절대적 자기의식으로 이해하는 절대지의 역사적 적용이 어째서 해석학적 의식을 올바르게 고려하고 있지 않은가를 비로소 이해할 수 있다.······ 경험의 진실성은 언제나 새로운 연관성을 함축한다. 따라서 경험이 많다고 일컬어지는 사람은 이미 겪은 경험을 **통해** 그런 경지에 이르렀을 뿐 아니라 새로운 경험을 **향해** 열려있는 존재이기도 하다.······ 경험이 많은 사람은 철저히 교조적 원칙을 거부하는 사람이다.······ 경험의 변증법은 최종적인 앎에서 완성되는 것이 아니라, 경험 자체를 통해 새롭게 다가오는 경험을 향해 열려있는 상태를 말한다.[59]

이처럼 가다머는 의식의 경험에 관한 헤겔의 이론이 해석학적 통찰의 근본과 상통하는 지점을 긍정하면서 경험이라는 지평이 결코 극복될 수 없는 것임을 강조한다. 아도르노는 헤겔의 사변적 정신철학의 한계를 극복하면서 예술 경험의 특성에 주목하면서 그것은 늘 대상이나 자연과 같은 타자에 대한 개방성을 전제조건으로 한다고 강조한다. 이와 유사하게 가다머는 헤겔 사변철학의 독단을 치유할 방법으로 해석학적 경험의 미결정성과 개방성에 주목한다. 마찬가지로 가다머는 언어를 중심으로 이루어지는 해석학적 경험의 미완결성에 주목하면서도 절대적 자유의 개념에 관해 헤겔이 제기한 비판을 적극적으로 수용하고 있다. 그는 다음과 같이 주장한다.

전통의 존재 방식은 언어이다. 그리고 전통을 이해하고자 전통에 귀를 기울이고 텍스트를 해석함으로써 전통의 진실은 해석자 자신의 언어적 세계관과 내적 관련을 맺는다. 현재와 전통의 이러한 언어적 소통은 앞에서 살펴보았듯이 모든 이해 과정에서 어김없이 발생하는 사건이다. 해석학적 경험은 생생하게 다가오는 그런 모든 사건을 진정한 경험으로 받아들여야 한다. 해석학적 경험은 그런 사건을 사전에 택하거나 배척할 자유가 없다. 또한 해석학적 경험은 인식하고자 하는 대상의 특수성처럼 보이는 미결정

---

59) 한스 게오르크 가다머, 『진리와 방법: 철학적 해석학의 기본 특징들』 2, 264쪽. 강조는 가다머의 것임.

상태를 그대로 내버려 둔다고 해도 절대적 자유를 주장할 수 없다. 해석학적 경험으로 이미 발생한 사건을 마치 없었던 일처럼 무시할 수는 없기 때문이다.[60]

가다머는 헤겔과 다르게 역사적 유한성의 극복 불가능성을 강조하면서 헤겔식의 이성과 현실의 절대적 동일성 철학을 거부한다.[61] 우리의 삶을 규정하는 역사는 역사가 이성적임을 파악해서 정신의 절대성을 달성하는 식으로는 완결될 수 없기 때문이다. 거듭 강조하지만, 인간의 역사성은 지양될 수 없는 우리 삶의 궁극적 토대이다. 역사와의 만남 혹은 대화, 즉 역사적 전승과의 대화는 우리 삶에서 박탈될 수 없는 본질적 요소라는 것이다. 이런 점에서 가다머의 다음과 같은 주장은 타당하다.

로빈슨 크루소를 단독자의 원형이라고 상상하는 것이 허구이듯이 완결된 지평이라는 역사적 상황 역시 허구가 아닐까? 한 개인은 언제나 다른 사람들과 소통하기 때문에 결코 고립된 개별자가 아니듯, 어떤 문화를 감싸고 있는 완결된 지평이라는 것도 추상적 관념일 뿐이다. 인간의 현존재는 결코 어떤 특정한 관점에 전적으로 얽매여 있지 않으며, 따라서 결코 진정한 의미에서의 완결된 지평을 갖고 있지 않다. 바로 그것이 인간 현존재의 역사적 역동성이다.[62]

물론 헤겔 철학이 추구한 화해, 즉 이성과 현실의 화해라는 이론을 해석학적 경험의 끝없는 과정으로 다시 보자는 제안이 헤겔 철학을 제대로 이해한 것인지 하는 반론에 직면할 수 있겠다. 또 이런 반론 외에도, 헤겔의 화해철학을 해석학적 경험의 지양 불가능성의 이론으로 접근하려는 시도가 혹여나 문화적 상대주의로 귀결되지는 않을까 하는 반론도 있을 수 있다. 이런 반론을 여기에서 상론하기는 어렵다.

---

60) 같은 책, 411쪽.
61) 같은 책, 408쪽 참조.
62) 같은 책, 189~190쪽.

그러나 저자와 해석자 사이의 상호 이해를 대화의 전범으로 삼는 해석학의 개방성과 대화의 정신이 제대로 이루어진다면 그것은 서로 다른 문화 사이의 상호 이해와 대화를 촉진하는 데 이바지할 수 있을 것이다. 그리고 이런 문화적 번역으로서의 해석학적 개방성의 실천은 기존의 공유된 문화적 생활양식을 확장할 지평 융합을 형성할 것이다. 당연히 이런 지평 융합은 문화상대주의를 넘어 새로운 보편주의로 나아갈 가능성을 열어 줄 수 있다. 그리고 그런 해석학적 상호 이해와 다른 전통과 언어의 번역 수행을 통해 이루어지는 서로 다른 문화 사이의 지평 융합은 자문화중심주의에 불과한 것을 인류의 보편성으로 혼동하는 독단적 형태의 보편주의, 이를테면 유럽적 보편주의 같은 사상을 넘어 보편성에 대한 또 다른 상상력을 제공해 줄 것이다. 그러므로 전통의 영향사에 대한 가다머의 긍정과 지평 융합 사이에는 아무런 긴장이나 대립이 없다. 전통을 공유하는 사람들이 전통의 계승 발전을 이루기 위해서라도 전승의 의미가 재해석되고 확장되지 않으면 안 되기 때문에 타자와의 무한한 만남의 가능성에 귀를 기울여야 한다는 것이다.

앞에서 언급했던, 독단적 보편주의와 상대주의를 피할 가능성을 해석학과 더불어 모색하는 작업은 진리와 객관성의 문제라는 여전히 해결하기 힘든 과제를 남긴다. 언어학적 전회를 통해 근대 철학의 주체 중심의 패러다임을 넘어서서 전통과 언어 속에서 수행되는 해석 행위의 극복 불가능성의 통찰에 기대어 절대적이고 형이상학적인 이성을 상대화하려는 시도는 가치나 규범 등 모든 문제를 오로지 특정한 언어공동체 속에서 실현되는 실천 관행으로 축소시킴으로써 가치상대주의 및 문화상대주의로 나가지 않느냐라는 반론은 이미 언급해 두었다.

사실 하버마스가 지적하듯이 언어화용론이든 해석학이든 하버마스 자신의 선험적 화용론이든 다음과 같은 두 가지 중요한 이론철학적 물음에 직면하고 있다.

첫 번째 문제는 자연주의(Nauralismus)에 관한 존재론적 문제로서, 어떻게 언어적으로 구조화된-그 안에서 우리가 '언제나 이미' 언어능력 및 행위 능력을 가진 주체로서 존재하는- 생활세계가 갖는, 참여자 시각에서 볼 때 우회 불가능한 규범성과 사회문화적 삶의 형식의 자연사적 발전이 갖는 우연성을 조화시킬 수 있는가를 묻는다. 두 번째 문제는 실재론에 관한 인식론적 문제로서, 우리의 기술記述과는 무관하며 모든 관찰자에게 동일한 하나의 세계에 대한 가정이 '적나라한' 실재에 대한, 언어를 매개로 하지 않는 직접적 접근이란 우리에게 허용되어 있지 않다는 언어철학적 통찰과 어떻게 통합될 수 있는가를 묻는다.[63]

자연주의에 관한 존재론적 문제는 인간이 생명체로서 자연과 생명의 지평 내에서만 언어적 공동체를 구성할 수 있으리라는 사유를 통해 어느 정도 해결할 수 있을 것이다. 다른 곳에서도 강조하는 바이지만 언어공동체에서 실현 가능한 인간의 자유란 생명 속의 자유로 재해석되어야 하고, 그런 새로운 사유를 우리는 유가적 생명 사상이라는 맥락에서 구체화하고자 한다.

그러나 특수한 언어공동체에 의해 공유된 세계 인식이 어떻게 언어로 매개되어 있지 않고 독립적으로 존재하는 객관적 세계에 대한 타당한 인식임을 논증할 수 있는지는 상상하기 어렵다. 그런 점에서 하버마스가 "언어공동체의 사실상 익숙한 합의가 인식의 문제에서 최종심급으로서의 권위"를 인정받아서는 안 된다는 브랜덤(R. Brandom)의 주장에 동의하는 것도 우연이 아니다. 언어공동체의 합의 혹은 공유된 세계이해와 객관적 진리를 구별하지 않은 채 전자를 인식의 타당성 물음을 해결할 최종적 준거점으로 삼는다면 "진리 주장의 합리적 수용가능성과 단순한 수용 간의 차이가 없어질 것"이기 때문이다.[64] 이런 위험성을 자각한 하버마스는 이제 자신이 한때 주장했던 '진리합의설'에 대해 유보하는 태도를 보인다. 그는 이제 진리 개념과 "이상적

---

63) J. 하버마스, 『진리와 정당화』, 17쪽.
64) 같은 책, 215쪽.

인 조건하에서의 합리적 수용가능성 개념"65)을 분리시켜서 인식의 객관성 물음에 대처하고자 한다.

선행 연구에서 필자는 로버트 브랜덤과 비토리오 회슬레 등이 언어공동체와 객관적 세계 사이의 연관성의 문제에 관해서 더 나은 논증을 보여 준다는 입장을 지니고 있었다.66) 그리하여 필자는 헤겔의 객관적 관념론 기획이 지니는 철학적 사유의 현재적 의미를 다음과 같은 로버트 브랜덤의 주장이 보여 준다고 생각했다. 브랜덤에 의하면, "개념들이 추론적으로 분절되어 있다는 (개념들에 대한) 개념적 파악(conception)은 사유와 그 사유가 지향하는 (about) 세계가 개념적으로 **동등하게**(equally), 그리고 특별히 유망한 경우에는 **동일하게**(identically) 분절되어 있다는 생각을 허용한다."67)

그러나 오늘의 필자는 객관적 관념론의 상호주관적 기획의 길을 받아들이지 않는다. 세계가 궁극적으로 이성적으로 구조화되어 있다는 점을 통해 인식의 주관성이나 언어철학의 상대주의 혹은 허무주의적 경향을 극복하려는 문제의식에 대해서는 여전히 공감하는 바가 있지만, 세계가 궁극적으로 이성적이라는 점을 파악하려는 시도는 이성과 역사의 궁극적인 매개 가능성을 확신했던 헤겔 철학의 문제점을 극복하기 어렵다고 본다. 그 어려움은 결국 역사적이고 사회적인 존재로서의 인간의 유한성으로 인해 역사 전체를 총괄적으로 파악할 수 없다는 점과 관련되어 있다.

솔직하게 고백하건대, 선행 연구에서 필자는 헤겔적인 객관적 관념론 기획의 현재성에 대한 매력을 뿌리치지 못하면서도 동시에 역사와 이성의 절대적 매개 가능성에 대한 비판과 회의를 강조한 바 있다. 그리하여 필자는 절대적 진리와 역사의 내적 연관성을 강조하는 헤겔 철학의 핵심을 매개적 사유로 규정하면서 매개의 지양 불가능성을 강조하였다.

---

65) 같은 책, 27쪽.
66) 나종석, 『헤겔 정치철학의 통찰과 맹목』, 225~229쪽 참조 바람.
67) R. Brandom, *Making It Explicit* (Cambridge: Harvard University Press, 1994), 622쪽.

절대적 진리와 철학사의 필연적인 연관성에 대한 헤겔의 강조는 바로 절대적 주체성의 성격을 좀 더 분명하게 이해하는 데 기여한다. 즉 절대적 주체성과 매개의 필연적 연관성에 대한 헤겔의 입장이 어떤 성격의 것인지를 보다 잘 이해할 수 있게 해 준다. 헤겔은 절대적 진리와 철학사의 연관을 해명하면서 구체적인 것과 전개(Entwicklung)라는 두 가지 규정들을 강조한다. 철학적 사유가 목표로 삼는 절대자 혹은 절대적 이념은 이제 헤겔에 의하면 구체적이다. 그리고 이념이 구체적인 한에서 그것은 그 내적인 계기들을 객관적으로 전개 내지 실현해 내야만 한다. 이런 실현과 전개의 과정을 통해서만 비로소 절대적 이념은 자기 자신에 이른다.[68]

간단하게 말해, 헤겔 철학의 핵심은 "세계 속에서 나타나는 모든 존재자는 다른 것에 관계하지 않는 채로는, 즉 직접적인(unmittelbar) 상태에서는 결코 제대로 이해될 수 없음"을 강조하는 데 있다. 달리 말하자면, 헤겔의 참다운 통찰- 적어도 필자는 그렇게 이해한다- 에 따르면 "사물에 대한 정확하고 제대로 된 이해는 오로지 타자와의 연관을 통해서만, 즉 매개된(vermittelt) 측면에 대한 고찰을 통해서만 가능"하다.[69]

헤겔의 『정신현상학』에 따르면 철학적 사유가 대상으로 삼아야 할 "사태는 그것의 **목적**에서가 아니라 그에 대한 **상론** 속에서 남김없이 드러나며, 또한 **결과**가 아니라 자기의 생성과 함께 있는 결과가 **현실적** 전체'로 이해되어야 한다.[70] 이 주장에서 보듯이 철학적 사유에서는 과정과 결과가 밀접하게 연결되어 있는데, 문제는 그런 과정을 매개로 하는 결과라는 것이 과연 궁극적 결과일 수 있는지가 문제이다. 분명 헤겔의 사유는 사유의 종결과 같은 것을 강조하는 동일성 철학의 요소가 존재한다. 그러나 절대적 이념의 종결성을 약화시켜서 본다면, 이성과 현실의 매개 과정의 지속성에 대한 통찰이 헤겔 변증법적 사유의 핵심이라고 볼 수도 있을 것이다.

---

68) 나종석, 『헤겔 정치철학의 통찰과 맹목』, 134쪽.
69) 같은 책, 135쪽.
70) 헤겔, 『헤겔의 서문들』, 23쪽. 강조는 헤겔의 것임.

헤겔의 정신철학과 변증법이 이성과 현실의 지속적인 매개의 과정을 핵심으로 삼는다면, 이성과 현실의 동일성 테제에서 우리가 주목해야 하는 것은 이성과 현실의 조화 및 화해의 단언보다도 그런 화해가 지니는 잠재적 성격이다. 달리 말하자면, 화해의 긍정이 일종의 배제나 새로운 형태의 지배와 공속하고 있는 지점에 대해서는 비판적이면서도 화해의 과정이 계속하여 재생산되고 확충되어 갈 미래 개방적 사유의 가능성을 모색해야 한다. 역사 속에서 정신의 실현은 지속적 전개 과정으로, 그 최종적 종결은 변증법적 사유에서도 늘 도래할 것으로 남겨져 있기 때문이다. 그렇다면 우리는 결코 그 누구도 투명하게 관찰할 수 없고 마음대로 조작할 수도 없는, 우리에게 이미 주어져 있는 사회적 역사 세계라는 지평을 넘어서서 인류 역사 전체를 지배하는 것으로 여겨지는 절대적 이념을 사변적으로 통관하는 주체를 설정하지 않아도 된다.

그런데 그런 주체가 가능하다는 생각이 바로 헤겔로 하여금 기존 질서에 대한 모든 비판을 사회적 현실 세계의 이성적 성격을 파괴하는 광란의 몸짓으로만 바라보도록 강제한다. 그렇게 하여 세계에 대한 사변적인 인식은 부지불식간에 인간의 상호주관적인 실천의 영역을 과도하게 축소하는 결과를 초래하여, 현실에 대한 순응적 태도와 현실과의 이성적 화해를 같은 것으로 착각하게 만든다. 그러나 앞에서 강조했듯이 현실과 이성의 화해철학을 다르게 접근할 가능성이 존재한다. 이를테면 이성과 현실의 종합과 화해라는 사상을 이성과 현실의 변증법적 전개와 매개의 과정에 대해 강조하는 것으로 독해한다면, 헤겔의 변증법은 현실과 이성 사이의 불화라는 영원히 극복할 수 없는 측면을 중심으로 하는 사유로 재해석될 수 있을 것이기 때문이다. 그러니까 헤겔 변증법의 합리적 핵심을 현실과 이성 혹은 대상과 주체의 극복 불가능한 불화와 불일치를 긍정하는 사유로 재해석한다면 우리는 공허하고 추상적인 선험적 주체 중심의 이율배반, 달리 말하자면 타율과 자율의 딜레마를 해결하고자 한 헤겔 화해철학의 정신을 포기하지 않을 수 있다.

선험적 주체 중심에서 본 자유의 딜레마란, 자신이 부여하지 않은 모든 것을 자유를 불가능하게 만드는 속박과 억압으로 보는 사유 방식에서 초래되는 딜레마라 할 수 있다. 그런 관점에 볼 때 전통이나 역사 등등이 쓰레기통 속에 처넣어야 할 오류로 여겨지는 것도 우연은 아니다. 그러나 기존의 현실 세계가 인간에 의해 역사적으로 형성되어 온 결과인 것처럼, 그런 역사적 전통 속에서 태어나서 그런 전통을 내면화하고 성찰하여 새로운 현실에 맞게 전통을 혁신하는 과정을 가능하게 한다고 본다면 상황은 달라진다.

이제 역사적으로 형성되어 온 사회적 제도 및 그와 연결된 규범적 요구나 가치의 타당성에 대한 내면화와 승인은 개인 혹은 사회구성원의 자유를 가능하게 하는 언어 및 행위 능력을 닦는 과정에 없어서는 안 될 조건으로 이해될 수 있다. 역사적으로 형성되어 온 특정한 사회적 실천 관계에 대한 참여 없이는 인간의 자유는 실현 불가능하다는 것이다. 이렇게 본다면 우리는 우리가 필연적으로 소속된 역사 세계를 자율성에 반하는 타율적인 것으로 치부하고 그것을 완전히 제거한 상태에서야 비로소 인간의 자유가 가능하리라는 사유로부터도 벗어나야 한다.

다른 한편으로, 정신적 현실의 역사적 전개 과정의 지양 불가능성에 대한 승인은 기존 현실의 이성적 신성화와 맹목적 순응의 유혹에서 벗어나게 할 수 있다. 과정과 매개의 중요성을 헤겔 철학의 핵심으로 간주하는 것과, 절대적 주체성에 의해 그런 변증법적 매개 과정의 최종적 종결을 선언하는 헤겔 자신의 철학과는 미묘한 차이가 있다. 따라서 필자는 역사적 전개 속에 은밀하게 숨겨져 있다가 헤겔과 같은 사변적 철학자에 의해 비로소 명시적으로 개념화될 이성의 간계 같은 것은 없다고 본다.

요약해서 말하자면 필자는 헤겔 철학의 합리적 핵심을 타자에 의해 매개되는 과정의 지양 불가능성을 강조하는 매개적 사유로 규정하고 싶고, 그렇게 이해된 헤겔 철학은 해석학과 깊은 친연성을 지닌다고 본다. 그리고 이런 입장이 설령 객관성과 진리 물음에 직면해 커다란 곤혹스러움이나 난점을 일으킨다고 해도, 타자나 낯선 존재에 대한 긴장 어린 만남의 가능성 자체를 약화하고 타자의 동일화로만 달려가는 경향을 강하게 보여 주는 헤겔의 객관적 관념론보다는 더 나아 보인다.

앞에서 헤겔의 화해철학을 현재화하려는 방법으로 가다머의 해석학적 경험 및 언어의 번역 수행 능력에 따른 새로운 보편주의의 길에 대한 필자의 고민을 더 명확히 해 보고자 했다. 이를 통해 해석학이 보수적 성격을 지니는 것으로 보는 사람들과[71] 달리 필자가 왜 해석학이 나름의 비판적 이론으로 발전될 수 있다고 믿는지도 어느 정도 해명이 되었으리라고 본다. 하여간 이것은 화해의 이념을 비판적 사유 자체의 해방적 힘을 억누르는 방식으로만 전유했던 헤겔과는 다른 길에서 화해의 철학을 발전시키는 방법이다. 그런 점에서 '화해의 긍정'과 '폭력에 대한 저항'이라는 모순적 결합을 견디어 내는 사유만이 비판적 사유에 어울린다고 본다. 간단하게 말해, 화해와 저항의 공조 가능성을 탐색하는 것이 비판적 사유가 나갈 길인 것이다. 그러므로 과거와의 대화를 통해 이루어지는 전통의 재탄생, 즉 르네상스를 유토피아적 세계를 향한 더 나은 사유 방식으로 보는 관점은 과도한 유럽중심주의에 사로잡혀 있는 헤겔의 정치철학을 비판적으로 전유하는 것과 다르지 않다.

4. 정신의 폭력성과 동고동락同苦同樂의 해석학: 공생공락共生共樂과 어짊(仁)의 해석학을 찾아서

전통이나 우리가 속한 사회적 및 역사적 세계 속에서만 인간의 자유와 해방이 비로소 가능하다는 해석학적 통찰은 결코 그 어떤 이데올로기 비판이나 비판적 사유 등의 이름으로 대체될 수 있는 것이 아니다. 그런 점에서

---

71) 이를테면, 위르겐 하버마스, 『진리와 정당화』, 115쪽.

해석학의 보편성 요구는 비판이론이라고 피할 수 없다. 전통과 역사의 지평을 넘어선 그 외부에서는 인간이 결코 살아갈 수 없기 때문이다. 그래서 전통과 주체의 상호작용은 지속되어야 하지만, 전통은 늘 혁신되고 비판되고 재구성되지 않으면 안 된다. 그러므로 전통의 권위에 대한 긍정이나 사람이 태어나서 성장하는 사회적·역사적 세계의 소여성에 대한 수용이라는 말이 그런 기존 질서나 전통의 힘을 무조건적으로 승인하는 것을 뜻하지는 않는다. 가다머가 1960년『진리와 방법』의 초판 서문에서 이미 지적하였듯이, "전통을 분쇄하고 비판하고 해체시킬 수 있는 것 역시 인간의 본질에 속한다."[72]

그러나 전통과 기존의 사회적·역사적 세계에 대한 비판적 성찰이 어떻게 가능하며, 세계 속에서 인간이 편안하게 거주하도록 하는 역사적 삶의 생생함은 어떻게 반복해서 확보될 수 있는 것인가? 이런 물음에 대해 가다머는 전통과의 대화에서 발생하는 사건으로서의 해석학적 경험에만 주목하는 것 같다. 그러나 필자는 이런 해석학적 경험을 통해 전통의 비판적 적용과 변형의 역할을 제대로 수행하기 위해서는 인간의 삶의 유한성, 특히 인간의 삶의 취약성에 대해 더 주목할 필요가 있다고 본다. 여기에서 필자는 가다머와 아도르노의 종합 혹은 대화의 길을 선호한다. 이런 모색이 가다머의 해석학의 정신에서 크게 벗어나 있지는 않을 것이다.

해석학적 경험이 종결될 수 없는 무한한 과정이라는 점에 대한 가다머의 강조는 분명하다. 그에 의하면 "해석학적 현상 전체의 바탕이 되는 기초는 역사적 경험의 유한성이다. 이 문제를 올바르게 해명하기 위하여 우리는 언어의 흔적을 추적했는데…… 언어의 궤적 속에서 비로소 우리의 경험 자체의 질서와 구조가 형성되고 항상 변화를 동반한다."[73] 이러한 주장에 따르면, 사회적 세계를 구성하는 근본 토대인 언어 속에서 태어나 살아가면서 사회적 세계가 요구하는 기대와 전망들, 간단하게 말해 규범들 및 가치들을

---

72) 임홍배, 「정신과학의 방법에 대한 비판적 성찰」, 한스 게오르크 가다머, 『진리와 방법: 철학적 해석학의 기본 특징들』 2, 499쪽에서 재인용함.
73) 한스 게오르크 가다머, 같은 책, 403쪽.

자기화함으로써 형성된 우리의 정체성은 결코 고정 불변적일 정도로 확고하고 안정적인 것도 아니거니와 최종적으로 완결된 것이 더더욱 아니다. 그러므로 우리의 정체성의 불안정성은 우리의 정체성을 형성하는 데 지대한 영향을 주는 기존 언어의 불완전성과 불안전성을 보여 주는 것이다. 따라서 우리는 정체성과 삶의 형성을 위해서는 벗어날 수 없는 지평인 언어 속에서 언어의 불안정성을 성찰하고 그 언어를 생생하게 만들지 않으면 안 된다. 그것은 언어와 전통을 소중히 여기고 보살피는 행위이기도 하다. 이때 언어의 활력을 되찾을 수 있는 새로운 언어나 용어의 창안도 필수적이라 여겨진다. 이와 관련해 가다머의 주장을 인용해 보자.

> 언어가 유한성의 흔적인 이유는, 인간의 언어 구조가 다양하게 존재하기 때문이 아니라 모든 언어는 부단히 형성되는 과정에 있고 언어가 더 많은 세계 경험을 표현할수록 언어의 형성 과정이 더더욱 촉진되기 때문이다.……
> 언어적 사건이 인간의 유한성에 상응한다는 것을 확인했다. 우리의 모든 세계 경험이 전개되는 출발점은 언어라는 중심이다.[74]

언어 속에서 새로운 언어를 창안하여 그것을 기존의 언어에 기입하는 활동은 사회적 언어의 불안정성에서 고통 받는 사람들의 몫이라 여겨진다. 왜냐하면 현존하는 언어에는 권력관계가 깊게 작동하고 있어서, 언어를 매개로 하여 형성된 주체나 개인의 정체성도 그런 권력과 연관된 담론의 효과이기 때문이다. 이런 점에서 언어는 늘 새롭게 해석되고 재규정되지 않으면 안 된다.

주체는 자율적 행위자로 여겨지지만 사실 완성된 것으로 주어지는 것이 아니라 권력관계가 함께 작동 중인 언어를 매개로 하여 형성과 생성의 과정 중에 있으므로, 불안정한 주체의 정체성 역시 혁신적으로 혹은 아주 새롭게 재구성될 수 있을 것이다. 이를테면 남성이나 여성, 정의나 진리

---

74) 같은 책, 403쪽.

등등과 같이 사람의 정체성을 형성하는 데 영향을 주는 언어적 담론들은 특정한 정체성을 정상적이고 자연스러운 것이자 진실된 것으로 간주하면서, '비정상의' 혹은 '자연스럽지 않은' 아니면 '옳지 않은' 등등의 규정을 통해 그런 정체성에 속하지 않는 사람들을 주변화한다. 이런 상황을 타개하기 위해서라도 주변화된 사람들은 기존의 언어 및 그와 결부된 용어들을 반복적으로 모방하는 가운데 그 의미들을 비판적으로 해체해야 한다.

필자는 전통과 언어에 대한 비판적 성찰이 독단으로 흐르지 않고, 혹은 인간의 역사적 세계 밖으로 뛰쳐나가지 않고 수행될 가능성을 배제된 자들의 고통과의 연대에서 찾을 수 있다고 본다. 특히 배제된 자들의 저항과 행위를 표현하기 위해 언어는 혁신되고 재해석되어야 하고 변형되어야 한다. 고통받는 자, 억눌린 자, 신음하는 자들은 모두 그러한 고통과 슬픔을 표현하지 못하도록 억압하고 방해하는, 때로는 자신의 고통을 표현하기에 불충분한 기존의 언어와 제도, 질서 등으로 인해 외면당하는 타자요 '대지의 저주받은 자들'이다. 이들 타자의 공적 출현을 방해하는 현존하는 지배관계의 극복은 오직 고통받는 자들과의 연대를 통해서만 가능하며, 그런 연대의 힘은 기존 언어의 불충분함을 넘어서서 배제된 자들과 고통받는 자들의 한을 드러낼 수 있는 새로운 언어의 창조와 함께하지 않을 수 없다. 이런 점에서 필자는 삶의 취약성에 기인하는 상처받는 삶의 가능성이 육체적 존재인 인간으로 인해 비롯된다고 보는 아도르노의 지적에 공감한다.

아도르노에 의하면, 변증법적 사유의 원동력은 다름 아닌 "온갖 고통과 모든 부정성"이며 그것은 "육체적인 것의 형태"이다. 그러니까 육체적 계기와 깊게 결합해 있는 고통 혹은 고통의 경험은 그러한 고통을 제거하여 세상이 달라지도록 해야 함을 우리 인간에게 호소하는 근원이라는 점에서 언어 혹은 대화 정신, 달리 말하자면 인간의 인문정신세계와 역사세계의 지양될 수 없는 바탕인 셈이다.[75] 이런 맥락에서 고통과 결부된 우리 삶의

---

75) 테오도르 아도르노, 『부정변증법』(홍승용 옮김, 한길사, 1999), 286쪽. 이하 인용에서 번역은 약간 수정됨.

육체적 계기인 "특유의 유물론적인 것은 비판적인 것, 즉 사회를 변혁하는 실천과 만난다." 그러므로 유물론적 사유인 비판적 사유란 "(여전히 존재하는) 사회의 마지막 구성원의 육체적 고통과 저 고통의 내면적인 반성 형식들의 부정"을 가능하게 할 사회의 건설을 그 궁극적 목표로 삼는다. 달리 말해, 비판적 사유가 진정으로 관심을 두고 추구하는 바인 저 고통의 제거는 "오로지 자신과 모든 생명체의 투명한 연대를 통해서만 실현될 수 있는 만인의 관심사이다."[76]

그런데 무의미한 고통의 제거를 자신의 가장 중요한 관심사로 삼는 비판적 사유는 언어의 창조적 혁신과 새로운 언어를 통해 고통 받는 존재의 경험을 가시화(표현)하지 않고서는 그 어떤 실천적 힘도 발휘할 수 없을 것이다. 그러므로 유물론적 비판적 사유는 인간의 삶의 언어성에 터를 두고 있는 해석학과 결합되어야 한다. 거꾸로 말한다면, 해석학적 대화의 정신은 고통과의 연대를 통해서만 언어와 역사와 전통의 힘을 제대로 발현할 수 있을 것이다. 그러니까 고통과 연대함으로써 비로소 우리는 배제된 몸짓과 목소리에 고유한 형태를 부여하면서 우리의 공동의 언어를 새로운 저항의 언어를 창안하고 발굴해 내어 확장하고 풍요롭게 만들 수 있다.

고통의 몸짓에 다가가지 못하는 언어는 지배적인 언어, 폭력적인 언어로서 인간의 자유로운 삶을 박탈하고 사물화하는 힘에 지나지 않는다. 언어가 기존 질서를 사물화하는 경향에 저항하면서 동시에 언어를 전적으로 지배의 도구인 것처럼 저주하지 않고 소중하게 간직할 때 비판적 사유는 힘차게 활동할 수 있을 것이다. 이처럼 언어와 상처받은 삶의 공속성에서 우리는 새로운 비판적 사유의 길을 모색한다. 이런 비판적 사유를 필자는 잠정적으로 동고동락의 해석학, 즉 어짊(仁)의 해석학으로 명명한다.

이런 정신에 가까운 사람의 하나를 굳이 들려고 한다면 청나라 말기 사상가이자 변혁가로 활동하다 34세의 나이에 형장의 이슬로 사라져 간

---

76) 같은 책, 286~287쪽.

담사동譚嗣同을 들 수 있겠다. 그는 "수많은 고통 가운데 하나라도 글로 남겨서 고통받는 사람들을 위해 눈물 흘리고 울부짖음으로써 고통받는 사람들을 버리지 않고, 억지로라도 두둔해 가며 속박을 깨뜨리는 일"을 자신의 일로 삼았다. 그리고 그의 이런 고통과의 연대 정신에는 공자에게서 유래하는 어진 마음의 뜻을 이어받으려는 각오가 있었다. 그의 대표적 저서가 바로 『인학仁學』이라는 것이 이를 잘 보여 준다.[77]

어짊의 해석학 혹은 동고동락의 해석학은 탈식민적 사유의 방법으로 제기된 것이기도 하다. 물론 이는 생태위기를 초래한 인간 스스로와 자연이라는, 혹은 정신과 생명이라는 데카르트적 이원론에 따른 분리를 자명한 진리로 전제하는 사유 모델을 넘어설 수 있는 생명 존중의 생태적 사유로 이어진다. 어짊의 해석학은 인간과 자연 사이의, 인간과 인간 사이의 공생공락을 지향한다. 달리 말하자면, 어짊의 해석학 혹은 생명 해석학은 생명체의 고통을 자신의 고통으로 여기고 이를 제거함으로써 자연과 인간의 조화로운 관계가 조성되고 인간에 의한 인간의 지배가 극복되는 대동세상을 지향한다. 이런 어짊의 해석학으로 재규정된 유가적인 인仁 사상은 탈식민적 사유와 깊은 관계를 지닌다.

생태위기는 모든 인류와 비인간 생명체의 절멸을 가져온다는 점에서 모두에게 위기이기도 하지만, 지구온난화로 인해 발생한 생태적 재난이 모든 인류사회에 동등한 방식으로 작동하지는 않는다는 점도 사실이다. 지구온난화에 상대적으로 책임이 적거나 거의 없는 가난한 나라의 사람들이 기후변화에 책임이 더 큰 부자 나라의 사람들보다 기후재난에 훨씬 더 취약하며 그로 인해 더 큰 고통을 겪고 있다는 점도 부인할 수 없다. 그런 점에서 볼 때 유럽의 근대 물질문명과 화석연료에 기반을 둔 자본주의 형성 과정에서만이 아니라 그 팽창 과정에서 비서구 사회를 식민화한 서구 사회의 역사는 생태계 위기의 근본 원인이라 하겠다.

---

77) 담사동, 『인학』, 15쪽.

아울러 그런 기후변화로 인한 피해를 고스란히 가난한 지역의 가난한 사람들이 떠안게 되는 기후 불평등 또한 식민 지배가 초래한 피식민 지역의 자연 및 전통적 공동체의 파괴에서 기인하는 바가 매우 크다. 달리 말하자면 식민주의는 피식민지 지역에서 살아가는 사회 내의 불평등이나 빈곤에만 관련이 있는 것이 아니라, 그 지역의 환경에도 극심하고 광범위한 해를 끼쳤다는 것이다. 그러므로 탈식민적 사유는 문명화의 이름으로 피식민지 문화를 문명의 타자 즉 야만에 불과한 것으로 치부했던 작업, 다시 말해 서구중심주의의 타자화 작업에 저항하는 것만으로는 충분하지 않다. 제이슨 히켈(Jason Hickel)이 주장하듯이 근대 유럽의 식민 세력은 피식민지 사람들에게 "자연을 물건으로 간주하도록 강요"했다. 그 결과 비서구 사회의 자연은 석탄이나 석유를 추출할 수 있는 한갓 자원으로 격하되어 대규모로 황폐화되었다. 이처럼 유럽의 식민지 개척자들은 피식민 지역의 문화와 역사만이 아니라 자연과 생태계까지도 식민화시키고 말았다. 그들은 식민지를 '문명화'의 이름으로 정당화하면서 식민지 사람들을 데카르트적 이원론자로 만들어 버렸고 "대지와 몸과 마음까지도 식민화"했다.[78] 그러므로 탈식민적 사유는 생태적 전환의 가능성도 함께 수행하지 않으면 안 된다.

생태위기를 낳은 데카르트적 이원론 즉 인간과 자연의 극단적인 분리 위에서 인간만이 존엄하고 우월한 주체적 존재이며 자연은 인간의 목적을 달성하기 위한 수단에 지나지 않는다는 사유 방식은 사실 서구 근대의 자유와 해방의 이념이 얼마나 지속 불가능한 터전 위에 서 있는가를 잘 보여 준다. 이런 이원론적 사유 방식과 연관해서 발전해 온 자본주의 사회는 온 세상 사람들에게 자연은 기계라서 마음껏 사용할 수 있는 자원에 지나지 않는다는 점, 그리고 그렇게 해야만 비로소 인간의 삶은 자유로워지고 행복해질 수 있다는 점을 받아들이도록 했다. 그 결과 현대사회에서 살아가는 수많은 사람은 자연 및 생명 세계와의 깊은 상호의존성의 감각을 잃어버렸다.

---

78) 제이슨 히켈, 『적을수록 풍요롭다: 지구를 구하는 성장』(김현우·민정희 옮김, 창비, 2021), 117쪽.

이런 망각된 감각을 되살리는 데에도 비서구 사회가 오랜 세월 동안 간직해 왔던 자연과 인간 사이의 관계에 대한 망각되어 버린 지혜의 복원이 필요할 것이다.

앞에서 우리는 헤겔의 화해적 이성 철학은 매우 중요한 통찰을 지니고 있음을 살펴보았다. 그것은 과학기술문명의 극단적 발전으로 인해 위기에 처한 이해적 이성에 대한 해체 불가능한 요청으로 재해석될 수 있을 것이다. 더 나아가 그것은 혁명적 실천이 빠지기 쉬운 공학적 합리성의 유혹에 지속적인 경고음을 낸다는 점에서도 실천적 행위와 관련해 여전히 유의미한 통찰을 제공한다. 그러나 헤겔적인 화해의 정치철학은 현대사회를 위험에 빠뜨리는 지배와 권력의 문제를 해결하는 데에 한계를 보여 준다. 그래서 필자는 헤겔의 정치철학이 강조하는 화해적 이성의 한계를 극복할 방법으로 가다머에 의해 더 정교하게 발전된 해석학적 실천과 대화의 근원성에 대한 강조를 역설하였다.

물론 가다머가 해석학적 이해의 근본 특성으로 강조하는 대화의 정신이 과학기술적 합리성의 문제점을 넘어설 새로운 실천철학에 강력한 실마리를 제공해 주는 것은 사실이다. 그러나 설령 화해적 이성의 중요성이 현대의 가다머에 의해 더 정교하게 발전된 해석학적 실천과 대화의 근원성에 대한 강조로 재규정된다고 하더라도, 헤겔의 화해철학과 실천철학으로서의 해석학은 여전히 현대사회가 요구하는 실천철학으로서는 한계를 드러낸다. 가다머의 해석학적 이해의 정수라고 할 수 있는 대화의 정신은 철학적 해석학의 보수적 함의 여부와 별도로 하버마스의 비판적 사회이론의 정신과 그리 다르지 않다. 하버마스 또한 가다머와 마찬가지로 언어의 초월적 능력 그리고 이해를 지향하는 의사소통을 이성의 핵심으로 강조한다는 점에서 그렇다.

가다머가 헤겔에게 공명하여 주장하듯이, 인간의 모든 자유의 원리를 긍정하는 것보다 더 높은 이성의 원리가 존재할 수 없을지도 모른다. 달리 말하자면, 모든 인간이 자유로운 존재로 동등하게 존중받아야 한다는 원리는 결코 취소되거나 포기될 수 없는 소중한 원리라는 것은 분명하다. 그러나 이성과 자율성 중심의 사유는 오늘날 현대사회에서 진지하게 비판적으로 검토될 필요가 있다. 생태위기 시대의 우리는 자유와 자연의 관계를 새롭게 해명하지 않으면 안 된다. 인간의 사회적·역사적 세계의 궁극적 토대를 정신에서 구하는 헤겔의 정치철학은 자연과 인간이라는, 칸트적 용어로 표현해 본다면 인격체로서의 인간과 사물이라는 이원론에서 벗어나 있지 않다. 비록 헤겔 철학이 이념-자연-정신의 삼원성을 강조하면서 자연이 이념의 자기실현의 필수적 계기임을 인정하지만 그의 (객관) 정신철학은 사실상 자연을 지배와 극복의 대상으로 보는 근대 과학기술문명의 지배적 사유 패러다임을 넘어서지 못하고 있다.

헤겔이 사변적 이성의 근본 규정으로 부정성을 강조했다거나 가다머가 해석학적 이해에서 낯선 것과 타자에의 개방성을 늘 강조했다고 하더라도, 타자의 문제를 다루는 데에서 특히 헤겔은-그 정도도 다르지만 가다머 역시도-은 많은 문제점을 보여 준다. 헤겔의 부정성은 결국 정신의 긍정적 자기 관계와 실현이라는 데로 귀결되고 만다. 부정성은 긍정성과 이성의 자기실현의 과정에서 필수적인 계기로 등장하지만, 그것은 결국 부정의 부정으로 극복될 수 있는 것으로만 사유될 뿐이다. 이런 점에서 헤겔이 자신의 사변적 사유의 정수로 간주했던 화해의 정신은 동일성 철학으로 나아가게 된다.

이성과 역사의 궁극적인 매개를 선언하는 헤겔에게 반대하면서 이성과 역사의 궁극적 매개의 불가능성, 달리 말해 인간의 유한성이란 극복 불가능하다는 점을 확인하며 타자에 대한 개방성을 전면에 내세우는 가다머의 철학적 해석학에서조차도 타자와 낯선 것을 자기의 것으로 전유하는 이해 행위가 전면에 등장한다. 그리하여 가다머의 철학적 해석학적 이해 또한 타자를 자신의 것으로 만드는 과정에서 타자를 오인하고 타자의 목소리를 억누르는 폭력성으로 기울 수 있는 위험성이 있다. 이런 위험성을 지적한 사람이 데리다였다. 데리다가 보기에 가다머는 늘 타자에의 개방성을 강조하면서도 타자에 대한 이해가 가능하다는 데 주로 주목함으로써 이질성과 타자의 타자성을 은폐하는 이해의 의지에 사로잡혀 있다. 가다머와 데리다의 논쟁 결과, 가다머 역시 이해를 추구하는 욕망의 위험성을 자각하게 되었다고 한다.[79]

더 나아가, 가다머의 해석학은 언어 중심의 해석학이라 할 수 있는데, 언어를 통해 그는 인간과 여타 생명체 사이의 근본적 구별을 강조한다. 그에 따르면 "인간의 세계는 언어로 구조화되어 있다." 달리 말하자면 언어는 여타 비인간 생명체와는 다른 인간에게만 고유한 존재 방식을 드러내 준다. 그러니까 언어를 통해 인간은 다른 생명체와 구별되는 역사적이고 문화적인, 즉 정신적 세계 속에서 거주하는 존재가 된다. 그래서 가다머는 "인간에게 이 세계가 세계로서 존재한다는 것은 세상에 존재하는 그 어떤 생명체의 경우와도 비할 바 없이 전혀 다른 차원에서 그러하다"라고 강조한다. 그는 인간만이 "세계"(Welt)를 지닐 뿐이고 여타 모든 생명체는 단지 "환경 세계"(Umwelt)를 지닌다고 하면서, 이 두 차원은 서로 대립한다고 역설한다. 그는 인간만이 언어적으로 구조화된 세계를 지닌 존재라고 보면서 이를 인간이 환경에서 벗어나 자유로울 수 있다는 자유 개념과 연결한다. "(인간)세계가 언어에 의해 구조화되어 있다"라는 것은 바로 인간이 자유로운 존재로서 우주 내에서 "독특한 위치"를 차지하는 유일무이한 존재임을 보여 주는 셈이다.[80] 여기에서 우리는 인간을 역사세계 내에서 자유를 구현하는 유일한 존재라고 바라보는 가다머의 언어 및 정신 해석학이 헤겔의 인간중심주의를 닮아있음을 발견하게 된다.

그러므로 필자가 보기에 이성과 자율성을 사유의 궁극적 원리로 삼는 헤겔의 정신철학이나 가다머의 해석학적 이해도 오늘날 진지하게 재검토할 필요가 있다. 이런 필요를 한마디로 표현한다면 '자율에서 책임으로'라고 규정할 수 있다는 것이 필자의 생각이다. 자유를 가능하게 하면서 자유에 앞선 책임을 강조하는 것에 대한 자각은, 자율성과 이성의 원리를 거부하지

---

79) 장 그롱댕(Jean Grondin), 『현대 해석학의 지평』(최성환 옮김, 동녘, 2019), 185~187쪽.
80) 한스 게오르크 가다머, 『진리와 방법: 철학적 해석학의 기본 특징들』 2, 384~385쪽.

않는 가운데서도 자율과 이성을 최고의 원리로 삼는 사유 방식의 한계와 폭력성을 넘어설 가능성을 제공한다.

자유에 앞서는 책임의 출발점은 인간의 언어적 지평의 역사적 제약성에 대한 긍정에 있는 것이 아니다. 그것은 그런 언어적 지평의 한계와 더불어, 인간 삶의 궁극적 유한성이 인간의 신체와 몸은 쉽게 상처받을 수 있는 취약성에 있다는 사태와 관련되어 있다고 본다. 그러므로 생사를 건 인정투쟁에서 비로소 자유가 실현될 수 있다는 식의 헤겔의 관점은 재고되어야 한다.

물론 우리는 특정한 상황에서 목숨보다 더 소중한 가치를 위해 투쟁해야 하고, 폭정에 저항하여 죽음을 각오하고 자유를 확보하기 위해 투쟁에 나설 필요가 있다. 그러나 육체적 생명 너머에 자유가 존재한다는 식의 사유 방식은 오해일 수 있다. 주지하듯이 물리적 생존과 자유를 대조하는 사유 방식은 고대 그리스의 폴리스적 자유론에서부터 오늘날 한나 아렌트에 이르기까지의 서구의 오랜 사유 틀이기도 하다. 육체적 생명에 대한 과도한 관심은 노예의 징표라는 아리스토텔레스적 생각이나 자유가 아니면 죽음을 달라라는 미국 혁명에서 나타난 구호는 물리적 생존이라는 필연성의 영역 너머 정치적 영역에서나 자유가 비로소 구현될 수 있다는 점을 잘 보여 준다. 그러나 의미 있는 행위를 수행할 자율적 행위 역량은 특정한 조건에서만 발생할 수 있는 것이지 타고난 것은 아니다. 그리고 그런 조건을 개별 행위자가 스스로 자유롭게 만들어 낼 수 있는 것도 아니다. 자율적 행위 역량을 지닌 주체로 거듭나는 것은 자신의 자율적 행위의 결과가 아니라 누군가의 희생 어린 노력과 도움과 배려를 통해서만 가능하다. 간단하게 말해 자유는 타자의 선물이다.

인간이 자유롭게 행위할 가능성을 지니고 태어난다고 해도, 그 가능성은 인간이 생존해 있는 한에서만 실현될 수 있을 것이다. 그런데 이때 타인의 고통에 대해 무관심하지 않고 타인의 요구에 대해 응답하는 책임이 선행하지 않는다면 인간이 창조적으로 행위를 할 가능성은 정말로 가능성에 그치고 말 것이다. 우리가 가다머적 언어 해석학에서 어짊의 해석학 혹은 공생공락의 해석학으로 나가야 할 이유가 바로 여기에 있다.

필자가 가다머의 언어의 해석학을 어짊의 해석학으로 확장하려 했을 때, 그 매개의 고리로 삼은 것은 바로 아도르노의 '고통의 해석학'이었다. 아도르노의 철학을 "고통의 해석학"으로 명명한 사람은 이하준인데, 아도르노 사유의 핵심을 예리하게 포착한 탁월한 표현이라 여겨진다.[81] 실제로 우리는 고통과 연대하는 사유의 실마리를 아도르노의 미학적 사유 속에서 발견할 수 있었다. 카이 함머마이스터(Kai Hammermeister)가 지적하듯이, 아도르노에게 있어 "자연의 아름다움은 기술적 합리성을 벗어나는 것으로, 또 자연이 자본주의 사회에서 생산 자원으로 전락되는 것을 벗어나는 것으로 현현한다."[82] 물론 가다머에게 있어서도 예술과 예술 작품은 사용 가치와 과학적 합리성을 넘어선 차원에 있는 것으로 이해된다.[83] 하여간 역사적이고 문화적인 언어 세계에서 인간의 근원적 자율 역량이 구현될 수 있다고 보는 가다머와 달리, 아도르노는 "자연 지배가 없으면 정신은 존재할 수 없다"라고 주장한다.[84]

달리 말하자면, 인간의 자기 자신에 대한 지배를 통해 "자아"라는 주체성이 등장하지만 그런 주체는 자기파괴적 경향을 자체 내부에 지니고 있다. "왜냐하면 자기유지가 가능한 것은 바로 이 삶의 기능이며 유지되어야 할 무엇도 바로 이 삶이지만, 지배당하고 억압당하면서 자기유지에 의해 해체되는 것은 바로 생동하는 삶 자체이기 때문이다."[85] 이 구절은 생명이나 필요의 영역 너머에 자유가 있다고 보아서 자연적인 것은 극복되어야 할

---

81) 이하준, 『아도르노 고통의 해석학』(살림, 2007).
82) 카이 함머마이스터, 『독일 미학 전통: 바움가르텐부터 아도르노까지』(신혜경 옮김, 이학사, 2013), 347쪽.
83) 카이 함머마이스터, 『한스 게오르크 가다머』(임호일 옮김, 한양대학교 출판부, 2001), 198~199쪽.
84) 막스 호르크하이머·테오도르 W. 아도르노, 『계몽의 변증법』(김유동 외 옮김, 문예출판사, 1995), 72쪽.
85) 같은 책, 91쪽.

그 무엇, 즉 자유의 실현을 방해하는 장애에 지나지 않는다고 생각하는 서구 근대 계몽주의 이념의 내적 한계를 잘 지적하고 있다.

지배와 정신이 서로 긴밀하게 연결되어 있다고 보는 아도르노에 따르면, 과학기술적 지배의 사유에 의해 통제되는 문명사회는 자연만이 아니라 인간의 내적 자연에 대한 억압과 지배까지도 동반한다. 외부의 자연만이 아니라 인간 내부의 자연까지 부정하는 것을 대가로 해서 탄생하는 계몽주의적 주체는 인간이 자연적 존재라는 점을 망각하게 되는 것이다. 그러나 이런 망각의 결과는 당연히 인간 자신의 파멸일 뿐이다. 인류를 절멸의 위기로까지 몰고 갈 자기파괴적인 자본주의 지배 체제에서 벗어나려면 우리는 "주체 속에 있는 자연의 기억"을 잊지 않아야 한다.[86]

그래서, 자연과 인간 모두를 상품적 교환가치를 지니는 것으로 환원하여 인간 사회를 총체적으로 관리하는 자본주의 사회를 비판할 수 있는 유력한 매체로서 아도르노는 예술의 저항적 힘에 주목한다. 예술은 억압된 자연으로 인해 고통 받는 존재에 목소리를 부여할 수 있기 때문이다. 박구용이 지적하듯이 아도르노에게 있어 "새로운 예술은 고통을 표현하고, 억압을 고발하며, 이질적이고 낯선 것을 들춰내고, 언어를 빼앗긴 것의 언어가 된다."[87] 이런 점에서도 아도르노는 가다머와 다르다. "가다머가 예술에 환호했던 이유가 산산이 조각날 위험에 처한 세계 속에 질서를 세우는 능력 때문이었다면, 아도르노는 죽음과 같은 경직성을 특징으로 하는 세계에 대항하기 위해 예술을 동원하려고 한다."[88] 이처럼 자연 지배와 인간 지배가 상호 공속하는 것으로 보는 아도르노는 인간의 인간에 의한 지배의 종식은 인간의 자연 지배의 종식 없이는 가능하지 않을 것이라는 소중한 통찰을 우리에게 전해 준다.[89]

---

86) 같은 책, 73쪽. 『계몽의 변증법』에 대한 좋은 해설은 이순예, 『아도르노: 현실이 이론보다 더 엄정하다』(한길사, 2015), 4장과 5장에 있다.

87) 박구용, 「예술의 종말과 자율성」, 『사회와 철학』 12(2006), 90쪽.

88) 카이 함머마이스터, 『독일 미학 전통: 바움가르텐부터 아도르노까지』, 351쪽.

89) 한스 요나스도 "자연에 대한 강간 행위와 인간 자신의 문명화는 서로 맞물려 있다"라고

자연 지배와 인간에 의한 인간의 사회적 지배 사이의 내적 연관성에 대한 통찰은 하버마스적인 상호 이해를 지향하는 의사소통적 합리성만으로는 다 길러낼 수 없는 의미를 지닌다. 이병탁에 따르면 하버마스적인 상호주관성 이론은 "자연 지배를 정당화하는 주관주의"로서 아도르노의 비판적 잠재력을 훼손한다.[90] 그가 아도르노 연구자의 주장을 인용한 구절에 따르면, 하버마스가 시도하듯이 "그 자체 자연에 대한 지배를 전제하는 이론만이 상호주관성을 어쨌든 자연적인 것으로부터 분리된 영역으로 간주할 수" 있을 것이다.[91] 그런 자연으로부터 분리되는 것을 인간 해방의 긍정적 계기로 보면서 상호주관적 합리성을 중심으로 사회비판이론을 전개하는 것은 의사소통적 사유에서 결국 타자의 비동일성에 따른 긴장에 기반하고 있는 비판적 사유의 가능성 자체를 박탈할 것이다.

더 나아가, 서구 사상에서 드물게도 아도르노는 연민을 여성적이고 유치한 것, 혹은 남성적인 시민의 덕성에 반대되는 것으로 보는 태도를 비판한다.[92] 연민과 동정을 참다운 도덕적 덕성에 어울리지 않고 연약한 여성적 덕성에 지나지 않는다고 보는 기존 서구 사상의 주류적인 흐름과 달리 연민을 좀 더 진지하게 대하는 아도르노의 철학은 육체 혹은 자연 생명의 계기가 인간에게는 해체할 수 없는 본질적 요소가 된다고 보는 그의 통찰과 관련이 있다. 앞에서도 강조했듯이, 고통의 제거는 비판적 사유와 예술이 감당해야 할 사명이자 과제이며 고통에 대한 저항은 인간과 비인간 생명체와의 연대를 통해서만 실현될 수 있다고 아도르노는 역설했다.[93]

강조한다. 한스 요나스, 『책임의 원칙: 기술 시대의 생태학적 윤리』(이진우 옮김, 서광사, 1994), 25쪽.

90) 이병탁, 『아도르노의 경험의 반란』(북코리아, 2013), 188~190쪽.

91) 이는 시몬 저비스(Simon Jarvis)의 주장이다. 같은 책, 190쪽에서 재인용함.

92) 막스 호르크하이머·테오도르 아도르노, 『계몽의 변증법』, 47쪽.

93) 사회생태론을 주장한 머레이 북친(Murry Bookchin)은 아도르노와 호르크하이머는 『계몽의 변증법』에서 사회 내의 위계질서가 자연 지배를 초래한 것이 아니라 거꾸로 자연 지배로부터 인간에 의한 인간 지배가 유래한 것이라고 보았다고 이해하면서, 이런 인식은 잘못된 것이라 비판한다. 머레이 북친, 『사회생태론의 철학』(문순홍 옮김, 솔, 1997), 143쪽 각주. 그러나 북친의 비판은 재고될 필요가 있다. 필자가 생각할 때 아도르노

그래서 아도르노는 동물에 대한 도덕적 태도에 큰 관심을 보여 주었던 쇼펜하우어(Schopenhauer)를 매우 높이 평가했다. 쇼펜하우어가 특히 동물을 도덕적인 고려 대상으로 삼는 것을 주변 사람들은 매우 기이하게 여겼지만 아도르노는 달랐다. 이에 관한 부분을 인용해 보자.

쇼펜하우어는 살아생전 동물에 대한 연민까지도 도덕철학 안에 포함시킨 것을 자신의 특별한 기여로 보며 만족해했고, 사람들은 이를 종종 연금 생활자의 기벽으로 다루곤 했습니다. 나는 그런 기이한 특성에서 매우 많은 것들이 인식될 수 있다고 생각합니다. 쇼펜하우어는 총체적 이성을 인류가 갖는 최상의 객관 원칙으로 확정하는 것은 바로 자연에 대한 맹목적 지배를 지속하는 일일 수 있다고 생각했을 것입니다. 여기서 자연 지배는 동물을 착취하고 그들에게 고통을 주는 전통 속에서 가장 잘 표현됩니다. 쇼펜하우어는 이로써 소위 주관적인 자기보존적 이성으로부터 동물을, 그리고 동물에 대한 태도를 위한 어떤 여지도 갖지 않는 최상의 도덕 원칙으로 이행하는 지점을 표시합니다. 그런 한에서 쇼펜하우어의 이 특이함은 아주 위대한 통찰의 표현입니다.[94]

위 인용문이 보여 주듯이 분명 아도르노의 사유에는 유가적인 생태적 어짊의 해석학과 연결될 지점이 존재한다. 그러나 그의 고통과 저항의 해석학은 아쉽게도 생명 중심의 생태적 사유로의 전면적 전환을 수행하지 못한다. 달리 말하자면 아도르노는 고통의 해석학을 생태·생명 해석학으로

적인 계몽의 변증법은 자연 지배와 인간에 의한 인간의 지배 사이의 내적 관계를 강조하는 것으로 보아야만 더 잘 이해될 수 있다. 북친과는 별도로 악셀 호네트도 호르크하이머와 아도르노가 "자연에 대한 도구적 통제 모델"에 과도하게 노출된 나머지, 이 모델에 따라 사회 내의 지배가 작동하는 방식을 이해하고자 한다고 본다. 그래서 호네트는 자연 지배와 사회 지배를 서로 분리해 생각해야 한다고 주장한다. 이런 그의 반론은 잘못된 것이다. 시몬 저비스는 호르크하이머와 아도르노의 사유에서 사회 내에서의 인간에 의한 인간의 지배는 "자연 지배에 모델을 둔 사회 지배가 아니라 이미 사회적 지배일 뿐만 아니라 자연에 대한 지배"로 이해되고 있다고 호네트의 해석에 이의를 제기한다. 이병탁, 『아도르노의 경험의 반란』, 186쪽 각주 42.

94) 테오도르 아도르노, 『도덕철학의 문제』(정진범 옮김, 세창, 2019), 228쪽.

발전시키고 있진 않다. 그러나 고통의 해석학은 생명의 신비와 거룩함을 추구하는 해석학인 어짊의 해석학으로 나아가야 한다.

고통과의 연대란 무릇 모든 인간과 뭇 생명의 훼손과 살육으로 인해 고난받는 생명체와의 연대를 의미하는바, 그것은 모든 생명의 존중과 발육 그리고 성장을 돌보고 보살피려는 마음씨로 귀결되기 때문이다. 그러므로 공맹의 인仁 사상을 이어받아 인仁을 '천지가 만물을 낳는 마음'이라는 천지생물지심天地生物之心으로 이해한 송나라 시기의 성리학이야말로 고통의 해석학이자 생명의 해석학을 밝혀 줄 위대한 동아시아적 사상 자원으로 높이 평가되어 마땅하다.

그러니까 가다머적인 언어 중심의 해석학을 생명의 거룩함과 신비를 이해하는 생명의 해석학으로 재규정하는 것은 공맹의 유가사상의 정수와 근본정신을 새롭게 바라보려는 시도이기도 하다. 마찬가지로 민주주의의 뿌리는 생명 존중의 마음이어야 한다. 이것이 21세기 유교적 인정仁政이 지향해야 할 바이리라. 언어와 별개의 것이 아니되 언어 너머 있으면서, 그러니까 언어와 불일불이不一不異하면서도 언어를 가능하게 하는 근원에는 모든 생물을 낳는 마음이라 일컬어지는 인仁이 자리하고 있다. 그러므로 생명의 살려는 뜻에 뿌리를 두는 어짊의 해석학은, 예禮적 질서로 제도화된 인문 세계를 가능하게 하는 문화적 생명력의 원천이자 우주만물의 상호조화와 상생을 회구하는 실천적 배움이라 할 것이다.

생태위기 시대의 우리는 인간만이 아니라 모든 고통 겪는 뭇 생명과의 연대, 그러니까 살려고 몸부림치는 생명체의 활동과의 연대를 새롭게 사유하지 않으면 안 된다. 고통받는 뭇 중생과의 연대가 유가사상의 어짊에 대한 새로운 해석의 토대라는 점은 이미 앞에서 다루었다. 고통받는 생명체와의 연대는 생명체에 해를 가하는 부당한 사회 질서에 대한 비판과 저항 의식을 동반한다. 그런 저항 행위는 새롭게 해석된 유가적 어짊의 관점에서 볼 때 돌봄과 이어진다. 생명에 해를 가하지 않고 그 생명이 잘살아갈 수 있도록 돌보고 보살피는 행위와 결합하지 못하는 저항은 정의롭지 못한 사회에 대한 맹목적 분노, 더 나아가 무익한 증오의 감정의 희생양으로 전락하기 쉽다. 특히 고통과의 연대 행위에서 돌봄 행위가 요구받는 비대칭적인 무한한 책임성의 문제는 대칭적 관계를 중심으로 평등을 사유하는 서구적인 계약론적 자유 이론의 한계를 여지없이 잘 보여 준다.

그런데 타자의 무한한 돌봄이 없이는 모든 생명체는 한순간도 살아갈 수 없다. 특히 타인의 돌봄에 절대적으로 의존하지 않을 수 없는 갓 태어난 아이의 경우는 상징적이다. 어린아이는 자신이 필요로 하는 것을 기꺼이 제공하려는 사람에게 절대적으로 의존해 있기 때문이다. 이때 돌봄을 제공하는 사람이 자신의 자유로운 삶을 위해 어린아이의 요구를 외면한다면 어떤 일이 일어나게 될지 누구나 상상할 수 있다. 그래서 자유가 아니라, 살해당할 수도 있다는 신체적 취약성이 인간과 사회적 실천의 궁극적 조건임을 긍정하는 데에서부터 출발하는 책임의 우선성으로의 사유 전환이 요구된다. 사회는 독립적이고 자유로운 주체들의 공동체로 환원될 수 없다. 삶의 취약성에 터를 두는 상호의존성이라는 사태가 사회를 구성하는 것이다. 그리고 상호의존적 상황에서 해치지 말라는 타자의 요구에 응답하는 책임의 우선성을 기꺼이 받아들이려는 태도는, 차마 어쩌지 못하는 마음 즉 생명과 인간을 해치지 못하는 마음인 어진 마음(仁)을 사회와 정치의 궁극적 토대로 하는 공자의 사상과 맞닿아 있다.

5. 나가는 말

유가사상을 현대적 비판이론으로 재규정하기 위해 필자는 탈식민적 사유를 요청하였고, 그것을 실현하는 방법의 하나로 비서구 사회의 역사와 전통, 즉 과거의 식민화를 비판적으로 넘어서는 과제의 중요성을 강조했다. 과거의 식민화를 통한 기억의 삭제는 우리의 해방과 구제의 가능성 자체를 원천 봉쇄한다는 점에서 위험하다고 보기 때문이다. 그래서 전통과 역사에 대한 서구중심주의적 진보 사관과 다른 해석의 가능성이 시도되어야 한다. 헤겔식의 이성 실현의 역사에 대한 사변적 서술과 다른 방식으로 역사가 달리 이해되고 해석되며, 그리하여 유럽중심주의의 정신에 의해 잊히도록 강제된 비서구 사회의 목소리가 복원되고 기억되지 않는다면 과거의 탈식민화는 이루어질 수 없다. 필자가 한국 민주화 과정에서 유교적 전통이 긍정적으로 기여하고 있었음을 보여 주기 위해 조선의 주자학 및 유교 전통의 영향사적 맥락을 강조했던 것도, 유럽중심주의적 역사 서술의 동일성·동일화라는 폭력으로 인해 망각된 역사를 발굴하여 그에 합당한 목소리를 부여하려는 시도였다.

그런 시도는 당연히 유럽적 역사발전을 모델로 해서 이루어진 역사 서술의 한계를 넘어 새로운 시아에서 우리 사회의 역사를 재서술하는 작업의 요청으로 이어진다. 이는 물론 미성숙한 어린아이의 단계에 정체되어 있다고 상정된 동양의 역사에 대한 헤겔적인 유럽중심주의적 동일화의 폭력에 맞서서 동아시아의 역사를 탈식민화하는 작업으로, 궁극적으로 인류사에 대한 새로운 이해와 해석을 추동하는 작업으로 이어져야 할 것이다. 그러므로 한국 사회 민주주의의 역사에 대한 재서술은 유럽 근대성에 대한 비판적 성찰만이 아니라, 사상사나 이념사의 영역에서 유럽중심주의(Eurocentrism)를 극복하는 작업과도 떼려야 뗄 수 없는 관계로 연결되어 있다.

우리는 사상사의 차원에서도 동양의 과거를 탈식민화(decolonizing)하는 것이 필요하다. 정신에서의 식민성(coloniality)을 극복하지 않으면 유럽중심주의를 극복할 수 없다. 과거를 현대성과 결부되지 못하는 반동적인 것으로 보는 태도는 과거를 식민화하는 것에 불과하다. 과거를 식민화하는 논리는 동양의 과거가 본질적으로 아무런 생산성과 창조성을 갖고 있지 못하다는 시각을 전제하고 있는데, 이런 전제는 이성적으로 정당화될 수 없는 신화적 단언에 지나지 않는다. 그런데도 그런 전제는 잔인한 식민지적 폭력에 대한 순응적 태도를 고무한다. 이런 태도를 벗어나지 않는 한 과거와의 새로운 대화가 불가능하며, 그런 한에서는 유럽에의 의존성을 벗어날 수 없다.

과거와의 대화가 차단된 사회에서 새로운 상상이 나올 수 없다. 과거를 식민화하는 결과는 서구화를 문명의 유일한 잣대로 특권화하여 우리 사회 전반을 서구적인 기준으로 재단하려는 불가능한 시도로 이어지지 않을 수 없다. 그러나 이런 시도는 실현될 수 없는 망상에 지나지 않는다. 이런 시도는, 사회적 전통 속에 깃들어 있는 우리의 규범적 가치를 성찰적으로 재전유해서 변화된 상황에 어울리게 해 줄 공동의 실천을 위한 토대 자체를 파괴하는 결과를 초래한다. 그러므로 그것은 기껏해야 전략적 사유 방식의 성행을 가져올 뿐이다.

사회적 전통의 힘을 무력화하는 서구중심주의는 사람을 모든 소속으로부터 분리시켜 원자화된 개인으로 만들고 있다. 자신이 속한 전통을 전적으로 파괴되어야 할 부정적인 것으로 보는 사유 방식이 만연한 상황에서 사회적 연대를 지향하는 공동의 실천이 제대로 성장할 리가 없다. 일상의 삶에서 서로 연대할 능력을 일구어내는 데 필수적인 언어와 문화라는 공유된 전통의 힘이 약화해 감에 따라 개인들은 더 원자화되고 파편화되어 버린다. 그리고 그렇게 원자화된 개인들이 이기적 개인주의의 심성에 무방비 상태로 노출되고 약육강식과 승자독식의 경쟁사회에 예속되어 버리는 것은 오늘날 우리 사회의 자화상과 크게 다르지 않다.

그렇지 않아도 본래 부르주아 시장사회는 자체의 힘으로 해결할 수 없는 극단화된 이기적 개인주의를 초래하는 경향을 지니고 있는데, 우리 사회는 각자도생과 승자독식의 정글식 자본주의 사회를 관철할 수 있게 하는 사회적 심성이 서구중심주의로 인해 더욱 강렬한 형태로 등장하고 있다. 한국의 신자유주의적 자본주의 체제가 보여 주는 주도권은 과도한 서구중심주의로 인해 초래된 전통과 역사의 타자화를 문화적 배경으로 한다. 달리 말하자면, 서구중심주의적 사유 방식을 맹목적으로 수용하려는 시도는 우리가 통제할 수 없는 역사적 맥락이나 언어를 대상화함으로써 사람 사이의 연대를 해체하고 효율성의 가치나 물질만능주의를 극단적으로 신성시하는 사회적 병리 현상만을 빚어낼 뿐이다.

그리하여 서구중심주의는 사회 구성원의 결속력과 연대를 약하게 할 뿐만 아니라, 인간을 경제적 효율성의 논리로 조작하여 통제하기 쉬운 파편화되고 원자화된 개인으로 전락하게 만든다. 파편화된 개인이 효율성의 추구를 정언명령으로 삼는 시장의 논리에 맞서지 못한 채 오히려 그것을 내면화해서 무기력하게 개인의 생존을 위해 자본의 지배에 복종하게 되는 것은 우연이 아니다. 이제는 서구중심주의가 우리 사회를 개선하는 데 도움이 될 것이라고 보는 관성에서 벗어나, 그것이 지니는 자기파괴적 성격을 냉정하게 되돌아보아야 한다.

동양의 과거와의 대화는 서구적 지식에 의해 봉쇄된 동양의 과거에 제 목소리를 부여하는 행위이다. 그러므로 과거의 목소리에 귀를 기울이는 행위는 오늘날 주류적인 앎의 존재 방식으로 규율화된 지식인이 보여 주는 자기비판의 행위인 동시에, 과거에 이행되지 못한 약속을 다시 환기하는 작업이기도 하다. 달리 말하자면, 유럽중심주의의 시각에서 과거를 식민화 하거나 숙명적인 것으로 간주하는 그런 억압에서 벗어나게 하는 작업은 과거에 수행되지 못했던 약속과 희망의 가능성을 비판적으로 환기하는 작업이다. 대동세계로 이해되는 유교적 유토피아도 그런 잊힌 약속 중의 하나일 터이다. 따라서 그런 유가적 대동의 유토피아주의는 아도르노와 가다머의 헤겔 비판을 매개로 해서 헤겔의 화해철학을 오늘날에 이어받을 때 비로소 현실성을 띠게 될 것이다.

제9장

정치적 능력주의와 차이나 모델에 대한 비판적 고찰: 대니얼 벨의 이론을 중심으로[1]

1. 들어가는 말

유가 전통과 민주주의 사이의 만남과 소통의 가능성을 둘러싼 논쟁은 새로운 학문적 쟁점이 아니다. 그러나 유가 전통과 민주주의 사이의 양립 가능성에 관한 다양한 견해와 해석이 제기되면서 오늘날에도 이 쟁점은 여전히 커다란 관심을 불러일으키고 있다. 그런데 최근에 유가 전통과 민주주의 사이의 관계에 대한 주목할 만한 하나의 흐름이 등장했다. 간단하게 말해, 유가 전통과 민주주의 사이의 긍정적 관계를 정당화하기보다는 민주주의를 서구의 정치문화에서 등장한 것으로 간주하여 그것을 중국의 유가적 전통에 무리하게 적용하는 것은 문제가 있다고 주장하면서, 유가적 정치사상은 민주주의보다는 일종의 정치적 능력주의(political meritocracy)에 친화적이라는 점을 강조하는 일련의 학자들이 등장한 것이다.[2]

---

1) 이 장은 「대니얼 벨의 정치적 능력주의에 대한 비판적 고찰」, 『사회와 철학』 41(2021), 183~214쪽을 수정한 것이다.

2) 예를 들면 다음과 같다. Jiang Qing, *A Confucian Constitutional Order* (translated by E. Ryden and edited by D. Bell, Princeton University Press, 2013); Joseph Chan, *Confucian Perfectionism* (Princeton University Press, 2014); 대니얼 벨(Daniel Bell), 『차이나 모델: 중국의 정치지도자들은 왜 유능한가』(김기협 옮김, 서해문집, 2017); Bai Tongdong, *Against Political Equality: The Confucian Case*. 이 글에서는 meritocracy를 '능력주의'로 번역했지만 김기협은 '현능[賢能]주의'로 번역했다. 그는 정치적 의미에서 사용되는 meritocracy에서의 merit은 능력과 (도덕적인) 덕성을 포괄하는 뜻을 지닌다고 이해한다. 현능주의도 좋은 번역어라고 생각한다. 다만 그 용어는 우리에게 익숙지 않을 뿐만

대니얼 벨을 비롯하여 장경蔣慶(장칭), 백동동白彤東(바이퉁둥), 조지프 챈(Joseph Chan) 등은 유가적인 전통에 뿌리를 두고 각자 나름의 정치적 유학 혹은 정치적 능력주의를 주장하는 최근의 학자들이다. 특히 장경은 현대 홍콩 및 대만의 신유가와 대비되는, 이른바 대륙 신유가를 주도하는 대표적 정치유학자이다. 대니얼 벨에 의하면 그는 "중국에서 가장 독창적이고 영향력이 큰 유교 정치이론가의 한 사람"이며, 갈조광葛兆光에 의하면 "대륙 신유가의 정신적 지주"로 불리는 학자이다.[3]

장경을 비롯한 다수의 학자는 서구적인 자유민주주의를 그대로 중국 사회에 이식하는 것은 불가능할 뿐만 아니라 바람직하지도 않다고 생각한다. 그들은 선거라는 절차를 통해 다양한 방식으로 최고 정치지도자들을 선발하는 것이 지니는 문제점을 지적하면서, 그 대안으로 도덕적 자질과 능력에 따라 최고 정치지도자를 선발하는 방식이 더 바람직한 정치제도라는 점을 강조한다. 이렇게 유가 전통에서 정치적 능력주의를 재발굴하여 이를 오늘날 상황에 어울리는 새로운 정치체제의 구상으로 연결하려는 작업은 여러 측면에서 흥미롭다.

우선 정치적 능력주의를 옹호하는 학자들의 등장으로 인해 유가사상과 민주주의 사이의 상관성에 대한 논쟁이 아주 새로운 국면으로 접어들었다. 물론 19세기 중후반 중국을 비롯한 동아시아 사회가 유럽의 도전에 직면했던 이후로 유가사상과 민주주의 사이의 상관성을 추구하는 시도가 늘 환영받던 것은 아니다. 그러나 최근에 등장한 정치유학의 흐름은 서구 자유민주주의의 위기와 맞물려 있다.

아니라 덕성 또한 사람이 자신의 노력을 통해 일구어 내야 하는 자질과 능력이라는 점을 염두에 둘 때, 능력주의라는 번역어에도 덕성과 지적 능력 모두를 포괄하는 의미가 들어 있다고 생각된다. 번역어의 적절성에 대해선 더 많은 논의가 필요하다.

3) 대니얼 벨(Daniel Bell), 『차이나 모델』, 295쪽. 갈조광/거자오광, 양일모 옮김, 「기상천외: 최근 대륙 신유학의 정치적 요구」, 『동양철학』 48(2017), 218쪽 각주 3. 갈조광의 글은 중국 본토에서 일어나고 있는 유학 부흥 현상이 편협한 중화주의의 재생이라는 위험한 요소를 동반하고 있음을 잘 보여 준다. 대륙 신유학자들의 다양한 견해를 소개하는 책으로는 조경란 외 엮음, 『대륙 신유가: 21세기 중국의 유학 담론』(조경란 외 옮김, 도서출판b, 2020) 참조 바람.

미소의 냉전이 미국의 일방적 승리로 귀결되면서 시장경제와 결합한 자유민주주의는 한때 인류사회가 궁극적으로 지향해야 하는, 대체 불가능한 최고의 정당성을 지니는 정치체제라는 담론이 강력한 호소력을 발휘했다. 그러니까, 자유민주주의는 정치적 정당성을 획득할 수 있는 규범적으로 바람직한 유일한 정치체제이기에 모든 인류사회가 받아들여야 할 보편적 가치를 구현하는 정치제도이자 인류 역사의 궁극적 종착점일 것이라는 담론이 유행했다. 1989년에 논문의 형태로 "역사의 종언"(the End of History) 테제를 주장했던 프랜시스 후쿠야마(Francis Fukuyama)가 그 대표적 사례라 할 것이다.

그러나 오늘날 상당수의 미국인들은 자국의 이른바 자유민주주의 체제의 우월성을 인정하기는커녕 그 체제에 대한 신뢰조차 보여 주지 않고 있다.[4] 물론 서구 사회의 민주주의 위기는 미국에 한정되어 있지 않다. 영국이나 유럽의 여러 나라들 역시 민주주의 위기에서 벗어나지 못하고 있다.[5] 그리하여 역사의 종언을 주장한 후쿠야마도 동유럽권에서 가장 먼저 공산주의 체제를 벗어난 헝가리가 자유민주주의 국가로 나가지 못한 채 이른바 '비자유민주주의'(illiberal democracy)를 대표하는 나라로 반전된 상황이나 영국의 브렉시트 혹은 트럼프 대통령의 등장으로 전면화된 영국과 미국 등 여러 나라의 민주주의 위기를 바라보면서, 현대 자유민주주의 국가도 쇠퇴하거나 퇴보할 수 있음을 긍정하고 있다.[6]

그리고, 정치적 능력주의를 옹호하는 정치유학의 등장은 또한 중국의 급부상과 어울리면서 민주주의와 유가 전통 사이의 대화를 그 어느 때보다도 중요한 학술적 과제로 부각시키고 있다. 이제 중국은 미국과 대등할 정도의

---

4) 트럼프 시기 미국 민주주의의 파괴 현상에 대해서는 스티븐 레비츠키·대니얼 지블렛, 『어떻게 민주주의는 무너지는가: 우리가 놓치는 민주주의의 위기 신호』(박세연 옮김, 어크로스, 2018) 참조 바람.
5) 이반 크라스테프·스티븐 홈스 『모방 시대의 종말』(이재황 옮김, 책과함께, 2020) 참조 바람.
6) 프랜시스 후쿠야마, 『존중받지 못하는 자들을 위한 정치학: 존엄에 대한 요구와 분노의 정치에 대하여』(이수경 옮김, 한국경제신문, 2020), 11쪽.

경제력을 바탕으로 중화민족의 부흥을 꿈꾸면서 세계를 주도하는 강국으로 재부상하였다. 이런 시대적 변화를 토대로 1990년대를 기점으로 해서 중국 본토에서도 유가사상에 대한 부정 일변도의 흐름에 일대 전환이 발생했다. 그리하여 연줄이나 재력 혹은 가문 같은 배경이 아니라 능력과 도덕적 자질에 따라 지도자를 선출하는 정치적 능력주의의 중국 모델이 "인민의 무지가 나쁜 정책 결정으로 이어지는 민주주의 국가의(특히 강대국으로서 흔히 비교 대상이 되는 미국의) 폐단을 피해갈 수 있다면 다른 나라의 모델 노릇을 할 수도 있다"라고 대니얼 벨은 주장한다.[7]

이 글에서 필자는 정치적 능력주의를 옹호하는 대니얼 벨의 주된 논거를 비판적으로 검토해 보고자 한다. 우선, 필자는 정치적 능력주의라는 새로운 형태의 이론이 전면적으로 등장하게 된 배경을 탈식민적인 '전통과의 화해'의 노력이라는 관점에서 해명할 것이다. 달리 말해, 유가적인 사유 전통에서 정치적 능력주의를 재발굴하여 이를 서구적인 자유민주주의 혹은 선거민주주의를 대체할 대안으로 제시하는 담론의 의미를 서구중심주의에 대한 탈식민적 대응이라는 맥락에서 접근해 보고자 한다. 다음으로 다루어질 내용은 대니얼 벨이 제시한 정치적 능력주의의 핵심적 주장이다. 그리고 마지막으로는 벨의 정치적 능력주의의 논리적 한계를 지적해 보고자 한다.

2. 정치적 능력주의의 형성과 탈식민적 사유

대니얼 벨의 분석에 의하면, 최근 중국 본토에서 점차 커다란 영향을 발휘하고 있는 대륙 신유가사상 특히 정치유학이 정치적 능력주의를 옹호하게 된 데에는 싱가포르의 경험이 중요한 역할을 담당했다. 주지하듯이 싱가포르의 전 수상이었던 이광요의 '아시아적 가치'에 대한 적극적 옹호는

---

7) 대니얼 벨, 『차이나 모델』, 65쪽.

1960년대 이래 싱가포르의 획기적인 경제성장과 맞물리면서 격렬한 토론의 대상이 되었다. 그는 "미국에게 자신의 시스템을 제대로 작동하지도 않을 다른 사회에 무분별하게 강요하지 말라고 말하는 것"이 자신의 임무라고 말했다.[8] 이처럼 미국이 다른 나라의 모델이라는 생각에 거리를 두면서, 그는 아시아와 서구는 사회와 국가에 대한 이해에서 근본적인 차이점이 있다고 주장한다. 서구 사회와 달리 한국, 중국, 일본, 베트남을 포괄하는 동아시아 사회는 개인이 가족 속에 존재한다고 믿고 있다는 것이다.[9]

장경도 중국 문화와 서구 문화는 근본적으로 상이하다고 보면서, 중국의 정치가 취해야 할 미래는 민주주의가 아니라 유가적 왕도王道정치임을 강조한다. 그는 서구 사회를 단순히 추종하는 것은 문제가 많고, 중국의 전통과 역사에 어울리는 유교적인 왕도정치를 구현하기 위해 노력해야 한다고 주장한다. 간단히 말해, 중국의 미래를 위한 정치체제는 "중국 문화의 내재적인 패턴"인 "왕도정치"일 뿐, 그 외 다른 대안은 존재하지 않는다는 것이다. 그가 보기에 서구적인 민주주의는 인민주권만을 정치적 정당성의 유일한 원천으로 간주한다는 점에서 한계가 있다. 그에 따르면 정치 권력의 정당성은 천지인, 즉 하늘과 땅과 인간이라는 세 종류의 정당성을 지녀야만 하는데, 세 가지 종류의 정치적 정당성에 대한 이론은 『춘추공양전』에서 발견할 수 있다. 하늘의 정당성이란 "초월적이고 신성한 정당성"이고, 땅의 정당성은 "역사와 문화로부터 나오는 정당성"이며, 사람의 정당성은 "인민의 의지의 정당성"을 가리킨다고 그는 설명한다.

정치유학은 중국 고유의 유가적 왕도 속에 담긴 신성한 정당성과 문화적 정당성 그리고 인민의 의지로 표현되는 정당성을 정치에서 구현하고자 하는데, 이런 세 종류의 정당성은 3원제를 통해 제도적으로 실현될 수 있다는 것이 장경이 제안하는 유가헌정론의 핵심적 주장이다. 신성하고 초월적인 하늘의 정당성을 구현하는 통유원通儒院, 역사와 문화적 정당성을 구현하는

---

8) 같은 책, 15~16쪽.
9) 리콴유·자카리아, 「문화는 숙명이다」, 『아시아적 가치』(김대중 외), 18쪽 및 22쪽.

국체원國體院, 사람의 정당성을 구현하는 서민원庶民院이 바로 그것이다.[10] 서민원은 중국 사람들의 직접 선거로 구성되지만, 통유원은 유학자들의 추천과 지명의 방법을 통해 구성된다. 국체원장은 공자의 직계 자손이 맡고, 국체원의 구성원들은 "역대 성현과 군주 혹은 명인과 열사의 자손, 중국사 교수, 은퇴한 공무원·판사·외교관 등의 사회 명사, 도교계·불교계·기독교계의 대표들" 중에서 선발된다.[11] 장경에 의하면 이런 세 가지 형식의 정당성을 제도적으로 구현하는 헌정 체제의 유가적 왕도정치는 민주주의보다 더 우월하다.[12]

대니얼 벨의 정치적 능력주의 구상은 다음 절에서 살펴볼 것이다. 정치적 능력주의를 옹호하는 여러 학자의 차이점을 상세하게 밝히기 위해서는 별도의 글이 필요하다. 다만, 예를 들어 장경의 정치유학을 비롯하여 대륙 신유가들이 주장하는 정치적 능력주의에 대한 이론적 성찰을 단순히 현재 중국 사회의 정치체제를 옹호하는 이데올로기에 지나지 않는다고 보는 것은 단견일 것이다. 그가 주장하듯이 "오늘날 세계의 정치 문제는 민주주의 자체가 심각한 문제로 떠오르고 있다는 점이다."[13] 달리 말하자면 "냉전 이후 자유민주주의의 잔광殘光 역시 노골적으로 자유주의적이지도 않고 민주적이지도 않은 정치지도자들이 이끄는 중국의 경제적 기적으로 인해 흐릿해졌다. 자유민주주의를 비서방의 독재정치와 대비시켜서 좋아 보이게 함으로써 그 명성을 되살리려는 시도들은, 수감자들에 대한 고문 같은 무책임한 자유주의적 규범 위반과 서방 내부에서의 민주적 기구의 기능 부전으로 빛이 바랬다. 분명히 민주주의가 어떻게 위축되고 소멸하는가는 오늘날 자유주의적 학자들의 뇌리에 가장 크게 박혀 있는 질문이 됐다."[14] 특히 장경의 문제의식은 유럽중심주의에 대한 탈식민적 비판의 맥락에서

---

10) Jiang Qing, *A Confucian Constitutional Order*, Chapter 1.
11) 대니얼 벨, 『차이나 모델』, 295~296쪽.
12) Jiang Qing, *A Confucian Constitutional Order*, p.37.
13) 같은 책, p.36.
14) 이반 크라스테프·스티븐 홈스, 『모방 시대의 종말』, 8~9쪽.

좀 더 잘 이해될 수 있다는 것이 필자의 생각이다. 물론 뒤에서 더 언급하겠지만, 그의 탈식민적 독해는 치명적인 결함을 지니고 있다. 이런 한계를 명확하게 하기 위해서는 장경이 제기한 유가적 왕도정치 및 유가적 헌정론을 유럽중심주의의 비판적 극복이라는 지적 맥락에서 좀 더 면밀하게 분석할 필요가 있다.

이광요가 지적했듯이, 미국식 민주주의를 전 세계에 강요하려는 시도는 바람직하지 않다. 그것은 비서구 사회에 대한 타자화라는 오리엔탈리즘과 동전의 양면을 이루고 있기 때문이다. "전통적 유교는 비민주 혹은 반민주 둘 중 하나였다"라는 새뮤얼 헌팅턴(Samuel P. Huntington)의 지적은 전형적인 서구중심주의적 사고방식의 최근의 한 사례에 지나지 않는다.[15] 헌팅턴은 서구 세계를 문명화된 세계로 발전될 운명을 지닌 것으로 생각한다. 그에 따르면, 이른바 서구 세계야말로 탄생에서부터 오늘날에 이르기까지 민주주의에 친화적인 문화를 간직한 세계였다. 그러니까 서구는 자유민주주의를 스스로 창출할 여러 우호적인 조건들을 처음부터 지니고 있었다. 헌팅턴은 이런 틀에 박힌 유럽중심주의적 사고방식을 다음과 같이 드러내고 있다. "근대화의 길로 접어들지 못한 아득한 옛날에도 서구는 서구였다. 서구를 다른 문명들과 구분 짓는 중요한 특징들은 서구의 근대화 이전에도 벌써 존재하고 있었다."[16] 서구 사회가 본래 민주주의에 친화적이라고 보는 헌팅턴의 의식은 서구중심적 문화본질주의라는 한계에 사로잡혀 있다.

이런 문제점 외에도, 유럽중심주의 사유 방식은 비서구 사회를 열등하고 야만적이고 미개한 발전 단계에 속한 세계로 낙인찍는 행위를 동반한다. 비서구 사회를 문명사회에 어울리지 않는 야만적인 미개 사회로 타자화하는 작업은 근대 유럽의 정체성 형성에 구성적인 역할을 담당한다는 점에서

---

15) 새뮤얼 헌팅턴, 『제3의 물결: 20세기 후반의 민주화』(강문규·이재영 옮김, 인간사랑, 2011), 416쪽.

16) 새뮤얼 헌팅턴, 『문명의 충돌』(이희재 옮김, 김영사, 1998), 88쪽. 헌팅턴의 서구중심주의적 문화본질주의가 지니는 이론적 한계에 대해서는, 나종석 『대동민주유학과 21세기 실학』, 453~456쪽 참조 바람.

유럽중심주의에 따른 부수적이거나 우연적인 현상이 아니다.

당연한 말이지만, 유럽중심주의를 진리로 받아들이는 순간 비서구 사회의 구성원들은 헤어 나오기 힘든 상황에 부닥치게 된다. 그들은 자신들의 과거, 그러니까 자신들의 역사와 전통을 태생적으로 문명과 어울리지 않는, 혹은 문명화의 단계로 나가는 과정을 불가능하게 만드는 후진적인 장애물로 간주하고 이를 철저하게 파괴하는 행위로 치닫게 된다. 그러나 인간의 삶이 역사성과 사회성을 떠날 수 없다고 한다면, 자신이 속한 전통과 역사 자체를 거부하고 부정하는 태도는 외부 즉 이른바 문명화되고 선진적인 유럽 사회의 지도와 계몽을 받아들여야 한다는 식민화된 정신을 잉태한다. 달리 말하자면, 스스로 새로운 문명사회를 창출하지 않으면 안 된다고 생각하면서 그런 가능성 자체를 불가능하게 만드는 전통의 전면적 파괴라는 행동을 취하도록 강제된다. 설령 근대 유럽에서 제도적으로 구현된 민주주의가 바람직하다고 하더라도, 그것을 자신의 역사와 문화에 어울리는 방식으로 수용하여 자신의 것으로 전유하기 위해서는 자신의 역사와 전통을 재해석하는 작업이 불가결하다. 그러나 유럽중심주의는 바로 그런 가능성을 박탈한다.

그러므로 유럽 제국주의에 의해 식민지 및 반식민지로 전락하지 않을 수 없었던 비서구 사회에서, 유럽적 보편주의 즉 유럽중심주의가 초래한 식민화·타자화된 자신들의 과거 및 역사를 새롭게 파악하려는 모색의 중요성은 아무리 강조해도 지나치지 않는다. 비서구 사회의 역사와 전통을 유럽적 보편주의 혹은 유럽중심주의의 시각으로부터 해방시켜 그것을 새롭게 사유하는 작업이 지니는 의미에 대한 프란츠 파농(Franz Fanon)의 다음과 같은 주장은 여전히 그 현실적 의미를 상실하지 않았다. "식민주의는 원주민을 장악하고 원주민의 두뇌에서 온갖 형식과 내용을 제거하는 데만 만족하지 않는다. 일종의 왜곡된 논리에 의해 식민주의는 피억압 민중의 과거를 왜곡하고 훼손하고 파괴한다. 이렇게 식민지 이전의 역사를 평가절하하는 것은 오늘날 논리적 중요성을 지닌다."[17]

필자는 현재보다 더 나은 사회에 대한 상상을 르네상스(renaissance) 즉 과거와의 새로운 대화를 통한 길에서 구하는 것을 선호한다. 폴 리쾨르가 주장하듯이, 과거와의 새로운 대화는 현실을 비판적으로 바라보고 더 나은 세상을 향한 상상력을 가능하게 할 유토피아의 방법이기도 한 것이다.[18] 그에 따르면, 유토피아의 방법으로서의 과거에 대한 재인식, 그러니까 전통의 재해석을 통해 그것이 지속적 생명력을 얻을 수 있게 하는 르네상스는 20세기 인류사회를 괴롭힌 유토피아의 치명적인 질병에 빠지지 않으면서도 현재에 순응하는 태도로 귀결되지도 않는 비판적 사유의 가능성을 보여준다.

그러므로 필자는 정치유학처럼 유가적 전통과 현대성 사이의 대화를 새롭게 시도하는 작업이 긍정적으로 평가받아야 한다고 생각한다. 이런 이유로, 중국 사회의 현대화 과정이 보여 주듯이 반복되는 혁명의 파고로 인해 중국 전통이 철저하게 파괴되었다는 장경의 한탄도 일정한 공감을 자아내게 한다.[19]

그러나 우리가 진정으로 성찰할 필요가 있는 것은, 반서구적 태도와 결부된 자국의 전통에 대한 근본주의적 옹호 또한 역설적이지만 비서구 사회를 지배하고자 발명한 유럽적 보편주의의 자장에 철저하게 사로잡혀 있다는 사실이다. 달리 말하자면, 서구가 옹호하고자 하는 인권이나 민주주의 같은 이념은 서구적 가치에 한정되어 있으며 서구와는 다른 자신들만의 전통은 인권이나 민주주의에 이질적이라고 단언하면서 반서구적 태도를 견지하는 태도는 유럽중심주의에 대한 반대에 머물러 있을 뿐이다. 그런데 장경의 정치유학도 이런 한계에 사로잡혀 있다. 장경이 정치유학을 모색하게 된 그의 지적 여정에 대한 설명은 그의 문제의식의 허와 실을 보여 주는 데 도움이 된다.

---

17) 프란츠 파농, 『대지의 저주받은 사람들』, 239쪽.
18) 유토피아의 방법으로서의 르네상스에 대해서는 폴 리쾨르, 『비판과 확신』, 236쪽 참조.
19) Jiang Qing, *A Confucian Constitutional Order*, p.95.

독창적인 정치유학 혹은 유가적 헌정론을 제안하기 전의 장경은 원래 마르크스주의자로, 등소평의 개혁개방 이후에는 청년 마르크스의 소외론과 휴머니즘뿐만 아니라 개인의 자유, 평등, 인권을 강조하는 로크(J. Locke) 및 루소(J. J. Rousseau)의 이론에도 깊이 공명했다고 한다. 더 나아가 그는 인권의 관점에서 중국 사회를 비판하는 민주화운동의 학생 지도자로 명성이 높았던 인물이었다. 그가 유학을 전면적으로 받아들이게 된 것은 1984년 홍콩 및 대만 신유가를 대표하는 유학자 중의 한 사람인 당군의唐君毅의 저작을 접하면서부터였다. 그런데 1989년 천안문사태를 겪으면서 장경은 유가적 가치와 서구의 자유민주주의를 결합하고자 한 홍콩 및 대만 신유가의 문제의식에 비판적으로 거리를 두게 된다.

장경이 보기에 천안문사태는 중국 사회의 정치적 정당성의 문제를 근본에 서부터 재검토하지 않으면 안 된다는 점을 보여 준 역사적 사건이었다. 이때 그는 천안문사태를 둘러싸고 보여 준 자유민주주의적 지식인들의 행동에 크게 실망하지 않을 수 없었다고 한다. 그러나 그보다 더 중요한 것은 천안문사태를 바라보는 그의 입장이다. 그에 의하면, 1989년의 천안문사 태를 자유민주적 정치에 대한 요구가 좌절된 것으로 보는 것은 피상적인 견해에 불과하다. 오히려 그는 천안문사태를 역사와 전통이 사뭇 다른 중국 사회에 서구에서 형성되어 온 자유민주적 제도를 무리한 방식으로 강제하려는 시도가 초래할 수밖에 없었던 비극적 사태 중의 하나라고 이해하고 있다. 20세기 초엽부터 근 한 세기 동안 자신의 전통과 역사에 대한 공격이 그토록 심각하게 이루어진 사회는 찾아보기 힘들다는 것이 그의 생각이었다. 전통과 역사에 대한 이런 무분별한 파괴적 행위로 인해 중국인들은 방향감각을 상실하게 되었으며, 그 결과 다양한 형태의 비극적인 정치적 격변을 겪게 되었다는 것이다.

그리하여 장경은 중국의 유가적 전통과 서구 자유민주주의의 결합을 시도하는 홍콩 및 대만 신유가의 작업을 매우 비판적으로 바라보게 된다. 이제 그는 홍콩 및 대만 신유가를 '심성유학' 혹은 '자기수양유학'으로 규정하면서 그에 대비해 자신의 유학을 '정치유학'으로 명명하고 유가적 전통에 어울리는 정치제도를 탐색하게 된다. 그런 지적 모색의 결과가 앞에서 언급한 새로운 왕도정치 이론 및 3원제인 것이다.[20]

그러나 필자가 볼 때, 유교 전통과의 해석학적 대화가 정치적 능력주의로 귀결될 필연적 이유는 없다. 장경의 정치유학은 서구 사회와 동아시아 사회를 이분법적으로 나누는 유럽중심주의 사유 방식을 극복하지 못하고 있다. 그는 거꾸로 선 오리엔탈리즘의 틀에 머물러 있을 뿐이다. 달리 말하자면, 그도 민주주의를 서구적 가치로 설정한다는 점에서 기본적으로 '서구 문명=민주주의' 대 '비서구 사회 혹은 동아시아 사회=비민주주의'라는 유럽중심주의의 인식 틀을 공유하고 있다. 다만 유교적 전통과 민주주의는 어울리지 않는 형용모순에 불과하다고 보면서 서구적인 민주주의 가치의 우월성을 옹호하려는 헌팅턴과 달리, 장경은 자신이 속한 이른바 중국의 유가 전통의 가치를 소중하게 여기면서 그에 어울리는 정치체제 및 제도를 구현하여 중국 사회가 직면한 정당성의 위기를 극복할 만한 대안을 구한다는 점에서 차이가 있다. 그가 유가적 왕도정치를 중국 문화의 특색에 어울리며 서구 문명의 도전에 대응할 수 있는 유일무이한 길이라는 점을 강조하는 것은 결코 우연이 아니다.[21]

갈조광도 최근 대륙 신유학이 "오리엔탈리즘의 반대 방향으로 나아가는 사고방식을 형성하고 있다"고 비판한다. 그가 보기에 대륙 신유가는 "서양의 문화, 제도, 가치에 저항하기 위해 서양에 의해 만들어지고 강조되고 혹은 비판된 '동양'이라면 오히려 매우 특별히 높이고, 따라서 그것이 정말로 고대 유가의 것이든 현대 중국에 적합한 것이든 모두 반드시 수호해야 한다"는 식의 입장을 견지한다.[22]

이처럼 대륙 신유가는 동서이분법적 사유 방식의 틀에서 벗어나 있지

---

20) 장경의 지적 여정에 관한 서술은 대니얼 벨의 설명에 근거해서 필자가 재구성한 것이다. 같은 책, pp.2~5.
21) 같은 책, p.27.
22) 갈조광, 「기상천외: 최근 대륙 신유학의 정치적 요구」, 252~253쪽.

않다는 것이 필자의 입장이다. 동서이분법은 동양 유교 전통의 현대화를 위해서나 유가 전통과 서구 근대 민주주의 및 인권 이념과의 생산적 대화를 위해서나 반드시 벗어나야 한다. 유럽중심주의가 비유럽 사회에 내면화됨으로써 형성되어 있는 식민화된 정신은 전통에 대한 극단적 부정을 당연시하기에, 그에 대한 반작용인 전통에 대한 근본주의적인 옹호를 불러일으킨다. 이렇게 비서구 사회는 유럽중심주의의 헤게모니로 인해 전통에 대한 극단적 부정과 근본주의적 옹호라는 양립 불가능한 정신적 양극화에 빠지게 되는데, 그 결과는 다름 아닌 비서구 사회의 구성원들에게 발생하는 정체성의 극심한 혼란이다. 간단하게 말해, 전통의 극단적 부정과 그에 대한 반작용인 전통에 대한 근본주의적 옹호라는 정신적 양극화는 유럽중심주의가 비서구 사회를 식민화하면서 자신의 주도권을 관철시켜 나갈 수 있는 비법이다.

그렇다면 우리에게 요구되는 것은, 동양 전통의 고유성을 확인하는 태도를 견지하면서도 민주주의 및 인권 같은 사상을 서구에 친화적일 뿐이며 비서구 사회에는 이질적이라고 보는 동서양의 이분법을 넘어서는 것이다. 이를테면 "민주주의의 세계적 뿌리"(Global Roots of Democracy)에 대한 아마르티아 센의 강조에 더 관심을 기울여야 하지 않을까 한다.[23] 민주주의의 세계적 뿌리에 대한 이해를 추구하는 것은 단순하게 서구 근대 사회가 좀 더 체계적이고 제도적 방식으로 구현한 이른바 자유민주주의를 반복하는 데만 그치지는 않을 것이다. 물론 자유민주주의와의 친화적 요소를 동아시아 전통 사상이나 역사에서 발견하고 그 의미를 새롭게 해명하는 작업이 중요하지 않다는 뜻이 아니다. 다만 그런 유사성과 공통성을 발견하는 작업은 오늘날 자유민주주의가 안고 있는 한계를 보완하거나 궁극적으로 그것을 더 나은 형태로 발전시켜 나가는 데에 대한 성찰로 이어질 필요가 있다는 점을 강조하고 싶다.

---

23) 아마르티아 센, 『정체성과 폭력』, 103쪽. 물론 센은 민주주의의 세계적 뿌리를 탐구하면서 동아시아의 유교 전통을 언급하지 않는다는 아쉬움이 있다.

3. 대니얼 벨의 정치적 능력주의의 기본 주장

이제 대니얼 벨이 어떤 근거로 정치적 능력주의를 정당화하는지를 살펴보자. 그는 장경의 정치유학과 다른 방식으로 정치적 능력주의와 그 제도적 장치에 대해 논한다. 대니얼 벨은 정치적 능력주의인 중국 모델을 제안하고 있는 저서 『차이나 모델』에서, 유교적 전통과 관련된 주제를 체계적으로 분석하지는 않지만 적어도 개혁개방 이후 중국은 능력과 덕성에 따라 인재를 선발하는 능력주의 정치체제를 실험하는 과정에서 싱가포르의 경험으로부터 많은 것을 배웠음을 강조한다. 주지하듯이 싱가포르를 이끈 이광요나 그의 아들로서 제3대 싱가포르 총리직에 오른 이현용은 반복해서 싱가포르의 정치적 능력주의 체제가 유가적인 전통 사상과 밀접한 연관성을 지니고 있음을 강조했다.[24]

이런 싱가포르의 영향 외에도, 벨은 시험을 통해 관료를 선발하는 과거제도, 조화를 강조하는 유교적 가치관, 어질고 능력 있는 사람에게 정치를 담당하게 해야 한다는 맹자와 순자의 주장, 『예기』 「예운」편에 나오는 대동사상 등을 거론하면서 유교 전통을 공유하는 동아시아 사회에서는 능력주의 이념이 많은 지지를 받는다는 경험적 사례도 언급한다. 특히 『예기禮記』 「예운禮運」편에 나타난 대동사회론은 벨의 정치적 능력주의 혹은 현능주의賢能主義 담론에서 지대한 의미를 지닌다. 그는 "내가 능력주의 정치체제에 관심을 갖게 된 것은 유교 전통과의 만남 덕분이었다"[25]라고 하면서, 중국 사회에는 정치적 능력주의 모델이 선거민주주의보다 더 잘 어울린다고 역설한다.[26]

벨은 정치적 능력주의는 중국에 어울리는 체제일 뿐만 아니라 나아가 보편적 이상이 될 수도 있음을 강조한다. 능력주의 정치제도에 관한 관심을

---

24) 대니얼 벨, 『차이나 모델』, 60~61쪽.
25) 같은 책, 27쪽.
26) 같은 책, 64·126·145~151·221~222·250쪽.

20세기에 새롭게 불러일으킨 나라는 싱가포르였지만, 싱가포르는 능력주의 정치제도를 보편적 이상으로 제시하지는 않았다. 그에 의하면, 최고 정치지도자를 국민의 보통선거를 통해 선발하는 선거민주주의 체제에 비해 능력과 도덕적 자질을 검증하는 방식으로 최고 지도자를 선발하는 것은 훨씬 더 바람직하다. 따라서 선거를 통해서가 아니라 능력과 덕성을 갖춘 사람에게 정치 권력을 맡겨야 한다는 정치적 능력주의를 다시 진지하게 검토해 보아야 한다는 것이 벨의 견해이다.

우선 벨은 1990년대 이래 중국에서 실행되고 있는 능력주의 제도가 중국의 기적적인 경제성장을 가능하게 한 정치적 조건이었다고 보면서, 중국에서 실시된 능력주의 실험의 성공적 사례를 토대로 정치적 능력주의 체제를 옹호하고자 시도한다. 벨은 중국을 능력주의 국가로 정의하면서 정치적 능력주의와 경제적 능력주의를 구분한다. 그리하여 경제체제 즉 부를 분배하는 원리로서의 '능력과 노력을 중시하는 경제적 능력주의'의 문제점에 대해서는 인정하는 가운데 정치적 권력을 능력과 덕성에 따라 배분하는 정치적 능력주의 체제를 옹호하는 것이 그의 기본적 입장이다.[27]

그런데 벨이 제안하는 정치적 능력주의와 관련해서 우리가 조심해야 하는 것은, 그것이 미국과 같은 민주주의 국가에 존재하는 정치적 능력주의의 요소에 대한 옹호와는 근본적으로 다르다는 점이다. 그도 강조하듯이, 선거민주주의를 대체할 대안적 정치체제로서의 정치적 능력주의에서는 자유롭고 공정한 선거가 담당하는 역할은 크지 않다. 달리 말하자면, 정치적 능력주의 체제를 옹호하는 것은 "민주주의 체제의 틀 안에 설치되는 능력주의 제도, 예컨대 미국의 대법원이나 연방준비제도이사회, 군대, 영국의 공무원 제도 같은 것"을 검토하는 것과는 관련이 없다. 그런 제도는 제한된 영역 내에서만 기능을 발휘할 뿐 궁극적으로는 선거로 선발된 정치적 지도자들에 대해 간접적으로나마 책임지게 하는 부차적 의미만을 지닌다는 점에서

---

27) 같은 책, 15~19쪽.

"민주주의의 보조적 제도이지, 대안이 아니"기 때문이다. 따라서 그가 제안하는 정치적 능력주의 체제란, "1인 1표의 자유롭고 공정한 선거가 아닌 다른 방법으로 선출된 지도자들에 의해 구성된 기구가 국정 전반에 걸쳐 논의하고 결정하는 권력을 가지면서, 민주적 방식으로 선출된 기구들 위에 군림하는" 그런 체제이다.[28]

벨은 능력주의 정치제도의 우월성을 논증하기 전에, 1인 1표의 원칙에 따라 정치지도자를 선발하는 선거민주주의의 핵심적 한계를 비판한다. 그는 『차이나 모델』 제1장에서 정치 권력의 최고 지도자를 다수의 정당이 자유롭고 공정한 선거를 통해 선발하는 민주주의가 지니는 네 가지 핵심적인 문제점들을 거론한다. 그가 바라보는 민주주의의 네 가지 위험성은 다음과 같다. '다수의 전횡', '소수의 전횡', '투표집단의 전횡', '경쟁적 개인주의자들의 전횡'이 바로 그것이다. 다수의 전횡은 민주적 절차를 통해 비이성적인 다수파가 소수파를 억압할 위험성이고, 소수의 전횡은 경제적 부를 독점한 소수파가 공정한 정치 과정에 개입하여 이를 왜곡하고 자신의 특권적 이익만을 추구할 가능성이다. 세 번째 위험인 투표집단의 전횡은, 국가의 정책 결정에 영향을 받음에도 불구하고 외국인이나 미래세대처럼 투표권을 지니지 못해서 자신의 이해관계를 정책 결정 과정에 반영하지 못하게 될 위험성이다. 경쟁적 개인주의자의 전횡은, 선거민주주의가 갈등을 완화하기보다는 오히려 격화시킴으로써 갈등의 조화로운 해결을 어렵게 만들 수 있다는 위험성이다.[29] 이렇게 선거민주주의의 네 가지 위험성을 검토한 벨은 정치적 능력주의가 어떤 현실적 대안을 제시할 수 있는지를 싱가포르와 중국에서 실시된 능력주의 제도를 통해 설명한다.

다수의 전횡을 극복할 정치적 능력주의의 대안으로 언급되는 것은, 이론적 차원에서는 투표자의 능력을 심사하는 제도를 운용하는 것이고, 현실적으로는 싱가포르에서 실시되는 능력주의 체제이다.[30]

---

28) 같은 책, 43쪽.
29) 같은 책, 21쪽.

소수파의 전횡, 이를테면 자본가에게 집중된 부와 권력의 편중 현상을 극복할 정치적 능력주의의 대안으로 벨은 중국의 사례를 긍정적으로 검토해 볼 것을 제안한다. 그에 의하면, 중국은 "강력한 엘리트 계층이 약자의 처지에 공감"할 수 있도록 "정치 수련 과정에서" 다양한 계층과 접촉하게 하는 방안을 모색하였다. 그 결과 정치적 지도력 함양을 위해 아무런 수련 과정을 밟지 않은 사람도 자유롭고 공정한 선거를 통해 정치지도자가 될 수 있는 미국과 달리, 중국의 능력주의 정치체제는 서민의 처지를 이해하고 배려할 수 있는 지도자들을 배출할 수 있게 됨으로써 소수의 전횡을 억제할 수 있다고 벨은 강조한다.[31]

그렇다면 투표집단의 전횡을 해결할 수 있는 능력주의의 대안은 무엇일까? 벨은 이 문제와 관련해 싱가포르의 정치적 실험에 주목한다. 1993년 이래 싱가포르는 총통을 시민들이 보통선거를 통해 선발하지만 총통의 후보자가 되기 위해서는 많은 자격이 요구된다. "성실하고 고고한 품성으로 명망이 높은 사람으로서 장관이나 대법관, 의회 의장, 또는 그와 비슷한 권위와 책임을 지닌 자리에서 3년 이상 봉사한 경력이 있는 사람"만이 총통의 후보자가 될 수 있다. 비록 이런 자격 제한이 민주적이지는 않지만, 싱가포르 총통은 "민주적으로 선출된 정치가들이 미래세대에 불리한 정책을 채택하려 할 때 거부권을 행사할" 권한이 있다. 이런 민선총통제가 미래세대의 권한을 더 효율적으로 보호할 수 있는 대안이라는 것이다.[32]

선거민주주의의 네 번째 문제점인 경쟁적 개인주의자의 전횡을 극복할 수 있는 정치적 능력주의 대안으로, 벨은 민주주의를 정당정치와 주기적 선거로 바라보는 견해를 넘어서자고 말한다. 그는 정치적 의사 결정을 정당 간의 경쟁 체제가 아니라 합의제로 하거나 조합 또는 직능단체 대표로서의 하원을 구성하자는 헤겔의 제안과 비슷한 제도를 실행 중인 홍콩 입법의회

---

30) 같은 책, 59~61쪽 참조 바람.
31) 같은 책, 78쪽.
32) 같은 책, 86~87쪽.

를 정당정치의 대안으로 검토한다. 홍콩 입법의회의 구성원 전부는 홍콩 주민의 보통선거로 선발되지 않는다. 대다수 의석은 다양한 이해관계를 대표하는 직능선거인단에 배정되어 선발된다. 현재 이 제도에서는 산업계와 전문가 집단이 가장 많은 의석을 배정받는다.[33]

그런데 벨은 정치적 능력주의 체제를 옹호하면서 다수 대중을 정치 권력으로부터 배제하는 정치체제를 선호하지는 않는다. "어떤 형태의 민주주의 제도도 채용하지 않으면서 인민의 눈에 정당성을 가진 것으로 보일 수 있는 정권의 존재란 현대 세계에서 상상할 수 없는 것이다." 그러므로 그는 정치적 능력주의 체제에 민주주의적 요소를 도입할 필요가 있음을 긍정하면서, 민주주의적 요소와 정치적 능력주의가 결합되어 있는 민주적 능력주의의 세 가지 모델을 거론한다. 그것은 유권자 차원에서 민주주의와 능력주의를 결합하는 모델, 중앙정치기구 차원에서 능력주의와 민주주의 원리를 결합하는 수평 모델, 중앙을 능력주의로 운영하면서 지방은 민주주의적 원리에 따라 운영하는 수직 모델이다. 이 가운데에서 마지막 세 번째 모델이 가장 좋다고 벨은 믿는다.[34]

첫 번째 모델, 즉 유권자 차원에서 능력주의와 민주주의 원리를 결합하는 모델의 대표적인 사례는 존 스튜어트 밀(J. S. Mill)이 제안한 복수투표제이다. 주지하듯이 밀은 보통선거를 주장하면서도 사람들 사이의 지성과 덕성에는 차이가 있기에 덕성이나 지성이 더 뛰어난 인물에게 보너스 투표권을 주자고 제안했다. 여성과 세금을 내는 노동자들 모두에게 참정권을 부여하자는 제안을 하면서도, 그 역시 투표권자의 대다수가 육체노동자라는 당대 영국의 현실을 고려하지 않을 수 없었던 것이다. 그는 육체노동자들이 투표권을 행사할 때 두 가지 심각한 위험이 있다고 보았다. 그것은 바로 그들이 정치 문제를 판단할 지적 능력을 충분히 갖추지 못하고 있다는 위험과 계급 입법을 시도할 수도 있다는 위험이었다.[35] 그래서 그는 이런 폐단을

---

33) 같은 책, 96~97쪽.
34) 같은 책, 279~281쪽.

극복할 방안을 모색하면서 현명한 사람에게 더 많은 투표권을 부여할 것을 제안했다. 그는 주장한다.

어떤 사람에 대해 1표 이상의 투표권을 주는 것을 정당화하는 유일한 근거는 정신 능력이 탁월한 경우이다. 문제는 그것을 어떻게 판별하는가이다. 만일 국가가 교육 체계를 직접 관장하거나 믿을 만한 국가시험제도 같은 것이 있기만 한다면 사람들의 교육 수준을 직접 시험하는 것이 가능할 것이다. 그렇지 않은 상황에서는 각자 종사하는 직업의 성격이 하나의 기준이 될 수 있다. 이를테면 노동자들을 고용한 사람은 손이 아니라 머리로 일해야 하기 때문에 평균적으로 노동자보다 지적 수준이 더 높다고 볼 수 있다.……
이 모든 경우에, 단지 우월한 기능을 수행하는 것이 아니라 얼마나 그 역할을 잘해 내는지가 중요하다. 따라서 투표권을 더 주고자 할 때는 그저 명목적으로 어떤 직업을 갖는지를 가려내는 것뿐만 아니라 일정 기간(이를테면 3년) 그 일에 종사할 것을 요구하는 것도 적절한 조치이다. 이런 조건을 맞추기만 한다면, 여기에서 말한 것처럼 탁월한 기능을 수행하는 사람에게는 2~3표씩 투표권을 줘도 무방할 것이다.[36]

중앙정치기구 차원에서 능력주의와 민주주의 원리를 결합시킨 수평 모델은, 1인 1표로 정치지도자를 선출하는 민주주의와 지성과 덕성을 갖춘 사람을 정치지도자로 선발하는 능력주의를 동시에 활용한 것이었다. 벨에 의하면, 이 수평 모델 중에서 가장 유력한 것은 손문孫文의 제안이다. 신해혁명의 지도자로서 1925년 사망할 때까지 국민당을 이끌었던 손문은 "공자와 맹자는 모두 민주주의의 대표적 인물"이라고 이해하였다. 때문에 그는 자신의 삼민주의 이념이 서구로부터 많은 것을 받아들였지만 서구 민주주의를 단순히 수입한 것은 아니라고 했다.[37] 그는 중국 헌법을 제안할 때 서구 사상 특히 몽테스키외의 사상과 공자의 사상을 종합시키고자 했다. 그가 볼

35) 존 스튜어트 밀, 『대의정부론』(서병훈 옮김, 아카넷, 2012), 172쪽.
36) 같은 책, 175쪽.
37) H. G. 크릴, 『공자: 인간과 신화』, 336쪽.

때 서구의 여러 민주주의 헌법은 중국이 유교의 영향 아래서 실시해 왔던 두 가지 기능을 갖추지 못하고 있기에 한계가 있다. 그래서 그는 서구의 3권분립에다 중국 역사에서 본받아야 할 두 가지 제도를 혼합한 5권분립의 정치체제를 구상했다.

손문이 더하고자 했던 두 가지 제도는 감찰원과 고시원이다. 감찰원은 군주의 잘못을 질책하는 대신의 의무를 강조한 공자의 영향을 받아 실시된 중국의 감찰관 제도로부터 영감을 받은 것이다. 조정의 부패를 감시하여 탄핵하는 역할을 했던 감찰관 제도를 입법부나 사법부로부터 독립시켜 정부 안에 두어야 한다는 것이 손문의 생각이었다. 또 다른 기관은 고시원인데, 이 역시 유가 전통 즉 덕망 있고 유능한 사람이 정치를 해야 한다는 능력주의 사상을 이어받아 고시제도를 중국 헌법의 핵심적 제도의 하나로 권장하고 있다.

이 제도는 공직을 담당할 사람의 능력과 자격을 고시제도라는 시험을 통해 검증하는 것이다. 관직에 나가고자 하는 사람은 선출직 공무원이든 임명직 공무원이든 간에 관리의 자격을 충분히 갖추었는지를 평가받기 위해 중앙정부가 주관하는 시험에 합격해야 한다는 것이 손문의 생각이었고, 그런 역할을 담당하기 위해 바로 고시원이라는 기관을 창설해야 한다는 것이었다. 물론 손문은 정치적 평등을 굳게 확신하였기 때문에 모든 관직이 보통선거를 통해 선발되어야 함을 강조했다. 그러나 동시에 그는 관직에 나갈 수 있는 사람들은 일정한 자격을 갖추고 있음을 증명해야 한다고 보았고, 이를 검증할 독자적인 제도를 두는 것이 훨씬 더 합당하다고 생각했다.

손문은 유교 전통과 깊게 연결된 고시원과 감찰원을 둠으로써 서구 민주주의 한계를 극복하여 세계에서 가장 훌륭한 정치제도를 중국에 구현할 수 있다고 생각하였다.[38] 그러니까, 일반 사람들이 선출하는 최고 정치지도자의

---

38) 같은 책, 338~339쪽.

실력을 시험제도를 통해 검증하는 방식으로 능력주의와 민주주의를 결합시켰던 것이다. 이런 결합은 그것이 중앙의 최고 정치지도자 선발까지로 확대하여 적용될 수도 있다는 점에서 능력주의와 민주주의의 수평적 결합 모델이라고 명명될 수 있다. 벨 역시 곧이어 서술되는 민주주의와 능력주의의 세 번째 결합 형태 즉 수직 모델을 옹호하기 전까지 20년 가까이 수평 모델을 지지하고 있었다.[39]

벨은 한때 민주주의 의회와 함께 시험을 통해 선발되는 능력주의 의회를 두는 양원제를 제안했다. 그러나 벨은 최고의 상층부 정치지도자를 선발할 때 민주주의와 능력주의 원칙을 동시에 적용하는 것이 불가능하다는 판단을 내리게 된다. 그에 의하면, 1인 1표 원칙에 따라 선발되는 정치제도가 정착하고 나면 이런 원칙에 어긋나는 능력주의 원칙에 따른 관리 선발의 제도는 시간이 지날수록 거부당할 수밖에 없다. 그러므로 민주주의 원칙과 능력주의 원칙을 상층부에서 혼용하는 수평 모델은 포기되어야 한다는 것이 그가 내린 결론이다.[40]

이런 문제점 외에도, 그는 중국에서 수평 모델을 포기해야 할 근거로서 다음의 세 가지를 제시한다. 첫째는 "지금 중국의 정치 현실과 너무 동떨어진 모델이라는 점", 둘째는 "그런 시도가 이루어지더라도 안정된 결과를 얻을 수 없다는 점", 셋째는 "민주주의는 지방 차원에서 가장 잘 작동한다는 점"이다. 그리하여 벨은 이전의 입장을 포기하고 세 번째 수직 모델을 제안하기에 이른다.[41]

이제 대니얼 벨은 능력주의와 민주주의를 결합할 수 있게 하는 세 번째 모델, 이른바 수직 모델을 옹호하는데, 이는 지난 30년간의 중국 정치개혁 과정에 대한 역사적 경험을 반영한 것이었다. 그는 수직 모델을 "중국 모델"이라고 명명하면서 그 핵심 내용을 다음과 같이 요약한다. "바닥은 민주주의,

---

39) 대니얼 벨, 『차이나 모델』, 281쪽 및 290쪽.
40) 같은 책, 300~301쪽.
41) 같은 책, 302쪽.

꼭대기는 능력주의, 중간은 실험 공간으로 하는 이 수직 모델을 '차이나 모델'이라 부를 것이다."[42] 벨에 따르면, 본래 '중국 모델'이라는 용어는 1970년대 말부터 시작된 개혁개방 이후의 중국의 경제체제와 국가 관리 방식을 가리키는 것이었지만, 즉 자본주의 시장경제와 억압적인 권위주의 정치체제의 결합을 뜻하는 것이었지만, 이런 식으로 중국 사회를 파악하는 것은 한계가 있다. 따라서 그는 중국 모델을 "바닥은 민주주의, 중간은 실험 공간, 꼭대기는 능력주의"로 결합한 정치체제라는 의미로 이해해야 한다고 강조한다. 그러면서 그는 중국 모델을 "수직 모델의 민주적 능력주의"라고도 명명하면서, 능력주의와 민주주의를 결합할 수 있는 "정치적으로 현실적이고 도덕적으로 바람직한 방안"이라고 본다.[43]

바닥에서의 민주주의란, 중국의 향촌 자치가 18세 이상의 주민들의 직접 선거로 구성된 위원회를 통해 이루어지는 현상을 가리킨다. 중국의 지방 단위에서는 촌민위원회가 주기적인 선거를 통해 주민들에 의해 선발된다. 그런데 지방정부와 중앙정부 사이의 중간층은 실험 공간으로 명명된다. 이는 몇몇 도시나 지방에서 다양한 개혁 시도를 해 본 다음에 그것이 성공적이면 다른 지역으로 확장하거나 중앙정부 차원에서도 실시하는 관행을 가리킨다. 예를 들자면 쓰촨(四川)성의 몇몇 도시에서 실험적으로 도입된 민주적 선거를 언급할 수 있을 것이다. 이처럼 어떤 제도를 실험해 볼지 말지, 그리고 그 결과를 전국으로 확대할지 말지를 결정하는 것은 전적으로 능력주의 원칙에 따라 선발된 최고 정치지도자들이다.[44] 그러므로 최상층부를 구성하는 정치지도자들은 선거로 선발되지 않는다. "꼭대기는 능력주의"라는 원칙이 보여 주듯이, 최상층부는 능력과 도덕적 자질을 검토하는 별개의 선발 방식에 따라 구성된다. 이를테면 사회를 이끌 지도자를 처음에는 시험으로 선발해서, 하위직에서 시작하여 실적에 따라 고위직으로 승진시키

---

42) 같은 책, 314쪽.
43) 같은 책, 328쪽.
44) 같은 책, 337쪽.

는 과정을 둔다는 것이다. 그러므로 그는 자신이 제안한 모델을 '민주적 능력주의의 수직 모델'이라고도 부른다.[45]

4. 대니얼 벨의 정치적 능력주의의 논리적 모순

그러나 대니얼 벨의 중국 모델은 여러 논리적 모순을 안고 있다. 이하에서 벨의 정치적 능력주의 옹호가 안고 있는 문제점을 대략 다섯 가지로 요약해 보고자 한다.

첫째, 정치적 능력주의와 경제적 능력주의의 구별이 안고 있는 문제이다. 앞 절에서 보았듯이 벨은 정치적 능력주의와 경제적 능력주의를 구분한다. 그는 경제적 능력주의가 비정하고 냉정한 사회를 만들어 낼 것이라는 존 롤스(J. Rawls)의 비판에 공감하면서도 동시에 정치적 능력주의는 옹호할 수 있다고 본다.[46]

그러나 이런 구분이 설득력이 있는지는 회의적이다. 소득과 재산의 불평등을 심화시키는 경제적 능력주의는 정치적 양극화와 밀접하게 연결되어 있다. 소수 기득권 계층의 새로운 신분 체제의 등장에 경제적 능력주의가 이바지한다는 사실이 명백하다면, 경제적 능력주의는 정치적 능력주의의 변질을 초래할 중요한 요인으로 작동하는 셈이다. 경제적 부와 소득에서 유리한 위치를 차지한 세력이 정치적 능력주의 체제가 요구하는 능력을 확보하는 데 유리할 뿐 아니라, 무엇이 사회에 유용한 능력인지를 정의하고 그것을 정치지도자를 선출하는 기준으로 삼는 과정에서 더 큰 영향력을 행사할 수 있다는 점은 부인할 수 없다. 이런 맥락에서 우리는 존 롤스가 염려하는 "돈의 저주"가 민주주의에 가하는 결정적 위험임을 상기할 필요가 있다. "민주주의의 기본 특성으로 인정되는 공적 심의가 반드시 가능해야만

---

45) 같은 책, 368쪽.
46) 같은 책, 18~19쪽.

하며, 돈의 저주로부터도 자유로워야 한다. 그렇게 되지 않으면, 공적 토론과 심의가 배제되지 않는다고 하더라도, 선거전에서 큰 기부를 통해 공적 토론과 심의를 왜곡하는 법인 조직의 형식으로, 혹은 다른 방식으로 조직화된 이익집단들이 정치를 지배하기 십상이다."[47]

정치적 능력주의 체제는 조직화한 이익집단에 의해 정치 과정이 왜곡될 가능성으로부터 자유로울 수 없다. 게다가 선거민주주의 체제와 비교할 때 정치 권력의 부패 가능성이 정치적 능력주의를 채택한 나라에서 더 적다고 판단할 객관적 근거도 존재하지 않는다. 벨도 긍정하듯이, 중국에서도 최고의 정치지도자들이 오로지 능력과 덕성에 따라서만 선발되는 것은 아니다. 태자당太子黨의 사례가 보여 주듯이 현 중국의 시진핑 주석을 비롯하여 여러 고위 지도자들은 영향력이 큰 옛 고위 간부들의 자제이다.[48] 이는 정치적 능력주의 체제가 연고주의 등과 같은 능력이나 덕성과 관련 없는 각종 요소들에 의해 오염될 수 있음을 보여 준다. 반면 적어도 선거민주주의 국가는 부패한 정치지도자를 선거로 심판할 가능성을 제도적으로 보장한다는 장점을 지닌다. 이런 제도적 장점을 정치적 능력주의 체제가 민주적 요소를 강화하지 않고서 어떻게 확보할 수 있을지 궁금하다.

둘째, 벨이 정치적 능력주의를 중국의 현실에 더 적합한 정치제도라는 점에서 옹호하는지, 아니면 그것을 서구적인 자유민주주의의 대안이자 인류의 새로운 보편적 이상이라고 내세우는지가 모호하다. 일례로, 그는 중국이라는 나라의 크기를 강조하면서 선거민주주의는 중국의 상층부 정치지도자를 구성하는 방법으로는 적절하지 않다는 주장을 펴기도 하고, 또 민주주의와 능력주의가 결합된 수직적 모델이 유교적 가치관에 의해 크게 영향받은 중국의 역사와 문화에 어울리는 정치제도라고 역설하기도 한다.[49] 특히 그는 "선거민주주의가 대만에서는 잘 작동되는데 본토라 해서 다를

47) 존 롤스, 『만민법』, 210쪽.
48) 대니얼 벨, 『차이나 모델』, 344쪽.
49) 같은 책, 346~347쪽.

이유가 있겠습니까?"라는 질문에 대해 다음과 같이 답한다.

> 대만은 비교적 부유한 작은 사회이기 때문에, 문제가 있더라도 본토 중국의
> 거대한 문제들(환경 파괴, 빈부격차, 거대 인구의 절대빈곤 등)에 비하면 두드러진
> 것이 아니다. 따라서 설령 대만 정치가 마비 상태에 빠지더라도 세상이
> 무너질 일은 아니다. 반면 본토 중국의 정치에 문제가 생기면 세상이 무너질
> 수도 있다. 크기가 문제가 된다.…… 본토 중국에서는 대만식 선거민주주의
> 의 약점이 용납될 수 없다.50)

이처럼 중국이라는 나라의 규모를 고려하여 능력주의 체제의 적합성을
옹호함과 아울러, 벨은 동아시아 유교 전통과 정치적 능력주의의 상관성에
주목한다. 유교 전통과 정치적 능력주의와의 친화성을 강조하는 그는 한국,
대만 등 자유민주주의 정치체제를 나름 성공적으로 운영하는 사회를 염두에
두면서, 유교 전통이 민주주의 정치체제와 상치되지 않는다는 점도 인정한
다.51) 그러나 그는 한국이나 대만처럼 유교 전통을 공유한 사회가 민주주의를
채택하게 된 궁극적 요인을 그 사회의 내적인 요인에서 구하지 않는다.
그는 이렇게 말한다.

> 유교 전통의 동아시아 국가 중 중국 외의 나라들이 1인 1표, 다당제의 '서양식'
> 민주주의를 채택한 까닭은 무엇인가? 이 책에서 나는 미국의 군사적, 경제적,
> 사상적 압력이 한몫했으리라는 점을 짚어 두는 외에는 이 질문을 다루지
> 않겠다. 중국의 경우에는 경제적, 군사적인 덩치와 함께 외국의 영향력에
> 저항하고 자신의 정치적 모델을 지키려는 문화적 자신감을 가졌기 때문에
> 미국의 압력이 다른 나라만큼 크게 작용하지 않았다.52)

위에서 인용한 벨의 주장은 "이 책에서 나는 미국의 군사적, 경제적,

---

50) 같은 책, 366~367쪽.
51) 같은 책, 238쪽.
52) 같은 책, 270~271쪽 각주 128.

사상적 압력이 한몫했으리라는 점을 짚어 두는 외에는 이 질문을 다루지 않겠다'라는 수사적 완곡어법으로 분식되어 있다. 그러나 그의 주장은 사실상 한국, 일본, 대만의 민주주의가 가능한 원인을 외생적 요인으로 환원하는 경향을 노골적으로 보여 준다. 대만과 일본에 대한 인식이 깊지 않은 필자이기에 그것은 논외로 한다고 하더라도, 한국 사회의 민주주의의 문화적 동력에 대한 분석이 벨과 같은 단순한 서술만으로 달성될 수 없다는 점은 너무나 명확하다.

이처럼 벨은 한편으로는 중국 사회의 역사와 전통의 독자적 성격으로부터 중국 사회의 정치적 능력주의가 나름의 정당성을 확보할 수 있다는 식의 논증을 구사하고 있고, 다른 한편으로는 민주적 능력주의의 수직 모델인 중국 모델은 선거민주주의의 한계를 극복할 대안일 수 있다는 점을 역설하면서 중국식 능력주의 정치체제가 잘 발전하고 서구 민주주의 국가들이 민주주의 위기를 극복하는 데 무능력을 보이게 된다면 "민주주의는 결국 인민의 마음을 잃고 능력주의가 전 세계 정치 체제의 지배적 원리가 될 것"이라고 진단하기도 한다.[53]

셋째, 능력주의 정치체제와 선거민주주의에 대한 벨의 대조는 지나치게 일면적이고 비대칭적이다. 그는 능력주의 정치체제에 대해서는 긍정적인 효과를 극대화하고 선거민주주의에 대해서는 문제점을 극대화하는 방식으로 두 체제를 비교한다. 이런 식의 대조는 정치적 능력주의 체제와 선거민주주의 체제의 공정한 비교라고 말하기도 어렵다. 그도 지적하였듯이 최근 미국 및 유럽 등의 민주주의가 위기에 처했다고 하나, 지난 수십 년 동안 민주주의 국가는 경제적 성장과 사회적 안정, 자유의 보호 등에서 그 어느 정치체제보다도 더 우수한 성과를 보여 준 바 있다.[54] 그런데 그는 1990년대 이후 중국 사회의 경제성장을 가능하게 했다고 평가되는 정치적 능력주의의 긍정적 효과만을 과장하면서, 자신의 주장을 옹호하기 위해 정치적 능력주의

---

53) 같은 책, 386쪽.
54) 같은 책, 20쪽.

체제의 높은 효율성을 위기에 처한 민주주의의 무기력한 현상과 대비시킨다. 그러나 중국 사회를 좀 더 객관적인 시선으로 바라볼 필요가 있다는 점을 보여 주기 위해서는 중국 사회가 실험하고 있는 정치적 능력주의 체제의 모습을 분석하고 그 장단점에 대해 논할 필요가 있다.

중국이 "바닥은 민주주의, 중간은 실험 공간, 꼭대기는 능력주의"라는 원칙을 정말로 제대로 구현하고 있는지와는 별개로, 벨의 중국 모델은 개혁개방 이후의 중국 사회를 이해하는 데 중요한 관점을 제공한다. 우리는 중국 사회를 억압적 정치체제나 전체주의 사회라는 식으로 낙인찍는 관행에서 벗어날 필요가 있다. 이런 점에서 볼 때, 벨의 문제의식은 모호하고 불투명하긴 하지만 매우 야심적이다. 그러나 그가 이런 문제의식을 얼마나 설득력 있게 정당화하고 있는지는 회의적이다.

넷째, 선거민주주의의 한계에 대한 인식을 자유민주주의 혹은 민주주의의 한계와 구분하지 않고 있다는 점에서 벨의 선거민주주의 비판은 피상적이라는 반론에 취약하다. 아테네 민주주의에서 투표가 민주주의 정치에 어울리지 않는 것으로 여겨졌었다는 점은 논외로 하자.55) 이 자리에서 상세하게 언급할 수 없으나, 필자는 민주주의에서 가장 중요한 원칙은 정치적 평등의 이념이라고 본다. 로버트 달(Robert A. Dahl)이 주장하듯이 "정치적 평등은 민주주의의 기본 전제이다."56) 그리고 정치적 평등의 이념을 구현하고자 하는 대의제 민주주의에서 투표의 평등은 필수적이라고 할 수 있다. 그러니까, 민주주의는 모든 시민이 정치적으로 평등한 존재로 대우받아야 한다는 원칙을 구현하고자 하는 한, 투표에서의 평등 역시 정치적 평등의 원칙을 실현하기 위해 선택된 필수적 수단이라는 점에서 그 정당성을 확보할 수 있다. 물론 선거민주주의도 여러 한계를 지닌다. 다만 주기적이고 공정한 선거를 통해 정치지도자를 선발하는 것이 민주주의

---

55) 이에 대해서는 폴 우드러프, 『최초의 민주주의: 오래된 이상과 도전』, 34~36쪽 참조 바람.
56) 로버트 달, 『정치적 평등에 관하여』(김순영 옮김, 후마니타스, 2011), 6쪽.

와 동일시될 수 없다는 사실은 거듭 강조되어야 한다.

선거민주주의가 안고 있는 여러 가지 폐단들은 정치적 평등의 이념에 어긋나지 않는, 아니 그 이념을 더 적절하게 실현할 수 있는 제도적 방안의 모색을 통해 극복될 수 있다. 앞에서 살펴본 것처럼 벨은 다수의 전횡, 투표집단의 전횡 등 1인 1표의 선거민주주의 제도의 다양한 한계를 상세하게 언급했는데, 그는 오늘날의 민주주의가 그런 한계를 극복하기 위해 행하고 있는 여러 시도에 대해서는 그리 큰 관심을 기울이지 않았다.[57]

마지막으로 다섯째, 정치적 능력주의 자체가 안고 있는 문제점이다. 특히 필자는, 정치적 능력주의는 능력이란 무엇인가를 결정하는 과정에서 일반 대중의 발언권과 견제력을 간과한다는 점에서 정당성의 위기를 극복하기 힘들다고 본다. 첫 번째 문제점을 논하면서 언급한 부분과 일정 정도 겹치기는 하지만, 정치적 능력주의든 경제적 능력주의든 간에 능력주의는 소수의 특권 계층에게 과도한 권한을 부여하여 권력의 부패를 초래할 가능성이 높다. 이와 관련해 필자가 특히 주목하고자 하는 것은, 정치적 능력주의는 다시금 소수의 지혜롭고 현명하며 도덕적으로 우수한 사람들에게 최종적 결정 권한을 부여한다는 점이다. 그러나 이렇게 능력 있는 소수가 타락해 버린다면 그 해악은 상상하기조차 힘들다.

정치적 권력을 독점하게 되었을 때 타락과 부패의 가능성에서 완전히 벗어난 사람이 존재할 것인가? 그렇지 않다는 것이 필자의 생각이다. 설령 그런 사람이 존재한다고 해도, 거의 완벽에 가까운 인물조차도 부패의 가능성으로부터 전적으로 벗어나 있지 못하기 때문에 그런 문제의 발생을 막을 최소한의 제도적 방안이 마련되어 있지 않으면 안 된다. 그런 제도적 방안 중에서, 최고 정치지도자에 대해 선거라는 제도를 통해서 정치적 책임을 물을 수 있는 민주주의적 제도보다 더 정당하고 효율적인 제도가

---

57) 민주주의를 다수 정당이 공정한 경쟁과 주기적 선거를 통해 정치지도자를 선발하는 방법으로 단순화시킨 슘페터식의 민주주의 인식을 넘어서려는 다양한 움직임에 대해서는 마이클 사워드(Michael Saward), 『민주주의란 무엇인가』(강정인·이석희 옮김, 까치, 2018), 제3장 참조 바람.

무엇인지 궁금하다.

한 사회에서 요구되는 바람직한 덕성과 능력이 무엇인지를 결정하는 과정에서 일반 시민들이 평등한 발언권과 결정권을 지니지 못한다면, 소수에게 과도한 권력을 부여하는 정치적 능력주의 체제에서는 거대한 불평등의 사태가 생겨나는 것을 해결하기 힘들다. 그러므로 정치적 능력주의는 정치적 정당성의 위기를 해결하는 것과 관련해서 큰 문제점을 안고 있다. 그런 문제의 해결을 위해서는 모든 이해관계 당사자들에게 발언 기회의 평등과 같은 기본적 권한을 보장해 주는 방법이 좋을 것이다. 이런 방법은 규범적으로 더 적절할 뿐 아니라, 아마 효율적 측면에서도 더 유익한 결과를 가져올 수 있을 것이다. 모든 사람을 평등한 동료 시민으로 대우하는 민주적 평등의 이념이 정치적 능력주의 체제로는 해결하기 힘든 정당성의 위기를 더 잘 해결할 수 있으리라는 믿음은 여전히 강력한 근거를 지닌다.

5. 나가는 말

이제까지 우리는 최근 중국 본토에서 커다란 반향을 일으키고 있는 장경의 정치유학과 대니얼 벨이 주장한 중국 모델의 핵심 주장을 살펴보았다. 그리고 변화된 상황과 맞물려 중국의 전통과 역사의 의미를 새롭게 반추하면서 자신의 역사적 맥락과 전통에 어울리는 새로운 정치제도를 창안해 보려는 지적 흐름이 지니는 의미에 대해서도 탈식민적 사유의 전개라는 시각을 통해 살펴보았다. 또한 대니얼 벨이 제안한 정치적 능력주의 이론을 통해 현대 중국 사회의 새로운 정치적 실험이 어떤 성격을 지니는가를 탐색하면서 그 이론이 지니는 몇 가지 문제점을 서술해 보았다.

그러나 이 글에서는 지면의 한계로 인해 유가사상과 능력주의 사이의 연관성을 옹호하는 관점이 얼마나 설득력을 지니는지는 다루지 못했다. 대니얼 벨 역시 자신의 정치적 능력주의를 유가적인 전통과 관련해서 정당화하고자 하지만, 과연 그의 이런 해석이 얼마나 타당한지를 비판적으로 탐구하지도 못했다.

유교 전통을 능력주의의 시각에서 새롭게 해석하려는 일련의 지적 흐름은 매우 중요하게 다루어야 할 학문적 탐구 주제이다. 특히 정치적 능력주의를 옹호하는 흐름은 개혁개방 이후 국제 정치의 주도적 국가로까지 다시 부상하게 된 오늘날의 중국 사회의 진로에 대한 성찰과 관련해서 중요하게 취급되어야 할 주제이다. 이에 대한 상세한 탐색은 다음 장의 과제로 남겨 두고자 한다.

제10장

요순 민주주의 또는 정치적 능력주의: 유교적 성왕론을 둘러싼 해석 갈등[1]

1. 들어가는 말

오늘날 유가사상과 민주주의의 상관성을 논의하는 작업은 새로운 모습을 보여 준다. 대륙 신유가라 불리는 일련의 학자들이 (서구적) 민주주의와 유가사상 사이의 긍정적 연관성을 입증하려는 흐름을 비판하고 유가사상은 민주주의와 상통하기보다는 오히려 정치적 능력주의를 옹호하는 것이라는 논제를 발전시키면서 민주주의와 유가사상 사이의 관계 문제가 큰 쟁점으로 새롭게 부각되었다. 유가적인 정치적 능력주의 이론의 전개로 인해 민주주의와 유가사상의 양립 가능성 문제는 다음 두 가지 점에서 중요하다.

첫째, 유럽중심주의 및 오리엔탈리즘의 극복이라는 문제와 관련해서 유가사상과 민주주의 사이의 양립 가능성의 문제는 여전히 중요하다. 특히 정치적 능력주의를 옹호하는 학자들에게서 유럽중심주의를 극복하려는 탈식민적 문제의식이 두드러지게 나타나고 있다는 점에서도 그러하다. 이 점에서 싱가포르 전 수상 이광요에 의해 촉발된 이른바 '아시아적 가치 논쟁'이 다시금 재조명될 필요가 있다. 유가적·아시아적 가치와 서구의 자유민주적 가치는 근본적으로 상이하기에 미국 및 서구는 비서구 세계에

---

1) 제10장은 2021년 7월 19일 연세대학교 국학연구원 제71차 사회인문학포럼 발표문 「유교적 성왕론– 정치적 현능주의와 요순민주주의 사이」를 수정하고 보완한 것으로, 처음으로 출간되는 글이다.

자유민주적 질서를 부가하려는 야망을 거두어야 한다는 이광요의 주장은, 중국의 유가 전통은 서구적 민주주의가 아니라 정치적 능력주의 체제에 더 잘 어울린다는 생각으로 이어진다. 이를테면 장경의 "민주주의는 단지 서구 문화의 일부이다"라는 진술이 대표적이다.[2]

둘째, 정치적 능력주의 즉 중국 모델의 등장은 서구의 자유민주주의 체제의 위기 및 중국의 글로벌 대국으로의 재부상이라는 현상과 연동되어 있다는 점도 유가사상과 민주주의 사이의 관련성의 문제를 첨예한 학문적 쟁점으로 만들고 있다.[3] 자유민주주의 이외의 대안은 없다는 역사의 종말 테제, 후쿠야마의 논제는 이제 시대착오적인 것으로 치부되면서 자유민주주의에 대한 대안적 모색이 새로운 학문적 화두가 되고 있다. 장경은 이런 상황을 다음과 같이 말한다. "오늘날의 정치적 문제는 단순히 어떻게 민주주의를 실현할 것인가 하는 문제가 아니다. 실로, 내가 보기에 문제는 정확히 정반대이다. 오늘날 세계의 정치적 문제는 민주주의 자체가 심각한 문제를 보여 주고 있다는 것이다."[4]

자유민주주의에 대한 대안 모색이 반드시 민주주의를 제한적으로만 허용하는 정치적 능력주의 체제일 필요가 있는가 하는 문제와는 별도로, 그것이 서구 사회와는 다른 비서구 사회의 역사와 전통에 어울리는 민주주의 모델로 전개될 가능성은 있는지, 또 신자유주의적 세계화 및 생태위기 등이 제기하는 민주주의에 대한 도전을 해결할 새로운 대안 모델이 될 수 있을 것인지 등은 결코 소홀히 취급될 수 없는 쟁점들이다.[5] 자유민주주의에 대해서 정치적 능력주의가 제기하는 도전을 제대로 이해하고 통찰하

---

2) Jiang Qing, *A Confucian Constitutional Order*, p.32.
3) 송인재에 따르면, "오늘날 중국의 유학이 '정치유학' 담론을 통해 현실에 뿌리내리고 더 나아가 '대국굴기' 시대에 정치적 차원의 차이나 모델을 구축하는 데 적극적 역할을 하려는 욕망을 발산'하고 있다고 한다. 송인재, 「21세기 중국 '정치유학'의 이념과 쟁점」, 『유학연구』 33(2015), 446쪽.
4) Jiang Qing, *A Confucian Constitutional Order*, p.36.
5) 21세기 민주주의가 처한 다섯 가지 중요한 도전에 대해서는 마이클 사워드, 『민주주의란 무엇인가』, 144~145쪽 참조 바람.

면서 민주주의의 더 나은 모델을 모색하는 작업은 명백히 시대정신이
되고 있다.

2. 능력주의 일반과 민주주의

오늘날 능력주의는 비판의 대상이 되고 있다. 능력주의가 과연 공정한
정의론인지 그리고 민주주의적 평등 이념과 양립할 수 있는지 등은 능력주의
(meritocracy)와 관련해 거듭 제기되는 쟁점들이다. 이런 치열한 논쟁점들이
존재함에도 불구하고 능력주의의 원칙은 오늘날 우리 사회에서만이 아니라
서구 민주사회에서도 널리 수용되고 있는 원칙이다. 능력주의 사회는 적어도
표면적으로는 재능과 능력만 있다면 사람은 누구나 다 사회 내 상층으로
올라갈 수 있다고 약속한다. 달리 말하자면, 능력주의 사회(meritocratic society)
는 그 사람이 누구든 상관하지 않고 그가 노력한 만큼 보상을 제공하는
공정하고 평등한 기회를 보장하고 있다고 주장한다.

오늘날 우리 사회에서 널리 사용되는 능력주의라는 개념은 'meritocracy'의
번역어다. 'meritocracy'이라는 용어를 처음으로 사용한 학자는 영국의 사회학
자인 마이클 영(Michael Young, 1915~2002)으로, 그는 1958년에 출간된 『능력주
의의 발흥』(*The Rise of Meritocracy*)이라는 저서에서 능력주의 체제가 어떤
위험을 안고 있는가를 풍자적으로 묘사하였다. 그는 능력주의의 원칙에
따라 구성된 사회에 대한 찬성론과 반대론을 염두에 두고 능력주의의 양면성
을 동시에 서술하고 있지만, 『능력주의』로 번역 소개된 이 책은 기본적으로
능력주의 사회가 얼마나 치명적인 부작용을 초래할 수 있는지를 경고한
저서로 이해될 수 있을 것이다.[6]

그러나 능력주의 사회가 철저하게 양극화된 사회로 나갈 가능성이 있음에

---

6) 마이클 영, 『능력주의』(유강은 옮김, 이매진, 2020) 참조

도 능력주의적 정의관은 많은 사람에 의해 내면화되고 있으며, 능력주의 사회는 대개 민주주의 사회와 함께 진행해 왔다. 영국의 정치철학자인 데이비드 밀러에 따르면 능력주의 이념은 "지난 두 세기 동안 자유주의적이고 사회 민주적 사유의 주춧돌이었다."[7] 마찬가지로 능력주의 사회와 자유 및 평등에 관한 민주주의적 해석과의 차이를 강조하는 존 롤스도 능력주의 사회는 "재능이 있으면 출세할 수 있다는 원칙을 따르고 있으며 기회균등을 경제적 번영이나 정치적 지배를 향해 인간의 정력을 해방시키는 방식으로 이용"하고 있다고 말한다. 그러니까 노력과 재능을 지닌 사람은 응당히 그런 능력에 따른 성과를 향유할 마땅한 자격이 있다고 믿는 것이 바로 능력주의이다. 다르게 말하자면, 그렇지 않다면 그런 배분 방식은 부당하고 정의롭지 못하다는 신념이 능력주의이다. 그리고 소득이나 재산은 물론이고 인간의 일반 생활에서 중요한 모든 가치 즉 좋은 것(善)은 "도덕적 응분(moral desert)에 따라 분배"됨이 당연하다는 생각이 미국 사회에서는 상식으로 통한다고 롤스는 말한다.[8]

능력주의를 상식으로 생각하는 경향은 미국이나 영국 사회뿐만 아니라 우리나라를 비롯한 여러 나라에서도 마찬가지일 것이다. 그도 그럴 것이, 능력주의는 민주주의와도 연결된 사유라 할 수 있다. 모든 이에게 기회를 공평하게 제공해서 자신의 능력을 마음껏 발휘하여 사회적인 신분 상승을 가능하게 하는 사회가 바로 개방적 민주사회의 장점이라고 많은 사람들은 생각하고 있을 것이다. 그래서 『21세기 자본』의 저자로 유명한 토마 피케티(Thomas Piketty)는 능력주의의 가치를 "민주주의 사회의 토대를 이루는" 것으로 규정한다.[9] 실제로 능력주의 원칙은 서구에 국한해서 볼 때−동아시아에서는 서구 사회와 비교해 매우 이른 시기인 송대에 이미 과거제를 통해 구현되었기에− 1789년 프랑스혁명으로 탄생한 「인간과 시민의 권리선언」에서 명시되었다.

---

7) David Miller, *Principles of Social Justice* (Cambridge, Massachusetts London: Harvard University Press, 2001), p.177.
8) 존 롤스, 『정의론』(황경식 옮김, 이학사, 2003), 158쪽 및 409쪽.
9) 토마 피케티, 『21세기 자본』(장경덕 외 옮김, 글항아리, 2014), 8쪽.

그 선언의 제6조에 따르면 "법률 앞에 평등한 모든 시민은 그들의 덕성과 재능에 의한 차별 외에는 누구나 그의 능력에 따라 공적인 상·하위 직위나 직무 등에 동등하게 임명될 수 있다."[10] 그뿐만 아니라 프랑스혁명을 적극적으로 옹호한 토머스 페인(Thomas Paine)이나 미국 건국에 지대한 공헌을 한 토머스 제퍼슨(Thomas Jefferson) 등에 의해서도 능력주의 원칙은 적극적으로 옹호되었다.

토머스 페인은 『인권』(Rights of Man)에서 프랑스혁명을 비판적으로 고찰한 에드먼드 버크(Edmund Burke)에 대항하여 프랑스혁명을 적극적으로 옹호하면서 능력주의를 찬양하고 있다. 그는 프랑스혁명으로 사회적 지위나 명예의 기반은 이제 세습적인 지위로 인정되지 못하게 되었으며, 사회적 지위는 철저하게 모든 사람의 '성품'(character) 즉 그 사람의 실제 능력에 의해 성취되는 원리에 입각하게 되었음을 강조한다.

소위 귀족의 최하층이 지금의 최상층보다 더 높다고 생각되고 말을 타고 모험을 찾아 모든 기독교 지역을 돌아다니던 갑옷 입은 무사가 현대의 백작보다 숭배된 시기가 있었다. 세계는 그런 어리석은 짓이 조롱을 당하고 없어지는 것을 보았다. 작위 같은 어리석은 것도 그와 같은 운명에 처하리라. 프랑스 애국자들은 사회의 지위나 위신이 새로운 기반을 가져야 함을 제때 발견했다. 낡은 기반은 완전히 없어졌다. 이제 그것은 작위라는 망상적 기반 대신 성품(character)이라는 실질적 기반을 가져야 한다.[11]

페인은 귀족제 사회에서의 혈연적 세습의 원리가 아니라 '성품'이 '사회의 지위나 위신'의 '새로운 기반'임을 강조함으로써 「인간과 시민의 권리선언」에서 천명된 능력주의 이상을 다시 한 번 확인하고 있다.

---

10) 장 모랑쥬(Jean Morange), 『인간과 시민의 권리 선언』(변해철 옮김, 탐구당, 1999), 129쪽.
11) 토머스 페인, 『인권』, 『상식·인권』(박홍규 옮김, 필맥, 2004), 160쪽. 제퍼슨과 페인의 주장에 대한 이하 서술은 나종석, 『대동민주유학과 21세기 실학』, 293~294쪽을 활용해서 재구성함.

토머스 제퍼슨도 1813년에 존 애덤스(John Adams)에게 보낸 편지에서 세습적 귀족제도를 비판하면서 자연적인 귀족제도의 우월성을 승인한다. 그에 의하면, 자연스러운 귀족제도의 근거는 사람의 "덕망과 재능"이어서 정의로운 데 반해, 인위적인 귀족제도는 "재산이나 문벌에 기초한" 것이어서 부당하다. 그 편지의 일부 내용을 인용하면 다음과 같다.

> 나는 인간사회에 자연의 귀족제도가 있다는 당신의 견해에 동의합니다.
> 이것의 근거는 덕망과 재능뿐입니다.…… 그러나 재산이나 문벌에 기초한
> 인위적인 귀족 제도도 있습니다.…… 나는 자연의 귀족 제도를 자연의
> 가장 귀중한 선물로 생각합니다. 그것은 사회를 교육하는 데뿐 아니라
> 사회의 위임을 받고 그것을 다스리는 데에도 필요한 것이기 때문입니다.
> 가장 효과적으로 이 자연적인 귀족들이 공직을 담당할 수 있는 깨끗한
> 선발 제도를 갖춘 정부를 최선의 정부 형태라고 말할 수 있지 않겠습니까?[12]

이 인용문에서 명백하게 드러나듯이, 토머스 제퍼슨은 능력주의 원칙에 따라 재능과 덕망 있는 관료를 투명하게 선발하여 그들로 하여금 통치하게 하는 사회야말로 최선의 정부 형태라고 간주한다. 더 나아가 제퍼슨은 능력주의 원칙이 관철되는 사회는 최선의 정부 형태인 민주주의와 전혀 어긋나지 않는 것으로 생각했다.[13]

그런데 제퍼슨이 자연적인 귀족제도 형성을 위해서는 교육제도가 개혁되어야 한다고 생각했다는 점도 오늘날 능력주의 사회를 이해하는 데 중요하다. 그는 가난한 계층에서 "천재적인 젊은이들을 골라낼 수" 있도록 교육 시스템이 잘 설계되어 있어야 한다고 보았다. 자연은 부유한 자녀에게만이 아니라

---

12) 크릴(Creel, H. G.), 『공자: 인간과 신화』, 330쪽에서 재인용함. 그리고 크릴은 자연적인 귀족제도에 대한 제퍼슨의 옹호를 두고 "중국의 과거제도를 이보다 더 간결하게 요약하기도 힘들 것"이라고 강조한다. 같은 책, 같은 곳. 중국의 과거제도가 유럽 근대세계 형성에 준 광범위한 영향은 잊힌 서사이지만 매우 흥미로운 주제이다.
13) 리처드 세넷(Richard Sennett), 『뉴캐피탈리즘』(유병선 옮김, 위즈덤하우스, 2009), 140쪽 참조.

사회의 모든 계층에 재능을 부여했으므로, 자연적 재능을 지닌 많은 사람들을 잘 교육해서 유능하고 덕성이 풍부한 통치자가 되도록 하는 것이 사회에 유익할 것이기 때문이다. 그래서 그는 "매년 최고의 천재 스무 명을 비천한 출신들 중에서 골라내어 국비로써 교육을 받도록 한다"라는 장학제도 개혁 방안도 제안했다. 비록 그의 시대에는 실현되지 못했지만, 능력주의적 이상을 교육제도에서 실현하려는 그의 계획은 1940년대 하버드 대학의 총장 제임스 브라이언트 코넌트(James Bryant Conant)에 의해 성공적으로 구현되었다. 코넌트는 하버드 같은 명문대에의 입학을 상류층 출신들이 거의 독점하다시피 하는 상황을 개혁해서 고등교육기관을 능력주의 체제로 재편하는 데 성공했다.[14]

앞에서 살펴본 것처럼 기본적으로 사람에게 동일한 기회를 보장하는 평등의 이념에 호소하고 세습적 특권을 거부한다는 점에서 능력주의가 민주주의와 친화적이라는 데에는 의문의 여지가 없다. 오늘날 민주주의 사회에서 능력주의가 강력한 지도적 이데올로기 혹은 신념 체계로 받아들여 진다는 사실을 오로지 신자유주의적 이념의 득세 탓으로만 돌리면 곤란하다. 물론 여기에서 우리는 해묵은 자유주의와 민주주의 사이의 양립 가능성 문제에 직면한다. 능력주의라는 것은 자유주의적 정치 기획의 일종으로 민주주의와는 거리가 먼 것이 아닌가 하는 의문이 제기될 수 있다. 그리하여 우리는 과연 민주적 평등이란 무엇인지, 능력주의적 이상이 간직하고 있는 정의나 평등관이 있다면 그것은 민주주의가 추구하는 이상과 어떤 관계를 지닌 것으로 이해되어야 하는지 등등의 문제에 직면하게 된다. 이런 문제는 끝이 없을 것이다. 따라서 오늘날의 자유민주주의의 한계를 도외시한다고 하더라도 적어도 그것이 특정한 역사적 맥락에서 발생한 자유주의와 민주주의의 특수한 결합 형태로 작동하고 있었음을 긍정하는 선에서 논의가 진행되어야 할 것이다.

---

14) 마이클 샌델, 『공정하다는 착각: 능력주의는 모두에게 같은 기회를 제공하는가』(함규진 옮김, 와이즈베리, 2020), 249~254쪽 참조. 제퍼슨의 주장은 253~254쪽에서 재인용함.

그리고 앞에서 강조했듯이 이른바 자유민주주의 사회의 구성원들에게는 능력주의가 광범위한 호소력을 발휘하고 있음도 부인할 수 없다. 능력주의를 강하게 비판하는 마이클 샌델이 주장하듯이, 개인의 능력에 따라 부와 사회적 지위를 배분한다는 능력주의 사회는 "자유를 강력하게 옹호하며 각자 스스로 필요한 것을 정당하게 얻을 수 있도록 한다'라는 점에서 "고무적" 인 것처럼 보인다.[15] 달리 말하자면, 능력주의는 효율성과 정의의 가치를 옹호하고 있는 것처럼 여겨지기에 사람들에게 매력적으로 다가온다. 효율성 과 관련해서는 대학교 교수를 선발하는 경우나 기업의 직원을 선발하는 경우를 생각해 보자. 특정한 직업에서 요구하는 능력을 갖추지도 못하고 아무런 역량도 없는 사람을 단지 친분에 의해서만 선발하는 일이 효율성을 가져올 수 있으리라고는 믿기 어렵다. 이는 그런 능력을 갖춘 사람을 배제하 고 차별한다는 점에서만이 아니라, 공동체 전체의 이익을 해친다는 면에서도 적절하지 않다. 또한 능력주의는 정의를 구현하는 것처럼 보인다. 어느 한 직업을 두고 경쟁하는 여러 후보자 중에서 그 직업을 수행하는 데 가장 적합한 능력과 자질을 갖춘 후보자를 고르는 것이 정의로운 것으로 보인다. 어떤 직업이 요구하는 자질과 능력이 뛰어난 후보자일수록 그 직업을 차지할 만한 자격도 더 충분하다고 생각하기 때문이다.[16]

가장 적격인 사람에게 직업이나 소득을 배분하는 것은 효율성과 정의의 측면에서 볼 때 합당하고 그런 원칙을 따르는 능력주의 사회는 개인이 삶의 방향을 스스로 선택할 기회를 모두에게 제공해야 한다고 사람들이 믿는 것은 당연해 보인다. 그런 가능성이 봉쇄된 사회가 자유롭고 민주적 사회라고 보기는 어려울 것 같다. 따라서 영국 노동당 출신의 토니 블레어(Tony Blair) 전 총리가 왜 영국을 철저한 능력주의 사회로 바꿀 필요가 있다고 반복적으로 공언했는가도 이런 맥락에서 이해될 수 있을 것이다. 토니 블레어는 영국

---

15) 같은 책, 67쪽.
16) 스튜어트 화이트, 『평등이란 무엇인가』(강정인·권도혁 옮김, 까치, 2016), 95~96쪽을 바탕으로 자유롭게 재구성함. 능력주의가 어떤 점에서 합리적인 것으로 보이는지, 그리고 그에 대한 여러 비판에 관해서는 같은 책, 제3장을 참조 바람.

총리가 되기 1년 전인 1996년에 "새로운 노동당은 능력주의를 신봉합니다"라고 주장하였고, 그 밖에도 "우리는 개인이 각자의 출생이나 특권이 아닌 자신의 재능으로 성공해야 한다고 믿습니다"라는 식의 주장을 반복했던 것으로 알려져 있다.[17]

이러한 능력주의 이상은 진보와 보수를 막론하고 많은 정치가의 마음을 휘어잡고 있다. 2016년 당시 보수당 출신으로 총리직에 오른 테리사 메이(Theresa May)는 토니 블레어처럼 '영국을 진정으로 능력주의화하는 비전'을 내세우면서 다음과 같이 말하였다.

> 저는 영국이 세계 최고의 능력주의 국가가 되기를 바랍니다. 다시 말해 모든 사람이 각자의 재능과 노력이 허용하는 한 성공할 수 있는 기회를 가지는 나라가 되기를 바랍니다. 영국이 특권이 아닌 능력에 따라 위로 올라갈 수 있는 나라이기를 원합니다. 각자의 재능과 노력만이 중요하며, 태어난 집안이 어떤지, 부모가 어떤 사람인지, 어떤 악센트의 영어를 쓰는지는 전혀 상관없어지기를 바랍니다.[18]

앞에서 본 것처럼 정치적인 입장이 진보적이든 보수적이든 상관없이 능력주의 원칙은 대다수 사람에게 강한 호소력을 지니는 것으로 보인다. 그렇다면 문제는 능력주의적 정의관 혹은 공정관이 지니는 의미가 무엇이고 그것이 왜 한계를 지니는지를 철저하게 해명하고 더 나은 정의가 무엇인지를 탐구하는 일일 것이다.

물론 능력주의는 많은 한계를 지니고 있으며, 이는 오늘날 부와 자산에서의 극심한 불평등 체제의 작동 방식과 깊게 연결되어 있다. '능력주의'라는 용어를 전 세계에 널리 알린 마이클 영은 영국 노동당의 토니 블레어 전 총리가 "영국을 완전히 능력주의 사회로 바꾸자"라는 주장을 펼치는 데

---

17) 마이클 샌델, 『공정하다는 착각: 능력주의는 모두에게 같은 기회를 제공하는가』, 241쪽에서 재인용함.
18) 같은 책, 121~122쪽에서 재인용함.

반대하면서『가디언』지에「능력주의를 타도하자」(Down with meritocracy)라는 글을 기고하여 능력주의에 대한 맹신을 공격하기도 했다.[19]

이 기고문에서 마이클 영은 자신의『능력주의의 발흥』은 능력주의 이상이 전면적으로 구현되는 때에 발생할지도 모를 불행에 대한 "경고를 의미하는 하나의 풍자(a satire)"였다고 말한다. 그가 말하듯이『능력주의의 발흥』에서 주된 것은 그 책이 출판한 1958년에 이르기까지 한 세기 이상 영국에서 일어난 일에 대한 역사적 분석이었다. 달리 말하자면, 학교 교육이 의무화되고 공무원직이 경쟁적 시험을 통해 결정되는 규칙을 실시한 1870년대 이후 영국 사회의 변화 과정에 비중을 둔 분석이었다. 실제로 대략 1850년대 이전의 영국은 사회적 지위가 대개 출생 신분에 의해 결정되는 일종의 폐쇄적 사회였다. 그러나 공무원직과 같은 사회적 지위가 능력만으로 성취될 수 있게 됨에 따라 역설적 결과가 도래했다. 물론 사람들을 능력과 노력에 따라 사회적 지위를 배분하는 이념은 "좋은 뜻"을 지닌다.[20] 그러나 마이클 영이 강조하듯이 능력주의 사회는 역설적 결과를 초래한다. 능력주의 사회에서 요구되는 특정한 능력을 지녔다고 판단되는 사람들이 성공해서 새로운 사회 계층으로 굳어질 때 상황은 정반대로 역전된다는 것이다.

능력주의 사회에서 성공한 사람들과 그 자녀들은 그 사회가 요구하는 능력을 갖출 수 있도록 교육 과정에서 탁월한 결과를 산출할 수 있었기에 이미 유리한 위치에서 경쟁을 시작한다. 그러나 그들은 자신들의 성공을 능력에 따른 정당한 대가로 보고서 사회에서 성공하지 못한 사람들을 무능력하고 열등한 존재로 낙인찍는다.(그런 낙인과 배제는 어린 시절의 교육에서 우등반과 열등반의 구별의 형태로 나타난다.) 따라서 능력주의 사회에서는 성공한 사람들

---

19) 이 글의 번역은 다음 책에 실려 있다. 서정혁,『공정하다는 착각의 이유, 원래는 능력의 폭정: 마이클 샌델의 <공정하다는 착각> 해설서』(커뮤니케이션북스, 2022), 225~235쪽. 서정혁의 해설서는 마이클 샌델의 저서 *The Tyranny of Merit*의 한국어 번역『공정하다는 착각: 능력주의는 모두에게 같은 기회를 제공하는가』의 여러 오류를 꼼꼼히 지적하고 더 적절한 번역을 제공한다는 점에서도 중요하다.
20) 서정혁, 같은 책, 228~229쪽. 이하 두 단락은 필자가 마이클 영의 기고문, 그중에서도 특히 229~230쪽을 나름대로 재구성한 것이다.

에 의해 성공하지 못한 사람들이 무시당하게 마련이다. 나아가 능력을 숭상하는 사회에서 무능력한 사람으로 평가받는다는 것은 사회적으로 불리한 처지에 있는 사람들로 하여금 도덕적으로 자책하게 만든다는 점에서도 위험하다. 이제 실패는 사회구조적인 문제가 아니라 온통 자신의 능력 부족이나 능력의 개발에 몰두하지 못한 게으름과 나태함, 열의 부족 등에 의한 것으로 돌려지기 때문이다.

이처럼 실패와 성공은 철저하게 개인의 문제로 환원되고 만다. 그러니까, 능력주의 사회에서 성공한 사람들은 그 이전 신분제 사회에서 성공한 사람들에게서는 보기 힘들었던 자부심과 허영심에 휘말리기 쉽다. 사회적 지위가 세습되는 신분제 사회에서는 사회 상층부 사람들이 적어도 자신들의 부와 권력이 신분적으로 세습된 것임을 알고 있었지만, 능력주의 사회에서 성공한 사람들은 자신들의 성공을 그들 자신의 노력과 능력에 따라 받아야 할 당연한 것 혹은 응분의 자격(deserve)으로 바라보는 경향이 있다. 그리하여 그들은 "자신들이 도덕성(morality)을 지니고 있다고" 믿기 쉽다. 그 결과 사회지도층 엘리트들은 사회적 연대 의식이 부족해서, 실패한 사람들이 자신들과 더불어 살아가는 사회 구성원이라는 느낌을 별로 갖지 않는다. 간단하게 말해서 이제 "엘리트들은 자신들에게 몫으로 주어진 보상에 거의 아무런 제약도 없다는 것을 확신하게 되었다."[21] 능력주의와 민주주의가 친화적이라고 보는 토마 피케티가 주장하듯이, 21세기 세계화된 자본주의는 능력주의 신화를 내세우면서 "세습자본주의"(patrimonial capitalism)라고 명명될 정도로 불평등 체제를 강화하고 있다.[22]

능력주의 사회의 문제는 여기에서 그치지 않는다. 이제 능력 차이에서 비롯된 사회적 지위에서의 불평등은 정치적 불평등으로 확산된다. 이를테면 노동자 계급의 사람들은 동일한 노동자 계급에 속했던 사람을 자신들의 정치적 대변인으로 선발할 가능성이 희박해진다. 노동 계급 출신에서 사회적

---

21) 같은 책, 233쪽.
22) 토마 피케티, 『21세기 자본』, 617쪽.

으로 유리한 지위로 상승할 가능성이 거의 차단되었기 때문이다. 능력주의
사회가 정치적으로도 분열된, 그러니까 총체적으로 양극화된 사회로 나갈
수밖에 없음을 마이클 영은 강조한다.

> 능력주의가 도래하면서 이제 지도자 없는 대중들은 부분적으로 사실상
> 권리를 박탈당했다. 시간이 흐를수록 점점 더 많은 대중들은 투표하는
> 데 신경조차 쓰지 않을 정도로 (정치 참여로부터) 소원해지고 불만을 가지게
> 되었다. 그들은 더 이상 그들을 대표할 그들만의 사람들을 지니지 못하고
> 있다.[23]

마이클 영의 토니 블레어에 대한 비판을 통해 살펴본 것처럼 능력주의는
명과 암이 존재한다. 아니, 능력주의는 자기를 관철하면 할수록 그 자신이
내세우는 형식적인 차원에서나마 긍정하는 '기회의 평등'과 '자유의 실현'이
라는 이상을 배반하는 모습으로 전락한다.

설령 능력주의가 일반 대중의 사고방식에는 정의에 대한 상식으로
확고하게 뿌리를 내리고 있다고 할지라도, 롤스는 1971년의 『정의론』에서
능력주의가 이성적으로 받아들여질 만한 정의의 원칙으로는 충분하지
않다는 반론을 펼쳤다. 그가 보기에 능력주의 원칙을 합당한 정의관으로
승인할 수 없는 까닭은, 그것이 기회의 평등을 개념화하는 데 치명적인
한계를 드러내고 있기 때문이다. 그는 능력주의 사회의 문제점을 다음과
같이 말한다.

> 상위 계층과 하위 계층 간에 생활 수단이나 권리나 조직 속의 특권에 있어서
> 뚜렷한 격차가 존재하게 된다. 보다 빈곤한 계층의 생활양식은 가난해져
> 가는 반면에, 지배층이나 기술지배적 엘리트 계층은 권력과 부라는 국가적
> 목적에의 봉사에 굳건히 발을 붙이고 있다. 기회균등이란, 영향력이나 사회적

---

23) 서정혁, 『공정하다는 착각의 이유, 원래는 능력의 폭정: 마이클 샌델의 <공정하다는
착각> 해설서』, 230쪽.

지위에 대한 사적인 추구에 있어서 보다 불운한 사람들을 뒤에 처진 대로 내버려 두는 그런 식의 평등한 기회를 의미한다.[24)

물론 능력주의와 기회의 평등 사이의 연관성을 파악하는 방식은 다를 수도 있다. 스튜어트 화이트(Stuart White)는 능력주의와 기회의 평등 사이의 결합을 이해하는 방식이 서로 다르다는 것을 "약한 능력주의"와 "강한 능력주의"로 나누어 나타내고 있다.[25) 이런 구분은 사회적·경제적 불평등을 처리하는 여러 방식 가운데 롤스가 구분한 "자연적 자유 체제"와 "자유주의적 평등" 입장에 상응하는 것으로 보인다.[26)

약한 능력주의는 사회적 지위를 배분할 때 형식적 기회의 평등을 옹호한다. 그러니까, 약한 능력주의는 기회의 평등을 각 개인이 지니는 재능에 따라 사회적 지위나 부를 분배할 것이라는 점을 통해 능력과 평등을 결합시킨다. 즉 사회적 지위나 부를 놓고 자유롭게 경쟁할 기회가 모두에게 형식적으로 개방된 사회가 약한 능력주의 사회이다. 그러므로 약한 능력주의는 기회의 평등에 대한 요구를 전제하기는 하지만 그런 요구가 뜻하는 바를 교육이나 고용 같은 중요한 사회적 재화에 대한 접근에 차별이 존재해서는 안 된다는 정도로만 이해한다.

예를 들면, 특정 지역이나 특정 인종의 후보자가 더 좋은 자격 조건을 갖추고 있음에도 고용주가 선호하는 지역 출신이나 인종의 후보자를 선택하는 것은 차별이기에 금지되어야 한다는 것이다. 또 다른 예로는 법률로써 여성이 전문직-이를테면 의사 직종이나 판사-에 진입하지 못하도록 막거나 특정 종교를 지닌 사람들의 -사회지도층으로 상승할 기회를 제공하는- 명문 대학 입학을 금지하는 조치들이 바로 약한 능력주의가 반대하는 차별이라고 할 수 있다. 약한 능력주의는 이런 방식으로 기회의

---

24) 존 롤스, 『정의론』, 158~159쪽.
25) 스튜어트 화이트, 『평등이란 무엇인가』, 93~94쪽. 이하 약한 능력주의와 강한 능력주의에 대한 설명은 같은 책, 98~105쪽을 근거로 한 것임.
26) 존 롤스, 『정의론』, 111쪽 및 121~122쪽 참조 바람.

평등을 요구하고 있다.

반면에 강한 능력주의는 국가나 기업이 젠더, 인종, 종교 등의 이유에서 사회 구성원들의 사회적 지위나 부에 대한 평등한 접근을 방해하는 일이 없는 능력주의 사회라고 하더라도 여전히 그 사회는 능력주의 사회의 이상에 어울리지 못한다고 생각한다. 이런 입장을 택하는 사람들이 보기에, 교육이나 상속과 같은 데서 발생하는 불평등은 많은 사람으로 하여금 그들의 재능을 제대로 발휘하여 자신의 꿈을 마음껏 펼칠 기회를 실질적으로 보장받지 못하도록 한다. 사회 내에 존재하는 계층이나 가족 배경의 차이는 어떤 이들에게는 자신의 재능을 발휘하는 데 엄청나게 유리하게 작용하지만 어떤 사람들에게는 너무나 불리하다.

기회의 평등을 국가에 의한 차별과 같은 장애가 없는 상황으로 이해하는 능력주의의 문제는 오늘날 학문적으로 유행하는 사회적 자본이나 문화 자본이라는 용어를 통해서 설명해 보면 쉽게 이해될 수 있을 것이다. 개인의 노력이나 능력을 존중하고 이를 통해 사회적 지위를 배분하자는 능력주의는 개인의 노력이나 능력만으로는 획득할 수 없는 비능력적 요소가 기회의 평등 자체를 불가능하게 만드는 측면을 철저하게 간과한다. 사회적 자본이나 문화적 자본과 같이 무형의 자산을 지닌 계층이나 가족에서 태어난 사람은 그렇지 못한 경쟁자에 비교해 학교나 직장 등에 접근할 기회를 훨씬 더 많이 누릴 수 있다.[27] 당연하지만, 이런 사회적 자본과 문화 자본은 단지 우연히 속하게 된 부모로부터 물려받을 수 있을 뿐 그 누구도 자신의 노력으로는 확보할 수 없다. 이들 두 자본에 접근할 기회는 "부모의 계층에 따라, 직업에 따라, 소득에 따라 차별적으로 주어지며, 그로 인한 격차는 또한 점점 벌어지게" 되어 이런 자본을 소유한 사람의 자녀들에게 사회적 지위를 획득하는 데 엄청난 유리한 조건을 제공한다. 그렇기에 사회적 자본과 문화 자본은 "세습 자본"이라 불린다.[28]

---

27) 스티븐 J. 맥나미·로버트 K. 밀러 주니어, 『능력주의는 허구다』(김현정 옮김, 사이, 2015), 27~28쪽.

이런 상황을 고려할 때 강한 능력주의를 옹호하는 사람들은 상속된 '부'나 교육, 가정환경 등의 불리함으로 인해 초래되는 불평등을 적절하게 해결하지 못한다면 능력주의가 내세우는 효율성과 정의의 원칙은 실현되기 힘들다고 보는데, 이는 매우 설득력이 있다. 그래서 강한 능력주의를 옹호하는 사람들은 재능을 발휘하는 데 사회적으로 불리하게 작용하는 요인들을 시정하고 보상할 필요성을 강조한다.

그러나 설사 강한 능력주의 사회가 실현되었다고 해도 그것을 정의로운 사회로 보기는 힘들다는 반론이 가능하다. 약한 능력주의 사회보다는 더 낫다고 할 수도 있겠지만, 그 사회 또한 타고난 능력과 재능의 배분과 관련된 불평등 문제를 해결하지 못하고 있기 때문이다. 능력주의에 대해 이런 비판을 가한 사람은 바로 존 롤스이다. 그가 보기에 천부적 행운이 사회적 지위나 부의 배분의 몫을 결정하는 것은 "도덕적 관점에서 볼 때 자의적인 것이다. 소득과 부의 분배가 역사적·사회적 행운에 의하여 이루어지는 것을 허용할 이유가 없는 것과 마찬가지로, 천부적 자산의 분배에 의하여 소득과 부의 분배가 이루어지는 것도 허용할 이유가 없다."[29]

여기에서는 기회의 평등에 대한 롤스적인 대안, 즉 민주주의적 평등 기획 그리고 보통 "차등의 원리"라 불리는 사회정의 원리를 상세하게 다룰 여유가 없다. 특히 그의 차등의 원리나 그의 영향을 받아 발전된 운평등주의가 과연 능력주의의 한계를 극복하는 데 충분한지에 대한 반론도 가능하다. 능력주의에서 옹호하는 능력과 교차하면서도 동시에 그것과 구별되는 업적이나 기여 혹은 공적─모두 다 영어의 merit가 담고 있는 뜻이기도 하다─에 대한 고려 없이 불평등의 문제를 해결할 수 있는지에 관한 근본적인 물음들이 제기되지만, 여기에서는 그러한 점이 다만 심각하게 검토해야만 할 핵심적 쟁점 중의 하나라는 점만 지적해 두자.

능력주의 사회는 자신이 옹호하는 가치의 배반 자체를 옹호할 수 있는

---

28) 같은 책, 29쪽.
29) 존 롤스, 『정의론』, 121쪽.

가장 강력한 신념을 제공하고 있는 모순적 사회이다. 달리 말하자면, 능력주의는 자신이 전제하는 가치들과 민주주의를 잠식하는 불평등을 산출하면서도 그런 불평등 체제가 마치 정당한 것인 양 여겨지도록 만드는 힘을 지니고 있다. 그 어떤 사회도 불평등을 정당화하는 논리나 이념을 일반 대중들에게 설득하지 않는 한 장기적으로 존속할 수 없을 것이다. 오늘날 새로 부상한 불평등 사회, 즉 능력주의 사회의 성공적 관철로 인해 발생하게 된 이른바 1대 99 사회는 능력주의의 이상이 대중들에게 지배적 이념임을 이해하게 함으로써만 지속될 수 있다.

달리 말하자면, 오늘날 능력주의적 민주주의 사회는 적어도 세습이 아니라 능력과 노력에 따라 사회적 지위를 배분하는 사회라는 점에서 그런 불평등이 정의로운 것이라는 능력주의 이상을 적극적으로 옹호한다. 이런 점을 인정하지 않는 것이야말로 오히려 이상한 것이 아닌가 하는 반문과 더불어 말이다. 이렇게 능력주의적 방식으로 불평등과 차등을 정당화하는 경우가 이미 앞에서 인용한 프랑스혁명의 인권선언에서나 토머스 페인의 주장에서 전형적으로 나타나 있다. 앞에서 인용한 바대로 「인간과 시민의 권리선언」은 "덕성과 재능에 의한 차별"을 공정하다고 보았으며, 토머스 페인도 마찬가지로 모든 사람이 다 스스로 성취할 수 있는 '성품'이 사회의 지위나 위신의 '새로운 기반'이어야 함을 천명했다. 그래서 스튜어트 화이트(Stuart White)는 토머스 페인의 입장이야말로 경제적 불평등이 "전통적인 귀족사회에서처럼 상속된 지위에 근거한 것이라면 공평하지 않지만, 그것이 사람들의 실제 능력과 성취(페인이 '성품'이라고 부르는 것)에 따른 것이라면 공평하다"라는 능력주의 이상을 잘 드러내고 있다고 평가한다.[30]

특히 오늘날 보통 신자유주의적 자본주의 사회라 불리는 체제는 강한 능력주의적 이상과도 거리가 너무나 멀다. 그것은 전형적으로 개인의 능력에 따라 자유롭게 직업을 선택할 수 있는 능력주의 원칙에 의해 지배되는

---

30) 스튜어트 화이트, 『평등이란 무엇인가』, 93~94쪽.

사회이지만, 동시에 극심한 불평등을 초래하고 그런 불평등한 사회 구조를 민주적 방식으로 통제하는 것과 분리되어 작동하고 있기 때문이다. 오늘날 자본주의적 자유민주주의 사회가 금권 정치에 물들고 소수의 기득권 엘리트 계층의 과두정으로 변질해 가는 모습은, 민주주의와 결별하여 민주주의를 공허한 것으로 만들어 버리고 무한 질주하는 자본주의의 득세와 무관하지 않다. 그러므로 이런 상황을 그대로 방치한다면 새로운 형태의 세습적 신분사회로 회귀할 수도 있다는 경고가 나오는 것도 자연스럽다.[31] 세습적 신분사회는 능력주의적 이상과 상충하기도 하지만, 민주주의적 평등관과도 어긋난다.

그런데 능력주의적 정의관의 논리적 한계를 논외로 한다고 해도 능력만을 기반으로 해서 이루어지는 능력주의 사회란 불가능하다는 반론도 강력하다. 예를 들어 개인의 능력에 따라서 사회를 운영하는 능력주의 사회를 만들려면 부모는 자녀에게 재산을 물려주어서는 안 된다. 달리 말하자면 능력주의 사회에서 "부모는 자녀에게 유산을 남길 수도 없으며 다른 아동들에게도 똑같이 제공될 수 없다면 그 어떤 자원도 자녀에게 줄 수 없다." 그렇지 않다면 개인의 노력이나 능력과 무관한 요소인 부모의 재산으로 특정한 자녀만이 고액 과외를 받는다거나 유명 사립학교에서 교육을 받는 등의 특혜를 누리게 될 것이다. 그러므로 이상적인 능력주의 사회를 만들려고 한다면 일종의 "국영 고아원" 같은 시설을 만들어 그곳에서 모든 아이가 생활하도록 해야 한다는 주장이 나오는 것도 이상하지 않다. 그러나 이런 식의 제안이 관철될 사회를 상상하기란 매우 어렵다. 따라서 "오로지 능력만이 중시되는 사회가 탄생할 가능성은 낮다."[32]

---

31) 나종석, 『대동민주유학과 21세기 실학』, 238쪽 및 252~253쪽 참조 바람.
32) 스티븐 J. 맥나미·로버트 K. 밀러 주니어, 『능력주의는 허구다』, 332쪽.

3. 천하위공天下爲公 및 맹자를 둘러싼 해석의 갈등: 민주주의와 정치적 능력주의를 중심으로

서구 자유민주주의의 위기와 쇠퇴 현상은 공교롭게도 중국이 부상하는 시기가 맞물려 있다. 또한 서구적 자유민주주의의 어두운 면이 점점 더 명시적으로 드러남에 따라 그에 대한 정치적 대안이 무엇인지가 많은 사람의 관심사로 떠오르게 되었다. 자유민주주의의 대안과 관련해 요즈음 지식인 사회나 중국 등지에서 관심사로 떠오른 주제 중 하나가 바로 정치적 능력주의이다. 달리 말하자면 정치적 능력주의가 자유민주주의의 한계를 극복할 새로운 정치적 대안인지가 쟁점으로 등장했는데, 논쟁이 더욱 뜨겁게 되는 이유 중의 하나는 바로 새로이 등장한 정치적 능력주의가 주로 중국의 유가적 전통에서 그 이론적 자원을 구한다는 데 기인한다. 이런 시도는 그동안 동아시아 사상 전통, 특히 유가적 사상 전통이 과연 민주주의와 친화적일 수 있는지에 관한 논쟁의 지형을 크게 바꾸어 놓을 가능성도 있다. 그래서 이하에서는 우선 유가적인 사상 전통이 민주주의와 만날 가능성을 옹호한 논거를 살펴본 다음, 유가적 사상을 정치적 능력주의로 보아야 한다고 옹호하는 관점이 무엇인지를 살펴보기로 한다.

1) 천하위공과 민주주의의 친화성 옹호의 사례

손문과 강유위 등

천하위공天下爲公의 대동 이념과 맹자의 사상은 19세기 이후 서구 열강이 중국을 비롯한 동아시아에 큰 충격을 주기 시작한 이래 서구 민주주의와의 친화성을 옹호하고자 하는 사람들이 주로 의존하는 중국의 전통적인 사상 자원이었다. 이에 관해서는 공자, 맹자 그리고 성리학의 대동 이론을 설명하는 과정에서 이미 상세하게 언급했다. 예를 들면, 신해혁명의 지도자였던 손문孫文(1866~1925)은 "공자와 맹자는 모두 민주주의의 대표

적 인물"이라고 역설했다.[33]

또한 그는 민주주의와 유가 전통 사이의 친화성을 통해 중국 인민의 수준이 민주주의를 실시하기에 적합하지 않을 정도로 낮고 정치 문화가 유럽이나 미국에 비교해 뒤떨어져 있기에 중국에는 민주주의 도입이 이루어지면 안 된다고 보는 주장을 비판하고자 했다. 예를 들어 손문의 설명에 따르면 당시 존스 홉킨스 대학 총장이었던 굿나우(F. J. Goodnow, 1859~1939)가 바로 그런 사람으로, 그는 원세개袁世凱(1859~1916)가 새로 생긴 중화민국을 전복시키고 황제정을 복원하도록 도왔다. 손문은 중국의 민도가 너무 낮아 민주정이 아니라 황제정이 더 적합한 정치체제라는 주장을 펼치는 사람들에게, 설령 중국이 오랜 세월 동안 군주권 치하에 있었다고 할지라도 중국 문화에는 민주주의에 어울리는 전통이 강하게 존재하고 있다고 말한다. 그러면서 그는 공자와 맹자가 바로 민권 즉 민주주의를 주장했던 인물이라고 강조하면서 민주주의가 중국에 더 이롭다고 결론짓는다.[34]

손문이 유가사상의 민주주의적 요소라고 드는 논거는 크게 보아서 바로 뒤에서 좀 더 자세히 언급되고 있는 강유위康有爲(1858~1927)의 해석과도 별 차이가 없다. 손문이 대표적으로 드는 논거는 대략 다음과 같다. 『예기』 「예운」편에 등장하는 대동세계에 대한 사상은 민주주의를 언급한 것이며, "입만 열면 요순을 주장했다"라는 맹자의 발언도 명목상으로는 군주정이지만 실제로는 민권을 주장한 것이라고 한다. 또한, 백성이 가장 귀하고 군주가 가장 가볍다는 맹자의 주장이나 『맹자』「만장」편에 등장하는 "하늘이 본 것은 우리 백성이 본 것이고 하늘이 들은 것은 우리 백성이 들은 것"이라는 주장-본래는 『서경』에 등장하는 말-, 역성혁명론 등을 손문은 민권을 옹호하는 중요한 근거로 들고 있다.[35]

정치적으로는 손문과 대척점에 서 있었던 강유위도 대동의 천하위공

---

33) H. G. 크릴, 『공자: 인간과 신화』, 336쪽.
34) 손문, 『삼민주의』, 156쪽.
35) 같은 책, 156~157쪽.

사상을 민주주의로 이해한다. 그에 의하면 "요임금과 순임금의 시대는 민주民主의 시대이고 태평의 시대이며 인도人道가 지극한 시대로, 그들은 유학자들이 모두 최고로 여기는 사람들"이다.[36] 강유위는 『예기』「예운」을 가리켜 공자의 위대한 도, 즉 "삼세의 변화와 대도의 진실"이 실려 있는 "만국의 최고 보전"이라 평가했다. 그리고 「예운」에 등장하는 '대도大道'가 실행되던 시기의 도를 "태평세의 대동의 도"로, 삼대시기의 도를 "승평세의 소강의 도"로 규정하고 있다.[37]

강유위는 공자와 맹자의 고유한 학설의 본연의 뜻을 제대로 해석하기 위해 『공양춘추』에 있는 삼세설을 빌린다. 그에 따르면, "『춘추』는 (거슬러 올라가면) 문왕에서 시작하여 요임금과 순임금에서 끝이 난다." 달리 말하자면 문왕의 정치가 "난세를 바로잡는 정치"인 데 비해 요와 순 성왕의 정치는 "태평의 정치"라는 것이다. 이는 공자의 사상의 핵심으로 그가 평생 추구한 "성스러운 뜻과 제대諸代 개혁의 대의"를 보여 준다. 다만 이런 공자의 뜻은 『공양전』에서만 은미하게 전해져 오는 "첫 번째 의리"라고 강유위는 해석한다.[38] 그래서 『공자개제고』의 서문에서 그는 공자가 거란, 승평, 태평의 "삼세의 법칙"을 세웠지만 공자의 "정신은 오로지 태평의 시대를 지향"했을 뿐이라고 주장했다. 그러나 한나라 이후 오랫동안 군신과 유생들이 난세를 극복하는 학설에만 편협하게 치우치게 된 탓에 "태평과 대동의 의미"를 알아보지 못하여 삼세의 학설이 사라져 버렸다는 것이다. 청나라 말기의 난세를 평정하기 위해서는 진정으로 성인의 마음을 이해하여 삼세설을 회복해서 그것에 의거해야 한다는 것이 강유위의 뜻이었을 터이다.[39]

삼세설에 따르면 역사는 난세인 거란세로부터 시작해서 난세를 평정하여 질서를 회복하는 승평세의 단계를 거쳐 최고의 단계인 태평세로 흘러간다. 그리고 이런 각 시대에 적절한 정치제도를 할당하는데, 거란세에는 군주제가,

---

36) 강유위, 『공자개제고』 3, 353쪽.
37) 강유위, 『禮運注』; 풍우란, 『중국철학사』 하(박성규 옮김, 까치, 1999), 677쪽에서 재인용.
38) 강유위, 『공자개제고』 3, 361쪽.
39) 강유위, 『공자개제고』 1, 39~47쪽.

승평세에는 입헌제가, 대동태평세에는 민주와 공화의 제도가 어울린다는 것이 그 요점이다. 그는 이런 삼세설이 『논어』에도 등장한다고 본다. 또한 그는 『춘추』의 삼세설과 「예운」의 대동·소강설을 결합했다는 평가를 받기도 한다. 실제로 그는 "공자 학문의 진짜 정수"인 "『춘추』의 삼세의 법칙과 「예운」의 소강·대동의 뜻과 같다"라고 보고, 공자는 난세에서 활동했기에 거란과 소강의 제도를 많이 언급했지만 대동의 태평세에 대해서는 "내가 미치지는 못하지만 뜻을 두고 있다"라고 했다고 말한다.[40]

강유위가 공자 사상의 핵심을 대동의 민주 사상으로 보는 데에서 손문과 서로 통하면서도 정치적으로 아주 다른 길을 걷게 된 이유 중의 하나는 바로 강유위의 삼세설에서 기인한다고 보아도 그리 틀릴 것 같지 않다. 강유위는 당대를 승평의 시대로 보아서 이 시대에 어울리는 개혁은 마땅히 대동태평성대의 민주가 아니라 의회제도와 입헌정치를 통한 입헌제도의 수립을 지향해야 한다고 여겼다. 그는 시대에 어울리지 않는 제도를 행하면 엄청난 해악이 발생한다고 보았다.[41] 강유위 자신이 적극적으로 주장하고 참여했던 무술변법이 실패하자 그는 일본으로 도피했다가 다시 캐나다로 가서 보황회保皇會를 조직했다. 그는 1911년 이후에도 군주제를 보존하는 허군許君공화 혹은 입헌군주제를 개혁의 목표로 삼음으로써 공화제 혁명을 추진하는 손문 세력과 물과 불처럼 갈등을 빚게 된다.[42]

그러나 강유위는 손문과 유사하게 "백성이 가장 귀중하고, 사직이 그다음이고, 군주는 가벼운 것이다"(『맹자』 「진심하」 14)라는 맹자의 학설을 민주제도에 대한 옹호로 이해한다. 물론 그의 논거와 접근 방식은 손문의 그것과 다르다. 손문은 정치가이자 혁명가이지 학자라고 하기는 힘들다. 그에 반해 강유위는 정치적 인물로서 19세기 말 20세기 초 중국 사회에 큰 영향을 준 인물이면서도 매우 독창적인 유가사상가였다. 이 책 제2장에서 맹자의

---

40) 곽효동·증역, 『춘추공양학사』 하(김동민 옮김, 예문서원, 2022), 566쪽.
41) 풍우란, 『중국철학사』 하, 677~678쪽 및 680쪽 참조.
42) 곽효동·증역, 『춘추공양학사』 하, 496~497쪽.

민귀군경론을 다룰 때 한 번 인용한 바 있기에 여기에서는 그 의미만을 설명해 볼 것이다.

우선, 강유위는 맹자의 '민귀군경론'이 태평시대의 민주제도를 염두에 둔 것이라고 해석한다. 그러니까 그는 대동의 민주제도를 특정한 역사발전단계론에 따라 태평대동시대에 어울리는 정치제도라고 본다.

둘째, 강유위는 맹자가 왕위를 백성에 의해 추대된 것으로 보았다고 이해한다. 이는 대륙 신유가의 정치적 능력주의를 서술할 때 좀 더 상세하게 언급할 주제이기도 하다. 바로 강유위의 해석 경향과 다른 해석을 정치적 능력주의를 옹호하는 사람들에게서 발견할 수 있기 때문이다.

마지막으로 흥미로운 지점은, 맹자의 '민귀군경론'이 대동시대에는 천하위공 즉 "천하를 공적인 것으로 삼고, 어질고 능력 있는 사람을 선발한다"라는 이념으로 드러나며 그것은 맹자가 발명한 것이라고 하는 주장이다. 물론 그는 대동 이념이 본래 공자에게서 나온 것이라고 했으니, 넓게 보면 공맹의 정치사상의 극치를 대동 이념으로 보는 셈이다.

강유위는 맹자가 성선性善을 주장하면서 "말할 때마다 반드시 요임금과 순임금을 언급했다"라는 『맹자』「등문공상」편의 구절을 언급하며 이를 다음과 같이 해석한다. "공자의 도는 요임금과 순임금에게 가탁했기 때문에 맹자는 말할 때마다 반드시 그들을 언급했다. 대체로 맹자가 말한 요임금과 순임금은 공자이다."[43] 그리고 강유위는 공맹 특히 맹자의 성선설을 태평세의 법도라고 하면서 그 학설은 기본적으로 모든 사람이 다 평등하다는

---

43) 강유위, 『공자개제고』 3, 412쪽. 선행 연구에 따르면 강유위는 1904년을 기점으로 큰 사상적 변화를 겪는다. 1904년 이전에는 중국이 서양의 민주제도 등을 배워야 한다고 주장했다면, 이후 그는 서양에서 배울 것은 오로지 과학기술뿐이고 서양의 정치제도는 중국에 적합하지 않다고 생각하게 되었다. 만년에 이르러 강유위는 서방의 물질문명에 대한 비판적 의식을 더 확고히 했으며, 서양이 승평세와 대동세에 도달했다는 이전의 관점을 버리고 중국과 서방 모두가 다 거란세를 극복하지 못하고 있다고 주장하였다. 특히 그가 서방에 대한 부정적 인식을 더욱 분명하게 한 중요한 계기는 제1차 세계대전이었다. 제1차 세계대전 이후부터 서양의 학문에 대해 큰 불만을 느끼게 된 그는 이윽고 공자의 어짊의 학설이 서양의 폐단을 고칠 수 있는 유일한 학설이라는 결론에 도달하게 되었다. 곽효동·증역, 『춘추공양학사』 하, 578~579쪽 및 603쪽.

것을 밝힌 것이라고 해석한다. 요·순이라는 가장 모범적인 인간 즉 성인의 본성이나 평범한 사람의 본성이 다 동일하다고 보기 때문이다.[44]

강유위의 학문에 대한 평가는 다양하다. 특히 태평세의 대동을 서양의 민주 및 공화와 비교하는 그의 태도를 비판하는 사람들은 강유위의 공자 존숭이 단지 외형에 불과하고 실제 내면적으로는 서양을 숭상하는 것에 지나지 않는다고 여긴다. 그래서 전목錢穆은 "강유위가 공자를 높인 것은 결코 공자의 참된 모습을 높인 것이 아니다. 서양의 풍속에 있는 것을 공자도 가지고 있다고 말한 것일 뿐이다"라고 신랄하게 평가했다.[45] 그러나 소공권의 평가는 사뭇 다르다. 그는 강유위가 유학에 큰 공을 세웠다고 평가한다. 그가 보기에 유학은 유가가 창시된 이후 2,000여 년 동안 여러 단계를 거치면서 발전해 왔는데, 진에 의한 중국 통일 이후 맹자와 순자의 두 학파가 서로 다른 방향으로 전개된 발전이 그 첫 번째 단계요, 한대 동중서 및 그 외 공양학자들에 의해 이루어진 발전이 두 번째 단계라고 한다. 세 번째 단계는 송나라 시기에 리학理學으로 시작되어 도교와 불교의 영향을 섭취함으로써 이루어진 "전대미문의 철학적 발전"이다. 그리고 네 번째 유학의 발전 단계를 들면서 그 대표 학자로 강유위를 자리매김한다.

강유위는 19세기 공양학자들에게서 직접적으로 실마리를 잡아 서양 및 불교 사상으로 유학을 대중화시킴으로써 유학의 윤리와 정치 학설을 확장시켰다. 그는 네 번째 유학 발전 단계를 개도開導하였기에 유학사에서 매우 중요한 지위를 차지한다고 할 수 있다.[46]

강유위와 손문 이외에, 마르크스주의자로서 중국의 사회주의혁명에 적극적으로 참여했던 곽말약도 요순의 무위지치無爲之治에 대한 공자의 강조를

---

44) 곽효동·증역, 『춘추공양학사』 하, 601쪽.
45) 같은 책, 539쪽.
46) 간춘송, 「캉유웨이와 현대 유학 사조의 관계 분석」, 『대륙 신유가: 21세기 중국의 유학 담론』(조경란 외 엮음), 33쪽에서 재인용함.

"선양을 예찬하고 현명하고 능력 있는 자를 선택함을 예찬한 것이다"라고 평하면서 공자의 사상을 『예기』「예운」편에 나오는 대동의 천하위공과 연결시켜 해석한다.[47] 또한 곽말약은 무위지치에 대한 공자의 강조를 토대로 삼아 그를 지상의 왕권을 부정한 인물로 평가한다.[48] 이처럼 인정仁政의 원리에 의한 공자의 군주권 제한을 천하위공 및 대동세계의 이상과 긴밀하게 결합된 것으로 보는 해석 흐름은 19세기 말 이후 20세기에 정치적 견해 차이와 무관하게 학자들 사이에서 공통으로 나타나는 현상이다.

요순선양론을 천하위공의 사상과 긴밀하게 연결시켜 이해하는 대표적 문헌은 역시 위에서 언급한 『예기』「예운」이지만, 천하위공 사상은 『여씨춘추』「귀공貴公」편에도 들어 있다. 아니, 「귀공」편은 천하위공의 사상을 천하적 공공성으로 이해하면서 군주 권력의 정당성이 바로 이 천하적 공공성의 실현 여부에 달려 있음을 보여 준다는 점에서 매우 중요하다. 이 부분은 이 책 제1장에서 이미 인용한 바 있다.

「귀공」에 등장하는 "천하는 한 사람의 천하가 아니라 천하의 (모든 이들의) 천하"[49]라는 천하위공의 사상이나 "천하를 다스릴 때는 반드시 공公을 내세워" 모든 백성을 공정하게 대우해야 한다는 사상이 꼭 민주주의를 함축하고 있다고, 달리 말하자면 황제나 군주의 자리가 백성에 의해 직접 추대되는 것이라는 측면과 연결되어 있다고 볼 필요는 없을 것이다. 그보다 중요한 것은, 천하나 하늘이 공적인 것의 최고의 규범적 근거로 이해되고 있고 이런 사유 방식에 따라 황제나 왕조의 권력도 하늘이나 천하의 공공성에 위배되는 한 사사로운 권력으로 여겨져서 그 정치적 정당성을 상실하게 된다고 보는 점이라고 생각된다. 이런 점에서 천하위공과 대동사상이 전통적으로 황제의 통치 행위를 일정하게 '제약'하는 역할을 했다는 평가도 설득력이 있다고 하겠다. 달리 말하자면, 천하위공과 대동사상에 내재해 있는

---

47) 곽말약, 『중국고대사상사』, 118쪽.
48) 같은 책, 119쪽.
49) 呂不韋, 『여씨춘추』, 40~41쪽.

"공정과 평등이라는 원리적인 공公 개념"은 한나라에서 당나라 시대에 이르기까지 "정치적인 측면에서 황제의 정치나 황위를 계승할 때 생기는 공정성과 연관된 개념"이었다고 볼 수 있다.[50]

황제나 군주 권력의 정당성의 근원이 하늘이라는 인식은 장구하다. 하늘은 어느 특정한 가문이나 황제를 편애하지 않고 오로지 백성의 뜻을 하늘의 뜻으로 여기면서 백성의 삶을 편안하게 하는 권력자, 즉 유덕자만을 택하기 때문이다. 주나라의 천명사상에 잘 드러나 있듯이, 하늘은 어느 특정한 군왕이나 집단을 편애하지 않고 유덕자로서 세상을 잘 통치하는 사람이나 종족에게 권력을 부여한다. 이런 점에서 이미 『시경』에 "천명미상天命靡常" 즉 "천명은 일정하지 않다"라는 사상이 등장한다.[51]

그런데 천하위공의 사상에는 평등의 관념 또한 내재해 있고, 이런 관념은 강유위나 손문 등에서 보듯이 후대에 이르러 민주공화주의적 평등 관념을 포함하는 것으로까지 나가게 된다. 이런 점에서 볼 때, "천하는 한 사람의 천하가 아니라 천하의 (모든 이들의) 천하"라는 사상의 뜻을 '민주주의'로 재해석할 수 없다고 미리 선험적으로 배제해 버리는 것은 결국 자의적 해석일 수밖에 없다.

20세기 신유학

요순성왕론, 천하위공과 대동사상에서 유가적인 민주주의의 사상적 뿌리를 발견할 수 있다고 보는 학자들 가운데 가장 유명한 집단은 아마도 흔히 20세기 신유가라 불리는 여러 학자이다. 1958년에 모종삼, 당군의 등이 연명하여 발표한 「중국문화선언」의 내용 중에 이런 관점이 잘 표현되어 있다. 대만의 양조한에 따르면 이 선언은 "'중국 당대 신유가'라는 중국 현대철학 사조의 성립을 선언"한 것이다. 이 선언의 집필자가 당군의였기에 이 글의 주된 논지는 모두 그의 견해이지만, 그것은 또한 다른 20세기 당대 신유가의

---

50) 미조구치 유조, 『중국사상 명강의』, 108~110쪽.
51) 『시경』, 920쪽, 「대아·문왕지십」.

공통된 의견이라고도 할 수 있다.[52]

「중국문화선언」에 따르면, 중국은 수천 년의 문화와 역사를 지니고 있으며 그 역사가 단절됨이 없이 현재에도 이르는 아주 드문 국가이다. 중국의 인구는 세계 인구의 대략 4분의 1로, 중국의 안정은 세계의 안정에 지대한 영향을 준다. 간단하게 말해 "중국 문화의 문제는 세계적 중요성"을 띠는 것이어서 "중국의 문제는 세계의 문제"이다.[53] 이 선언은 또한 중국 문화의 고유한 특색을 "그 근본이 하나인 특성"(一本性)이라고 규정한다. 중국의 문화가 "하나의 근본"이라는 것은, 중국의 문화가 여러 뿌리에서 나왔음을 부인하려는 것이 아니라 "그 근원에서 하나의 문화 체계"라는 점을 가리킨다. 다르게 말하자면, 중국은 비록 정치적으로는 분열과 통일을 반복했지만 문화와 학술 사상 혹은 역사 문화와 관련해서는 "위대한 하나의 통일"(大一統)을 상실하지 않았다는 말이다.[54]

그런데 「중국문화선언」은 중국의 문화 혹은 학술 사상의 역사적 통일성을 형성하는 데 결정적인 기여를 한 부분을 '심성지학'에서 구한다. 이 '심성지학'은 공교롭게도 중국의 학술 문화 연구자들 사이에서 커다란 오해를 불러일으키는 것인 동시에 소홀히 취급되고 있는 것이기도 하다. 물론 심성지학이 크게 흥성한 시기는 송명시대의 유가사상이지만, 그 뿌리는 선진시대 유가와 도가에서 이미 시작되었다고 할 수 있다. 그때 유가와 도가의 사상에서 핵심을 이루는 것은 모두 심성에 대한 인식이었기 때문이다.[55]

하여간 「중국문화선언」은 선진시대 공맹에서 시작해 송명에 이르는 사상을 통해 크게 발전한 이 심성지학의 전통을 "중국 문화의 정수"라고 강조한다. 그리고 심성지학의 예로 든 것은 성리학에서 강조하는 성즉리의 주장,

---

52) 모종삼, 『모종삼 교수의 중국철학 강의』, 14~16쪽, 「한국어판 서문」(양조한). 또한 같은 책, 215~216쪽, 「중국문화선언」.
53) 같은 책, 218쪽, 「중국문화선언」.
54) 같은 책, 230~231쪽.
55) 같은 책, 242쪽.

사람의 본심이 곧 우주의 마음이라는 육구연의 주장, 사람의 양지의 영명을 천지만물의 영명으로 보는 왕수인의 주장 등이다.56) 공맹으로부터 송명에 이르는 중국 학술 문화의 핵심을 이루었던 심성지학의 여러 갈래 사이에는 공통된 의식이 존재하는데, 이를 요약하면 다음과 같다.

① 도덕실천에 속하는 '행行'과 깨달음에 속하는 '지知'는 서로 의거하여 진보한다. ② 외부 세계에 대한 모든 도덕실천 행위는 오직 우리가 스스로 내재하는 심성을 다하려는 의지에 의거한다. ③ 사람은 이 내재하는 심성을 다할 수 있기 때문에 천덕天德·천리天理·천심天心에 통달하여 그 덕을 합하거나 천지와 함께 셋이 될 수 있다. 이것이 중국 '심성지학'의 전통이다.57)

이렇게 중국 문화의 특질을 심성지학에서 구한 뒤에 「중국문화선언」은 중국 문화 발전의 방향과 그 전망에 대한 견해를 표한다. 여기에서 문제가 되는 것은, 왜 중국 문화의 정수인 심성지학의 문화가 그토록 장구한 세월 동안 유지되었음에도 불구하고 중국 혹은 중국의 문화는 과학과 민주를 스스로 발전시키지 못했는가 하는 해묵은 물음이다. 여기에서 필자는 이 선언에 들어 있는 중국의 문화와 과학 및 민주의 관련성에 관해 모두 다 동의하지는 않는다는 점을 우선 밝힌 다음 「중국문화선언」이 제언하는 민주 문제에 논의를 집중할 것이다.

우선 「중국문화선언」은 서구 근대 사회와 다르게 "중국은 오늘날까지도 민주정치를 완성하지 못했다"라는 점을 인정한다. 그러면서 이 선언에서는 "중국의 정치가 발전하는 과정에서 민주제도의 건립을 희망"할 수 있으며, "중국 문화에는 민주 사상의 종자"가 있다고 강조한다.58) 선언에서는 중국 문화에서 민주주의 제도가 정착될 가능성을 유덕자 사상, 천명사상, 요순의 선양과 탕무의 방벌放伐과 역성혁명의 사상, 그리고 성인가학론과 천하위공

56) 같은 책, 249~250쪽.
57) 같은 책, 250쪽.
58) 같은 책, 269쪽.

사상 등에서 찾는데, 특히 모든 사람이 다 요임금이나 순임금 같은 성현이 될 수 있다는 성인가학론과 천하위공의 사상을 강조한다.

유가는 천하가 한 사람의 천하가 아님을 긍정했고, 또한 도덕적으로 모든 사람이 요순과 같은 성현이 될 수 있다고 믿었으며, 인민들이 좋아하는 것은 좋아하고 싫어하는 것은 싫어해야 한다고 믿었다. 이런 사실로부터 살펴볼 때, '천하는 공공의 것'(天下爲公)이며 사람은 '인격적으로 평등하다' 라는 사상은 곧 민주정치 사상의 근원이 있는 것이요 적어도 민주정치 사상의 씨앗이 있는 곳이다.[59]

그러나 유가사상 내에 존재해 오던 민주 사상은 그 단서가 풍부하지만 이를 제도화할 방안에서는 일정한 결점을 지니고 있었다. 그리고 군주제도 아래에서는 평등과 민주 사상의 전면적 발전이 이루어지지 못하며 군주제도 와 모순에 이를 수밖에 없다. 그러므로 유가가 주장한 천하위공의 사상과 만민의 도덕적 평등성의 긍정은 "민주제도의 건립"으로 발전해 나가야 한다.

달리 말하자면 천하위공의 사상과 만민의 도덕적 평등의 사상은 군주제도 와 모순을 일으키지 않을 수 없으니, "군주가 천하를 한 집안으로 엮는다(家天下)면 그것은 여전히 천하를 사사롭게 하는 것이다." "도덕적으로 '천하는 공공의 것'이요 모든 사람은 '인격적으로 평등하다'는 사상은 마땅히 민주제 도를 긍정하는 것으로 발전해야' 하는 것이다. 특히 민주주의가 중국에 실현되어야 할 가장 중요한 까닭은, 군주제도 아래에서는 비록 유덕한 군주가 있어 덕으로 천하를 다스린다고 하더라도 인민들은 군주의 덕화德化 의 피동적 대상으로만 존재할 뿐 스스로가 도덕적 주체가 되어 활동할 수는 없기 때문이다.[60]

중국 문화 정신의 정수와 민주주의 사이의 관계에 대해서 「중국문화선언」

---

59) 같은 책, 271~272쪽
60) 같은 책, 273쪽.

이 내리는 결론은 다음과 같이 요약할 수 있다. 중국 문화의 정수를 이루는 심성지학은 근본적으로 인간의 내재적인 도덕적 주체성을 긍정하고 이를 확립하는 데 반해, 군주제도는 아무리 잘해도 백성을 덕치의 피동적 대상으로만 바라볼 뿐 그들 자신을 도덕적 주체로 확실하게 긍정하지 못한다. 이 두 측면 사이에는 해소할 수 없는 모순이 존재하기에, 이를 해결하기 위해서는 중국 문화의 도덕 정신에 어울리는 민주제도가 건립되어야 한다.

중국 문화의 도덕 정신과 군주제도에는 근본적인 모순이 있다. 이런 모순은 오직 누구나 평등하게 정치적 주체가 될 수 있다는 민주적 헌정으로만 해결될 수 있다. 따라서 민주적 헌정은 중국 문화의 도덕 정신 자체가 발전하는 데 있어 스스로 요구하는 것이 된다.[61]

간단하게 말하자면, 중국 문화의 정수인 심성론의 내적 요구를 서구식 자유민주주의가 실현해 줄 수 있으며 그러할 때 비로소 이른바 유가적인 내성內聖과 외왕外王의 일치가 가능하다는 것이다.

2) 대만 및 홍콩 신유가에 대한 '대륙 신유가'의 반론

요즈음 중국에서 '대륙 신유가'라 불리는 흐름이 관심을 끌고 있다. 이들은 대만 및 홍콩 신유가와 다르게 유가의 정치적 전통을 중시하는 것으로 알려져 있다. 물론 과연 '대륙 신유가'라 칭할 명확한 흐름이 중국 본토에 있는가는 아직도 쟁점 중이다. 다만 중국이나 한국의 학자들 사이에서도 그런 명칭이 유통되고 있기에 일단 '대륙 신유가'라는 용어를 받아들인다. 예를 들어 조경란은, '대륙 신유가'란 용어는 2005년 인민대학의 방극립方克立이 처음 사용한 개념이지만 중국에서도 아직 확정된 학문 개념은 아니라고 한다. 그러면서도 '대륙 신유가'의 흐름이 2000년대 중국 사상계에서 매우

---

61) 같은 책, 275쪽.

큰 반향을 불러일으키고 있다고 하면서, '대륙 신유가'에 속하는 학자들의 글을 모아 편집한 역서를 펴냈다.[62]

그런데 백동동에 따르면, 대륙 신유가라 불리는 학자들 사이에 많은 이견이 존재하지만 그들 사이에 존재하는 공통성이 있다. 이런 공통성을 통해 대륙 신유가라는 개념과 관련해 실질적 의미가 확보될 수 있다. 그는 이런 공통점을 "대륙 신유가의 최저선"이라고도 부르기도 한다. 그에 의하면 중국의 "전통 정치에 대한 (어느 정도의) 긍정, 전통 정치의 유가적 자원과 현대적 의미에 대한 본격적 발굴은 최근 몇 년간 '대륙 신유가' 또는 '정치유학'이라는 라벨이 붙여진 학자들이 인식의 일치를 보여 준 부분"이다. 그리고 이런 공통성 때문에 대륙 신유가라 불리는 학자들은 홍콩 및 대만 신유가와 구분된다.[63]

장경蔣慶은 현대 홍콩 및 대만의 신유가와 대비되는 이른바 대륙 신유가를 주도하는 대표적인 정치유학자이다.[64] 백동동도 현재 중국 본토에서 정치유학을 연구하는 많은 학자는 설령 그로부터 직접적 영향은 받지 않았다고 할지라도 그의 작업으로부터 고무와 격려를 받았음을 부인할 수는 없을 것이라고 말한다. 백동동은 더 나아가, 멀게는 춘추공양학, 가깝게는 강유위의 전통을 계승하고 있는 장경의 정치유학과 그를 따르는 학자들이 대륙 신유가의 흐름에서 "주류를 이룬 것은 사실이며 적어도 대륙 신유가의 중요한 한 갈래"라는 점을 인정한다.[65]

장경은 모종삼牟宗三과 당군의 등으로 대표되는 대만 및 홍콩 신유가를 '심성유학'으로 규정하면서 그들의 근본적 한계를 지적한다. 그에 따르면, 대만 및 홍콩 신유가는 유가사상의 핵심인 왕도적인 정치제도의 구현을 통한 현실세계 개혁이라는 정치유학의 이상을 도외시한 채 오로지 내성적인 심성의 문제에만 관심을 둔다는 점에서 유가의 전통을 제대로 계승하지

---

62) 조경란, 『대륙 신유가: 21세기 중국의 유학 담론』, 7쪽, 「책머리에」.
63) 백동동/바이통동, 「경학인가 자학인가: 정치유학 부흥의 길에 대한 고찰」, 432~433쪽.
64) 대니얼 벨(Daniel Bell), 『차이나 모델』, 295쪽.
65) 백동동/바이통동, 「경학인가 자학인가: 정치유학 부흥의 길에 대한 고찰」, 433쪽.

못했다. 그의 『정치유학』에 따르면 "유학은 탄생부터 정치유학이었고, 공자의 최대 바람은 천하가 인(仁)으로 돌아가는 정치이상을 실현하는 것이었다."[66] 그래서 그는 중국의 유가적 전통을 심성유학으로 한정한 채 이를 서구 자유민주주의를 통해 제도적으로 보완하고자 양자의 결합을 시도하는 홍콩 및 대만 신유가의 작업에 대해 매우 비판적이다.

장경이 처음부터 홍콩 및 대만 신유가의 흐름에 비판적인 것은 아니었지만 그에 대해 연구를 거듭하면서부터 점차 회의적인 태도를 지니게 된다. 그리하여 그는 '심성유학'이나 '자기수양유학'으로 규정되는 홍콩 및 대만 신유가에 대비해 자신의 유학을 '정치유학' 혹은 '유교헌정주의'(Confucian Constitutionalism)로 명명하면서 유가적 전통에 어울리는 정치제도를 새롭게 탐색하게 된다. 그런 지적 모색의 결과가 바로 새로운 왕도정치 이론 및 3원제인 것이다.[67] 그는 유가적 정치유학의 전통을 계승하는 작업이 오늘날에도 여전히 중요한 현재적 의미를 지닌다고 생각한다.

장경이 전개하는 유교헌정주의는 강유위의 이론으로부터 큰 영향을 받았다.[68] 이는 앞에서 거론한 백동동의 해석에서도 강조되고 있다. 여하튼 장경은 중국 문화와 서구의 문화가 근본적으로 상이하다고 하면서, 중국이 취해야 할 미래는 민주주의가 아니라 유가적 왕도정치라고 강조한다. 그는 서구 사회를 단순히 추종하는 것은 문제가 많고, 중국의 전통과 역사에 어울리는 유교적인 왕도정치를 구현하기 위해 노력해야 한다고 주장한다. 간단히 말해, 그에 따르면 중국의 미래를 위한 정치체제는 "중국 문화의 내재적인 패턴"인

---

66) 장경, 『政治儒學』(三聯, 2003), 20쪽; 안재호, 「대륙 신유가와 중국 문화정책: 유교 만능주의를 피하기 위하여」, 『中國學報』 78(2016), 396쪽에서 재인용함.

67) 장경의 지적 여정에 대해서는 Daniel Bell, "Introduction", Jiang Qing, *A Confucian Constitutional Order*, pp.2~5 참조 바람. 홍콩과 대만의 신유학을 심성유학으로 규정하는 것에 대해 대만의 유학자 李明揮는 반론을 제기한다. 이에 대해서는 송인재, 「21세기 중국 '정치유학'의 이념과 쟁점」, 457쪽 참조.

68) 강유위에 대한 장경의 평가는 Jiang Qing, *A Confucian Constitutional Order*, p.223 각주 15 참조 바람. 대륙 신유가의 부상과 관련해 강유위에 관한 관심 고조의 현상에 대해서는 이연도, 「정치유학의 사상 연원과 쟁점 – 康有爲와 蔣慶을 중심으로」, 『중국학논총』 61(2019) 참조 바람.

"왕도정치"를 통해서 유일하게 정당성을 확보할 수 있다.

장경이 제안한 새로운 왕도정치 혹은 유가적 헌정주의의 정치체제의 구체적 모습에 대한 설명은 이미 대니얼 벨의 정치적 능력주의를 다루는 장에서 다루었다. 그러므로 이를 다시 반복하지 않겠다.

장경에 의하면 유가적 왕도정치는 하늘의 정당성을 대변하는 통유원, 역사와 문화의 정당성을 구현하는 국체원, 그리고 사람의 정당성을 담당하는 서민원이라는 세 가지 형식의 정당성을 제도적으로 구현하려는 헌정 체제를 통해 실현된다. 그리고 그는 유가적 왕도정치가 이런 세 가지 정당성을 제도적으로 보장한다는 점에서 오로지 인민주권에 의거하여 사람의 정당성만을 정치적 정당성의 유일한 근거로 설정하는 서구식 민주주의보다 우월하다고 역설한다.[69]

장경은 세 가지 정당성 사이의 관계에서 상호균형이 중요하다고 본다. 그러나 그 균형이 세 가지 정당성의 형식적 평등을 의미하진 않는다. 그에 의하면, 하늘의 신성한 정당성은 땅의 역사·문화적 정당성이나 사람의 정당성에 우선한다.[70] 그래서 장경은 통유원에 높은 지위를 부여하여 통유원으로 하여금 서민원과 국체원에서 통과되는 법안에 대한 거부권을 지니게 한다. 이를테면 "동성애자들이 가족을 구성하는 것을 허용하는 법안"이 서민원에 의해 통과되어도 통유원이 그 법안에 거부권을 행사할 수 있다.[71] 그러나 통유원도 서민원과 국유원의 견제를 받기에 전횡을 범할 수 없다. 이를테면 통유원도 서민원과 국유원이 함께 반대하는 법안을 홀로 만들 수 없다.[72]

장경을 비롯한 다수의 학자는 서구적인 자유민주주의를 그대로 중국 사회에 이식하는 것은 불가능할 뿐만 아니라 바람직하지도 않다고 생각한다.[73] 그들은 최고 정치지도자들을 선거라는 절차를 통해 선발하는 것이

---

69) Jiang Qing, *A Confucian Constitutional Order*, p.37.
70) 같은 책, pp.29~30.
71) 같은 책, p.41.
72) 대니얼 벨, 『차이나 모델』, 298쪽.
73) 대륙 신유가의 유교헌정주의 담론의 중요 내용 및 그것이 발생하고 전개되는 맥락과

지니는 문제점을 지적하면서, 그 대안으로 도덕적 자질과 능력에 따라 최고 정치지도자를 선발하는 방식을 제안한다. 따라서 장경의 유교적 헌정주의 혹은 정치유학은 정치적 능력주의 체제를 지향한다.

물론 장경은 유교적 헌정주의가 일종의 현실타협적 대안임을 인정한다. 유가가 희망하는 가장 궁극적이고 이상적인 정치 세계는 "성왕들의 직접 통치를 회복할 성왕의 귀환"이다. 그러므로 "유교적 헌정주의는 성왕들에 의한 이러한 직접 통치를 준비하는 잠정적 왕도이다."[74] 대니얼 벨은 손문의 모델 이외에도 장경의 유가적 헌정주의를 현능주의(능력주의)와 민주주의를 결합시키려는 "민주적 현능주의/능력주의"(Democratic Meritocracy)의 여러 모델 중의 하나로 높이 평가한다.[75] 그는 장경의 유교헌정주의가 "현재 중국 체제와 서구식 자유민주주의 양자에 대한 가장 상세한 체계적 대안"을 제공한다고 평가하고 있다.[76]

대륙 신유가와 달리 대만 및 홍콩의 현대 신유가에 대해서는 그것이 중국의 전통에서 서양의 민주주의에 유사한 것, 즉 서구 민주주의의 맹아를 찾는 데 주목한다는 점에서 유럽중심주의 사유 방식에 사로잡혀 있다는 비판이 제기된다. 일례로 증역曾亦은 다음과 같이 주장한다.

현대 신유가의 가치 근거는 5·4 이후의 계몽 전통이다. 따라서 신유가는 전통사상 일부를 중요시하고 계승하지만, 이것은 '추상적 계승'에 불과하고 중국 고대의 제도와 무관하다. 그 최종 목적은 여전히 서양 세계의 품에 안기는 것이다. 즉 서양이 보편이 되고 서양의 세계가 중국의 미래가 된다고 본다. 그들은 중국 사상을 부분적으로 보아, 그 속에서 서양적

배경에 관해서는 정종모, 「대륙 신유가의 유교헌정주의 담론」, 『철학탐구』 51(2018), 39~43쪽 참조 바람. 또한 정종모는 장경의 유교헌정주의와는 다른 형태의 유가헌정주의, 이를테면 요중추/야오중추(姚中秋, 필명 秋風)의 이론 및 홍콩의 진조위/천주웨이(陳祖爲, Joseph Chan)의 '온건한 유교헌정주의'를 장경의 이론과 대비하여 서술하고 있다. 같은 글, 48~56쪽 참조 바람.

74) Jiang Qing, *A Confucian Constitutional Order*, p.223 각주 16.
75) 대니얼 벨, 『차이나 모델』, 제4장.
76) Jiang Qing, *A Confucian Constitutional Order*, p.1.

가치의 싹을 찾아낼 뿐이다.[77]

　　대륙 신유가에 대비되는 홍콩 및 대만의 현대 신유가에서는 5·4운동 이후 중국에서 표출된 공자 전통에 대한 급진적 비판, 이를테면 공자의 사상과 전통은 과학과 민주에 대립되고 중국 사회가 현대화로 가는 도정에서의 커다란 장애가 된다는 견해와 달리, 과학과 민주는 유가적 사상 전통의 정신과 맥을 같이하고 있다고 주장한다. 그러므로 「중국문화선언」은 과학과 민주를 내세우면서 공가점타도孔家店打倒를 구호로 내세운 급진적 계몽주의 흐름에 대항하여, 중국 문화 중에 "서양 근대의 민주제도와 과학, 그리고 현대의 각종 실용 기술이 결핍"되어 있음을 인정하면서도 "중국의 문화사상에는 씨앗이 없고 그 정치 발전의 내재적인 요구는 민주제도의 건립으로 기울지 않는다는 주장"은 받아들일 수 없다고 강조한다.[78] 그러나 이처럼 서양의 민주와 과학을 인류사회 모두가 추구해야 할 보편적이고 궁극적 가치로 보면서 중국 문화에도 그런 길로 갈 싹이 존재하고 있었다고 강조하는 것은, 대륙 신유가가 볼 때는 유지될 수 없는 과도한 서양중심적 편애에 불과하다.

　　홍콩 및 대만 신유가의 정치적 지향을 '자유주의 유학'(liberal Confucianism)이라 규정하는 것도 어쨌든 일리가 있다. 또한 「중국문화선언」에 동참한 학자들로 대표되는 신유가의 흐름이 성취한 학문적 결과는 5·4운동 이후 등장한 유가사상의 "최고의 성과"라는 평가를 받긴 했지만, 이런 평가를 내린 당문명唐文明조차 현대 신유가는 탈정치화된 도덕 종교로 변화되었다고 말하기도 했다.[79] 더 나아가 진벽생陳壁生은, 「중국문화선언」에서 주창한 민주는 매우 공허하고 구호의 차원에 머무르고 있을 뿐이라고 비판한다. 「중국문화선언」은 민주를 이데올로기적인 것으로 활용할 뿐 "민주와 유학의

---

77) 송인재, 「21세기 중국 '정치유학'의 이념과 쟁점」, 461쪽에서 재인용함.
78) 『모종삼 교수의 중국철학 강의』, 264쪽, 「중국문화선언」.
79) 당문명/탕원밍, 「중국 혁명의 역정과 현대 유가사상의 전개」, 『대륙 신유가: 21세기 중국의 유학 담론』(조경란 외 엮음), 75～76쪽.

진정한 관계"에 대한 긍정적인 토론을 활성화하는 데는 이바지하지 못하고 있다는 것이다. 그래서 그는 「중국문화선언」을 주도한 학자들이 결국 "학문적으로는 송명 심성론을 계승하고 정치적으로는 유가 자체의 담론을 포기"했다고 말한다.[80] 그런 점에서 대륙 신유가 학자들이 중국 정치 전통의 복원을 통해 중국 문화에 어울리는 정치유학의 길을 모색하는 것은 나름 존중받아야 할 길임을 인정하지 않을 수 없다.

그러나 대륙 신유가 내에 있는 다른 갈래들, 즉 장경의 정치유학의 문제의식에 공감하면서도 그와는 다른 방법을 통해 정치유학의 부흥 가능성을 탐색하는 흐름도 주목할 만하다. 그래서 장경의 유가적 헌정주의 외에 여러 학자에 의해 제안된 정치적 능력주의의 다양한 모델들이 존재하는 것도 당연한 현상이다. 이를테면 중국 상하이 복단대학 철학 교수로 활동 중인 백동동이 바로 나름의 정치유학의 길을 모색하는 학자 중의 하나이다. 앞에서 보았듯이 그는 홍콩 및 대만 신유가의 심성유학에 맞서 유가의 정치 전통을 새롭게 부각시키면서 등장한 정치유학의 주류적 흐름으로 장경과 그의 영향을 받은 사람들을 지목한 바 있다. 그는 이 흐름을 경학經學 노선과 강유위를 추종한다는 점에서 '신강유위주의'라고 부른다. 이때 경학 노선에서의 경학이란, 단순히 유가의 경전을 연구하는 것만을 지칭하는 것이 아니라 유가의 경전 연구를 통해 현실정치에 대한 방향을 제시하고자 하는 태도를 함께 포함하는 것이다.[81]

백동동은 정치유학의 주류적 흐름인 신강유위주의와 달리 금문경학 해석이나 춘추공양학을 공자 사상의 핵심을 파악할 수 있는 유일한 길이라고 믿는 강유위를 추종하지 않는다. 대신에 그는 '자학子學 노선'을 제안한다. 이 노선은 유가의 경학 전통을 중시하지만 신강유위주의자들과 달리 춘추

---

80) 진벽생/천비성, 「청말 학술의 재평가 및 '대륙 신유학'의 문제」, 같은 책, 81~82쪽.
81) 바이통동, 「경학인가 자학인가: 정치유학 부흥의 길에 대한 고찰」, 같은 책, 426쪽 및 435쪽. 그러나 신강유위주의자들 내부에도 차이가 존재해서, 경학 입장에서는 강유위를 따르지 않으면서 孔教나 군주입헌제 같은 정치적 주장에만 동의하는 강유위주의자들도 있다. 같은 글, 454쪽.

공양학만이 유학의 독존獨尊이 될 수 있다고는 보지 않는다. 자학 노선은 유가의 여러 경전에서 기원하는 다양한 전통을 포용하여 이를 정치제도에 대한 역대 유학자들의 해석과 결합시켜서 "오늘날 비유학자들도 받아들일 수 있는 보편적 논증을 제시"하고자 한다. 달리 말하자면, 자학 노선은 가족 유사성과 같은 유가적 전통의 정체성을 벗어나려고 하지 않으면서도 유가적 전통 내의 여러 갈래에 대해서 개방적 태도를 보인다.

더 나아가 자학 노선은 비유가적 사상과의 대화에도 적극적이다. 그리하여 백동동의 정치유학은 유가적 전통을 확고하게 지키는 가운데 유가 전통을 창조적으로 해석함으로써 오늘날 현대사회의 문제를 해결할 수 있는 대안이 유가적 전통에 있음을 비유가적 사상을 옹호하는 사람들을 상대로 해서도 더 나은 논증으로 입증하고자 하는 것이다. 그런 점에서 자학 노선에서 추구되는 정치유학은 서양 사상도 "유가와 경쟁하는 제자諸子"의 하나로 포함한다. 즉 자학 노선의 정치유학은 서양의 정치철학 유파와도 경쟁하면서 유가적 사유 방식의 우월성을 논증하려고 한다. 자학 노선을 제안한 백동동은 전목錢穆의 입장을 따른다 하여 이 노선을 '강유위당'이 아닌 '전목당', 즉 '강당'에 대비되는 '전당'이라 명명하였다.[82]

그런데 백동동도 장경과 마찬가지로 민주주의의 제한을 강조하면서 일종의 정치적 능력주의를 옹호하는 정치유학을 제언한다. 설령 일반 사람들이 1인1표제에 따라 선거라는 정치 참여를 통해 정치지도자를 선발하는 것을 인정한다고 하더라도 그런 참여의 폭은 하원의원의 영역에 한정되어야 한다고 그는 주장한다. 달리 말해, 그는 일종의 혼합체제(hybrid regime)적 능력주의 체제를 제안한다. 그에 의하면 이 혼합체제는 양원제로 구성된다. 하원의원은 일반인들이 선출하지만, 상원의원은 "그들의 능력, 특히 사람들을 돌볼 수 있는 도덕적 능력과 이러한 돌봄을 실현할 수 있는 지적 능력에 근거하여 선출"된다.[83]

---

82) 같은 글, 426쪽 및 449~451쪽 그리고 459쪽.
83) 바이통동, 「개인, 가족, 공동체 그리고 그 넘어: 샌델의 『정의란 무엇인가』에 대한

지금까지 살펴본 것을 토대로 대륙 신유가 혹은 정치유학의 장점을 요약해 보자.

우선, 자유민주주의를 서구에서 이미 완성된 민주주의 제도로 보지 않고 그것을 비판적으로 사유하려는 정치유학의 태도는 나름 중요하게 평가받을 만한 요소이다. 특히 서구 근대 문명, 자본주의와 민주주의에는 나름의 장점이 있지만 심각한 문제 또한 있음을 부인할 수 없다. 이 점에서 정치유학은 정치적 능력주의라 불리는 나름의 대안적 정치제도를 제안하고 있다. 이 제도가 중국 전통에 어울리는 새로운 정치제도의 구상이라고 믿는 정치유학이 과연 보편적 가치를 지니는 것인지 아니면 중국의 상황에만 어울리는 것인지는 아직 모호한 상태이지만, 서구적 정치제도를 보편타당한 것으로 미리 설정한 상태에서 비서구 사회의 현대화를 이룰 유일한 길은 거기에 적응하는 것뿐이라고 보는 통념을 벗어나고자 한다는 점만으로도 충분한 의미를 지닌다. 이는 대만 및 홍콩 신유가사상가들, 이를테면 「중국문화선언」을 주도한 학자들의 태도와 대조적이다.

둘째, 요즈음 유가의 정치 전통을 부흥하려는 정치유학의 시도는 심성유학의 논의와는 달리 유가 전통 전반에 대한 새로운 성찰을 자극하여 중국의 문화적 정체성을 형성하려 한다는 점에서 의미 있는 현상으로 평가받을 만하다. 서구식 자유민주주의 제도가 안고 있는 문제점은 제쳐 두고서라도, 모든 나라와 문화에 서구적 정치제도가 이식되어야 한다는 주장은 타당성이 없다. 설령 자유민주의 제도와 가치를 소중하게 여긴다 해도 그것은 다양한 역사적 전통을 지닌 다양한 민족이나 나라가 그들 스스로 선택할 사항이다. 그것을 자신의 역사적 삶의 양식과 어울리게 해석하고 응용하면서 토착화하는 작업이 있어야만 지속 가능성을 확보할 수 있는 것이다. 따라서 중국 문화와 역사의 정체성이 무엇인지 성찰하면서 자신의 역사적 맥락에 어울리는 정치제도를 모색하는 작업은 서구적 민주주의에 더 공감하는 사람들도

유가적 검토」, 『마이클 샌델, 중국을 만나다』(마이클 샌델·폴 담브로시오 엮음), 57쪽.

진지하게 검토해 보아야 할 문제라고 생각된다. 특히 중국 사회 또한 서구적 사회와 같은 길을 걸어가야 한다고 보는 중국 내 지식인들도 이런 문제제기에 정면으로 대응할 때 그들이 선호하는 정치제도에 대한 일반 사회의 공감도 더 커질 것으로 보인다.

마지막으로, 정치유학은 유가사상이 오늘날 좁게는 중국 사회에, 넓게는 인류 전체에 어떤 중요한 의미를 지니는지에 대한 성찰을 통해 유가사상의 현재화를 도모하는 작업에서 논의의 지평을 확장했다. 그리고 그런 작업은 서구 민주주의의 한계에 대한 성찰에 지적 자극을 주어 그것을 혁신하고 변형하는 작업에 중요한 역할을 했다는 점에서도 의미를 지닌다고 평가받을 수 있다. 지금은 서구식 자유민주주의가 아니면 독재 혹은 전제라는 단순한 이분법적 도식을 넘어서야 할 때이다. 서구 민주주의도 이미 전 지구적 세계화와 생태위기라는 도전에 직면해 그 자신의 미래를 장담할 수 없게 되었다. 그러므로 세계의 다양한 문화와 전통이 지니는 고유성을 제대로 인식하려고 노력하면서 상호 문화적 대화를 더 심도 있게 수행할 때 서구적 자유민주주의의 질적 전환과 새로운 민주주의의 모델에 대한 우리의 상상력이 더 풍요로워질 수 있을 것이다.

여기서, 정치적 능력주의를 정당화하는 논거 중에서 필자가 가장 중요하게 생각하는 것을 좀 더 서술해 보도록 하자. 좀 뒤에 특히 유가적 경전 해석의 타당성과 함께 그런 논거가 과연 합당한 것인지에 대해서는 맹자사상과 대동사상에 관한 정치적 능력주의 옹호자들이 제기하는 해석을 비판적으로 검토하면서 더 자세히 살펴볼 것이기에 다루지 않겠다. 그러니까 여기에서는 정치적 능력주의를 옹호하는 사람들이 왜 그것을 민주주의의 대안으로 받아들일 정도로 설득력 있다고 믿는지 그 핵심 논거를 설명해 보겠다는 말이다. 다시 말하지만, 일반인의 선거제도를 통해서는 능력 있고 출중한 덕성을 지닌 정치지도자들을 확보할 수 없기에 독자적인 능력주의 제도가 존재해야 한다는 것이 바로 정치적 능력주의가 민주주의를 한정적으로 받아들이면서도 능력주의 체제를 택하는 이론적 근거

중의 제일 중요한 논거이다.[84]

벨과 마찬가지로 백동동이 혼합체제적 능력주의 제도를 제안하는 데에는 일반 백성들, 그러니까 일반 사람들의 정치적 역량에 대한 회의적 평가가 기본적으로 깔려 있다. 그에 의하면, 일반인들은 직접적으로든 혹은 선출된 대표자를 통해서든 "진정한 정치적 결정을 내릴 능력은 없다." 그러면서 이런 결론이야말로 유가적 관념의 핵심적 통찰이라고 본다. 백동동은 다음과 같이 말한다.

유학자들은 오로지 소수만이 진정으로 성공할 수 있으므로 소수만이 정치에 전적으로 참여할 수 있다고 믿는다. 만약 이것이 사실이라면 보통의 선거권자들에게 지식이나 도덕의 측면에서 부족하다는 점이 공동체주의자들이 주장하는 것처럼 공동체적 노력을 통해 정치적으로 적합한 덕을 증진시키는 방법으로는 상쇄될 수 없고, 능력주의적인(meritocratic) 요소를 정치에 도입해야만 바로잡을 수 있다.[85]

장경도 "민주주의와 유가(Confucianism)는 원리적 차원에서 양립할 수 없다"라고 주장한다.[86] 그에 따르면 "민주주의는 기본적인 유가적인 정치적 가치들의 내용이 민주주의 형식의 일부가 될 수 없도록 결정할 것이고, 민주주의 형식은 기본적인 유가적인 정치적 원리들을 실현하기 위해 사용될 수 없다." 왜 그렇게 보는가? 장경은 유가의 기본적인 정치적 원리 중의 하나로서 성인들(sages)과 재능 및 덕성이 있는 사람들에 의한 통치의 긍정을 들면서, 성인과 재능 및 덕성이 있는 사람들에 의한 통치는 "주권이 하늘과 성인들에게 있음을 확고히 하는 것"이라고 해석한다. 이런 전제들에서 출발해 그는 민주주의와 유가 원리는 서로 양립할 수 없다는 결론을 정당화한다.

---

84) 대니얼 벨, 『차이나 모델』, 282~283쪽 참조 바람.
85) 바이퉁둥, 「개인, 가족, 공동체 그리고 그 넘어: 샌델의 『정의란 무엇인가』에 대한 유가적 검토」, 『마이클 샌델, 중국을 만나다』, 56~57쪽.
86) Jiang Qing, *A Confucian Constitutional Order*, p.192.

민주주의의 어떤 형식에서도 성인들과 재능 있고 덕성이 있는 사람들을 통치하도록 선발하는 것이 가능하다고는 생각할 수 없다. 일반사람들에 의한 통치는 대중들의 이익과 욕망을 대변할 보통사람들을 선발하기 위해서 보통선거를 이용하는 것이기 때문이다.[87]

4. 정치적 능력주의의 통찰

앞에서 본 것처럼 유가사상과 민주주의 양립 가능성을 옹호하는 사람들이 가장 많이 참조하는 유가사상은 대동 이념과 맹자의 사상이다. 특히 맹자의 정치사상은 민주주의에 핵심적인 많은 이념을 예견하고 있다고 평가된다. 일례로 이신양李晨陽(Li Chenyang)은 다음과 같이 말했다.

아마도 맹자는 영향력 있는 유가사상가 중에서 민주적이라고 간주될 수 있는 사상가에 가장 근접한 사유를 지니고 있으며 중국의 전통사상에서 민주적 요소를 찾는 사람들에 의해 가장 자주 인용될 것이다.[88]

민주주의와 관련해 논쟁의 핵심에는 왕위가 현명하고 능력이 있는 사람에게 주어져야 한다는 맹자의 주장이 있다. 『맹자』「만장상」 제5장은 전설적인 성왕인 요가 자식에게가 아니라 가장 능력 있고 현명한 순에게 천하를 물려주었다는 요순선양의 학설을 다루고 있고, 6장에서는 하·은·주 삼대 중의 하나라를 세운 우임금이 자식에게 왕위를 물려주는 세습적 원리를 다루고 있다.

『맹자』「만장상」 5~6장과 관련한 해석 중에서 주목할 만한 것은 소강의

---

87) 같은 책, p.193~194.
88) Li, Chenyang, "Confucian Value and democratic Value", *The Journal of Value Inquiry* 31, 1997, p.185. Bai Tongdong, *Against Political Equality: The Confucian Case*, p.43 참조 바람.

'천하위가天下爲家' 즉, '군주가 천하를 한 집안으로 엮는 것' 혹은 '천하를 개인의 소유로 하는 것'(家天下)이 과연 대동의 천하위공과 대비되는 관념인 지 하는 문제이다. 간단하게 말해, 「중국문화선언」을 주도한 현대 신유가들의 주장처럼 소강의 천하위가天下爲家는 정말 사사로움의 정치에 해당되고 대동의 천하위공天下爲公이라는 이른바 유가적 민주주의 사상과 대립하는 정치제도인가? 이 물음에 대해 조지프 챈(Joseph Chan)은 무엇보다도 천하위공 과 천하위가, 즉 대동과 소강이 서로 대립하는 것으로 이해되어서는 안 된다고 주장한다.

사실 '천하위공'을 '천하위가'와 대립하는 것으로 보면서 천하위공의 사상이 세계 혹은 정치적 권위가 공적으로 인민에게 속하는 이념, 그러니까 인민주권의 이념을 함축하고 있다고 여기는 견해도 하나의 흐름을 형성하고 있다. 챈은 구체적으로 등소군鄧小軍 같은 학자를 거명할 뿐이지만, 대만의 원보신遠保新 역시 유가사상의 공통의 이상 정치였던 요순의 선양 정치, 즉 천하위공은 주권재민의 민주 정신과 내용을 포함하고 있다고 강조한다.[89] 또 우리나라의 이상익도 유교의 민본사상은 군주를 주권자로 보는 것이 아니라 천명의 대행자인 통치자로 본다고 강조하면서, 유교의 민본사상은 기본적으로 백성을 주권자로 여기는 주권재민 사상과 표리를 이룬다고 해석한다.[90]

하여간 챈은 천하위공을 민주주의의 주권재민을 함축하는 것으로 보지 않는다. 그에 따르면, 맹자의 요순선양과 관련된 "유가적 이념들은 근본적인 민주적 이념을 필연적으로 표현하거나 인민주권과 같은 원리들을 함축하는 것은 아니다."[91] 이어서 그는 천하위공은 "정치적 권위가 인민에게 속한다는 것을 함축하는 것이 아니라, 통치자의 선발을 포함하여 사회적 및 정치적 질서가 모든 사람의 이익을 위하여 노력해야만 한다는 것을 함축"하는

---

89) 원보신, 『맹자의 삼변철학』, 179~180쪽.
90) 이상익, 「민주와 민본의 비교와 통섭을 위한 정치 철학적 검토」, 신정근 외, 『민본과 민주의 개념적 통섭』, 342쪽.
91) Joseph Chan, *Confucian Perfectionism*, p.231.

것으로 이해해야만 한다고 주장한다.[92)]

그러니까, 천하위공이란 정치적 권위의 정당성을 판단하는 기준으로 인민이 투표와 같은 방법을 통해 스스로 정치 엘리트들을 선발하는 주권재민의 민주주의 이념을 포함하는 것이 아니라, 정치체제가 일반 백성들의 공익을 위하느냐 그렇지 않으냐에 관련된 이념일 뿐이라는 것이다. 즉 정치 엘리트들, 이를테면 오늘날의 대통령이나 의원내각제의 수상과 같은 최고 권력자를 백성이 스스로 선발하는지와 무관하게, 정치 엘리트들에게 모든 백성에게 이로운 공익을 추구할 것만을 요구하는 것이 바로 천하위공이라는 말이다. 그리하여 챈은 현명하고 덕성이 높은 소수의 사람이 정치를 담당할 때 더욱 효과적으로 전체 사회의 공동선이 달성될 수 있다고 본다. 챈은 유가적 천하위공을 민주주의가 아니라 일종의 정치적 능력주의를 표현하는 사상으로 독해하고 있는 것이다.

천하위공과 천하위가 사이의 대조에 대한 조지프 챈의 해석은 일견 타당한 면이 있다. 실제로 맹자는 『맹자』「만장상」 6장에서 공자의 다음과 같은 말을 언급한다. "공자께서 말씀하시기를 '당唐·우虞는 선위禪位하였고 하후夏后와 은殷·주周는 계승繼承하였으나, 그 의義는 똑같다' 하셨다." 맹자는 공자의 말을 인용하면서 소강의 세계라 일컬어지는 하·은·주 삼대나 요·순의 대동세상이 그 정치적 정당성의 근거에서 하등 차이가 없다고 강조하고 있다. 인정仁政을 실제로 구현하는 것이 정치의 궁극적 지향이자 목표이고 선양이나 세습의 구분은 그것을 실현하는 방법의 차이에 불과하다는 것이 맹자의 주장인 것으로 보인다. "공자께서 말씀하시길 '도는 둘이니, 인仁과 불인不仁일 뿐이다' 하셨다"라거나 "삼대가 천하를 얻은 것은 인으로써였고, 천하를 잃은 것은 불인으로써였다"라는 맹자의 말이 이와 연관된다.[93)] 그렇다면 세습 왕정이 그 자체로 불인不仁한 정치, 즉 전제정과 동일한 것은 아니라는 뜻이다.

---

92) 같은 책, p.226.
93) 『맹자집주』 200~201쪽, 「이루상」 2와 3.

그러니까, 천하위공과 인정仁政의 유가적 정치 이상은 군주가 세습되는 상황에서도 실현될 방법이 있다는 것이 맹자의 주장이었다고 이해하는 것이 합당하다. 달리 말하자면 맹자는 세습군주정 체제라는 상황에서라도 재상 제도 등 군주권을 제약하는 여러 방법을 통해 허군공화제와 같은 정치체제를 구현함으로서 천하위공과 인정仁政의 유가적 정치 이상에 가까운 세상을 만들 수 있다고 본 것이 아닐까 한다. 이런 믿음이 후대 중국 정치체제에서 일정 정도 실현되었는지는 여기서 다루지 않겠다.

다만 「중국문화선언」이나 청말 이래 중국 지식인들 다수에게 통념으로 받아들여졌던 관점, 즉 진한 이래로 중국의 전통 정치는 왕 하나만 자유로운 전제정치에 지나지 않았다고 보는 견해는 중국 역사(넓게 보면 동아시아 역사)에 대한 편견에 기초한 거친 단정이라는 점만은 언급할 필요가 있으리라. 이와 관련해 이미 1952년에 나온 글에서 전목錢穆은 "신해혁명 이후, 혁명사상의 선전에 있어서 진한 이래의 정치 전통은 '전제암흑'의 4글자로 말살되어 버렸고, 이와 같은 전통 정치에 대한 경시가 더욱 전통문화에 대한 오해를 심화"했다고 비판했다.[94]

전목이 보기에 진한 이래로 중국에는 민권이나 헌법이 없는 암흑천지의 전제정치만이 있었다고 보는 관점은 오해이다. 그는 민권을 실현하는 방식이나 제도는 역사적 상황이나 전통의 상이성에 따라 다르다는 점을 인식하는 것이 중요하다고 하면서 중국 전통 정치의 모습을 다음과 같이 설명한다.

이제 분명하게 말하면 중국의 전통 정치는 사실 일종의 '사인士人정치'이다. 바꿔 말하면 '현능정치'라고 할 수 있다. 사인은 민중 가운데 비교적 현명하고 능력 있는 자이기 때문이다. 제왕이 있는 것은 국가의 통일을 나타낸다. 정부는 사인으로 구성되는데, 이것은 정부의 민주를 나타낸다. 정부는 이미 귀족정권이 아니고 또 군인정권과 부자정권이 아니며 더더욱 제왕 일인의 전제정권은 아니기 때문에, 이러한 정치는 자연히 반드시 그 이름을 민주정치

---

94) 전목, 『강좌 중국정치제도사』(김준권 옮김, 한국학술정보, 2005), 11쪽.

라 해야 할 것이다. 만약 반드시 서양의 민주정치와 다르다는 점을 말해야 한다면 잠시 '동양식의 민주' 또는 '중국식의 민주'라 해도 안 될 것은 없다.[95]

위 인용문은 1946년에 나온 「중국정치와 중국 문화」라는 글 일부인데 전목의 통찰이 매우 뛰어나다. 그는 오늘날의 유가적 정치사상이 서구식의 민주제도와 달리 일종의 정치적 능력주의(현능주의)라고 보는 관점을 이미 선취하고 있다. 그리고 그런 정치적 능력주의가 단순히 이상이나 관념으로만 머물러 있던 것이 아니라 중국의 역사 속에서 나름대로 구현되어 온 것임을 강조한다. 중국정치의 전통에 대한 그의 이런 관점은 서구적 민주제도 대 동아시아적 전제정이라는 추상적 대립 구도를 맴도는 서구중심주의적 사유 방식을 넘어서고 있다. 그런데 주지하는 바와 같이, 대만으로 넘어간 신유가 학자들만이 아니라 사회주의 혁명을 수행하는 본토 중국의 지식인들 마저도 여전히 이런 유럽중심주의적 사유 방식의 압도적인 영향을 벗어나지 못하고 있다.[96]

더 나아가, 영국의 사례를 본다면 군주정과 공화정이 반드시 양립하지 못한다고는 볼 수 없다고 여겨진다. 물론 오늘날에도 여전히 영국이 왕정을 폐지하고 순수한 공화제로 나가야 한다고 주장하는 사람들이 존재하지만, 그렇다고 하여 영국이 민주주의 국가가 아니라고 볼 사람은 그리 많지 않을 것이다.[97] 그렇기에 군주가 세습되는 삼대의 정치제도를 맹자가 천하위

---

95) 전목, 「중국정치와 중국 문화」, 황준걸, 『유가사상과 중국적 역사 사유』(신정근 외 옮김, 유교문화연구소, 2019), 306쪽에서 재인용함.

96) 물론 중국의 전통적 정치에서 구현된 사인 정부를 나름의 독자적인 민주제도라고 보는 전목의 관점에 관해서는 더 많은 숙고가 필요하다. 그러나 그의 관점은 오늘날 유가적 정치적 능력주의를 옹호하는 흐름과 마찬가지로 민주주의 및 그 이상을 실현하는 제도의 구상이 서구적인 역사적 경험에만 갇혀 있을 필요가 없다는 점을 보여 준다. 이는 그의 견해를 비판하든 옹호하든 21세기가 요구하는 민주주의를 발전시키는 데 중요한 시사점을 제공한다는 것이 필자의 입장이다.

97) 퀜틴 스키너(Quentin Skinner)에 의하면, 1600년대 영국에서 공화주의 논쟁이 활발했을 때 폭정에 반대하는 것이 곧 군주제를 반대하는 것인지를 둘러싸고 견해가 갈렸다. 어떤 사람들은 군주 살해를 주장하면서 폭정에 반대하였지만, 폭정에 반대하면서도

공의 이른바 민주적 정치제도와 완전히 대립하는 전제나 독재 정치체제로 이해하고 있었다고 보기에는 무리가 있다.

정치적 능력주의와 관련해서 우리가 깊게 성찰해 보아야 할 또 하나의 주제는 국민(혹은 인민)을 대표하는 방법이 무엇인지에 대한 문제이다. 달리 말하자면, 국민의 직접적 통치가 완전하게는 실현되기 힘들기에 대표를 선발해서 그들에게 일정 정도 정치를 위임하고 그들의 정치적 결정에 관한 책임을 묻는 대표제/대의제가 불가피함을 인정했을 때조차도 우리는 대표를 선발하는 것이 국민의 경쟁적 선거와 투표를 통해서만 가능하리라는 이해가 얼마나 자명한 것인지 반문해 볼 필요가 있다.

사실 이른바 보통의 자유민주주의 체제는 경쟁적 선거와 국민투표를 통해 선발한 일부의 대표자(국회의원이라 불리는)에게 중요한 정치를 담당하게 하는 대의제 민주주의이다. 그래서 사람들은 은연중에 국민(인민)을 대표하는 방법이 국민이 투표를 통해 선발하는 방법 말고도 의외로 다양할 수 있음에 대해서는 그리 주목하지 않는다. 그러나 이런 태도는 대표의 문제를 매우 협소하게 이해하게 만든다. 예를 들어 우리 사회에서 최근 많은 관심을 불러일으키고 있는 시민의회를 보자. 이 제도는 통계나 추첨의 방식을 통해 무작위로 선발된 일부 시민에게 중요한 사안에 대해 숙고와 토론을 거쳐 의견을 제시하게 하는 방안이다. 이런 시민의회는 의회를 대체하거나 보완하려는 문제의식에서 나온 대표에 대한 새로운 방법이다. 그런 점에서 시민의회는 국민이 선거를 통해 자신들의 대표를 뽑는 대의제와는 다른 방식의 '대표제'의 하나로 제안된 것이다.[98]

군주제도를 꼭 거부할 필요는 없다고 생각하는 사람도 있었다. 즉 "어떤 사람들은 군주제라는 제도를 폐지한다는 엄격한 의미에서 공화주의자였던 반면에, 다른 사람들은 그들의 자유론이 군주제적 정부의 규제된 형태와 양립 가능하다고 강조"했다. 그래서 스키너는 종래의 '공화주의 자유론'이라는 어법에서의 '공화주의'라는 개념은 혼동을 불러일으킬 수 있다고 본다. 공화주의가 군주제와는 양립할 수 없는 정치체제만을 지향하는 것처럼 오해될 수 있기 때문이다. 이제 그는 공화주의 대신에 '신로마적'이라는 용어를 사용한다. 퀜틴 스키너, 『퀜틴 스키너의 자유주의 이전의 자유』(조승래 옮김, 푸른역사, 2007), 183쪽 주석 72·74, 그리고 번역자 조승래의 169쪽 주석 19.

98) 모니카 브리투 비에이라(Monica Brito Vieira)·데이비드 런시먼(David Runciman), 『대표:

그런데 앞에서 인용한 전목의 주장도 이미 정치적 대표 선출 방법의 다양성을 인식하고 이를 강조하고 있다. 그는 서양의 민주주의만이 정치적 대표자를 선발하는 유일한 방법이라고 전제하는 대만 및 홍콩 신유가의 접근 방식에 강력하게 이의를 제기하고 있는 셈이다. 그가 보기엔 유가의 영향을 크게 받은 중국의 전통적 정치는 일종의 "사인士人정치" 혹은 "현능정치"인데, 사대부 혹은 선비는 과거제도와 같은 선발제도를 통해 추출된 비교적 현명하고 능력 있는 사람이기 때문이다.

전목이 주장하듯이, 과거제도를 통해 출생이 아니라 능력(유가적 경전 능력과 같은 일종의 특수한 능력)에 따라 정치 엘리트를 선발하여 이들에게 정치를 담당하게 하는 것을 일종의 중국식 '민주'라고 할 수도 있을 것이다. 오늘날 우리에게 익숙한 경쟁적 선거나 백성들이 직접 투표를 통해 선발하는 방식은 아니지만, 대표를 선발하는 방식은 다를지라도 정치 엘리트들에게 정치적 대표의 기능과 역할을 부여하는 것은 민주주의와 양립할 수 있다. 따라서 중국 전통의 정치제도로서의 사대부 정치는 '중국식' 혹은 '동아시아' 특유의 민주주의로 인정받을 수 있는 것이 아니냐는 전목의 주장은 오늘날에도 매우 중요한 의미를 지닌다.

더구나 전목의 접근 방식은 예외적인 것이 아니다. 일본의 저명한 중국역사학자였던 미야자키 이치사다(宮崎市定, 1901~1995)도 중국, 베트남, 조선 등지에서 실시된 과거제도를 "형식을 바꾼 일종의 총선거"로 해석해 볼 수 있다고 주장하였다.[99] 미야자키 이치사다에 따르면, 송대 이후 중국의 과거제도는 매우 개방적이었다. 약간의 제약이 있었다고는 하지만 사실상 거의 모두에게(그는 언급하지 않지만, 여성이 해당되지 않았음은 지적되어야 한다) 개방된 제도로서 사·농·공·상을 가리지 않고 다 응시할 수 있었다. 그런 점에서 중국의 과거제도는 "민주적인 매우 훌륭한 제도"였다고 그는 평가한다. 그런데 흥미롭게도 중국에서 과거제도를 가리키는 용어는 바로 '선거選

역사, 논리, 정치』, 13쪽, 「추천의 글」(이관후).
99) 미야자키 이치사다, 『중국의 시험지옥: 科擧』, 박근철·이근명 옮김(청년사, 1993), 237쪽.

擧'였다.100) 오늘날 우리가 4년을 주기로 국회의원을 선출할 때나 5년 단임의 대통령을 뽑을 때마다 사용하는 '선거'라는 단어가 바로 과거제도를 지칭하는 용어였다는 것은 깊이 음미해 볼 만한 대목이다.

사실 최근 중국 사회의 일각에서 일어나고 있는 정치적 능력주의에 대한 옹호도 전목과 비슷한 문제의식을 공유하고 있다고 여겨진다. 그러니까, 능력 있고 현명한 소수를 선거나 투표와 같은 방법이 아니라 다른 방식, 이를테면 천거나 시험으로 뽑은 다음에 고과나 실적에 따라 고위직으로 승진하게 하는 방법도 생각해 볼 필요가 있다는 것이다. 결국 체제로서의 정치적 능력주의는, 선거와 다른 천거나 시험 등으로 선발된 정치지도자들이 중요한 공적 사안에 대한 정치적 결정을 내리게 하고 그 결과에 대한 책임을 지게 하는 체제인데, 이념으로서의 정치적 능력주의는 그런 체제도 일정한 방식으로 정치적 정당성을 확보할 수 있는 독자적인 대표 선출의 방법이 아닌가 하는 질문을 제기하고 있는 셈이다.

이런 방식으로 접근해 본다면 우리 사회에 너무나 강력하게 통념상의 지위를 획득한 것으로 보이는 견해, 즉 유가는 민본주의 정치사상으로서 민주주의와는 거리가 있다는 견해도 심각하게 재검토할 필요가 있다. 흔히들 유가의 민본주의는 '인민 자치'로서의 민주주의(democracy)와 달리 그저 '백성을 위하는'(爲民) 정치일 뿐이어서 무엇이 백성에게 좋은 것인지를 오로지 군주나 소수의 정치 관료가 결정하는 시스템이었기 때문에 백성을 단지 통치의 객체나 피동적 대상으로만 삼는 한계를 넘어서지 못한다고 평가하곤 하는데, 이런 판에 박한 평가는 정치적 주체란 무엇이며 '인민(국민) 의 통치'라는 정의에서의 '통치'라는 용어가 무엇인지 등등에 대한 협소한 이해에서 비롯된 것일 수도 있기 때문이다.

또한 민의를 대변하고 반영하는 다양한 방식을 고려할 때 유가적 민본주의 와 서구의 (데모크라시로서의) 민주주의는 둘 사이의 거리 못지않게 또한

---

100) 같은 책, 220쪽 및 236쪽.

서로 통하는 바가 많다는 점에도 주목할 필요가 있다. 예를 들어 민의를 적절하게 대변할 것으로 믿었던 군주와 백성 사이의 암묵적 혹은 명시적 신뢰 관계가 파괴되었다면 궁극적으로 역성혁명이라는 방법을 통해서라도 왕이나 왕조가 변경되어 마땅하다는 맹자의 이론은, 백성을 위한 민본과 위민의 정치가 사실상 군주와 백성 사이의 상호신뢰에 기반한 정치의 일종으로 해석될 소지가 상당하다는 것이 필자의 견해이다.

아울러, 이른바 오늘날의 자유민주주의도 능력주의적 요소를 강하게 지니고 있다. 자주 논쟁이 되는 주제이지만 미국에서 사법심사를 담당하는 9명으로 구성된 연방대법원은 국민의 대표인 의회가 만든 법률이 헌법에 어긋나는지를 평가하여 그런 법률을 무효로 만들 수 있다. 더구나 미국의 연방대법원 판사는 임기가 죽을 때까지이고 국민에 의해 직접 선출되지 않는다. 이들 판사는 능력에 따라 선발된 자들이다. 그래서 헌법재판소 역할도 함께 하는 미국 연방대법원에 대해 어떤 사람들은 민주주의 원칙에 어긋난다고 보기도 한다.

그러나 대법원이나 헌법재판소가 인민의 민주적 통제로부터 완전히 벗어나 있지는 않다. 선거로 뽑힌 지도자들에게 -국민이 뽑은 정치가들이 직간접적인 방식으로 대법원 판사를 임명하는 관행과 같이- 이들 전문가를 통제하면서 그들에게 일정한 책임을 물을 수 있도록 하기 때문이다. 행정직 관료들도 능력에 따라 선발되었다고는 하나-고위 행정직 역시 민주주의 사회에서 국민이 선발한 정치지도자나 대통령 등에 의해 임명된다- 자유민주주의 사회에서 그들의 권한은 엄격하게 한정된 영역에서만 발휘될 수 있고 최대한 정치적 중립을 지킬 것을 요구받는다. 이와 달리 정치적 능력주의에서 바라본 정치지도자들은 자유민주주의 체제의 비선출직 행정 관료나 사법부 판사들보다 훨씬 더 광범위한 정치적 활동 영역을 보장받는다는 점에서 차이가 있다.[101] 하여간 미국의 연방대법원과 같은 능력주의적 제도는 능력주의와

---

101) 대니얼 벨, 『차이나 모델』, 17쪽.

민주주의 사이에는 양자택일만이 아니라 서로 양립할 가능성도 존재함을 보여 준다.[102]

미국 연방대법원의 능력주의적 요소보다 더 논쟁적인 것은 서구식 대의민주주의 자체가 일종의 귀족주의적 요소를 지닌 '민주적 귀족정'이 아니냐하는 문제이다. 예를 들어, 버나드 마넹(Bernard Manin)에 따르면 모든 성인 시민들이 선거를 통해 자신들의 대표를 뽑는 '선거'와 민주주의를 동일한 것이라 보는 시각이 너무나 확고하게 굳어져서 이제는 선거의 귀족주의적 요소에 대한 탐구가 아무런 의미를 지닐 수 없는 것처럼 여겨지게 되었다. 그러나 이는 대의제도가 지니는 귀족주의적 성격을 간과하는 오류를 초래한다. 사실 서양의 정치철학사에서 선거가 민주주의에 어울리기보다는 오히려 귀족주의적이라고 보는 관점은 아리스토텔레스에서부터 몽테스키외와 루소에까지 이르는 오랜 전통을 지니고 있다.[103]

그런데 흥미로운 사실은 미국이 민주주의를 설계할 때 대의민주주의 형식의 정치체제를 선택한 미국 민주주의의 건설가들은 선거를 통해 덕과 지혜가 탁월한 사람들이 통치자로 선발될 것이라고 믿었다는 점이다. 미국 민주주의를 만드는 데 혁혁한 공을 세운 이론가 제임스 매디슨(James Madison)이 선거를 아테네의 직접(순수)민주주의보다 더 합리적인 정치체제로 보았던 이유는, 공공선이 무엇인지를 일반 시민들보다 더 잘 이해하고 시민적

---

102) 물론 미국의 저명한 민주주의 이론가 로버트 달은 미국 연방대법원이 "민주적 정치체제의 존속에 필요한 근본적 권리들"을 보호하는 역할에 충실하지 못하고 "헌법을 해석한다는 미명 하에– 또는 심지어 보다 더 의혹스럽게, 건국 선조들의 애매하고 또 종종 파악하기 어려운 의도들을 신성시함으로써" 일종의 별도의 입법부, 즉 비선출직임에도 불구하고 법과 정책을 스스로 만들어 내는 "비선출직 입법부"(an unelected legislature)로 변질되어 간다고 보았다. 그리고 예일대학교 정치학과 교수인 이언 샤피로(Ian Shapiro)는 달의 미국 연방대법원에 대한 우려가 사실상 역사적으로 타당하다는 결론을 내린다. 그는 미국 "연방대법원은 민주적 정체의 작동에 필요한 근본적 권리를 보호하기보다는, 오히려 금전적 이익에 의한 민주주의의 전복(democracy's subversion)을 방조하고 또 부추겨 왔다"라고 강조한다. 이언 샤피로, 「제2판 서문」, 로버트 달, 『증보판 민주주의』(김왕식 외 옮김, 동명사, 2021), 17~18쪽.
103) 버나드 마넹, 『선거는 민주적인가: 현대 대의민주주의의 원칙에 대한 비판적 고찰』(곽준혁 옮김, 후마니타스, 2004), 169~170쪽.

덕목에 따라 행동할 가능성을 더 많이 지니는, 지혜와 덕성을 소유한 사람들을 통치자로 만드는 데는 선거라는 장치가 아테네식의 민주주의보다 더 유리하게 작용할 것이라고 믿었기 때문이다.[104)]

마넹에 따르면, 아리스토텔레스나 몽테스키외 그리고 루소 등은 선거가 "본질적으로 귀족주의적"이라고 보았다. 선거를 둘러싼 배경 조건 등이 귀족주의적 엘리트들에게 결과적으로 유리하게 작용하기 때문에 그렇다는 것이 아니라, 그들은 귀족주의적 요소가 "선거 그 자체의 속성"에서 비롯된 것이라고 주장했다. 물론 선거에 귀족주의적 요소 못지않게 민주주의적이고 평등주의적인 요소도 있음을 무시할 필요는 없다. 예를 들어 보통선거는 일반 시민 모두에게 선거 과정에서나마 동등한 발언권을 보장하고 있으며, 1인1표제가 보여 주듯이 투표의 가치는 가난한 사람이든 부유한 사람이든 동등한 비중을 보장받는다. 그러나 더 중요한 사실은, 모든 시민은 자신들이 선발한 대표자가 마음에 들지 않으면 선거를 통해 그를 면직시킬 힘을 갖고 있다는 점이다. 그러므로 마넹이 주장하듯이 선거는 불평등하고 귀족주의적인 측면과 평등주의적이고 민주주의적인 측면의 두 얼굴을 지니고 있다.[105)]

그러나 이런 두 얼굴을 지니고 있기에 선거민주주의는 잘못하면 소수의 특권계층, 오늘날 상황에서는 시장에서 큰 권력을 지니는 부유한 사람들의 금권을 통한 과두정으로 전락할 수 있다. 게다가 이런 과두정은 정치적 엘리트와 전문가들이 결탁한 정치적 능력주의 체제로 변질될 수 있다. 그러므로 제임스 매디슨도 미국을 민주주의 국가로 정초하는 초기에는 재산을 소유한 사람들의 권리를 침해할 다수의 폭정을 염려했으나, 나중에는 미국 민주주의에 대한 위협은 다수가 아니라 다수의 이익을 무시하는 소수로부터 나올 것으로 생각하게 되었다는 점도 명심해 두어야 한다.[106)] 이런

---

104) 로버트 달, 『민주주의 이론을 위한 서설: 50주년 기념판』(한상정 옮김, 후마니타스, 2022), 253쪽.
105) 버나드 마넹, 『선거는 민주적인가: 현대 대의민주주의의 원칙에 대한 비판적 고찰』, 171쪽 및 188쪽.

점에서 선거민주주의와 정치적 능력주의를 민주 대 독재 혹은 문명 대 야만 혹은 선 대 악의 이분법적 선택지로 접근하는 방식은 전혀 타당성이 없다고 여겨진다.

요약해 보자면, 필자는 정치적 능력주의의 주장이 터무니없는 가벼운 제안이라고는 생각하지 않는다. 민주주의적 정치만이 아니라 정치적 정당성의 문제를 더 폭넓게 이해하기 위서해서라도 선거라는 장치를 통한 대표 선출의 방식 이외의 다양한 형태의 대표 선출 방법들을 검토하는 작업이 필요하다. 비지배 자유를 주장하는 신로마 공화주의 이론가로 널리 알려진 필립 페팃(Philip Pettit)도 민주주의의 주체인 국민의 대표를 비선출적 방식으로 선발하는 방안을 검토한다. 바로 위에서 언급했던 시민의회와 같은 대표제가 바로 비선출적 방식으로 선발된 대표제도의 하나이다. 페팃은 국민에 의해 선발된 선출적 대표를 "호응적 대표"(responsive representatives)라고 한다. 왜냐하면 이들은 어떤 중요한 일을 결정할 때 국민과 상의할 것과 국민의 지시를 받아들일 것을 표결을 통해 요구받기 때문이다.

반면에 특별한 방식의 지침이나 제약에 따라 활동하면서 우리와 상의하지 않고, 또 우리의 지시가 없더라도 우리가 결정할 것을 선택할 것이기에－물론 특별한 경우에는 우리의 구체적인 요구에 호응하지 않을 수도 있다－ 선발된 사람도 있다. 페팃은 이들을 "지표적 대표"(indicative representatives)라고 명명한다. 이런 비선출직 대표, 즉 지표적 대표의 사례로 거론되는 것은 옴부즈맨, 중앙은행, 선거관리위원회 그리고 법원의 판사들이다. 이들은 일정한 조건이 충족된다면 "우리 인민이 원하는 방식으로 행동할 것"라는 점에서 일종의 독자적 대표라는 것이다. 물론 판사나 선거관리위원회, 중앙은행 등의 공식적 관리만이 지표적 대표가 될 수 있는 것은 아니다. 독자적으로 활동하는 공익단체의 예처럼, 스스로 대중을 대표한다고 나서서 대중이 무엇인가를 결정하게 될 때 그 선택을 옹호하고 대변하는 경우와 같은 비공식적 지표적

---

106) 이는 로버트 달의 해석을 받아들인 것이다. 로버트 달, 『민주주의 이론을 위한 서설: 50주년 기념판』, 260쪽.

대표도 존재하기 때문이다.[107)]

물론 페팃의 대표제 이론은 민주주의에 활력을 불어넣으려는 고민에서 나온 것이었지만, 다양한 방식의 대표제에 대한 성찰은 과거제도를 운영했던 동아시아 전통의 유교적 정치제도 및 정치문화의 특색이나 정치적 능력주의를 이해하는 데에도 도움이 될 것이라고 여겨진다.[108)] 적어도 유교적 성왕론이나 대동 이념을 정치적 능력주의로 해석하는 학자들은, 현명하고 덕이 있는 정치 엘리트들이 비록 선거라는 제도를 통해 백성에 의해 선발되지는 않았음에도 불구하고, 아니 그렇기 때문에 더 탁월하게 백성들이 원하는 바를 정확하게 정치에 반영할 수 있다고 가정하는 것으로 여겨진다. 그 가능성 자체가 논리적으로 완전히 배제되는 것은 아니겠지만, 그러한 가정에는 여전히 심각한 난점들이 도사리고 있다. 특히 일반 백성들에게 주어진 민주적인 통제력이나 견제 장치가 부족해서 생길 수 있는 정치 엘리트들의 특권화 경향이나 권력의 부패 문제와 같은 상황을 염두에 둘 경우, 그러한 상황의 해결에는 정치적 능력주의가 민주주의 정치제도에 비교해 더 나을 것이라는 보장도 없다.

5. 정치적 능력주의의 한계

그러나, 소수의 현명하고 덕성이 있는 사람만이 정치에 전적으로 책임 있게 참여할 수 있다고 여기는 정치적 능력주의의 주장이 과연 유가 정치사상의 핵심이라고 볼 근거는 있는가? 달리 말하자면, 백동동의 주장처럼 일반 사람들은 "진정한 정치적 결정을 내릴 능력은 없다"는 것이 공자나 맹자 등의 유가적 정치사상의 전통에서 민주주의의 정당성을 도출하려는 시도와

---

107) 필립 페팃, 『왜 다시 자유인가』(곽준혁·윤채영 옮김, 한길사, 2019), 209~211쪽.
108) 여기에서 상론할 수는 없지만, 지표적 대표에 대한 숙고는 미래세대의 권리나 자연 및 비인간 생명체의 권익을 대변할 방안의 하나로도 활용될 수 있다고 여겨진다.

비교해 더 합당한 결론이라고 할 수 있는가? 그런데 이 논의를 본격적으로 논의하기 전에 우선, '진정한 정치적 결정 능력'의 소유 여부를 판단하는 기준은 물론이거니와 그 개념 자체도 모호하다는 점을 지적하지 않을 수 없다.

백동동에 따르면, 맹자와 같은 유학자들은 모든 인간이 다 도덕적으로 훌륭한 사람이 될 수 있다는 점을 신뢰하지만 모든 사람이 다 그런 역량을 실제로 갖출 수는 없다고 본다. 이처럼 모든 인간이 잠재적으로 자신의 도덕적 역량을 실현할 평등을 지닌다고 해도 실제로 그것을 구현하는 사람은 소수이기에, 유가는 그런 소수들만 "전적으로 정치 참여"가 가능하다고 여긴다. 이처럼 백동동의 유가관에 따르면 공맹 유학의 근본 사상은 도덕적 평등은 긍정하면서도 정치적 평등에 대해서는 일정 정도 유보하고 제한하고 있다. 이런 해석에서 출발하여 그는 선거권을 지닌 일반 사람들이 지식이나 도덕의 면에서 부족하다는 한계는 마이클 샌델과 같은 공동체주의 철학자가 믿듯이 그들의 정치적 참여를 이끌어 내어 시민적 덕성과 역량을 제대로 구현할 수 있도록 하는 식으로는 해결될 수 없다고 결론짓는다. 따라서 유학자들은 "공동체주의 내부의 강한 공화주의를 거부"한다.[109] 그리하여 그는 앞에서 보았던 것처럼 이런 문제를 해결할 방법이 바로 정치에 '능력주의적인(meritocratic) 요소'를 도입하는 것이라고 결론 내린다.

물론 백동동의 유가적 해석이 교육이나 정치 참여의 기회 등을 완전히 거부하는 것은 아니다. 그도 1인1표제가 "정부 지도자와 정책에 대해 자신들의 만족도를 표현하는 효과적인 도구"라는 점은 인정한다. 그러나 유가에 따르면 일반 백성들은 투표와 같은 직접 선출이 아니라 능력주의적 기준에 따라 선발된 현명하고 덕 있는 소수자들의 정책이 자신들에게 만족스러운지 그렇지 않은지를 판단할 정도의 정치적 역량만을 지닐 수 있을 뿐이다. 달리 말하자면 그는 일반 백성이 "직접적으로든 혹은 자신이 선출한 대표자

---

109) 바이통동, 「개인, 가족, 공동체 그리고 그 넘어: 샌델의 『정의란 무엇인가』에 대한 유가적 검토」, 『마이클 샌델, 중국을 만나다』, 56쪽.

를 통해서든" 결코 "진정한 정치적 결정을 내릴 수 있는 능력"을 확보할
수는 없다고 강조한다. 백동동과 유사하게 챈 또한 유가의 천하위공은
"통치자의 선발을 포함하여 사회적 및 정치적 질서가 모든 사람의 이익을
위하여 노력해야만 한다는 것을 함축한다"라고 가정함을 앞에서 보았다.

이제 '참다운 정치적 결정 능력'에 대한 백동동의 서술을 토대로 그것이
안고 있는 문제점을 검토해 보자. 먼저 일반 사람들은 소수 정치지도자의
결정이 지닌 정책적 효과가 자신들에게 만족스러운지를 판단할 정도의
능력만을 갖고 있다는 주장이다. 우선 이를 선의로 해석해 보자. 만일 오늘날
과 같이 복잡한 사회에서 발생하는 문제들을 해결하는 데 필요한 지식의
폭과 깊이를 잘 갖추고 있는 사람을 소수라고 한다면, 이를 긍정할 수
있다. 당연히 일반 사람들은 코로나19의 염기서열이나 생태위기의 복잡한
원인, 전 지구화된 세계 경제의 흐름 등에 대해서는 전문가와 비교해 인식
능력이 훨씬 떨어지고, 따라서 그에 대한 정책들을 실제로 입안하고 결정하는
능력이 부족할 수밖에 없다. 그러나 이런 전제로부터 일반 백성은 단지
비선출의 능력 있는 정치지도자가 시행한 정책의 효과만을 판단할 수 있을
따름이라는 결론이 도출될 것 같지는 않다.

여기에서도 사실 애매한 점이 반복된다. 일단 그 정치적 결정 과정의
정당성과 관련된 투명성과 공개성과 같은 문제는 논외로 치자. 중요한
것은 일반 사람이 그 정책의 실질적 의미나 내용에 대한 이해와 인식도
없는 상태에서 정치적 결정의 효과를 제대로 판단할 수 있는지 하는 문제들일
것이다. 그런데 이런 문제와 관련해서 백동동의 견해는 모호하다. 필자가
보기에 백동동은 그런 것을 함축한다고 보는 것 같다. 그러니까, 일반 사람은
정치지도자가 내린 정치적 결정의 효과를 볼 때 그 정책적 내용의 실질적
의미를 이해하지 않는다고 보는 것 같다.

그러나 이런 주장은 유가적 정치사상의 관점에서 볼 때도 그리 타당성이
없다. 백성의 마음을 잃은 정치 권력은 결국 실패할 수밖에 없다는 것,
즉 지도자와 백성 사이의 신뢰 관계 형성이 정치질서 유지의 핵심적 관건이라

는 것은 공자 이래 유가 정치사상의 일관된 입장이다. 유학자들이 정치적 정당성의 궁극적인 근거를 백성의 동의에서 구했는지는 여기에서 그다지 중요한 쟁점이 아니다. 여기에서 중요한 것은 백성의 마음이나 백성이 스스로 내리는 판단, 즉 정치지도자가 내린 정치적 결정의 효과를 승인하는 행위가 과연 그 판단 대상인 정책의 의의를 어느 정도 이해하는 선에서 이루어지는 것이라 보아야 하는지가 관건이기 때문이다.

그런데 정치지도자들이나 전문가들 역시 일반적으로, 그러니까 모든 사람에게 소통의 과정을 통해 생태위기의 심각성을 승인받지 못한다면 아무리 정치적 엘리트들이 스스로는 진정한 의미의 정치적 결정이라 생각해서 내린 결정이었다 하더라도 사실상 효력을 발휘할 수 없다. 즉 어떤 정치적 결정이 필요하다고 판단할 때 그 정책이 왜 중요한지에 대한 근거와 까닭 정도는 백성들에게 설명할 필요가 있고, 또 백성들 역시 그런 것을 이해할 역량이 있다는 것이 필자의 견해이다. 정치적 결정 과정에서 일반 백성의 참여가 중요한 이유가 바로 여기에 있다.

백동동은 참다운 정치적 결정을 내릴 역량이 일반 백성에게는 없다고 생각하여 정책을 형성하는 과정에는 크게 주목하지 않았던 것 같다. 그리고 정치지도자가 내린 결정이 백성들에게 널리 알려지는 것도 꼭 필요할 것이다. 정책의 공지성이란 유가에서도 매우 중요하게 다루어지는 문제이다. 정책의 공지성이 전제되지 않는다면 정치지도자가 내린 정책의 관철 자체가 백성에게 호응을 얻지 못할 수도 있기 때문이다. 그러므로 이런 과정을 전제로 하여 이루어질 백성들의 판단에는 정치지도자가 내리는 정책의 의미와 가치 지향이나 근거 등등이 포함되어 있을 것이라고 추론하는 것이 더 타당하다. 정치지도자가 내리는 정책의 의미나 가치 지향이나 그것이 왜 필요한 것인지에 대한 나름의 근거 제시도 없이, 그리고 그런 것들에 대한 아무런 사전 이해도 없이 과연 백성들이 정책의 효과를 판단할 수 있을 것인지가 의문스럽다.

더 나아가 백성의 교화 가능성에 기반하는 유가적 공맹 사상의 관점에서 볼 때는 오히려 위와 같은 필자의 반론이 더 타당하고, 백동동은 백성의 동의를 과도하게 수동적인 것으로만 치부하는 것처럼 여겨진다. 이와 관련해 유가사상을 정치적 능력주의를 옹호하는 학설로 보려는 그의 해석과 접근 방식은 한계를 보인다. 예를 들어 맹자는 "사람이 다 요·순이 될 수 있다"("맹자』「고자하」 2)라고 주장할 뿐만 아니라, 요·순과 같은 "성인도 나와 동류인 자"임을 역설한다. 그래서 맹자는 "성인은 우리 마음에 똑같이 옳게 여기는 바를 먼저 아신"("맹자』「고자상」 7) 사람일 뿐이라고 강조한다. 이런 맹자의 주장을 볼 때 소수의 현명한 이들 역시 일반 백성에게서 나온 사람이므로, 그들이 내린 정치적 결정이 설령 매우 고도의 능력을 전제한다고 하더라도 이미 모든 사람은 그와 같은 능력과 역량을 실현할 가능성을 지니고 있다고 보아야 한다.

그렇다면 맹자는 도덕적 잠재력에서만이 아니라 실제로 모두가 성인聖人이 될 수 있음을 주장한다는 점에서 백성과 왕의 정치적 평등을 긍정하는 것이라 이해될 수 있다. 따라서 중요한 것은 어떤 사회이든 간에 그런 정치적 역량의 평등한 잠재력을 실현할 수 있는 공평하고 실질적인 조건이 보장되어야 한다는 점이다. 그리고 빼놓을 수 없는 것은 당연히 백성들이 정치적 참여의 기회를 평등하게 지녀야 한다는 점이다.

백동동의 견해, 즉 일반 백성은 소수의 정치지도자가 내린 정치적 결정의 효과가 만족스러운지를 판단할 수 있을 뿐 참된 의미의 정치적 결정의 역량은 결코 지닐 수 없다는 관점은 백성과 왕 사이의 연대를 유달리 강조하는 맹자와 같은 유가들의 정치적 이상의 본뜻을 잘 드러내지 못하고 있는 것으로 보인다. 예를 들어 맹자는 소수의 정치적 지도자들과 일반 백성 사이의 공동의 유대 의식이 지속되기 위해서는 일반 사람들이 내적이고 자발적으로 '소수의 정치적 결정의 목적이나 결과 등을 나름 공정하고 객관적으로 평가하여 지지하거나 거부할 수 있는 능력'을 개발해야 한다고 보는 것 같다. 이와 연관된 맹자의 주장을 들어 보자.

우선 맹자는 백성의 신임을 얻는 방법은 백성의 마음을 얻는 것이라고 강조한다.[110] 맹자에 따르면 백성의 마음을 얻는 방법은 백성이 원하는 바를 왕이 행하는 것이다. 민의를 떠난 군주의 정치란 성공할 수 없으며 원리적으로도 타당하지 않다는 말이다. 더 나아가, 맹자는 백성의 마음은 왕의 마음과 원리적으로 같다는 점을 강조한다. 이런 맥락에서 우리는 『대학』의 "백성들이 좋아하는 바를 좋아하고 백성들이 싫어하는 바를 싫어함"을 군주 즉 "백성들의 부모"라 일컬어지는 권력자가 지녀야 할 기본적 덕목으로 보는 구절에 주목할 필요가 있다. 이에 대해 주희는 최고 지도자는 늘 "백성의 마음을 자기의 마음"으로 삼을 줄 알아야 한다는 말이라고 주석한다.[111]

맹자가 인간의 마음은 본래 인의예지와 같은 도덕적 본성을 지향한다고 말한 것도 널리 알려져 있다. 그렇기에 백성을 교화한다는 것은 정치의 과제에서 으뜸가는 과제일 것이고, 그러한 교화의 달성은 결국 백성들의 타고난 도덕적 본성인 이른바 어진 마음을 기르는 데 달려 있다.[112] 그러므로 맹자는 정치가 오로지 백성의 물질적 풍요로움만을 중시하여 백성의 도덕적 인간다움의 배양, 즉 인륜의 실현에 힘쓰지 않는다면 인간을 금수처럼 대하는 것이라고 비판했다. 맹자에 따르면 "인간에게는 도리가 있는데, 배불리 먹고 따뜻이 옷을 입으며 편안히 거처하게 하더라도 가르침이 없으면 금수禽獸와 가까워진다."[113]

그런데 이런 도덕성의 실현에서 백성과 왕(정치지도자) 사이의 성공적인 소통 관계의 형성보다 더 중요한 것은 없다고 맹자는 믿었다. 그래서 그는 말한다. "대순大舜은 이보다도 더 위대함이 있었으니, 선善을 남과 함께

---

110) 『맹자집주』, 209쪽, 「이루상」 9.
111) 『대학·중용집주』, 43쪽.
112) 이상익이 잘 지적하듯이, 맹자는 백성의 항산이 항심보다 우선한다고 했지만 그것은 항산이라는 백성의 물질적 삶의 조건의 확보를 우선적 과제로 본 것일 뿐이다. 그러므로 맹자의 주장은, 민생의 안정을 통해 백성이 인의예지의 인륜적인 본성을 실현할 수 있도록 하는 것을 정치의 궁극적 과제로 설정했다고 보는 것이 더 적절하다. 이상익, 「민주와 민본의 비교와 통섭을 위한 정치 철학적 검토」, 신정근 외, 『민본과 민주의 개념적 통섭』, 341쪽.
113) 『맹자집주』, 158쪽, 「등문공상」 4.

하시어 자신을 버리고 남을 따르시며 남에게서 취하여 선善을 함을 좋아하셨다." 이에 대한 주희의 해석은 다음과 같다.

순舜임금의 행함은 우왕禹王과 자로子路보다 더 위대함이 있음을 말씀하신 것이다. 선을 남과 함께 하였다는 것은, 천하의 선을 공적公的으로 삼아 사사롭게 여기지 않은 것이다. 자신이 선하지 못하면 얽매이고 인색히 하는 바가 없이 버리고 남을 따르며, 남에게 선이 있으면 억지로 힘씀을 기다림이 없이 자신에게 취하였으니, 이것은 선을 남과 함께 하신 조목이다.114)

공자도 맹자와 비슷한 주장을 한다.

공자께서 말씀하셨다. "순임금은 큰 지혜이실 것이다. 순임금은 묻기를 좋아하시고 천근淺近한 말씀을 살피기를 좋아하시되 악을 숨겨 주고 선을 드날리시며 두 끝을 잡으시어 그 중中을 백성에게 쓰시니, 그 때문에 순임금이 되신 것이다."115)

공자와 맹자의 주장에서 보듯이, 위대한 정치인이 할 일은 백성의 말을 경청하여 그 내부에 있는 선을 명확하게 하는 데 있다. 그리고 천하의 선을 이루기 위해서는 공적인 마음이 필수적인데, 이 경우 왕에게나 백성에게나 요청되는 것은 타인의 의견에 대한 개방적인 태도이다. 특히 위 인용문들이 강조하듯이 왕은 늘 자신에게 선하지 못함이 있으면 그것을 버리고 타인에게 선함이 있으면 그것을 택하는 마음을 지녀야 한다. 이는 타인 즉 일반 사람들의 선의 역량에서 배워야 함을 의미한다. 그리고 질문하고 경청하는 마음 자세로 백성과 소통을 통해 이루고자 하는 것은 자신과 타인의 도덕적 잠재력의 구현이다. 이처럼 백성과 왕은 더불어 공동선을

114) 같은 책, 108쪽, 「공손추상」 8.
115) 『대학·중용집주』, 65쪽.

구현하는 연대공동체의 구성원이 된다.

그런데 이런 과제가 단지 정치지도자의 정치적 결정의 효과만을 대상으로 하는 일반 백성의 신임 획득으로 얻어질 수 있다고는 보이지 않는다. 정치적 능력주의를 주장하는 학자들이 가정하듯이 만약에 정부가 추구하는 정치적 목표와 그것을 이룰 수 있는 수단에 관해 가장 우월적인 앎을 지닌 사람들이 소수의 정치지도자라면, 왜 그들이 순임금처럼 백성들의 말을 경청하고 백성들과 선을 같이 나눠야 하는지에 관해서는 설명하기 힘들 것이다. 따라서 우리는 맹자의 정치사상에서 정치적 권위의 궁극적 정당성은 백성의 동의에 있음을 강조하는 부분에 더 주목할 필요가 있다. 이와 관련해서 가장 중요한 부분이 『맹자』 「양혜왕하」 7장에 나온다.[116] 여기에서 맹자는 "(어떤 사람에 대해) 좌우의 신하가 모두 어질다고 말하더라도 허락하지 말고 여러 대부가 모두 어질다고 말하더라도 허락하지 말며, 국인國人이 모두 어질다고 말한 뒤에 살펴보아서 어짊을 발견한 뒤에 (그를) 등용"하라고 말한다. 그리고 여러 공적인 사안들을 결정할 때는 늘 '국인國人'의 의사를 결정적인 기준으로 삼아야 함을 반복해서 강조한다.

이러한 맹자의 주장은 국인 즉 일반 백성의 동의가 모든 정치적 결정의 궁극적 정당성의 근원을 강조하는 것이라고 해석할 수 있다.[117] 그렇다면 맹자 역시도 군주의 통치, 더 나아가 통치 권력 자체에 대한 백성들의 발언권 행사가 제한되어야 함을 인정할 것 같지는 않다. 예를 들면, 지식을 지닌 사람에게 100표의 가치를 주고 청소하는 사람에게는 1표의 가치를 준다든가 발언권에 차등을 둔다든가 하는 것을 찬성할 것 같지는 않다는 말이다. 그러므로 거듭 강조하고 싶은 것은, 유가의 덕치는 일반 백성들의 내적 수긍을 통한 정치적 권위의 인정을 전제하지 않는다면 무의미해지거나 사기 혹은 (플라톤의 용어를 빌려 표현한다면) '고귀한 거짓말'과 같은 이데올

---

116) 『맹자집주』, 61~63쪽.
117) 『맹자』 「양혜왕하」 7에 등장하는 '國人'의 성격이 무엇인지에 관해서는 이 책 제2장 제3절에서 상세하게 언급했기에 그곳을 참조 바람.

로기적 속임수에 불과할 것으로 전락하게 되리라는 점이다. 백성들과 함께 고통을 나누고 진정으로 즐거워하는 여민동락與民同樂의 세상을 꿈꾸었던 맹자가 그런 식의 정치제도를 상상했다고 보기는 힘들다.

만약에 정치적 엘리트들은 현명하고 능력이 있어서 중요한 정치적 결정을 내릴 역량을 지니고 있지만 일반 시민들의 역량은 정치지도자가 내린 결정의 효과만을 수동적으로 판단하는 것에만 한정된다는 사실이 인정된다면, 사회는 소수의 역량 있는 집단과 무능력하고 피동적인 일반 백성이라는 이분화된 계급사회로 전락하고 말 것이다. 그러나 공자나 맹자가 그렸던 이상사회는 그런 사회가 아니라 적어도 백성과 통치자 사이의 연대가 이루어지는 조화로운 사회였다.

물론 공자나 맹자도 그렇겠지만 그 누구도 백성이 정치적 문제를 논하거나 그에 대해 의견을 표할 때 오류를 범할 수 있다는 점을 부인하지 않는다. 그러므로 더 중요한 문제는 그런 오류 가능성을 줄일 방법을 고안하는 것인데, 그런 방법의 하나가 시민 교육을 통한 역량 강화이다. 또한 백성의 삶의 질을 향상하여 하늘로부터 부여받은 도덕적 잠재력을 구체적인 생활 관계—흔히들 오륜 관계라 일컫는 가족 내 부부관계나 부모 자녀 관계, 친구 관계, 가까운 친인척 및 마을 사람 사이의 관계, 군신 관계 등—를 통해 강화시킬 수 있는 정치적 참여 역시 필요하다. 그런 의미에서, 유가적 관점에서 볼 때 사회공동체는 인륜적 공동체로서 모든 사람의 덕성의 실질적 구현을 목표로 한다.

그러나 백동동은, 시민 교육의 강화나 시민의 정치 참여가 시민의 정치적 역량 강화에 이바지한다는 것을 부인하지 않으면서도 정치 참여를 통한 시민들의 역량 강화에 한계가 있음을 강조하면서 소수의 역량 있는 사람들에게 통치를 맡기는 것이 더 바람직하다고 본다. 이런 백동동의 입장이 왜 한계를 지니는지는 이미 설명했다. 그러니까, 우리는 '진정한 의미의 정치적 결정을 내릴 능력'의 다양한 의미와 층차를 구분하면서도 유가의 정치사상은 일반 백성들이 정치적 엘리트들의 결정에 관한 옳고 그름을 판단할 수 있는 능력을 지녔다는 믿음을 전제한다고 보아야 할 것이다.

그러나 이와 같이 전제하고 나면 백동동이나 다른 유가적 정치적 능력주의 옹호자들은 또 다른 한계에 이르게 된다. 그것은 바로 정치적 권력의 부패 문제이다. 서구적 자유민주주의에 비교해서 정치적 능력주의가 정치 권력의 부패 문제를 더 잘 해결할 것이라는 설득력 있는 근거가 있다고는 여겨지지 않는다. 소수의 현명하고 능력 있는 정치지도자가 권력을 갖고 있다는 것은 그 자체로 매우 위험한 가능성을 안고 있다. 탁월하고 역량 있는 사람이 도덕 독재로 흐르거나 다른 방식으로 부패할 개연성이 적다 하더라도, 그것이 일단 발생하고 나면 그 무엇보다도 위험한 결과가 초래할 것이기에 그에 대한 제도적 대비책이 반드시 필요하다. 왕이면서 스승의 역할을 할 수 있다고 자부하는 사람에게서 독단과 아집으로 인해 권력을 남용하고 독재자로 변모할 가능성을 완전히 배제하기란 불가능하다. 이런 문제들에 대해 유가적인 정치적 능력주의 담론이 과연 얼마나 설득력 있는 해결책을 제시하고 있는지는 의문이다.

백성들과 정치지도자들 사이의 조화로운 연대가 상실되고 지배계층이 소수의 특권층으로 전락할 가능성을 막는 장치 가운데 가장 널리 알려진 것은 맹자의 경우 아마도 역성혁명론일 것이다. 그 밖에 전통 시대의 중국이나 조선시대에 경연과 같은 제도를 통해 군왕에게 도덕적 군주가 되도록 하는 방법도 있었다. 여기에서 이를 자세히 다룰 필요는 없을 것이다. 다만 부패한 권력이 발생할 경우 백성이 스스로 시정할 수 있는 제도적 장치나 다른 방안이 요구된다는 점은 유가적 정치사상에서도 낯설지 않다.

그런데 역성혁명은 최후의 수단이란 점에서 다른 제도적 장치에 대한 고민이 필요하다. 백성이 늘 일부 다른 지도자와 연대하여 난이나 혁명을 일으키는 것이 바람직한 정치제도라고는 할 수 없을 것이기 때문이다. 따라서 백성들이 최종적인 정치지도자에게 책임을 묻는 다른 제도적 장치가 필요하게 되는데, 그런 제도적 장치 중의 하나가 바로 선거일 것이다. 그것이 동아시아 전통 사회에 없었던 제도라고는 해도 그런 제도를 수용하고 운영하는 것이 유가적 정치사상이 추구하는 인정이나 왕도정치와 배치된다고 볼 이유는 없다. 그렇기에, 선거가 민주주의의 모든 것은 아니고 선거민주주의가 만능의 해결책도 아니지만, 부패한 권력을 해결할 방안으로 정치지도자의 덕성에 의지하는 정치적 능력주의보다는 선거민주주의를 지지할 이유가 있다.

정치권력 부패의 문제 해결 방안과 관련해서 논의해 볼 필요가 있는 또 다른 제도적 장치는 시민의 저항권이나 시민불복종의 문제이다. 민주주의도 늘 위기 상황을 대비하여 민주적 법치국가의 헌정 위기를 수호할 궁극적 거점으로 시민의 저항권 혹은 시민불복종을 긍정한다. 존 롤스가 강조하듯이, 민주적인 법치국가에서도 시민불복종은 "정의로운 제도를 유지하고 강화하는 데 도움"이 된다. 시민불복종의 정당화는 민주사회에서 헌법적 원칙들과 정의에 대한 최후의 수호자는 시민들 자신이라는 점과 관련되어 있다. 이런 점에서 민주적 헌정 국가가 정의의 원칙을 수호할 "최후의 법정은 사법부도 행정부도 입법부도 아닌 전체로서의 유권자"라는 롤스의 강조는 귀담아들을 필요가 있다.[118] 첨언하자면 이런 롤스의 주장도 유가의 폭군방벌론의 제도적 구현의 한 형식으로 재해석될 수 있을 것이다.

6. 나가는 말

앞에서 우리는 공맹의 유가사상의 본지가 대동 이념에 있고 그것이 민주주의와 상통하고 있음을 살펴보았다. 더 나아가 최근 중국 본토에서 불고 있는 새로운 유학 이른바 '대륙 신유가' 혹은 '정치유학'으로 불리는 흐름 가운데 장경과 백동동 등에 의해 나타나는, 공맹 정치사상의 핵심을 정치적 능력주의로 해석하는 경향들에 대한 긍정적 면모와 그 한계도 검토했다.

---

118) 존 롤스, 『정의론』, 498쪽·507쪽.

특히 정치유학이 강조하는 정치적 평등에 대한 이의제기, 이를테면 소수의 정치 엘리트들만이 중요한 공적 사안에 대해 참다운 정치적 결정을 내릴 수 있을 뿐 일반 사람들은 그렇지 못하기에 일정 정도 정치적 평등에 한정을 두고 최고의 정치적 결정을 내리는 사람을 선거가 아니라 능력에 따라 선발하는 정치적 능력주의가 더 합리적이라는 주장, 그리고 이런 정치적 능력주의가 공맹의 유가적 정치이론에 대한 보다 나은 해석이라는 견해 등이 지니는 문제점이 무엇인지도 살펴보았다.

그러나 한국 사회에서 실현된 민주주의의 정신을 대동민주주의로 보자는 필자의 입론을 구체화하는 과정에서 우리는 그것이 어떤 현재적 의미를 지니는지 하는 문제들은 다루지 못했다. 특히 능력주의 사회의 문제점이 첨예한 이론적·실천적 문제로 대두된 오늘날의 상황에서 유가적 전통이 여전히 한국 사회에 큰 영향을 끼치고 있다는 점을 어떻게 볼 것인지는 매우 중요한 성찰의 과제가 된다고 하겠다. 그러므로 사회적 불평등과 정치적 양극화를 극단적인 상황으로까지 몰고 가는 있는 우리 사회의 능력주의의 자체 동력을 분석하고 그 내적 한계를 넘어설 사유를 모색할 필요가 있다. 그러기 위해서는 사회적 정의 문제와 관련해서 대동민주주의가 능력주의적 정의관이나 평등관과는 다른 어떤 대안을 제공할 수 있을 것인지를 드러내어야 한다. 이런 시도는 21세기의 변화된 상황에 어울리는 방식으로 민주주의를 심화하고 재규정함으로써 대의제 민주주의의 한계를 넘어서는 대안적 민주주의 모델을 추구하려는 문제의식과 맞닿아 있다.

제11장
대동민주주의와 능력주의적 평등을 넘어

1. 들어가는 말

우리는 유가적 인정의 이념이 조화로운 대동사회를 그 궁극적 지향점으로 삼고 있으며 그러한 대동세계의 구상이 기본적으로 서구에서 전개되어 온 민주주의 이상과 상통함을 살펴보았다. 그래서 정치적 능력주의보다는 대동민주주의가 유가적 정치사상의 본의로 이해됨이 더 타당하다는 점도 강조했다. 그런데 필자는 그동안 우리 사회의 민주주의의 고유한 특색을 해명하기 위해 그것을 대동민주주의로 규정하고자 했다.

요약해 보자면, 필자가 한국 사회 민주주의의 근본정신을 대동민주주의로 규정한 까닭은, 오늘날 우리 사회의 민주주의는 바로 조선 사회에서 축적되어 온 유교적 정치문화의 대동지향적 민본주의와 서구 민주주의와의 해석학적 만남을 통해 형성된 것이라고 믿기 때문이다. 달리 말하자면, 우리 사회의 민주주의는 한갓 서구 사회의 민주주의를 수동적으로 받아들인 것이거나 그것이 이식된 결과가 아니라, 대동세상을 지향하는 유교적 민본주의의 흐름이 조선 후기 이래로 사회 전체에 일상적으로 뿌리내렸다가 이를 바탕으로 동학농민전쟁, 항일의병전쟁, 일제강점기 독립운동 등을 거치면서 서구의 민주주의를 창조적으로 수용하고 발전해 온 역사적 구성물이자 성취물이라는 뜻이다. 그러므로 우리 사회의 민주주의는 유교적 대동 이상이 민주주의를 통해 전환된 것이며 아울러 서구적 민주주의 역시 대동적 이념을 매개로 재해석되고 재규정됨으로써 대동적 민주주의로 전환되어 왔다는 것이 필자가 제시한 대동민주주의의 기본 취지이다.

유가적 대동 이념의 민주주의적 전환과 서구적 민주주의의 대동적 전환이라는 이중적 전환의 결과로 이루어진 한국 특색의 대동민주주의 정신은 제헌헌법을 통해서도 확인할 수 있다. 제헌헌법에서 가장 중요한 우리 헌법의 특색은 조소앙의 삼균주의가 반영된 균등 이념이 헌법 정신으로 명확하게 규정되어 있다는 데에서 발견할 수 있다. 필자의 견해에 따르면 우리나라 제헌헌법의 대동민주적 근본정신은, 나라의 자주적 독립을 다른 나라에 대한 자립·독립과의 상관성 속에서 바라보면서 침략전쟁을 거부하고 평화를 지향하는 평천하적 이념을 천명하고 있다는 점, 정치·경제·교육 등 사회 각 영역에서 균등 이념의 실현을 통한 각 개인의 자율성 보장을 강조하는 평등 지향을 분명히 하고 있다는 점, 그리고 경제적 영역에서 균등 이념의 구체적인 실현 방법으로 경제적 활동의 이익을 노동자와 함께 균점할 것을 헌법 조항(이익균점법)에 명시해 놓았다는 점 등을 통해 표현되고 있다(이는 오늘날 여러 번의 헌법 개정을 거치면서도 축소된 형태로나마 여전히 경제민주화 조항으로 존속하고 있다).[1]

필자가 제헌헌법의 근본정신이라고 정의한 대동민주 정신은 오늘날의 헌법에서도 여전히 사라지지 않고 있다. 물론 독재 권력 등으로 인해 이루어진 헌법 개정으로 말미암아 제헌헌법에 명시되어 있던 대동적 균등 정신이 많이 약화되었음도 사실이다. 이는 분단 상황, 장기간 지속된 독재 권력의 역사, 이른바 1987년 이후 본격화한 민주화 과정 등이 신자유주의적 세계화의 추세와 맞물리면서 등장한 시장자본주의의 힘이나 시장친화적 기득권 세력의 강고함과도 무관하지 않다. 우리는 이런 상황일수록 우리 헌법의 역사와 그 헌법의 근본정신인 대동민주주의를 새롭게 성찰함으로써 자유에 대한

---

1) 우리에게 그리 잘 알려지지 않았지만, 제헌헌법의 제18조는 다음과 같이 규정하고 있다. "근로자의 단결, 단체교섭과 단체행동의 자유는 법률의 범위 내에서 보장된다. 영리를 목적으로 하는 사기업에 있어서는 근로자는 법률이 정하는 바에 의하여 이익의 분배에 균점할 권리가 있다." 이 헌법 조항의 탄생 과정과 그 의미에 관해서는 이 책에서 별도로 다루고 있다.

시장중심적이고 개인주의적인 견해를 시정하여 좀 더 연대적이고 사회적이며 민주적인 방식으로 자유를 이해하는 힘을 길러야 할 것이다.

시장에서의 외부적 간섭이 없는 자유로운 행위를 중심으로 자유를 이해하는 관점의 편협함과 한계를 명료히 하고 그것을 넘어설 수 있게 해 주는 소중한 실마리가 우리의 역사 속에 존재하고 있음을 우리는 상기해야 한다. 이것이 바로 우리 사회의 민주주의의 특색과 그 정신을 대동민주주의로 보려는 중요한 이유 중의 하나이다. 우리의 헌법 정신에 구현된 자유와 평등의 개념이 무엇을 지향하고 있는지, 그리고 그것을 어떻게 생태위기의 시대인 21세기 상황에 더 잘 어울리게, 더 바람직하게 발전시킬 수 있을지를 모색할 때, 우리에게 필요한 작업 중의 하나는 바로 우리의 헌법에 대한 지속적인 재해석을 통해 그 근본 정신의 뜻을 더 풍부히 드러내려는 시도일 것이다.

이런 작업을 통해서 우리는 유가적인 정치사상의 현재적 의미와 그 발전 방향에 대해서도 새로운 시야를 확보할 수 있으리라고 본다. 유가적 사상 역시 변화된 역사적 상황에 적응하면서 자신의 정체성을 확인하는 작업이 요구된다. 전통이 지속되는 과정에서 형성될 수밖에 없는, 시간적 간격으로 인한 낯섦이라는 상황은 유가적 사상을 위기로 몰아넣기만 하는 것이 아니다. 오히려 과거의 텍스트는 이런 시간적 거리를 통해 자신의 힘을 발휘할 가능성을 확보하는데, 전통은 그것을 해석하는 주체가 전승되어 온 텍스트를 변화된 상황에 맞게 적용할 수 있는 계기가 되어 줌으로써 살아나게 되기 때문이다.

그러므로 필자는 이하에서 대동민주주의가 능력주의적 평등의 문제를 해결할 가능성을 제공하는지를 중심으로 그 현재적 의미를 드러내 보일 것이다. 이는 대동민주주의와 서구적 자유민주주의 체제가 교차하는 지점과 갈라지는 지점이 무엇인가를 해명하는 데에도 이바지할 것이다. 물론 모든 사람이 "신의를 익히고 화목을 닦아서" 공동의 신의와 화목이라는 사회적 연대와 우애를 통해 만들어지는 조화로운 대동세상이 유가적 이상사회이기에, 그런 이상사회를 운영하는 원칙과 그것을 구현할 사회의 기본구조 및 제도에 대한 성찰은 필수적이다. 여기에서는 이와 관련된 모든 문제를 다 다룰 수 없다. 그러므로 특히 이 자리에서는 대동사회의 사회경제적 제도에 대한 원칙적 방향의 실마리라도 탐구하고자 한다.[2]

2. 대동민주주의와 사회정의의 원칙들에 대한 성찰: 존 롤스의 평등주의적 정의관의 한계를 중심으로

우선 대동 이념에서 추출할 수 있는 경제적이고 사회적인 불평등을 완화하는 이념적 원칙과 그 제도적 구현의 기본적 방향에 대한 직관적인 견해를 언급해 보자. 앞선 연구에서 필자는 「예운」의 대동적 이상사회에 관한 서술과 관련해서 다음과 같이 주장한 바 있다.

> 경제적으로 볼 때 공자가 꿈꾸었던 대동세계는 극단적인 사유재산의 허용으로 인해 초래되는 심각한 경제적 불평등 구조를 용인하는 사회와는 거리가 멀다.…… 천하위공의 공공성은 경제적인 공공성을 포함하고 있다. 이를테면 경제적 부를 어느 한 사람이 '독점'하는 것을 사사로움, 즉 공공성에 대비되는 사적인 것으로 바라본다. 이곳에서 우리는 유교적 공사 구별이 서구 근대의 자유주의적 공사 구별과는 다른 원칙에 의거하고 있음을 인식할 수 있다.…… 사람의 능력이나 노력조차도 천하의 공공성에 기여하는 관점에서 이해되어야 한다는 것이다. 따라서 유교적 대동세계에서 관철되는 능력주의는 극단적 불평등 구조를 허용하는 것과는 무관함을 알 수 있다. 유교적 대동세계의 이상에서 주목해야 할 또 다른 지점은, 천하의 공공성이 사회적 약자를 배제하지 않고 이들을 모두 포용하는 원리로 이해되고 있다는 점이다. 모든 사회 구성원들에게 몫을 나누어 줌으로써 아무런 몫을 갖고 있지

2) 대동민주주의가 전제로 하는 인간관과 자유에 대한 인식이 무엇인지는 '돌봄의 자유론'을 다루는 이 책 제12장을 참조 바람.

않는 사람들을 없애는 세상이 바로 대동세계이다. 그리하여 고아나 과부는 물론이고 노인들도 그 세계에서는 결코 소외되지 않는다.[3]

위 인용문을 통해 유가적 대동의 이상사회가 바람직하다고 보는 경제적 질서의 윤곽을 나름대로 해석하면서 필자가 염두에 두었던 것은 대동세계의 경제적·사회적 평등 이념과 기본소득과의 연결 가능성이었다.[4]

물론 지금도 이런 연계 가능성에 대해서는 나름 유효하다고 생각하지만, 기본소득은 경제적 평등이나 사회정의를 구현할 하나의 방법이나 정책이라는 측면이 강하기 때문에 대동사회의 경제 구조의 기본 원칙으로 삼기에는 부족한 측면이 있지 않나 생각된다. 그래서 이하에서는 「예운」의 대동적 이상사회나 공맹의 대동사상과 관련된 주장을 토대로 대동민주주의의 사회 정의의 원칙을 좀 더 명료하게 서술해 볼 것이다.

대동민주주의가 추구하는 사회정의 원칙을 설명하기 위해 우선 오늘날 평등주의적 자유주의를 대변하는 존 롤스의 사회정의 원칙을 언급해 보자. 그에 따르면 정의의 두 원칙 중 분배적 정의 혹은 사회정의와 관련된 원칙은 다음과 같다.

사회적·경제적 불평등은 다음의 두 조건을 충족시켜야 한다. 첫째, 그것은 공정한 기회균등의 조건 하에 모두에게 열려있는 직책과 지위에 결부되는 것이어야 한다. 그리고 둘째, 그것은 사회의 최소 수혜자들(the least-advantaged members)의 최대 이익에 부합해야 한다.(차등의 원칙: difference principle)[5]

대동민주주의는 롤스가 제안한 사회적·경제적 불평등이 허용될 수 있는

---

3) 나종석, 『대동민주유학과 21세기 실학』, 514~515쪽.
4) 기본소득에 대해서는 필리페 반 파레이스(Philippe Van Parijs), 「기본소득: 21세기를 위한 명료하고 강력한 아이디어」, 브루스 애커만(Bruce Ackerman)·앤 알스톳(Anne Alstott)·필리페 반 파레이스 외 지음, 『분배의 재구성: 기본소득과 사회적 지분 급여』(너른복지연구모임 옮김, 나눔의 집, 2013) 참조 바람.
5) 존 롤스 『공정으로서의 정의: 재서술』, 89쪽.

조건 중 공정한 기회균등의 원칙을 받아들인다. 달리 말하자면 대동민주주의도 사회적 지위에 대한 보편적 개방성을 긍정한다. 사회적으로 중요한 모든 지위-예를 들어 고소득의 일자리나 고위 공무원직, 심지어 대통령의 지위까지-는 모든 사람에게 원칙적으로 평등하게 열려있어야 한다. 사회적 지위에 대한 접근 가능성을 보장한다는 면에서 대동민주주의는 공정한 기회의 평등을 옹호한다. 이런 입장이 유가적 대동사회의 이상을 적절하게 계승하고 있는지와 같은 쟁점은 여기서 더 언급하지 않겠다. 다만 요·순 같은 성왕이 보통사람과 다를 바 없으며 특히 순임금은 임금으로 선발되기 전에 농사를 짓던 평범한 사람이었다는 점, 능력과 덕성을 잘 갖춘 사람에게 왕위가 맡겨져야 한다는 주장, 후에 '성인가학론'이라고 개념화된 성리학의 주장 등을 살펴보면 유가적 대동 이념은 모든 사람에 대해 사회적으로 중요한 지위에 이를 수 있는 기회의 평등을 인정한다고 볼 근거가 꽤 존재한다는 것이 필자의 생각이다.

원시유가 혹은 선진유가에서 재능과 능력의 존중이 사회적 지위의 개방성과 결합한 가장 명료한 사례를 보여 주는 것은 아마도 순자의 주장일 것이다. 어떤 사람에게는 낯선 주장일지도 모르겠으나, 순자는 능력 있는 사람이 최고위직에 오르는 것이 보장되어야 하고 능력 없는 사람이라면 설령 임금의 자손이라 해도 높은 지위를 지녀서는 안 된다고 강력하게 주장했다.

> 정치는 어떻게 해야 하는가? 내 생각으로는 어질고 능력 있는 이는 차례를 기다릴 것 없이 등용하고, 변변치 못한 능력 없는 자는 조금도 지체하지 않고 파면시키며, 매우 악한 자는 교화를 기다릴 것 없이 처벌하고, 보통 백성들은 정치를 기다릴 것 없이 교화시키면 된다. 신분이 안정되지 않았을 때에도 종묘에는 아버지의 자리와 아들의 자리가 구별되어 있다. 비록 임금이나 사대부들의 자손이라 하더라도 예의에 합당하지 못하면 곧 서민으로 돌리고, 비록 서민의 자손이라 하더라도 학문을 쌓고 행실을 바르게 하여 예의에 합치한다면 곧 경상卿相이나 사대부로 삼는다.[6]

더 나아가 대동민주주의는 각자의 개성과 재능을 길러 성공적 삶을 누릴 수 있도록 해 주는 기본적인 사회보장이 확보되어야 함을 긍정한다. 예를 들면 교육, 건강, 적절한 주거 보장 등이 사회적 권리로 인정되어야 함을 긍정하는 것이다. 이는 요즈음 신자유주의의 득세로 위기에 빠지고 왜소해져 버린 서유럽의 사회국가가 옹호하는 원리와 상응한다. 전통적인 사회국가는 사회 구성원에게 최저 수준의 소득과 교육, 의료 서비스와 주거 등을 제공해야 한다고 주장하는데, 국가가 져야 할 이런 책임들은 온정주의적인 시혜가 아니라 인간의 기본 권리 중의 핵심이라 할 만한 자유를 가능케 하는 사회적 전제조건과 관련된다. 요컨대, 사회적으로 불리한 사람들 즉 가난한 사람들이나 장애를 지닌 구성원을 돕는 일은 특정 개인이나 단체가 수행하는 자선의 문제가 아니라 보편적 권리의 문제라는 것이다.

이런 점에서 사회가 시민 모두에게 최소한의 사회보장을 해 주어야 한다는 원칙은 시민들이 성공적 삶을 이루는 데 요구되는 자원을 보장해야 한다는 필요의 관점에서 정당화될 수 있다. 그래서 데이비드 밀러(David Miller)는 사회정의를 숙고할 때, 롤스가 제시한 원리들 가운데 평등한 자유와 기회의 평등은 받아들여야 하지만 차등의 원리는 다른 것으로 대체되어야 한다고 말한다. 이때 그가 롤스적인 차등의 원칙을 대체할 두 가지 원리로 든 것은 필요와 기여 혹은 업적(공적, merit)의 원리이다. 밀러의 입장을 인용하면 다음과 같다.

　　나(밀러-필자) 자신의 견해를 말하자면, 사회정의의 이론은 롤스가 제시한

---

6) 『순자』(김학주 옮김, 을유문화사, 2001), 256쪽, 「왕제」. 순자의 주장은 능력주의 체제의 강력한 옹호라는 점에서 맹자를 능가하는 면모를 지닌다. 맹자는 세습되는 녹봉 제도를 긍정하는 데 반해 순자는 그렇지 않기 때문이다. 그래서 소공권은, 순자의 주장은 유덕자가 지위를 얻어야 한다는 공자의 이상을 계승하면서도 평민이 사회의 고위층으로 상승하는 시대의 기풍을 열었다고 높이 평가한다. 또한 소공권이 주장하듯이 순자의 주장에는 "불평등" 속에서 "평등의 요소"를 긍정하는 측면도 있다. 소공권, 『중국정치사상사』, 191쪽. 그러나 순자의 능력주의 사유가 새로운 형태의 불평등 체제를 초래할 위험성에 대해 충분한 숙고를 보여 주는지, 그리고 그런 위험성에 대한 대안을 지니고 있는지는 더 검토해 볼 필요가 있는 주제이다.

처음의 두 가지 원리, 즉 평등한 자유와 기회의 평등을 견지해야 하지만, 차등의 원리를 이것과는 다른 두 가지 원리로 대체해야 한다는 것이다. 첫째는 최소한의 사회보장 원리이다. 이것은 모든 시민에게 버젓한 삶을 제공하기 위해 충족시켜야만 하는 일련의 필요라는 관점에 따라 이해될 수 있다. 앞에서 지적했듯이 이 최소한은 고정된 것이 아니라 사회마다 다르고 시대마다 변한다. 둘째는 공적의 원리이다. 소득과 부의 불평등은 서로 다른 사람들이 이룬 상대적인 기여도에 비례해야 하며, 그 기여도는 다른 사람들이 필요로 하거나 원하는 재화와 서비스를 생산하는 데 개개인이 어느 정도나 성공했는지에 따라 측정된다.[7]

앞 단락에서 언급한 최소한의 사회보장 원리를 정당화하는 논거는 밀러가 제시한 필요 원칙을 토대로 해 대동적 이상사회의 사회정의 원칙의 한 요소를 재구성해 본 것이다. 물론 필요의 원칙에 대해 접근하는 방식은 밀러와 다르다. 그도 인정하듯이 시민이 버젓한 삶을 살아가는 데 필요로 하는 것이 무엇인가는 시대와 상황에 따라 변화된다. 그러므로 필자는 21세기 생태위기 시대에 전통적인 사회보장 국가가 자명한 것으로 설정한 견해, 즉 노동 행위자를 정상적 인간 유형으로 보는 관점을 받아들이지 않는다. 그 대신 우리는 보편적 돌봄 실천을 새로운 정치의 기반으로 받아들이는 돌봄의 자유론을 통해 사회적으로 요구되는 필요가 무엇인지를 판단할 기준을 새롭게 제공한다.

돌봄의 자유론은 필자가 공맹 대동사상의 자유관을 새롭게 규정하면서 제시한 개념이다. 그것은 자유주의적 자유관과 다르다. 필자는 유가적 인仁 사상의 핵심을 돌봄의 자유론으로 규정하는데, 이에 따르면 상호의존적 존재로서의 우리는 취약성에 노출된 생명체의 번영하는 삶과 관련된 모든 것을 보살피는 사회적 활동을 도덕과 정치의 핵심 원칙으로 이해한다. 그러므로 국가의 존재 이유는 이런 돌봄 실천과 역량을 강화하는 사회의

---

7) 데이비드 밀러, 『정치철학』(이신철 옮김, 교유서가, 2022), 158~159쪽.

기본구조를 제공하는 데 있다. 달리 말하자면 서로 돌봄을 실천하는 보편적인 돌봄 공동체를 사회의 이상으로 보는 대동민주 사회는 구성원이 필요로 하는 돌봄과 관련된 최소한의 조건을 제공해야 한다.

맹자의 주장에서 보듯이 유가사상은 전통적으로 모든 백성의 물질적 생활 조건의 확보가 민본적 왕도정치의 시작임을 강조한다. 맹자는 「등문공 상」 3에서 다음과 같이 말한다.

백성들이 살아가는 도리는, 일정한 생업이 있는 사람은 변함없는 마음을 가지게 되고 일정한 생업이 없는 사람은 변함없는 마음이 없어지게 됩니다. 만일 떳떳한 마음이 없어진다면 방탕하고 편벽되며 간사하고 사치한 행동을 하지 않음이 없을 것이니, 그리하여 죄에 빠짐에 이른 뒤에 (그 죄에) 따라서 형벌을 가한다면 그것은 백성을 해치는 것입니다. 어찌 어진 사람이 군주의 지위에 있으면서 백성을 그물질해 잡는 일을 할 수 있겠습니까?[8]

그러나 맹자는 백성의 물질적 생활 조건을 보장하는 것을 정치의 근본 목표로 보진 않았다. 민본 정치의 근본 목적은 모든 백성으로 하여금 자신의 도덕적 본성을 잘 길러 자아를 실현할 수 있도록(좋은 삶을 살아갈 수 있도록) 기여할 인륜적 공동체를 구현하는 데 있다. 그러므로 맹자는 백성의 도덕적 잠재력을 실현하기 위한 교육의 필요성을 강조했다.

상庠·서序·학學·교校를 설치하여 백성들을 가르쳤으니, 상庠은 봉양한다는 뜻이요 교校는 가르친다는 뜻이요 서序는 활쏘기를 익힌다는 뜻입니다. 하夏나라에서는 교校라 하였고 은殷나라에서는 서序라 하였고 주周나라에서 는 상庠이라 하였으며 학學(太學)은 삼대三代가 이름을 함께하였으니, 이는 모두 인륜人倫을 밝히는 것이었습니다. 인륜이 위에서 밝으면 소민小民들이 아래에서 친해집니다.[9]

---

8) 『맹자집주』, 145쪽. 번역을 약간 수정함. 「양혜왕상」 7장에도 거의 동일한 주장이 나온다. 같은 책, 40~41쪽.
9) 같은 책, 148쪽.

이미 맹자 이전에 공자도 백성의 행복을 책임지는 정치의 중요성을 강조하면서 백성의 생업만이 아니라 교육에도 관심을 기울여야 함을 역설한 바 있었다. 『논어』 「자로」 9에 나오는 일화를 소개한다.

공자께서 위衛나라에 가실 때에 염유冉有가 수레를 몰았다. 공자께서 "백성들이 많기도 하구나" 하셨다. 염유가 "이미 백성들이 많으면 또 무엇을 더하여야 합니까?"라고 묻자 "부유富裕하게 해 주어야 한다" 하셨다. "이미 부유해졌다면 또 무엇을 더하여야 합니까?"라고 묻자 "가르쳐야 한다"라고 하셨다.[10]

그다음으로, 유가적 대동 정신에 깃들어 있는 사회정의의 원칙을 재해석할 때 주목해야 할 곳은 공자와 맹자의 각득기소各得其所에 대한 강조이다. 이는 모든 사람이 각기 그 재능이나 적성에 맞는 사회적 지위를 확보하여 자기 자신을 실현하는 바람직한 사회가 될 수 있도록 정치가 힘을 써야 한다는 것을 말한다. 공자는 "늙은이를 편안하게 해 주고, 벗들에게 미덥게 해 주고, 젊은이를 감싸 주는"[11] 것을 자신이 추구하는 삶의 궁극적 경지라고 표현했는데, 이런 사회야말로 천하위공의 대동사회라 할 수 있을 것이다. 마찬가지로 왕도정치의 핵심이 백성과 더불어 즐거움을 나누는 것, 즉 여민동락을 추구하는 데 있음을 강조한 맹자의 주장에 관해 주희는 "백성과 더불어 즐거워한다는 것은 음악을 좋아하는 마음을 미루어 인정仁政을 행함으로써 백성으로 하여금 각기 그 살 곳을 얻게 하는 것(各得其所)"이라고 해석한다.[12] 그러니까, 천하위공의 대동 이념이 추구하는 이상사회에 이르기 위해서는 각자가 자신의 재능과 역량을 마음껏 펼칠 기회와 조건이 마련되어야 한다. 그리고 이를 위해서는 적어도 사회적으로 의미 있는 다양한 선택지가 존재하지 않으면 안 된다.

오늘날 자유주의 사상가들은 가치의 다원성을 주장하면서 국가가 특정한

---

10) 『논어집주』, 259쪽.
11) 같은 책, 102쪽, 「공야장」 25.
12) 『맹자집주』, 46쪽, 「양혜왕하」 1.

가치를 선호하는 정치를 해서는 안 된다고 하지만 이는 그리 설득력이 없다. 그들은 어떤 삶을 살아야 하는지에 대한 선택은 개인에게 달린 문제라고 하면서, 특정한 삶의 목적이나 가치를 정부가 결정하는 것은 개인의 자유에 반하는 위험한 것이라 말한다. 그러나 이것은 선택의 자유라는 말의 본의를 제대로 이해한 것이라고 보기 힘들다. 물론 선택의 자유는 매우 중요하다. 하지만 개인주의적인 방식으로 선택의 자유를 강조하다 보면 오히려 자유의 의미가 상실되는 역설에 빠질 수도 있다.

인생은 각자의 선택에 달린 것이라는 생각은 마치 모든 선택지가 동등한 가치를 지니는 것처럼 생각하는 경향을 불러일으키기 쉽다. 달리 말하자면, 선택의 자유를 긍정하는 태도는 각각의 선택 대상이나 가치나 목표가 동등한 의미를 지닌다는 생각으로 이어질 수 있다. 왜냐하면 선택되는 가치들은 "자유롭게 선택된 것이고, 가치를 부여하는 것은 선택 자체"라고 생각하기 쉽기 때문이다.[13] 그러나 찰스 테일러가 주장하듯이, 삶의 의미를 부여하는 것은 선택 행위 자체에 기인하는 것이기에 그런 선택 행위와 무관한 어떤 객관적 가치란 존재하지 않는다는 생각은 상대주의로 흐르기 쉽다. 개인주의 즉 각자의 선택의 자유만을 중요하게 생각하면서 선택 이전에 존재하는 그 어떤 객관적 가치나 의미란 존재하지 않는다는 사유 방식은 현대사회의 불안을 초래하는 요인의 하나인 셈이다.

다양한 선택지 중에서 어느 것을 선택하든지 그것은 선택되었다는 점에서 동등한 가치를 지닌다는 생각이야말로 자기결정의 자유에 대한 왜곡된 이해의 결과이다. 이런 사유는 개인의 자기결정의 자유가 사회적 관계 내에서만 실질적 의미를 지닐 수 있다는 점을 망각하게 만든다. 그래서 테일러는 다음과 같이 말한다.

내 삶의 의미는 내가 스스로 선택할 수 있다는 데에서 오는 것이라고 생각할 수 있다. 이 경우 자기 진실성은 실질적으로 자기결정의 자유에 근거하게

---

13) 찰스 테일러, 『불안한 현대사회』, 55쪽.

될 것이다. 하지만 그러한 경우조차도 (오직 자기 선택에만 의하여 결정되는 것이 아니라) 그 자체로 (객관적으로) 고상하고 용기 있는 어떤 것, 따라서 내 자신의 삶을 형성하는 데 도움이 되는 유의미한 어떤 것이 나의 의지와 무관하게 독립적으로 존재하고 있다는 인식에 바탕을 두고 있는 것이다.……
자기창조적인 삶에서부터 보다 안일하게 살아가는 형태들 즉 시류에 합류하고 대중들과 영합하면서 그럭저럭 살아가는 삶에 이르기까지 (다양한 삶의) 선택들 사이에는 (분명히) 질적 차이가 있는 것이다.[14]

자기의 인생을 스스로 선택하는 것은 매우 중요하지만, 그런 선택을 의미 있게 해 줄 삶의 가치들에 대한 사회적 전제조건들이 결여되어 있다면 그런 선택의 자유는 사실상 무의미하거나 사소한 것으로 전락할 것이다. 간단하게 말해 "어떤 선택 사항이 객관적으로 볼 때 다른 것들보다 더 중요하지 않다면, 자기 선택이라는 관념은 그 자체만으로는 아주 하찮은 것이 되어 버리고 결국 선택의 의미는 자기모순에 빠지게 된다."[15]
자기결정의 자유를 오로지 선택의 자유라는 좁은 맥락에서 이해하는 것은 자유의 의미를 왜곡하게 되어 결국은 선택의 자유 자체를 무의미한 것으로 만들어 버리게 된다는 테일러의 지적은 매우 중요하다. 필자가 대동사회의 사회정의 문제를 새삼 거론하는 것 역시 이 문제와 무관하지 않다.
홀로 의미 있는 삶을 살아갈 사람은 존재하지 않는다. 사람은 성공적인 사회관계 속에서 자신의 소중함이나 자긍심을 경험하는 타인의 인정이나 칭찬이나 배려나 고무나 격려와 더불어 살아간다. 그런 것 없이 홀로 자신이 누구이고 어떤 존재인지에 관한 생각, 즉 자신의 정체성을 형성할 수는 없다. 이런 점에서 볼 때 사람은 사회적 관계를 결코 삶의 의미에서 혹은 선택의 자유와 비교해서 파생적이거나 부차적이거나 부가된 그 어떤 것으로는 볼 수 없다. 그런데 자유에 관한 선택중심적 혹은 개인중심적 태도는

---

14) 같은 책, 57쪽.
15) 같은 책, 58쪽.

의미 있는 삶이 궁극적으로 사회적 인정 관계의 형성 속에서만 이루어질 수 있음을 잊어버리게 한다.

그리하여 삶에서 개인적 자기실현이 우선적 중요성을 지닌다고 생각하는 개인중심적 태도는 이기적인 자기중심주의적 생활양식, 즉 나르시시즘적 생활양식을 보편화한다. 그 결과 타인과 맺는 여러 관계는 도구적이거나 부차적인 것으로 변한다. 우리에게 중요한 것은 자기실현이라는 이상에 있고 그 이상의 실현에서 중요한 것은 자신의 선택이라고 보는 태도가 큰 힘을 발휘하면 할수록 타자와의 관계 자체의 내재적 가치는 상실될 수밖에 없다.

예를 들어 이제 자신의 실현에 도움이 되지 않는 연인이나 배우자와의 관계는 언제든 해체될 수 있는 것으로 여겨진다. 그러니까, 자신을 실현해야 한다는 자기 진실성의 이상에 대한 개인중심적인 혹은 나르시시즘적인 왜곡된 인식은 삶의 실현을 오로지 자기 자신의 것에 속하는 문제인 것처럼 생각하게 만든다. 그리하여 이런 태도는 자신의 성적 욕망이나 성적 취향에 따라 언제든 연인이나 부부의 연을 끊을 수 있게 만들고, 그런 이별에 아무런 아픔이나 후회나 매달림 없이, 이른바 '쿨'하게 대응하는 것이야말로 타인의 자유를 존중하는 참으로 시대에 어울리는 태도로 받아들여진다. 이제 자신의 삶을 실현하는 과정에서 거추장스러운 것이라 여겨지는 모든 관계는 언제든 "당신과의 만남이 나에겐 아무런 의미도 없으므로 이제 남남이 되어야 하지 않겠는가"와 같은 한마디로 정리가 된다.

이처럼 모든 인간관계는 이제 느슨해지고 헐거워지고 얇아지고 있으며, 모든 사회적 관계는 개인의 자기실현에 의미가 없다고 여기는 순간 해체될 수밖에 없다. 지속적인 사랑이나 부부관계, 가족관계는 물론이고 시민 사이의 연대도 형성되기 힘들다. 모든 관계는 늘 선택에 따라 언제든지 깨질 수 있는 것으로 바뀐다.[16) 조국에 대한 사랑이나 민족에 대한 애정이 이제는

---

16) 같은 책, 61~62쪽 및 75~76쪽.

조롱의 대상이 되어 자유를 옥죄는 그 어떤 마약과 같은 이른바 '국뽕'으로 취급되고 있는 현실도 이런 천박한 개인주의적 자유관의 승리에 따른 결과일 뿐이다.

물론 어떤 사람은 이런 승리를 그 무슨 보편적 인권 의식의 고양으로 성취해 낸 소중한 자유의 열매라고 환호할 수도 있을 것이다. 그러나 우리는 여기에서, 자신이 속한 정치공동체와의 일체감이 없이, 그리고 역사적으로 형성되어 온 민족에 대한 집단적 소속감을 폭압적이라는 한마디로 무시하면서 살아가는 파편화되고 개인화된 사람들이 시민적 연대의식은 고사하고 민주주의를 제대로 운영할 최소한의 역량이라도 제대로 갖출 수 있을지를 진지하게 생각해 보아야 한다.

자유에 대한 개인중심적이고 선택중심적인 이해가 초래하는 문제점은 오늘날 첨예한 문제로 떠오른 능력주의 사회의 한계와도 무관하지 않다. 진보적 자유주의조차도 결과적으로 능력주의의 문제를 해결하지 못한 이유는 자유를 개인주의적 관점에서 접근하는 태도를 끝내 버리지 못했기 때문이다. 그리하여 조건의 평등을 강조한 나머지 사회적 배경의 자의성으로 발생하는 불평등만이 아니라 심지어 출생의 우연에 따른 타고난 자연적 소질(asserts)과 재능의 자의성으로 발생하는 불평등까지도 배제하려는 운평등주의(luck egalitarianism)가 나타났지만 이 또한 능력주의 사회의 세습적 불평등 문제를 해결하지 못했다.[17] 아니, 운평등주의는 능력주의 사회의 자기파멸적 덫을 오히려 강화했다는 평가를 받고 있다.

운평등주의는 정의 원칙, 특히 롤스가 '차등의 원칙'을 정당화하기 위해

---

[17] 운평등주의의 기본 주장과 그에 대한 반론 가능성을 둘러싼 논리에 대해서는 스튜어트 화이트, 『평등이란 무엇인가』, 제4장 참조 바람. 운평등주의라는 용어는 엘리자베스 앤더슨(Elizabeth Anderson)이 사용한 것이다. 운평등주의는 불평등을 초래하는 자연적이고 사회적으로 자의적인 조건들을 배제함으로써 부당한 불평등을 해결하려는 롤스의 차등의 원칙이 지닌 문제의식을 공유하면서도, 자발적 선택으로 인해 초래된 불평등을 허용하면서 단지 비자발적으로, 그러니까 불운으로 인해 초래된 불평등을 제거하는 데만 주된 관심을 보인다고 해서 붙여진 개념이다. 윌 킴리카, 『현대 정치철학의 이해』, 155쪽 각주 17.

내세운 주장의 한계를 극복하려는 시도에서 비롯되었다. 차등의 원칙을 통해 롤스는 사회 내에서 살아가는 시민들에게 부당하게 불평등을 초래할 도덕적으로 임의적인(arbitrary) 두 가지 요소의 영향을 배제해야 한다고 보았다. 그가 본 도덕적으로 임의적이어서 사회에 영향을 주어서는 안 되는 부당한 두 요소는 자연적으로 임의적인 요소와 사회적으로 임의적인 요소였다.

롤스에 따르면, 사람이 우연히 가난한 집안이나 여성 혹은 흑인으로 태어남으로써 얻게 되는 사회적 여건 때문에 불이익을 받는다는 것은 부당하다. 아울러 어떤 사람은 신체가 건강하고 두뇌가 발달한 유전자를 타고나는데, 이렇게 우연히 얻게 된 선천적 혹은 자연적 재능(natural talents) 때문에 사회에서 이익을 얻고 그렇지 못한 사람은 불이익을 당하도록 한다는 것은 도덕적으로 자의적인 요소에 의해 삶의 전망이 규정 받는다는 점에서 정의롭지 못하다. 이에 대해 그는 다음과 같이 말한다.

> 소득과 부의 분배가 역사적·사회적 행운에 의하여 이루어지는 것을 허용할 수 없는 것과 마찬가지로 천부적 자산의 분배에 의하여 소득과 부의 분배가 일어나는 것도 허용할 이유가 없다.[18]

우리는 오늘날 카스트제도나 세습적 신분 체제가 출생이라는 우연적 요소를 통해 소득이나 사회적 지위 등을 분배한다는 점에서 정의롭지 못하다고 본다. 물론 오늘날 시장사회이자 능력주의 사회는 출생에 따른 사회적 신분 체제를 규범적으로 정당하지 못하다고 비판하고, 시장은 적어도 사회 구성원들에게 사회적 지위나 소득 및 부를 이룩하는 데 일정한 정도의 평등한 기회를 허용하고 있다. 그러나 롤스는 형식적인 기회의 평등을 넘어 보편적 교육제도를 통해 사회적으로 불리한 여건에 있는 사람들에게 나름 공정한 기회의 평등을 보장하는 능력주의 사회조차도 정의로운 사회에

---

18) 존 롤스, 『정의론』, 121쪽.

미치지 못한다고 평가한다. 능력주의 사회는 천부적 재능이라는 도덕적으로 자의적인 요소가 소득과 부의 분배를 결정하는 상황을 허용하기 때문이다. 달리 말하자면 능력주의 사회는 "재능이 있다면 출세할 수 있다는 요구 조건에 공정한 기회균등이라는 조건을 부가"하여 사회적 우연성의 영향력을 약화시킬 수 있지만 "아직도 능력과 재능의 천부적 배분에 의해 부나 소득의 분배가 결정되는 점은 허용"하기 때문이다.

심지어 롤스는 타고난 재능만이 아니라, 개인의 능력을 개발하려고 애쓰는 노력도 개인에게서 나온다고 보지 않는다. "노력하고 힘쓰며 일반적인 의미에서 가치가 있는 존재가 되고자 하는 의욕 그 자체까지도 행복한 가정 및 사회적 여건에 의존"하고 있다고 보기기 때문이다.[19] 이렇게 롤스는 능력주의 사회의 근본 전제, 즉 능력이나 재능이 있다면 누구든 출세할 수 있다는 원칙에 따라 사회적 부와 재산이나 권력 등을 분배해야 한다는 능력주의적 정의 원칙 자체를 거부한다.

> 우리가 사회에서 우리의 최초 출발 위치에 대해 응분의 자격을 갖는 것이 아니듯이, 천부적 자질의 배분에서 우리의 위치에 대해 역시 응분의 자격을 갖는 것은 아니다. 우리가 자신의 능력을 개발하도록 노력할 수 있게 해주는 우월한 성격에 대해 응분의 자격을 갖는다는 주장 역시 의문스럽다. 왜냐하면 그의 성격은 대체로 자신의 공로라고 주장할 수 없는 훌륭한 가정이나 사회적 여건에 달려 있기 때문이다. 응분의 몫이라는 개념은 여기에 적용될 수 없다.[20]

그러므로 롤스에 따르면 도덕적으로 임의적인 이런 두 가지 요소, 즉 우연히 타고나게 된 자연적 재능과 사회적 여건의 우연성으로 인한 차이가 배제될 방법을 찾아야만 우리는 비로소 삶에서의 성공과 실패를 자발적인 선택의 결과로 받아들이게 된다.

---

19) 같은 책, 119쪽 및 121쪽.
20) 같은 책, 155쪽.

롤스가 이런 자의적 요소로 인한 부당한 불평등 문제를 해결하기 위해 제시한 정의 원칙은 바로 차등의 원칙이다. 달리 말하자면 차등의 원칙은 자연적 재능의 우연성과 사회적 여건이 부와 재산의 분배의 몫을 결정하는 것을 부당한 불평등이라고 보고, 이런 부당한 불평등에 대한 보상을 실현하려는 원칙이다. 이때 차등의 원칙은 사람이 자연적으로 타고난 재능의 분배를 개인의 것으로서가 아니라, "공동의 자산(common assert)으로 생각하고 그 결과에 상관없이 이러한 분배가 주는 이익을 함께 나누어 가지는 데 합의"함을 전제한다.

롤스의 반反능력주의 논변, 즉 공적(업적)을 진리의 토대로 설정하는 것을 거부하는 정의론의 핵심 주장 중 하나는 종교, 더 정확하게는 그 자신이 어렸을 때부터 지녔던 기독교적 신앙에 관한 해석과 맥을 같이한다. 1942년 청년 롤스가 21세의 나이에 작성한 프린스턴 대학교 철학과의 학사학위 졸업논문(『죄와 믿음의 의미에 대한 짧은 탐구』)은 롤스 사후에 공식적으로 출판되었는데, 이 글의 서문을 작성한 조슈아 코헨(Joshua Cohen)과 토마스 네이글(Thomas Nagel)이 강조하듯이 청년 롤스와 후기 롤스의 정치사상 사이에는 몇 가지 점에서 놀라울 정도의 연속성이 존재한다. 물론 롤스는 2차 세계대전 참전과 홀로코스트의 잔인성에 관한 성찰을 거치면서 1946년경 정통 기독교적 신앙과 완전히 작별한다.[21]

그럼에도 그의 학사학위 졸업논문에서 우리는 공적의 거부 논리와 후에 『정의론』에서 드러나는 관점, 즉 정의로운 사회에서 업적이나 공로는 편익을 분배하는 원칙으로 받아들여지지 않는다는 견해와 유사한 논증을 발견한다. 청년 롤스에게서 공적의 거부는 구원이라는 종교적 문제와 관련해 등장한다. 달리 말하자면 청년 롤스는 우리가 우리 자신의 노력이나 공로를 통해 구원을 받을 수 있다고 보는 펠라기우스적인 교리를 반대하면서 신 앞에서 공적을 자랑할 수는 없다고 강조한다.

---

21) 조슈아 코헨·토마스 네이글, 「서언」, 존 롤스, 토마스 네이글 엮음, 『죄와 믿음의 의미에 대한 짧은 연구』(장동진 외 옮김, 동명사, 2016), 특히 9~10쪽 및 30쪽 참조.

진정한 공동체는 구성원의 업적으로 되는 것이 아니다. 업적은 죄에 뿌리박은 개념으로 죄의 경향성이 있다. 이렇듯이 신 앞에서 업적은 교만의 다른 실수와 함께 사라진다. 업적의 개념에 붙들리는 것은 기독교를 전복하는 일이다. 신이 온 것은 사람이 신을 필요로 해서이다. 그리스도가 오신 것은 업적에 영광을 부어주려고 온 것이 아니라 죄를 파괴하러 온 것이다.[22]

또한 청년 롤스는 사회적 배경의 차이로 인해 생기는 문제점을 거론하면서 세속적인 맥락으로 재해석된 것이긴 하지만 도덕적 자의성 논증의 핵심을 건드리고 있다.

자신의 삶을 검토하면 할수록 더 정직하게 자신을 들여다보게 되고, 그리고 그럴수록 자기가 가진 것이 선물이라는 것을 더 분명하게 자각할 수 있다. 사회적인 시각에서 올바른 사람이 여기 있다고 해보자. "그렇다, 당신은 교육받은 사람이다, 맞다. 그러나 그 교육비는 누가 치렀는가? 당신은 선량하고 올바를 사람이다, 그건 맞다. 그런데 누가 당신에 좋은 생활양식을 가르쳤는가. 또 훔치지 않아도 되도록 재산을 준 건 또 누구인가? 또 당신은 사랑하는 성품을 가지고 태어났고 마음이 강퍅하지 않다. 그렇다. 그런데 누가 당신을 좋은 가정에서 길렀으며, 누가 당신이 어렸을 때 관심과 애정을 보여 줌으로써 친절에 감사하도록 길렀는가? 자, 이제 당신은 당신이 가진 것이 사실은 받은 것임을 인정하여야 하지 않겠는가? 그렇다면 이제 자랑하기를 그만두고 감사하여야 하지 않겠는가?"[23]

여기에서 드러나듯이 청년 롤스는 사람이 지니는 여러 재능과 역량, 이를테면 사랑스러운 성품이나 교육 좋은 생활양식이나 감사할 줄 아는 마음 등등이 모두 자신이 노력해서 획득한 업적이나 공로가 아니라 신과 타인에게서 온 선물이라고 강조한다. 그러면서 청년 롤스는 진정한 공동체의 연대는 공로를 자랑하지 않고 신의 선물에 감사할 줄 아는 데에 뿌리를

---

22) 존 롤스, 토마스 네이글 엮음, 같은 책, 324~325쪽.
23) 같은 책, 323쪽.

내리고 있음을 강조한다. 이런 그의 논증은 큰 무리 없이 정의로운 사회의 분배 원칙을 공적에서 구해서는 안 된다는 차원으로 변형될 수 있다고 여겨진다. 이런 맥락에서 조슈아 코헨과 토마스 네이글은 롤스의 성숙한 사상이 "세습 문화의 산물은 아니었다"라고 강조하는데, 이는 크게 공감을 불러일으키는 주장이라 할 수 있다.[24]

공적을 분배 정의의 원칙으로 삼을 수 없다고 본 롤스는 그에 대한 대안을 내놓고 있는데, 그것이 바로 우리가 앞에서 언급한 차등의 원칙이다. 그의 차등의 원칙을 짧게 요약한다면, 불평등이 정당화될 수 있는 유일한 경우는 그런 불평등으로 인해 사회에서 가장 불리한 위치에 있는 사람들에게 이익이 될 경우라고 한정하는 것이다.

천부적으로 보다 유리한 처지에 있는 사람들은, 그들이 누구든지 간에, 아주 불리한 처지에 있는 사람들의 여건을 향상시켜 준다는 조건에서만 그들의 행운에 의해 이익을 볼 수 있다. 천부적으로 혜택 받은 사람들은 그들이 재능을 더 많이 타고났다는 바로 그 이유만으로는 이득을 볼 수 없으며, 훈련과 교육비를 감당하고 불운한 사람들을 도울 수 있도록 그들의 자질을 사용해야 한다. 아무도 자신의 보다 큰 천부적 능력이나 공적을 사회에서의 유리한 출발 지점으로 이용할 자격은 없다. 물론 이것이 이러한 차이점들을 무시하거나 없애야 할 이유는 아니지만, 그 대신 기본구조는 이러한 우연성이 최소 수혜자의 선을 위해서 작용할 수 있도록 편성될 수 있다. 따라서 만일 누구도 서로 보상해 줄 이익을 주거나 받음이 없이 천부적 자질이나 최초의 사회적 지위가 갖는 임의의 위치를 사용해서 이익이나 손실을 보지 않도록 사회체제를 세우고자 한다면 우리는 차등의 원칙에 이르게 된다.[25]

이렇게 롤스는 정의의 토대를 천부적 능력이나 공적이나 자격에서 구하지

24) 같은 책, 15쪽.
25) 존 롤스, 『정의론』, 152~153쪽.

않는다. 그러나 그 또한 정의로운 사회에서 개인이 열심히 일한 대가에 관해 보상을 받는 일을 배제하진 않는다. 자격(desert) 대신에 롤스가 대안으로 제시하는 것은 "합법적인 권리가 있다(entitled to)는 것과 그것을 받을 만 한 자격이 있다(deserved to)는 것을 구분"하자는 것이다.[26] 그래서 그는 소득과 부의 분배에서 도덕적 응분의 자격이나 도덕적인 자의적 요소의 영향을 거부하면서도 게임의 규칙이 정해진 이후에 획득한 정당한 절차에 따른 합법적 권리를 긍정한다.

달리 말하자면 정의의 원칙에 대해 합의를 이룬 후 그 원칙에 따른 공정한 사회적 협력의 체제를 구비한다면, 그 사회의 구성원은 응당 이런 규칙에 따라 소득이나 재산을 획득할 권리를 보장받는다.[27] 그리고 이런 정당한 기대치는 어느 사람이 다른 사람보다 더 많은 보상을 받는 것을 허용한다. 어떤 한 개인이 공정한 조건 속에서 자유롭게 선택한 선호에 따른 소득에서의 불평등에 관해서는 받아들여야 한다는 것이다. 그런 점에서 롤스의 정의론은 소득과 부와 관련한 불평등을 허용하면서도 불평등 중에서 허용 가능한 종류와 그렇지 못한 불평등을 구분하여, 사회에서 가장 불리한 위치에 있는 사람에게 이익이 가도록 하는 불평등만을 허용 가능한 정당한 불평등으로 본다.

그런데 차등의 원칙을 옹호하는 롤스의 논변은 많은 비판을 받았다. 윌 킴리카에 따르면 롤스의 차등의 원칙이 지니는 문제는 "자연적 불평등이 영향을 미칠 수 있는 여지를 너무 많이 남겨 두고 있을 뿐만 아니라 우리의 선택이 영향을 미칠 수 있는 여지를 너무 적게 남겨 두고 있다"라는 데 기인한다.[28] 달리 말하자면, 롤스는 합리적인 사람이라면 누구나 지니고 싶은 기본적 가치들 혹은 일차적 선들(primary goods) 가운데 권리, 자유, 기회, 소득과 재산 같은 "사회적 기본가치"라 불리는 것들을 기준으로 해서

---

26) 같은 책, 414쪽.
27) 같은 책, 410쪽.
28) 윌 킴리카, 『현대 정치철학의 이해』, 127쪽.

누가 사회적으로 최소 수혜자인지를 결정한다. 그래서 그는 "건강과 정력, 지력과 상상력" 같은 "자연적 (기본)가치"를 고려하지 않음으로써 신체적으로 불리한 사람들이나 기타 태어날 때부터 지니게 되는 자연적 재능의 부재 등으로 인한 불리함을 최소 수혜자가 누구인지를 결정할 때 문제 삼지 않는다.[29]

다른 한편으로, 존 롤스의 차등의 원칙은 우리가 자발적으로 선택한 행위의 결과가 초래하는 문제들에 제대로 된 대응을 하지 못한다. 롤스 역시 선택과 여건(circumstances)의 구분을 통해 스스로 내린 선택이 초래하는 비용에 관해서 져야만 하는 책임의 문제를 다루고 있다고 생각하지만, 실제로는 다른 사람이 자신이 내린 선택의 비용을 보조할 가능성을 차단하지 못한다. 그래서 소득 불평등이 "여건의 결과가 아니라 선택의 결과일 때"에도 차등의 원칙은 "불공정함을 제거하기보다는 오히려 발생시킨다"는 반론이 제기된다.

이런 문제를 해결하기 위해 제안된 것이 로널드 드워킨(R. Dworkin)의 "여건을 배제"(endowment-insensitive)하고 "욕망에 민감"한 새로운 분배 이론이다. 이 이론에 따르면 우리는 스스로 선택한 삶의 결과에 관한 책임을 질 뿐 자연적이고 사회적인 여건에 의해 초래된 불리함이 우리의 인생을 좌우하도록 허용하지 않는다. 이 때문에 킴리카는 드워킨의 이론이 "개인이 스스로의 선택에 대해서 책임을 질 수 있게끔 유지하면서도 불평등한 여건에 대해서는 보상을 함으로써 사람들의 도덕적 평등을 존중하는 분배 기획"이라고 평가한다.[30]

운평등주의자들은 타고난 재능을 재화의 분배 원리로 삼는 것은 도덕적 관점에서 볼 때 자의적인 요소들을 정의의 기준으로 삼는다는 점에서 부당하다는 롤스의 문제의식과 핵심적 직관들을 이어받았는데, 이들 또한 역설적이

---

29) 이 단락은 킴리카의 해석을 따르면서 필자가 재구성한 것이다. 같은 책, 128쪽; 존 롤스, 『정의론』, 107~108쪽 참조.
30) 윌 킴리카, 『현대 정치철학의 이해』, 133~134쪽 및 154쪽.

게도 기존 사회의 불평등 문제를 해결하는 데 무능력하거나 심지어 불평등을 오히려 조장한다는 비판을 받고 있다.

마이클 샌델이 강조하듯이, 롤스나 다른 평등주의적 자유주의 이론가들과 운평등주의자들은 모두 능력과 자격은 정의의 올바른 토대가 아니라는 반反능력주의적 사유 방식을 적극적으로 옹호하지만 결국은 개인의 선택과 책임만을 강조함으로써 다시 능력주의적 사유 방식과 별반 다르지 않은 결론에 이르렀다.[31] 예를 들어 운평등주의 이론가들은 불합리한 불운, 달리 말하자면 길을 가다가 벼락을 맞는 경우처럼 자발적으로 선택하지 않은 '눈먼 운'(brute luck)에 해당하는 것만을 사회가 보상하고 책임져야 한다고 주장한다. 자발적으로 선택한 행동의 결과로 인한 불평등까지 사회가 책임지고 시정하는 것은 불공정하다는 것이다. 그러니까, 누군가가 아무런 강제가 없는 상황에서 자신의 재산 전부를 도박으로 잃었다면 그 결과는 그가 스스로 책임져야 마땅하지 그런 사람의 불행까지도 사회가 책임을 지는 것은 잘못이라는 것이다. 그런 불운은 자업자득인 불운으로 '선택 운'(option luck)이라 불린다.[32] 이렇게 운평등주의자들은 스스로 선택한 행위의 결과로 발생하는 불평등을 당연시한다.

눈먼 운과 선택 운을 구별하는 것은 언뜻 보면 타당한 것으로 여겨진다. 그러나 이런 구별을 하기 위해서는 먼저 어떤 사람이 사회적으로 정의의 원칙에 합당하게 도움받을 수 있는 "능력과 자격"이 있는지를 엄밀하게 따져야만 한다. 이 문제와 관련해서 자유적 평등주의 이론가들에게 가하는 엘리자베스 앤더슨의 비판은 신랄하다. 누군가가 사회의 정당한 보상과 배려를 바란다면 그는 자신이 그런 능력과 자격이 있는지, 그러니까 자신이 당한 불행이 자신이 선택한 행위의 결과가 아님을 사회나 복지를 담당하는 관리에게 입증할 책임이 있다. 이미 사회적으로 불리한 처지에 있는 실업자나

---

31) 마이클 샌델, 『공정하다는 착각』, 236쪽.
32) 운의 두 종류에 대한 구별은 로널드 드워킨에게서 유래한다. 로널드 드워킨, 『자유주의적 평등』(염수균 옮김, 한길사, 2005), 147~148쪽.

화재로 인해 집이 불타버린 사람들은 불행한 상황을 초래한 책임이 자신에게 있지 않음을 보여 주어야만 한다.

그러나 자신의 사회적인 불이익에 대한 책임이 스스로에게 없다는 점을 입증하기 위해-사실 개인의 책임과 사회적 및 여타 여건의 영향력 사이의 명백한 경계선을 긋는다는 것은 거의 불가능에 가깝다- 그는 온갖 불신과 모욕을 당하고, 심지어는 복지 혜택을 공짜로 받으려는 무임승차자 혹은 의존적인 심성을 지닌 게으른 거지와 같은 부도덕하고 무능력한 사람이라고까지 낙인찍히기도 한다. 그래서 앤더슨은 도움받을 자격이 있는 사람과 그렇지 않은 사람을 구별하는 운평등주의는 어려운 상황에 놓인 시민들이 정말로 도움을 받을 자격이 있는지를 심문하고 가려내는 권한을 국가에다 부여한다는 점에서 "구빈법적 사고"의 "부활"에 지나지 않는다고 비판한다.[33]

앞에서 살펴본 것처럼 운평등주의와 시장자유주의 사이에는 역설적이게도 의견이 일치하게 된다. 달리 말하자면 운평등주의나 시장자유주의는 모두 "개인의 책임을 강조하며" 불우한 사람을 도울 사회의 의무는 당사자 본인의 자발적 선택에 따른 결과가 아닌 한에서 '조건부'로 제공되어야 한다고 강조한다.[34] 윌 킴리카의 결론도 앤더슨이나 샌델의 그것과 유사하다. 그가 보기에 자유평등주의자들은 "욕구민감성"(ambition-sensitivity)을 사회정의의 판단 기준으로 삼음으로써 의도하지는 않았겠지만 "신우파의 의제를 강화시켜 준 셈"이 되었을 수도 있다. 신우파 이론가들에 따르면 복지국가는 복지 혜택에 의존하는 사람들의 무책임한 행동을 도와주기 위해 부유한 사람들의 선택을 부당하게 제한한다고 주장하는데, 드워킨이 제안한 사적 건강보험제도와 근로복지제도는 신우파의 틀에 부합한다.[35]

앞에서 본 것처럼 존 롤스나 로널드 드워킨과 같은 평등주의적 자유주의 이론가들은 능력이나 자격을 정의의 기반으로 받아들이는 것을 거부했지만,

---

33) 같은 책, 233~234쪽.
34) 같은 책, 233쪽 및 236~238쪽.
35) 윌 킴리카, 『현대 정치철학의 이해』, 164~165쪽.

개인의 선택과 책임을 강조하고 이로 인해 생기는 불평등을 옹호함으로써 어느덧 능력주의적 이상을 지향하는 사회에 순응하는 것으로 귀결된다. 이처럼 운평등주의 혹은 평등주의적 자유주의는 능력주의 사회의 불평등 문제, 즉 사회적 성공을 자기 덕의 결과라고 믿으면서 도덕적 오만함에 빠지는 승자의 나르시시즘적 도취와 사회적 실패를 자신의 노력과 능력의 부족 때문으로 받아들이면서 자책하는 패자의 굴욕감을 해결하는 데 한계를 보여 주었다.

앞에서 살펴본 것처럼 이런 한계에는 선택의 자유에 대한 자유주의적 강조가 큰 역할을 하고 있음이 분명하다. 스스로 이룩하지 못한 부, 지위, 권력 등과 같은 사회적·경제적 혜택과 같은 사회적 행운이나 타고난 재능 및 신체적 능력 등과 같은 자연적 혜택을 누리는 사람들과 그렇지 못한 사람들 사이에서 발생할 불평등한 이득을 허용하는 것을 정의롭지 못하다고 본 롤스는 그런 자연적 재능이나 사회적 행운의 요소를 도덕적으로 자의적인 것으로 규정하고 그런 영향력을 약화시킬 정의로운 사회협력체제를 구성하는 정의 원칙을 도출하고자 했음은 이미 언급한 대로이다.

그런데 롤스의 차등의 원칙이나 그로부터 큰 영향을 받은 운평등주의조차도 결국은 자유주의적 개인주의로 말미암아 개인 선택의 자유를 정의의 최우선적 원칙으로 내세움으로써 능력주의적 사회를 부추기는 결과를 가져온다. 물론 그렇다고 해서 이로부터 자연적 재능이나 사회적이고 역사적인 우연한 운의 영향력을 차단할 정의의 원칙을 추구하려는 시도 자체가 오류라는 결론을 도출할 수는 없다. 다만 우리가 물어보아야 할 것은 롤스와 같은 이론가조차도 스스로가 내세운 도덕적 자의성의 논증이 지니는 다양한 함의를 성찰하지 못하도록 만든 요인이 무엇이었는가일 것이다.

이언 샤피로에 따르면, 롤스와 드워킨은 도덕적 자의성 논증, 즉 자연적 재능이나 사회적 환경 및 여건의 우연성으로 인해 불리한 상황에 있는 사람들을 방치하는 것이 정의롭지 못하다고 보고 그런 요소들의 영향력을 보상하거나 차단할 방법을 찾아야만 한다고 주장했다. 그러나 그들은 이런 주장이 내포하고 있는 급진적 함의를 감당하지 못한다. 그들의 도덕적 자의성 논증이 끝까지 일관되게 유지된다면 근대 유럽 사회의 핵심적 관념이라 할 주체성이나 개인의 자율성의 이상과 상당한 긴장을 야기할 것이 분명했기 때문이다. 달리 말해 도덕적 자의성 논증은, 자신이 스스로 선택한 행위에 책임을 지는 '자율적으로 행위하는 주체' 혹은 "개인 권리의 계몽주의적 관념에서 핵심에 놓여 있는 주권적 행위자 개념"의 호소력을 삭감할 수 있었기 때문이다. 롤스와 드워킨은 은연중에 이런 로크적인 제작자적 이상, 이를테면 자수성가하는 주체성 중심의 도덕적 행위자 개념의 이상에 깊게 사로잡혀 있어서 그것을 포기하고 싶지 않았기 때문에 도덕적 자의성 논증의 급진적 함의를 제대로 보지 못했다는 것이다.[36]

3. 헤겔의 사회적 인정 이론과 '기여적 정의'

능력주의 사회의 한계를 극복하기 위해서는 이제 선택의 자율성에 대한 개인주의적 사유의 틀을 넘어서 업적이나 공적에 대한 새로운 대안적 정의관을 세우는 것이 필요하다. 여기에서는 마이클 샌델이 헤겔과 오늘날의 악셀 호네트 등에 의해 발전된 이론을 토대로 해서 제기한 '기여적 정의관'을 살펴보자. 이러한 정의관은 정의의 문제를 고민할 때 공적이나 사회적 기여나 성취의 요소를 전적으로 무시할 수 없다는 데에서 출발한다. 그러나 이런 성취나 기여에 대한 의미는 능력주의에서 주장하는 '개인의 노력에 대한 도덕적으로 보상받아야 할 응분의 대가'라는 관점과 본질적으로 다르다. 기본적으로 기여적 정의(contributive justice)는 자유에 대한 사회적 맥락에 초점을 두면서 다양한 의미를 지니는 가치들의 번영을 강조하기 때문이다.

사실 능력주의 사회를 풍자한 마이클 영의 유명한 저서 『능력주의』에는

---

36) 이언 샤피로, 『정치의 도덕적 기초』, 194~195쪽.

지능 위주의 능력을 숭상하는 사회가 초래하는 심각한 사회적 불평등과 여러 사회적 병리 현상을 극복할 대안적 사고가 들어 있다는 것이 필자의 생각이다. 그것은 특히 2009년 가공의 기술자당의 한 지역 그룹이 발표한 「첼시 선언」(Chelsea Manifesto)의 내용에 잘 드러나 있다. 마이클 영의 글에 따르면, 이 지역 그룹이 추구한 목적은 다양성을 조성하는 것이었다. 이 그룹은 다양성이 조성될 수 있는 사회는 계급 없는 사회여야 한다고 보면서 불평등이 다양성의 조성을 방해하는 "가치의 협소화"를 반영한다고 비판한다. 그리하여 이 그룹은 "한 사람이 근본적인 면에서 다른 사람보다 우월할 수 있다는 주장을 부정"하면서 "모든 사람이 각자의 내면에 선善을 품고 있기 때문에 존중받아야 한다는 의미에서 인간의 평등을 추구한다."[37]

그러면서 이 그룹은 자신들이 추구하는 계급 없는 이상사회의 모습이 어떤지를 「첼시 선언」을 통해 다음과 같이 압축적으로 표현한다.

계급 없는 사회는 다양한 가치를 소유하는 동시에 그런 가치에 근거해서 행동하는 사회가 되리라. 우리가 사람들을 지능과 교육, 직업과 권력만이 아니라 친절함과 용기, 상상력과 감수성, 공감과 아량에 따라서도 평가한다면 계급이 존재할 수 없으리라. 어느 누가 아버지로서의 훌륭한 자질을 갖춘 경비원보다 과학자가 우월하며, 장미 재배하는 데 비상한 솜씨를 지닌 트럭 운전사보다 상 받는 일에 비상한 기술이 있는 공무원이 우월하다고 말할 수 있겠는가? 계급 없는 사회는 또한 개인적 차이를 수동적으로 관용할 뿐 아니라 능동적으로 장려하여, 인간의 존엄성이 마침내 그 온전한 의미를 찾게 되는 관용적인 사회가 되게 하리라. 모든 인간은 어떤 수치적 잣대로 비추어 세상에서 출세할 기회를 얻는 것이 아니라, 풍요로운 삶을 이끌기 위해 자기만의 특별한 역량을 발전시킬 균등한 기회를 누리게 되리라.[38]

이 「선언」에서 중요한 것은, 모든 개인은 존엄한 존재로서 그 개개인의

---

37) 마이클 영, 『능력주의』, 267쪽.
38) 같은 책, 268쪽.

삶의 잠재력을 다양하게 분출하고 실현하는 데에서 기회의 평등을 지녀야 한다는 점이다. 이를 위해서는 당연히 시험 성적에서 우월한 역량을 발휘하는 특정한 능력만을 선호하지 않는, 다양한 가치들이 공존하는 사회가 요구된다. 그리고 그런 다양성의 실현에서 결정적으로 중요한 것은, 사회적으로 다양한 가치들이 존중받아야 한다는 것이다. 예를 들어, 장미를 재배하는 능력에 대해서도 그것을 단순히 취미활동으로만이 아니라 그 사람의 개성적 삶을 실현할 수 있는 소중한 역량으로, 사회에 의미 있게 이바지할 수 있는 소중한 활동으로 인정하는 사회가 되어야 한다는 것이다. 그러기 위해서는 다양한 재능과 능력이 꽃필 수 있는 분화된 사회 영역들이 존재해야 한다. 이런 영역들 내에서 사람들은 스스로 선택한 삶의 방식이 존중받는 가운데 서로의 재능이 잘 발휘될 수 있도록 도움을 주고받으면서 행복한 삶을 영위할 수 있어야 한다.

「첼시 선언」에서 바라보는 이상적 사회가 도래하려면 사회 구성원들의 다양한 재능과 그것이 사회에 가져다주는 기여나 성과의 가치에 대해 온전하게 평가할 수 있는 사회적 인정 질서가 필요하다. 바로 이런 직관을 사회적 정의관으로 개념화한 것이 마이클 샌델이 말하는 '기여적 정의관'이다. 그리고 그것은 샌델 자신이 강조하듯이 헤겔에서 유래되어 오늘날 악셀 호네트에 의해 발전되고 있는 이론이다.[39] 먼저 기여적 정의관의 토대가 되는 헤겔의 이른바 '사회적 자유론'의 핵심을 간략하게 설명해 보자.

헤겔에 따르면, 개인의 자유는 인륜적 관계를 매개로 이루어지는 상호주관적인 인정 과정을 통해서만 실현될 수 있다. 그는 이런 자유가 사회적 인정 관계에 의존해 있다는 통찰을 표현하기 위해 "타자 속에서 자기 자신으로 존재함"(das Beisichselbstsein im anderen)이라는 개념을 사용한다.[40] 그러니까 이 표현은, 타자 속에서도 집에 거주하는 듯한 편안함을, 즉 자기소외가

---

39) 마이클 샌델, 『공정하다는 착각』, 326쪽.
40) G. W. F. Hegel, *Enzyklopädie der philosophischen Wissenschaften im Grundrisse,* in: *Hegel Werke in zwanzig Bänden,* hg. v. E. Moldenhauer und K. M. Michel, Band 8 (Frankfurt, 1986), p.84.

아니라 자기실현을 경험한다는 것을 나타낸다. 이는 타자와의 관계가 이미 완성된 원자들 사이의 외적인 관계나 도구적 관계를 넘어서서, 자신의 자유 실현의 터전이라는 의미에서 관계 구성원들 각자의 성공적 삶을 위해 본질적 혹은 내재적 혹은 구성적 역할을 하고 있음을 보여 준다. 헤겔은 '타자 속에서 자신으로 존재함'이라는 자유 개념을 자유의 최고 규정으로 이해하면서, 이런 자유는 우리에게 낯선 것이 아니라고 한다. 그것은 우리에게 사랑과 우정이라는 감정의 형태로 널리 알려진 것이기 때문이다. 이런 참다운 자유를 그는 "실체적 자유", "공적 자유", "구체적 자유" 등으로 표현한다.[41]

개인의 자유 실현을 가능하게 하는 상호인정 관계를 발생시키는 사회적 실천과 인륜적 제도들에 대한 이론이 헤겔의 실체적 자유 이론의 핵심이라는 사실에 대해서는 대부분의 헤겔 연구자들도 동의하고 있다. 그래서 헤겔의 자유 이론을 "사회적 자유"로 명명하자는 제안이 최근에 많은 호응을 얻고 있다. 『법철학』에서 정점에 이르는 헤겔의 자유 이론이 "사회적 자유"로 이해되어야 한다는 주장은 F. 뉴하우저(Nouhouser)와 A. 호네트 등에 의해 적극적으로 펼쳐지고 있다.[42]

예를 들어 호네트는 "타자 속에서 자기 자신으로 존재함"이라는 헤겔의 자유 개념을 사회적 자유의 의미를 해명할 수 있는 결정적 "실마리"라고 보면서[43] 사회적 자유론에서 기본적인 사회적 제도들이 담당하는 역할의 중요성을 강조한다. 특정한 인륜적 제도들은 개인들이 상호주관적 소통을 수행하면서 서로를 자유로운 주체로 인정하는 과정을 지속적이고 안정적으로 지탱할 수 있게 해준다는 점에서 "자유의 매체이자 실행의 조건"으로 이해되어야 한다는 것이다.[44]

---

41) G. W. F. Hegel, *Grundlinien der Philosophie des Rechts*, p.298·472·406.
42) F. Neuhouser, *Foundations of Hegel's Social Theory. Actualizing Freedom*; A. Honneth, *Das Recht der Freiheit: Grundriß einer demokratischen Sittlichkeit.*
43) A. Honneth, *Das Recht der Freiheit*, p.82 및 p.85.
44) 같은 책, p.81.

자유의 사회성에 대한 헤겔의 강조는 근대 사회계약론적 자유주의 자유관을 비판하는 이론적 토대를 이룬다. 존 롤스가 강조하듯이 헤겔의 인륜성 철학의 "위대한 공헌 중의 하나"는 바로 "정치·사회 제도의 확립된 체계 안에 사람들이 깊숙이 사회적으로 뿌리박고 있음을 보지 못하는" 자유주의의 한계를 지적한 데 있다.[45] 기여적 정의나 노동 및 시장 내에서의 직업 활동을 사회적 인정이 실현되는 고유한 삶의 영역으로 보는 관점도 헤겔의 시민사회론에서 전개된 것이었다. 그러나 여기에서 그의 시민사회의 전모를 다룰 여지는 없기 때문에, 다만 기여적 정의의 논의를 위해 필요한 정도로만 언급해 두자.

헤겔이 보기에, 노동과 직업을 통해 사람이 사회에 긍정적으로 이바지하는 존재로 인정받을 수 있다는 점은 바로 근대 시장 제도, 즉 근대 부르주아 사회가 내세우는 규범적 정당성의 기초이다. 달리 말하자면, 시장이야말로 인간의 자유가 실현될 곳이라고 보거나 시장에서의 자유로운 교환 행위를 자유의 본질인 것처럼 강조하는 시장자유주의자들이나 자유지상주의자들의 견해와 달리 헤겔은 시장을 자유 실현의 독특한 영역 중의 하나로만 인정한다. 그것도 자유 자체를 완전히 불가능하게 만들 아주 위험한, 소외와 극단적 불평등 체제가 발생할 가능성이 큰 사회적 삶의 영역으로 본다. 하여간 헤겔에 의하면, 이런 시장이라는 인륜적 제도를 구현하는 사회적 인정 방식은 가족과 국가 내에서의 정치적 공동체의 일원으로 인정받는 방식과 구별되는 특징을 지닌다.

가족이라는 인륜적 결합 관계에서는 "상호간의 사랑과 도움"이 결정적인 의미를 지닌다.[46] 계약관계와 달리 가족 상호의 관계에서 중요한 것은 서로를 동등한 법적 권리 주체로 받아들이는 것이 아니다. 가족관계에서 이루어지는 인정은 서로를 기꺼이 배려하고 아끼는 심정을 통해 이루어지기 때문이다. 가족 구성원이 서로에게 제공하는 돌봄과 헌신도 특정한 가족

---

45) 존 롤스, 『도덕철학사 강의』(김은희 옮김, 이학사, 2020), 549쪽.
46) G. W. F. Hegel, *Grundlinien der Philosophie des Rechts*, p.315.

공동체의 사랑의 힘에서 나온다. 간단하게 말해 가족은 사랑과 배려의 공동체라는 것이다. 따라서 가족 구성원들이 서로에게 기대하는 도덕적 의무와 책임은 보편적 동등 존중이나 개인이 지닌 자질과 능력의 가치에서가 아니라, 사랑과 배려의 감정에서 우러나오게 된다.

호네트가 적절하게 지적하듯이, 가족 구성원들이 서로에게 보여 주는 도덕적 의무의 원천은 모든 사람을 동등하게 존중하는 도덕 원칙에 대한 이성적 판단에 있지 않다. 만약 아버지나 어머니가 자식을 돌보아야 할 때, 자녀에 대한 애정에서가 아니라 오로지 모든 인간의 보편적인 동등 존중이라는 이성적 판단에서 우러나와 그렇게 한다면 그런 행위의 "도덕적 가치"는 "상실"되지 않을 수 없다. 친구들 사이의 우정과 마찬가지로 가족관계는 상호간의 "애착에서 우러나오는 도덕적 존중과 배려를 바치는 동안에만 성립"하는 특수한 관계의 일종이기 때문이다.[47]

그러나 근대 부르주아 사회가 인간의 해방적 역할을 하는 제도임을 강조하는 데에는, 각 개인이 스스로 선택한 노동(직업/일)을 통해 그 속에서 비로소 사회적으로 가치 있는 존재로 인정받음으로써 자부심 있는 삶을 수 있으리라는 생각이 깔려 있다. 이처럼 부르주아 시민사회의 사람들은 스스로 선택한 노동과 직업의 다양성을 통해 의미 있는 자율적 삶의 구체적 내용을 획득할 수 있다. 이곳에서는 다양한 직업의 분화 속에서 이루어지는 특수한 목적과 내용이 이성적으로 구현될 수 있기 때문이다. 실제로 시장사회에 참여하는 사람들은, 한편으로는 서비스의 교환 행위나 다양하게 분화된 노동 분업에 편입하여 숙련된 기술을 습득하고 상호협동의 행위 능력을 향상시킬 수 있으며, 다른 한편으로는 스스로 선택한 직업과 노동을 통해 탁월하게 자신의 능력을 발휘하여 사회의 공동선에 이바지하고 사회적 공헌을 인정받음으로써 자기실현을 경험할 수 있다.

이런 점에서 헤겔은 시민사회를 개인의 자유와 자기실현을 보장하는

---

47) 악셀 호네트, 『정의의 타자』(문성훈 외 옮김, 나남, 2009), 263쪽.

자유로운 인륜적 세계의 필수적 한 영역이자 사회적 제도의 하나로 간주한다. 이를 호네트의 인정 이론의 용어로 풀어 보자면, 시민사회에서 노동을 통해 사회적 존중과 명예를 인정받는 것은 평등하게 법적인 권리 주체로 인정받는 것과는 구별되는 인정의 한 형태이다. 그것은 다양한 개인들의 차이로 인해 발생하는 특수한 속성들에 대한, "사회적 가치 부여"를 통한 인정이기 때문이다.[48)

노동과 직업을 통한 사회적 기여도에 따라 인정받을 수 있는 사회가 되기 위해서는 당연히 오늘날과 같은 시장중심주의적 사회가 상당할 정도로 변혁되어야 한다. 시장에서 발생하는 교환 가치는 그 직업의 사회적 기여도 혹은 사회의 공공선에 이바지하는 바를 제대로 측정할 수 없기 때문이다. 시장에서의 효율성이 증진되거나 소비자의 선호를 만족시키는 정도에 따라 부여되는 가치가 달라지기 때문에 시장에서의 가치가 사회의 공공선의 기여도와 일치하지 않을 수도 있다는 것이다. 그러므로 호네트는, 시장을 한갓 개인들의 이기심을 충족시키는, 도덕과 무관하게 탈규범화된 방식으로 기능하는 제도로 보지 않고 그것을 '개인의 자율성 증진'이라는 규범적 요구를 장착한 인륜적 의미로 파악하기 위해서는 "시장을 인륜적으로 규범화"된 제도로 변경하려는 시도가 이루어져야 한다고 말한다. 간단하게 말해, 우리에게 가능한 길은 "인륜적 질서 안으로 편입된, 그것도 아주 철저하게 규범적으로 안착된 시장경제"의 길이고 "그것 말고 다른 대안"은 존재하지 않는다.[49)

그런데 오늘날 능력주의 사회는 시장에서 성공한 사람들이 받는 대가를 그들의 노력과 능력에 따른 자연스러운 것으로 받아들이면서도, 시장사회가 상품의 논리에 의해 가치를 획일화하거나 다른 소중한 가치를 무의미하고 비효율적이라는 이유를 들어 배제하는 것을 무시한다. 그뿐만 아니라 자본주

48) 악셀 호네트, 『인정투쟁』(문성훈·이현재 옮김, 사월의 책, 2011), 235~236쪽.
49) 이행남·악셀 호네트, 「악셀 호네트 교수와의 인터뷰」, 『비규정성의 고통: 헤겔의 『법철학』을 되살려 내기』, 156쪽.

의적 능력주의 사회는 세계화의 진전에 따른 구조조정이나 해외로의 공장 이전 등의 이유로 발행하는 실업이나 빈곤의 문제 혹은 죽음과 위험을 외주화하는 현상 등을 도외시한다. 게다가 능력주의 이상을 비판하는 평등주의적 자유주의도 오직 선택의 자유와 책임의 문제만을 강조할 뿐, 빈곤한 사람들이 겪는 사회적 모욕과 무시 그리고 그런 사람들이 경험하는 자존감 상실 등의 문제는 소홀히 한다. 간단하게 말해서, 평등주의적 자유주의자들은 사회적 불평등의 문제가 단순히 재화나 서비스의 부족에만 관련된 것이 아니라 사회적 인정 및 명망과도 관련된 것임을 종종 간과하는 경향이 있다.

물론 직업의 종말이 심각한 쟁점으로 부상하고 있는 오늘날의 신자유주의적 세계화 시대에 일/직업을 통한 사회적 인정의 추구와 그 해방적 가치를 옹호하는 것이 과연 얼마나 설득력 있는 주장인지에 대해서는 상당한 논쟁의 소지가 존재한다. 노동/직업을 통한 인정의 추구가 과연 규범적으로 정당한 것인지, 규범적으로 정당하다 하더라도 그런 주장이 실질적으로 실현될 수 있을지 등에 대해서는 공적인 논의가 더욱 활발하게 이루어져야 할 것이다.

하여간 앞에서 강조했듯이 경제적 빈곤만이 문제가 아니라, 빈곤은 사회적 인정과 명망의 상실을 불러온다. 빈곤한 사람은 자신을 불신과 경멸의 눈으로 바라보는 사회적 시선의 따가움으로부터 어려움을 느낄 뿐만 아니라, 스스로도 이제는 자신을 사회에 아무 공헌도 하지 못하는 무가치한 존재로 느끼면서 무력감과 자존감의 상실로 고통을 겪는다. 이와 관련하여 마이클 샌델이 제공하는 자료는 주목할 만하다.

샌델이 인용하는 연구 결과에 따르면, 신자유주의적 세계화가 진행되면서 형성된 불평등으로 인해 미국인의 기대 수명은 100년 만에 처음으로 줄어들었다. 자살, 약물 과용, 알코올 등이 사망률을 증가하게 만든 중요한 요인이었다. 이렇게 죽어간 사람들 중에서 중년 백인 남성, 특히 4년제 대학 학위가 없는 사람들이 차지하는 비중이 컸다고 한다. 그러니까 저학력을 지닌 미국인들이 대졸자에 비교해 알코올, 약물, 자살 등으로 죽는 위험이 더 크다는 말이다. 그런데 우리가 주목해야 할 부분은 '절망 끝의 죽음'(deaths of despaire), 즉 빈곤보다는 사회적 "명예와 보상의 문제"에 죽음의 원인이 있는 경우이다. 저학년 백인 노동자에게서 나타나는 절망 끝의 죽음은 단순히 빈곤에 따른 불행이라기보다는 다른 요인으로부터 기인하는 현상이라고 할 수 있었기 때문이다. 즉 1999년에서 2017년 사이 '절망 끝의 죽음'의 급격한 증가는 "그에 비례하는 빈곤의 급격한 증가를 동반하지 않았다."

빈곤의 문제가 재화와 서비스의 부족과 같은 물질적 빈곤의 문제만이 아니라 사회적 인정이나 명예와도 관련이 있다면, 우리는 이제 노동이나 일의 존엄성을 되찾을 방안을 모색하지 않으면 안 된다. 이런 문제의식은 우리가 공동선에 이바지할 수 있는 의미 있는 일은 무엇인지, 우리가 시민으로서 동료 시민에게 빚지고 있는 것은 무엇인지와 같은 '도덕적이고 정치적인 질문'에 마주 서게 한다.[50] 그리하여 오늘날의 신자유주의 사회에서 불리한 상황에 있는 사람들이 느끼는 사회에 대한 분노와 저항의 깊이를 이해하고 합당한 해결 방안을 모색하려 할 때, 우리는 노동이나 직업이 사회 구성원에게 가져다주는 인정과 존중의 의미를 이해하려고 해야 한다.

"능력주의적 인재 선별과 시장주도적 세계화"가 결합해서 만들어 낸 노동/일의 평가절하를 넘어 그 존엄성을 회복하기 위해 샌델은 시장중심적으로 기여와 가치를 평가할 것이 아니라 "시민적 이상"(civic ideal)에 따르는 공동선의 관점에서 시민의 노동존엄성을 회복하려는 노력이 필요하다고 강조한다. 물론 이런 노력은 민주적 방식으로 이루어져야 한다. 달리 말하자면, 바람직한 사회적 공헌이나 기여가 무엇인지를 규정하는 과정에서 '정치'는 동료 시민들 사이의 공적 숙고를 가능하게 하는 결정적 의미를 지닌다. 공동선의 시민적 개념에 따르면, 사회적 기여와 공헌이 무엇인지를 정의할 때에는 동료 시민들이 필요로 하는 여러 가지 일을 제공함으로써 사회적

---

50) 마이클 샌델, 『공정하다는 착각』, 310~312쪽 및 318쪽.

존중을 받는 역량을 계발하고 실행하는 일이 특히 중요하다는 것이다. 요약하자면, 그러한 공헌의 가치는 어떤 효율적인 시장이라 해도 제공할 수 없고 단지 "우리의 노력이 향하는 목표의 도덕적, 시민적 중요성에 달려 있다."

공동선의 시민적 관점은 인간의 번영이 "우리의 역량을 배양하고 실천으로 옮김으로써 우리의 본성을 실현하는 데 달려 있다'라고 한 아리스토텔레스의 관점이나, 직업은 시민들의 자치에 필요한 미덕을 계발하는 데 이바지한다고 본 미국의 공화주의 전통을 이어받고 있다. 이런 관념은 자유주의로 인해 부차적 지위로 물러났는지는 모르겠지만 여전히 살아 있다. 그러니까, "일은 시민들을 기여와 상호인정의 틀 안에 묶어 주는 역할을 한다'라는 생각은 오늘날에도 헤겔의 전통을 이어받아 "소득과 부의 분배에 대한 갈등은 인정과 존중에 대한 갈등으로 가장 잘 이해될 수 있다'라고 주장하는 악셀 호네트의 이론에서도 찾아볼 수 있다.

그래서 마이클 샌델은 일을 "사회적 통합 활동이며 인정의 장이고 공동선에 기여해야 한다는 우리의 의무를 명예롭게 행하는 방식"이라고 본 헤겔과 뒤르켐의 사유 방식에 주목할 것을 강조한다. 결론적으로 마이클 샌델은 기여적 측면을 무시하는 정의론은 충분하지 않다고 본다. 기여적 정의는 좋은 삶이나 최선의 삶의 방식에 대한 가치중립적 태도를 받아들이지 않는다. 기여적 정의 이론에 따르면 "우리가 공동선에 기여하고 그런 기여에 대해 동료 시민들의 존중을 받을 때 가장 완전하게 인간다울" 수 있다.[51]

4. 대동민주주의와 유가적 관점에서 본 '기여적 정의'

앞에서 본 것처럼 헤겔의 시민사회이론은 정의론을 구상할 때 공적이나

---

51) 같은 책, 324~328쪽.

성취의 결과, 즉 특정한 인간 활동의 사회적 기여의 문제를 전적으로 간과하지 않고 대안적 사유를 추구한다는 데 결정적 의미를 지닌다.

이제 공적의 문제와 관련해서 대동적 이상사회에 대한 유가적 설명을 분석해 보도록 하자. 우선 앞에서 강조한 '각득기소各得其所'의 의미로 되돌아가 보자. 그것은 모든 사람이 자신의 적성이나 재능에 어울리는 사회적 지위를 찾아서 그 지위에 충실한 삶을 통해 참다운 인간성을 실현하고 아울러 동료 사회 구성원과의 협력 관계를 통해 사회의 번영에 이바지함을 뜻한다. 주희와 여조겸은 각득기소를 다음과 같이 설명한다.

> 무릇 "사물이 있으면 법칙이 있다." 아버지는 자애로움에 머물러야 하고, 자식은 효도에 머물러야 하고, 임금은 인에 머물러야 하고, 신하는 공경에 머물러야 한다. 만물과 모든 일은 각기 올바른 위치가 있다. 올바른 위치를 얻으면 편안하고 올바른 위치를 잃으면 어긋나게 된다. 성인이 천하를 순조롭게 다스릴 수 있었던 까닭은, 사물을 위해 법칙을 만들 수 있었기 때문이 아니라 다만 각각 머물러야 할 곳에 머물게 했기 때문이다.[52]

주희와 여조겸에 따르면, 만물에는 법칙이 있고 그 법칙은 하나라는 점에서 서로 통하지만 그 하나의 이치는 각각의 특수한 것에서 달리 드러난다. 이것이 저 유명한 주희의 리일분수理一分殊의 설이다. 만물에 각기 깃들어 있는 독특한 이치가 잘 발현되어 다른 사물의 이치와 서로 통해서, 이런 연쇄적인 소통 과정이 잘 이루어졌을 때 비로소 사회나 우주 전체도 조화롭게 잘 번영할 수 있다. 이처럼 각자가 자신에 어울리는 재능과 사회적 지위를 얻어서 이를 통해 자신의 삶에 충실하면서 사회 전체의 번영에도 참여하는 것, 이것이 바로 각득기소各得其所가 추구하는 이상적 사회의 모습이다. 이처럼 사회적 지위에 따라 다양하게 나타나는 구체적인 가치와 내용들이 서로간의 협력적인 관계 속에서 조화롭고 균형 있게 실현될 때 비로소

---

52) 주희·여조겸 편저, 『근사록집해』 2(이광호 역주, 아카넷, 2004), 676쪽.

유가가 꿈꾸는 이상사회가 달성될 수 있다.

리일분수설과도 연결되는 것이지만, 유가사상의 인간관과 우주관이 기본적으로 관계적임은 널리 알려져 있다. 이 세상에 홀로 존재하는 것은 없으며 늘 타자와의 연관 속에서만 비로소 모든 것이 존재할 수 있고 번영할 수 있다는 것은 공맹의 원시유가에서 성리학과 오늘날의 유가에 이르기까지 면면히 흘러오고 있는 유가적 사유의 기본 인식이다. 그래서 정이程頤는 "천지 사이에 사는 것 가운데 서로 친밀하게 협력하지 않고서 유아독존唯我獨尊할 수 있는 것은 없다"라고 강조한다.[53]

마찬가지로, 맹자에 따르면 인간이 하늘로부터 똑같이 부여받은 도덕적 본성 즉 인간의 성선性善은 오로지 오륜五倫관계를 통해서만 비로소 실현될 수 있다. 특히 기여적 정의와 관련해 우리가 주목할 부분은 인간의 인간다운 삶은 물질적 조건들의 확보 못지않게 다섯 가지 인간관계의 성공적 영위에 달려 있다는 생각이다. 이에 대한 맹자의 주장을 들어 보자.

후직后稷이 백성들에게 농사짓는 법을 가르쳐 오곡五穀을 심고 가꾸게 하시니, 오곡이 성숙成熟함에 인민人民이 잘 길러졌다. 인간에게는 도리가 있으니, 배불리 먹고 따뜻하게 옷을 입어서 편안히 거처하기만 하고 가르침이 없으면 금수禽獸와 가까워진다. 이 때문에 성인聖人이 이를 근심하시어 설契을 사도司徒로 삼아 인륜人倫을 가르치게 하셨으니, 부자父子 사이에는 친함이 있고 군신君臣 사이에는 의리가 있고 부부夫婦 사이에는 분별이 있고 장유長幼 사이에는 차례가 있고 붕우朋友 사이에는 믿음이 있는 것이다.[54]

위 인용문에서 맹자는 백성들이 배불리 먹고 따뜻한 옷을 입는 데 그치면

---

53) 정이천 주해, 『주역』, 219쪽. 정이의 역 주석은 송대의 역 주석사에 큰 획을 그은 저서로 평가받고 있다. 그의 역에 대한 해석이 주희에게 매우 큰 영향을 주었다는 점은 널리 알려져 있다. 그러나 주희는 정이의 역 주석에 상당히 비판적이었다고 한다. 그의 주석은 비록 수많은 통찰 즉 哲理가 들어 있기는 하지만 자신의 사상에 易經을 무리하게 끌어들여 꿰어맞추려 한다는 점이 주희 비판의 핵심 요지이다. 이에 대해서는 특히 미우라 구니오, 『주자와 기 그리고 몸』, 147~154쪽 참조.

54) 『맹자집주』, 158쪽, 「등문공상」 4.

인간이 금수와 같아진다고 주장한다. 여기에서 필자가 주목하는 대목은 '가르침'(敎)을 통해 인간이 인간답게 성숙해진다는 주장이다. 그러니까, 가르침이란 인간이 잘 먹고 건강하게 자라는 데 필요한 물질적 조건과 마찬가지로 인간의 도덕적이고 정신적 면을 가르쳐 키우는 일 즉 교육敎育이라고 본다는 점이다.

맹자에 따르면, 이런 정신적이고 도덕적인 잠재력의 성숙, 그 성공적인 성장은 바로 '인륜'이라는 다섯 가지 인간관계를 통해서 이루어진다. 군신·부자·부부·붕우·장유 관계가 바로 인간의 도덕적 인간성을 길러내어 번영하게 하는 토대라는 것이다. 이런 인간관계가 잘 이루어질 때 인간은 비로소 자신의 인간성을 실현하고 향유할 성공적이고 행복한 삶을 살 수 있다. 그러므로 유가적 관점에서 보면 인간관계는 이기적 욕망을 채우려는 한갓 도구적 성격에 그치는 것이 아니다. 오히려 오륜관계를 통한 사회적 삶을 영위함 자체가 자기실현의 길이다.

더 나아가 사람이 사회에서 자신이 최선을 다해 이룰 수 있는 구체적인 사회적 기여의 내용은 상이할 수밖에 없다. 군인은 군인다움으로, 교사는 교사다움으로, 임금은 임금다움으로 사회에서 각각 자신이 맡은 바 과제와 몫을 충실하게 수행함으로써 사회는 더 조화롭게 번영해 갈 수 있다. 그러므로 오륜관계를 잘 맺어서 사회가 더 잘 번영할 수 있게 하는 것은 타인을 위해 일방적으로 복종한다거나 자신과 무관한 일을 소외된 상태에서 억지로 하는 것이 아니다. 그것은 다름 아니라 자신의 삶을 번영하게 만드는 일이나 다름없다.

위 인용문에서 주목할 또 다른 하나는 가르침이라는 것이 바로 올바른 정치의 요체이자 핵심이라는 것이다. 달리 말하자면, 인간의 도덕적 본성인 성선性善을 이루는 일은 개인이 홀로 이룩할 과제가 아니라 정치적 공동체의 목적이라는 것이다. 여기에서 우리는 맹자의 사상이 도덕과 정치의 분리를 주장하는 것은 아니라는 점을 알게 된다. 오히려 정치가 도덕의 완성을 구현하게 해준다고 보아야 할 것이다. 이는 『대학』의 삼강령三綱領에서 가장 분명하게 드러난다. "'『대학』의 도道는 명덕明德을 밝힘에 있으며, 백성을 새롭게 함에 있으며, 지선至善에 그침에 있다.'"[55]

큰 학문의 길은 자신의 도덕적 본성을 수양하는 일에 그치지 않으며, 자신의 도덕적 수양은 혼자만으로는 결코 이룰 수 없다. 사람이 타인의 고통을 외면하지 못하고 마음을 쓰는 것은 인간의 선한 본성이 타자와의 소통과 연계된 것임을 보여 준다. 때로 유가사상을 보면 위대한 성인은 나면서부터 인간의 도덕적 본성을 잘 헤아릴 역량을 지닌 것처럼 주장하는 부분이 없지 않지만, 그렇다고 이런 부분을 꼭 위대한 성인은 나면서부터 본래 완성된 성인이라는 것으로 볼 필요는 없다는 것이 필자의 생각이다. 이런 부분은 차라리, 인간은 도덕적 행위를 자발적으로 행할 가능성을 지니지만 그런 역량을 발휘하는 데에 상대적인 차이가 있을 뿐임을 강조하는 것이라고 보는 편이 더 타당하리라고 여겨진다.

따라서 자신의 도덕적 본성을 닦고 기르는 일은 타인의 선이 잘 발양할 수 있도록 도움을 주는 정치 활동과 떼려야 뗄 수 없는 수기치인修己治人의 길이며, 이는 결국 자신과 타인을 완성에 이르게 하는 성기성물成己成物의 지극한 경지를 그 최상의 목적이자 지향으로 삼는다는 말이다. 따라서 지어지선止於至善이란, 인간에게 내재하는 도덕적 본성이 "사욕에 방해받지 않고 발현될 수 있는 최상의 정신적 경지에 도달하고 그 상태를 지켜내는 것이자, 그 경지에 걸맞은 행위를 고집스럽게 수행해 나가는 것"을 뜻하는 것으로 이해된다.[56] 이처럼 큰 학문 즉 수기안인修己安人이나 수기치인修己治人이 지향하는 궁극적 목표인 '지어지선의 경지에의 도달'이라는 과제를 실현하는 데 필수적인 오륜관계는 사회가 기본적으로 서로 의존하고 있는

---

55) 『대학·중용집주』, 23쪽.

56) 김도일, 「주자의 『대학』 해석에 있어서의 실천의 문제」, 『주제 속 주희, 현대적 주희』(황종원·김도일 외 지음, 성균관대학교 출판부, 2021), 184쪽. 止於至善의 止란 정지나 마침의 의미가 아니라 "달성과 유지의 의미가 겸비"되어 있다고 한다. 그러니까 止는 궁극적 이상에 이르도록 힘쓰고, 그 이상이 달성된 이후에는 다시 그 경지에 미치지 못하는 수준으로 떨어지지 않도록 유지해야 한다는 뜻을 지닌다. 잠일성, 『대학 철학』(황갑연 옮김, 서광사, 2000), 64쪽.

연대공동체임을 보여 준다. 덧붙여 말하자면, 지어지선의 경지에 이른 이상적 사회란 바로 요순의 나라인 대동사회이다.

오륜관계를 통한 인간의 도덕적 본성의 실현 가능성을 탐색하는 유가적 사유는, 인륜성 속에서 비로소 인간은 참다운 자유로운 존재로 인정받을 수 있다고 보는 헤겔의 사회적 자유론과 통한다. 헤겔의 인륜성(Sittlichkeit)의 인륜人倫은 사전적으로 ① "군신·부자·형제·부부 따위에서 지켜야 할 도리", ② "헤겔 철학에서, 객관화된 이성적 의지를 이르는 말. 그 실체는 가족, 시민, 사회, 국가이다"라고 정의되어 있다.[57] 그러니까 우리 사회에서는 이제 인륜이 두 가지 흐름으로 이해된다. 그러나 ①과 ②로 되어 있는 두 용법 사이에 친화성이 없었다면 아마 Sittlichkeit를 '인륜'으로 번역하는 일 자체가 형성될 수 없었을 것이다.

헤겔은 아시아의 사회와 유가 전통을 야만적인 것으로 혹평한 유럽중심주의를 철학적으로 정당화한 대표적 인물이다. 그런데 그의 정치철학의 통찰이 그가 그토록 경멸해 마지않았던 동아시아의 유가적 사유 전통과 매우 깊게 통한다는 점은 역사의 아이러니라 할 것이다. 하여간 헤겔이 보기에 인륜성 속에서 혹은 인륜적 관계 속에서 인간은 자유의 최고 실현을 경험함과 동시에 자신에게 참다운 구체적 의무의 내용이 무엇인지를 이해하게 된다. 이와 마찬가지로, 맹자의 오륜관계에 대한 설명에서 보듯이 유가적 사유에 따르면 인간은 구체적인 인간관계 내에서 비로소 인간다움을 실현할 수 있다.

가족, 정치적 시민 사이의 관계 그리고 직업 관계와 같은 서로 구별되는 제도화된 인륜적 관계에 참여함으로써 사람들은 무엇을 할 것인가와 같은 구체적인 도덕적 의무의 내용을 획득한다고 헤겔은 주장한다. 이런 방식으로 헤겔은 자신이 인륜성 철학이 도덕의 구체적 내용을 제시하지 못하는 칸트 도덕 이론의 공허함을 극복할 수 있다고 강조했다. 이와 마찬가지로 유가에서

---

57) 네이버 국어사전.

요구하는 다양한 인간관계에서의 구체적인 도덕적 의무는 각기 다르다. 예를 들어 임금과 신하 사이의 관계에서, 신하는 임금에게 충성을 다하고 임금 역시 신하에게 예를 다하는 모습을 보이지 않으면 안 된다. 이때 서로에게 요구되는 도덕적 규범을 잘 따르면 임금과 신하 사이에 의로움의 관계가 형성될 수 있다. 또 부모와 자식 사이에는 친함이 있어야 하는데, 이때 흔히들 오해하듯이 자녀가 일방적으로 부모에게 효도만 하도록 요구하는 것은 유가가 본 바람직한 부모와 자식 사이의 관계가 아니다. "임금이 임금답지 않더라도 신하는 신하다워야 한다, 아버지가 아버지답지 않더라도 자식은 자식다워야 한다, 신하는 군주에게 절대적으로 복종해라, 자식은 부모에게 절대적으로 복종해라, 유교의 가르침은 그렇다는 식으로 이해되는 경향'58)이 있지만, 부모가 자녀를 자애롭게 대하지 않는다면 그것은 부모가 부모답지 않은 것이 된다.

유가사상이 자녀는 무조건 부모에게 순종해야 함을 강조하는 사상이 아님을 드러내기 위해서는 "아버지는 자애로움에 머물러야 하고, 자식은 효도에 머물러야 한다"라고 말한 주희의 말을 기억할 필요가 있다.59) 공자도 이미 부모가 옳지 못한 일을 할 때는 부모에게 그릇된 일을 고치도록 '간諫'해야 함을 강조한다. 물론 그렇게 간할 경우라 해도 공경함을 지키고 지나치지 않도록 조심할 것을 당부한다.60) 이는 지극히 당연한 권고이다. 과도하게 의로움을 추구하다 보면 부모 자녀 사이의 관계라 해도 상처받을 수 있기 때문이다. 그러니까, 유가에서의 인간관계는 상호적이고 호혜적인 요구를 동반한다.

『공자가어』를 보면 이미 오래전부터 부모에게 무조건 순종하는 것이 효성스러움인지 아닌지를 두고 논쟁이 있었음을 알 수 있다. 이와 관련해 공자와 그의 제자 자공 사이의 대화가 기록되어 있는데, 자공은 "자식으로서

---

58) 요시카와 고지로, 『공자와 논어』(조영렬 옮김, 뿌리와이파리, 2006), 188쪽.
59) 주희·여조겸 편저, 『근사록집해』 2, 676쪽.
60) 『논어집주』, 80쪽, 「이인」 18.

아버지의 명령에 순종하는 것이 효순孝順이고, 신하로서 임금의 명령에 순종하는 것이 충정忠貞"이라는 데에는 의심의 여지가 없다고 말한다. 이에 대한 공자의 답은 다음과 같다.

> 너무 천박하구나, 단목사端木賜야! 네가 아직 모르는구나.…… 아버지에게 감히 간하는 자식이 있으면 무례한 지경에 빠지지 않을 것이며, 사인士人에게 간하는 친구가 있으면 불의한 일을 행하지 않을 것이다. 따라서 자식으로서 아비의 명령을 순종한다고 해서 어찌 효순이라 할 것이며, 신하로서 임금의 명령을 순종한다고 해서 어찌 충정이라고 하겠느냐? 자신이 순종해야 하는 도리를 분명하게 잘 살필 수 있어야 비로소 진정한 효순이요 진정한 충정이라 할 것이다.[61]

위 대화에서 보듯이 유가에서 보는 부모와 자녀 사이나 임금과 신하 사이의 관계가 일방적으로 이루어지는 복종 관계가 아님은 분명하다. 부모자식이나 임금과 신하가 옳은 길을 걷도록 하는 데에는 비판과 교정이 필수적이어서, 자녀나 신하라 해도 부모나 군왕이 잘못된 길을 가려고 할 때는 모른척해서는 안 된다. 그러므로 부모나 왕의 말에 무조건 순종하는 것은 오히려 부모나 임금을 그릇된 길로 빠지게 하는 불효와 불충이라는 것이 공자의 말이다.

사실 이런 효에 대한 언급은 순자에게서도 발견된다. 그는 "도리(道)를 따르되 임금을 따르지 않고 의로움을 따르되 어버이를 따르지 않은 것이 사람으로서의 큰 행위(大行)"라고 말한다. 그러면서 순자는 효자가 어버이의 명령을 따르지 않아야 할 세 가지 경우가 있음을 설명한다. "명령을 따르면 어버이가 위태로워지고 명령을 따르지 않아 어버이가 편안해질" 때가 그 하나요, "명령을 따르면 어버이에게 욕되고 명령을 따르지 않으면 어버이가 영화로울" 때가 그 둘이요, "명령을 따르면 새나 짐승같이 되고 명령을

---

61) 양조명·송입림 주편, 『공자가어통해 상』(이윤화 옮김, 학고방, 2016), 139쪽.

따르지 않아 잘 수식해 드릴 수 있을" 때가 그 셋이다. 이런 세 경우를 들면서 그는 참다운 효도의 뜻을 다음과 같이 설명한다.

그러므로 순종할 수 있을 때 순종하지 않는 것은 자식이 아니며, 순종해서는 안 될 때 순종하는 것은 충심으로 섬기지 않는 것이다. 순종하고 순종치 않는 뜻을 분명히 깨닫고서 공경과 충성과 믿음을 다하고 바르고 성실하고 삼가며 행동한다면 곧 위대한 효도(大孝)라 할 수 있을 것이다.[62]

더 나아가, 부모자녀 사이에 효도와 자애로움이 한 쌍을 이루었듯이 군신 사이의 관계도 일방적인 것이 아니라 호혜적 관계임을 보여 주는 맹자의 설명 한 구절을 인용해 보자.

맹자孟子께서 제선왕齊宣王에게 아뢰었다. "군주가 신하 보기를 수족手足과 같이 하면 신하가 군주 보기를 배와 심장과 같이 소중히 여기고, 군주가 신하 보기를 개와 말처럼 하면 신하가 군주 보기를 길가는 사람(國人)과 같이 여기고, 군주가 신하 보기를 흙이나 지푸라기(土芥)와 같이 하면 신하가 군주 보기를 원수와 같이 하는 것입니다."[63]

공자도 정치의 요체를 묻는 제경공에게 "임금은 임금다워야 하고, 신하는 신하다워야 하며, 아버지는 아버지다워야 하고, 자식은 지식다워야 한다"라고 대답했다.[64] 여기에서 보듯이 군주와 신하가 해야 할 의무는 그 직분과 관련된 것이어서, 군신 관계에서 해야 할 의무나 행위를 친구 사이에 요구하는 것은 성립될 수 없다. 이처럼 유가사상도 인간이 해야 할 구체적인 도덕적 내용을 늘 사회적 관계, 그것도 자체 내에 규범을 지니면서 제도적으로 지속화되어 있는 '질서'에서 구한다. 이런 맥락에서 주희는 "세상 모든

---

62) 『순자』, 968쪽, 「자도」.
63) 『맹자집주』, 232쪽, 「이루하」 3.
64) 『논어집주』, 241쪽, 「안연」 11.

것과 모든 일에는 각각 마땅히 힘써야 할 곳'이 있으며, "힘쓸 위치가 다르기에 힘써야 할 선善도 한 가지가 아니"라고 강조한다.[65]

앞에서 강조한 것처럼 유가사상에서 모든 개인은 사회 속 자신의 자리에서, 즉 자신의 직분과 덕성에 어울리는 자리에서 자신이 해야 할 구체적 의무를 잘 수행하여 사회에 이바지함으로써 인정받을 수 있는 존재로 이해된다. 자녀의 역할을 잘하는 사람은 훌륭한 자녀로 인정받게 되고, 군주의 역할을 탁월하게 행할 때 비로소 군왕으로 인정받게 되는 것이다. 사람은 다양한 관계 속에서 서로 다른 구체적 내용과 가치를 구현함으로써 각기 독특한 방식으로 사회에 이바지하며, 이러한 기여를 통해 비로소 자신의 존재감과 사회적 의미를 인정받는다는 점이 중요하다. 그리고 이런 사회적인 상호인정을 통해 조화롭고 균형 있는 이상적 사회도 실현될 수 있다. 이와 관련해 중국 송대의 위대한 유학자 중의 하나이자 주희에게도 지대한 영향을 끼쳤던 정이程頤의 감응感應에 대한 강조는 매우 중요하다.

정이에 따르면 만물의 형통은 상호의 감응을 통해서만 가능하다. 그래서 정이는 남녀관계는 물론이고, 군주와 신하나 부모와 자녀 사이의 관계도 이 관계를 구성하는 사람들 사이의 교제에서 서로 감응이 이루어질 때 형통할 수 있다고 강조한다. 이 부분에 대한 정이의 말을 인용해 보자.

군주와 신하, 위와 아래 그리고 만물에 이르기까지 서로 감응하는 도리를 가지고 있고, 사물이 서로 감응하면 형통할 수 있는 이치가 있다. 군주와 신하가 서로 감응할 수 있으면 군주와 신하의 도가 서로 통하니, 아버지와 아들, 남편과 아내, 친척들과의 관계, 친구와의 관계에 이르기까지 모두 정情과 의도(意)가 서로 감응하면 조화할 수 있고 순종하여 형통할 수 있다. 모든 일이 다 그러하니, 감응에는 형통할 수 있는 이치가 있다.[66]

이런 감응 관계는 서로의 역할에 대한 긍정적 기여를 서로가 인정하는

---

65) 주희, 『주자대전』 3, 429쪽.
66) 정이천 주해, 『주역』, 633쪽.

데에서 비롯된다고 해석될 수 있을 것이다. 그래서 정이는 성공적이지 못한 관계, 이를테면 각자의 사회적 지위에 어울리는 바의 행동규범을 지키지 못하고 각자의 선善을 제대로 실천하지 못하는 관계는 곧 그 관계에 해당하는 정도正道를 지키지 못함으로써 발생한다고 말한다. 예를 들어 남편과 아내가 서로에게 "과도하고 요사스럽게" 행동하거나 군주가 신하의 "아첨"에 기뻐하면서 생기는 감응 관계는 "거짓과 편벽됨으로" 인해 형성된 '왜곡된' 감응 관계라는 것이다.[67]

물론 감응에 대한 유가의 사상이 기여적 정의나 다원화된 사회이론과 관련해서만 의미 있는 것은 아니다. 감응은 사회 내에서의 인간관계는 물론이고 자연과의 공생의 관계에서도 중요하다. 더 나아가 감응은 타자와의 정감적 소통 및 화해의 이론이기도 하다. 그런 점에서 감응에 대한 유가적 사유는 민주주의를 통한 사회적 연대와 통합의 정신을 되살리려는 오늘날에도 시사하는 바가 크다고 여겨진다. 달리 말해, 타자와의 감응을 통한 사회적 연대를 이루어 그것을 잘 운영하는 역량을 확보하는 것은 오늘날과 같이 분열되고 파편화된 사회에서 껍데기만 남은 민주주의의 내실을 회복할 방법의 하나일 것이다.

앞에서 살펴본 것처럼 우리는 유가사상도 기본적으로 기여적 정의관의 사유 방식, 즉 사람들이 노동/일을 매개로 '기여와 상호인정의 틀 안에서 함께 연결된다'라고 생각함을 알 수 있다. 물론 노동이라 해서 지나치게 오늘날의 시장에서 일어나는 경제적 직업 활동만을 염두에 두어서는 안 된다. 차라리 사회적 직분이나 지위라는 말이 이 맥락에서는 더 어울리는 용어라고 할 수 있다. 그렇다면 앞서 서술했던 "우리가 공동선에 기여하고 그런 기여에 대해 동료 시민들의 존중을 받을 때 가장 완전하게 인간다울" 수 있다고 보는 헤겔적인 기여적 정의론과 유가적 인륜성 이론은 근본적으로 상통한다는 결론을 내려도 좋을 듯하다.

---

67) 같은 책, 같은 곳.

그런데 모든 사람이 배제됨이 없이 사회에서 제자리를 찾아 사회적 협력 관계를 맺으면서 자신을 실현한다는 각득기소各得其所에 대해 우리는 오늘날 시민사회에서의 다양한 직업 활동과도 연관시켜서 이해할 필요가 있다. 앞에서 우리는 일을 "사회적 통합 활동이며 인정의 장이고 공동선에 기여해야 한다는 우리의 의무를 명예롭게 행하는 방식"이라고 보는 기여적 정의론의 주장을 살펴보았다. 이와 관련된 유가사상의 주장과 비교해 보면서 각득기소의 또 다른 의미를 검토해 보자.

우선 맹자의 노동 분업에 대한 이론을 살펴보자. 그는 신농神農학파와의 논쟁에서 사회가 기본적으로 다원적이어야 함을 강조한다. 그래서 그는 사회 분화를 폐기하고 미분화된 원시적인 공동체를 이상적 사회로 보는 허행許行의 입장을 반박한다. 허행에 따르면 "현자賢者는 백성들과 더불어서 함께 밭 갈고 먹으며 밥을 짓고서 정치해야" 한다. 이때의 현자는 군왕이나 정치를 행하는 사람을 뜻한다. 이런 허행의 주장에 대해 맹자는 먼저, 다양한 직업의 분화를 통해 서로 생산된 재화를 교환하는 것이 바람직하다고 강조한다. 그 부분을 인용해 보자.

> 곡식을 가지고 솥과 시루와 바꾸는 것이 도공과 대장장이에게 손해를 입히는 것이 아니라면, 도공과 대장장이가 자신이 만든 솥과 시루를 주고 곡식과 바꾸는 것이 어떻게 농부에게 손해를 입히는 것이겠는가? 또 허행은 어째서 손수 도기와 철기를 만들어 모든 것을 오직 자기 집에만 가져다 쓰지 않는가? 어째서 번거롭게 여러 장인들과 교환을 하는가? 어째서 허행은 그처럼 번거로운 것을 꺼리지 않는가?[68]

위 인용문에서 보듯이 맹자는 사·농·공·상의 사회적 분화와 직업 분화를 합리적인 것으로 인정한다. 특히 시장에서의 여러 재화의 교환을 긍정적으로 평가하는 것도 눈에 띈다. 그래서 맹자는 분업화된 사회에서 정치에 어울리는

---

68) 동양고전연구회 역주, 『맹자』, 181~183쪽.

통치자들의 역할도 독립적 역할임을 강조한다.[69] 공자와 맹자가 중국의 고대 사상에서 어지러운 세상을 피해 은둔하는 사람과는 달리 정치적 참여의 가치와 그 불가피성을 옹호하면서 세상에 대한 책임을 다하려고 애쓰는 인물이었음을 우리는 잘 알고 있다.

그러니까, 유가적 이상사회는 사회가 분화되어 있고 백성들도 자신에게 어울리는 직분을 찾아 사회적 협력 관계를 맺으면서 자신의 직업을 통해 사회의 발전과 번영에 일조함으로써 사회적 인정을 받게 되는 그런 사회이다. 물론 사회가 분화될수록 그로 인해 사람의 성격이 타락하고 다양한 이해관계가 분출하여 새로운 갈등이 증폭되어 나타날 수 있다. 배병삼이 지적하듯이 허행이 대변하는 신농학파의 학설은 계급적 불평등에 기인한 정치적 권력의 출현에 대한 경계심이 깔려 있다. 요즘의 인류학자들도 통찰했듯이 원시사회가 미개해서 국가를 창출하지 못했던 것은 결코 아니다. 고대 사상가들의 원시사회 염원의 근저에는 국가의 발생으로 초래될 불평등과 사회로부터 분리된 권력에 대한 염려가 있었던 것이다.[70]

그러나 원시사회로부터 국가사회로의 이행이 초래할 계급적 불평등과 분리된 특권적 정치 권력의 위험성을 해결하는 방안으로 유가 정치사상은 결코 미분화된 원시공동체로의 회귀를 긍정하지 않는다. 그 대신 유가사상은 국가의 탄생이 난세로 이어질 수 있음을 인정하면서도, 어짊의 정치에 바탕을 둔 왕도정치를 통해 분화되어 있으면서도 동고동락同苦同樂의 사회적 연대와 협력이 유지되는 조화로운 대동사회를 지향한다.

조화로운 대동사회라고 해서 갈등과 불화가 없는 사회일 수는 없다. 달리 말하자면, 조화와 획일성은 다르다는 점을 명심해야 한다. 『논어』 「학이」 15에 나타나는 공자와 제자 자공의 대화를 보자.

자공이 말하였다. "가난하되 아첨함이 없으며 부유하되 교만함이 없으면

---

69) 같은 책, 183쪽.
70) 배병삼, 『맹자, 마음의 정치학』 1, 524~525쪽.

어떻습니까?" 공자께서 말씀하셨다. "괜찮으나, 가난하면서도 즐거워하고 부유하면서도 예禮를 좋아하는 자만은 못하다."[71]

공자와 자공의 대화는 부자와 빈자로의 사회적 불평등의 고착화로 인해 발생하는 심성 타락 현상을 염려하는 대화라고 볼 수 있다. 그런데 우리는 여기에서, 공자의 제자 자공이 외교관인 동시에 엄청난 재산의 부호富豪로 명성이 자자한 인물이었다는 점을 기억해야 한다.[72] 사마천에 따르면 자공은 공자 제자 70여 명 중 가장 부유한 사람이었다. 그는 "사두마차를 타고 비단 뭉치 등의 선물을 들고 제후들을 방문"했기에 "그가 가는 곳마다 뜰의 양쪽으로 내려서서 자공과 대등한 예를 행하지 않은 왕이 없었다." 사마천이, 공자가 천하에 명성을 떨치게 된 것도 "자공이 그를 앞뒤로 모시고 도왔기 때문"이었다고 할 정도이다.[73]

이처럼 천하의 제일 부호라고 할 정도의 인물인 자공과 공자의 대화 주제가 바로 재산의 많고 적음에 따라 사람이 아첨하고 굴종하거나 오만해질 수 있다는 점에 관한 것임은 예사롭지 않다. 능력주의 사회가 세습적 신분사회로 퇴행하면서 갑질 문화가 횡행하는 오늘날의 우리 모습을 떠올릴 때, 극단적인 양극화의 상황에서 사회적으로 불리한 사람들의 마음에 분노가 발생하지 않는다면 그 역시 이상할 것이다. 마찬가지로, 가난 속에서 힘들게 살아가는 사람이 도덕적으로 흠이 없이 부자나 권력자에게 당당하게 자신의 존엄성을 주장할 수 있다는 것이 얼마나 힘든 일인지도 어렵지 않게 짐작해 볼 수 있다.

불평등한 사회에서 생기는 사회적 병리 현상은 빈곤한 사람에게서만 생기진 않는다. 근대 시장사회가 필연적으로 만들어 내는 부와 빈곤의 극단적 양극화 상황에서 사회적 연대는 해체되어 버리고, 그런 상황에서

---

71) 『논어집주』, 「안연」 11.
72) 기무라 에이이치, 『공자와 논어』, 24쪽.
73) 사마천, 『사기열전』 하, 1177쪽, 「화식열전」.

사람들의 마음도 타락하지 않을 수 없다는 분석은 우리에게 낯설지 않다. 예를 들어 근대 시장사회에서 초래되는 헤겔의 그 유명한 천한 심성이 결코 가난한 사람에게서만 발생하는 것은 아니라는 지적을 상기해 보자. 그에 따르면, 극단적 양극화 속에서 주체할 수 없을 정도로 많은 재산을 축적한 사람들이 오히려 가난한 사람보다 더 추한 모습을 보여 준다. 그들은 이웃에 대한 연대 의식을 눈곱만큼도 보여 주지 못한 채 온갖 사치스러움을 통해 자신의 부를 과시하려 날뛰는 추악한 욕망의 노예가 된다. 이는 사실상 사회적 인정이 왜곡된 형태로 드러난 것이다. 자신이 일군 재산이 사회적으로 인정받을 만한데도 긍정적인 기여를 통한 사회적 인정과 존중이 없는 상황에서 온갖 갑질 행위가 발생한다.

거듭 말하지만, 이런 갑질 문화의 폭력성도 따지고 보면 왜곡된 사회적 인정 질서에 기인하는 것이다. 부유한 사람이든 가난한 사람이든 타고나면서부터 아첨하거나 과시하려는 욕망을 지닌 것은 아닐 터이니 말이다. 설령 그런 경향이 타고난 본성처럼 주어져 있다고 해도, 이런 경향성이 날뛰지 않도록 정의로운 사회 질서를 통해 교정하고 방지하는 것이 바로 인간이 해야 할 일일 것이다.

그런데 공자는 가난한 사람이 부유하거나 권력 있는 사람에게 아첨하지 않는 것, 부자가 다른 사람에게 교만하게 굴지 않는 것에 대해 그것도 부족하다고 말한다. 공자가 보기에 자공이 말한 것은 소극적인 태도에 그치고 있다. 가난하면서도 즐거울 수 있어야 하고 부유하면서도 예禮를 기꺼이 지키면서 도를 넘지 않아야만 한다고 공자는 권고한다.

우리는 이 대화에서 공자와 그의 제자들도 사회적 불평등으로 인해 사회적 연대의 풍속이 해체될 수 있음을 심각한 주제로 삼고 있다는 것을 발견할 수 있다. 이 대화에 대한 주희의 해석을 인용하면 다음과 같다.

첨諂은 자신을 낮추고 굽히는 것이요, 교驕는 자랑하고 방사放肆한 것이다. 상인常人은 빈부貧富의 가운데에 빠져서 스스로 지킬 줄을 알지 못한다.

그러므로 반드시 이 두 가지의 병통이 있는 것이다. 아첨함이 없고 교만함이 없다면 스스로 지킬 줄을 알지만 빈부의 밖으로 초월하지는 못한 것이다. 무릇 가可라고 말한 까닭은, 겨우 가可해서 미진한 바가 있다는 뜻이다. 즐거워한다면 마음이 넓고 몸이 펴져서 그 가난함을 잊을 것이요, 예禮를 좋아한다면 선善에 처함을 편안히 여기고 이치를 따르기를 즐거워해서 또한 스스로 그 부유함을 알지 못할 것이다.[74]

유가사상이 지향한 이상사회는 결코 원시적인 미분화된 사회가 아님은 이미 언급했다. 공자와 맹자도 사람이 부유해지고 싶어 하고 명성을 추구하는 성향을 마냥 부정하면서 개인적으로 무욕無欲의 경지를 추구했던 것도 아니고, 사람의 기본적인 욕망만을 겨우 채울 수 있는 사회를 좋다고 본 것도 아니다. 공자는 "부유함과 고귀함은 사람들이 원하는 것"이라고 긍정하면서도 다만 "정당한 방법으로 얻지 않은" 부귀영화를 거부했을 뿐이다.[75] 그러니까, 정당한 방법으로 취득한 부귀영화조차도 좋지 않다고 보아서 거부한 것은 아니다. 공자는 오로지 사람들로 하여금 타인의 시선에 휘말려 헛되게 부귀영화를 추구할 수밖에 없도록 만드는 타락한 사회와 그 속에서 부화뇌동하는 군상들의 어리석음을 비판했을 뿐이다. 그래서 그는 "의롭지 못하고서 부유하고 귀함은 나에게 뜬구름과 같다"라고 말했다.[76]

부귀공명에 대한 공자의 태도를 더 잘 이해하기 위해 우리는 "본성은 서로 비슷하나 습관에 의하여 서로 멀어지게 된다"[77]라는 공자의 말을 상기해 봄이 좋을 것이다. 이때 주회의 해석처럼 공자가 말한 성품을 우선 인간의 기질적인 성향으로 보면서 그런 기질의 성이 사회가 어떠한가에 따라 선하게도 될 수 있고 그렇지 않게 될 수도 있다는 것이라 이해해도 틀리지 않을 것이다.[78] 그러니까, 사회는 폭정으로 인해 피폐해진 사회가

---

74) 『논어집주』, 30쪽, 「학이」 15.
75) 같은 책, 72쪽, 「이인」 5.
76) 같은 책, 136쪽, 「술이」 15.
77) 같은 책, 341쪽, 「양화」 2.
78) 이런 주회의 해석에 대해 채인후는 반론을 편다. 채인후, 『공자의 철학』, 156~157쪽.

될 수도 있고 예의와 인정이 넘치는 문명화된 사회로도 될 수가 있는데, 어떤 사회에서 살아가느냐에 따라 그 구성원의 행동 양식이나 도덕적 규범의 식의 발전이 왜곡되거나 올바르게 될 수 있다는 말이다.

당연히 사람이 어떤 사회에서 살아가느냐에 따라 그들이 생각하는 가치관이나 행동 방식이 서로 다르게 나타나는 것은 전혀 이상하지 않다. 그래서 '습관'으로 번역된 습習은 대개 "예를 익히는 것"이며 "암송하고 생각하는 것이 아니라 행위하고 활동하는 것"이라고 이택후는 설명한다.[79] 이처럼 사람은 어떤 특정한 사회 속에서 살아가면서 그 사회의 규범과 질서를 자기 것으로 삼기에, 올바른 행위 규범을 제도화한, 이를테면 정의롭고 조화로운 사회에서 사는 것이 중요하다.

맹자도 공자와 비슷하게 부귀는 사람이 원하는 것이라고 말하고,[80] 또 "입은 좋은 맛을, 눈은 아름다운 색을, 귀는 좋은 소리를, 팔다리는 편안함을 좋아한다"라고 말한다.[81] 그는 또한, 인간의 타고난 도덕적 본성인 성선性善도 그것이 잘 배양되도록 북돋아 주는 우호적인 환경이 없이는 꽃필 수 없다고 단정한다. "풍년이 들면 사람이 여유로워지고 자신의 것을 남과 나누려고 한다. 반면 흉년이 들면 사람이 포악해지고 남의 것을 빼앗으려고 한다"라는 것이 맹자의 생각이었다.[82] 그러므로 정치가 해야 할 일 중 하나는 백성들이 "떳떳한 마음"을 잃어버린 채 "방탕하고 편벽되며 간사하고 사치한 행동"으로 흘러가지 않도록 사회적이고 경제적인 제도를 완비하는 데 있다. 정치를 소홀하게 해 놓고는 먹고살기 위해 거짓을 행하거나 남의 불행에도 아랑곳하지 않고 지나치게 사치스러운 행동을 일삼아서 범죄에 연루된 사람들을 처벌하는 것은 "백성을 해치는 것"이라는 맹자의 질타는 매우 매섭고도 정곡을 찌른다.

이처럼 유가는 사회적 불평등 문제를 그냥 내버려 둔 것이 결코 아니었다.

---

79) 이택후, 『논어금독』, 781쪽.
80) 『맹자집주』, 262쪽, 「만장상」 1.
81) 동양고전연구회 역주, 『맹자』, 483쪽, 「진심하」 24.
82) 『맹자집주』, 324쪽, 「고자상」 7.

백성들에게 토지를 균등하게 나누어 주고 스스로 경작하게 하는 정전제井田
制의 실시가 바로 왕도정치의 첫걸음이라고 했던 「등문공상」 3에서의 맹자의
주장은, 일정한 정도의 물질적 조건이 없는 상황에서는 사람들의 인격적이고
도덕적인 계발이 불가능하다는 생각을 전제로 한다. 맹자의 정전제 주장은
경제적 생활과 관련해 모든 사람에게 일정 정도의 조건의 평등을 제공하는
것이야말로 어짊을 실현하는 왕도정치의 출발이라는 것을 의미한다. 여기에
서 다시 강조하고자 하는 것은, 공맹의 경제적 평등관이나 사회정의관이
롤스의 차등의 원리와는 다르다는 점이다. 공맹의 사회정의관은 사회적
자원의 공정한 분배를 어떤 단일한 원칙에 따라 규제하고 해결하려는 것과는
다르다고 여겨지기 때문이다.

하여간 우리는 유가사상이 지향한 경제적 평등의 이념이 획일화된 평등이
아님을 염두에 두어야 한다. 공자는 『논어』 「계씨」 1에서 "나라를 소유하고
집을 소유하는 자는 백성이 적음을 근심하지 않고 고르지 못함을 근심하며,
가난함을 근심하지 않고 편안하지 못함을 근심한다'라고 말한다. 왜냐하면
"고르면 가난함이 없고, 조화로우면 적음이 없고, 편안하면 기울어짐이
없기" 때문이다.[83] 여기에서 '고르다'라는 뜻을 지닌 균均이 획일적 평등의
의미가 아니라는 사실은 조화로움을 같이 언급하는 것을 보아서도 알 수
있다. 화이부동和而不同에 대한 공자의 강조는 조화와 획일적 동일성이 결코
같은 의미가 아님을 보여 준다.[84] 이신양이 주장하듯이, 유가에서의 조화란
"단순한 동의나 일치를 의미하는 대신, 역동적이고 발전적이며 생산적인
과정으로 균형을 추구하고 창조성과 상호변화를 통해 차이와 갈등에 균형을
주고 화해를 이루는 것"을 뜻한다.[85]

그래서 이택후는 공자가 말한 균均은 평등을 의미하는 것이 아니라고
하면서 '분分'으로 해석함이 옳다고 본다.[86] 그러면서 그는 강유위가 그의

---

83) 『논어집주』, 329쪽.
84) 같은 책, 270쪽, 「자로」 23.
85) 이신양/리첸양, 「조화없는 공동체?: 마이클 샌델에 대한 유가적 비판」, 『마이클 샌델,
중국을 만나다』, 34쪽.

『논어주』에서 "균은 각각 몫을 얻는 것이다"라고 해석한 견해를 인용한다. 그렇다면 균均은 "서로 다른 등급이나 신분에 따라 서로 달리 분배받는 것"으로 이해된다. 필자는 이택후와 강유위의 해석이 균등 개념을 획일적 평등으로 해석하지 않는다는 점에서 공감한다. 그리고 서로 다른 사회적 지위에 따라 분배의 몫이 다르다는 것도 사회적 신분이 특권적이고 폐쇄적인 세습적 신분사회가 아니라는 점을 전제로 해서 나름대로 일리가 있다고 본다. 공자가 걱정한 것은, 과도한 불평등으로 인해 생길 사회적 양극화 및 그로 인한 사회공동체의 조화로운 관계의 파괴였을 것이기 때문이다. 더 나아가, 앞에서 본 것처럼 대동적 이상사회에서 최고위 통치자로 상승할 기회가 원칙적으로 모두에게 개방되어 있고 그런 개방성을 실질적으로 보장할 여러 사회적 여건들—예를 들면 교육의 기회의 평등이나 적정 수준의 생활을 유지할 사회적 정의 구현을 위한 제도의 확보 등—이 존재한다면 일정한 수준의 불평등도 허용될 수 있다고 보기 때문이다.

그러므로 「예운」에서도 대동사회는 사회 구성원 사이의 '신뢰·화목'의 실현을 중요하게 생각하면서 사회적으로 매우 불리한 처지에 있는 사람들, 즉 "홀아비·과부·고아·자식 없는 사람·몹쓸 병에 걸린 사람"의 요구에 제일 차적 우선성을 부여하는 사회임을 강조한다. 그러면서 강조하는 것은, 사회적으로 생산된 '재화'가 헛되이 낭비되지 않도록 해야 할 뿐만 아니라 그런 사회적 생산물을 홀로 '사사로이 독점'하지 못하도록 하는 것이다. 여기에서 사실 사사로움과 배타적 독점은 동의어나 다름없다. 달리 말하자면 유가에서는, 어떤 결과물을 자신만의 산물로 보고 또 그것을 홀로 온전히 자신의 것이라고만 보는 관점을 사적인 태도로 이해하고 있으며 그런 태도를 비판하고 있는 것이다.

다른 사람과 함께 그 사회적 생산물을 공유하자는 것은 자신의 노력과 업적도 결국 사회적 공동체에 의존해 있기 때문에 그것을 사회 구성원

---

86) 이택후, 『논어금독』, 751쪽.

전체와 일정하게 나누어 향유할 필요가 있음을 강조하는 것일 뿐이다. 따라서 「예운」은 비록 사회의 다양한 재화들이 사람 개개인의 "몸에서 나오지 않으면 안 되는 것"이지만, 그런 결과나 성취를 가능하게 한 "노력을 반드시 자기 자신의 사리를 위해서만 쓰지는 않았다"라고 대동사회의 모습을 그리고 있다. 이런 생각은 분명 사회적 불평등 자체를 완전히 제거하는 것과는 다르다.

더 나아가, 재화에 대한 배타적 독점권의 배제와 더불어 사회적 재화의 생산이 기본적으로 각자의 노력과 자발성에 기초하고 있다고 여기는 생각은 기여적 정의관과도 상통한다고 여겨진다. 조화롭고 화목한 사회의 형성을 위해 서로 노력하고 협력하는 사회 구성원들이 자신들의 개성과 자질에 어울리는 사회적 지위를 통해 사회의 번영에 기여하면서 명성과 소득의 정당한 획득을 보장받는 것이 대동사회라고 여겨지기 때문이다. 스스로의 노력이 가미되었다 하더라도 사회적 성과물인 이상 재화를 홀로 독점할 수는 없고, 그렇다고 사회가 모든 생산물을 공동으로 똑같이 나누어 갖는 것도 바람직하지 않다. 이는 개인의 자발성을 지나치게 무시하는 처사이기 때문이다. 대동사회는 농부면 농부로서, 교육자면 교육자로서 맡은 바 사회적 지위에 충실히 임하면서 거기에 알맞은 사회적 존중을 인정받는 것이 가능한 사회일 것이다. 그래서 여기에서는 자신이 스스로 열심히 일하는 행위와 사회 전체의 번영이 서로 별개의 것이 아니라 상호의존해 있는 것임이 드러난다.

유가의 이상적 대동사회가 분화된 사회에서 각자가 평등하게 자신에게 어울리는 직업을 통해서 자신의 인간다운 덕성을 실현할 수 있는 사회라는 점은 왕수인의 사상에서도 매우 뚜렷하게 나타난다.

학교에서는 오직 덕을 성취하는 일에만 종사하였다. 그러나 재능이 달라서 어떤 자는 예악에 뛰어났고 어떤 자는 정치와 교육에 뛰어났고 어떤 자는 토지와 농사에 뛰어났기 때문에, 그 덕을 성취하는 데 따라서 학교에서

각자의 재능을 더욱 정련하도록 했다.[87]

위 인용문에서 보듯이 왕수인에게 모든 사람은 각자의 재능에 따라 자신의 인간다움을 실현할 평등한 기회를 실질적으로 보장받는 사회가 바로 유가가 꿈꾸는 이상적 사회였다. 학교에서 자신에게 어울리는 재능을 마음껏 꽃피울 기회가 보장되고 있음을 왕수인은 강조하고 있다. 그리고 이런 이상사회는 단지 꿈속에서만 있는 것이 아니다. 그래서 이런 일을 요순 삼대의 치세에서 이루어진 일이었다고 그는 말한다.[88]

그리고 이런 이상적 대동사회에서는 사람들 각자가 자신에게 어울리는 사회적 지위를 획득하여 이를 통해 사회에 적극적으로 참여하고 사회의 번영에 이바지한다. 그리하여 이런 대동사회에서는 사람에게 직업의 귀천 의식이란 존재하지 않고, 사회가 한 가정처럼 화목하고 연대감이 구현되어 있다고 왕수인은 강조한다.

> 덕이 있는 자를 천거하여 임용한 뒤에는 종신토록 그 직책에 머무르게 하여 다시 바꾸지 않았다. 임용하는 자는 오직 한 마음 한 덕으로 세상의 백성들을 모두 편안하게 해주는 일만을 생각하였으니, 재능이 (그 직책에) 부합하는지의 여부를 볼 뿐이요 (그 직책의) 높고 낮음으로써 경중을 삼거나 수고로움과 편안함으로써 좋고 나쁨을 삼지 않았다. 임용된 자도 오직 한 마음 한 덕으로 세상의 백성들을 모두 편안하게 해 주는 일만을 생각하였으니, 만약 (직분이) 자기의 재능에 맞기만 한다면 종신토록 번잡한 데 처하더라도 수고롭게 여기지 않았고 비천하고 자질구레한 직분도 편안히 여기며 천하다고 여기지 않았다.[89]

위 인용문에서 보듯이 직업에 귀천이 없다는 의식은 단순히 주관적인

---

87) 왕수인, 『전습록』 1(정인재·한정길 옮김, 청계, 2007), 423쪽.
88) 같은 책, 422쪽.
89) 같은 책, 423쪽.

위안이 아니다. 달리 말하자면, 억압적이고 세습적인 신분 체제의 굴레를 벗어날 길 없는, 영원히 벗어나지 못할 숙명과도 같은 갑을관계에서 을의 위치에 있는 사람이 빠지기 쉬운 정신승리법과는 무관하다. 대동사회에서는 사회적 직분에 대한 성공적인 인정이 이루어지므로 사람들은 자신이 담당하는 지위나 일에 대해 자부심을 지니고 자신의 일을 소중하게 여길 수 있기 때문이다. 그래서 요순 삼대라 일컬어지는 유가적인 이상사회에서는 "천하 사람들이 화락하고 너그러워서 모두 서로를 일가친척처럼 보았다"라고 왕수인은 강조한다. 이를 그는 다음과 같이 좀 더 상세하게 설명한다.

> 재질이 낮은 자는 농·공·상·고의 직분에 편안해하며 각자 자신의 직업에 힘써서 서로 살리고 서로 길러 줄 뿐이지, 높은 것을 바라거나 자기 분수 이외의 것을 넘보는 마음이 없었다. 재능이 남다른 고皐나 기夔, 직稷, 설契 같은 사람들은 벼슬길에 나아가 각각 그 재능을 발휘하기를 마치 한 집안의 임무처럼 하였으니, 어떤 자는 의식衣食을 경영하고 어떤 자는 물자를 유통하고 어떤 자는 기용器用을 갖추되, 지혜를 모으고 힘을 합하여 위로는 부모를 모시고 아래로는 처자를 양육하는 소원을 이루고자 하였다. (그들은) 오직 자기가 맡은 일에 혹 태만하지 않을까 두려워하며 자기의 직책을 중히 여겼다. 그러므로 직稷은 농사일을 부지런히 하되 자신이 교육에 대해 알지 못하는 것을 부끄럽게 여기지 않아서, 설契이 교육을 잘하는 것을 곧 자기가 교육을 잘하는 것으로 여겼다. 기夔는 음악을 담당하되 자신이 예禮에 밝지 못한 것을 부끄럽게 여기지 않아서, 이夷가 예에 통달한 것을 곧 자기가 예에 통달한 것으로 여겼다.[90]

왕수인은 이상적인 대동사회, 즉 요순 삼대의 지극한 정치가 구현된 사회가 성공할 수 있었던 근본적인 까닭을, 인간이 타고난 본래적인 마음, 즉 상하자타의 구분 없이 서로 소통하고 감응하는 "만물일체의 어짊"으로서의 양지良知를 온전하게 이룰 수 있었다는 데에서 구한다.[91]

---

90) 같은 책, 424쪽.

지금까지 살펴본 것처럼 공맹의 사회적 정의관이 재구축될 수 있다면 우리는 그것이 지니는 함축을 다음과 같이 요약할 수 있을 것이다.

첫째로, 공맹은 요순 성왕이 보통 사람과 동등하다고 주장하거나 사회적 이동성 즉 사회적 지위는 그에 적절한 재능을 지닌 사람에게 돌아가야 함을 주장한다는 점에서 기회의 평등을 보장한다.

둘째로, 공맹은 소득이나 재산의 불평등을 완전히 제거한 획일적 평등을 추구하지는 않지만, 맹자의 정전제 주장은 말할 것도 없고 공맹의 균평의 관념이나 조화로운 사회에 관한 생각을 보면 사회가 모든 사람에게 조건의 평등을 제공해야 한다는, 즉 오늘날 논쟁이 되고 있는 무조건적 기본소득을 넘어 기본 자산까지 제공해야 할 의무가 있다는 식으로도 이해할 수 있을 것이다.

셋째로, 우리는 환鰥·과寡·고孤·독獨으로 상징되는, 사회적으로 가장 불리한 위치에 있는 사람들을 우선 배려해야 한다는 주장에서 보듯이 공맹의 이상사회는 조건의 평등을 주장함과 아울러 사회적 재화는 그것-예를 들어 의식주 및 건강에 필요한 적절한 서비스-을 필요로 하는 사람에게 우선 분배되어야 한다는 원리도 긍정하고 있음을 알 수 있다.

마지막으로, 유가적 사회정의관은 평등이나 필요의 원칙 이외에도 사회적 재화, 특히 소득이나 재산이 사회적 업적이나 공헌에 비례해 분배되어야 한다는 일종의 기여적 정의관도 포함한다. 이는 기회의 평등 및 조건의 평등을 보장하면서도 각 개인의 사회적 활동이 사회에 의미 있는 기여와 공헌의 정도에 비례해서 사회적 재화의 일정한 정도의 불평등을 정당화할 수 있음을 뜻한다. 다만 이런 기여적 정의도 다원화된 조화로운 사회의 번영의 틀을 해치지 않는 범위 내에서만 타당성을 지닐 뿐임을 우리는 이미 살펴보았다.

---

91) 같은 책, 425쪽.

5. 나가는 말

우리는 능력주의적 평등관의 한계를 넘어서는 대안적 정의관의 모색이라는 문제에 초점을 두고서 대동민주주의가 유가적 사상 전통 그리고 한국 사회의 역사적 흐름에 기인하는 독자적 민주주의 모델로 자리매김할 수 있는지를 살펴보았다. 물론 우리는 대동민주주의의 자율성 이론이나 인간관이 무엇인지를 미처 상세하게 검토하지는 못했다. 게다가 우리는 기후변화와 기후 불평등 문제 그리고 생태계 위기로 가시화되고 있는 인류 문명 자체의 위기와 다양한 비인간 생명체의 멸종 가능성이 민주주의에 대해 제기하는 도전을 어떻게 헤쳐나갈 수 있는지, 그리고 그런 도전에 직면하여 민주주의에 대한 새롭고 혁신적인 이해를 모색하는 데 유가적 정치이론이 어떤 긍정적 이바지를 할 수 있는지와 같은 문제 등도 다루지 못했다.

그러나 이 장을 마무리하면서 대동민주주의가 서구의 자유민주 체제의 제도와 역사적 경험에서 배울 것이 무엇인지를 몇 가지로 요약해 보고자한다. 이에 대한 설명은 대동민주주의가 추구하는 방향에 관해서 혹여나생겨날 불필요한 오해를 피하면서, 민주주의에 대동적 해석을 적용하는것이 민주주의를 기존 자유민주적 체제, 요컨대 적어도 경쟁적 선거와투표에 초점을 둔 자유민주 체제로 이해하려는 해석의 흐름과 구별되는새로운 민주주의 모델을 제공할 가능성이 있는지와 같은 필자 자신의 문제의식을 좀 더 명료하게 해 보려는 시도로 이해되어야 할 것이다.

달리 표현하자면, 대동민주주의는 자유주의적 가치를 통한 민주적 다수주의에 일정한 제약을 가하는 방식과는 구별되는, 대동적 이념에 토대를둔 민주주의의 제약을 정당화하는 이론으로까지 발전할 수 있는가? 대동민주주의가 경쟁적 선거나 투표에 초점을 두고 이해되고 있는 주류적 자유민주적제도와는 다른 독자적 민주 모델이라고 해도, 그것은 이른바 슘페터적인민주주의 이해라 일컬어지는 자유민주주의에 대한 주류 서사의 한계를비판하면서 일어난 새로운 민주주의 이념에 대한 모색의 흐름들, 예를 들어 숙의민주주의나 참여민주주의 혹은 결사체적 민주주의나 생태적 민주주의와 어떤 관계를 지니는 것인가? 또한 민주주의가 인류의 보편적 가치라고 주장하는 담론이 드세지만, 보편적 가치를 지니는 민주주의가 정확히 무엇인가? 서구의 자유주의적이고 개인주의적 방식으로 이해되는 자유민주주의나 시장친화적 자유민주주의가 보편적 의미를 지니는 것이어서, 이런 민주주의가 서구와는 다른 문화와 역사를 지닌 지구의 다른 모든 지역에 적용되어야 한다는 뜻인가? 설령 그것이 맞는다고 해도, 상이한 문화적 전통과 역사를 지니는 기타 지역의 사회 구성원들에게 서구적 자유민주주의를 강제로 이식해도 좋을 정도로 그것이 보편적 가치를 지니는가?

그렇다면 그런 강제나 개입은 그 지역 사람들의 자치 이념이라는 민주주의 정신과 정면으로 모순을 일으키는 것은 아닌가? 민주주의가 보편적 가치를 지니려면 다양한 문화적 맥락에 어울리는 방식으로 해석되고 운영되면서 그 의미가 확장되어야 할 터인데, 그렇다면 자유민주주의에 대한 서구적인 인식, 특히 개인주의적이고 시장중심적인 민주주의와는 다른 별개의 민주주의 모델의 등장 가능성도 열어 두어야 하지 않겠는가? 이 경우 대동민주주의는 비서구 사회의 독립적인 민주주의 모델을 제공할 수 있을까? 아니, 그렇게 발전할 가능성을 지니고 있을까?

이런 문제들 모두에 대해서는 아니지만, 대부분에 대해 현재 필자는 아직 명확한 입장이 없다. 다만 민주주의가 계속해서 발전하려면 이런 문제들을 심각하게 고민하면서 민주주의의 가치와 의미를 새롭게 반추하는 것이 필수적이라는 생각만은 확실하다. 그리고 민주주의는 서구 문화에 한정된 독특한 정치제도가 아니며 아마르티아 센이 주장하는 '민주주의의 세계적 뿌리'에 대한 관심에도 대동민주주의는 적극적으로 공감한다. 따라서 서구 사회에서 제도적으로 실현된 자유민주주의가 서구의 역사와 전통에서 발전되어 온 것임을 인정하면서도, 민주주의는 다양한 문화와 역사세계에도 나름의 방식으로 발전할 가능성이 있다고 본다. 이런 점에서 대동민주주의는 유교적 정치문화의 지속적 영향사와 그 민주적 변형에 주목하는 것이다.

그리고 대동민주적 관점에서 본다면 민주주의는 늘 해당 지역의 역사와 문화에 어울리게 그 지역에 거주하는 사람들의 주체적인 해석을 통해 새롭게 정의되어야 함을 적극적으로 옹호한다.

거듭 강조하지만 민주주의의 보편성을 긍정한다는 것이 결코 서구 사회 민주주의를 그대로 추종함을 뜻하지는 않는다. 필자는 민주주의의 보편성이라는 표현보다는 차라리 민주주의의 보편화 과정이라는 표현이 더 적절하리라고 본다. 이는 민주주의의 세계적 뿌리를 긍정하면서도 민주주의를 이해하고 해석하고 정의할 가능성은 상이한 역사와 문화를 지닌 사람들의 결정에 달려 있다고 보기 때문이다. 따라서 일부 인권근본주의자들의 태도처럼 인권이나 민주주의에 대한 서구의 인식과 이해를 최종적인 것으로 받아들여야 한다고 강변해서는 곤란하다. 그러므로 서구 사회와 지식인이 보여주는, 요컨대 인권과 민주주의에 대한 선교사적인 개입주의 혹은 유럽적 보편주의의 폭력성과 일방성은 반드시 극복되어야 한다. 간단하게 말해 우리는 인권과 민주주의에 대해 스스로 묻고 정의할 권한을 포기해서는 안 되며, 동아시아의 역사와 문화적 전통에 어울리는 인권과 민주주의에 대한 독자적인 해석적 관점의 발전을 위해 노력해야 한다.[92]

앞에서 언급했듯이 필자의 대동민주주의는 느슨한 의미에서의 민주주의의 보편화 가능성을 신뢰한다. 민주주의의 보편화 과정이라는 용어가 보여주듯이, 대동민주주의는 민주주의에 대한 다양한 해석의 가능성을 열어둔 채로 각 지역이나 나라의 문화와 역사에 어울리는 정치체제를 모색하는 자율적 행위 공간에 대한 폭넓은 인정을 중요하게 여긴다. 정치체제의 다양성 존중은 이른바 비자유민주주의 국가에 대한 존중도 포함된다. 대동민주주의는 자유민주주의 아니면 폭정이나 전제정이라는 거친 이분법과 명백하게 거리를 둔다.[93] 이렇게 대동민주주의는 한편으로는 과도한 서구 편향에

---

92) 인권과 민주주의를 정치적 수단으로 활용하는 것이 지닌 위험성에 대해서는 나종석, 『헤겔 정치철학의 통찰과 맹목』, 123~124쪽 및 「하버마스인가 아니면 슈미트인가?: 인도주의적 개입과 현대 주권국가 사이의 긴장」, 『사회와철학』 9(2005) 참조 바람.
93) 이런 태도를 명확하게 하는 데에는 존 롤스의 만민법 구상도 많은 도움이 된다. 롤스의

대한 비판적 경계를 게을리하지 않으면서도 정치적 능력주의와의 비판적 대결을 통해 동아시아 차원에서의 독자적이고 창조적인 민주주의의 발전 가능성을 진지하게 모색하는 데 관심을 쏟고 있다.

그러나 대동민주주의는 민주적 다수결에 대한 입헌적 제약이 가해져야 한다는 자유민주적 정치체제의 통찰을 기본적으로 수용한다. 주지하듯이 '입헌주의'(constitutionalism)에 대한 사전적 정의는 다음과 같다. "정치권력을 헌법의 범위 안에 둠으로써 그 자의적 행사를 막고 국가에 대해 국민의 기본적 인권과 자유, 권리를 옹호하는 주의. 국가의 기본구조를 의미하는 constitution에서 유래하며 19세기 유럽에서 등장한 용어이다.…… 오늘날에는 국민주권에 기초한 의회정치 외에 기본적 인권의 보장, 권력분립, 법의 지배(법치주의) 등이 입헌주의의 내용을 구성한다. 1789년의 프랑스 인권선언 제16조에 '권리의 보장이 확보되지 않고 권력의 분립이 이루어지지 않은 모든 사회는 헌법을 갖지 않는다'라는 것이 그 단적인 표현이다."[94]

그러니까, 대동민주주의도 "입헌체제는 법과 규정이 어떤 근본적인 권리들과 자유들, 이를테면 정의의 제1원칙이 포괄하는 것들에 부합해야 하는 체제"이기 때문에, 어떤 기본적 "자유들을 규정하는 권리장전을 갖춘, 그리고 입법에 대한 헌법적 한계라고 법원이 해석하는 (반드시 성문일 필요가 없는) 헌법이 실제로 존재"해야 함을 받아들인다.[95]

제자 중에서도 그의 만민법 이론, 특히 자유민주주의 국가 이외의 여러 정치체제의 국가들도 극단적 경우를 제외하고는 국제사회의 정상적 일원으로 존중받아야 한다는 이론을 크게 비판하는 경우가 있다. 특히 세계시민주의를 강력하게 옹호하려는 롤스의 제자들이 그러하다. 그러나 필자의 견해로는 오늘날 상황에서는 롤스의 태도가 자유주의적 개입주의를 초래하는 거칠고 강한 이른바 세계시민주의보다도 국제 이론과 관련해서 더 현실적일 뿐만 아니라 규범적으로도 더 바람직하다고 본다. 물론 필자는 롤스의 국제 이론을 온전히 받아들이지는 않는다. 필자는 유가적 전통에서 상상되어 온 평천하적 세계시민주의를 오늘날 국제관계 이론으로 발전시키는 데 더 큰 관심이 있다. 존 롤스, 『만민법』 참조.

94) 정치학대사전 편찬위원회 편, 『21세기 정치학대사전』 하(아카데미아리서치, 2002), 1963 ~1964쪽.

95) 존 롤스, 『공정으로서의 정의: 재서술』, 257쪽. 롤스는 "입헌민주정체"(constitutional democracy)와 "민주적 정체"(democratic regime)를 "상호 교환 가능한 의미로 사용한다." 존 롤스, 『정치적 자유주의』, 92쪽. 물론 입헌민주주의는 민주주의가 아니라 사실상

그러나 역사적·문화적 맥락에 어울리는 민주주의와 인권에 대한 해석의 노력이 민주주의의 심화 및 발전에 도움을 줄 것이라 믿는 대동민주주의는, 적어도 과도한 개인주의로 인해 왜곡된 서구의 민주주의가 비판되고 시정되어야 한다고 본다. 흥미롭게도 서구 사회에서도 역시 과도하게 자유주의적 개인주의와 결합한 형태로 전개된 서구 민주주의의 여러 문제를 해결하기 위해서는 공동체적인 혹은 공화주의적인 교정이 필요하다는 목소리가 활발하게 나타나고 있다.

이런 상황과 관련해서 마이클 사워드는 대면 회의를 통한 공동체의 합의 추구를 강조하는 아프리카적 전통이나 서구 이외의 여러 지역에서 발견되는 "토착적인 '원초적 민주주의들'의 중요한 여러 요소 사이에는 놀라울 만큼 가치들의 공통성"을 보여 준다고 평가한다.[96] 그러므로 비서구 사회의 문화와 역사 속에 미발未發의 계기로 남아 있는 사상과 문화의 자원을 발굴하여 오늘날 서구의 자유민주주의의 한계를 넘어설 더 나은 민주주의 모델로 발전시켜 나가는 데에도 충분히 관심을 기울여야 할 것이다.

하여간 대동민주주의도 자율성이나 정의에 대한 개인주의적인 접근 방식의 한계를 넘어서는 데 초점을 둔다. 서구적인 개인주의적 자율성의 이념에 대한 유가적인 성찰은 과도한 독립성 중심의 개인주의적 자율성 이론의 한계를 넘어설 수 있는 실마리가 되리라는 것이 필자의 생각이다. 그리하여 필자는 유가적 자율성 이론을 '돌봄의 자율' 이론으로 재규정하고 있다. 이에 대한 필자의 견해는 곧이어 서술되는 제12장에 수정·보완된 형태로 소개되어 있다. 필자는 돌봄의 자유론을 비개인주의적 자유론으로 해석하면서 이를 서구의 헤겔적 사유 전통에서 발전되어 온 사회적 혹은 연대적 자유론과 유사한 것으로 본다.[97] 물론 필자의 대동적 자유론 혹은

귀족제적 요소와 결합된 일종의 혼합정이 아닌가에 대한 논쟁은 여전히 진행 중이다. 스튜어트 화이트, 『평등이란 무엇인가』, 85~86쪽 참조.
96) 마이클 사워드, 『민주주의란 무엇인가』, 138쪽.
97) 헤겔의 자유론을 연대적 자유론 및 사회적 자유론으로 해석하는 것에 대해서는 필자의 네이버 열린연단 강연문(2022. 4. 23 강연) 및 『헤겔 정치철학의 통찰과 맹목』, 312~324쪽

돌봄의 자유론은 헤겔의 사회적 자유론에 비교해 비대칭적 관계와 연관된 책임의 문제나 민주주의의 생태적 이해에 더 강하게 연결되어 있다. 따라서 대동민주주의는 생태 민주주의이기도 하다고 볼 수 있는데, 이에 대한 필자의 견해도 이 책의 다른 부분에 들어 있어 상세한 설명을 반복하지 않아도 될 것으로 보인다. 이처럼 대동민주주의는 동아시아의 역사와 전통 속에 내장되어 있으면서도 충분히 발현되지는 못했던 미발未發의 민주주의를 발굴하여, 이를 서구의 개인주의적 자유민주주의 모델의 한계를 넘어설 수 있는 새로운 민주주의 모델의 가능성을 모색하는 데 중요한 실마리를 제공하려는 시도이기도 하다. 이런 대안적 민주주의 모델에 관한 성찰은 우리 사회의 민주주의 확장과 혁신, 더 나아가 그 토착화의 강화에도 크게 이바지할 것으로 생각된다.

끝으로 대동민주주의의 국제이론과 평화론의 구상에 대해 간략하게 언급하고자 한다. 유럽의 근대에서 전면적으로 발전한 국민국가 중심의 사유는 이제 인류의 영원한 평화의 이상을 구현하는 과제와 관련해서도 한계를 지닌 것임이 명백해졌다. 그래서 새로운 국제관계 이론을 성찰할 때 유가적인 대동 이념과 평천하주의, 즉 평천하적 세계시민주의는 우리가 참조해야 할 중요한 사상 중의 하나이다. 물론 대동민주주의를 체계적인 민주 이론으로 구체화하기 위해서는 대동 이념으로서의 평천하 사상과 새로운 국제질서 이론이 더 내실 있게 다듬어져야 한다.

참조 바람. 요즈음은 헤겔의 자유론을 공화주의적 자유, 공동체적 자유, 연대적 자유, 소통적 자유 등으로 해석하는 경향이 지배적이라고 할 수 있다. 물론 이들 사이에도 미묘한 차이가 존재하긴 하지만 여기에서는 이를 다룰 여유가 없다.

제12장
유가의 인仁 개념과 돌봄의 자유관[1]

1. 들어가는 말

인仁 개념이 공자가 새로 세운 유가사상의 핵심적 용어라는 점을 부인하기는 힘들다.[2] 그리고 공자가 인仁이 무엇인지를 정확하게 정의하지 않은 채 상황과 대화 상대자에 따라 다르게 설명하고 있다는 점도 널리 알려져 있다. 최근에 유가사상을 연구하는 학자들 사이에서는 인仁 개념이 서구에서 전개된 돌봄 윤리(care ethics)와 상당히 유사한 문제의식을 공유하고 있는지를 둘러싸고 논쟁이 이루어지고 있다. 돌봄 윤리가 유가윤리와 유사하다는 점을 학문적 쟁점으로 부각한 연구자는 이신양(Chenyang Li)이다. 그는 돌봄 개념이 유가적인 인仁 개념과 중요한 점에서 유사하다는 주장을 펼치면서 돌봄 윤리와 유가윤리 사이의 대화를 활성화하는 데 이바지했다. 1994년 그의 논문이 발표된 이후 그의 주장을 둘러싸고 찬반 논쟁이 이어졌고, 오늘날에도 이 논쟁은 계속되고 있다.[3]

---

1) 이 장은 한국공자학회의 학술지 『공자학』 47(2022), 165~211쪽의 글을 수정·보완한 것이다.
2) 물론 仁이 아니라 禮가 공자 사상의 핵심이라고 보는 연구 경향도 존재한다. 이를테면 허버트 핑가레트(Herbert Fingarette)의 경우가 대표적일 것이다. 허버트 핑가레트, 『공자의 철학』 참조. 그러나 필자는 仁이 공자 사상의 핵심이라고 본다. 이에 대해서는 특히 양백준, 「공자에 관하여」, 『논어역주』, 318쪽 참조 바람.
3) 한국 학계에도 유가윤리와 돌봄 윤리 사이의 유사성에 관한 연구가 있다. 조현규, 「'인'과 '배려(care)' 윤리의 현대 도덕교육에의 시사」, 『교육철학』 31(2007), 135~153쪽; 한평수, 「배려(Care)의 윤리와 인의 윤리」, 『철학사상』 23(2006), 243~271쪽. 흥미롭게도 조현규는 이신양에 대한 아무런 언급이 없다. 한평수의 글은 돌봄(배려) 윤리와 유가윤리

이 글에서 필자는 유가적인 인仁 개념이 어떤 점에서 돌봄 개념과 상통하는
지 이신양의 주장을 중심으로 살펴볼 것이다. 이어서 필자는 그의 해석이
지니는 긍정적 면과 한계를 다루어 볼 것이다. 특히 돌봄을 중심으로 이해된
유가적인 인仁 개념에 대한 그의 이해는 유가사상의 현대화를 위한 작업에
중요한 통찰을 제공하지만, 그의 관점은 돌봄 개념을 중심으로 재해석된
인仁 이론이 자율성이나 민주주의에 대한 서양의 주류적인 자유주의적
해석 틀과 대비해 어떤 잠재력을 지니는지와 관련된 쟁점들을 다루고 있지
않다고 여겨진다. 필자는 이런 한계를 넘어서기 위해 돌봄 중심의 윤리가
롤스적인 자유주의적 자율성 이론의 한계를 해명하는 데 어떤 유의미함을
지니는지를 설명해 볼 것이다.

그리고 이런 분석을 바탕으로 하여 돌봄의 관점에서 재해석된 유학적인
인仁 이론이 새로운 형태의 자율성 및 책임 이론으로 발전될 가능성을
언급한다. 상호의존적 존재이자 관계적 존재로서의 인간을 바라보는 유가적
인 인仁 이론은 타자에 대한 책임과 상호 돌봄 행위를 도덕과 정치 사회의
근본으로 간주한다. 그리고 이런 유가적인 인仁 이론은 의존적 존재에 대한
무관심과 배제의 틀 내에서 자율적이고 능동적인 이성적 행위자를 표준적인
인간상으로 바라보는 자유주의적 자율성 이론의 한계를 넘어설 수 있는
대안적 자유론을 제공한다는 것이 필자가 옹호하고자 하는 주장이다. 요약해
보면, 필자는 유가적인 인仁 이론이 돌봄의 자유론이자 돌봄의 자유주의로
재해석될 가능성을 보여 주면서 그것의 잠재성을 구체화해 보려고 한다.

사이의 공통점 강조와 관련한 여러 핵심적 쟁점을 잘 보여 준다. 그 이외에도 여성주의
관점에서 유가윤리와 돌봄 윤리 사이의 대화 가능성에 관한 연구가 다수 존재한다.
이숙인, 「유교의 관계 윤리에 대한 여성주의적 해석」, 『한국여성학』 제15권 1호(1999),
39~69쪽. 이숙인은 여성에 대한 유교적 이해에서 유교적 여성 윤리가 전개될 가능성을
모색한다. 김세서리아도 유가윤리의 부정적 면모를 비판적으로 재구성해서 유가윤리에
내장된 타자에 대한 배려와 관계 중심의 사유를 비위계적이고 평등한 방향으로 발전시켜
보려는 문제의식을 보여 준다. 「유가 철학의 인간 본성론에 대한 여성주의 이해」, 『한국
여성철학』 5(2005), 1~31쪽. 유교와 페미니즘 사이의 적극적인 대화를 추진한 대표적인
학자 중의 하나는 이은선이다. 이은선, 『잃어버린 초월을 찾아서: 한국 유교의 종교적
성찰과 여성주의』(모시는사람들, 2009) 참조 바람.

2. 유가적인 인仁 개념과 돌봄 윤리의 공통성

돌봄 윤리는 1980년대에 처음 발생한 이후 오늘날에 이르기까지 점점 더 많은 사람의 관심을 받고 있다. 주지하듯이 돌봄으로 번역된 'care'라는 단어는 영어에서 온 것이다. 조안 트론토(Joan C. Tronto)는 'care'를 다음과 같이 설명한다.

케어(care, 돌봄)는 여러 뜻이 있다. '근심'(cares)과 '비애'(woes)라고 할 때의 '케어'는 부담을 의미하지만, "난 당신을 소중히 생각해요."(I care for you)라고 할 때는 사랑을 표현한다. 케어는 언제나 어떤 것에 관심을 보이고 다가서는 어떤 행동이나 그런 기질을 의미한다. "제 몸을 잘 돌본다"(I take good care of myself)라고 할 때처럼 우리가 케어라는 단어를 우리 자신에게 사용할 때, 우리는 스스로가 행위의 주체이자 관심의 대상이기도 하다는 것을 알고 있다. 케어는 관계를 포함한다. 케어는 우리가 "나는 돌고래에 관심이 많다"(I care about dolphins)라고 할 때처럼 강한 확신을 표현할 때도 사용된다.[4]

그런데 우리 사회에서 'care'를 어떻게 번역할지는 통일되어 있지 않다. 실제로 'care'는 배려配慮, 돌봄, 보살핌 등의 용어로 번역되어 사용되고 있다. 배려配慮는 사전적으로 "도와주거나 보살펴 주려고 마음을 씀"을 뜻한다.[5] 그러므로 배려나 보살핌 혹은 돌봄은 사전적으로 동의어라고 해도 될 것이다. 그러나 돌봄이나 보살핌은 순우리말이라는 점에서만이 아니라 배려의 사전적 의미를 구체적으로 더 잘 전달하고 있다. 따라서 필자는 돌봄이나 보살핌이 'care'의 더 적절한 번역어라고 생각한다.

이제 돌봄 윤리와 유가윤리 사이의 대화를 이신양의 글을 통해 살펴보자. 그는 1994년 논문 「유가적인 인仁 개념과 여성주의 돌봄 윤리」[6]에서 유가의

---

4) 조안 C. 트론토, 『돌봄 민주주의』(김희강·나상원 옮김, 아포리아, 2014), 23~24쪽.
5) 네이버 사전.
6) 리첸양(Chenyang Li), "The Confucian Concept of Jen and The Feminist Ethics of Care", *Hypatia*, 9:1 (1994), pp.70~89.

인 윤리학과 페미니스트의 돌봄 윤리 사이에는 몇 가지 공통점이 있고 그 공통점은 상당히 주목할 만한 것이라는 주장을 펼쳤다. 물론 그는 유가윤리와 여성주의 돌봄 윤리 사이에 차이가 있다는 점을 부인하지 않는다. 그러나 그는 이 두 윤리 사이의 공통점에 대해 주의를 기울이지 않는 상황을 넘어설 필요가 있다고 보고서 두 윤리 사이의 공통점들을 밝히는 작업을 행한다.

이신양은 페미니스트 돌봄 윤리와 유가의 인仁 윤리 사이에 존재하는 공통점을 입증하기 위해 이 두 윤리적 사유가 칸트적, 공리주의적, 사회계약론적 윤리학과 어떤 지점에서 차이가 있는지를 비교하는 방식을 채택했다. 이런 대조를 통해 이신양은 대략 세 가지 점에서 페미니스트의 돌봄 윤리와 유가윤리 사이에 공통점이 존재한다고 결론짓는다. 첫째, 이 두 가지 윤리 사상에서 최상의 도덕적 이상으로 간주되는 인仁과 돌봄은 비자발적이고 비계약적 성격을 띠는, 가족관계와 같은 특수한 인간관계의 도덕적 가치와 관련되어 있다. 둘째, 칸트적 윤리학이나 공리주의적 윤리학과 대조해 볼 때 이 두 윤리 사상은 보편적 원리에 토대를 두고 있지 않다. 셋째, 돌봄 윤리와 유가적인 인仁 윤리는 모두 관계적 자아관에서 출발하여 칸트적인 윤리적 보편성 주장과는 대조적으로 돌봄에서의 차등을 긍정한다. 이런 세 가지 공통점을 강조하면서 이신양은 유가적인 인仁 윤리학을 "일종의 돌봄 윤리"(a care ethics)로 규정한다.[7] 그럼 이하에서 그의 주장을 중심으로 해서 유가의 인仁 개념이 어떤 점에서 돌봄 윤리의 돌봄(care) 개념과 상통하는지를 살펴보자.

우선 이신양은 도덕의 본성에 대한 인식은 사회의 본성을 어떻게 이해하고 있는지와 매우 깊은 관련이 있음을 강조하면서, 유가적 윤리가 추구하는 사회와 돌봄의 관점에서 옹호되는 사회가 비계약적 사회임을 강조한다. 이때 그가 염두에 두는 비판의 대상은 권리를 지닌 합리적 존재인 개인을

---

7) 같은 글, p.81.

출발점으로 삼고 있는 전통적인 서구의 사회관이다. 그에 의하면, 유가적인 사회관은 사회를 커다란 가족으로 간주하면서 백성과 통치자의 관계 또한 아버지와 자녀의 관계와 유사한 것으로 본다. 이런 점에서 유가에는 공적 영역과 사적 영역 사이의 구분이라는 서구 특유의 이분법이 존재하지 않는다. 그리고 유가윤리와 유사하게 돌봄 윤리도 가족 사회의 유비를 강조하는 모습을 보여 준다. 이런 주장을 잘 보여 주는 학자로 이신양은 버지니아 헬드(Virginia Held)의 글을 인용한다.

이신양의 인용에 의하면, 헬드는 어머니와 아이 사이의 관계를 가장 우선적인 중요성을 지니는 관계로 이해하면서 이 관계야말로 다른 모든 인간관계가 닮아야 하는 것으로 주장한다. 간단하게 말해, 유가윤리와 여성주의 돌봄 윤리는 모두 인간 사회의 본성이 기본적으로 비계약적이고 비자발적인 특성이 있는 것이라고 하면서 개인의 권리를 도덕적 원리의 토대로 간주하지 않는다. 그러므로 캐럴 길리건(Carol Gilligan)이 주장하듯이 여성주의 돌봄 윤리에서 도덕성의 진정한 기초는 개인적 권리의 우선성이나 그 보편성이 아니라 "세상에 책임이 있다는 강한 느낌"이다. 따라서 여성의 도덕 심리 발달의 경험적 연구로 재구성된 도덕적 관점에서 보자면, 도덕적 딜레마는 "타인의 권리를 침해하지 않고 자신의 권리를 행사하는 방법에 관한 것"이라기보다는 "나 자신과 가족, 불특정 타인에 대한 의무를 수행하며 도덕적 삶을 살아가는 방법"의 문제와 관련된 것이다.[8]

그런데 문제는 여성주의 돌봄 윤리와 마찬가지로 유가적 윤리이론에도 돌봄에 상응하는 도덕적 관점이 존재하는가이다. 버지니아 헬드에 의하면 "돌봄은 가장 기본적인 도덕적 가치이다."[9] 그러므로 설령 유가적 도덕 이론과 여성주의 돌봄 윤리가 인간 사이의 구체적 관계, 특히 가족관계를 중심으로 사회를 생각하고 있다고 하더라도, 돌봄 윤리에서 도덕성의 궁극적

---

8) 같은 글, p.71. 캐럴 길리건, 『침묵에서 말하기로』(이경미 옮김, 심심, 2020), 96~97쪽.
9) 버지니아 헬드, 『돌봄: 돌봄 윤리. 개인적, 정치적, 지구적』(김희강·나상원 옮김, 박영사, 2017), 143쪽.

토대로 강조되는 돌봄 행위에 상응하는 도덕적 이해가 유가윤리에도 존재하는지와 같은 물음이 대두될 수밖에 없다. 이런 궁금증에 대해 이신양은 유가적인 인仁 개념이 돌봄과 유사하다고 응답한다.

사실 공자의 핵심 사상이 인仁에 관한 것이라는 점에는 의문의 여지가 없지만, 그것은 다양한 의미를 지닌다. 이신양이 강조하듯이 인仁을 영어로 번역하는 용어들이 매우 다양하다는 것은 아마 인仁이 지니는 의미의 다양성을 반영할 결과일 것이다. 이를테면 인은 영어로 "benevolence, love, altruism, kindness, charity, compassion, magnanimity, human-heartedness, humaneness, humanity, perfect virtue, goodness, true manhood, manhood at its best" 등등으로 번역된다. 이신양에 따르면, 이들 다양한 번역어들 사이에는 공통점이 있는데 그것이 바로 "돌봄"(caring)이다. 달리 말하자면, 돌봄은 인仁의 다양한 영어 번역 모두의 '본질'이라는 것이 그의 해석이다.[10]

필자는 이신양이 유가의 인仁 개념을 돌봄으로 보는 시도가 타당성이 있다고 본다. 인仁과 돌봄(care)과의 공통성을 입증하기 위해 그가 제시하는 공자와 맹자의 주장을 몇 가지 살펴보자. 예를 들어, 번지樊遲가 인仁을 묻자 공자는 "사람을 사랑하는 것"이라고 말한다.[11] 이때 사람을 사랑한다(愛)는 것은 타인이나 사물에 관한 관심과 공감 어린 배려의 행위로 이해되어야 한다. 그래서 인 개념에 가장 잘 어울리는 영어 용어로 배려 내지 보살핌의 뜻을 지닌 'caring'으로 보자고 이신양은 제안한다.

실제로 공자가 인仁과 밀접하게 연관이 있는 것으로 언급하는 사랑(愛)이 극진한 보살핌이나 돌봄의 뜻으로 사용되는 또 다른 사례가 있다. 이를테면 부모의 삼년상을 지켜야 할 것인지를 둘러싸고 행해진 공자와 그의 제자 재아宰我 사이의 대화를 보자.

(재아가 말하였다.) "삼년상三年喪은 기년期年만 하더라도 너무 오래라고

---

10) 리첸양, "The Confucian Concept of Jen and The Feminist Ethics of Care", p.73.
11) 『논어』, 248쪽, 「안연」 22.

할 것입니다. 군자가 3년 동안 예禮를 행하지 않으면 예가 반드시 무너지고, 3년 동안 음악音樂을 익히지 않으면 음악이 반드시 무너질 것입니다. 묵은 곡식이 다 없어지고 새 곡식이 오르며 불씨 만드는 나무도 바뀌게 되니, 1년이면 그칠 만한 것입니다."⋯⋯ 재아宰我가 밖으로 나가자, 공자께서 말씀하셨다. "재아의 인仁하지 못함이여! 자식은 태어나서 3년이 지난 뒤에야 부모의 품을 벗어나게 된다. 삼년상은 온 천하의 공통된 상喪이니, 재여宰予(재아)도 자기 부모로부터 3년 동안 사랑을 받지 않았던가?"12)

이신양이 볼 때, 인仁은 맹자에게서 공자보다 더욱 분명하게 돌봄으로 이해되고 있다.13) 공자와 맹자 사상의 차이를 다루는 자리는 아니지만, 맹자에게서는 공자의 인仁이 거의 전적으로 타인에 대한 배려적 관심이나 다른 사람에게 해를 가하지 않으려는 마음이라는 의미로 이해된다고 해석하는 경향이 그에게만 한정되어 있지는 않다. 벤자민 슈워츠(Benjamin I. Schwartz)는 맹자에 이르러 인仁 개념이 "전포괄적인 도덕적 탁월성에서 남에 대한 '박애'라는 좀 더 특수한 의미로 좁아졌다"라고 말한다.14) 물론 슈워츠의 입장과는 달리 맹자가 '박애'와 같은 정서적 관심이나 배려를 중심으로 공자의 인仁을 해석함으로써 그 개념의 뜻이 좀 더 분명해졌다고 긍정적으로 평가할 수도 있을 것이다. 그러므로 오효명은 측은지심惻隱之心에 대한 맹자의 이론이 인仁을 '애愛'로 보는 공자의 관점에 비교해 진일보한 정의라고 주장한다.15)

하여간 신광래에 의하면, 『논어』에서 인仁은 모든 인간의 중요한 덕을 포괄하는 윤리적 이상이라는 넓은 의미로도, 또 정서적(affective) 관심과 관련된 윤리적 이상의 한 측면을 강조하는 좁은 의미로도 사용된다. 그런데 맹자는 포괄적이고 넓은 의미에서의 인仁 개념을 사용할 때도 있지만 그런

---

12) 같은 책, 355~357쪽, 「양화」 21.
13) 리첸양, "The Confucian Concept of Jen and The Feminist Ethics of Care", p.73.
14) 벤자민 슈워츠, 『중국 고대 사상의 세계』, 411쪽 각주 31.
15) 오효명, 『공자의 仁, 타자의 윤리로 다시 읽다』, 400쪽.

경우는 매우 드물고, 주로 정서적 관심과 관련되어 인仁 개념을 사용한다.16)
이신양 또한 맹자에게서는 인仁 개념이 거의 전적으로 정서적 의미로 이해되
고 있다고 강조한다. 이와 관련해 그가 드는 논거는 『맹자』「공손추상」
6과 『맹자』「진심하」 31이다.17)

『맹자』「공손추상」 6에서 맹자는 사람들은 모두 "남을 차마 해치지 못하는
마음을 가지고 있다"라고 말한다.

> 사람들이 모두 남을 차마 해치지 못하는 마음을 가지고 있다고 말하는
> 까닭은, 이제 사람들이 갑자기 어린아이가 장차 우물로 들어가려는 것을
> 보고는 모두 깜짝 놀라며 측은해하는 마음을 가진다. 이것은 어린아이의
> 부모와 교분을 맺으려고 해서도 아니고, 향당鄕黨과 붕우朋友들에게 명예를
> 구해서도 아니며, (잔인하다는) 명성名聲을 싫어해서 그러한 것도 아니다.
> 이로 말미암아 보건대, 측은지심惻隱之心이 없으면 사람이 아니며, 수오지심
> 羞惡之心이 없으면 사람이 아니며, 사양지심辭讓之心이 없으면 사람이 아니
> 며, 시비지심是非之心이 없으면 사람이 아니다.18)

또한 『맹자』「진심하」 31에서 맹자는 다음과 같이 말한다.

> 사람들은 모두 차마 하지 못하는 마음을 가지고 있으니 (이를 미루어) 차마
> 하는 바에까지 도달하게 한다면 인仁이요, 사람들은 모두 하지 않는 바가
> 있으니 (이를 미루어) 하는 바에까지 도달하게 한다면 의義이다.19)

이신양이 상세하게 언급하지 않았지만, 맹자가 인仁을 정서적 관심을
뜻하는 사랑으로 바라보는 구절은 여러 곳에서 발견된다. 이와 관련해
신광래는 「이루상」 4장, 「이루하」 28장, 「진심상」 46장, 「진심하」 1장을 거론하

---

16) 쿵로이슌, 『맨얼굴의 맹자』, 110쪽.
17) 리첸양, "The Confucian Concept of Jen and The Feminist Ethics of Care", pp.72~73.
18) 『맹자집주』, 103쪽.
19) 같은 책, 434쪽.

고 있다. 사랑(愛)은 다른 사람에게 해를 가하는 것을 내키지 않아 하는 마음(「진심하」 31)이라는 맥락에서 설명되기도 하는데, 이는 무고한 사람을 한 사람이라도 죽이지 않겠다는 것을 인(仁)으로 보는 구절(「진심상」 33)이나, 「공손추상」 6이나 「고자상」 6에서처럼 타인이 곧 닥칠 커다란 해악으로 인해 고통을 겪게 될 상황이나 실제 고통을 당하고 있는 상황을 측은해하는 마음과 연결된다.[20]

여기에서 필자가 특별히 강조하고 싶은 것은, 유가의 인(仁)을 돌봄(care)으로 해석하는 것이 인(仁) 개념이 지니는 복합성을 잘 보여 준다는 점이다. 특히 어진 마음이란 고통 겪는 생명체를 안타까워하면서 그런 고통을 없애거나 줄여 주고자 하는 관심과 배려라는 뜻을 지닌다는 것은 이미 살펴본 바와 같다. 그러므로 유가적인 인(仁) 개념에는 생명체는 홀로 존재할 수 없고 오직 타자와의 관계를 통해서만 존재할 수 있다는 상호의존성의 사태가 보여 주는 이중성에 대한 인식이 있다.

예를 들어, 인간만이 아니라 다른 생명체 또한 물질적 신진대사를 통해 에너지를 공급받지 못하면 존재할 수 없고 또 타자로부터 해를 입을 수도 있다. 동물이나 인간세계에서 흔히 보듯이, 배고플 때 다른 생명체를 잡아먹지 않고서 존재할 수 있는 생명체란 없다. 그런 점에서 생명체가 상호의존하고 있다는 점에는 조화와 함께 갈등 및 불화 혹은 투쟁의 계기가 함께 들어 있는 셈이다. 그런데 영어의 'care'는 어원적으로 볼 때 "보살핌, 관심, 걱정"만이 아니라 "슬픔, 애통, 곤경"이라는 이중적 의미를 지니는 라틴어 'caru'에서 나왔다고 한다. 결국 이런 이중적 의미는 "살아 있는 생명체의 요구와 취약함을 전적으로 돌본다는 것, 그래서 생명의 연약함과 직면하는 것이 어렵고 지치는 일이 될 수 있다는 현실을 반영한다."[21]

더구나 이신양과 별도로 공맹의 인(仁)이 '배려'나 '돌봄'의 뜻으로 이해되어

---

20) 퀑로이슌, 『맨얼굴의 맹자』, 110쪽.
21) 더 케어 컬렉티브, 『돌봄 선언: 상호의존의 정치학』(정소영 옮김, 니케북스, 2021), 57쪽.

도 좋다고 보는 학자들이 존재한다. 이신양이 직접 인용하고 있듯이 그보다 먼저 당력권唐力權(Liquan Tang)이 「유가적인 인仁과 플라톤적 에로스」(Confucian Jen and Platonic eros)라는 1973년의 논문에서 유가는 돌봄 지향적인 인본주의로서 유가적 사랑은 돌보고 배려하는 사랑이라고 강조하였다.[22] 그 외에도 미조구치 유조(溝口雄三) 등이 편찬한 『중국사상문화사전』을 보면, 유가에서 가장 중요하게 여겨지는 개념인 인仁의 의미를 "애정 혹은 연민"으로 해석하고 있으며[23] 가족의 애정을 그 원점으로 이해한다. 최근에 오효명도 공자가 인仁을 설명하면서 언급한 애愛는 "소중히 여감"(愛惜) 혹은 "안타까워함"(可惜)이라는 뜻과 통한다고 하면서, 그 핵심적 의미는 "타인 혹은 타자에 대한 근본적 관심"이라고 해석한다.[24]

특히 『중국사상문화사전』에서 주목하는 것은 공자의 충서忠恕와 인仁에 관한 주장이다. 사실 공자의 "나의 도는 하나의 원리로 꿰고 있다."(「이인」 15)라는 주장을 증삼이 "충서忠恕"로 이해했음은 널리 알려져 있다. 그리고 공자는 "종신토록 받들어 실천할 만한 한마디가 있습니까?"라는 제자 자공의 질문에 답하면서 "서恕가 아닐까? 자신이 원치 않는 일을 남에게 베풀지 않는 것이다"라고 말했다.(「위령공」 23) 이처럼 인仁과 충서忠恕 혹은 서恕가 서로 밀접한 관계 속에 있다고 이해한 공자는 자공의 물음에 답할 때에도 충서忠恕를 인仁 실현의 방법이라고 말한 바 있다.

공자께서 말씀하셨다. "…… 대체로 인한 사람은 자신이 서고자 하는 것으로써 남도 서게 해 주며, 자신이 이루고자 하는 것을 남도 이루게 해 준다. 가까이 자기에게 비추어 보아 남을 이해할 수 있다면, 인을 실천하는 방법이라고 할 수 있다.[25]

---

22) 쿵로이슌, 『맨얼굴의 맹자』, 74쪽.
23) 미조구치 유조 외 엮음, 『중국사상문화사전』(김석근 외 옮김, 책과함께, 2011), 197쪽.
24) 오효명, 『공자의 仁, 타자의 윤리로 다시 읽다』, 393쪽.
25) 『논어집주』, 124쪽, 「옹야」 28.

이런 공자의 주장으로부터 우리는 그가 인을 대체로 "타인에 대한 배려를 뜻하는 서恕 혹은 충서忠恕, 즉 진심으로 타인을 배려하는 것"으로 해석하고 있음을 알 수 있다.[26]

앞에서 다루어진 여러 학자의 주장을 볼 때, 공자의 인仁 개념을 사랑, 배려, 보살핌 등으로 치환할 수 있다고 인식하는 해석은 충분히 타당한 생각이라고 여겨진다.

3. 미해결의 난제인 돌봄과 자율성의 관계

유가사상과 돌봄 윤리와의 공통성을 밝히는 이신양의 시도는 유가사상의 의미를 이해하는 지평을 확장하는 데 이바지한다. 이른바 서세동점이 본격적으로 진행된 19세기 중반 이후 한국을 비롯한 동아시아 유교 전통은 심각한 위기에 직면해서 그 생존을 장담할 수 없게 되었다. 사상과 철학 방면에서 동아시아 전통을 철저하게 부정하고 서구적 사유 방식을 도입하자는 사조가 거세게 일었고, 그 흐름은 오늘날에도 매우 크다. 서양 문명의 강력한 충격에 직면하여 동양의 전통을 현대화하려는 작업은 부득이하게 서양 철학과의 대화를 시도하지 않을 수 없었다. 한국이나 대만, 중국 본토에서 상황은 크게 다르지 않았다.

대만 학자 이명휘李明輝가 주장하듯이, 중국의 문화와 전통 특히 유가 전통을 현대화하는 작업에서 칸트철학과 유가사상의 비교는 큰 흐름을 형성했다. 그에 의하면, 20세기 신유가사상의 대표적 학자 중 한 사람인 모종삼牟宗三은 동서 전통의 만남에서 칸트철학이 핵심적 역할을 할 것이라고 강조하였다. 이런 문제의식으로 인해 유가사상과 칸트 사상과의 유사성과

---

26) 미조구치 유조 외 엮음, 『중국사상문화사전』, 198쪽. 그 외에도 유가의 인과 돌봄 사이의 친화성을 강조하는 언급들에 대해서는 한평수, 「배려(Care)의 윤리와 仁의 윤리」, 『철학사상』 23, 263~264쪽 참조 바람.

상이점은 유가 전통의 현대적 재구성 작업에서 늘 중요한 학문적 탐구의 대상이었다. 그리하여 이명휘도 전통의 유가사상에는 자율성이라는 개념이 존재하지 않았으나, 그 속에 칸트가 자율성의 원리로 파악했던 사태가 없었다고 추론하는 것은 성급하다고 비판한다. 그가 보기에 맹자의 인의내재설仁義內在說은 "칸트의 자율 개념이 포함하고 있는 전체 사상"에 비교되는 중요한 준거점을 제공한다. 달리 말하자면, 이명휘는 모종삼의 주장을 따르면서 맹자의 인의내재설에 함축된 기본적 의미는 바로 칸트의 자기입법의 원리로서의 도덕 주체의 자율성이라고 해석한다.[27]

이 자리에서는 이명휘의 해석이 옳은지 그른지는 논하지 않겠다. 다만, 유가윤리는 칸트적 자율성 윤리와의 유사성 못지않게 돌봄 윤리와도 깊은 친화성을 보여 준다는 점은 강조되어야 할 것이다. 이신양의 문제제기를 계기로 페미니즘적 돌봄 윤리와 유가사상 사이의 비교연구가 새롭게 조명을 받게 되었던 것도 우연이 아닌 셈이다. 그 결과 페미니즘적 돌봄 윤리학을 주도하는 학자 중 한 사람인 버지니아 헬드도 유가윤리와 돌봄 윤리의 공통성에 주목하게 되었다. 헬드는 유교윤리와 돌봄 윤리 사이의 관계에 대한 여러 관점을 언급하면서 이 둘 사이에는 중요한 유사성이 있음을 긍정한다. 그는 공적 윤리와 사적 윤리의 이분법적 구별을 거부하면서, 돌봄을 사회의 공적 영역에서도 중요한 가치로 긍정하는 것이 돌봄 윤리의 성격 중의 하나라고 강조한다. 그러면서 "공적 윤리를 사적 윤리의 확장으로 바라본다"는 점에서 유가윤리와 돌봄 윤리는 서로 통한다고 말한다.[28]

이신양의 문제 제기의 긍정성은 유가사상과 서양 철학의 비교연구라는 '지평의 확장'에 그치지 않는다. 그의 연구는 유가사상의 핵심 부분을 이루는 인仁에 대한 새로운 인식의 가능성을 보여 준다는 점에서도 의미가 있다. 앞에서 보았듯이 이명휘에 따르면 "서양 윤리학에서 공맹을 대표로 하는 유가의 주류 사상과 가장 잘 부합하는 것이 칸트의 윤리학이다. 이 두

27) 이명휘, 『유교와 칸트』(김기주·이기훈 옮김, 예문서원, 2012), 9~10쪽 및 24쪽.
28) 버지니아 헬드, 『돌봄: 돌봄 윤리. 개인적, 정치적, 지구적』, 50쪽.

가지는 기본 형태상 모두 자율 윤리학에 속하기 때문이다."[29] 그런데 이신양의 연구를 통해 우리는 공맹의 인仁 개념에는 자율성과는 다른 면모가 있음을 알게 된다. 유가 내부에서도 유가의 인 개념과 칸트적 자율성과의 공통성을 주장하는 견해와 그것이 돌봄과 더 친화적이라고 보는 견해 사이에 해석의 갈등이 존재한다.

그러나 돌봄 윤리를 매개로 한 새로운 유학의 탄생을 구체화하려는 이신양의 작업은 여전히 미완이다. 아니, 그가 그런 기획을 의도하고 있었는지도 모호하다. 그러나 필자는 그런 기획이 유가사상의 현대화 작업에 매우 중요한 의미를 지닌다고 본다. 그리하여 이런 기획을 구체화할 때에는 돌봄과 자율성 사이의 관계를 어떻게 보아야 하는지가 우회할 수 없는 쟁점으로 떠오르지 않을 수 없다. 돌봄 윤리의 탄생에서는 기존의 주류적인 원칙 지향의 보편주의 정의 및 도덕 이론, 이를테면 자율성 중심의 칸트적-롤스적 자유주의 이념에 대한 비판적 대결이 결정적 의미를 지닌다. 달리 말하자면, 오늘날 돌봄 윤리의 중요한 기여 중 하나는 기존의 자유주의에 대한 비판이다. 윌 킴리카 (Will Kymlicka)가 주장하듯이, 돌봄 윤리와 자유주의적 정의 윤리 사이의 진정한 대조는 "도덕적 개념으로서의 공정성과 책임감의 중요성에 대한 근본적 차이"로부터 기인한다.[30] 게다가 아직도 돌봄 윤리가 자유주의적 자율성과 완전히 작별을 고하게 될지, 아니면 돌봄과 정의의 관점 혹은 자유주의적 자율성 원칙 사이의 상당한 긴장과 갈등의 요소를 긍정하면서도 이 둘 사이를 종합하는 길을 걷게 될지는 돌봄 윤리를 옹호하는 이론 진영 내에서조차 이렇다 할 합의가 존재하지 않는 상황이다.

그러나 필자는 돌봄과 정의의 윤리가 서로 보완될 수 있는 길을 찾는 것이 더 바람직하다는 데 동의한다. 정의 윤리와 돌봄 윤리의 상이성을 통해 서로가 긴장을 유지하면서 두 개의 도덕적 목소리의 장점을 종합하는 길을 찾는 것이 중요하다고 본다. 달리 말하자면, 어느 하나의 도덕적 관점으

---

29) 이명휘, 『유교와 칸트』, 273쪽.
30) 윌 킴리카, 『현대 정치철학의 이해』, 656쪽.

로 다른 도덕의 목소리가 환원되는 식으로 통합되는 가능성보다는 돌봄과 정의의 윤리를 포괄할 수 있는 다층적인 도덕 이론을 모색하는 것이 더 중요하다는 말이다.[31]

정의 윤리와 돌봄 윤리의 종합의 가능성을 유가의 인仁 이론에 대한 새로운 해석을 통해 검토하기 전에, 돌봄 윤리의 관점에서 볼 때 어떤 점에서 자유주의적 정의의 관점이 한계가 있는지를 검토해 보자. 돌봄 윤리의 형성에 지대한 영향을 준 여성학자 캐럴 길리건은, 존 롤스의 자유주의적인 보편적 정의의 원칙은 남성중심적 도덕윤리로서 여성에게 잘 어울린다고 생각되는 유형의 도덕적 사유 방식이나 태도가 지니는 가치를 간과한다고 비판했다. 그에 의하면, 자유주의적 정의 관점과 달리 여성들은 개인의 독립과 자유를 우선시하는 "권리의 도덕"(morality of right)과 다른 "책임의 도덕"(morality of responsibility)을 우선시한다.[32]

인간의 동등한 존엄성을 옹호하는 자유주의적 정의 윤리는 상호대칭적 관계와 무관하게 요청되는 다양한 도덕적 행위를 배제하는 위험성을 안고 있다. 가정생활의 특수한 성격, 그러니까 가족 구성원들 사이의 정서적인 애착에서 우러나오는 사랑과 배려와 같은 도덕적 요구는 보편주의적 정의 원칙에 기반을 둔 권리의 동등성에 대한 요구와 질적으로 구별되는 도덕이라는 것이 돌봄 윤리에 의해 설득력 있게 옹호되고 있지만, 배려와 같은 도움 주기 활동은 보편적 존중의 원칙이 최고로 중요한 도덕적 원칙이라는 통념에 의해 여전히 주변적 지위에 있다.

보편적 정의 원칙이 지나치게 대칭적인 평등한 주체들 사이의 상호적 관계를 도덕의 모델로 설정함으로써 부차적인 것으로 되는 것 중의 하나는 의존적인 관계와 관련된 도움 주기이다. 갓 태어난 아이를 보자. 일방적으로

---

31) 버지니아 헬드도 돌봄 윤리와 정의 윤리의 장점을 최대한 살릴 수 있는 포괄적인 도덕 이론의 길을 선호한다. 버지니아 헬드, 『돌봄: 돌봄 윤리. 개인적, 정치적, 지구적』, 41~42쪽 참조.
32) 캐럴 길리건, 『침묵에서 말하기로』, 93쪽. 이하 두 단락은 나종석, 『대동민주유학과 21세기 실학』, 118쪽을 약간 수정한 것이다.

도움을 요청한다는 의미에서 어머니라는 타자에 전적으로 의존하고 있는 갓난아이는 결코 타인의 자유를 존중하면서 스스로 자신의 삶을 자유롭게 선택할 수 있는 존재가 아니다. 잠재적으로는 그런 인격적 주체라고 할지라도 말이다. 게다가 어린아이만이 늘 누군가의 돌봄이 필요한 것은 아니다. 노인도 자신의 삶을 영위하기 위해서는 늘 누군가로부터 절대적인 도움을 받지 않으면 안 된다. 또 어떤 사람은 태어나서부터 죽을 때까지 늘 누군가의 도움을 받아야만 한다. 그리고 이런 돌봄의 필요성에 가장 적극적이고 효율적으로 응답한 것은 주로 가족관계를 통해서였다. 그러므로 "가정이라는 영역은 돌봄에 의존하는 이들에게 안식처와 같은 것이며, 어떤 정치이론도 단지 모든 인간은 평등하다는 주장을 펼침으로써 이러한 안식처를 파괴할 수 없다"라고 에바 페더 커테이(Eva Feder Kittay)는 역설한다.[33]

커테이는 롤스의 평등주의적 자유주의 정의론이 지니는 한계를 의존성의 맥락에서 제기한 대표적인 여성주의 돌봄 윤리학자이다.[34] 커테이가 강조하듯이, 우리 인간에게 의존성은 인생의 특정한 국면에서나 요구되는 예외적이거나 일시적인 것이 아니다. 갓 태어난 아이나 병든 노인만이 의존할 수 있는 누군가를 필요로 하지 않는다. 의존성은 그 어디에서나 언제나 존재한다. 커테이는 이런 상황을 "인간 의존의 사실"(fact of human dependency)이라고 명명한다.[35]

당연한 이야기지만 성인이 되어서도 뜻하지 않은 사고로 중증장애인이 되거나 사망할 수 있다. 중증장애인이 된 경우에는 말할 것도 없고, 위험한 사고에 처해서 사느냐 죽느냐 하는 긴급한 상황에 있는 사람은 타자의 도움과 관심을 간절히 바란다. 이런 긴박한 상황에서 자신의 생명도 돌보지 않은 채 도움이 필요한 사람에게 도움을 주는 행위를 종종 경험할 수 있다. 이처럼 의존적이며 도움이 필요한 사람에게 책임 있는 반응을 보이는 사람은

---

33) 에바 페더 커테이, 『돌봄: 사랑의 노동』(김희강·나상원 옮김, 박영사, 2016), 28쪽.
34) 같은 책, 특히 제2부 '정치적 자유주의와 인간 의존성' 참조. 이하 두 단락은 나종석, 『대동민주유학과 21세기 실학』, 198~199쪽을 축약하여 정리한 것이다.
35) 에바 페더 커테이, 『돌봄: 사랑의 노동』, 39쪽.

일방적인 헌신과 희생을 제공하기도 한다. 이러한 희생적인 돌봄 행위가 없는 인간관계나 사회는 상상할 수조차 없다.

전통적인 돌봄 관계가 보여 주듯이 타인으로부터 도움을 받아야 하는 의존인과 돌봄을 제공하는 사람 사이의 관계는 사회계약론이나 자유주의적 정의 이론에서와 같은 동등한 권리 주체로서의 자유롭고 평등한 시민들이 맺는 대칭적이고 상호적인 관계와는 질적으로 다르다. 커테이의 주장에 따르면, 돌봄 관계의 전형적이고 일반적인 사례는 호혜적으로 관계 맺을 수 없는 돌봄에 의존해 있는 경우, 달리 말하자면 "호혜적일 수 없는 돌봄에 의존하는 의존인"의 경우이다.[36]

그러나 존 롤스의 평등주의적 자유주의 정의 이론은 의존성과 관련된 불평등의 문제를 적절하게 고려하지 못한다. 그는 자신의 정의론에서 사회를 자유롭고 평등한 사람들의 결사체로 보면서 유아, 아이, 노인, 병약자, 장애인 등과 같은 사람들의 의존성과 관련된 문제를 외면한다.[37]

롤스는 사회적 협력의 정의로운 원칙을 해명할 때 사회적으로 협력하게 될 정상적인 구성원이자 평등한 시민의 모델로서의 개인을 의존성과 관련이 없는 독립적 존재로 설정한다. 예를 들어 그는 1993에 나온 『정치적 자유주의』에서, 정의론이 "시민으로서의 개인들이 사회의 협동적 성원이 될 수 있도록 하는 모든 능력을 갖추고 있는 것으로 가정하고 있다'라고 말한다.[38] 달리 말하자면 그의 정의론은 "자유롭고 평등한, 그리고 일생을 통하여 정상적이고 완전하게 협동하는 사회의 구성원으로 간주되는 시민들 사이에서 사회적 협동의 조건들을 규정하기 위해 가장 적합한 정의관'이 무엇인지를 탐구한다. 그는 이런 정의관을 추구하면서 질병이나 사고로부터 고통 겪는 구성원들의 문제들을 일단 논외로 치자고 말한다.[39]

---

36) 같은 책, 31쪽.
37) 이 단락은 나종석, 『대동민주유학과 21세기 실학』, 201쪽을 축약한 것이다.
38) 존 롤스 『정치적 자유주의』, 103쪽.
39) 같은 책, 같은 곳. 실제로 필자의 논문을 본 한 심사자는 롤스가 그의 정의론을 구상하면서 아이, 노인, 병약자, 장애인 등의 상황을 "외면"하고 있는 것이 아니라, 그의 이론적

정의의 근본 문제는 사회에 완전하고도 활동적으로 참여하고 인생 전체 과정에 직접 또는 간접적으로 연루된 사람들 사이의 관계에 관심을 두기 때문에, 모든 사람은 어떤 정상적인 범위 안에서 육체적 필요와 정신적 능력을 지닌다고 가정하는 것이 설득력을 지닌다. 그러므로 특별한 건강 문제나 정신적 결함 문제는 일단 논외로 한다. 정상적 범위에 대한 설득력 있는 이론을 찾을 수 있다면 후에 다른 문제들을 다룰 수 있을 것이다.[40]

그러므로 롤스는 원초적 상황에서 질서정연한 사회를 운영할 수 있는 기본적 정의 원칙을 합의하게 될 당사자들은 의존이 필요 없는 정상인이라고 가정하면서, 의존의 문제와 관련된 것을 정의의 핵심적 과제로 설정하지 않는다. 이렇게 그는 타인의 돌봄에 의존해 있는 사람은 물론이고 도움이

전제에서 나름의 근거를 갖고 "논외"로 하고 있다고 지적하기도 했다. 이 부분은 앞으로도 쟁점으로 남을 테지만, 본문에서 롤스의 정의론이 의존적 상황에서 돌봄을 요청하는 사람들이나 인간의 삶의 근본 조건으로 간주될 수 있는 상호 돌봄 관계를 고려한다고 해도 그런 고려를 하는 사람에 대한 관점이 일면적이어서 의존성의 사태를 제대로 고려하기에는 불충분할 것이라는 필자의 견해가 어느 정도 설명되었으리라고 본다. 더 나아가 동일한 심사자는 롤스가 인간을 "홀로 독립해 살아갈 수 있는 개인"으로 바라보지 않고, 인간이란 '상호의존적 맥락에서 존재한다는 주장을 부정하지 않을 것이며 또한 차등의 원리 등을 통해서 연대 개념 같은 것을 도출해 낼 자원을 지닌다'라는 견해를 표명했다. 이런 반론 역시 롤스의 정의론이 사회적 약자를 진지하게 고려하고 있다는 심사자의 주장을 뒷받침하고 있다. 이런 반론에 대해 여기에서는 다음 두 가지 점을 지적하고자 한다. 첫째, 롤스의 자유주의가 인간의 사회성을 진지하게 다룬다는 점을 필자 역시 긍정한다. 그는 스스로가 강조하듯이 "정의의 제1주제로서 사회의 기본 구조를 택함으로써 헤겔을 따른다." 자신의 자유주의가 헤겔의 인륜성 철학과 마찬가지로 인간의 근원적인 사회성을 간과하지 않고 있다고 그는 역설한다. 존 롤스, 『도덕철학사 강의』, 549쪽. 그런데 여기서 주의해야 할 것은, 커테이의 롤스 비판에서 결정적인 사회성에 대한 언급과 롤스의 사회성이 질적으로 구별된다는 점이다. 대칭적인 관계를 중심으로 사유하는 사회성에 대한 롤스적 시야는 돌봄과 관련된 상호의존성의 사회적 사태의 중요성을 제대로 인식하지 못하게 방해하고 있다는 점이 문제의 핵심이다. 둘째, 롤스의 정의의 두 번째 원칙이 이른바 차등의 원리가 과연 원초적 상황에서 도출될 수 있는 것인지는 매우 논쟁적 주제라는 점이다. 달리 말하자면, 차등의 원칙은 심사자의 용어를 빌려 표현하자면 "연대"의 자원을 필요로 하지만, 그런 연대의 자원의 필요성을 과연 롤스의 '공정으로서의 정의'가 정당화하고 있는지는 의문이다. 간단하게 말해, 롤스의 차등의 원칙이 제대로 실현되려면 사회의 연대가 요청되는데, 이런 연대의 식이 어떻게 정의의 두 원칙에서 도출될 수 있는지를 롤스의 정의론은 성공적으로 해명하지 못한다는 것이 필자의 생각이다.

40) 존 롤스, 『도덕철학사 강의』, 420쪽 각주 10.

필요한 사람을 돌보지 않으면 안 되는 사람을 그의 평등 개념에서 배제한다. 따라서 커테이는 롤스가 추구하는 정의의 원칙은 일면적이고 불충분할 수밖에 없음을 다음과 같이 지적한다.

온전히 기능하는 사람이라는 규범에 기초하여 대표자를 구성하는 것은, 비의존적으로(독립적으로-필자) 기능하는 사람과 돌봄에 대해 책임을 담당하지 않는 사람을 선호하여 정의의 원칙이 선택되도록 왜곡하는 것이다.[41]

인간의 삶의 의존성과 연결된 돌봄의 필요를 진지하게 다루지 못하는 자유주의적 평등 이론에 대한 커테이의 '의존 비판'은 매우 큰 공감을 불러일으키고 있다. 예를 들어 캐나다 출신의 정치철학자인 윌 킴리카는 모든 사람을 자율적 존재로 동등하게 존중하자고 역설하는 자유주의적 사상가들의 한계를 다음과 같이 요약한다.

많은 정의 이론가들은 세계가 오로지 장애 없는 성인들로 구성되어 있는 것처럼 저술했고, 그러한 성인들이 어떻게 양육되었으며 의존적인 사람들의 필요가 어떻게 충족될 수 있는가에 대한 문제들을 무시했다.[42]

4. 돌봄의 자율성으로서의 인仁 개념과 돌봄 자유주의의 도덕적 기초

이제 필자는 가설적으로나마 돌봄의 자유론이자 그 정치적 이론으로서 돌봄의 자유주의로써 유가적 인仁 이론을 새롭게 해석할 가능성을 보여

---

41) 에바 페더 커테이, 『돌봄: 사랑의 노동』, 179쪽.
42) 윌 킴리카, 『현대 정치철학의 이해』, 656쪽. 미국의 저명한 여성 철학자 마사 누스바움 (Martha Nussbaum)도 존 롤스의 영향을 받아 정치적 자유주의를 옹호하면서도, 사회관계에 대한 사회계약이론의 사고방식은 지나치게 대칭적인 상호관계의 틀에 함몰되어 있다고 비판한다. 마사 누스바움, 『혐오와 수치심: 인간다움을 파괴하는 감정들』, 610~611쪽.

주고자 한다. 이는 유가적인 인仁 이론과 돌봄 윤리 사이의 상호대화를 기초로 해서 필자 나름으로 그 대화를 확충하고 심화해 가려는 문제의식을 구체화해 보려는 탐구이다. 동시에 이는 서구의 "자유사상에 의한 유교의 현대적 변화"[43]를 수용하면서도 유교적 사상을 통한 서구 자유주의 혹은 자유사상의 전환, 즉 유교적 전환을 감행해 보려는 시도이기도 하다.

우선 필자는 함께 돌봄, 달리 말하자면 더불어 돌보는 실천적 행위를 비개인주의적인 사회적·연대적 자유로 규정한다. 그리고 함께 돌보는 실천을 중심으로 사회의 기본구조를 구성할 것을 지향하는 이론을 돌봄의 자유주의 이론이라고 명명한다. 돌봄의 자유론 및 돌봄의 자유주의는 필자가 가설적으로 명명한 용어인데, 이를 구체화하는 과정에서 도움을 얻은 것은 캐럴 길리건의 연구 성과와 주디스 슈클라(Judith Shklar)의 "공포의 자유주의"(liberalism of fear)였다.

캐럴 길리건의 다음과 같은 주장으로부터 필자는 돌봄의 자율성이라는 개념을 발견하게 되었다.

돌봄은 여성이 스스로 선택한 판단의 원칙으로서 관계와 그 속에서 일어나는 상호작용에 관한 관심에서 기인했다는 점에서 심리적이지만, 착취와 가해 행위를 비난한다는 점에서 보편적인 도덕 원칙이 된다. 인간관계의 심리에 대한 보다 발전적인 이해, 즉 자신과 타인을 구분하고 사회적 상호작용의 역동을 이해하는 것이 가능했기 때문에 돌봄 윤리가 발달할 수 있었다. 이런 윤리는 인간관계에 대한 축적된 지식을 반영하는데, 특히 자신과 타인이 상호의존적이라는 통찰을 중심으로 성숙한다. 상호의존적 관계를 둘러싼 여러 사고방식과 염려가…… 수렴된다. 이런 과정에서 사람들이 상호 연결되어 있다는 사실은 폭력이 결국 모두에게 파괴적이듯이 돌봄 행위는 타인과 자신을 모두 향상시킨다는 핵심적 인식을 반복하여 알려 준다.[44]

---

43) 두유명, 『문명간의 대화: 유교적 인문주의의 현대적 변용에 관한 연구』(나성 옮김, 철학과현실사, 2007), 223쪽.

길리건이 주장하듯이 "돌봄 행위" 즉 돌봄의 실천을 통해 우리는 자신과 타인의 삶을 향상할 수 있다. 필자가 보기에 이런 돌봄 행위, 즉 자신과 타자 모두의 생명의 소중함을 보호하면서 의미 있는 삶을 형성하는 행위는 자유로운 행위의 또 다른 유형 혹은 버전이라고 할 수 있을 것이다.[45] 간단하게 말해, 자율성을 오로지 독립적인 이성적 행위자의 선택이라는 관점에서만 바라볼 필요는 없다. 인간의 삶과 사회를 근본적인 상호의존성이라는 사태 속에서 바라보면서 돌봄 실천이 그런 상호의존적 관계를 지탱해 주는 결정적 의미를 지닌다고 생각할 때, 의존성으로부터의 독립을 자율성이라고 생각하는 관점을 도덕적 이상으로 간주하는 것은 충분하지 않다. 그 대신에, 삶의 취약성 때문에 서로 의존하고 있는 사회적 관계를 인간의 삶의 근본 조건으로 보면서 이와 관련해서 자유 개념을 재정의할 필요가 있다.

물론 이런 필자의 해석에 길리건이 동의할지는 모르겠다. 실제로 길리건은 돌봄 윤리와 자유주의적 정의 윤리 사이의 관계에 대해 모호한 태도를 보인 것으로 평가받는다. 달리 말하자면, 길리건은 돌봄 윤리와 정의 윤리가 근본적으로 상이하다고 주장하면서도 이 둘 사이를 상호 양립할 수 없는 관점으로 보아야 할지 아니면 서로를 보완해 줄 관점으로 보아야 하는지에 대해 통일된 생각을 보여 주지 못했다고 한다.[46]

하지만 그렇다고 해서 길리건의 주장으로부터 새로운 자율성 이론을

---

44) 캐럴 길리건, 『침묵에서 말하기로』, 201쪽.
45) 필자가 제안하는 돌봄의 자율성 개념은 버지니아 헬드가 추구하는 자율성 개념과 상통한다. 헬드에 의하면, 돌봄 윤리는 자율성 개념을 전적으로 폐기할 필요가 없다. 그 대신에 그것은 대안적인 자율성 개념을 발전시키고자 한다. 돌봄 윤리에서 추구하는 자율성은 우리의 정체성을 형성하는 특정한 타인과의 관계에 도덕적인 가치와 중요성을 부여하면서도, 타인과의 관계가 억압적인 형태일 경우에는 이런 관계를 비판하고 새로운 관계를 형성할 수 있는 역량과 관련이 있다. 그러니까, 돌봄 윤리가 추구하는 자율성은 자유롭고 독립적이고 평등한 개인들의 선택적 자유와 같은 것이 아니라, 돌봄 관계를 훌륭하게 만들면서 모범적인 관계적 인간으로 성장하는 것을 뜻한다. 버지니아 헬드, 『돌봄: 돌봄 윤리. 개인적, 정치적, 지구적』, 37~38쪽 참조.
46) 윌 킴리카, 『현대 정치철학의 이해』, 642쪽.

형성하려는 필자의 시도가 아무런 타당성이 없다는 결론이 도출되지는 않는다. 그런 점에서 필자의 돌봄 행위로서의 자율성 개념이 길리건의 문제의식과 양립할 수 있으리라고 본다. 그러므로 필자는 자율성을 서로가 함께 돌봄을 실천하는 창조적 활동으로 규정한다. 그리고 필자는 이를 돌봄의 자율성이라고 명명하면서, 그것이 돌봄 윤리 및 유가적인 인仁 윤리가 함축하고 있는 자율성의 이념의 실체라고 해석하고 싶다.

앞에서 살펴본 것처럼 유가의 인仁이 타인의 불행에 대한 공감과 그런 고통을 같이 아파하면서 그것을 없애 주려는 애정 어린 관심이라는 점을 생각해 보면 공자의 윤리적 관점이 타자와의 관계의 근원성에 바탕하고 있음을 알 수 있다. 실제로 공감과 동정심 혹은 연민의 능력을 도덕의 기초로 보는 공자의 인仁 관념은 본래부터 관계 지향적 윤리이자 정치철학이다. 사실 인仁은 어원적으로도 관계 속의 인간을 뜻한다. '인仁'자는 사람을 뜻하는 '인人'과 '둘'(二)로 이루어져 있기 때문이다. 조선 후기의 유학자인 정약용도 인仁의 관계 지향성을 잘 파악하고 있었다. 그는 "두 사람이 인이다"(二人爲仁) 혹은 "인이란 두 사람이 서로 베푸는 것이다"(二人相與)라고 말한다.[47]

앞에서 보았듯이 인仁은 개인적으로 가까운 사람, 이를테면 부모나 자녀 혹은 친구와 사랑하는 사람에 대한 배려와 관심을 핵심적 구성 요소이자 발현의 출발점으로 삼는다. 물론 구체적인 관계에서 우러나는 정서적 관심과 돌봄을 먼 데로까지 확장될 수 있다는 것이 공자의 생각이었다. 그리하여 인仁은 가족에서 출발하여 가까이는 이웃 공동체와 나라, 궁극적으로는 천하(유가적 세계시민사회 개념)나 전체 자연에서 사람이나 생명체가 억울하게 고통받을 때 함께 아파하거나 공감하면서 이런 억울하고 부당한 고통을 없애려는 관심이나 행동을 포괄하는 것으로 이해된다.

---

47) 정약용, 『논어고금주』 1(이지형 역주, 사암, 2010), 53쪽 및 79쪽. "二人相與"를 이지형은 "인이란 두 사람이 관여되는 것이다"라고 번역하고 있는데, 필자는 차이전평의 해석을 따랐다. 채진풍/차이전평, 『다산의 사서학: 동아시아의 관점에서』(김중섭·김호 옮김, 너머북스, 2015), 147쪽.

공자의 인仁에 대한 강조에는 사람 및 여타 생명체의 취약성에 대한 민감성이 깔려 있다. 공자가 인간을 홀로 독립해서 존재할 수 없는, 타자와의 관계를 벗어날 수 없는 존재임을 강조하는 것을 고려할 때, 삶의 취약성은 본디 관계적 존재의 본성에 뿌리박고 있는 것으로 이해되어야 한다. 그러니까 공자의 인仁 사상은 인간이란 타자로부터 상처받을 수 있는 존재라는 점에 대한 자각과 긴밀하게 연결되어 있다. 서로에게 의존해 있다는 사태의 중요성은 그런 의존적 관계가 무릇 늘 조화롭기 때문만이 아니라, 인간의 삶(과 생명체)의 근본 사태인 상호의존적 관계 자체가 인간에게 심각한 해악을 가할 수 있다는 점과도 관련되어 있다. 달리 말해, 역설적으로 들릴지라도 죽임과 살해를 일삼는 사회적 관계야말로 인간의 삶의 취약성과 상처받을 수 있음의 본연의 장소라는 것이다. 이런 맥락에서 주디스 버틀러는 상호의존적 "관계의 한 속성으로서의 취약성"을 강조한다.[48]

그렇기에 인간과 생명체가 상처받을 수 있는 취약한 존재라는 점에 관한 자각은 창조적이고 자유로운 인간의 생명 활동을 억누르는 온갖 사회적 관계에 맞서 생명을 소중하게 여기고 그런 생명의 역량을 잘 보살펴서 번영과 성공으로 이어질 수 있게 하는 도움, 즉 성공적인 돌봄 관계를 형성할 필요가 있다는 통찰과 밀접하게 연결되어 있다. 앞에서 인용한 길리건의 주장으로 표현한다면, 사람들이 서로 연결되어 있다는 사실에서 우리는 타자에 대한 폭력이란 결국은 자신을 파괴하는 행위와 같음을 알게 된다. 여기에서 우리는 돌봄 실천으로서의 자율성이 인간과 생명이 모두 다 소중하다는 평등 의식을 전제하고 있음을 깨닫게 된다.

달리 말하자면 삶과 생명체의 취약성에 터를 두고 있는 상호의존적 관계에 대한 유가적 강조는, 독립적인 주체 사이의 평등과는 다르지만 인간과 생명체의 평등 개념을 포함하고 있음을 잊어서는 안 된다. 독립적이고 자율적인 주체 상호의 평등이 지니는 허구성과 한계를 반복할 필요는 없지만,

---

48) 주디스 버틀러, 『비폭력의 힘: 윤리학─정치학 잇기』(김정아 옮김, 문학동네, 2021), 66쪽.

우리가 자율성을 함께 돌보는 행위로 재규정하는 것처럼 자유주의적(더나가 서구적 평등관, 이를테면 공화주의적 평등관이나 마르크스의 '자유로운 생산자들의 연합체'라는 구상에서 보듯이 사회주의적 평등관을 포함하여) 평등관의 비판적 재규정이 요구된다. 타자의 돌봄이 없이는 살아갈 수 없으며, 그렇기에 돌봄은 모든 생명체가 필요로 하는 보편적 요구라는 점에서 인간과 생명은 평등한 존재라는 것이다. 그러므로 우리는 대안적 평등관을 서로가 의존하고 있는 의존성의 사태에서 우러나는 상호의존적 평등관이라고 개념 정의해봄직도 할 것이다.

필자가 제언한 돌봄의 자율성 이론은 서양 근대에서 자유의 사회성을 가장 탁월하게 이론화하고 있다고 평가받는 헤겔적인 사회적 자유론의 한계도 넘어선다. 헤겔과 오늘날 호네트 등의 사회적 자유론은 근본적으로 대칭적 인간관계를 중심으로 자유를 바라보고 있을 뿐만 아니라, 생태적 사유를 결여한 인간중심주의적 사유 패러다임에 사로잡혀 있다. 따라서 서로 돌봄을 실천하는 행위를 통해서만 상호의존 관계 내에 구성적 요소로 작동하는 폭력성(타자의 생명에 해를 가하는 행위)은 극복 가능하며, 상호의존적 평등의 이상을 구현할 성공적인 상호의존적 인간관계 자체가 존립할 수 있다. 이런 통찰은 차마 해치지 못하는 마음과 관계적 존재를 강조하는 공맹 사상과 통한다.

앞에서 강조했듯이 인간은 처음부터 자율적이고 독립적인 주체로 태어나는 것이 아니라, 아무리 애를 써도 완전히 극복할 수 없는 상호의존성의 맥락에서 살아가는 존재이다. 따라서 서로가 함께 돌봄을 실천할 때만이 폭력적으로 강요된 예속적인 의존관계로부터 해방된 비예속적인 상호의존 관계가 구성될 수 있으며, 이를 통해서만 인간의 인간다움을 실현할 수 있다. 그런 까닭에 공자는 인仁 개념을 통해 이런 점을 강조한 것으로 보인다. 그러므로 공자의 인仁 개념은 자신과 타자 모두의 생명의 소중함을 보호하면서 의미 있는 삶을 형성하기 위해 관계의 개선에 관심을 기울이는 돌봄 행위로서의 자율성을 함축하고 있다고 보아도 틀리지 않을 것이다.

그렇다면 돌봄의 자유주의란 돌봄 행위 혹은 돌봄 실천을 사회적·정치적 실천의 핵심으로 인정하는 정치론이라고 규정할 수 있을 것이다. 이런 돌봄의 자유주의는 기본적으로 주디스 슈클라가 주장한 "공포의 자유주의"와 통한다는 것이 필자의 견해이다. 로티에 의하면 슈클라는 "자유주의자란, 잔인성이야말로 우리가 행하는 가장 나쁜 짓이라고 생각하는 사람"이라고 주장하였다[49].

물론 이사야 벌린이 주장하듯이 소극적 자유와 적극적 자유 개념 이외에도 인류 역사에 등장하는 자유에 대한 의미가 수백에 달하는 것과 마찬가지로[50] 자유주의에는 수많은 형태가 존재한다. 이를테면 로크적인 이른바 고전적 자유주의, 이런 자유주의를 오늘날 적극적으로 이어받고 있다고 평가되는 신자유주의나 자유지상주의(libertarianism), 이외에도 롤스적인 평등주의적 자유주의와 그의 후기의 정치적·반완전주의적 자유주의, 드워킨(Ronald Dworkin)의 포괄적·반완전주의적 자유주의나 래즈(Joseph Raz)의 포괄적·완전주의적 자유주의, 공동체주의적 자유주의 등이 존재한다.

그러나 이 글에서는 롤스의 '공정으로서의 정의'(justice as fairness)를 현재 자유주의 이론의 전형으로 간주한다. 그리고 다양한 형태의 자유주의를 자유주의라는 개념으로 표현하도록 만드는 공통의 성격이 무엇인지도 역시 논쟁적이지만, 이 글에서는 잠정적으로 다양한 형태의 자유주의의 공통의 성격 가운데서도 스스로 어떤 삶이 좋은 삶인지를 선택하는 개인의 자유에 우선적 중요성을 부여하면서 그런 자유로운 존재로서의 개인은 모두 평등하다는 점을 옹호하는 것이라고 가정한다.[51]

실제로 슈클라도 공포의 자유주의를 제안하면서 개인에게 스스로 의미 있는 삶의 기획을 선택할 자유를 보호하지 않는다면 잔인성은 감소될 수 없다고 말한다. 아니, 잔인성이란 개인의 존엄성과 자유를 박탈하는 근원이

---

49) 리처드 로티, 『우연성, 아이러니, 연대』, 25쪽.
50) 이사야 벌린, 『자유론』(박동천 옮김, 아카넷, 2007), 343쪽.
51) 혹자는 슈클라 및 로티의 자유주의와 롤스적 자유주의가 과연 이름만 동일한 것에 불과한 것은 아닐까 궁금해할지도 모르겠는데, 이는 이런 반론에 대한 응답이다.

다. 그리하여 그는 자유주의가 "잔인함이란 절대적 악, 즉 신이나 인간성에 반하는 범죄라는 확신에서 탄생"했다고 이해한다. 주지하듯이 16~17세기 서구 근대 초기에 발생한 종교전쟁은 인간의 삶에서 매우 큰 의미를 지니는 종교를 선택할 자유를 허용하지 않으려는 불관용의 태도에서 비롯된 것이었다. 그러니까, 근대 초기 종교전쟁의 잔인성에 대한 경험에서 큰 공포를 느낀 사람들은 잔인성을 회피하는 방법을 성찰하지 않을 수 없었는데, 이런 과정에서 자유주의가 탄생했다는 것이다.[52]

슈클라가 언급하는 잔인성은 사람의 생명을 해칠 수 있는 상황에 대한 공포에서 비롯된다. 따라서 이러한 "잔인성의 금지가 인간 존엄성의 보호를 위한 필연적 조건으로 일반화될 수 있고 인정될 수 있을 때 바로 그것은 정치적 도덕의 원리가 된다"라고 그는 말한다.[53] 간단하게 말해, 자유주의란 잔인성에 대한 회피를 정치 사회가 추구해야 할 궁극적 가치이자 목적으로 보는 정치이념이다. 이런 맥락에서 슈클라는 자신이 옹호하는 잔인성을 우선시하는 공포의 자유주의가 로크에서 비롯된 권리 중심의 "권리자유주의"(liberalism of right)와 "양립할 수 있을지라도 서로 다르다"라고 강조한다.[54] 물론 잔인성의 회피를 중요한 정치적 도덕 원리로 간주하는 공포의 자유주의에서 무엇보다 관심의 대상이 되는 문제는 근대 국가권력의 폭력성과 잔인성을 억제하여 인간의 생명과 자유를 보호하는 방법일 것이다.

그런데 잔인성의 금지 혹은 회피를 자유주의의 핵심적 원칙으로 바라보는 슈클라의 "공포의 자유주의"는 근본적으로 공자 이래 유가사상의 도덕 및 정치이론과 상통한다. 슈클라와 로티처럼 자유주의를 잔인성에 대한 금지 혹은 회피로 생각한다면, 공자의 인仁 이론은 자유주의의 근본정신을 2500년 전부터 천명하고 있었다고 볼 수 있다. 잔인성의 금지를 인간의 도덕 및 정치적 사회의 근본 기초로 설정하는 것이야말로 공자와 맹자가

---

52) Judith Shklar, "The Liberalism of Fear", *Liberalism and the Moral Life*, p.23.
53) 같은 글, p.29~30.
54) 주디스 슈클라, 『일상의 악덕』(사공일 옮김, 나남, 2011), 366~367쪽.

강조했던 차마 어쩌지 못하는 마음(不忍之心), 그러니까 고통받는 존재를 모른척하지 못하는 마음의 이념이 아니던가? 더구나 유가는 불인지심, 즉 차마 어쩌지 못하는 마음을 정치의 근본으로 설정함으로써 전쟁을 일삼으며 잔악한 폭정을 자행하는 패도覇道 정치를 극복하고자 했다는 점에서도 공맹이 추구한 인정仁政의 정치사상은 공포의 자유주의와 더불어 국가 폭력의 잔인성을 회피하려는 문제의식을 공유한다.

이미 강조했듯이 고통받는 타자에 대한 진심 어린 관심과 애정 그리고 그런 고통을 제거하려는 돌봄 행위를 통해 세상을 구제하려는 것이 바로 공자 인仁 사상의 근본정신이다. 그가 제시한 인仁이란 다양한 의미 층위를 지닌 복잡한 개념임이 분명하나, 그것은 분명 인간을 포함하여 뭇 생명을 차마 해치지 못하는 어진 마음을 뜻하는 것으로 이해할 수 있다. 그러므로 인仁에 바탕을 둔 공자의 도덕 및 정치이론을 소극적으로 보자면 잔인성의 금지 규정을 포함한다. 인간을 포함한 모든 생명체에 잔인한 행위를 하지 말 것을, 그러니까 인간과 온갖 생명체에 고통을 가하거나 심지어 파괴하는 모든 사회 질서를 거부하는 것이다. 하여 공자는 "가혹한 정치는 백성에게 호랑이보다 더 무섭다"라는 점을 명심하라고 권고한다.[55]

그런데 슈클라는 잔인성의 금지를 자유주의의 근본정신으로 이해하면서 자유를 여전히 독립적 주체가 행할 선택의 자유라는 맥락에서만 이해하는 것처럼 보인다. 그러나 이것이 자유와 인간에 관한 일면적 이해임은 이미 설명했다. 그러므로 우리는 잔인성을 이성적이고 자율적인 주체나 인간에게 가해지는 폭력으로만 이해하지 말고, 취약성에 노출될 수밖에 없는 인간과 생명체의 근본 규정의 맥락에서 다시 해석할 필요가 있다. 그런 토대 위에서 우리는 잔인성의 금지와 회피를 기존의 자유주의와 다른 유가적 돌봄의 자유주의와 연결해 보아야 한다. 이를 통해 우리는 공동체와 사회의 새로운 태도를 구축할 가능성을 확보하게 될 것이다.

---

55) 『예기』 상, 358쪽.

삶의 취약성과 내적으로 결합해 있는 잔인성을 회피하는 것을 도덕과 정치의 근본 과제로 내세우는 공맹의 주장을 적극적으로 표현하면 다음과 같다. 사람은 도덕적으로 뭇 생명을 해치는 마음을 제어하고 모든 생명을 소중하게 여기고 돌보면서 그 생명이 잘 성장하는 데 관심을 지녀야 한다. 이를 정치 세계로 확장한다면 당연히 인간의 삶과 자연 생명체를 해치고 그 자유로운 성장을 불가능하게 하는 사회적, 경제적, 정치적 제도를 비판하고 극복할 것을 요청하는 셈이다. 간단하게 말해, 정치·사회 제도의 궁극적 존재 이유는 생명과 사람들의 상호번영에 이바지하는 상호 돌봄의 실천을 제도적으로 보장하고 이를 지속 가능한 것으로 만드는 데 있다.

이런 점에서 돌봄의 자유주의는 슈클라의 공포의 자유주의와 다른 길을 걷는다. 물론 돌봄의 자유주의 또한 공포의 자유주의와 마찬가지로 잔인성을 초래하는 공포를 완화하는 작업이 정치의 최우선적 과제임을 공유한다. 그러나 일반 시민 모두가 공동으로 관여하는 돌봄의 사회적 협력 체제의 구축과 그 활성화 없이는 잔인성의 금지나 잔인성의 완화가 충분하게 달성될 수 있을 것 같지는 않다. 따라서 잔인성의 금지라는 공포의 자유주의는 돌봄의 자유주의에 대한 최소주의적 이해로 여겨질 수 있다.

거듭 말하지만, 잔인성의 금지가 단지 소극적 의미로 한정되어 이해될 필요는 없다. 이를테면 폭정은 내부 구성원들의 삶을 위태롭게 할 뿐만 아니라 대외적으로 전쟁의 모험을 거리낌 없이 자행할 가능성도 크다. 그렇다면 잔인성의 금지는 전쟁 방지나 억제와 같은 소극적 차원을 넘어 전쟁의 가능성을 지니는 사회의 구조적 요인을 미리 제거하여 지속 가능한 평화로운 질서를 창출하려는 노력으로 이어져야만 한다. 그렇다면 잔인성의 금지 규정은 자체 내에 잔인성을 초래하는 사회 질서에 대한 일정한 변화와 개혁이라는 긍정적이고 적극적인 요구를 함축한다고 보아야 할 것이다. 달리 말하자면, 잔인성의 금지 규정은 생명을 살리고 생명 활동이 잘 이루어지도록 보살피고 배려하는 공동의 실천으로 이어져야만 한다.

따라서 돌봄의 자유주의는 모든 시민이 필요로 하는 돌봄을 정치공동체가 책임을 져야 한다는 점을 강조하는 정치이론으로 이어진다. 이런 정치이론으로서 필자는 대동민주주의를 제언한 바 있다. 따라서 대동민주주의는 돌봄의 자유론 및 돌봄 자유주의의 정치적 제도화와 관련된 민주주의 이론이다. 달리 말하자면, 대동민주주의는 돌봄 자유주의의 원칙을 제도적으로 실현하는 정치체제로 규정할 수 있으리라고 여겨진다. 요컨대 돌봄 자유주의를 유가의 독자적인 자유주의로 보면서 이를 제도적으로 구현하는 입헌체제를 대동민주주의로 규정할 수 있으리라는 것이다. 그렇다면 상호의존적 사태와 결합될 함께 돌봄의 실천은 현명하고 덕성 있는 소수의 탁월한 현자들에게, 그러니까 능력 있는 소수의 정치지도자에게 맡겨지기보다는 오히려 평범한 사람의 공동 돌봄 실천에서 더 잘 실현될 수 있다고 여겨진다. 따라서 함께 돌봄을 수행하는 의무를 최적의 방식으로 실현할 수 있도록 사회의 기본 제도가 구성되어야 한다면, 돌봄의 자유주의는 정치적 능력주의(political meritocracy)보다는 민주주의와 더 잘 어울린다.[56]

하여간 능동적이고 주체적인 자유로운 행위자에게는 필요하지 않고 건강을 잃었거나 교통사고·실업 등으로 고통 겪고 있는 열악한 처지에 있는 사람에게만 한정적으로 돌봄이 필요하다는 식의, 돌봄에 대한 기존의 자유주의적인 관점은 잘못된 것이다. 평등을 자유로운 이성적인 주체 사이의 대칭적 관계로 보는 것 역시 마찬가지이다. 그래서 돌봄의 자유주의는 평등한 상호의존적 돌봄의 보편성에 호소한다. 더 나아가 돌봄의 자유주의는 잔인성의 문제를 자유로운 주체로서 이해된 인간에 대한 폭력으로 보지 않고, 취약성에 노출된 인간과 생명체의 근본 틀의 맥락에서 접근한다.

따라서 돌봄의 자유주의는 사회를 민주적 돌봄 공동체로 여기면서 지구 생태계와 비인간 생명체의 돌봄을 추구하는 틀 내에서 모든 사람이 평생에 걸쳐 필요로 하는 돌봄을 평등하게 분배하여 상호 돌봄의 적극적인 수행을

---

56) 이런 점에서 필자는 싱가포르와 같은 능력주의 관료제가 돌봄 윤리가 요구하는 과제를 더 효과적으로 보장할 수 있다는 관점을 옹호하는 대니얼 잉스터(Daniel Engster)의 입장에 동의할 수 없다. 대니얼 잉스터, 『돌봄: 정의의 심장』(김희강·나상원 옮김, 박영사, 2017), 273쪽 참조.

제도적으로 보장해 줄 수 있는 사회의 기본구조 형성에 관심을 기울인다. 그런 돌봄의 자유주의는 돌봄 윤리를 통해 새롭게 탄생한 유가적 인정仁政의 이념적 주춧돌이라 할 수 있다.

그러나 연민의 감정을 여인의 덕으로 치부하고 인간의 자율적 독립성을 해치는 것으로 보는 서구 사상의 주류적인 반反연민적 전통이 주장하는 것처럼[57] 그렇게 '차마 해치지 못하는 마음'이 연약하고 여린 마음인 것은 결코 아니다. 생명을 해치지 않으려는 마음은 그 어떤 마음보다도 강렬하고 견결한 태도를 때로는 필요로 하기에 그렇다. 실제로 우리는 서로를 해칠 수 있는 존재이기도 하다. 그러나 역설적이게도, 인간은 자신의 생명을 보존하기 위해서라도 타인과의 관계를 벗어나서는— 설사 그 타인이 자신에게 해를 가할 수 있는 존재라 할지라도— 살아갈 수 없다. 이런 점에서, 유가적인 인仁 사상은 인간의 생명은 말할 것도 없고 모든 생명체에 가해지는 폭력적인 죽임의 문화와 사회 제도에 대한 강렬한 저항 의식과도 통한다. 유가의 이상적인 인간상인 군자에게 부과된 책임 의식은 이처럼 무한하고 강인한 것이다. 그러므로 차마 해치지 못하는 마음을 도덕 및 정치이론의 토대로 삼고 있는 공자의 인仁 이론은, 자신에게 해를 가할지도 모르는 매우 위태로운 상황을 견디면서 함께 돌봄을 실천하면서 생명 지향의 사회적 연대를 형성하여 그것을 잘 보살피려는 기획이라 할 수 있다.

위에서 소략하게나마 제언한 바처럼 유가적인 인仁 이론은 돌봄의 자유론이자 돌봄의 자유주의로 새롭게 해석될 여지가 있다. 그리고 이런 돌봄의 자유주의는, 자유롭고 평등한 개인이라는 자율적 주체를 전제하고 있는 롤스적인 자유의 자유주의(liberalism of freedom)와 대비되는 독자적인 자유주의의 일종일 것이다. 롤스는 자신의 정치적 자유주의를 자유의 자유주의로 보면서 칸트와 헤겔의 정치철학을 "자유의 자유주의의 중요한 본보기"로 규정한다.[58] 자유의 자유주의는 평등한 시민의 자유를 보장하는 것을 궁극

---

57) 서양 철학에서 주류적 지위를 차지하는 반연민적 전통의 흐름에 대해서는 마사 누스바움, 『감정의 격동 2: 연민』(조형준 옮김, 새물결, 2015), 제7장 참조 바람.

적 목적으로 삼는다. 그리하여 자유의 자유주의는 "양심의 자유, 사상의 자유, 인신의 자유, 자유로운 직업 선택의 자유−노예제와 예속으로부터 벗어날 자유−" 등과 같은 기본적 자유의 우선성을 옹호한다. 이런 자유의 자유주의는 공리주의가 옹호하고 있는 "행복의 자유주의"와 구별된다. 행복의 자유주의는 "모든 개인을 합한 최대의 행복의 원칙"을 "제일의 원칙"으로 삼기 때문이다.[59]

그러나 돌봄의 자유주의는 자유의 자유주의 및 슈클라의 공포의 자유주의와 달리, 개인의 자율성에 대해 개인주의적 방식으로 접근하지 않고 사람의 상호의존성과 이에 따른 상호 돌봄의 필연성과 관련해서 이해한다. 인간은 홀로 독립해서 살아갈 수 있는 개인이 아니기 때문에 상호의존적의 맥락 속에서만 존재할 수 있다. 그래서 돌봄의 자유주의는 상호의존성을 인간의 벗어날 수 없는 근본적 조건으로 보고, 돌봄 행위를 인간을 구성하고 있는 상호의존성과 내적으로 연결된 것으로 바라본다.

돌봄의 자유주의에 따르면 인간의 삶이 상호의존적인 관계 속에서 계속 번영할 수 있는지는 상호 돌봄의 성공적 실천에 달려 있다. 그러므로 돌봄의 자유주의는 개인주의를 근간으로 삼는 것이 아니라 상호적인 돌봄 행위를 근간으로 삼는다는 점에서 비개인주의적 자유주의라고 볼 수 있다. 달리 말하자면, 돌봄 자유주의는 상호의존적 관계가 요구하는 돌봄 실천을 인간의 인간다움의 핵심으로 이해하면서 이런 돌봄 실천을 어느 특정한 사람이나 집단에게만 전가하지 않고, 돌봄 실천의 구조적 불평등을 넘어서 돌봄을 서로가 평등하게 나눌 수 있는 사회를 지향한다.

따라서 우리는 자유주의와 개인주의와의 필연적 연관성을 강조하는 사유에서 벗어나야 한다. 물론 어떤 사람에게는 비개인주의적 자유주의라는 말이 형용모순으로 보일 수도 있다. 이를테면, 로널드 드워킨(Ronald Dworkin)은 다양한 자유주의 사상의 공통점 중 하나로 개인주의를 들면서, 개인주의를

---

58) 존 롤스, 『도덕철학사 강의』, 497쪽.
59) 같은 책, 549쪽.

자유주의의 기본가치라고 규정한다.[60] 그러나 래즈(Joseph Raz)의 완전주의적 자유주의는 개인주의를 전제하지 않는다고 평가받는다. 악셀 호네트가 강조하듯이 래즈의 자유론은 연대 공동체를 개인적 자유 실현의 필수적 전제조건으로 이해한다. 그래서 각 개인이 스스로 추구하는 목적 실현을 구체적으로 가능하게 해 주는 사회적 공동체 내에서만 자율성이 실현될 수 있다고 본다.[61]

그런데 호네트에 따르면, 전통적인 사회주의자들은 공동체를 자유의 필수 전제조건으로 보는 관점을 넘어선다. 이들은 "연대적 공동체 내에서의 협력 자체"를 "자유의 실현"으로 보고 있기 때문이다. 자유란 특정한 공동체에 참가하여 구성원이 서로에게 관심을 보여 주고 다른 구성원들의 정당한 욕구가 실현될 수 있도록 지원하는 협력 관계의 성공적 실천에서 비로소 구현될 수 있다는 것이다. 호네트는 이런 자유에 관한 사회주의적 관점을 "사회적 자유"라는 개념으로 바라본다. 그는 개인의 자율성이란 다른 사람과의 관계에 의존적인 것, 혹은 사회적 공동체에의 참가를 통해서만 실현될 수 있다고 보는 사회적 자유론이 자유를 "전체론적 개인주의의 요소"로 본다고 강조한다.[62]

비개인주의와 자율성 이론 사이의 상관성에 관한 설명은 돌봄 자유론의 성격을 해명하는 데 좋은 시사점을 제공하지만 충분하지는 않다. 우선 래즈의 이론이 보여 주는 헤겔 자유론과의 친화성을 논외로 하더라도, 헤겔의 자유론을 오늘날에 어울리게 사회적 자유론으로 재구성하려는 호네트의 시도는 필자가 추구하는 돌봄의 자유론과 다음과 같은 두 가지 점에서 큰 차이가 있다.

첫째, 호네트의 사회적 자유론은 여전히 인간중심적 사유 틀에 갇혀 있다. 그의 사회적 자유론이 비교적 체계적으로 서술되어 있는 『자유의 법』(*Das Recht der Freiheit*)에서도 명시적으로 강조하듯이, 그는 현대사회에

---

60) 김비환 외, 『자유주의의 가치들: 드워킨과의 대화』(아카넷, 2011), 23쪽.
61) 존 그레이(John Gray), 『자유주의』(손철성 옮김, 이후, 2007), 164쪽; 악셀 호네트, 『사회주의의 재발명: 왜 다시 사회주의인가』(문성훈 옮김, 사월의책, 2016), 64쪽.
62) 악셀 호네트, 『사회주의의 재발명: 왜 다시 사회주의인가』, 64쪽·72쪽.

어울리는 정의론을 구성하기 위한 가장 중요한 가치를 "개인의 자율이라는 의미에서의 자유"에서 발견한다.[63] 그가 보기에 이 자율성이라는 관념은 오늘날 사회가 정의로운지 그렇지 않은지를 판가름할 수 있는 유일하게 타당한 가치라는 것이다. 따라서 "정의 관념과 자율 사상의 융합은 되돌릴 수 없는, 즉 오로지 인지적 야만화의 대가를 치르고서만 다시 무효로 할 수 있는 근대의 성과이다." 달리 말해 "우리는 이제 보편타당성을 요구하는 여러 근거로부터 개인적 자기결정의 이념을 현대에서 모든 정의 구상의 규범적 기준점으로서 간주할 수 있다."[64]

별도의 장에서 좀 더 살펴보겠지만, 오늘날 생태위기의 시대에 자율성의 관념을 자연과의 관계에서 재규정하고 변혁시키지 않는다면 그런 이론이 시대에 적합한 비판적 이론이라고 보기는 힘들 것이다. 여기에서도 새로운 사유의 출발점은 생명체의 근본 조건으로서의 취약성의 경험에 터를 두는 자유와 평등에 관한 모색이어야 한다. 그런데 호네트의 이론은 여전히 인간과 인간 사이의 관계에만 한정된 규범적 정의론의 한계를 답습하고 있다. 바로 뒤에서 좀 더 구체적으로 논하게 되겠지만, 필자의 돌봄의 자유론은 생태적 자율성이라고 할 정도로 자연과 인간의 상호의존적 관계를 포함하고 있으며 돌봄의 대상을 인간에게 한정하지 않고 비인간 동물과 생명체 그리고 자연 전체로까지 확장한다. 간단하게 말해, 사회적 연대로서의 자유 관은 자연과의 화해 및 연대의 이론으로 확장되어 가야 한다.

둘째, 호네트의 사회적 자유론에는 비대칭적 상호의존성과 관련된 돌봄의 문제의식이 부족하다. 물론 그런 문제의식이 전혀 없다고 볼 수는 없다. 그의 사회적 자유론은 가족, 부르주아 시민사회 그리고 국가라는 근대 사회에서 독자적으로 분화된 채로 사회를 구성하는 상이한 영역들이 자체 내에 독특한 가치, 달리 말하자면 "정의의 원칙들"을 제도적으로 구현한 것으로 보는데, 이런 상이한 가치들이 현대의 자유민주주의 사회에

---

63) A. Honneth, *Das Recht der Freiheit*, p.35.
64) 같은 책, p.40.

서 "개인적 자유의 가치"라는 하나의 가치로 응축되어 있다고 간주한다. 이런 점에서 그는 『법철학』에서 상술된 후기 헤겔의 자유론의 모델을 따른다.[65] 그리고 이렇게 개인적 자유를 제도적으로 실현하고 있는 영역 중의 하나인 가족과 같은 친밀성의 영역에서는 부모와 아이와의 관계가 비대칭적 성격을 지닌다는 점을 그 역시 잘 알고 있다. 그러나 그는 이와 관련해서도 부부 사이(꼭 생물학적인 남과 여의 관계로 한정되어 있지 않지만)에서 작동하는 평등한 상호성만을 자유로운 인정 관계의 모델로 상정하고 있을 뿐이다. 이와 달리 돌봄의 자유론은 인간을 기본적으로 상호 돌봄과 배려를 요구하는 상호의존적 존재로 본다. 그러므로 돌봄의 자유론은 "개인적 자기결정의 이념"을 현대사회가 요구하는 "모든 정의 구상의 규범적 기준점"이라고 생각하지 않는다.

다시 돌봄 자유론으로 되돌아가자. 앞에서 강조한 것처럼 취약성을 공유하는 생명체로서의 인간인 우리가 평등한 가치를 지닌 존재이며 서로 의존해 있는 존재라는 전제로부터 출발하는 돌봄 자유주의는, 생명의 말살이나 파괴적 살육, 고문과 같은 극단적 형태의 폭력만이 아니라 건강의 상실이나 극심한 가난 그리고 극단적인 구조적 불평등까지도 생명에 근본적인 해를 가하는 것으로 보면서 이를 허용하는 사회를 정의로운 사회로 보지 않는다. 마찬가지로 돌봄 자유주의는 고문, 강간, 신체적 학대, 극단적 빈곤과 같은 잔인성으로부터 사람들을 보호하는 것을 정치·사회가 실현해야 할 목적으로 본다. 더 나아가 돌봄 자유론 및 돌봄 자유주의는 21세기 비판유학의 정신이 되어, 인간세계에만 국한하지 않고 비인간 생명체와 생태계 전체에 걸쳐 상호의존성의 문제를 시야에서 지우지 않는다. 그런 점에서 비개인주의적 자유주의이자 비인간중심주의적 자유주의로 규정됨직한 돌봄 자유주의는 생명 사상으로 이어진다. 우리는 생명 사상으로 유가사상을 재규정하는 작업을 이 책 16장과 17장에서 상세하게 전개할 것이다.

---

65) 같은 책, p.9.

앞에서 필자는 더불어 돌보는 실천적 행위를 비개인주의적인 사회적·연대적 자유라고 규정하였다. 그런데 이런 돌봄 행위는 당연히 인간만이 아니라 뭇 생명, 더 나아가 뭇 생명이 의존하고 있는 비생명 생태계 전체에 대한 돌봄을 포함한다. 인간 사회의 죽임의 문화가 자연의 지배와 긴밀하게 연결되어 있으며, 인간의 생명과 문화가 비인간 생명체 및 자연과의 상생적 관계 속에서만 유지되고 번영될 수 있다고 보기에 그렇다.

인간과 비인간 생명체 및 생태계 전체가 상호 의존해 있기 때문에 우리에게는 자연 및 생명과 인간의 자유 및 문화 사이의 단절뿐만 아니라 자연과 문화의 연속성과 이들 사이의 상호의존성까지도 진지하게 다룰 새로운 자유 개념이 필요하다. 하버마스의 의사소통적 합리성에 토대를 둔 토의민주주의 이론은 말할 것도 없고, 앞에서 언급한 호네트의 사회적 자유론도 21세기 생태위기의 시대에 적합한 이론으로는 부족하다. 그리하여 이를테면 과학기술로써 자연을 지배하고 자연의 논리로부터의 해방이 인간의 자유를 실현하게 할 것이라는 서구 근대 계몽주의 특유의 인간중심주의적 자유관을 넘어설 수 있는 새로운 자유 개념이 필요한데, 이런 대안적 자유 개념으로 우리는 돌봄의 자율성 혹은 돌봄으로서의 자유라는 개념을 제안한다.

상호 돌봄의 실천 행위로서 이해된 새로운 자율성 개념과 상호의존적 평등 개념, 그러니까 공맹의 어짊(仁)에 대한 새로운 규정으로서의 돌봄이라는 행위, 돌봄이라는 자유와 상호의존적 평등 인식은 실제로 인간과 뭇 생명을 돌보려는 관심과 책임 있는 행위를 뜻한다. 따라서 서로 돌보는 행위로서의 유가적인 돌봄 자유는 인간과 뭇 생명을 살리는 생명 살림의 행위라는 점에서 생명 사상이다. 간단하게 말해, 돌봄의 자유란 생명을 살리는 실천적 행위에 다름 아니다.

오늘날 생명 사상은 지식인 사회는 말할 것도 없고 시민사회 일각에서 늘 거론되는 화두이다. 지난 2022년 5월에 돌아가신 시인 김지하가 일갈하듯이 이미 2000년대 초반에 "지금이야 눈 달리고 입 달린 사람은 모두 다

환경이요 생태학이요 생명 타령"이지만, 오랜 세월 감옥에 있다 출옥한 1980년대 초반부터 그가 본격적으로 생명 사상과 동학에 관한 관심을 표했을 때 민주화운동 세력을 비롯하여 당시 거의 모두가 그런 시도를 못마땅해했던 것은 부인할 수 없는 사실이다.[66] 필자 역시 시인 김지하의 일갈에 그리할 말은 없다. 다만 여기에서 말하려는 점은, 그가 선구적으로 일구었던 생명 사상이 유가적 어짊을 돌봄 실천으로서의 자유 및 생명 사상으로 새롭게 해석해 보려는 필자의 시도와 상당 부분 통하는 데가 있다는 사실이다. 적어도 필자는 그렇게 생각한다.

하여간 인간 및 뭇 생명에 가하는 사회구조적인 폭력과 잔인성으로부터의 자유의 실현은 다시금 생명체인 우리가 비인간 생명체를 포함한 전체 자연을 돌보는 실천에의 성공적 참여를 통해서만 가능하다는 것이 돌봄 자유주의의의 근본 믿음이다.

5. 나가는 말

본문에서 필자는 돌봄으로서의 자유와 돌봄 자유주의는 돌봄 행위를 실마리로 삼아 재해석된 유가적인 인仁 이론임을 입증해 보고자 했다. 그러나 혹자는 돌봄이라는 개념을 통해 자유주의적 자율성 개념 자체를 대체하는 것이 더 나은 길이 아니냐고 반문할지도 모르겠다. 이런 반론은 매우 중요하기에 이에 대해 상론하려면 별도의 글이 필요하겠지만, 필자는 다음 두 가지 근거를 갖고 필자의 길을 옹호하고자 한다.

우선, 앞에서 필자는 돌봄과 정의가 서로 보완될 수 있는 사유의 길이 더 적절하다고 언급했다. 필자가 인간의 의미 있는 삶의 영위를 보장하는 상호 돌봄의 실천을 공맹의 인仁 사상으로부터 길러 낼 독자적인 자유

---

66) 김지하, 『흰 그늘의 길』 3(학고재, 2003), 44쪽.

개념으로 제안한 것도 자율성의 개념을 완전히 버린다는 것은 바람직하지 않다고 보았기 때문이다. 자유주의적 정의론에서처럼 자율성을 돌봄과 무관한, 혹은 돌봄에서 벗어난 상황에서나 긍정할 수 있는 어떤 능동적 행위의 가능성으로 이해하는 태도가 설령 치명적인 한계를 지닌다 해도, 이러한 이유로 곧장 자율성 개념 자체의 폐기로 치달아 가는 것은 과도하다는 것이 필자의 생각이다. 그만큼 자율성은 현대사회에서 여전히 강력한 매력과 중요성을 지닌다.

특히 필자는 자유주의의 자유 개념의 핵심은 선택의 자유 자체가 가장 중요한 가치임을 주장하는 데 있는 것이 아니라, 의미 있는 삶의 계획들이나 목적들에 대한 비판적 문제 제기와 재검토를 통한 그것들의 합리적 수정 가능성의 확보에 있다는 킴리카의 주장에 동의한다.[67] 이런 측면은 결코 간단히 무시될 수 없다. 그러므로 성공적인 상호 돌봄 행위를 활성화하는 작업에서도 기존의 실천 관행에 대한 비판적 문제 제기와 거리두기의 가능성 및 새로운 실천 양식의 도입을 통한 기존 질서의 재편성 가능성을 완전히 무시할 수는 없다. 따라서 인간과 자연을 파괴하는 사회의 온갖 제도가 야기하는 구조적 부정의와 잔인성을 극복하려는 돌봄 실천은 다양한 형태의 창조적이고 자유로운 행위들(이를테면 고통과 연대하는 저항적 예술적 표현 활동 등)은 물론이거니와 그것을 가능하게 할 창조적 상상력 및 실천적 숙고 능력을 요청한다. 다만 합리적 수정 가능성으로서의 자유에 대해, 개인의 삶의 쇄신 가능성에만 초점을 두지 않고 인간의 보편적 관심 사항으로 이해되는 돌봄 실천과 관련해서 그 역할을 재규정하는 것이 훨씬 더 중요한 과제일 것이다.

함께 돌봄의 사회적 실천도 제도화될 때 그 힘을 계속해서 발휘할 수 있다. 그러나 이런 제도화는 예禮적 질서가 보여 주듯이 늘 인간의 자발성과 창조성을 경화 혹은 소외시키는 힘으로 전락할 가능성을 지닌다. 이런

---

67) 윌 킴리카, 『현대 정치철학의 이해』, 361쪽 및 365쪽 참조.

경우에 소외된 예의 제도를 비판하여 예의 근본정신인 인仁으로 되돌아가서 새로운 형태의 예적 질서를 형성할 필요가 있는 것처럼, 제도화된 돌봄의 사회적 실천 양식의 폭력성과 한계를 검토하여 그것을 다시 새롭게 시작할 가능성을 확보하지 않으면 안 된다. 이것이 합리적 수정 가능성으로서의 자유주의적 혹은 칸트적인 자유 개념의 실체를 돌봄 실천의 맥락 안으로 통합하는 길이다.

이처럼 인간의 이성적 성찰 능력과 결합된, 합리적 수정 가능성으로 이해된 자유주의적 자유 개념의 참된 의미는 타인과 자기의 인간다움의 발양과, 더 나아가 뭇 생명체의 번영에 관심을 기울이면서 돌보는 사려 깊은 행위와 연계되어 이해될 수 있다. 따라서 합리적 수정 가능성이라는 자유주의적 자유관의 핵심적 통찰에서도 새로이 해석된 돌봄 실천으로서의 공맹의 인仁적인 자율성이 관철된다. 그러니까, 돌봄 실천으로 재규정된 대안적 자유 개념은 합리적 수정 가능성으로서의 자유 개념을 더 나은 돌봄 실천의 수행이라는 틀 내에 위치 지우고자 한다.

이런 작업을 더 잘 이해하기 위해 우리는 사람의 마음이 지니는 네 가지 덕, 즉 인의예지仁義禮智를 한편으로는 인仁이 모두 포괄하는 것으로 보면서도 다른 한편으로는 그런 마음이 각각 측은지심, 수오지심 등 별개의 것으로 드러난다고 말하는 주희의 주장을 떠올려 볼 수 있다.[68] 즉, 합리적 수정 가능성으로서의 자유는 시비是非를 나누는 마음이 보여 주듯이 지智의 형태를 대표하는 별도의 기능과 역할을 하기도 하지만, 그것 역시 절대적으로 독립해서 존재하지 않고 측은지심의 마음과 통합된 것으로 이해되어야 할 것이다. 도구적 혹은 전략적 합리성이 보여 주듯이 측은지심과 완전히 단절된 채 홀로 독주하는 옳고 그름의 시비 판단은 결국 세상을 속이고 백성을 기만하며 사람과 생명을 해치는 폭력적 도구로 전락할 운명에서 벗어날 수 없기 때문이다. 간단하게 말하자면, 합리적 수정 가능성으로서의

---

68) 주희, 『인설』, 17~19쪽 참조.

자유는 창조적인 돌봄 실천을 매개로 해서만 형성되고 의미를 지닌다는 점에서, 그것은 돌봄 실천과 독립적인 것이 아니라 오히려 그것에 수반되는 현상으로 이해되어야 한다.

두 번째로 지적하고 싶은 것은, 합리적 수정 가능성으로 해석된 자유주의적 자유 개념의 근본 통찰을 돌봄 실천에 따른 의존적이고 파생적이며 수반적인 요소로 이해하는 것이 공자의 인仁 개념의 다양한 의미 층위를 이해하는 데 더 바람직하다는 점이다. 이와 관련해 우리는 자유주의의 이상적 가치로 여겨지는 개인의 자율성 개념이 개인주의적인 방식으로 이해되어서는 안 된다고 역설하는 래즈(Joseph Raz)의 공동체주의적 혹은 완전주의적 자율성 인식에 주목할 필요가 있다. 그에 의하면, 가정을 이룬다거나 우정을 쌓는다거나 다양한 전문적 직업을 활성화하는 것과 같은, 의미 있는 사회적·집합적 선(good) 혹은 가치에의 참여를 가능하게 하는 공통의 문화에 의해 비로소 개인의 자율성에 참다운 의미가 부여된다. 이런 점에서 비개인주의적 자율성 이론은 필자가 구상하는 돌봄의 자유주의에 국한된 특이한 현상이 아니다. 이런 시각에서 본다면 사상의 자유나 종교의 자유 등도 개인에게 사회 이전에 주어지는 권리로는 이해되지 않는다. 오히려 그런 자유나 기본적 권리들은 사회의 집합적 선의 번영과 증진에 이바지할 수 있는지에 따라 정당화될 수 있다는 결론이 도출된다.[69] 마찬가지로, 돌봄의 자유주의는 자율성이나 합리적 수정 가능성을 공동의 돌봄 실천의 창조적 전유와 관련해서야 그 궁극적 가치와 의미를 인정한다. 그러므로 이런 돌봄의 자유주의는 롤스식의 자유의 자유주의나 슈클라의 공포의 자유주의와는 다른 관점에서 개인의 자유를 바라본다.[70]

여기에서 상세하게 언급할 수는 없지만, 필자는 선행 연구에서 공맹의

---

69) 스테판 뮬홀(S. Mulhall)·애덤 스위프트(A. Swift), 『자유주의와 공동체주의』(김해성·조영 달 옮김, 한울아카데미, 2001), 408~410쪽.
70) 이를 통해 필자가 제언하는 돌봄의 자율성 관념이 기존의 자유주의의 자율성 개념이나 그것의 핵심으로 인정받고 있는 합리적 수정 가능성으로서의 자유주의적 자유관과 어떤 점에서 다른지가 좀 더 분명해졌으면 한다.

인정仁政 이념을 돌봄과 자율성의 종합 이론으로 해석했다.[71] 이를테면, 공자는 "인을 하는 것은 자기 몸에 달려 있으니 남에게 달려 있는 것이겠는가?" 하고 말했다.[72] 아울러 『중용』 25장에는 "성誠은 스스로 이루어지는 것"이라는 주장과 더불어 "자기를 이룸이 인이다"라는 명제가 등장한다.[73] 이런 구절들이 나름대로 유가적인 자유 이론을 보여 주는 것이라는 사실은 필자의 주장만은 아니었다. 그런데 이제 필자는 유가적인 인仁 개념에서 돌봄 실천과 자율성의 종합이 어떤 방식으로 이루어지는가에 대해 좀 더 적극적으로 설명할 수 있다. 달리 말하자면, 자율성과 돌봄을 서로 다른 것으로 보면서 이들의 관계가 무엇인지를 불분명하게 두는 데 그치지 않고, 자유를 돌봄 실천의 맥락에서 새롭게 규정함으로써 자유주의적 자유 개념의 핵심인 합리적 수정 가능성을 돌봄 실천에 의존적이고 수반되는 현상으로 해석해 보고자 한다. 필자는 이런 해석이 돌봄과 자율성에 대한 필자의 기존 견해보다 진일보한 것으로 생각한다.

71) 나종석, 『대동민주유학과 21세기 실학』, 218~233쪽.
72) 『논어집주』, 228쪽.
73) 『대학·중용집주』, 99쪽.

제13장

공자와 소크라테스:
공자의 군자 정신과 소크라테스의 이성적 삶[1]

1. 들어가는 말

공자와 소크라테스는 인류의 위대한 스승으로서 오늘날의 인류 사회를 형성하는 데 크게 이바지한 인물이다. 그러나 소크라테스와 달리 공자의 사상 전통, 특히 동아시아 전통과 역사에 대해서는 유럽중심주의로 인해 과소평가나 폄하가 자연스럽게 여겨지는 상황인데, 이런 상황을 교정하는 작업은 무척 중요하다. 특히 문명 대전환의 시기인 21세기에 공자를 비롯한 동양의 전통과 역사와의 새로운 대화는 더더욱 중요하다. 인류와 지구 생명체가 멸종할 가능성이 매우 큰 세기에 살아가는 우리에게는 서양중심주의적 사유 방식에 대한 비판적 재검토가 매우 중요한 의미를 지닌다. 전지구적으로 협력과 공존의 지혜를 모아 생태·평화라는 21세기가 요구하는 새로운 문명의 사유 방식을 모색할 필요가 있는데, 이런 모색을 방해하는 유럽중심주의를 넘어서려면 문화간 상호대화는 필수적이기 때문이다.

여기에서는 이런 의도를 구체화할 실마리로 소크라테스와 공자의 사상을 대조하여 서구의 자율성/주체성 중심의 사유 방식의 한계를 재검토해 볼 것이다. 특히 소크라테스의 사유에서 등장하기 시작한 이성적 자율성 혹은

---

1) 이 장은 연세대학교 국학연구원과 중국 중산대 철학과 공동학술대회 발표문(2016년 11월 26일)으로서 『人間思想』 제6집(人間出版社, 2017), 309~318쪽에 약간 수정된 형태로 실렸던 글을 대폭 수정한 글이다.

이성적 삶에 대한 긍정적 태도가 안고 있는 한계를 드러내기 위해 우리는 우선 인간의 삶에서 연민/동정심이 어떤 의미를 지니는지를 다룬다.

뒤에서 더 상세하게 언급하겠지만, 연민은 인간이 이성적 숙고 능력으로 완전히 통제하려고 해도 할 수 없는 불확실성 속에서 살아가는 인간의 삶의 우연적 요소와 연관된 정서이다. 그러므로 연민은 인간의 자유로운 의지나 선택과 무관하게 발생하는 고난/고통스러운 경험과 뗄 수 없는 현상이다. 이처럼 연민은 삶의 취약성에서 비롯되는 것이어서 바람직한 삶이 무엇인지를 성찰할 때 결코 과소평가할 수 없는 주제이다. 달리 말해 삶의 유한성과 수동적 차원을 어떻게 이해할 것인가는 인간의 자율성과 행복이 무엇인지를 해명하는 데 중요한 의미를 지닌다. 이 글에서는 공자와 소크라테스라는 동서양을 대표하는 두 사상가를 통해 인간의 자유로운 삶의 모습이 어떠해야 하는지를 살펴본다. 특히 삶의 취약성 및 불안정성과 타자에의 의존성에 대한 감수성이 매우 중요한 철학적 탐구 주제로 등장하고 있는 상황에 주목하면서, 삶의 취약성 및 불안정성에 대한 감수성은 결코 인간의 독립성과 자율성에 장애를 초래하는 나약하고 여성적이며 노예적인 관점에 지나지 않다고 보는 서구의 주류적인 연민 반대의 전통을 비판적으로 논해 보고자 한다. 서구의 사상사 전반을 다루는 것이 아니라 소크라테스의 이성중심적인 도덕적 관점이 근대 서구의 개인주의의 형성에 맞닿아 있는 것으로 보고, 연민을 비롯한 감정에 대한 부정적 인식에 초점을 두고서 그의 도덕적 관점의 특징과 한계를 살펴보기로 하겠다.[2]

이 글의 전개 과정과 그 주된 내용을 간략하게 설명하면 다음과 같다. 우선 공자와 소크라테스의 사상을 대조하는 작업에 앞서서 두 사상가의 공통점이 무엇인지를 살펴볼 것이다. 이어서 다루어지는 주제는 소크라테스가 생각한 바람직한 삶인 이성적 삶의 의미이다. 여기서 우리는 그가 생각하는 이성적인 삶이 어떤 점에서 자립성과 자유에 대한 열망과 연결될 수밖에

---

2) 이 글에서 연민은 동정심과 마찬가지로 주로 타인들이 겪는 슬픔 및 고통에 대한 공감이라는 뜻으로 사용된다.

없는지를 살펴볼 것이다. 그런데 소크라테스의 자율성에 대한 강조는 연민에 대한 부정적 평가와 함께하고 있다. 문제가 되는 것은, 왜 그가 연민을 부정적으로 평가하는지, 그리고 그런 평가가 왜 불충분한 것인지 하는 점이다.

소크라테스의 이성적이고 자율적 삶에 대한 열망을 연민에 대한 그의 부정적 평가의 맥락에서 살펴본 후에, 우리는 공자의 사상으로 눈을 돌린다. 주지하듯이 소크라테스의 연민에 대한 회의적이고 부정적인 태도와 달리 동양 문명의 형성에 지대한 영향을 주었던 공자의 인仁 이론은 기본적으로 타자의 고통에 대한 공감과 연민에 기반을 둔 감정 도덕의 성격을 지니고 있다. 그럼에도 공자의 사상은 결코 연약성에 대한 찬양이 아니며, 사람을 관계 속에 매몰시키는 순응적이고 노예적인 도덕을 양산하는 것도 아니다. 그래서 필자는 공자의 사상이야말로 인간의 자율성의 이념을 훼손하지 않으면서도 삶의 취약성의 문제 및 인간의 상호의존성의 사태를 소크라테스의 이성적 삶에 대한 강조에 비교해 한층 더 설득력 있게 접근하는 도덕적 관점으로 이해될 수 있음을 강조하고자 한다.

마지막으로 필자는 감정과 이성의 분리(내지 이원론)에 기반하고 있는 서구의 자율성에 대한 도덕적 관점이 지니는 문제점을 논한다. 간단하게 말해서 우리는, 삶의 취약성이나 불안전성에 뿌리를 두고 있는 고통이라는 현상에 직면하여 소크라테스적인 이성적이고 주체적인 자율성은 고통받는 사람에 대한 깊은 공감과 연민을 인간의 존엄성과 자립적 삶을 위험에 빠뜨릴지도 모를 장애로 받아들이는 자세와 깊게 연루되어 있음을 강조할 것이다. 그리고 그런 태도는 자립성 즉 자존적 삶의 이상을 타자와의 상호의존성의 맥락에서가 아니라 마치 그런 맥락과 별도로 존재할 수 있는 영역에 속하는 것으로 여기는 사유의 틀에서, 다시 말해 주권적인 주체라는 틀에서 생각하게 된다는 점을 살펴볼 것이다. 끝으로, 이런 비판을 토대로 우리는 삶의 취약성의 문제를 해결하는 데 역부족을 보여 주는 소크라테스적인(그리고 칸트적인) 독립성과 자율성 위주의 사고방식의 한계를 넘어서는 데 공자의 인仁 이론이 어떤 점에서 중요한 실마리를 제공할 수 있는지를 밝힐 것이다.

2. 공자와 소크라테스의 공통점

공자(기원전 551~기원전 479)와 소크라테스(기원전 470경~기원전 399)는 인류 문명의 형성에 지대한 영향을 준 이들로, 독일의 철학자 칼 야스퍼스(Karl Jaspers)의 용어를 사용한다면 이른바 '차축車軸 시대'(Achsenzeit/axial age)라 불리는 인류 문명의 커다란 전환을 가져온 위대한 인물들이다.[3] 이런 문명사의 커다란 전환 시기인 차축 시대를 형성하는 데 이바지한 인물들로는 공자와 소크라테스는 물론이고 붓다와 예수 그리고 모하메드 등도 거론된다. 여하튼 이런 위대한 인물들에 의해 고대 인류는 근본적인 전환을 경험했으며, 그런 문명 전환의 영향은 오늘날까지 이어지고 있다고 해도 과언이 아닐 것이다.

공자와 소크라테스의 모습을 대비할 때 우리는 인류의 위대한 두 사상가의 차이에만 주목할 수 없다. 공자는 소크라테스와 많은 점에서 유사성을 보여 준다는 점도 염두에 두어야 마땅하다. 공자와 소크라테스의 공통점은 대략 다음의 네 가지이다.

(1) 호학好學(배움을 좋아하는) 정신과 위대한 교육자

우선 소크라테스와 공자는 평생 배움의 길을 추구하는 데 지칠 줄을 몰랐다. 소크라테스가 지혜를 사랑하는 사람, 즉 철학자(philosophos)의 길을 걷고자 했다고 한다면, 공자도 평생 배움을 좋아하는 군자의 길을 추구했다.[4] 이들이 추구한 군자의 길과 철학자의 길에는 사뭇 다른 점도 존재하지만, 공자와 소크라테스는 기존의 관념 혹은 통념을 비판적으로 성찰하면서

---

3) 'Achsenzeit'는 "기축시대"라고도 번역된다. Karl Jaspers, *The origin and goal of history* (translated by Michael Bullock, Routledge, 2010).

4) 소크라테스 이전의 철학자들에게는 "philosophos(철학의)"라는 형용사와 "philosophein (철학하다)"라는 동사형은 물론이고 "philosophia(철학)"라는 명사형은 알려지지 않았다. 이런 용어들은 기원전 5세기 페리클레스 시기에 출현했다고 한다. 피에르 아도(Pierre Hadot), 『고대철학이란 무엇인가』(이세진 옮김, 이레, 2008), 24쪽.

참다운 인간성, 달리 말하자면 인간의 인간다움이 어떤 것인지에 대한 탐구를 그들 삶의 핵심적 사명으로 삼았다.

소크라테스는 로고스(λόγος/logos: 이성적 사유)를 통해 "검토 없이 사는 삶이란 인간에게 살 가치가 없다"라고 말한다.[5]

> 내가 날마다 덕에 관해서, 그리고 다른 것들(즉 내가 그것들에 관해 대화를 나누면서 나 자신과 다른 사람들을 검토하는 것을 듣는 그런 것들)에 관해서 이야기를 만들어 가는 것, 이것이 그야말로 인간이 누릴 수 있는 최상의 좋음이며 검토되지 않은 삶은 살 가치가 없다고 말하면, 여러분은 이런 말을 하는 나를 훨씬 더 못미더워할 것입니다. 그렇지만 여러분, 실상은 내가 주장하는 대로예요.[6]

소크라테스는 기존의 모든 것, 예를 들어 아테네 시민들이 지니고 있던 자연에 대한 인식, 신에 대한 관념 그리고 정의로운 삶과 정치공동체의 본질적 특성에 관한 공통 관념 등을 무조건 정당한 것으로 받아들이지 않고 그것이 어떤 점에서 타당한지를 비판적으로 검토해 보아야 한다고 강조했다. 그러니까, 소크라테스는 당대 아테네의 제도와 관습이 과연 인간을 행복하게 하고 훌륭하게 할 수 있는지를 비판적으로 검토하면서 동료 시민들에게 함께 참다운 삶의 모습이 무엇인지를 추구해 보자고 권유하는 삶을 살았다. 이런 점과 관련해 소크라테스와 더불어 유명해진 격언인 "너 자신을 알라"라는 명구와 "무지의 지"에 대한 그의 자각이 이해되어야 할 것이다.

소크라테스의 친구가 세상에서 가장 현명한 사람은 소크라테스라는 신탁을 받고 이를 소크라테스에게 알리자 그는 신의 뜻이 궁금해서 아테네에서

---

5) 플라톤, 『소크라테스의 변명』(강철웅 옮김, 이제이북스, 2014); 『에우티프론, 소크라테스의 변론, 크리톤, 파이돈』(박종현 역주, 서광사, 2003). 소크라테스의 법정 연설의 의미와 그 시대적 배경에 관해서는 나종석, 『삶으로서의 철학』(아이세움, 2007) 참조 바람.
6) 플라톤, 『소크라테스의 변명』, 104쪽.

현명하기로 유명한 장군, 정치가, 기술자 등을 찾아 나서 대화를 나누게 된다. 이는 공자가 50세 무렵에 '하늘의 뜻을 안'(知天命) 이후 그 당시로는 엄청나게 늦은 나이에 하늘의 뜻을 실현하고자 십수 년 동안 천하를 주유하면서 수많은 어려움을 겪는 과정에 비견된다. 하여간 소크라테스는 이른바 세상에서 이름난 지혜로운 사람들이 사실 지혜롭지 못한 것임을 알게 되고, 또 자신이 왜 다른 사람에 비해 현명하다고 할 수 있는지를 알게 된다. 그것은 소크라테스 자신은 자신이 모른다는 것을 알지만 다른 사람들은 그렇지 못하면서도 스스로 지혜롭다고 내세우기 때문이다. 사실 이런 '무지의 지'에 대한 소크라테스의 강조는 철학적 사유의 원동력이 바로 '자신이 알지 못함에 대한 깨달음'에 있음을 보여 준다는 점에서도 남다른 의미를 지닌다고 할 것이다.

『논어』「술이」18장에는 공자가 초나라로 갔을 때 섭공葉公이 자로子路에게 공자의 인물됨을 물어보는 장면이 나온다. 그 물음에 대해 자로는 뭐라 말할 수 없어 대답하지 못했는데, 이 소식을 들은 공자는 자신을 다음과 같이 말한다. "공자께서 말씀하셨다. '너는 어찌 그의 사람됨이 분발하면 먹는 것도 잊고 (이치를 깨달으면) 즐거워서 근심을 잊은 채 늙음이 장차 닥쳐오는 줄도 모른다고 말하지 않았는가?'" 공자가 스스로 말하고 있듯이, 그는 배움을 좋아하여 배움의 길에서는 그 누구보다 더 진지했다. 그래서 공자는 『논어』「공야장」27장에서 자신보다 더 학문을 좋아하는 사람을 보지 못했다고 말한다. "공자께서 말씀하셨다. '10호戶쯤 되는 조그만 읍邑에도 반드시 나(丘)처럼 충신忠信한 자는 있지만, 나처럼 학문學問을 좋아하는 이는 없을 것이다.'" 『논어』의 첫 문장이 "배우고 그것을 때에 맞게 익히면 기쁘지 않겠는가"라는 공자의 말씀으로 이루어진 것도 우연이 아닌 셈이다.

『논어』에 기록된 공자의 말을 보면 대개가 간결하지만 곱씹으면 씹을수록 깊은 맛이 우러난다. 그의 말은 마치 선승의 화두를 보는 것처럼 압축적이고 강렬하면서도 타인을 비판할 때는 늘 따뜻함을 잃지 않은 상태에서 내면의 분발심을 고무시켜 준다. 필자의 개인적 고백을 한다면, 헤겔 정치철학을 전공한 후 동아시아 문명에 본격적으로 관심을 두게 된 것도 『논어』를 좀 이해하고 나서이다. 아직 미천한 수준이지만, 『논어』의 인문정신은 소크라테스와 플라톤의 철학적 사유나 독일관념론에 견주어도 전혀 손색이 없다고 여겨졌다. 주희와 여조겸이 지은 『근사록近思錄』에는 『논어』를 배우면서 사람이 정신적으로 성장하고 변화할 가능성과 그로 인해 얻어지는 즐거움에 대한 이정二程(程顥와 程頤 형제)의 말이 다음과 같이 강조되어 있다. "『논어』를 읽은 후에 전혀 아무렇지 않은 자가 있고, 읽은 후에 그 가운데서 한두 구절을 얻어 기뻐하는 자가 있고, 읽은 후에 좋아할 줄 아는 자가 있고, 읽은 후에 자신의 손발이 춤추는 것을 알지 못할 정도로 즐거워하는 자도 있다."[7]

(2) 배움의 즐거움과 자율적/주체적 삶에 대한 열망

지혜에 대한 사랑으로서의 철학적 삶을 내세우는 소크라테스와 배움의 즐거움을 강조하는 공자 모두에게 학문이란 무릇 각 개인의 내적인 자발성에 기초한 주체적 행위를 의미했다. 소크라테스는 소피스트들이 정치적 지혜를 함양하는 기술이라고 내세우는 수사학을 설득만을 중요하게 생각한 나머지 거짓으로 꾸며대기나 온갖 아첨(kolakeia) 등과 같은 행위조차 부끄러움도 없이 버젓이 행하는 것이라고 비판하면서[8] 명성이나 명예에 대한 추구보다는 자신의 혼(영혼)을 진정으로 훌륭하게 만드는 일에 대해 더 많은 관심을

---

7) 주희·여조겸 편저, 『근사록집해』 1, 375쪽. 이 말은 주희가 편한 『논어집주』 「序說」에도 나온다. 주희, 『논어집주』, 14쪽.

8) 소크라테스는 수사학을 아첨이라고 본다. 플라톤, 『고르기아스』(김인곤 옮김, 이제이북스, 2011). 물론 소크라테스도 수사학이 진실을 밝히는 방법으로 발전될 가능성을 완전히 부정한 것은 아니며, 소크라테스와 플라톤의 소피스트적 수사학의 비판을 거쳐 아리스토텔레스에 의해 수사학이 별도의 학문으로 정립된다. 소크라테스의 수사학 비판의 과도함에 대해서는 여기서 언급하지 않을 것이다. 소크라테스의 수사학 비판의 의미 및 한계를 비롯하여 고대 수사학의 전통에 관해서는 만프레드 푸어만(Manfred Fuhrmann), 『고대 수사학』(김영옥 옮김, 시와진실), 2012 참조 바람.

지녀야 함을 강조했다.

가장 훌륭한 양반, 당신은 지혜와 힘에 있어서 가장 위대하고 가장 명성이
높은 국가인 아테네 사람이면서, 돈이 당신에게 최대한 많아지게 하는 일은,
그리고 명성과 명예는 돌보면서도 현명함과 진실은, 그리고 영혼이 최대한
훌륭해지게 하는 일은 돌보지도 신경 쓰지도 않는다는 게 수치스럽지 않습니까?[9]

이처럼 소크라테스에게 수사학은 영혼을 잘못된 길로 이끌어 진정으로
마음을 기울여야 할 참다운 것이나 좋은 것에 대한 추구를 방해하는 것으로
간주된다. 동시에 소크라테스는 자신에 대한 진실된 관계를 형성하는 작업,
즉 명성에 대한 욕망이나 타인에게 어떻게 보일지를 염려하는 것으로부터
해방되어 자신의 영혼을 최대한 훌륭해지도록 보살피는 작업(epimeleisthai)을
'정의란 무엇인지' 혹은 '아름다움과 경건함이란 무엇인지'에 대한 보편적
기준에 관한 집요한 물음을 던지는 이성적 행위와 연결시킨다. 따라서
소크라테스에게 영혼을 돌보는 일이란 바로 인간의 이성이 탐색해야 할
궁극적 대상인 '현명함과 진실'을 위해 자신의 이성적 사유 능력을 잘 활용하
는 훈련을 게을리하지 않는 것을 의미한다.

공자도 배움이란 남을 위한 것 즉 성공이나 평판 혹은 헛된 명예를 얻기
위함이 아니라 철저히 '자기 자신을 위한 학문'(爲己之學)이어야 함을 강조했
다.[10] '위기지학'에서 경계해야 할 것은 타인으로부터 인정받기 위해 수단
방법을 가리지 않고 다른 사람들의 마음에 들기 위해 노력하는 일이다.
그래서 공자는 남에게 아첨하여 남의 마음에 들기 위해 "말을 좋게 하고
얼굴빛을 곱게 하는 사람이 인仁한 이가 적다"[11]라고 했다. 또 그는『논어』
「옹야」 11에서 제자 자하子夏에게 "너는 군자君子의 학자學者가 되고 소인小人
의 학자學者가 되지 말라"라고 당부하고 있다. 이때 공자가 말하는 군자의

---

9) 플라톤,『소크라테스의 변명』, 83쪽.
10)『논어집주』, 290쪽, 「헌문」 25.
11) 같은 책, 20쪽, 「학이」 3.

학자란 자신의 참다운 도덕적 잠재성, 즉 인간의 인간다움이라 할 수 있는 어진 마음(仁)을 실현하는 데 매진하는 학자를 의미하고, 소인의 학자란 타인의 인정을 통해 명예와 재물을 추구하는 사람을 일컫는다.12) 그리하여 공자는 "친구/동지同志가 먼 지방으로부터 찾아온다면 즐겁지 않겠는가. 사람들이 알아주지 않더라도 서운해하지 않는다면 군자가 아니겠는가"라고 말한다.

더 나아가, 공자는 인仁이란 멀리 있는 것이 아니라고 하면서 누구나 인을 실행에 옮기고자 하면 손쉽게 행할 수 있음을 강조한다. "인仁이 멀리 있는가? 내가 인을 하고자 하면 인에 당장 이르는 것이다."13) 공자는 인의 완전한 실현이란 있을 수 없다고 하면서도 동시에 인이 늘 사람 가까이에 있다고 강조하고 있는 것이다. 인에 대한 공자의 이런 언급에 대해 여러 학자들은 모든 개인이 잠재적으로 "도덕적인 자주성"을 지니고 있음을 긍정하는 것으로 해석한다.14)

(3) 동서양의 세계시민주의 이상의 출현

공자는 인간 덕성의 자발성을 강조하면서 인간다움의 바탕을 그런 덕성의 보편적 실현 가능성에서 구했는데, 이는 소크라테스 또한 마찬가지였다. 소크라테스는 도덕적 삶이 곧 행복이며 인간은 그런 덕을 스스로 배울 수 있는 이성적 존재라는 견해를 제시함으로써 훗날 열릴 스토아학파의 세계시민주의의 이상을 준비하고 있었다. 키케로에 의하면, 소크라테스가 어느 나라의 시민이냐고 질문을 받았을 때 그는 세계시민이라고 대답했다고 한다.15)

---

12) 같은 책, 114쪽.
13) 같은 책, 143쪽, 「술이」 29.
14) 벤자민 슈워츠, 『중국 고대 사상의 세계』, 177쪽.
15) 키케로, 『투스쿨룸 대화』(김남우 옮김, 아카넷, 2014), 501쪽. 물론 이 기록이 사실인지는 따져보아야 하겠지만 이런 일화는 소크라테스가 세계시민주의적 이념의 형성에 영향을 주고 있음을 보여 준다.

공자도 덕에 대한 평등주의적 이념을 강조한다. 이런 생각은 군자에게는 사해가 동포라는 관념에서 드러난다. 사마우司馬牛라는 공자의 제자가 그의 동료인 자하子夏에게 다른 사람들은 다 형제가 있는데 자신만은 형제가 없다고 걱정하자, 이런 사마우의 걱정을 들은 자하는 "사해四海의 안이 다 형제이니, 군자가 어찌 형제 없음을 걱정하겠는가?"라는 스승 공자의 말로써 친구를 위로했다고 한다.[16] 군자에게는 천하의 모든 사람이 동포라는 공자의 관념은 유가적 사해동포주의 혹은 세계시민주의적 이념의 출발점이 되었다고도 말할 수 있다. 그리고 이런 관념은 바로 공자를 비롯한 유가사상이 전통적으로 이상사회로 생각했던 대동세계와 맞닿아 있다는 사실도 두말할 필요가 없다. 유가적인 사해동포 이념과 우주적 가족주의는 송나라 시기의 사대부들에게서 좀 더 진전된 형식으로 나타난다.

(4) 철학함/배움의 전형을 모범으로 보인 구도자의 삶

공자가 권세 있는 사람에게 아첨하거나 충성하는 것을 비판하면서 인간다움을 추구하는 군자적 배움의 길에 충실할 것임을 강조했던 것처럼, 소크라테스는 평생 진리의 추구에 전념하면서 철학적 사유를 자기 삶의 원칙으로 삼았다. 그래서 자신의 생명이 걸린 최후의 재판에서 아테네 동료 시민들이 그에 대해 철학적 대화를 하지 않는 조건으로 무죄로 풀어 줄 것을 제안해 오더라도 받아들이지 않을 것임을 공공연히 강조했다.

달리 말하자면, 그는 '검토되지 않은 삶'이란 무의미하기에 기존의 모든 것을 비판적으로 검토하는 철학적 사유를 동료 시민들과 계속하지 않을 수 없으며, 그런 철학적 삶을 포기하지 않을 것이라고 말한다.

"소크라테스, 이번엔 우리가 아니토스의 말에 따르지 않고 당신을 방면할 것입니다. 다만 더 이상 이런 탐색을 하면서 시간을 보내지도, 지혜를 사랑하

---

16) 『논어집주』, 234쪽, 「안연」 5.

는 일을 하지도 않는다는 조건 하에 방면합니다. 그런데도 계속 이 일을 하다 잡히면 당신은 죽게 될 것입니다." "자, 내가 말했던 대로 이런 조건을 달고 여러분이 나를 방면한다면 나는 여러분에게 말할 것입니다. '아테네인 여러분, 나는 여러분을 좋아하고 사랑하지만, 여러분보다는 오히려 신에게 복종할 것입니다. 그래서 내가 숨 쉬고 있고 할 수 있는 한은 지혜를 사랑하는 일, 여러분에게 권고하고 또 매번 내가 여러분 중 누구와 만나게 되든 그에게 명료하게 보여 주는 일을 멈추지 않을 것입니다.'"[17]

아테네 시민에게 한 이러한 소크라테스의 발언은 소크라테스적인 "파르헤시아(parrhesia)"의 실천을 잘 보여 준다. 원래 "파르헤시아(parrhesia)"는 아테네 민주주의의 주체였던 모든 성인 남성 시민들이 누릴 수 있었던 평등한 발언권을 의미했다.[18] 그러니까 그것은 아테네의 자유로운 시민이면 누구나 평등하게 누리는 자유의 핵심 요소로서 민회에서 원하는 시민이면 누구나 자유롭게 말할 수 있는 권리를 의미했다.

미셸 푸코는 그의 강의(1983년 10월 31일)에서 에우리피데스의 비극 작품인 『포이니케 여인들』에 등장하는 대화를 통해 도시국가에서 추방당한 자유 시민이 겪는 가장 큰 불행으로 파르헤시아를 향유할 수 없다는 점을 강조한다. 달리 말하자면 도시국가에서 자유롭게 말할 권리를 박탈당한 시민의 상황은 노예의 운명에 지나지 않는다고 말한다.[19] 그러나 이런 '파르헤시아'는 소크라테스에게서 새로운 의미를 지니게 된다.

미셸 푸코에 의하면 '파르헤시아'는 어원적으로는 "모든 것을 말하기"를 의미한다.[20] 그런데 '파르헤시아'에서 중요한 것은 '모든 것을 말하기'가 아니라 "솔직히 말하기"이다.[21] 그리고 솔직히 말하는 행위는 "진실이 없는 곳"에서는 실행될 수 없다.[22] 그러니까 여기에서 우리는 솔직하게 말한다는

---

17) 플라톤, 『소크라테스의 변명』, 83쪽.
18) 폴 우드러프, 『최초의 민주주의: 오래된 이상과 도전』, 122쪽.
19) 미셸 푸코, 『담론과 진실』(오르트망 심세광·전혜리 옮김, 동녘, 2017), 137~138쪽.
20) 미셸 푸코, 『주체의 해석학』(심세광 옮김, 동문선, 2007), 398쪽.
21) 같은 책, 406쪽.

것이 늘 긍정적일 수만은 없다는 점을 염두에 두어야 한다. 우리는 솔직하게 말하는 것을 무엇이든 거리낌 없이 말하는 것으로도 이해할 수 있을 것이다. 그렇다면 이런 자유롭게 말하기는 진실과의 관계로부터 멀어지고 자유롭게 말하기로서의 파르헤시아의 정신에서 벗어나게 될 것이다.

이처럼 진실과 솔직히 말하는 행위가 밀접하게 연결되어 있기에 '파르헤시아'는 소피스트 수사학의 일부를 구성하고 있다고 비판받는 '아첨'과 정반대 되는 행위를 뜻하게 된다. 달리 말해 '파르헤시아'는 소크라테스에 이르러 "반反아첨"이라는 의미를 지니게 된다.[23] 이렇게 솔직히 말하기로서의 '파르헤시아'의 도덕적인 적은 아첨으로 이해된다. 그리고 이런 '파르헤시아'와 아첨 사이의 대비는 자유와 예속의 대비에 상응한다. 파르헤시아는 본래 독립성을 목표로 하지 아첨과 같이 타자에게 굴종하는 것을 지향하지 않기 때문이다.[24]

더 나아가 소크라테스적인 진실을 말하기, 즉 소크라테스적인 '파르헤시아'는 진실을 말하는 사람에게 죽음을 포함한 극단적 위험에 노출되는 지점과 관련해 비로소 그 존재의 의미가 드러난다. 달리 말하자면 자신의 죽음을 감수하는 위험 속에서만 진실되고 솔직하게 말하는 행위로서의 파르헤시아는 그 진면목을 드러낸다. 죽음을 걸고 진실을 말하는 행위에서 진실을 말하는 사람의 진실에 대한 참다운 순수한 관계가 표현될 수 있기 때문이다. 앞의 인용문에서 소크라테스는 아테네 시민에게 죽음을 걸고 자신은 철학함을 포기할 수 없다고 말한다. 이런 진실을 말하는 용기 있는 자세와 결합되지 않는 자유로운 말하기는 아무것이나 모든 것을 거리낌 없이 지껄이는 것에 지나지 않는다.

그런 식의 자유로운 말하기는 파르헤시아로서의 자유로운 말하기와는 근본적으로 다르다. 혹은 수사학적 아첨 떨기와 같은 자유로운 말하기는

---

22) 같은 책, 410쪽.
23) 같은 책, 406쪽.
24) 프레데릭 그로, 『미셸 푸코』(배세진 옮김, 이학사, 2022), 175쪽.

타락한 내지 나쁜 파르헤시아라고 할 것이다. 그러므로 민주주의 사회에서 정치적인 파르헤시아는 본래 일반 대중, 즉 민주주의의 주체인 시민들에게도 용기 있게 진실을 말하는 행위를 뜻한다. 그런 점에서 타락한 자유로운 말하기, 즉 나쁜 파르헤시아는 온갖 수단을 동원하여 대중에 영합함으로써 더 많은 명성이나 권력을 확보하려는 의지만을 드러낼 뿐이다. 그리고 그런 타락한 파르헤시아는 "민주주의에 대한 배신"이자 "추잡한 아첨"에 지나지 않게 된다.[25]

물론 민주주의가 실패하지 않으려면 진실을 말하는 파르헤시아의 정신이 생명력을 유지해야 할 것이다. 그러나 아테네 민주주의는 아첨술의 포로가 됨으로써 점차 변질되고 민주주의를 지켜 줄 진실을 말하기로서의 파르헤시아 역시 변질되었다. 이렇게 페리클레스 시대 이후 본격적으로 타락하기 시작한 아테네 민주주의에서 자유롭게 말하기 혹은 진실을 말하기의 상실과 직면하여 소크라테스는 아첨술에 현혹되어 버린 아테네 자유 시민들에게 죽음을 걸고, 즉 위험을 무릅쓰고 철학적 사유가 필요하다는 진실을 충심을 다해 용기를 갖고 말하면서 민주주의라는 이름으로 그들이 저지르고 있는 폭력적인 정치적 행위의 관행을 비판적으로 성찰할 것을 권고하고 있다.

아테네 시민과 민주정에 대한 소크라테스의 비판에는 앞에서 언급한 것처럼 자신 혹은 자신의 영혼을 돌보아야 하는 것이 그 무엇보다 중요하다는 그 자신의 고유한 삶의 원칙이 전제되어 있다. 그로 인해 이제 소크라테스에게서 자유롭게 말하는 파르헤시아는 정치적 삶의 영역에 참여하여 도시국가의 탁월한 지도자가 되는 것과 무관하게 각 개인의 삶에서 "로고스에 부합하는 삶", 즉 이성적 삶을 영위하는 문제로 변동하게 된다.[26]

하여간 자유로운 시민이면 누구나 다 자신의 견해를 표현할 수 있는 권리는 민주주의가 발전하면서 진실을 드러내고 밝히는 말하는 자유를

---

25) 같은 책, 177쪽 및 180쪽.
26) 미셸 푸코, 『담론과 진실』, 248∼249쪽.

실행에 옮길 시민 개인의 자질과 탁월성과 분리되어 무엇이든지 말하는 자유로 변질되게 되고, 그로 인해 민주주의는 타락과 실패로 나갈 수 있음을 아테네 민주주의는 보여 준다. 이를 보여 주는 상징적 사건이 바로 아테네 시민에 의해 고소를 당하고 합법적 절차를 거쳐 사형을 당하여 죽는 소크라테스의 운명이다.

소크라테스와 아테네 시민 사이의 갈등 혹은 소크라테스적인 철학적 사유와 수사학적 아첨술(물론 수사학을 아첨술로 환원하는 소크라테스-플라톤의 비판은 일면적이라는 점은 여기서 일단 논외로 한다) 사이의 긴장은 민주주의 아테네가 언론의 자유와 진실 사이에 존재하는 긴장과 갈등의 문제로 몸살을 앓았다는 점을 잘 보여 준다. 소크라테스와 아테네 시민 사이의 긴장과 갈등에서 우리는 오늘날 탈진실(post-truth)의 시대라 불리는 현대 민주주의 사회를 괴롭히는 '거짓 뉴스'(Fake News)와 같은 "개소리"가 범람하면서 무엇이 진실인지를 알 수 없게 되어 버리고 자유롭게 말하는 권리가 자신에게 유리한 방식으로 대중을 동원하여 자신의 권력을 확장하거나 이익을 극대화하는 수단으로 변질되는 상황을 떠올리게 한다.

공자 또한 소크라테스와 유사하게 "이른바 대신이란 도로써 군주를 섬기다가 불가능하면 그만두는 것이다"[27]라고 말하고, 또 군자는 자신의 도를 지키기 위해 때로는 목숨도 아끼지 않아야 한다고 강조한다. 그래서 공자는 『논어』「위령공衛靈公」편에서 "지사志士와 인인仁人은 삶을 구하여 인仁을 해침이 없고, 몸을 죽여 인仁을 이루는 경우는 있다"라고 말한다.[28] 나아가 공자는 『예기』에서 선비는 "죽음을 보고 그 수호함을 고치려 하지 않는다"라고 강조하면서 바람직한 군자, 즉 선비의 모습을 다음과 같이 설명한다.

선비는 금옥을 보배로 삼는 것이 아니라 충신으로 보배를 삼는다. 토지를 기구祈求하지 않고, 의를 확립하는 것으로써 토지를 삼는다. 많이 축적하는

---

27) 『논어집주』, 「선진」 23, 219쪽.
28) 같은 책, 310쪽, 「위령공」 8.

것을 기구하지 않고, 다문多文으로써 부富를 삼는다.…… 선비에게는 재물을 가지고 맡겨 그 즐김에 젖어들게 할지라도 이利를 보고 그 의를 이지러지게 하지 않으며, 무리로써 겁을 주거나 군사로써 이를 막으려 할지라도 죽음을 보고 그 수호함을 고치려 하지 않는다. 맹조와 맹수가 사납게 덤벼도 그 용기를 저울질하지 못하며, 무거운 부담으로 이끌어도 그 힘을 저울질하지 못한다.[29]

공자도 소크라테스와 유사하게 위정자 앞에서 필요하다면 얼굴을 마주 대고 간쟁諫爭을 해야 한다고 말하였을 뿐만 아니라, 말만 그럴듯하게 잘하는 사람을 높이 사지 않았다.[30] 유가적 간쟁의 실천은 소크라테스적인 진실을 말하기라는 파르헤시아와 그 뜻이 통한다.

이처럼 공자도 역시 평생 군자의 도를 실현하기 위해 온 힘을 다해 노력했으며, 심지어 50세 중반 이후에는 고국인 노나라를 떠나 약 15년 동안 천하를 떠돌아다니면서 온갖 수모를 마다하지 않았고, 죽을 고비도 여러 번 넘겼다. 따라서 공자의 '살신성인'에 대한 강조는 자신의 삶에서 우러나온 것이었다. 이러한 공자의 삶은 소크라테스가 철학함을 포기하는 대가로 목숨을 구걸하지 않고 죽음 앞에서도 검토하는 삶의 원칙인 철학적 대화와 진리 추구의 길을 포기하지 않은 삶으로서의 철학함과 비견될 수 있다.

3. 소크라테스의 이성적 삶과 자립성에 대한 열망

소크라테스는 공자와 마찬가지로 아무런 저술도 남기지 않았기 때문에 그의 생애와 사상에 대한 정보는 모두 그와 동시대를 살았던 사람(희극 작가 아리스토파네스)이나 제자들(플라톤과 크세노폰) 그리고 플라톤의 제자인

---

29) 『예기』 하, 1502쪽 이하, 「儒行」.
30) 『논어집주』, 20쪽, 「학이」 3.

아리스토텔레스의 기록에서 기인한다. 그런데 이들의 정보는 서로 상충하는 면이 많아서 소크라테스의 진정한 삶의 모습이 무엇인지는 여전히 논쟁적 사안이다. 역사적으로 살았던 소크라테스의 삶과 사상을 재구성하려는 시도는 "소크라테스의 문제"로 불린다.[31]

특히 아리스토파네스는 소크라테스를 전형적인 소피스트로 묘사하고 있는데, 이는 플라톤이 묘사한 소크라테스의 모습과 정반대이다. 실제로 아리스토파네스는 소크라테스를 자기 희극 작품의 주인공으로 등장시켜서 조롱했던 작가이다. 물론 그가 소크라테스를 우스꽝스럽고 위험하며 신을 믿지 않는 불경한 소피스트로 묘사한 것은 당대 아테네 동료 시민들이 소크라테스에 대해 부정적인 인상을 느끼게 하는 데 큰 영향을 주었다. 그래서 소크라테스가 후에 법정에 서서 자신을 변론할 때 그는 자신에 대한 오랜 비판자들의 대표적 인물로 아리스토파네스를 구체적으로 거론하기도 했다.

소크라테스는 아리스토파네스의 희극으로 인해 오랜 세월 누적된 자신에 대한 부정적 인식이 그릇된 것임을 반박하지 않을 수 없었다. 그는 자신을 고발한 사람을 두 부류로 구분하면서, 최근에 고발한 사람들과 달리 아리스토파네스는 법정에 서기 오래전부터 자신을 고발한 사람이라고 말한다. 이처럼 그는 아리스토파네스가 자신에 대한 그릇된 편견을 유포시킨 주범이라고 생각하고 있었다.[32] 19세기 시인이자 정치가인 알퐁소 라마르틴은 아리스토파네스를 가리켜 "소크라테스를 가장 먼저 죽인 사람"이라고 말했다고 하는데, 소크라테스가 이 말을 들었다면 어떤 반응을 보였을지 무척 궁금하다.[33]

그러나 아리스토파네스가 소크라테스를 자기 작품의 주인공으로 등장시켜 신랄하게 풍자한 것이 전적으로 악의에 찬 것이었다고 보긴 어렵다.

---

31) 루이 앙드레 도리옹(Louis-André Dorion), 『소크라테스』(김유석 옮김, 이학사, 2009), 제2장 참조 바람.
32) 플라톤, 『소크라테스의 변명』, 52쪽.
33) 제임스 콜라이야코, 『소트라테스의 재판』(김승욱 옮김, 작가정신, 2005), 84쪽.

소크라테스 역시 자신에 대한 풍자에 전혀 개의치 않았다. 어느 기록에 의하면, 『구름』에서 자신을 다룬 방식에 대해서 화가 나지 않았는지 물었을 때 소크라테스는 "희극 시인들이 나를 극장에서 놀림감으로 삼을 때, 나는 마치 좋은 친구들과 커다란 연회에 있는 것처럼 느낀다"라고 대답했다고 한다.[34] 물론 그에게 닥쳐올 미래의 불행을 미리 알지 못했기에 이런 응수가 가능했을 것이라고 볼 수도 있다. 그 누가 미래를 예언할 수 있을까? 또한 희극 작가의 풍자가 눈덩이처럼 불어났다고 해도 그런 것을 이용하여 일부 아테네 시민이 그를 재판정에 세워 정치적으로 단죄하리라고는 상상하기 힘들었을 것이다.

또한 소크라테스와 아리스토파네스의 관계가 단순히 적대적 관계였다고도 볼 수 없다. 전해 오는 이야기에 의하면, 소크라테스는 아리스토파네스의 희극 작품인 『구름』이 공식 상연되는 극장에서 관객들과 함께 있었는데, 특히 그는 작품이 상연되는 동안 줄곧 서 있으면서 관객들이 무대 위의 소크라테스와 실제 소크라테스를 비교할 수 있도록 했다고 한다. 사실 『변론』에서 아리스토파네스는 소크라테스를 죽음으로 몰고 가는데 일조한 사람으로 묘사되고 있지만, 소크라테스와 아리스토파네스가 함께 등장인물로 나오는 플라톤의 대화편 『향연』에서는 그들이 매우 진지하게 대화를 나누는 사이로 묘사되어 있다. 『향연』에서 소크라테스와 아리스토파네스는 거의 모든 참석자가 술에 취해 식탁 밑에 곯아떨어진 새벽 무렵까지 함께 과연 비극작가도 희극을 쓸 수 있는가 하는 주제를 놓고 열띤 대화를 벌인다. 그 후에 마침내 아리스토파네스마저 술에 취해 곯아떨어지자 비로소 소크라테스는 자리에서 일어나 집으로 돌아간다.[35]

소크라테스에 대한 부정적 인상이 아테네 시민들 사이에 형성되는 데 일조했던 아리스토파네스에 대한 헤겔의 평가도 주목할 필요가 있다. 헤겔은 아리스토텔레스의 희극을 도시국가의 파탄이 초래한 필연적인 현상으로

---

34) 이지 스톤, 『소크라테스의 비밀』(편상범·손병석 옮김, 자작아카데미, 1996), 238쪽.
35) 플라톤, 『향연』(강철웅 옮김, 이제이북스, 2010), 173~174쪽.

간주했다. 도시국가에서의 공동체와 개인의 아름다운 통일이 깨어지고 다양한 모순이 분출한 것이 희극에 좋은 재료를 제공했다는 것이다. 소크라테스의 새로운 형식의 교육을 부정적 의미의 소피스트적 교육의 절정으로 풍자하고 조소한 『구름』에 대해서도 헤겔은 소크라테스의 부정적 측면을 파악한 것으로 평가했다. 헤겔은 아리스토파네스를 다음과 같이 평했다.

> 결코 삭막하고 악질적인 험담가로 보이지 않으며, 매우 차갑고 사악한 조롱자가 아니라 매우 기지에 찬 교양인, 매우 뛰어난 시민이었으니, 그는 아테네의 번영을 진지하게 대했으며 또한 자신이 철저히 참된 애국자임을 증명했다. 그러므로 이미 언급했듯이 그의 희극에서 표현된 것은 신적, 인륜적인 것의 완전한 해체가 아니라 이 실체적 힘들의 가상을 퍼뜨리는 만연된 부조리 및 애초부터 이미 진정한 사태가 더는 현전하지 않는 형상과 개별적 현상의 완전한 해체이며, 그리하여 이것들은 주관성의 가식 없는 유희에 공개적으로 적나라하게 주어질 수 있는 것이다.[36)]

사실 아리스토파네스의 소크라테스에 대한 묘사는 우리가 익히 알고 있는 소크라테스의 모습과 어울리지 않는다. 그만큼 우리는 플라톤이 묘사한 소크라테스를 진정한 그의 모습으로 알고 있는 셈이다. 그러나 역사적으로 소크라테스의 진정한 모습이 무엇인지를 우리가 알 수는 없는 노릇이기에, 여기에서는 우선 플라톤이 우리에게 전하는 이상화된 소크라테스의 모습을 출발점으로 삼는다.

『파이돈』은 플라톤이 자신의 스승 소크라테스의 마지막 모습을 그린 작품이다. 이 작품의 주제는 영혼의 불멸성에 관한 것으로 알려져 있다. 여기에서 소크라테스는 이승의 마지막 날을 맞아 그의 제자 및 친구들과 함께 온종일 철학적 대화, 즉 사람이 죽은 후에 영혼이 불멸하는지에 관한 대화를 나누는 것으로 묘사된다. 오랜 시간 동안의 대화를 끝낸 후 해 질 무렵이 되자 아무런 두려움도 없이 담담하게 독배를 마시고 죽어가는

---

36) 게오르크 빌헬름 프리드리히 헤겔, 『미학 강의』 3(이창환 옮김, 세창, 2022), 560~561쪽.

소크라테스의 모습은 참 감동적이다. 그는 죽음 앞에서도 그 어떤 두려움을 보여 주지 않고 초연하며 담담한 모습을 보여 준다.

물론 죽음 앞에서 초연한 소크라테스의 모습은 새롭지 않다. 아테네 시민에 의해 사형선고를 받던 재판정에서도 그는 마지막으로 다음과 같이 말한다. "아니, 벌써 떠날 시간이 되었군요. 나는 죽으러, 여러분은 살러 갈 시간이……. 우리 중 어느 쪽이 더 좋은 일을 향해 가고 있는지는 신 말고는 그 누구에게도 분명치 않습니다."[37] 『파이돈』에서 소크라테스는 평생 철학함을 실천으로 옮긴 사람답게 죽음을 앞둔 순간에도 철학을 죽음의 연습으로 이해하고 육체를 영혼의 '감옥'으로 규정하면서, 죽음을 통해 이 세상의 감옥인 육체로부터 영혼이 해방되어 소멸되지 않고 영원히 존속되는 것임을 담담하게 보여 준다.[38]

그런데 이 작품에서 흥미로운 것은, 소크라테스가 죽음의 순간에 그의 가족 즉 부인과 어린 아들을 포함한 자식들에게 보여 준 냉담한 태도이다. 그는 그와의 영원한 작별(내세를 믿는다면 적어도 이승에서의)을 앞두고 슬퍼하는 가족들에게 이별의 아픔에 대한 아무런 공감도 표하지 않는다. 그 어떤 위로의 말도 없었고 작별의 시간도 갖지 않았다. 오히려 소크라테스는 남편 및 아버지와의 마지막 만남의 순간에 처한 가족들의 슬픈 반응에 화난 것처럼 반응한다. 소크라테스의 부인 크산티페가 어린아이를 안고서 죽음을 앞둔 소크라테스의 상황을 슬퍼하자, 그는 소싯적 친구인 크리톤에게 다음과 같이 말한다. "크리톤! 누가 이 사람을 집으로 데려가게 하게나."[39] 이렇게 소크라테스는 사람들을 시켜 가족을 밖으로 내보고 나서 영혼의 불멸성에 관한 철학적 대화를 시작한다.

왜 소크라테스는 이승에서의 마지막 순간에서조차 부인과 자식들을 냉담하게 대했을까? 그와 가족들의 사이가 원래 좋지 않아서일까? 그렇다고

---

37) 플라톤, 『소크라테스의 변명』, 114~115쪽.
38) 플라톤, 『에우티프론, 소크라테스의 변론, 크리톤, 파이돈』, 282~288쪽.
39) 같은 책, 274쪽.

보긴 힘들 것이다. 가족들이 죽음을 앞둔 소크라테스에게 보여 주는 슬픔은 작별의 순간에도 아무런 감정을 느끼지 못할 정도로 관계가 나빠지는 않았음을 보여 준다. 그리고 설령 가족관계가 나빴다고 하더라도 그 때문에 죽음을 앞둔 순간에 그렇게 냉담하고 초연했을 것이라고 추론하는 것은 소크라테스의 삶의 원칙에 정면으로 어긋난다. 가족과의 관계가 틀어졌다고 해서 그 이유로 죽는 순간에까지 매정한 태도를 보이는 것은 결국 자신이 과거의 나쁜 경험에서 나오는 감정에 지배되는 사람이라는 것을 고백하는 셈인데, 소크라테스는 감정에 휘말리고 그것에 의해 지배되는 삶에서 벗어나는 것을 올바른 삶으로 보고 그런 삶을 추구하고자 했기 때문이다. 바로 뒤에서 보게 되겠지만 소크라테스는 슬픔과 연민과 같은 감정에 휘둘리는 삶을 좋지 않은 삶으로 보고 있다.

소크라테스에게서는 친구와 가족을 잃어버리는 상실감이 초래하는 고통스러운 감정 그리고 그런 감정을 느끼는 사람에 대한 공감을 찾아볼 수 없다. 그런데 이런 태도는 자립성에 대한 그의 독특한 강조와 함께한다. 소크라테스에 의하면 자립적 삶은 자유인이 추구하는 참다운 삶인데, 그것은 노예의 삶과 대비된다. 소크라테스는 『국가』에서 자유인들에게는 죽음보다도 노예의 삶이 더 두렵다고 한다.[40] 그는 이성적 삶(vita contemplativa)을 최고의 삶의 방식, 즉 행복(eudaimonia)을 구현하는 것으로 이해했다. 그에 의하면, 이성적 삶은 올바름에 대한 인식(επιστήμη)에 의해 수행되는 삶이다. 아니 더 정확하게 말하자면, 그에게는 덕(탁월함으로서의 άρετή)과 앎이 하나이다.[41] 소크라테스가 자신의 가족에게 보여 주었던 냉혹하리만치 초연하고 냉담한 태도의 근원을 제대로 이해하기 위해서는 행복에 대한 그의 관점이 무엇인지 좀 더 알 필요가 있다.

소크라테스는 행복에 대한 아테네 시민들이 지니고 있었던 통념에 커다란

---

40) 플라톤, 『국가·정체』(박종현 역주, 서광사, 2005), 186쪽.
41) 덕(탁월함)이 인식이라는 명제에 대해서는 플라톤, 『메논』(이상인 옮김, 이제이북스, 2009) 참조 바람.

혁신을 가져왔다. 그는 당대 아테네 시민들이 가장 탁월한 삶의 방식으로 간주하고 있었던 정치적 시민으로서의 삶(vita activa)에 대해 대단히 회의적이었다. 그래서 그는 평생 정치를 멀리했다고 아테네 시민들에게 고백한다. 그런데 개인의 사적 활동에만 관심을 기울이면서 정치 참여를 하지 않는 사람을 당대에는 이디오테스(ἰδιώτης)라 불렸는데, 이 단어는 오늘날 바보나 백치의 뜻을 지닌 영어 Idiot의 어원이기도 하다. 당대 소크라테스의 자유시민 동료들은 소크라테스에 대해, 자신들이 가장 고귀한 삶의 방식이자 인간다움을 실현하는 최고의 길이라고 생각하고 있는 정치적 시민으로서의 공동체적 삶을 경멸하는 비정치적 존재로 여겨서 그의 철학함을 매우 비판적으로 바라보았다.

실제로 소크라테스는 아테네 민주주의에 대한 최대의 비판자이기도 했다. 그런데 그의 철학적 삶과 비판적 사유에 대한 강조는 역설적이지만 아테네 민주정치의 관행에 대한 비판적 성찰의 촉구라는 점에서 아테네 민주주의에 대한 부정적 면모를 넘어 그 민주주의의 혁신을 도모하는 일종의 정치적 참여의 방식으로도 독해될 수 있을 것이다. 앞에서 언급한 소크라테스의 파르헤시아, 즉 용기를 지니고 진실을 말하기는 일종의 타락한 민주주의에 대한 비판으로 이해될 수 있는 정치적 개입이라고 보아도 틀리지 않을 것이다. 다만 여기서는 소크라테스의 철학적 사유가 지니는 정치적 차원에 대해서는 깊게 다루지 않는다.

하여간 소크라테스에 의하면, 행복은 정치적 삶에 대한 참여를 통해 명예나 부를 획득하는 것에 달려 있지 않다. 그가 보기에 잘사는 삶, 즉 행복한 삶은 덕과 일치된 삶 혹은 탁월한 삶과 같다. 좀 더 자세하게 말하자면, 소크라테스는 이성적 통찰에 기반을 둔 자유인으로서 살아가는 삶을 행복한 삶으로 보았는데, 여기에서 자유로운 삶이란 이성이 욕구나 정념을 지배하는 자기통제의 상태를 의미한다. 그런 이성에 의해 욕구나 격정을 통제하는 자립적 삶은 사형과 같은 고통스러운 사건에도 아무런 영향도 받지 않는다. 신체적 고통이나 죽음, 심지어 시민에 의해 흉악한 범죄자로 몰려 사형을 당하는 것도 그에게는 아무런 영향을 주지 않는다. 그가 보기에 행복은 그런 외적 조건과는 아무런 상관이 없다. 그런 외적 조건은 우리 인간이 어떻게 해 볼 수 없는, 달리 말하자면 이성에 의해 통제될 수 없는 영역의 것이다. 그러므로 그런 조건에 휘둘리는 것은 비합리적인 것이라고 소크라테스는 생각한다. 그 대신 인간의 참다운 행복은 인간이 스스로 이성적인 통찰에 따라 자립적인 삶을 영위할 수 있는 덕스러운 행위 그 자체에 존재한다고 그는 생각하는 것이다.

이처럼 소크라테스는 욕망이나 쾌락이나 감정에 대한 이성의 지배, 혹은 이성의 주도권 행사에 의해서만 훌륭한 삶이 가능하다고 보았다. 그와 플라톤에게 이성에 의해 통제되지 않는 욕망은 끝없이 확장되는 성격을 지닌 것으로 이해되었다. 그리하여 그들에 의하면, 영혼 속에서 이성적인 부분이 보다 저차적인 쾌락이나 욕망의 부분을 통제함으로써 사람은 비로소 진정으로 자기를 지배하는 도덕적으로 선하고 자유로운 자가 된다. 이렇게 이성의 헤게모니, 즉 이성의 주도권을 확립하는 것으로 인해 소크라테스와 플라톤은 쾌락 추구의 삶이나 용기 있는 삶은 물론이고 명예를 추구하는 삶과는 다른 도덕적 삶의 이상을 새롭게 개척했고, 그리하여 이후 도덕에 대한 서구의 주도적인 흐름을 형성했다.[42]

그런데 바로 앞에서 보았듯이, 소크라테스에게 도덕적으로 올바른 삶이란 자신의 이성에 입각한 원칙을 올곧게 견지하는 자주적 혹은 자립적 삶에 지나지 않는다. 그래서 그는 "훌륭한 사람에게는 살아 있을 때든 삶을 마치고 나서든 어떤 나쁜 것도 없다"[43]라고 주장한다. 소크라테스의 이 주장은 "덕은 앎이다"라는 명제 그리고 "사람은 결코 자발적으로 나쁜 행동을 하지 않는다"라는 주장과 더불어 '소크라테스의 역설'로 알려져 왔다.[44]

---

42) 찰스 테일러, 『자아의 원천들: 현대적 정체성의 형성』(권기돈·하주영 옮김, 새물결, 2015), 237~240쪽 참조.
43) 플라톤, 『소크라테스의 변명』, 113~114쪽.
44) 소크라테스의 역설과 관련된 설명 그리고 그의 윤리적 원칙이 지니는 문제점에 대해서는 로버트 L. 애링턴, 『서양윤리학사』(김성호 옮김, 서광사, 2003), 34~50쪽 참조 바람.

훌륭한 삶 혹은 자족적 삶에 대한 이성주의적 태도로 인해 소크라테스는 감정 전반이나 연민과 같은 정서에 매우 비판적이고 부정적인 태도를 보여준다. 연민이나 분노나 공포감과 같은 다양한 형태의 감정은 그리스어로 '파토스'(πάθος)로 총괄된다. πάθος는 '당하다', '겪다', '입다' 등의 의미를 지니는 '파스케인'(πάσχειν)이라는 동사에서 파생된 말로, 외적인 사물에 의해 영향받게 되는 모든 수동적 상태를 지칭하는 단어이다.[45] 따라서 파토스는 합리적으로 통제하기 힘든 특정한 상황 속에서 처하게 되는 다양한 방식의 감정적 반응 상태 전반을 가리킨다. 이처럼 파토스는 삶의 유한성과 수동적 상황, 즉 어떤 우연적 상황에 부닥쳐서 살아가는 인간의 실존적 조건에 터를 두고 있다. 그래서 아리스토텔레스는 감정 즉 파토스를 다음과 같이 정의한다. "내가 말하는 감정이란 욕망, 분노, 두려움, 대담함, 시기, 기쁨, 친애, 미움, 갈망, 시샘, 연민 등, 일반적으로 즐거움이나 고통이 동반되는 것들이다."[46]

이런 수동적 상황에 의해 삶이 지배되는 것을 거부하면서 소크라테스는 삶의 자율성과 자립성을 추구한다. 삶에서 자립성을 추구하는 열망 자체는 문제가 되지 않는다. 명예에 대해서 통제되지 않는 욕망이나 물질적 풍요로움과 쾌락에 대한 무절제한 욕구에 지배되는 사람이 자유로운 사람이라고 볼 수 없는 것처럼, 시민이 스스로 통치하는 민주주의 국가라도 주권자인 시민이 물질적 욕망이나 명예에 대한 집단적 열망에 과도하게 사로잡혀 있다면, 그런 민주주의는 사실상 욕망과 명예라는 폭군에 의해 다스려지는 명목뿐인 민주주의로 전락하지 않을 수 없다. 즉, 인민 자치를 이상으로 삼는 민주주의도 인민에 의한 자의적인 지배라는 의미의 일종의 전제정 혹은 폭정으로 변질될 위험을 안고 있다는 말이다.

따라서 민주주의도 시민 스스로 공공선에 이바지할 훌륭한 결정을 할

---

45) 한석환, 『아리스토텔레스 수사학 연구』(서광사, 2015), 92쪽 참조.
46) 아리스토텔레스, 『니코마코스 윤리학』(이창우·김재홍·강상진 옮김, 이제이북스, 2006), 61쪽.

수 있는 역량을 갖추기 위해 노력해야 하며, 주권자인 시민의 권력 행사가 무단적인 통치로 흐르지 않도록 제한할 수 있는 제도적 장치와 절차에 대한 고려 또한 필요하다. 시민 역시 실수와 오류를 범할 수 있다는 점, 그러니까 일반 시민 역시 주권적 권력을 오용하고 남용할 수 있음을 염두에 두면서, 시민의 권력 행사 방식이 좀 더 이성적으로 이루어질 수 있도록 제도적 장치와 절차 등에 대한 고려가 있어야 하는 것이다.

이런 점에서, 이성에 의해 통제되지 않는 사람을 비판하면서 이성으로써 욕망과 격정을 다스릴 줄 아는 개인을 참다운 자유롭고 독립적인 개인으로 보는 소크라테스의 철학적 삶의 추구는 분명 정치철학적 요소를 지니고 있다. 달리 말하자면 비판적 검토와 이성적 사고를 통해 대화의 정신을 추구하는 소크라테스의 철학적 대화를 정치적 행위의 한 방법으로 이해할 수도 있다는 말이다. 그러니까, 비록 그 자신 평생 정치 참여에 거리를 두었다고 고백하고 그가 동료 아테네 시민들에 의해 정치적 활동에는 전혀 관심을 기울이지 않는 반공동체적 혹은 반폴리스적 인물로 비판받았다고 하더라도, 우리는 그를 정치로서의 철학을 한 인물로 평가해 볼 수도 있지 않을까 한다. 물론 그의 철학적 활동이 새로운 정치적 활동이라는 관점으로 온전히 환원될 수 없는 다른 차원들을 지니고 있긴 하지만 말이다.

철학적 대화가 정치적 활동의 의미를 지닌다는 것은 구체적으로 무엇을 의미하는가? 소크라테스를 정치적 인물로 그리고 그의 철학적 활동을 새로운 정치적 활동의 의미를 지니는 것으로 이해한다는 것은 대단히 역설적으로 들릴지도 모르겠다. 소크라테스가 아테네 폴리스를 덩치가 크고 혈통이 좋으나 행동이 굼뜬 말로, 그리고 자신을 게으르고 쉽게 잠드는 말을 깨우는 등에로 비유했다는 사실은 널리 알려져 있다. 그는 계몽이 덜된 아테네 시민들에게 스스로를 비판적으로 검토할 것을 호소하면서 무명의 상태에 빠져 있는 아테네 시민들의 각성을 촉구했다. 그가 사용한 철학적 방법으로서의 대화란 사실 시민들을 각성시키기 위한 '등에'로서의 역할을 제대로 수행할 산파술이었다. 그는 대화를 매개로 하여 아테네 시민들을 독단의 잠으로부터 깨우고자 한 것이었다.

삶을 비판적으로 성찰할 것을 촉구하는 데에는 국가의 존재 이유가 무엇인지, 그리고 정의로운 국가란 무엇인지에 대한 진지한 사색과 숙고 또한 포함되어 있다. 이런 철학적 질문은 또한 당대 아테네 민주주의의 한계를 성찰하는 작업이기도 했다. 달리 말하자면 대화를 통해 기존의 가치관이나 당대 아테네 민주주의의 관행이 옳은지를 성찰하고 비판적으로 검토할 필요가 있다는 주장도 포함하고 있었다. 이런 점에서 본다면 소크라테스는 철학적 대화를 통해 시민들이 권력투쟁과 밀접하게 결합되어 있는 현실정치로부터 거리를 둔 상태에서 공공의 사안에 대해 자유롭게 토론하고 숙의하는 공적 공간을 창출하려는 의도를 지녔다고 말할 수 있을 것이다.

만년에 개인 학교를 설립하여 정치에 대한 새로운 성찰을 제공한 공자와 마찬가지로 소크라테스는 플라톤의 아카데미아와 같은 제도화된 것은 아니라고 할지라도 독립적인 토론 공간을 창시했다. 그러니까, 당대 아테네 민주주의에서 민회나 시민 법정에 직접 참여하여 시민들이 공적 사안을 직접 결정하던 것과는 다르게, 그런 공적 사안의 결정 과정에 매개될 수 있는 독자적인 토의의 공간 혹은 논의의 공간을 철학적 대화를 통해 형성하려고 했다. 요즈음 용어로 표현한다면 여러 사람의 자유로운 의견 교환을 통해 공적인 사안에 대해 공동의 의지를 결집하려는 공간, 즉 공적 토의의 영역을 마련하기 위한 활동이었다는 점에서 소크라테스는 새로운 정치적 행위를 수행한 인물로도 평가할 수 있다. 그리고 그런 소크라테스의 철학적 작업은 정치 권력으로부터 독립된 비판적인 공적 토론의 장을 형성하기 위한 노력으로 해석될 수 있을 것이다.

한 사회에서 유력한 정치가가 되어 활동하거나 특정 정당이나 파벌에 속해서 활동하는 것만이 정치적 활동을 수행하는 방식은 아니다. 비판적이고 합리적인 공적 토론과 숙의의 장은 현대사회에서 여론을 형성하는 데에서만이 아니라 정치적 의사결정의 질과 그 정당성을 높이는 데에서도 커다란 의미를 지닌다. 따라서 많은 사람은 이런 토론의 장이 활성화되어야 민주주의 사회가 건전해진다고 본다. 즉 구체적인 현실정치와 일정 정도 거리를 취하면서 모든 중요한 사안을 합리적인 토론에 부쳐서 더 나은 대안과 결정에 이르는 것은 민주주의의 발전에도 필수적 의미를 지닌다. 이런 의미에서 소크라테스의 철학적 삶은 일반적인 아테네 시민들에게는 그동안 알려지지 않았던 새로운 방식으로 수행된 정치적 행동이었다고 보아도 틀리지 않을 것이다.

이런 해석이 옳다면, 소크라테스는 단순히 죽음이 두려워서 정치집회의 장이나 시민 법정에 참여하는 것을 꺼린 것이 아니라, 보다 효과적으로 새로운 형태의 정치를 실현하기 위해 그러했다고 보는 것도 가능하다. 따라서 플라톤이 『고르기아스』편에서 당대 아테네 시민에 의해 가장 반정치적이고 아테네 민주 공동체를 파괴하는 인물로 고발당한 소크라테스야말로 참다운 정치술로써 정치를 행한 유일한 사람이었다고 주장하는 것도 역설적이지만 일면의 진실을 보여 준다고 할 수 있을 것이다.[47]

그러나 소크라테스의 자립성에 대한 열망은 수동성 전체에 대한 거부나 평가절하 혹은 그로부터의 이탈의 의미를 수반한다는 점에서 어떤 치명적인 독을 수반하고 있다. 자립성과 자유로운 삶의 추구는 인간 삶의 필수적 조건이라 할 수 있는 수동성과의 전적인 단절 속에서만 가능하다는 그의 철학적 태도가 바로 위에서 살펴본 바와 같은, 그의 가족이 보여 준 슬픔에 대한 차가운 반응의 원천이다. 연민의 감정 같은 것은 이성적 원칙에 따라 살아가야 할 자유로운 사람의 삶에는 어울리지 않는다는 것이다. 그가 육체를 영혼의 '감옥'(φρουρά)으로 규정하고 "쾌락들과 욕망들 그리고 고통들과 두려움들"을 영혼의 자유로운 활동 즉 육체로부터의 '해방'을 방해하는 장애물로 간주했던 것도 결코 우연이 아니다.[48]

소크라테스는 법정에서 자신을 변론할 때도 오로지 이성적 추론과 논증에 입각한 판결만을 요구할 뿐 시민 배심원들에게 그 어떤 연민과 동정을

---

47) 플라톤, 『고르기아스』, 205쪽.
48) 플라톤, 『에우티프론, 소크라테스의 변론, 크리톤, 파이돈』, 282쪽 및 354쪽.

초래할 수사적 언변을 보여 주지 않는다. 오히려 그는 법정에 선 사람이 시민 배심원들 앞에서 "통곡도 하고 비탄도 하면서" 자신을 변호하는 행위는 "자유인답지 않은 일"(여성적이며 수치스러운 일)이라고 강조한다.[49] 물론 이런 소크라테스의 발언 역시 일종의 감정을 유발하려는 수사적 표현 방법임을 부정하기는 어렵다. 하여간 감정에 호소하는 일은 옳고 그름을 이성적으로 판단해야 할 시민 배심원을 어지럽혀서 잘못된 결정에 이르게 하는 행동이라는 것이다. 이처럼 그에게 감정은 이성적 판단을 흐리게 하는 위험한 것에 지나지 않는다.

소크라테스에 의하면, 신체적 고통이나 죽음, 가족과의 사별의 슬픔 등은 행복과는 무관한 것이며 인간의 이성적 원칙에 입각한 훌륭한 삶만이 진정한 행복에 이르는 길이다. 건강이나 죽음이나 고통은 모두 인간의 자족적 삶과 관련 없는 외적인 것에 불과하기에, 그런 요인들로부터 자유로운 독립적인 영혼의 상태에서 살아가는 것이 행복이고 훌륭한 삶이라는

---

49) 플라톤, 『소크라테스의 변명』, 105~106쪽. 소크라테스가 법정에서 연민과 같은 감정의 문제를 부정적으로 보는 것은 그의 철학적 기본 원칙, 즉 이성에 의해 지배되는 삶에 대한 그의 이상 때문이다. 소크라테스는 재판관이 맡은 정의로운 판결에는 감정이나 사적 이해관계가 개입되어서는 안 된다고 주장한다. 이로 미루어 볼 때 그는 재판과 관련해서도 감정과 연민의 문제를 정의로운 판결을 불가능하게 만드는 장애물로 이해하는 것으로 보인다. 그러나 법정에서 감정에 호소하는 것을 싸잡아 비판할 필요는 없다. 동정심이나 분노에 호소하는 것을 금기시할 필요는 없다는 것이다. 감정에는 인지적이고 가치 판단적인 요소가 들어 있는 것이지, 연민이나 분노나 두려움이 아예 인지적이고 판단적인 요소를 갖지 않는 비합리적인 충동에 불과한 것은 아니기에 그렇다. 그런 점에서 마사 누스바움이 적절하게 지적하듯이 동정심은 재판 과정에서도 매우 중요하고 긍정적인 역할을 할 수 있다. 어떤 범죄를 저지른 사람에게 형량을 선고할 때 그 사람이 살아 온 배경을 알고 그 선고 과정에서 동정심이 발휘되는 경우가 있는데, 그런 경우가 늘 틀린 것은 아니다. 예를 들어, 그 범죄자가 유년 시절에 가족이나 가까운 사람으로부터 심각한 학대를 계속해서 받아 온 경험으로 인해 충동조절장애의 상태에서 범행을 저질렀다면, 양형 과정에서 동정심을 유발할 수 있는 그런 경험이나 증거를 제시하는 것은 부당한 일이 아니기 때문이다. 재판 과정에서 동정심에 호소할 정당한 이성적인 이유가 존재한다는 누스바움의 주장을 인정하는 미국 연방대법원의 판결도 존재한다. 1976년 미국의 연방대법원은 노스캐롤라이나주의 사형제도 법령을 위헌으로 판결했다. 형벌을 결정하는 과정에서 그 법령은 피고인으로부터 자기 삶의 이력을 이야기함으로써 배심원들의 동정심에 호소할 기회를 박탈한다고 보았기 때문이다. 마사 누스바움, 『혐오와 수치심』, 49쪽.

말이다. 간단하게 말해, 어떤 어려운 시련이 닥쳐오고 고통스러운 가시밭길로 가득 찬 삶이라고 해도 올바른 행위를 하는 사람은 결국 덕이 있는 사람이자 행복한 사람이라는 것이 소크라테스의 입장이었다. 서양 철학에서 오랫동안 지배적 흐름을 형성하고 있었던 반연민적 전통을 창시한 인물이 바로 소크라테스이다.[50]

급기야 소크라테스는 자족적 삶을 추구하는 사람에게 필요한 것은 아무것도 없다는 결론까지 도출한다. 그는 말한다. 죽는 것을 두려워하지 않기에 동료들의 죽음에 대해서도 크게 슬퍼하지 않을 사람은 "훌륭하게 살아가는 데 있어서 스스로 가장 자족할 수 있어서, 남들과는 판이하게 타인이 가장 덜 필요하다고 말일세."[51] 플라톤의 초기 대화편으로 분류되며 우정이라는 주제를 다루고 있는 『뤼시스』에서도 자족적 삶을 살아가는 사람이야말로 훌륭한 사람이라고 하면서 그런 사람에게는 친구는 물론이고 다른 아무것도 필요하지 않다는 주장이 등장한다. 다음은 소크라테스와 뤼시스가 나눈 대화 내용이다. "'어떤가? 훌륭한 사람은 훌륭한 사람인 한 자족하겠지?' '네.' '자족하는 사람은 자족하기 때문에 필요한 것이 아무것도 없을 걸세.' '물론이겠지요.'"[52]

물론 앞에서 본 것처럼 소크라테스에게는 대화의 철학이라는 면모가 있는데, 그것은 자족적인 삶은 타자를 필요로 하지 않는다는 주장과 상당한 긴장을 형성한다.[53] 여기에서는 우선 자립성과 자족성에 대한 강조가 이성적 삶, 즉 철학적 삶의 근본 주장의 하나이며 이런 주장에는 기존의 '관계'를 평가절하하는 면이 강하게 있다는 점에 주목하고 싶다. 더 나아가, 이런 이성에 대한 강조는 자연적인 욕망이나 감정 전반을 지배받아야 할 하찮은

---

50) 마사 누스바움, 『감정의 격동 2: 연민』, 649쪽 및 670쪽 참조.
51) 플라톤, 『국가·정체』, 188쪽. 연민과 이성의 소크라테스적 대립에 대한 설명과 그 문제점에 대한 필자의 반론은 누스바움의 이론에 크게 의존하고 있음을 그 책을 읽어 본 독자들은 쉽게 알 것이다.
52) 플라톤, 『뤼시스, 라케스, 카르미데스』(천병희 옮김, 숲, 2015), 44쪽.
53) 소크라테스의 대화 철학에 대해서는 나종석, 『헤겔 정치철학의 통찰과 맹목』, 제8장 '니체의 소크라테스 비판, 대화적 이성 그리고 헤겔 변증법의 가능성' 참조 바람.

것으로 보는 관점과 깊게 연결되어 있다는 점도 중요하다.

그런데 주지하듯이 감정과 이성의 이원론적 대비에 기초한 소크라테스의 행복과 탁월성에 대한 태도는 후에 스토아학파의, 온갖 감정이나 충동으로부터 자유로운 평정심 혹은 무감정의 상태(ἀπάθεια)에서 비로소 자족적이고 훌륭한 삶이 가능하다고 보는 주장으로 이어진다.[54] 예를 들어 그리스 스토아학파의 철학자이자 정치가였던 포세이도니오스(Posidonius)는 고통이 악이고 불행임을 주장하는 것에 반대하면서, 본인 스스로 극심한 관절통으로 인해 고생하고 있음에도 불구하고 "훌륭함 이외의 다른 선은 없음"을 강의했다고 한다. 그러면서 강의 도중에 고통이 엄습할 때마다 다음과 같이 말했다고 키케로(Cicero)는 전한다. "고통이여, 너는 아무것도 아니다. 네가 아무리 고통스럽게 굴어도 나는 네가 악이라는 데 동의하지 않을 것이다."[55] 영혼의 내면적인 자족성 혹은 정신적 자유로서의 자족성에 대한 소크라테스와 스토아학파의 강조는 노예 출신의 스토아학파 현인인 에픽테토스(Epictetus)의 주장에서도 잘 나타난다. 그는 노예보다도 주인이 더 노예스러우며 노예인 자신이 주인보다도 더 자유롭다고 하면서 그 어떤 외적 조건에도 훼손되지 않을 '정신적 자유'를 옹호한다.[56]

연민과 같은 감정은 사람을 노예적인 굴종이나 어린아이와 같은 의존적 상태로 전락시킨다고 보는 연민에 대한 혐오적인 태도, 그리고 이성중심적인 자립성에 대한 강조 등은 오늘날 행해지는 복지국가에 대한 비판에서도 찾아볼 수 있다. 주지하듯이 복지국가를 비판하는 자유주의적 사상가들, 특히 신자유주의적 사상가들은 국가가 시민들의 복지를 책임지는 것은

---

54) 소크라테스와 스토아학파의 연결 지점에 대해서는 군나르 시르베크·닐스 길리에, 『서양 철학사』 1(윤형식 옮김, 2016), 192쪽 참조 바람. 윤형식이 번역한 두 권의 서양 철학사는 서양 철학 전체에 대한 탁월한 소개서이다.

55) 키케로, 『투스쿨룸 대화』, 212~213쪽.

56) 에픽테토스, 『엥케이리디온: 도덕에 관한 작은 책』(김재홍 옮김, 까치, 2003), 174쪽 참조. 감정과 이성을 분리하는 전통에서 스토아학파가 강렬한 세계시민주의와 개인주의적 사유를 개척한 것은 그 학파의 위대한 성취일 것이다. 이에 대해서는 이사야 벌린, 「그리스 개인주의의 탄생」, 『자유론』, 567~592쪽 참조 바람.

시민들의 도덕성을 타락시키고 인간의 주체성과 자립성을 갉아먹는 노예적 의존성과 나태함의 심성을 키운다고 간주한다.

복지가 인간의 권리와 자율적 삶에 대해 위험하다는 생각은 오늘날까지 많은 영향을 주고 있는 칸트에게서도 나타난다. 그는 백성들의 복지와 행복에 관해서 책임을 지고자 하는 정부 형태를 가장 위험한 것으로 본다. 이런 칸트의 자유주의는 권리와 행복의 강한 구별을 전제하는데, 이는 감정과 이성의 구별 혹은 영혼과 육체의 소크라테스적인 이원론에 조응한다. 이를테면 칸트는 극심한 고통을 겪고 있는 친한 친구에 대하여 아무런 동정심 없이도 그의 인격성을 존중할 수 있다고 보는 스토아학파가 지향하는 현자의 행동 방식에 동의한다.

> 그러므로 사람들은 언제나 몹시 심한 통풍의 고통을 당하여 "고통아, 네가 아무리 나를 괴롭혀도 나는 네가 무슨 악한 것이라고 인정하지는 않을 것이다!"라고 외친 스토아학파 사람을 비웃을 수도 있겠지만, 그러나 스토아학파 사람은 옳았다. 그가 느꼈던 것은 해악이었고, 그것이 그로 하여금 소리치게 했던 것이다. 그러나 그는 그로 인해 그에게 악이 붙어 있다는 것을 인정할 원인을 전혀 가진 바 없었다. 왜냐하면, 고통은 그의 인격 가치를 조금이라도 깎는 것이 아니라 단지 그의 상태의 가치를 깎는 것이었을 뿐이니 말이다.[57]

어떠한 극한의 고통이나 역경도 사람의 '인격의 가치'에 아무런 손상을 입히지 않는 것이기에 그런 고통은 사람의 '상태의 가치'에만 영향을 줄 뿐이라는 스토아학파의 주장과 그에 대한 칸트의 공감은 '덕이 있는 사람에게는 아무런 해도 가할 수 없다'고 한 소크라테스의 주장에서 나온 것이다. 그리고 상태의 가치와 인격의 가치 사이의 구별은 분명 고귀한 통찰을 포함한다. 인간의 인격성의 가치, 달리 말해 인간의 인격적 존엄성은 본래

---

57) 임마누엘 칸트, 『실천이성비판』(백종현 옮김, 아카넷, 2002), 145쪽.

사회적 지위의 고하 또는 가난과 무관하게 독립적인 의미를 지닌다는 주장이 아마 스토아학파와 칸트의 주장이 지니는 합리적 핵심일 터이다.

그러니까, 소크라테스와 스토아학파의 연민에 대한 반대는 사람이 어찌할 도리가 없는 상황, 즉 사람이 이성적으로 통제 불가능한 상황에 대한 과도한 의존은 바람직하지 않다는 나름의 좋은 통찰을 지니고 있다. 우리는 유한한 인간이기에 늘 살아가면서 어찌해 볼 도리가 없는 우연적 사건이 발생하게 되면 그 속에서 울고 웃는다. 그런 상황에 지나치게 끌려 다니면서 시간을 낭비하는 것은 문제이다. 어찌해 볼 도리가 없는 운명의 힘 앞에서 우리는 운명을 사랑하는 법을 배워야 한다. 따라서 사람은 잘못된 감정과 욕망의 노예 상태에서 해방되어 자존적이고 독립적으로 삶의 이상을 추구해야 한다고 소크라테스가 말한다면, 그 주장은 강렬한 호소력을 지닌다.

예를 들어, 극심한 고통이나 역경에도 포기하지 않고 추운 만주 벌판에서 조국의 독립을 위해 헌신한 이름 없는 일제강점기의 독립운동가들이나, 독재 권력 시대의 온갖 잔인한 고문이나 협박 및 회유를 극복하면서 일신의 영달보다는 민주주의를 위해 자신의 원칙을 견지한 분들에 대해 우리는 그 굳건한 덕성에 존경을 품으면서 무한한 미덕의 광채가 빛나고 있음을 본다. 어떤 상황에서도 자신이 선택한 도덕적 원칙을 고수하면서 자신의 인격적 가치의 고매함을 증명하는 사례는 인류사에서 자주 목도된다.

물론 앞에서 언급한 극단적 상황에서만 인간의 인격의 가치가 지니는 훼손 불가능한 존엄성이 빛나는 것은 아니다. 인격의 가치와 상태의 가치를 구별하는 데에는 또 다른 면모가 있다. 이를테면 사회적으로 지위나 계층이 아무리 낮은 사람, 즉 사회에서 아무런 몫을 지니지 않는 주변인이라고 할지라도 그런 사람의 인격의 가치는 사회에서 부와 명예를 누리는 사람의 인격적 가치와 본질적으로 다르지 않다는 주장은 바로 인격의 가치와 상태의 가치의 구별을 강조하는 스토아적 그리고 칸트적 이성 중심적 사유가 지니는 합리적 핵심의 일부임에 틀림없다.

이처럼 소크라테스의 연민에 대한 무감각 혹은 혹독한 비판적 태도가 많은 사람에게는 낯설게 다가올지 모르지만 그것은 나름의 깊은 의미를 지니고 있다. 더 나아가 마사 누스바움이 지적하듯이 연민에 대한 소크라테스의 반대는, 연민은 연민을 표하는 사람은 물론이고 연민을 받는 사람에 대해서도 그의 품위 혹은 존엄성을 훼손하는 잘못된 도덕적 감정이라는 판단을 전제로 한다. 뒤에서 좀 더 자세하게 살펴보겠지만, 소크라테스에 의하면 동정심은 의존적이고 연약한 여성이 표현할 법한 나약함의 징표이다. 연민은 스스로 통제하기 힘든 우연한 불행에 과도한 중요성을 부여함으로써 불행을 초래한 사람뿐만 아니라 불행을 당하는 사람까지도 "모욕"하게 된다는 것이다. 소크라테스가 보기에 불행은 연민을 표하는 사람들이 생각하는 것처럼 그렇게 삶에서 중요한 위치를 점하는 것이 아니며 인간은 그어떤 고통도 견뎌내고 자신의 원칙을 지켜낼 수 있는 존엄한 존재인데도, 연민의 감정은 그 어떤 고통으로도 박탈할 수 없는 "인간성의 파괴 불가능한 위엄"으로부터 눈을 돌리게 하고 그것을 무시하는 것이기 때문이다.

앞에서 강조한 것처럼 사람을 사람답게 하고 사람에게 존엄성과 가치를 부여하는 것은 인간의 참다운 본성일 수 있는 로고스적(이성적) 영혼의 명령과 지침에 따라서 사는 데 있다고 소크라테스는 생각한다. 그리하여 통제할 수 없는 환경의 노예가 되기보다는 이성적 숙고나 판단에 따라 스스로 선택하고 그에 관한 책임을 질 수 있게 하는 내면의 의식에 주목할 때 비로소 인간은 외부 세계로부터 독립하여 자유롭게 된다고 본다. 그래서 고통받는 사람에게 연민을 표하기보다는 그 어떤 외적 조건도 파괴할 수 없는 존엄한 인간성에 대한 "존경"을 갖추어야 한다고 소크라테스는 본다.58)

그러나 연민과 인간의 탁월한 도덕성에 대한 소크라테스, 스토아학파, 칸트의 태도는 전체적으로 보아 이론적으로 틀렸다. 반反연민적 사유가 아무리 인간의 자족적 삶과 자립성에 대한 강렬한 희망을 안고 있다고 하더라도 말이다. 이런 비판은 인간 존엄성에 관한 주장을 전적으로 무의미하

---

58) 마사 누스바움, 『감정의 격동 2: 연민』, 672쪽 참조.

다고 기각하려는 문제의식과는 무관하다. 우리에게 중요한 것은 오히려 인간의 존엄성에 대한 더 나은 관점을 추구하는 것이기 때문이다.

　우리가 타인의 불행과 고통에 대해 연민을 느끼고 같이 아파하면서 그것을 드러내 보인다 해도, 결코 그것이 늘 소크라테스가 생각하듯이 인간을 연약성과 의존성에 전적으로 매몰시키는 태도로 이어지는 것은 아니다. 인간의 조건으로서 실존의 유한성을 자각하는 것과 연민의 감정은 결합되어 있다. 인간 조건으로서의 취약성과 우연적 요소들에 의해 심각한 해를 당할 수 있음을 긍정하는 것은 사람의 정신적 자유로움이나 자립성을 부인하고 인간을 늘 타인이나 이성적으로 통제 불가능한 외적인 우연적 조건에 전적으로 의존해 있는 약한 존재로 보는 것을 뜻하진 않는다. 달리 말하자면, 연민과 자족적 삶의 이상은 그렇게 양자택일의 문제로 간주될 성질의 것이 아니다. 타인의 고통에 대한 둔감함의 문제는 제외하더라도, 인간이 지니는 불완전성으로 인해 뜻밖의 고통을 겪고 있는 사람에 대해 연민을 갖는 것이 그 사람에게서 독립성과 자존감을 앗아가는 것은 아니기 때문이다. 그러므로 친구와 가족의 상실감에서 나오는 깊은 슬픔과 고통에 대해, 세상을 등지는 가족이나 친구의 삶에 대해 동정과 연민의 감정을 느끼는 것이 결코 그런 친구에 대한 경멸이나 모욕은 아닐 것이다.

　가족이 끔찍한 질병 속에서 죽어 가는데도, 아니면 자신의 딸이 폭력적으로 강간을 당하는데도, 사형 판결을 받고 독배를 마시게 된 사람이 가까운 친구나 가족과 마지막으로 작별하는 순간에도 마치 아무 일도 없다는 듯이 흔들리지 않고 자신이 옳다고 믿는 바대로 살아가는 사람을 우리는 훌륭한 사람이라고, 더 나아가 행복한 사람이라고 말할 수 있을 것 같진 않다. 그런 사람들에게는 불행을 겪고 그것을 이겨낸다는 것이 실제로는 아무런 의미를 지니지 않기 때문이다. 진정으로 아파하지 않는 사람이기에 그렇다. 달리 말하자면, 외적 요인들에 의해 아무런 동요를 받지 않는다는 것은 매우 친한 친구의 죽음에 대해서도, 혹은 사랑하는 사람과의 이별에 대해서도 아무런 상실감을 느끼지 않는다는 것을 의미하는데, 이는 그렇게 행동하는 사람이 자신의 친구나 가족을 실제로 전혀 중요하지 않다고 여기고 있음을 보여 주기 때문이다.

인간의 자율성과 독립성을 인간의 삶의 구체적 상황이나 조건과 무관하게 실현될 수 있는 것으로 보려는 소크라테스적 강조가 안고 있는 문제점은, 앞에서 본 것처럼 인격의 가치와 상태의 가치라는 칸트적인 이원론에로 이어진다. 칸트에 의하면 고통은 인간의 존엄성의 토대인 '인격의 가치'를 전혀 훼손할 수 없다. 고통이 사람의 '상태의 가치'를 깎을 수는 있지만 그런 상황은 인격성의 훼손 여부와 전적으로 무관하다. 그런데 이런 식의 이원론, 즉 상태의 가치와 인격의 가치의 강한 구분은 매우 심각한 이론적 곤경에 빠진다.

이런 이원론은 칸트의 예지계의 자아와 감성계에 속한 자연적 존재의 이원론, 혹은 이성과 감성, 자유와 행복 등등의 이원론의 한 변형이다. 이런 이원론에 따르면, 예지계의 자아만이 선하고 실천이성에 의해 행동할 수 있기에 자연적 욕구와 경향성을 지닌 나쁜 자아를 넘어서야만 자유로울 수 있다. 이는 사실 비육체적인 영혼의 부분, 그러니까 이성적으로 숙고하는 영혼의 영역을 진정한 자아로 보고 그러한 비물질적인 영혼은 그 어떤 것에 의해서도 파괴될 수 없는 것으로 생각한 소크라테스적 영혼-육체의 이원론의 맥을 이어받고 있다. 하여간 이와 같은 이원론적 자아관을 존 롤스는 칸트의 "마니교적 도덕 심리학"[59]이라고 명명한다.

만약에 칸트가 주장하듯이 어려운 고통에 처한 친구에게조차 아무런 공감을 보여 주지 않을 정도로 초연한 마음가짐과 평정심을 유지하면서 그 어떤 상황에서도 인간의 인격적 가치는 훼손당하는 법이 없다는 전제를 삶의 준칙으로 삼아서 살아가는 사람이 있다면, 그 사람에게 아마 고문이나 강간이나 폭력적인 살해 위협 등은 실질적으로 아무런 의미도 지니지 않는 사소한 일에 불과할 것이다. 따라서 그 어떤 심각한 질병이나 고문과 같은

---

59) 존 롤스 『도덕철학사 강의』, 460쪽.

폭력으로 인해 겪는 고통이 인간의 인격성이나 이성적 영혼의 고귀함에 아무런 훼손을 주지 않는다고 한다면, 우리는 왜 타인의 신체에 심각한 해악을 가하는 행동을 비난하는지 이해하기 힘들다. 실제로 존 롤스에 의하면 칸트의 실천철학에서 나타나는 마니교적 도덕 심리학적 경향은 "칸트의 도덕 이론에 심각한 난점을 일으킨다." 그것은 자유로운 행위와 관련하여 "책임에 관한 만족스러운 설명을 무너뜨린다." 올바른 일을 하는 사람은 늘 자신의 자연적 욕구를 벗어나서 실천이성의 원리에 따라 행동하는 자아이지만, 자연적 자아는 늘 자연적 경향성에 굴복하는 나쁜 자아로 간주되기 때문이다.[60] 이런 칸트의 마니교적 심리학의 문화적 원천은 이 세상을 영혼의 감옥으로 이해한 플라톤이나 그 기독교적 변형에서 찾을 수 있으리라.

최근에 필자는 몽테뉴(Michel Eyquem de Montaigne)의 『수상록』(Essais)을 읽던 중 칸트의 마니교적 심리학과 매우 유사한 사례를 발견하였다. 몽테뉴에 의하면, 이단 아리우스파에 반대한 유명한 푸아티에 주교 일레르 성인에게는 무남독녀가 있었는데, 그는 하나뿐인 딸이 속세의 쾌락과 즐거움에 애착을 느끼기보다는 온전히 신과 함께길 열망한 나머지 딸이 가능한 한 빨리 죽기를 기원하는 기도를 쉬지 않고 신께 드렸다고 한다. 신과 함께하는 저세상에서야말로 참다운 행복과 영원한 하늘의 지극한 행복이 이루어질 수 있을 것으로 믿었기 때문이다. 그리하여 그는 하느님께 가능한 한 빨리 자신의 어여쁜 딸을 데려가 달라고 늘 기도하였는데, 정말 그의 딸은 얼마 지나지 않아 죽게 되었다. 그러자 주교는 딸의 죽음을 슬퍼하기는커녕 오히려 매우 기뻐했다고 한다. 몽테뉴가 들고 있는 일레르 성인의 일화는 칸트의 마니교적 심리학과 상당히 친화적인 사유 구조를 보여 준다는 점에서 매우 흥미롭다. 이 부분을 좀 길지만 인용하면 다음과 같다.

이단 아리우스파의 유명한 적수였던 푸아티에 주교 일레르 성인은 시리아에

---

60) 같은 책, 460~463쪽.

있을 때, 바다 건너편에 제 어미와 함께 두고 온 무남독녀 아브라가 교육도 잘 받고 부유하며 한창 아름다운 나이였던지라 그 나라의 여러 이름 높은 영주들이 청혼하러 쫓아다닌다는 말을 듣게 되었다. 그는 딸에게 편지를 쓰기를 (우리가 알다시피) 사람들이 주겠다고 하는 그 모든 쾌락과 혜택에 대한 애착을 버려야 한다면서, 자기가 여행 중에 훨씬 대단하고 마땅한 짝을 찾았는데 전혀 다른 권세와 위엄을 지닌 신랑감으로서 헤아리기 어려운 가치를 지닌 옷과 보석을 줄 것이라고 했다. 그의 의도는 딸이 세상의 쾌락에 대한 욕구와 습관을 벗어 버리고 온전히 신과 합일하게 하려는 것이었다. 그런데 그렇게 하기 위한 가장 빠르고 확실한 방법은 딸의 죽음이라 여겨서, 그는 쉬지 않고 서원과 기도, 기원을 통해 자기 딸을 이 세상에서 떼어 내 하느님 당신께로 불러가 달라고 빌었다. 그런데 소원대로 이루어졌다. 그가 돌아온 지 얼마 안 되어 그 딸이 죽은 것이었다. 이를 두고 그는 특별히 기쁜 내색을 보였다.…… 일레르 성인의 아내는 어떻게 남편의 계획과 의지에 따라 딸이 얼마나 행복해졌는지를 남편에게 전해 듣고서 영원한 하늘의 복락을 간절히 염원한 나머지, 남편더러 자기에게도 마찬가지로 해 달라고 집요하리만큼 요구했다. 그리고 두 사람이 함께 올리는 기도를 듣고서 얼마 안 있어 신이 그녀를 데려가니, 그것은 두 사람이 함께 그 무엇과도 견줄 수 없는 기쁨으로 받아들인 죽음이었던 것이다.[61]

그러나 칸트의 마니교적 도덕 심리학은 정치철학에서도 심각한 문제를 초래한다. 인간의 존엄성은 그 어떤 상황에서도 훼손당하지 않는다는 논리를 끝까지 밀고 나가다 보면 인간의 존엄성을 보장하는 민주적 법치국가의 필연성이 어디에 있는지 이해하기 힘들다. 그러나 고통을 드러내지 않고 의연하고 꿋꿋하게 견뎌 내는 태도와 고통에 대해 아무런 동요나 정념이 없는 태도는 외적으로는 유사한 것 같지만 근본적으로 차이가 있음을 망각해서는 안 된다.

칸트가 숭상하는 스토아적 현자는 아마 어떤 불합리하고 부당한 외적인

---

61) 미셸 드 몽테뉴, 『에세』 1(심민화·최권행 옮김, 민음사, 2022), 393~394쪽.

상황 속에 처해 있다고 해도 그런 상황이 사실상 커다란 중요성을 지니지 않는 것이기에 결코 인간의 존엄성을 빼앗아 갈 수 없다고 생각하는 것으로 보인다. 세네카가 이런 점을 잘 보여 준다. 그는 인간 영혼의 내면적 강인함이나 내면적 자유에 해를 줄 수 있는 것은 아무것도 없다고 생각한다. 이런 생각에서 그는 노예제도조차도 인간 영혼의 위대한 덕성과 자유로움에 아무런 해를 입히지 못한다는 결론을 도출한다.

> 그는 노예인가? 그러나 그의 마음은 자유로울 것이네. 그는 노예인가? 하지만 그게 무슨 상관이란 말인가? 누군가 노예가 아닌 사람이 있다면 내게 보여 주지 않겠나? 어떤 자는 정욕의, 어떤 자는 욕심의, 어떤 자는 야심의 노예가 되고, 또한 누구나 기대와 두려움의 노예라네.[62]

이사야 벌린(I. Berlin)이 지적하듯이 이성적으로 스스로 통제할 수 없는 것에 관해 초연한 태도를 견지하려는 칸트의 입장은 "자유주의적 개인주의 전통에 스며들어 있다." 그러나 이런 입장은 "자아의 내면으로 일종의 이민"을 떠나는 행위로 나가기 쉽다. 이런 입장은 사실상 "가질 수 없는 것이라면 원하지 않도록 스스로 훈련하는 것으로, 욕구의 제거 또는 욕구에 대한 성공적인 저항이 욕구의 충족만큼 좋은 일이라는 신조"와 다르지 않다. 달리 말해 신포도의 우화처럼 정신승리로 빠지기 쉽다는 말이다. 그리하여 벌린에 따르면 칸트적인 자유주의적 신조는 노예 상태에서라도 사람은 자유로울 수 있다고 믿는 스토아적 자유 개념과 통하기에 "아주 지독한 정치적 독재에서도 자유가 가능하다는 말"을 정당화하는 것으로 나간다.[63]

이런 해석이 칸트에게 불공정하다고 느끼는 사람들에게 다음과 같은 칸트의 주장을 인용할 수도 있을 것이다. 칸트는 『이성의 한계 내에서의 종교』에서 이렇게 말한다. "이 세상 안에 있는 어떠한 원인에 의해서도

---

62) 세네카, 『세네카의 삶의 지혜를 위한 편지』(김천운 옮김, 동서문화사, 2016), 143쪽.
63) 이사야 벌린, 『자유론』, 373~374쪽, 그리고 118쪽.

그는 자유롭게 행위하는 존재자이기를 중단할 수 없다."[64] 이런 칸트의 주장은 제빵 공장 노동자의 근무 시간을 주 60시간 이내로 제한하려는 뉴욕주의 법률을 위헌으로 판정했던 1905년 미국 연방대법원의 판결을 연상케 한다. 당시 미국 연방대법원이 주당 근로시간을 한정하는 법률을 위헌이라고 본 까닭은, 그런 법률이 고용주와 피고용인 사이에 맺어지는 노동계약의 자유를 과도하게 제한하는 것으로 이해되었기 때문이다.[65] 이런 판결에 따르면, 그 어떤 조건에서라도 계약을 맺는 당사자들은 자유롭다. 극단적으로 말해 주 120시간이든 혹은 하루 24시간 내내든, 아무리 열악한 노동 조건에서라도 생존하기 위해 고용주와 맺는 계약은 자유롭다는 것이다. 그런 열악한 상황과 무관하게 인간은 자유롭게 행동할 수 있는 이성적 존재이기 때문이다. 이렇게 칸트는 도덕적 책임의 근거인 자유로운 선택으로서의 자유를 옹호하려다 보니 결국 자기파괴적인 결론에 이르고 만다. 그 까닭은 칸트가 자유와 자유의 조건을 강하게 분리하기 때문이다.

우리는 고통을 겪는 사람들과 함께 공감하면서 그들에게 연민을 표하기도 하지만 동시에 그 고통 받는 사람에 대해 그가 존엄한 인간성을 발휘하여 고통을 훌륭하게 견뎌 내는 모습을 보면서 인간성의 위대성에 대한 존경의 마음을 지닐 수도 있다. 고통받는 사람이 타인의 그 어떤 도움이나 연민이나 공감이 없이 홀로 그런 상황을 극복하는 데에 인간성의 참다운 위대함이 존재한다는 것을 인정한다고 해도, 우리는 그 사람이 겪는 상실이나 고통이 그에게 아무런 의미나 중요성을 지니지 않는다고 주장해서는 안 된다. 오히려 인간이 겪는 상실과 고통이 진지하고 심각한 것임을 인정하기 때문에 그런 상실에 대해 스스로 아파하고 자신과 유사한 고통 속에서 살아가는 사람들에 대한 연민과 공감의 감정을 지니면서도 우리는 불굴의 용기를 갖고 불행을 견뎌 낼 수 있는 존재인 것이다. 사실 그런 사람만이 진정하게 훌륭한 사람이라고 불릴 수 있지 않을까? 그렇지 않고 아무런 감정도 없이

---

64) 임마누엘 칸트, 『이성의 한계 내에서의 종교』(백종현 옮김, 아카넷, 2011), 214쪽.
65) 마이클 샌델, 『민주주의의 불만』(안규남 옮김, 동녘, 2012), 66쪽.

모든 감정에 초연하고 동요가 없는 사람이라면 내적으로 아무런 긴장도 없을 것이기에, 그런 사람에게서 어떤 고난에도 굴하지 않고 꿋꿋이 견뎌내는 불요불굴의 위대한 인간성의 승리를 발견하기는 힘들다.

4. 공자의 어짊(仁)의 도와 군자의 자족성의 이상

소크라테스와 달리 연민과 자족성에 대한 추구를 동시에 겸비하고 있는 사람으로 공자가 있다. 필자가 견문이 적은 탓인지 모르지만, 소크라테스가 눈물을 흘렸다는 기록은 본 적이 없다. 그러나 공자의 삶은 달랐다. 그가 그토록 아끼고 사랑했던 제자의 죽음에 대해 상심하는 기록이 오롯하게 『논어』에 들어 있다. 『논어』 「선진先進」 제9장에는 공자가 애제자 안연顏淵의 죽음에 대해 슬퍼하는 장면이 묘사되어 있다.

> 안연이 죽자, 공자께서 곡하시기를 지나치게 애통해하셨다. 종자從者가 말하였다. "선생님께서는 지나치게 애통해하십니다." 공자께서 말씀하셨다. "지나치게 애통함이 있었느냐? 저 사람(夫人)을 위해 애통해하지 않고서 누구를 위해 애통해하겠는가?"66)

공자는 자신이 안연의 죽음으로 인해 주변 사람들에게 평소와는 다르다고 느껴질 정도로 크게 상심하는 모습을 보여 주었음을 부인하지 않는다. 오히려 그는 그런 행동이 이치에 들어맞는다고 말한다. 자신이 50이 넘은 나이에 고국 노나라를 떠나 세상을 떠돌아다녀야 했을 때 늘 동고동락同苦同樂하면서 스승과 뜻을 같이했을 뿐만 아니라, 스승의 안위를 자신의 생명보다 더 소중하게 여겼던 애제자 안연의 죽음이기에 그렇게 슬퍼하는 것이 오히려 합당하다고 공자는 생각했다. 소크라테스라면 이런 모습이 매우 낯설게

---

66) 『논어집주』, 208~209쪽.

여겨졌을 것이다.

안연의 죽음에 대해 슬픔을 솔직하게 표현했던 것이나 정치에 참여하여 뜻을 이루고자 하는 과정에서 절망도 겪고 때로 동요하기도 했던 공자의 인간적인 면모는 플라톤에 의해 탁월한 방식으로 묘사된, 곤경을 이겨내는 과정에서 초인적 모습을 보여 주는 소크라테스의 상과는 대조적이다. 『향연』에서 소크라테스는 놀라운 절제력과 인내와 용기를 지닌 인물로 그려진다. 그는 당대 아테네에서 최고로 아름다운 청년 알키비아데스(Alkibiades)의 노골적인 사랑의 유혹을 뿌리치는 놀라운 절제력을 보여 주었고, 알키비아데스는 소크라테스가 전쟁터에서 보여 준 인내와 용기를 아름답게 묘사한다. 그리고 글의 마지막 부분에서 플라톤은, 밤새도록 술을 마시고도 취하지 않은 채 새벽에 집으로 향하는 소크라테스의 모습을 그림으로써 그가 초인적인 절제력을 지닌 탁월한 인물이었음을 웅변하고 있다.[67]

소크라테스에게는 수동적으로 초래되는 온갖 정감은 이성적 삶의 장애물로 이해되었지만, 공자에게 정감 혹은 감정과 이성 사이의 강한 분리란 바람직하지 않은 것이었다. 중요한 것은 정감과 내면적 인격인 주체성과의 합당한 일치이었다. 『논어』 「안연」편 제21장에는 "하루아침의 분노"(一朝之忿)라는 표현이 등장한다. 이런 분노는 자신뿐만 아니라 부모에 대해서도 화가 미치는 것이기에 적절한 분노가 아니라고 공자는 말한다. 사태에 대한 올바른 판단을 그르치게 해서 사람의 도덕적 본성의 발현을 방해하기 때문이다. 공자는 그런 '하루아침의 분노'를 "의혹함"(惑)으로 설명한다.[68]

그렇다고 공자가 분노란 아무런 의미도 없는 해로운 것이라고 주장하는 것은 아니다. 송대 성리학의 설명을 빌려 말하자면, 공자의 주장은 분노가 이치에 맞아야 한다는 것이었다. 사실 우리는 분노가 얼마나 사람의 마음과 판단을 흐리게 만드는지를 일상에서 자주 경험할 수 있다. 그래서 분노를 다스려서 잘, 즉 절도에 맞게 표현할 수 있게 하는 일은 한 개인에게만이

---

67) 플라톤, 『향연』 참조 바람.
68) 『논어집주』, 247쪽.

아니라 한 사회를 올바르게 만드는 데에도 매우 중요하다. 그런 점에서 주희와 여조겸은 "하루아침의 분노"를 사사로운 노여움으로 이해하면서 사물의 이치에 어긋나지 않는 분노를 긍정한다.[69]

우리는 공자의 기록을 남긴 제자들의 탁월성과 인간다움에 감동하지 않을 수 없다. 플라톤 또한 비록 자신의 저서, 특히 『국가』에서 비극 및 시인 추방을 주장했음에도 서양 철학사 2500년 동안 최고의 철학자의 한 사람이자 니체와 더불어 가장 탁월한 예술적 역량을 갖춘 철학자로 인정받고 있다. 설령 서양 철학사에서 시(문학)와 철학 사이의 '골육상쟁'을 시작한 장본인이라고는 하더라도 그의 철학적 대화편이 예술적 장르의 새로운 차원을 열었다는 평가를 받는 것도 무리는 아니다.[70] 그러나 플라톤은 삶과 죽음에 대한 소크라테스의 태도를 공자와 같은 인간적인 모습으로 그려낸 적이 없다. 적어도 필자가 아는 한에서는 그렇다. 『논어』 속의 공자는 플라톤에 의해 묘사된 소크라테스와는 다르다. 공자는 소크라테스보다 적어도 필자에게는 더 생생하고 살아 있는 인간으로 다가온다.

『논어』 속의 공자는 평생 자신이 품은 뜻을 펼치고자 했음에도 끝내 실패한 인물로 그려져 있다. 그는 자신을 알아주는 군주를 찾아 세상에 자신의 도道를 실천함으로써 세상을 태평하게 만들고자 하는 웅대한 뜻을 품었으나, 그 뜻을 끝내 이루지 못한 채 고향으로 돌아와 제자들을 키우는 스승으로 생애를 마감한다. 그는 자기 뜻을 펼치기 위해 50이 넘은 나이에도 불구하고 고국 노나라를 떠나 14년 동안 천하를 떠돌아다녔다. 그러는 과정에서 몇 차례 죽음의 위기를 맞기도 하고 굶기를 밥 먹듯 하는 등 숱한 고통과 고난을 겪었지만 그는 좌절할 줄 몰랐다. 망명 중의 초라한 행색으로 인해 사마천은 『사기』 「공자세가」에서 그를 오갈 데 없는 "상갓집 개"(喪家之狗) 혹은 "집 잃은 개"로 묘사할 정도였다.[71] 그러나 그는 결코 외적 상황이나

---

69) 주희·여조겸 편저, 『근사록집해』 1, 536쪽.

70) V. Hösle, *Der Philosophische Dialog* (München 2006) 참조 바람.

71) 이령/리링(李零), 『집 잃은 개』 1(김갑수 옮김, 글항아리, 2012), 13쪽. 이령은 "喪家狗"를 '집 잃은 개'로 이해한다.

운명의 힘에 대해 무관심한 존재가 아니었다.[72]

『논어』 속의 공자는 뜻을 펼칠 기회를 잡기 위해 여러 나라를 떠도는 동안 방황하고 동요하는 모습을 보여 주기도 한다. 자로子路는 평생 공자 곁을 지킨 몇 안 되는 제자 중 하나였고 성격이 강직한 인물이었다. 그는 무사 출신으로서 평소 칼을 차고 다니다가 공자 문하에서 선비(士)로 거듭난 인물이다. 공자가 14년에 걸친 망명 생활을 하는 동안 그의 곁을 떠나지 않고 동행했던 제자가 둘이었는데, 바로 자로와 안연이었다.[73] 나이가 들고 망명 생활이 길어지는 와중에 공자는 노나라에서 정변을 일으켜 공자를 초대한 공산불요公山弗擾에게로 가고자 했다. 이런 태도는 평소 공자가 주장하는 원칙에 어긋나는 것이었다. 그래서 자로는 기뻐하지 않으면서 "가실 곳이 없으면 그만이지, 하필이면 공산씨公山氏에게 가려 하십니까?"라고 말했다.[74]

또 공자는 자신을 중용한 사람을 몰아내고 반란을 일으킨 필힐佛肸의 초빙에 응하고자 한 경우도 있었다. 이때 자로는 "직접 그 몸에 착하지 않은 행동을 하는 자에게는 군자가 들어가지 않는다"(親於其身爲不善者, 君子不入也)[75]라고 주장했던 스승이 왜 나쁜 짓을 한 사람의 초청에 응하고자 하는지 비판한다. 공자에게 직언을 서슴지 않는 제자 자로의 강직함도 훌륭하지만, 공자의 동요하는 모습을 그대로 전하고 있는 『논어』의 기록자도 참으로 탁월하다. 이렇게 『논어』 속의 공자는 때로는 흔들리기도 하면서, 그로 인해 제자에게서 비판을 받고 자신을 변명하는 모습을 포함하여 살아 있는 인간의 모습을 보여 준다. 독배를 마신 후에 아무런 고통도 느끼지 않으면서 독이 온몸에 잘 퍼지도록 이리저리 거니는 소크라테스의 모습과는 대비되는 대목이다.[76]

---

72) 공자의 천하유람과 그것이 공자 사상에 준 영향에 관해서는 시라카와 시즈카, 『공자전』 참조 바람.
73) 같은 책, 201~202쪽.
74) 『논어집주』, 344쪽, 「양화」 5.
75) 같은 책, 345쪽, 「양화」 7.

물론 이택후李澤厚가 주장하듯이 앞에서 언급했던 공자의 상황은 원칙과 융통성 사이의 긴장과 관련된 것으로도 해석될 수 있다. 신하의 처지에서 권력욕에 의해 무력으로 권력을 탐하는 행동을 좋아하지 않았던 공자니만큼 그런 초청이 마냥 좋을 리는 없었을 것이다. 그러나 공자는 "① 진흙에 들어가도 오염되지 않을 수 있으니 더럽혀지는 것을 걱정할 필요가 없다, ② 일생을 헛되이 보낼 수는 없으니 기회를 찾아 큰일을 도모하기를 희망한다"라는 두 가지 이유에서 그 초청에 응하고자 했다.[77] 달리 말하자면, 공자는 사람이 어느 정도 허물이 있고 설령 비난받을 만한 인물이라고 해도 그 사람을 통해 새로운 세상을 건설할 자신이 있었던 것이다. 그러나 이런 공자의 모습에 자로는 강하게 반발하면서 원칙을 지킬 것을 강조한다.[78]

소크라테스는 수동적으로 초래되는 온갖 정감을 이성적 삶의 장애물로 이해했지만, 공자는 정감의 표현을 매우 중시했다. 『예기』「예운」편에는 사람의 정감(情)에 대한 공자의 말이 잘 나타나 있다. 그는 사람의 정감을 "기뻐하고, 성내고, 슬퍼하고, 두려워하고, 사랑하고, 미워하고, 욕심내는" 심정으로 요약한다. 이런 감정에 대한 분류는 서양의 전통에서 사람들이 중요한 감정이라고 부르는 것과 거의 일치한다. 서양의 철학이나 문학에서 중요하다고 거론되는 감정들은 "기쁨, 슬픔, 두려움, 분노, 증오, 연민이나 동정심, 시기, 질투, 희망, 죄책감, 감사, 수치심, 혐오, 사랑" 등이다.[79]

그러나 여기에서는 인간의 감정을 어떻게 분류할 것인가가 문제가 아니다. 동양과 서양에서 주목하는 중요한 감정의 형태가 많은 부분 일치한다는 점에 주목할 필요가 있다. 공자는 일곱 가지 감정을 "사람들이 태어날 때부터의 능력"으로 본다. 더 나아가 그는 이 일곱 가지 정이 "알맞게 표현"되는

---

76) 플라톤, 『에우티프론, 소크라테스의 변론, 크리톤, 파이돈』, 458~461쪽 참조.
77) 이택후, 『논어금독』, 785쪽.
78) 공자가 공산불요와 필힐의 초청에 응하고자 했던 사실은 후대 유학자들에게 매우 곤혹스러운 주제였다. 그런데 청대 말기의 유학자인 강유위는 공자를 혁명가로 파악하고, 공자가 반란에 성공한 공산불요의 초청에 응하고자 한 구절에서 자신의 해석의 정당성을 확보하고자 했다. 신동준, 『공자와 천하를 논하다』(한길사, 2007), 197~198쪽 참조.
79) 마사 누스바움, 『혐오와 수치심』, 53쪽.

것을 중요하게 생각한다.[80] 이처럼 공자가 소크라테스와 달리 감정에 대해 더 개방적이고 긍정적이었던 것은 그의 사상적 토대와 연관이 있다.

공자의 핵심 사상이 인仁에 관한 것이라는 데에는 의문의 여지가 없지만, 인仁은 다양한 의미를 지니고 있다. 필자는 이 책 12장에서 이신양이 유가의 인仁 개념을 돌봄으로 보는 자신의 관점을 입증하려고 시도가 타당성이 있음을 검토하면서 인 개념을 돌봄의 자유론과 상호의존적 평등의 이념으로 새롭게 해석해 보고자 했다. 가능한 한 반복을 피하면서 인仁과 돌봄(care)과의 공통성을 입증하기 위해 그가 제시하는 공자와 맹자의 주장을 몇 가지 살펴보자.

예를 들어 번지樊遲가 인仁을 묻자, 공자는 "사람을 사랑하는 것"이라고 말한다.[81] 이때 사람을 사랑한다(愛)는 것은 타인이나 사물에 관한 관심과 공감 어린 배려 행위로 이해되어야 한다. 맹자를 거치면서 인의 핵심적 의미는 사람(이나 동물)에 대해 해를 끼치는 것을 참지 못하는 마음의 태도와 같은, 연민 혹은 돌봄이라는 맥락에서 이해되기에 이른다. 그래서 유교의 중심 개념인 인仁을 한비자韓非子는 다음과 같이 정의한다. "인이란 마음속으로 흔쾌히 다른 사람을 사랑하는 것을 말한다. 다른 사람에게 복이 있음을 기뻐하고 다른 사람에게 화가 미침을 미워하는 것은 나면서부터 그만둘 수 없는 것으로서 보답을 바라고 한 것이 아니다."[82] 한비자의 이 정의를 그레이엄(A. C. Graham)은 유교의 인仁 개념에 대한 "완전한 정의"라고 본다.[83]

5. 소크라테스에서 공자로

소크라테스는 기본적으로 모든 관계로부터 '거리를 둔'(disengaged)[84] 개인

---

80) 『예기』 중, 638~639쪽.
81) 『논어집주』, 248쪽, 「안연」 22.
82) 한비, 『한비자』 1(이운구 옮김, 한길사, 2003), 279쪽, 「解老」.
83) 앤거스 그레이엄, 『도의 논쟁자들: 중국 고대철학 논쟁』, 201쪽.

의 독립성과 자주성을 향해 나가면서 모든 사람에 대한 동등한 인격적 만남의 지평을 열고 있다고 평가될 수 있다. 찰스 테일러가 지적하듯이, 이성에 의한 자기지배라는 사유의 패러다임은 근대 서구에서 변형된 방식으로 등장하는 "거리를 둔 자아(disengaged self)라는 이상"을 가능하게 한 출발점이었다.[85] 도덕과 사회에 대한 이해에 관련하여 서구의 주류적인 전통을 형성한 소크라테스와 플라톤의 이성의 자기지배에 대한 이론[86]에 의하면, 고차적인 삶은 이성에 의해 지배되는 삶이며 그런 삶은 인간의 삶의 외적 조건을 포함하여 욕망이나 쾌락이나 감정에 대해서 초연하고 절연된 극기를 포함한다. 그리고 이런 거리를 둔 주체에 대한 관념은 근대 서구의 보편적 동등 존중의 원칙인 자율성 이념의 형성에 큰 영향을 주었다. 이를 통해 자유롭고 평등한 개인들의 합의 혹은 동의에 의한 사회구성이라는 관념도, 개인을 부당한 방식으로는 훼손될 수 없는 권리의 주체로 보는 도덕적 관점도 큰 추진력을 받게 되었다. 소크라테스와 플라톤, 스토아학파, 기독교와 같은 서구 문명을 형성해 온 중요한 정신적 전통들은 "특수한 역사적 공동체, 출생과 역사의 망으로부터 절연(detachment)할 것을 격려하고 심지어 그것을 요구하기까지 했다."[87]

그러나 자유롭고 평등한 독립적인 개인에 대한 관념 그리고 이와 결부된 보편적 동등 존중의 원칙, 사회에 대한 계약론적 사유 방식 등은 자아의 정체성 형성에서 언어와 문화와 역사가 차지하는 형성적 계기를 소홀히 하거나 아예 못 보게 만드는 한계를 안고 있다. 독립성과 자주적 개인에 대한 강조는 서구적 전통의 산물로서 그런 전통의 역사를 풍부하게 이해함으

---

84) '거리를 둔'이라는 용어를 필자는 찰스 테일러에게서 빌려 왔다.
85) 찰스 테일러, 『자아의 원천들: 현대적 정체성의 형성』, 54쪽.
86) 영혼의 고차적인 부분인 이성에 의해 저차적인 부분들이 지배된다는 생각은 플라톤의 『국가』에서 전면적으로 등장한다. 그런데 이 작품에서 보여 주는 이성의 자기지배나 극기의 중요성에 대한 강조는 "지식(앎)이 곧 덕이다"라고 주장하면서 의지박약의 문제를 참다운 인식의 문제로 돌리는 소크라테스의 주장과는 사뭇 다른 점이 있다. 이 문제에 대해서는 루이 앙드레 도리옹, 『소크라테스』, 119~121쪽 참조 바람.
87) 찰스 테일러, 『자아의 원천들: 현대적 정체성의 형성』, 85쪽.

로써만 개인주의의 내용이 무엇인지를 잘 알 수 있는데도 불구하고, 개인주의
는 그런 자신을 형성해 온 역사적 지평들 너머에서 비로소 자기 파악이
가능하리라는 이율배반적 태도를 보인다. 간단하게 말하자면, 언어공동체의
전통을 매개로 해서 자신의 정체성을 해명해야 하지만 서구 근대의 개인주의
는 개인을 그 개인의 "정체성과 분리된 채" 정의하고 이해해야 한다고
보고 있다.[88]

서구 근대의 개인에 대한 이러한 왜곡된 이해와 옹호의 실마리를 우리는
소크라테스의 이성적 주체에 대한 이론에서 발견할 수 있다. 연민과 고통에
대한 소크라테스의 반응이 보여 주듯이 이성의 자기지배라는 도덕적 이상은
가족의 친밀한 관계 등에서 나타나는 타자와의 긴밀한 연결보다는 개인
(영혼)의 독립성을 더 중요시해서, 삶에 대한 감수성에서 우러나는 구체적인
관계 속에서의 타자를 아끼고 보살펴 주는 책임의 도덕을 부차적인 것으로
만든다. 이는 오늘날 자유주의적 평등 이론을 대표하는 존 롤스의 자유주의
사상에서도 발견된다. 이 문제에 대해서는 이미 이 책 제12장에서 다루었기에
반복하지 않겠다.

공자에게 군자는 배움을 통해 인간다움의 바탕인 인仁을 이루는 것을
근본 목표로 삼는 사람을 의미한다. 그래서 공자는 인에서 한순간이라도
벗어나는 사람은 참다운 군자라 할 자격이 없다고 말한다. "군자가 인仁을
떠나면 어찌 이름을 이룰 수 있겠는가. 군자는 밥을 먹는 동안이라도 인仁을
떠남이 없으니, 경황 중에도 이 인仁에 반드시 하며 위급한 상황에도 이
인仁에 반드시 하는 것이다."[89] 군자는 인仁의 실현에만 힘쓸 뿐 재산이나
권력이나 사회적 명망을 우선시하지 않는다.

물론 공자는 사람이 부유함과 명예로움의 추구를 바란다는 것을 부인하지
않는다. 그러나 부귀영화는 군자가 궁극적으로 실현하고자 하는 인과 다르
다. 달리 말하자면, 아무리 가난하고 천한 지위에 있다고 해도 사람은 인仁을

---

88) 같은 책, 111쪽.
89) 『논어집주』, 72쪽, 「이인」 5.

구하기를 멈추지 않아야 한다는 말이다. 공자는 겉으로는 지조를 지키는 것처럼 행동하면서도 실상은 부와 육체적 안락함을 추구하는 사람을 비난했고 도가 없는 나라에서 관직에 있는 것을 수치스러운 일로 간주했다.[90] 참된 인간성을 함양하여 뜻을 이루기 위한 배움의 길은 그 자체로서 의미 있는 것이지, 관직 혹은 명성을 얻거나 부를 축적하기 위한 수단이 아니라는 것이다.

물론 공자도 덕성과 학식을 겸비한 인물이 세상에서 인정받아야 한다는 사실을 부인하진 않는다. 다만, 그가 바라는 것은 배움을 통해 자신의 도덕적 능력을 도야한 인물이 정치를 주도하는 것이었다. 그에게 중요한 것은 혈통에 의한 귀족적 지위의 세습이 아니라, 덕성이 탁월하고 능력 있는 사람들이 관리가 되어 나라를 다스리는 것이었다. 그래서 그는 학문에 전념하고 자신의 도덕을 수양함으로써 남들의 인정을 받기를 추구했으나, 그 인정의 여부에 사람의 도덕적 탁월함의 여부가 판가름 나는 것은 아니라고 생각했다. 부유함과 귀함을 좋아하고 가난함과 천함을 좋아하지 않은 것이 설령 사람들의 자연스러운 반응이라 하더라도 군자는 그런 상황 때문에 인仁을 버리는 일이 없어야 하며, 그런 사람이야말로 참으로 군자라는 이름에 걸맞은 사람이라는 말이다.

공자는 『논어』 「술이」 33에서 "성聖과 인仁으로 말하면 내 어찌 감히 자처할 수 있겠는가?"[91]라고 하여 자신 또한 인의 궁극적 실현에는 도달하기 힘듦을 말하면서도, 다른 한편으로는 인에 대해 묻는 제자 안연에 답하면서 "인을 하는 것은 자기 몸에 달려 있으니 남에게 달린 것이겠는가"라고 말한다.[92] 인이 완전히 실현될 수 없는 것이라고 하면서도 인은 사람에게 늘 가까이 있다고 강조하고 있다.

공자의 사상에도 소크라테스가 강조한 강인한 주체성에 대한 강조가

---

90) 같은 책, 158쪽, 「태백」 13 참조 바람.
91) 같은 책, 146쪽.
92) 같은 책, 228쪽, 「안연」 1.

있다. 공자에게 인仁은 특수한 사람, 예를 들어 왕이나 고귀한 혈통을 갖고 태어난 귀족이나 부유한 사람들이 갖추어야 하는 덕성이 아니었다. 인간의 고귀함은 사람의 덕성의 여부에 달린 것이어서 학식과 덕망의 높고 낮음이 있을 뿐이고, 사람의 도덕적 본성인 인仁에 대해서는 그런 구별이 존재하지 않는다. 그래서 그는 신분이 낮은 사람도 제자로 삼았다. 『논어』「위령공」 38에서 그는 "가르침이 있으면 종류가 없다"[93]라고 말한다. 모든 인간이 덕의 잠재력을 평등하게 지니고 있다는 자각이 공자 사상의 근본 토대이다. 아이반호가 주장하듯이 공자는 "누구나 자신의 덕을 갈고 닦을 수 있다는 사고방식을 역설"했다.[94]

여기에서 공자의 인仁에 대한 이론이나 누구나 덕을 배움을 통해 인간성의 최고 경지인 요순과 같은 성인에도 이를 수 있다는 이론이 출발한다. 모든 인간이 인仁이라는 인간성을 실현할 수 있는 잠재력을 평등하게 지니고 있다고 믿는 공자는 사람이면 누구나 도덕적 주체로 당당하게 활동할 수 있음을 강조한다. 심지어 그는 사람이 스스로 굳게 마음먹으면 그 어떤 외압이나 압박 속에서도 자기의 신념과 원칙을 지켜 낼 수 있다고 생각한다. 그래서 그는 "삼군의 장수는 빼앗을 수 있으나 필부의 뜻은 빼앗을 수 없다"[95]라고 말한다.

일개 평범한 사람의 뜻을 빼앗을 수 없다는 공자의 주장에 대해 이택후李澤厚는 "도덕적 인격의 숭고함을 남김없이 표현한 명언"이라고 강조한다. 이택후에 의하면 모택동毛澤東(1893~1976)의 문화대혁명 시기에 공자 비판의 열기가 고조되었을 때 양수명梁漱溟(1893~1988)은 이 구절을 들어 모택동의 제왕적 권력에 항거했다.[96] 반면 양수명과 거의 동시대의 인물로서 그와 함께 20세기 유학 전통을 고수하는 데 큰 업적을 남긴 풍우란은 문화대혁명 시기 공자 비판의 사회적 광기에 굴복하여 공자를 그 누구보다도 심하게

---

93) 같은 책, 324쪽.
94) 필립 아이반호, 『유학, 우리 삶의 철학』, 36쪽.
95) 『논어집주』, 「자한」 25, 179쪽.
96) 이택후, 『논어금독』, 444~445쪽.

비판했다. 더 흥미로운 사실은, 양수명은 모택동에 맞서 공자 비판에 동의하지 않았지만 만년에 모택동을 추앙했고 일생에서 가장 존경한 사람이 바로 모택동이었음을 공언했었다는 점이다.[97]

그러나 유가적 전통에서 볼 때 측은지심이나 타인의 고통을 같이 아파하는 공감과 동정심이 없는 인간은 온전한 인간이 아니다. 특히 공자는 인仁으로서의 연민과 동정심과 같은 인간의 타고난 도덕 감정의 싹을 키우는 출발점을 가족에서 찾는다. 그래서 공자는 "효와 제는 그 인을 행하는 근본"[98]이라고 했으며, 맹자도 가정이 도덕의 기본 단위임을 믿어 의심치 않는다. "사람들은 항상 말하기를 천하·국·가라 하나니, 천하의 근본은 나라에 있고 나라의 근본은 집에 있으며 집의 근본은 몸에 있는 것이다."[99]

자신의 처지를 미루어 타인을 헤아리는 추기급인推己及人, 즉 서恕를 인仁을 실현할 방법으로 내세우면서 공자는 자신과 타자의 상호연관성에 주목한다. 그는 서恕를 "자기가 서고자 함에 남도 서게 하며, 자신이 통달하고자 함에 남도 통달하게 하는 것이다"라고 말한다.[100] 이처럼 서恕는 타자와의 관계를 통해 자신과 타자의 참다운 도덕적 본성을 실현하는 실천적 행동이다. 유교 전통에서 인仁은 타자에 대한 연민과 사랑에서 출발하여 사람들 사이의 수평적 관계를 넘어 사람과 자연 사이의 조화로운 태도를 지향한다. 그래서 주희도 서恕를 타자와의 성공적인 관계를 이루는 매체로 보면서 그 관계를 천지자연으로까지 확장해 이해한다. 즉 "서로 미루어 나아가면 통하지 않는 바가 없다"는 것이니, 타자와의 관계로 나가는 마음을 "확충해 나가면 천지가 변화하여 초목이 번성하고, 확충해 나가지 못하면 천지가 폐색閉塞되어" 버리고 만다.[101]

동정심 혹은 연민의 감정을 도덕의 근원으로 간주하는 공맹의 도덕 이론은

---

97) 리링(李零), 『집 잃은 개』, 30~31쪽 참조.
98) 『논어집주』, 19쪽, 「학이」 2.
99) 『맹자집주』, 203쪽 , 「이루상」.
100) 『논어집주』, 124쪽, 「옹야」 28.
101) 박완식 편저, 『대학, 대학혹문, 대학강어』, 347쪽.

진화론이나 심리학에 의해서도 뒷받침되고 있다. 예를 들어, 진화론의 창시자인 찰스 다윈(Charles Darwin)도 공감이나 동정심과 같은 사회적 본능을 갖고 있지 않은 사람을 "괴이한 괴물"로 본다.[102] 물론 도덕에 대한 서구 이론의 역사에서는 사회적 본능 혹은 모성 본능은 인간의 진화과정에서 형성된 것으로서 그 어떤 본능이나 동기보다 더 큰 힘을 발휘한다고 강조하는 찰스 다윈의 입장이 주류적 지위를 점하고 있지는 않다. 그렇지만 오늘날 심리학에서도 공맹의 인仁 사상은 많은 찬성을 받고 있다. 요즈음 세계적인 명성을 누리는 심리학자 대커 켈트너(Dacher Keltner)는 부모나 돌봐 주는 사람과 아이 사이에서 사랑을 경험하지 못한다면 그 아이는 결코 사람이 될 수 없다고 강조한다. 달리 말해 "인간이 된다는 것, 그것이 무엇을 의미하든 이를 가능하게 하는 것은 사랑이다." 그리고 부모와 아이 사이의 관계에서 발휘되는 사랑과 보살핌과 배려는 공자가 주장한 "인仁으로 나가려는 성향에 시동을 걸어 준다"라고 켈트너는 설명한다.[103]

부모와 자녀 사이에서 발현되는 보살핌과 배려의 중요성은 인류 탄생의 기본적 원동력의 하나였다고 평가받는다. 20세기 가장 위대한 진화생물학자 중 하나로 손꼽히는 에른스트 마이어(Ernst Mayr, 1904~2005)는 현생 인류의 탄생에 결정적으로 이바지한 것 중의 하나로 모성 행동을 강조한다. 흔히 사람들은 유인원으로부터 오늘날의 현생 인류로의 진화에서 두 발로 걸을 수 있게 되고 도구를 사용하면서부터 뇌가 급격하게 커졌다는 식으로 알고 있는데, 이에 대해 마이어는 반박한다. 그에 의하면, 두 발 걷기와 뇌 크기의 뚜렷한 증가는 시기적으로 일치지 않는다. 여러 종의 오스트랄로피테쿠스가 살았던 200만 년 이상의 시간 동안 이들이 두 발로 걸어 다녔지만 이들은 뇌의 크기를 지금의 사람의 것과 비슷한 수준으로 발달시키지 못하고 여전히 작은 수준에 머물러 있었다는 것이다. 오히려 에른스트 마이어는 두 발로 걷게 된 것이 가져온 중요한 변화로 어머니의 자식 돌봄의 가능성을 꼽는다.

---

102) 찰스 다윈, 『인간의 유래』 1(김관선 옮김, 한길사, 2006), 187~188쪽.
103) 대커 켈트너, 『선의 탄생』(하윤숙 옮김, 옥당, 2011), 326쪽.

그리고 이런 보살핌으로 인해 뇌의 크기가 지속해서 성장할 수 있었을 것이라고 그는 말한다.[104]

초기 인류가 직립보행과 더불어 자녀에 대한 어머니의 보살핌의 가능성을 확보한 일의 중요성을 마이어는 다음과 같이 설명한다.

> 그러나 200만 년에서 250만 년 전 이들의 생활이 지상 생활로 완전히 바뀌자 어미의 팔과 손은 자유롭게 되어 아기들을 돌볼 수 있게 되었고, 이는 무력한 상태의 신생아 기간을 전보다 길어지게 만들었다. 느리게 일어난 이러한 변화는 결과적으로 어린 유아기에 지속적인 뇌 성장을 가능하게 했고, 이러한 점이야말로 인간에게 볼 수 있었던 특성이었다고 한다. 즉 두 발 걷기는 도구 사용이 아닌 모성 행동에 가장 중요한 영향을 준 것이다.[105]

필자는 인류가 탄생하게 된 근본적인 동력의 하나로 보살핌의 관계에 주목하는 오늘날 진화생물학의 통찰을 공맹의 사상이 예견했는지를 논하는 것에 대해서는 큰 관심이 없다. 다만 공맹의 유가사상의 도덕적 통찰이 매우 중요하다는 점, 그리고 그런 중요성이 인류의 생존 및 진화의 과정에 대한 진화론적 통찰과도 통한다는 점을 예사롭게 보지 말아야 한다는 점을 강조하고 싶다. 인간을 비로소 인간으로 만드는 도덕적 마음가짐의 뿌리가 가까운 친척이나 자녀에 대한 돌봄과 배려, 그들의 번영과 행복에 대한 깊은 관심과 사랑이라는 점은 진화생물학자나 공맹의 사상이 공통으로 강조하는 사항이기 때문이다.

물론 호수의 파문이 물가에 이르듯이 가족을 출발점으로 삼아 인(仁)이 확충되어 나가기를 꿈꾸는 유가적 도덕 이론도 그 의도와 무관하게 가족이기주의를 부추길 위험성이 없지 않다. 오늘날 우리 사회를 비판적으로 바라보는 소위 진보적이고 개혁적인 지식인은 물론이고, 많은 사회 구성원들이 우리 사회의 병리적 현상의 주범 중의 하나로 유교적 전통 사회에서 유래하는

---

104) 에른스트 마이어, 『이것이 생물학이다』(최재천 외 옮김, 바다출판사, 2016), 315~316쪽.
105) 같은 책, 316쪽.

가족주의 문화 그리고 그 문화의 변형으로서의 연고주의나 패거리주의를 신랄하게 비판한다. 이런 비판의식이 분명 합리적 핵심을 지니고 있다는 점을 전적으로 부인하기는 힘들다. 그리고 부부와 부모 자녀 사이의 관계가 좋은 데에서 자라난 사람이 상대적으로 그렇지 못한 사람의 행복과 안녕에 대해 높은 관심을 기울일 가능성이 크다고 하더라도, 모든 사람이 그런 관계 속에서 살아갈 수는 없는 노릇이다. 가족 내 폭력이나 아동학대와 같은 천륜을 저버리는 행위를 극복하는 방법을 오로지 가족 사이의 친애와 사랑에서 구할 수 없다. 그러므로 가족 내에서 약자로서 고통받는 아이나 노인이나 여자를 위해 가족 간의 삶에서도 보편적 권리를 존중하는 마음가짐이나 법적·제도적 장비가 필요하다.

그러나 가족의 폭력 문제를 순수하게 인권의 보편성 차원에서 접근하는 것은 그리 현명하지 못하다. 그것은 사랑과 배려의 공동체로서의 가족 구성의 원리가 지니는 고유성을 시야에서 놓치고 있기 때문이다. 가령 가정 내 아동학대나 폭력 행위로 인해 배려와 돌봄에서 유래하는 가족 사이의 친밀한 정서적 유대감이 해체되고 그 문제를 해결하기 위해 이혼이나 친권부인과 같은 권리보장의 법적 절차가 수행된다고 하면 이미 그 가족의 통합과 존재 이유는 사실상 파괴된 것이나 다름없다. 따라서 가능한 한 가족 구성원들 사이에도 인격적 존엄성이 보장될 수 있어야 하지만, 일반적으로 볼 때 특정한 가족의 부모가 다른 가족의 자녀에 비해 자신의 자녀에 대해 더 강렬한 관심과 배려와 사랑의 태도를 지닌다는 점 자체가 비판의 대상이 될 수는 없을 것이다. 그런 사랑과 배려의 관점이 좀 더 열린 형태로 가능한 한 많은 사람의 행복에 관한 관심으로 확장되는 것이 더 바람직하다는 점을 인정한다고 해도 말이다. 자기 가정에 대한 특별한 관심과 애정이 지나치게 배타적으로 흐를 수 있음을 비판한다고 해서, 그런 비판이 반드시 가족 구성원에 대한 배려와 관심은 모든 사람을 동등하게 대우하는 원칙으로 대체되어야 한다고 보는 견해로 귀결될 필요는 없다.

그런데 서구에서는 이성 중심의 도덕 이론의 주도권으로 인해 종종 보편적 동등 존중의 원칙과 별도로 존재하는 인간관계의 가치나 중요성이 폄하되는 양상을 보이곤 한다. 예를 들어, 가족 구성원들 사이의 지나친 애착과 편애에 따른 편파성이 한 국가의 내적 분열을 초래한다고 생각한 나머지 가족제도 자체를 거부하는 태도가 나타나기도 한다. 플라톤은 특히 『국가』에서 이상적인 정치공동체를 구상할 때 가족이나 사유재산이란 당파심과 이기심을 초래하여 사회 공동체를 분열시키는 요인이라고 보아서, 적어도 통치계층을 구성하는 사람들에게는 사유재산과 가족을 금지해야 한다고 생각했다.106) 그러나 이런 태도는 인간과 사회의 근원적인 불완전성이 초래하는 문제를 해결하기 위해 인간에게 불가능한 그 어떤 지평을 도덕과 이상의 이름으로 강제하는 잔인한 폭력에 지나지 않는다.

가족이나 사랑 관계를 포함한 인간관계처럼, 모든 사람을 다 같이 평등하게 존중해야 한다는 주장과는 다른 독특한 성격의 인간관계는 인간의 삶에서 매우 큰 가치를 지닌다. 우정이나 사랑 그리고 가족 구성원 사이의 깊은 애착에서 벗어나서 초연히 모든 사람을 다 같이 공평하게 대하는 세계시민주의자의 삶은 매우 메마른 것이다. 이는 역사적으로 친밀한 관계에는 남성이 지배하는 가부장적 제도로 인해 가정 내 폭력과 학대와 같은 어두운 면이 존재한다는 점을 고려하더라도 변하지 않는다.

그런데 공리주의와 더불어 근대 서구 보편주의 윤리학의 두 가지 대표적 이론으로 손꼽히는 칸트의 의무론적 보편주의는 불편부당한 보편적 동등

---

106) 플라톤, 『국가·정체』, 252~253쪽 및 507쪽 참조. 물론 그의 후기 저작인 『법률』에서는 수호자 및 통치자 계층에게 사적 소유와 가족생활이 금지되어야 한다는 입장을 수정한다. 물론 이런 입장의 수정이 『국가·政體』에서의 입장과 완전히 양립 불가능한 것으로 간주하면 안 된다. 『법률』에서는 상위의 두 계층에게 재산과 가족생활을 허용했다 하더라도 그는 여전히 그들에 대한 국가의 재산 및 가족 금지 규정이 가장 이상적인 국가의 모습이라 생각하기 때문이다. 즉 『법률』에서 논의되는 것은 최상으로 훌륭한 국가의 모습이 아니라 차선의 국가 질서에 대한 설명으로, 차선의 나라에서나 통치자 계층에게 재산과 가족이 허용되어야 한다고 주장하고 있는 셈이다. 플라톤, 『법률』(박종현 역주, 서광사, 2009), 377~378쪽 참조 바람. 플라톤이 구상한 이상적인 나라에서의 재산 및 처자의 공유 문제에 대한 좀 더 상세한 설명으로는 군나르 시르베크·닐스 길리에, 『서양 철학사』 1, 116~117쪽 및 117쪽 각주 11 참조.

존중으로 도덕을 환원함으로써, 보편화될 수는 없지만 인간의 행복한 삶에서 결정적 의미를 지니는 애정 및 가족관계의 도덕적 가치를 제대로 다루지 못한다. 예를 들어, 특정한 사람이 어떤 사람을 사랑한다는 것은 모든 사람을 동등하게 존중할 것을 요구하는 칸트식의 도덕적 정언명법으로는 이해할 수 없는 현상이다. 사랑하는 당사자에게 사랑의 파트너는 그 어떤 다른 존재와 교환하거나 대체할 수 있는 존재가 아닌 바로 유일무이한 개별성이다. 가족 구성원들 사이의 친밀성과 친애도 마찬가지이다. 어머니가 자신의 아이들에게 온갖 정성을 다해 사랑과 보살핌을 베푸는 행위는, 다른 사람을 배제한다는 점에서 결코 보편적인 동등 존중이라는 칸트적인 도덕적 정언명령에 충실할 수 없다.

그리고 그 어떤 어머니도 자식에게 보이는 배려와 사랑의 원천을 보편적 동등 존중의 의무에서 나오는 것으로 말할 것 같지는 않다. 만약에 어떤 어머니가 자신의 자식 사랑을 보편적 동등 존중의 의무에서 나온 것이라고 말한다면 그런 말을 듣는 아이는 커다란 충격을 받을 것이다. 어머니의 사랑과 배려가 자신이 소중하고 특별하다는 사랑의 감정에서 우러나온 것이 아니라 이성적인 원칙에서 나오는 의무의 표현이라는 고백이기 때문이다. 이런 고백을 통해 사라지는 것은 배려와 사랑의 감정이 지니는 고유한 도덕적 가치에 대한 통찰이다. 도덕이나 정의를 불편부당한 공정성이나 보편화 가능성과 같은 원칙에 한정하는 것은 사랑이나 가족관계에서 비롯되는 배려나 보살핌을 도덕의 영역으로부터 추방하는 것이다.[107]

모든 인간은 자유롭고 평등한 존재라고 하면서 이들을 동등하게 대우할 것을 주장하는 칸트식의 보편주의적 존중 도덕은 보편화될 수 없는 행동을 도덕의 영역으로부터 배제시켜 버림으로써 자기파멸적 결과를 초래한다. 버나드 윌리엄스(Bernard Williams)는 사랑과 칸트적인 보편적 동등 존중이라는 도덕 원칙 사이에서 나타나는 갈등의 사례를 통해 모든 사람을 동등하게

---

107) 사랑과 보편적 동등 존중의 원칙 사이의 긴장에 대한 보다 상세한 분석에 대해서는 악셀 호네트, 『정의의 타자』, '정의와 정서적 결속 사이에서'를 참조 바람.

대우하려는 칸트적 도덕이 얼마나 부조리한 결과를 초래할 수 있는가를 보여 주었다. 그가 제시하는 예는 다음과 같다.

칸트의 도덕 원칙을 내면화한 어떤 사람이 있다고 간주하자. 어느 날 그 사람의 부인과 낯선 사람이 거의 동일한 공간에서 긴박한 위급상황에 처하게 된다. 이 경우 늘 도덕적으로 올바른 행위는 모든 사람을 동등하게 대우하는 것으로 생각하던 남편은 부인을 구할 것인지 아니면 낯선 사람을 구할 것인지를 고민하면서 시간을 허비한다. 만약에 그 사람이 부인을 희생시킨다면 그는 자신의 삶에서 소중한 사랑하는 사람을 잃게 된다. 그런데 낯선 사람을 구하기 위해 부인을 희생시켰을 때 그가 상실하게 되는 것은 사랑하는 사람만이 아니다. 그가 상실하는 것은 자신의 인성 형성에서 결정적 의미를 지니는 사랑하는 관계인 것이다. 사람은 예외적 상황에서 자신의 인간 됨됨이, 즉 자신의 인간성을 보여 준다. 그가 어려운 상황에서 사랑하는 사람이 아니라 알지 못하는 사람을 구해 준다는 것은 그가 평소에 무엇을 진지하고 중요한 가치로 보고 있었는지를 보여 주는데, 그런 선택으로 인해 그는 사랑하는 사람과의 관계를 통해 형성되는 자신의 실존적 삶의 지평, 그러니까 그만의 독특한 개성과 성격 형성을 가능하게 하는 관계를 파괴하게 되는 것이다.

물론 버나드 윌리엄스조차도 사랑의 문제를 도덕의 한계라는 틀 내에서 접근하고 있다. 달리 말하자면, 그에게도 도덕은 여전히 동등 존중의 원칙이라는 칸트적인 보편주의가 자명한 것으로 전제되어 있다. 다만 그는 사랑의 문제를 통해 그런 보편주의적 동등 존중의 도덕이 안고 있는 딜레마와 한계 지점을 보여 주었을 뿐이다. 그러나 우리는 사랑의 경험 속에 내장되어 있는 특별한 도덕, 그러니까 보편주의적 동등 존중의 도덕 원칙과는 다른 별개의 도덕적 원천과 그것이 지니는 의미를 반추함으로써 보편지향적 도덕주의의 전일적 사고방식을 상대화할 필요가 있다.[108]

---

108) 같은 책, 284~285쪽을 참조하여 버나드 윌리엄스의 사례를 재구성함. 물론 이런 설명이 과연 칸트적 도덕 이론의 한계에 관해 윌리엄스가 제기한 비판의 길을 제대로 평가하고

공자와 맹자를 비롯한 유교 사상의 인성론과 도덕이론에 비해 서구의 주류적 흐름인 연민에 대한 폄하는 사뭇 다르다. 예컨대, 칸트에 의하면 "연민의 감정에 빠져들게 하는 일종의 온화한 마음씨는 아름답고도 사랑스러운" 감정이지만 "나약하고 언제나 맹목적이다."[109] 그는 "기질상 냉정하고 타인의 고통에 무관심"한, 동정심이라고는 거의 갖고 있지 않으면서도 "아무런 경향성도 없이 오로지 의무에서" 불행한 타인을 돕는 행위를 하는 사람으로부터 "무엇과도 비교할 수 없는 최고 가치"의 성품을 지닌 사람을 발견한다.[110]

칸트가 언급하는 사람이 정말로 존재할지 의문이지만, 설령 존재한다고 해도 아무런 이기심 없이 기꺼이 남을 도우려는 사람보다 그런 사람이 더 높은 윤리적 성품을 보여 준다는 주장에는 동의할 수 없다. 게다가 칸트의 기대와는 달리 타인의 고통에 아무런 감수성을 갖고 있지 않은 냉정한 사람이 정말로 도덕적 행동을 할 것 같지는 않다. 또 폭력과 잔인함의 사례들을 볼 때, 아무런 동정심을 느끼지 못하면서 합리적인 능력만을 지니는 사람이 거리낌 없이 잔인한 행위를 저지를 가능성이 더 크다. 마사 누스바움이 지적하듯이 "연민이 아니라 오직 준칙에 의해서만 매개되는 사람들 사이의 관계"는 "인간을 말살하는 유형의 잔혹 행위"와 같은 "적대성이 분출할 때는 보다 취약한 것으로 나타난다."[111]

서구 사상의 주류 흐름인 이성 중심의 사유 방식과 달리 유가의 인仁은 타인의 불행에 대한 공감과 그런 고통을 같이 아파하면서 그것을 없애

있는지는 더 깊은 논의가 필요할 것이다. 이를테면 인간의 경험적 경향성과 별개의 것으로 이해되는 칸트적인 도덕적 의무의 필연성에 주목하는 도덕 이론의 과도한 요청을 경계하면서도 그것을 '우리가 어떤 삶을 살아야 하는가?'라는 소크라테스적인 물음에 관심을 쏟는 윤리적 탐색이라는 더 큰 틀 속에서 작동하는 하나의 하위 유형으로 재평가하려는 시도도 그는 보여 주기 때문이다. 버나드 윌리엄스 『윤리학과 철학의 한계』(이민열 옮김, 필로소픽, 2022) 참조 바람.

109) 임마누엘 칸트, 『아름다움과 숭고함의 감정에 대한 고찰』(이재준 옮김, 책세상, 2014), 28쪽.
110) 임마누엘 칸트, 『윤리형이상학 정초』(백종현 옮김, 아카넷, 2005), 87~88쪽.
111) 마사 누스바움, 『감정의 격동 2: 연민』, 714쪽.

주려는 애정 어린 관심이라는 점을 생각해 보면 공자의 윤리적 관점이 타자와의 관계의 근원성에 바탕하고 있음을 알 수 있다. 우리가 이 책 12장에서 살펴보았듯이 실제로 공감과 동정심 혹은 연민의 능력을 도덕의 기초로 보는 공자의 인仁 관념은 본래부터 관계지향적 윤리이자 정치철학으로, 사랑하는 사람에 대한 배려와 관심을 그 핵심적 구성 요소이자 발현의 출발점으로 삼고 있다. 물론 구체적인 관계에서 우러나는 정서적 관심과 돌봄은 먼 데로까지 확장될 수 있다는 것이 공자의 생각이었다. 그리하여 인仁은 가족에서 출발해서 가까이는 이웃 공동체와 나라, 궁극적으로는 천하(유가적 세계시민사회 개념)나 전체 자연으로 확장되어, 어떤 생명체가 억울하게 고통받을 때 함께 아파하거나 공감하면서 부당한 고통을 없애 주고자 애쓴다.

이처럼 공자의 인仁 사상은 공감과 동정심 혹은 연민의 도덕적 감정에 큰 의미를 두면서 사람과 사람 그리고 사람과 자연 사이의 관계에 대한 보살핌의 책임을 다하려는 특성을 보여 준다. 그러나 이곳은 후대 성리학 혹은 주자학에서 논의된 인仁과 사랑의 관계를 상세하게 논할 자리가 아니다. 송대에 이르러 크게 번창한 도학 그리고 그런 도학의 일대 집대성으로서의 주자학 형성 과정에서, 사람을 사랑하는 것이 인仁인지 아니면 자기와 남을 아끼는 사랑과 박애가 인이라는 더 근원적인 사태의 발현인지를 둘러싸고 격렬한 논전이 전개된다. 그런데 주자학을 포함한 유가의 전통에 의하면, 공감과 연민의 도덕 능력은 늘 가족이나 가까운 친구와의 성공적인 만남에 의해 육성되고 그렇게 형성된 공감적 도덕 능력은 궁극적으로는 송대에 크게 대두된 '천지만물일체의 인'이나 만물일체 사상에서 보듯이 모든 사람과 자연과의 공생으로까지 확장된다. 따라서 공자에서 출발하는 유교의 도덕적 관점은 관계로부터의 이탈이나 독립성의 확보를 지향하지 않고, 관계 속에서 자신과 타자의 실현 즉 "자아와 타인을 완성시키는"(成己成物) 것을 목적으로 삼는다.[112]

유가의 인 사상은 이렇게 소크라테스에서 비롯된 서구의 세계시민주의의 한계를 극복할 실마리도 갖추고 있다. 서구의 세계시민주의 사상, 이를테면 스토아적 세계시민주의는 인간 이외의 생명체나 환경에 대해 인간이 지니는 도덕적·정치적 의무를 부인하기 때문이다. 그러니까 우리는 인간중심적인 세계시민주의를 수정하는 데 그치지 않고 그와 작별을 고할 필요가 있다. 달리 말하자면, "도덕적 추론과 선택 능력"만을 특권적으로 강조하여 그런 능력을 지닌 이른바 이성적 인간만이 존엄성을 지닌 존재라는 사유 자체에 뿌리를 두고 있는 서구의 세계시민주의 전통은, 인간 이외의 종이 지닌 존엄성을 긍정하면서 그에 대한 정치적이고 도덕적인 의무를 제대로 숙고하기 위해서는 반드시 거부되어야 할 사유 패러다임이다.[113]

주지하듯이 정호는 어짊을 의학에서 말하는 사지에서의 마비 상태에 비유하여 설명했다. 사지의 일부가 마비된 상황에 있을 때 사람은 그 마비된 부분이 자기 몸의 일부분임에도 통증이나 고통을 느끼지 못하는데, 이런 상태를 정호는 불인不仁이라고 보았다. 이와 달리 사지가 서로 통하고 교감하는 상황을 일컬어 인仁이라고 했다. 이는 타자와 막힘없이 소통하여 마침내 천지만물을 한 몸으로 여기는 데에 이르기까지 자신의 마음을 확장하는 것이 어짊의 궁극적 경지라는 사유로 이어진다. 이러한 정호의 이론은 송대 성리학에서 어짊을 생명 활동의 근원으로 여기는 생명 사상으로 확장되어 감을 잘 보여 준다. 우리는 이 책 제16장과 17장에서 생명 사상으로서 유가의 인 이론의 면모를 좀 더 체계적으로 살펴볼 것이다.

하여간 특히 성리학에서 어짊을 한편으로는 만물의 생성이 잘 이루어지도록 하는 활동성으로 바라보는 동시에 다른 한편으로는 생명의 지속적이고 창조적인 활동이 잘 구현되도록 마음을 다해 도와주고 보살피려는 돌봄의 책임 의식으로 이해하는데, 이는 공자와 맹자의 선진유학에 내장된 생명 사상을 발굴하여 전개한 새로운 인仁 사상인 셈이다. 간단하게 말해, 천지만

---

112) 박완식 편저, 『대학, 대학혹문, 대학강어』, 246쪽.
113) 마사 누스바움, 『세계시민주의 전통: 고귀하지만 결함 있는 이상』(강동혁 옮김, 뿌리와 이파리, 2020), 13쪽·284쪽·297쪽.

물이 끝없이 생성하는 생명력이자 그런 생명력이 온전하게 발현할 수 있도록 온 힘을 기울여서 보살피고 배려하고 관심을 기울이고자 책임을 다하려는 윤리적 자각이 바로 어짊이라는 것이다.

이런 점에서 볼 때 불교와의 생산적 대화 속에서 공맹의 선진유학을 새롭게 혁신하여 송대 성리학 형성에 지대한 영향을 주었던 이정二程 형제의 대표적인 제자 중 한 사람인 상채上蔡 사량좌謝良佐(1050~1103)의 인仁에 관한 주장은 흥미롭다.[114] 그는 정호의 인仁 이론을 받아들여 생명체의 자각, 달리 말하자면 생명체가 자신의 생명을 이어가려는 지각(覺)이라는 관점에서 유가적 어짊의 이론을 전개한다. 그의 주장을 인용해 보자.

마음이란 무엇인가? 인仁일 따름이다. 인이란 무엇인가? 살아 있는 것이 인이고, 죽은 것이 불인이다. 사람의 신체가 마비되어 아픔과 가려움도 모르는 상태를 일러 불인이라 한다. 복숭아씨와 살구씨를 심어서 살아날 수 있는 상태를 일러 인이라 한다. 따라서 인은 살아 있는 상태를 뜻한다. 이를 미루어 인을 알 수 있다. 불교를 배우는 사람들은 이 점을 알아 견성見性이라고 말하지만, 그것으로 끝나니 마침내 망령되며 거짓되고 만다. 성인의 학문을 닦는 학자들은 이러한 사실을 알게 되면 반드시 공부를 한다.[115]

그러니까 어짊 즉 인仁은 모든 우주 만물을 관통하는(물론 각각의 사물에서는 어울리는 방식에 따라 차이가 있겠지만) 하나의 이치(理)로서, 이는 결국 생명력 혹은 생의生意를 뜻한다. 그래서 우주 전체의 보편적 구조를 한마디로 정의한다면 바로 이러한 '무한한 생성 과정'(生生不已) 자체라고 할 수 있다. 달리 말하자면, 가장 원초적인 생명체로부터 인간에 이르는 무한하고 끝없는 생명의 창조적 생성 과정에서 명시적으로 드러나는 보편적 구조 즉 천리天理란 바로 '천지가 만물을 낳은 마음으로서의 인仁'이라 할 것이다.

---

114) 사량좌는 이정의 제자들 가운데 "창조성이 가장 뛰어난" 인물로 평가받는다. 진래, 『송명성리학』(안재호 옮김, 예문서원, 2011), 193쪽.
115) 같은 책, 198쪽에서 재인용.

이렇게 본다면 인간만이 내재적 가치를 지니는 유일한 존재라는 인간중심주의는 결코 성립할 수 없다. 생명만이 아니라 그런 생명의 탄생과 진화가 이루어지는 필수적 조건을 이루는 물질을 포함하여 우주의 모든 것이 상호의존하면서 전체를 구성하고 있는 한, 그 전체 자체를 소중히 여기는 생태중심적 사유 방식이 요청된다. 그러나 생명 이외의 모든 존재는 자신이 살아 있다는 점을 느끼면서 살려는 활동을 보여 주지 못한다. 어떤 존재가 존엄하고 가치가 있다는 주장은 그 존재의 소중함을 보여 주는 일종의 가치평가적 경험 속에서 비로소 그 진정한 뜻을 지닌다. 그래서 물이나 산천과 달리 가장 원초적 생명체를 포함하여 식물, 동물, 인간 등은 스스로 자기 생명을 유지하려는 활동을 보여 주고 있기에 생명의 존엄성은 충분한 근거를 지닌다. 주체성이란 인간의 이성적 행위 양식에만 한정될 것이 아니라, 주변 환경과의 접촉이나 관계 형성을 통해 자신을 유지하려는 모든 생명의 적극적으로 능동적이며 창조적인 활동으로 확장되어야 할 것이다. 이런 점에서, 엄밀하게 본다면 생명만이 자기목적적 존재로서 내재적 가치를 지닌다고 보는 것이 타당하리라 여겨진다.

따라서 생명체의 일부인 인간의 인간다움, 즉 보편적으로 여타 생명체와 동일하게 하늘로부터 부여받았다고 하는 어짊은 우주 생명의 과정 전체와 별도로 존재하는 것이 아니라, 오히려 우주 전체에서 일어나는 생명의 지속적 과정과 번영에 참여하여 이를 더욱 번성하도록 보살피고 돌보는 무한한 책임을 스스로 기꺼이 짊어지는 데 있다. 생명의 지속적 사건 속에 참여하여 만물이 제자리를 잡을 수 있도록 화육化育에 힘씀으로써 비로소 인간은 인간다운 존재로 거듭나게 되고 참다운 자아 혹은 주체가 될 수 있는 것이다. 인간이 참다운 자아가 되어 감은 온 생명의 고통을 자신의 고통으로 여기지 않음이 없고 천하의 곤궁을 자신의 책임으로 받아들이지 않음이 없다는 뜻이다. 이런 돌봄 실천의 무한한 책임을 기꺼이 받아들이는 인간적 주체의 형성과 그 역량의 강화는 궁극적으로 천리天理와의 합일, 그러니까 하늘과의 합일 내지 천인합일天人合一의 경지에 이르기까지 무한히 지속될 것이다.

이런 어짊에 대한 생명 사상적 독해를 통해 모든 생명체의 도덕적 지위가 확보됨은 물론 모든 생명체가 근본적으로 평등하다는 생태 및 대동민주주의 정신이 입증된다. 우리는 이미 앞에서 성리학 역시 공맹의 인仁 사상을 생명 사상으로 이해하고 있음을 살펴보았다. 그리고 생명 사상으로서의 유가의 어짊 이론이 오늘날의 생태위기 시대를 극복할 사유의 결정적 실마리를 제공하고 있기에, 그것을 오늘날에 어울리게 재해석하는 작업이 바로 대동민주주의가 추구하는 목표라는 것도 역시 이미 반복해서 강조하였다.

6. 나가는 말

21세기는 제2의 차축 시대를 열어 새로운 문명 전환을 가능하게 할 것인지 아니면 인류가 지구상에서 멸종할 것인지를 가늠하는 시대라 해도 과언이 아닐 것이다. 자유와 권리 중심의 사유 방식에 대한 근본적 성찰이 요구되는 시대이다.[116] 지구온난화와 생태위기는 근대 자율성 이념의 성공적 관철의 결과라는 점에서 자율성의 양가성에 대해 근본적으로 성찰할 것을 요청하고 있다. 21세기의 인류에게도 자율성의 이념이 정치와 도덕의 제일 화두가 되어야 할지는 의문이다.

이제 유럽 근대의 최고의 역사적 성취라 할 자율성의 원리가 지니는 양가성을 성찰하여, 인류를 자연과 우주 그리고 우리가 살아가는 지구의 지배자이자 주인으로 바라보는 관념에서 벗어나서 생명 존중으로 나아가야 한다. 자연은 극복되어야 할 자율성의 타자가 아니라, 오히려 자율성을

---

116) 최근 김상준은 21세기 인류 문명사의 대전환 시기에 관한 독창적인 성찰을 선보였다. 그는 서양 근대의 팽창문명과 동아시아에서 등장한 내장문명을 비교하면서 앞으로 인류는 전지구적 차원에서 내장문명을 재생하는 방향으로 흘러갈 것이며, 내장문명으로의 대전환을 통해 인류는 여러 위기를 슬기롭게 극복할 것이라는 희망을 역설한다. 김상준, 『붕새의 날개, 문명의 진로: 팽창문명에서 내장문명으로』(아카넷, 2021).

가능하게 하는 궁극적 터전이다. 그러하기에 인간이 자연과 우주의 지배자라는 생각에서 벗어나서 인류는 자연과 우주의 이방인이자 손님이라는 생각으로 대전환할 것이 요구된다. 이런 사유의 전환은 인간이라는 손님을 무한한 환대로 맞이해 준 자연과 우주에 대해 이제 우리 인류가 응답할 차례임을 강조한다. 자연의 무한한 환대에 대한 응답으로 우리는 자연에 대한 무한한 책임과 생명에 대한 외경, 즉 천지만물일체天地萬物一體의 인仁을 21세기 사유의 제일 화두로 삼아야 하지 않을까 한다.

제4부

문명 전환의 시대와

생태·대동민주주의의 가능성

제14장

생태위기와 서구 근대의 양가성

1. 들어가는 말: 배경 설명

19세기 이후 세계를 주도하던 서구의 근대 문명은 오늘날 다양한 측면에서 위기에 처해 있다. 우리는 20세기 말 소련 및 동구권의 몰락 이후에 '탈이성의 시대', '인간(주체)의 종말', 그리고 '철학의 종말의 시대' 등과 같은 표어가 유행어가 되다시피 한 상황 속에 있다. 포스트모던적 사유의 흐름에 호의적이든 그렇지 않든 이 흐름은 서구 근대의 원리에 대한 근본적인 성찰의 계기를 마련하고 있다. 그리고 과학기술문명 확산의 결과 다양한 차원에서 등장하는 그 파괴적 성격을 염두에 둘 때 근대의 원리가 활력을 상실하고 위기에 처해 있으며, 그리하여 이에 대한 철저한 비판적 대결이 필요하다는 주장은 새삼스러운 것이 아니다. 특히 오늘날 인류의 멸종만이 아니라 지구상의 모든 생명체의 파멸을 가져올 수도 있는 생태위기를 촉발하고 있는 지구온난화는 인간이 스스로 만들어 낸 결과이다.

전 지구적 기후변화의 시대에 살아가는 인류가 처한 상황을 설명하는 용어 중의 하나가 '인류세人類世'(anthropocene)라는 개념이다. 인류세의 개념에 대한 논쟁을 주도하는 학자 중 한 사람인 클라이브 해밀턴(Clive Hamilton)에 의하면, 인류세는 인류가 과도하게 자연을 정복한 결과로 생겨난 지구 시스템 전체의 기능 교란 현상을 포착하려는 개념이다. 다시 말해, 인간이 과학기술을 통해 자연을 지배하는 과정에서 형성된 지구 시스템 전체의 동요와 교란이 역설적으로 자연의 반격을 불러일으킴으로써 인류 자체의

생존마저도 위협하게 된 시대를 표현하는 용어가 바로 인류세이다.[1]

물론 '인류세'란 개념은 생태위기의 진상을 은폐하는 측면이 있어 논란의 소지가 있다. 이를테면 '인류세'라는 용어는 마치 모든 인간이 다 동등하게 생태위기에 책임이 있는 것처럼 생각하게 만듦으로써 지구 생태계를 위험에 빠뜨리고 있는 주범이 자본주의 경제체제이며 주변부 국가가 아닌 중심부의 부유한 국가들이라는 측면을 간과하게 한다.[2]

제이슨 히켈에 따르면, 다양한 미디어 매체를 통해 유통되고 있는 기후위기에 대한 서구의 주류적 서사도 상당히 문제가 있다. 우리나라의 미디어도 마찬가지이지만, 서구의 주류 미디어들은 각국의 국경 내에서 연간 배출한 이산화탄소의 양에만 집중한다. 이런 식의 측정치를 보면 중국은 가장 많은 이산화탄소를 배출한 국가로 지목된다. 중국은 연간 10.3기가톤의 이산화탄소를 배출하는 것으로 알려져 있는데, 이는 세계에서 두 번째로 많은 국가인 미국의 거의 두 배에 달한다. 인도도 러시아나 일본보다 더 많이 배출한다.[3]

그런데 한 국가에서 배출하는 연간 배출량에 관심을 기울이는 시각은 치명적 오류를 지니고 있다. 이런 식으로 보면 가난한 나라나 부유한 나라나 기후위기를 초래한 책임에서 아무런 차이가 없는 것처럼 보이기 때문이다. 그러나 이산화탄소 배출량을 1인당 기준으로 해서 보면 인도가 1.9톤, 중국이 8톤을 배출하는 데 반해 미국은 16톤으로 중국의 두 배, 인도의 여덟 배에 달한다. 게다가 국가별 이산화탄소 배출량을 비교하는 접근법은 생태계에 해로운 산업이 1980년대 이후 무렵부터 남반부의 가난한 나라로 이전되었다는 정황을 전혀 고려하지 않고 있다.

또한, 세계화가 진행되면서 다른 나라에서 생산된 제품을 수입하여 소비하는 것이 일상화되고 있다. 그렇다면 다른 나라에서 소비되는 제품을 생산하기

---

1) 클라이브 해밀턴, 『인류세』(정서진 옮김, 이상북스, 2018), 28~29쪽 참조.
2) 제이슨 히켈, 『적을수록 풍요롭다: 지구를 구하는 성장』, 47쪽 및 153쪽 참조.
3) 같은 책, 158쪽.

위해 배출된 이산화탄소량은 그 나라를 대신해서 배출한 것이 된다. 따라서 이런 배출량은 그 국가의 총배출량으로 계산하지 않아야 한다. 다른 나라가 소비하는 제품 생산을 위해 대신 배출한 이산화탄소량, 즉 '배태된'(embedded) 배출량을 고려해서 총배출량을 산정하면 미국과 유럽이 차지하는 비율은 더 증가한다.[4]

더 나아가 국가별 배출총량으로 기후변화의 책임을 이해하고자 한다면, 그것은 국내에서의 기후 불평등의 문제를 도외시하는 오류를 범한다. 국제적으로 볼 때 가난한 나라는 기후변화를 초래한 온실가스 배출에 거의 책임이 없음에도 불구하고 더욱 큰 피해를 본다. 이와 마찬가지로 한 국가 내에서도 사회경제적으로 취약한 계층이 기후변화로 인한 각종 피해에 더욱 노출되어 있고, 이들에 비해 소득과 자산 수준이 높은 부유한 사람들이 훨씬 더 많은 이산화탄소를 배출하지만, 그로 인해 발생하는 기후재난에 더 잘 대응한다. 예를 들어, 영국의 상위 소득 1% 계층은 하위 소득 50% 계층의 11배에 달하는 이산화탄소를 배출했다. 한 연구자는, 한국을 대상으로 한 유사한 분석은 아직 없었지만, 우리나라의 상황도 영국과 크게 다르지 않으리라고 추정한다.[5]

그뿐만 아니라 사실 생태계 위기를 촉발한 이산화탄소는 그동안 누적된 결과로 인한 것이기에, 연간 배출량만을 비교할 것이 아니라 역사적으로 배출해 온 누적량을 고려하지 않으면 안 된다. 이산화탄소는 대기 중에서 생존하는 기간이 최대 500년에 달하는 온실가스이다. 따라서 최근 몇 년 사이에 배출한 총량만을 갖고서 기후변화의 책임을 따진다는 것은 불공정하다. 역사적인 누적량만 놓고 보면 기후변화에 대한 책임은 거의 전적으로 미국과 서유럽에 있는 것으로 나타난다.[6]

---

4) 한재각, 『기후 정의: 희망과 절망의 갈림길에서』(한티재, 2021), 81~83쪽.
5) 같은 책, 168쪽 및 173쪽.
6) 제이슨 히켈, 『적을수록 풍요롭다: 지구를 구하는 성장』, 158~160쪽. 조효제에 따르면, 온실가스 배출량의 역사적 누적치를 나라별로 보면 미국이 25%, 유럽연합이 22%로 거의 절반을 차지하고 있다. 조효제, 『탄소 사회의 종말』(21세기북스, 2020), 103~104쪽.

물론 최근에 중국이나 다른 나라의 이산화탄소 배출량이 증가하고 있는 것도 사실이다. 한국도 예외는 아니다. 조효제에 따르면, 2018년 배출량을 보면 중국이 27%, 미국 15%, 유럽연합 9%, 인도 7%, 러시아 5%, 일본 3%이고 한국은 이란 및 사우디아라비아와 마찬가지로 2%로 세계 7위를 차지하고 있다. 또한 국민 1인당 연간 온실가스 배출량을 기준으로 하면 1위가 사우디아라비아 18.1톤, 2위가 미국 등이고 한국은 12.4톤으로 4위를 차지한다. 이는 세계인의 1인당 평균 배출량인 4.8톤의 거의 3배에 달하는 수치이다.

더 나아가 2020년 7월 환경부가 발표한 「한국 기후변화 평가보고서 2020」에 따르면 1880~2012년에 전 지구적으로 평균 지표 온도가 0.85도 올랐지만 한국은 1912~2012년에 전 세계 평균의 2배가 넘는 약 1.8도의 기온 상승을 보였다. 이런 상황임에도 불구하고 2020년 당시 문재인 정부는 「2050 장기 저탄소 발전 전략」을 통해 탄소 배출량을 0으로 만드는 탄소중립 정책을 포기했다. 이 발표문에서 제안된 다섯 가지 선택지 중 가장 강력한 선택지 세 가지조차도 평균기온을 2도 이내로 제한하려는 기준에 부합할 뿐이라고 한다. 2015년 국제사회가 합의한 「파리협정」의 1.5도 이내 상승 제한 기준에도 못 미치고 있는 것이 사실이다.[7]

생태위기가 비록 사회구조적 불평등이나 국제적 불평등 체제를 동반하고 있다손 치더라도 그것은 대재난으로 악화할 경우 지구상의 대다수 생명체나 인류 문명 자체의 종말을 가져올 수도 있다. 그런 점에서 생태위기 시대를 '인류세'로 개념화하는 것도 크게 틀린 것이라고만 볼 필요는 없다. 하여간 45억 년이 된 지구의 근본적인 변동이 시작된 이 거대한 전환의 시대에 우리는 생태위기의 근원인 서구 근대 자본주의 체제의 성격은 물론이고, 이 체제와 밀접하게 결합해 있는 서구 근대성에 대한 근본적 성찰을 게을리할

또한 한재각, 『기후 정의: 희망과 절망의 갈림길에서』, 77~80쪽 참조 바람.
7) 조효제, 『탄소 사회의 종말』, 30~31쪽 및 104~105쪽 참조. 새로 탄생한 윤석열 정부의 기후위기에 대한 대책은 이전 정부에 비교해 더 후퇴할 조짐을 보여 준다. 문재인 전임 정부가 책정한 국가 온실가스감축목표(NDC)을 지나친 목표 설정이라고 비판하고 원전의 비중을 늘리는 정책을 펴는 것을 보면 그런 우려가 생긴다.

수가 없다. 아울러 서구 근대철학에 대한 이해는 서양의 근대를 이해하기 위해서라도, 그리고 우리 시대의 본질적인 특징을 이해하기 위해서라도 필수 불가결한 요소이다. 이런 점에서 그에 대한 비판적 성찰은 넓게는 새로운 지구 시대, 좁게는 인류의 새로운 문명사적 전환기에 우회할 수 없는 통과 지점이다. 따라서 우리 시대는 수운 최제우의 용어로 표현하자면 '다시 개벽' 혹은 '후천개벽'의 시대라고도 부를 만하다.[8]

인류세에 인류가 생존하기 위해서라도 인류와 자연의 생태적 공존의 가능성에 대한 모색은 피할 수 없다. 오늘날 인류가 초래한 생태위기는 너무나 심각해서, 인류가 이런 위기를 극복하고 지속적으로 이 지구에 생존할 수 있을지 그 누구도 장담할 수 없다. 생태위기를 빌미로 인간에 대한 혐오를 조장하기 위해 이런 말을 하는 것도 아니고, 지나치게 비관적인 전망을 정당화하기 위해 그런 것도 아니다. 생태위기의 심각성을 제대로 인식하고 그것을 해결하기 위한 대책 마련이 절실하다는 문제의식을 표출하기 위함임을 밝혀 둔다.

이런 절체절명의 위기의 순간에 민주주의의 위기가 동반되는 것은 결코 우연이 아닐 것이다. 그러니까, 민주주의 위기의 근원에는 생태위기가 자리 잡고 있다는 점도 염두에 두어야 한다. 그리고 생태위기를 극복할 방안을 고려할 때 인간과 자연 및 자연과 생명체의 관계에 대한 새로운 태도와 시각이 요청된다. 이를테면 동물에 대한 도덕적 태도를 새로 정립하여 동물을 단순한 경제적 이익 추구의 수단으로 보는 기존의 관점을 넘어설 필요가 있다.

더 나아가 자연과 생명에 대한 새로운 사유는 정치·사회 질서의 재구성에 관한 비판적 재검토로 이어지지 않으면 실효성이 없을 것이다. 예를 들어, 동물에 대한 도덕적 태도의 변화는 정치적인 공동체 내에서 동물의 권리를

---

8) 수운 최제우의 다시 개벽은 후에 후천개벽으로 불리게 된다. 허수, 「근대 전환기 동학·천도교의 개벽론: 불온성과 개념화의 긴장」, 『개벽의 사상사: 최제우에서 김수영까지, 문명 전환기의 한국사상』(강경석 외, 창비, 2022), 100쪽.

법적인 형태로 보장하는 것을 넘어 동물의 이해관계가 어떻게 정치공동체 내에서 다루어져야 하는지도 깊이 고민해야 할 것이다. 우리에게는 낯설지만, 오늘날 비인간 동물을 정치공동체의 일원으로 대우하여 그들에게 정치적 권리를 부여해야 한다는 논의가 활발하게 이루어지는 것도, 동물에 대한 도덕적 의무를 강조하는 사유 방식의 전환을 넘어 그런 사유 방식을 제도적으로 보장함으로써 인간과 자연의 새로워진 관계 방식에 지속성을 부여하려는 시도라는 점에서 주목할 필요가 있다.

이제 서구 근대가 내세운 자유라는 해방적 이념이 어떤 점에서 역설적 상황에 빠지게 되는지를 살펴볼 것이다. 이때 우선 필자는 헤겔과 하이데거로 대비되는 서구 근대에 대한 상이한 성찰을 다룰 것이다. 연이어 서구 근대의 세계관 형성에 지대한 영향을 끼친 데카르트의 자연과 인간 혹은 연장(res extensa)과 사유(res cogitans)의 이원론이 생태위기의 정신사적 배경 형성에 어떤 의미를 지니는지를 다룰 것이다. 이어서 필자는 요즈음 첨예한 쟁점으로 떠오르고 있는 '동물에 대한 인간의 의무'와 관련하여 인간중심주의적 사유 방식의 대표적 인물이라 할 수 있는 임마누엘 칸트를 다루고 그 한계를 넘어설 가능성을 모색해 볼 것이다.

2. 서구 근대의 역설

1) 헤겔과 하이데거: 서구 근대의 양가성

근대라고 번역되든 아니면 현대라고 번역되든 modern이란 용어는 다양한 의미를 지닌다. 그것은 우선 과거와 다른 새로운 시대라는 시대 구분의 의식을 담고 있다. 또한 modern이란 용어는 오늘날과 연결된 시대로 이해될 수 있다.[9) 그런데 현대성 혹은 현대성으로 번역되는 modernity는 현대라는

---

9) 유교적 근대론을 주창한 한국사학자 미야지마 히로시는 근대를 "현재와 직결되는

시대가 지니는 근본적인 성격을 지칭하는 개념으로, 혹은 현대라는 시대가 지향해야 하는 규범적인 이상으로 나타나기도 한다. 근대를 오늘날로 이어지는 시대라는 개념으로 정의하는 것이 불충분한 이유가 여기에 있다. 달리 말하자면 그런 용어는 오늘날의 시대가 어떤 점에서 의미 있는 것인가라는 규정을 분명하게 드러내지 못하는 개념이기 때문이다.

유럽에서 modern의 라틴어에 해당되는 modernus는 5세기 말, 즉 고대 로마에서 기독교 세계로의 이행기에 처음 등장한 것으로 알려져 있는데, 이 용어에는 기독교적 세기의 도래에 대한 새로운 시대 의식이 포함되어 있다. 그리고 modo에서 파생된 형용사인 modernus는 '새로운'(neu)이라는 뜻과 아울러 '당시의'(derzeitig)의 뜻을 지니고 있었다.[10]

그런데 서구적 근대 혹은 현대(die Moderne)를 그 이전의 시대와 구별되는 독특한 시대로 규정하는 데에서 중추적인 역할을 하는 개념은 자유 개념이다. J. 하버마스는 (서구) 근대의 원리로 간주되는 주체성의 원리가 지니는 중요한 네 가지 함의를 강조한다. 이 네 가지는 바로 개인주의, 비판의 권리, 행위의 자율, 관념주의적 철학이다.[11] 그러니까, 서구적 근대의 원리는 정치적으로는 개인주의적인 자유주의로, 법적으로는 인간의 기본권 사상으로, 도덕적으로는 칸트에서 가장 명료하게 발견되는 자기목적적인 존재로서의 인격적 주체에 대한 이론으로 표현된다.[12]

근대세계는 인간을 의식적으로 사유할 수 있으며, 자기 삶의 의미를 스스로 결정하고 선택할 수 있는 존재로 이해하는 자율성의 이념에 입각해 있다. 헤겔에 이르러 자율성의 이념은 역사 세계의 기본적 원리로 해석되기에 이르는데, 헤겔에게서 이 역사 세계는 우주의 전체 발전과정과 연결되어

시대"로 파악한다. 미야지마 히로시, 『나의 한국사 공부: 한국사의 새로운 이해를 찾아서』, 322쪽.
10) 한스 로베르트 야우스, 『도전으로서의 문학사』(장영태 옮김, 문학과지성사), 1998, 21~22쪽.
11) J. 하버마스, 『현대성의 철학적 담론』, 36쪽 이하 참조.
12) 이하에서는 서구 근대 혹은 서구 근대세계를 단순히 근대 혹은 근대세계로 칭한다.

이해된다. 즉 우주의 궁극적 원리는 역사 세계의 전개 과정에서 자신을 실현하는 최고 정점에 이른다는 것이 헤겔 역사철학의 근본이념이다. 그런데 근대에 대한 철학적 성찰은 근대를 규정하는 철학의 원리를 어떻게 이해하고 평가할 것인가 하는 문제를 도외시할 수 없다. 따라서 근대에 대한 평가는 근대의 원리인 주관성과 자율의 이념을 어떻게 이해하는가에 달려 있다.

근대에 대한 철학적 성찰을 한 사상가 중에서 헤겔과 하이데거는 그 대표적인 사상가이다. 헤겔은 주관성 안에서 철학적 기초를 발견하려는 데카르트의 시도와 주관성 원리의 관철을 자유의 증진 및 실현 과정에서의 결정적인 국면으로 파악한다. 물론 헤겔도 근대세계에서 자유를 제도적으로 구현하는 가족, 시민사회 그리고 국민국가가 자체 내에 해체의 가능성을 지니고 있다는 점에 대해 모르지는 않았다. 헤겔에 따르면, 가족에서의 이혼, 시민사회에서의 빈부의 양극화, 독립적인 국민국가 사이의 전쟁 등은 이런 해체의 경향을 보여 주는 대표적 문제이다. 그러나 이런 통찰이 헤겔로 하여금 근대세계의 원리에 대한 전반적인 긍정적 평가를 막을 수는 없었다.

헤겔의 근대세계에 대한 역사적 인식에 따르면 이른바 '역사 속의 이성'이라는 유명한 구절에서 보듯이 이성이 인류사를 관통하면서 자신을 실현하는 정으로 이해되는데, 이때 이성의 근본 규정이 바로 자유이다. 그러므로 헤겔에 따르면 인류사는 자유 의식이 점차 실현된다는 의미에서 진보의 역사로 규정된다. 그리고 이런 인류사에서 가장 두드러진 역할을 하는 것은 이른바 아시아의 중국이나 고대 아테네 및 로마 그리고 게르만 세계라는 세계사적 민족들인데, 그중에서도 헤겔은 기독교 문명에 바탕을 둔 게르만 세계에 가장 결정적인 의미를 부여한다. 달리 말하자면 인류의 역사는 정신이 자신을 완성해 가는 필연적 과정으로 이해되는데, 아직 유아적 단계에 머물러 있는 동양에서 출발해 청장년기인 고대 그리스 및 로마를 거쳐 기독교를 매개로 해 형성된 게르만 세계에서 그 성숙한 단계에 이른다.

보다 구체적으로 말하자면 동양에서는 황제 한 사람만이 자유로운 상태였다면, 고대 그리스와 로마에서는 소수가 자유로웠고 게르만 세계를 통해 비로소 모든 사람이 자유롭다는 자각이 형성되고 그것을 개별적인 자주적 근대 국민국가를 통해 제도적으로 보장하는 과정을 겪는 것이 인류사라는 것이다.

그리고 헤겔은 이런 역사발전 과정에 상응하는 여러 국가체제를 언급하는데, 그에 따르면 동양에서는 가부장적 군주정이, 고대 그리스와 로마에서는 민주정과 귀족정이, 그리고 근대 유럽의 게르만 세계에서는 군주정이 등장한다. 여기에서 보듯이 헤겔은 근대 사회에 어울리는 합당한 정치체제로 민주정을 언급하지 않고 입헌군주정을 언급한다. 입헌군주정은 대의제도와 권력분립을 통해 군주권을 헌법적으로 제한한 제한 군주정이다. 그런 점에서 동양에서 발생한 자의적인 황제 권력이 횡횡하는 전제군주정과는 질적으로 다르다는 것이 헤겔의 입장이다.

입헌군주정을 근대세계에 어울리는 이성적인 정치체제라고 보는 헤겔의 관점에는 프랑스혁명의 실패에 대한 그 나름의 성찰이 담겨 있다. 그가 보기에 프랑스혁명이 로베스피에르의 공포정치로 치닫게 된 이유 중 하나는 시대에 적합하지 않은 고대 공화정을 이상으로 삼았기 때문이다. 물론 이런 헤겔의 견해는 민주정으로서의 공화정이 아주 작은, 그러면서도 분화되지 않은 나라에서만 실현 가능한 정치체제라고 보는 당대 여러 사상가의 입장과 맥을 같이한다고 여겨진다.

헤겔과 달리 마르틴 하이데거에게 있어서 근대의 주체성 원리는, 존재 망각의 역사로 이해되는 서구 형이상학의 역사에서 모든 것을 기술적인 지배의 대상으로 전락시켜 버리고 끝내는 모든 의미의 원천을 무효화시키는 존재 망각의 극단화의 표현으로 간주된다. 이처럼 하이데거는 주체의 근대적인 지배 현상을 서구 형이상학의 전체 역사와 결부시킨다. 그가 보기에 근대는 근대적인 존재 이해에 기초한다. 이 존재 이해는 데카르트에서 시작하여 니체에 이르러 극단화된다. 그는 자기 시대를 전체주의가 관철되는 시기로 보면서, 그것의 본질적인 특성으로 전 지구적으로 확산하는 자연 지배, 전쟁 수행, 인종 개량의 기술 등을 열거한다. 이런 것들 속에는 계산적 사유가 깃들어 있는데, 이 목적 합리성과 기술적 사유의 절대화는 바로 근대적인 존재 이해에 기초하고 있다. 즉 주체성의 원리가 승리하는 근대와 현대는 인간을 비롯한 모든 존재자가 오로지 계산적 방식을 통해 처분 가능한 대상으로 전락해 가는 시대라는 것이 근대라는 시대에 대한 하이데거 의 비판적 진단이었다.

하이데거는 『세계상의 시대』에서 근대의 본질적인 현상에 속하는 것을 다섯 가지로 규정하는데, 이러한 현상들은 근대의 존재관과 진리관, 즉 근대의 형이상학을 통해 규정되고 있는 것들이다. 그에 따르면, 근대의 본질적인 현상에 속하는 첫 번째 것은 근대 과학이고, 두 번째 현상은 기계 기술(Maschinentechnik)이다. 세 번째 현상은 예술이 미적인 시야로 움직 인다는 점인데, 이 현상은 근대에 이르러 예술 작품이 체험의 대상으로 되면서 예술이 인간 삶의 표현으로 이해되기에 이른다는 의미이다. 네 번째로 거명되는 근대의 본질적인 현상은, 인간 행위가 문화로서 이해되고 수행된다는 점이다. 이는 근대에서 문화는 "인간의 최상의 선들"의 보호를 통해 최상의 가치들이 비로소 제대로 실현될 수 있는 것으로 이해된다는 뜻이다. 마지막 다섯 번째 현상은 "신성의 박탈"(Entgötterung)이다.[13]

하이데거는 이 다섯 가지 현상이 서로 무관한 것이 아니라 긴밀하게 연관되어 있다고 본다. 그리고 이 근대의 다섯 가지 본질적인 현상들을 그 뿌리에서부터 규정하는 것은 다름 아닌 근대 특유의 형이상학이다. 왜냐하면 형이상학은 서구 근대인의 세계이해 방식을 근본적으로 규정하기 때문이다. 달리 말해, "모든 형이상학은 존재자로서의 존재자 전체에 대해 인간이 갖는 관계에 대한 하나의 역사적 결단을 포함"하고 있다.[14]

특히 「기술에 대한 물음」(Die Frage nach der Technik)에서 하이데거는 기술을

---

13) M. Heidegger, "Die Zeit des Weltbildes", in: *Holzwege* (Frankfurt, 1980), p.73 이하 참조.
14) M. 하이데거, 『니체와 니힐리즘』(박찬국 옮김, 철학과현실사, 2000), 232쪽.

단순히 가치중립적인 것으로 보는 관점을 기술에 대한 통념이라고 말하면서, 그런 통념을 과학기술에 관한 "도구적·인간학적 규정"이라 부른다.

옛 학설에 따르면, 어떤 것의 본질이란 그것이 무엇으로 존재하고 있는 바 그것을 말한다. 기술이 무엇인가라고 물을 때, 그것은 기술에 대해 묻는 것이다. 그 물음에 대해 누구나 알고 있는 대답은 두 가지이다. 하나는 기술은 목적을 위한 수단이라는 것이고, 다른 하나는 기술은 인간 행동의 하나라는 것이다. 기술에 대한 이 두 가지 규정은 같은 것이나 다름없다. 왜냐하면 목적을 설정하고 거기에 맞는 수단을 끌어다 사용하는 것은 인간 행동이기 때문이다. 기술이 무엇인가라고 할 때 거기에는 연장이나 기구, 기계 등을 제작하고 사용하는 것이 속하는데, 이때 제작된 것이나 사용된 것 자체도 기술에 속하고 욕구와 이 욕구를 만족시키기 위한 목적들도 기술에 속한다. 이러한 장치 전체가 곧 기술이다. 기술 자체 또한 하나의 장치로서, 라틴어로는 인스트루멘툼(instrumentum)이라고 한다. 따라서 기술은 하나의 수단이자 인간 행동의 하나라고 보는, 기술에 대한 통념을 우리는 기술에 대한 도구적·인간학적 규정이라 부를 수 있다.[15]

그러나 기술에 대한 도구적 접근 방식은 기술의 본질이 무엇인가를 보여 주지 못한다고 하이데거는 비판한다. 기술은 단순한 수단이라기보다는, 인간이 세계를 어떻게 이해하고 그런 세계에 어떤 방식으로 관계하는지를 보여 주는 것이기 때문이다. 그는 현대 과학기술의 본질을 "탈은폐", 달리 말해 세계의 모든 것을 인간의 이익을 위해 조작하고 제작할 가능성을 지니는 에너지 자원쯤인 것으로 규정하여 그것들과 관계를 맺는다는 의미로 이해한다. 그는 기술의 본질인 탈은폐를 '자연에게 내놓으라고 무리하게 요구하는' "도발적 요청"(Herausfordenm)으로 설명한다.[16]

기술로 인해 인간과 세계 사이의 관계는 근본적으로 변하게 된다. 모든

---

15) 마르틴 하이데거, 『강연과 논문』(이기상·신상희·박찬국 옮김, 이학사, 2008), 10~11쪽.
16) 같은 책, 20~21쪽 참조

것을 제작의 재료나 자원으로 바라보는 시각은 결국 인간을 하나의 부품으로 전락시켜 버린다. 그리하여 기술은 인간을 포함하여 모든 것을 제작의 재료로 만들어 버리는 힘을 지닌다. 오늘날 소는 소고기로 이해된다. 달리 말하자면, 소는 살아 있는 생명체로서의 가치를 지닌 존재가 아니라 안심이나 등심 등과 같은 부위별 고기로 환원되어 이해된다. 따라서 소는 여러 부위별 고기를 알리는 명칭이 보여 주듯이 통일적 유기체인 생명으로 인정되는 것이 아니라 완전히 조각조각 분해되어 안심 몇 킬로그램은 몇 원어치라는 식으로 돈으로 환원되기에 이르렀다. 즉, 소는 이제 화폐가치를 지니는 물건으로 이해되면서 이익을 창출하고 소비를 충당하기 위해 공장형 축산 산업을 통해 철저하게 관리되고 통제되는 존재로 전락한 것이다.

이런 상황은 인간이라고 해서 다르지 않다. 인간은 지구의 모든 자원을 고갈시킬 것처럼 온갖 상품을 소비하는 가운데 직장에서 언제 해고될지 모른다는 불확실성 속에서 살아간다. 노동하는 사람은 늘 다른 부품, 그러니까 더 양질의 노동력을 지닌 다른 사람이나 로봇 같은 자동화된 기계로 대체할 수 있는 일회용 부품으로 취급되고 있다. 하이데거의 분석에 따르면, 근대 과학기술의 본질이 관철됨에 따라 "인간 자신과 그의 사물은 단순한 재료로 되고 대상화의 기능으로 되어 간다는 (더욱더) 증가하는 위험에 내맡겨져 있다."[17]

근대 기술문명의 득세로 인해 인간과 자연 전체가 극도의 위험에 직면해 있지만 역설적이게도 인간은 이런 위험을 전혀 자각하지 않고 있다. 아니, 인간은 기술이 함축하는 폭력성에 대한 참다운 사유를 회피하면서 무사유로 일관하고 있다. 하이데거는 말한다. "핵 시대의 인간은 멈출 줄 모르고 쇄도하는 기술의 힘에 할 말을 잃은 채 무방비상태로 내맡겨진 셈이겠지요." 달리 말하자면 "수소폭탄의 폭발과는 거의 비교도 안 될 정도로 생명과 인간의 본질을 파괴하는 그런 공격이 기술을 매개로 해서 준비되고 있다는

---

17) 마르틴 하이데거, 『숲길』(신상희 옮김, 나남, 2008), 429쪽.

사실을 사색하지 못하고 있습니다"라고 하이데거는 말한다.[18)

헤겔과 하이데거의 근대에 대한 상반된 이해는 서양 근대의 이중성과 딜레마를 잘 보여 주고 있다. 플라톤에서 시작하여 현대 과학기술문명에서 그 정점에 이르는 서구의 합리주의 및 형이상학의 역사에 대해 비판적인 태도를 견지하는 하이데거의 입장은, 서구 근대의 과학적·기술적 합리성의 전면적 등장과 그 관철 현상이 내포하는 위험성을 철학적으로 성찰하고 있다는 점에서 의미가 있다. 즉 모든 것을 조작할 수 있고 마음대로 처분 가능한 대상으로 파악하는 것은 결국 인간 자신까지도 조작의 대상으로 전락시키게 되며, 이렇게 과학기술적 사유는 인간의 삶을 포함한 모든 것을 무의미한 것으로 전락시키는 힘을 지님을 잘 드러내고 있기 때문이다.

2) 과학기술적 사유, 소비자본주의 그리고 성적 자유의 역설로 본 근대성

오늘날 지구온난화현상을 비롯한 지구 생태계 위기를 볼 때 과학기술적 사유의 성공적 관철이 인간의 자유를 증진하게 해 준다는 통념과 달리 그것이 얼마나 파괴적 힘을 지니고 있는가는 이제 너무나 분명하다. 화석연료의 사용으로 인한 지구온난화현상을 제외하더라도, 우리 일상생활에서도 자유의 역설은 뚜렷하다. 이를테면 특히 여성을 대상으로 한 범죄로부터 시민의 안전을 도모하려고 곳곳에 설치되어 있는 감시 카메라 혹은 폐쇄회로(CC)TV는 우리 일상생활 전반을 완전히 노출시켜 사생활의 전면적 감시와 통제를 가능하게 할 정도가 되었다. 여성에 대한 살해와 폭력이라는 우리 사회의 구조적 문제가 단순히 이른바 전통적 가부장적 사회의 유산이라고만 바라본다면 이 역시 논쟁의 여지가 있다.

성 해방의 과정이 자본주의의 성 상품화와 맞물리면서 여성의 성적 대상화가 심화하는 측면에 대한 비판적 검토가 없다면 여성에게 가해지는 폭력의 구조적 요인을 전근대적 사회의 억압적인 남성 위주 문화(특히

---

18) 마르틴 하이데거, 『동일성과 차이』(신상희 옮김, 민음사, 2000), 131쪽.

우리 사회의 경우 유교적 가부장주의 문화)의 탓으로만 바라보게 되는 우를 범하게 된다. 과학기술적 합리성이 인간에게 자유와 물질적 번영을 가져다주리라는 믿음이 신화로 입증된 것처럼, 가족 구성이나 사랑으로부터 분리된 성 해방이 성적 자율성을 증대시켜 주리라는 믿음도 일면적이다. 그런 성 해방 역시 역설적으로 자본주의적 상품사회 속에서 몸 특히 여성의 몸을 한갓 성적 쾌락을 만족시켜 줄 대상에 불과한 것으로 만들어 버리고 있기 때문이다. 20세기 후반, 적어도 서구 사회에서 1960년대 이후 본격화된 성 해방은 문화혁명이라 평가받아 마땅할 정도로 성, 사랑, 가족에 관한 엄청난 변화를 동반했다. 이런 성 해방과 더불어 이제 섹슈얼리티는 20세기 초부터 등장한 영화나 광고 같은 시각산업과 맞물리면서 "시각적 효과로 꾸며진 (죄악과 같은 도덕관념과 아무런 관계가 없는) 소비와 욕망 해소의 대상으로 전락했다."[19]

우리는 성적 쾌락을 추구하면서 그 쾌락을 만족시켜 주는 대상, 즉 섹스 파트너를 가능한 한 자주 바꾸게 되는데, 이런 행위는 단순히 한 개인이 선택하는 자유의 결과로만 보면 제대로 이해되지 않는다. 그런 선택의 자유는 가상이고, 그런 자유의 가상을 산출하는 것은 성적 욕망을 소비의 대상으로 만드는 소비자본주의이다. 성적 쾌락을 만족시켜 줄 파트너를 자주 바꾸는 자유도 해방이라면 해방이다. 그러나 그런 해방은 분명 자신의 자유를 불가능하게 하는 행위라는 점도 부인할 수 없다. 달리 말하자면, 끝없이 변화 가능한 성적 파트너는 그 파트너를 개성적이고 존중받아야 할 소중한 사람으로 인정하는 행위와는 양립할 수 없고, 오직 더 나은 성적 매력을 주는 것으로 보이는 사람(더 나아가 가상세계에서의 섹스, 성적 욕망을 대신해 줄 인형이나 로봇 등)으로 대체 가능한 존재라는 의미만을 지닐 뿐이기 때문이다. 다른 사람 혹은 다른 상품으로 대체 가능한 존재란 존엄한 인격이 아니라 한갓 물건에 불과하다는 뜻이다. 우리는 자기에게 즐거움을

---

19) 에바 일루즈, 『사랑은 왜 끝나나: 사랑의 부재와 종말의 사회학』(김희상 옮김·김현미 해제, 돌베개, 2020), 90~91쪽.

선사해 줄 것으로 여겨지는 물건을 고르듯이 성적 파트너를 마음껏 고를 수 있다. 이처럼 성적 자유와 해방이 본격적으로 이루어진 것처럼 보이지만, 그런 자유가 소비문화의 중추적 요소가 됨에 따라 초래하는 병리적 측면 또한 외면할 수 없다.

에바 일루즈에 의하면, 대중적으로 매우 인기 있는 라이프스타일 웹사이트 "리파이너리 29"(Refinery 29)의 게시판에 어느 여성이 캐주얼 섹스를 긍정적으로 묘사한 글이 올라온 적이 있고 그 글은 매우 많은 반응을 불러일으켰다. 그 여성은 캐주얼 섹스의 즐거움을 "고르는 맛"으로 비유한다.[20] 그러니까, 즉흥적이고 즉석에서 이루어지는 성적 만남은 갈증 해소를 위해 여러 아이스크림 중에서 하나를 고르는 행위, 좀 더 고상하게 표현하자면 '취향을 저격하는 옷을 고르는' 행위와 동일한 층위에서 이해된다. 물론 우리는 이런 성적 자유의 상품화에서 예외란 없다는 것을 잘 알고 있다. 상대방의 관점에서 보면 고르는 맛을 강조하는 여성 또한 마찬가지로 자신의 성적 쾌락을 만족시켜 줄 것 같아서 선택된 것에 불과하기 때문이다.

이미 막스 호르크하이머와 테오도어 아도르노는 1947년에 출판된 『계몽의 변증법』에서 문화산업으로 인해 인간은 철저하게 대체 가능한 존재로 전락해 버리고 말았다고 비판한다. 이들에 따르면, 문화산업의 시대에 개인의 개성이 사라지고 모든 사람은 다른 사람으로 "교체 가능한 복제물"에 지니지 않게 되었다. 그러니까 "하나의 개인으로서의 각자는 절대적으로 대체 가능한 존재로서 절대적 무無"로 취급된다.[21]

에바 일루즈가 묘사하는 캐주얼 섹스의 모습은 섹스산업이라는 자본주의 시장 관계에서 이루어지는 성 해방이 사람을 철저하게 무한하게 복제 가능한 상품으로 만들고 있음을 잘 보여 준다. 그의 설명을 인용해 보자.

파티에서 남성은 뒤에서 다가가 여성의 엉덩이에 자신의 성기를 비비는

---

20) 같은 책, 130쪽.
21) M. 호르크하이머·Th. W. 아도르노, 『계몽의 변증법』, 202쪽.

것으로 성적 의도를 표현한다. "일반적으로 여성의 뒤에서 남성이 다가가는 탓에 여성은 자신의 엉덩이를 건드리는 페니스가 누구의 것인지 전혀 알지 못한다." 크게 볼 때 캐주얼 섹스 역시 일종의 사교술이기는 하지만, 기묘하게도 캐주얼 섹스는 상대방의 개성을 무시하고 파트너를 불특정 다수 가운데 한 명으로 만드는 상징적 전략을 구사한다는 특징을 지닌다.…… 이름이란 본래 상대의 정체성을 확인해 주며, 그 누구로도 대체할 수 없는 유일한 존재로 인정해 주는 역할을 한다. 오로지 즐기려는 캐주얼 섹스에서 인간은 서로 모르는 타인으로 남을 뿐이다. 이런 관점에서 캐주얼 섹스는 소비 영역의 익명성과 거래 행위라는 상호작용의 덧없음을 고스란히 베낀다. 그 결과는 서로 전혀 다른 상극의 특성이 혼재하는 것이다. 한쪽에는 거리와 서로 알지 못하는 낯섦(상대의 이름을 모르는 상호관계의 전형적 특징)이, 그 반대편에는 가까움(서로 나체를 보여 주고 침실이나 침대를 함께 쓰면서 성적 쾌락을 나누는 경험)이 서로 대립하며 뒤섞인다. 몸은 쾌락의 자율적 원천인 동시에 순수한 물질일 뿐, 그 이상의 어떤 것도 요구하지 않기 때문이다.[22]

한편으로 성 해방의 현상에서 매우 두드러진 원나이트 스탠드나 즉석 만남과 같은 이른바 캐주얼 섹스는 성적 욕망과 관련해서 개인적 자유의 표현이 얼마나 증대되었는지를 잘 보여 준다. 캐주얼 섹스는 겉보기엔 늘 자신의 성적 욕망을 가장 잘 만족시켜 줄 상대방을 찾는 선택의 자유를 보장해 준다. 이런 캐주얼 섹스 혹은 즉흥 섹스를 "그 어떤 죄책감이나 부끄러움 없는 성적 상호작용이라는 자유의 궁극적 증명"[23]으로 보는 설명에서 나타나듯 그것은 자유로운 선택을 보장하는 듯하지만, 그런 선택의 자유에는 기괴하고 어두운 얼굴이 있다. 달리 말해 그런 선택의 자유는 소비자본주의 사회에 의해 우리의 몸과 섹슈얼리티가 철저하게 상품으로 변질되었다는 점을 의미하고 있다.

요약해 보자면 캐주얼 섹스가 보여 주는 자유로운 선택의 일상화로 인해

---

22) 에바 일루즈, 『사랑은 왜 끝나나: 사랑의 부재와 종말의 사회학』, 116~117쪽.
23) 같은 책, 113쪽.

이제 모두가 누군가에 의해 선택될 수 있는 성적 쾌락 추구의 대상으로서의 일회용 상품에 지나지 않게 되었다. 그러므로 성 해방이 가져다주는 자유란 우리를 현혹하는 가상이 아닌가 하는 의문이 제기될 수도 있다. 소비자본주의 사회에서 끝없이 성적 욕망을 추구하도록 강요당하는 소비자로서의 우리가 누리고 있는 듯한 성적 해방의 자유가 사실은 "항상 동일한 것을 선택하는 자유"에 지나지 않음을 보여 준다.[24]

그런데 일상화된 성적 만남의 문법이 스승과 제자의 관계 같은 그 모든 친밀한 인간관계 앞에서 멈추어 설 것이라고 믿는 사람은 많지 않을 것이다. 우리 사회 곳곳에서 그루밍 성범죄가 커다란 사회적 문제로 대두되는 것도 전혀 이상하지 않다. 성적 만남의 철저한 상품화에서 나타나는 하나의 논리적 귀결은 최근 우리 사회에서 쟁점으로 부각한, AI 섹스 로봇이나 섹스 인형을 통한 인간 섹스 파트너의 대체일 것이다. 이처럼 과학기술과 결합한 자본주의는 친밀한 영역인 사랑이나 우정, 가족관계 등을 포함한 모든 시민의 연대를 철저하게 효율성의 논리로 포획하여 그 자체의 고유한 의미를 박탈하는 힘을 지니고 있다. 우리는 여기에서 과학기술문명이 인간을 포함한 모든 것을 한갓 부품으로 전락하게 할 것이라고 했던 하이데거의 진단이 실현되고 있음을 발견하게 된다.

이렇게 우리의 사생활에서 성의 상품화는 이미 넘쳐흐르고 있고 이와 직접적으로 관련된 산업 규모 역시 상상을 초월할 정도로 엄청나다. 물론 어떤 사람은 부품 사회로의 전락에 관한 서술과 시대 진단이 지나치게 비관적인 것이 아닌지, 혹은 서구 근대 문명의 해방적 힘과 계몽적 이성의 비판적 힘에 대한 과소평가가 아닌지 의구심을 지닐 수도 있다. 사실 이런 의구심은 프랑크푸르트학파의 제2세대 대표 주자인 위르겐 하버마스가 그 학파의 제1세대 주자들인 호르크하이머와 아도르노에게 지녔던 것이기도 하다.

하버마스가 보기에 아도르노 비판이론의 한계는 그 규범적 토대가 부재하

---

24) M. 호르크하이머·Th. W. 아도르노, 『계몽의 변증법』, 227쪽.

다는 데서 비롯한다.[25] 하버마스에 따르면, 아도르노 이론이 규범적 토대를 제대로 구축하지 못한 까닭은 그가 이해하는 이성 개념이 지나치게 협소하고 주체성 중심으로 축소되어 있기 때문이다. 그리고 이런 주체성과 이성에 대한 협소한 이해로 인해 아도르노나 호르크하이머는 서구 근대 사회의 해방적 측면을 간과하게 된다고 하버마스는 비판한다. 그래서 그는 의사소통적 합리성을 독자적인 이성으로 새롭게 이해하면서 이를 통해 서구 근대를 좀 더 긍정적 시야에서 진단하게 되며, 그런 긍정적이고 해방적 요인을 성찰하여 담론윤리학이나 심의(숙의)민주주의 이론을 조탁해 낸다.

그러나 의사소통적 합리성을 중심으로 아도르노의 비관주의를 극복하고 계몽적 이성의 잠재력을 해방함으로써 이른바 '미완의 근대성'을 더 발전시키고자 하는 하버마스의 시도 또한 아도르노나 하이데거가 진단한 과학기술의 폭력성과 위험성에 대한 충분한 대안이라고 볼 수 없다.[26] 서구 근대의 자율성 이념의 한계를 오로지 독백적 이성 혹은 주체성 원리에서 구하면서 이를 상호주관적인 의사소통적 합리성으로 변형시킴으로써 자율성 이념의 규범적 타당성을 구출하려는 시도 역시 자연 지배 및 총체적인 사물화 경향의 문제를 제대로 응시하지 못하고 있기 때문이다. 그러므로 의사소통적 합리성을 통해 새롭게 제안된 숙의민주주의도 오늘날 인류가 직면한 불평등 문제나 생태위기의 문제와 같은 거대한 도전에 제대로 응수할 수 있을지 모호하다.

이곳은 하버마스의 이론을 상세하게 다룰 자리가 아니므로 다시 성적 자유의 역설로 되돌아가자. 오늘날 문화산업과 소비자본주의로 인해 모든 것이 다 부품이나 무한히 대체 가능한 상품으로 전락하고 있는 상황에서,

---

25) 위르겐 하버마스, 『현대성의 철학적 담론』, 136~162쪽 참조 바람. 비판이론 제1세대의 문제점과 그것을 극복할 대안으로서의 의사소통적 이성 개념의 전개라는 문제의식을 이해하는 데에는 1981년 악셀 호네트 등과의 대담이 도움이 된다. 위르겐 하버마스, 『새로운 불투명성』(이진우·박미애 옮김, 문예출판사, 1995), 189~237쪽 참조 바람.
26) 하버마스의 의사소통 행위 이론을 중심으로 전개된 비판이론도 비판적 사회이론으로는 충분치 못하다는 점에 대해서는 존 시턴(John Sitton), 『하버마스와 현대사회』(동과서, 김원식 옮김, 2007) 참조 바람.

포르노가 여성을 성적 대상으로 만들어 성적으로 도구화하고 착취할 가능성
이 있으므로 이를 금지해야 한다는 주장은 정치적으로 매우 올바른 것
같다. 그러나 이런 식의 주장은 진정한 해법이라기보다는, 우리가 경험하고
있는 성적 자유의 해방이 그저 환호할 만한 것이 아님을 보여 주는 목소리에
그칠 뿐이라고 이해하는 편이 더 적절할 것이다. 간단하게 말해 포르노를
금지함으로써 성적 대상화와 맞물려 있는 성적 폭력과 착취로부터 여성을
보호할 수 있다는 주장은, 어쩌면 성적 자유가 지니는 이중적인 모습 앞에서
당황스러워하는 우리 시대의 자화상일지도 모른다.

앞에서 간단하게 살펴본 것처럼, 성 해방과 성적 자율성의 증대라는
현상과 관련해서도 우리는 주체성의 증대가 오히려 대상화의 증대를 초래하
고 있다는 서구 근대의 지독한 역설에 마주하게 된다. 여성을 포함하여
모든 자연을 한갓 조작 가능하며 통제 가능한 물질 덩어리로 보는 사유
틀과의 비판적 대결이 필요하다.

3) 하이데거, 나치즘 그리고 근대성의 물음

비록 나치 및 히틀러와의 적극적 공모로 인해 하이데거의 사상 전반이
심각한 회의의 대상이 되었지만, 그는 서구 형이상학의 역사 속에서 서구
근대의 어두운 면에 대해 철학적으로 가장 분명하게 의식하고 표현한 최초의
철학자였다.[27] 이를 비토리오 회슬레의 말로 표현하자면 "확실히 근대적
주관성과 고삐 풀린 기술에 대한 증대되는 마음의 불편함을 개념화한 최초의
사람 중 하나라는 것은, 비록 그에게 진단 이후 처방을 제안하기 위한
윤리학이 결여되어 있을지라도 여전히 하이데거의 세계사적 성취이다."[28]
하이데거가 히틀러에 열광했을 뿐만 아니라 히틀러의 나치를 적극적으로

---

27) 하이데거의 근대 비판의 문제점에 대해서는 나종석, 『헤겔 정치철학의 통찰과 맹목』,
제6장 참조 바람.
28) 비토리오 회슬레, 『독일 철학사: 독일 정신은 존재하는가』(이신철 옮김, 에코리브르,
2015), 367쪽.

옹호했으며 나치 체제에 대한 적극적인 정치적 관여로부터 일정한 거리를 취한 이후에도 나치가 멸망하기까지 당비를 빼먹지 않았던 성실한 나치당원이었다는 사실은 이제 누구에게도 비밀이 아니다. 더구나 그의 나치 동조는 시류에 편승한 단순한 기회주의적 태도의 결과도 아니었다. 그는 나치에게서 자신의 철학적 사유를 실현할 기회를 발견하였다. 그리하여 그는 1936년 이탈리아에서 당시 히틀러의 나치 치하를 피해 망명 중이던 유대계 제자 칼 뢰비트(Karl Löwith)를 만났을 때 이런 점을 분명하게 인정했다. 나치에 대한 "동조가 하이데거 철학의 본질"에 속한다고 말하는 뢰비트에게 그는 "전적으로" 동의했다.[29]

나치에 대한 적극적인 정치적 관여 외에, 그가 과연 반유대주의자였는가도 쟁점이 된다. 뤼디거 자프란스키는 이 물음에 대해 다음과 같이 설명한다. 하이데거는 "분명 국가사회주의라는 광기에 찬 이데올로기 체제의 의미에서의 반유대주의자는 아니었다. 강의든 철학 저작에서든 아니면 정치적 연설과 팸플릿에서든, 반유대주의나 인종주의적인 언사는 아직까지 발견되지 않았기 때문이다."[30] 그러나 1930년대 초반에서부터 1960년대에 이르는 근 40년 동안 그가 작성한 『검은 노트』에 주목했던 리처드 월린의 분석에 따르면, 하이데거는 "홀로코스트를 부정하는 일에 한때 손을 댔던 사람일 뿐만 아니라 광적인 반유대주의자"였다.[31]

충격적이게도 하이데거는 나치의 유대인 대학살을 부인하는 듯한 모습도 보인다. 그는 독일인 혹은 나치가 유럽 내 유대인을 학살했다고 보는 것은 실수라고 말한다. 그는 홀로코스트를 나치에 의한 대학살로 보는 대신에 유대인의 집단적 자살 행위, 즉 유대인 자신의 "자기파괴"(Selbstvernichtung)로 보아야 가장 잘 이해될 수 있다는 관점을 드러낸다. 그의 주장에 따르면

---

29) 뤼디거 자프란스키, 『하이데거: 독일의 철학 거장과 그의 시대』(박민수 옮김, 북캠퍼스, 2017), 537쪽.
30) 같은 책, 427~428쪽.
31) 리처드 월린, 『하이데거, 제자들 그리고 나치: 아렌트, 뢰비트, 요나스, 마르쿠제가 바라본 하이데거』(서영화 옮김, 경희대학교 출판문화원, 2021), 48쪽.

"유대인들은 가장 두드러지게 과학기술적인 근대성을 운반하는" 집단이었기에 "아우슈비츠와 다른 죽음의 수용소에서 유대인들은 근대 기술의 제공자로서 그들 자신의 형이상학적 운명의 과잉과 약탈에 굴복"했다는 것이다. 즉, 과학기술적 근대성의 형성에 앞장선 유대인들은 자신들이 적극적으로 옹호하고 확장해 온 과학기술에 의해 죽어갔다는 점에서 자기파괴 혹은 "일종의 집단자살"로 보아야 한다는 것이 홀로코스트에 대한 하이데거의 분석이었다. 그리하여 하이데거는 연합군에 의해 패전한 독일이야말로 진정한 희생자라고 강변하기에 이른다. 패전한 독일은 연합국에 의해 거대한 강제수용소와 같은 상황으로 변했다는 것이 그가 내세운 강변의 근거였다.[32]

유대인 학살과 관련된 하이데거의 분석은 위대한 사상가가 비루한 정신의 소유자일 수 있음을 잘 보여 준다. 일각에서 주장하듯이 그가 헤겔이나 플라톤과 같은 반열의 서구가 낳은 위대한 사상가 중의 하나인지는 별도로 논의할 주제라고 해도 말이다.[33]

하이데거가 나치 참여를 자신의 사유의 내적 요구로 보았다는 점은 그 사유와 철저한 비판적 대결 의식을 놓치지 않고 그것에 접근할 필요성이 있음을 보여 준다. 그렇지만 하이데거의 나치 참여라는 실패를 빌미로 삼아 그가 제기한 기술문명에 관한 사유 자체를 폐기하는 것은 바람직하지 않다. 나치나 볼셰비즘과의 대결에서 요컨대 자유민주주의가 성공했다고 해서 그 사회가 안고 있는 문제가 저절로 해결되는 법은 없기 때문이다.

---

32) 같은 책, 23~24쪽 및 49쪽.
33) 한나 아렌트는 하이데거 80회 생일을 기리는 글에서 그를 플라톤에 비견될 정도의 사상가로 묘사했다. "하이데거의 사유에서 불어오는 폭풍은, 수천 년이 지난 뒤에도 플라톤의 작품에서 불어오는 폭풍과 마찬가지로 이 세기에서 유래하는 것이 아니다. 폭풍은 태고로부터 불어와 어떤 완성된 것을 남기며, 모든 완성된 것이 그러하듯 태고로 돌아간다." 고명섭, 『하이데거 극장: 존재의 비밀과 진리의 심연』 2(한길사, 2022), 813쪽에서 재인용. 하이데거와 나치의 관계에 대한 국내에서의 연구로는 박찬국, 『하이데거와 나치즘』(문예출판사, 2001) 참조 바람. 하이데거와 나치즘 사이의 관계를 어떻게 이해해야 하는지는 다양한 해석이 존재한다. 박민수는 그의 글 「해제: 철학 살해를 위한 사다리」에서 하이데거 사상과 나치즘 사이의 연관성에 관한 8가지 해석의 흐름을 분류하고 그 특성을 간략하게 잘 요약하고 있다. 뤼디거 자프란스키, 『하이데거: 독일의 철학 거장과 그의 시대』, 763~765쪽 참조 바람.

또한 일시적이었다고 해도 서구 사회에서 파시즘과 공산주의의 득세도 서구 근대의 폭력성을 극복해 보려는 시도에 대한 대중의 반응과 결합된 것이었음도 우리는 진지하게 성찰해 볼 필요가 있다. 설령 그런 반응이 악마적으로 도착된 반작용으로 귀결되었다 해도 말이다.

하여간 서구 근대의 딜레마는 인간의 존엄성 존중을 전가의 보도처럼 언급하면서 이를 구현하기 위해서 과학적/기술적 합리성의 도움을 통해 관철되는 자연 지배를 무비판적으로 철저하게 현실화해 온 데 있다고 볼 수 있다. 이것은 결국 자기파괴적인 결합에 지나지 않는 것인데, 현대문명이 직면하고 있는 극도의 위기 상황은 이를 극명하게 보여 준다. 자본주의와 함께 자신을 주체로 생각하면서 모든 존재를 인간이 처리할 수 있는 대상으로 전락시키는 행위는 주체성 원리를 실현하는 과정과 다름없다. 이런 주체성 원리의 관철은 지구온난화 등의 생태계 위기로 인해 지구상의 모든 생명체의 멸종을 초래하고 있다.

그뿐만 아니라 생태계 위기는 심각한 국제 분쟁의 요인으로 등장하고 있으며, 그로 인한 대규모의 난민 유입은 이주 대상국 주민들의 강력한 이주민 반대 및 외국인 혐오를 초래한다. 급기야 생태계 위기는 결국 인간의 생존 자체도 위험에 빠뜨리고 있다. 그러나 생태계 위기만이 오늘날 현대사회가 '위험사회'로 전환되었음을 보여 주는 것은 아니다. 인간 이외의 모든 존재를 인간의 물질적 번영과 행복을 위해 동원될 수 있는 철저한 지배와 조작의 대상으로 전락시켜 버리는 경향은 이제 인간 앞에서도 그치지 않는다. 과학기술의 발전에 따른 핵에너지와 핵무기 등의 개발은 인류사회가 직면한 위험이 얼마나 심각한지 잘 보여 준다. 일본의 후쿠시마 원전 사태가 잘 보여 주듯이 오늘날 인류는 핵에너지를 통제할 수 있는 능력이 없다.

4) 식민 지배와 서구 근대의 폭력성

인간의 자연 지배는 인간에 의한 인간의 지배와 함께한다. 히틀러 나치체제의 유대인 말살정책과 총체적인 자연 파괴의 현상을 통해 우리는 과학적·기술적 합리성의 전일적 지배와 관철이 인간 존엄성 자체를 뿌리째 흔들어 버릴 수 있는 극도의 위험성을 포함하고 있음을 알게 된다. 자유민주주의 체제도 이런 과학기술문명의 어두운 면에 관해 완전한 면역성을 지니고 있지 않다. 아니, 파시즘 및 나치즘 그리고 볼셰비즘 공산주의와의 대결에서 승리한 자유민주주의 체제는 오히려 성공을 통해 실패의 길로 들어설 수 있다는 우려를 금하기 어렵다. 간단하게 말해 자유민주주의 체제는 자연 지배와 함께하고 있을 뿐만 아니라, 반인종주의 및 외국인에 대한 배타주의 등의 심각한 폭력성으로 인해 스스로 실패할 가능성을 완전히 배제하기 어렵다. 생태위기와 관련해 우리는 세계적 차원에서 오랜 시간을 걸쳐 피해를 초래하고 있는 자본주의 사회의 폭력을 인지하기가 쉽지 않다.

나치즘이 수용소에서 유대인을 말살하는 폭력성은 비교적 즉각적으로 알려질 수 있고 그 사실을 접한 인류사회의 공분과 경악을 초래해 그런 사건에 대한 경각심이 증대될 수 있지만, 생태위기의 파괴성은 그런 식의 폭력과 다르게 진행된다. 그러나 이렇게 천천히, 그리 극적이지 않게 비가시적이고 은밀하게 진행되는 자연에 대한 "느린 폭력"(slow violence)[34]은 어쩌면 눈앞에서 펼쳐지는 잔인무도한 야만적 폭력보다도 더 이해하기 힘들고 극복하기 힘들 수도 있다.

물론 나치즘의 폭력성의 요인을 오로지 과학기술적 합리성의 성공적 관철이라는 맥락에서만 분석한다는 것은 있을 수 없다. 이 책의 제8장에서 헤겔의 화해의 정신의 문제점과 관련해 언급했듯이 반유대의의 뿌리 깊은 역사는 말할 것도 없고 심지어 기독교의 신앙도 나치즘의 유대인 학살에 이데올로기적으로 동원되었고 많은 사람은 그런 이야기에 호응했다.

더 나아가 서구 근대성의 폭력성이 20세기의 아우슈비츠로 상징되는 사건에서 비로소 등장했다고 생각하는 것은 단견이다. 서구 근대성의 탄생은

---

34) 롭 닉슨(Rob Nixon), 『느린 폭력과 빈자의 환경주의』(김홍옥 옮김, 에코리브르, 2020) 참조 바람.

타자의 배제와 억압을 동반하고 있었다. 그래서 "근대성이 탄생한 날짜"는 콜럼버스가 아메리카 대륙에 도착한 "1492년"[35]이라는 주장은 설득력이 있다. 유럽 근대 문명의 팽창은 비서구 사회와의 만남이나 접촉이라는 용어로 표현하기에는 부적절할 정도로 파괴적 양상을 띠었다. 따라서 유럽과 아메리카의 접촉을 '만남'(meeting)이라고 표현하는 것은 "입에 발린 공허한 말장난"에 지나지 않는다. 왜냐하면, 아메리카 문명의 "본질적 구조가 파괴되었기 때문이다."[36] 그래서 월터 미뇰로(W. D. Mignolo)는 유럽 근대세계는 출발점에서부터 야만의 얼굴을 은폐하는 것이었음을 지적하는 맥락에서 서구 근대는 "근대/식민세계 체제"(modern/colonial world system)라고 부르는 것이 적절하다고 말한다.[37]

서구 근대세계 체제가 탄생의 순간부터 식민주의 및 노예제도를 수반하고 있었다는 점, 식민주의 및 노예제도가 서구 근대세계를 형성하는 지속적이고 구조적인 원동력이라는 점 등에 대한 인식의 부재는 20세기 독일 나치즘의 폭력성의 문제를 제대로 인식하지 못하도록 방해한다. 달리 말하자면, 나치의 유대인 절멸이라는 미증유의 야만성은 서구 근대/식민지 자본주의 세계 체제의 문제점을 은폐하거나 심지어 정당화하는 지적 작업과 관련이 없지 않음에도 그런 연관성을 시야에 두고 아우슈비츠의 야만성을 성찰하는 목소리는 큰 힘을 발휘하지 못하고 있다는 말이다. 그러나 "파시즘은 유럽이라는 집으로 돌아온 식민주의의 한 형식"이라는 점을 최초로 지적한 마르티니크 출신의 작가이자 정치인이었던 에메 세제르(Aime Cesaire)의 경우를 상기해 보자.[38] 그의 주장은 20세기 전반 나치에 의해 자행된 전대미문의 대학살극이 식민지적 폭력의 연장선상에 놓여 있는 유래 깊은 역사적 사건임

35) E. Dussel, *The Invention of the Americas. Eclipse of 'the Other' and the Myth of Modernity* (translated by Michael D. Barber, New York: Continuum, 1995), p.12.
36) 같은 책, p.42.
37) W. D. Mignolo, *Local histories/global designs: coloniality, subaltern knowledges and border thinking* (Princeton, N.J.: Princeton University Press, 1999), p.23.
38) 로버트 영, 『포스트식민주의 또는 트리컨티넨탈리즘』(김택현 옮김, 박종철출판사, 2005), 20쪽.

을 잘 보여 준다.39) 간단하게 말해, 세제르가 보기에 나치의 극단적 야만은 "식민주의의 부메랑 효과"에 지나지 않는다.40)

식민 지배의 복수라는 시각에서 20세기 전체주의의 폭력성을 성찰하는 작업은 세제르에게만 한정된 예외적 사례가 아니다. 한나 아렌트(H. Arendt)도 이런 상관성에 주목한 대표적 사상가이다. 그가 강조하듯이 서구 사회가 경험한 20세기 전체주의 및 나치의 유대인 대량 학살은 제국주의적인 유럽의 아프리카 식민지 쟁탈전과 무관하지 않았다.41) 유럽 국민국가들의 제국주의적 팽창 과정에서 그들은 정복된 이민족들이나 소수민족 및 무국적 난민에 대해 야만적 모습을 유감없이 발휘하며 폭력적으로 통제했다. 그런데 아렌트에 의하면, 유럽 근대 국민국가가 유대인 말살로 상징되는 나치즘과 스탈린적 전체주의 사회로 전락하는 것은 이런 역사적 경로의 최종 결과였다. 유럽 제국주의는 아프리카 식민 지배 과정에서 아프리카인에 대해 약탈, 강간, 방화 등을 일삼았을 뿐만 아니라 그들을 야만적인 동물로 규정하면서 "모든 짐승을 절멸하라"라는 원칙에 따라 행동했다.

아렌트가 인용하고 있는 "모든 짐승을 절멸하라"(exterminate all the brutes)라는 구절은 당시 폴란드 영토였던 우크라이나에서 태어났으나 후에 영국으로 귀화한 소설가 조지프 콘래드(Joseph Konrad, 1857~1924)의 소설 『어둠의 심연』(Heart of Darkness)에서 등장한 구절이다. 콘래드의 이 소설은 벨기에가 식민지 콩고에서 범한 잔인무도하기 그지없는 야만적 학살을 주제로 삼은 것이었는데, 소설 속 주인공인 커츠는 아프리카 야만인을 문명화하는 백인의 임무에 관해 쓴 보고서의 맨 끝을 "모든 짐승을 절멸하라"로 마무리한다. 식민지배자들이 피식민지 사람들을 문명화한다는 미명으로 그들에게 자행했던 그 어떤 야수에게서도 발견할 수 없는 잔인한 폭력성을 합리화하려는 서구 제국주의의 인종 대학살 이데올로기를 드러내는 문장이다.42) 그리고

---

39) 이에 대해서는 나종석, 『대동민주유학과 21세기 실학』, 455쪽 참조.
40) 에메 세제르, 『식민주의에 대한 담론』(이석호 옮김, 그린비, 2011), 20쪽.
41) 한나 아렌트, 『전체주의의 기원』 1(이진우·박미애 옮김, 한길사, 2006), 270~272쪽 참조.

20세기 전체주의 및 대량 학살은 유럽 제국주의가 아프리카에서 자행한 행동을 유럽대륙에 그대로 적용한 것이었다.[43]

그러나 안타까운 것은, 한나 아렌트의 전체주의 발생에 대한 분석에조차도 철저하게 유럽중심주의의 독이 강하게 스며들어 있다는 점이다.[44] 아렌트에 따르면 유럽의 몰락은 유럽의 아프리카화로 이해된다. 그는 20세기 전체주의의 대량 학살과 자유의 상실을 제국주의 유럽이 아프리카에서 행한 잔인한 야만적 행위를 유럽 사회에 적용한 것으로 보면서, 유럽은 아프리카와 접촉하면서 아프리카의 야만성에 물들어 버렸고 그런 아프리카화된 유럽의 야만성이 유럽대륙에 부메랑처럼 되돌아온 것으로 이해한다. 그는 19세기 서구 제국주의가 비서구 지역을 통치하기 위해 발견해 낸 두 가지 수단을 인종과 관료정치로 보았는데, 인종이란 "민족의 대체물"이고 관료정치는 "정부의 대체물"이다. 두 가지 모두 암흑대륙 아프리카에서 발견된 것이었는데, 특히 인종의 발견은 결정적 의미를 지닌다.

아렌트에게 유럽인은 문명인과 같은 것으로 받아들여졌다. 이들 유럽인이 아프리카 대륙에서 직면한 존재는 문명화된 그들이 "전혀 이해할 수 없는 사람들"이었다. 그런데 이렇게 이해 불가능한 사람들의 "인간성"은 아프리카에 도착한 유럽인에게 "너무나 두렵고 치욕적이어서 같은 인간에 속한다고는 생각하고 싶지 않을" 정도였다. 이때 유럽인들이 발견한 용어가 바로 "인종"

---

42) 에드워드 사이드(Edward W. Said)에 따르면 콘래드는 제국주의자이면서 반제국주의자라는 이중적 모습을 보여 준다. 에드워드 사이드, 『문화와 제국주의』(박홍규 옮김, 문예출판사, 2005), 특히 76~96쪽 참조 바람.

43) 한나 아렌트, 『전체주의의 기원』 1, 361쪽. 나치즘의 폭력이 식민 지배의 부메랑이라고 비난한 에메 세제르 및 한나 아렌트의 주장은 오늘날 점점 더 많은 사람의 동의를 얻고 있다. 유럽사 연구에서 국제적 명성을 얻고 있는 마크 마조워(Mark Mazower)도 식민 지배의 폭력성과 나치 폭력 사이의 내적 연관성을 강조한다. 마크 마조워, 『암흑의 대륙: 20세기 유럽 현대사』(김준형 옮김, 후마니타스, 2009), 251쪽.

44) 한나 아렌트의 유럽중심주의적 사유에 대해서는 주디스 버틀러, 『지상에서 함께 산다는 것: 이스라엘 팔레스타인 분쟁, 유대성과 시온주의 비판』(양효실 옮김, 시대의 창, 2016), 260~264쪽 참조 바람. 특히 『전체주의의 기원』에서 발견되는 아렌트의 유럽중심주의에 관한 다카하시 데쓰야의 분석은 탁월하다. 다카하시 데쓰야, 『전쟁·철학·아우슈비츠』, 제2장 참조 바람.

이었다. 이른바 문명화된 유럽인의 시각에서 볼 때 인간성에 어울리는 요소가 거의 있지 않은 사람들을 지칭할 만한 용어는 바로 인종이었다.

달리 말해, 유일한 유럽인 집단인 보어인, 즉 아프리카 대륙에 정착한 네덜란드의 후손인 보어인들이 아프리카에서 만난 극단적으로 혐오스럽고 기괴한 사람들을 표현하기 위해 인종이라는 용어를 사용했던 것이다. 보어인들은 아프리카인들이 유럽인 같은 문명화된 인간에 속하리라고는 생각조차 하고 싶지 않았기에, 그들을 인종이라 부르면서 그런 아프리카의 야만성에 직면해서는 "모든 짐승을 절멸하라"라고 대답했다. 당연히 아프리카 인종을 절멸해야 마땅할 짐승으로 취급했던 보어인들의 반응이야말로 "현대사에서 가장 무시무시한 대량 학살로 귀결된다."[45]

이제 아프리카에서 보어인들이 저질렀던 폭력 행위와 같은 방법들, 이를테면 호텐토트족 말살 정책이나 2천만 혹은 4천만의 콩고 주민을 8백만으로 줄여 버린 대량 학살 등은 유럽의 "정상적이고 당당한 외교정책"으로 받아들여지게 된다.[46] 하여간 아렌트의 분석에 따르자면 네덜란드인과 위그노 교도의 후예들인 보어인들은 아프리카 흑인을 노예로 삼았을 뿐만 아니라 아프리카에 인종 차별의 사회를 구축하기까지 했다. 보어인이 만들어 낸 이런 노예제와 인종 차별 사회를 구성하고 있던 토대는 "인간으로서의 자존심과 인간 존엄의 느낌 때문에 같은 인간으로 받아들이지 못했던 인종을 처음 보고 느낀 끔찍한 두려움"과 "어떤 경우에도 자신과 같아서는 안 되는 어떤 것에 대한 공포"라고 아렌트는 진단한다.[47] 여기에서도 다시 나치즘의 유대인 대량 학살로 상징되는 근대 유럽 문명의 몰락을 불러온 결정적인 책임이 바로 아프리카에 사는 흑인종의 야만성에 대한 공포에 기인한다는 기괴한 논리가 반복된다.

그러니까 아렌트에 따르면, 인종이라 부르는 것은 민족을 구성하지도

---

45) 한나 아렌트, 『전체주의의 기원』 1, 361쪽.
46) 같은 책, 362쪽.
47) 같은 책, 372쪽.

역사를 기록하지도 못하는 수준, 결국 자연적 존재의 수준에 머물러 있는 부족을 지칭하는 것이나 다름없다. 아프리카에 사는 사람들은 "그 자체로 자연적인 인간이며 특별히 인간적인 성격, 특별히 인간적인 현실을 결여"하고 있었기에 유럽인들이 "그들을 학살했을 때도 스스로 살인을 했다는 사실을 깨닫지 못했던 것"이라고 아렌트는 주장한다. 아렌트는 여기에서 백인과 흑인 사이의 위계질서에 따른 문명인과 야만인의 구별을 통해 자신들의 폭력성 자체를 비가시화함으로써 제국주의의 식민적 폭력성을 정당화한 것이 바로 인종 도식이었음을 폭로하는 것처럼 보인다.

그러나 이는 피상적인 오독일 뿐이다. 아렌트는 인종 도식의 폭력성이 권력에 의해 구성된 것이라는 점을 망각한 채 인종 도식 자체를 자연적이고 실체적인 것으로 받아들이고 있기 때문이다. 그런 점에서 아렌트도 폭력을 타자화하는 오류에 빠져든다. 그래서 그는 문명과 야만을 가르는 인종 담론의 정당화 도식에 이의를 제기하거나 정면으로 비판하는 작업을 수행하지 않고, 다만 유럽인 혹은 보어인이 아프리카 대륙에서 자행한 대량 학살은 아프리카 "부족들의 전통과 일치"하는 행위라고 강조할 뿐이다. 보어인들이 인간성이라곤 눈곱만큼도 보여 주지 못한 자연적 수준의 아프리카 부족을 학살한 행위란 결국 아프리카 대륙에서 그들이 늘 다른 부족에게 행하던 학살의 반복에 지나지 않는다는 것이다.[48]

아렌트는 유럽의 후손인 보어인이 아프리카 대륙에서 아프리카인을 대량 학살한 사실을 부인하지 않는다. 더 나아가, 그런 학살 행위가 유럽 사회에 나치즘의 폭력이란 형태로 부메랑처럼 되돌아오는 것을 바라본다. 그러나 그는 아프리카 대량 학살과 나치즘의 내적 연속성을 분석하면서, 본래 야만적이고 폭력적이어서 늘 적대적인 부족을 전쟁으로 절멸시키기를 일삼았던 아프리카의 전통과 관례에 보어인들이 무방비상태로 영향을 받게 됨으로써 대량 학살이 발생한 것으로 이해한다. 아렌트의 표현대로 하자면

---

48) 같은 책, 372~373쪽.

"게으르고 비생산적인 보어인은 흑인 부족이 수천 년 동안 살아온 동일한 수준으로 식물처럼 단조롭게 살아가는 데 동의"했으며, "원주민들의 생활을 처음 대한 유럽인들을 사로잡은 엄청난 공포는 겉으로 보기에 야생동물처럼 자연의 일부 같은 인간 존재에게서 엿보이는 비인간성에 의해 촉발되었다." 그리고 흑인종의 삶의 방식에 동화된 보어인들은 결국 서구의 문명화된 세계로부터 소외되어 흑인과 같은 수준으로 퇴화하게 되었다.[49)]

물론 아프리카 식민 지배와 관련해 아프리카 사람의 책임은 없고, 따라서 그들은 근대 유럽 문명 세계라 자부하는 자본주의의 잔인함으로 인해 피해를 본 희생양에 불과하다고 보는 것도 불충분한 이해일 터이다. 조선이 일본제국 주의의 침략으로 식민지화하는 과정에서 조선 사회 자신이 져야 할 책임의 몫을 전적으로 부인하는 것이 부당하듯이 말이다. 이때의 책임은 어떤 도덕적 책임을 말하는 것이 아니다. 여기에서 언급되는 책임은 정치적 책임이다. 간단하게 말해, 아프리카 흑인이나 조선 사람이 유럽이나 일본의 식민 지배로 인해 억압받고 탄압받았으며 심지어 아프리카 흑인처럼 대량 학살을 당했다고 하더라도 조선 민족이나 아프리카 흑인을 단순히 수동적인 피해자로만 바라보는 것은 피해야 한다는 말이다.

우리 사회가 져야 할 책임의 몫, 이를테면 조선을 좀 더 튼튼한 사회로 만들어 외세의 침략에 제대로 대응할 만한 역량을 충분하게 축적하지 못한 책임이, 일본제국주의의 폭력성과 야만성을 정당하게 비판한다고 해서 사라지지는 않을 것이다. 멸망의 길에 들어선 조선이 생존할 수 있는 길을 모색하는 데 실패한 점에 관해서는 우리도 책임이 있다. 이런 점에 대한 철저한 성찰과 자기비판이 이루어져야 비참한 역사를 되풀이하지 않을 것이다.

오해를 피하고자 덧붙여 말한다면, 일제 침략의 폭력성을 눈감아 주거나 심지어 그런 폭력성은 조선 사회의 근대화를 위해 불가피한 것이었다고

---

49) 같은 책, 375쪽.

호도하는 작업은 우리 사회가 져야 할 응당한 책임의 몫을 긍정하는 것과는 아무런 연관이 없다. 특정 나라가 이웃 나라의 폭력성을 인지하지 못하고 그에 관해 충분하게 준비하지 못했다고 해도 그런 나라를 침략하고 폭력적으로 식민 지배를 하는 행위가 그로 인해 조금도 정당화될 수는 없기 때문이다. 그뿐만 아니라, 역사발전에서 그 어떤 불가피한 필연성을 발견할 수 있다고 믿는 사고방식은 받아들이기 힘들다. 역사발전의 필연성에 대한 강조는 박해받고 억압받았던 민족들이 보여 주었던 다양한 반응 양식이 지니는 잠재성을 온통 무시하는 것이고, 특정한 역사적 경향을 마치 숙명적인 것처럼 받아들이도록 만들 위험을 안고 있기 때문이다.

그런데 우리가 본 것처럼 아렌트는 스탈린의 공산주의 사회와 나치즘의 전체주의로의 몰락에 이르는 유럽 근대 문명의 타락 과정을 유럽 문명의 아프리카화 과정이 보편화되어 가는 맥락에서 이해한다. 물론 정확하게 말하자면 아렌트에게 인종주의는 반유대주의나 제국주의, 민족국가 등과 같은 전체주의를 구성하는 핵심적 요소의 하나로서, 그런 요소를 역사적 맥락에서 설명하고자 한 것이었다.

그렇지만 나치즘적 전체주의의 등장에 결정적 영향을 주었던 요소의 하나인 인종주의에 대한 아렌트의 분석이 품고 있는 논리적 모순은, 그것이 자연적 존재로 명명된 아프리카 흑인 사회를 실체화할 뿐만 아니라 문명을 마치 자연적 규정과 동떨어진 것쯤으로 이해하고 있다는 점이다. 이와 대응하는 것으로서의 유럽인은 본래 문명인으로, 야만과 별개의 존재로 확정되어 있을 뿐이다. 그러나 보어인이 보여 준 공포와 야만적 아프리카인에 대한 반응으로서의 인종 개념은 사실 그 인종적 야만성이 구성된 것임을 보여 준다. 아프리카의 야만적 인종성은 이들을 인간으로 보길 거부한 유럽인의 시선에 의해 구성된 것이라는 말이다. 발터 벤야민의 유명한 표현에 따르자면 "동시에 야만의 기록이 아닌 문화의 기록이란 없다."[50]

---

50) 발터 벤야민, 「역사의 개념에 대하여」, 『발터 벤야민 선집』 5(최성만 옮김, 길, 2008), 336쪽.

따라서 우리는 이런 문명-야만의 이분법에서 사용되는 자연 규정을 본디 문명의 타자로 규정된 집단에만 적용시키는 관점을 받아들일 수 없다. 비유럽 사회를 야만적인 자연적 존재가 거주하는 미성숙한 자연 상태로 서술하고 이를 문명의 타자로 규정하는 것 자체가 이미 문화적 구성의 결과이기 때문이다. 아렌트의 사유에도 은밀하지만 유럽중심주의와 공모하고 있는 인종차별적 요소가 들어 있다는 의심이 생겨나지 않을 수 없다.

사실 미국 흑인의 민권운동과 관련해 미심쩍은 태도를 보여 주었던 아렌트의 행동이나 글은 흑인차별 인종주의자라는 비판을 불러일으키기도 했다. 현재 필자는 아렌트가 인종차별주의자인지를 식별할 정도로 아렌트에 정통한 식견을 갖추지는 못했다. 다만, 아렌트에 매우 호의적인 미국 철학자 리처드 번스타인은 "아렌트가 미국 흑인들에 대한 악의에 찬 차별의 깊이와 정치적 결과들을 이해했다고 생각하지 않는다"라고 하면서도 아렌트의 글에서 "인종차별주의가 지닌 사악성에 대한 비판적 자료들을 발견할 수 있다고" 본다.[51] 또한 아렌트의 정치적 사유의 위대성을 긍정하기를 주저하지 않는 주디스 버틀러(Judith Butler)에 따르면, 아렌트는 1930년대와 40년대에도 그렇고 말년에도 서구중심주의적이고 인종차별주의적인 모습을 보여 준다. 아렌트는 다양한 방식으로 유럽 문화의 우월성에 대한 확고한 태도를 고수한다. 버틀러는 아이히만 재판이 열리던 1961년, 칼 야스퍼스(Karl Jaspers)에게 보낸 아렌트의 편지에서 그의 "유럽인으로서의 오만함을 보여 주는 가장 극적인 사례"가 발견된다고 한다. 그 편지에서 아렌트는 유럽인을 합리적인 사람들의 전형으로 보면서 아랍인이나 비유럽계 유대인, 즉 동양인을 "합리적인 사람들"이 아니라고 규정한다. 심지어 아랍인은 "동양인 폭도"로 묘사된다. 버틀러는 이런 식의 유형 분류를 "인종차별주의적 유형학"이라 비판한다.[52]

<hr />

51) 리처드 번스타인, 『우리는 왜 한나 아렌트를 읽는가』(김선욱 옮김, 한길사, 2018), 82~83쪽.
52) 주디스 버틀러, 『지상에서 함께 산다는 것: 이스라엘 팔레스타인 분쟁, 유대성과 시온주의 비판』, 260~261쪽. 이하 아렌트에 대한 설명은 버틀러의 책, 260~263쪽을 토대로

위에서 언급된 편지에서 한나 아렌트는 아이히만과 아랍 유대인을 함께 들며 상부 명령에 맹목적으로 순응하고 복종하는 사람들로 언급한다. 그러니까, 아랍 유대인은 독일 나치시기 아이히만과 마찬가지로 무사유, 즉 생각과 판단에서 전적인 무능력을 보여 주는 사람이다. 버틀러에 의하면 아렌트는 "유럽에 대한 믿음, 기이한 종류의 서구중심주의, 칸트 철학과 함께 가장 우수한 독일 문화에 대한 동일시를 견지"하면서 유대민족을 유럽 민족으로 이해했다.[53] 그러나 유대인을 인종청소하고 학살한 집단은 아렌트가 이른바 '합리적인 사람들'이라고 규정한 독일인이었으며 그런 인종학살의 명령에 맹목적으로 따른 아이히만 역시 독일인이었다.

그렇기에 아렌트의 식민주의와 나치즘 사이의 연계성에 관한 탁월한 통찰은 유럽중심주의에 의해 변질되어 있다. 따라서 유럽인들이 "히틀러를 용서할 수 없었던 것은 그가 저지른 **범죄** 그 자체, 아니 **인간에 대한 범죄** 때문이 아니"라, 히틀러가 "백인에게 죄악을 저질렀고 백인에게 모멸감을 선사했으며, 백인을 대상으로 백인만의 전유물인 식민주의 정책을 시행했기 때문"이라는 에메 세제르의 비판은 아렌트에게도 해당된다.[54]

더 나아가, 하이데거가 나치에 의한 유대인 대량 학살을 근대 유럽의 기술문명의 전달자라고 규정된 유대인이 자행한 일종의 집단자살로 보는 것이 더 적절하다고 한 것이나, 그의 제자인 아렌트가 유대인의 홀로코스트를 유럽인이 아프리카 대륙에서 저지른 식민적 폭력의 부메랑으로 보면서도 그 폭력성의 근원을 유럽 문명의 아프리카화에서 구하는 데에는 묘한 사유의 친화성이 발견된다. 아이러니하게도 이들 모두는 대상은 다르지만 나치의 극단적 폭력성의 책임을 다른 집단에게로 돌리고 있다는 점에서 상당히 유사한 사유의 궤적을 보여 주고 있다.

유럽 문화에 동화된 유대인 독일인인 아렌트의 유럽 문화의 우월성에

재구성한 것임.

53) 같은 책, 263쪽.

54) 에메 세제르, 『식민주의에 대한 담론』, 14쪽. 강조는 세제르의 것임.

대한 확고한 태도 그리고 유럽중심주의적 사유 방식은 그의 스승 하이데거로부터 받은 영향으로부터 형성된 고대 그리스 문화에 대한 열광과도 연관이 있다고 여겨진다. 하이데거에게는 플라톤 이래 서구 형이상학의 전개와 더불어 존재 망각(Seinsvergessenheit)의 역사가 본격화되고, 그런 존재 망각의 역사가 서구 근대 주체 형이상학을 거치면서 급기야 과학기술문명의 전면적 관철과 그 승리로 이어짐으로써 지구상의 모든 것을 한갓 부품이나 대체 가능한 무의미한 것으로 전락시켜 버리고 마는 것이 서구 전체의 역사로 이해된다. 이와 유사하게 아렌트에게는 인간의 말과 행위를 통해 고대 그리스의 폴리스라는 의미에서의 정치적 공동에서만 가능했던 자유와 정치적인 것이 근대의 사회적인 것의 전면적 등장과 그 귀결인 대중사회로 인해 상실되어 버리고, 그로 인해 사회의 모든 인간이 원자화·파편화되어 감으로써 국가에 의해 전면적으로 통제되고 동원되는 대상으로 전락해 가는 과정으로 이해된다. 그리고 고대 그리스의 정치적 자유의 상실 과정으로 인해 근대에서 형성된 대중사회의 궁극적 결과는 다름 아닌 나치즘과 볼셰비즘과 같은 전체주의 사회라는 것이 아렌트의 서구 근대 문명에 대한 진단의 핵심일 것이다.

그러나 하이데거의 그리스적인 것에 대한 숭배에는 유럽중심주의적인 측면보다는 오히려 독일중심주의적 요소가 더 두드러져 보이기도 한다.

하이데거는 그리스어와 독일어만이 가장 탁월한 사유의 언어이자 정신적 언어라고 힘주어 말한다.

서양의 문법 형성이라는 것이 그리스어에 대한 그리스인들의 사색으로부터 탄생되었다는 것은, 이 형성 과정에 그 전체 의미를 부여한다. 왜냐하면 (사유의 가능성이라는 관점에서 보았을 때) 이 언어는 독일어와 함께 가장 힘 있는 것이며 동시에 가장 정신적인 것이기 때문이다.[55]

---

55) 마르틴 하이데거, 『형이상학 입문』(박휘근 옮김, 문예출판사, 1994), 99쪽.

하이데거는 그리스와 독일을 긴밀하게 연결함으로써 유럽 내에서 독일의 특권적 지위를 확고하게 다지고 있다. 달리 말하자면 프랑스나 영국과 달리 고대 그리스의 고유한 정신적 힘과 사유의 힘과 공명하고 있는 언어는 유일하게 독일어라는 주장은 유럽의 핵심(심장)이자 중앙인 독일 민족의 고유한 사명을 서양 정신의 타락을 구원하는 데에서 구하는 주장과 긴밀하게 연결되어 있다.

정신은 그 전체로서의 있는 것 그대로의 힘을 힘 있게 하는 것이다. 정신이 지배하는 것에서는, 있는 것은 언제나 그리고 늘 있는 것 그대로이며, 더욱더 존재하는 것이 되는 것이다. 이와 같은 연유로 그 전체로서의 있는 것 그대로에 관해서 있음의 질문을 질문한다는 것은, 정신을 일깨우기 위한, 그리고 이로부터 역사적인 현존재의 원래적 고유적 세계를 위한, 그리고 이로부터 세계가 음울해지는 위험을 제거하기 위한, 또한 이것으로부터 유럽의 심장을 이루고 있는 우리 민족의 역사적 사명을 떠맡기 위한, 하나의 본질적 전제조건인 것이다.[56]

이처럼 하이데거는 가장 정신적이면서 존재를 가장 탁월하게 사유할 특권적 지위를 지닌 독일어, 달리 말하자면 독일 민족이야말로 위기에 처한 서구 사회의 암울함을 극복할 사명을 지닌다고 강조한다. 여기에서 우리는 유럽중심주의가 아니라, 유럽의 핵심이자 심장인 "중앙-유럽중심주의"로서의 독일중심주의를 볼 수 있다는 자크 데리다의 판단에 동의하지 않을 수 없다.[57]

하이데거의 유럽적 독일중심주의는 일회적인 것이 아니었다. 그의 죽음 이후에 출판되는 조건으로 1966년 독일 『슈피겔』지와의 인터뷰에서 그는 현대 기술문명의 위험을 극복할 가능성은 그런 기술 세계를 형성한 유럽 내에서만 가능할 것이라고 말한다.

---

56) 같은 책, 89쪽.
57) 자크 데리다, 『정신에 대해서: 하이데거와 물음』(박찬국 옮김, 동문선, 2005), 117쪽.

내가 확신하는 것은, 현대 기술 세계가 발생했던 동일한 장소로부터만 어떤 전환이 준비될 수 있다는 것, 그러므로 그 전환은 선불교나 그 밖의 다른 동양의 세계 경험을 수용하는 것을 통해서는 일어날 수 없다는 것입니다. 사유를 바꾸기 위해서는 유럽의 전통과 그것을 새롭게 우리의 것으로 하는 것이 필요합니다. 사유는 동일한 유래와 규정을 가지고 있는 사유를 통해서만 변화됩니다.[58]

여기서 하이데거는 고립된 사유의 전통을 자명한 것으로 전제하는 요컨대 문화본질주의적 태도를 견지하고 있을 뿐만 아니라, 서로 다른 문화 사이의 철학적 대화를 거부하고 있다. 게다가 그의 유럽 본위의 사유는 사실상 독일중심주의임을 다음과 같이 거듭 확인한다.

내가 염두에 두고 있는 것은 독일어와 그리스인들의 언어와 사유가 가지고 있는 특별한 내적인 근친성입니다. 이것을 오늘날 프랑스인들이 나에게 거듭 입증시켜주고 있습니다. 프랑스인들은 사유하기 시작할 때, 독일어로 말합니다. 그들은 자신들의 언어로는 사유할 수 없다는 것을 확언하고 있습니다.

이처럼 하이데거는 현대 기술 세계의 위험성을 극복할 새로운 사유의 출현과 관련해 독일인들의 특수한 과제와 사명을 역설한다. 히틀러 나치가 등장할 무렵에 독일 민족이 지니는 위대한 세계사적 사명을 확신했던 하이데거는 말년에 이르러서도 독일 민족이 특별한 과제를 안고 있다고 말한다. 이와 관련해 하이데거의 말은 사실상 "어떠한 논증도 제시하지 않는" 독단적인 동어반복에 지나지 않는다고 보는 데리다의 비아냥을 언급하는 것으로 족할 것이다.[59]

---

58) 마르틴 하이데거, 「『슈피겔』지와의 인터뷰」, 박찬국, 『하이데거와 나치즘』, 451쪽. 물론 그는 러시아나 중국에서 현대 기술 시대의 위험을 극복할 '새로운 사유'의 출현 가능성을 완전히 배제하지 않는 듯한 모습도 보여 준다. 같은 글, 449~450쪽 참조 바람.

요약해 보자면 하이데거와 아렌트의 타자에 대한 인식은 이들보다 300년 전의 인물인 미셸 드 몽테뉴의 그것보다 못하다. 몽테뉴는 당시 유럽에서 유행한, 아메리카 원주민을 식인종이나 야만적 종족으로 경멸하던 현상을 잘 알고 있었다. 그 역시 아메리카 대륙의 원주민들이 "인간 정신에 의해 형성된 것이 거의 없고 아직도 그들의 원초적인 천진성에 아주 가까이 머물러 있기"에 자신에게 "야만적으로" 보임을 인정한다.[60] 그리하여 그는 "포로에게 자기들이 생각할 수 있는 온갖 편리를 오랫동안 제공한 뒤, 포로의 주인인 자가 친지를 모두 불러 모으고" 이들이 다 모이면 칼로 포로를 죽인 다음 "불에 구워 모두가 함께 먹는데, 자리에 참석하지 못한 친구들에게는 따로 고깃덩어리를 보내 준다"라고 당대 아메리카 원주민의 생활양식을 묘사하면서, "이런 행위의 야만적인 잔혹함을 지적하는 것에는 유감이 없다"라고 강조한다. 그렇지만 다음과 같은 말을 덧붙이면서 당대 유럽 문명의 야만성과 잔혹함은 이른바 아메리카 원주민의 식인 풍습보다도 더 심하다고 비평한다.

　　그러나 그들의 잘못은 잘 판단하면서 우리 자신의 잘못은 눈이 멀어 보지 못하는 걸 나는 한탄한다. 내 생각에는 죽은 자를 먹는 것보다 살아 있는 인간을 먹는 것이 더 야만스러우며, 아직 감각이 온전히 살아 있는 육체를 잡아 빼고 짓이기고 갈기갈기 찢고 서서히 불에 태우고 개와 돼지들로 하여금 물어 죽이게 하는 것이(이런 일을 우리는 책에서 읽었을 뿐만 아니라 바로 얼마 전 생생하게 보기도 했으며, 옛날 적들 사이에서가 아니라 이웃과 같은 종족 사이에서 벌어지는 것을 보았다. 더 개탄스러운 것은 경건함과 종교의 이름으로 이런 일이 벌어진다는 것이다.) 다 죽은 뒤에 불에 구워 먹는 것보다 더 야만적이다.[61]

　몽테뉴의 서술은 보어인들의 대량 살육이 아프리카 대륙의 전통과

59) 자크 데리다, 『정신에 대해서: 하이데거와 물음』, 115쪽.
60) 미셸 드 몽테뉴, 『에세』 1, 373쪽.
61) 같은 책, 378쪽.

관습의 반복적 재현이라는 아렌트의 발언이 사실이 아님을 보여 준다. 유럽인은 유럽 내부를 향해서나(마녀사냥이나 종교전쟁과 같은 식으로) 아메리카 대륙의 원주민 등을 상대로 해서나 반복적으로 특정 집단을 타자화하고 악마화하면서 문명화 혹은 신의 이름으로 비유럽인들에 대한 대량 학살을 저질러 왔기 때문이다.

다시 근대 유럽 문명의 폭력의 극단인 나치즘과 식민적 폭력성의 내적 연관성이라는 문제로 되돌아가자. 독일 나치즘과 같은 20세기 인류사에 등장한 뭐라 말로 표현하기 힘들 정도의 폭력성과 야만성에 대한 성찰은 나치즘이 계몽주의로부터의 일탈의 결과라는 식으로 충분히 이루어질 수 없다. 나치즘과 스탈린 전체주의로 상징되는 유럽 근대의 폭력성은 그것이 처음부터 식민 지배 및 노예제에 토대를 둔 폭력적 체제였기 때문이었으며, 이는 근대 유럽 전체, 사상적으로는 근대 유럽 계몽주의의 내적 한계를 극명하게 증명하고 있다. 그럼에도 불구하고 유럽 사회는 여전히 서구 근대 문명의 폭력성이나 아우슈비츠의 야만적 폭력성을 식민주의적 폭력성과의 연계성 속에서 충분히 성찰하는 사유의 힘을 보여 주지 못하고 있다. 이런 맥락에서 스웨덴 출신의 작가이자 역사 연구자인 스벤 린드크비스트의 통렬한 지적은 큰 울림을 갖는다.

> 절멸 사상은 부헨발트(독일 바이마르 지역에 있었던 나치 강제수용소 ─ 필자)가 바이마르의 괴테하우스로부터 멀리 떨어져 있지 않듯이 휴머니즘의 핵심으로부터 멀리 떨어져 있지 않다. 실제로는 유럽의 공동 유산인 절멸 사상의 유일한 희생양이었던 독일인들마저 이러한 통찰력을 거의 완벽하게 억압해 왔다.[62]

린드크비스트가 묘사하고 있듯이 절멸 이념은 유럽 내부에 존재하는 공동 유산이며, 서구 휴머니즘과 계몽주의를 상징하는 괴테하우스는 아우슈

---

62) 스벤 린드크비스트, 『야만의 역사』(김남섭 옮김, 한겨레신문사, 2003), 39~40쪽.

비츠와 동거하고 있다. 이런 동거 관계를 극복하는 데 무기력한 유럽 사회에서 독일은 히틀러를 통해 그런 야만적이고 폭력적인 휴머니즘의 본모습을 극단적으로 보여 주었지만, 그런 독일 사회조차도 식민주의적 폭력과 나치 독일의 폭력성 사이에 있는 내적 연결성을 충분하게 성찰하지 못하고 있다.

우리 사회에서 독일의 과거사 청산의 노력, 즉 유대인 학살에 대한 진지한 사죄와 배상 책임을 다하려는 모습과 일본이 제국주의 일본의 식민 지배의 폭력성을 반성하는 모습을 제대로 보여 주지 못하는 것을 비교하고 독일을 칭찬하는 일은 흔하게 일어난다. 물론 독일의 과거사 청산에 대한 진지한 태도에는 분명 인정받아 마땅한 측면이 존재함도 사실이다. 또한 우리가 일본 사회가 제국주의 침략과 식민 지배에 관해 충분하게 사죄하는 모습을 보이지 않는 데 대해 비판하는 것도 마땅히 해야 일이다. 그러나 식민 지배의 폭력성에 관한 사죄와 반성의 부족이라는 문제 앞에서는 영국이나 프랑스 그리고 독일 등도 크게 다르지 않다는 점에 대해서도 인식을 새롭게 할 필요가 있다.[63]

유럽 근대성의 폭력성에 관한 불충분한 성찰이 오늘날 요컨대 자유민주주의 사회의 선진국들이라 일컬어지는 미국과 서구 유럽 국가들이 인종차별주의와 배타적인 과잉 자민족 우월주의로 인해 민주주의를 위기로 몰고 가게 된 중요한 요인 중 하나라고 해도 틀리지 않을 것이다. 요약해 보자면 탈식민적 과제를 염두에 두고 한 주장은 아니지만, 미셸 푸코는 미성숙에서 성숙으로 성장하는 것을 지향한 근대 유럽 계몽주의에 대해 다음과 같이 비평했다. "우리의 경험에 비추어 보면 계몽이 우리를 성숙한 어른으로 만들지 못했으며 우리가 아직 그러한 단계에 이르지 못한 것은 분명하다."[64]

---

63) 독일이 아프리카 나미비아에서 1904년 헤레로족 등을 대상으로 저지른 수만 명에 달하는 학살을 인간성에 반하는 범죄인 집단살해(제노사이드)로 공식 인정한 것은 2021년에 들어서이다. 연합뉴스, <독일, 110여 년 만에 옛 식민지 나미비아서 종족학살 자인> https://www.yna.co.kr/view/AKR20210528156000082?input=1179m. 2023년 1월 18일 검색.
64) 미셸 푸코, 「계몽이란 무엇인가」, 『자유를 향한 참을 수 없는 열망』(미셸 푸코 외 지음, 정일준 편역, 새물결, 1999), 199쪽.

제14장 생태위기와 서구 근대의 양가성 725

우리는 서구 근대 계몽주의의 어둡고 기괴하며 끔찍하기까지 한 면모를
모른 체하거나 묵인할 수 없다. 그런 간과나 침묵도 유럽 근대세계의 폭력성
과 공모하는 것임을 부정할 수 없으며, 아우슈비츠 이후 여전히 지속되는
그런 침묵은 더욱 문제적이다. 간단하게 말해 근대 계몽주의는 물론이고
근대 유럽 사상은 유럽 문화의 타자를 이해하는 데 총체적으로 실패했으며
그런 실패가 나치와 히틀러의 광기 어린 잔인성으로 이어졌다고 단언해도
그리 틀리지 않을 것이다.

3. 데카르트와 '인격과 물건'의 이원론

칸트 윤리학은 근대성과의 연관 속에서 이해되어야 한다. 그의 윤리학은
근대의 이념이 가장 명료하게 표현된 철학으로 자리매김할 수 있다. 왜냐하
면, 그는 실천이성과 자율성의 이념 속에서 인간의 도덕성의 근원 및 존엄성의
근거를 철학적으로 가장 명료하게 표현했기에 그렇다. 더 나아가 칸트는
인간의 존엄성을 철학적으로 정당화하면서 인격과 물건의 이원론적 구별을
강조하는데, 이를 통해 우리가 오늘날의 생태계 위기의 정신사적 조건이나
동물에 대한 의무를 부정하는 태도를 더 잘 이해할 수 있게 되기에 그렇다.
우선 칸트 윤리학[65]의 초석을 이루는 실천이성과 자유의 개념에 대해서
알아보자.

칸트는 도덕의 원천을 타율 속에서 구하려는 모든 시도를 비판함과 동시에
도덕의 객관적인 타당성의 근거를 오로지 실천이성의 자율에서 구하려고
한다. 그는 도덕법칙을 절대적이고 필연적인 법칙으로 이해한다. 의무의
근거가 인간의 자연적인 성질이나 환경에서 구해질 수 없는 이유는 바로
도덕법칙의 보편적이고 필연적인 성격에 기인한다.[66] 따라서 칸트는 보편적

---

65) 칸트 윤리학에 대한 보다 상세한 연구로 나종석, 「정언명법과 칸트 윤리학의 기본특성에
   대한 고찰」, 『철학연구』 62(2003), 93~112쪽 참조 바람.

이고 필연적인 도덕법칙의 궁극적인 원리들과 원천들을 이성 속에서 탐구하는 작업을 수행한다. 그에 따르면, 이성만이 보편적으로 타당한 객관적인 윤리학을 발전시킬 수 있는 유일한 토대이다. 다시 말해, 실천이성만이 "나는 무엇을 해야만 하는가?"에 대한 물음에 답할 수 있다.

그러므로 칸트는 의지의 자율을 "도덕성의 최상의 원리"로 규정한다.[67] 칸트가 『실천이성비판』에서 자유 개념을 순수한 이성의 전 체계에서의 "마룻돌"(Schluβstein)로 규정한 것은 우연한 일이 아니다.[68] 칸트가 자율의 이념을 통해서 표현하고자 한 것은, 이성적 존재인 인간은 스스로가 부여한 규칙에 복종할 수 있는 능력을 지닌 도덕적 주체라는 점이다. 이러한 의미에서 자유와 자율은, 즉 의지의 자기입법 원리는 내적으로 밀접한 연관 속에 있다. 그는 실제로 자유와 의지의 자율을 "교환 개념"으로 규정하고 있다.[69]

칸트는 자유의 이념에서 인간의 존엄성과 고유의 가치를 인정할 수 있는 토대를 발견한다. 간단하게 말해 "자율"은 "인간과 모든 이성적인 자연적 존재자의 존엄의 근거이다."[70] 이성적 존재인 인간은 실천적으로 보편적이고 필연적인 법칙을 자신에게 부여할 수 있는 존재인 한에서 한갓 상대적인 가치만을 지니는 존재가 아니라 목적 그 자체인, 절대적 가치를 지니는 소중한 존재이다. 도덕적으로 행동할 수 없는 존재는 결코 목적 그 자체일 수 없다. 그러므로 모든 이성적 존재자와 마찬가지로 인간은 "목적 자체로 실존하고, 한낱 이런저런 의지의 임의적 사용을 위한 수단으로서 실존하는 것이 아니다." 그러므로 인간은 "그의 모든, 자기 자신을 향한 행위에 있어서 그리고 다른 이성적 존재자를 향한 행위에 있어서 항상 동시에 목적으로서 간주되어야만 한다."[71] 칸트는 "수단으로서 상대적인 가치"만을 지니는

---

66) 임마누엘 칸트, 『윤리형이상학 정초』, 67쪽 이하 참조. 백종현의 번역을 약간 변형했음.
67) 같은 책, 169쪽.
68) 임마누엘 칸트, 『실천이성비판』, 37쪽.
69) 임마누엘 칸트, 『윤리형이상학 정초』, 186쪽.
70) 같은 책, 161쪽.

것을 "물건"(Sache)이라고 부르고, 이성적인 존재자를 존엄한 "인격"(Person)이라고 부른다.[72] 달리 말하자면, 그가 보기에 이성적 존재자로서의 인간만이 "무조건적이고 비교될 수 없는 가치"를 지니는 존엄한 존재이다.[73]

오늘날 생태위기의 정신사적 조건을 형성하는 데 꽤 큰 영향을 준 칸트 윤리학에서 등장하는, 존재와 당위의 이원론이나 인격체와 물건의 이원적 대립 구성을 제대로 이해하기 위해서는 데카르트에서 비로소 정립된 근대의 수학적 자연관 및 그의 영혼과 육체의 이원론에 대한 선이해가 요구된다. 그뿐만 아니라, 뒤에서 보는 것과 같이 우리가 동물에 대한 의무를 어떻게 이해해야 하는지를 규정하는 데에도 데카르트의 영혼과 육체의 이원론은 매우 중대한 의미를 지닌다.

쇼펜하우어는 이미 칸트의 실천이성과 이론이성의 구별, 즉 도덕적 당위와 자연과학적 현상계의 이원론 배후에 플라톤에서 데카르트로 이어지는 서구 철학의 전개가 존재함을 강조한 바 있다. 특히 그는 데카르트에 의해서 육체와 영혼의 이원론이 완성되었다고 강조한다.

> 우리가 실천이성이라는 가정의 근거에 완전히 접근하려면 그것의 계보를 더 위로 추적해 나가야 한다. 그렇게 하면 우리는 칸트 자신이 철저히 반박했던 학설에서 그 가정이 유래함을 발견하게 된다. 그러나 이 학설은 여기에서 실천이성과 그것의 명령, 그리고 자율성에 대한 칸트의 가정에 은밀하게, 심지어 그 자신도 모르게 과거의 사고방식에 대한 회상으로 놓여 있다. 그것은 이성 심리학이다. 이에 따르면 인간은 두 개의 전혀 다른 실체, 즉 물질적 육체와 비물질적 영혼으로 이루어져 있다. 플라톤이 처음으로 이 독단을 정식으로 제시했고 객관적 진리로 증명하려 했다. 데카르트는 여기에 가장 엄밀한 상술과 학문적 엄격함을 부여함으로써 그것을 최고의 완성으로 이끌어 정점에 올려놓았다.[74]

---

71) 같은 책, 145쪽 이하.
72) 같은 책, 146쪽.
73) 같은 책, 161쪽.
74) 아르투어 쇼펜하우어, 『도덕의 기초에 관하여』(김미영 옮김, 책세상, 2013), 79쪽.

데카르트에 의하면 인간은 두 가지 서로 분리된 실체, 즉 영혼과 육체의 결합으로 구성되어 있다. 그는 실체를 "존재하기 위해서 다른 어떤 것도 필요로 하지 않는 것"이라고 정의한다. 그에 의하면 원래 "존재하기 위해서 다른 어떤 것도 필요로 하지 않는 실체"란 오직 하나 즉 신뿐이라고 한다. 그러나 정신과 물체에도 우리는 실체라는 동일한 이름을 부여하여 사용할 수 있는데, "왜냐하면 그것들이 존재하기 위해서 필요로 하는 것은 단지 신의 조력뿐이기 때문이다."[75] 실체는 저마다 하나의 주된 속성을 지니고 있다. 데카르트는 물질적 실체의 본성을 연장延長(res extensa)으로 규정한다. 즉 그에 의하면 "길이와 넓이 그리고 깊이로 이루어지는 연장이 물질적 실체의 본성을 구성한다."

이와는 달리 정신은 사유를 주된 속성으로 가지고 있다.[76] 데카르트가 이해하는 사유 혹은 생각의 범위는 매우 넓다. 『성찰』에서 그는 '생각하는 것'(res cogitans)을 "의심하고, 이해하며, 긍정하고, 부정하며, 의욕하고, 의욕하지 않으며, 상상하고, 감각하는 것이다"라고 규정한다.[77] 이렇게 그는 사유 속에 의욕하고 상상하고 느끼는 것이 모두 포함되어 있다고 이해한다. 따라서 사유와 연장의 구분은 바로 영혼을 식물적, 동물적, 이성적 영혼으로 구분하는 전통적 학설을 파괴하는 것이기도 하다. 주지하다시피 아리스토텔레스는 영혼을 "생물들의 제일 원리"로 이해하면서 인간과 동물뿐만 아니라 식물도 영혼을 가진 생명체의 일종이라고 파악하고 있다. 특히 아리스토텔레스가 보기에 동물들은 감각 능력을 지니는 생명체이다.[78]

데카르트는 급진적인 방법적 회의를 통해 인간세계와 자연으로부터 해방

---

75) R. Descartes, *Die Prinzipien der Philosophie* (übersetzt von A. Buchenau, Hamburg, 1992), p.17 이하.
76) 같은 책, p.18.
77) 르네 데카르트, 『성찰』(이현복 옮김, 문예출판사 1997), 48쪽 이하. 생태계 위기와 연관해서 데카르트 철학에 대한 보다 상세한 비판적 서술은 나종석, 『헤겔 정치철학의 통찰과 맹목』, 129~131쪽 및 174~182쪽 참조 바람.
78) 아리스토텔레스, 『영혼에 관하여』(유원기 옮김, 궁리, 2001), 65쪽 및 133쪽 이하 참조 바람.

된 자아를 모든 인식의 확고하고 불변적인 기초로 설정하고, 이러한 자아에서 출발하여 세계를 '연장을 본성으로 하는' 외적 자연과 '사유를 본성으로 하는' 정신으로 구별하였다. 찰스 테일러가 주장하듯이, 데카르트의 사유는 여러 가지 점에서 "아우구스티누스적"이지만 그는 아우구스티누스적인 내면성에 "근본적 변화를 주어 그것을 아주 새로운 방향으로" 나가게 함으로써 새로운 시대를 개척했다.

데카르트가 추진한 근대적인 내면화로의 전환이 이전의 플라톤주의와 결합한 아우구스티누스의 내면성 강조와 아주 질적으로 다른 이유 중 하나는, 근대적 내면화는 "진정한 의미에서 도덕의 원천들을 우리 내부"에만 존재하는 것으로 이해하기 때문이다. 설령 데카르트가 플라톤과 유사하게 정념에 대한 이성의 주도적 지위를 긍정한다고 해도, 데카르트는 플라톤과 달리 이성을 이데아를 구성하는 것으로 이해된 우주의 질서에 대한 인식 능력으로 생각하지 않는다. 그는 플라톤의 이데아론에 뿌리를 두는 모든 목적론적 사유 방식을 철저하게 거부했다. 그리하여 데카르트는 이성이나 영혼을 움직이게 해서 자신의 참다운 본성을 깨닫게 만드는 "이데아들의 질서란 존재하지 않으며, 물리적 실재를 그런 관점에서 이해하는 것은 바로 영혼과 물질을 혼동하는 전형적인 예"라고 생각하기에 이른다.[79]

데카르트가 영혼과 물체는 서로 어떤 연관도 없이 독립적으로 존재하는 실체라고 규정할 때, 이런 내면성의 근본적 전환으로 인해 이 둘 사이의 관계가 큰 문제로 등장하게 된다. 이런 상황은 인간에 대한 이해에서 아주 첨예하게 등장할 수밖에 없는데, 왜냐하면 인간은 바로 이 둘의 결합체이기 때문이다. 인간에게 있어 영혼과 육체 사이의 연관에 대해 데카르트는 정신과 육체가 상호작용한다고 생각하고 있는 것처럼 보인다.[80] 그러나 만약에 사유와 물체가 서로 다른 실체라고 한다면 어떻게 이 둘 사이의 상호작용이 가능하게 되는지는 대단히 풀기 어려운 문제이다.

---

79) 찰스 테일러, 『자아의 원천들』, 293~295쪽 및 297쪽.
80) 르네 데카르트, 『성찰』, 118쪽 참조.

데카르트는 신을 제외한 세계는 자아와 연장으로 구성되어 있다고 이해한다. 이러한 이원론은 전통적인 목적론적 자연학을 파괴하고 자연학을 기계론으로 환원하는 데 결정적인 역할을 한다. 그리고 연장(res extensa)과 사유(res cogitans)의 영역은 서로에게 완전히 무관하게 분리되어 존재하는 독립적인 실체를 이루는데, 이러한 연장과 사유의 엄격한 존재론적 구별은 자연과학을 수학화될 수 있는 연장의 세계로 한정하는 결과를 가져온다.[81] 더 나아가, 연장으로 이해되는 자연은 이제 자기목적적인 존재로 이해되는 것이 아니라 가치중립적인 자연으로 이해된다. 예를 들어, 인간의 물리적 자연 즉 신체 역시 연장으로 이해될 뿐만 아니라 식물과 동물은 "내면(Innenseite)을 갖지 않는 기계"로서 철저하게 "주체성이 없는" 것으로 이해된다.[82]

이렇게 데카르트는 자연을 수학화할 수 있는 연장으로 변경시켜서 물리학을 자연과학의 모델로 만든다. 그는 자연으로부터 주체성과 자연 자체의 내재적 가치를 박탈하고 이를 철학적으로 정당화한다. 그가 『철학의 원리』에서 자연에서의 목적인에 대한 탐구를 완전히 추방할 것을 선언한 것도 우연한 일이 아니다.[83] 따라서 데카르트의 연장과 사유의 이원론은 "수학적 분석을 보편적으로 적용하기 좋도록 하나의 폐쇄되어 있는 영역으로서의 외적 실재를 구성"했을 뿐만 아니라 "현대 자연과학에 필수불가결한 기계론적 유물론을 형이상학적으로 정당화시키는 일도 해냈다."[84]

데카르트 철학에서의 사유와 물체의 이원론은 자연에 대한 유토피아적인 기술 지배 사상을 준비하고 있었다. 카를 슈미트에 의하면, 데카르트는 인간의 신체를 기계론적인 것으로 이해함으로써 "기술혁명, 산업혁명의 시초"를 연 인물이다.[85] 데카르트는 1638년 3월 어느 무명인에게 보낸 편지에

---

81) 데카르트는 자연에 관해서 우리가 가질 수 있는 모든 인식은 필연적으로 오로지 기하학과 역학의 원리들로부터만 나온다고 주장한다.(Die Prinzipien der Philosophie, 245쪽 참조) 그는 또 "물질적 사물"을 "순수 수학의 대상"으로 규정한다.(『성찰』, 102쪽 참조)
82) V. Hösle, Philosophie der ökologischen Krise (München, 1994), 54쪽 참조.
83) R. Descartes, Die Prinzipien der Philosophie, 10쪽 참조.
84) H. 요나스, 『생명의 원리』(한정선 옮김, 아카넷, 2001), 121쪽.
85) 카를 슈미트, 『홉스와 데카르트에 있어서 메커니즘으로서의 국가』(김효전 옮김, 교육과

서 동물은 자동기계에 불과하다는 점을 다음과 같이 설명한다. "우리는 비이성적인 동물들이 마치 우리와 마찬가지로 느끼고 있다고 우리 자신을 설득하는 데 익숙해져 있습니다. 그래서 우리는 이런 생각을 떨쳐 버릴 수 없습니다. 그러나 만약 거기서 우리가 우리의 행위를 그렇게 완전하게 모방하는 자동기계를 보는 데 익숙해져 있었더라면, 우리는 비이성적인 동물들 역시 자동기계라고 아무런 의심 없이 믿을 것입니다."[86]

데카르트의 심신이원론이 후대에 남긴 철학적인 난문과는 별도로, 이 이원론은 중대한 실천철학적인 함축을 지니고 있다. 예를 들어, 심신이원론과 물리적인 세계에 대한 도덕적 고려의 가능성 배제는 상호간에 밀접하게 연관되어 있다. 실제로 당시의 해부학 실험을 위해 산 동물을 죽이는 관행을 둘러싼 논쟁은 그의 이원론이 해부학적 실험을 고무하는 데 커다란 영향을 끼쳤다는 점을 알려 준다. 데카르트 시대의 어느 사람이 쓴 다음과 같은 기록은 그 하나의 예라고 할 수 있다

> 많은 (데카르트주의적인) 과학자들은 철저히 무관심한 태도로 개를 구타했으며, 마치 그들이 고통을 느끼는 것처럼 피조물에 연민을 느끼는 사람들을 조롱했다. 그들은 동물들이 시계라고 말했다. 그리고 구타를 당할 때 이 동물들이 발하는 울부짖는 소리는 힘이 가해질 때 조그만 스프링이 내는 소리일 뿐 모든 물체는 감정이 없다고 말했다. 그들은 커다란 논쟁거리였던 피의 흐름을 알아보기 위해 그들을 산 채로 해부할 의향으로 불쌍한 동물들을 판자 위에 놓고 그 네 다리에 못을 박았다.[87]

오늘날 모든 사람이 채식주의자가 되어야 할 필요는 없고, 사람이 고기를 먹는 것 자체를 비도덕적으로 비판하는 것은 문제가 있을 수 있다. 그러나

학사, 1992), 244쪽.

86) 한스 요나스 『생명의 원리』, 123쪽 각주 19에서 재인용함. 요나스에 의하면 생명체를 기계로 비유한 최초의 사상가는 데카르트였다. 같은 책, 181쪽 각주 17 참조.

87) Tom Regan, *The Case for Animal Rights* (Berkeley: University of California Press, 1985), p.5.

오늘날의 공장형 축산업에서와 같은 동물을 기르고 운송하고 도살하는 방법에 대해서는 비판적으로 바라볼 여지가 충분하다. 동물에 대한 비인간적이고 잔인한 태도가 아무렇지도 않게 자행되는 데에는 바로 동물과 자연에 대한 혁명적인 변화의 결과, 즉 자연이란 연장된 것에 지나지 않고 동물이란 자동기계 그 이상도 그 이하도 아니라는 태도가 깔려 있다.[88]

4. 기독교적 유일신론: 인격과 물건의 이원론의 정신사적 배경

앞에서 설명한 것처럼 현대 자연과학과 자연에 대한 기술적 통제의 기초에는 데카르트에 의해서 전면에 등장하기 시작한 자연과 인간의 이원론적인 대립이 놓여 있다. 그렇다면 왜 이러한 자연관의 급격한 변화가 가능하였는가? 이러한 물음과 연관해 회슬레는 데카르트에 의해 비로소 연장으로 이해되기에 이르는 자연관의 혁명적인 변화를 이미 기독교가 준비하고 있었다고 본다. 기독교의 자연관은 고대 그리스의 자기완결적인 코스모스로서의 자연관을 파괴함으로써 근대의 양적이고 수학화된 자연관을 발생할 수 있게 해 주었다. 달리 말하자면, 기독교는 자연에 대한 인과적인 과학적 접근을 가능하게 만들어 주는 형이상학적인 조건들을 발생할 수 있게 했다. 왜냐하면 기독교는 그 어떤 다른 종교보다도 인간과 자연의 대립을 강조함으로써 근대의 자연 지배의 프로그램을 준비하고 있었기 때문이다.[89]

오늘날 신의 초월성을 강조하여 자연 세계의 가치를 평가절하함으로써 자연 세계를 공리주의적 관점에 의해 이용되는 자원으로 변질시키고 인간의 자연 지배를 정당화하는 세계관을 형성하는 데에 유대교와 기독교가 크게 이바지했다는 견해는 그리 새로운 것이 아니다. 이런 해석을 널리 알리게

---

88) 동물을 기계로 이해하는 데카르트의 자연학에 대해서는 데카르트, 『방법서설』(이현복 옮김, 문예출판사, 1997), 제5부를 참조 바람.

89) V. Hösle, *Philosophie der ökologischen Krise*, p.52 이하 참조.

한 인물은 역사학자 린 화이트(Lynn White)이다.[90] 근대의 물리적 자연관의 탄생을 이해하기 위해서는 기독교적 자연관과 고대 그리스적인 자연관의 차이를 눈여겨볼 필요가 있다.

고대 그리스인들은 신들 역시 자연(physis)의 일부라고 이해하였다. 더 나아가 그리스인들에 의하면 자연은 잘 질서 지워진 코스모스로서, 이런 코스모스는 플라톤적으로 말하자면 선하고 아름답고 심지어 "모든 생성된 것 중에서 최상의 것이고 가장 아름다운 것"이었다.[91] 플라톤은 세계를 '영원한 이념을 불완전한 방식으로 구현한 것'이라고 파악했지만, 그런 그에게서조차 이 세계는 가장 위대하고 완전하며 최선인, 가장 아름답고 유일한 것이었다. 심지어 아리스토텔레스는 세계가 창조되거나 멸망하리라고 생각하는 사람들의 태도를 "신을 믿지 않는 것"(ungodliness)이라고 주장한다.[92] 그러므로 세계와 분리되어 스스로 존재하면서 세계를 무로부터 창조한 '신'이라는 관념은 그리스인들에게 전적으로 낯선 것이었다.

그러나 기독교의 초월적인 신관은 자기 완결적이고 폐쇄된 질서라는 의미에서의 코스모스에 대한 고대 그리스적인 관점을 파괴하였다. 물론 중세의 철학자들에게 세계는 비록 신에 의해 창조된 것이라 할지라도 자체 내에 목적과 위계질서, 즉 여전히 창조의 질서라는 의미를 지니는 것이었다. 즉 데카르트가 자연 세계를 가치중립적인 사물과 같은 것으로 대상화함으로써 기계론적 자연과학의 정신을 철학적으로 정당화하던 17세기 이전까지의 지배적인 견해는 우주 질서를 지고선을 향한 "이데아들의 구현"으로 이해했다. 이때 플라톤적 이데아들은 하느님의 사고로 이해되었음에도, 이 우주는

---

90) 메리 에블린 터커·존 버스통 엮음, 『유학사상과 생태학』(오정선 옮김, 예문서원, 2010), 26쪽 참조.

91) 플라톤, 『티마이오스』(김유석 옮김, 아카넷, 2019), 29a. 플라톤은 『티마이오스』 대화록의 말미에서 코스모스를 "지각할 수 있는 산"으로 규정한다. 같은 책, 92c. 고대 그리스인들의 자연관에 대한 보다 상세한 설명을 위해서는 K. 뢰비트(Löwith), *Gott, Mensch und Welt in der Philosophie der Neuzeit*, in: *Sämtliche Schriften* 9 (Stuttgart, 1986), p.4 이하 참조 바람.

92) 아리스토텔레스, *Select Fragments*, in: *The Works of Aristotle*, Vol. XII (translated into English under the Editorship of W. D. Ross, Oxford, 1967), p.88.

'이성, 지고선' 혹은 기독교적 신학의 용어로 표현하자면 "하느님의 지혜"를 드러내는 한에서 질서 지워진 것으로 받아들여졌다.[93]

그러나 이 세계를 창조하거나 파괴할 전능한 힘을 지니는 것으로 간주되는 기독교적인 신관으로 인해 자기 스스로 존립한다는 우주에 대한 그리스적인 생각은 약화되었다. 신에 의해 창조된 우주는 경배의 대상이 되어서는 안 된다는 것이 기독교의 생각이었다. 이런 태도는 다음의 성경 구절에 명확하게 표현되어 있다. "하나님이 그들에게 복을 주시며 하나님이 그들에게 이르시되, 생육하고 번성하여 땅에 충만하라, 땅을 정복하라, 바다의 물고기와 하늘의 새와 땅에 움직이는 모든 생물을 다스리라 하시니라."[94] 이는 창세기 1장 28절의 구절이다.

창조된 세계와 신의 구별을 통해 자연이 숭배의 대상이 아니라고 이해되는 것과 마찬가지로, 이 세계 속에 존재하고 있을지라도 자연이나 식물 및 동물들과는 달리 인간의 내면성과 영혼은 신의 형상에 따라 창조된 독특하게 존귀한 존재로 평가되었다. 달리 말하자면 기독교 전통에서는 이 세상 모든 존재가 다 절대적인 유일한 신에 의해 창조된 피조물임에도 불구하고 오직 인간만이 신의 형상에 따라 창조된 신의 모사물이라고 이해된다. 막스 셸러가 주장하듯이, 세계의 불가시적인 정신적 주인이며 창조주인 신에 대한 기독교적 이론은 인간을 예수를 매개로 하여 신과 관계하는 유일한 정신적 존재로 상승시켜서 인간을 자연으로부터 이탈시켰다. 그 결과 "전체 자연의 거대한 탈생명화와 탈영혼화"가 발생함으로써 자연은 인간의 지배 대상으로 전락하고 말았다.[95]

이처럼 세계를 창조한 절대적이며 유일신적인 기독교 이론이라는 우회로를 통함으로써 자연 세계와 사회적 세계로부터 극단적으로 분리된 데카르트적 자아, 테일러의 용어를 사용하자면 '거리를 둔 자아'의 발생은 비로소

---

93) 찰스 테일러, 『자아의 원천들』, 325~326쪽.
94) 『성경전서』(대한성서공회, 2003).
95) 막스 셸러(Max Scheler), 『동감의 본질과 형태들』(조정옥 옮김, 아카넷, 2006), 194쪽.

가능했다. 기독교적인 신관은 고대 그리스적인 신적 코스모스에 관한 생각에 완전히 사망선고를 내리는 데카르트적인 자연관을 준비하고 있었다. 중세시기에 오랫동안 플라톤의 이데아론을 하느님의 이성 혹은 지혜라는 틀로 받아들였다고 해도, 우주 세계에서 어떤 내재적인 규범이나 신적 지혜의 현시를 파악하려는 태도는 중세를 거치면서 점차 자연에 대한 기계론적 사유 방식으로의 이동을 준비하고 있었다.

찰스 테일러가 지적하듯이, 자연에 대한 기계론적 이해는 자연 전체를 아무런 규범적 의미를 지니지 못하는 것으로 중립화·대상화하였는데 이는 "순전히 인식론적 고려들에 의해 재촉된 이동의 부수 효과에 불과한 것도 아니었다." 근대 기계론적 과학을 출현할 수 있게 한 동력은 오히려 "반목적론적 도덕"이었으며, 그런 도덕의 원천은 바로 기독교적 신학이었다. 여기에서 '반목적론적 도덕', 즉 기독교적 신학에 뿌리를 둔 도덕에서 가장 결정적 의미를 지니는 것은 하느님의 주권성에 대한 전적인 긍정이었다. 이렇게 본다면 자연 내에서 어떤 규범적 의미를 추구하려는 자세는 모두 유일무이한 절대자인 신의 주권성에 한계를 설정하려는 위험한 사유로 여겨지지 않을 수 없다. 간단하게 말해, "기계론적 우주는 무궁한 명령의 자유로서의 주권을 가진 하느님과 양립할 수 있는 유일한 우주였다."[96]

따라서 자연으로부터 고유한 가치를 박탈하고 자연을 모든 형식의 주체성과 무관한 것으로 이해함으로써 인간의 자의적 목적 실현을 위해 사용될 수 있는 대상으로 전락시켜 버린 것은 데카르트 한 사람의 천재적인 착상에서 기인한 것이 아니었다. 특히 근대적 자연관의 출현에는 중세 후기에 큰 영향력을 행사한 주의주의主意主義적인 신학적·철학적 사유가 결정적 역할을 했다. 한스 요나스가 근대 과학의 "아프리오리"로 규정한 "목적인의 부정"은 주의주의 및 유명론이 없이는 발생할 수 없었을 것이다.[97] 둔스 스코투스(Duns Scotus, 1270~1308)의 주의주의(Voluntarismus)와 오컴의 유명론

---

96) 찰스 테일러, 『자아의 원천들』, 327쪽.
97) 한스 요나스, 『생명의 원리』, 82쪽.

적인 전통은 기독교에서 시작된 자연의 탈목적론화의 과정을 극적으로 심화시켰기 때문이다.[98]

요하네스 둔스 스코투스는 스코틀랜드 출신으로 프란체스코 수도회의 수도사였다. 그는 아리스토텔레스주의자인 토마스 아퀴나스에게 반대하여 아우구스티누스의 전통을 내세우면서, 이성의 우위를 반대하고 사랑의 이념을 자신의 철학적·신학적 사유의 토대로 삼는다.[99] 특히 그는 신의 절대적인 권력을 강조하며 신보다 더 높은 법칙은 존재하지 않다고 생각한다. 그는 신의 의지를 모든 법칙의 근거로 간주해서, 신의 행위가 정당한지 그렇지 않은지에 대한 모든 물음을 부적절한 것으로 거부한다. 따라서 왜 신이 이 세계를 이렇게 창조했는지를 묻는 것은 부적절하다. 모든 것은 신의 의지와 결정에 달려 있으며, 그런 결정의 근거와 원인을 해명하려는 탐구는 무의미할 뿐이다. 그런 행위는 이유나 근거가 없는 곳에서 그런 것을 찾으려는 부질없는 행위에 불과하다.[100]

이런 신학적 입장에서 볼 때, 자연에 존재하는 것의 본질이나 목적을 탐구하는 아리스토텔레스-아퀴나스적인 철학적·신학적 사유는 오류이다. 신에 의해 창조된 모든 존재들의 가치를 결정하는 것은 오직 신의 의지와 명령에 달려 있다. 신의 의지에 선행하거나 신의 의지를 제약할 수 있는 이념적인 가치란 존재하지 않기 때문이다. 이렇게 되면 신의 자유로운 의지에 제약을 가할 수 있다고 보는 태도야말로 신에 대한 가장 극단적인 모욕이자 반역이며 불충이라고 여겨질지도 모를 일이다.

이런 둔스 스코투스의 주의주의적 사상은 오컴(Wilhlem von Ockam, 1290~

---

98) 오컴의 유명론이 어떻게 고전적인 목적론을 위기로 몰고 가는가에 대해서는 R. Spaemann/R. Löw, *Die Frage Wozu? Geschichte und Wiederentdeckung des teleologischen Denkens* (München/Zürich, 1981), p.98 이하를 참조 바람. 주의주의적인 신학이 어떻게 고전적인 목적론을 파괴하고 있는가에 대해서는 필자의 책, *Praktische Vernunft und Geschichte bei Vico und Hegel* (Würzburg, 2002), p.268 이하 참조 바람.
99) 한스 벨첼, 『자연법과 실질적 정의』(박은정 옮김, 삼영사, 2002), 102쪽. 둔스 스코투스와 오컴에 대한 설명은 전적으로 벨첼의 연구에 의존한다.
100) 같은 책, 109~110쪽 참조.

1349)에 의해 유명론(Nominalismus)으로 전개된다. 오컴에 의하면 신의 의지는 절대적으로 결정되어 있지 않기 때문에 이성으로 탐구할 수 없으며, 따라서 신앙은 합리적으로 증명될 수 없다. 이렇게 오컴에게서 신앙과 이성은 예리하게 분리된다. 그리하여 신에 의해 창조된 자연이 어떤 목적을 향해 나아가도록 질서 지워져 있는지는 이성적으로 입증할 수 없다고 그는 생각한다. 오컴은 자연현상의 목적에 관해 물음을 제기하는 것 자체가 무의하다고 본다. 그에 의하면, 불이 어떤 목적에 의해 생기는가를 묻는 것은 무의미한 일이다. 이렇게 오컴은 자연현상에서 목적론적인 인식을 추구하는 작업을 배제한다. 이런 오컴의 유명론적 사유 방식으로 인해 자연에 관한 인과적인 탐구가 발생하게 된다.101)

이미 앞에서 서술한 것처럼, 자연에 대한 기술적인 지배와 자연에 대한 탈주체화 및 탈목적론화는 서로 밀접하게 연관되어 있다. 다시 말해, 현대 과학기술의 점증하는 자연 지배를 가능케 하는 기계론적인 자연관은 데카르트에 의해 아주 철저하게 수행된다. 이는 이미 앞에서 살펴본 바와 같다. 물론 이때 데카르트는 지식을 자연 지배의 도구로 이해한다는 점에서 F. 베이컨을 따른다. 베이컨은 인간의 자연 지배를 과학적 지식의 근본 규정으로 이해한다. 그는 "인류 자체의 권력과 지배권을 우주 전체에 대해 수립하고 확대하려고 노력하는" 행위를 "건전하고 고귀한 것"이라 말한다. 또한 그는 "자연에 대한 인간의 지배권은 오직 기술과 학문에 달려 있다"고 강조한다.102) 따라서 한스 요나스는 "지식을 자연의 지배라는 목표에 맞추고 자연의 지배를 인간 운명의 개선을 위해 사용할 수 있도록 만드는 기도"를 "베이컨적 기도"라고 규정한다.103)

자연 지배와 기계론적인 과학적 인식 사이의 내적인 연관성을 강조하는 관점은 데카르트의 『방법서설』의 마지막 장에서 뚜렷하게 확인할 수 있다.

---

101) 같은 책, 123~124쪽.
102) 프랜시스 베이컨, 『신기관』(진석용 옮김, 한길사, 2001), 137쪽.
103) H. 요나스, 『책임의 원칙: 기술 시대의 생태학적 윤리』, 241쪽.

여기에서 그는 인간을 "자연의 지배자이자 소유자"로 규정하고 있으며, 물리학의 의미를 인간 행복의 증진에 유용한 도구로 이해한다.[104] 이렇게 자연이 탈목적론화되고 자체 내에 아무런 고유한 가치를 지니지 못한 것으로 이해됨에 따라서 현대에서의 자연에 대한 학문적 관심은 기술적 관심과 불가분의 관계를 형성하게 된다. 즉 지식과 학문에 대한 관점이 요컨대 효율성이나 유용성의 증진에 이바지하는 도구나 수단으로 여겨지게 되는 식으로 근본적으로 변화를 겪게 되는 것이다.

5. 인격과 물건의 이원론의 문제: 동물에 대한 의무를 중심으로

근대의 가장 위대한 윤리학으로 간주되는 칸트의 윤리이론은 데카르트의 정신과 물체의 이원론의 토대 위에서 사유하고 있다. 칸트에게서 등장하는 존재와 당위의 구별은 데카르트의 정신과 물체의 이원론의 한 변형에 지나지 않는다. 그런 점에서 칸트가 이 세계에서 유일한 이성적 존재자인 인간 존재에게만 도덕적 지위와 존엄성을 부여하고 인간 이외의 다른 존재에 대해서는 사물로 바라보면서 모든 도덕적 지위를 박탈해 버린 것은 우연한 일이 아닐 것이다.

앞에서 살펴본 것처럼 데카르트가 인간을 "자연의 지배자이자 소유자"로 이해하고 물리학을 인간의 행복을 증진하는 데 이바지하는 유용한 도구로 규정한 것과 유사하게, 사실 칸트도 이성적 존재자인 인간을 인격체인 목적 그 자체로 인정하면서 인간 이외의 존재들은 인간에 의해 자의적으로 활용될 수 있는 수단임을 강조한다. 달리 말하자면, 이 지구상에서 오직 인간만이 창조의 최종적 목적으로서 식물과 동물 등 여타 존재의 주인임을 칸트 역시 강조한다.[105]

---

104) R. 데카르트, 『방법서설』, 101쪽.
105) 임마누엘 칸트, 『판단력비판』(백종현 옮김, 아카넷, 2009), 504쪽 참조.

칸트 윤리학은 사물과 인격의 철저한 구별에 기초하고 있다. 이 사고의 틀에서 그는 동물은 어떤 도덕적 고려의 대상이 될 수 없다는 점을 강조한다. 그에 의하면, 동물을 도덕적 고려의 대상으로 삼는 것은 도덕적 반성 개념의 혼동에 지나지 않는다. 칸트는 주장한다.

순전한 이성에 의해 판단하면 인간은 통상 순전히 인간에 대한(자기 자신에 대한 혹은 타인에 대한) 의무 외에 다른 의무는 갖지 않는다. 왜냐하면, 인간의 어떤 주체에 대한 의무는 이 주체의 의지에 의한 도덕적 강요이니 말이다. 그러므로 강요하는(의무 지우는) 주체는 첫째로 하나의 인격이어야 하며, 둘째로 이 인격은 경험의 대상으로 주어져 있어야만 한다.…… 그런데 우리는 우리의 모든 경험상 한갓 인간 외에는 (능동적이든 수동적이든) 의무를 질 능력이 있는 또 다른 존재자를 알지 못한다. 그러므로 인간은 통상 한갓 인간에 대한 의무 외에는 어떤 존재자에 대한 의무도 가질 수 없다. 그럼에도 불구하고 인간이 그러한 의무를 갖는다고 표상한다면 이러한 일은 반성 개념들의 모호성으로 말미암아 일어나는 것이며, 소위 인간의 다른 존재자들에 대한 의무는 한낱 자기 자신에 대한 의무인 것이다.106)

데카르트적인 영혼과 육체의 이원론이나 칸트의 인격과 물건의 이원론에 말미암은 도덕적 결론의 하나인, 동물에 대한 직접적 의무의 부정은 환경위기 등으로 인해 매우 커다란 쟁점으로 부각되었다. 그래서 P. 싱어(Singer)는 도덕적 고려 대상에서 동물을 제외하는 것은 옛날에 여성과 흑인을 인종이나 성차별을 구실로 제외한 것과 마찬가지라고 주장한다. 그는 인종이나 성을 근거로 인간의 평등한 도덕적 지위를 부정한 것이 부당한 것처럼, 인간 종의 구성원이 아니라는 점을 근거로 인간과 동물 사이의 평등한 도덕적 지위를 부정하는 것을 "종차별주의"(speciesism)로 부르면서 이런 태도는 도덕적으로 그르다고 주장한다.

---

106) 임마누엘 칸트, 『윤리형이상학』(백종현 옮김, 아카넷, 2012), 545쪽 이하.

종차별주의-그 이름이 썩 마음에 들진 않지만 더 나은 이름이 떠오르지 않는다- 란 자기가 소속되어 있는 종의 이익을 옹호하면서 다른 종의 이익을 배척하는 편견 또는 왜곡된 태도를 말한다. 토머스 제퍼슨과 소저너 트루스(Sojourner Truth)는 인종차별주의와 성차별주의를 근본적으로 반대하였는데, 이것이 종차별주의에도 동일하게 적용되어야 함은 물론이다. 설령 좀 더 나은 지적 능력을 소유한다고 해도 자신의 목적을 위해 한 사람이 다른 사람을 이용할 수는 없다. 이것이 사실이라면, 좀 더 나은 지적 능력을 소유하고 있다고 해도 그로 인해 인간에게 인간 아닌 존재를 착취할 권한이 부여되지는 않는 것이다.[107]

인격과 물건의 이원론적인 구별은 칸트 윤리학의 근본 규정의 하나이다. 이로부터 칸트 윤리학의 핵심적인 주장, 즉 인간은 오직 인간에 대해서만(자기 자신에 대해서든 아니면 다른 사람에 대해서든 간에) 의무를 지닐 뿐 인간 이외의 다른 어떤 존재에 대해서도 의무를 지니지 않는다는 결론이 도출된다. 동물은 직접적인 도덕적 고려의 대상이 될 수 없다는 칸트의 강조는 인격과 물건의 이원론의 실천철학적인 귀결의 한 예이다. 이렇게 칸트 윤리학은 주관과 객관을 자신의 근본 범주로 삼고 있는 근대의 주체성의 원리(형이상학)에 속하는 이론이다.

세계를 인격적 존엄성을 지니는 인간과 그 외의 다른 존재자들을 상대적 가치만을 지니는 사물로 구별하는 이원론으로 인해 많은 사람은 칸트 윤리학이 환경 문제를 해결하는 데 부적절하다고 생각한다. 그러나 이런 생각에 대해 칸트 윤리학은 생태계 위기를 극복할 수 있는 대안을 지니고 있다는 반론이 예상된다. 적어도 칸트 윤리학에는 동물에 대한 인간의 의무를 설정하는 논의가 등장하고 있기 때문이다. 그리고 인간의 인격적 존엄성에 관한 주장을 출발로 해서 동물과 여타 생물에 대한 도덕적 의무를 고려하는 가능성을 보여 주기 때문이다.

---

107) 피터 싱어, 『동물해방』(김성한 옮김, 인간사랑, 1999), 41~42쪽.

칸트는 실제로 동물에 대한 모든 의무를 다 부인하지는 않았다. 간단하게 말하자면, 칸트는 자연에 대한 직접적인 의무를 부정하고 있으나 간접적인 의무까지 부정한 것은 아니다. 칸트 또한 동물에 대한 도덕적 고려를 전적으로 배제하지는 않고 있다. 그는 동물에 대한 잔인한 행동들을 거부하고 비판했다. 그 비판의 근거는, 동물에게 어떤 도덕적 의미나 지위가 있기 때문이 아니라 그런 행동이 인간에게 끼칠 부정적인 영향 때문이다. 즉 동물을 학대하는 행위는 인간에 대한 잔인한 행동의 경향을 부추길 수 있을 뿐만 아니라 인간의 품위를 손상하는 행위이기 때문이다. 이런 의미에서 칸트는 인간의 동물에 대한 직접적인 도덕적 의미를 부정했지만 적어도 간접적인 의무를 긍정하고 있다. 동물에 대한 간접적인 인간의 의무를 칸트는 다음과 같이 적고 있다.

> 이성은 없지만 생명이 있는 일부 피조물과 관련하여, 동물들을 폭력적으로 그리고 동시에 잔악하게 다루는 것은 인간의 자기 자신에 대한 의무와 내면에서 더욱더 배치되는 것이다. 왜냐하면, 그로 인해 동물들의 고통에 대한 공감이 인간 안에서 둔화되고, 그로써 타인과의 관계에서의 도덕성에 매우 이로운 자연 소질이 약화하여 점차로 절멸될 것이기 때문이다.…… 늙은 말이나 개가 오랫동안 수행한 봉사에 대한 감사마저도 간접적으로는 인간의 의무에 속한다. 이러한 동물들에 관련한 감사의 정은, 그러나 직접 볼 때는 언제나 인간의 자기 자신에 대한 의무일 따름이다.[108]

『윤리학 강의』(Lectures on Ethics)에서도 칸트는 동물에 대한 간접적 의무만을 인정하고 있다. 또한, 이 강의에서 그는 주인에게 충직한 개의 예를 들어 개에게 감사하는 마음을 표하는 의무를 논하면서 동물에 대한 도덕적 태도의 문제를 거론한다.

> 모든 동물은 자기의식을 지니지 않는다는 점에서 단지 수단으로서만 존재하

---

108) 임마누엘 칸트, 『윤리형이상학』, 547쪽.

며 스스로를 위하여 존재하지 않는다. 반면에 인간은 목적이므로 더 이상 인간이 왜 존재하는가라고 물을 수 없다.…… 이로부터 우리가 동물에 대하여 아무런 직접적인 의무도 지니지 않는다는 점이 도출된다. 동물에 대한 우리의 의무는 인간성에 대한 간접적인 의무이다. 동물도 인간성과 유사한 것이기에 인간에 대한 의무와 유사한 동물에 대한 의무를 준수할 때 우리는 인간에 대한 의무를 준수하는 것이고, 그렇게 해서 인간성에 대한 우리의 의무를 계발한다. 예를 들어, 만약에 어떤 개가 주인을 위해 오랫동안 충실하게 봉사했다면 그것은 인간의 공적과 유사한 것이다. 따라서 나는 그것에 대하여 보상해야만 한다.[109]

지금까지 살펴본 바와 같이 칸트는 인간이 자연에 대해 지니는 직접적인 도덕적 의무는 없다고 주장한다. 직접적인 의무는 오로지 인간 자신에 대해서만 가능하다. 왜냐하면, 인간 혹은 이성적인 존재자만이 도덕적 지위를 갖는다고 그는 가정하기 때문이다. 윤리학은 "오직 인간의 인간에 대한 도덕적 관계들"만 다루어져야 한다는 것이 칸트의 일관된 입장이다. 동물과 인간의 관계나 신과 인간의 관계에 관한 질문은 직접적인 윤리적 물음의 대상이 될 수 없다고 칸트는 강조한다. 그에 따르면 "윤리학은 교호적인 인간 의무들의 한계 이상으로 확장될 수 없다."[110] 이처럼 인간과 자연 사이에 직접적인 도덕적 관계가 존재함을 부인하는 한에서 칸트 윤리학은 서구 윤리학 대부분의 전통과 궤를 같이한다.[111] 그래서 쇼펜하우어는 칸트의 도덕 이론이 사실상 "변장된 신학적 도덕"이라고 비판한다. 그가 보기에 동물에 대한 칸트의 태도는 동물을 도덕적으로 고려하지 않는 기독교 윤리의 전통을 이어받아서, 동물에 대한 도덕적 고려를 도덕 이론으로부터 추방하고

---

109) I. Kant, *Lectures on Ethics* (edited by P. Heath and J. B. Schneewind, translated by P. Heath, Cambridge: Cambridge University Press, 1997), p.212. 같은 책, p.434 이하도 참조 바람.
110) 임마누엘 칸트, 『윤리형이상학』, 613쪽.
111) 서양의 윤리학 전통에서 자연에 대한 태도가 어떠했는가에 대해서는 J. R. 데자르뎅 (DesJardins), 『환경윤리』(김명식 옮김, 자작나무, 1999), 161쪽 이하 참조 바람.

동물을 한갓 수단에 불과한 것으로 격하시킨다.[112]

　동물에 대한 간접적인 의무의 긍정 및 동물의 도덕적 지위에 대한 칸트의 견해가 지니는 문제점은 무엇인가? 여기에서는 두 가지 점만을 언급한다. 첫 번째 것은, 도덕적 행위의 원천에 대한 칸트적 제한 설정의 타당성 여부에 관한 쟁점이다. 두 번째 것은, 인격과 물건의 이원론이 수정되지 않으면 동물에 대한 도덕적 정서 함양의 가능성 자체가 힘들기에 동물에 대한 간접적인 도덕적 주장의 토대가 튼튼하지 않다는 점이다.

　첫째, 윤리학은 오로지 대등한 인격적 주체들 즉 이성적인 인간들 사이의 관계에만 국한되어야 한다는 칸트의 주장이 지니는 문제점이다. 인간과 다른 여타 생명체들에게서 왜 내적 가치를 박탈하고 그것을 물건과 같은 것으로 취급해야 하는지에 대해 우리는 다시 물어야 한다. 그런 태도가 특정한 역사적 맥락에서 발생한 도덕적 태도에 대한 이해의 표현이라서 시대와 장소를 불문하고 보편적 타당성을 주장할 수 있는 것인지에 대한 성찰이 필요하다는 것이다. 그렇지 않고 특정한 역사적 맥락에서 형성된 서구 근대의 윤리적 자기 이해를 시간과 장소를 초월하여 보편적인 것으로 간주하는 것은 부당한 일반화일 뿐 아니라 유럽중심주의적 보편주의에 불과할 것이다.

　쇼펜하우어는 칸트의 동물에 대한 도덕적 태도를 "인간에 대한 동정심을 연습하기 위한 병리적인 환상"이라고 비판한다. 동시에 그는 칸트의 동물에 대한 태도를 "혐오스러운 것"이라고 하면서 이를 기독교 윤리의 전통 속에서 등장한 관점으로 본다.

　변장한 신학적 도덕인 이 철학적 도덕이 얼마나 전적으로 성서 도덕에 의존하는지가 여기에서 다시 한 번 보인다. 왜냐하면 기독교 윤리가 동물을 고려하지 않으므로, 이들은 즉시 철학적 도덕에서도 추방되어 단순한 '사물', 즉 어떤 목적을 위한 단순한 수단에 불과한 것이 된다. 그들은 생체해부,

---

112) 아르투어 쇼펜하우어, 『도덕의 기초에 관하여』, 93～94쪽.

사냥, 투우, 경마에 쓰이며, 돌이 실린 무거운 마차를 끌면서 죽도록 채찍질을 당하기도 한다.…… 모든 생명체에 존재하며 태양 빛을 보는 모든 눈에서 신비스럽게 반짝이는 영원한 본질을 알아보지 못하는 도덕이다. 그런 도덕은 오직 자기 종의 가치만을 알고 그것만을 고려한다. 그 종의 표징인 이성은, 어떤 존재가 도덕적 고려의 대상이 될 수 있는 조건이다.113)

앞에서 언급한 피터 싱어의 주장과 유사하게 쇼펜하우어는 칸트 윤리학을 인간중심주의적 윤리학으로 비판하고 있다. 그리고 그런 인간중심주의적 윤리학의 기초에는 이성에 대한 과도한 의미 부여가 존재하고 있음을 쇼펜하우어는 강조한다. 그러므로 칸트 윤리학의 이성주의로 인해 타자화된 감성과 인간 이외의 생명체의 긍정성에 제대로 된 역할을 부여할 수 있는 새로운 사유의 실험이 시도되어야 한다.

우리는 윤리학의 영역을 인간들 사이의 관계, 그것도 상호적이고 대칭적인 관계에 제한시키는 칸트 윤리학의 원칙들을 검토해 보아야 한다. 특히 생태계 위기의 시대를 살아가는 21세기 인류사회는 동물 및 여타 생명체에 대한 새로운 철학적 성찰과 윤리적 성찰을 발전시킬 필요성이 있다. 이미 이런 점은 많은 사람에게 널리 공유되고 있다. 생태계 위기를 극복하기 위해서는 현재 심화되고 있는 반생명적인 문화를 변화시켜야 한다. 생명을 한갓 수단으로, 혹은 인간의 목적을 위해 마음대로 사용해도 되는 에너지나 자원쯤으로 생각하는 태도가 변화되지 않는다면 인간과 자연의 이원적 대결 구도에 따라 작동하고 있는 서구 근대세계의 질서를 생태지향적 방향으로 전환하는 작업은 큰 어려움을 겪을 것이다. 우리는 왜 깨끗한 물과 공기가 소중한지를 설명해야만 하고 왜 다양한 생명체의 보존이 중요한지를 정당화해야 하는데, 우리가 이런 것들을 선호한다거나 자연을 함부로 대하는 것이 인간을 대하는 태도에도 영향을 줄 것이라는 설명은 이런 물음들에 대한 답으로는 충분치 않다. 인간 이외의 생명체와 자연 세계가 어떤 점에서

---

113) 같은 책, 93~94쪽.

고유한 가치와 의미를 지니는가에 대한 근거를 제시할 때 그런 질문들에 대한 보다 적절한 대답이 가능할 것이다.

이성적 존재자인 인간과 여타 생명체를 이원론적으로 구별하는 칸트적 견해는 오늘날 동물학의 발전에 의해서도 비판받는다. 오늘날 동물에 관한 폭넓은 연구는 인간과 고등동물 사이의 차이가 그리 크지 않음을 보여 준다. 세계적인 영장류학자 프란스 드 발(Frans de Waal)에 의하면, 몇몇 동물들은 어린아이와 마찬가지로 고통스러워하는 사람에게 동정심을 느끼며 그 사람을 위로하고 고통을 줄여 주고자 애쓴다.[114] 마사 누스바움은 프란스 드 발이 수행한 연구를 소개하면서 그가 광범위한 동물 실험을 통해 동물이 보여 주는 동정심의 여러 층위를 분류했음을 강조한다.

> 동정심의 가장 단순하고 기본적인 형태(혹은 동정심의 영역에 포함되는 행동이라고 부를 수 있는 것)는 전염이다.(사실 실제 행동에서는 구분하기 쉽지 않지만, 여기서 우리는 행동의 전염과 감정의 전염을 구분해야 한다. 전자는 모방 행동이라고 할 수 있고, 후자는 좀 더 내면적이고 사고중심적인 전염으로서 행동의 전염을 통해 만들어지는 것이다. 물론 다른 방식으로 만들어지는 경우도 있다.) 이보다 조금 더 정교한 형태로는 관점 수용(perspective taking)이 있다. 그리고 이와 함께 작동하는 것으로서 다른 생명체의 고통에 관심을 보이는 위로(consolation)가 있다. 드 발이 목표지향적 도움(targeted helping)이라고 부른 행동 또한 있다. 이것은 다른 생명체의 관점에서 그가 겪고 있는 곤경의 특징적인 부분에 대해 반응하는 도움 행동이다. 관점 수용은 정도의 차이를 두고 나타나는데, 이는 자아와 타자 사이의 확실한 구분에 근거하지 않는 초보적인 형태를 띨 수도 있다.(예를 들어 대부분의 원숭이가 이 정도 수준에 머문다. 아마 강아지도 여기에 포함될 수 있을 것이다. 왜냐하면 개들은 충분한 동정심을 보이긴 했지만 거울 실험에는 실패했기 때문이다.) 두 번째 단계는 해당 생명체가 자아라는 개념을 정립하고 타자와 구별할 수 있게 되며, 따라서 거울 실험도 통과할 수 있는 경우 좀 더 정교해진다. 인간과 더불어 침팬지, 보노보, 일부 코끼리,

---

114) 프란스 드 발, 『동물의 감정에 관한 생각』(이충호 옮김, 세종, 2019), 157쪽.

돌고래가 이 정도 단계까지 나아간다.[115]

마사 누스바움이 여러 동물학자의 연구 실험을 종합하여 설명하고 있듯이, 개와 같은 동물은 인간과 더불어 다른 생명체의 고통을 이해하고 위로하는 행동을 보여 준다. 나아가 인간 이외에도 침팬지, 보노보, 코끼리, 돌고래 등도 역시 자아와 타자를 확실하게 구별하여 자아 개념을 형성할 수 있는 능력을 지닌 존재라고 한다.

그럼 개와 코끼리가 보여 주는 동정심을 구체적 사례를 인용해 보자. 이를 통해 우리는 더욱더 생생하게 인간 이외의 여러 동물이 인간 못지않게 다른 존재의 고통에 마음 아파하며 그런 고통을 없애 주려고 행동할 수 있는 존재임을 알게 될 것이다. 우선 코끼리들이 밀렵꾼의 사냥총에 맞아 죽어가는 동료 코끼리를 구하려고 애쓰는 장면에 대한 묘사이다.

아프리카 암보셀리 국립공원에서 암컷 코끼리 한 마리가 밀렵꾼의 총에 맞았다. 신시아 모스는 이 무리에 속한 다른 코끼리들이 보인 반응에 대해 이렇게 기술한다. 세 마리의 코끼리가 보인 대표적인 반응은 이러했다. 테리시아와 트리스타는 버둥거리며 무릎을 꿇고 암컷을 들어 올리려고 애썼다. 그들은 암컷의 허리와 머리 아래에 엄니를 밀어 넣었다. 어느 순간, 그들은 암컷을 들어 올려 앉히는 데 성공했다. 하지만 암컷의 몸은 다시 털썩하며 쓰러졌다. 암컷의 가족은 그를 일으키기 위해 발로 차고 엄니로 감싸는 등 온갖 방법을 동원했다. 심지어 탈룰라는 황급히 뛰어가서 잔뜩 모아온 잔디를 암컷의 입에다가 쑤셔 넣으려고 했다. 이렇게 한 후 코끼리들은 암컷의 시신 위에 흙을 뿌리고, 사체를 완전히 덮어 주고 난 후에 그 곁을 떠났다.[116]

다음은 강아지가 보여 주는 동정심의 사례이다.

---

115) 마사 누스바움, 『정치적 감정: 정의를 위해 왜 사랑이 중요한가』(박용준 옮김, 글항아리, 2019), 238~239쪽.
116) 같은 책, 241쪽.

조치 피처와 에드 콘은 프린스턴에 있는 자신들의 집에서 텔레비전을 보고 있었다. 텔레비전에는 날 때부터 심장병을 앓고 있는 영국의 한 소년에 대한 다큐멘터리가 방영 중이었다. 여러 의료 조치를 거듭하다가 결국 그 소년은 죽었다. 바닥에 앉아 있던 피처는 자신의 눈에 눈물이 가득 차 있다는 것을 느꼈다. 그때 갑자기 피처가 기르던 강아지 두 마리(루파와 레무스)가 그에게 달려와 그를 거의 밀치다시피 몸을 비비고 구슬프게 흐느끼는 소리를 내면서 그의 눈과 볼을 핥아 주었다.[117)

진화론의 창시자인 찰스 다윈은 이미 사회적 본능의 핵심이자 초석을 동정심에서 구하면서 여러 동물이 서로에게 봉사하거나 고통에 처한 동료에게 연민을 표하는 관찰 사례를 강조한다. 그중 두 가지만 언급해 보자. 먼저 위험에 처해 있는 원숭이가 도움을 청하자 동료 무리가 그 원숭이를 도와주는 것에 대한 기록이다.

독수리 한 마리가 어린 긴꼬리원숭이를 낚아챘는데 긴꼬리원숭이는 나뭇가지를 움켜잡고 버티며 큰 소리로 울부짖으면서 도움을 청했다. 그러자 무리의 다른 원숭이들이 소리를 지르며 그 원숭이를 도우러 달려와서 독수리를 둘러싸고는 깃털을 마구 뽑았다. 독수리는 먹이 생각은 하지도 못하고 발버둥 치며 도망가려고만 했다.[118)

다윈은 동물이 고통과 위험에 처한 동료나 인간의 처지에 공감대를 형성하면서 그들을 보살펴 주거나 위로해 준다는 점을 기록한다.

그러나 많은 동물이 고통과 위험에 대해 서로 공감대를 형성하는 것은 사실이다. 새에게도 이러한 일이 일어난다. 스탠스버리(Stansbury) 선장은 유타주의 한 염호鹽湖에서 늙고 눈먼 펠리컨 한 마리를 보았는데, 그 새가 매우 살쪄 있었던 것으로 보아 동료들이 그를 오랫동안 보살펴 온 것이

---

117) 같은 책, 241~242쪽.
118) 찰스 다윈, 『인간의 유래』 1, 173쪽.

확실한 것 같다고 했다.

다윈은 자기가 경험한 사례를 통해 개가 고통을 겪는 고양이를 위로해 주거나 심지어 위험에 처한 사람을 위로하기도 하는 장면을 설명하고 있다.

나도 친절한 감성을 가진 개를 본 적이 있다. 그 개에게는 매우 친했던 고양이 한 마리가 있었는데, 고양이가 아파서 바구니에 엎드려 있는 동안 그 개는 옆을 지날 때마다 고양이를 핥아 주었다. 자기 주인을 때린 자를 용감한 개가 공격하게 만드는 요인을 공감이라고 불러야만 한다. 한 남자가 여자를 때리려고 시늉하는 것을 본 적이 있다. 그 여자의 무릎에는 작고 겁이 많은 개 한 마리가 있었는데, 그런 일은 처음 당하는 일이었다. 그 작은 개는 그 자리에서 도망을 쳤지만, 상황이 끝나자 곧 다가와서 여자 주인의 얼굴을 계속 핥으며 위로했는데 그 모습이 애처로울 정도였다.[119]

이처럼 찰스 다윈은 여러 동물에서 보이는 공감 혹은 동정심에서 사회적 본능의 초석과 근원적 유대를 발견하고 있다. 더 나아가 그는 이런 동물의 사회적 본능을 인간에서 발견되는 도덕과 유사한 것으로 생각한다.

둘째로 제기될 쟁점은, 비록 칸트에 의해 간접적으로나마 승인된 동물에 대한 도덕적 행위의 동기 형성에 관한 물음이다. 달리 말하자면 칸트 윤리학 내에서는 설령 그것이 동물에 관한 간접적인 의무를 인정한다고 해도 동물에 대한 인간의 도덕적 감정이나 의무감의 형성에 대한 고려가 충분하지 않다는 것이다.

실천이성의 원칙에 대한 정당화나 동의가 도덕적 행동의 충분한 자극이나 동기가 될 수 없다고 칸트 윤리학을 비판하는 것은 새롭지 않다. 프랑스혁명을 두고 많은 학자는 이미 이성에 의한 도덕적 원칙들을 도덕과 정치 일반에 적용하려는 칸트의 시도를 비판했다. 당대의 많은 학자는 인간의 행동 동기를 유발하는 것은 이성의 원리들이 아니라 상상이나 정열이나 전통이라

---

119) 같은 책, 174~175쪽.

고 비판했다.[120] 예를 들어 야코비는 인간세계에 일관되게 이성을 적용하게 되면 결국 "허무주의"만을 잉태할 뿐이라고 했다.[121]

마찬가지로, 특히 동물에 대한 간접적인 의무를 긍정하는 태도와, 물건과 인격체의 이원론적 주장에서 도출되는, 그러니까 동물은 단지 수단적인 가치만을 지니기 때문에 인간의 임의적인 필요나 목적에 따라 사용될 수 있다는 주장 사이에는 상당한 긴장이 존립한다. 이 긴장은 칸트 윤리학의 원칙 위에서는 쉽게 해결될 수 없다. 동물에 대한 간접적 의무만을 인정하는 칸트의 입장에서, 인간 이외의 생명체를 왜 함부로 다루어서는 안 되는지에 대한 칸트의 논변에는 비판적인 재검토가 필요하다. 동물 학대가 인간의 도덕적 정서를 타락시킬 위험이 있음을 강조함으로써 동물을 다루는 데 어느 정도 제한의 설정이 필요함을 아무리 역설한다고 해도, 동물 및 자연에 대한 태도가 변화하지 않으면 그런 제한은 단순히 말뿐인 주장에 지나지 않을 것이다.

윤리적 원칙의 제한성 문제와 더불어, 현재의 생태계 위기를 극복하기 위해서는 자연 세계에 대한 감수성의 회복 역시 중요하다. 예를 들어 자연에 대한 미적 감수성은 근대의 양적 자연과학에 따라 심각하게 훼손된 상태이다. 필자가 보기에 자연에 대한 심미적 태도는 단순히 자연에 대한 인간의 미적인 느낌에만 국한되어 있다고 생각하지 않는다.[122] 인간의 자연에 대한 미적인 감수성은 자연 세계의 내재적인 가치를 긍정함으로 더욱더 확고한 기반을 갖게 될 것이다.

더 나아가, 인간은 슈바이처(A. Schweitzer)가 주장한 "생명에 대한 외경"(die Ehrfurcht vor dem Leben)의 원리를 진지하게 받아들여야 한다. 생명을 존중하고

---

120) 프레더릭 바이저, 『헤겔』(이신철 옮김, 도서출판b, 2012), 56쪽 참조.
121) 테리 핀카드, 『헤겔, 영원한 철학의 거장』(전대호·태경섭 옮김, 이제이북스, 2006), 168쪽.
122) J. 패스모어(Passmore) 같은 윤리학자는 환경위기의 극복을 위해 자연에 대한 심미적 가치의 복원이 지니는 중요성을 인정하면서도 여전히 인간중심적인 태도를 고수하여 자연의 내재적 가치를 긍정하지 않는다. J. R. 데자르뎅, 『환경윤리』, 169쪽 참조.

소중히 여기는 마음은 그것이 인간의 도덕성 함양에 이바지하는지 그렇지 않은지와 관계없이 그 자체로 가치가 있다. 그러므로 우리는 슈바이처의 다음과 같은 주장을 경청해야만 한다.

사고하는 인간은 다른 생명 의지를 대할 때에도 자신의 생명 의지를 대할 때와 똑같은 생명에 대한 외경심을 갖고 대하지 않으려야 않을 수 없다. 그는 남의 생명을 자신의 생명 속에서 체험한다. 그가 선으로 생각하는 것은 생명을 유지하고 촉진하는 것, 그리고 발전할 수 있는 생명을 그 최고의 가치에까지 끌어올리는 것이다. 그리고 그가 악으로 생각하는 것은 생명을 파괴하는 것, 그리고 발전할 수 있는 생명을 억압하는 것이다. 이것이 도덕적 사고의 필연적 절대 원리이다.[123]

그뿐만 아니라 인간은 동물과 함께 살아가면서 더 많은 것을 배운다. 특히 생명에 대한 사랑을 배워 동물과 인간 사이의 연대를 강화할 수 있다.

만약 우리가 영원히 동물과 거리를 두고 함께 섞여 지내지 않으면서 그 능력을 탐구하지 않았더라면, 동물에 대해 거의 아무것도 알아내지 못했을 것이고 아무 신경도 쓰지 않았을 것이다. 따라서 나는, 많은 사람이 집에서 동물 친구와 함께 살고 동물을 가까이서 볼 수 있는 동물원과 자연보호 구역을 자주 방문한다는 사실이 우리와 친구 동물과의 관계에 아주 큰 긍정적인 영향을 미친다고 믿는다. 갈수록 점점 자연에서 멀어져 가는 도시 주민 중 많은 사람은 생존의 가혹한 현실과 일치하지 않는 디즈니화된 견해를 갖고 있다. 동물과 함께 지내면 우리의 지각에 큰 변화가 일어나며, 동물에 대해 더 많은 것을 배우고 동물을 보존하려고 노력하게 된다.……… 이 모든 것은 진화생물학자 에드워드 윌슨(Edward O. Wilson)이 말한 '생명애'(biophilia)로 요약할 수 있다. 생명애는 우리가 자연과 다른 동물에게 느끼는 본능적인 유대를 말한다.[124]

---

123) 알베르트 슈바이처, 『나의 생애와 사상』(천병희 옮김, 문예출판사, 2016), 201쪽.
124) 프란스 드 발, 『동물의 감정에 관한 생각』, 413쪽.

6. 나가는 말

지금까지 칸트의 윤리적 의무 이론을 중심으로 서구 근대 문명의 주도적 사유 틀인 자연과 인격의 이원론적 패러다임이 지니는 근본적 한계를 살펴보았다. 특히 우리는 칸트의 동물에 대한 윤리적 태도가 지니는 한계를, 생태위기라는 인류의 최대 위기를 초래한 과학기술문명의 정신사적 조건의 맥락이라는 좀 더 넓은 차원에서 해명하고자 했다. 칸트가 보여 준 동물에 대한 간접적 의무 이론의 한계는 근대의 자연관과 밀접하게 연결되어 있기 때문이다. 특히 동물에 대한 칸트의 의무론의 의의와 한계를 설명하면서 자연에 대한 새로운 이해가 왜 중요한 사상의 과제로 되지 않을 수 없었는지도 검토했다. 칸트의 동물에 대한 도덕적 태도는 자연(과 동물)을 윤리적 관심의 영역에서 제외하고 있는 서구의 전통적 윤리학의 전범으로 이해해도 좋을 것이다.

물론 생태위기는 단순히 자연과 생명에 대해 어떤 도덕적 태도를 지녀야 하는지에 대한 윤리적 물음에만 한정되어 있지 않다. 당연히 생태위기는 정치적, 경제적, 사회문화적 문제이기도 하다. 그렇지만 지구온난화와 같이 생태위기를 초래한 원인이 우리 인간이라는 점에서, 우주 내에서의 인간의 지위와 역할에 대한 철학적 성찰 없이는 생태위기의 도전에 슬기롭게 대응할 정책이나 삶의 태도 등을 구하기에는 충분하지 않을 것이다. 그런 점에서 우리가 어떻게 살아가야 하는지, 도덕과 정의에 대한 우리의 기존 관념이 생태위기를 극복하는 데 어떤 한계가 있는지를 성찰하는 작업이 매우 중요함을 부인할 사람은 없을 것이다.

과학기술문명의 총체적 귀결이라 할 생태위기를 극복하기 위해서는 서구의 사상 전통과의 비판적 대결이 필요하다. 물론 이런 비판적 대결에 대한 요구는 서구 사상의 새로운 독법을 통한 생태친화적 사유 방식의 발견 가능성 자체를 부인하지 않는다. 다만 인류가 직면하고 있는 미증유의 위기 시대, 즉 인간의 활동으로 초래된 지구에 존재하는 모든 생명체의 멸종 가능성의 시대에 우리에게는 서구를 넘어 이를테면 동양 사상과 역사와의 새로운 대화를 시도하는 작업도 중요한 과제라는 점을 강조하고 싶다. 달리 말하자면, 생태위기에 응답하려면 그것을 초래한 유럽 정신의 한계를 넘어설 한 방법으로 유럽 이외의 사상 전통과의 대화가 요청된다.

그러나 이 자리에서는 인간과 자연의 연대 가능성을 위한 실마리를 풀기 위해 동양의 유교 전통이 지니는 생태적 사유 방식의 의미를 밝히는 작업을 수행하진 못했다. 동아시아 사상 전통, 특히 유가적 사상이 칸트 윤리학의 한계, 더 나아가 생태위기를 초래한 서구 근대문명의 한계를 극복하는 데 어떤 이바지를 할 수 있을 것인지를 본격적으로 다루는 작업은 별도의 글에서 이루어질 것이다.

제15장
자본주의적·자유주의적 민주주의 대 생태 독재의 이원성을 넘어

1. 들어가는 말

오늘날 화석연료에 기반한 자본주의 사회가 초래한 자연환경 파괴로 인해 인류사회는 생태계 위기라는 커다란 도전에 직면해 있다. 이 문제에 적절하게 대응할 역량을 갖춘 생태적 사회로의 전환에는 인간과 자연에 대한 관계의 근본적 전환이 필요함은 물론이고, 자연을 파괴하는 사회의 정치·경제적 제도 그리고 소비주의적 생활 방식에서의 근본적 전환도 필요하다. 우선 생태위기가 보여 주듯이 자연을 오로지 효율적인 자원으로 간주하는 과학기술문명과 결합된 자본주의적 시장경제 체제는 커다란 위기에 처해 있다. 그러므로 칸트식의 도덕의 자율성 이론, 즉 인간만을 인격적 존재로 설정하고 여타의 존재를 한갓 교환 가치만을 지닌 물건으로 여기는 사유의 틀을 넘어서야 한다. 그리고 그런 사유가 서구 기독교 문명의 독특한 인간중심주의적 전통의 맥락에서 형성되어 왔음도 주지하는 바이다. 그래서 필자는 이미 다른 곳에서 다음과 같이 주장했다.

> 서구적 근대성의 길이 유럽적 조건을 매개로 해 형성된 것임을 자각하고 서구적 근대를 상대화 내지 지방화하는 작업은 인간의 자율성과 존엄성 그리고 인간과 자연의 관계에 대한 상이한 사유 방식을 도모해야만 하는 작업은 오늘날의 시점에서 더 이상 지체되어서는 안 될 것이다.[1]

인간을 자연의 정복자이자 지배자로 그리고 자연을 한갓 인간의 이익을 충족하기 위한 수단으로 바라보는 태도 및 이와 결합한 무한한 성장중심주의적 자본주의 사회는 한계에 직면해 있다. 이런 상황에서 서구 근대성의 규범적 이념의 토대라 할 민주주의와 자율에 대한 근본적 성찰이 진행되는 것도 자연스럽고, 이와 더불어 이른바 서구적인 자유민주주의 정치체제가 과연 인류가 당면한 생태위기를 극복할 역량을 지니고 있는지에 대한 회의의 목소리가 등장하는 것도 이상한 일은 아니다.

그러나 더 바람직한 길은, 민주주의와 자율성의 이념을 전적으로 폐기하지 않은 채 생태사회로 전환하는 길을 모색하는 것일 터이다. 그러므로 우리는 자연, 생명, 인간을 한갓 부품이나 효율성 증대를 위한 자원으로만 취급하는 자본주의적 폭력을 제어할 방식과 더불어 생태주의적 문명사회로의 전환을 위해 민주주의와 인권의 소중함을 새롭게 규정할 필요가 있을 것이다. 좀 추상적이고 선언적이긴 하지만, 생태 민주주의적 관점에서 자연과 인간의 공생관계를 형성하는 맥락에서 우리는 편협한 인간중심주의라는 시각에 사로잡힌 민주주의와 인권의 자율성 담론의 잠재성을 재구성할 필요가 있다.

2. 생태 독재의 여러 갈래

생태위기의 시대를 밝혀 줄 새로운 사유는 하이데거의 길이나 나치의 길을, 간단하게 말해 생태 파시즘의 길을 피하고 민주주의가 진정으로 생태위기를 극복할 수 있음을 보여 주어야 한다. 서구 근대성의 폭력성에 대한 비판적 성찰은, 생태적 사유로의 전환을 못마땅하게 생각하면서 이런 시도가 마치 새로운 형태의 독재나 파시즘으로 귀결될 것인 양 단정하는

---

1) 나종석, 『헤겔 정치철학의 통찰과 맹목』, 198쪽.

태도도 피해야 한다. 이런 태도야말로 변화를 거부하는 보수적 혹은 반동적 정신을 감추기 위해 걸핏하면 파시즘의 망령에 대한 경계를 전가의 보도처럼 휘두르는 위험한 칼춤에 불과하다. 달리 말하자면, 근대에 대한 극복과 성찰이 늘 일본제국주의의 침략을 정당화하기 위해 동원된 '근대의 초극'이라는 운명을 되풀이할 것처럼 미리 단정하면서 주문을 외듯 민주주의와 인권의 보편적 가치를 옹호하는 태도는 결국 생태위기의 현실에 눈감는 순응주의적 자세에 지나지 않는다는 것이다. 아니, 그런 태도는 서구 근대 문명의 우월성을 내면화한 나머지, 그 문명의 어두운 면에 대한 비판에 따른 상처받은 자신들의 허영심에서 나온 무의식적 자기방어일 수도 있겠다.

하여간 서구 근대 문명의 내적 타락의 경향에 대해 남다른 감수성을 지닌 프리드리히 니체가 경고하듯이, 서구 근대 문명은 반드시 무시무시한 허무주의의 도래로 귀결될 것이었다. 이는 진보의 승리를 낙관하는 역사철학에 대한 비판이기도 했다. 그러니까, 헤겔이 자유의 보편적 실현의 역사에서 그 최고봉에 서 있다고 파악했던 서구 근대의 부르주아 문명이 무시무시한 허무주의로 이어질 수밖에 없다는 니체의 경고는 여전히 현실성을 지니고 있다. 설령 그가 민주주의를 인간의 정신에서 고귀함을 박탈하여 획일화하는 노예 도덕의 귀결에 불과하다고 보았던 철저한 반민주주의적 사상가라고 비판을 받는 것과는 별개로 말이다.

생태주의적 전환을 통해 유가적 인문정신을 새롭게 하려는 시도와 관련해서 우리는 두 가지 점에 더 주목해야 한다. 하나는 생태 제국주의 문제이고, 다른 하나는 지역적이고 국가적 차원에서만이 아니라 전 지구적 차원에서 검토해 보아야 할 생태 정의의 문제이다. 물론 이 두 문제는 서로 밀접하게 연결된 사안이긴 하다. 그러나 생태위기에 직면하여 우리는 소위 생태친화적인 사회 및 경제 구조로의 변형에 상대적으로 유리한 나라와 그렇지 못한 나라 사이에서 발생하는 불평등과 비대칭적 상황이 초래할 수 있는 새로운 형태의 제국주의적 개입의 가능성을 진지하게 검토할 필요가 있다.

물론 이른바 주변부 국가 혹은 개발도상 국가의 노동자나 자연을 약탈하면서 자본주의의 중심부 국가 혹은 선진국 국가들이 풍요로운 생활을 영위하고 있음은 역사적 사실이다. 그러므로 "제국적 생활양식"[2]이라 일컬어지는 선진국의 물질적인 풍요로운 삶과 자본의 가치 증식은 주변부 국가에 해로운 산업이나 공해 산업을 전가하는 방식으로도 이루어지고 있다. 그뿐만 아니라 중심부 국가의 경제적 번영과 그로 인한 물질적인 풍요로운 삶의 양식(그것이 진정으로 풍요로운 삶인지는 제쳐두자)은 노예무역과 식민 지배는 물론이고 자본주의 주변부 지역의 값싼 노동력과 자연 자원의 제한 없는 착취를 배경으로 하고 있다. 그런 점에서 자본주의는 본래 주변부 국가에 사회적·생태적 비용을 떠넘기는 구조적 불평등 체제이기도 하다. 이렇게 본다면 서구발 자본주의 세계 체제는 태생적으로 식민체제이자 생태 제국주의적 면모를 지니고 있다. 사이토 고헤이가 주장하듯이 생태 제국주의는 "주변부를 약탈하는 데 의존하는 동시에 모순을 주변부로 떠넘기는"[3] 방식으로 주변부 지역 주민들의 생활과 생태계에 커다란 피해를 주고 모순을 심각하게 만든다.

그런데 가난한 나라나 주변부 국가에 사회적·생태적 비용을 외부화하는 자본주의의 작동 방식은 오늘날과 같은 전 지구적 자본주의 시대에 생태위기의 속도를 더 가속화해서 돌이킬 수 없도록 나쁘게 만들 것이다. 그러므로 인간과 자연을 착취하는 전 지구적 자본주의 체제 속에서 기후위기와 사회적 불평등으로 인해 고통받는 사람들과의 연대 없이는 생태위기가 제대로 극복될 수 없다. 개별 국가 내에서의 사회적 불평등이나, 경제적으로 놀랄 정도의 물질적 풍요로움을 누리는 선진국(물론 이런 국가 내부에서도 엄청난 불평등이 존재하지만)과 그렇지 못한 나라 사이의 구조적 불평등을 극복하려는 움직임과 함께하지 않는 채로 중심부 국가에만 유리한 방식으로 일방적으로 이루어지는 생태위기의 극복은 실현 가능성이 없다. 오히려 그런 시도는 지구 생태계의 복원력 회복을 위해서는 필수적인 국제적 공조와 협력을

---

2) 울리히 브란트·마르쿠스 비센, 『제국적 생활양식을 넘어서』(이신철 옮김, 에코리브르, 2020).
3) 사이토 고헤이, 『지속 불가능 자본주의: 기후위기 시대의 자본론』(김영현 옮김, 다다서재, 2021), 46쪽.

방해함으로써 전 지구적 차원의 내전이나 갈등을 새로운 형태로 증폭시켜 지구의 생태적 재앙을 앞당길 것임에 틀림없다. 이렇게 본다면 식민주의 이후 탈식민적 사유는 생태적 사유로 전환되고 확장되어야 한다. 탈식민적 과제는 주변부 국가의 자연과 노동의 착취를 넘어서는 전지구적 차원에서의 생태적 사회로의 전환과 함께 이루어질 수 있을 것이다.

얼핏 보면 인류 전체와 대다수 지구 생명체의 멸종을 가져올 생태위기의 심각성을 긍정하는 것 같으면서도 그 문제를 해결할 생태 정의에 관한 관심은 뒤로한 채 임박한 파국만을 선정적으로 보도하는 것 또한 생태위기 극복에 아무런 도움을 주지 못할 것이다. 생태위기가 초래할 심각한 위험성에만 관심을 기울이고 그것이 어떤 배경 속에서 작동하고 있는지를 간과하는 것은 위험하다. 마찬가지로 생태 파시즘과 생태 제국주의 역시 근대 자본주의적 시장경제의 생태적, 사회적, 정치적 결과에 대한 반응 양식의 하나라는 점에도, 그것을 야만적이라고 비판하는 데 그치지 말고 그에 관한 좀 더 깊이 있는 이해가 이루어져야 한다.

생태 파시즘과 생태 제국주의가 내적으로 연결되어 있음은 오늘날 새로 부상하고 있는 파시즘적 생태주의 옹호자들에게서 뚜렷하게 확인할 수 있다. 선행 연구에 따르면, 생태 정치의 파시즘적 경향은 그 역사가 나치즘 정권으로까지 소급된다. 나치즘 정권을 구성한 일부 세력은 "녹색 분파"(green wing)였는데, 이들의 생태주의 정치는 단순히 이념적 차원에 머무르지 않고 유럽의 유대인 학살을 정당화하는 정책으로까지 이어졌다고 한다.[4] 더 나아가 오늘날 생태위기 시대에 극우파적인 방식으로 생태 정치를 활용하는 세력들이 독일이나 유럽 여러 나라에서 확인되고 있다는 것이다.[5]

인종주의와 배타적 민족주의의 맥락에서 생태 문제를 극우적 방식으로 다루는 흐름과 달리 생태주의적 영성을 강조하는 흐름도 존재한다. 이런

---

4) 자넷 빌·피터 스타우든마이어(Janet Biehl·Peter Staudenmaier), 『에코 파시즘: 독일 경험으로부터의 교훈』(김상영 옮김, 책으로만나는세상, 2003), 특히 6쪽 및 16쪽 참조.
5) 독일 내에서 생태파시즘적 이념과 정치운동의 재등장에 관해서는 같은 책, 71쪽 이하 참조 바람.

흐름을 대표하는 인물이 독일 초창기 녹색당에도 적극적으로 참가한 바 있는 루돌프 바로(Rudolf Bahro)이다. 그는 생태운동에서 한때 "사막의 예언자"로 불렸으며, 통일되기 전 동독에서 반체제 인사로 오랜 세월 투옥되었다가 서독으로 망명한 좌파 인물이었다. 그는 1970년대에 독일과 미국에서 녹색운동의 초창기를 이끈 카리스마 넘치는 지도자였다.[6]

자넷 빌에 따르면 루돌프 바로는 순수한 독일 민족의 영성과 공명하는 생태적 영성주의를 주창하였는데, 그의 이론은 영향력이 상당했던 것으로 알려져 있다. 그는 민주주의를 통해서가 아니라 독재적 수단을 통해서만 비로소 생태위기를 극복할 수 있다고 역설한다. 그에 의하면, 오늘날 우리에게 필요한 것은 영성적 지도자인 "생태 군주의 도래"를 긍정하는 것이다. 특히 그는 자신의 생태철학이 명시적으로 파시스트적이라거나 적어도 잠재적으로 파시스트적이라는 비판에 직면해, 좌파의 그런 반파시즘적 태도의 연약함이 "순수 독일주의적 독재주의의 필연성"을 통찰하지 못하도록 방해한다고 반박한다. 나아가 그는 독일에서 파시즘을 금기시할 이유가 없다고까지 주장한다.[7]

생태 파시즘과 관련해 주목할 또 다른 인물은 헤르베르트 그룰(Herbert Gruhl)이다. 그는 "오늘날 독일에서 가장 두드러진 사회다원주의자이자 '생태론적' 인종주의자"라고 평가받는다. 그룰은 독일의 기독교민주당원이었으나 탈당하여 1970년대 후반에 "녹색행동미래"(Grüne Aktion Zukunft)라는 정치그룹을 형성하여 녹색당 창당에 적극적으로 참여하였다. 그 후 1980년대 초 독일 녹색당의 노선을 둘러싸고 진행된 논쟁에서 극우파적 흐름을 대변하면서 중도 및 좌파와 투쟁했으나 패배하고, 중도 및 좌파가 당권을 장악했다. 그룰은 녹색당에서 좌파가 실권을 잡게 된 것이 루돌프 바로 때문이라고 생각하여 죽을 때까지 바로에 대해 깊은 원한을 품었다고 한다.[8] 하여간

6) 요하힘 라트카우, 『생태의 시대: 다시 쓰는 환경운동의 세계사』(김희상 옮김, 열린책들, 2022), 383~384쪽.
7) 같은 책, 113쪽·122~123쪽·128~19쪽.
8) 같은 책, 384~385쪽.

바로의 적수였던 그룹은 녹색당 내 좌파 세력이 당의 주도적 흐름으로 등장하게 되자 녹색당이 생태적 관심을 포기했다는 이유로 당을 떠났다. 이후 그는 여러 극우적 사람이나 단체들과 어울리면서 다양한 정치적 활동을 했다. 예를 들어 그는 생태적 이유를 근거로 가난한 나라에서 오는 이민을 거부했을 뿐만 아니라, 생태위기 극복을 위해 지구에 존재하는 인구나 생명체의 축소는 불가피하며 그것이 변함없는 자연의 법칙임을 강조했다. 그러면서 그는 지구 내에서의 균형을 회복하기 위해서는 가난한 나라 사람들의 죽음을 운명으로 받아들여야 한다고 강변했다. 그리하여 그는 민주주의가 오늘날 생태위기를 극복하는 데 무기력하고 효율적이지 않다면서 국내외적으로 강력한 독재 권력을 요구한다.[9]

그룹의 희망과 달리 1980년대 초 독일 녹색당의 당권을 장악한 중도 및 좌파 세력은 오늘날 환경 정치의 전범으로 평가받을 네 가지 원칙을 제시했다. 이를 요약하면 다음과 같다.

(a) 생태계의 안정성을 보호하기 위한 정치적, 경제적 체계의 인지된 필요에 기초한 생태적인 것, (b) 사회정의, 자기결정, 삶의 질에 대한 헌신 등의 강조, (c) 분권화와 직접민주주의에 대한 요구들을 포함하는 풀뿌리 민주주의, (d) "인간적인 목표는 비인간적인 수단에 의하여 성취될 수 없다"라는 관념으로부터 도출된 비폭력.

이런 네 가지 원칙 외에도 일국주의나 고립주의보다는 지구주의적 관심을 지니는 것이라든가, 과거 및 현재의 행위가 장기적으로 초래할 영향에 관심을 기울이는 것 등도 생태주의적 원칙으로 중요하다.[10]

그러나 『에코 파시즘: 독일 경험으로부터의 교훈』의 공동 저자인 피터 스타우든마이어가 강조하듯이 독일 나치즘적 '녹색 분파'의 경험을 과장하여 생태주의적 관심이 우파적 정치와 "내적이고 불가피한 연계"가 있다는

---

9) 자넷 빌·피터 스타우든마이어, 『에코 파시즘: 독일 경험으로부터의 교훈』, 140~142쪽 및 145~147쪽.
10) 마이클 사워드, 『민주주의란 무엇인가』, 169쪽.

식으로 바라보는 것은 금물이다.[11] 사실 생태 파시즘적 경향이 반드시 생태위기의 극복을 위한 정치적 움직임의 형태로만 등장하는 것은 아니다. 생태위기 극복을 외치는 세력을 위험한 세력으로 보고 그에 맞서 기득권 질서를 유지하려는 형태의 권위주의적 혹은 파시즘적 정치세력의 등장도 충분히 예상할 수 있다. 그래서 사이토 고헤이는 다음과 같이 말한다.

> 우파 포퓰리즘은 기후위기를 자신들의 선전에 이용하며 배외적인 국가주의를 선동할 것이다. 그렇게 사회에 분단이 일어나면 민주주의 역시 심각한 위기에 빠지게 된다. 그 결과 권위주의적인 리더가 지배자의 자리에 앉으면 어떻게 될까? '기후 파시즘'이라고 할 만한 통치체제가 들어설지도 모른다.[12]

도널드 트럼프 전 대통령이나 유럽의 극우적 정치세력은 유럽과 미국의 이른바 제국적 생활양식을 포기하지 않으려고 하면서 신자유주의적 자본주의의 세계화 및 그와 연동된 기후위기의 심화로 인해 발생한 주변부 국가 난민들의 유입을 철저하게 차단하고 있다. 그들은 서유럽의 풍요로운 생활양식이 가난한 지역, 즉 남반구(Global South) 혹은 자본주의 주변부 지역의 노동과 자연의 무제한적 활용에 의존하고 있음을 도외시하고 있다.

또한 우리는 생태 파시즘 담론 자체가 역설적으로 기존 질서, 즉 자연과 인간 문명의 파괴를 초래하는 질서를 무조건 정당화하는 식으로 도구화될 수 있음도 경계해야 한다. 이를테면 생태계를 보호하려는 운동은 기후위기 및 생태위기를 과장하여 일반 사람에게 극도의 공포감을 불러일으킴으로써 자유민주주의 사회를 권위주의나 전체주의 체제로 전복시키려는 변형된 공산주의의 움직임에 지나지 않는다고 역공하는 경우를 생각해 볼 수 있다. 그러니까, 환경보호를 위한 움직임이 잘못하면 생태 파시즘이라는 유혹에 넘어갈 수 있으리라는 건강한 비판적 성찰이 기존 질서에 대한 이의제기

---

11) 자넷 빌·피터 스타우든마이어, 『에코 파시즘: 독일 경험으로부터의 교훈』, 65~66쪽.
12) 사이토 고헤이, 『지속 불가능 자본주의: 기후위기 시대의 자본론』, 53쪽.

자체를 불온하다고 단정하는 기득권 세력의 유용한 도구로 전환될 수 있다는 점도 염두에 두지 않으면 안 된다. 이미 이런 가능성은 환경보호를 위해 가해지는 각종 규제 때문에 손해를 보고 있는 기득권 세력에 의해 현실이 되었다.

다른 고귀한 이념과 마찬가지로 생태주의적 관심이나 생명 존중의 가치를 강조하는 태도도 자칫하면 인간 혐오나 전체주의적 혹은 생태 독재에 대한 수긍으로 이어질 위험성을 지닌다. 그러므로 하이데거의 주장과는 달리 근대에 등장한 인간의 보편적 존엄성과 가치에 대한 강조가 인류 역사에서 긍정적인 이정표를 설정하고 있다는 시각은 나름 의미 있다. 다만 이런 시각을 생태주의적 전환과 관련해 어떻게 자리매김해야 하는지가 중요한 사유의 과제이다. 달리 말하자면, 생태위기가 제기하는 민주주의에 대한 도전을 진지하게 받아들이면서도 생태주의적 전환이 민주주의를 대체하는 길로 나가지 않도록 민주주의를 새롭게 혁신하고 심화해 갈 필요가 있다.

3. 생태위기의 절박성과 동요하는 민주주의: 롤스, 하버마스 그리고 요나스를 중심으로

낭만주의와 더불어 서구 근대의 형성에 커다란 영향을 미친 계몽주의의 어두운 면에 대한 성찰과는 별도로, 우리는 서구 계몽주의의 여러 갈래와 그 다양성을 긍정해서 계몽주의를 과학적인 합리성으로 환원하여 그것과 동일시하는 태도에 대해서도 경계해야 한다. 앞 장에서 아도르노의 도구적 이성 비판과 관련해 언급했던 것처럼, 이를테면 하버마스의 의사소통적 합리성은 서구 근대의 이성이 과학적 합리성 혹은 도구적 합리성으로 완전히 축소될 수 없음을 잘 보여 준다. 이 때문에 실천이성의 자율성의 이념과 그 법적·정치적 표현으로서의 인권, 권력분립 그리고 민주주의와의 상관성에 대한 인식이야말로 근대가 다른 시대와 구별되는 특징을 이루는 것으로서 이로 인해 근대가 그 위대성을 인정받을 수 있다고 보면서 근대의 원리를 긍정적으로 바라보는 사상가들이 있는데, 이런 시각 역시 일면적이긴 하지만 일정하게 타당성과 설득력을 지닌다.

근대 인간의 윤리적 이상의 가장 분명한 철학적 표현으로서의 칸트와, 이를 인류사적 의미로 이해한 헤겔, 그리고 이들의 후계자들로서의 존 롤스와 프랑크푸르트학파 2세대의 대표자들인 하버마스와 아펠 등은 이런 견해를 대변하는 대표적인 사상가들일 것이다.[13] 이들과 하이데거가 보여주는 근대에 대한 상반된 접근 방식은 서구 근대의 양가성이 사유를 통해 표현된 대표적 양상들이라고 해도 지나치지 않을 것으로 보인다.

그러나 세대 사이의 정의 개념을 발전시키고 있는 롤스를 포함하여 서구 근대 계몽의 이념을 고수하려는 이들에게 생태계 위기에 대한 지적 성찰이나 민감성이 존재한다고 보기 힘들다. 특히 하버마스나 프랑크푸르트학파의 제3세대 이론가로 널리 알려진 악셀 호네트의 사회적 자유론과 민주주의 이론에조차 기후 정의 문제나 생태위기의 주제를 다루는 이론은 거의 없다시피 하다. 하버마스 이론을 중심으로 프랑크푸르트학파 2세대의 상대적인 생태적 무관심을 다루기 전에, 롤스의 이론을 간략하게 살펴보자.

롤스가 스스로 인정하고 있듯이 1971년에 출판된 『정의론』은 인간들 사이의 관계만을 다루고 있을 뿐 동물이나 여타 자연과 맺게 될 관계는 "논외"로 하고 있다.[14] 그에 따르면, 자신이 제시한 자유와 평등이라는 정의의 원칙은 오로지 인간들 사이의 관계를 규제하는 원칙이지 인간 이외의 동물이나 생물에 대해선 적용되지 않는다. 동물들이 정의 원칙의 적용 대상으로부터 배제되어야 할 까닭은, 그들이 "도덕적인 인격"이 아닌 존재이기 때문이다. 간략하게 말해, "도덕적 인격이 될 능력"이야말로 "평등한 정의에 대한 요구"를 할 수 있는 "충분조건"이지만 동물은 그런 존재가 아니라는 것이다.[15]

---

13) 칸트와 롤스 및 하버마스 사이의 연계성에 대해서는 김석수 『칸트와 현대 사회철학』(울력, 2005), 제2부의 3장과 4장을 참조 바람.
14) 존 롤스, 『정의론』, 52쪽.
15) 같은 책, 646쪽.

그러므로 롤스의 정의론이 지니는 한계는 인간이 동물이나 자연과 어떤 관계를 맺어야 정당할 수 있는지와 같은 문제를 해명하지 않고 있다는 데 기인한다. 물론 그도 "동물을 학대하는 것은 부당하며 전 종족을 말살하는 것은 대단한 죄악이 될 수 있다"라고 주장한다. 그러나 그는 여전히 왜 우리가 동물을 학대하지 않아야 하며 동물에게 "동정과 자애의 의무"를 보여 주어야 하는지 등에 관련된 도덕적 문제들을 다룰 수 없다고 말한다. 그것은 거듭 강조하지만 "정의론의 범위를 벗어나는 것"이며, 이런 문제를 다루도록 사회계약이론을 "확대"하는 것도 "가능할 것 같지 않다"라고 그는 말한다.[16]

1993년에 나온 그의 후기 저작 『정치적 자유주의』에서 롤스는 『정의론』의 주된 문제의식이 무엇인지를 설명하면서, 왜 그 책에서 자신이 현대의 자유민주적 국가의 도덕적·정치적 구조와 관련해 논쟁의 중심을 이루던 이른바 "일군의 고전적 문제들"에 한정하고 있었는지를 해명한다. 그 이유에 대해 그는, 공리주의적 관점이 제기해 온 정치적·사회적 정의관보다 더 만족스러운 정의관을 제공하기 위함이었다고 밝히고 있다. "이동의 자유와 공정한 기회 평등, 개인적 재산의 권리, 법치의 보호" 등을 포함하는 "기본적인 종교적 및 정치적 자유 그리고 시민사회에서 시민 기본권들의 근거" 그리고 시민들을 자유롭고 평등한 존재로 간주하는 사회에서 발생하는 "경제적 및 사회적 불평등과 관련된 정의의 문제"를 주로 해명하고자 했으며, 그 때문에 『정의론』에서는 인종이나 젠더 문제뿐만 아니라 회사나 작업장에서의 민주주의 문제나 국가 사이의 정의 문제 등도 거의 다루지 못했고 "가족의 정의 및 가족 내의 정의" 문제는 생략했다는 것이다. "『정의론』은 다만 보상적 정의와 환경보호나 야생의 보존 정도를 겨우 언급하고 있다." 그런데 이렇게 고전적인 문제들에 한정해서 정의관을 다룬 이유는 무엇인가? 그가 보기에 이런 문제들에 관한 보다 합당한 정의관을 확보한다면 이를

---

16) 같은 책, 655~656쪽.

바탕으로 해서 다른 문제들을 "해결하기 위하여 옳거나 아니면 적어도 지침을 제공"할 수 있을 것이기 때문이다.[17]

『정의론』에서 제기한, 자유와 평등의 원칙을 중심으로 구성된 공정으로서의 정의관을 옹호하는 자유주의는 평등주의적 자유주의(egalitarian liberalism)로 이해되는데, 롤스가 제안한 평등주의적 자유주의가 오늘날 자유주의에 대한 보다 적절한 관점을 제공한다는 점에 관해 광범위한 동의를 얻고 있다. 그의 자유주의적 정의론이 얼마나 커다란 영향을 주고 있는가를 확인하기 위해 롤스의 정의론에 관한 마이클 샌델의 평가를 인용해 보자.

롤스의 초기작 『정의론』의 위대함을 가늠하는 척도는 이 책이 불러일으킨 세 가지 논쟁을 살펴보는 것이다. 지금까지도 도덕·정치철학의 입문격인 첫 번째 논쟁은 공리주의자와 권리지향 자유주의자 간의 논쟁이다. 제레미 벤담(Jeremy Bentham)과 존 스튜어트 밀(John Stuart Mill)이 주장한 대로 정의가 효용(utility)에 기반해야 하는가? 아니면 칸트나 롤스가 고수하려 했던 것처럼 개인권의 존중은 공리주의의 고찰과는 다른 정의 토대를 요구하는가? 롤스의 저작이 나오기 전까지는 공리주의가 영미 도덕·정치철학의 지배적인 관점이었으나, 『정의론』이 출간된 뒤에는 권리지향 자유주의가 우위를 점하고 있다.

이 책에서 고무된 두 번째 논쟁은 권리지향 자유주의 진영 내의 논란이다. 만일 매우 중요해서 심지어 공공복리조차 능가할 수 없는 개인의 권리가 있다면 그런 권리가 무엇인가 하는 물음이 남는다. 로버트 노직(Robert Nozick), 프리드리히 하이에크(Friedrich A. Hayek) 같은 자유지상주의(libertarianism)자들은 정부가 기본적인 시민적 자유, 정치적 자유를 존중해야 한다고 주장한다. 또한 그들은 시장경제가 제공한 노동의 산물에 대한 권리도 존중해야 하고, 그러므로 극빈층을 위한 부자과세 재분배 정책은 개인권의 침해라고 주장한다. 롤스와 같은 평등주의 자유주의자들은 이에 동의하지 않는다. 평등주의 자유주의자들은 기본적인 사회·경제적인 요구를 대비하지 않고는 시민적·정치적 자유를 의미 있게 수행할 수 없다고 주장한다. 그러므로 정부는

17) 존 롤스, 『정치적 자유주의』, 36~37쪽.

권리의 문제로서 각 사람에게 교육, 소득, 주택, 의료보험과 같은 공평한 수준의 재화를 보장해야 한다. 권리지향 자유주의 내에서 자유지상주의자들과 평등주의자들의 논쟁은 1970년대 학계를 뜨겁게 달구었고, 뉴딜 이후 친숙한 시장경제 옹호자와 복지국가 대변자 간 논쟁과 같은 미국 정치 논쟁과 대략적으로 상응한다.

롤스 저작이 부추긴 세 번째 논쟁은 자유지상주의자와 평등주의 자유주의자들의 공유 가정에 집중한다. 그 가정은 경쟁적인 좋은 삶 개념에 대해 정부가 중립을 지켜야만 한다는 것이다. 어떤 권리를 가지는가에 대한 다양한 설명에도 불구하고, 권리지향 자유주의자들은 권리를 구체화하는 정의 원칙들의 정당화는 좋은 삶 개념에 의존해서는 안 된다고 주장한다. 이 생각은 칸트, 롤스의 자유주의와 많은 현대 자유주의자들 사이에 중심축을 형성하고 있으며, 옳음(right)이 좋음(good)에 우선한다는 말로 요약된다.[18]

존 롤스는 다양한 문제들을 전혀 거론하지 않거나 생략하고 이른바 고전적 문제들에 한정해서 정의의 문제를 다루는 『정의론』이 "결함이 있는 것으로 판명될 수도 있다"라고 말한다. 더 나아가 그는 『정치적 자유주의』에서 도덕적 인격체로서의 인간이 아니라 자유롭고 평등한 시민으로서의 인간으로 탐구의 대상을 변경함으로써 정치적 정의관이 다루는 "권리와 의무의 종류, 그리고 고려되는 가치들의 종류는 더 제한"되었다고 말한다.[19] 그러면서 그는 『정치적 자유주의』에서, 자유롭고 평등한 시민들로 구성된 사회가 어떻게 정의로울 수 있는지 그리고 그런 사회가 다원적 가치들로 인해 첨예하게 갈등을 겪으면서도 어떻게 안정성을 확보할 수 있는지의 문제를 핵심적 문제로 제기한다. 이로 인해 그는 공정한 협동 체계로서의 사회를 구성하는 주체인 자유롭고 평등한 시민을 "일생을 통하여 정상적이고 완전하

---

18) 마이클 샌델, 『정의의 한계』(이양수 옮김, 멜론, 2012), 372~373쪽.
19) 『정치적 자유주의』, 56쪽. 이 자리에서는 『정의론』에서 옹호된 포괄적 자유주의와 『정치적 자유주의』에서 새로 개진된 정치적 자유주의 사이의 차이를 다루진 않는다. 이에 대해서 존 롤스의 설명을 참조하는 것으로 충분할 것이다. 존 롤스 『정치적 자유주의』, 45~79쪽, 「일반보급판 서문」 참조 바람.

게 협동하는 사회의 구성원"이라고 전제한다. 이런 전제로 인해 초래되는 후속 문제들은 다양하다. 이를테면 사회에서 사고로 인해 무능력한 상태에 빠지게 되는 사람들이나 정신적 문제가 있어 장기간 사회의 협동적 성원의 역할을 제대로 수행할 수 없는 사람들의 문제가 발생하지만, 그는 이런 문제를 "당분간 논외"로 하자고 말한다.

롤스는 자신이 제언하는 정치적 정의관인 공정으로서의 정의론을 좌초시킬 수 있는 골치 아픈 문제들을 네 가지로 요약 설명하고 있다. 그것은 미래세대의 정의 문제, 국가 사이의 정의 문제, 질병이나 사고로 인해 일시적 혹은 영구적인 장애 상태에 있는 사람들을 어떻게 대우해야 하는가의 문제 그리고 마지막으로 "동물과 나머지 자연의 세계에 지고 있는 의무가 무엇인지"의 문제이다. 그는 이 네 가지 문제 중 앞의 두 문제, 즉 미래세대의 정의 문제와 국가 간 정의 문제는 합당한 해결책을 제공할 수 있다고 믿지만—그는 미래세대의 문제를 '정당한 저축의 문제'로, 국가 간 정의를 만민법(the law of peoples)으로 해결할 수 있다고 본다—, 나머지 두 문제로 인해 공정으로서의 정의가 "실패"할 수도 있음을 조심스럽게 인정한다.[20]

물론 롤스가 스스로 강조하듯이 모든 문제를 해결할 만능의 정의관이 존재하지 않을 것이라는 주장은 타당하다.[21] 그럼에도 그가 근본적인 문제라고 보는 정치적 정의 문제에서 동물과 자연의 문제나 장애인의 문제 등을 본격적으로 다루지 않는다는 것 자체는 재검토해 볼 필요가 있다. 이런 점에서 필자는 다음과 같은 마사 누스바움의 지적이 타당하다고 본다. 롤스에 의하면 "장애인을 공정하게 대우하는 문제와 인간 아닌 동물의 대우와 관련된 도덕적 문제를 설명하지 못한다는 점은 롤스의 정의 이론에 담긴 약점을 고스란히 보여 준다." 그리고 이런 약점은 "롤스가 자신의 정의 이론 자체를 수정하지 않는 한 해결되지 않을 약점"이라고 누스바움은 강조한다.[22]

---

20) 같은 책, 104~105쪽.
21) 같은 책, 105쪽.

롤스는 자신의 정치적 정의관이 이른바 고전적인 문제에 초점을 두기 때문에 미래세대나 자연 및 동물을 어떻게 대우해야 하는지의 문제는 생략될 수밖에 없었음을 정당화하기 위해 역사적 사실을 강조한다. 이를테면 17~18세기에 핵심적 쟁점이었던 귀족주의에 대한 자유주의적 비판, 19~20세기 자유입헌 민주주의에 대한 사회주의 사이의 갈등, 20세기 사유재산과 사회경제적 불평등으로 인해 발생한 사회적 정의 문제를 둘러싸고 보여 준 자유주의와 보수주의 사이의 충돌 등이 정의의 문제에 한계를 긋는 것을 정당화해 줄 수 있으리라고 그는 생각했다.[23]

그러나 이런 식의 해명은 지나치게 회고적이라는 비판을 받을 만하다. 오히려 롤스의 설명은 생태위기에 대한 자신의 둔감함을 보여 주는 것으로 볼 수도 있다. 그도 그럴 것이, 생태위기가 매우 심각하다는 사실은 1962년에 출판된 환경문제에 관한 기념비적 저서인 레이첼 카슨(Rachel Carson, 1907~1964)의 『침묵의 봄』(Silent Spring)은 말할 것도 없고 1968년에 이루어진 로마클럽의 보고서와 1972년 출판된 『성장의 한계』를 통해서도 이미 경고되고 있었다. 이런 점에서 롤스가 정의의 문제를 다룰 때 인간과 자연의 관계 문제를 소홀히 다룬 것은 그 이론의 한계로 인한 것이라고 보아도 틀리지 않을 것 같다. 우리 시대의 과제가 생태 관련 문제라는 것은 이제 그 누구도 부인하기 힘들 정도로 심각하고 그것이 영향을 미치게 될 범위는 너무도 넓다. 앞으로 더 악화될 비인간 생명체의 재난적 상황은 괄호치고 오직 인류의 멸종 가능성만을 생각해 보더라도, 그것은 민주주의 정치체제의 생과 사를 가를 수 있는 문제이다.

이처럼 생태위기는 민주주의적 정의관에 관해서도 심각한 도전이 되고 있다. 오늘날 서구 근대의 과학기술문명과 함께 자연 지배를 통해 인간의 자유를 실현해낼 수 있으리라는 믿음은 신화적 믿음에 불과하게 되었다.

---

22) 마사 누스바움, 『역량의 창조: 인간다움 삶에는 무엇이 필요한가?』(한상연 옮김, 돌베개, 2015), 106쪽.
23) 존 롤스, 『정치적 자유주의』, 106쪽.

예를 들어, 자유주의의 원자론적 개인주의의 한계를 비판하면서 사회적 차원에서만 비로소 개인의 자유는 제대로 실현될 수 있으리라는 점을 강조하는 헤겔의 인륜적 자유론이나 그것의 현대적 변형의 하나인 호네트의 사회적 자유론에서조차도 늘 정신적이고 문화적인 역사 세계에서만 자유가 실현될 수 있으리라고 생각한다.

헤겔에 따르면, 역사 속에서 정신적이고 자유로운 존재인 인간이 자유를 실현해 나가는 과정이란 결국 자연의 규정에서 벗어나는 해방의 과정으로 이해되어야 한다. 그래서 역사철학의 근본 과제는 세계사 속에서 늘 그 본성이 "동일한 정신" 혹은 "세계정신"이 실현되는 "이성적이고 필연적 과정"을 서술하는 것이라고 주장한다. 그리하여 헤겔은, 세계사는 정신적 토대 위에서 움직이는 것인바 정신적 세계로서의 세계사는 자연을 고찰할 필요는 없다고 단언한다. 정신의 본질에 관한 규정인 '자유'는 자연의 근본 규정으로서의 '무게'와는 "완전한 대립"을 이루기 때문이다. 헤겔에 의하면, 정신의 자유로움은 "자연과의 작별"을 통해서만 비로소 구체적으로 실현될 수 있다.[24]

헤겔에게서 정신적 존재로서의 인간에 대한 근본 규정으로 이해되었던 '자유'가 제도적으로 구현되는 역사적이고 사회적인 정신세계와 비교해서, 그가 자연의 의미를 얼마나 과소평가했는지는 그의 자연미에 대한 과소평가에서도 잘 드러난다. 그는 인간의 행위의 산물인 예술 작품은 본래 정신에서 기원한다는 점에서 자연 산물에 비교해 고차적이라고 평가한다. 즉 "일체의 정신적인 것은 여하한 자연의 소산보다 우월하기 때문이다."[25] 이처럼 정신이 자연보다 우월하다는 전제로부터 출발해서 이제 헤겔은 예술철학에서 자연미를 배제한다. 심지어 정신의 산물이라는 점에서 "인간의 머리를 스치는 어떠한 저급한 착상이라도 그 어떤 자연 산물보다 우월하다"라고 결론짓는다.

---

24) G. W. F. Hegel, *Vorlesungen über die Philosophie der Geschichte*, p.22, p.29～30 그리고 p.273. 악셀 호네트, 『인정: 하나의 유럽 사상사』, 252쪽도 참조 바람.
25) 게오르크 빌헬름 프리드리히 헤겔, 『미학 강의 1: 예술미, 상징적 예술 형식』, 53～54쪽.

그런데 여전히 헤겔은 인간 자체가 자연 진화의 산물임을 인지하지 못했다. 하여간 헤겔은 인간의 가장 저급한 착상조차도 자연보다 더 우월하다는 점을 믿어 의심치 않는다. 이와 관련된 부분을 인용하면 다음과 같다.

> 일상생활에서 사람들은 아름다운 꽃들, 아름다운 동물들, 나아가 아름다운 사람들은 물론이고 아름다운 색깔, 아름다운 하늘, 아름다운 강이라는 것을 말하고는 한다. 이 대상들에 대해 어느 정도까지 미라는 특질을 부여해도 좋을지, 그리하여 자연미를 도대체 어느 정도까지 예술미와 나란히 세울 수 있을지에 대한 논쟁에 개입하려는 것은 아니지만, 이에 대해 일단 예술미가 자연미보다 한층 고차적이라는 점만은 주장할 수 있다. 왜냐하면 예술미는 정신으로부터 태어나고 또한 거듭 태어난 것으로, 정신과 그 산물들은 그만큼 더 자연과 그 현상들보다 고차적이며 또 그만큼 더 자연미보다 우월하기 때문이다. 기실 형식적으로 보면, 인간의 머리를 스치는 어떠한 저급한 착상이라도 그 어떤 자연 산물보다 우월하다. 왜냐하면 그러한 착상에는 항상 정신성과 자유가 현전하기 때문이다.[26]

여기에서 자연미를 예술의 영역에서 배제하는 헤겔 미학의 한계를 논리적으로 논파하려고 시도하지는 않겠다.[27] 다만 필자는 아무리 탁월한 예술 작품이라 해도 자연에서 느끼는 아름다움의 경험에는 비교할 수 없다는 헤겔과의 정반대의 느낌만을 솔직히 표현하는 것으로 만족하면서, 대신 커다란 공감을 불러일으키는 피터 싱어(P. Singer)의 개인적 경험을 소개하고 싶다. 그는 프랑스 루브르 박물관에 있는 예술 작품과 야생의 아름다움을 비교할 때 무엇이 더 소중한지 판정할 객관적 기준은 없다고 하면서도, 자신이 느낄 때는 분명 야생의 미적 가치가 루브르 박물관의 예술 작품이 지니는 미적 가치보다 더 우월하다고 말한다.

---

26) 같은 책, 20쪽.
27) 헤겔의 자연미에 관한 평가절하의 의미가 정신의 폭력성과 연동하고 있음은 부족하지만 이미 유가적인 공생공락의 어짊의 해석학을 설명하는 과정에서 다룬 바 있다.

나는(싱어-필자) 루브르 박물관의 그림들과 유럽과 미국의 다른 큰 화랑들의 그림들을 보았다. 나는 내가 예술에 대한 합당한 평가 능력을 갖췄다고 생각하지만 어떤 미술관에서도 나는, 내가 바위 등성이를 걸어올라 그곳에 멈춰 서서 계곡의 숲을 내려다보았을 때, 혹은 숲이 하늘을 가려 생긴 그늘에서 자라나고 있는 키 큰 나무고사리 가운데 놓인 이끼 덮인 둥근 돌을 감아 돌며 흐르는 냇가에 앉았을 때와 같은 방식으로 나의 미적 감각이 채워지는 것을 느끼지 못했다. 나는 이것이 나 혼자만의 경험은 아니라고 생각한다. 많은 사람에게 야생은 미적 감흥이라는 위대한 감정의 원천으로, 이는 거의 종교적인 경지에까지 다다른다.[28]

앞에서 본 것처럼 자유가 자연의 의존성으로부터 해방을 통해서 실현될 수 있다는 것은 헤겔 정신철학의 토대이다. 그러나 자연에 대한 지배라는 시각과 결합되어 있는 인간의 자율성에 대한 헤겔의 관점은 자기파괴적이다. 달리 말하자면, 자유가 인간의 단순한 생명에 대한 보존 욕망을 넘어서서 죽음을 건 투쟁이라는 모험을 통해서만 가능하리라는 헤겔의 인정투쟁 이론이 주장하는 것과 달리 자연 지배와 결합된 인간 사회의 해방이란 신기루라는 점은, 인류가 만들어 낸 생태위기로 인해 인간과 지구에 존재하는 모든 생명체의 종말이 가시화되고 있다는 데에서 분명하게 드러난다.

하여간 인간 생명을 비롯한 모든 생명체에 대해 폭력을 가하는 죽임의 문화가 극복되지 않는 한 지구상의 모든 생명체의 생존 자체도 보장할 수 없을 것이라는 점이 분명해졌다. 인간세계, 이른바 정신적이고 문화적이며 사회적인 세계란 본디 결코 그 자연적이고 육체적인 계기를 벗어나서는 존재할 수 없다는 점을 망각한다면 우리의 사회적이고 정신적인 세계는 자유로운 세계가 아니라 모든 생명체의 멸종을 산출할 폭력적인 질서에 불과할 것이다. 이는 서구 근대 이성의 기획인 계몽주의의 성공적 관철이 보여 준 역설적 현상이라 할 것이다. 로크 이후 서구에서 전개된 다양한

---

28) 피터 싱어, 『실천윤리학』(황경식·김성동 옮김, 연암서가, 2018), 426쪽.

갈래의 자유주의-헤겔의 사회적 자유론을 포함하여-가 생태적 사유로 확충되어야 할 까닭이 여기에 있다.

따라서 두유명은 로크 이래로부터 오늘날의 롤스나 하버마스 같은 이론가들에 이르는 자유주의자들이 비록 인권에 대한 풍부한 이론을 전개하는 데 이바지했지만, 이들의 사상은 여전히 인간중심적 사유 방식을 벗어나지 못하고 있다고 지적한다. 달리 말하자면, 하버마스는 물론이고 롤스나 노직 같은 자유주의 사상가들의 인간중심주의적 자유주의는 정의의 문제에 남다른 관심을 보여 주면서도 "모든 생물에게 정말로 영향을 미치는 것은 생태와 환경이기 때문에 생태의 정의가 가장 중요한 문제"임을 깨닫지 못하고 있다는 것이다.[29]

민주주의의 위기 담론이 기승을 부리는 오늘날, 그 위기의 뿌리에는 생태계 위기에 대한 적극적인 대응과 관련해 민주주의 이론을 전개하려는 철학자들의 노력 부족이 있다고 해도 지나치지 않을 것이다. 생태적 위기의 도전에 적절하게 대응할 수 있는 민주주의 이론이 필요한 까닭이다. 이런 맥락에서, 생태위기의 시대에 어울리는 새로운 윤리학과 생태철학의 형성에서 주목할 만한 업적을 보인 한스 요나스는 자본주의보다는 마르크스주의가 생태 위험에 더 잘 대처할 수 있을 것으로 생각해 전제정의 장점에 대한 과감한 지적 실험을 했다.[30] 물론 이에 대해서 그가 민주주의를 소홀히 했다는 식의 비판이 제기된 것도 당연한 일이다. 그러나 다양한 형태의 민주주의의 가능성 모색은 뒷전으로 제쳐 둔 채 오늘날 자유민주주의 사회에서의 생태위기를 극복하는 길을 사회주의적인 전제정에서 찾으려는 요나스의 접근 방법을 두고 자유민주주의를 소홀히 한다는 식으로 천편일률적으로 비판하는 것도 정치적으로는 일정 부분 옳은 듯하지만 충분하지 못하다.

사실인즉 현재의 이른바 자유민주주의 체제가 바로 인류가 당면한 엄청난

---

29) 두유명, 『문명간의 대화: 유교적 인문주의의 현대적 변용에 관한 연구』, 224쪽.
30) 한스 요나스, 『책임의 원칙: 기술 시대의 생태학적 윤리』, 245~257쪽(제5장 3절) 참조 바람.

생태위기에 상당 부분 책임을 져야 하기 때문이다. 이에 대한 요나스의
주장을 인용하면 다음과 같다.

> 서구 산업사회의 '자유'경제는 죽음의 위험 속으로 달려가는 역동성의 근원지
> 이므로, 우리의 시선은 자연스럽게 공산주의라는 대안으로 향하게 된다.
> 그것이 우리에게 절실한 도움을 줄 수 있을까? 공산주의는 그런 일을 할
> 준비가 되어 있을까? 이런 관점에서만 우리는 마르크스주의적 윤리학을
> 고찰하고자 한다. —즉 인류의 꿈을 성취하고자 하는 관점이 아니라 파멸에서
> 인류를 구원하고자 하는 관점에서. 우리의 시선이 마르크스주의로 향하는
> 이유는 전체 인류의 사업의 미래가 바로 그것의 목표이고 초점이며(물론
> 마르크스주의는 여기에서 '세계혁명'이라 말하지만), 그 목표를 위하여 현재를 희생
> 시킬 각오도 되어 있고 그것이 지배하는 곳에서는 그 희생을 강요할 수도
> 있기 때문이다. 적어도 자본주의적 서구 사회에서 그런 경우를 보기는
> 어려울 것이다. 정치적으로 부과된 극도로 강한 사회적 규율만이 현재의
> 이익을 장기적인 미래의 요청 아래 종속시킬 수 있음은 명백한 사실이다.[31]

위 인용문이 보여 주듯이 요나스에게 서구의 자유민주주의 사회는 생태위
기를 극복할 주체라기보다는 오히려 생태위기를 초래한 근원지로 이해된다.
그는 이런 자유주의적 자본주의 사회로 인해 초래된 생태위기를 극복하려면
인간이 자연에 대한 책임을 지니고 자연과 인간의 관계를 새롭게 형성해야
함을 역설한다. 그가 보기에 서구 근대의 산업사회가 과학기술 및 자연과학의
힘으로 자연을 정복함으로써 초래된 미증유의 생태 파괴를 극복하기 위해
요청되는 책임은 기존 윤리학에서 찾아볼 수 없는 새로운 의무를 촉구한다.
그것은 바로 미래세대와 자연에 대한 책임을 떠맡는 것이다.[32]
    그리고 이런 책임의 윤리를 정치적으로 구현할 방법에 대해 요나스가
고민하는 것은 당연하다. 그는 서구의 자유로운 산업사회에 대한 대안을

---

31) 같은 책, 244쪽.
32) Hans Jonas, *Dem bösen Ende näher: Gespräche über das Verhältnis des Menschen zur Natur*
    (Frankfurt, 1993), p.13.

모색한 끝에 그 대안의 가능성을 "정치적으로 부과된 극도로 강한 사회적 규율" 속에서 "장기적인 미래의 이익"을 찾는, 즉 생태위기의 극복을 통한 인류의 지속적 생존에 이로운 정치적 결정을 관철하기 위해서라면 "현재의 이익"을 포기할 수 있도록 강제할 권위주의적인 사회주의 사회에서 찾는 지적 모험을 감행한다. 여기에서 그가 언급하는 "현재의 이익"이란 당연히 서구 자본주의 사회가 누리는 여러 "자유"의 향유, 이를테면 자연을 파괴하는 것을 대가로 한 무한정한 소비의 자유와 같은 것을 의미한다. 그리하여 요나스는 당시에 현존하는 공산주의적 전제정치 체제가 "권력기술적으로는 자본주의적·자유주의적 민주주의의 복합체가 가지고 있는 가능성보다는 우리의 불유쾌한 목적을 위해서는 더 적합하게 보인다고 말할 수 있다'라고 조심스럽게 결론짓는다.[33]

이처럼 요나스는 극단적인 상황으로 치닫는 자연 파괴라는 비상 상황에서 서구의 자유민주주의보다는 오히려 "계몽된 생태 독재"의 가능성에 희망을 건다. 그러나 그는 1992년 『슈피겔』(Der Spiegel)지와의 인터뷰에서 그런 가능성을 전적으로 "일종의 유토피아주의"라고 표현한다. 왜냐하면 계몽된 생태 독재는 자연 파괴를 극복하기 위해 권력을 행사할 엘리트나 지도자가 전적으로 자신의 권력욕에서 벗어날 수 있어야 하는데, 이런 것이 실제로 가능하리라고는 상상하기 힘들기 때문이다.[34] 다만 요나스는 왜 오늘날 서구 사회에서 작동하고 있는 민주주의가 생태위기를 극복하는 데 적절하지 않다고 보았는지, 그가 생각하는 다른 이유도 주목해 볼 필요가 있다.

『슈피겔』지 인터뷰 진행자가 강조하듯이 오늘날 자유민주주의는 4년이나 5년이라는 주기적 선거를 통해 정치 권력을 선발하는 정치체제인데, 이런 상황에서 활동하는 정치가들에게 중요한 것은 시민들의 지지이다. 더 많은

---

33) 한스 요나스, 『책임의 원칙: 기술 시대의 생태학적 윤리』, 251쪽. 최근에 사망한 가이아 학설의 주창자인 제임스 러브록(James Lovelook)도 지구 환경 위기를 극복하기 위해서는 민주주의를 잠시 유보해야 한다고 주장했다. 조효제, 『탄소 사회의 종말』, 352쪽.

34) Hans Jonas, *Dem bösen Ende näher: Gespräche über das Verhältnis des Menschen zur Natur*, p.15.

수의 지지를 얻기 위해 정치가들은 생태위기를 극복하려는 과제와 같은 장기적인 정책보다는 단기적인 시야에서 시민들의 동의를 구할 정책을 마련하도록 강요된다. 이런 민주주의의 작동 방식과 관련해서 요나스 역시 자연 파괴에 적절하게 대응할 수 있는 장기적 관점을 지니지 못하는 민주주의가 과연 우리 시대에 적절한 정부 형태인지 여전히 의심스럽다고 말한다.[35]

요나스의 지적 실험은 서구의 근대성을 이른바 하버마스적 용어를 빌려 말하자면 "미완의 프로젝트"로 보는 견해와는 거리가 멀다. 오히려 요나스에게서는 산업과 과학기술에 의해 자연을 파괴하는 근대성 자체가 회피되었어야 할 전면적 오류의 길이 아니었는지 회의의 대상으로 여겨진다.『슈피겔』지와의 인터뷰에서 그는 1979년에 출판된『책임의 원리』이후에 생태위기에 대한 논의가 활성화되었지만 자연에 대한 인간의 책임을 구현하여 생태위기를 극복하는 과제와 관련해서는 오히려 상황이 악화되었다고 말한다.[36] 그리하여 그는 "근대성은 정정되어야만 하는 오류"가 아니었을까, "과학기술적 진보와 개인의 자유 향상을 결합하여 우리가 다다른 길이 옳은지" 혹은 "근대란 일정한 측면에서 틀린 길"이 아니었는지 등의 의문들을 조심스럽게 제기하면서, 그런 질문에 대해 숙고하고 일정한 결론에 이르는 것이 철학자가 할 일이라고 언급한다.[37]

그러나 생태위기 극복과 관련해 마르크주의적 사회주의 국가가 더 적절한 정부 형태일지도 모른다는 요나스의 긍정적 진단이 얼마나 허망한 것이었는지는 소련과 동구권의 현실 사회주의 국가의 몰락과 더불어 선명하게 드러났다.[38] 현실 사회주의 국가 역시 서구의 자유주의적 사회 못지않게 이른바 과학기술을 통한 자본주의적 근대 문명의 생산력주의 혹은 생산지상주의(productivism)의 패러다임에 얽매여서 지구와 자연의 파괴에 아무런 대안이

---

35) 같은 책, p.16.
36) 같은 책, p.10.
37) 같은 책, p.17.
38) 이미 요나스는 자신이 현실 공산주의에 대해 잘못된 기대를 지녔음을 솔직히 인정한 바 있다. 같은 책, p.21.

될 수 없음이 명백해졌기 때문이다. 물론 여기에서 마르크스주의 및 사회주의가 생태위기 시대를 종식할 새로운 생태 사회주의적 이념으로 변형될 가능성 유무에 대해서는 논하지 않을 것이다.[39]

요나스와 비교해 볼 때 하버마스는 서구 근대 그리고 서구 사회의 민주주의에 대해 더 확실한 신념과 믿음을 견지한다. 서구 근대 사회 및 계몽주의의 모순적인 전개에 대한 호르크하이머와 아도르노의 비관적 전망에 대해 비판적으로 바라보면서 비판적 사회이론의 토대를 새롭게 구상하려는 그의 기획도 민주주의를 포함한 서구의 계몽주의 기획의 해방적 잠재력에 대한 보다 강한 믿음과 무관하지 않다. 그가 비판이론의 제1세대인 아도르노의 이론을 비판한 이유는 대략 세 가지다. 첫째 그의 비판이론의 규범적 토대가 불분명하다는 것, 둘째 헤겔로부터 물려받은 형이상학적인 강한 진리 및 학문 개념이 적합하지 않다는 것, 셋째 "민주적-법치국가적 전통의 과소평가"이다. 이 가운데 하버마스가 가장 주요하게 생각하는 약점은 세 번째 사항이다. 그가 보기에 아도르노는 서구의 시민민주주의의 전통을 진지하게 다룬 적이 없다.[40]

급진적 사회변혁이라는 비판적 사회이론을 내세운 호르크하이머와 아도르노는 1940년대 중후반 이후 사실 서구 사회에서 그런 변혁의 가능성이 실현되리라는 전망에 관해 매우 비관적이었다. 그들이 공저해서 1947년에

---

39) 후기 마르크스가 생태적 사유의 모습을 보여 주고 있다는 연구도 꽤 존재한다. 일례로 사이토 고헤이, 『마르크스의 생태사회주의: 자본, 자연, 미완의 정치경제학 비판』(추선영 옮김, 두번째테제, 2021), 참조. 그는 생태적 사유가 마르크스의 자본주의 비판에서 핵심적 역할을 한다고 주장하면서, 마르크스적 유토피아주의는 무한한 과학기술의 발전과 경제성장이라는 프로메테우스주의에 사로잡혀 있다고 보는 기존의 인식이 편견임을 강조한다. 이미 우리 사회의 녹색 사상가이자 녹색 사회운동가였던 김종철도 2008년도 강연에서 선행 연구를 참고하여 마르크스는 자본주의적 산업화가 치명적인 생태적 결과를 초래할 것임을 예견하고 있었다고 강조한다. 그렇기에 마르크스가 생산력 증대를 무조건 긍정한 사상가였다고 결론짓는 것은 일방적이라는 것이다. 김종철, 『근대문명에서 생태문명으로: 에콜로지와 민주주의에 관한 에세이』(녹색평론사, 2019), 28쪽. 한국과 일본의 두 사람이 중요한 선행 연구자로 언급하는 사람은 존 벨라미 포스터(John Bellamy Foster)이다.
40) 위르겐 하버마스, 『새로운 불투명성』, 194~196쪽.

나온 『계몽의 변증법』은 이런 그들의 비관주의를 여실히 드러낸 작품이다. 이들이 보기에 근대세계는 산업화와 관료화가 체계적으로 진행된 사회인데, 이를 추동한 것은 인간의 행위를 오로지 주어진 목적을 가장 효율적으로 달성할 수단만을 계산하는 도구적 합리성이다.

달리 말해 과학·기술적인 도구적 합리성이 인간의 사회생활의 전반을 지배하게 된 결과가 바로 전면적이자 체계적으로 발전된 산업화되고 관료화된 서구 근대 사회인 셈이다. 애초에 서구 근대세계를 추동한 계몽은 자연을 지배함으로써 인간을 해방하고 자유와 번영을 이룰 것이라는 믿음에서 출발한 것이었다. 그러나 계몽 그 자체가 성공적으로 관철된 20세기 유럽의 자본주의 사회는 다름 아니라 자연의 일부인 인간이 주어진 목적을 가장 효율적으로 달성할 수단만을 제공하는 계산하는 사유 구조인 도구적 합리성을 통해 자유와 번영을 이룰 수 있으리라는 희망이 얼마나 역설적인가를 보여 준다. 왜냐하면 도구적 합리성이 전체 사회에 지배력을 행사하게 된 관료화되고 산업화된 근대 자본주의 사회는 역설적으로 인간의 자연 지배를 통한 인간의 인간에 대한 지배와 예속의 관계를 총체적으로 이룬 부자유한 자기파괴적 사회임이 드러났기 때문이다.

하버마스는 아도르노와 호르크하이머의 비판이론이 도달한 계몽의 변증법의 비관주의를 극복하기 위해 프랑크푸르트학파 제1세대 이론가들이 내세운 합리성, 즉 도구적 합리성과 다른 의사소통적 합리성이라는 대안적 이성 개념을 내세웠다. 이를 통해 그는 서구 자본주의 사회의 합리화 과정, 즉 계몽의 과정 자체를 호르크하이머와 아도르노보다 긍정적인 시야에서 이해할 수 있었다. 그 결과 그는 서구의 민주주의 전통을 아도르노나 호르크하이머보다 더 진지하게 다루게 되었다. 아니 서구 민주주의의 이상과 그 제도적 구현의 한계에도 불구하고 그것이 지니는 비판적이고 해방적 의미를 좀 더 긍정적으로 바라본 그이기에 그런 측면을 이론적으로 정당화할 새로운 규범적 토대를 성찰하게 되었고, 그 결과가 도구적이고 과학기술적 합리성과 구별되는 의사소통적 합리성 개념이라고 할 수도 있다.

하여간 하버마스가 아도르노의 비판이론의 체계적 결함을 극복하기 위해 내세운 상호이해를 지향하는 의사소통적 이성이나 진리합의설(물론 그는 나중에 이 이론을 철회한다), 심의(숙의)민주주의에 대해서는 여기서 자세히 다룰 수 없다. 하버마스는 의사소통적 합리성이라는 새로운 이성 개념을 통해 도구적 이성 비판의 규범적 토대의 허약성을 보강하고 서구 근대 사회 속에 구현된 이성을 구출해 낼 새로운 사회이론을 발전시켰다. 주지하듯이 그 결산은 바로 권력과 화폐라는 명법이 지배하는 기능적으로 분화된 행정 및 경제체계와 생활세계로 이루어진 사회이론이다.

하버마스는 행정 및 경제라는 기능적으로 작동하는 하위 체계와 생활세계 사이의 갈등과 마찰에 주목하면서 그 유명한 생활세계의 식민지화 테제를 전개한다. 이에 따르면 행정이나 자본주의, 특히 자본주의 경제 체제는 일상적 생활세계 내에서 작동하는 상호이해를 위한 의사소통적 행위의 장애물로 등장하여 여러 사회병리적 현상을 야기한다. 달리 말해 화폐와 권력의 명법에 따라 기능적으로 사회를 통합하는 하위 체계들이 자신들의 고유한 기능 영역들을 넘어서서, 의사소통적 방식으로 이루어지는 "사회통합에 의존하는 행위 영역들"로까지 확장되어 그것을 "무력화"시킴으로써 생활세계를 식민지화하고 다양한 사회적 병리 현상들이 등장하게 된다는 것이다.[41]

그런데 하버마스에게서 기능적으로 작동하는 하위 체계들에 의한 생활세계의 식민지화에서 중요한 것은, 이런 생활세계로부터 분화되어 화폐 및 권력 같은 독자적이고 고유한 동학에 따라 작동하는 기능적 사회통합으로부터 방해받지 않을 수 있도록 생활세계의 합리적 재생산을 통해 생활세계의 행동 영역들을 보호해야 한다는 점이다. 즉 생활세계의 식민지화로부터 생활세계적 사회통합의 영역을 지켜내는 과제는 화폐와 권력이라는 논리에 따르는 기능적으로 분화된 하위 체계들의 고유한 작동 방식을 파괴하지

---

41) 위르겐 하버마스, 『의사소통 행위 이론: 기능주의적 이성 비판을 위하여』 2(장춘익 옮김, 나남, 2006), 507쪽.

않도록 하는 요구와 병행하는 것이다.[42] 요약하자면, 하버마스가 염두에 둔 것은 "체계 논리에 따라 통합된 행위 영역들의 기능적 필요를 충족시킬 때 생활세계의 통합성을, 즉 사회적 통합에 의존하는 행위 영역들의 요구를 손상시키지 않는 선"에서 이루어지도록 만드는 것이었다.[43]

그렇지만 사회를 생활세계와 체계로 이루어지는 것으로 보는 하버마스의 비판적 사회이론은 많은 비판에 노출되어 있다. 시턴(Sitton)에 의하면, 하버마스가 제언한 체계와 생활세계를 분리하는 사회적 이원론은 자본주의 사회의 체계와 생활세계라는 두 측면이 어떤 방식으로 상호 작용하는지를 놓고 매우 어려운 상황에 부닥쳐 있다. 즉, 하버마스는 체계와 생활세계가 서로 어떤 방식으로 관계를 맺고 있는지에 대해 모호한 태도를 보여 준다는 것이다. 더 나아가 그의 사회적 이원론은 자본주의적 발전의 자율성과 그 힘을 제대로 파악하고 있지 못하도록 하는 장애물이다. 오늘날 자본주의 사회에서는 생활세계와 자본주의적 경제체계가 서로 명확히 구별되지 않음에도 이를 분리함으로써 오히려 "현대사회에서 갈등이 발생할 수 있는 장소의 범위를 축소"하지 않을 수 없었다는 것이다.[44]

물론 하버마스도 "자본주의와 민주주의 사이에는 해소될 수 없는 긴장 관계"가 있음을 강조하면서 근대 사회는 규범적으로 자본주의적 경제체계와 같은 하위 체계에 대해 생활세계가 우월함을 긍정한다.[45] 그러나 이런 올바른 주장에도 불구하고, 시턴에 따르면 하버마스의 비판적 사회이론이 제기하는 토의(심의)민주주의 역시 하위 체계의 동학과 그 자율성을 보호하려는 관심이 너무나 크기 때문에 이 영역에 대한 그 어떤 개입도 거부하는 모습을 보여 준다. 시장에 대한 개입은 시장 스스로 자율적으로 통제하는 경제 영역에 대한 위험한 개입이며, 이는 결국 복잡하게 분화된 현대사회의 사회적 재생산을 불가능하게 한다고 그는 믿고 있기 때문이다.

---

42) 존 시턴(John Sitton), 『하버마스와 현대사회』, 167쪽.
43) 위르겐 하버마스, 『의사소통 행위 이론: 기능주의적 이성 비판을 위하여』 2, 532쪽.
44) 존 시턴(John Sitton), 『하버마스와 현대사회』, 214쪽 및 228쪽.
45) 위르겐 하버마스, 『의사소통 행위 이론: 기능주의적 이성 비판을 위하여』 2, 532쪽.

하버마스의 토의민주주의는 분명 "전통적인 사회주의적 민주화 전략과 구별"된다. 그러나 시턴이 적절하게 지적하듯이, 하버마스가 옹호하고자 하는 공론장의 비판적 잠재력을 활성화하기 위해서라도 자본주의적 경제체계 및 행정체계에 대한 "민주적 개입을 사전에 미리 차단하는 것"은 설득력이 없다.[46] 그렇지만 복잡하게 분화된 현대사회에서 행정관료 체계가 기능적 방식으로 사회통합을 하는 필수적인 하위 체계의 하나로 인정되고, 이런 하위 체계의 자율성을 보호하는 것이 중요하다고 하버마스는 생각한다. 그렇기에 생활세계에 뿌리박고 있는 의사소통적 행위가 발현된 민주적 공론장의 활성화, 달리 말하자면 시민의 이성적 논의를 매개로 작동하는 의사소통적 권력이 국가와 정부 관료 체계에서 작동하는 행정 권력과 긍정적 관계를 맺는 것은 매우 어렵게 된다. 이처럼 의사소통적인 권력이 국가와 정부의 행정관료 체계에 가하는 민주적 압력의 가능성은 최소화된다. 여기에서 그의 심의민주주의 이론이나 의사소통적 권력 이론의 허약성이 여지없이 드러난다. 사실 하버마스의 비판이론은 신자유주의적 세계화의 흐름과 더불어 진행된 민주주의의 위축을 견제하기보다는 그런 현상을 추인하는 경향도 보여 준다. 따라서 하버마스의 유럽 민주주의 기획이 "의도치 않게" 골드만삭스의 "금권정치" 기획에 "정당성"을 제공하는 것으로 귀결된다는 비판이 나오는 것도 우연이 아니다.[47]

우리는 앞에서 생태 위기를 초래한 요인 중 하나가 근대 자본주의의 주변부 세계의 식민지적 착취라는 점을 강조했다. 그러므로 신자유주의의 득세로 인해 더 가시화된 요컨대 생활세계의 식민지화— 하버마스의 용어를 빌려 표현한다면— 를 방어하고 자유롭고 평등한 시민들이 수행하는 이성적인 토의와 논의를 활성화할 공론장의 강화를 통한 민주주의의 재생이라는 과제는 자본주의의 식민지적 폭력을 진지하게 검토하지 않는다면 이루어질

---

46) 존 시턴(John Sitton), 『하버마스와 현대사회』, 235쪽 및 239쪽.
47) 볼프강 슈트렉(Wolfgang Streeck), 『조종이 울린다: 자본주의라는 난파선에 관하여』(유강 은 옮김, 여문책, 2018), 353쪽.

수 없는 신기루와 같은 이상에 그칠 것이다.

그러나 필자가 아는 한 하버마스에게 탈식민적 문제의식은 거의 부재하다고 해도 과언이 아니다. 이를 잘 보여 주는 것이 하버마스가 1990년 이라크가 쿠웨이트를 침략하여 합병한 것을 계기로 이루어진 미국과 그 동맹국 중심의 이라크 전쟁을 찬성하는 근거이다. 그는 걸프전을 정당화할 때 이라크가 강제로 쿠웨이트를 합병했다는 점만을 논거로 들지 않았다. 그는 1990년의 걸프전을 '이스라엘에 대한 위협'을 차단한다는 명분으로도 정당화했다. 심지어 그는 독일연방공화국이 건설된 이후 "이스라엘과의 연대는 독일 대외 정책의 불문법"이었다고 하면서 이를 의문시하는 것은 반유대주의적 함의를 지닌 것처럼 말한다.[48)]

독일(나치)이 유대인을 말살하려 했다는 점을 고려해도 팔레스타인과의 연대가 아니라, 왜 하필이면 이스라엘과의 연대인가라는 점도 다각도로 검토해 볼 문제라고 할 수 있지만(하버마스는 이스라엘의 역할을 "서방의 전초기지"[49)]로 이해한다), 이스라엘과의 연대를 반대하는 주장에 관한 하버마스의 태도, 그러니까 그런 연대를 반대하는 것이란 곧 반유대주의에 지나지 않는다는 식의 암시는 더 큰 문제이다. 이런 암시는 "이스라엘 국가에 대한 모든 비평은 사실상 반유대주의"라는 주장과 거리가 멀지 않다.

그러나 유대인인 주디스 버틀러가 힘주어 강조하듯이 유대인과 이스라엘 국가의 동치는 존재하지 않을 뿐만 아니라 "이스라엘 국가 폭력에 대한

---

48) 페리 앤더슨, 『현대사상의 스펙트럼: 카를 슈미트에서 에릭 홉스봄까지』(안효상·이승우 옮김, 길, 2011), 243~244쪽. 한국어 번역에는 이스라엘에 대한 연대를 독일의 불문법으로 보고 "반유대주의자만이 이를 의문시할 수 있었다"라고 되어 있는데, 필자가 영어본을 참조하지 않고 이에 대한 전거로 제시된 문헌 중 하나인 "Letter to America"(The Nation, 16 December 2002)를 검토해 보았다. 그런데 그 편지에는 명시적으로 "반유대주의자만이" 이스라엘과의 연대를 "의문시할 수 있었다"라고 되어 있지 않다. 다만 독일의 대외 정책에서 이스라엘과의 연대는 "불문법"이었다고 하면서 당시 독일 선거와 관련해 반유대주의를 언급하고 있었다. 그래서 필자는 하버마스가 독일의 이스라엘과의 연대를 의문시하는 것은 반유대적인 함의를 지니고 있음을 암시하는 것으로 이해했다.

49) J. Habermas, The Past as Future (translated and edited by Max Pensky, Cambridge: Polity Press, 1994), p.18.

유대적 비판"은 도덕적 의무이기도 하다. 간단하게 말해 이스라엘 국가와 유대인 사이를 동일한 것으로 사유할 수 없다는 것이고, 유대적 입장에서도 이스라엘의 팔레스타인에 대한 잔인한 국가 폭력에 대해 비판할 수 있다는 것이다. 미국에서 버틀러와 같이 유대인이면서 이스라엘의 팔레스타인에 대한 엄청난 국가 폭력을 비판하는 사람도 많지만, 이들 역시 반유대주의라는 오명과 낙인으로 고통을 겪고 있다.

일례로 2002년 당시 하버드 대학 총장인 로렌스 서머스(Lawrence Summers)는 이스라엘을 비판하고 이스라엘 지지를 철회할 것을 대학에 요구하는 행동은 "처음 의도는 아니었겠지만, 결과적으로 반유대주의적 행동을 변호"하는 것이라고 주장했다. 이런 식의 주장은 미국에서 이스라엘을 비판하면 그것은 곧 반유대주의라는 비난을 받을 각오를 해야 한다는 공포를 유발하고 있다. 그럼에도 버틀러는 "유대인에게 반유대주의자라는 낙인보다 더 끔찍한 것은 없을 것"이라고 생각하면서도 이스라엘의 폭력을 비판하는 일에 나선다.[50] 이런 맥락에서 볼 때 하버마스의 주장에는 미국 중심의 서구 사회의 지배 질서에 대한 그의 숨길 수 없는 충성심 혹은 유럽중심주의적 무비판적 애착이 강하게 깔려 있음을 독해해 내는 것은 그리 어렵지 않다.

사실 프랑크푸르트학파 제1세대를 대변하는 아도르노와 호르크하이머는 물론이고 하버마스가 제3세계 혹은 비서구 사회에서의 인종차별주의 문제와 제국주의에 저항하는 투쟁 등에 관해 침묵하고 있다는 비판은 새롭지 않다. 물론 우리 사회(와 인문학계)에서 이런 비판이 의미 있는 쟁점으로 부각된 적은 없다. 그런 점에서 식민주의적 폭력성과 그에 저항하는 몸짓이 지니는 중요성을 성찰하는 데 관심을 기울이지 않는 프랑크푸르트학파의 문제점을 지적하는 목소리가 서구 지식인 사회에서는 존재했다는 사실이 여전히 우리에겐 생소할 것임은 분명하다.

심지어 하버마스는 『뉴 레프트 리뷰』(New Left Review)와의 인터뷰에서

---

50) 주디스 버틀러, 『불확실한 삶: 애도와 폭력의 권력들』(양효실 옮김, 경성대학교출판부, 2008), 143~145쪽.

자신은 제3세계에서 이루어지는 "반제국주의 투쟁과 반자본주의 투쟁"에 관해서는 할 말이 없다고 하면서 그의 이론이 "유럽중심주의적이고 한정적인 관점에 불과한 것"임을 잘 알고 있다고 말한다.[51] 그러나 하버마스에서 명시적으로 드러나는 제국주의와 식민주의에 관한 의식적인 무관심은 생태위기 시대에 그의 이론이 왜 그토록 무기력하고, 심지어 무책임하기까지 한지를 이해하는데 중요한 실마리를 제공한다.

여기서 신자유주의적 시장사회와 어울리고 있는 하버마스의 비판적 사회이론이나 토의민주주의가 자본주의가 창출하는 구조적 불평등과 생태위기를 극복하는 데 얼마나 적극적인 대안을 제시할 수 있을까 하는 물음이 등장하지 않을 수 없다. 달리 말하자면 수익 창출을 사회의 근본적 구성원리로 보편화하는 신자유주의적 자본주의 사회에 대해 하버마스의 생활세계와 체계의 이원론이나 생활세계의 식민지화 테제가 얼마나 비판적 힘을 발휘할 수 있을까 하는 물음인데, 이에 대해서는 매우 회의적이다. 관련된 페리 앤더슨(Perry Anderson)의 하버마스 비판을 인용함으로써 하버마스 이론의 한계에 대한 설명을 마무리하고자 한다.

> 하버마스는 오늘날 분산되고 탈정치화된 서방의 정치체제에서 고전 민주주의적 이상이 퇴화하는 것을 비판하기보다는, 의사소통적 이성의 유익한 비인격적이고 탈중심화된 흐름이라는 이름으로 그것에 형이상학적 정당화를 부여한다. 그 결과는 유럽적 수준에서는 인민 주권의 해체 심화를 위해 주문 생산된 정치이론이며, 상상의 지구적 수준에서는 인민 주권이 완전히 사라지도록 주문 생산된 정치이론이다.[52]

---

51) 에드워드 사이드, 『문화와 제국주의』, 528쪽에서 재인용함.
52) 페리 앤더슨, 『현대사상의 스펙트럼: 카를 슈미트에서 에릭 홉스봄까지』, 236쪽. 우리 사회에서 "사회와철학연구회"를 중심으로 위르겐 하버마스의 수용이 어떻게 진행되었는지를 탐구한 소중한 연구가 최근에 나왔다. 이시윤, 『하버마스 스캔들』(파이돈, 2022) 참조 바람. 하버마스 수용사에 관한 이시윤의 주장에 의견을 달리하는 지점도 있지만, 그의 연구는 우리 사회의 학술 활동을 지식 사회학적 관점에서 진지하게 다룬 드문 성과임에는 분명하다.

앞에서 하버마스의 경우를 통해 보았듯이, 이른바 서구에서 나름 진보적 흐름을 대변한다고 평가받는 하버마스의 비판적 사회이론과 민주주의 이론도 생태위기의 문제를 극복하는 데에는 이렇다 할 긍정적 기여를 보여 주지 못하고 있다.

물론 이는 요나스의 경우도 마찬가지이다. 그러나 요나스에게 오류가 있다고 해서 그가 제기한 생태위기의 심각성 그리고 자본주의적 자유민주주의 사회는 그런 심각한 생태위기를 극복할 수 없다는 견해 자체가 오류임을 보여 주는 것은 아니다. 설령 요나스의 사유 실험에 그 나름의 오류나 위험성이 존재한다고 하더라도, 생태위기에 관한 둔감함 혹은 생태위기를 외면하거나 그것에 기껏해야 대증요법적 차원으로 대응하는 태도 또는 기존의 주류적인 윤리 및 정치철학을 옹호하기 위해 요나스의 오류를 활용하는 태도는 금물이다. 그러니까 요나스의 실수를 거울삼아 더 나은 생태친화적 민주주의 사회의 가능성을 모색하지는 않고, 오히려 그런 실수를 동원해 오늘날의 생태파괴적 질서를 비판하는 입에 재갈을 물리고자 하는 시도는 요나스의 실수보다 더 큰 위험성을 안고 있다.

오늘날 생태위기는 요나스가 자신의 지적 실험을 통해 생태 독재 국가에 대해 좀 더 호의적 태도를 보여 주었던 1970년대 말과 비교해서 더욱 심각한 상황이다. 그리고 이런 악화된 상황에 서구의 이른바 자유민주주의 사회가 커다란 책임을 지고 있음은 말할 나위가 없다.

4. 자유민주주의의 위기와 권위주의 정치체제의 유혹

미소 사이의 냉전이 미국의 승리로 종식된 이후 한때 세계인의 이목을 끌었던 후쿠야마의 '역사의 종말' 선언이 얼마나 일면적이고 근시안적이었는지는 이제 명백해졌다. 이른바 미국식 자유민주주의가 인류 역사의 발전에서 대체 불가능한 최고의 정치체제라고 하면서 인류의 역사가 근본적으로 종언 즉 완성에 도달했다고 보았던 헤겔 역사철학의 대중적 표현은 생태위기의 시대에 역사의 쓰레기통 속으로 사라져 버렸다. 아울러 숙의(토의/심의)민주주의 이론의 대표격인 위르겐 하버마스의 사유도 크게 보아서는 생태위기의 시대와 공명하고 있다고 보기 힘들다는 점은 이미 앞에서 강조했다.

신자유주의적 세계화의 시대에 지구 여러 곳에서 서구의 복지국가와 민주주의가 민주주의 위기의 진원지로 떠오르게 되는 것을 오직 자본주의가 초래하는 경제적이고 사회적인 불평등 구조의 탓으로만 돌릴 수는 없다. 하나의 예를 들자면, 난민 유입으로 인해 서유럽 사회에서 극우적 정치세력이 정상적인 정치세력으로 등장하는 등 사회의 여러 방면에서 몸살을 앓고 있는데, 그 난민의 대다수는 지구온난화 등으로 인한 생태위기 때문에 발생한 것이다. 그리고 그런 위기 발생의 책임은 전적으로라고는 말할 수 없으나 대부분 서구의 이른바 북반구에 있다. 그런데 서구 선진사회는 자신들이 만들어 낸 기후 난민의 유입을 전혀 환영하지 않는다. 오히려 이 문제를 둘러싸고 사회적, 정치적 갈등만 증폭되어 간다. 따라서 이런 갈등 상황들은 생태위기에 무관심한 민주주의 사회 그리고 숙의민주주의 이론이 스스로 초래한 부메랑이라고 해도 지나친 말은 아닐 것이다. 오늘날 서구 사회에 등장한 민주주의의 쇠퇴 및 위기는 자연과 인간에 대한 생태적 사유의 부재와 그것을 실천으로 옮길 정치의 부재로 인해 생겨난 끔찍한 결과라는 것이다.

우익과 권위주의적 대중영합주의(포퓰리즘)가 거대한 정치세력으로 등장하여 많은 사람을 유혹하는 현상의 배후에는 바로 서구 자유민주주의의 무능력이 자리하고 있는데, 사람들은 이런 구조적 원인에 대한 적극적인 대안 제시에는 관심 없이 오직 권위주의적이고 극우파적인 정치세력의 불합리한 정치적 행태나 구호만을 비판하기에 급급하다. 그러나 그런 태도는 아주 손쉬운 것이며, 심지어는 무책임하기까지 하다. 그들 자신의 정치적·이론적 무능력과 삼쌍둥이처럼 결합해 있는 생태위기에 관한 무책임이나 무관심은 생각하지도 않은 채 그저 표피적으로 권위주의적 정치세력의 발호를 반대하는 것이 마치 자신들의 존재 이유인 것처럼 내세우고 있기 때문이다.

앞에서 본 것처럼 민주주의는 요즈음 인류사회가 당면한 핵심적 문제에 대해 이렇다 할 창조적 적응력이나 문제 해결 능력을 보여 주지 못한다. 그렇다면 우리는 요나스의 문제 제기, 요컨대 무분별한 욕망의 추구를 절제할 수 있는 권위주의적인 중앙집권적 계획경제 체제가 생태위기의 시대에 더 적합한 희망의 정치일 수 있다는 그의 주장을 비판하는 것만으로 만족해서는 안 된다. 물론 그것이 시대착오적인 발상일 수도 있지만, 그는 이런 위험을 응시할 준비를 하고 있다는 점만으로도 하버마스와는 다르다. 왜냐하면 생태 독재가 초래할 위험은 하버마스나 다른 이론가들이 간과하고 있었던 자연 및 인류 파괴의 위험보다 덜한 것으로 여겨지기 때문이다. 요나스의 실험적 사고는 여전히 생태위기의 심각성을 알리는 경고등으로 이해될 수 있다.

마지막으로 덧붙이자면, 데이비드 런시먼(David Runciman)에 따르면 서구식 자유민주주의는 정체와 마비 상황에 직면해 있다. 20세기 초반에 서구 민주주의는 파시즘이나 나치즘과 같은 체제와의 경쟁에서 승리했을 뿐만 아니라 소련 공산주의 체제와의 경쟁에서도 승리했다. 그러나 기존의 민주주의 국가는 전쟁, 금융, 환경, 경쟁 체제 등의 문제를 해결하는 데 무기력한 모습을 보여 주고 있다. 이 네 가지 근본적 도전 중에서 기후위기에 관해서만 보면, 서구식 자유민주주의는 기후변화를 다루는 여러 조치들을 시행하는 듯하면서도 이를 극복하려는 결정적 조치는 거의 취하지 못했다. 지난 역사의 과정에서 승리한 경험에 취해서 기후위기와의 싸움에서도 승리할 것이라는 과도한 낙관에 빠져 있었던 것이다. 그러나 과거의 도전에서 쟁취한 승리와 성취에만 주목하면 기후변화가 지니는 도전의 질적인 차이를 무시하기 쉽다. 이 때문에 민주주의는 중대한 시점에 요구되는 결단력 있는 조치를 오히려 배제하는 경향을 지닌다.[53]

이처럼 요즈음 자유민주주의 국가는 민주주의의 단점인 "단기주의 및 현실 안주"의 경향이 그 장점인 "적응력 및 실험주의"와의 균형을 상실하고 단점이 압도하는 모습으로 변했다.[54] 이런 맥락에서 런시먼은 "민주주의는 지구 행성의 가장 큰 적이다"라고 말한다. 선거민주주의는 오로지 단기적인 효과를 불러 오는 사안에만 관심이 있을 뿐, 기후변화를 극복하는 데 필요한 ─여러 세대에 걸쳐 있는─ 장기간의 관점을 반영하는 데 무능력하다. 런시먼은 기후변화에 관해 선거민주주의가 보여 주는 무기력과 무능력, 무책임을 극복하여 미래세대의 이해 관심을 적극적으로 대표할 제도적인 보완책을 마련해야 한다고 강조한다. 그가 언급하는 대책은 시민의회(citizens' assemblies)와 시민불복종(civil disobedience)이다.[55]

5. 나가는 말

우리는 생태위기 시대에 민주주의의 위기를 심각한 과제로 삼아야 한다. 이와 관련해 이미 많은 논쟁과 소중한 성과들이 존재한다. 그런데도 인류사회는 여전히 생태위기를 공동으로 대응하는 역량을 보여 주고 있지 못하다. 더 나아가 우리 사회의 상황은 생태 문제와 관련해 너무나 무책임하고 무기력한 모습을 보여 준다. 아니, 무관심이라고 해도 좋을 정도이다. 그렇다고 우리 사회에서 생태 문제를 고민하는 사람이나 이를 극복하려고 애를 쓰는 집단이 존재하지 않았다고 말하는 것은 아니니 오해하지 말았으면 한다. 여하튼 우리 사회가 지구온난화 문제를 비롯한 여러 생태 문제에 대한 감수성이 강한 사회라고 보기는 어렵다는 점 역시 많은 독자도 공감하리

---

53) 데이비드 런시먼, 『자만의 덫에 빠진 민주주의: 제1차 세계대전부터 트럼프까지』(박광호 옮김, 후마니타스, 2018), 373쪽 및 383~388쪽 참조.

54) 같은 책, 408쪽.

55) 데이비드 런시먼, "Democracy is the planet's biggest enemy", Foreign Policy 20 July. https://foreignpolicy.com/2019/07/20/democracy-is-the-plants-biggest-enemy-climate-change/ 검색: 2022.08.25.

라 믿는다. 더 나아가, 이런 상황에서 한 지식인의 글이 무슨 대단한 영향을 줄 것이라고는 생각하지 않는다. 또한 필자 자신의 삶을 돌이켜 보아도 생태 문제에 대한 엄청난 관심을 지녔던 것 같지는 않다. 그런 점에서 이 글은 일종의 자기성찰과 반성의 형태를 띤 것으로 보아야 할 것이다.

민주주의를 소중하게 생각하는 사람의 하나로서, 특히 우리 사회의 민주주의는 미국이나 유럽에서 발전해 온 민주주의를 한갓 모방한 것이 아니라 조선의 유교적 전통 내에 면면히 흐르고 있던 대동 정신이 19세기 중반 이후 본격화된 서구와의 대면을 통해 동학농민전쟁, 독립운동, 분단 후 한국에서의 민주주의 운동으로 전환되는 과정에서 대동적 민주주의로 전환되었다고 보는 사람으로서, 필자는 우리 사회의 생태적 전환과 관련해 희망의 끈을 완전히 놓지 않는다. 대동적 민주주의를 가능하게 한 풀뿌리 저항정신과 일반 사람의 창조적 생명력은 탈규제 자본주의의 민주적 제어를 통한 생태위기를 극복하는 데에 크게 이바지하는 바가 있을 것이라고 믿기 때문이다.

제16장
선진유가와 생명 사상

1. 들어가는 말

오늘날 생태위기는 본격화되고 있다. 그 결과 인간 이외의 다양한 생명체만이 아니라 인간 자체의 멸종 가능성까지 실질적인 문제로 대두되고 있다. 따라서 오늘날 인류사회가 생존을 위해서라도 생명 존중을 중심으로 한 생태주의적 문명사회로의 전환이 불가피한 상황이다. 생태사회로의 문명전환은 사상사적으로 자연과 생명에 대한 존중의 태도를 준비하지 않는다면 제대로 진행될 수 없다. 그런데 자연과 생명의 내재적 가치를 긍정하는 작업은 칸트의 물건과 인격의 이원론의 토대인 기계론적 자연 모델에 대한 비판이 없이는 불가능하다. 오늘날의 생명 위기 및 문명 위기를 극복하기 위해서는 서구 근대의 자연과 인간의 이원적 대립 관계에 대한 새로운 철학적 비판이 요구된다. 토마스 베리(Thomas Berry)가 적절하게 지적했듯이, 인간은 자연과의 관계에서 지나친 인간중심적인 시각으로 인해 생명의 가치를 인식하지 못하는 "자폐증"에 걸려 있다.[1]

자연과 인간의 이원적 대결과 달리 자연과 인간의 조화로운 질서를 긍정하는 동양의 전통적 사유를 우리는 새롭게 검토할 필요가 있다. 동아시아의 생명친화적 사유 전통을 새로운 문명 전환을 위한 사상의 유력한 대화 상대로 삼는 작업은 생태계 위기를 극복하고 새로운 문명 전환의

---

[1] 메리 에블린 터커·존 버스롱 엮음, 『유학사상과 생태학』, 15쪽 참조

사유를 모색하는 데 매우 중요하다. 따라서 오늘날 유교적 생태주의가 생태위기를 극복하는 데 도움을 줄 중요한 사상 전통의 하나라는 점이 많은 공감을 불러일으키는 것은 우연이 아니다. 달리 말하자면, 유가적 생태 사상이야말로 생태위기의 시대에 우리가 한 번쯤 진지하게 숙고해야 할 대화의 상대임이 분명하다. 그래서 메리 에블린 터커(Mary Evelyn Tucker)와 존 버스롱(John Berthrong)은 다음과 같이 주장한다.

> 유교는 최근 활발하게 진행되고 있는 자연과 생태계 보전과 관련해 인간의 역할과 생태윤리에 관한 논의에서 지식적이고 영적인 자원(자료)을 제공할 수 있다. 그것은 다음과 같다. 역동적이고 유기체적인 세계관, 기氣에 대한 역동적 이해, 생명의 광대한 연속성에 대한 존경, 고통받는 사람들에게 대한 사려 깊은 마음, 정의로움과 환경이 계속 보존되는 사회 건설을 위해 기초를 다지려는 노력, 전체론의 강조, 도덕교육의 강조, 상호 연결된 중심이 같은 집단 속에 깊이 새겨진 생명에 대한 인식과 감사 등이다. 이것들은 유교가 생태계와 관련하여 제공할 수 있는 많은 공헌의 일부에 지나지 않는다.[2]

실제로 동양인들의 관념에서 자연을 유기체(organism)로 보는 견해는 매우 강했다. 조지프 니덤(Joseph Needham)에 의하면 중국에는 기계론적 자연관이 존재하지 않았고, 인간과 자연의 관계를 특징짓는 중국인들의 태도는 자연과 인간의 일체에 관한 생각이었다.[3] 천지만물과 인간의 관계를 통일과 조화의 관계에서 이해하는 동양적 자연관은 자연에 대한 서구 근대의 태도와 사뭇 다르다. 동아시아적 전통에서 자연을 정복과 착취의 대상으로 보는 자연관은 발생하지 않았다. 인간과 천지만물 사이의 관계를 공존과 조화로 보는 전통적 사유 방식은 서구 근대의 충격으로 인해 자연과학과 기술을 발달하지 못하게 만든 전근대적인 유물로 비판되기도 했다. 이런 비판적 태도는 오늘날에도 여전히 강력하다. 그러나 서구 근대문명의 문제점이 분명해진

---

2) 같은 책, 15쪽 및 43쪽.
3) 여영시(위잉스), 『동양적 가치의 재발견』, 82쪽 이하 참조.

오늘날, 자연과학과 기술문명을 진보와 문명의 잣대로 보고 동양의 과거를 그에 미치지 못하거나 서구화·근대화 길을 가로막는 무지몽매의 전통이라고 비판하는 자세는 재검토할 필요가 있다.

2. 공자의 생명 사상

그렇다면 유가사상은 오늘날의 생태위기를 극복하는 데 중요한 의미를 지닌다고 하겠다. 이를 밝히기 위해 우선 유가사상에 들어 있는 생태적 사유 방식이 무엇인지를 좀 더 구체적으로 살펴보지 않을 수 없다. 이와 관련하여 두유명은 의미심장하게도 유교의 생태주의적 전환이 21세기 유교의 부흥과 관련해 매우 큰 의미를 지닌다고 강조했다.

두유명에 의하면, 20세기 유가사상 발전에 지대하게 공헌한 여러 사상가들, 말하자면 대만의 전목錢穆, 홍콩의 당군의唐君毅, 중국 본토의 풍우란馬友蘭 등은 한결같이 유가사상이 인류 공동체에 제공할 수 있는 "가장 의미 있는 공헌"으로 천인합일 사상을 강조했다. 이런 유가사상 내에 있는 정신적 자산을 활용하여 그것을 생태주의 방향으로 재해석하는 작업은, 현대 유교적 인문주의의 목소리에 전 인류의 관심을 불러일으킬 수 있도록 보편적 타당성을 부여하려는 시도로 이해된다. 더 나아가 유가사상의 생태주의적 전환 모색은 서구화=현대화라는 인식 틀을 통해 유가사상과 동아시아 전통 자체를 현대화의 장애물로 거부하고 비판하려는 기존의 현대화 방향에 근본적 성찰을 촉구하는 작업이기도 하다.[4]

유가적인 생태주의적 사유 방식으로 이해됨직한 천인합일 사상은 이미 공자와 맹자의 시기에 시작되었다. 생태주의적 사유 방식으로 이어지는 공자와 맹자의 사상을 좀 살펴보자.

---

4) 두유명, 『문명간의 대화: 유교적 인문주의의 현대적 변용에 관한 연구』, 337~378쪽, 특히 337~341쪽.

공자는 곳곳에서 생명을 중시하는 발언을 했다. 예를 들어 『논어』 「술이」 26에서는 "공자께서는 낚시질은 하였지만 그물로는 잡지 않으셨고, 주살질은 하셨으나 밤에 둥지에서 잠자는 새를 쏘지는 않으셨다"라고 하였다. 『예기』 「단궁하檀弓下」에는 공자가 기르던 개가 죽었을 때 보여 준 행위를 기록하고 있는데, 공자는 다음과 같이 말하면서 그 죽은 개를 잘 묻어 주라고 당부했다고 한다. "내가 들으니, 해진 휘장을 버리지 않는 것은 죽은 말을 싸서 묻기 위함이요, 해진 수레의 차일을 버리지 않는 것은 죽은 개를 묻기 위함이라고 했다. 나는 가난해서 수레의 차일이 없으니 덮어 줄 것도 없다. 그 시체를 묻을 때 또한 거적자리를 충분히 덮어 주어서 그 머리가 흙 속에서 빠져나오는 일이 없도록 해라."[5]

위에서 언급한 공자의 사례는 그가 인간 도덕성의 중추로 내세운 어짊이란 오로지 인간을 대상으로만 하는 것이 아니었음을 잘 보여 준다.[6] 주희는 『논어집주』에서 위의 『논어』 「술이」 26에 관해 주석하면서 홍흥조洪興祖의 말을 다음과 같이 인용하고 있다.

홍씨洪氏(홍흥조)가 말하였다. "공자가 젊었을 적에 가난하여 부모의 봉양과 조상의 제사에 바치기 위해 혹 마지못해 낚시질과 주살질을 했으니, 엽각獵較 같은 것이 바로 그것이다. 그러나 큰 그물질로 생물을 모조리 잡거나 잠자는 새를 쏘아 뜻하지 않은 것이 나오는 일은 또한 하지 않았으니, 여기에서 성인聖人의 본심本心을 볼 수 있다. 미물微物을 대함이 이와 같았으니 사람 대하는 것을 알 만하며, 작은 일에 이와 같았으니 큰일을 알 만하다."[7]

주희는 공자의 일화를 인간 이외의 생명체에게도 함부로 해를 가하지 않거나 죽이지 않으려는 마음 즉 '어진 마음'의 중요성을 강조하는 것으로

---

5) 『예기』 상, 371쪽.
6) 유가의 인과 달리 묵가의 겸애는 인간에 대한 사랑으로 한정되어 있다고 한다. 몽배원, 『유가철학, 감정으로 이성을 말하다』(주광호·임병식·홍린 옮김, 예문서원, 2020), 591쪽.
7) 『논어집주』, 142쪽.

독해한다. 그런데 이런 주희의 해석은 맹자의 공자 해석을 이어받고 있다. 『맹자』 「양혜왕상」 7에서 맹자는 군자란 생명체를 함부로 죽이는 마음을 지니지 않기에 동물을 죽여 그 고기를 파는 푸줏간을 멀리한다고 말한다. "군자는 짐승에 대해 살아 있는 것을 보고서 그것이 죽는 것을 차마 보지 못하며, 그것이 죽어가는 소리를 듣고 차마 그 고기를 먹지 못합니다. 그래서 군자는 푸줏간을 멀리합니다."[8] 주희의 해석은 고주古注와도 통하고 일본 에도시기 유학자 이토 진사이(伊藤仁齋)의 그것과도 큰 차이가 없다.[9]

흥미롭게도 이토 진사이와 더불어 에도시기 대표적 유학자로 손꼽히는 오규 소라이(荻生徂徠)는 주희의 해석이 맹자의 그것에서 연원하고 있음을 강조하면서 그것은 전적으로 틀린 것이라고 말한다. 오규 소라이는 주희의 해석이 "차마 하지 못하는 마음"을 인仁으로 보아서 군자는 "푸줏간을 멀리한다"라는 결론을 끌어낸 맹자의 학설에 "미혹"된 결과라고 본다. 주희의 해석은 공자의 인을 불교의 방식으로 보는 데서 나온 잘못된 견해라는 것이다. 그에 따르면 공자가 낚시질과 주살질을 하면서도 그물질과 잠자는 새를 주살질하지 않은 것은 당대의 군자에 어울리는 행동 방식일 뿐이었다. 그러니까, 공자 시대에 그물질이나 잠자는 새를 쏘는 일은 일반 백성에게나 어울리고 군자는 하지 않는 일이었다는 것이다. 따라서 공자의 일화를 보고 동물을 소중히 여기는 생명 존중의 어진 마음을 읽었던 주희의 견해란 완전히 틀린 것이라고 그는 비판한다.[10]

이러한 오규 소라이의 비판에도 불구하고, 주희의 독해 방법은 성리학이 공자의 인 사상을 생태적인 사유로 이어받고 있다는 점을 보여 준다. 그리고 그런 사유가 오늘날에도 그 의미를 상실하지 않고 있음 또한 부인할 수

---

8) 동양고전연구회 역주, 『맹자』, 41쪽.
9) 하안·형병, 『논어주소』 1(정태현·이성민 옮김, 전통문화연구회, 2012), 385쪽; 이토 진사이, 『논어고의』 상(장원철 옮김, 소명출판, 2013), 332쪽.
10) 오규 소라이, 『논어징』 2(이기동 외 옮김, 소명출판, 2010), 135~136쪽. 필자는 오규 소라이의 해석보다는 주희의 해석이 더 공자의 정신에 어울리는 것으로 본다. 오규 소라이의 군자관은 도덕적 의미라기보다는 신분적 지위라는 의미에 한정되어 있다는 점에서 퇴행적이라고 여겨진다.

없다. 앞에서 본 것처럼 공자와 마찬가지로 맹자도 인仁 사상을 인간에게만 한정하지 않는다. 물론 그는 인간과 동물 사이의 차이가 존재하지 않는다고 주장하진 않는다. 주지하듯이 그는 인간과 동물의 차이를 긍정하면서도 다만 그 차이가 아주 작다고 말하는데, 이에 대해서는 별도로 더 살펴볼 것이다. 원보신에 따르면 맹자의 주요한 사상은 세 가지 논변, 즉 사람과 금수의 차이, 왕도와 패도의 차이, 의로움과 이익의 차이를 논변하는 것으로 요약할 수 있다.[11]

인간과 금수의 구별은 서구 근대 사유 구조처럼 인간을 지배자로 그리고 자연을 피지배자로 설정하는 것과는 근본적 차이가 있다. 칸트는 동물에 대한 직접적 의무를 부정하고 단지 동물에 대해 간접적 의무만을 인정하지만, 군자가 푸줏간을 멀리하는 까닭이 단지 사람의 도덕적 본성이 어그러질 것을 염려하기 때문인 것만은 결코 아니다. 동물도 인간과 마찬가지로 소중한 가치가 있는 생명체였기 때문에 맹자는 그들의 고통에 대해 무관심할 수 없었다.

고통받는 존재와의 연대에서 중요한 것은 고통 자체가 잔인성을 표시하는 나쁜 것이기 때문만은 아니다. 이를테면 자본주의 세계 체제 내의 불평등 구조로 인해 고통받는 생명체나 인간의 살려고 몸부림치는 행위(구조적으로 정의롭지 못한 사회 질서에 대한 저항을 포함하여)는 무릇 생명체란 소중하고 존엄한 존재임을 보여 주는 징표이기 때문에 고통 겪는 존재와의 연대가 중요한 것이다. 달리 말하자면, 미물과 같은 생명체도 해를 당하면 살려고 꿈틀거리는데, 이는 그 생명체가 고통을 나쁜 것으로 보고 그것을 피하여 자신의 생명을 보호하려는 태도를 지니고 있음을 보여 준다. 이처럼 살려고 몸부림치는 행위는 자신의 생명을 스스로 보호하고 돌보려는 태도에 뿌리박고 있다. 따라서 고통에 저항하는 모습에 들어 있는 핵심적 사항이 바로 생명 자체가 자기 자신을 소중히 여기는 존재임을 드러내 준다는 점이기에,

---

11) 원보신, 『맹자의 삼변철학』, 2012.

이를 통해 우리는 뭇 생명이 내재적 가치를 지닌 존재임에 주목하지 않으면 안 된다.

자신의 생명을 보살피고 보호하고 소중히 하려는 태도가 아무리 무의식적으로, 혹은 인간이라는 생명체에 비교해 덜 자각적인 형태로 나타난다고 하더라도 그런 태도 자체는 바로 온갖 생명체가 자기목적적 존재임을 보여주기에 부족함이 없다. 위대한 생태철학자인 한스 요나스(H. Jonas)가 적절하게 강조하듯이, 인간만이 아니라 여타 생명 역시 "능동적으로 자기 자신을 원하며 추구하는 목적"적 존재 즉 "자기목적"의 존재이다.[12] 이런 점에서 생명체는 서구 근대의 이원론이 전제하고 있는 것처럼 인간의 목적을 위해 마음대로 쓰일 수 있는 한갓 수단적 의미만을 지니는 데 그칠 수는 없다.

다음 장에서 보게 되겠지만 후대 성리학에서 어진 마음(仁)은 인간을 포함하여 모든 만물이 동등하게 지니는 살려는 뜻, 즉 생의生意로 이해되는데, 이런 사유 방식은 요나스의 자기목적적 존재로서의 생명체라는 규정과 상통한다. 요약해서 말하자면, 공맹의 인仁 사상은 상호의존적 돌봄 행위에 근거하여 인간과 인간 그리고 인간과 자연의 연대와 공생을 지향하는 생태적·사회적 공공성 이론의 모델로 재규정될 수 있다.

선진유가사상에 들어 있는 생명 및 생태 이론의 기본적 의미에 대한 전반적 설명은 이 정도로 해 두고, 이제 공자와 맹자 그리고 여타 텍스트를 중심으로 선진시대의 생태적 사유의 모습을 좀 더 구체적으로 검토해 보자.

우선 『논어』 「자한」 16의 구절인데, 그 내용은 다음과 같다. "공자께서 시냇가에 계시면서 말씀하셨다. '가는 것이 이 물과 같구나. 밤낮을 그치지 않는도다.'" 이 구절은 다양한 해석이 존재하는 매우 쟁점적인 구절이다.

이택후는 이 구절을 "아마도 『논어』 가운데 가장 중요한 철학적 화두"일 것이라고 말했지만,[13] 양백준은 "공자의 이 말은 세월이 빨리 지나가서는

---

12) 한스 요나스 『물질·정신·창조 우주의 기원과 진화에 관한 철학적 성찰』(김종국·소병철 옮김, 철학과현실사, 2007), 50쪽.
13) 이택후, 『논어금독』, 431쪽.

다시 돌아오지 않는 것을 한탄해서 한 말에 불과하며, 다른 깊은 뜻이 있는 것은 아니다'라고 이해한다.[14] 주희의 신주新注에 대비해서 보통 고주古注라 일컬어지는 해석에 따르면, 공자의 흘러가는 물에 대한 말은 다만 역사적인 사건이 흘러가는 것의 덧없음을 한탄한 것이다. "공자께서 시사時事가 이미 지나가서 다시 되돌릴 수 없음을 탄식하신 것이다."[15]

그러나 주희는 다음과 같이 해석한다.

천지天地의 조화造化는 가는 것은 지나가고 오는 것이 이어져서 한순간의 그침도 없으니, 바로 도체道體의 본연本然이다. 그러나 그 지적하여 쉽게 볼 수 있는 것으로는 시냇물의 흐름만한 것이 없다. 그러므로 여기에서 이것을 말씀하여 사람들에게 보여 주셨으니, 배우는 자들이 때때로 성찰하여 공부에 털끝만한 간격도 없게 하고자 하신 것이다.

주희는 이렇게 자신의 해석을 설명한 후 이정의 해석을 소개한다.

정자程子가 말씀하였다. "이는 도체道體이다. 하늘의 운행은 쉼이 없어서, 해가 지면 달이 뜨고 추위가 가면 더위가 오며 물은 흘러 끊임이 없고 물건은 생겨나 다함이 없으니, 모두 도道와 일체一體가 되어 밤낮으로 운행하여 일찍이 그침이 없다. 그러므로 군자는 이를 본받아서 스스로 힘쓰고 쉬지 않으니, 그 지극한 경지에 이르면 순수함이 또한 그침이 없는 것이다." 또 말씀하였다. "한漢나라 이래로 유자儒者들은 모두 이 뜻을 알지 못하였다. 이는 성인의 마음의 순수함이 또한 그침이 없음을 볼 수 있으니, 순수함이 또한 그침이 없음이 바로 천덕天德이다. 천덕이 있어야 왕도王道를 말할 수 있으니, 그 요점은 근독謹獨에 있을 뿐이다."[16]

주희와 정자程子는 공자의 말에서 도체道體를 이해할 수 있다고 보면서, 그 도체의 핵심을 우주의 끝없는 생성 과정, 만물이 탄생하고 지면서도

---

14) 양백준, 『논어역주』, 139쪽 각주 25.
15) 하안·형병, 『논어주소』 1, 80쪽.
16) 『논어집주』, 176쪽.

그 생명 현상이 끝없이 이어지는 모습에서 구한다. 그리고 이런 도체를 도덕적 삶의 근본으로 삼아야 하는 인간은 만물을 낳고 끝없이 이어지도록 하는 생생불식生生不息의 성실함을 본받아서 끊임없이 배움에 힘써야 함을 강조한 것이라고 이해한다. 간단하게 말해 끝없이 흐르는 물은, 인간이 자기 수양을 통해 궁극적으로 하늘의 도(天道)와 일체가 되는 천인합일의 경지에까지 이를 수 있는 도덕적 잠재력의 창조성과 확장 가능성에 대한 믿음을 확신하게 하는 우주론적 근거의 비유적 표현으로 이해된다.

이런 성리학적 해석의 실마리는 이미 맹자에게서 나타난다. 『맹자』 「이루 하」 18의 내용이다.

> 서자徐子가 물었다. "중니仲尼께서 자주 물을 칭찬하시어 '물이여! 물이여!' 하셨는데, 어찌하여 물을 취하셨습니까?" 맹자께서 대답하였다. "근원이 좋은 물이 혼혼混混히 흘러서 밤낮을 그치지 아니하다가 구덩이가 가득 찬 뒤에 전진해서 사해四海에 이르나니, 학문에 근본이 있는 자는 이와 같다. 이 때문에 취하신 것이다. 만일 근본이 없다면 7, 8월 사이에 빗물이 모여서 도랑이 모두 가득해도 그 마르는 것을 서서도 기다릴 수 있다. 그러므로 명성이 실제보다 지나침을 군자는 부끄러워한다."[17]

맹자는 공자가 물을 언급한 것이 학문의 근본에 관해 말한 것이라 강조하고 있다. 그리고 학문의 근본에 이르는 사람은 샘물이 사해에 이르는 것처럼 하늘의 도를 깨닫기에 충분할 것임을 강조하면서, 군자는 무릇 이런 학문에서 이탈하지 말고 성실하게 도를 터득해 갈 것을 권면한다. 필립 아이반호(Philip J. Ivanhoe)가 말하듯이 이런 맹자의 해석은 "어떤 자연현상들을 윤리적으로 선한 사람 혹은 인간의 특정적 탁월성 상징"으로 보는 이해의 표현이다. 달리 말하자면, 이런 비유적 사유는 "인간-자연의 유사함"(human-nature analogues)에 기초한 상징적 사유의 표현이라 할 수 있다는 말이다. 그런데 아이반호는 그런 상징적 표현에서는 자연이 중요한 도덕의 대상으로 되어

---

17) 『맹자집주』, 239~240쪽.

있다고 본다.[18]

인간과 자연의 유사성에 토대를 둔 비유적 사유 방식은 공자나 맹자뿐만 아니라 유가 경전의 곳곳에서 발견할 수 있다. 예를 들어, 수신제가치국평천하修身齊家治國平天下로 널리 알려진 『대학』의 첫 장에 서술되어 있는 팔조목은 개인의 인격 완성을 추구하는 유교적 자기 수양이 근본적으로 고립된 개체 중심의 사유가 아니라 타자와의 다양한 관계 속에서만 비로소 실현될 수 있는 것임을 잘 보여 준다. 그리고 드 배리가 강조하듯이 유교적 자기 수양은 "유기체적인 과정에 근거"한 "비유와 상징들"로 설명된다.[19]

성리학에 이르러서는 자연현상에서 인간의 도덕적 상징을 발견하려는 태도가 전제하고 있는, 자연과 인간의 유사성에 대한 믿음이 좀 더 우주론적 사유의 틀에서 전개된다. 물의 근원이 끝없이 샘솟는 것에서부터 학문의 근원을 바라보았던 맹자의 해석을 이어받은 성리학은 천지만물의 탄생과 소멸 속에서도 한순간의 쉼 없이 지속되는 천지만물의 생명의 역동성과 창조성에 주목한다. 이런 성리학적 해석은 역사적 사건이 물의 흐름처럼 빠르게 생멸해 감을 탄식한 것이라고 본 고주(옛 주석)나 단지 인생의 무상함에 대한 한탄일 뿐이라고 보는 해석과 비교할 때 장점이 있다. 그것은 인간에 대한 새로운 관점을 제공한다. 즉 그것은 인간과 인간의 공동체인 인문 세계를 더 광범위한 생명의 유기체적 상호연결의 망 혹은 관계 내의 일부로 보게 하고, 그 속에서 인간의 도덕적 의무와 책임을 새롭게 숙고하도록 만든다. 그러므로 유가적인 유기적 자연관은 성리학을 통해 세월의 무상함에 대한 자각을 포함하면서도, 그 유한성에 대한 자각을 통해 우주 삼라만상의 생성과 소멸 속에서도 쉼 없이 이어지는 생명의 연속성 및 역사적 사건을 올바로 계승함으로써 인문적 역사 세계의 몰락을 방지할 책임에 함께 참여할 수 있도록 환기해 준다.

---

18) 필립 아이반호, 「원시유교와 환경윤리」, 『유학사상과 생태학』, 139~140쪽.
19) 윌리엄 시어도어 드 배리, 「'사고는 세계적으로, 행동은 지역적으로' 그리고 두 가지 주장의 논쟁적 근거」, 같은 책, 94쪽.

공자의 물에 대한 언급에서 성리학은 한편으로 덧없음에 대한 한탄에서 보듯이 생성소멸의 무한한 반복에 초점을 두어 그런 덧없음의 무상성에 집착하지 않으면서, 또한 변화와 생성의 너머에 그 어떤 무한성이나 불변적인 실체가 있으리라고 생각하지도 않는다. 자연의 생성과 소멸의 지속적 과정 밖에 그 어떤 불변하는 이치나 이성이나 초월적 존재가 있으리라는 생각은 선진유가사상과도 거리가 멀다. 물이 흘러가면서도 쉼 없이 그 흐름이 계속되듯이, 그러니까 봄이 오고 여름과 가을과 겨울을 지나 다시 봄이 오는 사계절의 반복되는 운행이 보여 주듯이, 자연에서의 생명도 반복에 반복을 거듭하면서 비로소 우주적 변화가 통일성과 조화를 이룩하는 것이다. 그러므로 개별 생명이 태어나서 죽고 다시 새로운 생명이 잉태되는 이런 반복에도 불구하고가 아니라, 그런 반복을 통해서만 비로소 생명은 지속하고 자연의 운행도 지속될 수 있으리라는 것이 선진유가와 그것을 계승한 성리학이 본 자연관과 우주관이 아닐까 한다.

그러니까, 성리학이 바라본 것은 무한히 반복되는 생성과 소멸을 통해서만 지속될 수 있는 생명의 위태로움과 그 무한한 창조성에 작용하고 있는 생명의 내적 초월의 힘이었다. 그리고 인간의 도덕성의 근본도 이러한 우주의 창조적 역동성을 본받아서 우주만물의 변화에 참여하여 우주만물이 운행되게 하는 도체와 일체가 됨으로써 천지가 만물을 생성하고 발육하게 하는 과정이 어그러지지 않도록 온 힘을 다해 애쓰는 데 있다고 해석하는 점에서 공자 학설의 뜻을 새로운 차원으로까지 개척했다고 평가받을 만하다.

이런 맥락에서, 천지가 만물을 생성하는 마음이 곧 어짊이며 그런 천지의 마음을 인간의 마음으로 삼는다는 것이 주희의 성리학에서 완성되는 인설仁 說의 핵심이라는 점은 다음 장에서 더 상세하게 설명할 것이다. 더 나아가, 천지가 만물을 잉태하고 탄생하게 하며 이를 잘 자라나도록 천지만물의 조화로운 발육을 돕는 것이 바로 인의 요체라고 보는 것은, 모든 생명이 태어나 잘 자라나도록 돕고 관심을 기울이며 보살피고 배려하는 마음과 다르지 않다는 것이 유가의 인仁에 대한 필자의 기본 견해이다.

따라서 이런 보살핌과 배려의 대상은 자신을 소중히 여기는 자기 배려만이 아니라 타인 그리고 자신이 속한 공동체의 번영에 관한 관심으로, 또 그것을 넘어 뭇 생명과 우주 자연의 지극한 보살핌과 배려로까지 나아가야 한다. 그것은 공동체의 도구화와 개인의 파편화, 자연과 인간의 이분법적 대립으로 인해 초래된 생태위기를 극복할 중요한 사상 중의 하나이다. 유가사상에 대한 이런 생태적 사유로의 해석은 유가사상을 단순히 인본주의의 하나로 보는 인식 경향의 오류를 성찰하는 계기도 마련해 준다.[20]

흘러가는 물을 '가는 것'이라고 해석한, 서逝에 대한 해석을 도체에 연결시킨 것은 『중용』이나 『주역』의 학설이 공자의 이론과 결합해서 생긴 결과이다. 이런 점은 일본의 에도시대 유학자인 오규 소라이도 잘 지적하고 있다. 물론 그는 성리학적 해석이 억측이라고 한다. 그가 보기에 물의 흘러감에 대한 공자의 탄식은 그저 "나이를 되돌릴 수 없음을 한탄하면서 사람들에게 때에 맞게 힘쓰라고 권한 것"이라고 이해되어야 한다.[21] 그런데 중요한 것은, 그가 성리학적 해석을 비판하면서도 그 해석의 유래를 『중용』이나 『주역』의 학설에서 구하고 있다는 점이다. 그의 해석을 들어 보자.

> 송나라의 유학자들에 이르러 이를 도체로 해석하여 '서逝'라는 글자의 뜻을 완전히 상실하였다. 그 사람들은 성리性理를 만들고 정미함을 말하면서 『논어』 가운데서 그러한 뜻을 보고자 하였지만 할 수 없어서 천착하여 그렇게 해석하였을 뿐이다.…… 송나라 유학자의 도체설은 『주역』의 "건은 강건하다"라는 말, 그리고 『중용』의 "지극히 정성스러워 쉼이 없다"라는 말에 근거하고, "정성스러움은 하늘의 도"라는 말을 인용하여 자기의 설로 만든 것이다.[22]

---

20) 유가에서 지향하는 인본주의에 대해서는 "인간중심적이 아니라 인간—우주중심적 (anthropocosmic)"이라고 표현하는 것도 가능할 것 같다. 두웨이밍, 「계몽주의 정신을 넘어서」, 같은 책, 78쪽.
21) 오규 소라이, 『논어징』 2, 270쪽.
22) 같은 책, 270~271쪽.

앞에서 본 것처럼 공자로부터 본격적으로 시작되는 유가사상의 근본정신이라 할 어진 마음은 생명의 신비와 경이로움에 대한 느낌이자 자각에 근거하고 있다고 해도 틀린 말은 아닐 것이다. 물과 같은 자연현상에 대한 깊은 경탄의 본의를 우주 생명의 끝없는 역동성과 창조적 과정에 대한 자각으로 보아서 이를 공자의 어진 마음에 대한 학설과 연결시키는 관점은 공맹의 선진유학에 대한 성리학적 해석임에는 분명하다. 동시에, 이런 해석이 공맹의 뜻과 어긋난다고 보는 것 역시 존중받아야 할 하나의 해석임에는 분명할 터이지만, 성리학적 해석의 창조성이 공맹의 뜻을 거스른다고 볼 필요도 없을 것이다.

우리가 공맹의 사상에 대한 상이한 해석과 이들 사이의 갈등을 해결하고자 할 때 과거처럼 이단 시비를 반복할 필요는 없으리라. 다만 해석의 다양한 갈래들을 그저 동일한 가치를 지니는 것으로 허용하기보다는 어느 해석이 더 적절한 것인지를 두고 논쟁이 이루어져야 할 것이다. 그리고 그런 해석의 갈등이 피비린내 나는 이단 시비로 이어지지 않으려면 역시 공자의 어진 마음을 이어받아 해석 공동체 내의 다름과 차이를 존중하면서도 같음을 찾으려는 구존동이求存同異 및 화이부동의 정신을 잊지 말아야 할 것이다. 그렇지 않고 다름을 비진리로 그리고 다른 해석을 전적으로 틀린 것으로 치부하여 배제하는 것은 잔인성의 표출이라는 점에서 공자의 어진 마음을 배신하는 행위에 불과하다.

물론 우리는 도저히 인정할 수 없는 해석의 갈래에 직면하기도 할 것이고, 그런 경우에는 어떻게 할 것인가 하는 문제에도 직면할 것이다. 그런 상황에서도 학자들의 공동체는 논의와 토론의 가능성 자체를 완전히 배제하지 않아야 할 것이라고 믿는다. 그것이 적어도 토론하고자 하는 마음가짐을 지닌 사람들이 보여 주어야 할 최소한의 학문적 윤리이다. 그러니까, 토론의 개방성을 보여 주는 학설에 대해서는 진리 추구를 스스로 포기하지 않고 있음을 긍정하면서 서로 대화를 통해 배우고 교정하는 가운데 해석 공동체의 번영과 지속성을 유지할 수 있으리라는 것이 공맹의 해석학적 정신의 본의라고 본다. 극단적 경우, 자포자기한 사람처럼 객관적 가치나 진리에 대한 모든 진지한 추구를 냉소하면서 극단적 상대주의로 무장한 학자나, 이미 어느 한 학설이 진리 그 자체라고 여겨서 주문을 외듯 그것만을 반복하는 교조주의적 독단에 휩싸인 사람에 대해서는 침묵하는 것도 필요할 것이다. 그것이 모든 사람의 교화 가능성을 믿는 공맹 정신에 기반한 대화와 토론의 학술 공동체에 대한 참다운 태도라고 여겨진다.

앞에서 본 것처럼 공자로부터 본격적으로 시작되는 유가사상의 근본정신이라 할 어진 마음은 생명의 신비와 경이에 대한 느낌이자 자각에 근거하고 있다. 우주 생명의 끝없는 역동성과 창조적 과정에 대한 자각을 공자의 어진 마음이나 맹자의 측은지심, 물과 같은 자연현상에 대한 깊은 경탄에서 구하려는 것은 공맹 사상에 대한 하나의 해석임에 분명하다. 이런 해석이 공맹의 뜻을 이어받고자 한다는 점, 그리고 그런 문제의식이 나름의 근거가 있다는 것이 필자의 생각이다. 그런 생태적 사유 방식으로 공맹의 사상을 전개하고자 한 성리학적 사유는 오늘날에도 우리에게 커다란 공명을 불러일으킬 만하다고 여겨진다.

3. 맹자의 생명 사상

공자 이후 맹자도 자연을 인간의 도덕적 상징으로 즐겨 사용했다. 『맹자』 「고자하」 11에는 맹자와 백규白圭의 대화가 실려 있는데, 여기에서 맹자는 자연의 순리를 거스르는 치수를 비판한다. 백규가 물을 다스리는 데서는 자신이 우임금보다 우월하다고 말하자 맹자는 다음과 같이 답한다.

당신은 틀렸다. 우임금은 물의 성질에 따라 다스렸기에 사해를 물이 모이는 곳으로 삼았다. 이제 당신은 이웃 나라를 물이 모이는 곳으로 삼고 있다.

물이 역류하는 것을 강수라 하는데, 강수는 곧 홍수이다. (이는) 인한 사람이
싫어하는 것이니, 당신이 틀렸다.[23]

백규에 대한 맹자의 비판에 따르면, 우임금의 탁월성은 그가 물의 본성에
거스르는 방식으로 물을 대하지 않았다는 데 기인한다. 이는 위대한 통치가
어떠해야만 하는지에 대한 교훈을 알리는 데 그치지 않는다. 우임금의
치수 방식의 위대성에 대한 맹자의 칭찬은 자연을 대할 때 인간이 어떠해야
하는지에 대한 가르침으로도 충분히 해석할 수 있기 때문이다. 자연과의
관계에서 사람이 어짊을 잃지 않고 그것을 실현하고자 하는 것이, 자연을
마냥 야생 그대로 두는 것을 긍정하는 것은 아니다. 인간과 자연의 관계가
조화로움과 균형을 잃지 않는 것이 더 중요하기 때문에, 자연에 대한 인간의
현명한 개입까지도 맹자가 거부하는 것은 아니라고 할 수 있다. 그래서
맹자의 자연에 대한 인간의 태도는, 야생을 있는 그대로 두기만 하라는
것도 아니요 마음대로 착취하고 사용할 물건으로 대하라는 것도 아니다.
적어도 맹자에게는 그렇다.

자연에 대한 인간의 태도에서 나타나는 이런 중용의 길은 『맹자』 「등문공
상」 5에서 요임금 시절을 설명할 때도 잘 드러난다. 그곳에서 맹자는
자연을 그대로 방치하면 인간과 자연의 관계가 어긋날 수 있음을 강조한다.
이를테면, 홍수가 나서 천하를 어지럽게 할 수도 있고 동물의 개체 수가
과도하게 늘어나 동물이 인간에게 해를 가할 수도 있다고 말한다. 이런
상황에서 요임금과 순임금이 어떻게 정치를 펼쳤는지를 설명하는데, 이에
따르면 산에 불을 질러 금수가 도망가게 했다고 한다. 그러니까, 동물이
인간세계에 과도하게 개입하여 해를 가하는 것에 대해서도 역시 반대했던
것이다. 또 우임금은 물을 다스려서 사람이 곡식을 잘 기를 수 있도록
했다고 강조한다.

---

23) 동양고전연구회 역주, 『맹자』, 423쪽.

요堯의 때를 당하여, 천하가 아직도 평정되지 못해서 홍수洪水가 멋대로 천하에 범람하여 초목이 번창하고 무성하며 금수가 번식하였다. 오곡五穀이 성숙하지 못하고 금수가 사람을 핍박했으며 짐승의 발자국과 새 발자국의 길(흔적)이 중국中國에 교차하거늘 요가 홀로 이를 걱정하시어 순임금으로 하여금 다스림을 펴게 하시니, 순이 익益으로 하여금 불을 맡게 하시자 익이 산택山澤에 불을 질러 태움에 금수가 도망하여 숨었다. 우왕禹王이 구하九河를 소통하고 제수와 사수를 소통하여 바다로 주입하시며 여수汝水와 한수漢水를 트고 회수淮水와 사수泗水를 배수하여 강으로 주입하시니, 그런 뒤에 중국이 곡식을 먹을 수가 있었다. 이때를 당하여 우왕이 8년 동안 밖에 있으면서 세 번이나 집의 문 앞을 지나면서도 들어가지 못하셨으니, 비록 밭 갈고자 하나 될 수 있었겠는가.24)

우임금의 치수에 관한 설명은 맹자가 다른 곳에서도 활용하는 예이다. 그는 『맹자』「이루하」 26에서 "지혜로움을 미워하는 까닭은 그것이 천착하기 때문"이라고 하면서 "만일 지혜로운 자가 우임금이 물을 흘러가게 하듯이 한다면 지혜를 미워할 까닭이 없을 것"이라고 말한다.25) 여기에서도 맹자는 인위적으로 물의 본성에 거슬러 물을 지배하려는 태도를 비판하면서 홍수범람과 같은 문제를 해결하기 위해 물을 그 본성의 자연스러움에 따라 다스리는 우임금의 치수 방법이 바로 참다운 지혜라고 칭찬한다.

그리고 참다운 지혜가 아니라서 비판의 대상이 되는 지혜는 대상에 대해 "천착穿鑿"하는 앎이라고 말한다. 흔히 '천착'은 사전적으로 긍정적 의미와 부정적 의미 모두를 지닌다. 그것은 "어떤 원인이나 내용 따위를 따지고 파고들어 알려고 하거나 연구함"의 뜻을 지닌다는 점에서 긍정적으로 사용되기도 하지만, "억지로 이치에 닿지 아니한 말을 함"을 뜻하기도 한다.26) 후자의 경우는 부정적 의미가 강하다. 선행 연구에 따르면 전통 한학에서

---

24) 같은 책, 185쪽.
25) 『맹자집주』, 249쪽.
26) 네이버 국어사전. https://ko.dict.naver.com/#/main. 2022년 9월 22일 검색.

천착이라는 단어는 '구멍이 없는 곳에 억지로 구멍을 내듯 탐구하는 것'이라는 뜻으로 쓰이고 있어서, 보통은 '그래야 할까 싶은 것까지 굳이 파고들어 건드린다'라는 부정적 의미가 강했다고 한다.[27]

요·순·우 같은 맹자가 거론하는 이상적 통치자는 정치가 단지 인간만의 이익을 고려하는 것이 아니라 인간과 천지만물 혹은 동물이나 물과 같은 자연과도 올바른 관계를 형성하는 일에 관련되어 있음을 보여 준다. 물론 이런 이상적인 통치자들, 즉 요·순·우 같은 성왕들은 모두 유가적 문명주의의 특색을 고스란히 보여 준다. 이들 성왕은 예약과 제도를 창시하여 인간들에게 번영을 가져다준 인물로 칭송되고 있기 때문이다. 그러나 유가적 문명주의가 인간중심주의인가는 인간중심주의를 어떻게 정의하는가에 달려 있다. 우선 유가적 문명주의가 무엇인지를 좀 살펴보고 나서 공맹의 유가사상과 인간중심주의 사이의 관계에 대해 다루어 보자.

유가적 문명주의는 앞에서 언급한 유가적인 위대한 성인들의 문화 창조에 대한 찬양에서도 드러난다. 그리고 이는 맹자의 인간과 금수의 차이에 대한 논변과도 연결되어 있다. 아까 말했듯이 이 문제를 해결하려면 인간중심주의라는 개념을 명료하게 해야 한다. 우선, 유가적 문명주의는 서구 근대의 과학기술문명과 결합되어 있는 인간중심주의와는 질적으로 다르다. 후자는 인간만을 내재적 가치를 지니는 유일한 존재로 보고 그 외의 모든 존재는 인간의 이익을 위한 수단이라고 보지만, 이런 인간중심주의와 유교적 문명주의는 동일시될 수 없다. 바로 뒤에서 살펴보게 되겠지만, 요순 성왕의 도는 『중용』과 『주역』을 통해 우주만물의 생생生生과 천지만물의 화육化育을 인간과 정치공동체가 실현해야 할 궁극적 이상으로 보고 있다.

---

27) 배병삼, 『맹자, 마음의 정치학』 2, 334쪽 각주 148. 물론 우임금의 치수를 빗대어 말하는 내용은 인간의 본성에 관련된 것이기도 하다. 그리고 이 인용된 구절의 바로 앞과 뒤에 함께 있는 맹자의 주장은 학자들 사이에서 다양하게 해석되고 논쟁이 되는 부분이다. 특히 "天下之言性也, 則故而已矣, 故者以利爲本" 중에서 故와 利를 어떻게 이해할 것인가를 두고 의견이 분분하다. 「이루하」 26장을 둘러싼 4가지 해석의 가능성과 그 각각의 장단점에 대해서는 쾅로이슌, 『맨얼굴의 맹자』, 358~368쪽 참조 바람.

앞에서 설명한 요와 순, 그리고 우임금의 치세에 관한 맹자의 설명도 만물의 화육에 관한 생각과 상통한다. 이미 이들 성왕의 위대한 정치에는 인간과 자연의 조화로운 관계에 대한 지향이 은연중에 들어 있기 때문이다. 그리고 우주만물의 생생과 화육에 관한 관심은 사실상 천지만물 일체를 어짊으로 보는 후대 성리학의 생태적 사유 방식으로 이어진다.[28]

위대한 성왕의 정치에 대한 맹자의 사상은 그의 인간과 금수의 차이에 관한 생각과 밀접하게 연결되어 있다. 『맹자』 「이루하」 19에 따르면 "사람이 금수禽獸와 다른 점이 얼마 되지 않으니, 보통사람들은 이것을 버리고 군자는 이것을 보존한다. 순임금은 여러 사물의 이치에 밝으며 인륜을 잘 살폈다"[29]라고 한다. 인간과 금수의 차이는 아주 미세하지만 인의仁義의 관점에서

---

28) 공자와 맹자만이 아니라 순자 또한 선진유가사상의 대표적인 인물 중의 하나이다. 그의 사상도 생태적 사상으로 분류할 수 있을지는 회의적이지만, 아이반호는 순자에게서 환경윤리를 발견할 수 있다고 본다. 필립 아이반호, 「원시유교와 환경윤리」, 142쪽. 아마도 순자 사상에서는 화석연료에 기반한 자본주의 문명과 같은 일방적이고 무분별한 자연의 착취나 정복이 없으며 순자 역시 자연과 인간의 적절한 수준에서의 균형과 조화에 바탕을 둔 인문 세계를 지향한다는 점에서 순자의 환경윤리를 언급할 가능성도 존재한다. 이런 점에서 아이반호는 순자의 인간중심주의를 "약한 의미에서의 윤리적으로 인간중심적"이라고 한다. 그리고 맹자 역시 순자와 다르지 않다는 것이다. 같은 책, 143쪽. 그러나 순자에게는 하늘과 인간 사이의 분리 의식이 뚜렷하여, 인간과 자연의 조화조차도 인간에게 이로움을 주기에 바람직하다는 관점이 더 강한 것으로 여겨진다. 따라서 순자의 생각은 맹자보다 더 인간중심적 사유로 기울어져 있는 듯하다. 이를테면, 『순자』 「왕제」에서는 지구상의 모든 존재가 기운을 지니지만 식물은 오로지 생명이 있고 지각은 없으며 동물은 지각이 있지만 의로움이 없는 데 비해 인간만이 의로움을 가진다고 말한다. "물과 불은 기운은 있으나 생명이 없고, 풀과 나무는 생명은 있으나 지각이 없고, 새와 짐승은 지각은 있으나 의로움(義)은 없다. 사람은 기운도 있고 생명도 있고 지각도 있고 의로움도 있다. 그래서 천하에 가장 존귀한 것이다. 힘은 소만 못하고 달리기는 말만 못한데 소와 말은 어째서 사람에게 부림을 받는가? 그것은 사람들은 여럿이 힘을 합쳐 모여 살 수 있으나 소와 말은 여럿이 힘을 합쳐 모여 살 수 없기 때문이다. 사람은 어떻게 여럿이 힘을 합쳐 모여 살 수 있는가? 분별이 있기 때문이다. 그 분별은 어떻게 존재할 수 있는가? 의로움이 있기 때문이다. 그러므로 의로움으로써 사람들을 분별 지으면 화합하고, 화합하면 하나로 뭉치고, 하나로 뭉치면 힘이 많아지고, 힘이 많으면 강해지고, 강하면 만물을 이겨낼 수 있다. 따라서 사람들은 집을 짓고 살 수가 있다. 사철의 질서를 따라 만물을 성장케 하여 온 천하를 함께 이롭게 하는 것은 다름 아니라 바로 분별과 의로움을 지니고 있기 때문이다." 또한 순자는 하늘(자연)을 잘 이용하여 인간에게 이로움을 가져다주는 역할을 행하는 것이 성인이 하는 바라고 강조한다. 『순자』, 286쪽 및 563쪽 참조.
29) 동양고전연구회 역주, 『맹자』, 283쪽.

보면 결코 작다고 할 수 없다는 뜻일 터이다. 맹자는 이런 인간의 심성이 본래 선하고, 그런 점에서는 인간이 모두 요순과 동류라고 생각했다. 즉 "인성의 선함은 물이 (자연스럽게) 아래로 흐르는 것과 같으니", "성인은 나와 같은 부류이다."

물론 인간은 본성상 선해서 모두 다 인의예지와 같은 도덕적 잠재력을 지니고 있음에도 불구하고 환경에 따라 그러한 인간의 도덕적 심성이 잘 발현될 수도 있고 그렇지 않을 수도 있다. 즉 사람은 "외부의 힘"에 의해 선하지 않게 될 수도 있는 것이다. 그러므로 인간의 도덕적 잠재력의 발양과 실현을 위해 서로 관계를 맺고 이상적 사회를 건설하려는 노력이 필요한데, 이런 길에서 바로 먼저 도덕성을 깨달은 선각자 혹은 성인의 도움이 필요하다고 맹자는 말한다.[30] 이런 주장은 우주 내에서의 인간의 역량과 역할이 고귀하고 특별하다는 점을 보여 준다. 주희의 말로 표현하자면, 맹자는 사람과 금수의 다른 점을 "텅 비고 신령스럽고 맑아서 온갖 이치가 다 구비되어 있는" 인간의 마음에서 구하고 있다.[31]

그러나 맹자는 인간의 탁월함과 고귀함을 강조하면서도 "하늘이 만물을 낼 적에 근본을 하나로 했다"[32]라고 했는데, 이때의 만물을 굳이 모든 인간이라는 의미로 한정해서 볼 필요는 없다. 어차피 맹자는 평천하의 이상을 자연에 대한 보살핌과 배려의 마음으로까지 확장하고 있기 때문이다. 『맹자』「진심상」 45에 따르면 "군자는 만물(금수초목)을 아끼지만 인자하게 대하지는 않고, 백성들에게는 인자하게 대하지만 친애하지는 않는다"라고 했다. 달리 말하자면, 군자는 "친지를 친애하고서 백성들을 인자하게 대하며, 백성들을 인자하게 대하고서 만물을 아낀다."[33]

맹자는 사단四端과 같은 인간의 도덕적 마음을 인간이 동물과 구별되는 궁극적 근거인 인간의 고유한 본성으로 보면서, 그런 인간의 도덕적 본성을

---

30) 같은 책, 375쪽 및 383~385쪽.
31) 주희, 『대학혹문』; 『대학』, 176쪽.
32) 동양고전연구회 역주, 『맹자』, 193쪽, 「등문공상」.
33) 같은 책, 463쪽.

궁극의 경지에 이르기까지 다 발휘한다면 "하늘을 알게 된다"라고 말한다.[34] 즉 인간의 도덕성을 궁극에 이르는 차원으로 밀고 나가면 우주의 보편적 원리까지도 파악할 수 있다는 것이다. 그리고 이런 경지는 원리적으로 볼 때 모든 사람이 다 이룰 수 있다. 그래서 맹자는 "만물이 모두 나에게 갖추어져 있다"라고 말한다.[35] 다만 이런 가능성의 실현이 우선은 군자에게 맡겨져 있으며, 맹자는 군자의 교화 능력이 미치는 데에는 한계가 없다고 본다. 그래서 군자의 교화를 통해 "상하가 천지와 더불어 함께 흐른다"라고 맹자는 말한다.[36]

이처럼 맹자에게서도 사람과 천지만물이 함께할 수 있는 근거는 사람의 도덕적 본성의 실현과 연관해서 이해되고 있다. 인간의 도덕성은 인간을 동물과 다르게 만드는 것이면서도 그것은 결코 인간과 인간의 관계에만 한정된 것이 아니라 자연과의 관계로까지 미루어 확장되어야 하며, 그럴 때에만 비로소 인간의 도덕성이 온전하게 실현되었다고 할 수 있다고 맹자는 이해한다. 이런 해석이 틀리지 않는다면 주희가 『대학혹문』에서 『대학』 첫머리에 등장하는 이른바 삼강령三綱領, 즉 명명덕明明德·신민新民·지어지 선止於至善의 뜻을 상세히 설명해 달라는 요청에 답하는 과정에서 명명덕을 천지의 화육 및 인간과 금수의 차이와 관련지어 설명했던 것도 자의적인 것이라고는 볼 수 없다.[37]

물론 "친지를 친애하고서 백성들을 인자하게 대하며, 백성들을 인자하게 대하고서 만물을 아낀다"라는 맹자의 주장은 유가의 전형적인 사랑의 차등을 강조하고 있지만, 그렇다고 이런 차등差等 있는 사랑이나 관심이 모든 만물에 대한 평등의 이상을 거부하지 않음을 알아야 한다. 우리는 모든 만물의 평등에 대한 긍정에도 불구하고 사랑이나 보살핌에서 차등을 둘 수 있음을

---

34) 『맹자집주』, 373쪽, 「진심상」 1.
35) 같은 책, 376쪽, 「진심상」 4.
36) 같은 책, 382쪽, 「진심상」 13.
37) 박완식 편저, 『대학, 대학혹문, 대학강어』, 241쪽.

인정하는 법을 배워야 한다. 그렇지 않으면 우리는 모든 사람이나 동물이나 여타 존재를 다 낯선 존재로 대우하는 것을 마치 만물을 평등하게 대우하는 유일한 길로 생각하는 오류에 빠지게 된다.

우리는 사랑하는 연인이 자신에게 매우 특별한 존재임을 느끼고 상대방에게 무한한 관심과 애정을 보이면서 뿌듯함과 행복을 느끼지만, 그런 연인에 대한 우선적인 배려나 관심이나 애착이 반드시 타인의 인격적 존엄성을 무시하는 것이라고 보는 사람은 없을 것이다. 모든 경계를 타파하는 것만이 세계시민주의로 나가는 길이라고 생각하는 타성이야말로 세계시민주의 이상을 배반하는 것으로 귀결될 수 있음도 알아야 한다는 말이다.

이상에서 살펴본 것처럼 고통받는 생명체와 연대하고 이를 돌보려는 마음가짐인 어짊은 공맹에게서조차 단지 개인의 윤리적 차원이나 친밀한 가족 혹은 친족 영역에만 한정된 것이 아니다. 이런 친밀한 관계에서 성공적으로 체험하는 상호 연대와 협력의 관계를 바탕으로 해서 이웃과 인류 전체 그리고 생명체와 자연 전체에 대한 애정 어린 보살핌과 배려를 키우려는 것이 유가사상 본연의 모습이다. 그러니까, 인간과 비인간 생명체의 생존과 번영이 타자와의 성공적 관계에 의존해 있듯이 돌봄이 필요한 존재에게 보편적인 돌봄을 제공하라는 공동체의 요구는 유가사상의 입장에서 보면 자연스럽다.

그러므로 공맹의 인정仁政 이념은 우리가 모두 돌봄을 받아야 하는 취약한 생명체로 서로 의존하고 있다는 사태의 자각에 뿌리를 두고 있다. 그리하여 공동의 돌봄 실천을 보장하는 사회의 기본 구조를 형성하고 그것의 안정적인 재생산에 관여하는 돌봄의 정치 즉 인정仁政은 우리 인간만이 아니라 생명체 전반의 생존과 번영을 책임지고 돌보는 행위이다. 이런 점에서 공자와 맹자의 사상은 『중용』과 『주역』의 사상과 연결되어 있다고 볼 충분한 근거가 마련된 셈이다.

4. 『중용』에서의 생명 사상

이제 『중용』과 『주역』에서의 생명 사상에 대해 차례로 검토해 보자. 공자와 맹자 사상에 들어 있는 생태적 요소에 관한 종합적 인식을 위해서는 『중용』과 『주역』의 사상에도 주목해야 한다. 김세정에 따르면 선진유학에 들어있는 유가적 생태철학의 맹아에는 두 갈래가 있다. 하나는 공자와 맹자의 '천인합일' 이론이고, 다른 하나는 『중용』과 『주역』의 "유기체적 생태" 이론이다.[38] 거칠게 요약하자면, 공맹의 유학은 인간중심주의적 요소로 해석될 부분도 많이 있지만 사회생태주의적 요소를 포함하고 있는데 이와 달리 『중용』과 『주역』의 유학은 생명평등주의와 심층생태주의와 유사한 요소를 함유한다고 김세정은 주장한다.[39]

우선 필자는 김세정의 연구가 한국의 유가적 생태철학 연구에서 매우 귀중한 성과로 평가받아야 한다고 생각한다. 필자는 그의 연구에서 배운 바가 많다. 그리고 여기에서는 공맹 유학과 『중용』 및 『주역』의 사상을 별개의 것이라 바라보는 관점이 타당한지를 상세하게 논하지 않겠다. 이 두 갈래의 사유에 일정 정도 차이가 있음을 부인하기는 힘들다고 본다. 다만 공맹 유학과 『중용』 및 『주역』의 사상을 생태적 사유와 관련해 별개의 흐름으로 구분하는 시도에 대해 두 가지만 언급하고 싶다.

첫째, 공맹 유학은 사회생태주의적 사유 흐름에 상응하고 『중용』과 『주역』의 사상은 심층생태주의나 생명평등주의와 친화적이라는 점은, 이 둘 사이의 차이점을 드러내는 데서 장점도 있으나 지나치게 도식적이라는 문제점도 있다. 예를 들어, 『중용』 22장에서 보듯이 『중용』도 여타 생명체에 비해 인간이 도덕적으로 탁월함을 긍정하고 있으며 우주와 자연 내에서의

---

38) 이하에서는 『주역』이라는 저서의 경우 『 』 속에 넣어 표기하고 그렇지 않고 역의 세계관을 표현할 때에는 '역' 또는 '주역'이라는 단어로 표기한다. 선행 연구에 따르면 '易'이라는 말은 복합적이고 중층적인 의미를 지닌다고 한다. 이 말의 뜻은 ① 『주역』이라는 저서, ② 易占 내지 卜筮, ③ 음양·팔괘 등에 근거한 수적 세계관인 '易數'의 세 가지로 요약된다는 것이다. 미우라 구니오, 『주자와 기 그리고 몸』, 132쪽 주석 1 참조.
39) 김세정, 『돌봄과 공생의 유가 생태철학』(소나무, 2017), 제2부, 특히 150～151쪽.

인간의 우수성을 강조한다.

둘째, 김세정이 분류한 선진유학의 두 갈래 사유가 생태적 사유의 틀과 관련해 상이하다 하더라도 『중용』과 『주역』의 사상을 공맹 사상의 연속성으로 바라보는 태도도 필요하다고 여겨진다. 상이성과 아울러 연속성의 측면도 눈여겨보아야 한다는 것이다. 그래서 앞 절에서 필자는 공자와 맹자의 사상, 특히 『논어』와 『맹자』에서 드러난 사상이 『중용』과 『주역』 사상과 연결될 수 있는 지점을 의식적으로 강조해 보고자 했다. 『논어』와 『맹자』의 생태적 사유와 『중용』과 『주역』의 생태적 사유를 함께 보아야 공맹의 생태적 사유의 참모습이 제대로 드러날 것으로 생각하기 때문이다.

『중용』은 공자의 손자 자사의 저작으로 알려져 있고 맹자의 사상으로 이어진다. 이미 사마천은 『중용』의 저자가 자사라고 했으며 순자도 자사와 맹자를 한데 묶어 다루고 있다.[40] 이후 북송의 이정(정호와 정이)과 주희도 이런 관점을 이어받았다. 그러나 『중용』이라는 저작이 언제 누구에 의해 이루어졌는지를 둘러싸고 여러 설이 존재한다. 특히 송대 이후부터 청나라에 이르기까지 『중용』의 저자는 자사가 아니라는 학자들이 많이 등장했다. 그래서 풍우란도 『중용』에 등장하는 명命, 성性, 성誠, 명明 등에 대한 논의가 맹자의 그것에 비교해 매우 상세하고 명확하기에 맹자의 학설을 발전시킨 것이라 보는 것이 좋을 듯하다는 견해를 표했다. 그는 『중용』이 진한 무렵의 맹자 유파에 속하는 유자들에 의해 만들어진 저서라고 추측한다.[41]

대만 학자 양조한도 풍우란과 비슷한 견해를 내세운다. 그에 따르면, 『중용』의 작성 연대는 『맹자』 이후로서 전국시대 말기에서 진한 성립 시기에 자사와 맹자 일파의 유학자가 만든 저서로 보아야 마땅하다. 이때 양조한은 『중용』의 작성 연대가 맹자 이후라고 볼 뿐, 그 사상의 연원은 증자와 자사일 것이라고 추측한다.[42] 그러나 1970년대 이후 본격적으로 발굴된 고문헌들로

---

40) 오늘날 우리가 접하는 『중용』의 저자 문제와 그 내용, 그리고 맹자와의 관계에 대해서는 풍우란, 『중국 철학사』 상, 585~596쪽 참조 바람.
41) 같은 책, 585쪽.
42) 양조한, 『중용철학』, 26쪽 및 53쪽 각주 6.

인해 『중용』의 저자가 자사라는 관점이 오늘날에는 꽤 설득력 있는 정설로 받아들여지고 있다.[43)]

『중용』 1장에서는 인간이 하늘로부터 부여받은 도덕 본성을 제대로 수양하여 이를 실현하는 일은 바로 도체의 구체적인 발현으로서 천지의 도가 유행하는 것, 즉 천지만물의 화육을 이루는 것임을 강조한다. 즉, 인간에 내재된 도덕 본성을 실현하여 천지화육에 참여함으로써 천도를 구현하는 일이 인간이 우주 내에서 차지하는 궁극적 사명이라는 것이다.

> 기뻐하고 노하고 슬퍼하고 즐거워하는 정情이 발發하지 않은 것을 중中이라 이르고, 발하여 모두 절도節度에 맞는 것을 화和라 이르니, 중이란 것은 천하의 큰 근본이요 화란 것은 천하의 공통된 도道이다. 중과 화를 지극히 하면 천지가 제자리를 편안히 하고 만물이 잘 생육生育될 것이다.[44)]

『중용』에서 인간의 도덕적 본성을 천도 혹은 도의 본체와 연관 지어 해명하는 일은 유가사상에서의 일대 진전을 보여 준다고 평가받는다. 주지하듯이 증자는 공자의 학문의 요체를 충서忠恕로 보았다. 그리고 충서를 방법으로 삼아 도덕성의 근원인 어짊을 가까운 데에서부터 자각적으로 실천함으로써 궁극적으로는 천하 만민과 온갖 사물에 이르는 것이라는 점은 맹자의 친친·애인·애물의 사상에서도 드러난다. 또한 맹자는 다음과 같이 말한다.

> 만물이 모두 나에게 갖추어져 있으니, 몸에 돌이켜 보아 성실하면 즐거움이 이보다 더 클 수 없고, 서恕를 힘써서 행하면 인仁을 구함이 이보다 가까울 수 없다.[45)]

---

43) 동양고전연구회 역주, 『중용』(민음사, 2016), 12~15쪽, 「해제」(고재욱) 참조. 『중용』의 저자와 그 성립 시기에 대한 다양한 학설 및 20세기 후반에 출토된 문헌의 의미 등에 관한 좀 더 상세한 연구로는 김용옥, 『중용 한글 역주』(통나무, 2011) 참조 바람. 『중용』의 저자가 누구인지, 그 작성 시기는 언제인지에 관한 여러 학설을 소개하고 비판한 글로는 양조한의 것도 매우 유용하다. 양조한, 『중용철학』, 제1장 참조 바람.
44) 에도시대 유학자 이토 진사이에 따르면, 이 부분은 『중용』의 본문이 아니라 옛 『악경』에서 떨어져 나온 조각 글이다. 이토 진사이, 『대학정본·중용발휘』(최경열 옮김, 그린비, 2017), 82쪽.

그러나 『논어』와 『맹자』의 저서에 담긴 도덕 이론에는 어떻게 인간의 도덕적 성품이 만물과 소통할 수 있는지에 대한 이론적 성찰과 그 존재론적·도덕적 근거가 그리 명확하게 제시되어 있지 않다. 이런 부분을 체계적으로 해명함으로써 공맹의 이론을 한 단계 더 진전하게 한 사상이 바로 『중용』 및 『주역』의 사상이라고 보아도 좋을 것이다.

주희는 『중용』 1장에서 나오는 "중中과 화和를 지극히 하면 천지가 제자리를 편안히 하고 만물이 잘 생육될 것"이라는 부분을 "천지와 만물이 본래 나와 일체─體이다. 그리하여 나의 마음이 바르면 천지의 마음이 또한 바르고, 나의 기운이 순하면 천지의 기운이 또한 순하다'라고 주석한다.[46] 그러니까, 인간의 도덕적 실천의 지향은 천도가 유행하는 바에 참여하여 하늘로부터 부여받은 도덕성을 실현하고 아울러 천지만물의 끝없는 생명 활동의 의미를 드러내는 데 있다는 말이다. 인간이 우주 내에서 차지하는 지위에서 비롯되는 인간의 근본 사명은 만물의 약동하는 창조적인 생명 과정을 도와서 그것이 어그러지지 않게 애쓰는 데 있다.

이처럼 『중용』은 하늘로부터 받은 인간의 본성이 우주만물이 생생불이生生不已하는 궁극적 이치인 도체로서의 천명 혹은 천도와 다르지 않다는 본성에 대한 새로운 시각을 보여 준다. 이런 새로운 본성론, 그러니까 천도와 인도의 합일에서 천지만물의 화육의 가능성을 확보하려는 시각은, 인仁에 대한 인식을 우주만물이 끝없이 약동하는 생명의 창조과정 전체에 관한 관심의 틀로 새롭게 바라보게 한다. 그리하여 인仁 또한 우주만물의 끝없는 생명 과정의 근원적 역동성과 창조적 힘이며 이런 생명의 역동적 과정에 참여하여 만물의 생명을 마음을 다해 보살피고 길러서 그것이 번성할 수 있도록 도와주는 행위로 재해석된다. 후대 성리학의 통찰로 표현하자면, 인仁이란 천지만물이 한 몸임을 자각하고 이를 온몸으로 체현하는 것을 뜻한다.

이런 유가적인 인仁 사상을 필자는 뭇 생명이 서로 의존해 있다는 점에서

---

45) 『맹자집주』, 376쪽, 「진심상」.
46) 『대학·중용집주』, 62쪽.

위태로움(해를 당할 가능성)과 자신의 생명을 잘 유지하고 잠재력을 제대로 발휘할 적극적 가능성이라는 이중적 사태를 반영하고 있는 보살핌과 배려의 마음가짐과 활동으로 이해하고자 한다. 생명체(특히 고등생명체)가 타자의존적이면서도 역설적이게도 그런 의존성을 매개로 자기를 유지하고자 하는 이중적 존재라는 점은 주지의 사실이다. 예를 들어 식물도 광합성작용을 통해 태양에너지를 자신의 것으로 동화시키지 않으면 지속될 수 없고 동물과 인간은 아예 비유기체적인 공기나 물 없이는 생존할 수 없으며, 다른 생명체를 먹어서 소화시켜 자신의 것으로 동화·흡수하지 않는 한 지속될 수 없는 모순적 존재이다. 더 나아가 식물, 동물, 인간과 같은 유한한 존재들은 죽을 수밖에 없다. 이것이 생명의 본질이다. 생명체가 죽는다는 것은 그 본질을 구성하는 것이다.[47)]

생명의 양가성으로 인해 온갖 폭력과 잔인성이 잉태될 수도 있지만, 이런 생명의 양가성에는 축복의 측면도 있다. 생명체는 타자에 의존하여 자신을 유지하려는 존재이기에, 자신을 이루는 타자에게 폭력을 가하는 것은 바로 자신에게 폭력을 가하는 것이 된다. 그렇지만 인간이 보여 주듯이 생명체가 단순한 상태에서 복잡한 상태로 진화하면서 그 생명체의 독자적 행위 역량 또한 강화된다. 그런 강화된 행위 역량에도 불구하고 생명체로서의 인간은 결국 자신을 가능하게 하는 동시에 자신의 파멸을 초래할 수도 있는 타자의존적 관계로부터 벗어날 수 없다. 이런 생명의 이중성과 양극성을 주희는 인간 마음의 이중성, 즉 인심人心과 도심道心의 관계로 보았다.

---

47) 프리초프 카프라(Fritjof Capra)는, 죽음은 생명의 반대가 아니라 그 본질이라고 하면서도 모든 유기체가 다 죽는 것은 아님을 말한다. 예를 들어, 박테리아나 아메바와 같은 단세포 생물은 세포 분열로 재생산되고 그 후손 속에서 살아간다. 이처럼 박테리아 같은 단세포 생물들은 수십억 년 전 지구상에서 번식하던 당시와 근본적으로 동일하다. 주지하듯이 생명 진화의 과정에서 이런 생명체는 지구에 생명체가 존재하는 시기의 처음 3분의 2 동안의 유일한 생명체였다. 그 후 여러 생명체가 탄생하여 고등한 형태의 생명체로 진화해 가는 과정에서 비로소 유성생식을 통해서만 재생산할 수 있는 생명체가 등장하였고, 이런 유성생식을 통해 번식하는 고등한 생명체로 인해 유기체는 노쇠하여 죽게 되었다. 프리초프 카프라, 『새로운 과학과 문명의 전환』(구윤서·이성범 옮김, 범양사, 2007), 358쪽.

일찍이 논하건대, 심心의 허령지각虛靈知覺은 하나일 뿐인데 인심人心과 도심道心의 다름이 있다고 한 것은, 혹은 형기形氣의 사私에서 나오고 혹은 성명性命의 올바른 것에서 근원하여 지각知覺한 것이 똑같지 않기 때문이다. 그러므로 혹은 위태로워 편안치 못하고 혹은 미묘하여 보기가 어렵다. 그러나 이 형체를 가지고 있지 않은 이가 없으므로 비록 상지上智라도 인심이 없지 못하고, 또한 이 성性을 가지고 있지 않은 이가 없으므로 비록 하우下愚라도 도심이 없지 않다. 이 두 가지가 방촌方寸(마음)의 사이에 섞여 있어서 다스릴 바를 알지 못하면, 위태로운 것은 더욱 위태로워지고 은미한 것은 더욱 은미해져서 천리天理의 공변됨이 끝내 인욕人慾의 사사로 움을 이기지 못할 것이다.[48]

주희의 말대로 한다면, 인간 또한 몸을 지닌 생명체인 이상 자기 본위의 이기적 마음, 즉 인욕지사人欲之私가 있을 수밖에 없다. 그러나 이런 사사로움이 제대로 규제되지 못하면 인간은 타자와의 소통과 연대의 가능성 자체를 완전히 상실하는 극단으로 치달아 가서 자신의 생명조차도 부지할 수 없는 상태에 이르게 된다. 그러므로 모든 생명체의 번영은 이런 생명의 양가성을 어떻게 극복할 것인가에 달려 있다.

이런 양가성의 극복은 결코 타자에 대한 지배를 통해서나 타자로부터의 독립성-서구 근대의 주류적인 자유주의 사상이나 주체중심적 사유 패러다임이 보여주듯이, 타자의존성을 마치 노예적인 굴종관계인 양 환원하여 이런 의존관계에서 벗어나는 것을 자유로 혼동하는 태도- 을 통해서는 달성될 수 없다. 생명체의 본질을 이루는 양가성의 극복은 타자의존성이 서로에게 해를 가할 수 있는 생명의 고유한 취약성이라는 점을 긍정하면서도 그런 취약성을 넘어서서 서로에 대한 관심과 애정 어린 보살핌을 통해 폭력에 취약한 생명체의 요구- 자신에게 해를 가하지 말라는 요구- 에 진지하게 응답하는 책임 있는 자세를 길러냄을 통해서만 가능하다.

이런 생명의 양가성 속에 유가적인 인仁 사상이 뿌리내리고 있다는 것이

___

48) 『대학·중용집주』, 53쪽.

필자의 해석이다. 생명의 양가성에서 필연적으로 발생하는 생명 존중의 요구와 그런 요구에 대해 진지하게 응답하려는 자세는, 사실상 차마 해칠 수 없는 마음과 더불어 생명을 소중히 돌보려는 마음이 얼마나 어렵고도 힘든 것인지를 보여 준다. 이런 이중적 양상, 즉 고통을 겪는 뭇 생명의 아픔을 공유하는 '고통과의 연대'와 그런 고통과의 연대에서 출발하여 뭇 생명이 잘 자라고 자신을 스스로 이루도록 관심을 기울이는 '보살핌 혹은 배려'는 인仁의 본뜻과 이어진다고 본다. 그래서 필자가 보기에 인仁이란 자신과 뭇 생명이 잘 자라고 내적 잠재성을 온전히 구현할 수 있도록 관심을 기울여서 보살피고 배려하는 행위 전반으로 재규정될 수 있다.

인仁이란 생명이 자신을 스스로 소중하게 여기면서 지속하려는 뜻을 이어받아 그 살려는 뜻이 잘 발현될 수 있도록 보살피는 활동이라는 점에서, 그것은 생명의 본래적인 자기보존과 자기 사랑 및 여타 생명체의 소중함에 대한 긍정이자 그런 생명 활동의 궁극적 근거로서 생명체가 보여 줄 최고의 경지라 할 것이다. 그래서 필자는 존재와 당위의 칸트적 구별이라든가 존재로부터 당위를 도출하는 것은 타당하지 않다는 이른바 흄적 금지에 동의하지 않는다. 본능적이든 좀 더 명료한 방식으로든, 뭇 생명이 보여 주는 자신을 소중히 여기는 태도에는 바로 도덕적 요구가 떼려야 뗄 수 없이 연결되어 있다. 이렇게 본다면 생명이라는 존재와 그 생명의 지속적 번영에 관한 관심으로서의 도덕적 요구는 '같은 것도 아니고 둘도 아닌' 불일불이不一不二 혹은 불리부잡不離不雜의 관계에 속한다.

『중용』 12장에서도 "솔개는 날아 하늘에 이르고, 물고기는 연못에서 뛰논다"라는 『시경』의 말을 통해 『중용』의 도체란 천지만물이 약동하는 생명의 지속적인 과정 전체를 유지하는 이치라고 인식한다. 그래서 주희도 이런 생명의 약동성의 끝없는 전개가 늘 이루어지고 있기에 천도 혹은 도체는 그런 구체적 생명 과정 밖에 독립해 있지 않음을 보여 주기 위해서 "상하上下에 이치가 밝게 드러남을 말한 것"이라고 그 뜻을 새긴다.[49] 주희는 『중용혹문』에서도 "솔개는 날아 하늘에 이르고, 물고기는 연못에서 뛰논다"라는 것은 "도의 체와 용이 위아래로 빛나며 어느 곳이든 있음을 말해 주는 것"이라고 강조한다.[50] 도의 체는 알기가 쉽지 않지만 그 작용은 어디든지 드러나지 않음이 없다는 것이다.

> 도의 유행은 천지의 사이에 발현하여 어느 곳이든 있지 않는 곳이 없다. 그러므로 위에 있어서는 솔개가 날아 하늘에 이르는 것이 바로 이것이요, 아래에 있어서는 물고기가 뛰어 연못에 솟구쳐 오르는 것이 바로 이것이요, 사람에 있어서는 일용日用의 사이, 인륜의 즈음에 있어 부부로서도 능히 알 수 있고 능히 할 수 있으나 성인으로서도 능히 알지 못하는 바와 능히 하지 못하는 바가 있으니 바로 이것이다.[51]

『중용』 20장은 『중용』에서 가장 긴 장으로서 『중용』 전체의 인仁 이해를 보여 준다는 평가를 받고 있는데, 『중용』의 인仁에 관한 입장은 "인은 사람다움이다", "인의 실질은 부모 섬김이다"라고 한 맹자의 이해와 일치한다고 생각된다. 『중용』 20장도 인仁을 인도人道의 근본 원리로 보면서 그것을 실천으로 옮기는 데에는 친족·친애가 가장 중요함을 강조하고 있기 때문이다.[52] 그러나 여기서는 인仁이 친족에 대한 친애를 출발점으로 삼아서 다른 사람과 만물을 보살피는 데로까지 확장되어 나간다.

더 나아가, 20장 가운데서도 특히 "그러므로 정사를 함은 사람에게 달려 있으니, 사람을 취하되 몸으로써 하고 몸을 닦되 도道로써 하며 도道를 닦되 인仁으로써 해야 합니다"라는 공자의 말은 후대 성리학에서 매우 중요시한 부분이다. 주희는 이 부분을 주역 사상과 연결시켜서, "도道는 천하의 달도達道요 인仁은 천지가 물건을 내는 마음을 사람이 얻어서 태어난 것이니, 『주역』 건괘乾卦 「문언전文言傳」에 이른바 '원元은 선善의 으뜸'이란 것이다"라고 설명하고 있다.[53] "인仁은 천지가 물건을 내는 마음을 사람이

---

49) 같은 책, 72쪽.
50) 박완식 편저, 『중용』(여강, 2005), 423쪽.
51) 같은 책, 426쪽.
52) 진래, 『인학본체론』, 157쪽.

얻어서 태어난 것"이라는 주희의 해석은 그의 인설仁說의 핵심을 보여 주는 것이기도 하다. 간단하게 말해 천도의 실현과 인仁의 실현은 다른 것이 아니라는 뜻이다.

『중용』의 제22장은 유가의 생명 사상과 관련해서 우주와 자연 내에서의 인간의 지위에 대한 중요한 주장을 담고 있다.

> 오직 천하에 지극히 성실한 사람이라야 그의 본성을 모두 실현할 수 있다. 그의 본성을 모두 실현할 수 있으면 다른 사람의 본성을 모두 실현하게 할 수 있다. 다른 사람의 본성을 모두 실현하게 할 수 있으면 만물의 본성을 실현하게 할 수 있다. 만물의 본성을 모두 실현하게 할 수 있으면 천지의 화육을 도울 수 있다. 천지의 화육을 도울 수 있으면 천지와 함께 셋이 될 수 있다.[54]

『중용』에서 본성론은 천도와 인도를 화해하는 매개로 정성스러움(誠)과 관련되어 이해되고 있다는 점에서도 새롭다. 천지만물의 궁극적 이치는 바로 정성스러움과 같고 그런 도체를 하늘로부터 부여받은 인간의 본성 역시 그런 정성스러움을 본받는다고 함으로써 이제 천도와 인도가 합일될 가능성이 더 분명하게 확보된다. 그래서 양조한은 지성至誠과 진성盡性을 다루는 22장이 "『중용』 전편의 주자"를 보여 준다고 이해한다.[55] 다만, 유한한 개체 생명으로서의 인간이 도덕성을 완전히 실현해 내는 것은 사실 불가능에 가깝다. 그래서 공자도 "덕이 닦이지 않는 것과 학문의 익혀지지 않는 것과 의로운 일을 듣고 실천하지 못하는 것과 잘못을 고치지 못하는 것이 나의 근심이다"[56]라고 하여, 진정에서 우러난 말로써 자신의 근심 걱정을 솔직하게 표현했다.

공맹 사상을 계승한 성리학의 생태적 사유와 관련해서도 『중용』 22장은

---

53) 『대학·중용집주』, 86쪽.
54) 동양고전연구회 역주, 『중용』(민음사, 2016), 102쪽.
55) 양조한, 『중용철학』, 296쪽.
56) 동양고전연구회 역주, 『논어』, 141쪽.

매우 중요한 의미를 지닌다. 『중용』의 생명 사상은 맹자의 사상과 근본적으로 통한다. 『맹자』 「이루상」 2와 3에서 맹자는 다음과 같이 주장한다.

맹자께서 말씀하였다. "규規·구矩는 방형方形과 원형圓形의 지극함이요 성인聖人은 인륜人倫의 지극함이다. 군주가 되고자 할진댄 군주의 도리를 다하고 신하가 되고자 할진댄 신하의 도리를 다해야 하니, 이 두 가지는 모두 요堯·순舜를 본받을 뿐이다. 순舜이 요堯를 섬기던 것으로써 군주를 섬기지 않는다면 그 군주에게 불경不敬한 자요, 요가 백성을 다스리던 것으로써 백성을 다스리지 않는다면 그 백성을 해치는 자이다. 공자께서 말씀하시기를 '길은 둘이니, 인仁과 불인不仁일 뿐이다' 하셨다. 요·순을 본받으면 군君·신臣의 도리를 다하여 인仁할 것이요, 요·순을 본받지 않으면 군주에게 불경하고 백성을 해쳐서 불인不仁할 것이니, 이 두 가지 이외에 다시 다른 길이 없다. 여기에서 벗어나면 저기로 들어가니, 삼가지 않을 수 있겠는가. 백성에게 포악함이 심하면 몸이 시해를 당하고 나라가 망하며, 심하지 않으면 몸이 위태롭고 나라가 줄어든다.……
맹자께서 말씀하였다. "삼대가 천하를 얻은 것은 인仁으로써였고, 천하를 잃은 것은 불인不仁으로써였다. 나라가 폐廢·흥興하고 존存·망亡함도 또한 그러하다. 천자가 불인하면 사해四海를 보전하지 못하고, 제후가 불인하면 사직社稷을 보전하지 못하고, 경대부卿大夫가 불인하면 종묘宗廟를 보전하지 못하고, 사서인士庶人이 불인하면 제 한 몸을 보전하지 못한다.[57]

맹자에 따르면, 어진 마음이 있으면 천하를 얻어 요순 삼대의 태평 세상을 이룰 수 있지만 어질지 못하면 개인의 한 몸도 제대로 보존할 수 없다. 이처럼 맹자는 생명체로서의 인간이 지니는 양극성을 잘 포착하여 이를 인仁과 불인不仁으로 표현하고 있다. 인은 자기와 여타 생명의 보존과 번영으로 이어지고, 불인은 나라의 멸망과 천하의 난세 및 개별 생명의 죽임으로 이어진다. 맹자가 볼 때, 인간의 도덕성을 제대로 잘 함양하여 자신의 본성만

---

57) 『맹자집주』, 199~201쪽.

이 아니라 세상 사람 더 나아가 자연의 뭇 생명의 본성을 이룰 수 있도록 도움을 주는 사람이 성인이다. 그렇지 못하고 하늘이 부여한 선한 인간의 본성, 즉 어진 마음을 잘 보존하지 못하고 사사로움에 빠져들게 된다면 자기 자신의 목숨조차도 제대로 보전할 수 없다.

그렇다면 어떻게 인간은 자신의 도덕성을 구현하여 도의 본체를 체득하는 데 이를 수 있는가? 이 질문에 대한 답의 추구는 『중용』에서 성실 혹은 정성스러움의 성誠 이론으로 이어진다. 도를 닦는다는 것, 즉 수도修道란 본래 인간에게만 주어지는 본연의 사명이다. 수도는 인간의 사욕과 기질의 장애와 막힘으로 인해 가려져 있는 인간 본성의 본래 모습을 회복하려는 수양 공부를 의미한다. 물론 도를 닦아서 하늘로부터 부여받은 선한 본성을 밝히고 이를 더욱 계발하여 그 궁극의 경지에 이르는 일에는 타인의 도움이나 예악·형정 같은, 가정과 국가와 천하의 질서를 조화롭고 평화스럽게 다스릴 다양한 인간관계와 제도가 뒷받침되어야 한다. 그러니까, 도를 닦아 본연의 도덕성을 회복하고 확충해 가는 것은 수신·제가·치국·평천하의 길을 우회할 수 없다. 그런데 『중용』에 따르면, 본연의 도덕심을 실현하려는 욕구에서 출발하는 자기수양은 결국 성誠으로 귀결된다. 그리고 성誠의 궁극적 경지는 자신을 이루는 데서 그치지 않고 만물의 완성으로 이어진다.

성誠은 우선 인간의 존재 근거이자 그 생명의 근원인 도덕적 가치를 회복하고 확충하는 데에서 시작한다. 그러나 자신을 이루는 길은 타자의 완성과 연결되지 않으면 결코 완성될 수 없다. 앞에서 생명의 양극성을 통해서 보았듯이 모든 개체 생명, 특히 인간 생명의 존속도 타자에 의존적이기에 자신을 유지하는 데에서도 우선 타자와의 성공적 관련이 확보되어야 한다. 그리고 이런 타자와의 성공적 관계를 형성함으로써, 자신을 이루는 길은 궁극적으로 만물의 완성에 이르러서야 비로소 실현된다. 그러나 이런 자기와 타자의 완성은 외부적인 강제나 인위적인 꾸밈으로 달성될 성질의 것이 아니다. "성誠은 스스로 이루어지는 것이요 도道는 스스로 행하여야 할 것"이기에, 자기의 수양과 완성 역시 진실한 자기존재의 자연스러운 실현이어야 한다. "인으로써 도를 닦는다"(修道以仁)58)라는 도덕적 자기수양은 몸, 가족, 국가, 천하에 대한 다스림을 넘어 천도의 유행에 참여하여 만물의 화육을 이루는 데로 이어진다. 이리하여 본성을 밝히고 확충하여 자신을 완성하려는 인간의 성誠은 만물의 존재 근거인 하늘의 성誠과 이어진다. 『중용』의 20장에서 말하듯이 "성誠은 하늘의 도이고 성실히 하려는(誠之) 것은 사람의 도"라고 하듯이 말이다.59)

그러나 성誠은 이해하기 쉽지 않다. 그래서 주희는 『중용혹문』에서 다음과 같이 말한다.

> "성誠에 대한 의의를 자세히 들려주실 수 있겠습니까?" "이를 말하기란 어렵다. 여기에서 잠시 그 명의名義로 말한다면 그것은 진실무망眞實無妄일 뿐이요, 만일 사리事理에서 얻어진 이름으로 말한다면 또한 그 가리키는 바의 대소大小에 따라 다르겠지만 모두가 진실무망의 의의를 취할 뿐이다. 자연의 이치로 말하면, 천지의 사이에는 오직 천리天理만이 지극히 진실하여 망령됨이 없는 까닭에 천리에 성誠이라는 이름을 붙인 것이니 요컨대 '하늘의 도', '귀신의 덕'이 바로 이러한 것이다. 덕으로 말하면, 생명이 있는 유類 가운데 오직 성인의 마음만이 지극히 진실하여 망령됨이 없는 까닭에 성인이 성誠이라는 이름을 얻게 된 것이니 예컨대 '힘쓰지 않고서도 중도에 맞고 생각하지 않고서도 도를 얻는다'라는 것이 바로 이것이다. 하나의 일을 가지고 말하면, 한 생각의 진실 또한 성誠이며 한마디 말의 진실 또한 성誠이며 하나의 행동의 진실 또한 성誠이다. 대소의 차이는 없지 않지만 그 의의의 요지는 진실에 있을 뿐이다.60)

주희도 인정하듯이 성의 뜻을 제대로 파악하기란 요원하다. 그러나 주희의 해석을 따르자면 성誠의 핵심적 의미는 진실무망이다. 진실됨으로서의 성誠은 존재론적 차원에서 볼 때 모든 만물의 생성과 그 지속을 보장하는 천도의

---

58) 『대학·중용집주』, 86쪽.
59) 같은 책, 93쪽.
60) 박완식 편저, 『중용』, 500~501쪽.

유행하는 원리와 연결되고, 다른 한편으로는 인간의 인간다운 삶의 추구와 관련한 말로, 달리 말하자면 요임금이나 순임금과 같은 위대한 성인이 보여 주는 덕성의 극치의 경지를 이르는 말로 이해된다. 이런 성인의 교화를 통해 모든 인간이 진실되게 자신의 내면적 덕성을 발휘하기 위해서 정성스럽게 노력하고 애쓰는 일과 생각이 바로 성誠이다.

그렇다면 인간에게 적용된 성誠이란 하늘의 도체, 즉 천지만물을 생성하고 생명의 과정이 한순간의 쉼 없이 지속될 수 있게 해 주는 생명의 창조적 역량을 본받아서 만물이 제자리를 잡아 번영하도록 보살피는 행위 전체를 가리킨다고 이해해도 무방할 것이다. 그렇게 인간의 성誠과 천도의 성誠은 성인聖人을 매개로 해서 하나가 된다. 그러므로 성誠은 존재의 근원이기도 하지만 도덕적 요구, 즉 만물의 성장과 번영을 책임지고 완수하려는 책임 의식의 표현이기도 하다. 그런 책임 의식이란 만물의 화육을 완수하는 배려와 보살핌일 뿐이라고 본다. 달리 말하자면, 우주만물의 근거는 바로 생명과 그 생명을 가능케 하는 생태계까지도 소중히 여기고 모시며 지극정성을 다해 보살피는 활동이다. 즉, 만물의 존재 근거는 자기와 타자를 이루려는 돌봄이다. 그렇기에 인仁과 성誠은 상호 교환 가능한 것처럼 보이기도 한다. 이 둘 사이의 관계는 참으로 헤아리기 어렵다. 구태여 필자의 견해를 조심스럽게 말한다면 다음과 같다. 아마도 성誠은 인仁의 마음을 그 궁극적 경지로 이르게 하는 적극적 측면을 강조하는 것이라고 이해된다. 그러므로 인仁과 성誠은 동일한 것이면서도 후자인 성誠은 인仁의 구현과 연관된 활동성과 그 지속성의 측면을 더 강조하여 그 궁극의 경지를 표현하는 것으로 여겨진다.

요약하자면, 성誠은 유기적 생명 현상과 보살핌 혹은 배려의 상호의존성을 표현하는 것이기에 유가적 혹은 중용의 사상은 결국 존재와 당위의 상호연관성에 대한 이론으로 독해해도 좋을 것이다. 이는 오늘날의 생태위기 시대에도 그 현재적 의미를 성실하지 않고 있으므로 성誠 인식을 시대에 어울리도록 다시금 발전시키는 것이야말로 우리의 과제라 할 수 있다.

하여간, 『중용』 제25장에서는 하늘의 도로서의 "성誠은 만물의 종終과시始이니, 성실하지 못하면 만물이 없게 된다'라고 말하고 있다.

　성誠은 스스로 이루어지는 것이요 도道는 스스로 행하여야 할 것이다. 성誠은
만물의 종終과 시始이니, 성실하지 못하면 만물이 없게 된다. 그러므로
군자는 성실히 함을 귀하게 여기는 것이다. 성誠은 스스로 자기를 이룰
뿐만 아니라 남을 이루어 주기도 하니, 자기를 이룸은 인仁이요 남을 이루어
줌은 지智이다. 이는 성性의 덕德이니, 내외內外를 합한 도道이다.[61]

　이 인용문에서 『중용』의 저자는 성誠을 인仁과 지智를 포함하는 것으로
보는데, 주희는 이 25장을 인도人道에 관한 것으로 해석하고 있다.[62] 『중용』의
마지막 장인 33장에서는 다시 도체의 무궁무진함을 확인한다.

　『시경』에 "덕德은 가볍기가 터럭과 같다" 하였는데, 터럭도 오히려 비교할
만한 바가 있으니 "상천上天의 일은 소리도 없고 냄새도 없다'라는 표현이어
야 지극하다 할 것이다.[63]

5. 『주역』에서의 생명 사상

　양조한에 따르면 『중용』과 『역전』의 사상은 유사하다. 이 두 저서에 등장하
는 사상은 "모두 도덕 가치로서의 존재 문제를 설명"하고 있다는 것이다.
『중용』과 『역전』은 인간의 도덕 활동과 천지만물 즉 우주의 생성 변화의
의의가 "동일"하다고 보는데, 이는 도덕심성이 우주의 무한한 생성 변화를
가능하게 하는 "본체"라는 뜻이다. 그러므로 양조한은 『중용』과 『역전』의
사상을 "도덕형이상학 체계"로 규정한다.[64]

---

61) 『대학·중용집주』, 99쪽.
62) 같은 책, 100쪽.
63) 같은 책, 116쪽.
64) 양조한, 『중용철학』, 36쪽. 물론 필자는 이런 해석에 완전히 동의하진 않는다. 이 글에서

우선 공자와 『주역』의 관계를 살펴보자. 『논어』「술이」 16에서 공자는 "하늘이 나에게 몇 년의 수명을 빌려주어 마침내 『주역周易』을 배우게 한다면 큰 허물이 없을 것이다"라고 말했다. 공자와 『주역』의 관계에 대해서는 사마천의 「공자세가」에 다음과 같이 기록되어 있다.

> 공자는 만년에 『역』을 좋아하여 「단彖」, 「계繫」, 「상象」, 「설괘說卦」, 「문언文言」 등의 편을 정리하였다. 그는 죽간을 꿴 가죽끈이 세 번이나 끊어질 만큼 『역』을 무수히 읽었다. 그가 말하였다. "만약 나에게 몇 년의 시간을 더 준다면 나는 『역』에 대해서는 그 문사文辭와 의리義理에 다 통달할 수 있을 것이다."[65]

정이는 『역전』「서문」에서 "역이란 '변화하여 바뀌는 것'(變易)이니, 때에 따라 변역變易함으로써 도를 따르는 것이다"이라 말했다. 그는 『주역』이라는 저서는 "광대하여 모든 것이 갖추어져 있다"라고 하면서 이 책의 성격과 탁월함에 대해 다음과 같이 말한다.

> (성인은) 『역』을 통해서 성명性命의 이치를 따르고 죽음과 삶의 까닭에 통달하였으며 사물의 실정을 완전히 드러내어 개물성무開物成務의 도를 보여 주셨다. 성인이 후세를 걱정함이 지극하다 하겠다.[66]

즉, 『주역』의 내용은 천지만물의 끝없는 변화 생성의 이치를 밝히고 이를 통해 사람이 살아가야 할 마땅한 이치를 보여 주었다는 것이다.

『주역』의 우주관은 다음과 같은 주장에서 잘 드러난다. 「계사상전」 5장에 따르면 "낳고 낳음을 역이라 이른다"라고 하고, 「계사하전」 1장에서는 "천지의 큰 덕을 생이라 한다"라고 말한다.[67] 천지의 큰 덕이란 만물을 낳는

논증하고 있듯이, 역의 사상은 오히려 생명철학으로 해석될 여지가 더 강하다고 보기 때문이다.

65) 사마천, 『사기세가』 하(정범진 외 옮김, 까치, 2005), 448쪽.
66) 이 부분은 『근사록』에서 인용한 것이다. 주희·여조겸, 『근사록집해』 1, 386~387쪽.
67) 『주역전의』 하(성백효 역주, 전통문화연구회, 1998), 536쪽 및 570쪽.

것인데, 그런 생성 과정은 한 번에 이루어지는 것이 아니라 낳고 또 낳는 지속적인 변화 과정이라는 말이다.

그래서 『주역』은 뭇 생명의 탄생 및 그 변화와 성장 과정이 끝없이 지속됨(生生不已)을 우주의 근본 원리로 본다. 이런 끝없이 지속되어 멈추지 않는 변화의 과정 자체가 '역'으로서의 우주의 스스로 그러한 본연의 모습이라고 보아야 한다. 이런 점에서 주역의 우주관은 초월적 절대자에 의한 우주의 창조와는 다르다. 주역의 우주관에 따르면, 우주는 다양하고 끝없는 생명을 스스로 낳아서 이들 사이의 상호교감과 연관을 통해 질서를 유지하는데 그러한 과정 자체를 '역'이라 한다. 그런 면에서 주역의 생생의 원리를 방동미는 우주의 생명이 약동하는 다함없는 흐름 혹은 유행流行으로 이해한다. 즉, 생생의 원리인 역이 보여 주는 "우주란 만상을 포괄하는 생명의 약동이며, 만상에 충만한 커다란 생명의 기틀(大生機)로서, 잠시도 창조와 화육을 쉬지 않으며 어느 곳이든 유행하고 관통하지 않는 데가 없다."[68]

그런데 『주역』에 따르면 천지의 만물이 형성되는 과정은 음양의 상호교감으로 인한 것이다. 『주역』「계사상전」 5장의 "한 번 음하고 한 번 양하게 함(一陰一陽)을 도道라 이르니, 계승하는 것은 선善이요 갖추어 있음은 성性이다"라는 말에서도 이런 뜻이 잘 드러난다. 달리 말하자면, 만물의 생육은 서로 다르면서도 서로 의존하고 있는 음양 또는 천지의 기운이 상호교감하는 데에서 이루어진다. 천지가 만물을 생성하는 원리, 즉 우주의 생성과 변화의 원리는 존재들 사이의 적대적인 대립과 투쟁이 아니라 상반되는 것 사이에 존재하는 상호의존적인 상생이라는 말이다. 흔히 이를 상반상성相反相成이라고 부른다. 음과 양이 서로 다르면서도 서로를 전적으로 배제하지 않고 교감함으로써 만물이 형성된다는 말이다.

보통의 생명 현상이 보여 주듯이, 타자를 완전히 없애 버린다면 자신도 더는 생존할 수 없다. 서로 이질적인 것들은 상대방을 인정하지 않고서는

---

68) 방동미, 『중국인이 보는 삶의 세계』(정인재 옮김, 이제이북스, 2004), 57쪽.

자신 역시 인정받을 수 없다. 타자가 바로 자신을 존속하도록 도움을 주는 근본 조건임을 보여 주는 것이 주역의 사고방식이다. "천지의 기운이 얽히고 설킴에 만물이 화化하여 엉기고, 남녀가 정精을 맺음에 만물이 화생化生한다."[69] 또 태괘泰卦에서는 "하늘과 땅, 음과 양의 기운이 서로 교류하여 조화를 이루면 모든 것이 생겨나고 번성하게 되므로, 소통하여 안정된다"라고 강조한다.[70]

그러나 우주 생성 변화의 원리인 음양론은 상반상성相反相成의 원리와는 다른 모습도 지닌다. 이상익에 따르면, 일음일양一陰一陽은 앞에서 설명한 상반상성의 뜻만이 아니라 물극필반物極必反의 의미도 지닌다. 상반상성에서 주목하는 일음일양은 '하나의 음과 하나의 양이 서로 교감함'이라는 뜻으로서 이를 "교역交易" 혹은 "음양대대론陰陽對待論"이라 하는데, 이에 반하여 물극필반의 일음일양은 '한 번은 음이 되고 한 번은 양이 된다'는 의미에서 "변역變易" 혹은 "음양순환론陰陽循環論"이라 불린다. 달리 말하자면 음양대대론은 서로 반대되는 일음일양이 상호교감·감응하여 서로를 이루도록 하는 원리를 가리키는 데 반해, 음양순환론은 음이 극에 달하면 양이 되고 양이 극에 달하면 음이 되는 것처럼 '만물이 극에 달하면 반드시 반대의 것으로 전환된다'는 원리를 가리킨다는 것이다. 이처럼 일음일양의 도는 대대의 원리와 순환의 원리라는 두 측면을 지니고 있다. 상반상성(대대)과 물극필반(순환)의 이중성에 대해 알아보자면, '남자와 여자' 혹은 '임금과 신하'의 관계와 같은 인문의 세계에서는 대대가 강조되며 '낮과 밤'이나 '추위와 더위' 같은 천문의 세계에서는 순환이 강조된다.[71]

음양의 원리가 음양대대와 음양순환으로 이루어졌다고 해도 우주의 생성 변화의 원리가 이질적 존재들의 상호의존과 상호교감이라는 연대적 상호작용을 통해 이루어진다는 점만은 틀림이 없다. 모든 만물이 극단으로 흐르면

---

69) 『주역전의』 하, 585쪽.
70) 정이천 주해, 『주역』, 274쪽.
71) 이상익, 『한국성리학사론』 1(심산, 2020), 56~57쪽 및 57쪽 각주 4.

반드시 반대의 것으로 바뀐다는 물극필반 혹은 음양순환론은 음양대대의 관계가 파괴되지 않도록 균형과 조화를 창출하는 것이 필요하다는 사실을 보여 준다. 따라서 변역의 음양 논리는 교역의 음양 논리를 보완하는 의미라고 이해할 수 있을 것이다.

요약하자면, 이질적인 존재들이 서로 의존하면서도 서로를 이루어 준다는 대대의 원리는 이질적 존재 사이에서 싹터 나올 수 있는, 균형과 조화의 파괴로 인한 만물의 생성 변화의 위기와 소멸의 측면을 강조하고 있는 순환론의 측면과 연결되어 있다고 여겨진다. 그러므로 음양의 대대적 관계는 내적으로 변화하는 역동성 속에서 조화와 균형의 원리를 유지함으로써 비로소 만물의 조화로운 생성과 변화의 이치를 다할 수 있을 것이다. 우주의 생성 변화에 대한 이런 음양론적 인식이 역학 사상의 근본임은 부인될 수 없을 것이다.

그런데 교역交易과 변역變易이라는 두 가지 뜻을 지니는 음양의 상호작용을 통해 생생 즉 낳고 또 낳음이라는 간단없는 생명의 탄생과 변화 그리고 성숙의 순환 과정 전체의 이치를 드러내 준다는 역학적 사유는 결국 생명을 소중히 여기는 도리에 대한 강조로 이어진다. 일음일양의 생생 원리를 '계승하는 것이 선'(繼之者善)이라고 한 말은 곧 모든 존재가 조화와 균형을 잃지 않고서 천지가 만물을 낳는 생생의 원리를 잘 이어가는 것이 바로 선善이라는 뜻으로, 이는 모든 사물에 천지의 도가 내재하고 있음을 보여 준다. 만물이 지닌 생생의 도란 다름 아니라 만물의 본성(性)이라 할 수 있으니, 인간을 포함한 만물은 이런 생생의 내적 본성을 잘 이루어 내는 일, 즉 선善을 실현하는 데에서 한시라도 게을리해서는 안 된다.

이리하여 천지만물의 창생은 인간의 출현으로 이어진다. 인간은 자신의 내적 본성에 깃들어 있는 우주 생생의 역의 원리를 다른 존재에 비해 탁월하게 구현해 낼 수 있는 생명체이다. 주역의 사고방식에서 볼 때, 인간 존재는 다른 만물과 마찬가지로 일음일양의 생생의 원리를 자신의 본성으로 지닌다는 점에서 다르지 않지만, 우주의 생성 변화의 뜻이 좀 더 분명하게 드러나게 한다는 점에서 볼 때 독특한 존재이다. 이처럼 천지만물의 생육에서 인간은 특이한 모습을 보여 준다. 인간 또한 생명체라는 점에서는 우주만물의 생성 변화의 원리 자체를 똑같이 지니지만, 생명의 원리 자체를 자각하여 천지의 도체를 이룰 수 있는 존재로 이해되기 때문이다. 이것이 바로 "갖추어 있음은 성性이다"(成之者性)라는 구절의 의미이다. 여기에서 성백효는 성成을 갖추고 있음이라고 번역했는데, 성成에는 이렇게 인간이나 여타 존재가 구비하고 있는 본성을 이루어 낸다는 뜻도 포함되어 있다. 인간은 자신에게 갖추어져 있는 생생의 도에서 한시라도 벗어나 있을 수 없다. 자신의 본성인 이런 생생의 도를 따라 살아가는 것은 바로 인간의 본성을 실현하여 참다운 자신을 이루는 활동이기 때문이다.

『주역』「계사상전」 5장에는 앞에서 설명한 우주만물의 생생의 원리에 대한 종합적인 설명이 나타난다.

> 한 번 음陰하고 한 번 양陽하게 함을 도道라 이르니, 계승하는 것은 선善이요 갖추어 있음은 성性이다. 인자仁者는 이를 보고 인이라 이르고, 지자智者는 이를 보고 지라 이르며, 백성들은 날마다 쓰면서도 알지 못한다. 그러므로 군자의 도가 드문 것이다. 인에 드러나며 용에 감추어져 만물을 고무하되 성인과 함께 근심하지 않으니, 성한 덕과 큰 업이 지극하다. 풍부히 소유함을 대업이라 이르고, 날로 새로워짐을 성덕이라 이르고, 낳고 낳음을 역이라 이른다.[72]

인간의 생명이 천지만물의 생생의 원리를 계승하고 있음이 『주역』의 성인관을 통해 잘 드러나고 있다. 『주역』에 따르면 "천지가 자리를 베풀면 역易이 그 가운데 행해지니, 이루어진 성性에 보존하고 보존함이 도의道義의 문門이다."[73] 인간은 천지만물의 생생의 원리를 자신의 본성으로 삼아서 그 본성을 이루고 그것이 계속되도록 보존하려는 노력을 성실하게 해야

---

72) 『주역전의』 하, 534~536쪽.
73) 같은 책, 540쪽.

하는 존재이다. 그리고 이런 일은 홀로 이룰 수 있는 일이 아니다. 여기에는 선각자나 성인聖人의 도움이 필요하다. 그래서 『주역』 「계사상전」 11장에서는 다음과 같이 말한다.

> 공자께서 말씀하셨다. "역은 어찌하여 만든 것인가? 역은 사물을 열어 주고 일을 이루어서(開物成務) 천하의 도를 포괄하니, 이와 같을 뿐이다. 성인이 이로써 천하의 뜻을 통하고 천하의 업을 정하여 천하의 의심을 결단한 것이다."[74]

영원히 변치 않는 천지의 도, 즉 '역'을 밝혀 주는 것이 성인이 할 일이다. 역을 밝힘으로써 성인은 천하의 이치를 깨달아 인간으로 하여금 우주의 변치 않는 생성 변화에 잘 적응하여 자신의 역할을 충분히 할 수 있도록 도움을 준다. 하늘과 자연과 인간을 관통하여 한순간의 휴식도 없이 흐르는 생명의 유행이 바로 자신의 내적 본성임을 자각하여 궁극의 경지에 이른 성인은 곧 인간의 본연의 모습과 도덕적 의무가 무엇인지를 말해 주고 있다. 이렇게 해서 인간은 천지와 더불어 우주에 유행하는 도의 실현에 대등하게 참여할 수 있는, 천지인 삼재의 하나가 된다. 『주역』 「계사상전」 4장에서는 "역은 천지와 똑같다. 그러므로 천지의 도를 미륜彌綸한다"라고 강조하고 있다.[75] 미륜彌綸이란 두루 다스린다는 뜻으로, 역을 통해 인간은 천지의 도가 완성되도록 도와준다는 의미이다.

그런데 성인은 인간이 천지의 도를 완수하는 데 참여할 수 있도록 가르칠 때 균형과 질서를 잃지 않고서 만물이 생생할 수 있는 길을 미리 준비하도록 하는 데 신경을 쓴다. 『주역』 「계사하전」 5장에 나오는 구절 일부를 인용해 보자.

---

74) 같은 책, 557쪽.
75) 같은 책, 531쪽.

공자께서 말씀하셨다. "위태로울까 함은 그 지위를 편안히 하는 것이요, 망할까 함은 그 생존을 보존하는 것이요, 어지러울까 함은 그 다스림을 두게 하는 것이다. 이 때문에 군자는 편안해도 위태로움을 잊지 않고 보존되어도 망함을 잊지 않으며 다스려져도 어지러움을 잊지 않는다."[76]

위 인용문에서 공자는 양극단이 서로 통함을 인식할 것을 강조하면서 극단으로 흐르지 않는 중용의 길이 역의 근본 사상임을 보여 준다. 음이 극에 달하면 양이 되고 양이 극이 달하면 음이 되는 것처럼 사물이 극단으로 흐르면 정반대의 것으로 전환하는 것이 사물의 근본 이치이기 때문에 한쪽으로 너무 치우쳐서는 안 된다고 권고하고 있다. 생명의 지속은 이런 변역의 기미를 미리 알아채서 음과 양의 역동적 평형 상태인 균형과 조화를 이룰 수 있도록 해야 한다는 것이다.

천지가 만물을 낳고 기르는 유행流行에서 동물이나 인간과 같이 상대적으로 복잡한 유기적 생명체가 탄생하는 것은 도의 흐름에서 보면 자연스러운 일이다. 그러나 이런 유행과 생명의 생생한 흐름 속에도 나름 위험성이 숨어 있다. 그 위험성은 바로 우주 삼라만상의 지속적 흐름 속에 생명의 흐름을 저해하는 요소가 끼어드는 데서 발생한다. 예를 들어, 인간은 몸을 지니고 있기에 배고프거나 목마를 때 우선 그 욕구를 채우지 않으면 안 되는데, 바로 여기에 과도한 욕망으로 흐를 위험이 있다. 그러므로 인간은 타자 이를테면 다른 생명체나 생명체를 가능케 하는 물과 공기 같은 비유기적 자연환경과의 소통이 불가능할 정도로까지 자신의 사적 욕망이 과도하게 분출하지 않도록 노력을 다해야 한다. 그리고 그런 노력은 개인의 도덕적인 수양에만 의존할 수 없고, 거기에는 조화로운 정치 세계의 구현도 필요하다. 오늘날 우리가 목도하고 있는 기후위기 및 생태계 위기가 이를 잘 보여 준다.

기후변화로 상징되는 생태위기는 생명의 흐름 내에서 탄생한 생명체로서

---

76) 같은 책, 582~583쪽.

의 인간이 자연이나 다른 생명체와의 연대와 소통의 망을 망각한 채 그것들을 자신의 욕망 분출과 향유만을 위해 소비하는, 무한한 경제성장만이 인간을 이롭게 하는 것이라고 보는 자본주의적 질서에서 비롯된 것이다. 거듭 강조하지만, 생태위기는 역설적으로 인간 역시 우주의 생생한 변화와 생명의 질서를 벗어날 수 없는 존재라는 점을 보여 준다. 그래서 우리는 자연과 생명의 지속적인 유행과 흐름으로부터 과도하게 단절된 상황을 극복하여 자연과의 화해와 조화의 관계를 회복하지 않으면 안 된다. 이렇듯 오늘날 생태위기의 시대에 주역적 우주관, 더 나아가 유가적 우주 생명관은 매우 중요한 의미를 지닌다.

하여간 영원히 움직이는 우주 생명의 유행이 음과 양의 역동적 균형을 통해 이루어지듯이 사회나 국가와 같은 인간 사회도 그런 역동적 균형과 평형을 유지하지 않으면 안 된다. 어느 한 나라의 흥망성쇠興亡盛衰가 다른 나라의 발생과 성장과 소멸이라는 순환 과정에서 벗어나서 완전히 독립적일 수는 없기에, 흥했을 때에도 교만하지 말고 항상 쇠망으로 전환할 가능성이 있음을 경계하지 않으면 안 된다는 것이다. 정치의 요체도 마찬가지라는 것이 위 인용문에서 한 공자의 말이다.

『주역』「계사하전」 5장에서는, 위의 공자의 말이 나오기에 앞서 역의 사상을 말하는 대목에서 음양순환의 중요성을 강조하고 있다.

> 해가 가면 달이 오고 달이 가면 해가 오니, 해와 달이 서로 미룸에 밝음이 생긴다. 추위가 가면 더위가 오고 더위가 가면 추위가 오니, 추위와 더위가 서로 미룸에 해가 이루어진다. 가는 것은 굽힘이요 오는 것은 펴짐이니, 굴屈과 신伸이 서로 감동함에 이로움이 생긴다.[77]

그런데 앞에서 필자는 역이 강조하는 조화와 균형이란 역동적 평형 상태임을 언급했다. 달리 말하자면, 조화와 균형이란 것을 한갓 기계적 중립이나

---

77) 같은 책, 579쪽.

중간과 같은 것으로 오해하지 말아야 한다는 것이다.

위의 문장과 관련해서는 정이의 해석이 매우 흥미롭다. 그는 대과괘大過卦를 들어서 이를 설명하는데, '대과大過'란 양陽이 과도한 것이라고 하면서 '양이 지나친' 예로서 위대함이 지나친 역사적 사례들을 열거한다. 성인이나 현인이 이룬 역사적 성취의 위대성이 엄청나게 큰 경우와 같이, 어떤 일의 정도가 일상적으로 일어나는 일보다 지나친 경우가 바로 양이 과도한 경우라는 것이다. 정이는 이런 과도함을 절대로 부정적으로 보지 않는다. 그는 이런 과도함을 "중도를 얻으려는 작용"으로 보아서 "'큰 것의 과도함'이란 평상시의 일보다 큰 것을 말할 뿐이니, 이치에서 벗어나는 과도함이 아니다"라고 평가한다. 특히 일상에서 흔하게 볼 수 없다는 의미에서의 '위대함' 혹은 '큰 것'의 과도함이 이치에 따르는 것임을 강조할 때 그가 들었던 다른 예도 매우 중요하다. 그는 이런 '큰 것의 과도함'의 사례로 요임금이 자식에게가 아니라 덕이 있는 순임금에게 왕위를 선양한 일과, 탕왕과 무왕이 걸·주를 정벌한 일을 든다.[78]

걸과 주 같은 폭군을 정벌하여 새로운 나라를 세우는 탕왕과 무왕의 혁명은 중도를 회복하려는 행위로서 이치에서 벗어난 것이 아니라고 하는 정이의 주장은 유가사상의 조화와 균형에 대한 인식이 결코 기계적 중립이 아니라는 사실을 말해 주고 있으며, 현실사회의 모순과 문제를 해결하는 데 소극적이라거나 순응적 태도를 부추기는 이념에 지나지 않는다고 보는 통념과도 거리가 있다. 난세를 극복하기 위해 혁명을 하는 사람들의 행동이 과도하다고 보는 사람들은 "항상 보지는 못하는 일이기 때문에" 상도나 중도에서 벗어난 일이라고 말하는 것이나 다름이 없다고 정이는 평가한다. 유가사상을 군주에 대한 맹목적 충성을 되뇌는 보수적 사유라고 보는 사람들이나 조화와 균형만을 강조함으로써 갈등의 분출을 통해 기존 질서의 편협함을 드러내고 새로운 역동적 균형을 창조할 기회를 없애어 오히려 사회의

---

78) 정이천 주해, 『주역』, 576쪽.

문제를 해결하지 못하도록 방해하는 보수적 함의만을 지닌다고 평가하는 사람들은 정이의 중용과 중도 그리고 지나침에 관한 생각을 한 번쯤은 곱씹어 볼 필요가 있다.

필자는 앞에서 인용한 "다스려져도 어지러움을 잊지 않는다"라는 공자의 구절과 관련해서 다시 한 번 정이의 해석을 소개하고자 한다. 그는 "만남"(遇)의 뜻을 지닌 구괘姤卦의 구사九四효를 설명하면서, 군주와 백성 사이의 만남이 어그러지고 이들 사이의 조화로운 감응이 사라질 때 난難 즉 엄청난 사회적 혼란이 일어날 수 있음을 강조한다. 그러니까, 백성과의 관계가 멀어지면 심각한 변고가 발생할 수 있음을 경고하면서 위정자는 백성의 신뢰를 잃지 않도록 늘 관심을 기울여야 한다고 말한다.

> 만남의 도리는 군주와 신하, 백성과 인주, 남편과 부인, 친구와 친구 사이에 모두 다 있다. 그런데 구사효는 아랫사람과 어긋났기 때문에 백성을 위주로 해서 말한 것이다. 윗사람이 되어서 아랫사람이 떠나면 반드시 흉한 변고가 일어난다. "일어난다"란 앞으로 생겨난다는 말이다. 백성의 마음이 떠나면 혼란(難)이 일어나게 된다.[79]

민란의 필연성에 대한 정이의 강조를 역사 발전의 동력은 계급투쟁이라고 본 마르크스의 역사관과 혼동해서는 안 된다. 카프라가 지적하듯이 문화의 변동에 대한 주역적 이해는 역동적 변화에 주목한다는 점에서 그것은 마르크스적 역사 이해와 통하는 면이 있다. 그러나 주역적인 문화 및 역사 변동의 이해는 모순과 투쟁, 폭력적 변혁을 역사적 진보의 추진력으로 강조하는 마르크스적 역사 이해와 결코 같지 않다. 주역적인 문화 변동에 관한 인식은 마르크스주의와 달리 '조화 있는 문화 전이'를 이상으로 삼고 있기 때문이다. 마르크스주의의 투쟁 중심의 역사 변동 인식은 생명 유지를 주로 생존경쟁의 연속이라는 틀로 이해하려는 찰스 다윈의 진화론의 영향을 받았다고 한다.

---

79) 같은 책, 889쪽.

하여간 카프라는 주역적인 역사 변동의 이해를 받아들이는 것이 "사회적 전환기의 충동을 극소화한다"고 생각한다.[80]

투쟁과 갈등의 분출이 새로운 연대 공동체의 창출로 이어져야 함을 명심하고 그런 공동체 창출에 방해가 될 정도로 갈등이 극단으로 치닫지 않도록 절제하는 미덕을 배워야 함을 강조하는 것이라고 이해해도 좋겠다. 간단하게 말해 난세의 시대에 발생할 혁명이 그 본래 정신이라 할 백성과 생명을 소중히 함을 망각하지 않도록 어진 마음을 의연하게 견지할 수 있어야 할 것이다.

그리고 난(혼란)이 타자와의 조화로운 감응 관계의 해체에서 비롯된다는 주역의 이론과 관련해 우리는 이를 생태적 재앙의 원인을 이해하는 데에 응용해도 좋을 것이다. 그러니까 생태적 재앙으로 인해 발생할 천하 대란의 원인은 인간과 자연 및 생명과의 감응적·소통적 만남이 어그러진 데서 비롯된 것이다. 그런 난세의 기미를 잘 살펴서 파국적 재앙의 도래를 미연에 방지해야 하는 것도 군자적 덕성을 함양한 우리 민주 시민이 해야 할 일이 아닐까 한다.

앞에서 우리는 역의 사상이 기본적으로 우주 만물의 변화 원리를 생생의 지속적 유행으로 파악한다는 점에서 생명 사상으로 이해할 수 있음을 보았다. 아울러 인간 역시 우주의 변화 속에 존재한다는 점에서 다른 존재와 다르지 않지만 생생의 도에 참여하는 방식에서 인간 고유의 특이성도 보여 줌을 살펴보았다. 그런데 여기에서, 비록 인간이 천지인天地人 삼재의 하나라고는 하나 역의 사상은 인간을 통한 신과의 화해 같은 헤겔적인 사유 방식, 즉 인간과 그에 의해 형성되는 역사·문화 세계를 절대자 혹은 신과 인간이 화해를 이루는 궁극적 지점으로 설정하는 목적론적 사유 방식과는 차이가 있음도 강조할 필요가 있다.

역의 사상에서 볼 때 우주만물의 생생의 흐름에는 결코 종결이나 완성으로

---

80) 프리초프 카프라, 『새로운 과학과 문명의 전환』, 45~46쪽.

서의 끝이라는 사유는 존재하지 않는다. 그래서 『주역』이 미제괘未濟卦로 끝나는 것은 매우 의미가 있다. 『주역』「서괘전」은 왜 미제괘가 마지막 괘인지를 다음과 같이 설명한다. "사물은 다함이 없으므로 미제未濟로써 받아 마친 것이다."[81] 이 부분을 심의용은 "어떤 것도 궁극적으로 끝날 수 없으므로 미완성을 상징하는 미제괘로 끝마쳤다"라고 번역한다.[82]

이처럼 『주역』의 마지막 괘는 미제未濟인데, 이 미제괘는 사물의 변화 과정은 끝없이 유행하는 것이므로 종결이나 완결 혹은 완성은 있을 수 없다는 주역의 우주관을 잘 보여 준다. 천도 유행의 끝없는 과정에 관한 주역의 확신은 역사의 종언이라든가 신에 의한 심판으로 우주와 인간세계가 종결에 이르리라는 목적론적 혹은 종말론적인 사유와는 사뭇 다르다. 그러므로 정이는 "역은 변역하여 끝나지 않으므로 기제괘旣濟卦의 뒤를 미제로 받아서 마쳤다"라고 이해하면서, 이런 변역의 미종결성과 미완성성을 "낳고 낳는 뜻'(生生之義)이라는 도의 본체와 관련지어 해석한다. 이 생생지의生生之義를 "살리고 또 살리려는 뜻"으로 번역한 심의용은 "생명을 죽이지 않고 끝까지 살리려고 하고 살려고 하는 생명의 의지를 드러내기 위해" 그렇게 번역했다고 밝힌다.[83]

이렇게 우주의 생생生生의 도는 본래 한순간의 휴식도 없이 지속된다는 것이 주역적인 우주관의 핵심이다. 역의 사상을 이어받아 후에 독특한 형태의 유가사상인 성리학을 집대성한 주희도 하늘과 사람을 관통하여 흐르는 생생生生의 도는 한순간의 쉼이 없는 것이라고 이해하면서, 기氣에 의해 우주 삼라만상이 유동하는 생성의 과정에 조금이라도 단절이 생긴다면 바로 '조화造化의 죽음'으로 이어지게 된다고 강조한다.[84]

---

81) 『주역전의』 하, 619쪽.
82) 정이천 주해, 『주역』, 1227쪽.
83) 같은 책, 1227쪽 및 1241쪽 각주 1.
84) 주희, 『주자어류』, 권21, 111조, "間斷, 造化便死了."

6. 나가는 말

우리는 앞에서 공자와 맹자 그리고 『중용』 및 『주역』에 드러나 있는 생명 사상의 핵심을 드러내 보이고자 했다. 이 과정에서 선진유가사상을 생명 사상의 요소를 배제하고 유가적 인문주의라는 틀로 해석하는 데는 무리가 있음을 알게 되었다. 또한 우리는 선진유가, 특히 공자와 맹자 그리고 이 두 사상가와 밀접하게 연결된 『중용』 및 『주역』 사상이 어떤 점에서 생명 사상으로 규정되어야 하는지도 살펴보았다. 그러는 과정에서 필자가 주목한 것 중 하나는 주역에 드러나 있는 조화와 균형 사상이 결코 내적 역동성을 결여하고 있는 기계적 중립을 추구하는 것과는 사뭇 다르다는 점이었다. 마찬가지로 주역에서의 조화 사상은 갈등과 대립의 측면을 배제하는 것이 아니라, 갈등의 출현이 필연적이라는 점을 강조하면서도 그런 갈등이 파국으로 치닫지 않도록 그 갈등을 생생의 과정 안으로 갈무리하려는 사상임을 강조했다.

더 나아가 필자는 선진유가에 드러난 생명 사상이 성리학의 생명 사상과도 이어지고 있음을 분명히 해 보려고 애썼다. 성리학을 공맹의 대동유학과 대조되는 소강유학으로 해석하려는 최근 우리 학계에 등장한 흐름과 달리 주자학과 공맹 대동유학 사이에 분명한 연속성이 존재한다는 점을 이 책 다른 곳에서도 강조한 바 있다. 이런 접근 방식은 생명 사상의 맥락에서 유가사상을 새롭게 해석하는 과제와 관련해서도 유지된다. 선진유가와 성리학의 관계를 연속성과 그 확장이라는 시야에서 바라보려는 것이 필자의 일관된 접근 방식이라는 점은 독자도 이미 분명하게 인식했으리라 생각한다.

이제 성리학에서 생명 사상이 어떤 식으로 전개되고 있는지 그리고 생명 사상으로서의 성리학이 오늘날 생태위기 시대에 어떤 의미 있는 사상으로서 재해석될 수 있는지를 살펴보기로 하자.

제17장
생명 사상으로서의 성리학

1. 들어가는 말

미국의 종교학자 로드니 L. 테일러(Rodney L. Taylor)는 19세기 후반 이후 등장한 존 뮤어(John Muir)나 대지윤리의 창시자 알도 레오폴드(Aldo Leopold)와 같이 생태적 세계관을 옹호하는 미국의 선구자들에게 주목하면서, 이들 모두는 인간이 자연을 지배하고 파괴하는 주체가 아니라 자연생태계 내의 한 부분으로서 다른 생명체나 대지와 상호 연결된 존재라고 보았음을 강조한다. 그는 이들이 또한 인간의 복지를 위해 자연을 착취하고 개발하는 것을 정당화하는 인간중심주의적 세계관은 유대-기독교적인 종교적 전통에서 유래한 것임을 지적하면서 대지와 자연을 정복하려는 세계관의 극복이 중요하다는 것을 역설했음을 상기시킨다.[1)

그러나 테일러가 지적하듯이 생태위기를 진지하게 다루는 작업은 종교 전통 내에서도 무시할 수 없게 되었다. 그리하여 서구 사회에서도 환경 위기가 초래한 문제점들을 극복할 새로운 자연관과 자연에 대한 도덕적 사유의 실마리를 동양의 종교와 철학에서 찾으려는 움직임이 대두된 상황이다. 특히 동양 전통의 주류적 사유 패러다임이라 할 수 있는 세계관, 이를테면 세계를 기계적인 메커니즘이 아니라 유기체적 구성으로 보거나 이원론적이거나 환원론적 사유가 아니라 전체를 구성하는 부분들의 상호보완적 관계에

---

1) 로드니 L. 테일러, 「세계와 교제함: 유교 생태학의 뿌리와 가지」, 『유학사상과 생태학』, 99~102쪽.

주목하는 자연관의 중요성은 새롭게 주목받아 마땅하다고 생각된다. 로드니 L. 테일러는 이런 새로운 움직임 속에서도 특히 도교나 불교에 비교해 상대적으로 소홀히 다루어져 왔던 유교의 유기체적 자연관으로부터 배우려는 자세를 지녀야 함을 강조한다.[2]

로드니 L. 테일러도 강조하듯이 유교 전통 내에서 생태적 세계관을 대표한다는 평가를 받은 사상의 흐름은 선진유가라기보다는 성리학이나 양명학의 사유 전통이었다.[3] 이하에서 우리는 이런 선행 연구를 토대로 하면서 주희의 학설을 중심으로 해서 성리학이 지니는 생태적 사유의 알갱이를 드러내 보이고자 한다.

2. 주희의 인설仁說과 생명 사상

주희의 학문, 즉 흔히 성리학으로 불리는 주자학이 중국 및 동아시아 국가들에 끼친 영향은 말할 수 없이 크다. 전목은 공자와 주희를 "중국 학술사에서 가장 뚜렷한 발자취를 남긴 두 사람"이라 하면서 이들에 비견될 제3의 인물은 찾아보기 힘들다고 말했다.[4] 시마다 겐지에 따르면, 주돈이→ 정호·정이→ 장재로 이어져 내려온 사상, 그러니까 송대에 이르러 전면적으로 부상한 도학道學이라는 새로운 사상의 흐름을 남송대의 주희가 정리하여 주자학으로 완성하였는데, 주자학의 영향은 중국을 넘어 동아시아 전체에 큰 영향을 주었다고 한다. 그래서 시마다 겐지는 주자학을 "동아시아 세계에서 세계사적인 사건"이었다고 평가한다.[5]

그런데 성리학의 생명 사상을 탐구하려면 그것이 주역과 긴밀하게 연결되어 있음을 보아야 한다. 실제로 성리학의 형성이나 주희의 인설仁說 형성에

---

2) 같은 글, 104~107쪽.
3) 같은 글, 107~115쪽 참조 바람.
4) 전목, 『주자학의 세계』(이완재·백도근 옮김, 이문출판사, 1990), 9쪽.
5) 시마다 겐지, 『주자학과 양명학』, 132쪽.

역易이 끼친 영향은 상당히 크다. 예를 들어, 『주역』 복괘復卦의 "복에서 천지의 마음을 볼 수 있다"(復其見天地之心乎)[6]라는 구절을 주희는 "천지는 만물을 낳는 것으로써 자신의 마음을 삼는다"(天地以生物爲心者)라고 해석한다.[7] 이런 해석은 그의 인설仁說에서 핵심적 의미를 지닌다. 왜냐하면 그는 만물을 낳는 천지의 마음이 바로 인仁이라고 해석하기 때문이다.

주희는 「인설」에서 다음과 같이 말한다.

천지는 만물을 낳는 것을 그 마음으로 하고, 사람과 사물은 그 생겨남에 각기 천지의 마음을 받아서 자신의 마음으로 한다. 그래서 마음의 덕을 말하면, 그것이 비록 포함하여 두루 갖추지 않은 것이 없지만 한마디로 말하면 인일 따름이다. 자세히 살펴보자. 천지의 마음은 그 덕이 네 가지 곧 원·형·이·정인데, 원이 이를 모두 거느리지 않음이 없다. 이 덕이 운행하면 봄·여름·가을·겨울의 질서가 이루어지는데, 봄의 생기가 통하지 않는 곳이 없다. 그래서 사람의 마음에도 네 가지 덕이 있으니 곧 인·의·예·지인데, 인이 다른 덕을 모두 감싸지 않음이 없다.…… 이 마음은 어떤 마음인가? 천지에 있어서는 한없이 만물을 낳는 마음이고 사람에게 있어서는 온화하게 사람을 사랑하고 만물을 이롭게 하는 마음으로, 사덕을 포함하고 사단을 꿰뚫는 것이다.[8]

이에 따르면, 천지가 만물을 낳는 마음은 사람과 사물이 생겨날 때 모두 지니는 것이다. 그리고 천지의 마음을 부여받아 생성된 모든 존재가 지니는 마음의 덕이란 인仁으로 규정된다. 즉 주희에 의하면 인仁이란 '마음의 덕'이다. 만물이 쉼 없이 생성하면서도 그 질서를 잃지 않고 있는 우주 자연의 현상에서 우리는 천지의 마음인 인仁을 여실하게 깨닫게 된다. 이를 주희는 "천지의 마음이 끊임없이 낳고 낳는 작용"이라고 말한다.[9] 이렇게

---

6) 『주역전의』 상, 535쪽.
7) 『주자대전』 7, 188쪽.
8) 기대승 엮음, 『국역 주자문록』(김근호 외 옮김, 예문서원, 2019), 29~31쪽.
9) 『주자대전』 7, 188쪽.

끝없이 만물을 낳고 기르는 우주의 생명력의 근원을 인仁으로 보는 주희의 사유 체계는 "생명철학으로 불려도 손색없을 만큼 생명의 고귀함에 대한 체오體悟와 경외감으로 일관"한다는 평가를 받는다.10)

그런데 "천지는 만물을 낳는 것으로써 자신의 마음을 삼는다"(天地以生物爲心者)라고 하면서 인仁을 이와 연결해 해석하는 주희의 견해는 당대에서도 큰 논쟁을 불러일으켰다. 일례로 주희는 "천지는 만물을 낳는 것으로 자신의 마음을 삼는다"라는 말이 불명료하다고 보는 장식張栻에게 답하면서 이 구절을 옹호한다. 이때 주희는 "천지의 위대한 덕은 낳는 것이다"라는 『주역』의 말과 "천지는 단지 낳은 것을 도로 삼는다"라는 정이의 주장을 들어 자신을 옹호한다.11) 실제로 정이는 "천지의 위대한 덕은 낳음이다"라는 『주역』의 주장에 나타나는 "만물의 생의生意"와 "원元"을 인仁과 동일한 것으로 보았다.12)

만물의 생의와 원元을 인仁과 동일한 것으로 보는 주희의 견해는 그의 사상 체계의 중핵을 이루는 리기론理氣論의 특색을 보여 준다. 그는 천지를 끝없이 유행하는 기의 운동에서 우주 만물의 창생 과정을 본다. 다만 이런 기의 유행과 흐름만으로는 우주의 끝없는 생성 과정이 마무리되지 않는다. 거기에는 반드시 리理가 함께 있어야 한다. 우주 만물의 생성과 발육에는 기의 끝없는 유행과 더불어 리가 작동하지 않으면 안 된다는 것이다. 우주의 끊임없는 생성 변화를 설명하기 위해 주희는 이렇게 리와 기라는 두 개념을 활용한다. 그래서 그는 "리가 있으면 기가 있다", "천하에 리 없는 기가 없고 기 없는 리도 없다"라고 말한다.13)

주희가 리와 기의 관계를 어떻게 이해했는지는 아직도 논쟁 중인 어려운 문제이다. 주희와 제자들 사이에서도 리와 기 중에서 무엇이 우선적인지에 관한 많은 문답이 존재하고 이에 대한 주희의 대답이 늘 같지만은 않았다는

---

10) 이승환, 「朱子의 共同體的 生態倫理」, 『간재학논총』 5(2006), 233쪽.
11) 『주자대전』 7, 234쪽.
12) 『이정전서』 2, 29쪽.
13) 『주자어류』 1, 89쪽 91쪽.

사실이 잘 알려져 있다. 선행 연구에 따르면, 주희는 어떤 때에는 리가 기에 앞선다고 말하기도 했고, 어떤 때에는 기가 리에 앞선다고 대답했으며, 다른 어떤 경우에는 리와 기 사이에는 시간적 선후 관계가 없다는 식으로 말하기도 했다. 이런 세 가지 답변 중에서 빈도수가 가장 많은 것은 세 번째 답인 리와 기 사이에는 선후가 없다는 것이었다. 미우라 구니오에 따르면, 조선 후기의 유학자인 남당 한원진은 리와 기 사이에 "선후가 없다"라는 답은 '유행'의 관점에서 접근한 것이고 "리선기후"는 '본원'의 관점에서, "기선리후"는 '품부'의 관점에서 접근한 것이라고 하면서 본원과 품부의 관점은 모두 '유행'의 관점 속에 포섭되기에 세 가지 학설은 서로 모순되지 않는다고 보았다고 한다.[14)

그러나 리가 먼저인지 기가 먼저인지에 관한 논쟁에서 주희의 일관된 태도가 있는지, 그런 경우 그의 일관된 견해는 무엇인지 하는 논쟁과는 별도로 주희가 천지 사이에 간단없이 유행하는 기의 흐름 속에 늘 리도 함께 내재해 있다고 본 것만은 틀림없다. 그리고 그는 리를 "형이상의 것"으로, 기를 "형이하의 것"으로 본다. 더 나아가 주희에 따르면, 리와 기는 선후를 따질 수 없으나 굳이 그 연원을 따진다면 "리가 먼저 있다"라고 해야 하지만, 리는 기에서 떨어져 별도도 존재하는 실체와 같은 것이 아니라고 한다.[15) 그래서 주희는 리가 없다면 "천지도 없었을 것이고 사람이나 외물도 없었을 것"이라고 하면서도 "리가 있으면 곧 기가 유행하여 만물을 기른다"라고 주장한다. 이처럼 그는 리와 기를 우주의 기본 원리로 보면서도 리가 좀 더 우선적이라고 간주한다. 예를 들어 그는 "하늘의 도가 유행하여 만물을

14) 미우라 구니오, 『주자어류선집』, 287쪽. 한원진, 『주자언론동이고』(곽신환 역주, 소명출판, 2002), 16~31쪽 참조 바람. 진래는 리기 사이의 선후 관계에 관한 주희의 입장에는 시기에 따라 변동이 있었다고 주장한다. 초년기에 그는 리가 근본이라고 보고 리기에는 선후가 없다는 관점을 취했고, 그 후 진량과 육구연과의 논쟁을 거치면서 리가 기에 앞선다는 관점으로 기울어졌다가 만년에 이르러 리가 기에 비해 논리적으로 앞선다는 관점을 취했다. 그러나 이런 사상의 변동에도 불구하고 그것은 "본질상 리의 기에 대한 제일(第一性)의 지위를 다른 형식으로 확인한 것"이라고 진래는 결론짓는다. 진래, 『주희의 철학』(이종란 외 옮김, 예문서원, 2002), 63쪽.
15) 『주자어류』 1, 94쪽.

기르는데" 리와 기가 모두 "동시에 존재하지만, 리가 중심이 된다'라고 말한다.16) 그는 「독대기讀大紀」에서 다음과 같이 말한다.

> 우주에는 하나의 리理만 있을 뿐이다. 하늘은 이를 얻어 하늘이 되고, 땅은 이를 얻어 땅이 되며, 천지 사이에서 난 것들 또한 각각 이를 얻어서 본성으로 삼는다. 이것을 세로로 뽑아 늘이면 삼강三綱이 되고 이것을 가로로 짜면 오상五常이 되니, 이 이치가 실현되지 않는 것이 없다. 우주의 소식영허消息盈虛의 변화는 순환하여 그치지 아니하니, 사물이 있기 전부터 사람과 사물이 모두 사라진 다음에 이르기까지 끝나면 시작하고 시작하면 다시 끝나서 잠깐이라도 멈춘 적이 없다.17)

그 외에도 주희는 태극을 "천지만물의 리" 혹은 "오직 하나의 리"로 규정하면서 리理와 천지의 관계에 대해 다음과 같이 말한다.

> 천지에 대하여 말하면 천지 속에 태극이 있고, 만물에 대하여 말하자면 만물 속에 각각 태극이 있다. 천지가 생기기 이전에 틀림없이 리가 먼저 있었다. '움직여서 양의 기운을 낳는 것'도 리일 뿐이고, '멈추어서 음의 기운을 낳는 것'도 역시 리일 뿐이다.18)

리가 만물에 내재하는 것임을 말하면서 주희는 주돈이周敦頤의 「태극도설」에서 유래하는 "무극이 곧 태극"(無極而太極)이라는 주장을 태극이 무극과 별개의 것이어서 태극 너머에 무극이 존재하는 것처럼 이해하지 말아야 한다고 역설한다.

물론 주돈이의 '무극이태극無極而太極'라는 구절은 주희와 육구연陸九淵 사이의 격렬한 논쟁을 불러일으켰을 뿐만 아니라 주희의 리기론 형성에

---

16) 같은 책, 293쪽.
17) 기대승 엮음, 『국역 주자문록』, 49쪽.
18) 『주자어류』 1, 86쪽 및 88쪽. 주희의 리기론과 그것이 지니는 현재적 의미에 대해서는 김상준, 「주희 리기론·우주론의 현대성」, 『한국학논집』 55(2014), 51~73쪽 참조 바람.

결정적 계기로 작용했다. 주돈이가 무극으로부터 태극이 생겨난다는 식으로 생각했을 가능성도 없는 것은 아니지만, 주희는 이런 해석은 "무에서 유를 낳는다"라는 불교나 도가의 학설을 본뜬 것에 지나지 않으며 주돈이가 그런 식으로 생각했을 리는 없다고 보았다.[19] 그래서 무극이태극이라 함은 "애당초 어떤 사물로 있는 것이 아니라 이 이치(理)만 있을 뿐"임을 표현한 것이라고 주희는 역설한다.[20]

이처럼 주희는 리를 기에 비교해 더 중요시하는 것 같다.[21] 태극이나 리는 결국 천지가 만물을 낳는 마음인 인仁과 다를 바 없다는 것이 주희의 인설仁說의 핵심이라고 해도 틀리지 않을 것이다. 요컨대, 일체 만물이 태극太極에서 비롯된 것이기에 사람과 사물은 모두 동일한 리理를 지닌다고 할 수 있지만 만물은 또한 각각 나름의 특수한 리를 지니고 있다.

그런데 주희가 리기란 서로 협력할 때 만물이 창생하고 그 생성 변화가 그침이 없이 지속될 것이라고 하면서도 리가 기에 비교해 더 중요하다고 본 이유는 무엇일까? 이에 대해서는 리를 통해 우주만물의 생성 변화 속에서 발견되는 항구성과 질서를 설명할 수 있기 때문이라고 대답할 수 있을 것이다. 그러니까, 설령 리理는 독립적으로, 혹은 기氣에 의존하지 않고서는 우주만물의 창생을 주도할 수 없다는 점에서 기에 의존적이지만, 리는 천지만물이 발육하는 과정에 내재한 질서를 가능하게 하는 근거로 이해될 수 있다는 것이다. 그래서 주희는 천지가 만물을 낳는 마음으로서의 인仁이나 리理가 없다면 "소가 말을 낳고 복숭아나무에서 자두꽃이 생길 것이다"라고 말한다.[22] 동일한 맥락에서 주희는 무극이자 태극을 우주 생성 변화의 "지도리"(樞紐)이 자 "온갖 사물의 뿌리", 즉 "천지와 만물의 이치(理)"라고 설명한다.[23]

---

19) 시마다 겐지, 『주자학과 양명학』, 57~58쪽.
20) 주희·여조겸, 『근사록집해』 1, 65쪽.
21) 진래에 따르면, 주희의 리기론을 理一元論으로 보는 견해가 학계의 보편적 시각이고 그런 시각은 매우 오래된 것이다. 진래, 『주희의 철학』, 27쪽.
22) 『주자어류』 1, 101~102쪽.
23) 주희·여조겸, 『근사록집해』 1, 65쪽. 주희에게서의 리와 기의 관계에 대한 좀 더 체계적인 설명에 대해서는 이상익, 『주자학의 길』(심산, 2007), 61~75쪽 참조 바람.

이제 마음의 덕(心之德)으로 규정된 인仁에 대해 간단하게 살펴보자. 그것은 인간에게 있어 어떤 특수한 덕을 의미하지 않고, 인간의 마음이 발휘하는 모든 덕을 관통하여 총괄하는 덕을 의미한다. 인이 마음의 덕이라고 한 규정을 더 상세하게 언급할 때 주희는, 천지의 마음이 지니는 덕을 원·형·이· 정의 네 가지로 보고 원元이 모든 덕을 거느린다는 점에 기댄다. 천지의 마음이 원·형·이·정의 네 가지 덕을 지니는 것과 마찬가지로 사람의 마음도 인·의·예·지라는 네 가지 덕을 지니는데, 인을 천지의 마음인 원에 상응하는 것이라 하면서 그것이 모든 덕을 포괄한다고 보는 것이다. 이것이 마음의 덕으로 규정된 인仁에 관한 주희의 입장이다.

간략하게 말해 주희는, "인仁이란 천지가 만물을 낳는 마음"으로 "사람과 사물이 얻어서 마음으로 삼는다"라고 규정한다.[24] 이처럼 주희는 우주론적인 관점과 윤리적인 관점 사이의 통합과 연계를 강조한다.[25] 그래서 천지의 마음이 모든 만물을 낳은 마음인 것처럼, 사람의 마음은 사람을 사랑하고 만물을 이롭게 하려는 마음으로서 사덕과 그것의 발현인 사단을 포괄하는 것이라고 그는 말한다. 그는 인간에게서 또렷하게 등장하는 인의예지 사덕과 그 단서라 할 측은지심·수오지심·사양지심·시비지심이라는 사단의 궁극적 근거가 '천지가 만물을 낳는 마음'이라고 하면서, 사람이 주변 동료나 동물 혹은 초목과 같은 자연 생명체에게 보여 주는 사랑하고 아끼는 마음은 끝없이 만물을 낳는 우주 창생의 근원인 천지의 마음에 바탕을 두고 있다고 강조한다.

주희의 사덕과 사단의 구별은 매우 논쟁적인 면도 있다. 하여간 그는 사덕과 사단의 관계를 요컨대 체體와 용用 혹은 성性과 정情의 관계로 이해하는데, 이런 구별은 앞에서 언급한 리기론과 맥을 같이한다. 무극이면서 태극인 형이상자形而上者로서의 도의 본체가 형이하자形而下者로서의 그릇

---

24) 『주자대전』 8, 818쪽.
25) 윤리론과 우주론의 연계성을 당위와 존재가 미분화된 전근대적 사유 방식이라고 보는 관점도 강력하게 존재한다. 이런 식의 접근 방식의 한계에 대해서는 김상준, 「주희 리기론·우주론의 현대성」, 53~54쪽 및 62~65쪽 참조 바람.

인 음양의 기의 유행과 구별되는 것처럼 인과 사랑은 체용의 관계로 이해될 수 있다. 인·의·예·지라는 사덕을 총괄하는 모든 덕의 근본인 인仁은 인간이 타고난 도덕적 본연의 성이지만 아직 구체적으로 발현되기 이전인 미발未發의 리理인데, 이런 인간의 고유한 본성이 구체적 상황에서 발현되어 드러난 이발의 정情이 바로 측은지심·수오지심·사양지심·시비지심의 사단이라는 것이다. 요약하자면 다음과 같다.

> 정情이 아직 일어나지 않았을 때 인의 체體가 이미 갖추어져 있고, 정이 일어난 뒤에는 인의 용用이 한정이 없다. 참으로 인을 체득하여 보존할 수 있다면 모든 선의 원천과 온갖 행위의 근본이 다 여기에 있다.[26]

주희는 인과 사랑(愛)을 동일한 것으로 보는 태도를 인의 본체와 인의 작용의 관계를 구분하지 못한 오류에서 기인한 것이라고 주장한다. 그 대신에 그는 인을 "사랑의 이치"(愛之理)로 규정한다.[27] 인과 사랑을 구분하는 것은 주희의 독창적 해석은 아니었다. 이미 정이는 인과 사랑을 구별하면서 인은 인간의 본성이고 사랑은 그것이 드러난 작용이므로 똑같은 것이라고 보면 안 된다고 강조하였다.

> 인을 묻자 선생이 말하였다. "이는 여러분이 스스로 사유하기에 달려 있으니, 성현이 인을 말한 것을 가지고 유형별로 모아 살펴서 인을 체인해야 한다. 맹자가 '측인지심은 인이다'라고 하자 후세 사람들은 마침내 남을 사랑하는 것을 인이라고 여겼다. 측은지심은 본디 남을 사랑하는 것이다. 남을 사랑하는 것은 본디 정情이고 인은 본디 성性이니, 어찌 오로지 남을 사랑하는 것만을 인이라고 할 수 있겠는가. 맹자가 측은지심을 인이라고 말한 것은 대개 앞에서 이미 '측은지심은 인의 단서이다'라고 말했기 때문이다. 이미 '인의 단서'라고 말했으니, 사랑을 바로 인이라고 말하는 것은 불가하다.

---

26) 기대승 엮음, 『국역 주자문록』, 30쪽.
27) 같은 책, 31쪽.

한퇴지韓退之가 '널리 사랑하는 것을 인이라 한다'라고 하였는데 이는 옳지 않다. 인자仁者는 참으로 널리 사랑하지만, 바로 널리 사랑하는 것을 인이라고 하는 것은 옳지 않다.[28]

주희는 『논어』「학이」 2를 주석하면서 인仁을 "사랑의 이치(理)요 마음의 덕德"이라고 했는데, 이는 「인설」에서 설명된 인에 대한 자신의 견해를 요약한 것이었다.[29] 진영첩은 인仁에 관한 이러한 주희의 사유를, 쉼 없이 낳고 또 낳는 덕으로서의 인仁을 우주만물의 생성과 창조의 출발점으로 보는 정호 및 정이의 사상을 이어받아서 인仁 개념을 '리理'의 기초 위에 자리 잡게 한 것이라고 이해한다. 이렇게 함으로써 주희는 "유교 윤리의 형이상학적 기초를 제공"하였을 뿐만 아니라 "유학 전통이 새로운 차원을 획득하게 했으며 신유학을 완성"했다고 그는 높이 평가했다.[30]

물론 천지의 생생의 도와 인 사이의 밀접한 관련성은 이미 『주역』의 해석자들도 주목하고 있는 사항이다. 중국 학자 진래가 주장하듯이 『주역』의 해석자들은 인仁을 공자의 박시제중博施濟衆과 맹자의 친친·애인·애물을 이어받아 "천지의 생생"과 연결시킨다. 이를 통해 인은 천지만물의 근원인 원元과 대응하는 것으로 이해되고, 따라서 『주역』의 인仁은 도덕적 가치의 근원인 동시에 우주 만물의 존재론적 근원인 것으로 이해된다. 그러나 이런 사유를 체계적인 우주론이자 일관된 생명 사상으로 이론화한 것은 송대 성리학의 업적이다. 진래 역시 천지의 생생의 도와 인 사이의 밀접한 연관성을 분명하고 체계적인 방식으로 이론화한 것은 송명시대 유학의 성취라고 강조한다.[31]

『주역』「문언」에 따르면 "원은 선의 으뜸이요, 형은 아름다움의 모임이요, 이는 의에 화함이요, 정은 일의 근간"이다. 이에 대해 정이는 "건도乾道를

---

28) 『이정전서』 2, 217쪽.
29) 『논어집주』, 19쪽.
30) 진영첩, 『주자강의』(표정훈 옮김, 푸른역사, 2001), 184쪽.
31) 진래, 『인학본체론』, 181쪽.

미루어 사람의 일에 시행한" 것이라 주해했고, 주희는 이 구절을 다음과 같이 해석한다. "원은 생물(물건을 낳음)의 시작이니, 천지의 덕 가운데 이보다 먼저함이 없다. 그러므로 때(계절)에 있어서는 봄이 되고 사람에게 있어서는 인仁이 된다."32) 이처럼 정이와 주희 모두『주역』의 가르침이 천지 운행의 법칙과 인간의 일이 서로 상응함을 강조하는 것으로 본다.

인을 하늘의 마음(天心, 仁)으로 여기는 견해는 한대 유학자 동중서에게서 기인한다.33) 실제로 동중서는 '하늘이 곧 인'이라고 주장하기도 했다.

> 인仁의 아름다움은 하늘에 있으니 하늘이 인한 것이다. 만물을 덮어 주고 길러 주는 하늘은 변화해서 만물을 낳고 보살펴서 이루니, 그 일의 공은 끝이 없다. 끝나면 다시 시작하여 이 모든 것들이 사람을 받드는 것으로 돌아가게 하니, 하늘의 뜻을 살피면 끝없는 인仁인 것이다. 사람이 하늘의 명을 받을 때 하늘의 인仁을 취하여 인仁하게 되었다. 그렇기 때문에 사람이 하늘의 명을 받을 때 하늘을 높이는 성품이 있어서, 아버지와 자식·형제 사이에 친함이 있고, 충성스럽고 미덥고 자애롭고 은혜로운 마음이 있으며, 예의·청렴·사양하는 행동이 있으며, 옳고 그르고 거스르고 따르는 다스림이 있어서, 문리文理가 찬란하게 빛나고 두터우며 지혜가 넓고도 넓으니 인도人道만이 천도天道에 참여할 수 있는 것이다.34)

강유위는 인이 곧 천심, 즉 하늘의 마음이라는 동중서의 이론이 나오는『춘추번로』의「유서俞序」편을 높이 평가한다. 그에 따르면「유서」는 "『춘추』의 서문"이며 "『춘추』의 근본을 터득한 것"이다. 그 이유는 바로, 강유위에 따르면「유서俞序」편이 인을 천심으로 이해하고『춘추』의 "전체 뜻"을 밝히고 있다고 판단되기 때문이다.35)

---

32)『주역전의』상, 162~163쪽.
33) 진래,『인학본체론』, 197쪽.
34) 소여,『역주 춘추번로의증』(허호구 외 옮김, 소명출판, 2016), 450쪽.
35) 같은 책, 215쪽 각주 1.

3. 주자학과 천지만물일체의 이론

그런데 주희의 인설仁說에서 쟁점이 되는 또 다른 커다란 주제는 천지만물일체天地萬物一體에 대한 그의 태도와 관련된 것이다. 천지만물일체의 인은 송대 유학에서 매우 큰 위치를 차지하는 학설 중의 하나이다. 앞서 보았듯이 천지가 만물을 낳은 마음을 부여받아 태어난 존재라는 점에서 주희에게서도 사물과 인간은 모두 동일한 리나 태극을 지닌 것으로 이해된다. 설령 인간이 다른 존재에 비해 천지만물 창생의 덕을 더 풍부하고 완전하게 부여받았다고 해도 인간과 여타 존재가 공통의 리를 포함하고 있다는 점에는 변함이 없다.

만물일체의 주장이 송대에 크게 기세를 떨치기는 했지만, 송대 이전에도 이미 그것을 주장한 사람들은 있었다. 예를 들어, 육조시대 구마라집의 수제자였던 승조僧肇는 "천지는 나와 뿌리가 같고 만물은 나와 일체"라고 한 적이 있고 『장자』 「제물론」에도 "천지는 나와 더불어 살고 만물은 나와 하나이다"라는 말이 있다.[36] 그러나 천지만물이 한 몸이라는 점을 들어 공자의 인을 설명하는 데 결정적 역할을 한 사람이 명도 정호이다. 그가 인을 천지만물이 한 몸이라는 관점에서 해석한 유명한 구절은 『근사록』에도 인용되어 있다.

> 의서醫書에서는 손발이 마비된 것을 불인不仁이라 하는데, 이 말이 인仁을 가장 잘 표현했다. 인이라는 것은 천지만물을 한 몸으로 여기는 것이므로 자기가 아닌 것이 없다. 천지만물을 모두 자기라고 생각한다면 어디엔들 미치지 못함이 있겠는가? 만약 자기의 일부가 아니라면 저절로 자기 자신과 상관이 없게 된다. 이것은 손과 발이 불인해서 기氣가 관통하지 않게 되어 모든 것이 자기에게 속하지 않게 된 것과 같다.[37]

---

36) 시마다 겐지, 『주자학과 양명학』, 78~79쪽에서 재인용함.
37) 주희·여조겸, 『근사록집해』 1, 115쪽; 정호·정이, 『이정전서』 1, 150쪽.

여기서는 인을 불인과 대조해서 설명하는데, 불인不仁을 비유적으로 손발이 마비된 것으로 설명하고 있다. 손발은 우리 몸의 일부인데, 마비된 경우 우리는 그것을 자기 몸의 일부로 느끼지 못하는 상태에 빠지게 된다. 달리 말하자면, 우리는 손발이 마비되고 나면 그 부분이 아무리 아프다고 해도 그것을 느끼지 못하여 제대로 대처하지 못하다가 몸 전체가 상하게 된다. 그런데 이런 불인은 몸의 기가 사지에 원활하게 흐르지 못하고 막히게 될 때 나타난다. 이런 기의 흐름의 막힘은 궁극적으로는 생명체로서의 몸의 기능 박탈, 즉 죽음에까지 이를 수 있다. 그렇다면 어짊 혹은 인이란, 자신의 신체 각 부분을 자신의 일부로 느낌으로써 이 부분이 아플 때 이를 자각하여 그런 고통의 원인을 제거하려는 마음이라고 할 것이다. 이런 인은 몸에서 기가 제대로 원활하게 흐를 때 잘 이루어진다. 자신의 몸을 잘 보살펴서 아픔이 있으면 잘 극복하여 몸 전체의 생명력을 다시 회복할 수 있도록 하는 진지한 노력을 인이라고 할 수 있다.

몸에 대한 이러한 비유는 당연히 우주 전체를 한 몸으로 여기고 아끼는 마음으로까지 확장될 수 있다. 그런 인의 궁극적 경지가 바로 "천지만물을 한 몸으로 여기는 것"이라고 정호는 말한다. 그리고 정호는 이런 도덕적이고 정신적인 경지는 단지 인간의 도덕적인 태도에만 관련된 것이라고 보지 않는다. 기의 관통과 흐름이라는 표현이 보여 주듯이, 그는 우주 만물이 서로 유기적 전체를 구성하면서 한 몸을 이루고 있는 존재론적 사태를 인으로 설명하고 있다.

정호는 또 다음과 같이 말한다.

배우는 자는 모름지기 인을 먼저 알아야 한다. 인이라는 것은 온전히 만물과 한 몸이 되는 것이니, 의·예·지·신도 모두 인이다. 이 이치를 알고서 성誠·경敬으로 그것을 보존할 따름이니, 방비하며 점검할 필요도 없고 궁구하며 탐색할 필요도 없다. 만약 마음이 해이하면 방비해야 하나, 마음이 진실로 해이하지 않으면 무슨 막을 것이 있겠는가. 이치를 알지 못함이 있으면 모름지기 궁구하여 탐색해야 하나, 보존하기를 오래 하면 절로 밝아지니 어찌 궁구하여 탐색하기를 기다리겠는가. 이 도는 만물과 대립함이 없으니, 너무나 커서 이름할 수 없다. 천지의 작용은 모두 나의 작용이다. 맹자는 만물이 모두 나에게 갖추어져 있으니 나의 몸에 돌이켜서 진실하면 큰 즐거움이 된다고 하였다.[38]

이 글은 흔히 정호의 「식인편識仁篇」으로 불린다.[39] 「식인편」에서 눈에 띄는 부분은 인을 가리켜 "온전히 만물과 한 몸이 되는 것"이라고 한 구절과, 의·예·지·신도 인에 속한다고 보아서 인을 모든 덕의 근원으로 이해한 구절일 것이다. 시마다 겐지는 정호의 이 주장이 주희에게로 이어져 주자학이라는 "장대한 이론을 쌓아 올리는 하나의 논리적인 중요한 계기가 되었다"라고 평한다.[40]

송대 유학에 대해 비판적인 사람들은 정호가 이론화한 만물일체의 인에 대한 학설이 장자나 승조에게서 유래된 것으로서 독창적이지 않다는 태도를 보이곤 한다. 그러나 이런 태도에 대해 시마다 겐지는 "표현은 같다고 할지라도 그 성격은 근본적으로 다르다"라고 강조한다. 정호의 천지만물일체의 인은 "사람을 책임과 행동에로 달려가게 하기보다는 명상과 체념으로 후퇴하게" 만드는 장자나 승조의 만물일체와 크게 다르다는 점을 인식해야만 한다는 것이다.[41]

그런데 주희가 정호의 인에 대한 이론을 전적으로 수긍했던 것 같지는 않다. 그래서 진래는 주희가 정호의 인설仁說에 대해 비판적이었다고 말한다. 인이라는 것 혹은 어진 사람은 "천지만물을 한 몸으로 여기는 것"이라는 정호의 주장은 자칫 불교의 자비나 묵가의 겸애 같은 학설과 혼동을 불러일으킬 수 있기 때문이다.[42] 실제로 「식인편」에서 정호는 인이 "온전히 만물과

---

38) 정호·정이, 『이정전서』 1, 155쪽.
39) 진래, 『송명 성리학』, 130쪽 각주 119.
40) 시마다 겐지, 『주자학과 양명학』, 85쪽.
41) 같은 책, 80쪽.
42) 진래, 『인학본체론』, 391쪽.

한 몸이 되는 것"이라는 이치를 깨달아 "성誠·경敬으로 그것을 보존"하면 충분하다고 하면서 "방비하며 점검할 필요도 없고 궁구하면 탐색할 필요도 없다"라고 주장한다. 진실한 마음을 "보존하기를 오래 하면 절로 밝아"진다는 것이다.

시마다 겐지는 이런 정호의 주장이 "주자학적이라기보다는 오히려 양명학적인 사상"이라고 보고 있다. 실제로 주희는 정호의 인설仁說이 "대단히 멋지지만, 너무나 광범위하여 배우는 사람이 접근하기가 어렵다"라고 말한다.[43] 요약하자면, 시마다 겐지에 따르면 주희는 인을 설명할 때 '생명의지'라든가 "천지가 만물을 낳는 마음"이라는 주장을 줄곧 받아들이면서도 정호의 천지만물일체의 사상을 인용하는 경우는 거의 없다. 주희는 "의식적으로 만물일체설을 경계하고" 있었던 것이다.[44]

그러나 시마다 겐지의 해석에도 무리한 측면이 있다. 정호의 사상이 육구연이나 양명학의 심학으로 이어지고 정이의 사상이 주자학으로 이어진다는 계보의 구별은 크게 보아 틀렸다고 할 수는 없을 것이다. 그러나 인설仁說과 관련해 볼 때나 전반적인 사상 체계와 관련해서 볼 때 주희는 두 형제의 이론을 종합하고 있다고 보는 것이 더 타당할 것이다. 주희의 인설仁說이 분명하게 나타나 있는 「인설」이라는 글에서도 그는 정호와 정이의 제자들의 인에 대한 학설을 마냥 비판만 하고 있지는 않다. 다만 이정의 제자들에게서 볼 수 있는 인에 대한 상이한 두 흐름을 열거하면서 그들의 한계를 지적하고 있을 뿐이다.

이미 살펴본 것처럼 주희는 만물을 낳는 천지의 마음이 인仁이라고 본다. 그런데 "천지에 있어서는 한없이 만물을 낳는 마음이고 사람에게 있어서는 온화하게 사람을 사랑하고 만물을 이롭게 하는 마음으로서 사덕을 포함하고 사단을 꿰뚫는 것"으로 규정된 주희의 인仁에 대한 견해를 둘러싸고 큰

---

43) 『주자어류』, 권 60~84. 시마다 겐지도 이 인용문을 언급한다. 시마다 겐지, 『주자학과 양명학』, 90쪽.
44) 시마다 겐지, 같은 책, 90쪽.

논쟁이 있었다.[45] 주희는 이 논쟁을 자문자답의 형식을 통해 소개한다.

주희의 인설仁說에 대해 어떤 사람이 질문을 했다. 그 질문이란 다음과 같다. "그대의 말대로라면 정자程子의 이른바 '사랑(愛)은 정이고 인은 성性인 만큼 사랑을 가지고 인이라 이름 붙일 수 없다'라는 말은 틀렸다는 것인가?' 이 질문은 인이란 '사랑의 이치'라는 주희의 주장이 지니는 의미가 무엇인지를 묻는 것이다. 그러니까, 인을 사랑의 이치로 보고 사단을 인의 작용으로 보는 주희의 견해에 따르면 정자程子의 이론이 틀렸음을 주장하는 것이 아닌가 하는 의문이다. 이런 의문을 가진 자는 나름 인과 사랑에 대한 독특한 견해를 전제하고 있었다. 정자가 사랑으로 인을 규정하지 말아야 한다고 말한 것은 인과 사랑이 별개의 것임을 주장하는 셈이라는 것이다. 그러나 주희는, 인과 사랑이 체용의 관계이기에 분명 서로 다르기는 하지만 별개의 것으로 보아서는 안 된다는 점을 인식하지 못했기 때문에 그런 질문이 나오게 된 것이라고 하면서, "배우는 사람들이 정자의 말씀을 외기만 하고 그 참뜻을 찾지 않아서, 마침내 사랑을 뚝 떼어내 버린 채 인을 말하는 데 이른 것이 걱정"이라고 말한다.[46]

이런 질문을 논의한 데 이어 주희는 인에 대한 이해가 겨냥하고 있는, 인의 위험한 경향을 보여 주는 당대의 견해들을 논쟁의 대상으로 삼는다. 이 역시 이정의 제자들에게서 발견되는 편향이다. 이와 관련된 질문은 다음과 같다.

어떤 사람이 물었다. "정자의 제자들이 인을 말한 것이 많다. 어떤 이는 '사랑이 인이 아니고, 만물과 내가 하나되는 것이 인의 체이다' 하였고, 또 다른 이는 '사랑이 인이 아니고, 마음의 지각知覺을 가지고 인을 해석한다' 하였다. 지금 그대가 말한 것이 옳다면 저들은 모두 틀린 것인가?"[47]

---

45) 기대승 엮음, 『국역 주자문록』, 31쪽.
46) 같은 책, 32쪽.
47) 같은 책, 같은 곳.

위 인용문에서 언급되는 정자의 제자들 중에서 대표적인 인에 대한 견해는 양시와 사량좌의 것이다. "사랑이 인이 아니고, 만물과 내가 하나되는 것이 인의 체이다'라고 한 사람은 양시楊時이고, "사랑이 인이 아니고, 마음의 지각知覺을 가지고 인을 해석한다'라고 한 사람은 사량좌謝良佐이다.48) 이에 대해 상세하게 언급할 자리가 아니기에 여기서는 왜 주희가 양시의 관점을 문제 삼고 있는지만을 설명해 보겠다.

주희에 따르면 "사랑이 인이 아니고, 만물과 내가 하나되는 것이 인의 체이다'라는 말이 뜻하는 바가 무엇인지 모호하다. "한 몸이 된다'라는 말이 그에 따르는 경지에 이르지 못해 말만으로 그치는 경우도 허다할 터인데, 그렇게 "한 몸이 된다'라고 말만 하는 것은 인이란 무엇인가에 대한 진지한 사색과 실천의 측면에서 사람을 그릇된 길로 빠지게 만들기 쉽다고 주희는 생각한다. 그래서 그는 "한 몸이 된다'라고 "대충 말하게 되면 사람들을 흐리멍덩하고 게으르게 만들어서 깨우쳐 절실히 하는 공부를 하지 않게 될 것"이라고 경계하고 있다.49)

주희는 정호의 천지만물일체의 사상을 전적으로 거부했던 것이 아니라, 그 사상을 받아들이되 그것이 안고 있는 한계를 넘어서려고 했던 것이다. 달리 말하자면, 인을 천지만물일체로 보는 것이 지니게 될 오해를 경계한 것이지 그것이 지니는 본뜻까지 거부한 것이라고는 할 수 없다. 시마다 겐지는 주희가 정호의 만물일체의 인 사상을 경계하여 『근사록』에 그것과 관련된 것을 받아들이지 않았다고 하지만50) 진래의 연구에 따르면 그렇지 않다. 주희는 정호의 핵심 주장, 즉 "배우는 자들은 먼저 인을 인식해야 하니 인이란 혼연히 만물과 한 몸이 되는 것이다. 의·예·지·신이 모두 인이다' 라는 주장을 매우 높이 평가하여 "『근사록』에 넣어야 한다"고 강조한다.51)

48) 임헌규, 「해제－『인설』, 유가 인 개념의 정점」, 주희, 『인설』, 86~87쪽 참조 바람.
49) 기대승 엮음, 『국역 주자문록』, 32~33쪽.
50) 시마다 겐지, 『주자학과 양명학』, 90쪽.
51) 이는 『주자어류』에 나오는 제자들과 주희의 문답 중 일부이다. 진래, 『인학본체론』, 260쪽에서 재인용함.

주희를 정이에 연결시키고 육구연이나 왕수인을 정호에 연결시키는 것은 너무나 도식적이어서 주희 학설의 면모를 제대로 파악하는 데 도움이 되지 않는다. 그런 점에서 필자는 주희의 성즉리 사상은 정호와 육구연의 이른바 심즉리의 학설과 대별되는 별도의 유가적 사상이라고 보는 관점에도 동의하기 어렵다. 이런 관점을 주도하는 것은 모종삼과 같은 20세기 신유학 사상가들이다. 모종삼에 따르면, 주희가 주장하는 성즉리의 학설이나 인을 사랑의 이치이자 마음의 덕으로 보는 학설은 모두 인을 죽은 것으로 보는 것에 지나지 않는다고 한다. 그러나 전목은 "인은 마음의 덕이자 사랑의 이치"라고 말하는 주희의 학설은 "정이와 육상산의 생각을 종합한 것"이라고 보아서, "후세 사람들이 임의로 주희를 정이의 편에 귀속시키면서 육상산과 다르다고 평가하는 것은 문제를 분명하게 검토하는 데 실패했다는 것을 말해 줄 따름"이라고 평가한다.[52]

주자학의 성격을 둘러싼 쟁점은 논외로 하고, 주희의 인설에서 주목해야 할 부분 중의 하나는 인을 천지만물일체로 보는 정호의 이론을 공사의 구별과 결합시키고 있는 점이라 여겨진다. 주희는 사지의 마비를 불인으로 보는 것이 인에 관한 가장 훌륭한 표현이라고 한 다음에, 만물이 한 몸이라는 생각을 공과 사의 대비와 연결시키고 있다.

천지만물은 나와 한 몸이므로, 마음에 사사로운 가림이 없으면 자연스럽게 사랑하고 공평하게 되니 이것을 인이라고 말한다. 만약 이러한 이치에 밝지 못하고 사사로운 생각에 의해 막히고 끊어지게 되면 너와 내가 형체로 나뉘어 교섭이 없게 된다. 비유하자면 수족이 마비되어 기운이 서로 관통하지

---

52) 임헌규, 「해제 – 『인설』, 유가 인 개념의 정점」, 주희, 『인설』, 108~109쪽. 모종삼의 주희관의 문제점에 대한 필자의 지적이 시마다 겐지의 주자학과 양명학의 관계에 대한 비판도 포함하고 있다고 보아서는 안 된다. 시마다 겐지는 주자학과 양명학의 관계를 모종삼과 같이 대비되는 것으로 보지 않고, 일종의 연속적인 계승과 발전의 틀로 보기 때문이다. 특히 그는 주자학과 양명학을 내면주의의 지속적 발전과정이라는 관점에서 바라본다는 점에서 주자학과 육왕학 사이 관계를 극단적인 대립 관계에 놓아 있다고 보는 모종삼의 견해와는 사뭇 다르다. 시마다 겐지의 주자학과 양명학의 관계에 대해서는 시마다 겐지, 『주자학과 양명학』, 특히 327~328쪽을 참조하라.

않게 되어서 아프고 가려워도 상관하지 않게 되는 것과 같다. 이것은 사지를 가진 몸의 불인이다.[53]

위 인용문에서 주희는 천지만물일체의 사상을 공과 사의 구별과 연결시켜 이해하고 있다. 선행 연구에서 필자는 주희의 공 이론이 지니는 특성을 "기존의 만물일체관을 사회정치이론으로 결합"하는 데에서 구할 수 있다고 보았다.[54] 왜냐하면 그의 '공'에 대한 이해는 만물을 낳고 기르는 천지의 마음으로서의 인을 사회적·정치적 제도와 질서의 구현이라는 관점과 결합시키고 있기 때문이다. 이런 주희의 공 이론은 정이의 사상과 정호의 사상을 결합시키는 방식으로 이해해도 좋을 듯하다. 『근사록』에서 주희는 "공정하면 하나요 사사로우면 모두 다르다. 사람의 마음이 얼굴의 생김새처럼 같지 않은 것은 사심일 뿐이다"라는 정이의 말을 인용하고, 이런 공을 만물일체의 사상과 결합시킨다. "공정하면 만물이 일체가 되고, 사사로우면 다른 사람과 내가 만 가지로 다르다."[55]

유학의 근본 개념인 인仁을 공公 개념과 연관해서 이해하는 것은 주희의 이론에서 주변적인 지위를 차지하지 않는다. "인은 천하의 공公이며 선善의 근본이다"라는 『역전』 구절을 인용하면서 그는 다음과 같이 설명한다. "어진 사람은 천지만물을 하나의 몸으로 여기는 까닭에 '천하의 공'이라고 말한다. 사단과 온갖 선이 인에 포섭되므로 '선의 근본'이라고 말한다."[56] 만물이 한 몸이라는 사상을 공사의 구별, 더 나아가 사사로움의 극복을 통한 공적 마음가짐의 확충과 결합시키는 것은 매우 중요한 의미를 지닌다.

앞에서 본 것처럼 주희는 만물이 한 몸이라는 것을 인으로 보는 정호의 이론이 가져올 폐단과 위험성을 늘 경계했고, 그래서 천지만물을 하나의

53) 주희·여조겸 편저, 『근사록집해』 1, 116쪽.
54) 나종석, 「자유주의적 공사이원론의 위기와 유교적 대안」, 『유학이 오늘의 문제에 답을 줄 수 있는가』, 167쪽.
55) 주희·여조겸 편저, 『근사록집해』 1, 129쪽.
56) 같은 책, 101쪽.

유기적 전체로 보는 견해를 포기하지 않으면서도 어떻게 하면 인간이 이런 도덕적 경지에 도달할 수 있을까를 고민했다. 그는 인간의 도덕적 자의성과 과도한 주관성의 분출까지도 만물이 한 몸이라는 식의 주장으로 정당화될 수 있는 문제점을 염려하면서, 왜 인간이 선악의 갈등에 휩싸이게 되고 이것을 어떻게 극복할 것인지에 대한 설득력 있는 방안을 모색하는 작업이 필수적이라고 보았던 것 같다.

그런데 공사의 구별은 바로 인간이 왜 갈등에 빠지게 되고 이것을 어떤 방식으로 극복할 수 있는지에 대한 방법을 제공한다. 달리 말하자면, 인간의 욕망의 사사로움은 자기를 다른 존재와 격리하고 서로의 소통을 차단함으로써 서로 관계하지 않는 상태로 몰고 가는 근원이기 때문에 이를 극복하여 공적 마음을 확장하여 나가면 궁극적으로 인간과 만물이 한 몸임을 분명하게 깨달을 수 있다.

본래 인간의 본성은 선하기에 배움을 통해 성인의 경지에 이를 수 있는 존재임에도 불구하고 인간은 다른 사물과 타인에 관계함이 없이 오로지 자신만의 사사로움을 취할 수 있다. 이런 사사로움의 상태를 주희는 손과 발이 서로 통하지 않는 것, 즉 불인不仁한 것으로 묘사한다. 불인不仁이란 타자와의 만남과 소통이 단절된 상태로서 동시에 자신의 상실을 보여 주기도 한다. 자기소외는 바로 타자와의 연계와 소통의 단절로 인해 생긴 '관계가 마비된' 상태이며, 이런 마비 자체조차 자각하지 못하는 무감각한 상태, 이를테면 죽은 상태는 본성의 전적인 상실을 의미한다.

그러므로 주희는 인을 "천지의 생성 이치(生理)이며 사람 마음의 온전한 덕"으로 보면서도, 각 개인이 스스로 자신의 도덕적 본성을 기르고 온전하게 하는 공부와 수양을 게을리하지 않아야 함을 늘 강조한다. 그러니까, 천지의 만물이 한 몸임은 성인聖人의 경지에 이른 사람만이 할 수 있는 말이라고 해서 보통사람들은 거기에 도달할 수 없는 것이 아니다. 다만 일반 사람들은 수양과 공부를 통해 마음의 본성이 제대로 발휘하도록 노력해야 한다는 것이다. 그 결과 일반인도 결국 만물이 한 몸임을 자각하여 이를 사회와 자연과의 관계에서 제대로 실천에 옮길 수 있다.

> 인이라는 것은 천지의 생성 이치(生理)이며 사람 마음의 온전한 덕이다.
> 그 본체가 마음에 갖추어져 있으니, 사람이 본래 갖고 있는 것이다. 그러나
> 반드시 안으로 자기에게 반성하여 정밀하게 살피고 두텁게 길러야 저 인의
> 온전한 본체를 볼 수 있다. 참으로 자기의 것으로 하게 되면 나의 마음에
> 보존된 것이 천리가 아님이 없게 된다. 그다음에 의리를 널리 구하여 북돋운다
> 면 생성의 이치가 날로 충만해지고 성장하게 되어 인을 이루 다 쓸 수
> 없게 될 것이다.[57]

천하의 공公에 대한 성리학적 사유는 오늘날의 생태계 위기 시대에 새로
검토해 볼 중요한 동양의 사상문화 전통이다. 성리학적 공公 사상은 생태적
공공성의 이론으로 재해석될 수 있을 것이다. 칸트의 윤리학이 해결하지
못한 인간과 인간 이외의 생명체 및 자연과의 도덕적 관계에 대한 철학적
토대를 제공해 주기 때문이다. 이 사유 방식에 의하면, 인간은 만물의 질서
속에서 독특한 위상을 지니면서도 도덕적 관계를 인간들 상호간의 영역으로
한정하지 않는다. 물론 인간이 매우 소중한 존재이기에 인간들 사이의
여러 도덕적 의무와 책임들은 유학에서도 중요시된다. 그러나 인간의 도덕적
마음의 근원인 인仁은 생명을 지니는 천지만물의 모든 것에 열려 있다.
유학의 전통에 의하면, 인仁은 일체 만물의 생성과 조화로움을 가능하게
하는 도덕적 의무와 책임을 떠맡는 생태적 공공성의 마음으로까지 확장되지
못한다면 진정한 인仁일 수 없다.

만물이 한 몸이라는 사상과 관련해서 언급할 가치가 있는 또 하나의
이론은 장재張載의 우주적 가족주의 혹은 사해동포주의에 대한 긍정이다.
장재의 우주적 가족주의는 송학에서 나타난 유가적인 만물일체 이론의
또 다른 변형이다. 장재의 『서명西銘』에서 가장 유명한 구절은 "백성들은

---

57) 같은 책, 213쪽.

나의 동포요 만물은 나와 함께 있는 자(동무들)"일 것이다. 이 구절이 등장하는
『서명』의 첫 단락은 다음과 같다.

> 건建(乾)을 아버지라 칭하고 곤坤을 어머니라 칭하니, 내 이 작은 몸이 마침내
> 천지의 중간에 섞여 있도다. 그러므로 천지 사이에 가득한 것은 나의 형체가
> 되었고 천지의 장수[理이다]는 나의 성性이 되었으니, 백성들은 나의 동포요
> 만물은 나와 함께 있는 자(동무들)이다.58)

『서명』에 대한 정호와 정이의 평가는 매우 높다. 이정 중 누구의 말인지는
모르겠지만, "(장재의) 글을 보면 순일하여 '세상의 이치'가 이 『서명』에서
벗어남이 없으니, 맹자 이래로 이러한 글을 본 적이 없다'라는 기록이 있다.59)
또한 정호는 장재를 두고 "맹자 이후로 이 사람에게 미칠 자가 없다"라고
극찬하였고,60) 정이는 『서명』을 장재의 "글 중 순수한 것"이라고 평가하고
있다.61)

그러나 『서명』의 글이 정호와 정이에 의해 맹자 이래 최고의 사상이라고
높이 평가받았지만, 그의 사상이 유학자들에게 마냥 환영받은 것은 아니었
다. 일례로 장재의 "백성들은 나의 동포요 만물은 나와 함께 있는 자(동무들)'라
는 이론이 겸애를 주장하는 묵가의 폐단을 범하는 것은 아닌지 하는 문제를
둘러싸고 논쟁이 있었다. 예를 들면, 사량좌謝良佐, 여대림呂大臨, 유작游酢과
더불어 이정 문하의 네 명의 수제자로 여겨지는62) 양시楊時 역시 장재의
사상이 묵가로 흐를 폐단이 있음을 경계했다. 그와 스승 정이 사이의 문답이
이를 잘 보여 준다.63)

---

58) 장재, 『서명』(『고문진보 후집』 2, 성백효 외 옮김, 한국인문고전연구소, 2021), 391쪽.
59) 『이정전서』 1, 217쪽.
60) 같은 책, 223쪽.
61) 『이정전서』 2, 262쪽.
62) 구스모토 마사쓰구, 『송명유학사상사』(김병화·이혜경 옮김, 예문서원, 2005), 210쪽.
63) 장재의 『西銘』이 양주·묵적과 같은 이단적인 사유에 비견되는 유교의 커다란 적이라고
　　비판한 사람도 있었다고 한다. 시마다 겐지, 『주자학과 양명학』, 120쪽.

양시가 물었다. "『서명』은 본체만을 말하고 작용에는 미치지 않으니, 그 폐단이 드디어 겸애에 이르게 될까 두렵습니다. 어떻습니까?" 정이가 말했다. "장재가 말한 것 중에 정말로 지나침이 있는 것은 『정몽正蒙』에 있다. 『서명』의 글은 이치를 미루어 의를 보존하였고 옛날의 성인이 밝히지 못한 부분을 넓혀 밝혔으니, 맹자의 성선설 및 양기설과 더불어 공을 함께한다. 어찌 묵씨에 비기겠는가! 『서명』은 '이치는 하나이지만 분수는 다름'(理一分殊)을 밝힌 것이요, 묵씨는 근본을 둘로 하여 구분이 없게 하였다."[64]

위 인용문에서 장재의 『서명』은 "이치는 하나이지만 분수는 다름"(理一分殊)을 주장한 것이지만 겸애를 주장하는 묵가는 이치가 하나라는 것만 알 뿐 하나의 이치가 분수되어 다양하게 드러남은 모르고 있다고 정이는 말한다. 그러니까 백성을 동포로, 인간 이외의 생명체를 친구로 보는 장재의 사상은 박애博愛의 유가적 이상을 한층 더 분명하게 밝힌 것으로, 박애란 친친親親에서부터 시작하여 이웃 동포와 여타 만물로까지 확장되면서 그 농도와 표현 방식에서 차이가 없을 수 없는 차등적 질서를 통해서만 실현 가능하다는 점을 전제한다는 것이다.

장재 사상이 묵가적 겸애와 통한다고 비판하는 견해의 논리적 한계를 밝히는 과정에서 언급되었던 정이의 리일분수 개념은 성리학 형성에 지대한 영향을 주었다. 정이에 의해 처음으로 정식화된 리일분수란 "주자학의 금과옥조"라고 불릴 정도로 주희의 사상에서 차지하는 의의가 매우 크다.[65] 주희도 정이의 리일분수 이론을 통해 장재의 『서명』을 이해해야만 그것이 사랑의 차등적 질서를 긍정하는 유가적 학설과 대립하지 않으면서도 만물일체 사상의 본의를 제대로 밝힐 수 있다고 본다. 달리 표현하자면, 리일분수를 알지 못한다면 장재의 "백성들은 나의 동포요 만물은 나와 함께 있는 자(동무들)"라는 주장은 모든 사람을 차등 없이 사랑하라는 묵가의 겸애설로 오해받는 것을 피하기 어렵다는 말이다.[66]

---

64) 주희·여조겸 편저, 『근사록집해』 1, 300쪽.
65) 미우라 구니오, 『주자어류선집』, 290쪽.

본래 리일분수는 정이의 경우가 보여 주듯이 인간 사이에 존재하는 윤리적인 질서의 맥락에서 등장한 것이었다. 그러나 주희에 의해 리일분수는 존재론적인 의미로까지 확장되어 존재 일반의 모습을 이해하는 결정적 실마리로 새롭게 해석된다.[67] 리일분수론은, 천지만물의 온갖 사물은 궁극적으로 하나의 리理로 통일성을 이루지만 그 통일적 리는 개개 사물에 다양한 방식으로 내재함을 표현하고 있다. 그래서 주희는 "합해서 말하면 만물은 하나의 태극을 '통일적인 본체'(統體)로 하며, 나누어 말하면 하나의 사물이 각각 하나의 태극을 갖추고 있다"라고 말한다.[68]

　　여기에서 주의할 것은, 하나의 리가 만물에 관통하면서도 각각의 사물에 다른 방식으로 리가 내재한다는 말을 하나의 리가 각기 다른 사물들에 이리저리 쪼개져 나뉘어 있는 것으로 보면 안 된다는 점이다. 리일분수설을 설명할 때 자주 등장하는 비유를 보자. 주희에 따르면, 달그림자가 수만 개의 강에 흩어져 생겨나더라도 그렇게 다양하게 드러난 달은 온전히 하나임과 마찬가지라는 것이다.[69] 리일분수론에 따라 주희는 하늘과 땅을 인간과 그 외 만물의 부모라고 규정하면서도 천지와 실재 사람의 부모 사이나 동포나 친구 사이에도 친소의 구별이 있을 수밖에 없다고 하면서, 이런 친소관계를 리일분수의 관계로 이해한다. 그는 다음과 같이 말한다.

---

66) 물론 이는 주희의 해석일 뿐이고 그것이 장재가 주장하는 바를 제대로 파악했는지는 별도로 논의해 볼 일이다. 예를 들어 황종원은, 『서명』의 전반부에서 묵가적 요소를 보려는 것도 무리가 있지만 장재의 『서명』에 리일분수의 이론이 함유되어 있다고 보는 것 역시 무리가 있다고 주장한다. 황종원, 『장재 철학: 천과 인간의 구분과 합일』(문사철, 2010), 247쪽. 필자는 이정 및 주희의 해석으로부터 탈피하여 장재 사상의 고유성을 밝히려는 시도에 대해 전혀 반대하지 않는다. 다만 정이와 주희의 리일분수설에 의한 장재 사상의 해석도 나름 존중받아 마땅한 관점이라고 본다. 특히 장재를 묵가적 사상의 영향을 받은 학자로 보는 시각에 반대하여 그의 사상을 유가적 사유 전통에 자리매김하려는 정이와 주희의 시도는 매우 긍정적 의미를 지닌다고 생각한다.

67) 미우라 구니오, 『주자어류선집』, 290～291쪽. 이상익의 해석도 유사하다. 그에 따르면 주희는 정이가 실천론적인 맥락에서 제기한 리일분수를 우주의 "근원적 통일성과 현상적 다양성" 혹은 온갖 존재의 "보편성과 특수성"을 해명할 형이상학 이론으로 전개했다. 이상익, 『주자학의 길』, 92쪽.

68) 주희·여조겸 편저, 『근사록집해』 1, 76쪽.

69) 미우라 구니오, 『주자어류선집』, 291쪽 및 이상익, 『주자학의 길』, 97쪽 참조

하늘은 기를 주고 땅은 질質을 주니, 진실로 부모와 같은 이치이다. 그러나 우리 부모와 천지 사이에는 스스로 별도의 친소관계가 있다. 동포의 이면에도 리일분수가 있고, 친구의 이면에도 리일분수의 관계가 있다. 양시는 동포와 친구라는 표현이 바로 묵씨의 설에 가깝다고 의심하였지만, 이는 동포와 친구도 각각의 리일분수를 그 안에 가지고 있음을 모르는 것이다.[70]

물론 시마다 겐지가 주장하듯이 만물일체의 인이나 "백성들은 나의 동포요 만물은 나와 함께 있는 자(동무들)"라는 주장이 사랑에 차등을 두는 전통적인 유가사상을 부인한다고는 보기 힘들다. 따라서 장재의 주장 역시 "우주적인 가부장주의"의 틀을 넘어서지 않는다고 보아야 할 것이다. 물론 장재의 우주적인 가족주의가 "거센 이상주의에 의해 뒷받침되고 있을 때, 오히려 바로 수평주의적인 유토피아주의(동포주의)로 작용"할 수 있다는 점도 주목하지 않으면 안 될 것이다.[71]

그러므로 만물이 한 몸이요 친구이며 온 백성은 모두 내 동포라는 주장이 설령 사람들 사이의 차이나 차별적 사랑을 내포하고 있다곤 하더라도, 이런 주장으로부터 이 이론이 인간과 사물의 일종의 평등주의를 전적으로 거부하고 있다는 식의 결론을 도출할 필요는 없다. 그러니까, 만물이 한 몸이고 친구라는 생각과 사랑에 차등을 두어야 한다는 주장을 양립 불가능한 것으로 볼 필요는 없다는 것이다.

주희에게도 대동의 박애는 유가가 추구하는 궁극적 이상이었다. 다만 그는 이런 대동사상의 실현에는 친소원근의 차등적 질서가 포함되지 않으면 안 된다고 보았을 뿐이다. 필자가 볼 때 이런 식의 사고방식은 오히려 더 대동적 이상에 대한 내실 있고 구체적인 인식으로 될 수 있다. 그러므로 리일분수의 이론으로 독해되고 한층 구체화된 만물일체의 인이 모든 사람을 동등하게 대우하라는 보편적 평등주의와 양립할 수 없다고

---

70) 미우라 구니오, 『주자어류선집』, 301~302쪽.
71) 시마다 겐지, 『주자학과 양명학』, 120쪽.

볼 필요는 없지 않을까 한다.

우리는 가까운 사람을 친애하면서도 모든 사람에 대한 평등한 존중을 긍정할 수 있다. 친구나 애정 관계를 통해서 서로 친밀한 관심사를 주고받는 윤리적 가치가 모든 사람을 동등하게 대우할 것을 주장하는 도덕과 다르다고 해서 전자를 후자에 비교해 저차원적인 것으로 볼 필요도 없거니와, 심지어 전자를 이른바 배타적 가족주의나 종족주의를 불러일으킬 위험성을 지닌 것으로 보아서 후자만을 진정한 도덕으로 보는 태도는 도덕에 대한 일면적 인식의 표현에 지나지 않을 것이다. 마찬가지로 우주에 존재하는 동물이나 식물과 같은 유정적인 존재만이 아니라 무기물과 같은 존재 역시도 우주가 만물을 창생하는 생명의 원리를 구성하고 있는 필수요소라고 받아들인다고 해서, 이런 태도가 모든 존재는 다 엄격한 의미에서 동등한 가치를 지닌다고 보는 관점으로 이어지지는 않을 것이다.

하나의 예를 들어 보자. 공맹 이래 장재와 주희에 이르기까지 반복해서 등장하는 주장, 이를테면 "세상의 피로하고 병든 자, 외롭고 홀몸인 자, 홀아비, 과부들은 모두 우리 형제 가운데서 고난에 빠져도 하소연할 곳 없는 자들"[72]인데 이들이 사회에서 소외되지 않도록 우선적인 관심을 받아야 하고 이들의 처지를 개선하는 것이 어진 정치의 우선적 과제라고 보는 유가적 사유 방식을 사람을 동등하게 대우하는 원칙과 어긋나는 차별로 받아들이는 사람은 드물 것이다. 실제로 주희는 장재의 사상을 이론적으로만 받아들이지 않고 실천에서도 구현하고자 했다. 하늘과 인간을 관통하는 인의 도를 강조했던 정호와 장재의 사상을 이어받은 주희는 백성을 동포로 여겨서, 흉년이나 기근으로 인해 오갈 데 없는 형제를 돌보기 위한 제도적 장치를 마련하는 데에도 전력을 기울였다. 그 제도가 바로 주희가 처음으로 실시한 사창제도였다.[73]

---

72) 주희·여조겸 편저, 『근사록집해』 1, 288~289쪽.
73) 주희의 사창제도에 대해서는 구스모토 마사쓰구, 『송명유학사상사』, 300~324쪽 참조 바람.

마찬가지로 "사랑을 베푸는 데 차등이 없어 겸애에 미혹되면 그 극단은 아버지를 무시하는 데에까지 이르게 된다"[74]라는 주장이 과연 아무런 타당성이 없는 것일까 반문해 본다. 오늘날 자유주의와 공동체주의 논쟁에서 쟁점이 되는 사례를 한번 들어 보자. 칸트나 롤스 같은 자유주의적 이론가들은 인간을 동등하게 대우하는 원칙을 도덕의 제일 원칙으로 보면서 인간에 대한 보편적 의미에 늘 우선적 가치를 부여한다. 그러나 마이클 샌델이 반문하듯이, 이런 주장을 극단적으로 밀고 가면 우리는 어떤 특정한 사람에 대한 충성이나 애정 혹은 우정을 부인하지 않을 수 없다. 인간에 대한 보편적 의무를 늘 앞선 것이라고 간주하는 사람들이 일관되게 그 원칙을 자신의 삶에 적용할 때, 그들의 관심사는 친구와 낯선 사람 사이의 구분을 지우는 데로 흘러간다. 그들에게는 친구가 잘되기를 바라면서 각별한 관심을 기울이는 태도가 일종의 편애나 편파성으로 이해될 터인데, 이런 편애란 편파성과 분열을 초래하는 요인으로서 인류에 대한 보편적 사랑과는 어울리지 않는다고 생각할 것이기 때문이다. 그러나 설령 그렇게 일관된 사람이 있다고 해도 그런 사람의 삶이 정말로 의미 있을지는 의문이다. 그래서 샌델은 완벽한 의미의 세계시민주의자에게는 "친구란 없을 것"이라고 일갈한 몽테스키외의 명언을 들면서 완벽한 세계시민주의자로 구성된 세계가 얼마나 보잘것없을 것인지를 강조한다.[75]

이런 맥락에서 본다면 아버지와 낯선 사람의 구분을 없애고 아버지를 낯선 사람으로 대우하는 태도를 "의를 해치는 도덕"[76]으로 보면서 묵가가 이런 문제점을 안고 있다고 보는 주희의 관점이 마냥 틀린 것은 아니리라. 친소관계를 완전히 무시하면서 기계적으로 사람을 동등하게 대우하는 것이 오히려 유가의 어진 마음의 가르침을 해치는 것이라고 보는 관점은 오늘날에도 여전히 의미가 있다. 물론 '아버지'란 용어가 보여 주듯이 주희는 여전히

---

74) 주희·여조겸 편저, 『근사록집해』 1, 303쪽.
75) 마이클 샌델, 『마이클 샌델의 하버드 명강의』(이목 옮김, 김영사, 2011), 379쪽.
76) 주희·여조겸 편저, 『근사록집해』 1, 303쪽.

남성중심주의적이고 가부장적 사유 방식에 사로잡혀 있었다는 점을 고려하더라도 말이다. 요약하자면, 우리는 가족과 친구에 대한 특별한 애정이 인간의 평등한 존엄성에 대한 긍정과 함께할 방안을 모색하는 편이 더 타당할 것이다.

사랑이나 우정과 같은 특별한 인간관계에서 비롯되는 애정이나 연대성이 인간의 보편적 동등 존중이라는 평등의 이념과 쉽게 극복할 수 없는 긴장 관계를 초래할 것이라는 점은 분명하다. 하지만 그렇다고 어느 하나만을 배타적으로 선택하여 그것에 독단적으로 우선적 가치를 부여하려는 시도가 진정한 해결책이 아님은 분명하다. 그러므로 리일분수로 이해된 만물일체의 인 사상이야말로 가족과 친구에 대한 특별한 애정이나 국가와 같은 더 넓은 공동체에 대한 소속감에서 우러나는 연대성 그리고 궁극적으로는 인간 이외의 생명체와의 공감적 소통 관계의 형성 등이 지니는 내재적 가치를 존중하면서도 세계시민적 이념을 증진할 방안까지도 모색하는 데 크게 이바지할 이론이라 여겨진다.[77]

더 나아가, 리일분수와 결합된 만물일체의 인 사상이나 우주적 가족주의는 동물이나 여타 생명체에 대한 존중을 통해 극단적인 인간중심주의의 한계는 물론이고, 모든 생명체의 평등만을 고수하면서 이들 사이에 존재하는 차이를 소홀히 하는 심층생태주의나 생명중심주의의 한계까지 피하면서 독자적인 생태적 사유로 발전될 가능성을 안고 있다. 이에 대해서는 인간과 여타 생명체의 관계를 다루는 바로 연이은 절에서 좀 더 상세하게 언급할 것이다.

그 전에 우리는 정호, 장재, 주희 등 송대에 번성했던 유가적인 생태적 사유가 명대의 왕수인에게서도 계승된다는 점을 언급할 필요가 있다. 이곳이 그의 이론을 다룰 자리는 아니지만, 유가적 생태 사상의 흐름에서 그가

---

77) 오해를 피하고자 필자는 인간만이 존엄성을 지닌 존재라는 주장을 전제하고 있진 않다는 점을 강조하고 싶다. 앞서 유가적 생명철학을 설명하는 과정에서도 언급했듯이, 필자는 살려는 뜻이나 의지 즉 生意를 지닌 존재는 모두 다 자기목적적 존재로서 일종의 존엄한 존재로 인정받아야 한다고 본다.

차지하는 지위가 매우 크다고 여겨지기 때문에 만물일체의 인에 대한 그의 핵심적 입장을 포함한 유명한 구절을 인용해 보기로 하겠다. 그는 『대학문大學問』에서 천지만물일체의 인 사상을 다음과 같이 말한다.

대인은 천지만물을 한 몸으로 여기는 사람인지라, 천하를 한집안처럼 보고 중국을 한 사람처럼 본다. 저 형체를 사이에 두고 너와 나를 나누는 자는 소인이다. 대인이 천지만물을 한 몸으로 여길 수 있는 것은, 그것을 의도해서가 아니라 그 마음의 어짊이 본래 그와 같기 때문에 천지만물과 더불어 하나가 되는 것이다. 어찌 오직 대인뿐이겠는가? 비록 소인의 마음이라고 하더라도 또한 그렇지 않음이 없지만, 자기 스스로 작게 만들었을 뿐이다. 그러한 까닭에 어린아이가 우물에 빠지려는 것을 보면 반드시 두려워하고 근심하여 측은해하는 마음이 일어나는데, 이것은 그의 어짊이 어린아이와 더불어 한 몸이 된 것이다. 어린아이는 인간과 동류이기 때문이다. 새가 슬피 울고 짐승이 사지에 끌려가면서 벌벌 떠는 것을 보면 반드시 참아내지 못하는 마음이 일어나는데, 이것은 그의 어짊이 새나 짐승과 더불어 한 몸이 된 것이다. 새나 짐승은 지각이 있기 때문이다. 초목이 잘려 나간 것을 보면 반드시 가여워서 구제하고 싶은 마음이 일어나는데, 이것은 그의 어짊이 초목과 더불어 한 몸이 된 것이다. 초목은 생의生意가 있기 때문이다. 기와장이 무너진 것을 보면 반드시 돌이켜 회고하는 마음이 일어나는데, 이것은 그의 어짊이 기와장과 더불어 한 몸이 된 것이다. 이렇게 한 몸으로 여기는 어짊은 비록 소인의 마음이라고 하더라도 또한 반드시 지니고 있다. 이것은 하늘이 명령한 본성에 뿌리를 두고 있으며, 자연히 영명하고 밝아서 어둡지 않은 것이다. 그런 까닭에 그것을 '밝은 덕'(明德)이라 부른다.[78]

---

78) 왕수인, 「대학문」; 『전습록』 2(정인재·한정길 옮김, 청계, 2007), 부록, 933쪽 이하. 김세정은 왕수인의 생태주의를 "심층생태주의"로 규정하면서 왕수인의 생태적 사유 방식에 대한 상세한 분석을 제공한다. 김세정, 『돌봄과 공생의 유가 생태철학』, 제8장 참조 바람. 또한 왕수인의 생태적 사유에 대해서는 진래, 『진래 교수의 유학과 현대사회』(강진석 옮김, 예문서원, 2016), 104~110쪽 참조 바람.

4. 성리학에서의 인간과 여타 생명체의 관계

앞 절에서 언급했듯이 주희의 사유 체계에 따르면 만물은 리理와 기氣로 인해 형성된다. 거칠게 말하자면 주희에게 리와 기의 관계는 서로 밀접하게 연결된 혼성의 것이다. 리와 기는 분석해서 보면 별도로 말할 수밖에 없지만 서로가 없으면 안 되는 것으로서 혼연일체를 이루고 있다. 주희는 "하늘의 명령이 있더라도 반드시 기가 있어야만 비로소 리를 이어받을 수 있다"라고 말한다.[79] 그래서 전목은 주희의 리기론을 "리기일체의 우주론"이라고 규정하면서 이런 사유는 전에는 없었던 "독창적 견해"라고 평가한다.[80] 이런 이론에 따르면, 인간을 비롯한 우주만물은 하늘로부터 리 혹은 태극을 차별 없이 부여받았다는 점에서 근본적으로 동등하다. 이는 『중용』 1장의 "하늘이 명한 것을 성이라 한다"(天命之謂性)라는 구절에 대한 주희의 해석이 잘 보여 준다.

> 명命은 영令과 같으며, 성性은 바로 리理이다. 하늘이 음양陰陽·오행五行으로 만물을 화생化生함에 기氣로써 형체를 이루고 리理 또한 부여하니, 명령함과 같다. 이에 사람과 물건이 태어남에 각기 부여받은 바의 리를 얻음으로써 건순健順·오상五常의 덕德을 삼으니, 이른바 성性이라는 것이다.[81]

주희는 리를 천하 사물이 반드시 지녀야 할 "소이연所以然이라는 원초적 이유와 소당연所當然이라는 당위성의 법칙"이라고 더 분명하게 말한다.[82] 만일 사물 사이에 차이와 다름이 있다면 그것은 기의 품부로 인한 차이이다. 위 인용문에서 압축적으로 표현한 바대로, 우주 자연의 만물은 음양오행의 기의 도움을 받아야 하며 이런 기를 통해 일정한 형체를 이루게 된다.

---

79) 『주자어류』 2, 537쪽.
80) 전목, 『주자학의 세계』, 53쪽.
81) 『대학·중용집주』, 60쪽.
82) 박완식 편저, 『대학, 대학혹문, 대학강어』, 253쪽.

음양과 오행의 기가 왕성하게 움직이면 갖가지 변화가 나타나게 마련이고, 이러한 음양오행의 기의 흐름으로 인해 만물이 다양한 형체를 이룰 때 각각의 사물은 하늘로부터 리를 부여받아 그것을 자신의 본성으로 삼는다는 것이다.

주희는 음양오행의 기로 인해 인간과 사물에 생기는 차이를 설명하면서 "기의 치우침과 올바름, 통함과 막힘, 맑음과 탁함, 순수함과 뒤섞임"으로 인해 차이가 발생하게 된다고 더 분명하게 설명한다. 바르고 통한 기를 얻으면 사람이 되고, 치우치고 막힌 기를 받으면 여타 생명체가 된다는 것이다.[83] 그런데 이런 기의 품부의 차이는 인간과 여타 존재, 이를테면 동물이나 식물 사이의 차등이나 차이를 초래하는 데 그치지 않는다. 기의 품부의 차이는 같은 인간들 사이에도 발생한다. 그래서 주희는『중용』에 대해 주석하면서 22장에서는 "사람과 물건의 성이 또한 나의 성인데, 다만 부여받은 바의 형기形氣가 같지 않기 때문에 다름이 있을 뿐이다"라고 말하고, 또 23장에서는 "사람의 성은 같지 않음이 없으나 기는 다름이 있다"라고 말한다.[84] 달리 말하자면, 사람 중에서 맑고 순수한 기를 타고난 사람은 성인이나 현인이 되지만 탁하고 뒤섞인 기를 받은 사람은 보통사람이 된다는 것이다. 그러나 인간은 사물과 달리 명덕明德을 지니고 태어나기에 설령 순수하지 못한 기를 받았을지라도 성인의 교화나 어진 정치제도의 도움을 받아 자신의 본성을 실현할 수 있다.[85]

동등한 리를 부여받았다는 점에서 볼 때 인간과 여타 사물 사이에는 귀천의 차이가 없으며 다만 기의 측면으로 인해 상대적으로 귀하고 천한 차이가 발생하게 된다는 것이 주희의 일관된 생각이었다. 그의 이런 생각은 『대학』의 삼강령, 즉 '명명덕, 신민, 지어지선'에 관한 주해에서도 찾아볼 수 있다.『대학혹문』에서 주희는『대학』삼강령의 취지에 대한 혹자의 물음에

---

83)『주자대전』3, 397쪽.
84)『대학·중용집주』, 97~98쪽.
85)『주자대전』3, 397~398쪽.

다음과 같이 말한다.

> 그러나 이치로 말하면 만물이 다 같이 한 근원으로서 사람과 만물에 귀천의 차이가 없지만, 기운으로 말하면 바르고 통명한 기운을 얻으면 사람이 되고 편벽되고 막힌 기운을 얻으면 만물이 된다. 이 때문에 어떤 것은 고귀하고 어떤 것은 비천하다는 차이점이 생기는데, 비천한 만물은 이미 형기의 편색에 질곡되어 본체의 온전함을 확충할 수 없다.[86]

인간과 여타 사물이 하늘로부터 동등하게 부여받은 리라는 것이 실제로는 천지가 만물을 낳는 마음으로 규정된 인仁이라는 점도 우리는 앞에서 보았다. 그래서 주희는 늘 천지가 만물을 낳아 기르는 마음을 '생의生意'와 관련시켜 주해한다. 기억을 상기시키기 위해 주희가 인을 생명의 씨앗으로 비유한 구절을 인용해 보자.

> 또한 예컨대 만물이 (겨울에) 저장된다고 하더라도 어찌 일찍이 휴식을 취하겠는가! 모두 생의生意가 그 속에 있다. 예컨대 곡식의 종자, 복숭아씨(桃仁), 살구씨(杏仁) 등의 종류는 땅에 심자마자 싹이 트니, 그것들은 죽은 것이 아니다. 그러므로 그것들을 인仁이라고 부르는 것이니, 모두가 생의生意라는 것을 알 수 있다.[87]

이때 '생의'라는 것은 생명력, 살려는 뜻, 생명의 의지 등등으로 번역할 수 있을 것이다. 필자는 비록 각 생명체 사이에는 의식적인 자각의 차이가 있다고 하더라도 자신의 생명을 유지하고 보존하려는 애틋한 마음으로 헤아려 볼 수 있는 '살려는 뜻'으로 보는 것이 좋다고 생각한다. 간단하게 표현한다면 '생명력'으로 번역해도 좋을 것이다.

위 인용문에 따르면, 우주는 음양오행이라는 기의 천만 가지 변화와 이와 결부된 리의 협력으로 인해 다양한 생명체를 생성해서 기르는, 내적

---

86) 박완식 편저, 『대학, 대학혹문, 대학강어』, 238~241쪽.
87) 『주자어류』 2, 764쪽.

역량이나 경향성이라고 표현해도 좋을 그 어떤 창조적 생명력을 지닌 것으로 이해된다. 그런 생명력을 주희는 통칭하여 천지가 만물을 낳는 마음으로서의 인仁이라고 이해하는 것 같다. 이렇게 본다면 천지가 사람을 비롯한 여타 뭇 생명을 낳는 마음인 인仁이란, 생명을 낳는 이치 즉 리理와 통한다. 이와 관련된 주희의 주장을 인용해 보자.

> 하늘의 봄·여름·가을·겨울은 가장 분명히 알 수 있으니, 봄에는 낳고 여름에는 기르고 가을에는 거두고 겨울에는 저장한다. 비록 네 계절로 나누어졌어도 끊임없이 낳는 뜻(生意)이 일찍이 관통되지 않은 적은 없으니, 설사 참혹하게 눈이 내리고 서리가 치더라도 역시 이것도 끊임없이 낳는 뜻(生意)이다. 낳는다(生)는 낱말로써 인仁을 말하는 이유는, 낳는다는 것이 원래 모든 것에 앞서기 때문이다. 천지가 나를 낳으신 뜻을 내가 지금 반드시 스스로 체득해야 한다.[88]

위 인용에 따르면, 천지가 사계절의 운행을 통해 만물을 낳는 전체 과정을 관통하는 것은 바로 '끊임없이 낳는 뜻'(生意)이고 이를 또한 인仁이라고 말한다. 그래서 주희는 인仁이란 "하늘의 이치(天理)의 전체적 모습(統體)이다"라는 자신의 스승 이동李侗의 주장에 기꺼이 동의한다.[89]

춘하추동의 네 계절을 관통하여 흐르는 봄의 생기를 인仁으로 규정한다는 것은 사실 우주의 생성 변화하는 과정 전체를, 궁극적으로는 한순간의 쉼도 없이 계속해서 생명을 낳고 기르는 생생불식生生不息의 과정 전체를 인이라고 보는 셈이다. 우주란 다양한 생명을 낳아 이들 사이의 조화로운 질서를 형성해서 뭇 생명이 잘 번성하도록 하는 생명의 창조적 과정 자체라고 보고, 그런 우주의 창조적 생명력을 인이라고 보는 것이다. 이렇게 주희에게서 인은 우주만물의 지속적인 생명 창출의 전체 과정을 관통하는 일종의 창조적이고 왕성한 생명력으로 이해된다. 간단하게 말해 우주 전체가 인

---

88) 같은 책, 773쪽.
89) 같은 책, 762쪽.

공동체이고 그런 우주의 생명력의 기저를 인이라고 보는 생명 사상으로서의 성리학은 우주적인 인 공동체 이론이라고 보아도 틀리지 않을 것이다. 그렇기에 측은한 마음 즉 생명체의 근원적인 생명력이 방해받는 것을 보고 마음 아파하며 아끼는 마음이란, 인의 본체가 발현되는 실마리라는 점에서 인의 싹으로 이해된다.[90]

그렇다고 이런 천지의 마음이 그 어떤 목적적인 의식을 갖고 생명을 낳는다고 보긴 어렵다. 이런 맥락에서 황종원은 만물을 낳는 천지란 목적이나 의지를 갖고 만물을 창조하는 초월적인 절대적 신과 다르다고 말한다. 그러니까, 우주만물을 생성하는 천지는 자연일 뿐으로, 자연을 초월한 그 어떤 실체나 창조주와 비견하다 보면 주자학의 천지 개념을 오해하게 된다는 것이다. 그래서 황종원은 천지와 만물의 차이를 염두에 두고 천지를 스피노자에서 유래한 능산적 자연이라 부르면서, 그런 능산적 자연인 천지에 의해 산출된 만물과 천지를 구별한다. 간단하게 말해 황종원은, 천지를 생명을 낳는 능산적 자연으로 이해하면서 이런 능산적 자연이 바로 천지가 만물을 낳는 마음이라고 규정된 인이라고 해석한다.[91]

앞에서 살펴본 것처럼, 주자학 혹은 성리학은 전체 우주의 생명을 창생하는 과정 자체의 왕성한 생명력을 중심으로 하는 우주론이자 생명철학이라 해도 틀리지 않을 것이다. 그리고 이런 생명 중시의 사상이 인간 이외의 여타 생명체 이를테면 동물과 식물의 내재적 가치를 긍정한다는 점은 만물을 인간과 더불어 하늘의 이치를 동등하게 품부 받은 존재로 본다는 데에서도 명백히 드러난다. 이제 성리학에서 동물과 식물을 어떻게 보는지 좀 더 구체적으로 살펴보자.

주희에 따르면, 새나 짐승 그리고 초목 등도 하늘로부터 똑같은 이치를 부여받았지만 이들은 기품의 차이로 인해 그 본성을 온전하게 드러낼 수

---

90) 같은 책, 784~785쪽.
91) 황종원, 「주자 仁 개념의 자연생명론적인 의미에 관한 연구」, 『주제 속 주희, 현대적 주희』, 354쪽.

870   제4부 문명 전환의 시대와 생태·대동민주주의의 가능성

없다. 달리 말하자면, 동일한 본성을 지닌 인간 사이에는 본성의 밝고 어두움의 차이만 존재하므로 사람은 교화나 수양을 통해 자신의 도덕적 본성을 온전하게 실현할 수 있지만 인간 이외의 생명체는 기가 치우쳐 있거나 막혀 있기에 그 본성을 제대로 밝힐 수 없다는 말이다.[92] 그러나 동물이나 식물도 만물을 낳는 천지의 마음으로 인해 형성된 존재인 한에서는 생명력이 내재해 있고, 생명력의 왕성한 발현에 뿌리를 두고 있는 도덕적 본성의 총체인 어진 마음이 불완전한 형태로나마 존재한다.

앞에서 인용한 것처럼 인이란 생명의 씨앗이라는 의미를 지니듯, 모든 생명체는 생명을 싹틔우고 번성하려는 경향성이 존재한다. 다만 동물의 경우 기질이 막히고 치우쳐 있어서 인의예지仁義禮智의 덕을 제대로 실현할 수 없다는 점에서 인간과 다를 뿐이다. 그렇다고 인간이라 해서 늘 자신의 본성을 제대로 실현할 수 있는 것도 아니다. 주희가 말하듯이 어떤 사람이 부모에게는 효도를 잘하지만, 친구 관계나 부부관계는 소홀할 수도 있기 때문이다. 그는 당나라 황제 현종을 예로 든다. 현종은 동생들과 우애가 깊어 죽을 때까지 긴 베개를 함께 베고 지낼 정도였으나 신하를 죽이고 자식을 죽이고 아내를 죽였다.[93]

더 나아가 주희는, 동물 이외의 식물에도 지각은 없지만 마음이 있다고 말한다.[94] "세상의 모든 것은 아무리 미세하고 세밀한 것이더라도 모두 마음을 가지고 있다. 다만 지각할 수 없을 뿐이다." "가령 한 포기의 풀이나 한 그루의 나무라 해도 양의 기운이 있는 곳에서는 살아나고 음의 기운이 있는 곳에서는 초췌해지는" 현상을 통해서 우리는 식물조차도 "그 몸속에 좋아하고 싫어하는 것"이 있음을 미루어 짐작할 수 있다. 이처럼 주희는 식물도 생명의 뜻(生意)이 있음을 강조한다. 그는 아침햇살이 비칠 때 꽃나무

---

92) 『주자어류』 2, 506쪽.
93) 같은 책, 589쪽.
94) 물론 식물에 지각이 있는지에 대해 주희는 일관된 태도를 보여 주지 않는다. 다른 곳에서 그는 식물도 지각한다고 말하고 있기 때문이다. 이승환, 「朱子의 共同體的 生態倫理」, 247쪽 참조 바람.

가 싱싱하게 생기가 넘쳐흐르는 모습을 보고서는 꽃나무도 생명의 뜻을 지니고 있다고 했다.[95]

여기서 이승환은, 식물이 햇볕을 향해 뻗어갈 때는 생기를 얻지만 그렇지 못할 때는 시들어 버리는 현상으로부터 호오好惡의 능력을 추론해 내는 주희의 주장은 생명의 "지향성"을 강조하는 것이라고 해석한다. 달리 말해, 이승환은 생명체가 자신의 생명을 보존하기 위해 외부 환경에 반응하고 자기에게 유리한 방향을 취사선택하는 성향을 "지향성"이라고 명명하면서, 세상의 미세한 존재 즉 지극히 미세하고 보잘것없는 생명체도 모두 마음을 지닌다는 주장은 "생명 현상에 필수적으로 수반되는 지향성"을 파악한 것이라고 보아야 한다고 말한다.[96]

지향성(intentionality)이란 개념은 에드문트 후설의 현상학의 핵심 개념으로 널리 알려진 용어이다. 현상학자들에게 지향성이란 대개 "대상을 향해 있음"으로 이해되거나 "세계로 열려 있음으로, 혹은 '다른 것임'(타자성, alterity)으로 열려 있음"으로 이해된다고 한다. 간단하게 말해 지향성이란 개념은 의식이란 결국 타자에 열려 있는 관계로 인해 가능하다는 점에서 "자체에 갇혀 있다는 점을 부정"하려는 점을 드러내기 위해 사용된 것이다.[97] 그러므로 생명체도 늘 자기폐쇄적인 존재가 아니라, 근본적으로 타자 및 환경과의 상호 작용을 통해 자신을 스스로 유지하려는 활동으로만 존재하는 것임을 염두에 둔다면 지향성을 인간의 의식에만 고유한 것으로 볼 필요는 없을 것이다. 그러므로 모든 생명체는 생의를 지니는 한 기본적으로 지향적 존재이며, 그런 점에서 마음을 지닌 존재라고 볼 수 있을 것이다. 그래서 에반 톰슨도 "마음과 생명의 깊은 연속성"을 강조하면서 "생명이 있는 곳에는 마음이 있고, 가장 분절된 형태의 마음은 생명에 속한다"라고 주장한다. 톰슨은 "마음은 생명과 같고, 생명은 마음과 같다"고 할 정도로 마음과

---

95) 『주자어류』 2, 521쪽 및 528쪽.
96) 이승환, 「朱子의 共同體的 生態倫理」, 243쪽.
97) 에반 톰슨(Evan Thompson), 『생명 속의 마음』(박인성 옮김, 도서출판b, 2016), 49쪽.

생명의 깊은 연속성을 역설한다.[98]

생명체가 기본적으로 지향성을 지닌 존재라는 사실은 움베르토 마투라나(Humberto R. Maturana)와 함께 자가생성(autopoiesis)이라는 개념을 창안해 큰 영향을 준 프란시스코 바렐라(Francisco J. Varela)가 생명체란 "의미 만들기"(sense-making)라고 규정한 이론과 맞닿는다.[99] 에반 톰슨은 바렐라의 이 이론은 생명체가 기본적으로 지향성을 지님을 긍정하는 것이라고 이해한다. 여기에서는 생명체가 어떤 점에서 지향성을 존재라고 보는지를 이해하기 위해 다음과 같은 톰슨의 설명을 인용한다.

> 운동력이 있는 박테리아가 설탕이 함유된 음식 무더기 속에서 헤엄치면서 기어오르는 모습을 생각해 보라. 그 세포들은 설탕이 있는 곳으로 최대한 맞닿을 수 있는 방향을 찾을 때까지는 여기저기로 굴러다니는 것이다. 그들이 좋아하는 설탕이 농축되어 있는 쪽으로 향하고 전진하고 기어오르면서 결국은 설탕이 최대로 농축된 곳을 향한다.[100]

하여간 생명을 지향성 혹은 생의를 지니는 존재로 보는 성리학이 인간 이외의 여타 생명체, 천지 만물과의 연대 의식을 강조하고 개별 동물이나 식물에 관한 도덕적 관심을 보여 주는 것은 우연이 아니다. 사실 성리학 형성에 지대한 영향을 준 유학자들은 동물이나 식물에 대해 매우 강한 도덕적 관심을 보여 주었다. 예를 들어 『근사록』에는 정호가 주돈이의 생명 사랑에 관한 일화를 언급한 기록이 나온다.

> 정호가 말했다. "주돈이는 창 앞의 풀을 제거하지 않았다. 누군가 그 이유를 물어보자 '내 뜻과 한가지이기 때문이다'라고 대답했다."[101]

---

98) 같은 책, 13쪽 및 182쪽.
99) 자가생성 개념과 생명체의 근본 현상에 속하는 "의미 만들기"(혹은 의미형성작용으로도 번역된다)라는 개념에 관해서는 에반 톰슨, 「부록 1: 생명과 마음 — 오토포이에시스로부터 신경현상학까지」, 프란시스코 바렐라, 『윤리적 노하우』(유권종·박충식 옮김, 갈무리, 2009), 150~159쪽 참조 바람.
100) 같은 책, 151쪽.

이 일화는 매우 유명하다.[102] 주돈이는 창밖의 풀도 함부로 제거하지 않았는데, 그 이유는 볼품없는 풀이라 해도 생의를 지닌 생명체로서 자신과 다르지 않다고 생각했기 때문이다. 주희와 여조겸은 이를 다음과 같이 풀이하고 있다. "하늘과 땅의 생성하는 의지가 유행하여 발육시킨다. 어진 사람은 자연의 낳고 낳는 뜻이 가슴속에 충만하므로, 생명 현상을 보면 자신의 마음에 합치됨이 있다."[103] 이 일화는 천지만물을 한 몸으로 여기는 경지를 인으로 보는 송대 유학자들의 높은 도덕적 이상주의의 상징적 표현으로 이해되기에 손색이 없다. 이런 도덕적 이상주의가 바로 우주 만물의 생명력에 대한 존중으로 표현되었다는 것이 송대 유학의 특색이라 할 것이다.

주희는 "범과 이리에게는 부자의 사랑이, 벌과 개미에게는 군신의 의리가, 승냥이와 수달피에게는 보본報本의 예의가, 징경이와 비둘기에게는 암수의 분별심이 있는바, 형기의 편벽된 가운데에서도 일부 의리를 얻은 바가 있다"라고 말한다.[104] 이런 주희의 발언이 있기 이전에 이미 『이정전서』에서도 인간 이외의 생명체 특히 동물들이 인의예지의 사덕四德을 지님을 말한 바 있다.

예컨대 그 새끼가 그 어미를 사랑하고 어미가 그 새끼를 사랑하는 것은 또한 목木의 기상(인을 가리킴 – 필자)이 있는 것이지만, 또 어찌 수오지심이 없겠는가. 예컨대, 해로움을 피하고 이익에 나아가며 사랑하고 미워하는 바를 구별하는 것이 하나하나 그 이치가 완비되어 있다. 또한 원숭이와 같은 것은 더욱 사람과 닮았다. 그러므로 짐승 중에 가장 지혜로우니, 어린아이처럼 몽매한 사람 중에는 견해가 원숭이에 미치지 못하는 자가 많다.[105]

---

101) 주희·여조겸 편저, 『근사록집해』 2, 952쪽.
102) 『근사록』의 다른 부분에서도 동일한 주돈이 일화가 소개되어 있다. 주희·여조겸 편저, 『근사록집해』 1, 125쪽.
103) 주희·여조겸 편저, 『근사록집해』 2, 952쪽.
104) 박완식 편저, 『중용』, 358~359쪽 및 359쪽 각주 142. 『주자어류』 2, 580쪽에도 거의 동일한 주장이 등장한다. 징경이는 물새를 가리킨다.
105) 『이정전서』 1, 264쪽.

『송명학안』에 있는 장구성張九成의 기록에 따르면, 정호는 한 포기의 풀도 함부로 해치지 않는 사람이었다. 그는 창밖의 풀에 관련한 주돈이의 일화와 매우 유사한 태도를 보여 주었다. 또 그는 작은 연못을 만들어 놓고 물고기를 기르면서 관찰하기를 좋아했는데, 왜 물고기를 기르고 관찰하는지 묻는 사람에게 그는 "만물이 자득自得하는 뜻을 보려고 한다"라고 대답했다. 정호는 물고기에게도 능동적인 지각 능력이 있음을 긍정하면서, 물고기에 대한 관찰을 통해 우주 만물의 깊은 생명력에 찬탄을 보냈던 것이다. 이런 일화를 기록하면서 장구성은 정호가 "풀을 보면 생의를 알았으며 물고기를 보면 자득의 뜻을 깨달았다'라고 평한다.106) 정이 또한 인간 이외의 생명체도 천리天理 즉 하늘이 만물에 부여한 본성으로서 인의예지仁義禮智의 사덕을 스스로 터득할 능력이 있음을 강조한다. "생물 가운데 스스로 천리를 터득함이 있는 것은, 벌과 개미가 그 임금을 지킬 줄 알고 승냥이와 수달이 제사를 지낼 줄 아는 것과 같은 경우이다."107)

오늘날 일부 동물들이 인간과 마찬가지로 우리가 도덕적이라고 부르는 성향을 지니고 있음은 이제 널리 인정받고 있다. 예를 들어, 세계적인 영장류 학자 프란스 드 발의 관찰에 따르면 유인원도 이타적 행위를 한다. 유인원은 자기 먹이를 잃을 수 있는 상황에서도 자발적으로 문을 열어 동료가 먹이에 접근할 수 있도록 도와준다. 또한 일부 동물들은 보상이 없어도 선행을 베푼다. 어떤 암컷 침팬지가 관절염이 심해서 걷거나 기어오를 때 힘들어하면 다른 암컷 침팬지가 도와주는 경우도 있다.108)

더 나아가 드 발은 무리를 지어 같이 살아가는 침팬지의 생활을 관찰하면서 이들이 정의감을 갖고 있음을 알아냈다. 어느 날 파위스트라는 이름의 침팬지는 니키라는 침팬지를 쫓는 침팬지 라윗을 도와주었다. 그런데 나중에 니키가 파위스트에게 힘을 과시하는 공격적 행위를 하자 파위스트는 라윗에

---

106) 장덕린, 『정명도의 철학』(박상리 외 옮김, 예문서원, 2004), 31쪽.
107) 『이정전서』 2, 212쪽.
108) 프란스 드 발, 『착한 인류』(오준호 옮김, 미지북스, 2014), 17~18쪽.

게 도움을 요청했으나, 라윗은 파위스트를 위해 아무런 일도 하지 않았다. 그러자 파위스트는 엄청나게 화를 내면서 라윗을 공격했다고 한다. 이런 현상에 대해 드 발은 다음과 같이 설명한다.

이전에 자신의 도움을 받았던 라윗이 자신의 도움 요청에 모른척했기 때문에 파위스트가 화가 났던 것일까? 만일 그것이 사실이라면 침팬지의 호혜성도 인간들 사이의 호혜적 행동처럼 일종의 도덕심과 정의감 같은 것에 의해 작동되고 있는지도 모른다.

위의 인용에서 드 발은 약하게 추론하는 듯이 보이지만, 사실상 이런 서술은 침팬지에게 분노와 정의감이 존재한다는 점을 웅변적으로 서술하기 위한 수사적 표현이다.[109]

앞에서 본 것처럼 성리학의 집대성자 주희도 동물 및 식물을 인간과 전적으로 다른 존재로는 보지 않았다. 그는 살아 있는 한 그루의 초목을 함부로 베거나 이런 생명체가 시들어 가는 것에서조차 마음 아파하는 공감 어린 행위는 바로 만물이 모두 천지의 어진 마음을 이어받은 우주적 공동체의 일원이라는 점으로부터 기인함을 강조한다.

눈앞의 일체 사물과 존재는 모두 지극한 이치를 갖고 있다. 풀 한 포기, 나무 한 그루, 짐승 한 마리 등이 모두 이치(理)를 지니고 있다. 초목은 봄에 나고 가을에 시들며 삶을 좋아하고 죽음을 싫어한다. 『주례周禮』에서 "한여름에는 양목陽木을 베고 한겨울에는 음목陰木을 벤다"라고 했는데, 모두 음양의 이치를 따르는 것이다. 스스로 만물이 동일한 기운으로 한 몸이 된다는 점을 깨달으니, 맹자가 말한 "살아 있는 것을 보고서는 그 죽는 것을 차마 다시 보지 못하며, 슬프게 울부짖는 소리를 듣고서는 그 고기를 차마 먹지 못한다"라는 것이다. 알맞을 때가 아니면 나무 한 그루도

---

109) 프란스 드 발, 『침팬지 폴리틱스 권력투쟁의 동물적 기원』(장대익·황상익 옮김, 바다출판사, 2019), 303~304쪽.

베지 않고 짐승 한 마리도 죽이지 않으니, 『예기禮記』에서 말한 "새끼 밴 것을 죽이지 않고, 어린 짐승을 죽이지 않으며, 새집을 엎어 버리지 않는다"라는 것이다. 이것이 바로 내외를 합일시키는 도리이다.[110]

그런데 송대 유학자들 사이에서는 불교의 불살생不殺生이라는 가르침을 두고 잦은 논쟁이 있었다. 일례로, 정이와 제자 사이의 문답에서 살생을 금하는 불교의 학설에 대한 논의가 존재한다. 어느 제자가 "불가에서 살생殺生을 경계하는 설은 어떠합니까?"라고 묻자, 정이는 이에 대해 유가들 사이에는 두 가지 이론이 존재한다고 답한다. "일설一說은 하늘이 금수를 낳은 것은 본디 사람이 먹기 위해서라는 것이니, 이는 옳지 않다." 이어 그는 "서캐나 이"를 예로 들면서 어떻게 사람이 이런 미물을 먹으면서 살아갈 수 있겠느냐고 반문한다. 다른 학설은 "금수는 사람을 의지해서 살아가므로 그것을 죽이는 것은 불인不仁하다는 것이니, 이 설 또한 옳지 않다." 왜냐하면 힘이 강한 존재(여기서는 인간)가 자신보다 약한 동물을 먹는 것도 자연의 이치이기 때문이다. 다만 군자는 "차마 하지 못하는 마음"으로 그렇게 하지 않을 뿐이다. 그러면서 그는 자신의 형 정호의 일화를 소개한다.

이에 따르면 정호는 어느 날 전갈 한 마리를 보고서는 죽이지 못하고 놓아 준 적이 있었다. 아마도 차마 어쩌지 못하는 마음, 즉 생명에게 함부로 해를 가하거나 살생하는 것을 극도로 꺼리는 어진 마음에 따른 행동이었을 것이다. 정호는 이 경험을 토대로 「방갈송放蝎頌」이라는 시를 지었는데, 이 시에는 "전갈을 죽이면 인仁을 해치고, 놓아 주면 의義를 해치네"라는 구절이 있다. 인간에게 해로운 독을 지닌 전갈도 생명체이기에 함부로 해치지 않고 살려 두었다는 점에서 어진 마음을 지켜낸 것이지만, 해로운 독충을 살려 둠으로써 다른 사람이나 동물이 해를 당할 가능성을 차단하지 못했다는 점에서 의로움을 해치게 되었다고 본 것이다.[111]

---

110) 정종모, 「생명권 담론으로서 송명 유학의 가능성: 인권을 넘어 동물권으로」, 『생명연구』 48(2018), 58쪽에서 재인용함
111) 정호·정이, 『이정전서』 4(최석기 옮김, 전통문화연구회, 2020), 185쪽.

살생을 금하는 불교의 가르침을 어떻게 볼 것인지에 대한 유가의 두 가지 반응 및 정호와 관련한 전갈의 일화에서, 우리는 정호와 정이 형제가 '인간중심적으로 동물에 접근하는 방식'이나 '짐승을 죽이는 일을 극도로 삼가는 태도' 모두를 바람직하지 못한 양극단으로 보고 있음을 알 수 있다.

『주자어류』는 주희 또한 인간과 여타 생명체 사이의 올바른 도덕적 관계가 무엇인지 고민했음을 보여 준다. 이와 관련된 이야기는 이정二程의 수제자 양시楊時의 제자들이었던 장구성과 고억숭 사이의 논쟁이 시발점이 되었다. 장구성은 게도 먹지 않을 정도로 살생을 삼갔다. 정종모에 따르면, 장구성은 오늘날의 용어로 하면 채식주의자로, 유학자였지만 불교의 영향도 많이 받은 인물이었다.[112] 이와 달리 고억숭은 살생의 문제에 개의치 않고 게를 먹었는데, 이런 고억숭의 행위를 두고 양시는 두 사람을 앞에 두고서는 고억숭이 옳지 않다고 했다가 고억숭이 물러난 뒤에는 장구성을 깨우쳐 준다. 당시의 정황과 이에 대한 주희의 평가는 다음과 같다.

> 물었다: "『횡포어록』에, 장구성은 살생하지 않고 게를 먹지 않았는데 고억숭은 그와 달리 게를 먹었습니다. 양구산楊龜山(양시)은 '장구성이 살생하지 않는데, 고억숭이 고의로 살생하는 것은 옳지 않다'라고 했다가, 고억숭이 물러나자 장구성에게 '주공周公은 어떤 사람인가?'라고 물었고 장구성은 '인한 사람입니다'라고 대답했습니다. 양구산이 '주공은 맹수를 쫓아냈고, 이적을 겸병했으며, 오십여 개의 나라를 멸망시켰다. 어찌 살생하지 않았겠는가? 단지 불인不仁을 통해 인仁을 실천한 것이다'라고 말했습니다." 주자가 말했다. "이것은 단지 그가 (생명을) 죽이기도 했다는 점만 보여 주기 때문에 여전히 부족하다. 물론 옛날의 성인이 그물을 만들어 사냥하고 낚시하면서 동물의 고기를 먹었다는 점을 알아야 하겠지만, 다른 한편으로 '군자는 푸줏간을 멀리한다'라고도 했으니 하늘이 낳은 생명(天物)을 잔인하게 대하지 않은 것이다. 이렇게 말해야만 (양극단을 배제하여) 실정에 맞게 된다."[113]

---

112) 정종모, 「생명권 담론으로서 송명 유학의 가능성: 인권을 넘어 동물권으로」, 65쪽.
113) 정종모, 같은 글, 65~66쪽에서 재인용함.

양시는 고억숭과 장구성이 모두 있을 때는 살생하는 고억숭을 나무라는 말을 했지만, 그가 자리에서 물러난 뒤에는 유가에서 공자와 버금가는 성인으로 추앙받는 주공周公을 예로 들며 장구성의 태도 역시 일면적임을 설명한다. 그리고 이런 양시의 설명에 대해 주희는 양시의 설명 또한 위대한 성인도 살생했다는 점만 들었다는 점에서 불충분하다고 비판한다. 그러면서 군자는 어쩔 수 없을 때 동물도 먹고 살생을 하지만 늘 "하늘이 낳은 생명(天物)을 잔인하게 대하지 않으려고" 함에 주목할 필요가 있다고 강조한다. 이처럼 주희도 불필요하게 동물이나 여타 생명체를 존중하지 않고 이들에게 해를 가하는 것이 도덕적으로 올바르지 않은 행위임을 긍정한다. 그러니까, 주희 역시도 불교의 불살생을 하나의 극단적 행위로 보는 동시에 함부로 살생을 일삼는 과도한 인간중심주의적 태도 또한 다른 극단이라고 본다.

5. 성리학적 생태주의의 성격

정호나 주희 등의 유학자가 동물 및 식물과 같은 생명체에 대해 보여 주는 도덕적 태도는 사실 리일분수설의 변형이다. 달리 말하자면, 우주만물이 하나의 이치를 지닌다는 점에서 인간 이외의 생명체 또한 존중받아야만 할 우주적 공동체의 일원이지만 인간과 동물과의 관계에서 일종의 차등적 사랑이 정당화될 수 있다는 것이다.

맹자의 '친친親親·인민仁民·애물愛物'이 보여 주듯이, 차등적 사랑은 유가의 핵심적 주장 중의 하나이다. 이런 차등적 사랑과 우주 만물에 대한 박애를 긍정하는 유가는 우주 내에서의 인간의 지위와 책임에 관한 독특한 이론을 전개하고 있다. 인간과 생명체의 올바른 도덕적 관계를 차등적 사랑으로 접근하는 데서 보듯이 성리학 또한 우주 내의 인간에게 독특하고 특별한 지위와 의미를 부여한다. 이는 인간을 천지와 더불어 만물의 화육化育을 담당하는 삼재의 하나로 긍정하는 데에서 잘 드러난다.

만물은 천지가 만물을 낳는 마음을 지니고 태어난다는 점에서 모두 생명을 아끼는 마음이 있다는 사실에는 차이가 없다. 그러므로 인간 이외의 다른 생명체들 또한 자신의 생명을 유지하고 잘 살아가려는 마음을 지니고 있다고 해도 틀리지 않을 것이다. 이런 점에서 모든 생명체는 각자 고유의 선을 지니는 존재라고 생각된다.114)

당연한 이야기이지만, 인간만이 아니라 지구상의 모든 생명체는 각각의 생명의 생존과 번영에 필요한 조건과 환경을 스스로 다 조달할 수는 없다. 지구라는 행성에서 진화해 온 생명체의 역사를 보건대, 생명체는 물리적 환경이나 무기물 환경에 의존해 있다. 이처럼 외부 환경과 상대적으로 분리되어 있는 동시에 의존해 있기도 한 생명체는 늘 상처나 해를 받을 수 있는 상황에서 벗어나 있지 않다. 이런 취약성과 상처받을 수 있음이란 죽음이 생명체의 본질적 구성 요소라는 점에서 기인하는 것이다. 따라서 모든 생명체는 상처받는 존재를 보게 되면 자신이 상처받는 것처럼 느껴서 함께 공감하지 않을 수 없다.

"사람들은 모두 사람을 차마 해치지 못하는 마음을 가지고 있다"라는 맹자의 주장도 이런 맥락에서 바라볼 필요가 있다. 주희는 맹자의 이 주장을 "천지는 만물을 냄으로써 마음을 삼으니, 태어난 물건들이 각기 천지의 생물지심生物之心을 얻어서 그것으로 마음을 삼았다"라고 주해한다. 인간만이 아니라 만물이 모두 천지의 생물지심을 얻어 자신의 마음으로 삼는다는 것이다.115) 그리고 연이어 "이 때문에 사람들은 모두 사람을 차마 해치지 못하는 마음을 가지고 있다"라고 하였으니, 만물을 낳는 마음의 본체가 생명을 사랑하는 이치인 인임을 알 수 있다.116)

---

114) 폴 테일러(Paul W. Taylor)도 모든 생명체는 고유의 선을 지닌 존재라고 본다. 폴 테일러, 『자연에 대한 존중: 생명중심주의 환경윤리론』(김영 옮김, 리수, 2020), 113쪽.

115) 주희는 또 "천지는 그 마음을 만물에 두루 미치게 하기 때문에 사람이 얻으면 사람의 마음이 되고 사물이 얻으면 사물의 마음이 되며 초목과 짐승이 얻으면 초목과 짐승의 마음이 되니, 단지 하나의 천지 마음일 뿐이다."라고 말한다. 『주자어류』 1, 104~105쪽. 주희는 천지의 마음에 대해 이중적 태도를 취한다. 천지의 마음이 있는 측면과 아울러 그 마음이 없는 측면도 알아야 한다고 주장하고 있기 때문이다. 같은 책, 같은 곳.

그런데 천지만물 중에 유독 인간만이 음양오행의 기 중에서 "빼어난 것을 얻어 태어났기"에 사람의 마음은 "가장 영묘하여 온전한 본성을 잃지 않을 수 있다." 그래서 주희는 인간을 "천지의 마음이자 사람의 표준"(天地之心 而人之極)이라고 이해한다.[117] 이처럼 인간의 마음이 바로 천지의 마음과 동일한 것으로 간주될 정도로 인간은 끊임없이 지속되는 우주 만물의 생성 변화에서 가장 빼어난 존재로 여겨진다.

그런데 인간과 여타 생명체의 동근원적 가치를 긍정하면서도 동시에 천지만물 중에서도 인간이 가장 빼어난 존재임을 강조하는 성리학의 주장을 어떻게 이해해야 할까? 그에 대한 실마리로서 우선 생명계의 전일적 성격과 아울러 생명체들 사이의 복잡성의 체계에 따른 위계를 동시에 긍정하는 현대 생물학의 학문적 성과를 참조하는 것이 좋을 듯하다.

20세기의 위대한 생물학자 가운데 한 사람인 에른스트 마이어(Ernst Mayr, 1904~2005)에 따르면, 지구상에는 약 38억년 동안의 진화의 산물인 "생물의 기원으로부터 단순한 원핵세포로, 그리고 거대한 나무, 코끼리, 고래, 인간에 이르는 연속된 흐름"이 존재한다.[118] 세포에서부터 식물이나 동물에 이르는 살아 있는 생명은 생명 없는 물질세계에서는 볼 수 없는 단계적으로 복잡한 체계를 이루고 있으며, 이것은 하위 단계에서는 예상할 수 없는 새롭고 질적인 성격을 보여 준다고 그는 주장한다. 이런 점에서 생명체 사이에는 일종의 위계가 존재하며, 이런 위계는 하위 단계의 생명으로부터 복잡한 생명체로의 진화에서 발생하는 '창발성'(emergence) 덕분이다.[119]

현대 생물학의 용어를 통해 성리학의 사유를 재해석하는 것은 필자의 역량 밖의 일이다. 또 이곳이 그런 것을 시도할 자리도 아니다. 그러나 생물계에서도 창발적 현상으로 인해 단순한 단계에서 좀 더 복잡한 체계를 구성하는 생명 사이의 위계가 발견된다는 인식은 인간뿐만 아니라 만물

116) 『맹자집주』, 102쪽, 「공손추상」 6.
117) 『근사록집해』 1, 77쪽.
118) 에른스트 마이어, 『이것이 생물학이다』, 45쪽.
119) 같은 책, 16쪽 및 43쪽.

모두가 천지의 생물지심을 얻어 태어난다는 점에서 인간과 여타 생명의 통일성과 상호의존성을 긍정하면서도 인간 고유의 특성을 강조하는 성리학의 사유를 이해하는 데 도움이 될 것이라고 본다.

주희는 인간이 해야 할 마땅한 일이란 "백성들은 나와 동포이고 만물은 나의 친구이다"라는 장재의 말을 "천지에 참여하여 조화와 발육을 돕는"(參天地贊化育) 행위로 설명하면서, 이런 일을 최고로 잘 발휘하는 데 온 힘을 기울이는 것이야말로 진정한 "유자儒者의 도"임을 역설한다.[120] 참천지찬화육參天地贊化育에서의 '찬贊'을 '돕다'(助)의 뜻으로 본 사람도 주희 자신이다.[121] 하여간 천지를 도와서 우주 만물이 잘 성장하고 화육을 완성하도록 하는 것이 바로 우주 내에서의 인간의 일이요 직분이라는 것이다. 그런데 "백성들은 나와 동포이고 만물은 나의 친구이다"라는 만물일체 사상을 "천지에 참여하여 조화와 발육을 돕는" 인간의 고유한 직분이자 도덕적 의무로 이해하는 주희의 설명에는 그의 생명 사상 혹은 생태적 사유의 측면에서 주목할 부분이 있다. 왜냐하면 그는 여기에서 우주적 가족 공동체 내에서의 평등함과 차등적 질서를 명확하게 하고 있기 때문이다.

함께 태어난 가운데서도 같은 종류로서 가장 존귀하므로 '동포'라고 하니, 곧 그들을 볼 때는 자기 형제처럼 여기게 된다. 만물은 편벽된 형체와 기운을 얻어서 성명의 온전함에 통할 수 없으므로 나와 같은 종류가 아니고 사람의 귀함과 같지 않다. 그러나 그것들이 몸으로 삼고 성으로 삼은 것의 유래를 캐 보면 (이것) 역시 천지에 근원을 두어 같지 않은 적이 없었다. 그래서 '나의 친구'라고 하니, 곧 그들을 볼 때는 나의 친구들처럼 여기게 된다. 오로지 동포이기 때문에 아래의 글에서처럼 천하를 한집으로 여길 수 있고 나라 안 사람을 한사람처럼 여길 수 있다. 오로지 나의 친구이기 때문에 하늘과 땅 사이에서 형체를 받은 것은 동물이나 식물, 정이 있는 것이나 없는 것이나 구별할 것 없이 모두 자기의 성을 따르고 마땅함을

---

120) 주희·여조겸 편저, 『근사록집해』 1, 288쪽.
121) 『대학·중용집주』, 97쪽.

완수하지 않는 것이 없다.[122]

주희는 인간이 우주 내에서 담당해야 할 책임이 천지의 화육에 참여하여 천지를 돕는다는 데 있음을 설명하면서 특히 하늘과 인간이 각기 해야 할 직분의 차이를 강조한다.

사람은 천지 사이에 있어서 비록 천지와 하나의 이치일 뿐이지만, 하늘과 사람은 하는 일에 각각 분수가 있기 때문에 사람이 할 수 있는 것을 하늘은 할 수 없는 것이 있다. 예를 들면 하늘은 만물을 낳을 수 있으나 경작하고 씨 뿌리는 것은 반드시 사람의 힘을 빌려야 하며, 물은 만물을 적셔 줄 수 있으나 물을 대고 흘러가게 하는 것은 반드시 사람의 힘을 빌려야 하며, 불은 만물을 태울 수 있으나 땔나무를 하고 불을 때는 것은 반드시 사람의 힘을 빌려야 한다. 천지의 도를 헤아려 이루고 천지의 마땅함을 돕는 데에 반드시 사람의 힘을 빌려야 하는 것이 천지의 화육을 돕는 것이 아니라면 무엇이겠는가.[123]

이 인용문의 첫 부분, 그러니까 사람과 하늘이 하는 일에는 각각 분수가 있다는 주장은 주희의 『중용혹문』에도 나온다. 사람과 천하의 이치가 하나일 뿐이라는 말은 인간이 천하의 일을 하는 것이 사실상 천지가 일하는 것과 마찬가지라는 뜻이다. 그래서 성인이 "하늘을 대신해서 사물을 다스리는 것은 천지의 마음으로써 천지의 조화를 돕는 것"이기 때문에 하늘과 인간의 구별이 있지 않다고 주희는 말한다.[124] 그러나 분수의 관점에서 보면 하늘이 인간의 일에 관여할 수 없는 바가 있으며, 인간도 하늘에 미치지 못하는 바가 있다고 한다.

그런데 여기에서 우리가 주목해야 할 부분은 천지가 만물을 낳아 기르는

---

122) 같은 책, 같은 곳.
123) 진덕수, 『대학연의』 2(신승운 외 옮김, 전통문화연구회, 2014), 251~252쪽.
124) 박완식 편저, 『중용』, 516쪽.

데는 사람의 도움이 필요하다는 주장으로, 이는 천지가 만물을 탄생케 하고 길러 주는 마음인 어짊은 인간을 통해 비로소 완성됨을 뜻하는 것이라고 이해될 수 있다. 이것이 아마도 좁게는 성리학적, 넓게는 유가적 천인합일이 지니는 생명사상적 인식의 핵심일 것이다. 이런 해석은 주희의 주장에서도 명시적으로 드러난다. 위 인용문에 따르면, 사람이 "천지의 도를 헤아려 이루고 천지의 마땅함을 돕는다"(財成輔相)라는 것이란 "천지의 화육을 돕는 것"을 뜻한다. 여기에서 "천지의 도를 헤아려 이루고"라고 번역된 '재성財成'은 "마름질해서 완성하다"라는 말로도 번역될 수 있다.125)

물론 주희도 인간의 도덕적 본성이 잘 실현되어 천지의 화육에 도움을 주기 위해서는 군자나 대인의 주도적 노력이 필요함을 강조한다. 『주역』에서는 최고의 경지에 이른 사람을 대인 혹은 성인으로 일컫는다.

> 무릇 대인이란 천지와 그 덕이 합하며, 일월과 그 밝음이 합하며, 사시四時와 그 질서가 합하며, 귀신과 그 길흉이 합하여, 하늘보다 먼저 하여도 하늘이 어기지 않으며 하늘보다 뒤에 하여도 천시天時를 받드나니, 하늘도 어기지 않는데 하물며 사람에게 있어서며 귀신에게 있어서랴.126)

위 인용문은 인간의 가능성을 최고 경지에 이르기까지 실현한 사람을 대인 혹은 성인이라고 부르면서, 이런 사람은 그 덕이 천지와 합치될 정도로 위대하다고 말한다. 이에 대한 주희의 해석에 따르면 "사람은 천지, 귀신과 본래 두 이치가 없으나 다만 사람은 유아有我의 사욕에 가려질 뿐이다." 본래 사람과 천지의 이치는 서로 통하므로 둘이 아니라 동일하지만 사람은 몸을 지닌 데 따르는 이기적 욕망으로 인해 본래의 이치를 깨닫지 못하고

---

125) 정이천 주해, 『주역』, 277쪽. 이승환도 심의용과 똑같이 번역한다. 이승환, 「朱子의 共同體的 生態倫理」, 249쪽. 앞서 『대학연의』에서 인용된 구절은 명대에 만들어진 『사서대전』의 하나인 『중용대전』에도 기록되어 있다. 김수길도 '財成輔相'을 '마름질하여 이루고 보충해 주고 돕는 것'으로 번역한다.『집주완역 중용』하(김수길 옮김, 대유학당, 2001), 695쪽.
126) 『주역전의』 상, 184쪽.

있다는 것이다. 이를 주희는 일반 사람은 사욕으로 인해 "형체에 질곡되어 서로 통하지 못한다"라고 설명하면서, 이런 상황의 극복을 위해서는 대인의 도움으로 하늘의 이치를 계발할 필요가 있다고 본다. 즉 "대인은 사욕이 없어 도로써 본체를 삼는" 사람이라 그런 역할을 할 수 있다.[127]

주희의 생명 이론 혹은 우주적 생태주의 이론이 보여 주듯이, 유교적 도덕 이론의 풍부함은 도덕 실현을 타자와의 성공적인 만남의 맥락에서 이해한다는 점에서도 분명해진다. 인간 본성에 내재된 잠재 능력의 완전한 발현은 타자와의 성공적인 관계 속에서만 가능하다는 것이 유교적 인문정신의 핵심이다. 천지만물과의 교감을 통해서만 인간됨을 실현할 수 있다는 믿음이야말로 유교적 인문주의의 알파와 오메가이기 때문이다. 그리고 성인과 군자는 마음을 닦아서 타자 및 천지만물과의 개방적 교감과 공존의 덕을 실현할 수 있는 역량을 지닌 사람에 대한 명칭이다.

이처럼 성리학 및 전통적 유학에서는 천지의 화육이 완성될 수 있도록 인간이 마름질하고 도와주는 일이 바로 우주 내에서 인간이 해야 할 고유한 직분임을 강조한다. 그러므로 성리학이 아무리 만물일체의 인을 이야기한다고 하더라도 그들은 인간을 하늘로부터 부여받은 도덕적 본성을 지닌 특별한 존재로 이해하였고, 그런 한에서 인간의 우월적 지위를 부정하지 않았다. 이런 점에서 볼 때 두유명이 유가적 인간을 "하늘과 함께하는 공동 창조자"로 규정한 것도 타당성 있는 견해라 하겠다.[128]

그런데 주희는 『중용혹문』에서 인간이 천지의 만물 화육을 도와 그 일을 완성하게 한다는 대목을 설명한 여러 학설 가운데 특히 여대림呂大臨의 학설이 "더욱 확실하다"라고 평가하면서도 그 내용을 소개하고 있진 않다.[129] 우리는 이와 관련한 여대림의 주장을 『대학연의』에 실린 글을 통해 확인할 수 있다. 그의 말을 인용해 보자.

---

127) 같은 책, 185쪽.
128) 두유명, 『문명간의 대화: 유교 인문주의의 현대적 변용에 관한 연구』, 225쪽.
129) 박완식 편저, 『중용』, 517쪽.

여대림이 말하였다. "요임금이 의씨義氏와 화씨和氏에게 명하여 공경히 호천昊天을 따르게 하였으니, 백성들이 흩어져 살고 더욱 흩어져 살며 기운이 고르고 집안에서 사는 것과, 조수鳥獸가 교미하고 새끼를 낳으며 털이 듬성듬성해지고 가죽이 바뀌며 털갈이하고 윤택해져서 가는 털이 나는 것과 같은 일에 참여하여 알지 못함이 없었다. 이에 천지의 화육을 도운 것을 알 수 있다. 돕는다는 것은 일삼는 바가 없는 것을 행하고 순리대로 기를 뿐이라는 뜻이다. 천지의 화육도 미치지 못하는 바가 있기 때문에 반드시 사람이 그 화육을 도운 뒤에야 구비될 수 있으니, 그렇다면 천지는 사람의 힘이 아니면 서지 못하는 것이다. 이 때문에 사람이 천지와 함께 병립하여 셋이 되는 것이다."130)

위 인용문에서 필자가 주목하는 것은 다음의 두 가지이다.

첫째, 천지의 화육과 관련해 천지 화육이 잘 되도록 돕는 일을 인간의 번영과 여타 생명체의 번영을 함께 고민하는 대동사회의 요임금이 행한 일이라고 설명하는 부분이다. 인간 문명 세계와 생태계의 보전이 서로 함께 의존하고 있다는 점에 대한 자각이 매우 흥미롭다. 기후변화, 생물 다양성의 감소와 같은 오늘날의 생태적 대재앙의 근본적 원인이 화석연료 에너지의 소비를 통해 끊임없이 성장을 추구하는 자본주의 문명에 있음을 부인하기 힘들다. 물론 생태위기를 초래하는 원인을 제공하는 데는 각 지역이나 국가나 계층 사이에 커다란 차이가 있다. 그러나 크게 보아 인간과 자연의 상호관계가 서로 밀접하게 연결되어 있음에도 불구하고 그 관계를 인간의 사사로운 욕망으로, 또 그런 욕망을 무한히 부추기며 소비지상주의적인 삶의 방식을 구성해내는 자본주의로 크게 해친 결과 생태위기가 발생했음은 틀림없다. 그러므로 자연 및 생태계의 보전과 인간의 문명 세계를 서로 별개의 것이라고 보는 것은 설득력이 떨어진다. 그러므로 우리는 천지의 화육에 능동적으로 참여하는 인간의 역할을 강조하는 것을 과도한 유가적 인간중심주의의 표현으로 독해하여 이를 근거로 해 유가적 사유 방식 역시 생태적 위기를 초래한

130) 진덕수, 『대학연의』 2, 252~253쪽.

서구적 인간중심주의와 질적인 차이를 지니지 않는다는 식으로 바라볼 필요는 없다. 오히려 유가적 사유 방식에서 생태위기를 극복할 생태적 사유의 실마리를 발견하는 작업이 더 설득력이 있다.

이승환도 우주 생태계 내부에서 천지가 할 일과 인간이 할 일이 서로 다르다고 보고, 인간이 천지의 화육을 도와 그것을 완성에 이르게 한다는 관점을 인간중심주의로 볼 필요가 없다고 주장한다. 그러면서 그는 주희의 생태적 사유가 인간이 생태 보존을 위해 적극적으로 개입하는 책임 있는 자세를 요구하는 사회생태주의와 친화성을 지닌다고 말한다. 간단하게 말하자면, 생태계 내에 존재하는 다양한 생명체의 존속과 번영을 위해 적극적으로 책임을 다하려는 주희의 생태주의는 인간에게 "참여적 공진화"의 주체로서의 능동적 역할을 제대로 할 것을 요청하는 독자적인 생태적 사유라고 보아야 한다는 것이다.[131]

둘째, 천지의 화육을 "돕는다는 것은 일삼는 바가 없는 것을 행하며 순리대로 기를 뿐이라는 뜻"이라는 부분도 주목해야 한다. 자연에 대한 무분별한 개입을 경계하고 있기 때문이다. 우리는 생태 공동체의 일원으로서 생태 공동체의 파괴는 자신의 파괴임을 알고 있다. 그러므로 생태 공동체의 파멸을 가져올 사회를 생태적 방향으로 변화시켜 나가야 한다. 그러나 이때도 늘 조심하지 않으면 안 된다. 자연을 그대로 놓아두기만 하는 것도 능사가 아님을 우리는 잘 알고 있다.

오늘날 인간이 자연에 대한 개입을 너무나 많이 한 결과 야생동물의 서식지가 엄청나게 파괴되었다. 2020년 이후 인류가 겪는 코로나19 바이러스 문제도 인간이 지나치게 자연을 착취하면서 인간과 여타 생명체의 경계가 허물어져서 생긴 결과라고 알려져 있다. 신종 코로나바이러스로 인한 재난도 산림벌채와 같은 자연에 대한 무분별한 개발의 결과 인간과 동물의 거리가 없어져서 생긴 것이었다. 그러므로 코로나 팬데믹은 심층생태주의에서

---

131) 이승환, 「朱子의 共同體的 生態倫理」, 249~252쪽.

강조하는 사실, 즉 우리는 지구 생태계의 구성원으로서 서로 의존하고 있는 자연적 존재의 일부라는 사실이 진실임을 보여 준다. 그런 상황에서 우리는 파괴된 서식지를 포함하여 인간과 자연의 균형을 새롭게 확보하기 위한 생태계 복원 작업을 게을리할 수 없다.

물론 우리가 생태 공동체의 일원인 한에서 자연에 대한 자유방임적인 불간섭 또한 불가능한 일이지만, 자연에 대한 개입이 늘 좋은 결과만을 가져오는 것도 아니다. 예를 들어, 생태계의 복잡한 작동 방식에 대한 이해 없이 이루어지는 자연보호 조치는 특정 동물의 개체 수를 지나치게 많아지게 만들어 오히려 생태계의 균형을 파괴할 수 있고, 개별적인 동물에게 최악의 결과를 가져올 수도 있다.[132] 이런 역설적 결과를 피하려면 우리는 생태계에 대한 과학적 이해로부터 많은 도움을 받아야 할 것이다.

그러나 심층생태주의가 주장하듯이 과학으로서의 생태학도 우리가 어떤 삶을 살아야 하는가 하는 근본적 물음에 대답을 주지는 못하지만, 생태위기 시대에 우리에게 필요한 것은 바로 어떤 삶이 바람직한지에 대한 성찰이다.[133] 물론 심층생태주의도 여러 가지 한계를 지닌다.[134] 데자르뎅이 지적하듯이, 심층생태주의는 테일러의 생명중심주의와 달리 인간의 이익과 자연의 이익이 충돌할 때 더 인간의 간섭에 반대하는 경향을 보여 준다. 이익 충돌을 해결할 합리적 방안을 모색하는 과정에서 인간의 이익을 여타 생명공동체 구성원의 이익보다 더 우선적인 것으로 두는, 가치의 위계 서열을 정당화하는 데로 흐를 것을 염려하기 때문이다.[135]

심층생태주의의 염려 역시 일리가 없는 것은 아니다. 특히, 서로 다른 이유로 인해서이긴 하지만 생명중심주의나 심층생태주의가 내세우는 생명 중심적 평등사상은 생태위기 시대의 철학적 사유에서 필수 조건이 된다고

---

132) J. R. 데자르뎅, 『환경윤리』, 206~207쪽 참조.
133) 같은 책, 340~341쪽.
134) 데자르뎅은 이에 대한 가장 개괄적인 설명을 제공한다. 같은 책, 358~362쪽 참조 바람.
135) 같은 책, 356쪽.

본다. 예를 들어 테일러는 생명 중심 관점의 핵심을 구성하는 네 가지 믿음 중 마지막 네 번째를 "인간은 다른 생명체보다 본질적으로 우월하지 않다"로 정의한다.136) 또 심층생태주의가 가장 중요하게 여기는 두 가지의 "궁극적 규범" 중 하나가 바로 "생명중심적 평등"이다. 그리고 "생명중심적 평등이라는 직관은 생물권의 모든 만물에게는 살아서 꽃피울 권리가 있다는 것을;⋯⋯ 각각의 고유한 형태로 자기를 드러내고 자기완성에 도달할 권리가 있다는 것을 나타낸다." 간단하게 말하자면 생명중심적 평등이라는 직관은 "생물권 내 모든 유기체와 구성물은 서로 밀접히 연결된 전체의 일부로서 그 본질적 가치가 동등하다는 것이다."137)

심층생태주의가 강조하는 생명평등주의가 완강한 면이 있어 인간의 도덕적 능력의 의미를 잘 담아내지 못하는 것으로 비판받을 측면도 없지 않다. 그러나 필자는 심층생태주의가 강조하는 생명평등주의가 과도한 인간중심주의의 위험성에 대한 경고라는 맥락에서 독해할 필요가 있다고 생각한다. 과장이 한갓 나쁜 의미에서의 수사적 방법인 것만은 아니다. 비판적 사유역시 본디 과장법을 나쁜 것으로 기각하고 그것을 전혀 활용하지 않는다면 자신의 역할을 다할 수 없을 것이다. 비판적 사유가 기존의 세계관이 소홀하게 다루거나 은폐해 온 것을 드러내기 위해서는 과장법을 동원하지 않을수 없다.

하여간 필자가 보기에 심층생태주의의 생명평등주의에서 우리가 주목해야 할 부분은 우주 내 유기체와 구성물의 "본질적 가치가 동등"하다는 구절이다. 흥미롭게도 테일러 또한 인간과 여타 생명체 사이에는 "본질적"으로 위계 서열이 존재하지 않는다고 말한다. 인간과 비인간 생명체 사이의 본질적 평등을 주장한다는 것은 성리학이 내세우는 만물일체의 생명 사상과 다르지 않다. 다만 필자는 이런 평등성의 원칙이 우리가 추구하는 생태적

---

136) 폴 W. 테일러, 『자연에 대한 존중』, 109쪽.
137) 빌 드발(Bill Devall)·조지 세션스(George Sessions), 『딥 에콜로지』(김영준 외 옮김, 원더박스, 2022), 128쪽.

사유에서의 필수조건이지 충분조건이라고 보지 않을 뿐이다.

심층생태주의의 한계를 비판하는 데에도 필자는 장재의 만물일체 사상을 리일분수로 이해하는 정이와 주희의 관점이 필요하다고 본다. 심층생태주의는 근본적으로 인간과 여타 생명체의 가치가 평등하다는 점을 강조한다는 점에서 옳지만, 그런 평등성만을 보는 데 그치고 있다는 점에서 문제가 있다고 여겨진다.

더 나아가 심층생태주의는 기후위기나 생태위기가 인간 사회 내 불평등 문제와 밀접하게 연결되어 있다는 점에 대한 인식이 불충분하다. 오늘날 기후위기의 피해에 가장 취약한 곳은 역설적이지만 상대적으로 기후온난화에 책임이 작은 국가 및 그 국가 내에서도 사회적으로 불리한 상황에 있는 사람들이다. 선진국의 부유층은 일반 사람들로서는 상상할 수 없는 사치를 누리고 에너지를 마음껏 소비하면서 지구온난화의 주범인 이산화탄소의 상당 부분을 배출한다. 그러나 이들은 기후위기로 인한 홍수 피해나 물 부족 사태 또는 식량 부족 등으로부터 아무런 피해도 겪지 않는다. 그런 피해는 고스란히 일반 계층이나 가난한 나라의 사람들에게 전가된다. 이들은 선진국의 부유층과 비교할 때 이산화탄소 배출에 대해 거의 책임이 없는데도 말이다. 간단하게 말해 글로벌 사우스(Global South) 즉 남반부나 개발도상국과 글로버 노스(Global North) 즉 선진국 사이의 불평등 문제는 생태제국주의적 생활양식과 무관하지 않다. 이런 점을 고려할 때 성리학적 사유는 인간과 여타 생명체의 근본적인 평등성을 인정하면서도 인간 사회의 문제를 함께 고려하는 인문적 사유라는 점에서 주목할 필요가 있다.

그런 점에서 천지의 화육을 "돕는다는 것은 일삼는 바가 없는 것을 행하며 순리대로 기를 뿐이다"라는 구절도 오늘날의 생태위기 시대에 소중하게 생각해볼 지혜라고 여겨진다. 자연에 대한 인위적이고 무분별한 개입을 자제하면서도 자연과 인간의 상호균형을 맞추기 위해 노력하는 자세가 필요하다는 식으로 이해될 수 있기 때문이다. 특히 돕는다는 것은 "일삼는 바가 없는 것을 행함"(行其所無事)이라는 구절은 맹자에게서도 등장하는데,

『맹자』「이루하」26에서 맹자는 이 구절을 통해 우임금의 치수를 빗대어 인간의 본성의 실현 방식을 설명하고 있다. 이를 자연에 대한 인간의 태도와 관련해 해석한다면, 우임금은 물의 본성에 따라 자연스럽게 물을 관리하였기에 위대한 성인이었다는 말이다.[138]

이런 우임금의 치수 방법을 지침으로 삼아서 자연과 인간의 조화로운 관계를 지향하는 유가적 지혜를 따른다면, 참다운 생태적 실천은 천지화육과 관련한 인간의 능동적 책임을 긍정하면서도 인간의 이로움을 취하기 위해 무리하게 혹은 폭력적인 방식으로 자연에 요구하고 닦달하는 데로 나가는 것을 방지할 수 있을 것이다. 이런 결론은, 우리가 이미 살펴본 것처럼 생생불이生生不已하는 우주 만물의 유행 속에 인간 사회를 건설하는 것은 결국 인간이 천지의 화육을 도와서 완성에 이르도록 한다는 성리학적 사상의 내적 요구로부터 비롯된 것이었다.

물론 생태위기를 극복하려면 자연과 인간의 올바른 관계 형성을 위한 구체적인 규범적 지침이나 현명한 자세도 중요하다. 그러나 우리는 우선 자연과 인간을 바라보는 기존의 생명파괴적인 인간중심적 관점을 철저하게 비판적으로 재검토해야 한다. 여기에서도 제도와 함께 인간의 덕성을 고민하는 수기치인의 유가적 사유의 장점이 돋보인다. 거듭 말하지만 오늘날의 생태위기는 제도와 소비 중심의 생활양식에서의 변화 없이는 극복될 수 없다. 그러나 동시에 이런 시스템의 전반적 변화도 이를 끌어낼 사람의 사유 방식의 전환이 없다면 한계에 이를 것이다. 그러므로 인간이 지구 생명공동체의 다른 구성원과 달리 주체적 자율성을 지닌 존재라고 보는 관점이 지니는 한계를 철저하게 비판적 고찰의 대상으로 삼지 않으면 안 된다.

이런 성찰을 통해 우리는 지구 생명공동체의 구성원인 인간 이외의 모든 생명체와 생태계를 인간의 물질적 번영과 행복을 위한 지배와 착취의 대상으

---

138) 『맹자집주』, 249쪽.

로만 바라보는 서구 근대의 인간중심주의적 자율성 이념의 맹목성에서 벗어날 기회를 얻게 될 것이다. 그리고 우리는 천지만물을 한 몸으로 여기는 유가적인 사유에서 생명 존중의 새로운 사유로의 전환과 관련된 실마리를 찾을 수 있으리라는 희망을 품게 된다. 이런 점에서 필자는 선행 연구에서 다음과 같이 주장했다.

> 21세기 문명 전환의 패러다임의 철학적 원리는 인간의 주체적 자유에 대한 이해에서가 아니라 생명과 어짊, 즉 인의 자율성에서 구해져야 한다. 마찬가지로 존엄성에 대한 구상도 변경되어야 한다. 이미 생명 존중이라는 개념이 보여 주듯이 오늘날 인류사회가 요청하는 존엄성은 인간중심주의적 존엄성과는 거리가 먼 생명에 대한 존엄성이다. 자연에 대해 주인처럼 군림하는 존엄성은 그 근거를 상실했다. 이제 자연과 생명을 소중하게 섬기고 아끼는 어진 마음의 겸손한 존엄성이 필요한 시기이다. 이처럼 유교적인 어짊의 자율성과 생명 존중 사상은 칸트적인 자율성 이념과 존엄성 이념의 폭을 넓힌다.[139]

6. 나가는 말

J. R. 데자르뎅(DesJardins)은 환경윤리학을 "인간과 자연환경과의 도덕적 관계에 대한 체계적인 설명"으로 정의하면서 자연환경에 대한 인간의 도덕적 책임이 있는지, 또 그러한 것이 있다면 그 책임의 정당성이 어떻게 정당화될 수 있는지에 대한 여러 윤리적 입장을 크게 "인간중심적 윤리"(anthropocentric ethics)와 "탈인간중심적 윤리"(nonanthropocentric ethics)로 나눈다. 전자의 핵심적인 주장은 자연에 대한 우리의 책임이 간접적이라는 것이고, 후자는 자연적 존재에 대한 인간의 직접적인 도덕적 책임을 인정한다.[140] 그러므로

---

139) 나종석, 「인권에 대한 유가적 정당화의 가능성에 대한 연구」, 『유학이 오늘의 문제에 답을 줄 수 있는가』, 70쪽.

인간과 자연 사이의 도덕적 관계를 둘러싸고 진행되는 논쟁의 핵심적인 쟁점은 자연이 과연 직접적인 도덕적 의무의 대상인지 아닌지에 관한 물음이다. 서양 철학의 전통에 속해 있는 대부분의 윤리론은 대체로 오로지 인간만이 도덕적 의무의 대상이며 자연과의 직접적인 도덕적 의무 관계를 전혀 인정하지 않는다는 점에서 공통성을 보여 준다.[141]

"탈인간중심적인 윤리"를 대표하는 생명중심윤리나[142] A. 네스(Naess), B. 드발(Devall), G. 세션즈(Sessions)의 심층(근본)생태주의(deep ecology) 같은 생태중심주의는 생태학적인 통찰을 통해 인간과 자연의 구별을 부인하고 인간은 자연과의 연관 속에서만 비로소 존재할 수 있다고 보면서 인간과 자연의 밀접한 연관성을 강조한다. 이러한 연관성 자체로부터 근본생태주의자들은 생태적 규범을 일구어내고자 노력한다. 또 생태중심적(ecocentric) 윤리는 개별 생명체만을 중시하는 테일러적인 생명중심적 윤리에 반대하면서 인간에게는 생태계나 무생물, 종들, 그리고 과정이나 관계 자체에 대해서도 직접적인 도덕적 의무가 있음을 긍정한다.[143]

그러나 유가적 혹은 성리학적 생태주의는 우주를 생명의 공동체로 보면서도 우주 내에서의 인간의 지위와 역할에 대해 좀 더 적극적인 의미를 부여한다. 우주적 생성 과정의 지속성을 보장하는 원리는 성誠이자 천도이다. 이는 성리학에서 천리天理라고도 표현되는데, 결국 궁극적 우주의 질서의 원리로서 이해된다. 천지만물의 화육을 도와주는 인간의 역할에 대한 강조로 인해 유가사상에서는 인간이 천지와 짝을 하는 적극적 의미의 존재로 이해된다. 천지와 동등한 의미를 지니는 삼재의 하나로서 규정된 인간은 천지가 온갖 만물을 창생하는 과정에 함께 참여하여 지속적인 생명의 창생 과정을

---

140) J. R. 데자르뎅, 『환경윤리』, 32쪽 이하.
141) 같은 책, 161쪽 참조.
142) 폴 테일러, 『자연에 대한 존중: 생명중심주의 환경윤리론』 참조. 생명중심윤리를 "가장 발전되고, 철학적으로 가장 정교한 형태"로 발전시킨 사람은 폴 테일러라고 데자르뎅은 평가한다. J. R. 데자르뎅, 『환경윤리』, 230쪽.
143) J. R. 데자르뎅, 『환경윤리』, 249쪽 참조 바람.

보존하는 것을 자신의 본래적인 존재 이유로 삼아야 한다.

물론 유가적 관점에 따르면 인간이 도덕적으로 고귀한지 그렇지 않은지는 인간 자신이 자연의 정복자가 되어 자연에 군림하는 데에 있지 않고 인간의 도덕적 행위 능력에 있다고 보는데, 인간 존엄성의 근거가 도덕적 행위 능력에 있다면 그것은 자연 존중으로 귀결될 경우에만 정당화될 수 있을 것이다. 천지가 만물을 낳는 원리가 인간에게 깃들어 있기에, 그리고 그런 원리를 그 어떤 다른 존재에 비해 탁월하게 구현할 수 있는 존재가 인간이기에 그렇다. 다시 말해 인간은 천지가 만물을 낳는 도 혹은 이치를 내적으로 지니는 존재이기 때문에 그런 내재적인 본성을 온전히 실현하는 것이 바로 우리 인간이 인간다울 수 있는 길이다. 그러니까, 인간의 존엄성과 고귀함은 곧 인간이 지구 공동체의 구성원임을 자각하여 자연과 생명에 대한 존중을 보여 줄 수 있는지에 달려 있다는 말이다.

자연과 생명세계의 일원인 인간은 비인간 동물이나 다른 생명체와 달리 자연과의 관계에서 독특한 측면을 보여 주는 존재이긴 하다. 그것은 인간이 지구상의 여타 생명체와 달리 자연과의 공생관계를 파괴할 역량을 지니고 있다는 데에서 잘 드러난다. 그러나 자연과 인간의 관계에서의 균형이 인간에 의해 파괴된다고 해도 결국 그 파괴가 인간 자신의 파괴로 귀결된다는 점에서, 인간 역시 다른 생명체와 마찬가지로 자연 생태계 및 생명의 질서에 의존하고 있는 존재일 뿐이다.

오늘날 누구나 다 느끼고 있듯이 생태위기가 극단화되면서 자연 정복을 통한 인간의 자율성과 행복의 증진을 달성하려는 서구 근대 과학기술문명 및 화석연료에 기반한 자본주의 문명은 지속 불가능할 정도로 자기파괴적 경향을 지니고 있음이 분명해졌다. 자연 자원과 에너지의 무한한 소비를 통해 무한한 경제성장을 추구하는 자본주의는 불가능한 기획임이 판명되었다는 말이다. 또한 우리는 이제 인간이 인간 자체를 복제하는 것도 가능할 정도로 생명 복제의 기술을 장악함으로써 우주의 생성 변화의 질서에서 인류문명의 거대한 전환이 도래함을 자각하게 된다. 그러나 이렇게 극적으로 전환되는 시대는 늘 그러하듯이 극도의 위기의 시대이기도 하다.

물론 현대의 전쟁은 핵전쟁의 가능성을 포함하고 있기에 전쟁과 관련해서도 새로운 전쟁의 시대가 도래했다고 할 수 있겠지만, 오늘날의 위기는 과거의 난세처럼 전쟁과 같은 재앙 정도로만 그치지는 않을 것이다. 난세의 군자가 할 일은 우주와 인문 세계에서 일어날 변화의 기미를 정확하게 포착하여 그 문제를 제대로 해결할 방법을 고민하는 데 있다는 것이 유가의 전통적 사유 방식이었다. 마찬가지로 우리는 우리가 직면한 위기의 시대이자 극적인 문명 전환의 시기를 맞아 인류의 파멸로 귀결될 가능성도 진지하게 검토하지 않으면 안 된다.

더 나아가, 인간이 자연 세계에 가할 엄청난 파괴적 역량을 지녔다고 할지라도 그 역시 제한적임을 알아야 한다. 인간의 자연파괴적 힘의 발현으로 인해 인간이 멸종한다고 해서 자연과 생명 질서의 완전한 파괴로까지는 이어지지는 않을 것이니 말이다. 이런 점에서 보면 인간이 우월하다는 생각은 결국 허구에 지나지 않는다. 인류는 생명의 지속이라는 관점에서 볼 때 여타 생명체에 비해 월등하게 형편없는 존재이기 때문이다. 따라서 인류가 기후변화에 대응하지 못해 멸종한다거나 핵전쟁으로 자멸한다고 해도 지구 생물권은 어느 정도 타격을 받을지언정 없어지지는 않을 것이다. 오히려 폴 테일러가 말하듯이 인간의 멸종은 어쩌면 "지구 생명공동체 전체에는 이로울 것이 꽤 분명해 보인다."[144]

테일러의 이런 설명에서 인간 혐오의 감정을 느낀다면 그런 감정을 느끼는 쪽이 문제일 것이다. 테일러의 말은 인간을 지구의 정복자로서가 아니라 지구 생명공동체의 평등한 구성원의 일부로 바라보면서 인간이 자연과의 관계를 새롭게 맺는 일이 얼마나 중요한지를 강조하는 맥락에서 이해될 주장이니 말이다. 이제 자유와 인간 존엄성에 대한 기존의 생각을 버리고 자연 및 생명세계와 인간의 관계에 관한 새로운 인식과 이해를 통해서

---

144) 폴 테일러, 『자연에 대한 존중: 생명중심주의 환경윤리론』, 122쪽.

인간 자신에 대한 기존의 정체성, 이를테면 지구의 정복자로서의 인간관과 그런 관점에서 구성된 생명파괴적 사회 질서와 제도를 철저하게 해체하고 재규정할 필요가 있다.

우리는 앞에서 성리학이 어떤 점에서 유가적인 생명 사상이나 생태적 사유로 이해될 수 있는지, 어떤 점에서 공맹 사상의 계승인지를 설명했다. 특히 공맹 사상이 성리학의 생태적 사유 혹은 생명 사상으로 전개되는 내적이고 논리적인 끈을 공자에서 비롯된 유가사상의 핵심인 인仁에 관한 새로운 사유에서 바라보고자 했다. 유가에서의 어짊은 인간에만 관련된 좁은 의미의 도덕과 정치의 근본 원리로 그치지 않고 우주 자연과 생명에 대한 높은 관심과 존중, 달리 말하자면 뭇 생명을 생성하게 하는 우주 자연의 생성과 변화를 소중히 여기고 보살피려는 마음가짐이다. 좀 더 좁혀서 말하자면, 태양과 물과 공기와 같은 비유기적인 생태적 조건과 결합해서 이루어지는 다양한 생명체의 지속적인 연결망 그리고 그 생명공동체의 개별 구성원들인 개체적 생명의 소중함을 깨우치는 생태적 인문 세계를 형성하는 것이 바로 어짊의 발현이고, 이런 인의 실현 행위가 바로 천도와 인도를 서로 합일해 나가는 과정이라고 보는 것이다.[145]

결국 어짊은 우주만물에 내재한 생명력을 해치지 않고 소중히 여기며 보살피는 마음가짐이며, 이런 마음가짐 자체가 바로 하늘의 명령 즉 천명天命으로 이해되고 있는 셈이다. 그러므로 하늘의 명령, 즉 하늘의 뜻이란 우주만물에 깃들어 있는 생명력과 교감하여 이를 잘 길러내라는 의미일 것이다.

---

145) 유가적 생명 사상을 설명하면서 필자는 카프라의 생물체 이론을 활용하고 있다. 그에 따르면 인간은 여타 다른 생물과 마찬가지로 생태계 속에 있고, 인간의 생존은 더욱 큰 수준에서는 "혹성 전체의 생태계인 생물권(biosphere)"에 "전적으로 달려 있다." 필자는 이런 생물권으로서의 생태계와 그 속에서만 활동하고 생존할 수 있는 생명체의 다양한 연계적 공동체의 사유를 받아들인다. 그리고 이런 사유 방식과 성리학적 사유 방식 사이에는 상당한 유사성이 있다고 여긴다. 여기에서는 이런 두 사유 방식 사이의 비교를 상세히 설명할 수 없다. 그러나 필자는 생물권이나 혹성 전체를 하나의 살아 있는 유기체로 받아들이는 카프라, 러브록(James Lovelock), 린 마굴리스 등의 이른바 가이아 가설(Gaia hypothesis)을 받아들이는 데는 아직 유보적이다. 프리초프 카프라, 『새로운 과학과 문명의 전환』, 359쪽.

마찬가지로 어짊은 그런 생명력과 교감하면서 인간이 걸어가야 할 인간다움의 길(人道)이라는 점에서 하늘의 뜻과 인간의 도 즉 천도天道와 인도人道는 함께 걸어가야 할 길이라고 이해하는 것이 바로 천지만물일체天地萬物一體의 인이라는 성리학적 사상의 생태적 핵심이 아닌가 한다.

그리고 뭇 생명이 서로 의존해 있다는 뜻에서, 천지만물이 한 몸이라는 자각을 바탕으로 인간과 자연을 잘 돌보는 행위, 즉 생명을 살리는 행위를 오로지 개인의 자의적 행위에 맡기기보다는 제도적 방법으로 구현해 낸 것이 생태적 관점으로 재규정된 생태지향적 예禮라 할 것이다. 이제 우리는 유가적인 예제禮制를 재생하고 이를 우주 생명공동체를 존중하는 방향으로 재구성할 필요가 있다.[146]

결론적으로 말하자면 다음과 같다. 천지의 만물이 한 몸이라는 유가적 생명 의식을 제도적으로 구현하고 있는 예제에 대한 현대적 재구성을 구체화하기 위해서는 화석연료에 기반한 무한 성장의 자본주의적 경제질서, 자연의 개발·착취와 결합해 있는 기계론적 과학기술, 인간중심주의적·시장중심주의적·원자론적 개인주의로 인해 협소화된 민주주의, 과잉 소비의 문화로 획일화된 일상생활에 대한 혁신 등이 필요하다. 이때 성리학적 사유는 인류 문명과 지구 생명체들을 파괴 상태로 몰고 갈 생태위기를 극복하고 새로운 생태 질서를 수립하는 데 필요한 사유와 개념들을 제공해 줄 수 있으리라고 믿는다.

---

146) 이와 관련해 여성 신학자인 이은선의 성찰을 언급하고 싶다. 이은선에 따르면, 생태위기를 극복하기 위해 단순한 세계관이나 사유 방식의 전환보다도 더 중요하게 다루어야 할 문제는 우리의 행위와 관련된 "수행과 훈련"의 문제이다. 달리 말하자면, 자연과의 관계에서 "구체적인 예를 실행하고 실습하는 '儀式'의 문제"에 더 큰 관심을 기울여야 한다는 말이다. 이런 예를 통해 우리는 자연에 대해 구체적으로 어떻게 행동하는지를 몸에 체득할 기회를 얻을 수 있기 때문이다. 그러므로 오늘날의 생태위기에서 유교 전통이 적극적인 대안으로 거듭나기 위해서는 생태지향적인 유교의 종교적 영성을 회복하려는, 유교적인 예와 의식의 실천을 현재적 맥락에서 다시 재구성하는 노력이 필요하다고 그는 말한다. 매우 중요한 지적이라 할 것이다. 이은선, 『잃어버린 초월을 찾아서: 한국 유교의 종교적 성찰과 여성주의』, 270쪽.

제18장

돌봄의 자율성으로서의 인仁과
21세기 생태·대동민주주의

1. 들어가는 말

우리는 더 이상 근대의 지나친 인간중심주의를 자명한 것으로 받아들일 수 없다. 그렇다고 근대가 이룩한 여러 긍정적인 통찰을 모두 다 포기할 수도 없는 노릇이다. 인간과 자연의 지배·예속 관계가 받아들여질 수 없는 것과 마찬가지로, 인간과 여타 생명체의 차이를 간과한 채 모든 생명체가 동등한 가치를 지닌다고 간주하는 예컨대 심층(근본)생태주의의 사고방식 역시 또 다른 극단이라 여겨진다. 이런 사고방식은 자연의 변덕스럽고도 파괴적인 측면을 간과하고 있을 뿐만이 아니라, 왜 자연의 일부인 인간이 인류 자신을 포함한 자연 전체를 파괴할 정도로 엄청난 힘을 발휘할 수 있는지에 대한 충분한 설명을 제공하지 못하기 때문이다.

물론 생명중심적 윤리나 심층생태주의는 환경 및 생태와 관련된 문제를 사유하는 데 매우 혁신적 전환을 가져왔다. 예를 들어, 심층생태주의는 인간이 초래한 생태계 위기를 비판하면서 새로운 생태 철학의 정립에 크게 이바지했다. 심층생태주의자들은 생태학적인 통찰을 통해 인간과 자연의 구별을 부인하고 인간은 자연과의 연관 속에서만 비로소 존재할 수 있다고 보면서 인간과 자연의 밀접한 연관성을 강조한다. 심층생태주의자들에게 이러한 연관성은 이미 모든 규범의 궁극적 근거로 이해된다.

그러나 생태적 세계의 상호의존적 사태로부터 도덕적 의무를 도출할 때는 좀 더 섬세한 이론적 작업이 요구된다. 여기에서 오해를 피하고자 다음과 같은 점을 언급해 두고 싶다. 필자의 의도는 유명한 이른바 흄(Hume)의 금지 원칙, 달리 말하자면 존재에서 당위를 도출하려는 시도는 자연주의적 오류를 범하고 있다는 비판을 거듭 주장하려는 데 있지 않다. 생태중심적인 철학자들에 따르면, 생태계가 자연적인 평형 상태를 갖고 있다는 과학적인 주장으로부터 곧바로 자연보전 정책의 당위성이 확보된다. 그러나 이러한 방식의 주장은 그리 설득력 있는 주장이 아니다. 왜냐하면 동일한 과학적 사실로부터 정반대의 논리, 즉 "자연은 어찌하든 알아서 균형 상태로 가기 때문에 우리는 자연에 대해 마음대로 간섭해도 된다는" 주장 역시 가능하기 때문이다.[1] 따라서, 비록 많은 한계와 논쟁점들을 지니고 있다손 치더라도 도덕성의 원천을 자율 즉 실천이성의 자기입법에서 구하면서 그것의 보편타당한 토대를 철학적으로 해명하려는 칸트 윤리학이 전적으로 포기되어서는 안 된다.

포기되어야 할 것은 자유를 그 본질로 하는 실천이성의 자율의 원리가 아니라, 인간만을 의미 있는 존재로 삼고 그 이외의 모든 존재의 내재적 가치를 부인하는 극단화된 인간중심주의의 형태로 이해된 특정한 자율성 이념이다. 오로지 인간의 번영이라는 관념에만 모든 가치를 집중시키는 휴머니즘은 왜곡된 형태의 인간중심주의에 지나지 않는다. 그런 점에서 우리에게 필요한 것은 왜곡된 형태의 자율성과 그것이 전제하는 인간관 및 세계 이해를 넘어 인간과 생명 사이의 상호 연대를 가능하게 해 줄 철학적 원리에 대한 새로운 성찰일 것이다. 우리는 그런 원리의 실마리를 동양의 전통 사상, 예를 들어 천지만물일체의 인仁을 강조하는 성리학적 사유에서 구할 수 있음을 살펴보았다.

---

1) 데자르뎅, 『환경윤리』, 278쪽 이하 참조 바람.

2. 생태 시대 자유론으로서의 돌봄의 자유론

앞에서 살펴본 것처럼 생태위기 시대에 적합한 민주주의 사회의 모색을 위해서는 생태적 사유로의 대전환이 필요하고, 생태적 사유로의 전환에는 기본적으로 자유민주적 질서의 기본 이념인 자유에 대한 새로운 대안적 사유가 필요하다. 새로운 대안적 자유 이론을 바탕으로 해서 우리는, 자연과 인간의 생태적 상호의존성에 대한 무관심으로 인해 자연과 인간을 파멸로 이끌어 가는 오늘날의 사회를 비판할 수 있는 도덕 및 정치의 근본 원칙이 무엇인지를 이해할 수 있게 된다. 브뤼노 라투르(Bruno Latour)와 니콜라이 슐츠(Nikolaj Schultz)가 주장하듯이, 생태 시대의 "해방"이 뜻하는 바는 "인간을 위한 생산만의 틀 안에서 자유주의자와 사회주의자에 의해 탐색된 자유 관념의 좁은 범위에서 벗어나는 것"이다.[2] 당연히 이런 대안적 자유에 대한 이해는 경제와 사회 그리고 정치에서 생태적 전환을 구체화하는 작업으로 이어질 것이다.[3]

필자는 이런 생태적 사유로의 전환에서 요구되는 자유론의 새로운 가능성을 생태적 자유론이자 돌봄의 자유론 혹은 생명자유론의 관점에서 모색하고 있다. 뒤에서 보듯이 이런 대안적 자유론은 유가사상의 변형과 함께한다. 물론 이런 유가적 사유 전통에서 길어낸 새로운 자유론, 이름하여 돌봄의 자유론에 관해서는 이미 이 책 제12장에서 상세하게 다루었다. 거칠게 말하자면 대안적 자유론으로서의 돌봄의 자유론이자 생태적 자유론은 헤겔의 '생명에서 정신으로의 이행'에서 자유를 이해하지 않고 생명 속의 자유를 지향한다. 생명과의 단절에서 자유로운 정신세계가 구출될 수 있다는 사유

---

2) 브뤼노 라투르·니콜라이 슐츠, 『녹색 계급의 출현』(이규현 옮김, 이음, 2022), 49쪽.
3) 그러나 필자는 라투르의 이른바 생태 근대주의에 대해선 비판적이다. 그는 테크놀로지라는 "괴물"을 버리지 말고 그것을 "사랑"하라고 말한 것으로 알려져 있다. 물론 생태위기를 극복하는 데 기술의 향상이 아무런 긍정적 이바지를 할 수 없다고 보기는 힘들다. 그렇지만 스스로 괴물이라 부르는 과학기술을 사랑하라는 주장은 그 이상을 함축한다. 이에 대해서는 사이토 고헤이, 『지속 불가능 자본주의: 기후위기 시대의 자본론』, 211~212쪽 참조 바람.

방식과 단절하고 '생명'과 '인간의 역사적·사회적 세계'의 상호의존성 및 연속성을 중심으로 자유를 재규정하려는 것이다.

그러니까 돌봄의 자유론의 철학적 토대는 유가적 혹은 성리학적으로 재해석된 생명 사상인데, 이에 대해서는 이미 바로 앞의 장(16장 및 17장)에서 상세하게 언급해 두었다. 유가적 생명 사상에 따르면 생명과 인은 내적으로 공속한다. 특히 성리학은 우주 내에서 약동하는 다양한 생명의 생성과 그 변함없는 지속적인 창조적 생명력을 천지가 만물을 낳은 마음인 인仁으로 해석했다. 간단하게 말해 천지가 만물을 낳은 마음을 인仁이라고 하는 성리학적 생명 사상은 사실상 인을 생명의 근본 원리로 보고 있는 셈이다. 그리고 생명의 근본적 힘이라고 할 이런 인仁을 성리학은 생의生意라고도 했는데, 살려고 애를 쓰는 행위를 통해 자신을 지속해서 생명으로 유지하도록 하는 인仁으로서 생의란 사실 오늘날 생물학적 용어로 보면 "자가생성"(autopoiesis)이라고 보아도 좋을 것이다.

주지하듯이 자가 생성이란 개념은 움베르토 마투라나와 프란시스코 바렐라가 생명의 생물학적 조직 원리를 해명하려고 창안한 개념이다. 이는 자기를 뜻하는 'auto'와 생산한다는 의미의 'poiein'이라는 두 그리스어를 합성한 것이다. 이 개념에 따르면 단세포를 포함해 모든 생명체는 자신을 유지하기 위해 환경과 끊임없이 상호작용하면서 자기를 생산하는 통일체로 이해된다.[4] 달리 말하자면, 생명의 근본 원리를 표현하기 위해 창안된 자가생성이라는 용어에 따르면 생명은 자기를 보존하고 유지하기 위해 끊임없이 물질대사를 해야만 한다. 그러니까 세포를 포함하여 모든 생명체는 물질대사를 통해 자기와 별개의 타자인 에너지나 물 등을 자신의 것으로 만들어야만 비로소 자기를 유지하여 환경과 일정하게 구별되는 개체성을 확보할 수 있다. 이렇게 생명의 본질을 구성하는 물질대사를 통해 자기를 생산해내는 자기생성의 활동을 생명의 최소 단위인 세포를

---

4) 에반 톰슨, 『생명 속의 마음』, 136~137쪽 및 144쪽.

통해 설명해 보면 다음과 같다.

오늘날 가장 작은 자기생산 구조로 알려진 세포는 자기조직적인 물질대사를
끊임없이 할 수 있는 최소 단위이다. 500가지쯤 되는 단백질과 여러 고분자
물질을 가지고 있으며 최초의 자기생산계이던 가장 작은 세균 세포의 기원은
분명하지 않다. 그러나 복잡한 탄소 화합물이 어떤 식으로든 끊임없이
에너지와 환경 변화에 노출되어 기름방울처럼 되었고, 결국 막으로 둘러싸인
세포가 되었다는 데 대다수가 동의한다. 지구에서 자기생산이 일어나고
있음을 보여 주는 화학적 척도인 물질대사는 시작된 이후 줄곧 생명의
특징이었다. 최초의 세포에서 물질대사가 시작되었다. 외부에서 (빛이나
소수의 화학 물질에서는 얻을 수 있지만 열이나 기계 운동에서는 결코
얻지 못하는) 에너지와 물질(물, 염분, 탄소, 질소, 황의 화합물)을 얻어 자신을
만들고 지탱하고 또 새로 만들었다. 자기생산은 살아 있는 존재에게 끊임없는
활동의 기반이지 결코 선택 사항이 아니다.[5]

모든 살아 있는 존재, 즉 생명이 자가생성적 존재라는 점은 요나스가
자가생성이라는 개념이 출현하기 이전에 표현했던, 자유는 생명의 시작과
더불어 나타나는 것이며 생명이 없는 자유란 존재할 수 없다는 그 자신의
생명철학의 근본 주장과 통한다. 에반 톰슨에 따르면 마투라나와 바렐라가
처음에 자가생성 이론을 내세울 때 그것은 반목적론적이고 기계론적이었지
만, 후에 적어도 바렐라는 자가생성적 생명으로서의 체계에 "고유한 동력학
적인 활동 패턴"이라 불리는 "동일성(identity)과 의미형성작용(sense-making)"
이라는 개념을 도입했다. 바렐라는 모든 생명체는 결코 아무런 질적 변환을
경험할 수 없는 제한된 존재가 아니라 주어진 제약과 환경을 넘어서는
자기초월적인 자유로운 존재라고 하는 한스 요나스의 유기체 철학과 연결되
는 지점을 준비하고 있다고 톰슨은 강조한다.[6]

---

5) 린 마굴리스·도리언 세이건, 『생명이란 무엇인가』, 106쪽.
6) 에반 톰슨, 『생명 속의 마음』, 제6장 참조 바람.

필자가 구상하는 생명 속의 자유, 달리 말하자면 모든 생명체가 나름 자율적 존재라는 생각은 한스 요나스의 사상과도 통한다. 앞에서 강조했듯이 그는 자유를 인간 고유의 특성이 아니라, 생명체의 원리로 이해한다. 요나스에 따르면 "정신" 혹은 마음이 생명체에 깃들어 있는 것과 마찬가지로 자유도 그러하다. 그러니까 태양이나 행성들에서 자유의 원리를 발견할수는 없지만, 생명체는 본래 자유로운 존재로 이해되어야 한다. 그러면서 그는 모든 생명체가 환경과의 상호 작용을 통해 역동적으로 자신을 보존하고 유지하는 데서 보듯이 "물질대사 자체가 자유의 가장 최초의 형태"라고 말한다. 그래서 요나스는 자유라는 개념이 "생명이라고 부르는 것을 밝혀내는 데 실제로 아리아드네의 살", 생명의 근본 현상을 해명해줄 궁극적 실마리를 제공할 것이라고 결론짓는다.[7]

요나스가 자유를 생명의 원리로 파악하는 데에는 그 자신의 고유한 생명철학적 근본 의식이 깔려 있다. 그는 "생명체의 철학과 정신의 철학"을 모두 포함하는 생명철학이 필요함을 역설하면서 생명체와 정신적 현상은 깊게 결합되어 있다는 점을 논증하려고 한다. 달리 말하자면, 생명체는 그것이 가장 저차적인 형태라 할지라도 "정신적인 것"을 보여 주며, 정신적 현상을 매우 고차적 방식으로 보여 주는 인간과 같은 이성적 존재 역시 궁극적으로는 "생명체의 일부분"이라는 사실을 넘어서지 못한다고 요나스는 역설한다.[8]

물론 요나스와 필자의 생명 사상에는 차이가 존재한다. 그것은 자유라는 개념을 이해하는 방식의 차이에서 기인한다. 필자에게 자율성이란 근본적으로 상호의존적인 관계에 터를 두고 있는 함께 돌봄을 수행하는 행위라고 정의되고 있는 것과 달리, 요나스에게 자유란 그 최고의 형태에서 볼 때 인간에게서만 뚜렷하게 나타나는 능동적이고 독립적인 자율적 행위라는 의미의 근대적 주체성 개념에 의해 여전히 깊게 각인되어 있는 것으로 보인다.[9] 왜냐하면 요나스에 따르면 물질로부터의 "독립성 또는 자유의

---

7) 한스 요나스, 『생명의 원리』, 21~22쪽.
8) 같은 책, 17쪽.

발전과 증대는 생명의 발달사가 보여 주는 진보의 원리"로 이해되어야 하기 때문이다.[10] 여기에서도 인仁을 생명의 원리로 보는 유가적 생명 사상과 자유를 생명을 해석할 근본적 실마리로 보는 요나스의 생명 이론 사이에 존재하는 미묘한 차이를 발견하게 된다.

하여간 유가적인 생명 사상을 토대로 해 대동민주주의의 자율성 이론이자 유가적 어짊에 대한 새로운 해석으로 제안된 돌봄의 자유론은 오늘날 자본주의 사회에서 널리 퍼져 있는 인간관, 즉 개인주의적 인간관을 따르지 않는다. 개인주의적 인간관은 인간이 이기적인 욕망에 따라 행동하는 경제적 인간(호모 에코노미쿠스)의 형태로 나타나든, 선택의 자유를 지닌 소유개인주의적 형태로 나타나든, 권리의 궁극적 담지자로서의 자율적인 개인주의의 형태로 나타나든, 그 근본적 성격에서 개인주의적이다. 이에 비해 돌봄의 자유론은 철저하게 사회적 자유론이나 관계적 자율성 관점을 수용하면서도 이를 생태적 상호의존성의 맥락으로 확장한다. 이 경우 우리의 길을 비춰 주는 실마리는 바로 성리학적 어짊의 개념, 즉 천지만물이 한 몸이라는 자각이야말로 인仁의 궁극적 경지라는 이론이다.

따라서 유가적 생명 사상은 자연과 인간 모두를 한갓 지배의 대상이자 다른 것으로 대체 가능한 부품으로 전락시켜 버리는 무시무시한 기술의 본질과 그에 연동해 있는 현대 자본주의적 과학기술문명의 세계를 철저하게 극복할 수 있는, 비유기체적인 자연과 생명 그리고 정신세계 사이의 상호의존성과 연속성에 대한 새로운 자각을 바탕으로 하는 사유를 모색하고자 한다. 물론 생태위기를 극복할 철학적 대안은 응당 자유와 민주주의에 대한 발본적인 성찰도 동반하지 않으면 안 될 것이다. 기존의 개인의 자율성과 자유민주

---

9) 요나스의 자유 이론은 한스 요나스, 『물질·정신·창조: 우주의 기원과 진화에 관한 철학적 성찰』, 53~61쪽을 참조 바람.
10) 한스 요나스, 『생명의 원리』, 191쪽. 여기에서 필자는 요나스의 자기 초월적 자유로 이해되는 생명의 근본 특성과 어짊으로 생명의 본질을 이해하는 유가적 생명 사상 사이의 차이와 친화성을 더 상술할 수 없다. 이는 추후 좀 더 깊게 탐구되어야 할 주제로 남겨져 있다.

주의를 자유와 민주주의에 대한 최종적 답변으로 보는 태도를 넘어서서 자유와 민주주의에 대한 새로운 인식이 요구된다는 것이다.

대동민주주의는 유가적 사상의 현대적 재해석의 맥락에서만 제안된 것이 아니다. 필자는 이미 2017년의 저서 『대동민주유학과 21세기 실학』 및 다수의 글들에서 대동민주주의가 조선의 유교적 정치문화의 보편화 과정에 바탕을 두고서 서구 근대문명을 창조적으로 변형하여 이룩한, 한국 근현대를 관통하는 역사적 흐름의 근본정신을 철학적으로 개념화한 것임을 강조하였다. 즉 필자의 대동민주주의는 한국 사회 민주주의의 형성 과정에 들어 있는 창조적이고 진취적인 정신을 자생적인 대동적 민주정신으로 이해하면서 그것을 21세기 생태위기를 극복할 방향으로 확충하려는 것이다.

대동민주주의와 돌봄의 자율성 이론에서 볼 때 자유와 민주주의에 대한 새로운 사유의 실마리는 인간 역시 상처받을 수 있는 생명체라는 점, 그리고 생명과 자유로운 정신세계 사이의 근본적 단절과 질적 전환을 강조하는 서구 근대의 인격과 물건의 이원론과의 작별이다. 물론 생태적 관심이 어떻게 민주주의와 잘 결합될 수 있는지를 이론적으로만이 아니라 실천적으로 보여 주지 않는다면 21세기 민주주의의 미래는 무척 암울하다고 해도 지나치지 않을 것이다. 또한 민주주의를 생태적 사유의 틀로 재규정하는 작업은 오늘날의 민주주의의 한계를 넘어 민주주의에 새로운 생명력을 제공할 것이라고 믿는다.

그런데 이미 언급했듯이 생태위기를 극복할 새로운 사유는 자연과 생명 너머에서 자유가 가능하리라는 관점을 통해서가 아니라, 오히려 자연과 생명에 대한 존중 속에서 비로소 자유가 꽃핀다는 관점을 통해서 가능할 것이다. 그렇다면 새로운 생태적 사유는 개인주의를 근간으로 하여 자유를 이해하는 태도를 넘어설 필요가 있다. 상호의존적 관계성을 구성 요소로 하지 않는, 관계성 밖에 존재하는 개인이 무엇인가를 선택할 수 있는 자유를 지닌 존재라는 관점은 허구에 불과하다. 그리하여 인간을 독립적이고 자율적인 이성적 개인으로 보는 인간관을 극복해야 한다. 그런 새로운 자유론은 비개인주의적 자유를 옹호할 것이다.

개인의 자유는 사회적 관계, 더 나아가 생태적 관계의 망 이전에 설정되어 있는 그 어떤 것일 수 없다. 자유로운 개인이 있은 다음에야 비로소 자유로운 타자와의 계약을 통해 협력해 갈 수 있다는 식의 개인주의적이고 자유주의적인 시각에서 본 자유관은 자유가 타자와의 관계 속에서 비로소 형성되고 발전할 수 있음을 망각한다는 점에서 치명적 오류를 보여 준다. 물론 타자와의 관계 자체가 저절로 관계 구성원 개개의 자유와 자발성 혹은 창조성을 보장하고 실현해 주는 것은 아니다. 관계 자체를 벗어난 유령적 자아는 자유의 관계성에 대한 그릇된 태도를 초래하는 협소하고 왜곡된 자유관을 양산한다는 점에서 비판받아야 하지만, 그렇다고 해서 모든 관계의 양식이 좋다는 결론이 도출될 수도 없다. 관계 속에서 모든 개인의 자발성과 창조성이 질식될 가능성을 보지 않으려는 태도 역시 옳지 못하다. 우리는 양극단을 피해야 한다.

여기에서 상호 돌봄과 배려를 통해 서로의 자기실현을 보장하고 북돋아 주는 공동의 실천적 행위, 달리 말하자면 공동의 돌봄 행위로서의 민주적 자치가 개인의 자유 실현과 발전에 필수적 전제조건임을 알게 된다. 개인의 자유는 생태적이고 사회적인 관계를 서로의 민주적 공동 행위를 통해 성공적으로 형성하는 한에서만 실현될 수 있다. 그래서 대동민주주의는 상호 돌봄 실천으로 재규정된 자유와 민주주의의 상호연관성을 강조한다. 그러니까, 자유는 이런 상호의존적 관계 바깥에 홀로 독립적으로 존재하는 개인을 설정하는 관점과는 달리, 상호의존적 관계의 잠재적 폭력성을 경계하면서도 인간과 비인간 생명체를 구성하는 상호의존적 관계의 맥락 속에서 재규정되어야 한다. 그렇게 된다면 자유란 생명을 돌보고 보살피는 배려의 행위로 새롭게 규정될 수 있다는 것이 유가적 어짊을 현대적으로 재해석해 낸 돌봄의 자유론의 핵심 주장이다. 그런 돌봄의 자유가 실현된 대동민주주의 사회란 분명 민주적인 공적 돌봄의 역량과 실천이 충분히 구현되는 사회일 것이다.

거듭 강조하지만, 유가의 어짊(仁) 이론은 새로운 생태적 사유를 제공하고 있다. 공자 이래 유가적인 인仁 사상은 사람이나 동물 같은 모든 존재자들에게 폭력과 해를 가하지 말라고 요청하는 잔인성의 금지 혹은 회피의 윤리학-정치학을 준비하고 있었다. 유가적인 인仁 사상은 자연을 지배하면서도 해방과 자유가 실현될 수 있으리라 보는 태도와 작별을 고하고 상호의존성의 맥락에서 생명 속의 자유를 추구하도록 돕는다. 이런 생명 속의 자유란 결국 동고동락同苦同樂하는 삶의 공동 실천으로 이해되어야 할 것이다. 더불어 살아가는 연대적 행위이자 상호 돌봄의 행위야말로 생명 속의 자유의 핵심을 말해 주는 것이라고 보아야 한다.

이와 마찬가지로 민주주의 역시 생명 살림의 제도적 구현을 담당할 시민과 생명체의 상호의존적·연대적 공동 행위라는 측면에서 이해되어야 할 것이다. 간단하게 말해서 —비인간 동물은 물론이고 인간 역시 고통받고 상처받을 수 있는 생명체로서 상호의존성을 삶의 근본 조건으로 삼고 있다는 자각에서 출발하는— 생명에 대한 따뜻한 배려와 보살핌의 마음을 실마리로 삼아야만 민주주의와 자유에 대한 새로운 사유가 가능하고 또 민주주의에 대한 생태적 전환도 가능하리라는 것이 필자의 기본적인 문제의식이다.

그러므로 돌봄의 자율성을 민주주의의 기본 이념으로 받아들이는 대동민주주의는 "보편적 돌봄"을 제도적으로 구현하는 이론으로 전개되어야 할 것이다. "보편적 돌봄"이란 개념은 영국에서 활동 중인 단체 "더 케어 컬렉티브"(The Care Collectie)가 제안한 것으로, 이 개념은 상호 돌봄의 보편성과 그 공동 실천을 자유의 핵심 원리로 강조하는 돌봄 자유론의 이념과 상통한다고 볼 수 있다. 보편적 돌봄 개념은 "돌봄을 삶의 모든 수준에서 우선시하며 중심에 놓고, 직접적인 대인 돌봄뿐만 아니라 공동체를 유지하고 지구 자체를 유지하는 데 필요한 모든 종류의 돌봄에 대해 모두가 공동의 책임을 지는 사회적 이상을 말한다."[11]

---

11) 더 케어 컬렉티브, 『돌봄 선언: 상호의존의 정치학』, 55쪽.

이제 생태적 민주주의로서 대동민주주의의 사회적 이상인 공동의 돌봄 실천과 돌봄 역량을 사회의 여러 영역에서 구현할 수 있게 하는 방향에 대해 좀 더 살펴보자.

오늘날 인간의 존엄성과 자유에 대한 기존 견해에 바탕을 두고 있는 법적 권리 주체에 관한 태도도 근본적인 전환을 요구받고 있다. 이를테면 개인주의적 관점에서 인간의 사회성, 즉 자유의 사회적 조건에 대한 관점을 부차적인 것으로 보는 자유관은 말할 것도 없고, 인간만이 존엄한 존재라는 관점에서 출발해서 인간만을 법적 권리의 주체라고 보는 관점은 심각하게 비판적으로 검토되어야 한다.

그러나 여기에서 인간 이외의 생명체를 권리 담지자로 여기는 것과 관련된 모든 논쟁을 다룰 수 없다. 그러므로 동물을 어떻게 대우해야만 하는지를 간단하게 언급해 보자. 이와 관련하여 "모든 동물이 인간과 똑같다고 선언"하는 것이 의미가 있는지 없는지는 모르겠지만, 적어도 우리가 "인간과 다른 동물 종과의 차이로 인해 동물들에게 최소한의 권리를 보장하지 않는 것은 더 이상 정당화될 수 없다"라는 에므리크 카롱의 주장에 동의하는 것만으로도 충분할 것이다. 그렇다면 그는 동물이 누려야 할 최소한의 권리를 무엇이라고 보았는가? 그는 "네 가지 기본 권리"를 강조했는데, 그것은 바로 다음과 같다. "인간은 더 이상 동물을 먹거나, 가두거나, 고문하거나, 상업화해서는 안 된다."[12]

물론 카롱이 언급하는 동물이 누려야 할 네 가지 권리 중 인간은 동물을 먹지 말아야 한다는 채식주의 주장은 다른 주장에 비교해서 매우 격렬한 논쟁을 불러일으킬 것 같다. 동물을 가두거나 고문하고 대규모 축산 산업에 의해 이루어지는 동물 사육의 잔인성을 방지해야 한다는 주장은 가령 그것이 실현될 수 있는지의 문제를 제쳐둔다면 많은 사람의 도덕적 공감을 확보할 수 있을 것 같다. 그렇지만, 과연 채식이 옳은 일인지는 논외로 하더라도

---

12) 에므리크 카롱(Aymeric Caron), 『반종차별주의 인간, 동물, 자연의 새로운 관계 맺기』(류은 소라 옮김, 열린책들, 2022), 9쪽.

이런 논의의 활성화를 위해서는 우리 사회가 동물의 권리에 관해, 더 나아가 생태적 사유 방식에 관해 얼마나 둔감한지를 깨닫는 일이 필요하다.

우리 사회의 생태적 사유 부족은 동물에 대한 시대착오적인 태도에서도 잘 드러난다. 우리나라 민법은 아직도 동물을 물건으로 규정하고 있다. 천만 이상의 사람들이 반려동물과 함께 살아가고 있는 상황에서도 말이다. 그래서 반려동물을 누군가 학대하거나 끔찍하게 살해해도 물건을 훼손한 행위로만 인정되고 있을 뿐이다. 이와 대조적으로 독일은 동물보호를 헌법 수준에서 명시함으로써 그것을 국가의 기본 목표로 삼고 있다. 2005년 5월에 개정된 독일 헌법 20a조항에 따르면 "국가는 현재와 미래세대에 대한 책임을 인식하고 입법부와 사법부의 원칙에 따라 헌법 질서의 틀 안에서 생명 그리고 동물들의 천연자원을 보호해야 한다."[13]

대동민주주의는 인간과 자연의 조화를 지향하고 동물의 권리를 긍정한다. 처음으로 대동민주주의가 태평세에 이루어질 수 있는 최상의 질서이며 그것은 공자의 인애仁愛 사상을 최고도로 발휘할 수 있는 제도라고 주장했던 강유위康有爲도 대동세에서는 살생이 금지될 수 있으리라고 강조한다. 그는 공자가 푸줏간을 멀리한 것은 난세에 부득이하게 한 일이었지만 세상이 대동세로 이행한다면 궁극적으로 만물을 사랑하는 질서가 자리 잡히게 될 것이라고 주장한다. 그는 말한다. "사람들이 육식을 위해서 살생을 하는 것은 난세에 행해지며, 전기로써 고통 없이 짐승을 죽이는 것은 물론 오늘날 승평세의 일이며, 살생을 금하고 욕망을 끊는 것은 대동의 마지막 단계인 태평세이다."[14]

---

13) 앨러스데어 코크런, 『동물의 정치적 권리 선언』(박진영·오창룡 옮김, 창비, 2021), 55쪽.

14) 강유위, 『대동서』(이성애 옮김, 을유문화사, 2006), 654쪽 및 657쪽. 물론 강유위는 살생의 전면적 금지가 어짊의 궁극적 이상이긴 하지만 설령 대동의 세계에서라 하더라도 전면적으로 실현될 수 없는 이상이라고 본다. 더 나아가 동물에 대한 강유위의 태도는 혼란스럽고 모호한 점이 있으며 오늘날의 시대에 어울리게 변형되어야 할 지점도 많다. 예를 들어 강유위는, 동물과 인간의 관계가 평등하다고 하면서도 그것을 하인과 주인 사이의 관계에 비유한다거나 대동세가 되면 맹수와 독사와 같은 동물은 멸종될 것이라는 주장도 펼친다. 같은 책, 652∼659쪽 참조 바람.

생태위기를 극복하려면 자유에 대한 기존의 태도에 관한 근본적인 성찰이 있어야 한다고 말했는데, 이것은 우리의 일상생활이나 정치 및 사회 질서의 운영과 관련이 없는 추상적 주제가 아니다. 화석연료를 사용하는 기업의 경제활동을 그대로 둘 것인지와 같은 사례들에서 쉽게 접할 수 있는 급박하고 현장성 있는 주제이기도 하다. 지속 가능한 성장을 위해서라도 지구온난화에 책임이 있는 기업의 활동에 대한 규제가 필요한데, 그렇게 되면 그 기업에 다니는 일반 사람들이 실업의 위험에 처해진다. 그들을 희생양 삼아 생태위기를 극복하려 한다면 정의롭지 못하다는 비판에서 벗어나기 힘들 것이다. 물론 지구온난화에 책임이 있는 기업에 책임을 묻지 말자는 이야기가 아니다. 책임질 것은 책임지게 하되, 규제로 인해 생기는 사회적 비용은 사회 구성원들이 공정하게 담당할 필요가 있다는 것이다. 그렇기에 생태적 정의에 대한 사회적 합의는 생태위기를 극복하려는 새로운 자유에 대한 인식과 더불어 매우 절실한 과제가 아닐 수 없다.

기업 활동의 규제가 곧 자유의 제한이라고 보는 관점은 설득력이 없다. 무한한 자유는 자유가 아니다. 생태계 파괴와 관련한 산업은 다양하지만 하나의 예만을 들어 보자. 경제인류학자인 제이슨 히켈에 따르면, 생태계 파괴와 관련해서 소고기 산업도 비판되고 있다.[15] 소고기를 위해 이용되는 농지가 전 세계의 60% 가까이 되고 있단다. 그런데 소고기 산업은 칼로리나 영양소를 산출하기 위해 지불되는 토지와 에너지를 비교할 때 자원을 가장 비효율적으로 이용하는 식품 산업 중의 하나이다. 더구나 소고기는 인간이 소비하는 열량 중 겨우 2%만을 차지한다는 점에서 소고기 산업이 대폭 줄더라도 인간의 먹거리 수준에는 거의 아무런 해가 없을 것이라는 결론을 내려도 좋다. 소고기 대신 되새김질을 하지 않는 동물의 고기나 콩 같은 식물 단백질로 먹거리를 바꾸면 "거의 1,100만 제곱마일" 즉 "미국·캐나다·중국을 합친 크기의 땅을 자유롭게" 할 수 있으며, 이를 잘 활용하면 산림과

---

15) 제이슨 히켈, 『적을수록 풍요롭다: 지구를 구하는 성장』, 289쪽.

야생동물 서식지를 크게 확장할 수 있다. 그리고 이렇게 확장된 산림과 야생동물 서식지는 새로운 탄소 흡수원의 역할을 하여 엄청난 규모의 이산화탄소 배출량을 줄일 수 있는데, 그 양은 현재 인류가 연간 배출하는 이산화탄소의 약 20%에 해당하는 규모라고 한다.[16]

그런데 이런 방식으로 경제질서를 생태적으로 재편할 때 요구되는 것은 사회 구성원 사이의 민주적 합의이다. 민주적 정당성을 통한 생태사회로의 전환이 중요하기 때문이다. 민주공화국을 생태적 민주주의 사회로 전환해야 한다는 말이다. 앞에서 필자는 생태위기 극복의 대안으로 생태 독재나 생태 권위주의를 옹호하는 흐름을 비판했다. 그러므로 인간중심적인 인권 담론 및 권리 체계의 변경을 포함하여 경제질서 및 사회 질서 전반의 생태적 전환은 민주주의 정치의 근본 과제로 등장한다. 이런 과제를 해결하려면 당연히 기존의 민주주의를 다르게 이해하고 그것을 새롭게 정의하는 작업이 동반되어야 한다. 달리 말하자면 인간중심적-생태파괴적 자본주의 민주 체제의 생태적 전환을 민주적으로 이루어 내는 일은 위기에 처한 민주주의의 혁신과 활력을 되찾는 일로 여겨져야 한다. 이것이 바로 자연에 대한 지배와 결합해서 이른바 서구 근대 계몽주의의 기획이 불충분하고 왜곡되고 제약된 방식으로나마 추구한 민주주의 이상을 구하는 길일 것이다.

3. 정치공동체의 경계 확장과 민주주의의 혁신

지금까지 인간만을 권리 주체로 설정하는 인권 담론을 포함하여 사회를 생태적 요구에 어울리게 전환할 때 사회의 민주적 재구성이 필요하다는 점을 역설하고, 생태적 사회로의 민주적 전환과 민주주의의 생태적 전환이 서로 맞물려 있음도 강조했다. 이제 생태적이면서 더 평등한 정의로운

---

16) 같은 책, 289~290쪽.

민주 사회를 형성하려면 정치공동체의 구성원 자격이나 경계를 새롭게 사유할 필요가 있다. 간단하게 말해 정치공동체의 경계를 확장할 필요가 있다.

이미 요나스는 책임의 원리가 당대의 인간에게만 한정되는 것이 아니라 미래세대의 권리와 연결된 사안임을 강조했다. 요나스가 볼 때, 생태위기의 시대에 어울리는 새로운 윤리적 토대는 기존의 인간중심적 제한을 넘어서야 한다. 새로운 도덕의 원리이자 토대인 책임의 원리는 "너의 행위의 효과가 지상에서의 진정한 인간적 삶의 지속과 조화될 수 있도록 행위하라"라는 선언이 되어야 한다. 인간의 행위 역량이 지구 생태계 전체를 파괴할 정도로 막강해진 오늘날의 상황에 적합한 새로운 명법을 소극적인 형태로 표현한다면 그것은 "너희 행위의 효과가 인간 생명의 미래의 가능성에 대해 파괴적이지 않도록 행위하라"가 될 것이다.[17]

요나스에 따르면, 미래세대에 대한 우리의 책임은 상호성에 토대를 두고 있는 권리와 의무에 대한 기존의 관념에 혁신적인 변화를 요구한다. 아직 존재하지 않는 미래 사람들의 권리에 대한 관념은, 상호성과 대칭성에 바탕을 두고 자신의 권리가 다른 사람의 권리를 침해하지 않는 범위 내에서 존재함을 인정하고 이런 서로의 권리를 존중할 의무를 지닌다는 기존의 권리 및 의무에 대한 견해로는 충분하게 설명될 수 없다. 달리 말하자면, 미래세대의 권리를 주장하는 것은 이성적으로 행위할 수 있는 이른바 독립적 성인 사이의 관계에 토대를 둔 기존의 권리 및 의무 관념과 아주 다르다. 아직 존재하지 않는 미래세대는 오늘날의 우리가 그들에게 표하는 권리의 존중에 어울리게 우리의 권리를 존중할 수 없다. 따라서 미래세대에 대한 현재 인류의 권리 존중이나 책임은 일방적인 것이어서, 호혜적일 수 없고 그에 상응하는 반대급부를 바랄 수 없다. 요나스는 자식에 대한 부모의 헌신과 배려를 예로 들어 호혜적일 수 없고 비대칭적인 책임이 무엇인지에

---

17) 한스 요나스, 『책임의 원리』, 40~41쪽.

대해 설명하고 있다.[18] 이와 관련된 요나스의 말을 들어 보자.

호혜성에 기초하고 있는 전통적 이념에 따르면, 나의 의무는 다른 사람의 권리이며 또한 다른 사람의 권리는 나의 권리와 동일한 것으로 파악된다. 그렇기 때문에 타인의 특정한 권리가 한 번 확정되면 동시에 이를 존중하고 (긍정적 책임의 이념에 따라서) 가능한 한 이를 장려해야 하는 나의 의무도 확정된다. 그러나 이러한 이념은 우리의 목적에 대해서는 쓸모가 없다. 왜냐하면 권리를 주장하는 사람만이–즉 이미 존재하고 있는 사람만이– 권리를 요청할 수 있기 때문이다. 모든 생명은 생명에 대한 권리를 주장한다. 아마 이것은 존중해야 할 권리일 것이다. 실존하지 않는 것은 어떤 권리도 존중하지 않는다. 따라서 자신의 권리를 침해받지도 않는다. …… 존재에 대한 권리 주장은 존재를 통해서 비로소 시작된다. 그러나 우리가 탐구하는 윤리는 아직 존재하지 않는 것과 연관이 있으며, 이 윤리가 제시하는 책임의 윤리는 권리라는 이념으로부터 독립적이어야만 하듯이 호혜성의 이념으로부터도 독립적이어야만 한다.[19]

요나스의 책임의 윤리는 그가 인간을 포함한 모든 생명체와 자유 사이의 깊은 연속성을 강조하는 자유 이론과 상충하는 면이 존재한다. 그는 생태위기를 극복하기 위해 강력한 규율을 강제할 정부의 필요성을 논할 정도로 급진적 사유를 감행했다. 그런데 그가 시대에 어울리는 그리고 책임의 원칙에 상응하는 새로운 자율성 개념과 민주주의 이론을 전개하지 못하고 있다는 점이 그의 사유에 들어 있는 긴장의 근원이 아닐까 한다.

그러나 유가적 사유는 요나스의 미래세대에 대한 책임이라는 문제의식을 그 핵심으로 하고 있다고 여겨진다. 이를테면 "그것(道)을 계승한 것이 선善이다"[20] 혹은 "하늘과 땅의 마음은 만물을 생성하는 것이다"[21]라는 주장을

---

18) 같은 책, 84~85쪽.
19) 같은 책, 84쪽.
20) 『주역』 「계사상」, 5장. "繼之者, 善."
21) 주희, 『인설』, 17쪽.

보자. 이런 주장에서 보듯이 성리학의 사유에서 인간의 도리란 우주 만물의 창생 과정을 이어받아 그것이 끊이지 않고 이어지면서 번성하도록 돕고 보살피는 행위에 다름 아니다. 그것이 바로 천지의 화육化育에 책임을 지닌 인간의 인간다움의 발현이라는 점에서 그렇다. 장재의 "천지를 위해서 마음을 세우다"라는 구절에 대해 주희가 "천지는 낳고 또 낳는 것을 마음으로 삼고, 성인은 화육에 참여하여 만물이 각각 그 성명性命의 바름을 얻도록 도와주니, 이것이 천지를 위해서 마음을 세우는 것이다"[22]라고 해설하는 데에서도 인간다운 도리의 궁극적 경지가 바로 우주 만물의 번영에 대해서까지 그 책임을 다하는 데 있음이 드러난다. 그런 점에서 우리는 성리학의 '천지만물일체'의 인에 대한 사상이 미래세대에 대한 책임의 윤리와 비견될 수 있다고 본다.

미래세대만이 아니라, 우리는 인간 이외의 생명체도 정치 사회의 구성원으로 존중할 수 있는 제도적 기반을 마련해야 한다. 우선 헌법적 차원에서 생태 문제를 진지하게 다루어야 한다. 생태위기를 빌미로 시민의 권리를 자의적으로 훼손할 수는 없겠지만, 생태계 파괴를 마냥 허용하는 것은 곧 민주주의의 번영을 불가능하게 한다는 점에서 그런 파괴를 제한하는 것 자체가 민주주의의 내적 요구라고 보아서 그것을 헌법 조항에 명기할 수는 있다.[23]

이런 제안이 순진한 정치적 상상력에 그칠 것으로 생각한다면 오산이다. 헌법과 별개로 이미 뉴질랜드 법원은 2017년 마오리족이 신성시한 황가누이강에 법인격을 부여한다고 판결했다. 그 결과 이 강은 "산에서부터 바다까지 개별적이고 살아 있는 전체"로 인정받게 되었다. 이는 1870년 이래로 오랫동안 싸워온 마오리족의 노력 덕분이었다. 뉴질랜드 법원은 2017년에 타라나카산에 대해서도 법인격체로 승인했다. 그 후 인도 역시 갠지스강과 야무나강을 "살아 있는 사람에게 부응하는 모든 권리, 의무와 책임"을 지니는 법적

---

22) 주희·여조겸 편저, 『근사록집해』 1, 315~316쪽.
23) 마이클 사워드, 『민주주의란 무엇인가』, 211쪽.

권리의 주체로 인정했고, 콜롬비아 대법원은 아마존강에 법적 권리를 부여했다. 2010년 볼리비아는 「어머니 지구의 권리법」을 통과시켰고, 이로 인해 이제 "어머니 지구는 서로 연결되고 서로 의존하고 보완하며 운명을 공유하는 모든 생명 시스템과 살아 있는 개별적 존재들의 공동체로 구성된 동적인 살아 있는 체계" 인정받게 되었다. 게다가 에콰도르는 2008년 자연 자체의 권리를 헌법으로 명시했는데,[24] 한국의 생태사상가인 고 김종철은 자연의 권리를 명문화한 에콰도르의 헌법을 "세계사에서 획기적인 의미"를 지니는 것으로 높이 평가한다.[25] 다음은 자연의 권리를 보장한 에콰도르 헌법의 핵심 규정이다.

제7장 자연의 권리

제71조 생명이 재생산되고 발생하는 곳인 자연, 즉 파차마마는 그 존재를 온전히 존중받고 그 생명 주기와 구조, 기능, 진화과정이 유지되고 재생되도록 할 권리가 있다. 모든 개인, 지역사회, 부족, 민족은 공공 당국에 자연의 권리의 집행을 요구할 수 있다. 이들 권리를 집행하고 해석하는 데에서는 헌법에 명시된 원칙이 적절히 준수되도록 한다. 국가는 자연을 보호하고 생태계의 모든 구성 요소에 대한 존중을 고취하기 위하여 자연인과 법인, 그리고 지역사회에서 동기부여 정책을 실시한다.

제72조 자연은 복구될 권리가 있다. 이 복구는 훼손된 자연계에 의존하는 개인과 공동체에 대한 국가나 자연인, 법인의 보상 의무와는 별개로 한다. 재생 불가한 자연자원의 착취로 야기되는 것과 같은 심각하거나 영구적인 환경적 영향이 발생하는 경우, 국가는 가장 효과적인 복구 기제를 마련하고 환경적 폐해를 제거 또는 완화할 적절한 조치를 취하도록 한다.

제73조 국가는 종의 절멸, 생태계의 파괴, 자연 주기의 영구적 변화를 초래할 수 있는 활동에 대하여 금지 및 제한 조지를 취하도록 한다. 국가의 유전적 자산을 결정적으로 변화시킬 가능성이 있는 유기체 및 유기·무기 물질의

---

24) 제이슨 히켈, 『적을수록 풍요롭다: 지구를 구하는 성장』, 376쪽.
25) 김종철, 『근대문명에서 생태문명으로: 에콜로지와 민주주의에 관한 에세이』, 309쪽.

도입은 금지된다.

제74조 개인, 지역사회, 부족, 민족은 그들이 좋은 삶을 누리도록 해 주는 환경과 자연적 풍족함으로부터 유익을 얻을 권리가 있다. 환경 서비스는 사적으로 전유되지 아니하며, 그 생산, 전달, 사용, 개발은 국가에 의해 규제된다.[26]

물론 에콰도르와 볼리비아에서 생태적 사유를 존중하는 규정을 헌법이나 법률로 인정했음에도 이들 나라는 그런 규정을 제대로 실현하지 못한 채 생태위기의 극복보다는 빈곤으로부터의 해방이 먼저라는 태도를 보여 주고 있다. 예를 들어 자연친화적 사회를 만들고자 '어머니 지구의 권리'를 법률로 명문화한 에보 모랄레스(Evo Morales) 정부도 생태계와 지구에 해악을 끼치는 성장 위주의 경제 모델 극복을 위해 노력하기보다는 빈곤 퇴치를 우선적 과제로 선택하는 데 주저하지 않는다고 비판받는다.[27]

환경 보전과 빈곤 극복이라는 양자택일 상황이 볼리비아의 숙명적 상황인지는 잘 모르겠으나, 그 나라 정부가 매우 제약된 선택지만을 지니게 된 까닭 중 하나는 제국주의의 식민 지배로 인한 자연 자원의 수탈과 토양의 황폐화 때문이라는 점도 무시할 수 없다. 이렇게 본다면 전체 지구적 차원에서의 기후변화를 제대로 극복하기 위해서라도 더 합당한 기후 정의에 대한 국제적 동의가 필요하다. 전 지구적 기후 정의를 정할 때 응당 식민주의가 초래한 파괴를 보상하는 방안이 반드시 고려되어야 할 것이다.

이에 대해 참조할 만한 좋은 사례가 존재한다. 1992년 UN은 「기후변화협약」을 선언했는데, 미국을 포함한 195개국이 여기에 서명하였다. 이 협약에는 "공동의, 그러나 차별화된 책임"이라는 원칙이 명시되어 있다. 달리 말하자면 기후위기를 해결하기 위해 모든 사람이 다 동참해야만 하지만, 오늘날의

---

26) 데이비드 보이드(David R. Boyd), 『자연의 권리: 세계의 운명이 걸린 법률 혁명』(이지원 옮김, 교유서가, 2020), 221~222쪽에서 재인용함.

27) 나오미 클라인, 『이것이 모든 것을 바꾼다: 자본주의 대 기후』(이순희 옮김, 열린책들, 2016), 261~263쪽. 모랄레스 정부는 빈곤 퇴치와 불평등 극복에서 엄청난 성과를 이루었다고 한다. 같은 책, 261쪽.

기후변화를 초래한 온실가스 배출량을 가장 많이 배출한 미국과 유럽 지역의 선진 공업 국가가 기후위기를 극복하는 데 더 많은 책임을 져야 한다는 것이다. 따라서 볼리비아와 에콰도르가 화석연료에 의존하고 있는 경제 모델에서 벗어나 생태친화적 경제로 이행하는 데 들어갈 재원을 오랫동안 대량의 온실가스를 배출한 부유한 국가들이 부담해야 한다고 주장하는 것 역시 정당하다.[28]

헌법에 생태 존중이 정확하게 표현된다면 그것을 바탕으로 하여 기존의 대의제 민주주의의 문제점을 생태적 방향으로 혁신할 수 있을 것이다. 이를테면 단기 성과 위주의 선거민주주의의 한계를 넘어서서 장기적인 관점에서 미래세대와 자연에 대해 책임질 수 있는 정치적 엘리트의 육성도 중요하지만, 깨어 있는 시민들의 아래에서부터의 자발적인 민주적 역량과 풀뿌리 민주주의에 바탕을 두고 자연과 미래세대의 목소리를 담아내 제도화할 방안에 대한 모색이 더 중요하다.

자기 목소리를 낼 수 없는 존재들, 즉 미래세대나 인간 이외의 생명체들, 나아가 생태계 전체의 관점을 적극적으로 반영할 제도적 방안 중에는 이들의 이익을 고려할 수 있는 대표를 활용하는 방안이 제기되어 있다. 오늘날 우리가 내리는 결정이 미래세대나 비인간 생명체 및 자연에 파괴적이고 부정적 결과를 초래할 수도 있기에 현재 세대는 모든 비용이나 대가를 외부화하지 말아야 하는데, 그들의 이익을 고려할 수 있는 적극적 수단의 하나로 신탁제도의 활용이 중요하다는 제안도 제출되어 있다. 데이비드 런시먼과 모니카 브리투 비에이라에 따르면 원래 신탁제도는 "주로 재산 및 아직 태어나지 않은 미래세대의 이해관계를 보호하기 위한 법적 장치로 등장"했다.[29]

물론 누구에게 미래세대의 목소리를 대표할 권한을 부여할지는 매우 어려운 문제인데, 이를 해결할 한 가지 방법으로 데이비드 런시먼과 모니카

---

28) 같은 책, 262쪽 및 574쪽.
29) 모니카 브리투 비에이라·데이비드 런시먼, 『대표: 역사, 논리, 정치』, 281쪽.

브리투 비에이라는 미래세대의 이익을 대변하는 권한을 지닌 대표자를 일정한 비율로 할당하는 비례대표제를 거론한다. 이런 제도가 안고 있는 문제점이 무엇인지, 그것을 어떤 방식으로 해결할 것인지에 관해서는 여기에서 상론할 수 없다. 다만 언급해 두고 싶은 것은, 비례대표제가 실시된다고 해도 미래세대의 목소리는 살아 있는 사람들의 이해를 대변하는 정치세력과의 경쟁에서 밀릴 개연성이 너무나 높다는 점이다.

그러므로 미래세대의 대표자들을 보호할 제도적 장치가 필요하다고 데이비드 런시먼과 모니카 브리투 비에이라는 강조한다. 이들에 따르면, 이스라엘은 미래세대의 이익을 옹호할 권리와 의무를 지닌 특별한 대표자들을 의회 차원에서 두고 그들이 입법 과정의 의사결정에서 미래세대의 관심을 대표할 수 있는지 실험한 최초의 나라이다. 다른 나라들도 행정부 내에 대개 '지속 가능한 개발' 부서의 형태로 장기적 미래 전망을 담당하는 기관을 두고 있지만, 이스라엘의 경우는 법률 입안 과정에 미래세대 대표가 역할을 할 수 있도록 한 점에서 매우 특별하다. 좀 더 구체적으로 보면, 2001년부터 이스라엘 입법부인 크네세트(Knesset)는 의회 내에 "미래세대위원회"(commission for future generations)를 두고서 모든 법안이 제정되기 전에 미래세대위원회의 위원장으로부터 반드시 자문을 받게끔 했다.[30]

현재 세대의 단기적 이익만을 과도하게 대표하고 미래세대나 여타 생명체의 이익을 무시하는 오늘날의 선거민주주의의 한계를 넘어 민주주의의 잠재력을 생태위기와 결합시키는 다양한 시도들은 중요하다. 데이비드 런시먼과 모니카 브리투 비에이라는 미래세대의 이익을 대변하는 비례대표제에 초점을 두고 있지만, 생태위기와 관련해서 미래세대만이 아니라 자연의 이해관계까지도 대변할 수 있는 대리대표제를 강조하는 흐름도 존재한다. 이렇게 되면 자연스럽게 정치공동체의 경계나 구성원 자격에 관한 인식에서도 변화를 동반하지 않을 수 없다. 정치공동체의 구성원이 반드시 인간으로

---

30) 같은 책, 282~284쪽. 미래세대위원회는 2001년부터 2006년까지 운영되었다고 한다.

한정될 필요가 있는지는 회의적이기 때문이다. 바로 그런 인간중심주의적 정치제도가 오늘날 생태위기를 초래한 요인 중 하나라면, 그런 제도의 제한성을 극복할 방안이 필요하다는 것이다.[31]

의회제도의 혁신과 관련해서는 인간 이외의 자연과 미래세대의 이해관계를 대변할 수 있는 대표제를 고민하는 것 이외에, 토의(숙의)민주주의적 통찰을 민주주의의 생태적 확장과 혁신의 방향으로 활용하는 것도 중요한 방법이 될 수 있다고 본다. 마이클 사워드가 주장하듯이, 본래 생태적 관심을 지닌 이론가와 실천가, 정치세력 등이 등장하면서 기존의 민주주의가 안고 있는 여러 문제점에 대해 비판이 가해졌는데, 한 예로 녹색 정치사상의 초기에는 대의민주주의의 이론과 실천에 매우 비판적이었다. 녹색 정치사상의 주된 흐름은 "더 많은 직접민주주의, 정치적 권위를 지방 공동체로 이양하는 급진적 지방분권화, 급진적인 풀뿌리 정당 조직, 농촌에서 아테네를 모델로 한 작은 면 대 면에 대한 요구"를 특징으로 했다.

그러나 1980년 초 이후 녹색 정치이론은 대의민주주의의 규범과 실천과 관련해서 변화를 보여 주고 있다고 사워드는 평가한다. 그가 보기에, 이제 생태주의 정치이론은 대의제 민주주의를 "대체"하는 것보다는 그것을 다양하게 "변용하고 혁신하고 심화"하는 데 더 많은 관심을 보여 준다. 이런 혁신 중 많은 부분은 토의적 민주주의의 흐름과 연결된다.[32] 사실 우리나라의 대표적인 생태이론가이자 실천가였던 고 김종철도 생태 문제를 해결하는 데 토의민주주의가 매우 긍정적인 역할을 할 것임을 강조한 바 있다.[33]

물론 우리는 민주주의의 잠재성과 그것이 지향하는 이상을 토의민주주의를 통해서 온전히 구현할 수 있다고 보진 않는다. 또한 기후변화로 상징되는 생태적 대재난을 극복하는 데에는 토의민주주의만으로 충분하다고 볼 수도 없다. 우리는 화석연료에 기반하고 있는 사회로 인해 가장 고통받는 사회적

---

31) 마이클 사워드, 『민주주의란 무엇인가』, 211~212쪽.
32) 같은 책, 212쪽.
33) 김종철, 『근대문명에서 생태문명으로: 에콜로지와 민주주의에 관한 에세이』, 332~333쪽 참조 바람.

약자들과 연대하여 시민들의 자발적인 직접적 행동이나 기후 정의를 위한 저항 등 비폭력적 방법을 통해서 생태위기의 절박성을 공론화하고 생태 파괴 사회를 생태적 사회로 전환할 것을 강력하게 촉구할 필요도 있다. 생태적 민주사회로의 전환을 통한 민주주의의 재발견 혹은 민주화를 위한 궁극적 버팀목은 일반 사람들의 실천이다. 결국 대동민주주의 역시 평범한 사람들의 풀뿌리 저항 정신과 행동에 뿌리를 두고 있다.

4. 제헌헌법의 균등 이념과 대안적 경제질서: 생태적·사회적 경제질서를 향하여

생태위기를 극복하기 위해서는 대안적인 정치 구조 및 제도의 형태가 무엇인지를 고민하는 것에 그치지 않고 대안적 경제질서도 모색할 필요가 있다. 화석연료를 기반으로 하는 자본주의 근대문명은 환경 파괴와 기후변화로 인해 더 존재하기 힘들 정도의 위기에 처해 있다. 고 김종철의 표현을 빌려 본다면 "자본주의 근대문명, 부국강병 지향 논리, 경제성장 논리"는 6,500만 년 전 이 지구상에 존재했던 공룡을 멸종시킨 "소행성"에 비유될 수 있을지도 모른다.[34] 따라서 경제적 효율성이나 국제경쟁력 강화 등의 이름으로 자연과 미래세대를 끝없이 약탈하는 성장 중심의 패러다임에서 벗어나서 돌봄이나 평등과 공생의 원리 등을 따르는 대안적 경제 제도와 질서를 모색할 필요가 있다.

'지속 가능한 성장'이나 '녹색 성장' 같은 생태친화적 성장 담론은 정치가들이나 기업가들도 애용할 정도로 이미 일반화되어 있다.[35] 기후변화가 자연에 대한 인간의 과도한 개입과 화석연료 기반의 자본주의 사회 때문이라는 합리적 결론을 음모론으로 치부하는 아주 극소수의 사람들을 제외하고, 이제 기후변화

---

34) 같은 책, 148쪽.
35) 이명박 정부는 녹색 성장을 내세웠다.

에 대한 인류의 대응이 없다면 이 지구상에는 인류 문명이 존재할 수 없다는 점을 부인하는 사람은 개발을 찬성하든 보전을 찬성하든 간에, 혹은 진보든 보수든 간에 이념적 편차를 넘어 존재하지 않은 상황이다. 따라서 새로운 대안적 경제 모델의 모색은 이제 시대정신으로 떠오른 상태이다.

생태위기를 극복할 대안적 경제 모델을 모색할 때 기존의 자본주의 체제를 생태친화적으로 변형하는 것이 합당한 길인지는 아주 격렬한 논쟁의 대상이 되고 있다. 물론 세습적·사회적 불평등 구조와 심각한 자연 파괴를 초래한 자본주의가 새로운 생태적인 민주사회로의 전환에 어울리지 않는다고 한다면 대안적 경제체제는 무엇인지도 시급하게 논의해 보아야 할 과제이다. 더 나아가 자본주의 경제체제를 생태친화적으로 전환하는 길이 더 슬기로운 길이라고 한다면 지속 가능한 경제 구조가 어떤 방식으로 이루어질 수 있을지도 진지하게 검토되어야 한다. 아울러 모든 나라가 긴밀하게 연결되어 있는 신자유주의적 세계화의 시대에서 사회적 정의를 수립하고 자연 파괴를 극복하기 위한 개별 국민국가의 역할이 무엇인지도 새롭게 고민해 보아야 할 주제라고 할 것이다.

실제로 '그린뉴딜' 기획처럼 자본주의와 단절하지 않은 상태에서 자본주의가 생태계 파괴를 지나치게 하지 못하도록 규제하고 길들이는 적절한 방안이 무엇인지를 둘러싸고 현재 많은 논쟁이 진행 중이다.36) 새로운 경제 모델의 추구가 기존 자본주의 체제의 혁신으로 가야 할지 아니면 그것 자체를 넘어 새로운 경제질서의 모색으로까지 나가야 할지를 논의하기

---

36) 이매뉴엘 월러스틴과 랜들 콜린스(Randall Collins)는 흥미롭게도 자본주의는 자본의 끝없는 축적을 효과적으로 달성할 능력이 부재하기에 구조적 위기에 처했다고 생각하며, 자본주의의 붕괴는 생태위기와 무관하게, 혹은 생태위기가 전면적으로 부상하기 전에 이루어질 것이라고 진단한다. 그들은 생태위기의 대재앙이 닥쳐오는 시기를 대략 2100년대로 보고 그 이전인 2040년 전후 몇십 년 동안에 자본주의가 전면적 위기에 직면하게 될 것이라고 주장한다. 이매뉴얼 월러스틴 외, 『자본주의는 미래가 있는가』(성백용 옮김, 창비, 2014), 359쪽. 이와 달리 마이클 맨(Michael Mann)과 크레이그 캘훈(Craig Calhoun)은 자본주의의 복원력에 대해 신뢰를 보이면서도 자본주의가 내적인 모순의 해결 능력 부족으로 인해서 붕괴할 것 같지는 않으나, 생태위기나 핵전쟁으로 인해 예상치 못하게 종말을 고할 가능성도 있다고 본다. 같은 책, 364쪽.

에 앞서 우리는 우선 상황이 얼마나 심각한 것인지를 보여 주는 다음과
같은 주장을 들어 보기로 하자.

로마클럽의 유명한 1972년 보고서 『성장의 한계』(*The Limits of Growth*)에서부
터 앤 페티포(Ann Pettifor)의 『그린뉴딜 사례』(*The Case for the New Green
Deal*), 케이트 레이워스(Kate Raworth)의 『도넛 경제』(*Doughnut Economics*)에
이르기까지, 많은 경제학자와 환경학자들이 끝없는 경제성장은 환경을 제약
하고 지구를 사람이 살 수 없는 곳으로 만듦으로써 지구의 보전과는 양립할
수 없다고 오랫동안 주장해 왔다. 사람보다 수익을 우선시하고 화석연료의
끊임없는 채취에 의존하는 글로벌 신자유주의 경제는 전례 없는 규모의
환경 파괴를 초래했다. 나오미 클라인(Naomi Klein)이 최근에 말했듯이 세계는
지금 불타고 있다.[37]

이처럼 우리는 인류를 파멸로 이끌 무한한 경제성장의 길을 계속 걸을
것인지 아니면 기존의 경제성장 모델을 전면적으로 수술하여 기후재앙을
피할 것인지 하는 엄중한 선택의 갈림길에 서 있다. 필자는 "점진적으로
단계적인 접근법을 선택"하기에는 기후재앙이 너무나 임박해 있어 "신중한
중도주의"의 길로는 충분치 못하다는 나오미 클라인의 주장에 동의한다.[38]
과거 녹색 성장을 긍정적으로 바라보던 여러 학자가 자본주의를 그대로
둔 상태의 녹색 성장이나 '그린뉴딜'로는 생태위기를 극복하는 데 한계가
있으리라는 결론을 내린 것도 눈에 띄는 현상이다.[39]

---

37) 더 케어 컬렉티브, 『돌봄 선언: 상호의존의 정치학』, 24쪽.
38) 나오미 클라인, 『이것이 모든 것을 바꾼다: 자본주의 대 기후』, 44~45쪽. 녹색 성장의
   허상에 대해서는 제이슨 히켈, 『적을수록 풍요롭다: 지구를 구하는 성장』, 189~197쪽
   참조 바람. 그럼에도 이런 주장이 자본주의를 넘어 생태사회주의를 지향해야 한다는
   결론만이 최선임을 강조하려는 것은 아니다. 이에 관한 필자의 성찰과 연구가 초보적이어
   서 그렇다. 그러므로 이하에서 자본주의와 시장을 구별하고 자본주의 시장을 생태적이고
   사회적인 방식으로 재조정하려는 시도도 잠정적인 모색이라는 점을 언급하고 싶다.
39) 제이슨 히켈도 그중 한 사람이다. 제이슨 히켈, 『적을수록 풍요롭다: 지구를 구하는
   성장』, 50쪽 참조. 사이토 고헤이에 따르면 토마 피케티도 리버럴 좌파에서 참여사회주의
   를 통해 기후위기와 불평등 문제를 해결하려는 관점으로 변동했다. 사이토 고헤이,
   『지속 불가능 자본주의: 기후위기 시대의 자본론』, 286~288쪽.

대동적 사회를 이상적 사회로 바라보는 대동민주주의의 근본이념으로서의 '생명에 대한 깊은 관심과 보살피려는 마음'은 생명을 유지할 수 없는 인간과 비인간 생명체에 가해지는 사회의 구조적 폭력, 이를테면 불평등이나 기후위기를 일으키는 생산과 성장 중심의 시장경제체제 혹은 국가 폭력에 맞서서 저항하는 공동의 연대적 행동을 간과한 채 조화와 화해만을 일방적으로 강요하지 않는다. 생명에 대한 존중은 극한의 고통 속에서 싹트기에 그렇다. 그래서 돌봄 자유론의 제도적 구현으로 이해되는 대동민주주의는 근본적으로 생태적·사회적 경제질서를 지향한다.

우리는 자본주의적 성장지상주의의 대안으로 생태적·사회적 경제질서를 생각할 때 시장과 자본주의를 동일한 것으로 바라보지 않는다. 여기에서 우리는 브로델을 따른다. 페르낭 브로델(Fernand Braudel)에 따르면 자유시장과 자본주의는 동일한 것이 아니다. 그는 시장경제와 자본주의 사이의 차이는 "중세 이래 유럽에서 언제나 지속되던 상수常數"라고 주장한다. 그에 따르면, 자본주의는 "시장경제라는 층의 옆에 있는, 차라리 그 위에 있는 반反시장의 영역"과 관련된다. 다시 말해, 반시장의 영역이 "자본주의의 영역"인데, 이곳은 "가장 약삭빠르고 가장 강력한 자가 지배하는 세상이다."[40] 흥미롭게도 브로델은 자본주의가 원래 서식하고 활동하는 영역을 반시장으로 부르고 있다. 자본주의는 자유로운 경쟁이 숨 쉬는 시장경제에 바탕을 두고 있지 않고, 오히려 경쟁을 없애는 반시장의 영역에서 활동한다는 것이다. 그러니까, 브로델이 따르면 자본주의는 자유경쟁의 모습으로 나타나는 것이 아니다. 그것은 "계산과 투기의 영역"[41]이며 "언제나 독점적"이기 때문이다.[42]

이처럼 브로델은 자유시장과 자본주의를 구별하면서 자본주의를 독점의 영역이자 반시장이라고 주장한다. 따라서 자본주의는 시장 논리와 달리 지속적인 성장을 추구하는 팽창주의적인 경제 제도이다. 자본주의의 팽창주

---

40) 페르낭 브로델, 『물질문명과 자본주의 II – 1: 교환의 세계 상』(주경철 옮김, 까치, 1996), 323쪽.
41) 같은 책, 12쪽.
42) 페르낭 브로델, 『물질문명과 자본주의 읽기』(김홍식 옮김, 갈라파고스, 2014), 132쪽.

의적이고 지속적인 성장 추구는 자연과 노동으로부터 가능한 한 많은 것을 착취하지 않을 수 없고, 그 불가피한 결과가 바로 생태위기이다.[43]

시장경제와 자본주의를 구별한다면 우리는 중앙에서 경제를 관리하는 사회를 자본주의의 대안으로 보았던 구식 사회주의의 오류에 빠지지 않을 수 있다. 악셀 호네트에 따르면, 카를 마르크스는 다양한 형태의 시장을 너무나 강하게 자본주의와 동일한 것이라고 바라보았기에 사회주의적 대안 경제체제를 모색할 때 시장으로부터 전적으로 벗어난 경제질서를 상상하지 않을 수 없었다. 그리하여 마르크스는 오로지 중앙에서 계획적으로 관리되고 통제되는 경제체제만을 자본주의 체제에 대한 대안으로 보는 오류를 범했다. 따라서 사회주의 이념을 되살리기 위해서라도 자본주의와 시장을 동일시하는 사유 방식을 넘어 시장을 자본주의적 방식과 다르게 활용할 가능성에 대해 숙고해야만 한다고 호네트는 강조한다.[44]

앞에서 본 것처럼 자유주의적 자본주의 내에서는 자본주의 시장경제가 자신의 정당성을 옹호하기 위해 내세우는 자유라는 규범 자체를 질곡에 빠뜨리고 있다. '자유로운 시장'이라는 널리 퍼져 있는 용어가 보여 주듯이 자본주의 시장 질서는 늘 자신의 정당성을 개인의 자유로운 삶의 실현 가능성에서 구하지만, 그것은 이제 허구로 드러났다. 원자론적 개인주의적 자유관을 시장에서의 자유의 근본정신으로 바라보는 한, 시장에 참가하는 모든 사회 구성원들의 자유를 실현하기 위한 협력과 연대의 가능성 자체는 시야에서 사라지게 되기 때문이다. 경제 영역에서 사회 구성원들의 자유를 실현하기 위해서는 법적 제도를 통해 최저임금제도를 도입하거나 하루 노동시간의 한계를 설정하는 등 자본주의적 시장경제에 대한 사회적 제약은 필수적이다. 이를 경제적 영역의 사회화 과정이라고 한다면, 생태위기와 관련해서도 경제 영역에 대해서는 생태적 순환을 회복하기 위한 제한이

---

43) 제이슨 히켈, 『적을수록 풍요롭다: 지구를 구하는 성장』, 70~71쪽.
44) 악셀 호네트, 『사회주의 재발명: 왜 다시 사회주의인가』(문성훈 옮김, 사월의책, 2016), 114~115쪽.

다양한 방식으로 이루어져야 할 것이다.

인간의 사회적 삶의 영역으로부터 기능적으로 분화하여 자립적으로 움직이는 자본주의적 시장이 이제 경제적 효율성과 무한한 이윤의 추구라는 탈규범적 요구에 따라 모든 사회적 삶의 영역을 종속시키고 있는 상황에서, 개인의 자유를 사회적 연대 또는 상호의존성을 통해 자본주의 시장을 다시 사회적 요구에 맞게 수정하려는 시도는 우리에게 낯선 것이 아니다. 이를 보여 주기 위해 단 하나의 예만을 들고자 한다.

주지하듯이 대한민국의 제헌헌법 정신에는 균등 이념이 아로새겨져 있다. 그런데 제헌헌법에 노동자의 이익 균점이 법으로 규정되어 있었다는 점에 대해서는 아는 사람이 많지 않을 것 같다. 제헌헌법 제17조는 "모든 국민은 근로의 권리와 의무를 지닌다"라는 규정을 포함하고 있으며, 놀랍게도 제18조는 다음과 같이 규정하고 있다. "근로자의 단결, 단체교섭과 단체행동의 자유는 법률의 범위 내에서 보장된다. 영리를 목적으로 하는 사기업에 있어서는 근로자는 법률이 정하는 바에 의하여 이익의 분배에 균점할 권리가 있다."

선행 연구에 따르면, 특히 이익 균점을 권리로 인정하고 있는 제헌헌법 제18조 2항은 헌법 제정 과정에서 가장 격렬한 토의의 주제가 되었다고 한다. 원래 제헌헌법을 제정하기 위한 제헌헌법 초안은 헌법기초위원회에서 작성하여 국회 본회의에서 심의한 후 제헌헌법을 결정하는 단계를 거치게 되어 있었다. 그런데 이 헌법 초안에 들어 있지 않았던 이익균점권이 본회의 과정에서 수정안으로 제안되었다. 이 수정안은 "일사천리로 진행되던 다른 사항과는 달리 2일간의 격론 끝에 보장된 '유일 최대'의 국가 성격을 결정짓는 쟁점"이었다고 한다. 하여간 격렬한 토론과 논의를 거쳐 최종적으로 확정된 제헌헌법 제18조 2항에 따르면 노동자도 기업의 이익을 균등하게 배분받을 권리를 지닌다. 기업의 이익을 노동자에게 균등하게 분배하는 것을 법적 권리로 승인한 이익균점권은 "세계헌법사상 그 유례가 보기 드문 노동기본권"이라고 평가받는다.[45]

이익균점권을 제헌헌법에 경제 조항의 하나로 만드는 데 이바지한 대표적인 인물로는 전진한錢鎭漢(1901~1972)이 손꼽힌다. 그는 일제하에서 독립운동으로 옥고를 치렀으며, 해방 직후에는 좌익 계열의 노동조직인 조선노동조합전국평의회(전평)에 대항하고자 김구, 이승만, 안재홍 등이 중심이 되어 결성했던 대한노동총연맹의 위원장을 지내기도 했다. 아울러 이승만 정부에서 대한민국의 초대 사회부 장관직을 맡기도 했으나, 후에 이승만과 결별하고 이승만의 독재권력에 대항하여 투쟁했던 인물이다. 이렇게 보면 그는 정치적으로 분명한 우익 성향의 인물이었다. 그렇지만 그는 사회주의 계열의 독립운동 세력도 전적으로 배제하지 않고 포용해서 민족의 분열과 대립을 해소함으로써 민족통일을 위한 나름의 합리적 방안을 제출하고자 했다.[46] 그뿐만 아니라 그는 이승만 정권의 갖은 핍박을 뚫고 노동당을 창당하여 노동자의 기본권을 보장하는 노동법을 제정하는 데 결정적으로 이바지한 한 인물이기도 하다. 특히 그는 제헌헌법 제정 과정에서 이익균점권을 헌법의 조항으로 삽입하는 데에 큰 영향력을 발휘하였다고 한다.[47]

사실 전진한이 이익균점권과 함께 노동자의 기업 경영 참여권을 승인하는 조항까지 제헌헌법에 넣으려고 애썼던 것은 좌우익의 민족 분열을 해소하여 통일된 자주적 독립 국가를 이룩하기 위함이었다. 그런데 전진한 등이 제헌헌법의 경제 조항에 삽입하려는 노동자의 경영참여권은 국회 본회의의 논의 과정에서 아쉽게도 부결되었다. 전진한, 문시환, 조병한 등 당시 비한민당계 의원들은 지주와 자본가 세력 중심으로 구성된 한민당계와 달리 노동 대중의 기업 경영에의 참여와 이익균점권을 헌법으로 보장하고자 노력했다.[48] 이를테면 전진한 외 9명이 발의한 '노동 8개 조항'의 제5항의 내용은

---

45) 이흥재, 『노동법 제정과 전진한의 역할』(서울대학교 출판문화원, 2010), 6~8쪽.
46) 그러나 1946년 이후 김규식 등이 추진한 좌우합작운동에 대해서 전진한은 적극적으로 반대하였다는 점도 눈여겨봐야 할 것이다. 전진한, 『이렇게 싸웠다』(무역연구원, 1996), 293~295쪽.
47) 전진한의 생애에 관해서는 이흥재, 『노동법 제정과 전진한의 역할』, 30~32쪽 및 김종철, 『근대문명에서 생태문명으로: 에콜로지와 민주주의에 관한 에세이』, 66쪽을 참조함.
48) 이흥재, 『노동법 제정과 전진한의 역할』, 23쪽.

다음과 같다. "관공 사영 일체의 기업체에 속한 노동자는 당해 기업체의 운영에 참여할 권리가 있다. 각 기업체 내에 노자협의회를 구성하여 운영에 관한 중요 사항을 협의하고, 노자협의회의 판정 없이는 노동자의 해고, 정직, 기타 처분은 하지 못한다. 노자협의회에 관한 사항은 국민경제회의의 결의를 통하여 법률로써 정한다."[49]

전진한 등이 제출한 노동자의 기업 경영 참여권이나 이익균점권 등의 내용은 제헌헌법의 제17조와 제18조와 관련된 것이었다. 그러나 제17조에 관련된 경영참여권에 대한 논의가 격렬해지면서 이에 대한 다양한 수정안이 제출되었는데, 결국 문시환 의원 등의 수정안과 조병한 의원 등의 수정안으로 압축되었다. 이를 둘러싸고 격렬한 토론이 진행된 후 무기명투표 방식으로 조항이 확정되었는데, 기업 경영권을 인정하자는 문시환 등의 수정안이 아니라 이익균점권만을 긍정하는 조병한 의원의 수정안이 통과되었다.[50] 원래 본회의에서는 경영 참여도 보장하자는 분위기가 강했으나, 당시 소극적인 태도를 보인 이승만이 시간을 끌면서 의원들 상당수를 회유했기 때문에 이익균점권만이 겨우 통과되었다고 전진한은 회고한다.[51]

제헌헌법에 노동자의 이익균점권과 경영참여권을 보장하고자 했던 전진한의 사상적 기초는 '자유협동주의'이다. 그는 자유협동주의 이념에 따라 제헌헌법 정신을 이해하고 그것을 구체적으로 구현하려는 활동을 펼쳤다. 그가 제창한 자유협동주의 이념의 골간을 우리는 다음과 같은 그의 주장을 통해 알 수 있다.

자유협동주의는 개인주의에서 자유를 추출하고 전체주의에서 협동을 추출하여 기계적으로 병렬, 조합, 절충한 것이 아니라, 개인주의에서 독점성과

---

49) 같은 책, 50~51쪽 각주 8번에서 재인용함.
50) 같은 책, 53~55쪽. 그나마 살아남은 이익균점권 조항도 한국전쟁 이후 사문화되었다가 결국 박정희 정권 때 헌법 개정을 통해 삭제되어 버렸다. 김종철, 『근대문명에서 생태문명으로: 에콜로지와 민주주의에 관한 에세이』, 68쪽.
51) 전진한, 『이렇게 싸웠다』, 296~297쪽.

배타성이 지止 즉 폐기되고 개성과 자유 즉 개성존엄성, 평등성, 창의성이 양揚 즉 보존됨과 동시에 전체주의에서 강권주의와 기계주의가 지止 즉 폐기되고 사회협동 즉 사회연대성과 공존성이 양揚 즉 보존되어, 개인주의와 전체주의가 자유협동주의에로 지양 통일될 것이다. 이 자유협동주의는 개인주의나 전체주의와는 그 차원을 달리하는 질적으로 비약된 하나의 단일 사상으로, 자유와 협동이 불가분리의 관계에 선다. 자유협동주의는 자유적 협동이요 협동적 자유이다. 자유는 협동에서 온 자유이므로 독점성과 배타성이 개재할 수 없고, 협동은 자유에서 온 협동이므로 강권주의와 기계주의가 용납될 수 없다.[52]

여기에서 전진한의 자유협동주의 이념의 뜻을 상세하게 서술할 수는 없다. 다만 그의 자유협동주의는 제헌헌법의 근본정신이라 할 조소앙의 균등 이념과 맥을 같이한다는 점에 주목하고자 한다.

전진한은 "균등 사회"의 이념을 대한민국 제헌헌법의 정신으로 보면서, 이를 방해하는 것으로서 "세계를 양분한 상극되는 세력인 공산주의와 민주주의가 우리 국토를 양단하여 첨단적으로 대립하고 있는 사실"을 들고 있다.[53] 이때 그가 사용한 '공산주의'와 '민주주의'라는 용어는 소련식 공산주의와 미국식 자본주의적 민주주의를 일컫는다. 전진한은 한편으로, 미국식 부르주아 민주주의는 정치적 참정권과 같은 권리를 평등하게 보장하는 것처럼 보이지만 경제적으로 힘이 있는 세력이 모든 것을 지배함으로써 실상은 일반 서민 대중들의 정치적 참여권을 실질적으로 보장하지 못하는 사회라고 본다. 그래서 그는 미국식 민주주의 사회란 결국 "인민의 의사를 토대로 한다는 진정한 의미의 민주주의와는 거리가 먼" 체제로 보아서 이를 "금력주의"로 부르는 것이 타당하다고 결론짓는다.

다른 한편으로 전진한은 소련식 공산주의 체제도 비판한다. 그가 보기에 소련 또한 표면적으로는 국민의 보편적 참정권을 보장한다고 하면서 실제로

---

52) 같은 책, 201~202쪽, 「자유협동주의」.
53) 같은 책, 121쪽, 「건국이념」.

는 공산당 계열만이 입후보자를 추천하는 권한을 행사할 수 있다는 점에서 진정한 민주주의 사회가 아니다. 즉 소련식 공산주의 국가는 공산당이 권력을 독점하고 일반 다수 사람은 아무런 발언권을 지니지 못한 채 그저 "기계적으로" 공산 권력에 굴종하는 사회라고 그는 비판한다. 그래서 그는 소련식 공산주의 국가를 "폭력주의가 횡행하고 있는" 사회로 규정한다.[54]

전진한은 제헌헌법 초안이 기본적인 방향 설정에서는 옳지만 실질적인 경제적 민주주의와 관련해서는 너무 모호하고 추상적이어서 한계가 크다고 보았다. 제헌헌법 초안이 비록 개인주의 사상과 사회주의 사상을 절충하고 서로 조화롭게 만들려고 노력한 점이 있다고는 하지만 정치적 민주주의에 대해서만 자세한 규정을 명시하는 데 그치고 있음을 비판적으로 본 것이다. 그리하여 그는 당시 우리 민족을 분열시키고 있던 노동자와 자본가 사이의 갈등 문제를 도외시하고서는 민족통일은커녕 제헌헌법 초안이 제시한 정치적 민주주의 혹은 "정치적 자유평등"이라는 원칙조차도 하나의 "화병畵餠" 즉 그림의 떡에 지나지 않게 될 것이라고 경고한다.

이런 문제를 극복하기 위해 전진한은 제헌헌법 초안을 논의하는 본회의에서 "적극적으로 노동자가 국가의 일원으로서 모든 건설 면에 진출하여 그 재능과 창의를 발휘해 가지고 평등 자유를 향유할 수 있다는 법률의 창의"가 필요함을 역설했다. 다시 말하자면, 노동자들이 진정으로 이 국가가 "우리의 국가이며 만민평등의 국가"임을 인정하는 데서 우러나오는 "애국심"을 창출하지 않고서는 당대의 극심한 분열과 혼란을 타개할 수 없다는 것이다. 이런 맥락에서 그는 우리 사회의 절대다수를 차지하는 노동자와 농민 등이 자발적으로 국가와의 일체감을 이루는 마음을 드러낼 수 있도록 만민평등과 자유를 실질적으로 보장하는 헌법이 만들어져야 한다고 보았다. 그래서 그는 "사회경제에 자유스러운 창의와 한국 민족의 정신이 있기를 바라고, 구체적 문제에 있어서는 자본 통제라든지 기타 실질적으로 중요한 노동 문제"와 관련된 구체적 헌법

---

54) 같은 책, 135~136쪽.

조항이 확보되어야 함을 역설했다.[55]

　전진한이 제헌헌법에는 사회경제적 영역에서의 민주주의적 조항이 명확하게 규정되어야 한다고 강조했던 까닭은 제헌헌법의 근본정신에 관한 그의 해석 때문이다. 그에 따르면 대한민국의 제헌헌법 정신은 "균등한 무계급사회"를 지향한다. 그리고 이런 제헌헌법 정신은 "정치적 민주주의와 경제적 민주주의가 혼연 병존하고 세계 혼란의 최대 원인인 노자 문제에 최후의 해결을 제공하여 계급 대립 문제를 완전히 해결시켰으며, 사회성을 무시하는 개인주의의 폐단을 방알(防遏)하는 일면, 개성을 무시하고 인간을 기계화하려는 공산주의의 과오를 시정"하고 있다.[56]

　앞에서 보았던 것처럼 전진한은 자유협동주의를 통해 제헌헌법의 근본이념인 균등 사회 건설을 이론적으로 정당화함과 아울러, 그 이념을 경제적 영역에서 구체적으로 실현할 방책으로 노동자의 이익균점권과 경영참여권이 헌법의 조항으로 들어가야 함을 주장하였다. 비록 노동자의 기업 경영참여권을 삽입하려는 시도는 좌절되고 단지 이익균점권만이 헌법 조항에 들어갔지만, 전진한은 이런 조항들이 지닌 의미를 높이 평가했다. 그는 "우리 대한민국이 근로입국으로서의 그 진면목을 발휘하였을 뿐 아니라 정치적·형식적 민주주의에 경제적·실질적 민주주의를 병행하여 인류 최고 이상인 자유평등사회를 정치적·경제적·사회적 각 부면에 실현을 보게 되는 것으로, 이 조문이야말로 대한민국 전 헌법을 통하여 화룡점정적 의의를 가진 것"이라고 이익균점권 조항의 의미를 평가했다. 그에 따르면 이익균점권 조항은 "세계 어느 나라 헌법에서도 발견할 수 없는 일대 창견일 뿐 아니라 인류 평화의 암이요 세계적 난제인 노자대립 문제를 근본적으로 해결할 수 있는 한 개 관건"이다.[57]

　앞에서 강조했듯이 전진한이 자신의 고유한 이론이라 할 수 있는 자유협동

---

55) 국회도서관, 『헌법제정회의록: 헌정사자료』 제1집(1967), 279~281쪽.
56) 전진한, 『이렇게 싸웠다』, 146쪽, 「건국이념」.
57) 같은 책, 141~142쪽, 「건국이념」.

주의를 통해서 제헌헌법의 근본이념으로 파악했던 균등 사회의 건설은 조소앙의 삼균주의와 통한다. 이런 사유의 친화성은 자유와 협동 또는 자유와 연대의 상호의존성으로 협동적 자유를 해명하는 과정에서도 잘 드러난다. 앞서 인용한 부분에서 보았듯이 그는 "자유는 협동에서 온 자유이므로 독점성과 배타성이 개재할 수 없고, 협동은 자유에서 온 협동이므로 강권주의와 기계주의가 용납될 수 없다"라고 말한다. 특히 필자는 그가 자유란 협동과 내적으로 연계된 것임을 밝히면서 사용했던 "독점성과 배타성"이라는 개념이 매우 큰 의미를 지닌다고 본다.

개인의 자유가 지니는 진정한 의미는 자유를 개인적인 특권적 이익을 배타적으로 향유할 수 있다는 것과 전혀 관련이 없다. 타자와의 협력관계 속에서만 비로소 개인의 자유가 가능할 수 있기 때문이다. 전진한이 부정적이고 극복되어야 할 개인적 자유에 대한 태도를 설명할 때 사용하는 자유의 "배타성과 독점성"이라는 말은 유가적인 전통에서 볼 때 극복되어야 할 것으로 여겨졌던 사사로움(私)의 특성이다. 주지하듯이 유가적인 전통에서도 독자적인 공과 사의 구별이 존재했다. 그리고 이런 공사 구별과 관련지어서 보게 되면 개인적 자유에 대한 부정적 인식의 한계를 분석하는 전진한의 사유 방식이 제대로 이해될 수 있다.

서구에서처럼 공적 영역과 사적 영역, 이를테면 가정의 영역을 사적 영역으로 보는 영역적 공사 구별은 동아시아의 유가적 공사 구별과 대조된다.[58] 유가적 공사 구별에 따르면 사사로움(私)은 어느 한 개인이 타자에게서 등을 돌리고 오로지 배타적으로 자신에게만 관계하는 것을 말한다. 이와 달리 공公이란 다른 사람과 더불어(자연과의 공생은 일단 제외하더라도) 함께함을 뜻하기도 하며, 재산이나 권력 그리고 사회적 업적의 결과 등을 배타적으로 독점하

---

58) 동서양의 공사관 비교에 관해서는 나종석, 『대동민주유학과 21세기 실학』, 제4장 '서구의 공사관과 유가적 공사관' 참조 바람. 주희의 유가적 公 개념에 대해서는 나종석 「주희의 公 개념과 유교적 公共性 이론에 대한 연구」, 『동방학지』 164(2013) 참조 바람. 성리학적 公 개념의 오늘날의 의미에 대해서는 나종석, 「성리학적 공공성의 민주적 재구성 가능성」, 『유교적 공공성과 타자』(나종석·박영도·조경란 엮음, 혜안, 2014) 참조 바람.

지 않고 골고루 나눈다는 평분平分의 뜻도 지니고 있다. 그러니까, 권력이나 재산 등을 배타적으로 오로지 자신의 이익만을 위해 사용하는 것이 사사로움으로 이것은 도덕적으로 비판받아야 할 태도라는 것이 유가적인 사 개념의 일반적 뜻이다. 물론 이런 공과 사의 구별은 우리가 앞에서 본 것처럼 유가적인 생명 사상의 근본 원리와도 통한다. 생명이란 자신의 보존과 유지를 위해서 위험을 무릅쓰고서라도 늘 타자에 개방적이고 타자와의 관계를 형성하지 않을 수 없는 존재인데, 타자에게 배타적이고 자기 자신에게만 폐쇄적으로 관계한다는 것은 생명체 자신의 자살 행위나 다름이 없다. 그러니까 사사로움은 생명의 죽임으로, 공公이란 생명 살림의 행위로 이해된다. 이런 생명사상적 공사 구별은 정치 사회의 구성 원리로도 작용한다.

달리 말하자면, 공公이란 특히 왕과 같은 위정자에게 요청되는 보편적인 도의적 태도인데, 이는 사사로움이 없이 공정함 혹은 공평성을 통해 만백성과 소통해야 함을 뜻한다. 정치 권력은 그 누구의 사적인 점유물이 아니라 만백성에게 공평하고 공정해야 한다. 이런 맥락에서 유가적 대동사상의 핵심인 '천하위공天下爲公'이 보여 주듯이 공과 하늘은 서로 밀접하게 연결되어 있다. 천하는 천하 사람의 천하로서 임금이나 그 누구의 사적 전유물이 아닌 천하의 공유물이라는 것이 '천하위공'의 의미라는 점을 염두에 둔다면 유가적 사유 방식에서 공과 사가 어떤 의미로 사용되는지를 이해할 수 있다.

전진한의 자유와 협동의 내적 연결성에 대한 통찰에는 유가적인 사사로움에 대한 비판의식과 통하는 면이 있고, 그 해결 방향으로서의 협동적 자유 개념에도 역시 유가적인 공공성의 뜻이 함유되어 있다. 따라서 경제적 영역에서 실질적 민주주의를 실현하기 위해 이익균점권을 긍정한 것도 유가적인 균평均平 이념과 맞닿아 있다고 볼 여지가 충분하다. 한쪽으로 치우치지 않는다는 의미에서의 유가적 공은, 자본가의 이익만을 긍정한다거나 노동자 대중의 이익만을 대변하는 것과 다르게 둘 사이의 조화와 화합을 넘어 노동자와 자본가의 일치를 강조하는 사유로 이어진다.[59]

마지막으로, 제헌헌법에서 이상적 사회로 지향하는 균등 사회 즉 '자유협동 사회'에 대해 설명하는 부분을 보면 놀라울 정도로 유가적 대동 이념과 유사한 점이 발견된다. 물론 필자와 같이 유가적 정치문화의 지속적인 영향사라는 맥락에서 전진한의 헌법 인식과 자유협동주의를 이해하려는 시도를 어떤 사람은 다소 의아하게 생각할 수도 있을 것이다. 전진한은 불교의 영향을 무척 많이 받았고 그의 자유협동주의 이념에는 대승불교의 동체대비 사상이나 원효의 원융무애圓融無礙 사상 및 화엄 사상의 영향이 크다는 선행 연구가 있기 때문이다.[60] 이런 점을 부인하고자 함이 아니라, 전진한의 자유협동주의 사상에는 불교 사상의 영향과 더불어 유가적인 전통 사상과 대동사상의 면모도 분명하게 엿보인다는 점을 강조하고 싶을 뿐이다.

전진한은 그의 자서전적 글에서 청년 시절에 틈만 나면 "『대학』과 『채근담』 등 수양서(修養)를 열독"했다고 말한다. 이런 점 말고도 한국사회의 정치적 상상력은 오랜 세월 유가적 정치사상의 영향을 듬뿍 받았기에 전진한도 거기에서 예외가 아닐 것이다. 이런 점을 염두에 두면서 자유협동주의 내에 들어 있는 유가적 사상의 측면을 다른 각도에서 한번 분명하게 밝히고자 한다. 예를 들어 전진한은 자유협동사회를 "각자가 자기에게 맞는 자리를 찾아(各得其所) 각자의 타고난 개성을 맘껏 발휘하는(各得其性) 사회"로 규정한다.[61] 그러니까, 자유협동사회에서 사람은 "전체와 조화를 얻는" 적절한 위치를 획득하는 존재이기에 "사회연대성과 공존성이 발양되어 각인의 경제생활의 균형이 보장"된다. 이런 설명에서 우리는, 모든 사람이 자신에게 어울리는 자리를 차지할 수 있고 그런 사회적 지위를 통해 자신을 실현하고 타인도 실현하게 하는, 즉 각득기소하는 성기成己·성물成物의 사회를 이상적 사회로 바라보았던 유가적인 대동사회의 이념이 그의 자유협동주의에도 면면히 이어져 오고 있다는 점을 알 수 있다.

---

59) 전진한,『이렇게 싸웠다』, 같은 책, 141쪽,「건국이념」.
60) 이흥재,『노동법 제정과 전진한의 역할』, 214~215쪽.
61) 전진한,『이렇게 싸웠다』, 206~207쪽,「자유협동주의」.

생태위기 시대에 어울리는 새로운 경제질서를 모색할 때 우리 현대사 또한 많은 시사점을 준다. 그러나 우리는 전진한이 추구했던 균평 사회의 이상을 구현하기 위한 연대적 혹은 협동적 자유 이념을 마냥 따라갈 수만은 없다. 시대적 상황이 변한 만큼 그런 이념도 역시 비판적으로 계승되어야 할 것이다. 필자가 한국 근현대사를 형성한 근본정신이라고 명명한 대동적 민주 정신의 이념과 그것을 구현했던 제헌헌법의 정신은 생태위기 시대에 어울리는 방식으로 재구성되어야 한다.

따라서 대동민주주의는 대동세계의 유가적 이상사회와 천지만물이 한 몸이라는 상호의존성의 원칙을 이어받아서 가난하고 취약한 사람들을 돌보며 자연과 화해하는 방향으로 자본주의적 시장 질서의 근본적 재편을 추구한다. 불평등과 생태계 파괴의 주범인 신자유주의적 자본주의를 그대로 둔 상태로 생태위기의 극복이 가능하리라고 생각하는 사람은 아마도 없을 것이다. 이는 기업가들이나 기업에 친화적인 정치가들도 적어도 표면적으로는 부인하지 못할 것이다. 이렇듯 무한 성장에 사로잡힌 신자유주의적 자본주의는 생태적이고 민주적인 방향으로 규율되고 제어되지 않으면 안 된다. 지구 생태계 위기를 피하기 위해서는 규제 없는 무한한 경제성장 지상주의라는 맹목적 믿음에서 벗어나야 한다.

5. 정치적 양극화와 한국 사회의 생태적 전환을 위해

앞에서 보았듯이 기후변화가 점점 더 심화되고 자연 파괴로 인한 재앙이 가시화되고 있는 상황에서 역설적으로 지구 생태계 파괴나 기후변화의 현실을 둘러싸고 극심한 정치적 양극화 현상이 출현하고 있다. 예를 들어, 미국이나 유럽 여러 나라는 정파별로 기후변화에 대한 태도가 극명한 차이를 보인다고 한다. 미국에서는 대략 2007년도까지만 해도 기후변화가 진행 중임을 부인하는 사람은 거의 없었고 민주당과 공화당도 표면적으로나마 기후변화를 정치적 현안으로 삼아서 공동으로 대처하려는 모습을 보여주었는데, 이런 초당파적 협력 시대는 이제 지나갔다고 한다.

상황이 바뀌어 기후변화는 극심한 정쟁의 주제로 부상했고, 그 결과 기후변화를 둘러싸고 어느 정당을 지지하느냐에 따라 극단적으로 대립하는 태도를 보여 준다. 이와 관련해서 나오미 클라인의 저서 일부분을 인용해 보자.

> 현재 자칭 민주당 지지자들과 진보주의자 가운데 인간의 활동이 기후변화의 원인이라 믿는 비율은 75퍼센트를 웃돈다. 해마다 조금씩 변동하지만 2001년 이후로 약간 상승한 수치이다. 이와 대조적으로, 공화당 지지자 사이에서는 학계의 중론을 인정하지 않는 비율이 압도적으로 높다. 일부 지역의 자칭 공화당 지지자 중 기후변화를 인정하는 비율은 고작 20퍼센트 남짓이다. 이런 정파별 입장 차이는 캐나다에서도 확인된다. 2013년 10월 인바이어로닉스에서 실시한 여론 조사에 따르면, 여당인 보수당 지지자들 가운데 기후변화가 진행 중이며 이는 인간의 활동에서 비롯된다고 믿는 비율이 41퍼센트에 불과했다. 반면에 좌파 정당인 신민주당의 지지자들과 중도 노선의 자유당 지지자들 가운데 기후변화가 현실적인 문제라고 보는 비율은 각각 76퍼센트, 69퍼센트로 나타났다. 이 같은 여론 추이는 서유럽뿐 아니라 호주와 영국에서도 비슷하다.[62]

기후변화 인식에 대한 정파별 인식 격차가 확고해지는 미국이나 유럽에서의 상황은 긍정적이든 부정적이든 기후변화가 커다란 정치적 사안으로 등장하고 공론장에서도 치열한 논쟁의 주제가 되어 있다는 것과 무관하지는 않을 것이다. 물론 기후변화가 자본주의적 경제성장에 대한 제약이나 비판으로 이어질 것으로 두려워하는 기득권 세력이나 이와 결합한 다양한 집단들이 벌이는 기후변화 반대 운동의 정치세력화의 결과도 무시하지 못할 요인이라고 평가될 수 있다.

---

62) 나오미 클라인, 『이것이 모든 것을 바꾼다』, 64~65쪽 인용 및 67쪽 참조

나오미 클라인에 따르면, 기후변화를 강력하게 부인하는 사람들은 기후변화를 인정하면서 환경위기 극복을 위해 일하는 사람들이 "가톨릭의 이단 탄압, 독일의 나치주의, 러시아의 스탈린주의에 이르는 인류 역사에 존재했던 거의 모든 대량학살 논리"에 심취해 있다고 공격한다. 그래서 버락 오바마 전 미국 대통령이 내세운 선거 공약, 즉 지자체별로 식물연료정제소를 지원하겠다는 정책을 "모든 집 뒷마당에 무쇠 용광로를 놓자는 모택동의 계획"이라고 비난하는가 하면, 기후변화를 인정하는 사람들을 '나치 앞잡이' 취급하기도 하며, 환경을 보호하려는 사람들에 대해 날씨를 바꾸려고 수많은 사람을 기우제의 희생 제물로 바친 아스테카 사제와 같다는 식으로 비꼬기도 한다. 점잖게 주장하는 사람의 표현으로 하자면 기후변화란 "자본주의를 폐기하고 녹색 공산 사회주의를 도입할 목적으로 고안해 낸 트로이 목마"에 지나지 않는다는 것이다.[63]

기후변화부정론과 관련해 나오미 클라인의 주장에서 흥미로운 점은 다음의 두 가지이다.

하나는, 기후변화란 수많은 과학자가 만들어 낸 거짓말이자 사기극이라고 강변하는 기후변화부정론자들은 역설적이지만 기후변화의 끔찍한 결과와 심각성을 정확하게 꿰뚫고 있다는 그의 분석이다. 기후변화를 인정하되 현재의 자본주의 경제질서의 근본적인 변화 없이도 그에 대한 점진적 대응이 가능하다고 믿는 사람들과는 달리, 이들은 기후변화의 결과가 너무나 재앙적이기에 그것은 반드시 자본주의적 경제질서의 급진적 변화를 요구하게 될 것이라고 본다는 점에서 더 정확한 현실 인식을 보여 주고 있다. 그래서 기후변화부정론자들은 이런 급진적 변화를 요구하는 현실에 눈을 감는 방식으로 기후변화가 과학자들에 의해 고안된 사기극이라고 치부하고 기존의 성장 중심의 자본주의 사회를 유지하고자 한다.

다른 하나는, 기후변화에 대한 인식의 태도와 특권 사이의 관계에 관련된

---

63) 같은 책, 60~61쪽.

것이다. 나오미 클라인에 따르면 "기후변화의 과학적 근거를 부정하는 태도와 사회·경제적 특권 사이에 분명한 상관관계가 존재한다." 기후변화의 위험성을 과소평가하거나 심지어 기후변화 자체를 부인하는 사람들 중에서 압도적 다수를 차지하는 부류는 "보수주의자, 백인, 남성 그리고 평균 소득이 높은 사람들"이다.[64] 브뤼노 라투르가 적절하게 지적하듯이, 1980년대 이후 지속 중인 신자유주의적 세계화로 인한 서구 유럽의 복지국가 해체나 탈규제의 흐름은 물론이고 2000년대 이후 본격적으로 등장한 기후변화부정론은 전 세계적 차원 혹은 개별 국민국가 수준에서의 극심한 불평등 구조의 심화와 상호 연결된 현상이라고 보아야 한다. 즉 기후변화에 대한 정치적 움직임은 불평등의 구조적 심화를 유지하려는 움직임과 궤를 같이한다는 것이다.[65]

이미 가시화되어 있는 생태위기를 극복하기 위해서는 기존의 사회 질서 전반, 특히 경제질서에 대한 근본적 변화가 요구된다는 사실은 엄청난 정치적 갈등의 핵으로 등장한다. 트럼프 전 미국 대통령이 미국의 파리기후변화협약 탈퇴를 결정했던 것 역시 기후변화를 둘러싼 갈등이 얼마나 치열한 것인지를 잘 보여 준다.[66] 이런 분쟁은 국제적 분쟁으로까지 이어질 것이다. 앤서니 기든스가 강조하듯이, 기후변화와 생태적 재난을 극복하려면 국제사회 전체가 공정한 조건에서 책임을 분담하면서 서로 협력할 수 있어야 하지만 냉엄한 국제정치의 현실은 기후변화 문제를 자국의 이익 및 패권 추구를 위한 수단으로 전락시켜 버릴 수 있다. 이를테면 기후변화가 에너지 부족 문제와 결합하는 순간 국가안보의 문제로 비화할 수도 있다는 말이다. 그러면 경제성장에 필수적인 에너지 자원을 둘러싼 국가 사이의 경쟁은

---

64) 같은 책, 75쪽 및 79쪽.
65) 브뤼노 라투르, 『지구와 충돌하지 않고 착륙하는 방법: 신기후체제의 정치』(박범순 옮김, 이음, 2021) 참조 바람.
66) 1997년에 이미 미국은 자국에 불리하다고 보아 교토의정서에 불참한 경력이 있으므로 트럼프가 파리기후변화협약에서 탈퇴한 것도 크게 이상할 것은 없다. 다만 다행스럽게도 2021년에 트럼프를 이어 미국 대통령으로 취임한 바이든은 취임과 동시에 파리협약에 복귀하겠다고 서명하였다.

더 심해질 것이고, 이런 격화된 경쟁 상황에서 "온실가스 감축이라는 시급한 목표는 그 희생물로 전락할 수 있다"라고 기든스는 말한다. 달리 말하자면 "개별 국가 및 국가연합체의 지도자들은 기후변화를 빌미 삼아 자신들의 분파적인 목적을 달성하려 할 수도 있다."[67]

인류사회가 이성적으로 생태위기를 극복하기 위해서는 이런 극심한 정치적 갈등과 분쟁을 민주적으로 조정할 역량이 요구된다. 오늘날 세계 곳곳에서 드러나는 민주주의의 쇠퇴와 위기도 바로 그런 분쟁과 갈등을 제대로 해결하지 못한 결과일 것이다. 그런데 우리나라는 정말 생태 및 생명 중시의 사회와는 너무나 거리가 멀다. 미국과 같이 기후변화부정론이 강력해서도 아닌 것 같다. 아예 한국 사회에서는 기후변화라는 주제가 정치적 사안으로 논의되지 못하고 있다. 과문한 탓인지는 모르겠지만, 2022년 대통령 선거 과정에서 유력 정당의 대통령 후보는 말할 것도 없고 정의당의 후보조차도 기후변화와 관련한 어떤 의미 있는 정책적 대안을 제시하지 않았다. 설령 공약집에는 있었을지 모르겠지만 선거 정국에서 정치지도자 선택에 의미 있는 영향을 줄 정도로 정치적 의제로 부상하지는 못했다.

기후변화로 인한 대재앙이 임박했음이 전 지구적인 논쟁점으로 부상했는데도 불구하고 한국 사회가 거의 침묵으로 일관하고 있는 까닭이, 우리 사회가 환경문제에서 벗어나 있기 때문인 것은 결코 아니다. 사실 한국이 지구 생태계에 가하는 해악은 매우 큰 것으로 알려져 있다. 제이슨 히켈은 한국 사회가 생태계 파괴에 큰 책임이 있음을 다음과 같이 말한다.

오늘날 한국은 1인당 국민소득이 3만 2,000달러에 달하는 고소득 국가입니다. 스페인, 그리스, 러시아 등 대부분의 유럽 국가들보다 높습니다. 이는 놀랄 만한 성공 스토리입니다. 하지만 그 이면이 없는 것은 아닙니다. 불운하게도, 한국의 발전 경로는 환경적으로 문제가 많았습니다. 한국은 세계에서 가장 높은 수준의 자원 발자국을 지닌 나라 중 하나입니다. 한 해에 1인당 물질

---

67) 앤서니 기든스 『기후변화의 정치학』(홍욱희 옮김, 에코리브르, 2009), 205쪽.

사용이 28톤이 넘는데, 이는 영국보다 30퍼센트 많으며 지속 가능한 한계를 네 배 초과한 양입니다. 이산화탄소 배출량도 위험스럽게 높은 수준이어서, 소비 기반으로 계산할 때 영국보다 20퍼센트 많고 프랑스보다는 거의 두 배나 많습니다. 결과적으로 한국은 지속 가능한 발전 지표의 맨 하위권에 자리합니다. 만약 지구상의 모든 이들이 그런 수준으로 소비하고 오염을 배출한다면 생태계는 붕괴하고 말겠죠.[68]

심지어 국제사회의 일각에서는 한국을 기후악당(climate villain) 국가로 지목하고 있을 정도이다. 2016년 영국의 한 기후 전문 매체는 국제환경단체인 '기후행동추적'(Climate Action Tracker·CAT)의 분석 결과를 토대로 사우디아라비아, 호주, 뉴질랜드와 함께 한국을 세계 4대 기후악당 국가의 하나로 꼽았다.[69]

최근 중국의 온실가스 배출량은 엄청나다. 그리고 한국 사회에서는 미세먼지로 인해 중국에 대해 좋지 않은 감정을 지닌 사람들이 꽤 있다. 그런데 중국이 온실가스 배출량에서 세계 1위 국가이기도 하지만 동시에 재생에너지 분야의 기술 개발에서 선두 주자라는 점 그리고 녹화사업에서 큰 결실을 보였다는 점에 대한 인식은 그리 많지 않은 것 같다.[70] 저명한 영국의 정치학자 데이비드 런시먼은 중국과 같은 "실용주의 독재" 국가가 환경문제에 적극적으로 대응하는 모습에 주목하고 있다. 그는 중국식의 실용주의 독재가 환경문제와 같은 긴급한 사안에 직면해서는 상당한 매력과 호소를 보여 준다고 말한다. "지난 10년간 국제사회에서 중국이 보여 준 가장 성공적인 사례는 아마도 단호한 기후 대책일 것이다. 그중 일부는 대담하고 창의적이다." 물론 런시먼은 중국식의 실용주의 독재가 현대 대의민주주의의 "대안" 중의 하나라고 보면서도 민주주의에 대한 경쟁력은 없다고 강조한다. 달리

---

68) 제이슨 히켈, 『적을수록 풍요롭다: 지구를 구하는 성장』, 11~12쪽.
69) 선정수, 「[팩트체크] 대한민국은 기후악당인가?」, 2020.07.07, 『뉴스톱』 (http://www.newstof.com/news/articleView.html?idxno=10924). 검색: 2022.08.24.
70) 조효제, 『탄소 사회의 종말』, 70쪽.

말해 실용주의적 독재는 "대안적이라기보다는 유혹적이다."[71] 그러므로 이런 유혹에 넘어가지 않으려면 민주적 방식으로 생태위기를 더 나은 방식으로 극복할 수 있음을 실천적으로 보여 주어야 할 것이다.

그런데 한국이 기후악당 국가로 지목될 정도로 지구온난화에 나쁜 영향을 주고 있음에도 불구하고 우리 사회에서 생태위기에 대해 져야 할 책임 문제를 진지하게 논의하는 모습은 찾아보기 힘들다. 이는 우리나라에는 생태위기의 목소리를 대변하는 정치세력이 거의 무의미한 실정이라는 역설에서 극명하게 드러난다. 2012년 공식 창당된 녹색당은 그해 총선에서 받은 득표율이 0.48%였으며 최근까지도 의미 있는 정치세력으로 인정받고 있지 못하다. 유권자로부터 철저하게 외면당하고 있다고 보아야 할 것이다.[72]

우리 사회에서 생태위기와 관련된 성찰이 부족한 것은 우리 사회의 고질적 병폐인 성적 위주, 명문대 입시 위주 교육의 참담한 실패와도 무관하지 않다. 학교에서는 잠을 자고 밤늦게까지 학원에서 시험공부에만 전념하는 상황이 보여 주듯이, 우리 사회의 공교육은 거대한 산업으로 성장한 사교육에 의해 점령된 상황이다. 시험 성적이 인생의 성공과 실패를 결정하는 요인으로 굳어진 탓이기도 하다. 이제 우리 사회의 교육은 '입시지옥'으로부터 해방되어 민주적 시민에게 요구되는 다양한 역량을 키우는 배움터로 되돌아가야 한다. 동시에 우리 사회의 교육은 생태적으로 책임 있는 시민의 역량을 강화하는 데 이바지할 확장된 민주시민 교육의 정신을 실현할 수 있도록 재편되어야 할 것이다. 우리 헌법이 명시하고 있는 균등한 교육 이념이 조선의 유교적 정치문화의 계승이라는 점을 염두에 둘 때, 시민의 민주적이고 생태친화적인 역량을 강화하고 이를 일상생활에서 내면화할 수 있는 교육이 전혀 이루어지고 있지 않다는 점은 오늘날 신자유주의적 자본주의 사회가

---

71) 데이비드 런시먼, 『쿠데타, 대재앙, 정보 권력: 민주주의를 위협하는 새로운 신호들』(최이현 옮김, 아날로그, 2020), 236쪽 및 276~277쪽.
72) 박승옥, 「김종철은 녹색당의 어느 역에서 멈춰 섰을까: [녹색평론] 김종철 읽기 ⑨ 민주의자 김종철 Ⅱ」, 『프레시안』, 2021.10.29. 07 (https://www.pressian.com/pages/articles/2021102901084414069) 검색: 2022.08.22.

얼마나 헌법 정신과 그것을 가능하게 한 도덕적 자기 수양 및 함양의 전통으로부터 멀리 떨어져 있는가를 보여 준다.

오늘날 우리 사회에서는 왜곡된 형태로든 일면적인 것으로든 공정 담론이 중요한 관심사가 되었다. 물론 공정 담론은 우리가 능력과 노력에 따른 분배만을 정의의 기준으로 설정하면서 능력주의(meritocracy)를 우상숭배적 수준으로까지 내면화하고 있음을 보여 준다. 그러나 공정이란 무엇인지를 둘러싼 논쟁은 물론이고, 공정이란 가치가 매우 소중한 것임은 분명하다. 그리하여 설령 공정 담론이 능력주의적 관점에 의해 이해된 공정으로 환원되고 있음에도 불구하고 우리는 공정 담론을 더욱 활기차게 수행할 필요가 있다.

다행히 능력주의적 공정 담론에 대한 비판을 통해 민주주의적 정의나 대안적 정의를 새롭게 추구하려는 움직임도 활발하다. 그런데 이런 시도 또한 아쉽게도 생태위기와 관련된 기후 정의나 환경 정의의 문제를 진지하게 검토하는 작업에 관해서는 거의 관심을 보이지 않는다. 예를 들어 능력주의가 지배하는 우리 사회의 왜곡된 모습을 비판적으로 성찰하는 데에서 손꼽히는 학자 중 한 사람인 장은주는 능력 지상주의에 사로잡혀 있는 우리 사회를 극복하려는 방법의 하나로 민주시민의 역량을 강화하는 민주시민교육의 중요성을 역설한다. 그렇지만 그의 민주시민교육에 관한 고민에 생태위기와 연관된 문제들이 진지하게 거론되고 있는 것 같지는 않다.[73] 지금이라도 공정과 정의를 둘러싼 논쟁을 생태 및 기후 정의와 관련된 영역으로까지 확장하려는 움직임이 필요하다.[74]

---

73) 장은주, 『시민교육이 희망이다: 한국 민주시민교육의 철학과 실천모델』(피어나, 2017).
74) 오늘날 우리 사회의 능력주의 담론의 허구성과 한계를 비판적으로 검토하고 그에 대한 대안을 제시하려는 움직임에 대해 필자는 다음의 세 저서만을 참조했다. 박권일, 『한국의 능력주의: 한국인이 기꺼이 참거나 죽어도 못 참는 것에 대하여』(이데아, 2021); 장은주, 『공정의 배신』(피어나, 2021); 김정희원, 『공정 이후의 세계』(창비, 2022).

6. 나가는 말

오늘날에는 지구온난화로 인한 생명과 인류 자체의 대멸종이 가시화되고 있다. 조셉 데자르뎅은 이미 1990년대 초에 다음과 같이 말했다.

21세기가 다가오면서 인류는 지구 역사상 유례없는 환경 위기에 처하게 되었다. 인간으로 말미암아 6천 5백만 년 전 공룡시대 이후로 가장 엄청난 대량 멸종 시대를 지구의 생명체들은 맞고 있다. 매일 백 종 이상이 멸종하고 있으며, 이러한 추세는 앞으로 수십 년 안에 두세 배 증가하리라는 관측도 있다. 지구 생명체의 삶의 토대인 대기, 물, 땅 등은 위험할 정도로 오염되고 파괴되고 있다. 인류의 인구는 몇 곱절씩 증가하고 있다. 1990년 55억의 인구는 십 년 안에 20%에 해당하는 10억이 증가할 것이다. 자연 자원이 파괴되고 고갈되리라는 전망은 인구 문제를 더욱 어렵게 한다. 미래세대를 괴롭힐 유독 물질은 전 세계에 걸쳐 계속 축적되고 있다. 세계의 야생 지역, 삼림, 습지, 산, 초지 등은 개발되어 도로로 덮여지고 간척되고 불태워지고 지나치게 뜯어 먹혀서 계속 존재할 수 없을 지경이다. 지구의 기후와 대기 또한 오존층 파괴와 온실효과로 위협받고 있다.[75]

1990년대 초에 이루어진 데자르뎅의 전망은 절대로 틀리지 않았다. 아니, 상황은 그가 전망한 것보다 더 나쁘게 전개되고 있다. 이제 지구온난화의 원인인 이산화탄소 배출량을 줄이려는 노력이 없는, 즉 탄소중립을 목표로 하지 않는 경제 구조는 시장에서 설 자리가 없어질 정도로 이른바 자본주의 시장경제 체제도 생태위기에 대처하기 위해 국제적인 움직임을 보이고 있는(그것이 얼마나 실현 가능한지는 별도로 하고서라도) 실정이다.

앞에서 간략하게 서술된 생태사회를 구체화하려는 문제의식은 더 가다듬어져야 할 것이다. 생태사회로의 전환에 어울리는 경제 구조와 정치 민주주의 및 정당 제도의 개편 방향, 일반 교육 및 민주시민 교육 등과 관련된 생태적

---

75) 데자르뎅, 『환경윤리』, 7쪽.

사고의 확산 방법을 포함한 사회문화적인 접근방식 등을 상세하게 서술하지 않는 까닭은 지면상의 제약 때문만이 아니다. 또한 대동민주주의의 생태적 전환은 분단의 질곡과 고통을 넘어서 한반도의 평화와 통일에 이르는 사유로 확충되어야 한다. 그러나 이 글에서 필자는 좀 더 거시적인 차원에서 생명 중심의 사유로의 전환이 왜 오늘날 우리에게 요구되고 있으며 그런 생태사회로의 전환에서 요구되는 새로운 도덕과 정치의 핵심적 원칙은 무엇인가를 검토하는 데 치중했다. 현대문명의 갈림길은 바로, 인간의 권리와 자유의 증진을 자연에 대한 지배를 통해서 실현하려는 근대 프로젝트 속에 있는 긴장을 어떻게 풀 것인가에 달려 있다고 믿고 있기 때문이다. 이런 긴장을 해결하려는 시도는 다양할 수 있을 것이다. 필자가 생각하는 해결책의 기본 윤곽을 본문에 서술된 바에 따라 원리적으로 표현하면서 이 글을 마칠까 한다.

필자가 생각하는 해결책을 간단하게 표현하면, 인간의 자율성의 이념과 생명중심주의 사상을 화해시키는 것이다. 이런 화해는 공자와 맹자 그리고 주희의 유가적 사상을 매개로 해 인仁, 즉 어진 마음을 생명의 원리이자 도덕의 근원으로 재해석하는 데에서 출발한다. 그리고 이렇게 새롭게 이해된 생명 사상으로서의 유학을 서구 근대 자본주의 체제의 식민지적 폭력으로 타자화의 경험을 겪은 우리 현대사의 어두운 면을 극복하려는 탈식민적 사유와 연결한다. 식민지의 경험은 조선의 유교적 전환을 통해 형성된 우리의 전통과 역사를 전근대적이고 야만적인 것으로 기각하는 유럽중심주의의 성공적 관철을 동반했다. 오늘날에도 우리 사회는 여전히 식민지적 폭력의 유산을 제대로 정리하지 못하고 있다.

그러므로 생태위기의 시대에도 여전히 해결되고 있지 않은 탈식민적 과제는 전통과 새로운 대화를 통하지 않고서는 성공할 수 없다. 생태위기 시대의 요구에 어울리게 변형된 탈식민적 사유인 비판 유학은 기존의 인간중심적 자율성과 민주주의를 생명 속의 자유(함께 돌봄으로서의 자율)와 생태·대동민주주의로 전환할 것을 추구한다. 그리하여 우주 생명공동체의 회복을 향한 새로운 화해의 사상이자 현실적 유토피아주의인 21세기 유가적 비판이론은 자연과 도덕의 근대적 구별을 부정하고 자연과 생명에 대한 상실된 감수성을 회복하여 인간과 자연의 유대를 재확립하고자 한다. 생명의 소중함이 인간에게만 국한될 것이 아니라 이름 없는 들풀에로까지 확장되어야 한다. 이때 우리는 역설적으로 인간의 또 다른 위대함의 가능성을 보게 될 것이다. 여기에서 마주하게 되는 위대함이란 인간과 여타 생명체의 일체감 속에서 그들과 조화롭게 살아가는 겸손함과 생명체에 대한 경외감이리라.

참고 문헌

『논어』, 동양고전연구회 역주, 민음사, 2016.

『맹자』, 동양고전연구회 역주, 민음사, 2016.

『서경』, 김학주 옮김, 명문당, 2009.

『성경전서』, 대한성서공회, 2003.

『순자』, 김학주 옮김, 을유문화사, 2001.

『승정원일기』 62책(탈초본 1,115책), 영조 31년 1월 6일.

『시경』, 정상홍 옮김, 을유출판사, 2014.

『영조실록』, 권33, 영조 9년 정월 19일.

『예기』 상·중·하, 이상옥 옮김, 명문당, 2003.

『장자』, 안동림 역주, 현암사, 2011.

『주역전의』 하, 성백효 역주, 전통문화연구회, 1998.

『중용』, 동양고전연구회 역주, 민음사, 2016.

『집주완역 중용』 하, 김수길 옮김, 대유학당, 2001.

『聚語』, 「報恩官衙通告 癸巳三月十一日 東學人掛書于三門外」·「宣撫使再次狀啓 魚允中兼帶」,
　　　동학농민전쟁종합정보시스템
　　　(http://www.e-donghak.or.kr/dirFrameSet.jsp?item=sa)

奇大升 엮음, 『국역 주자문록』, 김근호 외 옮김, 예문서원, 2019.

司馬遷, 『사기세가』 하, 정범진 외 옮김, 까치, 2005.

_____, 『사기열전』 상, 최익순 옮김, 백산서당, 2014.

_____, 『사기열전』 하, 정범진 외 옮김, 까치, 1995.

呂不韋, 『여씨춘추』, 정하현 옮김, 소명, 2011.

黎靖德 편, 『주자어류』 1~4, 허탁 외 옮김, 청계, 2001.

尹致昊, 김상태 편역, 『윤치호 일기: 1916~1943』, 역사비평사, 2001.

_____, 『국역 윤치호 일기』 1, 현대한국학연구소 번역총서, 송병기 옮김, 연세대학교 출판부,
　　　2001.

_____, 『윤치호 일기』 2, 박정신 옮김, 연세대학교 출판부, 2003.

_____, 『윤치호 일기』 3, 국사편찬위원회 편, 1974.

李相龍, 『석주유고』 하, 안동독립운동기념관 편, 경인문화사, 2008.

張載, 『西銘』; 『고문진보』 후집 2, 성백효 외 옮김, 한국인문고전연구소, 2021.

丁若鏞, 『논어고금주』 1, 이지형 역주, 사암, 2010.

左丘明, 『국어』, 신동준 옮김, 인간사랑, 2005.

_____, 『춘추좌전』 1, 신동준 옮김, 한길사, 2006.

_____, 『춘추좌씨전』 중·하, 문선규 옮김, 명문당, 2009.

朱熹, 『논어집주』, 성백효 옮김, 전통문화연구회, 1990.

_____, 『대학·중용집주』, 성백효 옮김, 전통문화연구회, 1991.

_____, 『大學或問』; 박완식 편저, 『대학, 대학혹문, 대학강어』, 여강, 2010; 『대학』, 최석기 옮김, 한길사, 2014.

_____, 『맹자집주』, 성백효 옮김, 전통문화연구회, 1991.

_____, 『시경집전』 하, 성백효 역주, 전통문화연구회, 2009.

_____, 『인설』, 임헌규 옮김, 책세상, 2003.

_____, 『주자대전』 3·7·9, 주자대전번역연구단 옮김, 전남대학교 철학연구교육센터·대구한의대학교 국제문화연구소, 2010.

_____, 『주자봉사』, 주자사상연구회 옮김, 혜안, 2011.

_____, 『晦庵集』, 권73, 「讀余隱之尊孟辨」; 『승정원일기』, 한국고전번역원, 이봉순 옮김, 2011(영조 1년 7월 27일 임술).

朱熹·呂祖謙 편저, 『근사록집해』 1·2, 이광호 역주, 아카넷, 2004.

程伊川 주해, 『주역』, 심의용 옮김, 2015.

程顥·程頤, 『이정전서』 1·2, 최석기 옮김, 전통문화연구회, 2019.

_____, 『이정전서』 4, 최석기 옮김, 전통문화연구회, 2020.

眞德秀, 『대학연의』 2, 신승운 외 옮김, 전통문화연구회, 2014.

何晏·刑柄, 『논어주소』 1, 정태현·이성민 옮김, 전통문화연구회, 2012.

한국고전종합DB, 金在魯, 『禮記補註』, 「禮運 第九」, 성백효·박성자·이영준 공역, 해동경사연구소, 2017 / 李瀷, 『星湖僿說』, 「詞民」, 김철희·성낙훈·양대연 옮김, 한국고전번역원, 1977 / 丁若鏞, 『茶山詩文集』, 권14, 「顧亭林의 生員論에 발함」(跋顧亭林生員論), 장재한 옮김, 한국고전번역원, 1984.

韓非, 『한비자』 1·2, 이운구 옮김, 한길사, 2002.

韓元震, 『주자언론동이고』, 곽신환 역주, 소명출판, 2002.

강만길 편, 『조소앙』, 한길사, 1982.

강정인, 『넘나듦(通涉)의 정치사상』, 후마니타스, 2013.

국회도서관, 『헌법제정회의록: 헌정사자료』 제1집, 1967.

금장태, 『정약용: 한국실학의 집대성』, 성균관대학교 출판부, 2012.

김백철, 『조선 후기 영조의 탕평 정치: 『속대전』의 편찬과 백성의 재인식』, 태학사, 2010.

김비환 외, 『자유주의의 가치들: 드워킨과의 대화』, 아카넷, 2011.

김상준, 『붕새의 날개, 문명의 진로: 팽창문명에서 내장문명으로』, 아카넷, 2021.

김석수, 『칸트와 현대 사회철학』, 울력, 2005.

김세정,『돌봄과 공생의 유가 생태철학』, 소나무, 2017.

김용옥,『중용 한글역주』, 통나무, 2011.

김인걸,『조선 후기 공론 정치의 새로운 전개: 18, 19세기 향회, 민회를 중심으로』, 서울대학교 출판문화원, 2017.

김정인,『민주주의를 향한 역사: 시대의 건널목, 19세기 한국사의 재발견』, 책과함께, 2015.

김정희원,『공정 이후의 세계』, 창비, 2022.

김종철,『근대문명에서 생태문명으로: 에콜로지와 민주주의에 관한 에세이』, 녹색평론사, 2019.

김지용 역주,『정다산 시문선: 경세제민의 작품을 중심으로』, 교문사, 1991.

김지하,『흰 그늘의 길』3, 학고재, 2003.

나종석,『차이와 연대: 현대 세계와 헤겔의 사회·정치철학』, 길, 2007.

_____,『삶으로서의 철학』, 아이세움, 2007.

_____,『헤겔 정치철학의 통찰과 맹목: 서구 현대성과 복수의 현대성 사이』, 에코리브르, 2012.

_____,『대동민주 유학과 21세기 실학: 한국 민주주의론의 재정립』, 도서출판b, 2017.

노대환,『문명: 한국개념사총서』6, 소화, 2010.

박권일,『한국의 능력주의: 한국인이 기꺼이 참거나 죽어도 못 참는 것에 대하여』, 이데아, 2021.

박완식 편저,『중용』, 여강, 2005.

박찬국,『하이데거와 나치즘』, 문예출판사, 2001.

박찬승,『대한민국은 민주공화국이다』, 돌베개, 2013.

배병삼,『논어』1, 문학동네, 2002.

_____,『맹자, 마음의 정치학』1·2, 사계절, 2019.

서정혁,『공정하다는 착각의 이유, 원래는 능력의 폭정: 마이클 샌델의『공정하다는 착각』해설서』, 커뮤니케이션북스, 2022.

서중석·김덕련,『서중석의 현대사 이야기 1: 해방과 분단 친일파, 현대사의 환희와 분노의 교차로』, 오월의봄, 2015.

서희경,『대한민국헌법의 탄생: 한국 헌정사, 만민공동회에서 제헌까지』, 창비, 2012.

신동준,『공자와 천하를 논하다』, 한길사, 2007.

_____,『제자백가, 사상을 논하다』, 한길사, 2007.

신우철,『비교헌법사: 대한민국 입헌주의의 연원』, 법문사, 2008.

신정근,『사람다움의 발견』, 이학사, 2005.

신정근 외,『민본과 민주의 개념적 통섭』, 성균관대학교 출판부, 2017.

윤사순,『한국유학사』하, 지식산업사, 2012.

이병천,『한국 자본주의 모델: 이승만에서 박근혜까지, 자학과 자만을 넘어』, 책세상, 2014.

이병탁,『아도르노의 경험의 반란』, 북코리아, 2013.

이상익,『주자학의 길』, 심산, 2007.

_____,『한국성리학사론』1, 심산, 2020.

이순예,『아도르노: 현실이 이론보다 더 엄정하다』, 한길사, 2015.

이시윤,『하버마스 스캔들』, 파이돈, 2022.

이영재,『民의 나라, 조선』, 태학사, 2015.

이은선,『잃어버린 초월을 찾아서: 한국 유교의 종교적 성찰과 여성주의』, 모시는사람들, 2009.

이인서원 기획,『세주완역 논어집주대전』1, 김동인·지정민·여영기 옮김, 한울아카데미, 2009.

_____,『세주완역 논어집주대전』4, 김동인·지정민 옮김, 한울아카데미, 2013.

이창일,『민중과 대동: 민중사상의 연원과 조선 시대 민중사상의 전개』, 모시는사람들, 2018.

이하준,『아도르노 고통의 해석학』, 살림, 2007.

이흥재,『노동법 제정과 전진한의 역할』, 서울대학교 출판문화원, 2010.

임헌규,『3대 주석과 함께 읽는 논어: 고주, 주자집주, 다산 고금주』2, 모시는 사람들, 2020.

장은주,『유교적 근대성의 미래: 한국 현대성의 정당성 위기와 인간적 이상으로서의 민주주의』, 한국학술정보, 2014.

_____,『시민교육이 희망이다: 한국 민주시민교육의 철학과 실천모델』, 피어나, 2017.

_____,『공정의 배신』, 피어나, 2021.

장현근,『순자』, 한길사, 2015.

전진한,『이렇게 싸웠다』, 무역연구원, 1996.

정용화,『문명의 정치사상: 유길준과 현대한국』, 문학과지성사, 2004.

정재현,『고대 중국의 名學』, 서강대학교 출판부, 2012.

정치학대사전편찬위원회 편,『21세기 정치학대사전 하』, 아카데미아리서치, 2002.

조경란 외 엮음,『대륙 신유가: 21세기 중국의 유학 담론』, 조경란 외 옮김, 도서출판b, 2020.

조동일,『동아시아 문명론』, 지식산업사, 2010.

조효제,『탄소 사회의 종말』, 21세기북스, 2020.

최장집,『민주화이후의 민주주의: 한국 민주주의의 보수적 기원과 위기』, 후마니타스, 2003.

한재각,『기후 정의: 희망과 절망의 갈림길에서』, 한티재, 2021.

한석환,『아리스토텔레스 수사학 연구』, 서광사, 2015.

한태연·갈봉근·김효전 외,『한국헌법사 상』, 한국정신문화연구원, 1988.

함영대,『성호학파의 맹자학』, 태학사, 2011.

황종원,『장채철학: 천과 인간의 구분과 합일』, 문사철, 2010.

황태연,『감정과 공감의 해석학』1, 청계, 2014.

_____,『대한민국 국호의 유래와 민국의 의미』, 청계, 2016.

_____,『한국 근대화의 정치사상』, 청계, 2018.

康有爲,『대동서』, 이성애 옮김, 을유문화사, 2006.

_____,『공자개제고』1·3, 김동민 역주, 세창, 2013.

고야스 노부쿠니(子安宣邦),『동아·대동아·동아시아 — 현대 일본의 오리엔탈리즘』, 이승연

　　　　　　, 옮김, 역사비평사, 2006.

　　　　　　,『후쿠자와 유키치의『문명론의 개략』을 정밀하게 읽는다』, 김석근 옮김, 역사비평사, 2007.

고지마 쓰요시(小島毅),『사대부의 시대』, 신현승 옮김, 동아시아, 2004.

郭沫若,『중국고대사상사』, 조성을 옮김, 까치, 1991.

郭曉東·曾亦,『춘추공양학사』하, 김동민 옮김, 예문서원, 2022.

구스모토 마사쓰구(楠本正繼),『송명유학사상사』, 김병화·이혜경 옮김, 예문서원, 2005.

기무라 에이이치(木村英一),『공자와『논어』』, 나종석 옮김, 에코리브르, 2020.

나카노 도시오(中野敏男),『오쓰카 히사오와 마루야마 마사오: 일본의 총력전 체제와 전후 민주주의 사상』, 서민교·정애영 옮김, 삼인, 2005.

다카하시 데쓰야(高橋哲哉),『전쟁·철학·아우슈비츠』, 고은미 옮김, 소명출판, 2021.

다케우치 히로유키(竹内弘行),『康有爲と近代大同思想の硏究』, 汲古書院, 2008.

譚嗣同,『인학』, 임형석 옮김, 산지니, 2016.

杜維明,『뚜웨이밍의 유학강의』, 정용환 옮김, 청계, 1999.

　　　　　　,『문명간의 대화: 유교적 인문주의의 현대적 변용에 관한 연구』, 나성 옮김, 철학과현실사, 2007.

마루야마 마사오(丸山眞男),『일본정치사상사연구』, 김석근 옮김, 통나무, 1995.

　　　　　　,『현대정치의 사상과 행동』, 김석근 옮김, 한길사, 1997.

　　　　　　,『충성과 반역: 전환기 일본의 정신사적 위상』, 박충석·김석근 옮김, 나남출판, 1998.

　　　　　　,『『문명론의 개략』을 읽는다』, 김석근 옮김, 문학동네, 2007.

　　　　　　,『전후와 전중 사이: 1936~1957』, 김석근 옮김, 후마니스트, 2011.

牟宗三,『모종삼 교수의 중국철학 강의』, 김병채 옮김, 예문서원, 2011.

　　　　　　,『심체와 성체』1, 김기주 옮김, 소명출판, 2012.

蒙培元,『유가철학, 감정으로 이성을 말하다』, 주광호·임병식·홍린 옮김, 예문서원, 2020.

미야지마 히로시(宮嶋博史),『나의 한국사 공부: 한국사의 새로운 이해를 찾아서』, 너머북스, 2013.

　　　　　　,『일본의 역사관을 비판한다』, 창비, 2013.

미야자키 이치사다(宮崎市定),『중국의 시험지옥: 科擧』, 박근철·이근명 옮김, 청년사, 1993.

　　　　　　,『자유인 사마천과 사기의 세계』, 이경덕 옮김, 다른세상, 2004.

　　　　　　,『논어』, 박영철 옮김, 이산, 2009.

　　　　　　,『중국통사』, 조병한 옮김, 서커스, 2016.

미우라 구니오(三浦國雄),『주자와 기 그리고 몸』, 이승연 옮김, 예문서원, 2003.

　　　　　　,『주자어류선집』, 이승연 옮김, 예문서원, 2012.

미조구치 유조(溝口雄三),『중국사상 명강의』, 최진석 옮김, 소나무, 2004.

미조구치 유조 외,『중국제국을 움직인 네 가지 힘』, 조영렬 옮김, 글항아리, 2012.

미조구치 유조 외 엮음,『중국사상문화사전』, 김석근 외 옮김, 책과함께, 2011.

方東美, 『중국인이 보는 삶의 세계』, 정인재 옮김, 이제이북스, 2004.

사이토 고헤이(齋藤幸平), 『지속 불가능 자본주의: 기후 위기 시대의 자본론』, 김영현 옮김, 다다서재, 2021.

_____, 『마르크스의 생태사회주의: 자본, 자연, 미완의 정치경제학 비판』, 추선영 옮김, 두번째테제, 2021.

徐復觀, 『중국경학사의 기초』, 고재욱 외 옮김, 강원대학교 출판부, 2007.

_____, 『양한사상사』 권1상, 김선민·문정희 옮김, 세창, 2022.

蕭公權, 『중국정치사상사』, 최명·손문호 옮김, 서울대학교 출판부, 2002.

蘇輿, 『역주 춘추번론의증』, 허호구 외 옮김, 소명출판, 2016.

孫文, 『삼민주의』, 권오석 옮김, 홍신문화사, 2006.

孫曉, 『한대 경학의 발전과 사회변화』, 김경호 옮김, 성균관대학교 출판부, 2015.

시라카와 시즈카(白川靜), 『공자전』, 장원철·정영실 옮김, 펄북스, 2016.

시마다 겐지(島田虔次), 『주자학과 양명학』, 김석근·이근우 옮김, 까치, 2001.

信廣來, 『맨얼굴의 맹자』, 이장희 옮김, 동과서, 2017.

야스카와 주노스케(安川壽之輔), 『마루야마 마사오가 만들어 낸 '후쿠자와 유키치'라는 신화』, 이향철 옮김, 역사비평사, 2015.

楊伯峻, 『논어역주』, 이장우·박종연 옮김, 중문, 1997.

_____, 『맹자역주』, 우재호 옮김, 중문, 2005.

楊朝明·宋立林 주편, 『공자가어통해』 상, 이윤화 옮김, 학고방, 2016.

楊祖漢, 『중용철학』, 황갑연 옮김, 서광사, 1999.

餘英時, 『동양적 가치의 재발견』, 김병환 옮김, 동아시아, 2007.

_____, 『주희의 역사세계』 상, 이원석 옮김, 글항아리, 2015.

오규 소라이(荻生徂徠), 『논어징』 2, 이기동 외 옮김, 소명출판, 2010.

伍曉明, 『공자의 仁, 타자의 윤리로 다시 읽다』, 임해순·홍린 옮김, 예문서원, 2019.

와타나베 히로시(渡邊浩), 『주자학과 근세 일본 사회』, 박홍규 옮김, 예문서원, 2007.

_____, 『일본정치사상사: 17~19세기』, 김선희·박홍규 옮김, 고려대학교 출판문화원, 2017.

王邦雄·曾昭旭·楊祖漢, 『맹자철학』, 황갑연 옮김, 서광사, 2005.

王守仁, 『전습록』 1·2, 정인재·한정길 옮김, 청계, 2007.

王治心, 『중국 종교사상사 대강』, 정진완 옮김, 아우내, 2010.

汪暉, 『아시아는 세계다』, 송인재 옮김, 글항아리, 2011.

요시카와 고지로(吉川幸次郎), 『공자와 논어』, 조영렬 옮김, 뿌리와이파리, 2006.

袁保新, 『맹자의 삼변철학』, 황갑연 옮김, 서광사, 2012.

李明輝, 『유교와 칸트』, 김기주·이기훈 옮김, 예문서원, 2012.

李零, 『집 잃은 개』 1, 김갑수 옮김, 글항아리, 2012.

李澤厚, 『중국고대사상사론』, 정병석 옮김, 한길사, 2005.

_____, 『학설』, 노승현 옮김, 들녘, 2005.

_____, 『논어금독』, 임옥균 옮김, 북로드, 2006.

이토 진사이(伊藤仁齋), 『논어고의』 상, 장원철 옮김, 소명출판, 2013.

_____, 『대학정본·중용발휘』, 최경열 옮김, 그린비, 2017.

岑溢成, 『대학 철학』, 황갑연 옮김, 서광사, 2000.

張德麟, 『정명도의 철학』, 박상리 외 옮김, 예문서원, 2004.

錢穆, 『주자학의 세계』, 이완재·백도근 옮김, 이문출판사, 1990.

_____, 『강좌 중국정치제도사』, 김준권 옮김, 한국학술정보, 2005.

趙景達, 『이단의 민중반란: 동학과 갑오농민전쟁 그리고 조선 민중의 내셔널리즘』, 박맹수 옮김, 역사비평사, 2008.

趙紀彬, 『反논어』, 조남호·신정근 옮김, 예문서원, 1996.

陳光興, 『제국의 눈』, 백지운 외 옮김, 창비, 2003.

陳來, 『주희의 철학』, 이종란 외 옮김, 예문서원, 2002.

_____, 『중국 고대사상 문화의 세계: 춘추시대의 종교, 윤리와 사회사상』, 진성수·고재석 옮김, 성균관대학교 출판부, 2008.

_____, 『송명성리학』, 안재호 옮김, 예문서원, 2011.

_____, 『진래 교수의 유학과 현대사회』, 강진석 옮김, 예문서원, 2016.

_____, 『인학본체론』, 이원석 옮김, 글항아리, 2021.

陳榮捷, 『주자강의』, 표정훈 옮김, 푸른역사, 2001.

陳澔, 『역주 禮記集說大全』, 정병섭 옮김, 학고방, 2012.

蔡振豊, 『다산의 사서학: 동아시아의 관점에서』, 김중섭·김호 옮김, 너머북스, 2015.

蔡仁厚, 『공자의 철학』, 천병돈 옮김, 예문서원, 2002.

馮友蘭, 『중국철학사』 상·하, 박성규 옮김, 까치, 1999.

黃俊杰, 『이천년 맹자를 읽다: 중국맹자학사』, 함영대 옮김, 성균관대학교 출판부, 2016.

_____, 『유가 사상과 중국적 역사 사유』, 신정근 외 옮김, 유교문화연구소, 2019.

후쿠자와 유키치(福澤諭吉), 『후쿠자와 유키치 자서전』, 허호 옮김, 이산, 2006.

_____, 『문명론의 개략』, 임종원 옮김, 제인앤씨, 2012.

게오르크 빌헬름 프리드리히 헤겔, 『헤겔의 서문들』, 에르빈 메츠케 편주, 이신철 옮김, 도서출판 b, 2013.

_____, 「기독교의 정신과 그 운명」, 『청년 헤겔의 신학론집: 베른/프랑크푸르트 시기』, 정대성 옮김, 그린비, 2018.

_____, 『미학 강의』 1, 이창환 옮김, 세창, 2021.

_____, 『미학 강의』 3, 이창환 옮김, 세창, 2022.

_____, 『정신현상학』 1·2, 김준수 옮김, 아카넷, 2022.

군나르 시르베크·닐스 길리에, 『서양 철학사』 1, 윤형식 옮김, 2016.

나오미 클라인, 『이것이 모든 것을 바꾼다: 자본주의 대 기후』, 이순희 옮김, 열린책들, 2016.

넬슨 만델라, 『만델라 자서전: 자유를 향한 머나먼 길』, 김대중 옮김, 두레, 2013.

대니얼 벨, 『차이나 모델: 중국의 정치지도자들은 왜 유능한가』, 김기협 옮김, 서해문집, 2017.

대커 켈트너, 『선의 탄생』, 하윤숙 옮김, 옥당, 2011.

대니얼 잉스터, 『돌봄: 정의의 심장』, 김희강·나상원 옮김, 박영사, 2017.

더 케어 컬렉티브, 『돌봄 선언: 상호의존의 정치학』, 정소영 옮김, 니케북스, 2021.

데이비드 니비슨, 『유학의 갈림길』, 김민철 옮김, 철학과현실사, 2006.

데이비드 런시먼, 『자만의 덫에 빠진 민주주의; 제1차 세계대전부터 트럼프까지』, 박광호 옮김, 후마니타스, 2018.

_____, 『쿠테타, 대재앙, 정보 권력: 민주주의를 위협하는 새로운 신호들』, 최이현 옮김, 아날로그, 2020.

데이비드 밀러, 『정치철학』, 이신철 옮김, 교유서가, 2022.

데이비드 보이드, 『자연의 권리: 세계의 운명이 걸린 법률 혁명』, 이지원 옮김, 교유서가. 2020.

로널드 드워킨, 『자유주의적 평등』, 염수균 옮김, 한길사, 2005.

로버트 달, 『정치적 평등에 관하여』, 김순영 옮김, 후마니타스, 2011.

_____, 『민주주의 이론을 위한 서설: 50주년 기념판』, 한상정 옮김, 후마니타스, 2022.

로버트 애링턴, 『서양윤리학사』, 김성호 옮김, 서광사, 2003.

로버트 영, 『포스트식민주의 또는 트리컨티넨탈리즘』, 김택현 옮김, 박종철출판사, 2005.

로버트 위스트리치, 『히틀러와 홀로코스트』, 송충기 옮김, 을유문화사, 2004.

롭 닉슨, 『느린 폭력과 빈자의 환경주의』, 김홍옥 옮김, 에코리브르, 2020.

루이-앙드레 도리옹, 『소크라테스』, 김유석 옮김, 이학사, 2009.

뤼디거 자프란스키, 『하이데거: 독일의 철학 거장과 그의 시대』, 박민수 옮김, 북캠퍼스, 2017.

르네 데카르트, 『성찰』, 이현복 옮김, 문예출판사 1997.

_____, 『방법서설』, 이현복 옮김, 문예출판사, 1997.

리처드 로티, 『우연성, 아이러니, 연대』, 김동식·이유선 옮김, 사월의 책, 2020.

리처드 번스타인, 『우리는 왜 한나 아렌트를 읽는가』, 김선욱 옮김, 한길사, 2018.

리처드 세넷, 『뉴캐피탈리즘』, 유병선 옮김, 위즈덤하우스, 2009.

리처드 월린, 『하이데거, 제자들 그리고 나치: 아렌트, 뢰비트, 요나스, 마르쿠제가 바라본 하이데거』, 서영화 옮김, 경희대학교 출판문화원, 2021.

리처드 탈러·캐스 선스타인, 『넛지』, 안진환 옮김, 리더스북, 2009.

리처드 폰 글란, 『중국경제사』, 류형식 옮김, 소와당, 2020.

린 마굴리스·도리언 세이건, 『생명이란 무엇인가』, 김영 옮김, 리수, 2016.

마르쿠스 툴리우스 키케로, 『투스쿨룸 대화』, 김남우 옮김, 아카넷, 2014.

마사 누스바움, 『역량의 창조: 인간다움 삶에는 무엇이 필요한가?』, 한상연 옮김, 돌베개, 2015.

_____, 『혐오와 수치심: 인간다움을 파괴하는 감정들』, 조계원 옮김, 민음사, 2015.

_____, 『감정의 격동 2: 연민』, 조형준 옮김, 새물결, 2015.

_____, 『정치적 감정: 정의를 위해 왜 사랑이 중요한가』, 박용준 옮김, 글항아리, 2019.

_____, 『세계시민주의 전통: 고귀하지만 결함 있는 이상』, 강동혁 옮김, 뿌리와 이파리, 2020.

마이클 사워드, 『민주주의란 무엇인가』, 강정인·이석희 옮김, 까치, 2018.

마이클 샌델, 『마이클 샌델의 하버드 명강의』, 이목 옮김, 김영사, 2011.

_____, 『정의의 한계』, 이양수 옮김, 멜론, 2012.

_____, 『민주주의의 불만』, 안규남 옮김, 동녘, 2012.

_____, 『공정하다는 착각: 능력주의는 모두에게 같은 기회를 제공하는가』, 함규진 옮김, 와이즈
베리, 2020.

마이클 샌델·폴 담브로시오 엮음, 『마이클 샌델, 중국을 만나다』, 김선욱 외 옮김, 와이즈베리,
2018.

마이클 영, 『능력주의』, 유강은 옮김, 이매진, 2020.

마이클 푸엣·크리스틴 그로스 로, 『더 패스(The Path): 세상을 바라보는 혁신적 생각』, 이창신
옮김, 김영사, 2016.

마커스 래디커, 『노예선』, 박지순 옮김, 갈무리, 2018.

마크 마조워, 『암흑의 대륙: 20세기 유럽 현대사』, 김준형 옮김, 후마니타스, 2009.

마르틴 하이데거, 『형이상학 입문』, 박휘근 옮김, 문예출판사, 1994.

_____, 『동일성과 차이』, 신상희 옮김, 민음사, 2000.

_____, 『니체와 니힐리즘』, 박찬국 옮김, 철학과현실사, 2000.

_____, 『숲길』, 신상희 옮김, 나남, 2008.

_____, 『강연과 논문』, 이기상·신상희·박찬국 옮김, 이학사, 2008.

막스 셸러, 『동감의 본질과 형태들』, 조정옥 옮김, 아카넷, 2006.

막스 호르크하이머·데오도르 W. 아도르노, 『계몽의 변증법』, 김유동 외 옮김, 문예출판사,
1995.

만프레드 푸어만, 『고대 수사학』, 김영옥 옮김, 시와진실, 2012.

머레이 북친, 『사회 생태론의 철학』, 문순홍 옮김, 솔, 1997.

메리 에블린 터커·존 버스통 엮음, 『유학사상과 생태학』, 오정선 옮김, 예문서원, 2010.

모니카 브리투 비에이라·데이비드 런시먼, 『대표: 역사, 논리, 정치』, 노시내 옮김, 후마니타스,
2020.

미리엄 래너드, 『소크라테스와 유대인』, 이정아 옮김, 생각과사람들, 2014.

미셸 드 몽테뉴, 『에세』 1, 심민화·최권행 옮김, 민음사, 2022.

미셸 푸코, 『담론과 진실』, 오르트망(심세광·전혜리) 옮김, 동녘, 2017.

버나드 마넹, 『선거는 민주적인가: 현대 대의민주주의의 원칙에 대한 비판적 고찰』, 곽준혁
옮김, 후마니타스, 2004.

버나드 윌리엄스, 『윤리학과 철학의 한계』, 이민열 옮김, 필로소픽, 2022.

버지니아 헬드, 『돌봄: 돌봄 윤리. 개인적, 정치적, 지구적』, 김희강·나상원 옮김, 박영사, 2017.

벤자민 슈워츠, 『중국 고대 사상의 세계』, 나성 옮김, 살림, 2004.

볼프강 슈트렉, 『조종이 울린다: 자본주의라는 난파선에 관하여』, 유강은 옮김, 여문책, 2018.

브뤼노 라투르·니콜라이 슐츠, 『녹색 계급의 출현』, 이규현 옮김, 이음, 2022.

비토리오 회슬레, 『독일 철학사: 독일 정신은 존재하는가』, 이신철 옮김, 에코리브르, 2015.

빌 드발·조지 세션스, 『딥 에콜로지』, 김영준 외 옮김, 원더박스, 2022.

새뮤얼 헌팅턴, 『문명의 충돌』, 이희재 옮김, 김영사, 1998.

_____, 『제3의 물결: 20세기 후반의 민주화』, 강문규·이재영 옮김, 인간사랑, 2011.

세네카, 『세네카의 삶의 지혜를 위한 편지』, 김천운 옮김, 동서문화사, 2016.

스벤 린드크비스트, 『야만의 역사』, 김남섭 옮김, 한겨레신문사, 2003.

스테판 뮬홀·애덤 스위프트, 『자유주의와 공동체주의』, 김해성·조영달 옮김, 한울아카데미, 2001.

스튜어트 화이트, 『평등이란 무엇인가』, 강정인·권도혁 옮김, 까치, 2016.

스티븐 맥나미·로버트 밀러 주니어, 『능력주의는 허구다』, 김현정 옮김, 사이, 2015.

스티븐 스미스, 『정치철학』, 오숙은 옮김, 문학동네, 2018.

스티븐 레비츠키·대니얼 지블렛, 『어떻게 민주주의는 무너지는가: 우리가 놓치는 민주주의의 위기 신호』, 박세연 옮김, 어크로스, 2018.

슬로모 아비네리, 『헤겔의 정치사상: 근대 시민사회의 변증법』, 김장권 옮김, 한벗, 1981.

실비아 페데리치, 『캘리번과 마녀』, 황성원·김민철 옮김, 갈무리, 2017.

아르투어 쇼펜하우어, 『도덕의 기초에 관하여』, 김미영 옮김, 책세상, 2013.

아리스토텔레스, 『니코마코스 윤리학』, 이창우·김재홍·강상진 옮김, 이제이북스, 2006.

_____, 『영혼에 관하여』, 유원기 옮김, 궁리, 2001.

아마르티아 센, 『정체성과 폭력』, 이상환·김지현 옮김, 바이북스, 2009.

아이리스 매리언 영, 『정치적 책임에 관하여』, 허라금 외 옮김, 이후, 2013.

_____, 『차이의 정치와 정의』, 김도균·조국 옮김, 모티브북, 2017.

악셀 호네트, 『정의의 타자』, 문성훈 외 옮김, 나남출판, 2009.

_____, 『인정투쟁: 사회적 갈등의 도덕적 형식론』, 문성훈·이현재 옮김, 사월의책, 2011.

_____, 『사회주의의 재발명: 왜 다시 사회주의인가』, 문성훈 옮김, 사월의책, 2016.

_____, 『비규정성의 고통: 헤겔의 『법철학』을 되살려 내기』, 이행남 옮김, 그린비, 2017.

_____, 『인정: 하나의 유럽 사상사』, 강병호 옮김, 나남, 2021.

알래스데어 매킨타이어, 『덕의 상실』, 이진우 옮김, 문예출판사, 1997.

알베르트 슈바이처, 『나의 생애와 사상』, 천병희 옮김, 문예출판사, 2016.

애덤 샌델, 『편견이란 무엇인가』, 이재석 옮김, 와이즈베리, 2015.

앤거스 그레이엄, 『도의 논쟁자들: 중국 고대철학 논쟁』, 나성 옮김, 새물결, 2001.

_____, 『정명도와 정이천의 철학』, 이현선 옮김, 심산, 2011.

앨런 라이언, 『정치사상사: 헤로도토스에서 현재까지』, 남경태·이광일 옮김, 문학동네, 2017.

앤서니 기든스, 『기후변화의 정치학』, 홍욱희 옮김, 에코리브르, 2009.

양백준 역주, 『논어역주』, 이장우·박종연 옮김, 중문, 1997.

에드워드 사이드, 『문화와 제국주의』, 박홍규 옮김, 문예출판사, 2005.

_____, 『오리엔탈리즘』, 박홍규 옮김, 교보문고, 2007.

에른스트 마이어, 『이것이 생물학이다』, 최재천 외 옮김, 바다출판사, 2016.

에릭 홉스봄, 『혁명의 시대』, 정도영·차명수 옮김, 한길사, 2005.

에메 세제르, 『식민주의에 대한 담론』, 이석호 옮김, 그린비, 2011.

에므리크 카롱, 『반종차별주의 인간, 동물, 자연의 새로운 관계 맺기』, 류은소라 옮김, 열린책들, 2022.

에바 일루즈, 『사랑은 왜 끝나나: 사랑의 부재와 종말의 사회학』, 김희상 옮김·김현미 해제, 돌베개, 2020.

에바 페더 커테이, 『돌봄: 사랑의 노동』, 김희강·나상원 옮김, 박영사, 2016.

에반 톰슨, 『생명 속의 마음』, 박인성 옮김, 도서출판b, 2016.

에픽테토스, 『엥케이리디온: 도덕에 관한 작은 책』, 김재홍 옮김, 까치, 2003.

요하힘 라트카우, 『생태의 시대: 다시 쓰는 환경운동의 세계사』, 김희상 옮김, 열린책들, 2022.

울리히 브란트·마르쿠스 비센, 『제국적 생활양식을 넘어서』, 이신철 옮김, 에코리브르, 2020.

위르겐 하버마스, 『현대성의 철학적 담론』, 이진우 옮김, 문예출판사, 1994.

_____, 『새로운 불투명성』, 이진우 옮김, 문예출판사, 1995.

_____, 『의사소통 행위 이론: 기능주의적 이성 비판을 위하여 2』, 장춘익 옮김, 나남, 2006.

_____, 『진리와 정당화』, 윤형식 옮김, 나남, 2008.

웬디 브라운, 『민주주의 살해하기』, 배충효·방진이 옮김, 내인생의책, 2017.

윌 킴리카, 『현대 정치철학의 이해』, 장동진 외 옮김, 동명사, 2006.

윌리엄 시어도어 드 배리, 『중국의 '자유' 전통』, 표정훈 옮김, 이산, 2004.

이반 크라스테프·스티븐 홈스, 『모방 시대의 종말』, 이재황 옮김, 책과함께, 2020.

이매뉴얼 월러스틴 외, 『자본주의는 미래가 있는가』, 성백용 옮김, 창비, 2014.

이사야 벌린, 『자유론』, 박동천 옮김, 아카넷, 2007.

이언 샤피로, 『정치의 도덕적 기초』, 노승영 옮김, 문학동네, 2017.

이지 스톤, 『소크라테스의 비밀』, 편상범·손병석 옮김, 자작 아카데미, 1996.

임마누엘 칸트, 『실천이성비판』, 백종현 옮김, 아카넷, 2002.

_____, 『윤리형이상학 정초』, 백종현 옮김, 아카넷, 2005.

_____, 『아름다움과 숭고함의 감정에 대한 고찰』, 이재준 옮김, 책세상, 2005.

_____, 『판단력비판』, 백종현 옮김, 아카넷, 2009.

_____, 『이성의 한계 내에서의 종교』, 백종현 옮김, 아카넷, 2011.

_____, 『윤리형이상학』, 백종현 옮김, 아카넷, 2012.

_____, 『도덕형이상학 정초』; 한국칸트학회 기획, 『도덕형이상학 정초 / 실천이성비판』, 김석수·김종국 옮김, 한길사, 2019.

자넷 빌·피터 스타우든마이어, 『에코파시즘: 독일 경험으로부터의 교훈』, 김상영 옮김, 책으로만나는세상, 2003.

자크 데리다, 『정신에 대해서: 하이데거와 물음』, 박찬국 옮김, 동문선, 2005.

_____, 『용서하다』, 배지선 옮김, 이숲, 2019.

장 그롱댕, 『현대 해석학의 지평』, 최성환 옮김, 동녘, 2019.

장 모량주, 『1789년 인권과 시민의 권리선언』, 변해철 옮김, 탐구당, 1999.

장 자크 루소, 『사회계약론』, 김영욱 옮김, 후마니타스, 2018.

제이슨 히켈, 『적을수록 풍요롭다: 지구를 구하는 성장』, 김현우·민정희 옮김, 창비, 2021.

제임스 콜라이야코, 『소크라테스의 재판』, 김승욱 옮김, 작가정신, 2005.

조반니 아리기, 『베이징의 애덤 스미스: 21세기의 계보』, 강진아 옮김, 길, 2009.

조셉 데자르뎅, 『환경윤리』, 김명식 옮김, 자작나무, 1999.

조안 C. 트론토, 『돌봄 민주주의』, 김희강·나상원 옮김, 아포리아, 2014.

조지아 원키, 『가다머: 해석학, 전통 그리고 이성』, 이한우 옮김, 민음사, 1999.

존 그레이, 『자유주의』, 손철성 옮김, 이후, 2007.

존 롤스, 『정의론』, 황경식 옮김, 이학사, 2003.

_____, 에린 켈리 엮음, 『공정으로서의 정의: 재서술』, 김주휘 옮김, 이학사, 2016.

_____, 『정치적 자유주의 증보판』, 장동진 옮김, 동명사, 2016.

_____, 토마스 네이글 엮음, 『죄와 믿음의 의미에 대한 짧은 연구』, 장동진 외 옮김, 동명사, 2016.

_____, 『만민법』, 장동진 외 옮김, 동명사, 2017.

_____, 『도덕철학사 강의』, 김은희 옮김, 이학사, 2020.

존 스튜어트 밀, 『대의정부론』, 서병훈 옮김, 아카넷, 2012.

존 시턴, 『하버마스와 현대사회』, 동과서, 김원식 옮김, 2007.

주디스 버틀러, 『불확실한 삶: 애도와 폭력의 권력들』, 양효실 옮김, 경성대학교출판부, 2008.

_____, 『지상에서 함께 산다는 것: 이스라엘 팔레스타인 분쟁, 유대성과 시온주의 비판』, 양효실 옮김, 시대의창, 2016.

_____, 『비폭력의 힘: 윤리학-정치학 잇기』, 김정아 옮김, 문학동네, 2021.

주디스 슈클라, 『일상의 악덕』, 사공일 옮김, 나남, 2011.

지그문트 바우만, 『레트로피아: 실패한 낙원의 귀환』, 정일준 옮김, 아르테, 2018.

진 코헨·앤드루 아라토, 『시민사회와 정치이론』 2, 박형신·이혜경 옮김, 한길사, 2013.

찰스 다윈, 『인간의 유래』 1, 김관선 옮김, 한길사, 2006.

찰스 밀스, 『인종 계약』, 정범진 옮김, 아침이슬, 2006.

찰스 테일러, 『헤겔철학과 현대의 위기』, 박찬국 옮김, 서광사, 1988.

_____, 『불안한 현대사회』, 송영배 옮김, 이학사, 2001.

_____, 『헤겔』, 정대성 옮김, 그린비, 2014.

_____, 『자아의 원천들: 현대적 정체성의 형성』, 권기돈·하주영 옮김, 새물결, 2015.

찰스 틸리, 『유럽 국민국가의 계보: 990-1992년』, 지봉근 옮김, 그린비, 2018.

카를 슈미트, 『홉스와 데카르트에 있어서 메커니즘으로서의 국가』, 김효전 옮김, 교육과학사,

　　　　1992.

카이 함머마이스터, 『한스 게오르크 가다머』, 임호일 옮김, 한양대학교출판부, 2001.

_____, 『독일 미학 전통: 바움가르텐부터 아도르노까지』, 신혜경 옮김, 이학사, 2013.

캐럴 길리건, 『침묵에서 말하기로』, 이경미 옮김, 심심, 2020.

클라이브 해밀턴, 『인류세』, 정서진 옮김, 이상북스, 2018.

퀜틴 스키너, 『퀜틴 스키너의 자유주의 이전의 자유』, 조승래 옮김, 푸른역사, 2007.

테리 핀카드, 『헤겔, 영원한 철학의 거장』, 전대호·태경섭 옮김, 이제이북스, 2006.

테오도르 아도르노, 『부정변증법』, 홍승용 옮김, 한길사, 1999.

_____, 『부정변증법 강의』, 이순예 옮김, 세창, 2012.

_____, 『미학 강의』 1, 문병호 옮김, 세창, 2014.

_____, 『도덕철학의 문제』, 정진범 옮김, 세창, 2019.

토마 피케티, 『21세기 자본』, 장경덕 외 옮김, 글항아리, 2014.

토머스 페인, 『상식·인권』, 박홍규 옮김, 필맥, 2004.

페르낭 브로델, 『물질문명과 자본주의 II-1: 교환의 세계 상』, 주경철 옮김, 까치, 1996.

_____, 『물질문명과 자본주의 읽기』, 김홍식 옮김, 갈라파고스, 2014.

페리 앤더슨, 『현대사상의 스펙트럼: 카를 슈미트에서 에릭 홉스봄까지』, 안효상·이승우 옮김, 길, 2011.

폴 리쾨르, 『해석학과 인문사회과학』, 윤철호 옮김, 서광사, 2003.

_____, 『비판과 확신』, 변종배·전종윤 옮김, 그린비, 2013.

폴 우드러프, 『최초의 민주주의: 오래된 이상과 도전』, 이윤철 옮김, 돌베개, 2012.

폴 테일러, 『자연에 대한 존중: 생명중심주의 환경윤리론』, 김영 옮김, 리수, 2020.

프란스 드 발, 『착한 인류』, 오준호 옮김, 미지북스, 2014.

_____, 『침팬지 폴리틱스: 권력투쟁의 동물적 기원』, 장대익·황상익 옮김, 바다출판사, 2019.

_____, 『동물의 감정에 관한 생각』, 이충호 옮김, 세종, 2019.

프란츠 파농, 『대지의 저주받은 사람들』, 남경태 옮김, 그린비, 2007.

프랜시스 베이컨, 『신기관』, 진석용 옮김, 한길사, 2001.

프랜시스 후쿠야마, 『존중받지 못하는 자들을 위한 정치학: 존엄에 대한 요구와 분노의 정치에 대하여』, 이수경 옮김, 한국경제신문, 2020.

프레더릭 바이저, 『헤겔: 그의 철학적 주제들』, 이신철 옮김, 도서출판 b, 2012.

프리초프 카프라, 『새로운 과학과 문명의 전환』, 구윤서·이성범 옮김, 범양사, 2007.

플라톤, 『파이돈』; 『에우티프론, 소크라테스의 변론, 크리톤, 파이돈』, 박종현 역주, 서광사, 2003.

_____, 『국가·정체』, 박종현 역주, 서광사, 2005.

_____, 『메논』, 이상인 옮김, 이제이북스, 2009.

_____, 『향연』, 강철웅 옮김, 이제이북스, 2010.

_____, 『고르기아스』, 김인곤 옮김, 이제이북스, 2011.

_____, 『소크라테스의 변명』, 강철웅 옮김, 이제이북스, 2014.

_____, 『뤼시스』; 『뤼시스. 라케스. 카르미데스』, 천병희 옮김, 숲, 2015.

_____, 『티마이오스』, 김유석 옮김, 아카넷, 2019.

피에르 아도, 『고대철학이란 무엇인가』, 이세진 옮김, 이레, 2008.

피터 볼, 『역사 속의 성리학』, 김영민 옮김, 예문서원, 2010.

피터 싱어, 『동물해방』, 김성한 옮김, 인간사랑, 1999.

_____, 『실천 윤리학』, 황경식·김성동 옮김, 연암서가, 2018.

피터 하지슨, 『헤겔의 종교철학』, 정진우 옮김, 누멘, 2017.

필립 아이반호, 『유학, 우리 삶의 철학』, 신정근 옮김, 동아시아, 2008.

필립 페팃, 『왜 다시 자유인가』, 곽준혁 외 옮김, 한길사. 2019.

한나 아렌트, 『인간의 조건』, 이진우·태정호 옮김, 한길사, 1996.

_____, 『전체주의의 기원』 1, 이진우·박미애 옮김, 한길사, 2006.

한스 게오르크 가다머, 『진리와 방법: 철학적 해석학의 기본 특징들』 1, 이길우 외 옮김, 문학동네, 2000.

_____, 『진리와 방법: 철학적 해석학의 기본 특징들』 2, 임홍배 옮김, 문학동네, 2012.

한스 로베르트 야우스, 『도전으로서의 문학사』, 장영태 옮김, 문학과지성사, 1998.

한스 벨첼, 『자연법과 실질적 정의』, 박은정 옮김, 삼영사, 2002.

한스 요나스, 『책임의 원칙: 기술 시대의 생태학적 윤리』, 이진우 옮김, 서광사, 1994.

_____, 『생명의 원리』, 한정선 옮김, 아카넷, 2001.

_____, 『물질·정신·창조: 우주의 기원과 진화에 관한 철학적 성찰』, 김종국·소병철 옮김, 철학과현실사, 2007.

한스 큉, 『가톨릭의 역사』, 배국원 옮김, 을유문화사, 2003.

허버트 핑가레트, 『공자의 철학』, 송영배 옮김, 서광사, 1993.

헐리 글레스너 크릴, 『공자: 인간과 신화』, 이성규 옮김, 지식산업사, 1998.

강경현, 「"대동민주"와 조선주자학」, 『헤겔연구』 43, 2018.

강정인, 「서구중심주의에 대한 우리 학문의 이론적 성찰과 대응」, 강정인 편, 『탈서구중심주의는 가능한가: 서구중심주의에 대한 우리 학문의 이론적 대응』, 아카넷, 2016.

거자오광(葛兆光), 「기상천외: 최근 대륙 신유학의 정치적 요구」, 『東洋哲學』 48, 양일모 옮김, 2017.

김건우, 「한말 유학자의 위기의식과 근대 문명 담론 비판: 간재 전우의 양계초 비판을 중심으로」, 『유교사상문화연구』 61, 2015.

김대중, 「문화는 숙명인가」, 이승환 외 지음, 『아시아적 가치』, 전통과현대, 1999.

김도일, 「유가의 尊과 解譲: 순자를 중심으로」, 『동양철학』 38, 2012.

_____, 「주자의 『대학』 해석에 있어서의 실천의 문제」, 황종원·김도일 외 지음, 『주제 속 주희, 현대적 주희』, 성균관대학교 출판부, 2021.

김명석, 「논어의 忠恕는 진정한 一貫之道가 될 수 있는가? — 서양의 황금률 논쟁과의 비교를 중심으로」, 『유교사상연구』 82, 2020.

김상준, 「주희 이기론·우주론의 현대성」, 『한국학논집』 55, 2014.

김석근, 「'民本'과 '민본주의' 개념과 정치: 비판적 고찰과 현재적 함의」, 신정근 외, 『민본과 민주의 개념적 통섭』, 성균관대학교 출판부, 2017.

김성윤, 「탕평의 원리와 탕평론」, 이태진·김백철 엮음, 『조선 후기 탕평 정치의 재조명』 하, 태학사, 2011.

김세서리아, 「유가 철학의 인간 본성론에 대한 여성주의 이해」, 『한국여성철학』 5, 2005.

김인걸, 「정조의 '국체' 인식」, 김인걸 외, 『정조와 정조시대』, 서울대학교 출판문화원, 2011.

나종석, 「칸트『도덕형이상학』에서의 실천이성, 법 그리고 국가의 상호연관성」, 『칸트연구』 9, 2002,

_____, 「회슬레의 환경철학에 대하여: 객관적 관념론과 환경철학의 새로운 가능성을 중심으로」, 『헤겔연구』 12, 2002.

_____, 「정언명법과 칸트 윤리학의 기본특성에 대한 고찰」, 『철학연구』 62, 2003.

_____, 「고대 아테네 민주주의 제도의 이상과 현실에 대하여」, 『사회와철학』 8, 2004.

_____, 「하버마스인가 아니면 슈미트인가?: 인도주의적 개입과 현대 주권국가 사이의 긴장」, 『사회와철학』 9, 2005.

_____, 「헤겔과 아시아: 동아시아 현대와 서구 현대성에 대한 비판적 성찰」, 『헤겔연구』 32, 2012.

_____, 「데리다의 절대적 타자이론과 정치」, 『가톨릭철학』 19, 2012.

_____, 「주희의 公 개념과 유교적 公共性 이론에 대한 연구」, 『동방학지』 164, 2013.

_____, 「주희 公 이론의 민주적 재구성 가능성」, 『철학연구』 128, 2013.

_____, 「성리학적 공공성의 민주적 재구성 가능성」, 나종석·박영도·조경란 엮음, 『유교적 공공성과 타자』, 혜안, 2014.

_____, 「자유주의적 공사이원론의 위기와 유교적 대안」, 나종석 외 엮음, 『유학이 오늘의 문제에 답을 줄 수 있는가』, 혜안, 2014.

_____, 「인권에 대한 유교적 정당화의 가능성에 대한 연구」, 나종석 외 편저, 『유학이 오늘의 문제에 답을 줄 수 있는가』, 혜안, 2014.

_____, 「칸트의 자율성 도덕론과 동아시아」, 『칸트연구』 37, 2016.

_____, 「헤겔과 동아시아: 유럽 현대성의 정체성 형성과 동아시아의 타자와의 문제를 중심으로」, 『헤겔연구』 40, 2016.

_____, 「다산 정약용을 통해 본 유교와 천주교의 만남: 한국적 현대성의 논리를 둘러싼 논쟁의 맥락에서」, 『사회와철학』 31, 2016.

_____, 「황도유학과 일본의 국가주의적 심성의 계보학적 탐색」, 나종석 외 지음, 『유학과 동아시아』, 도서출판b, 2018.

_____, 「한국 민주공화국 헌법 이념의 탄생과 유교 전통」, 『철학연구』 147, 2018.

_____, 「사회인문학의 이중적 성찰」, 연세대학교 국학연구원 인문한국사업단 지음, 『사회인문학 백서』, 새물결, 2018.

_____, 「사회인문학의 이중적 성찰: 대동민주 유학의 관점에서」, 『사회와철학』 35, 2018.

_____, 「헤겔과 함께 헤겔을 넘어서; 서구중심주의 비판, 화해의 정신 그리고 대동민주 유학을 중심으로」, 『인문학연구』 56, 조선대학교 인문학연구원, 2018.

_____, 「해석학의 탈식민적 사유 방법으로의 전유 가능성: 유교 전통과의 화해를 중심으로」, 『현대유럽철학연구』 53, 2019.

_____, 「주자학과 대동사상」, 『유교사상문화연구』 81, 2020.

_____, 「대니얼 벨의 정치적 능력주의에 대한 비판적 고찰」, 『사회와철학』 41, 2021,

_____, 「유가의 仁 개념과 돌봄의 자유관」, 『공자학』 47, 2022.

두웨이밍(두유명), 「계몽주의 정신을 넘어서」, 메리 에블린 터커·존 버스통 엮음, 『유학사상과 생태학』, 오정선 옮김, 예문서원, 2010.

로드니 L. 테일러, 「세계와 교제함: 유교 생태학의 뿌리와 가지」, 메리 에블린 터커·존 버스통 엮음, 『유학사상과 생태학』, 오정선 옮김, 예문서원, 2010.

리콴유·자카리아, 「문화는 숙명이다」, 김대중 외 지음, 『아시아적 가치』, 전통과 현대, 1999.

미셸 푸코, 「계몽이란 무엇인가」, 미셸 푸코 외 지음, 『자유를 향한 참을 수 없는 열망』, 정일준 편역, 새물결, 1999.

박광용, 「조선의 18세기, 국정 운영 틀의 혁신」, 역사학회 엮음, 『정조와 18세기: 역사로서 18세기, 서구와 동아시아의 비교사적 성찰』, 푸른역사, 2013.

박구용, 「예술의 종말과 자율성」, 『사회와 철학』 12, 2006.

박병석, 「중국 고대 유가의 '민' 관념: 정치의 주체인가 대상인가?」, 『한국동양정치사상사연구』 13(2), 2014.

박승옥, 「김종철은 녹색당의 어느 역에서 멈춰 섰을까: [녹색평론] 김종철 읽기 ⑨ 민주주의자 김종철 Ⅱ」, 『프레시안』, 2021.10.29. 07 (https://www.pressian.com/pages/articles/2021102901084414069) 검색: 2022.08.22.

발터 벤야민, 「역사의 개념에 대하여」, 『발터 벤야민 선집』 5, 최성만 옮김, 길, 2008.

배항섭, 「19세기 지배 질서의 변화와 정치문화의 변용: 仁政 願望의 향방을 중심으로」, 『한국사학보』 39, 2010.

백영선, 「상서의 성왕들: 긴장의 마음 상태를 유지하는 자」, 『철학』 149, 2021.

선정수, 「[팩트체크] 대한민국은 기후 악당인가?」, 2020, 07.07, 『뉴스톱』 (http://www.newstof.com/news/articleView.html?idxno=10924) 검색: 2022.08.24.

송인재, 「21세기 중국 '정치 유학'의 이념과 쟁점」, 『유학연구』 33, 2015.

신채호, 「讀史新論」, 단재신채호선생기념사업회·단재신채호전집간행위원회 편, 『신채호전집』 제1권, 형설출판사, 1982.

안병욱, 「조선 후기 대동론의 수용과 형성」, 『역사와현실』 47, 2003.

안병주, 「주자의 尊孟辯의 의미: 「讀余隱之尊孟辯」을 중심으로」, 『유교사상문화연구』 1, 1986.

_____, 「나의 고전 『맹자』와 『장자』」, 『동양철학연구』 79, 2014.

안재호, 「대륙 신유가와 중국 문화정책: 유교 만능주의를 피하기 위하여」, 『中國學報』 78, 2016.

에반 톰슨, 「부록 1: 생명과 마음 – 오토포이에시스로부터 신경현상학까지」, 프란시스코 바렐라, 『윤리적 노하우』, 유권종·박충식 옮김, 갈무리, 2009.

윌리엄 시어도어 드 배리, 「'사고는 세계적으로, 행동은 지역적으로' 그리고 두 가지 주장의 논쟁적 근거」, 메리 에블린 터커·존 버스통 엮음, 『유학사상과 생태학』, 오정선 옮김, 예문서원, 2010.

이기, 「급하게 해야 할 여덟 가지 제도에 대한 논의(急務八制議)」, 신기선 외, 『양원유집·해학유서·명미당집·소호당집·심재집』, 차용주 역주, 고려대학교 민족문화연구소, 1993.

이상익, 「민주와 민본의 비교와 통섭을 위한 정치철학적 검토」, 신정근 외, 『민본과 민주의 개념적 통섭』, 성균관대학교 출판부, 2017.

_____, 「유교와 민주주의: 이념·역사·전망」, 『한국철학논집』 61, 2019.

이성규, 「왜 아직도 '중국'인가?」, 김광억·양일모 편저, 『중국문명의 다원성과 보편성』, 아카넷, 2014.

이숙인, 「유교의 관계 윤리에 대한 여성주의적 해석」, 『한국여성학』 제15권 1호, 1999.

이승환, 「朱子의 共同體的 生態倫理」, 『간재학논총』 5, 2006.

이연도, 「정치 유학의 의미와 문제」, 『중국학보』 60, 2009.

_____, 「정치유학의 사상 연원과 쟁점 ─ 康有爲와 蔣慶을 중심으로」, 『중국학논총』 61, 2019.

이언 샤피로, 「제2판 서문」, 로버트 달, 『증보판 민주주의』, 김왕식 외 옮김, 동명사, 2021,

이태진, 「조선시대 '민본' 의식의 변천과 18세기 '민국' 이념의 대두」, 이태진·김백철 엮음, 『조선 후기 탕평 정치의 재조명』 상, 태학사, 2011.

임마누엘 칸트, 「이론에서는 옳을지 모르지만 실천에는 쓸모없다고 하는 속설」, 『비판기 저작 I(1784~1794)』, 한국칸트학회 기획, 김미영 외 옮김, 한길사, 2019.

정종모, 「대륙 신유가의 유교헌정주의 담론」, 『철학탐구』 51, 2018.

_____, 「생명권 담론으로서 송명 유학의 가능성: 인권을 넘어 동물권으로」, 『생명연구』 48, 2018.

조슈아 코헨·토마스 네이글, 「서언」, 존 롤스·토마스 네이글 엮음, 『죄와 믿음의 의미에 대한 짧은 연구』, 장동진 외 옮김, 동명사, 2016.

조현규, 「'仁'과 '배려(care)' 윤리의 현대 도덕교육에의 시사」, 『교육철학』 31, 2007.

천광싱, 「경험으로 본 한국─대만의 지적 교류와 연대」, 최원식·백영서 엮음, 『대만을 보는 눈』, 창비, 2013.

필리페 반 파레이스, 「기본소득: 21세기를 위한 명료하고 강력한 아이디어」, 브루스 애커만·앤 알스톳·필리페 반 파레이스 외 지음, 『분배의 재구성: 기본소득과 사회적 지분 급여』, 너른복지연구모임 옮김, 나눔의 집, 2013.

필립 아이반호, 「원시유교와 환경윤리」, 메리 에블린 터커·존 버스통 엮음, 『유학사상과 생태학』, 예문서원, 2010.

한평수, 「배려(Care)의 윤리와 仁의 윤리」, 『철학사상』 23, 2006.

황종원, 「주자 仁 개념의 자연생명론적인 의미에 관한 연구」, 황종원·김도일 외 지음, 『주제 속 주희, 현대적 주희』, 성균관대학교 출판부, 2021.

허수, 「근대 전환기 동학·천도교의 개벽론: 불온성과 개념화의 긴장」, 강경석 외, 『개벽의 사상사: 최제우에서 김수영까지, 문명 전환기의 한국사상』, 창비, 2022.

Aristoteles, *Select Fragments*, in: *The Works of Aristotle*, translated into English under the Editorship of W. D. Ross, Vol. XII, Oxford: The Clarendon Press, 1967.

Bai Tongdong, *Against Political Equality: The Confucian Case*, Princeton, New Jersey: Princeton University Press, 2019.

Brandom, R., *Making It Explicit*, Cambridge: Harvard University Press, 1994.

Chan, Joseph, *Confucian Perfectionism*, Princeton: Princeton University Press, 2014.

Descartes, R., *Die Prinzipien der Philosophie*, übersetzt von A. Buchenau, Hamburg, 1992.

Miller, David, *Principles of Social Justice*, Cambridge, Massachusetts London: Harvard University Press, 2001.

Dussel, E., *The Invention of the Americas. Eclipse of 'the Other' and the Myth of Modernity*, translated by Michael D. Barber, New York: Continuum, 1995.

Hardt, Michael / Negri, Antonio, *Commonwealth*, Cambridge (Mass.).: Belknap Press of Harvard University Press, 2009.

Habermas, J., *The Past as Future*, translated and edited by Max Pensky, Cambridge: Polity Press, 1994.

Hardimon, M.-O., *Hegel's Social Philosophy*, Cambridge, England: Cambridge University Press, 1994.

Hegel, G. W. F., *Vorlesungen über die Philosophie der Religion II*, in: *Hegel Werke in zwanzig Bänden*, hg. v. E. Moldenhauer und K. M. Michel, Band. 17, Frankfurt 1986.

_____, *Enzyklopädie der philosophischen Wissenschaften im Grundrisse*, in: *Hegel Werke in zwanzig Bänden*, hg. v. E. Moldenhauer und K. M. Michel, Band 8, Frankfurt 1986.

_____, *Phänomenologie des Geistes*, in: *Hegel Werke in zwanzig Bänden*, hg. v. E. Moldenhauer und K. M. Michel, Band 3, Frankfurt 1986.

_____, *Vorlesungen über die Philosophie der Geschichte*, in: *Hegel Werke in zwanzig Bänden*, hg. v. E. Moldenhauer und K. M. Michel, Band 12, Frankfurt 1989.

_____, *Vorlesungen über die Philosophie der Weltgeschichte. Die Vernunft in der Geschichte*, Hamburg 1994.

_____, *Grundlinien der Philosophie des Rechts oder Naturrecht und Staatswissenshcaft im Grundrisse*, in: *Hegel Werke in zwanzig Bänden*, hg. v. E. Moldenhauer und K. M. Michel, Band 7, Frankfurt 1996.

Heine, Heinrich, *Zur Geschichte der Rellgion und Philosophie in Deutschland*, in: *Werke in fünf Bänden*, Band. 3, Köln 1961.

Hentges, Gundrun, *Schattenseiten der Aufklärung. Die Darstellung von Juden und »Wilden« in philosophischen Schriften des 18. und 19. Jahrhunderts*, Schwalbach 1999.

Honneth, A., *Das Recht der Freiheit: Grundriß einer demokratischen Sittlichkeit*, Berlin 2011.

Hösle, V., *Philosophie der ökologischen Krise*, München 1994.

_____, *Der Philosophische Dialog*, München 2006.

Jaspers, Karl, *The origin and goal of history*, translated by Michael Bullock, NY: Routledge, 2010.

Jiang Qing, *A Confucian Constitutional Order*, translated by E. Ryden and edited by D. Bell, Princeton: Princeton University Press, 2013.

Jonas, Hans, *Dem bösen Ende näher: Gespräche über das Verhältnis des Menschen zur Natur*, Frankfurt 1993.

Kant, I., *Lectures on Ethics*, edited by P. Heath and J. B. Schneewind, translated by P. Heath, Cambridge: Cambridge University Press, 1997.

Levinas, Emmanuel, *Difficult Freedom: Essays on Judaism*, translated by Sean Hand, Baltimore : Johns Hopkins University Press, 1990.

Löwith, K., *Gott, Mensch und Welt in der Philosophie der Neuzeit*, in: *Sämtliche Schriften* 9, Stuttgart 1986.

Mignolo, W. D., *Local histories / global designs: coloniality, subaltern knowledges, and border thinking*, Princeton, N.J.: Princeton University Press, 1999.

Na, Jong-Seok, *Praktische Vernunft und Geschichte bei Vico und Hegel*, Würzburg 2002.

Neuhouser, F., *Foundations of Hegel's Social Theory: Actualizing Freedom*, Cambridge, Mass.: Harvard University Press, 2000.

Regan, Tom, *The Case for Animal Rights*, Berkeley: University of California Press, 1985.

Roetz, H., *Confucian Ethics of the Axial Age*, Albany, NY.: State University of New York Press, 1993.

Smith, Steven B., *Hegel's Critique of Liberalism: Rights in Context*, Chicago: The University of Chicago Press, 1989.

Spaemann, R. / Löw, R., *Die Frage Wozu? Geschichte und Wiederentdeckung des teleologischen Denkens*, München/Zürich 1981.

Tibebu, Teshale, *Hegel and the Third World: The Making of Eurocentrism in World History*, Syracuse, N.Y.: Syracuse University Press, 2011.

Van Norden, Bryan W.(Editor), *Confucius and the Analects: New Essays*, Oxford ; New York: Oxford University Press, 2002.

Bell, Daniel, "Introduction", Jiang Qing, *A Confucian Constitutional Order*, translated by E. Ryden and edited by D. Bell, Princeton: Princeton University Press, 2013.

Bernasconi, R., "Hegel at the Court of the Ashanti", *Hegel after Derrida*, edited by Stuart Barnett, London/Yew York, Routledge, 1998.

Chenyang Li, "The Confucian Concept of Jen and The Feminist Ethics of Care", *Hypatia*, 9:1, 1994.

_____, "The Confucian concept of Jen and the feminist ethics of care", *Confucian Studies*, Edited by Xinzhong and Wei-ming Tu, Volume 4, Reinterpreting Confucian Ideas,

London and New York: Routledge, 2011.

Heidegger, M., "Die Zeit des Weltbildes", in: *Holzwege*, Frankfurt 1980.

Na, Jong-Seok, "Ambivalente Moderne: Wie Hegels Parteinahme für den Westen seine Fehleinschätzung Ostasiens erklärt", in: *Allgemeine Zeitschrift für Philosophie*, 2015(40. 1), S. 29-61.

Runciman, David, "Democracy is the planet's biggest enemy". Foreign Policy 20 July. https://foreignpolicy.com/2019/07/20/democracy-is-the-planets-biggest-enemy-climate-change/ 검색: 2022.08.25.

Shklar, Judith, "The Liberalism of Fear", Nancy L. Rosenblum (ed.), *Liberalism and the Moral Life*, Cambridge: Harvard University Press, 1989.

Wing-tsit Chan, "Chinese and Western Interpretations of Jen (Humanity)", *Journal of Chinese Philosophy* 2, no.2, 1975.

_____, "The Evolution of the Confucian concept of Jen", *Confucian Studies. Critical Concepts in Asian Philosophy*, edited by Xinzhong and Wei-ming Tu, Volume 2. Reinterpreting Confucian Ideas, London and New York: Routledge, 2011.

찾아보기

【인명】

【개념어구】

972

【서명 및 편명】

지은이 **나종석**羅鍾奭

연세대학교 철학과를 졸업하고, 독일에서 헤겔과 비코에 대한 논문으로 철학 박사 학위를 받았다. 사회와철학연구회 회장과 한국헤겔학회 회장을 역임했고 현재 대한철학회 부회장으로 있으며 연세대학교 문과대학 및 국학연구원 교수로 재직 중이다. 주요 연구 분야는 독일 관념론, 현대 서구 정치철학, 동아시아 유학사상 그리고 한국 현대사상 등이다. 저서로 『차이와 연대: 현대 세계와 헤겔의 사회·정치철학』(2007), 『삶으로서의 철학: 소크라테스의 변론』(2007), 『헤겔 정치철학의 통찰과 맹목: 서구 현대성과 복수의 현대성 사이』(2012), 『대동민주 유학과 21세기 실학: 한국민주주의론의 재정립』(2017), 『사회인문학이란 무엇인가?』(공저, 2011), 『유학과 동아시아』(편저, 2018), 『한국 인문학의 형성』(공저, 2011), 『유교적 공공성과 타자』(공저, 2014), 『유학이 오늘의 문제에 답을 줄 수 있는가』(공저, 2014), 『디아스포라: 민족 정체성, 문학과 역사』(공저, 2016) 등이 있으며, 역서로는 비토리오 회슬레의 『비토리오 회슬레, 21세기의 객관적 관념론』(2007), 미하엘 토이니센의 『존재와 가상: 헤겔 논리학의 비판적 기능』(2008), 카를 슈미트의 『현대 의회주의의 정신사적 상황』(2012), 기무라 에이이치의 『공자와 《논어》』(2020) 등이 있다.

성균관대학교 유교문화연구소
비판유학·현대경학 연구센터 (2021년도 인문사회연구소 사업)

본 연구센터는 전통 경학이 쇠퇴된 상황에서 현대 사회와 직결된 유가적 지혜를 재발굴하고, 이를 통해 우리 현실을 비판하는 방법을 모색 중이다. 그 일환으로, 센터는 현대 시민성으로 재구성이 가능한 전통적 덕성과 이를 기초로 실현되는 공동체적 가치를 탐구 중이다.